刑事诉讼法
适用要点与裁判依据

类案检索
指导案例+典型案例

郝银钟　罗书平　等　编著

法律出版社
LAW PRESS·CHINA
北京

供的“适用要点”、“裁判依据”和“类案检索指引”都以现行有效的法律法规、司法解释和其他规范性文件以及最高人民法院、最高人民检察院发布的具有法律效力的指导性案例、典型案例中确定的规则作为“标准答案”，真正做到了有法可依、有章可循，可以拿来就用，具有很强的权威性和说服力。

二是实用。对于立法机关通过其他法律（如监察法、反有组织犯罪法、法律援助法等）对现行刑法、刑事诉讼法作了补充修改的内容，如对职务犯罪案件中留置期间如何折抵刑期，办理有组织犯罪案件中可以适用异地羁押和异地执行刑罚，对因组织、领导黑社会性质组织被判处刑罚的人员公安机关可以决定其自刑罚执行完毕之日起报告个人财产及日常活动等内容，分别纳入刑法、刑事诉讼法相应的词条中，便于读者检索使用，非常便捷。同时，这两本书又通俗易懂，雅俗共赏，确实是刑事法治宣传的好教材。

为此，特向社会各界隆重推荐郝银钟博士领衔编著的这两本刑事法工具书。

“人民教育家”国家荣誉称号获得者
中国人民大学荣誉一级教授

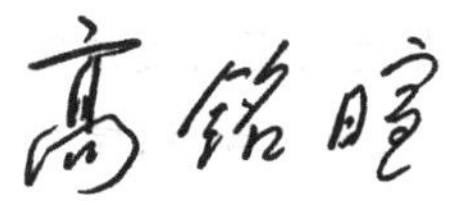

向所有人敞开刑事法律之门

——由电视剧《底线》中的“法条姐”说起

（代序）

自2022年9月19日起，由湖南卫视、芒果TV、爱奇艺等媒体同时播出的四十集电视剧《底线》中的案例，大多是根据发生在司法界的真实事例改编而成。该剧全景式地展示了方远、周亦安、叶芯等法院人在一件件关乎人民群众切身利益的司法案件中不畏艰难，践行使命，坚守法治信仰的动人故事，引发社会各界强烈反响，尽管现实生活中的法院人常常被调侃为“司法民工”，看后总有一种“五味杂陈”的感觉。

作为本书的编著者，之所以产生出书的冲动，可以说在很大程度上源于这个在热播中的电视剧的感染和启发。对于电视剧，我们都是观众，但对于电视剧所刻画的“法官”来说，我们都是名副其实的“同事”。尤其是电视剧中法官助理“法条姐”叶芯这个角色，相信绝大多数的法律人都不陌生——不过，剧中将其冠名为“法条姐”，似乎更可以理解为是对“法呆子”的调侃，尽管电视剧的后半部分，“法条姐”已成长为一名优秀的法官助理。

电视剧中的叶芯是从最高人民法院选派到基层人民法院锻炼的青年法官助理，一出场就疯狂输出法条，并且因为过于理想主义的言论给“师父”方远庭长添了不少麻烦。因为太不接地气儿，一度还被观众评选为该剧最不讨喜的角色。

其实，“法条姐”何错之有？作为一名出了家门、进了法学院的校门,最后跨入法院大门的"三门"法官人,能够做到法条不离手、法理不离口,这本身就是选择这个职业的一个"基本功"和"必修课",本无可厚非。然而,为什么"法条姐"在业内大都与"法呆子"相提并论?大概缘于不少人总是习惯性地认为:仅凭几个法条、只有空洞理论,是不能圆满解决一个个鲜活、具体的矛盾纠纷的,"什么叫水平?抹平就是水平!"

不得不说,这是一种偏见和误解。习近平总书记提出的"努力让人民群众在每一个司法案件中感受到公平正义"的司法工作总目标,怎么可能通过那种离开"法条"而用"和稀泥"的方式实现呢?!

剧中的"法条姐"叶芯虽是"学霸",但在基层人民法院的同事看来,没办过几个案子,只会纸上谈兵,自然还需要在理论与实践的交锋中磨练。"法条姐"的成长经历试图在诠释一个朴素的道理:真正领会法条要义、洞悉法律精义,把法律条文和法律精神准确应用于司法实践,才算是真的学会弄通了法条,才能有效地运用到司法实务中,做到案结事了,让社会公平正义的光辉温暖所有人。

相信不少法律界的"过来人"都有这样的一种感觉:当我们在法学院读书乃至准备"法考"时,为了节约去图书馆查阅资料的时间,就特别希望拥有一本可以在"法条"书中同时看到融法律精义、司法解释、适用要点、裁判规则、权威案例为一体的工具书,这就有了尽快跨入法律之门的捷径。

必须承认,面对错综复杂的诉讼案件,客观事实已经发生,需要法律人通过法定程序去揭示;法律关系已经存在,有待法律人通过专业知识去厘清其中的是非曲直。我国是成文法国家,对于已经发生并对簿公堂的案件并不是仅凭几个"法条"就能迎刃而解的,所谓"徒法不足以自行"中的"法"并不只是干巴巴的"法条"。事实上,从"事实"到"法条"再到"裁判"的过程中,往往还需要紧密结合立法解释、司法解释等具有法律效力且必不可少的规范性文件,才能确保国家法律统一实施,避免同案不同判,影响司法公信力。

正是基于这一点,我们编著了刑事法工具书——《刑法适用要点与裁判依据(类案检索:指导案例+典型案例)》《刑事诉讼法适用要点与裁判依据(类案检索:指导案例+典型案例)》,希望能够为所有的法律人打开洞悉刑事法律、促进刑事法律统一适用的"方便之门",以此承担着由"事实"到"法条"再到"裁判"的"纽带"。

于我而言,尽管常被朋友们揶揄为"政法工作经历丰富",但也始终与刑事法结伴而行,颇有刑事法"情结"。自从1991年投奔到恩师苏惠渔教授、吕振溪教授、胡锡庆教授门下开始研习刑事法,至今已32年有余。这期间,无论是在华东政法大学获得全日制刑法学硕士学位、中国人民大学获得全日制刑事诉讼法学博士学位、中国社会科学院法学研究所获得刑法学专业博士后证书,还是在山东省聊城市公安局、北京市高级人民法院刑二庭、中共北京市委政法委员会、四川省高级人民法院、四川省眉山市中级人民法院、西藏自治区高级人民法院、最高人民法院第五巡回法庭(辖西南五省市区)、最高人民法院刑三庭和刑四庭,以及中国青年政治学院、国家法官学院、广东外语外贸大学、大连海事大学、华东政法大学等,时常穿梭于理论与实践、实践与理论之间,但全部工作经历与学术旨趣都聚焦于刑事法学,日积月累,感慨良多。面对刑事法治的缓慢进程,面对刑事执法司法不规范而导致的种种难题,面对因司法能力恐慌而导致公众对司法公正和司法公信力的种种疑虑,十多年前,我就想编一套通俗易懂、内容全面、解读权威、操作简便、实用管用、体系完整的实务性刑事法工具书,为所有需要者打开"方便之门",但终因整日陷于烦琐的具体事务而被搁置。直到2022年6月再次回到最高人民法院从事刑事审判工作,与业内几位志同道合的老朋友沟通交流,当即达成共识。经过半年多的艰苦努力,终于把"想法"变成了"办法",把枯燥的刑事法典,变成了法律人的"智慧钥匙"。概而言之,本书有三个亮点:

一是全面权威。本书中的"适用要点"和"裁判依据"都源于鲜活的司法实践,是所有法律人已经遇到或者可能遇到的问题,也是公众关注的焦点。为了解决这些问题,编著者提供的"依据"都力图做到有法可依、有章可循，均以现行有效的法律法规、司法解释和司法规范性文件中确定的规则作为“标准答案”。此外，对于《中华人民共和国监察法》《中华人民共和国反有组织犯罪法》《中华人民共和国法律援助法》等具备实体法和程序法功能、贯穿刑事司法和行政执法领域的法律规范中，同时涉及刑法(如对职务犯罪案件中留置期间折抵刑期)、刑事诉讼法(如对办理有组织犯罪案件中可以适用异地羁押和异地执行刑罚)等内容，分别纳入相应的刑法、刑事诉讼法词条中，并以“适用要点与裁判依据”的方式加以释明，系统全面，极大地增强了本书的权威性。

二是便捷实用。据了解，在目前出版界关于刑法、刑事诉讼法适用的同类出版物中，有关刑事法律方面的汇编、指南、一本通之类的工具书不少，但能同时做到以“便捷”和“实用”为出发点精心梳理、科学分类、精准阐释，最终提供的“裁判依据”可以直接引用的却不多见——更多的是在法条后直接“附上”没有提炼要点的司法规范性文件(全文)，让读者自己去“各取所需”。由于同一个司法规范性文件往往解决的是数个法条的法律适用问题，采用“附上”的方式不可避免地存在不利于读者检索查阅，而且重复太多，体积庞大，徒增购书成本的弊端。《刑法适用要点与裁判依据(类案检索：指导案例＋典型案例)》和《刑事诉讼法适用要点与裁判依据(类案检索：指导案例＋典型案例)》较好地解决了这个难题，极大地为法律人提高了“寻找法条”的效率和质量，节约了查阅的时间成本。

三是快速检索。作为办案工具书，为有效解决“类案不同判”问题，编著者率先将“两高”近十多年来公开发布的“指导案例”和“典型案例”中有关刑法、刑事诉讼案例的关键词、裁判要旨、典型意义等分类编辑，提炼要点，置入“法条”之下，旨在解决最高司法机关全面推行类案检索制度并陆续发布近百批次、数百个指导案例和典型案例以来，法律人往往找不到、不好找、找不齐、找不准相关的指导案例和典型案例的困惑。如对于检察院提起刑事附带民事公益诉讼、对侦查机关“长期挂案”“退而不查”的监督、附条件不起诉、合规不起诉,以及对于法院发现减刑裁定确有错误依法撤销减刑等案例,编著者在刑法、刑事诉讼法的相关词条中以“类案检索指引”的形式收录,从而使这些具有法律效力的指导案例和典型案例所确定的“要旨”与“法条”实现有机结合、无缝对接。希望通过这些来自最高司法机关的权威案例确定的法律适用规则,让法律人有一种接地气、有底气、很好用的感觉,有助于全方位、多视角地思考和处理相关法律问题,避免陷入“盲人摸象”式的思维误区。

当然,“鞋子合不合脚,只有穿的人才知道”。以上三点是否“亮点”?能否“发光”?得到“认可”?都有待实践检验,期待读者评判。

是为序。

郝银钟
广东外语外贸大学云山领军学者
广东法治研究院(涉外法治研究院)院长
2023年5月于广州

第一编　总　　则

第一章　任务和基本原则

第一条　【立法目的及立法根据】为了保证刑法的正确实施，惩罚犯罪，保护人民，保障国家安全和社会公共安全，维护社会主义社会秩序，根据宪法，制定本法。

新旧条文序号对照

2018年刑事诉讼法	2012年刑事诉讼法	1996年刑事诉讼法
第一条	第一条	第一条

第二条　【刑事诉讼法的任务】中华人民共和国刑事诉讼法的任务，是保证准确、及时地查明犯罪事实，正确应用法律，惩罚犯罪分子，保障无罪的人不受刑事追究，教育公民自觉遵守法律，积极同犯罪行为作斗争，维护社会主义法制，尊重和保障人权，保护公民的人身权利、财产权利、民主权利和其他权利，保障社会主义建设事业的顺利进行。

新旧条文序号对照

2018年刑事诉讼法	2012年刑事诉讼法	1996年刑事诉讼法
第二条	第二条	第二条

第三条 【刑事司法机关的职权】对刑事案件的侦查、拘留、执行逮捕、预审，由公安机关负责。检察、批准逮捕、检察机关直接受理的案件的侦查、提起公诉，由人民检察院负责。审判由人民法院负责。除法律特别规定的以外，其他任何机关、团体和个人都无权行使这些权力。

人民法院、人民检察院和公安机关进行刑事诉讼，必须严格遵守本法和其他法律的有关规定。

新旧条文序号对照

2018年刑事诉讼法	2012年刑事诉讼法	1996年刑事诉讼法
第三条	第三条	第三条

适用要点与裁判依据

★监察委员会调查职务违法和职务犯罪

《中华人民共和国监察法》(2018年3月20日 主席令第3号)

第三条 各级监察委员会是行使国家监察职能的专责机关，依照本法对所有行使公权力的公职人员(以下称公职人员)进行监察，调查职务违法和职务犯罪，开展廉政建设和反腐败工作，维护宪法和法律的尊严。

★既要追诉犯罪，也要保障无罪的人不受刑事追究

《人民检察院刑事诉讼规则》（2019年12月30日 高检发释字〔2019〕4号）

第三条 人民检察院办理刑事案件，应当严格遵守《中华人民共和国刑事诉讼法》以及其他法律的有关规定，秉持客观公正的立场，尊重和保障人权，既要追诉犯罪，也要保障无罪的人不受刑事追究。

★不再由公安机关管辖的七类刑事案件

《公安机关办理刑事案件程序规定》（2020年7月20日修正 公安部令第159号）

第十四条 根据刑事诉讼法的规定，除下列情形外，刑事案件由公安机关管辖：

（一）监察机关管辖的职务犯罪案件。

（二）人民检察院管辖的在对诉讼活动实行法律监督中发现的司法工作人员利用职权实施的非法拘禁、刑讯逼供、非法搜查等侵犯公民权利、损害司法公正的犯罪，以及经省级以上人民检察院决定立案侦查的公安机关管辖的国家机关工作人员利用职权实施的重大犯罪案件。

（三）人民法院管辖的自诉案件。对于人民法院直接受理的被害人有证据证明的轻微刑事案件，因证据不足驳回起诉，人民法院移送公安机关或者被害人向公安机关控告的，公安机关应当受理；被害人直接向公安机关控告的，公安机关应当受理。

（四）军队保卫部门管辖的军人违反职责的犯罪和军队内部发生的刑事案件。

（五）监狱管辖的罪犯在监狱内犯罪的刑事案件。

（六）海警部门管辖的海（岛屿）岸线以外我国管辖海域内发生的刑事案件。对于发生在沿海港岙口、码头、滩涂、台轮停泊点等区域的，由公安机关管辖。

（七）其他依照法律和规定应当由其他机关管辖的刑事案件。

第四条　【国家安全机关的职权】国家安全机关依照法律规定，办理危害国家安全的刑事案件，行使与公安机关相同的职权。

新旧条文序号对照

2018 年刑事诉讼法	2012 年刑事诉讼法	1996 年刑事诉讼法
第四条	第四条	第四条

适用要点与裁判依据

★国家建立反间谍工作协调机制

《中华人民共和国反间谍法》（2023 年 4 月 26 日修订　主席令第 4 号）

第五条　国家建立反间谍工作协调机制，统筹协调反间谍工作中的重大事项，研究、解决反间谍工作中的重大问题。

★国家安全机关是反间谍工作的主管机关

《中华人民共和国反间谍法》（2023 年 4 月 26 日修订　主席令第 4 号）

第六条　国家安全机关是反间谍工作的主管机关。

公安、保密等有关部门和军队有关部门按照职责分工，密切配合，加强协调，依法做好有关工作。

第五条　【审判权、检察权】人民法院依照法律规定独立行使审判权，人民检察院依照法律规定独立行使检察权，不受行政机关、社会团体和个人的干涉。

新旧条文序号对照

2018 年刑事诉讼法	2012 年刑事诉讼法	1996 年刑事诉讼法
第五条	第五条	第五条

适用要点与裁判依据

★监察委员会依照法律规定独立行使监察权

《中华人民共和国监察法》(2018 年 3 月 20 日　主席令第 3 号)

第四条　监察委员会依照法律规定独立行使监察权,不受行政机关、社会团体和个人的干涉。

监察机关办理职务违法和职务犯罪案件,应当与审判机关、检察机关、执法部门互相配合,互相制约。

监察机关在工作中需要协助的,有关机关和单位应当根据监察机关的要求依法予以协助。

第六条　【刑事诉讼的基本原则】人民法院、人民检察院和公安机关进行刑事诉讼,必须依靠群众,必须以事实为根据,以法律为准绳。对于一切公民,在适用法律上一律平等,在法律面前,不允许有任何特权。

新旧条文序号对照

2018 年刑事诉讼法	2012 年刑事诉讼法	1996 年刑事诉讼法
第六条	第六条	第六条

适用要点与裁判依据

★国家监察工作的基本原则

《中华人民共和国监察法》(2018 年 3 月 20 日　主席令第 3 号)

第五条　国家监察工作严格遵照宪法和法律,以事实为根据,以法律为准绳;在适用法律上一律平等,保障当事人的合法权益;权责对等,严格监督;惩戒与教育相结合,宽严相济。

第七条　【刑事司法机关的关系】人民法院、人民检察院和公安机关进行刑事诉讼,应当分工负责,互相配合,互相制约,以保证准确有效地执行法律。

新旧条文序号对照

2018 年刑事诉讼法	2012 年刑事诉讼法	1996 年刑事诉讼法
第七条	第七条	第七条

适用要点与裁判依据

★根据分工,互相配合,互相制约,依法做好反有组织犯罪工作

《中华人民共和国反有组织犯罪法》(2021 年 12 月 24 日　主席令第 101 号)

第六条　监察机关、人民法院、人民检察院、公安机关、司法行政机关以及其他有关国家机关,应当根据分工,互相配合,互相制约,依法做好反有组织犯罪工作。

有关部门应当动员、依靠村民委员会、居民委员会、企业事业单位、社会组织,共同开展反有组织犯罪工作。

★监察机关应当与审判机关、检察机关、执法部门互相配合，互相制约

《中华人民共和国监察法》（2018年3月20日　主席令第3号）

第四条　监察委员会依照法律规定独立行使监察权，不受行政机关、社会团体和个人的干涉。

监察机关办理职务违法和职务犯罪案件，应当与审判机关、检察机关、执法部门互相配合，互相制约。

监察机关在工作中需要协助的，有关机关和单位应当根据监察机关的要求依法予以协助。

★监察机关办理职务犯罪案件应当与法院、检察院互相配合、互相制约

《中华人民共和国监察法实施条例》（2021年9月20日　国家监察委员会公告第1号）

第八条　监察机关办理职务犯罪案件，应当与人民法院、人民检察院互相配合、互相制约，在案件管辖、证据审查、案件移送、涉案财物处置等方面加强沟通协调，对于人民法院、人民检察院提出的退回补充调查、排除非法证据、调取同步录音录像、要求调查人员出庭等意见依法办理。

★妥善做好监察与刑事诉讼的衔接工作

《最高人民法院关于认真学习贯彻〈全国人民代表大会常务委员会关于修改《中华人民共和国刑事诉讼法》的决定〉的通知》（2018年11月7日　法〔2018〕294号）

二、坚决贯彻实施修改后刑事诉讼法

（一）妥善做好监察与刑事诉讼的衔接工作。……要准确把握法律修改内容，依法审理相关案件，保障国家监察体制改革的顺利进行。……

★检警建立联合督办、对口衔接机制和联席会议制度

《最高人民检察院、公安部关于健全完善侦查监督与协作配合机制的意见》(2021 年 10 月 31 日　高检发〔2021〕13 号)

三、机制完善

……

(二)健全完善协作配合机制

……

2. 建立联合督办机制。对于重大、疑难案件,必要时可由上级人民检察院和公安机关联合挂牌督办。承办案件的人民检察院和公安机关应当严格按照督办要求,做好案件办理工作,在案件办理关键节点和取得重大进展时应当及时报告。

3. 加强办案衔接配合。人民检察院、公安机关要加强刑事侦查与审查逮捕、审查起诉等诉讼环节的衔接配合,统一执法司法理念标准。对于公安机关移送的案件,人民检察院应当依法及时接收。对于违反相关规定拒不收卷的,公安机关可以提请负责办理案件的人民检察院或者其上级人民检察院纠正。人民检察院在审查逮捕、审查起诉过程中,应当加强与公安机关的沟通,认为需要补充侦查、拟作不批准逮捕或者不起诉决定的,应当充分听取办案人员意见,加强不批捕不起诉说理,规范制发必要、明确、可行的补充侦查文书。公安机关应当按照人民检察院补充侦查文书的要求及时、规范、有效开展补充侦查。人民检察院自行补充侦查、要求公安机关补充证据材料的,公安机关应当积极配合。庭审阶段,经人民检察院提请人民法院通知有关侦查人员出庭就证据收集的合法性说明情况的,侦查人员应当出庭。

4. 建立健全刑事案件统一对口衔接机制。公安机关要深化完善刑事案件法制部门统一审核、统一出口工作机制。向人民检察院提请批准逮捕、移送审查起诉、要求说明理由、要求复议、提请复核、申请复查等重要事项,由公安机关法制部门统一向人民检察院相关部门提出;人民检察院在审查批准逮捕、审查起诉、法律监督工作中需要与公安机关对接的事项，由公安机关法制部门统一接收与回复。人民检察院、公安机关应当加强沟通协调、理顺衔接流程、健全工作机制、形成工作合力，确保刑事诉讼活动依法、规范进行。

……

6. 建立完善联席会议制度。人民检察院和公安机关应当建立联席会议制度，定期或根据工作需要适时召开联席会议，共同分析研判执法办案中出现的新情况、新问题，加强对刑事案件特别是重大、疑难案件和新型案件的证据收集、法律适用、刑事政策等问题的研究，强化类案指导，必要时以制定会议纪要、指导意见等方式明确执法、司法标准；开展案件质量分析，梳理侦查活动和侦查监督、批捕起诉工作中存在的突出问题并分析原因，制定整改方案；分析研判一段时期内刑事案件规律、特点，研究专项打击、防范对策和措施，就专项活动相关事宜进行会商。

第八条 【法律监督】人民检察院依法对刑事诉讼实行法律监督。

新旧条文序号对照

2018 年刑事诉讼法	2012 年刑事诉讼法	1996 年刑事诉讼法
第八条	第八条	第八条

适用要点与裁判依据

★完善检察院对侦查活动和刑事审判活动的监督机制

《最高人民法院、最高人民检察院、公安部、国家安全部、司法部关于推进以审判为中心的刑事诉讼制度改革的意见》(2016 年 7 月 20 日 法发〔2016〕18 号)

十六、完善人民检察院对侦查活动和刑事审判活动的监督机制。建立健全对强制措施的监督机制。加强人民检察院对逮捕后羁押必要性的审查，规范非羁押性强制措施的适用。进一步规范和加强人民检察院对人民法院确有错误的刑事判决和裁定的抗诉工作，保证刑事抗诉的及时性、准确性和全面性。

★检察院对认罪认罚案件办理实行全过程的监督

《最高人民法院、最高人民检察院、公安部、国家安全部、司法部关于适用认罪认罚从宽制度的指导意见》（2019年10月11日　高检发〔2019〕13号）

54. 人民检察院的法律监督。完善人民检察院对侦查活动和刑事审判活动的监督机制，加强对认罪认罚案件办理全过程的监督，规范认罪认罚案件的抗诉工作，确保无罪的人不受刑事追究、有罪的人受到公正处罚。

★全面履行对网络犯罪案件的刑事检察监督职能

《最高人民检察院关于加强新时代检察机关网络法治工作的意见》（2023年4月18日）

（八）全面履行对网络犯罪案件的刑事检察监督职能。会同行政主管部门加强网络行政执法与刑事司法双向衔接，加快推进信息共享机制化、案件移送标准化和程序规范化。对于行政执法机关应当依法移送涉嫌网络犯罪案件而不移送的，提出检察意见要求行政执法机关移送公安机关处理；对决定不起诉的犯罪嫌疑人，依法需要给予行政处罚的，提出检察意见移送有关行政执法机关处理。充分发挥侦查监督与协作配合办公室的作用，强化刑事立案监督，加强与公安机关沟通，规范案件管辖；强化侦查活动监督，会同公安机关规范强制措施和侦查手段适用；加强重大疑难网络犯罪案件办理的协作配合，会同公安机关深挖关联案件证据线索，加强对电子数据专业化审查，依法及时有效追诉犯罪。认真落实宽严相济刑事政策，对于涉案人数多、涉及面广的网络犯罪案件，坚持分类分层处理，做到该严则严、当宽则宽。强化刑事审判监督，综合运用抗诉、纠正意见、检察建议等监督手段，及时纠正定罪量刑明显不当、审判程序严重违法等问题。高度重视涉案财物处置，加强对公安机关移送的涉案财物的证据材料审查，会同公安机关、人民法院积极推动对涉案财物依法、及时查封、扣押、冻结和有效处置，最大限度追赃挽损。

第8条

★检察院办理知识产权案件，应当进一步健全完善与公安机关的侦查监督与协作配合工作机制

《人民检察院办理知识产权案件工作指引》（2023年4月26日）

第十四条　人民检察院办理知识产权案件，应当进一步健全完善与公安机关的侦查监督与协作配合工作机制。经公安机关商请或者人民检察院认为确有必要时，可以派员通过审查证据材料等方式对重大、疑难、复杂知识产权刑事案件的案件性质、收集证据、适用法律等提出意见建议。

类案检索指引

★涉案企业行为仅构成行政违法但情节不严重的，不宜作犯罪处理

《广州市花都区检察院办理的某摩托车公司涉嫌生产、销售伪劣产品立案监督案》（2020年10月29日最高人民检察院发布保障民营企业合法权益监督侦查机关撤案典型案例）

【关键词】

经营不规范　不宜作犯罪评价　监督撤案　避免重大经济损失

【要旨】

准确把握、依法区分企业正常生产经营、违规生产经营与违法犯罪界限，慎重对待，仔细甄别，注意从政策层面把握违法犯罪界限，对虽有违法违规行为，但情节不严重的，可依法不作犯罪处理，防止不当扩大打击面，影响企业正常经营发展。

【指导意义】

1. 要客观看待企业经营不规范问题。对各类民营企业因经营不规范所引发的问题，必须以历史和发展的眼光客观看待，慎重对待，仔细甄别，注意从政策层面把握违法犯罪界限。本案中，涉案企业的行为虽属违法违规但未造成严重后果，其所生产的产品不属于刑法意义上的“伪劣产品”，因此涉案企业行为仅构成行政违法，但情节不严重，不宜作犯罪处理。

2. 要积极履行法律监督职能维护企业合法权益。检察机关对于发现的公安机关不当立案影响民营企业正常生产经营活动，应当主动担当作为，依法监督公安机关撤销案件。本案涉案企业的上市进度因刑事立案受到严重影响，花都区检察院积极履行立案监督职能，在充分调查核实的基础上依法认定企业的行为不构成犯罪，有效避免了因不当立案可能给企业造成的重大经济损失，维护了涉案企业的合法权益。

3. 要努力实现办案效益的最大化。检察机关办理涉民营企业案件既要注重保护民营企业合法权益，又要积极督促企业依法合规经营，帮助指导企业消除安全隐患，提升企业的守法经营意识。本案办结后，花都区检察院及时向涉案企业发出检察建议，规范了涉案企业的经营行为，并多次上门了解企业发展情况，帮助企业解决实际困难，有效提升了检察机关服务质效。此外，本案的办理对行业内其他经营者也起到了一定的警示和教育作用。

★及时监督纠正公安机关对民事纠纷不当立案的行为

《黑龙江省红兴隆检察院办理的某担保公司故意毁坏财物立案监督案》（2020年10月29日最高人民检察院发布保障民营企业合法权益监督侦查机关撤案典型案例）

【关键词】

故意毁坏财物　私力救济　主客观相统一　平等保护民营企业　监督撤案

【要旨】

正确辨析故意毁坏财物犯罪行为和私力救济手段，在主客观相一致的基础上准确认定行为性质。

【指导意义】

1. 严格遵循在主客观相统一的基础上认定犯罪。故意毁坏财物犯罪,主观上必须具有毁坏财物的故意,客观上表现为毁灭或者损坏公私财物,数额较大的行为。本案涉事企业虽然在客观上有将他人私自架设的电线杆拔除的行为,也给对方造成了一定的财产损失,但其目的是为了保障本公司正常业务工作进行,排除侵害,工人按照指示将电线杆陆续放倒,主观上并不具有损毁电线杆的故意。根据主客观相统一的原则,该行为并不符合故意毁坏财物罪的犯罪构成要件。

2. 正确把握私力救济与犯罪行为的界限。自救行为是指法益受到侵害后,在公力救助难以达到预期目的或者明显难以恢复的情况下,依靠自力救济法益的行为。本案中,某担保公司对涉案土地拥有管理权,某通讯公司未经同意和审批私自架设电线杆的行为已经侵犯了其民事上的合法权益。某担保公司发现后及时向农场相关行政部门询问情况,相关部门均对架设电线杆一事不知情。在此情况下,某担保公司基于排除作业妨碍的目的,自行将电线杆拔出放倒,属于依靠私力排除妨害的行为,一定程度上阻却了其行为的刑事违法性,该私力救济行为虽然不当,但性质上仍然属于民事法律关系调整的民事行为。

3. 要及时监督纠正公安机关对民事纠纷不当立案的行为。本案中,某担保公司及某建筑安装公司均系民营企业,在某建筑安装公司财物受损的同时,某担保公司由于被公安机关立案侦查,公司正常运行也受到了一定影响。检察机关经认真调查核实,及时对涉案企业行为性质做出界定,公安机关及时撤销案件,大大降低了对涉案企业的不利影响。同时加强释法说理,建议双方通过协商或民事诉讼途径解决,使得该事件得以回到正确处理轨道上依法快速解决,也有效保护了涉事双方企业的合法利益。刑事撤案后,双方企业已就相关赔偿和施工安排进行了协商,达成了一致意见,事件得以圆满解决。

……

★对假借刑事手段干扰民事诉讼活动正常进行的依法监督纠正

《北京市海淀区检察院办理的海南某科技公司骗取刑事立案干扰民事诉讼立案监督案》(2020年10月29日最高人民检察院发布保障民营企业合法权益监督侦查机关撤案典型案例)

【关键词】

伪造公司印章　民事纠纷骗取刑事立案　调查核实　监督撤案

【要旨】

当事人恶意隐瞒公司存在非备案章的事实,以公司印章被他人伪造为由虚假报案,骗取公安机关刑事立案,阻挠民事诉讼审判和执行程序正常进行,侵犯他人合法人身财产权益,检察机关依法监督撤案。

【指导意义】

1. 检察机关对民事诉讼一方当事人假借刑事手段干扰民事诉讼活动正常进行的,依法监督纠正。司法实践中,民事诉讼中已经败诉或获知即将败诉的一方当事人,为谋求不正当利益,恶意启动刑事立案程序,企图以此阻断对己方不利的已经生效或即将生效的民事判决或裁定的执行,不仅严重干扰了正常的生产经营活动,侵害他人合法人身财产权益,也严重扰乱了法院正常的民事诉讼活动秩序,损害司法公信,检察机关对此必须依法加以监督纠正。本案当事人在已经败诉的情况下,恶意隐瞒公司存在非备案章的事实,以公司印章被他人伪造为由虚假报案,骗取公安机关刑事立案,严重阻挠了民事诉讼审判和执行程序的正常进行,侵犯了他人合法人身财产权益,造成非常恶劣的后果。检察机关经过调查,及时查清了案件有关事实,排除了虚假干扰,及时依法监督侦查机关撤案,有效确保了涉案企业的正常生产经营秩序,切实维护了司法的公正与公信。

2. 监督过程中要高度重视开展调查核实工作。开展调查核实是检察机关正确、有效行使法律监督职能的必要措施与手段,尤其是对于以刑事手段干预民事纠纷的案件更为必要。本案中,公安机关在对海南某科技公司被伪造公司印章案立案后长期未能侦查终结。在此情况下，海淀区检察院果断调整调查核实策略，通过开展调查，核实涉案关键证据，排除矛盾证据，依法查明了有关案件事实，在综合研判并排除王某沂等人其他涉罪可能的基础上，依法作出了以不符合立案标准监督撤案的决定，也得到了公安机关的认同和配合，有效确保了案件的依法公正办理。

3. 要注意避免机械办案，充分运用多种监督方式实现监督效果的最大化。刑事立案监督工作并非简单地就案论案，实务中"案结"往往并不意味着"事了"。海淀区检察院通过开展监督决定公开宣告工作，从法律适用、证据采信及刑事政策等诸多方面进行释法说理，监督决定得到了公安机关认同和支持；通过积极与法院法官对接，以便尽快重启民事审判程序，切实维护当事人人身财产权益；针对公安机关未按时限受立案等行为，依法向公安机关发出《纠正违法通知书》，有效规范了刑事侦查活动；对于涉事公司人员可能涉嫌的其他违法犯罪行为，检察机关将适时启动监督程序依法进行监督，等等。通过上述撤案监督、侦查活动监督，以及公开宣告等多种监督举措，有效规范了刑事立案侦查权的行使，切实维护了当事人的人身、财产权益，是检察机关强化法律监督职能、增强人民群众获得感的一次成功实践，有力确保了监督活动三个效果的有机统一。

★严格区分罪与非罪，防止单纯依据持卡人未按规定还款的事实作出行为人具有非法占有目的的推定

《武汉市青山区检察院办理的林某某涉嫌信用卡诈骗立案监督案》（2020年10月29日最高人民检察院发布保障民营企业合法权益监督侦查机关撤案典型案例）

【关键词】

信用卡诈骗　非法占有　引导取证　综合判断　监督撤案

【要旨】

认定信用卡诈骗犯罪非法占有目的，应当综合持卡人信用记录、还款能力和意愿、申领和透支信用卡的状况、透支资金的用途、透支后的表现、未按规定还款的原因等情节作出综合判断。检察机关在办理涉企案件中，要严格把握法律政策界限，区分罪与非罪，防止办案人员单纯依据持卡人未按规定还款的事实作出不利于行为人具有非法占有目的的推定。

【指导意义】

1.注重对证据的综合研判，严防简单推定。因融资困难或者为了消费结算便利等原因，一些民营企业营者经常会以个人名义为企业办理信用卡透支消费，一旦出现超额或逾期，司法实践中，办案人员往往不注重收集证实行为人是否具有非法占有目的的证据，单纯依据持卡人未按规定还款的事实简单推定其具有非法占有目的而入罪追究。检察机关在办理此类案件时，要注意引导侦查机关围绕持卡人信用记录、还款能力和意愿、申领和透支信用卡的状况、透支资金的用途、透支后的表现、未按规定还款的原因等情节侦查取证或自行补充侦查取证，综合作出判断，不得单纯依据持卡人未按规定还款的事实简单推定嫌疑人具有非法占有目的而定罪追责，以切实保护民营企业主的合法人身财产权益。公安机关对该类案件立案的，人民检察院应当依法监督公安机关撤销案件。

2.发挥涉民营企业案件通报机制，向前延伸监督及时纠正不当立案行为。本案中，青山区检察院通过与公安机关建立涉民营经济刑事案件定期通报机制，注重向前延伸监督职能，将监督触角前移至公安机关立案或者启动侦查时，对不应立案而立案的案件，做到了及时发现，及时监督，通过提前介入、引导公安机关规范取证的同时，避免了因简单推定造成的不当定罪追责情况的发生，有效提升了检察机关的立案监督质效，避免了因执法不当给企业造成难以挽回的损失。经后续跟踪了解，及时撤案将对该民营企业的不利影响降到了最低，该企业得以恢复正常生产经营活动，并继续在相关行业正常承接工程。

3.坚持监督办案与普法并重，以优质法治产品护航民营企业健康发展。检察机关做好立案监督，不应囿于监督、止于监督，该案撤销后，青山区检察院认真落实“谁执法谁普法”的责任，与林某某企业的管理人员进行座谈，以案释法，加强法治宣传教育，引导民营企业经营者依法办事、守法经营，提高自我保护意识，有效防控法律风险，取得良好的法律效果和社会效果。

★办理经济犯罪案件，应严格区分民事纠纷与刑事犯罪界限

《额温仪未按约定交付，是否涉嫌合同诈骗？》（2020年10月30日最高人民检察院发布第二届民营经济法治建设峰会检察机关服务民营经济典型案例）

【典型意义】

办理经济犯罪案件，应严格区分民事纠纷与刑事犯罪界限。具体在合同诈骗罪中应注意以下几点：一是防止客观归罪，避免片面关注行为结果而忽略主观上是否具有非法占有目的，或者以造成损失后果代替对非法占有目的的认定。二是关于非法占有目的，可从有无实际履约行为、资金去向、以往交易履约情况等方面综合认定。三是严格审查行为人是否具有虚构事实、隐瞒真相行为。本案中，检察机关第一时间介入引导侦查取证，从介入侦查到监督撤案仅20余天，增强了监督的及时性，使刑事诉讼对企业的不利影响明显降低。撤案后，检察机关上门通报案件情况，针对焦点释法说理，引导双方通过民事途径解决纠纷、化解矛盾。

★准确区分企业行政违法行为与刑事犯罪的界限，防止不当扩大打击面

《更改产品标准未备案，是否涉嫌刑事犯罪？》（2020年12月30日最高人民检察院发布第二届民营经济法治建设峰会检察机关服务民营经济典型案例）

【典型意义】

检察机关对民营企业因经营不规范所引发的问题，必须以历史和发展的眼光客观看待，注意从法律和政策层面准确把握、准确区分企业行政违法行为与刑事犯罪的界限，防止不当扩大打击面，影响企业正常经营发展。

★对恶意通过刑事立案企图阻断对己方不利的民事裁判的案件，依法监督侦查机关撤案

《刑法的归刑法 民法的归民法，一枚公章的真假之争》（2020年12月30日最高人民检察院发布第二届民营经济法治建设峰会检察机关服务民营经济典型案例）

【典型意义】

司法实践中，民事诉讼中已经败诉或即将败诉的一方当事人，为谋求不正当利益，恶意通过刑事立案，企图阻断对己方不利的民事裁判结果出现，严重干扰涉案企业生产经营活动和司法秩序，侵害他人合法权益。检察机关通过开展独立调查核实工作，查明案件事实，依法监督侦查机关撤案，切实维护受害民营企业合法权益。

★查明被冻结账户与所涉刑事案件无关，相关侦查措施不当的，督促公安机关及时解除冻结

《复工复产面临资金困难，检警联动解冻无关账户》（2020年12月30日最高人民检察院发布第二届民营经济法治建设峰会检察机关服务民营经济典型案例）

【典型意义】

某市检察院秉承“资源共享、协作共赢、团结共进”理念，与公安机关会签《关于在办理涉民营企业刑事案件中加强协作配合工作指引》。对于涉非公经济控告申诉案件，该市检察院建立涉民企信访案件专事专办机制，由员额检察官或者检察官办案组专门受理和办理涉企信访案件，实现面对面沟通，扁平化联系，个性化服务，努力提高服务民营企业质效。本案中，该市检察院认真开展调查核实工作，查明被冻结账户与所涉刑事案件无关，相关侦查措施不当，依法督促公安机关及时解除冻结，切实维护民营企业合法权益。

★对尚未进入检察环节的案件采取介入侦查的形式认定“挂案”性质，能动清理

《张家港S公司、睢某某销售假冒注册商标的商品案——介入侦查认定“挂案”性质，积极引导涉案小微企业开展合规建设》（2021年12月8日最高人民检察院发布第二批企业合规典型案例）

【关键词】

假冒注册商标　“挂案”清理　小微企业合规建设　第三方监督评估

【要旨】

检察机关推进涉企“挂案”清理过程中，对尚未进入检察环节的案件，可采取介入侦查的形式开展个案会商，认定“挂案”性质，能动清理。对符合企业刑事合规条件的案件，积极引导涉案企业开展合规建设，引入第三方组织进行监督评估，规范推进合规监督考察和“挂案”清理工作。检察机关与公安机关等有关部门积极配合，多措并举合力护航民营经济健康发展。

【典型意义】

1. 对尚未进入检察环节的涉企“挂案”进行排查，采取与企业合规改革试点结合等方式能动清理。检察机关推进涉企“挂案”清理过程中，除依托统一业务应用系统中排除出相关数据外，还可以通过控告申诉、日常走访、服务企业平台等了解“挂案”线索。对尚未进入检察环节的案件，可采取介入侦查的形式，积极与公安机关开展个案会商。通过听取案件情况、审查在案证据、实地走访调查等工作，与公安机关共同分析是否属于“挂案”、“挂案”原因、“挂案”影响以及侦查取证方向、可行性等因素，分类施策、妥善处理。对符合合规监督考察的条件的案件，积极引导涉案企业开展合规整改，促进涉企“挂案”清理，最大限度降低“挂案”对企业生产经营的影响。

2. 严格把握企业合规监督考察条件、标准和工作程序，规范清理涉企“挂案”。通过企业合规促进“挂案”清理，在具体操作中应该重点把握三点：一是要通过走访调查，深入了解犯罪嫌疑人认罪悔罪态度、企业经营状况、社会贡献、合规意愿以及违法犯罪既往历史等情况，评估涉案企业是否符合开展合规监督考察的条件。二是要加强对外沟通，向公安机关讲清企业合规政策和涉企“挂案”清理意义，争取理解和支持。三是要依托第三方监督评估机制，客观公正地跟踪指导企业合规建设、评估合规有效性，以第三方监督评估结论为主要依据，听取行政机关以及公开听证等多方意见，做到“阳光”清理、规范清理。本案中，检察机关按照申请、调查、会商、考察等程序，规范推进企业合规，同时引入第三方组织对企业合规建设进行全程监督，值得肯定。

3. 与公安机关等有关部门积极配合，多措并举合力护航民营经济健康发展。为加强民营经济平等保护，2020 年 10 月以来，最高检与公安部联合部署开展涉民营企业刑事诉讼“挂案”专项清理工作。全国检察机关、公安机关强化协作、多措并举，一大批“挂案”得到有效清理，该撤案的及时撤案，该继续侦办的尽快突破，以实际行动服务“六稳”“六保”大局，受到社会各界的广泛好评。同时，检察机关正在深入开展涉案企业合规改革试点，落实少捕慎诉慎押刑事司法政策，依法保护涉案企业和企业家人身和财产合法权益，向涉案企业提出整改意见，督促涉案企业作出合规承诺并积极整改。在日常“挂案”清理工作中，检察机关要针对涉案企业暴露出的经营管理、法律风险方面的突出问题，自觉开展企业合规工作，积极适用第三方监督评估机制，会同公安机关等有关部门综合运用经济、行政、刑事等手段，既促进涉案企业合规守法经营，也警示潜在缺乏规制约束的企业遵纪守法发展，逐步建立长效机制，实现精准监督。

★对于侦查监督案件可采取简易公开听证方式审查办理

《徐某某申请侦查监督简易公开听证案》（2022 年 6 月 23 日最高人民检察院印发检察机关简易公开听证典型案例）

【关键词】

侦查监督　久侦未结　集约办案

【要旨】

对于公安机关立案后久侦未结引发的申请侦查监督案件，检察机关经调查核实公安机关依法履行了侦查职责，但申请人仍心存疑惑，从受理环节开始对内统筹检察合力，对外协调其他机关，通过简易公开听证的方式面对面解答申请人的疑问，充分发挥出集约化综合办案效果，满足群众充分表达诉求和对公开公正的程序追求，促进信访问题源头治理。

【典型意义】

对于侦查监督案件采取简易公开听证方式审查办理，邀请公安机关办案人员参与听证，既拓展简易公开听证案件适用范围，又能更好地对内统筹检察合力，对外协调其他机关，既增强法律监督工作质效，又发挥了集约化综合办案效果，有利于信访问题源头治理。

第九条　【使用本民族语言文字】各民族公民都有用本民族语言文字进行诉讼的权利。人民法院、人民检察院和公安机关对于不通晓当地通用的语言文字的诉讼参与人，应当为他们翻译。

在少数民族聚居或者多民族杂居的地区，应当用当地通用的语言进行审讯，用当地通用的文字发布判决书、布告和其他文件。

新旧条文序号对照

2018年刑事诉讼法	2012年刑事诉讼法	1996年刑事诉讼法
第九条	第九条	第九条

第十条　【两审终审制】人民法院审判案件，实行两审终审制。

新旧条文序号对照

2018 年刑事诉讼法	2012 年刑事诉讼法	1996 年刑事诉讼法
第十条	第十条	第十条

第十一条 【公开审判与辩护权】人民法院审判案件，除本法另有规定的以外，一律公开进行。被告人有权获得辩护，人民法院有义务保证被告人获得辩护。

新旧条文序号对照

2018 年刑事诉讼法	2012 年刑事诉讼法	1996 年刑事诉讼法
第十一条	第十一条	第十一条

适用要点与裁判依据

★保障认罪认罚的犯罪嫌疑人、被告人获得有效法律帮助

《最高人民法院、最高人民检察院、公安部、国家安全部、司法部关于适用认罪认罚从宽制度的指导意见》（2019 年 10 月 11 日　高检发〔2019〕13 号）

10. 获得法律帮助权。人民法院、人民检察院、公安机关办理认罪认罚案件，应当保障犯罪嫌疑人、被告人获得有效法律帮助，确保其了解认罪认罚的性质和法律后果，自愿认罪认罚。

犯罪嫌疑人、被告人自愿认罪认罚，没有辩护人的，人民法院、人民检察院、公安机关（看守所）应当通知值班律师为其提供法律咨询、程序选择建议、申请变更强制措施等法律帮助。符合通知辩护条件的，应当依法通知法律援助机构指派律师为其提供辩护。

人民法院、人民检察院、公安机关（看守所）应当告知犯罪嫌疑人、被告人有权约见值班律师，获得法律帮助，并为其约见值班律师提供便利。犯罪嫌疑人、被告人及其近亲属提出法律帮助请求的，人民法院、人民检察院、公安机关（看守所）应当通知值班律师为其提供法律帮助。

第十二条 【定罪权】未经人民法院依法判决，对任何人都不得确定有罪。

新旧条文序号对照

2018 年刑事诉讼法	2012 年刑事诉讼法	1996 年刑事诉讼法
第十二条	第十二条	第十二条

适用要点与裁判依据

★司法机关办理刑事案件应当保障无罪的人不受刑事追究

《最高人民法院、最高人民检察院、公安部、国家安全部、司法部关于推进以审判为中心的刑事诉讼制度改革的意见》（2016 年 7 月 20 日 法发〔2016〕18 号）

一、未经人民法院依法判决，对任何人都不得确定有罪。人民法院、人民检察院和公安机关办理刑事案件，应当分工负责，互相配合，互相制约，保证准确、及时地查明犯罪事实，正确应用法律，惩罚犯罪分子，保障无罪的人不受刑事追究。

★公安机关办理刑事案件，不得强迫任何人证实自己有罪

《公安机关办理刑事案件程序规定》（2020 年 7 月 20 日修正 公安部令第 159 号）

第八条 公安机关办理刑事案件，应当重证据，重调查研究，不轻信口供。严禁刑讯逼供和以威胁、引诱、欺骗以及其他非法方法收集证据，不得强迫任何人证实自己有罪。

第十三条　【人民陪审制度】人民法院审判案件，依照本法实行人民陪审员陪审的制度。

新旧条文序号对照

2018年刑事诉讼法	2012年刑事诉讼法	1996年刑事诉讼法
第十三条	第十三条	第十三条

适用要点与裁判依据

★不得担任人民陪审员的六种情形

《中华人民共和国人民陪审员法》（2018年4月27日　主席令第4号）

第七条　有下列情形之一的，不得担任人民陪审员：

（一）受过刑事处罚的；

（二）被开除公职的；

（三）被吊销律师、公证员执业证书的；

（四）被纳入失信被执行人名单的；

（五）因受惩戒被免除人民陪审员职务的；

（六）其他有严重违法违纪行为，可能影响司法公信的。

★由人民陪审员和法官组成合议庭的三种情形

《中华人民共和国人民陪审员法》（2018年4月27日　主席令第4号）

第十五条　人民法院审判第一审刑事、民事、行政案件，有下列情形之一的，由人民陪审员和法官组成合议庭进行：

（一）涉及群体利益、公共利益的；

（二）人民群众广泛关注或者其他社会影响较大的；

（三）案情复杂或者有其他情形，需要由人民陪审员参加审判的。

人民法院审判前款规定的案件，法律规定由法官独任审理或者由法官组成合议庭审理的，从其规定。

★刑事案件被告人申请由人民陪审员参加合议庭审判的，由法院决定

《中华人民共和国人民陪审员法》（2018年4月27日 主席令第4号）

第十七条 第一审刑事案件被告人、民事案件原告或者被告、行政案件原告申请由人民陪审员参加合议庭审判的，人民法院可以决定由人民陪审员和法官组成合议庭审判。

第十四条 【诉讼权利】人民法院、人民检察院和公安机关应当保障犯罪嫌疑人、被告人和其他诉讼参与人依法享有的辩护权和其他诉讼权利。

诉讼参与人对于审判人员、检察人员和侦查人员侵犯公民诉讼权利和人身侮辱的行为，有权提出控告。

新旧条文序号对照

2018年刑事诉讼法	2012年刑事诉讼法	1996年刑事诉讼法
第十四条	第十四条	第十四条

适用要点与裁判依据

★依法保障辩护人会见、阅卷、收集证据和发问、质证、辩论辩护等权利

《最高人民法院、最高人民检察院、公安部、国家安全部、司法部关于推进以审判为中心的刑事诉讼制度改革的意见》（2016年7月20日 法发〔2016〕18号）

十七、健全当事人、辩护人和其他诉讼参与人的权利保障制度。

依法保障当事人和其他诉讼参与人的知情权、陈述权、辩论辩护权、申请权、申诉权。犯罪嫌疑人、被告人有权获得辩护,人民法院、人民检察院、公安机关、国家安全机关有义务保证犯罪嫌疑人、被告人获得辩护。

依法保障辩护人会见、阅卷、收集证据和发问、质证、辩论辩护等权利,完善便利辩护人参与诉讼的工作机制。

类案检索指引

★台湾当事人没有委托辩护人的,可以通知法律援助机构指派律师为其提供辩护

《陈某某盗窃、抢夺案》(2021年12月14日最高人民法院发布人民法院台胞权益保障十大典型案例)

【关键词】

刑事案件律师辩护全覆盖

【典型意义】

2017年以来,最高人民法院单独或者会同有关单位发布了多件关于刑事案件律师辩护全覆盖的司法文件,尊重和保障人权,促进司法公正。最高人民法院"司法36条惠台措施"中明确规定,对符合法律援助条件的台湾当事人,应主动协调法律援助机构及时提供法律援助。台湾被告人没有委托辩护人的,可以通知法律援助机构指派律师为其提供辩护。

本案办理中,法院积极协调法律援助机构指派律师担任陈某某辩护人,为其提供法律援助,使其准确了解大陆法律规定,在依法有效惩治犯罪的同时,切实保障台湾被告人的诉讼权利。

第十五条 【认罪认罚从宽】犯罪嫌疑人、被告人自愿如实供述自己的罪行,承认指控的犯罪事实,愿意接受处罚的,可以依法从宽处理。

新旧条文序号对照

2018 年刑事诉讼法	2012 年刑事诉讼法	1996 年刑事诉讼法
第十五条		

适用要点与裁判依据

★有组织犯罪的犯罪嫌疑人、被告人自愿如实供述，愿意接受处罚的，可以依法从宽处理

《中华人民共和国反有组织犯罪法》(2021 年 12 月 24 日 主席令第 101 号)

第二十二条 办理有组织犯罪案件，应当以事实为根据，以法律为准绳，坚持宽严相济。

对有组织犯罪的组织者、领导者和骨干成员，应当严格掌握取保候审、不起诉、缓刑、减刑、假释和暂予监外执行的适用条件，充分适用剥夺政治权利、没收财产、罚金等刑罚。

有组织犯罪的犯罪嫌疑人、被告人自愿如实供述自己的罪行，承认指控的犯罪事实，愿意接受处罚的，可以依法从宽处理。

★涉嫌职务犯罪的被调查人主动认罪认罚的，监察机关可以在移送检察院时提出从宽处罚的建议

《中华人民共和国监察法》(2018 年 3 月 20 日 主席令第 3 号)

第三十一条 涉嫌职务犯罪的被调查人主动认罪认罚，有下列情形之一的，监察机关经领导人员集体研究，并报上一级监察机关批准，可以在移送人民检察院时提出从宽处罚的建议：

(一)自动投案，真诚悔罪悔过的；

(二)积极配合调查工作，如实供述监察机关还未掌握的违法犯罪行为的；

(三)积极退赃，减少损失的；

(四)具有重大立功表现或者案件涉及国家重大利益等情形的。

★认罪认罚从宽制度适用于侦查、起诉、审判各个阶段

《最高人民法院、最高人民检察院、公安部、国家安全部、司法部关于适用认罪认罚从宽制度的指导意见》(2019年10月11日　高检发〔2019〕13号)

5. 适用阶段和适用案件范围。认罪认罚从宽制度贯穿刑事诉讼全过程,适用于侦查、起诉、审判各个阶段。

认罪认罚从宽制度没有适用罪名和可能判处刑罚的限定,所有刑事案件都可以适用,不能因罪轻、罪重或者罪名特殊等原因而剥夺犯罪嫌疑人、被告人自愿认罪认罚获得从宽处理的机会。

但“可以”适用不是一律适用,犯罪嫌疑人、被告人认罪认罚后是否从宽,由司法机关根据案件具体情况决定。

★“认罪”的把握

《最高人民法院、最高人民检察院、公安部、国家安全部、司法部关于适用认罪认罚从宽制度的指导意见》(2019年10月11日　高检发〔2019〕13号)

6. “认罪”的把握。认罪认罚从宽制度中的“认罪”,是指犯罪嫌疑人、被告人自愿如实供述自己的罪行,对指控的犯罪事实没有异议。承认指控的主要犯罪事实,仅对个别事实情节提出异议,或者虽然对行为性质提出辩解但表示接受司法机关认定意见的,不影响“认罪”的认定。犯罪嫌疑人、被告人犯数罪,仅如实供述其中一罪或部分罪名事实的,全案不作“认罪”的认定,不适用认罪认罚从宽制度,但对如实供述的部分,人民检察院可以提出从宽处罚的建议,人民法院可以从宽处罚。

★“认罚”的把握

《最高人民法院、最高人民检察院、公安部、国家安全部、司法部关于适用认罪认罚从宽制度的指导意见》(2019年10月11日　高检发〔2019〕13号)

7. “认罚”的把握。认罪认罚从宽制度中的“认罚”,是指犯罪嫌疑人、被告人真诚悔罪,愿意接受处罚。“认罚”,在侦查阶段表现为表示愿意接受处罚;在审查起诉阶段表现为接受人民检察院拟作出的起诉或不起诉决定,认可人民检察院的量刑建议,签署认罪认罚具结书;在审判阶段表现为当庭确认自愿签署具结书,愿意接受刑罚处罚。

"认罚"考察的重点是犯罪嫌疑人、被告人的悔罪态度和悔罪表现,应当结合退赃退赔、赔偿损失、赔礼道歉等因素来考量。犯罪嫌疑人、被告人虽然表示"认罚",却暗中串供、干扰证人作证、毁灭、伪造证据或者隐匿、转移财产,有赔偿能力而不赔偿损失,则不能适用认罪认罚从宽制度。犯罪嫌疑人、被告人享有程序选择权,不同意适用速裁程序、简易程序的,不影响"认罚"的认定。

★"从宽"的理解

《最高人民法院、最高人民检察院、公安部、国家安全部、司法部关于适用认罪认罚从宽制度的指导意见》(2019年10月11日 高检发〔2019〕13号)

8."从宽"的理解。从宽处理既包括实体上从宽处罚,也包括程序上从简处理。"可以从宽",是指一般应当体现法律规定和政策精神,予以从宽处理。但可以从宽不是一律从宽,对犯罪性质和危害后果特别严重、犯罪手段特别残忍、社会影响特别恶劣的犯罪嫌疑人、被告人,认罪认罚不足以从轻处罚的,依法不予从宽处罚。

办理认罪认罚案件,应当依照刑法、刑事诉讼法的基本原则,根据犯罪的事实、性质、情节和对社会的危害程度,结合法定、酌定的量刑情节,综合考虑认罪认罚的具体情况,依法决定是否从宽、如何从宽。对于减轻、免除处罚,应当于法有据;不具备减轻处罚情节的,应当在法定幅度以内提出从轻处罚的量刑建议和量刑;对其中犯罪情节轻微不需要判处刑罚的,可以依法作出不起诉决定或者判决免予刑事处罚。

★从宽幅度的把握

《最高人民法院、最高人民检察院、公安部、国家安全部、司法部关于适用认罪认罚从宽制度的指导意见》(2019年10月11日 高检发〔2019〕13号)

9.从宽幅度的把握。办理认罪认罚案件,应当区别认罪认罚的不同诉讼阶段、对查明案件事实的价值和意义、是否确有悔罪表现，以及罪行严重程度等，综合考量确定从宽的限度和幅度。在刑罚评价上，主动认罪优于被动认罪，早认罪优于晚认罪，彻底认罪优于不彻底认罪，稳定认罪优于不稳定认罪。

认罪认罚的从宽幅度一般应当大于仅有坦白，或者虽认罪但不认罚的从宽幅度。对犯罪嫌疑人、被告人具有自首、坦白情节，同时认罪认罚的，应当在法定刑幅度内给予相对更大的从宽幅度。认罪认罚与自首、坦白不作重复评价。

对罪行较轻、人身危险性较小的，特别是初犯、偶犯，从宽幅度可以大一些；罪行较重、人身危险性较大的，以及累犯、再犯，从宽幅度应当从严把握。

★实施认罪认罚从宽制度对被害方权益的保障

《最高人民法院、最高人民检察院、公安部、国家安全部、司法部关于适用认罪认罚从宽制度的指导意见》（2019年10月11日　高检发〔2019〕13号）

16. 听取意见。办理认罪认罚案件，应当听取被害人及其诉讼代理人的意见，并将犯罪嫌疑人、被告人是否与被害方达成和解协议、调解协议或者赔偿被害方损失，取得被害方谅解，作为从宽处罚的重要考虑因素。人民检察院、公安机关听取意见情况应当记录在案并随案移送。

17. 促进和解谅解。对符合当事人和解程序适用条件的公诉案件，犯罪嫌疑人、被告人认罪认罚的，人民法院、人民检察院、公安机关应当积极促进当事人自愿达成和解。对其他认罪认罚案件，人民法院、人民检察院、公安机关可以促进犯罪嫌疑人、被告人通过向被害方赔偿损失、赔礼道歉等方式获得谅解，被害方出具的谅解意见应当随案移送。

人民法院、人民检察院、公安机关在促进当事人和解谅解过程中，应当向被害方释明认罪认罚从宽、公诉案件当事人和解适用程序等具体法律规定，充分听取被害方意见，符合司法救助条件的，应当积极协调办理。

★被害人不同意对被告人从宽处理的，不影响认罪认罚从宽制度的适用

《最高人民法院、最高人民检察院、公安部、国家安全部、司法部关于适用认罪认罚从宽制度的指导意见》（2019年10月11日　高检发〔2019〕13号）

18. 被害方异议的处理。被害人及其诉讼代理人不同意对认罪认罚的犯罪嫌疑人、被告人从宽处理的，不影响认罪认罚从宽制度的适用。犯罪嫌疑人、被告人认罪认罚，但没有退赃退赔、赔偿损失，未能与被害方达成调解或者和解协议的，从宽时应当予以酌减。犯罪嫌疑人、被告人自愿认罪并且愿意积极赔偿损失，但由于被害方赔偿请求明显不合理，未能达成调解或者和解协议的，一般不影响对犯罪嫌疑人、被告人从宽处理。

★向看守所工作人员或者辩护人、值班律师表示愿意认罪认罚的处理

《最高人民法院、最高人民检察院、公安部、国家安全部、司法部关于适用认罪认罚从宽制度的指导意见》（2019年10月11日　高检发〔2019〕13号）

22. 权利告知和听取意见。公安机关在侦查过程中，应当告知犯罪嫌疑人享有的诉讼权利、如实供述罪行可以从宽处理和认罪认罚的法律规定，听取犯罪嫌疑人及其辩护人或者值班律师的意见，记录在案并随案移送。

对在非讯问时间、办案人员不在场情况下，犯罪嫌疑人向看守所工作人员或者辩护人、值班律师表示愿意认罪认罚的，有关人员应当及时告知办案单位。

★认罪认罚案件适用速裁程序、简易程序或者普通程序

《最高人民法院关于适用〈中华人民共和国刑事诉讼法〉的解释》（2021年1月26日　法释〔2021〕1号）

第三百四十八条　对认罪认罚案件，应当根据案件情况，依法适用速裁程序、简易程序或者普通程序审理。

★检察院、公安机关应当鼓励犯罪嫌疑人认罪认罚

《最高人民检察院、公安部关于依法妥善办理轻伤害案件的指导意见》(2022年12月22日 高检发办字〔2022〕167号)

(十二)充分适用认罪认罚从宽制度。人民检察院、公安机关应当向犯罪嫌疑人、被害人告知认罪认罚从宽制度,通过释明认罪认罚从宽制度的法律规定,鼓励犯罪嫌疑人认罪认罚、赔偿损失、赔礼道歉,促成当事人矛盾化解,并依法予以从宽处理。

第十六条 【不追究刑事责任的情形】有下列情形之一的,不追究刑事责任,已经追究的,应当撤销案件,或者不起诉,或者终止审理,或者宣告无罪:

(一)情节显著轻微、危害不大,不认为是犯罪的;

(二)犯罪已过追诉时效期限的;

(三)经特赦令免除刑罚的;

(四)依照刑法告诉才处理的犯罪,没有告诉或者撤回告诉的;

(五)犯罪嫌疑人、被告人死亡的;

(六)其他法律规定免予追究刑事责任的。

新旧条文序号对照

2018年刑事诉讼法	2012年刑事诉讼法	1996年刑事诉讼法
第十六条	第十五条	第十五条

适用要点与裁判依据

★对正当防卫的案件,应当依法及时作出不予立案、撤销案件、不批准逮捕、不起诉的决定

《最高人民法院、最高人民检察院、公安部关于依法适用正当防卫制度的指导意见》(2020年8月28日 法发〔2020〕31号)

20.依法公正处理案件。要全面审查事实证据,认真听取各方意见,高度重视犯罪嫌疑人、被告人及其辩护人提出的正当防卫或者防卫过当的辩解、辩护意见,并及时核查,以准确认定事实、正确适用法律。要及时披露办案进展等工作信息,回应社会关切。对于依法认定为正当防卫的案件,根据刑事诉讼法的规定,及时作出不予立案、撤销案件、不批准逮捕、不起诉的决定或者被告人无罪的判决。对于防卫过当案件,应当依法适用认罪认罚从宽制度;对于犯罪情节轻微,依法不需要判处刑罚或者免除刑罚的,人民检察院可以作出不起诉决定。对于不法侵害人涉嫌犯罪的,应当依法及时追诉。人民法院审理第一审的涉正当防卫案件,社会影响较大或者案情复杂的,由人民陪审员和法官组成合议庭进行审理;社会影响重大的,由人民陪审员和法官组成七人合议庭进行审理。

★撤销案件、终止侦查、不起诉、判决无罪后,对涉案财物的处理

《中共中央办公厅、国务院办公厅关于进一步规范刑事诉讼涉案财物处置工作的意见》(2015年1月24日 中办发〔2015〕7号)

二、……

……

公安机关、国家安全机关决定撤销案件或者终止侦查、人民检察院决定撤销案件或者不起诉、人民法院作出无罪判决的,涉案财物除依法另行处理外,应当解除查封、扣押、冻结措施,需要返还当事人的应当及时返还。

……

类案检索指引

★做实做细释法说理工作，促使涉案企业回归正常经营

《某商贸公司申请撤案监督案》（2022年11月16日最高人民检察院发布第三批检察机关涉非公经济控告申诉典型案例）

【关键词】

合同诈骗　撤案监督　“挂案”清理　部门联动

【典型意义】

1. 保持高度敏感性，加大涉非公经济控告申诉案件的监督力度，提升办案效率。渝北区院控告申诉检察部门收到交办案件线索后，在七个工作日内完成了线索审查、证据搜集、汇报请示等工作，经审查发现因该案长期久侦不结致使申诉单位无法进行正常的民事诉讼程序，严重影响其正常经营，存在“挂案”情形，需要公安机关说明立案理由，跨部门成立办案小组，经审查后通知公安机关撤销案件，帮助涉案企业从刑事诉讼中尽快脱离，为企业讨要欠款扫清障碍。

2. 做实做细释法说理工作，促使涉案企业回归正常经营。控告申诉检察部门与刑事检察部门通力合作，先后多次与某商贸公司负责人面对面沟通，当面听取其申诉理由与申诉诉求，并尽力消除其对司法机关的不满，最终促使其签署了《息诉息访承诺书》。此外，针对依法撤案后相对方企业存在的后顾之忧，两部门主动对其开展释法说理工作，对于其反映的该案其他同案人员还涉嫌其他刑事犯罪的问题进行说明，依法告知有权向公安机关报案，并可依法向检察机关提出立案监督申请，进而最终打消了该公司的疑虑。

3. 把握办案契机，建章立制促进涉非公经济控告申诉案件清理专项行动长效推进。该案办结后，渝北区院控告申诉检察部门充分发挥主观能动性，会同刑事检察部门多次讨论研究，构建了涉非公经济控告申诉案件快速办理机制，依法向控告申诉人提供包含线索收集、受理审查、移送办理、审查结案、结果答复在内的“一站式”便民服务，缩短办案期限，提升办案效率，有效解决涉案企业“投诉易、维权难”的现状，深入履行检察机关法律监督职责，切实为涉案企业办实事办真事，依法保障民营经济合法权益。

第十七条 【外国人犯罪的刑事责任】对于外国人犯罪应当追究刑事责任的，适用本法的规定。

对于享有外交特权和豁免权的外国人犯罪应当追究刑事责任的，通过外交途径解决。

新旧条文序号对照

2018 年刑事诉讼法	2012 年刑事诉讼法	1996 年刑事诉讼法
第十七条	第十六条	第十六条

第十八条 【刑事司法协助】 根据中华人民共和国缔结或者参加的国际条约，或者按照互惠原则，我国司法机关和外国司法机关可以相互请求刑事司法协助。

新旧条文序号对照

2018 年刑事诉讼法	2012 年刑事诉讼法	1996 年刑事诉讼法
第十八条	第十七条	第十七条

适用要点与裁判依据

★可以按照刑事司法协助条约规定或者双方协商办理的事项

《中华人民共和国国际刑事司法协助法》（2018 年 10 月 26 日主席令第 13 号）

第三条 中华人民共和国和外国之间开展刑事司法协助，依照本法进行。

执行外国提出的刑事司法协助请求，适用本法、刑事诉讼法及其他相关法律的规定。

对于请求书的签署机关、请求书及所附材料的语言文字、有关办理期限和具体程序等事项，在不违反中华人民共和国法律的基本原则的情况下，可以按照刑事司法协助条约规定或者双方协商办理。

★涉及有组织犯罪的刑事司法协助、引渡的法律适用

《中华人民共和国反有组织犯罪法》（2021年12月24日　主席令第101号）

第五十五条　国务院有关部门根据国务院授权，代表中国政府与外国政府和有关国际组织开展反有组织犯罪情报信息交流和执法合作。

国务院公安部门应当加强跨境反有组织犯罪警务合作，推动与有关国家和地区建立警务合作机制。经国务院公安部门批准，边境地区公安机关可以与相邻国家或者地区执法机构建立跨境有组织犯罪情报信息交流和警务合作机制。

第五十六条　涉及有组织犯罪的刑事司法协助、引渡，依照有关法律的规定办理。

★边境地区公安机关可以按照惯例相互开展警务合作

《公安机关办理刑事案件程序规定》（2020年7月20日修正　公安部令第159号）

第三百七十四条　公安部是公安机关进行刑事司法协助和警务合作的中央主管机关，通过有关法律、国际条约、协议规定的联系途径、外交途径或者国际刑事警察组织渠道，接收或者向外国提出刑事司法协助或者警务合作请求。

地方各级公安机关依照职责权限办理刑事司法协助事务和警务合作事务。

其他司法机关在办理刑事案件中，需要外国警方协助的，由其中央主管机关与公安部联系办理。

第三百七十五条 公安机关进行刑事司法协助和警务合作的范围,主要包括犯罪情报信息的交流与合作,调查取证,安排证人作证或者协助调查,查封、扣押、冻结涉案财物,没收、返还违法所得及其他涉案财物,送达刑事诉讼文书,引渡、缉捕和递解犯罪嫌疑人、被告人或者罪犯,以及国际条约、协议规定的其他刑事司法协助和警务合作事宜。

第三百七十六条 在不违背我国法律和有关国际条约、协议的前提下,我国边境地区设区的市一级公安机关和县级公安机关与相邻国家的警察机关,可以按照惯例相互开展执法会晤、人员往来、边境管控、情报信息交流等警务合作,但应当报省级公安机关批准,并报公安部备案;开展其他警务合作的,应当报公安部批准。

★请求和提供司法协助的法律依据和办理程序

《最高人民法院关于适用〈中华人民共和国刑事诉讼法〉的解释》(2021年1月26日 法释〔2021〕1号)

第四百九十一条 请求和提供司法协助,应当依照《中华人民共和国国际刑事司法协助法》、我国与有关国家、地区签订的刑事司法协助条约、移管被判刑人条约和有关法律规定进行。

对请求书的签署机关、请求书及所附材料的语言文字、有关办理期限和具体程序等事项,在不违反中华人民共和国法律的基本原则的情况下,可以按照刑事司法协助条约规定或者双方协商办理。

第四百九十二条 外国法院请求的事项有损中华人民共和国的主权、安全、社会公共利益以及违反中华人民共和国法律的基本原则的,人民法院不予协助;属于有关法律规定的可以拒绝提供刑事司法协助情形的,可以不予协助。

第四百九十三条 人民法院请求外国提供司法协助的,应当层报最高人民法院,经最高人民法院审核同意后交由有关对外联系机关及时向外国提出请求。

外国法院请求我国提供司法协助,有关对外联系机关认为属于人民法院职权范围的,经最高人民法院审核同意后转有关人民法院办理。

第四百九十四条　人民法院请求外国提供司法协助的请求书，应当依照刑事司法协助条约的规定提出；没有条约或者条约没有规定的，应当载明法律规定的相关信息并附相关材料。请求书及其所附材料应当以中文制作，并附有被请求国官方文字的译本。

外国请求我国法院提供司法协助的请求书，应当依照刑事司法协助条约的规定提出；没有条约或者条约没有规定的，应当载明我国法律规定的相关信息并附相关材料。请求书及所附材料应当附有中文译本。

★强化打击网络犯罪领域的刑事司法协助，推动网络安全跨境执法司法合作不断深化

《最高人民检察院关于加强新时代检察机关网络法治工作的意见》（2023年4月18日）

（十六）积极参与网络空间国际治理。积极参与《联合国打击网络犯罪公约》的谈判，提出和阐释我国推进网络空间法治化的理念和做法。利用金砖国家、上海合作组织成员国、中国—东盟成员国总检察长会议机制、国际检察官联合会等平台，与相关国家进行磋商，签订多边、双边协议，强化打击网络犯罪领域的刑事司法协助，推动网络安全跨境执法司法合作不断深化。加强对网络治理涉外领域立法和国内法域外适用问题的研究，组织翻译相关域外材料，加大培训交流。

第二章　管　　辖

第十九条　【司法机关对刑事案件的管辖分工】刑事案件的侦查由公安机关进行，法律另有规定的除外。

人民检察院在对诉讼活动实行法律监督中发现的司法工作人

第19条

员利用职权实施的非法拘禁、刑讯逼供、非法搜查等侵犯公民权利、损害司法公正的犯罪,可以由人民检察院立案侦查。对于公安机关管辖的国家机关工作人员利用职权实施的重大犯罪案件,需要由人民检察院直接受理的时候,经省级以上人民检察院决定,可以由人民检察院立案侦查。

自诉案件,由人民法院直接受理。

新旧条文序号对照

2018 年刑事诉讼法	2012 年刑事诉讼法	1996 年刑事诉讼法
第十九条	第十八条	第十八条

适用要点与裁判依据

★监察委员会的监察范围

《中华人民共和国监察法》(2018 年 3 月 20 日 主席令第 3 号)

第十五条 监察机关对下列公职人员和有关人员进行监察:

(一)中国共产党机关、人民代表大会及其常务委员会机关、人民政府、监察委员会、人民法院、人民检察院、中国人民政治协商会议各级委员会机关、民主党派机关和工商业联合会机关的公务员,以及参照《中华人民共和国公务员法》管理的人员;

(二)法律、法规授权或者受国家机关依法委托管理公共事务的组织中从事公务的人员;

(三)国有企业管理人员;

(四)公办的教育、科研、文化、医疗卫生、体育等单位中从事管理的人员;

(五)基层群众性自治组织中从事管理的人员;

(六)其他依法履行公职的人员。

★国家监察委员会对职务犯罪案件的管辖

《国家监察委员会管辖规定(试行)》(2018 年 4 月 16 日　国监发〔2018〕1 号)

第二十二条　国家监察委员会调查中央管理的公职人员职务违法和职务犯罪案件;有全国性影响的其他重大职务违法和职务犯罪案件。

第二十三条　国家监察委员会可以直接调查或者领导、指挥调查省级监察机关管辖的案件,必要时也可以直接办理地方各级监察机关管辖的案件。

★省级监察机关对其管辖的重大、复杂案件可以报请移送国家监察委员会管辖

《国家监察委员会管辖规定(试行)》(2018 年 4 月 16 日　国监发〔2018〕1 号)

第二十五条　省级监察机关认为所管辖的案件重大、复杂,需要由国家监察委员会管辖的,可以报请移送国家监察委员会管辖。国家监察委受理后,认为需要调查的,可以自行调查,也可以指定其他省级监察机关办理。

★在对诉讼活动实行法律监督中发现的司法工作人员利用职权实施的犯罪,可以由检察院立案侦查

《人民检察院刑事诉讼规则》(2019 年 12 月 30 日　高检发释字〔2019〕4 号)

第十三条　人民检察院在对诉讼活动实行法律监督中发现的司法工作人员利用职权实施的非法拘禁、刑讯逼供、非法搜查等侵犯公民权利、损害司法公正的犯罪,可以由人民检察院立案侦查。

对于公安机关管辖的国家机关工作人员利用职权实施的重大犯罪案件,需要由人民检察院直接受理的,经省级以上人民检察院决定,可以由人民检察院立案侦查。

★检察院办理直接受理侦查的案件，发现犯罪嫌疑人同时涉嫌监察机关管辖的职务犯罪线索的，应当及时与同级监察机关沟通

《人民检察院刑事诉讼规则》(2019年12月30日 **高检发释字〔2019〕4号**)

第十七条 人民检察院办理直接受理侦查的案件，发现犯罪嫌疑人同时涉嫌监察机关管辖的职务犯罪线索的，应当及时与同级监察机关沟通。

经沟通，认为全案由监察机关管辖更为适宜的，人民检察院应当将案件和相应职务犯罪线索一并移送监察机关；认为由监察机关和人民检察院分别管辖更为适宜的，人民检察院应当将监察机关管辖的相应职务犯罪线索移送监察机关，对依法由人民检察院管辖的犯罪案件继续侦查。

人民检察院应当及时将沟通情况报告上一级人民检察院。沟通期间不得停止对案件的侦查。

★检察院办理直接受理侦查的案件涉及公安机关管辖的刑事案件，应当将属于公安机关管辖的刑事案件移送公安机关

《人民检察院刑事诉讼规则》(2019年12月30日 **高检发释字〔2019〕4号**)

第十八条 人民检察院办理直接受理侦查的案件涉及公安机关管辖的刑事案件，应当将属于公安机关管辖的刑事案件移送公安机关。如果涉嫌的主罪属于公安机关管辖，由公安机关为主侦查，人民检察院予以配合；如果涉嫌的主罪属于人民检察院管辖，由人民检察院为主侦查，公安机关予以配合。

对于一人犯数罪、共同犯罪、共同犯罪的犯罪嫌疑人还实施其他犯罪、多个犯罪嫌疑人实施的犯罪存在关联，并案处理有利于查明案件事实和诉讼进行的，人民检察院可以在职责范围内对相关犯罪案件并案处理。

★检察院办理民事诉讼监督案件过程中，发现存在虚假诉讼犯罪嫌疑的，可以调查核实有关情况

《最高人民法院、最高人民检察院、公安部、司法部关于进一步加强虚假诉讼犯罪惩治工作的意见》(2021 年 3 月 4 日　法发〔2021〕10 号)

第二十条　人民检察院办理民事诉讼监督案件过程中，发现存在虚假诉讼犯罪嫌疑的，可以向民事诉讼当事人或者案外人调查核实有关情况。有关单位和个人无正当理由拒不配合调查核实、妨害民事诉讼的，人民检察院可以建议有关人民法院依照民事诉讼法第一百一十一条第一款第五项等规定处理。

人民检察院针对存在虚假诉讼犯罪嫌疑的民事诉讼监督案件依照有关规定调阅人民法院的民事诉讼卷宗的，人民法院予以配合。通过拷贝电子卷、查阅、复制、摘录等方式能够满足办案需要的，可以不调阅诉讼卷宗。

人民检察院发现民事诉讼监督案件存在虚假诉讼犯罪嫌疑的，可以听取人民法院原承办人的意见。

第二十一条　对于存在虚假诉讼犯罪嫌疑的民事案件，人民法院可以依职权调查收集证据。

当事人自认的事实与人民法院、人民检察院依职权调查并经审理查明的事实不符的，人民法院不予确认。

★被害人有证据证明的轻微刑事案件，检察院没有提起公诉的，法院可以作为自诉案件直接受理

《最高人民法院关于适用〈中华人民共和国刑事诉讼法〉的解释》(2021 年 1 月 26 日　法释〔2021〕1 号)

第一条　人民法院直接受理的自诉案件包括：

(一)告诉才处理的案件：

1. 侮辱、诽谤案(刑法第二百四十六条规定的，但严重危害社会秩序和国家利益的除外)；

2. 暴力干涉婚姻自由案(刑法第二百五十七条第一款规定的)；

3. 虐待案(刑法第二百六十条第一款规定的,但被害人没有能力告诉或者因受到强制、威吓无法告诉的除外);

4. 侵占案(刑法第二百七十条规定的)。

(二)人民检察院没有提起公诉,被害人有证据证明的轻微刑事案件:

1. 故意伤害案(刑法第二百三十四条第一款规定的);

2. 非法侵入住宅案(刑法第二百四十五条规定的);

3. 侵犯通信自由案(刑法第二百五十二条规定的);

4. 重婚案(刑法第二百五十八条规定的);

5. 遗弃案(刑法第二百六十一条规定的);

6. 生产、销售伪劣商品案(刑法分则第三章第一节规定的,但严重危害社会秩序和国家利益的除外);

7. 侵犯知识产权案(刑法分则第三章第七节规定的,但严重危害社会秩序和国家利益的除外);

8. 刑法分则第四章、第五章规定的,可能判处三年有期徒刑以下刑罚的案件。

本项规定的案件,被害人直接向人民法院起诉的,人民法院应当依法受理。对其中证据不足,可以由公安机关受理的,或者认为对被告人可能判处三年有期徒刑以上刑罚的,应当告知被害人向公安机关报案,或者移送公安机关立案侦查。

(三)被害人有证据证明对被告人侵犯自己人身、财产权利的行为应当依法追究刑事责任,且有证据证明曾经提出控告,而公安机关或者人民检察院不予追究被告人刑事责任的案件。

★被告人实施两个以上犯罪行为,分别属于公诉案件和自诉案件的,法院可以一并审理

《最高人民法院关于适用〈中华人民共和国刑事诉讼法〉的解释》(2021年1月26日　法释〔2021〕1号)

第三百二十四条　被告人实施两个以上犯罪行为,分别属于公诉案件和自诉案件,人民法院可以一并审理。对自诉部分的审理,适用本章的规定。

★公安机关发现存在虚假诉讼犯罪嫌疑的，可以开展调查核实

《最高人民法院、最高人民检察院、公安部、司法部关于进一步加强虚假诉讼犯罪惩治工作的意见》（2021年3月4日　法发〔2021〕10号）

第十七条　有管辖权的公安机关接受民事诉讼当事人、诉讼代理人和其他诉讼参与人、利害关系人、其他自然人、法人和非法人组织的报案、控告、举报或者在履行职责过程中发现存在虚假诉讼犯罪嫌疑的，可以开展调查核实工作。经县级以上公安机关负责人批准，公安机关可以依照有关规定拷贝电子卷或者查阅、复制、摘录人民法院的民事诉讼卷宗，人民法院予以配合。

公安机关在办理刑事案件过程中，发现犯罪嫌疑人还涉嫌实施虚假诉讼犯罪的，适用前款规定。

★被害人、犯罪嫌疑人、律师等对案件管辖有异议提出申诉的，公安机关应当在接到申诉后的七日以内予以答复

《最高人民检察院、公安部关于公安机关办理经济犯罪案件的若干规定》（2017年11月24日　公通字〔2017〕25号）

第六十八条　被害人、犯罪嫌疑人及其法定代理人、近亲属或者律师对案件管辖有异议，向立案侦查的公安机关提出申诉的，接受申诉的公安机关应当在接到申诉后的七日以内予以答复。

★香港特别行政区对管辖危害国家安全犯罪案件的法律适用

《中华人民共和国香港特别行政区维护国家安全法》（2020年6月30日　主席令第49号）

第四十一条　香港特别行政区管辖危害国家安全犯罪案件的立案侦查、检控、审判和刑罚的执行等诉讼程序事宜，适用本法和香港特别行政区本地法律。

未经律政司长书面同意，任何人不得就危害国家安全犯罪案件提出检控。但该规定不影响就有关犯罪依法逮捕犯罪嫌疑人并将其羁押，也不影响该等犯罪嫌疑人申请保释。

香港特别行政区管辖的危害国家安全犯罪案件的审判循公诉程序进行。

审判应当公开进行。因为涉及国家秘密、公共秩序等情形不宜公开审理的，禁止新闻界和公众旁听全部或者一部分审理程序，但判决结果应当一律公开宣布。

类案检索指引

★虐待未成年人犯罪案件中，未成年人往往没有能力告诉，应按照公诉案件处理

《于某虐待案》（2018年11月9日最高人民检察院发布第十一批指导性案例：检例第44号）

【关键词】

虐待罪　告诉能力　支持变更抚养权

【指导意义】

《中华人民共和国刑法》第二百六十条规定，虐待家庭成员，情节恶劣的，告诉的才处理，但被害人没有能力告诉，或者因受到强制、威吓无法告诉的除外。虐待未成年人犯罪案件中，未成年人往往没有能力告诉，应按照公诉案件处理，由检察机关提起公诉，维护未成年被害人的合法权利。

《最高人民法院、最高人民检察院、公安部、司法部关于对判处管制、宣告缓刑的犯罪分子适用禁止令有关问题的规定（试行）》第七条规定，人民检察院在提起公诉时，对可能宣告缓刑的被告人，可以建议禁止其从事特定活动，进入特定区域、场所，接触特定的人。对未成年人遭受家庭成员虐待的案件，结合犯罪情节，检察机关可以在提出量刑建议的同时，有针对性地向人民法院提出适用禁止令的建议，禁止被告人再次对被害人实施家庭暴力，依法保障未成年人合法权益，督促被告人在缓刑考验期内认真改造。

夫妻离婚后，与未成年子女共同生活的一方不尽抚养义务，对未成年人实施虐待或者其他严重侵害合法权益的行为，不适宜继续担任抚养人的，根据《中华人民共和国民事诉讼法》第十五条的规定，检察机关可以支持未成年人或者其他监护人向人民法院提起变更抚养权诉讼，切实维护未成年人合法权益。

★申请执行人以拒不执行判决、裁定罪提起刑事自诉后，法院可以对被执行人作出逮捕决定

《殷某娟拒不执行判决、裁定罪自诉案》（2021年12月1日最高人民法院发布八起依法惩戒规避和抗拒执行典型案例）

案情简介：2019年12月，徐某与殷某娟民间借贷纠纷一案，经江西省鹰潭市余江区人民法院主持调解达成调解协议并制作调解书，殷某娟需偿还徐某借款83万元及利息。但殷某娟未按照调解书履行还款义务。徐某遂向余江区法院申请强制执行，执行中殷某娟虽多次作出还款承诺，但届期均未履行，且有逃离住所等逃避执行的行为，法院对其作出了司法拘留和罚款决定。2021年年初，申请执行人徐某遂以被执行人殷某娟涉嫌拒不执行判决、裁定罪向余江区人民法院提起刑事自诉。该院刑事立案后对被执行人殷某娟作出逮捕决定。……在被决定逮捕后，被执行人殷某娟的家属与申请执行人徐某达成执行和解协议，该案得以顺利执结。

典型意义：本案是通过刑事自诉方式追究被执行人拒执罪的典型案例，且法院以案说法，通过与媒体深度合作，采取网络直播、全程见证抓捕等新媒体形式，形成强大的舆论威慑氛围，具有极强的教育意义和社会影响，真正起到了执行一案、教育一批、影响一片的积极效果。

★利用信息网络诽谤他人，破坏公众安全感且“严重危害社会秩序”的自诉案件，检察机关应当依法作为公诉案件办理

《郎某、何某诽谤案》（2022年2月21日最高人民检察院发布第三十四批指导性案例：检例第137号）

【关键词】

网络诽谤　严重危害社会秩序　能动司法　自诉转公诉

【要旨】

利用信息网络诽谤他人，破坏公众安全感，严重扰乱网络社会秩序，符合刑法第二百四十六条第二款“严重危害社会秩序”的，检察机关应当依法履行追诉职责，作为公诉案件办理。对公安机关未立案侦查，被害人已提出自诉的，检察机关应当处理好由自诉向公诉程序的转换。

★利用信息网络散布被害人的裸体视频、照片，公然侮辱他人严重危害社会秩序的，检察机关应当按照公诉程序处理

《岳某侮辱案》（2022年2月21日最高人民检察院发布第三十四批指导性案例：检例第138号）

【关键词】

网络侮辱　裸照　情节严重　严重危害社会秩序　公诉程序

【要旨】

利用信息网络散布被害人的裸体视频、照片及带有侮辱性的文字，公然侮辱他人，贬损他人人格、破坏他人名誉，导致出现被害人自杀等后果，严重危害社会秩序的，应当按照公诉程序，以侮辱罪依法追究刑事责任。

第二十条　【基层法院管辖权】基层人民法院管辖第一审普通刑事案件，但是依照本法由上级人民法院管辖的除外。

新旧条文序号对照

2018年刑事诉讼法	2012年刑事诉讼法	1996年刑事诉讼法
第二十条	第十九条	第十九条

适用要点与裁判依据

★第一审涉外刑事案件，除《刑事诉讼法》有特别规定的以外，由基层法院管辖

《最高人民法院关于适用〈中华人民共和国刑事诉讼法〉的解释》(2021年1月26日　法释〔2021〕1号)

第四百七十六条　第一审涉外刑事案件，除刑事诉讼法第二十一条至第二十三条规定的以外，由基层人民法院管辖。必要时，中级人民法院可以指定辖区内若干基层人民法院集中管辖第一审涉外刑事案件，也可以依照刑事诉讼法第二十四条的规定，审理基层人民法院管辖的第一审涉外刑事案件。

第二十一条　【中级法院管辖权】中级人民法院管辖下列第一审刑事案件：

（一）危害国家安全、恐怖活动案件；

（二）可能判处无期徒刑、死刑的案件。

新旧条文序号对照

2018年刑事诉讼法	2012年刑事诉讼法	1996年刑事诉讼法
第二十一条	第二十条	第二十条

适用要点与裁判依据

★中级人民法院可以指定基层法院集中管辖第一审涉外刑事案件，也可以审理基层人民法院管辖的第一审涉外刑事案件

《最高人民法院关于适用〈中华人民共和国刑事诉讼法〉的解释》(2021年1月26日　法释〔2021〕1号)

第四百七十六条　第一审涉外刑事案件，除刑事诉讼法第二十一条至第二十三条规定的以外，由基层人民法院管辖。必要时，中级人民法院可以指定辖区内若干基层人民法院集中管辖第一审涉外刑事案件，也可以依照刑事诉讼法第二十四条的规定，审理基层人民法院管辖的第一审涉外刑事案件。

第二十二条 【高级法院管辖权】高级人民法院管辖的第一审刑事案件，是全省（自治区、直辖市）性的重大刑事案件。

新旧条文序号对照

2018 年刑事诉讼法	2012 年刑事诉讼法	1996 年刑事诉讼法
第二十二条	第二十一条	第二十一条

适用要点与裁判依据

★涉外刑事案件审判期间，需要向有关国家驻华使领馆通知有关事项的，应当层报高级法院按照规定通知

《最高人民法院关于适用〈中华人民共和国刑事诉讼法〉的解释》（2021 年 1 月 26 日 法释〔2021〕1 号）

第四百七十九条 涉外刑事案件审判期间，人民法院应当将下列事项及时通报同级人民政府外事主管部门，并依照有关规定通知有关国家驻华使领馆：

（一）人民法院决定对外国籍被告人采取强制措施的情况，包括外国籍当事人的姓名（包括译名）、性别、入境时间、护照或者证件号码、采取的强制措施及法律依据、羁押地点等；

（二）开庭的时间、地点、是否公开审理等事项；

（三）宣判的时间、地点。

涉外刑事案件宣判后，应当将处理结果及时通报同级人民政府外事主管部门。

对外国籍被告人执行死刑的，死刑裁决下达后执行前，应当通知其国籍国驻华使领馆。

外国籍被告人在案件审理中死亡的，应当及时通报同级人民政府外事主管部门，并通知有关国家驻华使领馆。

第四百八十条 需要向有关国家驻华使领馆通知有关事项的，应当层报高级人民法院，由高级人民法院按照下列规定通知：

（一）外国籍当事人国籍国与我国签订有双边领事条约的，根据条约规定办理；未与我国签订双边领事条约，但参加《维也纳领事关系公约》的，根据公约规定办理；未与我国签订领事条约，也未参加《维也纳领事关系公约》，但与我国有外交关系的，可以根据外事主管部门的意见，按照互惠原则，根据有关规定和国际惯例办理；

（二）在外国驻华领馆领区内发生的涉外刑事案件，通知有关外国驻该地区的领馆；在外国领馆领区外发生的涉外刑事案件，通知有关外国驻华使馆；与我国有外交关系，但未设使领馆的国家，可以通知其代管国家驻华使领馆；无代管国家、代管国家不明的，可以不通知；

（三）双边领事条约规定通知时限的，应当在规定的期限内通知；没有规定的，应当根据或者参照《维也纳领事关系公约》和国际惯例尽快通知，至迟不得超过七日；

（四）双边领事条约没有规定必须通知，外国籍当事人要求不通知其国籍国驻华使领馆的，可以不通知，但应当由其本人出具书面声明。

高级人民法院向外国驻华使领馆通知有关事项，必要时，可以请人民政府外事主管部门协助。

第二十三条 【最高法院管辖权】最高人民法院管辖的第一审刑事案件，是全国性的重大刑事案件。

新旧条文序号对照

2018 年刑事诉讼法	2012 年刑事诉讼法	1996 年刑事诉讼法
第二十三条	第二十二条	第二十二条

第二十四条 【管辖权的变更】上级人民法院在必要的时候，可以审判下级人民法院管辖的第一审刑事案件；下级人民法院认为案情重大、复杂需要由上级人民法院审判的第一审刑事案件，可以请求移送上一级人民法院审判。

新旧条文序号对照

2018 年刑事诉讼法	2012 年刑事诉讼法	1996 年刑事诉讼法
第二十四条	第二十三条	第二十三条

适用要点与裁判依据

★上级法院决定审判下级法院管辖的第一审刑事案件的，应当下达改变管辖决定书

《最高人民法院关于适用〈中华人民共和国刑事诉讼法〉的解释》(2021 年 1 月 26 日 法释〔2021〕1 号)

第十六条 上级人民法院决定审判下级人民法院管辖的第一审刑事案件的，应当向下级人民法院下达改变管辖决定书，并书面通知同级人民检察院。

★基层法院请求移送中级法院审判的案件范围

《最高人民法院关于适用〈中华人民共和国刑事诉讼法〉的解释》(2021 年 1 月 26 日 法释〔2021〕1 号)

第十七条 基层人民法院对可能判处无期徒刑、死刑的第一审刑事案件,应当移送中级人民法院审判。

基层人民法院对下列第一审刑事案件,可以请求移送中级人民法院审判:

(一)重大、复杂案件;

(二)新类型的疑难案件;

(三)在法律适用上具有普遍指导意义的案件。

需要将案件移送中级人民法院审判的,应当在报请院长决定后,至迟于案件审理期限届满十五日以前书面请求移送。中级人民法院应当在接到申请后十日以内作出决定。不同意移送的,应当下达不同意移送决定书,由请求移送的人民法院依法审判;同意移送的,应当下达同意移送决定书,并书面通知同级人民检察院。

第二十五条　【地域管辖】刑事案件由犯罪地的人民法院管辖。如果由被告人居住地的人民法院审判更为适宜的,可以由被告人居住地的人民法院管辖。

新旧条文序号对照

2018 年刑事诉讼法	2012 年刑事诉讼法	1996 年刑事诉讼法
第二十五条	第二十四条	第二十四条

适用要点与裁判依据

★犯罪地包括犯罪行为地和犯罪结果地

《最高人民法院关于适用〈中华人民共和国刑事诉讼法〉的解释》(2021 年 1 月 26 日　法释〔2021〕1 号)

第二条　犯罪地包括犯罪行为地和犯罪结果地。

针对或者主要利用计算机网络实施的犯罪,犯罪地包括用于实施犯罪行为的网络服务使用的服务器所在地,网络服务提供者所在地，被侵害的信息网络系统及其管理者所在地，犯罪过程中被告人、被害人使用的信息网络系统所在地，以及被害人被侵害时所在地和被害人财产遭受损失地等。

★单位涉嫌经济犯罪的，由犯罪地或者所在地公安机关管辖

《最高人民检察院、公安部关于公安机关办理经济犯罪案件的若干规定》（2017年11月24日 公通字〔2017〕25号）

第八条 经济犯罪案件由犯罪地的公安机关管辖。如果由犯罪嫌疑人居住地的公安机关管辖更为适宜的，可以由犯罪嫌疑人居住地的公安机关管辖。

犯罪地包括犯罪行为发生地和犯罪结果发生地。犯罪行为发生地，包括犯罪行为的实施地以及预备地、开始地、途经地、结束地等与犯罪行为有关的地点；犯罪行为有连续、持续或者继续状态的，犯罪行为连续、持续或者继续实施的地方都属于犯罪行为发生地。犯罪结果发生地，包括犯罪对象被侵害地、犯罪所得的实际取得地、藏匿地、转移地、使用地、销售地。

……

★正在服刑的罪犯在判决宣告前漏罪的管辖确定

《最高人民法院关于适用〈中华人民共和国刑事诉讼法〉的解释》（2021年1月26日 法释〔2021〕1号）

第十三条第一款 正在服刑的罪犯在判决宣告前还有其他罪没有判决的，由原审地人民法院管辖；由罪犯服刑地或者犯罪地的人民法院审判更为适宜的，可以由罪犯服刑地或者犯罪地的人民法院管辖。

★文物犯罪案件的管辖确定

《最高人民法院、最高人民检察院、公安部、国家文物局关于办理妨害文物管理等刑事案件若干问题的意见》（2022年8月16日 公通字〔2022〕18号）

文物犯罪案件一般由犯罪地的公安机关管辖，包括文物犯罪的预谋地、工具准备地、勘探地、盗掘地、盗窃地、途经地、交易地、倒卖信息发布地、出口(境)地、涉案不可移动文物的所在地、涉案文物的实际取得地、藏匿地、转移地、加工地、储存地、销售地等。多个公安机关都有权立案侦查的文物犯罪案件,由主要犯罪地公安机关立案侦查。

具有下列情形之一的,有关公安机关可以在其职责范围内并案处理:

(1)一人犯数罪的;

(2)共同犯罪的;

(3)共同犯罪的犯罪嫌疑人还实施其他犯罪的;

(4)三人以上时分时合,交叉结伙作案的;

(5)多个犯罪嫌疑人实施的盗掘、盗窃、倒卖、掩饰、隐瞒、走私等犯罪存在直接关联,或者形成多层级犯罪链条,并案处理有利于查明案件事实的。

★信息网络犯罪案件犯罪地的确定

《最高人民法院、最高人民检察院、公安部关于办理信息网络犯罪案件适用刑事诉讼程序若干问题的意见》(2022年8月26日 法发〔2022〕23号)

2. 信息网络犯罪案件由犯罪地公安机关立案侦查。必要时,可以由犯罪嫌疑人居住地公安机关立案侦查。

信息网络犯罪案件的犯罪地包括用于实施犯罪行为的网络服务使用的服务器所在地,网络服务提供者所在地,被侵害的信息网络系统及其管理者所在地,犯罪过程中犯罪嫌疑人、被害人或者其他涉案人员使用的信息网络系统所在地,被害人被侵害时所在地以及被害人财产遭受损失地等。

涉及多个环节的信息网络犯罪案件,犯罪嫌疑人为信息网络犯罪提供帮助的,其犯罪地、居住地或者被帮助对象的犯罪地公安机关可以立案侦查。

3. 有多个犯罪地的信息网络犯罪案件,由最初受理的公安机关或者主要犯罪地公安机关立案侦查。有争议的,按照有利于查清犯罪事实、有利于诉讼的原则,协商解决;经协商无法达成一致的,由共同上级公安机关指定有关公安机关立案侦查。需要提请批准逮捕、移送审查起诉、提起公诉的,由立案侦查的公安机关所在地的人民检察院、人民法院受理。

★重大信息网络犯罪案件的异地侦查与异地管辖

《最高人民法院、最高人民检察院、公安部关于办理信息网络犯罪案件适用刑事诉讼程序若干问题的意见》(2022年8月26日 法发〔2022〕23号)

8.对于具有特殊情况,跨省(自治区、直辖市)指定异地公安机关侦查更有利于查清犯罪事实、保证案件公正处理的重大信息网络犯罪案件,以及在境外实施的信息网络犯罪案件,公安部可以商最高人民检察院和最高人民法院指定侦查管辖。

9.人民检察院对于审查起诉的案件,按照刑事诉讼法的管辖规定,认为应当由上级人民检察院或者同级其他人民检察院起诉的,应当将案件移送有管辖权的人民检察院,并通知移送起诉的公安机关。人民检察院认为需要依照刑事诉讼法的规定指定审判管辖的,应当协商同级人民法院办理指定管辖有关事宜。

★虚假诉讼刑事案件的管辖确定

《最高人民法院、最高人民检察院、公安部、司法部关于进一步加强虚假诉讼犯罪惩治工作的意见》(2021年3月4日 法发〔2021〕10号)

第九条 虚假诉讼刑事案件由相关虚假民事诉讼案件的受理法院所在地或者执行法院所在地人民法院管辖。有刑法第三百零七条之一第四款情形的,上级人民法院可以指定下级人民法院将案件移送其他人民法院审判。

前款所称相关虚假民事诉讼案件的受理法院,包括该民事案件的一审、二审和再审法院。

虚假诉讼刑事案件的级别管辖,根据刑事诉讼法的规定确定。

第二十六条 【优先管辖、移送管辖】几个同级人民法院都有权管辖的案件，由最初受理的人民法院审判。在必要的时候，可以移送主要犯罪地的人民法院审判。

新旧条文序号对照

2018 年刑事诉讼法	2012 年刑事诉讼法	1996 年刑事诉讼法
第二十六条	第二十五条	第二十五条

适用要点与裁判依据

★同时涉嫌严重职务犯罪和其他违法犯罪的，由监察机关为主调查，其他机关予以协助

《中华人民共和国监察法》(2018 年 3 月 20 日 主席令第 3 号)

第三十四条 人民法院、人民检察院、公安机关、审计机关等国家机关在工作中发现公职人员涉嫌贪污贿赂、失职渎职等职务违法或者职务犯罪的问题线索，应当移送监察机关，由监察机关依法调查处置。

被调查人既涉嫌严重职务违法或者职务犯罪，又涉嫌其他违法犯罪的，一般应当由监察机关为主调查，其他机关予以协助。

★互涉监察机关和司法机关刑事案件管辖的确定

《中华人民共和国监察法实施条例》(2021 年 9 月 20 日 国家监察委员会公告第 1 号)

第五十一条 公职人员既涉嫌贪污贿赂、失职渎职等严重职务违法和职务犯罪，又涉嫌公安机关、人民检察院等机关管辖的犯罪，依法由监察机关为主调查的，应当由监察机关和其他机关分别依职权立案，监察机关承担组织协调职责，协调调查和侦查工作进度、重要调查和侦查措施使用等重要事项。

第
26
条

★监察案件管辖权争议的处理

《国家监察委员会管辖规定(试行)》(2018年4月16日 国监发〔2018〕1号)

第十九条 公职人员既涉嫌严重职务违法或者职务犯罪,又涉嫌其他违法犯罪的案件,由国家监察委员会与最高人民检察院、公安部等机关协商解决管辖问题,一般应当由国家监察委员会为主调查,其他机关予以配合。

第二十条 几个省级监察机关都有管辖权的案件,由最初受理的监察机关管辖。必要时,可以由主要犯罪地的监察机关管辖。省级监察机关之间对案件管辖有争议的,应当指请国家监察委员会解决。

具有下列情形之一的,国家监察委员会可以在职责范围内并案调查:

(一)一人犯数罪的;

(二)共同犯罪的;

(三)共同犯罪的公职人员还实施其他犯罪的;

(四)多人实施的犯罪存在关联,并案处理有利于查明事实的。

第二十一条 在诉讼监督活动中发现的司法工作人员利用职权实施的侵犯公民权利、损害司法公正的犯罪,由人民检察院管辖更为适宜的可以由人民检察院管辖。

公职人员以外的其他人员涉嫌第十六条、筹十七条所列犯罪和非国家工作人员受贿罪,对非国家工作人员行贿罪,对外国公职人员、国际公共组织官员行贿罪的,由公安机关管辖。

★管辖权争议协商不成的,分别层报共同的上级法院指定管辖

《最高人民法院关于适用〈中华人民共和国刑事诉讼法〉的解释》(2021年1月26日 法释〔2021〕1号)

第十九条 两个以上同级人民法院都有管辖权的案件,由最初受理的人民法院审判。必要时,可以移送主要犯罪地的人民法院审判。

管辖权发生争议的,应当在审理期限内协商解决;协商不成的,由争议的人民法院分别层报共同的上级人民法院指定管辖。

★几个检察院都有权管辖的案件,管辖权的确定原则

《人民检察院刑事诉讼规则》(2019 年 12 月 30 日 高检发释字〔2019〕4 号)

第二十一条 几个检察院都有权管辖的案件,由最初受理的检察院管辖。必要时,可以由主要犯罪地的检察院管辖。

★严禁公安机关违法违规争抢管辖

《公安部关于进一步依法严格规范开展办案协作的通知》(2021 年 4 月 24 日)

8. 协作地和办案地公安机关因案件管辖、定性处理或者采取强制措施、侦查措施等发生争议的,应当充分沟通协商;协商不成的,应当将有关情况层报共同的上级公安机关。

在上级公安机关就争议问题作出决定前,除接到协作请求前已经立案侦查的情形外,协作地公安机关应当依法履行办案协作职责。但是,不得以对原本未立案的案件办理立案手续的方式拒绝履行办案协作职责。

9. 未经上级公安机关指定管辖,不得对无管辖权的案件立案侦查。管辖争议解决前,不得擅自跨区域采取强制措施和侦查措施,为防止人员逃跑、转移财产而依法进行先期处置的除外。

发现其他公安机关已经对犯罪嫌疑人采取强制措施或者对涉案财产采取查封、扣押、冻结措施的,不得对同一人员重复采取强制措施,不得对同一财产重复采取查封、扣押、冻结措施。

第二十七条 【指定管辖】上级人民法院可以指定下级人民法院审判管辖不明的案件,也可以指定下级人民法院将案件移送其他人民法院审判。

新旧条文序号对照

2018 年刑事诉讼法	2012 年刑事诉讼法	1996 年刑事诉讼法
第二十七条	第二十六条	第二十六条

适用要点与裁判依据

★国家监察委员会对案件的指定管辖

《国家监察委员会管辖规定（试行）》（2018 年 4 月 16 日　国监发〔2018〕1 号）

第二十四条　国家监察委员会可以将其管辖案件指定省级监察机关管辖，也可以将省级监察机关管辖的案件指定给其他省级监察机关管辖。

地方监察机关办理国家监察委员会指定管辖的案件过程中，发现新的涉嫌职务违法或者职务犯罪线索，应当及时报送国家监察委员会。对案件涉及的重要情况、重大问题，应当及时请示报告。

第二十六条　国家监察委员会在调查中指定异地管辖，需要在异地起诉、审判的，应当在移送审查起诉前与人民检察院、人民法院协商指定管辖等相关事宜。

★管辖不明的案件，上级法院可以指定管辖

《最高人民法院关于适用〈中华人民共和国刑事诉讼法〉的解释》（2021 年 1 月 26 日　法释〔2021〕1 号）

第二十条　管辖不明的案件，上级人民法院可以指定下级人民法院审判。

有关案件，由犯罪地、被告人居住地以外的人民法院审判更为适宜的，上级人民法院可以指定下级人民法院管辖。

★对管辖不明确的案件，可以由有关检察院协商确定管辖

《人民检察院刑事诉讼规则》（2019 年 12 月 30 日　高检发释字〔2019〕4 号）

第二十条　对管辖不明确的案件，可以由有关人民检察院协商确定管辖。

★上级检察院可以指定管辖的案件

《人民检察院刑事诉讼规则》(2019年12月30日 高检发释字〔2019〕4号)

第二十二条 对于下列案件,上级人民检察院可以指定管辖:

(一)管辖有争议的案件;

(二)需要改变管辖的案件;

(三)需要集中管辖的特定类型的案件;

(四)其他需要指定管辖的案件。

对前款案件的审查起诉指定管辖的,人民检察院应当与相应的人民法院协商一致。对前款第三项案件的审查逮捕指定管辖的,人民检察院应当与相应的公安机关协商一致。

★公安机关对管辖不明确或者有争议案件的管辖权确定

《公安机关办理刑事案件程序规定》(2020年7月20日修正 公安部令第159号)

第二十二条 对管辖不明确或者有争议的刑事案件,可以由有关公安机关协商。协商不成的,由共同的上级公安机关指定管辖。

对情况特殊的刑事案件,可以由共同的上级公安机关指定管辖。

提请上级公安机关指定管辖时,应当在有关材料中列明犯罪嫌疑人基本情况、涉嫌罪名、案件基本事实、管辖争议情况、协商情况和指定管辖理由,经公安机关负责人批准后,层报有权指定管辖的上级公安机关。

第二十三条 上级公安机关指定管辖的,应当将指定管辖决定书分别送达被指定管辖的公安机关和其他有关的公安机关,并根据办案需要抄送同级人民法院、人民检察院。

原受理案件的公安机关,在收到上级公安机关指定其他公安机关管辖的决定书后,不再行使管辖权,同时应当将犯罪嫌疑人、涉案财物以及案卷材料等移送被指定管辖的公安机关。

对指定管辖的案件,需要逮捕犯罪嫌疑人的,由被指定管辖的公安机关提请同级人民检察院审查批准；需要提起公诉的，由该公安机关移送同级人民检察院审查决定。

第
27
条

★香港特别行政区维护国家安全法对危害国家安全犯罪案件指定管辖的规定

《中华人民共和国香港特别行政区维护国家安全法》(2020年6月30日　主席令第49号)

第五十五条　有以下情形之一的，经香港特别行政区政府或者驻香港特别行政区维护国家安全公署提出，并报中央人民政府批准，由驻香港特别行政区维护国家安全公署对本法规定的危害国家安全犯罪案件行使管辖权：

（一）案件涉及外国或者境外势力介入的复杂情况，香港特别行政区管辖确有困难的；

（二）出现香港特别行政区政府无法有效执行本法的严重情况的；

（三）出现国家安全面临重大现实威胁的情况的。

第五十六条　根据本法第五十五条规定管辖有关危害国家安全犯罪案件时，由驻香港特别行政区维护国家安全公署负责立案侦查，最高人民检察院指定有关检察机关行使检察权，最高人民法院指定有关法院行使审判权。

第五十七条　根据本法第五十五条规定管辖案件的立案侦查、审查起诉、审判和刑罚的执行等诉讼程序事宜，适用《中华人民共和国刑事诉讼法》等相关法律的规定。

根据本法第五十五条规定管辖案件时，本法第五十六条规定的执法、司法机关依法行使相关权力，其为决定采取强制措施、侦查措施和司法裁判而签发的法律文书在香港特别行政区具有法律效力。对于驻香港特别行政区维护国家安全公署依法采取的措施，有关机构、组织和个人必须遵从。

第六十条　驻香港特别行政区维护国家安全公署及其人员依据本法执行职务的行为，不受香港特别行政区管辖。

持有驻香港特别行政区维护国家安全公署制发的证件或者证明文件的人员和车辆等在执行职务时不受香港特别行政区执法人员检查、搜查和扣押。

驻香港特别行政区维护国家安全公署及其人员享有香港特别行政区法律规定的其他权利和豁免。

第六十一条　驻香港特别行政区维护国家安全公署依据本法规定履行职责时，香港特别行政区政府有关部门须提供必要的便利和配合，对妨碍有关执行职务的行为依法予以制止并追究责任。

第二十八条　【专门管辖】专门人民法院案件的管辖另行规定。

新旧条文序号对照

2018年刑事诉讼法	2012年刑事诉讼法	1996年刑事诉讼法
第二十八条	第二十七条	第二十七条

适用要点与裁判依据

★军队和地方互涉刑事案件管辖的确定

《最高人民法院关于适用〈中华人民共和国刑事诉讼法〉的解释》(2021年1月26日　法释〔2021〕1号)

第二十六条　军队和地方互涉刑事案件，按照有关规定确定管辖。

★专门检察院的管辖以及军队与地方互涉刑事案件的管辖确定

《人民检察院刑事诉讼规则》(2019年12月30日　高检发释字〔2019〕4号)

第二十三条　军事检察院等专门人民检察院的管辖以及军队与地方互涉刑事案件的管辖，按照有关规定执行。

第三章 回 避

第二十九条 【回避的法定情形】审判人员、检察人员、侦查人员有下列情形之一的,应当自行回避,当事人及其法定代理人也有权要求他们回避:

(一)是本案的当事人或者是当事人的近亲属的;

(二)本人或者他的近亲属和本案有利害关系的;

(三)担任过本案的证人、鉴定人、辩护人、诉讼代理人的;

(四)与本案当事人有其他关系,可能影响公正处理案件的。

新旧条文序号对照

2018年刑事诉讼法	2012年刑事诉讼法	1996年刑事诉讼法
第二十九条	第二十八条	第二十八条

适用要点与裁判依据

★审判人员需要自行回避以及当事人等有权申请其回避的情形

《最高人民法院关于适用〈中华人民共和国刑事诉讼法〉的解释》(2021年1月26日 法释〔2021〕1号)

第二十七条 审判人员具有下列情形之一的,应当自行回避,当事人及其法定代理人有权申请其回避:

(一)是本案的当事人或者是当事人的近亲属的;

(二)本人或者其近亲属与本案有利害关系的;

(三)担任过本案的证人、鉴定人、辩护人、诉讼代理人、翻译人员的;

(四)与本案的辩护人、诉讼代理人有近亲属关系的;

第29条

（五）与本案当事人有其他利害关系，可能影响公正审判的。

第二十八条　审判人员具有下列情形之一的，当事人及其法定代理人有权申请其回避：

（一）违反规定会见本案当事人、辩护人、诉讼代理人的；

（二）为本案当事人推荐、介绍辩护人、诉讼代理人，或者为律师、其他人员介绍办理本案的；

（三）索取、接受本案当事人及其委托的人的财物或者其他利益的；

（四）接受本案当事人及其委托的人的宴请，或者参加由其支付费用的活动的；

（五）向本案当事人及其委托的人借用款物的；

（六）有其他不正当行为，可能影响公正审判的。

★监察人员应当自行回避、监察对象等有权要求其回避的情形

《中华人民共和国监察法》（2018年3月20日　主席令第3号）

第五十八条　办理监察事项的监察人员有下列情形之一的，应当自行回避，监察对象、检举人及其他有关人员也有权要求其回避：

（一）是监察对象或者检举人的近亲属的；

（二）担任过本案的证人的；

（三）本人或者其近亲属与办理的监察事项有利害关系的；

（四）有可能影响监察事项公正处理的其他情形的。

★检察人员应当自行回避、当事人等有权要求其回避的情形

《人民检察院刑事诉讼规则》（2019年12月30日　高检发释字〔2019〕4号）

第二十四条　检察人员在受理举报和办理案件过程中，发现有刑事诉讼法第二十九条或者第三十条规定的情形之一的，应当自行提出回避；没有自行提出回避的，人民检察院应当决定其回避，当事人及其法定代理人有权要求其回避。

第二十五条　检察人员自行回避的，应当书面或者口头提出，并说明理由。口头提出的，应当记录在案。

第二十六条　人民检察院应当告知当事人及其法定代理人有依

法申请回避的权利，并告知办理相关案件的检察人员、书记员等人员的姓名、职务等有关情况。

第二十七条　当事人及其法定代理人要求检察人员回避的，应当书面或者口头向人民检察院提出，并说明理由。口头提出的，应当记录在案。根据刑事诉讼法第三十条的规定要求检察人员回避的，应当提供有关证明材料。

人民检察院经过审查或者调查，认为检察人员符合回避条件的，应当作出回避决定；不符合回避条件的，应当驳回申请。

第三十条　【司法人员违反禁止行为的回避】审判人员、检察人员、侦查人员不得接受当事人及其委托的人的请客送礼，不得违反规定会见当事人及其委托的人。

审判人员、检察人员、侦查人员违反前款规定的，应当依法追究法律责任。当事人及其法定代理人有权要求他们回避。

新旧条文序号对照

2018 年刑事诉讼法	2012 年刑事诉讼法	1996 年刑事诉讼法
第三十条	第二十九条	第二十九条

适用要点与裁判依据

★申请审判人员回避应当提供证明材料

《最高人民法院关于适用〈中华人民共和国刑事诉讼法〉的解释》（2021 年 1 月 26 日　法释〔2021〕1 号）

第二十八条　审判人员具有下列情形之一的，当事人及其法定代理人有权申请其回避：

（一）违反规定会见本案当事人、辩护人、诉讼代理人的；

（二）为本案当事人推荐、介绍辩护人、诉讼代理人，或者为律师、其他人员介绍办理本案的；

（三）索取、接受本案当事人及其委托的人的财物或者其他利益的；

（四）接受本案当事人及其委托的人的宴请，或者参加由其支付费用的活动的；

（五）向本案当事人及其委托的人借用款物的；

（六）有其他不正当行为，可能影响公正审判的。

第三十三条　当事人及其法定代理人依照刑事诉讼法第三十条和本解释第二十八条的规定申请回避的，应当提供证明材料。

★要求检察人员回避的，应当说明理由；对于以违反禁止行为为由提出回避的，应当提供有关证明材料

《人民检察院刑事诉讼规则》（2019年12月30日　高检发释字〔2019〕4号）

第二十七条　当事人及其法定代理人要求检察人员回避的，应当书面或者口头向人民检察院提出，并说明理由。口头提出的，应当记录在案。根据刑事诉讼法第三十条的规定要求检察人员回避的，应当提供有关证明材料。

人民检察院经过审查或者调查，认为检察人员符合回避条件的，应当作出回避决定；不符合回避条件的，应当驳回申请。

第三十一条　【回避的决定程序】审判人员、检察人员、侦查人员的回避，应当分别由院长、检察长、公安机关负责人决定；院长的回避，由本院审判委员会决定；检察长和公安机关负责人的回避，由同级人民检察院检察委员会决定。

对侦查人员的回避作出决定前，侦查人员不能停止对案件的侦查。

对驳回申请回避的决定，当事人及其法定代理人可以申请复议一次。

新旧条文序号对照

2018年刑事诉讼法	2012年刑事诉讼法	1996年刑事诉讼法
第三十一条	第三十条	第三十条

适用要点与裁判依据

★对于因本院院长需要回避的，可以请求移送上一级法院管辖

《最高人民法院关于适用〈中华人民共和国刑事诉讼法〉的解释》(2021年1月26日　法释〔2021〕1号)

第十八条　有管辖权的人民法院因案件涉及本院院长需要回避或者其他原因，不宜行使管辖权的，可以请求移送上一级人民法院管辖。上一级人民法院可以管辖，也可以指定与提出请求的人民法院同级的其他人民法院管辖。

★申请出庭的检察人员回避的，法院应当视情况决定休庭

《最高人民法院关于适用〈中华人民共和国刑事诉讼法〉的解释》(2021年1月26日　法释〔2021〕1号)

第三十六条　当事人及其法定代理人申请出庭的检察人员回避的，人民法院应当区分情况作出处理：

(一)属于刑事诉讼法第二十九条、第三十条规定情形的回避申请，应当决定休庭，并通知人民检察院尽快作出决定；

(二)不属于刑事诉讼法第二十九条、第三十条规定情形的回避申请，应当当庭驳回，并不得申请复议。

★开庭后有关回避的决定由审判长宣布，必要时也可以由院长到庭宣布

《最高人民法院关于适用〈中华人民共和国刑事诉讼法〉的解释》(2021年1月26日　法释〔2021〕1号)

第二百三十九条　审判长应当询问当事人及其法定代理人、辩护人、诉讼代理人是否申请回避、申请何人回避和申请回避的理由。

当事人及其法定代理人、辩护人、诉讼代理人申请回避的，依照刑事诉讼法及本解释的有关规定处理。

同意或者驳回回避申请的决定及复议决定，由审判长宣布，并说明理由。必要时，也可以由院长到庭宣布。

第三十二条　【其他人员的回避】本章关于回避的规定适用于书记员、翻译人员和鉴定人。

辩护人、诉讼代理人可以依照本章的规定要求回避、申请复议。

新旧条文序号对照

2018 年刑事诉讼法	2012 年刑事诉讼法	1996 年刑事诉讼法
第三十二条	第三十一条	第三十一条

适用要点与裁判依据

★申请回避的审判人员范围

《最高人民法院关于适用〈中华人民共和国刑事诉讼法〉的解释》（2021 年 1 月 26 日　法释〔2021〕1 号）

第三十七条　本章所称的审判人员，包括人民法院院长、副院长、审判委员会委员、庭长、副庭长、审判员和人民陪审员。

★法官助理、书记员、翻译人员和鉴定人适用审判人员回避的有关规定

《最高人民法院关于适用〈中华人民共和国刑事诉讼法〉的解释》（2021 年 1 月 26 日　法释〔2021〕1 号）

第三十八条　法官助理、书记员、翻译人员和鉴定人适用审判人员回避的有关规定，其回避问题由院长决定。

★检察院书记员、司法警察和检察院聘请或者指派的翻译人员、鉴定人的回避由检察长决定

《人民检察院刑事诉讼规则》(2019年12月30日 高检发释字〔2019〕4号)

第三十七条 本规则关于回避的规定,适用于书记员、司法警察和人民检察院聘请或者指派的翻译人员、鉴定人。

书记员、司法警察和人民检察院聘请或者指派的翻译人员、鉴定人的回避由检察长决定。

辩护人、诉讼代理人可以依照刑事诉讼法及本规则关于回避的规定要求回避、申请复议。

★检察官及检察人员的适用范围

《人民检察院刑事诉讼规则》(2019年12月30日 高检发释字〔2019〕4号)

第六百八十二条 本规则所称检察官,包括检察长、副检察长、检察委员会委员、检察员。

本规则所称检察人员,包括检察官和检察官助理。

★有专门知识的人的回避,适用有关鉴定人回避的规定

《最高人民检察院关于指派、聘请有专门知识的人参与办案若干问题的规定(试行)》(2018年3月21日 高检发释字〔2018〕1号)

第六条 有专门知识的人的回避,适用《中华人民共和国刑事诉讼法》《中华人民共和国民事诉讼法》《中华人民共和国行政诉讼法》等法律规定中有关鉴定人回避的规定。

第四章　辩护与代理

第三十三条　【辩护人的资格】犯罪嫌疑人、被告人除自己行使辩护权以外，还可以委托一至二人作为辩护人。下列的人可以被委托为辩护人：

（一）律师；

（二）人民团体或者犯罪嫌疑人、被告人所在单位推荐的人；

（三）犯罪嫌疑人、被告人的监护人、亲友。

正在被执行刑罚或者依法被剥夺、限制人身自由的人，不得担任辩护人。

被开除公职和被吊销律师、公证员执业证书的人，不得担任辩护人，但系犯罪嫌疑人、被告人的监护人、近亲属的除外。

新旧条文序号对照

2018 年刑事诉讼法	2012 年刑事诉讼法	1996 年刑事诉讼法
第三十三条	第三十二条	第三十二条

适用要点与裁判依据

★检察院案件管理部门依法对辩护人、诉讼代理人的资格进行审查

《人民检察院刑事诉讼规则》（2019 年 12 月 30 日　高检发释字〔2019〕4 号）

第四十六条　人民检察院负责案件管理的部门应当依照法律规定对辩护人、诉讼代理人的资格进行审查，办案部门应当予以协助。

第33条

★侦查阶段辩护律师接受委托或者指派后，应当及时告知公安机关

《公安机关办理刑事案件程序规定》(2020年7月20日修正　公安部令第159号)

第四十八条　辩护律师接受犯罪嫌疑人委托或者法律援助机构的指派后，应当及时告知公安机关并出示律师执业证书、律师事务所证明和委托书或者法律援助公函。

★不得担任辩护人的人员和情形

《最高人民法院关于适用〈中华人民共和国刑事诉讼法〉的解释》(2021年1月26日　法释〔2021〕1号)

第四十条　人民法院审判案件，应当充分保障被告人依法享有的辩护权利。

被告人除自己行使辩护权以外，还可以委托辩护人辩护。下列人员不得担任辩护人：

（一）正在被执行刑罚或者处于缓刑、假释考验期间的人；

（二）依法被剥夺、限制人身自由的人；

（三）被开除公职或者被吊销律师、公证员执业证书的人；

（四）人民法院、人民检察院、监察机关、公安机关、国家安全机关、监狱的现职人员；

（五）人民陪审员；

（六）与本案审理结果有利害关系的人；

（七）外国人或者无国籍人；

（八）无行为能力或者限制行为能力的人。

前款第三项至第七项规定的人员，如果是被告人的监护人、近亲属，由被告人委托担任辩护人的，可以准许。

第四十一条　审判人员和人民法院其他工作人员从人民法院离任后二年内，不得以律师身份担任辩护人。

审判人员和人民法院其他工作人员从人民法院离任后，不得担任原任职法院所审理案件的辩护人，但系被告人的监护人、近亲属的除外。

审判人员和人民法院其他工作人员的配偶、子女或者父母不得担任其任职法院所审理案件的辩护人，但系被告人的监护人、近亲属的除外。

★一名辩护人不得为两名以上的同案（关联）被告人辩护

《最高人民法院关于适用〈中华人民共和国刑事诉讼法〉的解释》（2021年1月26日　法释〔2021〕1号）

第四十三条　一名被告人可以委托一至二人作为辩护人。

一名辩护人不得为两名以上的同案被告人，或者未同案处理但犯罪事实存在关联的被告人辩护。

★律师经法院准许，可以带一名助理参加庭审，从事辅助工作

《最高人民法院关于适用〈中华人民共和国刑事诉讼法〉的解释》（2021年1月26日　法释〔2021〕1号）

第六十八条　律师担任辩护人、诉讼代理人，经人民法院准许，可以带一名助理参加庭审。律师助理参加庭审的，可以从事辅助工作，但不得发表辩护、代理意见。

★不具有香港特区全面执业资格的海外律师担任危害国家安全犯罪案件的辩护人的，应当取得行政长官发出的证明书

《全国人民代表大会常务委员会关于〈中华人民共和国香港特别行政区维护国家安全法〉第十四条和第四十七条的解释》（2022年12月30日）

三、香港特别行政区行政长官依据《中华人民共和国香港特别行政区维护国家安全法》第十一条的规定于11月28日向中央人民政府提交的有关报告认为，不具有香港特别行政区全面执业资格的海外律师担任危害国家安全犯罪案件的辩护人或者诉讼代理人可能引发国家安全风险。不具有香港特别行政区全面执业资格的海外律师是否可以担任危害国家安全犯罪案件的辩护人或者诉讼代理人的问题，属于《中华人民共和国香港特别行政区维护国家安全法》第四十七条所规定的需要认定的问题，应当取得行政长官发出的证明书。

如香港特别行政区法院没有向行政长官提出并取得行政长官就该等问题发出的证明书，香港特别行政区维护国家安全委员会应当根据《中华人民共和国香港特别行政区维护国家安全法》第十四条的规定履行法定职责，对该等情况和问题作出相关判断和决定。

第三十四条　【侦查阶段的辩护权】犯罪嫌疑人自被侦查机关第一次讯问或者采取强制措施之日起，有权委托辩护人；在侦查期间，只能委托律师作为辩护人。被告人有权随时委托辩护人。

侦查机关在第一次讯问犯罪嫌疑人或者对犯罪嫌疑人采取强制措施的时候，应当告知犯罪嫌疑人有权委托辩护人。人民检察院自收到移送审查起诉的案件材料之日起三日以内，应当告知犯罪嫌疑人有权委托辩护人。人民法院自受理案件之日起三日以内，应当告知被告人有权委托辩护人。犯罪嫌疑人、被告人在押期间要求委托辩护人的，人民法院、人民检察院和公安机关应当及时转达其要求。

犯罪嫌疑人、被告人在押的，也可以由其监护人、近亲属代为委托辩护人。

辩护人接受犯罪嫌疑人、被告人委托后，应当及时告知办理案件的机关。

新旧条文序号对照

2018年刑事诉讼法	2012年刑事诉讼法	1996年刑事诉讼法
第三十四条	第三十三条	第三十三条

适用要点与裁判依据

★看守所安排会见不得以未收到办案部门通知为由拒绝安排会见

《公安部、司法部关于进一步保障和规范看守所律师会见工作的通知》(2019年10月18日 公监管〔2019〕372号)

一、依法安排及时会见，保障律师正常执业。辩护律师到看守所要求会见在押的犯罪嫌疑人、被告人，看守所在核验律师执业证书、律师事务所证明和委托书或者法律援助公函后，应当及时安排会见，能当时安排的应当时安排，不能当时安排的应向辩护律师说明情况，并保证辩护律师在48小时内会见到在押的犯罪嫌疑人、被告人。看守所安排会见不得附加其他条件或者变相要求辩护律师提交法律规定以外的其他文件、材料，不得以未收到办案部门通知为由拒绝安排辩护律师会见。在押犯罪嫌疑人、被告人提出解除委托关系的，辩护律师要求当面向其确认解除委托关系的，看守所应当安排会见；犯罪嫌疑人、被告人书面拒绝会见的，看守所应当将有关书面材料转交辩护律师。

★看守所经书面征得律师同意，可以使用讯问室安排律师会见

《公安部、司法部关于进一步保障和规范看守所律师会见工作的通知》(2019年10月18日 公监管〔2019〕372号)

二、加强制度硬件建设，满足律师会见需求。要加强制度建设，看守所应设立律师会见预约平台，在确保在押人员信息安全的前提下，通过网络、微信、电话等方式为律师预约会见，但不得以未预约为由拒绝安排律师会见，有条件的地方可以探索视频会见。要加强会见场所建设，新建看守所律师会见室数量要按照设计押量每百人4间的标准建设，老旧看守所要因地制宜、挖掘潜力，通过改建、扩建等办法，进一步增加律师会见室数量。在律师会见室不足的情况下，经书面征得律师同意，可以使用讯问室安排律师会见，但应当关闭录音、监听设备。律师会见量较大的看守所可设置快速会见室，对于会见时间不超过30分钟的会见申请,看守所应安排快速会见。要加强服务保障,有条件的看守所可设立律师等候休息区,并配备一些必要的服务设施及办公设备,最大限度为律师会见提供便利。律师可以携带个人电脑会见,但应当遵守相关法律法规的规定,确保会见安全。在正常工作时间内无法满足律师会见需求的,经看守所所长批准可适当延长工作时间,或利用公休日安排律师会见。

★律师可以带律师助理、翻译参加会见

《公安部、司法部关于进一步保障和规范看守所律师会见工作的通知》(2019年10月18日 公监管〔2019〕372号)

三、加强信息共享和协作配合,确保羁押秩序和安全。公安部、司法部建立全国律师信息共享机制,共享全国律师的执业资格、执业状态等相关信息,并进一步规范辩护委托书、会见介绍信和刑事法律援助辩护(代理)函等文书的格式。律师应当遵守看守所安全管理规定,严禁携带违禁物品进入会见区,严禁带经办案单位核实或许可的律师助理、翻译以外的其他人员参加会见,严禁将通讯工具提供给犯罪嫌疑人、被告人使用或者传递违禁物品、文件。发现律师在会见中有违规行为的,看守所应立即制止,并及时通报同级司法行政机关、律师协会。律师认为自己的会见权利受到侵害的,可以向看守所及所属公安机关、司法行政机关、律师协会或者检察机关投诉,公安机关应当公开受理律师投诉的机构名称和具体联系人、联系方式等。司法行政机关和律师协会要协同相关部门依法整治看守所周边违法设点执业的律师事务所,严肃查处违规执业、以不正当手段争揽业务和扰乱正常会见秩序等行为。

★香港特别行政区维护国家安全法对危害国家安全犯罪案件犯罪嫌疑人委托辩护人的规定

《中华人民共和国香港特别行政区维护国家安全法》(2020年6月30日 主席令第49号)

第五十八条 根据本法第五十五条规定管辖案件时,犯罪嫌疑人自被驻香港特别行政区维护国家安全公署第一次讯问或者采取强制措施之日起，有权委托律师作为辩护人。辩护律师可以依法为犯罪嫌疑人、被告人提供法律帮助。

犯罪嫌疑人、被告人被合法拘捕后，享有尽早接受司法机关公正审判的权利。

第34条

★公安机关保障辩护律师侦查阶段依法从事执业活动的规定

《公安机关办理刑事案件程序规定》(2020年7月20日修正　公安部令第159号)

第四十二条　公安机关应当保障辩护律师在侦查阶段依法从事下列执业活动：

(一)向公安机关了解犯罪嫌疑人涉嫌的罪名和案件有关情况，提出意见；

(二)与犯罪嫌疑人会见和通信，向犯罪嫌疑人了解案件有关情况；

(三)为犯罪嫌疑人提供法律帮助、代理申诉、控告；

(四)为犯罪嫌疑人申请变更强制措施。

★对于同案(关联)的犯罪嫌疑人委托同一名辩护律师的，公安机关应当要求其更换辩护律师

《公安机关办理刑事案件程序规定》(2020年7月20日修正　公安部令第159号)

第四十三条　公安机关在第一次讯问犯罪嫌疑人或者对犯罪嫌疑人采取强制措施的时候，应当告知犯罪嫌疑人有权委托律师作为辩护人，并告知其如果因经济困难或者其他原因没有委托辩护律师的，可以向法律援助机构申请法律援助。告知的情形应当记录在案。

对于同案的犯罪嫌疑人委托同一名辩护律师的，或者两名以上未同案处理但实施的犯罪存在关联的犯罪嫌疑人委托同一名辩护律师的，公安机关应当要求其更换辩护律师。

第三十五条 【法律援助的适用条件】犯罪嫌疑人、被告人因经济困难或者其他原因没有委托辩护人的，本人及其近亲属可以向法律援助机构提出申请。对符合法律援助条件的，法律援助机构应当指派律师为其提供辩护。

犯罪嫌疑人、被告人是盲、聋、哑人，或者是尚未完全丧失辨认或者控制自己行为能力的精神病人，没有委托辩护人的，人民法院、人民检察院和公安机关应当通知法律援助机构指派律师为其提供辩护。

犯罪嫌疑人、被告人可能被判处无期徒刑、死刑，没有委托辩护人的，人民法院、人民检察院和公安机关应当通知法律援助机构指派律师为其提供辩护。

新旧条文序号对照

2018年刑事诉讼法	2012年刑事诉讼法	1996年刑事诉讼法
第三十五条	第三十四条	第三十四条

适用要点与裁判依据

★犯罪嫌疑人没有委托辩护人的两种情形的案件，公安机关应当通知法律援助机构为指派辩护律师

《公安机关办理刑事案件程序规定》(2020年7月20日修正 公安部令第159号)

第四十六条 符合下列情形之一，犯罪嫌疑人没有委托辩护人的，公安机关应当自发现该情形之日起三日以内通知法律援助机构为犯罪嫌疑人指派辩护律师：

(一)犯罪嫌疑人是盲、聋、哑人，或者是尚未完全丧失辨认或者控制自己行为能力的精神病人；

(二)犯罪嫌疑人可能被判处无期徒刑、死刑。

★公安机关收到在押的犯罪嫌疑人提出的法律援助申请后，应当在二十四小时以内将申请转交法律援助机构

《公安机关办理刑事案件程序规定》(2020 年 7 月 20 日修正 公安部令第 159 号)

第四十七条 公安机关收到在押的犯罪嫌疑人提出的法律援助申请后，应当在二十四小时以内将其申请转交所在地的法律援助机构，并在三日以内通知申请人的法定代理人、近亲属或者其委托的其他人员协助提供有关证件、证明等相关材料。犯罪嫌疑人的法定代理人、近亲属或者其委托的其他人员地址不详无法通知的，应当在转交申请时一并告知法律援助机构。

犯罪嫌疑人拒绝法律援助机构指派的律师作为辩护人或者自行委托辩护人的，公安机关应当在三日以内通知法律援助机构。

★辩护律师接受犯罪嫌疑人委托或者法律援助机构的指派后，应当及时告知公安机关

《公安机关办理刑事案件程序规定》(2020 年 7 月 20 日修正 公安部令第 159 号)

第四十八条 辩护律师接受犯罪嫌疑人委托或者法律援助机构的指派后，应当及时告知公安机关并出示律师执业证书、律师事务所证明和委托书或者法律援助公函。

★办案机关应当通知法律援助机构指派律师担任辩护人的七种情形

《中华人民共和国法律援助法》(2021 年 8 月 20 日 主席令第 93 号)

第二十五条 刑事案件的犯罪嫌疑人、被告人属于下列人员之一，没有委托辩护人的，人民法院、人民检察院、公安机关应当通知法律援助机构指派律师担任辩护人：

(一)未成年人；

(二)视力、听力、言语残疾人；

(三)不能完全辨认自己行为的成年人；

(四)可能被判处无期徒刑、死刑的人;

(五)申请法律援助的死刑复核案件被告人;

(六)缺席审判案件的被告人;

(七)法律法规规定的其他人员。

其他适用普通程序审理的刑事案件,被告人没有委托辩护人的,人民法院可以通知法律援助机构指派律师担任辩护人。

★法律援助机构应当指派具有三年以上执业经历的律师为可能被判处无期徒刑、死刑的人以及死刑复核案件的被告人担任辩护人

《中华人民共和国法律援助法》(2021年8月20日 主席令第93号)

第二十六条 对可能被判处无期徒刑、死刑的人,以及死刑复核案件的被告人,法律援助机构收到人民法院、人民检察院、公安机关通知后,应当指派具有三年以上相关执业经历的律师担任辩护人。

★公诉案件、自诉案件、刑事附带民事诉讼案件没有委托诉讼代理人的,可以向法律援助机构申请法律援助

《中华人民共和国法律援助法》(2021年8月20日 主席令第93号)

第二十九条 刑事公诉案件的被害人及其法定代理人或者近亲属,刑事自诉案件的自诉人及其法定代理人,刑事附带民事诉讼案件的原告人及其法定代理人,因经济困难没有委托诉讼代理人的,可以向法律援助机构申请法律援助。

★当事人申请法律援助的,不受经济困难条件的限制的情形

《中华人民共和国法律援助法》(2021年8月20日 主席令第93号)

第三十二条 有下列情形之一,当事人申请法律援助的,不受经济困难条件的限制:

(一)英雄烈士近亲属为维护英雄烈士的人格权益;

(二)因见义勇为行为主张相关民事权益;

（三）再审改判无罪请求国家赔偿；

（四）遭受虐待、遗弃或者家庭暴力的受害人主张相关权益；

（五）法律、法规、规章规定的其他情形。

★被羁押的人向办案机关、监管场所、值班律师提出法律援助申请的，应当在二十四小时内将申请转交法律援助机构

《中华人民共和国法律援助法》（2021年8月20日　主席令第93号）

第三十九条　被羁押的犯罪嫌疑人、被告人、服刑人员，以及强制隔离戒毒人员等提出法律援助申请的，办案机关、监管场所应当在二十四小时内将申请转交法律援助机构。

犯罪嫌疑人、被告人通过值班律师提出代理、刑事辩护等法律援助申请的，值班律师应当在二十四小时内将申请转交法律援助机构。

★被羁押的人可以由其法定代理人或者近亲属代为提出法律援助申请

《中华人民共和国法律援助法》（2021年8月20日　主席令第93号）

第四十条　无民事行为能力人或者限制民事行为能力人需要法律援助的，可以由其法定代理人代为提出申请。法定代理人侵犯无民事行为能力人、限制民事行为能力人合法权益的，其他法定代理人或者近亲属可以代为提出法律援助申请。

被羁押的犯罪嫌疑人、被告人、服刑人员，以及强制隔离戒毒人员，可以由其法定代理人或者近亲属代为提出法律援助申请。

★法律援助机构核查申请人的经济困难状况，可以通过信息共享查询，或者由申请人进行个人诚信承诺

《中华人民共和国法律援助法》（2021年8月20日　主席令第93号）

第四十一条　因经济困难申请法律援助的，申请人应当如实说明经济困难状况。

法律援助机构核查申请人的经济困难状况，可以通过信息共享查询，或者由申请人进行个人诚信承诺。

法律援助机构开展核查工作，有关部门、单位、村民委员会、居民委员会和个人应当予以配合。

★对于四类法律援助申请人免予核查经济困难状况

《中华人民共和国法律援助法》(2021年8月20日　主席令第93号)

第四十二条　法律援助申请人有材料证明属于下列人员之一的，免予核查经济困难状况：

(一)无固定生活来源的未成年人、老年人、残疾人等特定群体；

(二)社会救助、司法救助或者优抚对象；

(三)申请支付劳动报酬或者请求工伤事故人身损害赔偿的进城务工人员；

(四)法律、法规、规章规定的其他人员。

★犯罪嫌疑人没有委托辩护人，且拒不认罪、案情重大复杂的，检察院应当通知法律援助机构指派律师为其提供辩护

《最高人民法院、最高人民检察院、公安部、司法部关于进一步深化刑事案件律师辩护全覆盖试点工作的意见》(2022年10月12日)

7. 确定通知辩护范围。犯罪嫌疑人没有委托辩护人，且具有可能判处三年以上有期徒刑、本人或其共同犯罪嫌疑人拒不认罪、案情重大复杂、可能造成重大社会影响情形之一的，人民检察院应当通知法律援助机构指派律师为其提供辩护。已先行开展试点的地区，可以结合本地实际扩大通知辩护案件范围。

第三十六条　【法律援助值班律师】法律援助机构可以在人民法院、看守所等场所派驻值班律师。犯罪嫌疑人、被告人没有委托辩护人，法律援助机构没有指派律师为其提供辩护的，由值班律师为犯罪嫌疑人、被告人提供法律咨询、程序选择建议、申请变更强制措施、对案件处理提出意见等法律帮助。

人民法院、人民检察院、看守所应当告知犯罪嫌疑人、被告人有权约见值班律师，并为犯罪嫌疑人、被告人约见值班律师提供便利。

新旧条文序号对照

2018 年刑事诉讼法	2012 年刑事诉讼法	1996 年刑事诉讼法
第三十六条		

适用要点与裁判依据

★值班律师的定位、工作原则、组织实施

《最高人民法院、最高人民检察院、公安部、国家安全部、司法部法律援助值班律师工作办法》(2020 年 8 月 20 日　司规〔2020〕6 号)

第二条　本办法所称值班律师，是指法律援助机构在看守所、人民检察院、人民法院等场所设立法律援助工作站，通过派驻或安排的方式，为没有辩护人的犯罪嫌疑人、被告人提供法律帮助的律师。

第三条　值班律师工作应当坚持依法、公平、公正、效率的原则，值班律师应当提供符合标准的法律服务。

第四条　公安机关(看守所)、人民检察院、人民法院、司法行政机关应当保障没有辩护人的犯罪嫌疑人、被告人获得值班律师法律帮助的权利。

第五条　值班律师工作由司法行政机关牵头组织实施，公安机关(看守所)、人民检察院、人民法院应当依法予以协助。

★值班律师提供法律帮助的内容

《最高人民法院、最高人民检察院、公安部、国家安全部、司法部法律援助值班律师工作办法》(2020 年 8 月 20 日　司规〔2020〕6 号)

第六条　值班律师依法提供以下法律帮助：

(一)提供法律咨询；

(二)提供程序选择建议；

(三)帮助犯罪嫌疑人、被告人申请变更强制措施；

(四)对案件处理提出意见；

(五)帮助犯罪嫌疑人、被告人及其近亲属申请法律援助；

(六)法律法规规定的其他事项。

值班律师在认罪认罚案件中，还应当提供以下法律帮助：

(一)向犯罪嫌疑人、被告人释明认罪认罚的性质和法律规定；

(二)对人民检察院指控罪名、量刑建议、诉讼程序适用等事项提出意见；

(三)犯罪嫌疑人签署认罪认罚具结书时在场。

值班律师办理案件时，可以应犯罪嫌疑人、被告人的约见进行会见，也可以经办案机关允许主动会见；自人民检察院对案件审查起诉之日起可以查阅案卷材料、了解案情。

★值班律师提供法律咨询的内容及要求

《最高人民法院、最高人民检察院、公安部、国家安全部、司法部法律援助值班律师工作办法》(2020年8月20日 司规〔2020〕6号)

第七条 值班律师提供法律咨询时，应当告知犯罪嫌疑人、被告人有关法律帮助的相关规定，结合案件所在的诉讼阶段解释相关诉讼权利和程序规定，解答犯罪嫌疑人、被告人咨询的法律问题。

犯罪嫌疑人、被告人认罪认罚的，值班律师应当了解犯罪嫌疑人、被告人对被指控的犯罪事实和罪名是否有异议，告知被指控罪名的法定量刑幅度，释明从宽从重处罚的情节以及认罪认罚的从宽幅度，并结合案件情况提供程序选择建议。

值班律师提供法律咨询的，应当记录犯罪嫌疑人、被告人涉嫌的罪名、咨询的法律问题、提供的法律解答。

★公检法应当为法律援助工作站提供必要的办公场所和设施

《最高人民法院、最高人民检察院、公安部、司法部关于进一步深化刑事案件律师辩护全覆盖试点工作的意见》(2022年10月12日)

14. 完善值班律师派驻。人民法院、人民检察院、公安机关应当为法律援助工作站提供必要办公场所和设施，加快推进法律援助工作站建设。司法行政机关和法律援助机构应当根据当地律师资源状况、法律帮助需求灵活采用现场值班、电话值班、网络值班等多种形式，确保值班律师法律帮助全覆盖。

★审查起诉阶段认罪认罚的，值班律师可以向检察院提出意见

《最高人民法院、最高人民检察院、公安部、国家安全部、司法部法律援助值班律师工作办法》(2020年8月20日　司规〔2020〕6号)

第八条　在审查起诉阶段，犯罪嫌疑人认罪认罚的，值班律师可以就以下事项向人民检察院提出意见：

(一)涉嫌的犯罪事实、指控罪名及适用的法律规定；

(二)从轻、减轻或者免除处罚等从宽处罚的建议；

(三)认罪认罚后案件审理适用的程序；

(四)其他需要提出意见的事项。

值班律师对前款事项提出意见的，人民检察院应当记录在案并附卷，未采纳值班律师意见的，应当说明理由。

★被羁押的人提出申请羁押必要性审查的，值班律师可以帮助其向检察院提出申请并协助提供相关材料

《最高人民法院、最高人民检察院、公安部、国家安全部、司法部法律援助值班律师工作办法》(2020年8月20日　司规〔2020〕6号)

第九条　犯罪嫌疑人、被告人提出申请羁押必要性审查的，值班律师应当告知其取保候审、监视居住、逮捕等强制措施的适用条件和相关法律规定、人民检察院进行羁押必要性审查的程序；犯罪嫌疑人、被告人已经被逮捕的，值班律师可以帮助其向人民检察院提出羁押必要性审查申请，并协助提供相关材料。

★犯罪嫌疑人签署认罪认罚具结书时，值班律师的工作职责

《最高人民法院、最高人民检察院、公安部、国家安全部、司法部法律援助值班律师工作办法》(2020年8月20日　司规〔2020〕6号)

第十条　犯罪嫌疑人签署认罪认罚具结书时，值班律师对犯罪嫌疑人认罪认罚自愿性、人民检察院量刑建议、程序适用等均无异议的，应当在具结书上签名，同时留存一份复印件归档。

值班律师对人民检察院量刑建议、程序适用有异议的，在确认犯罪嫌疑人系自愿认罪认罚后，应当在具结书上签字，同时可以向人民检察院提出法律意见。

犯罪嫌疑人拒绝值班律师帮助的，值班律师无需在具结书上签字，应当将犯罪嫌疑人签字拒绝法律帮助的书面材料留存一份归档。

★不同诉讼阶段可以由同一值班律师提供法律帮助

《最高人民法院、最高人民检察院、公安部、国家安全部、司法部法律援助值班律师工作办法》（2020年8月20日　司规〔2020〕6号）

第十一条　对于被羁押的犯罪嫌疑人、被告人，在不同诉讼阶段，可以由派驻看守所的同一值班律师提供法律帮助。对于未被羁押的犯罪嫌疑人、被告人，前一诉讼阶段的值班律师可以在后续诉讼阶段继续为犯罪嫌疑人、被告人提供法律帮助。

★不符合指派律师条件但要求约见值班律师的，司法机关应当及时通知法律援助机构安排

《最高人民法院、最高人民检察院、公安部、国家安全部、司法部法律援助值班律师工作办法》（2020年8月20日　司规〔2020〕6号）

第十四条　犯罪嫌疑人、被告人没有委托辩护人并且不符合法律援助机构指派律师为其提供辩护的条件，要求约见值班律师的，公安机关、人民检察院、人民法院应当及时通知法律援助机构安排。

★犯罪嫌疑人、被告人明确拒绝接受法律帮助的，应当记录在案

《最高人民法院、最高人民检察院、公安部、国家安全部、司法部法律援助值班律师工作办法》（2020年8月20日　司规〔2020〕6号）

第十五条　依法应当通知值班律师提供法律帮助而犯罪嫌疑人、被告人明确拒绝的，公安机关、人民检察院、人民法院应当记录在案。

前一诉讼程序犯罪嫌疑人、被告人明确拒绝值班律师法律帮助的，后一诉讼程序的办案机关仍需告知其有权获得值班律师法律帮助的权利，有关情况应当记录在案。

★值班律师值班方式可以采用现场值班、电话值班、网络值班相结合的方式

《最高人民法院、最高人民检察院、公安部、国家安全部、司法部法律援助值班律师工作办法》(2020年8月20日 司规〔2020〕6号)

第十七条 司法行政机关和法律援助机构应当根据当地律师资源状况、法律帮助需求,会同看守所、人民检察院、人民法院合理安排值班律师的值班方式、值班频次。

值班方式可以采用现场值班、电话值班、网络值班相结合的方式。现场值班的,可以采取固定专人或轮流值班,也可以采取预约值班。

★不同诉讼阶段值班律师的职责

《最高人民法院、最高人民检察院、公安部、国家安全部、司法部法律援助值班律师工作办法》(2020年8月20日 司规〔2020〕6号)

第二十一条 侦查阶段,值班律师可以向侦查机关了解犯罪嫌疑人涉嫌的罪名及案件有关情况;案件进入审查起诉阶段后,值班律师可以查阅案卷材料,了解案情,人民检察院、人民法院应当及时安排,并提供便利。已经实现卷宗电子化的地方,人民检察院、人民法院可以安排在线阅卷。

★被羁押的人向看守所申请由值班律师提供法律帮助的,看守所应当在二十四小时内通知值班律师

《公安机关办理刑事案件程序规定》(2020年7月20日修正 公安部令第159号)

第四十九条 犯罪嫌疑人、被告人入所羁押时没有委托辩护人,法律援助机构也没有指派律师提供辩护的,看守所应当告知其有权约见值班律师,获得法律咨询、程序选择建议、申请变更强制措施、对案件处理提出意见等法律帮助,并为犯罪嫌疑人、被告人约见值班律师提供便利。

没有委托辩护人、法律援助机构没有指派律师提供辩护的犯罪嫌疑人、被告人,向看守所申请由值班律师提供法律帮助的,看守所应当在二十四小时内通知值班律师。

★值班律师在认罪认罚从宽案件中的职责

《最高人民法院、最高人民检察院、公安部、国家安全部、司法部关于适用认罪认罚从宽制度的指导意见》(2019年10月11日 高检发〔2019〕13号)

12. 值班律师的职责。值班律师应当维护犯罪嫌疑人、被告人的合法权益,确保犯罪嫌疑人、被告人在充分了解认罪认罚性质和法律后果的情况下,自愿认罪认罚。值班律师应当为认罪认罚的犯罪嫌疑人、被告人提供下列法律帮助:

(一)提供法律咨询,包括告知涉嫌或指控的罪名、相关法律规定,认罪认罚的性质和法律后果等;

(二)提出程序适用的建议;

(三)帮助申请变更强制措施;

(四)对人民检察院认定罪名、量刑建议提出意见;

(五)就案件处理,向人民法院、人民检察院、公安机关提出意见;

(六)引导、帮助犯罪嫌疑人、被告人及其近亲属申请法律援助;

(七)法律法规规定的其他事项。

值班律师可以会见犯罪嫌疑人、被告人,看守所应当为值班律师会见提供便利。危害国家安全犯罪、恐怖活动犯罪案件,侦查期间值班律师会见在押犯罪嫌疑人的,应当经侦查机关许可。

自人民检察院对案件审查起诉之日起,值班律师可以查阅案卷材料、了解案情。人民法院、人民检察院应当为值班律师查阅案卷材料提供便利。

值班律师提供法律咨询、查阅案卷材料、会见犯罪嫌疑人或者被告人、提出书面意见等法律帮助活动的相关情况应当记录在案,并随案移送。

★法律帮助的衔接

《最高人民法院、最高人民检察院、公安部、国家安全部、司法部关于适用认罪认罚从宽制度的指导意见》(2019年10月11日 高检发〔2019〕13号)

13. 法律帮助的衔接。对于被羁押的犯罪嫌疑人、被告人,在不同诉讼阶段，可以由派驻看守所的同一值班律师提供法律帮助。对于未被羁押的犯罪嫌疑人、被告人，前一诉讼阶段的值班律师可以在后续诉讼阶段继续为犯罪嫌疑人、被告人提供法律帮助。

★拒绝法律帮助的处理

《最高人民法院、最高人民检察院、公安部、国家安全部、司法部关于适用认罪认罚从宽制度的指导意见》(2019年10月11日　高检发〔2019〕13号)

14. 拒绝法律帮助的处理。犯罪嫌疑人、被告人自愿认罪认罚，没有委托辩护人，拒绝值班律师帮助的，人民法院、人民检察院、公安机关应当允许，记录在案并随案移送。但是审查起诉阶段签署认罪认罚具结书时，人民检察院应当通知值班律师到场。

★值班律师的职责

《中华人民共和国法律援助法》(2021年8月20日　主席令第93号)

第三十条　值班律师应当依法为没有辩护人的犯罪嫌疑人、被告人提供法律咨询、程序选择建议、申请变更强制措施、对案件处理提出意见等法律帮助。

★办案机关应当为值班律师了解案件有关情况、阅卷、会见等提供便利

《中华人民共和国法律援助法》(2021年8月20日　主席令第93号)

第三十七条　人民法院、人民检察院、公安机关应当保障值班律师依法提供法律帮助，告知没有辩护人的犯罪嫌疑人、被告人有权约见值班律师，并依法为值班律师了解案件有关情况、阅卷、会见等提供便利。

第三十七条　【辩护人的责任】辩护人的责任是根据事实和法律，提出犯罪嫌疑人、被告人无罪、罪轻或者减轻、免除其刑事责任的材料和意见，维护犯罪嫌疑人、被告人的诉讼权利和其他合法权益。

新旧条文序号对照

2018 年刑事诉讼法	2012 年刑事诉讼法	1996 年刑事诉讼法
第三十七条	第三十五条	第三十五条

第三十八条　【辩护律师在侦查期间的权利】辩护律师在侦查期间可以为犯罪嫌疑人提供法律帮助；代理申诉、控告；申请变更强制措施；向侦查机关了解犯罪嫌疑人涉嫌的罪名和案件有关情况，提出意见。

新旧条文序号对照

2018 年刑事诉讼法	2012 年刑事诉讼法	1996 年刑事诉讼法
第三十八条	第三十六条	

适用要点与裁判依据

★在检察院侦查、审查逮捕、审查起诉过程中，辩护人要求听取其意见的，应当及时安排

《人民检察院刑事诉讼规则》（2019 年 12 月 30 日　高检发释字〔2019〕4 号）

第五十四条　在人民检察院侦查、审查逮捕、审查起诉过程中，辩护人要求听取其意见的，办案部门应当及时安排。辩护人提出书面意见的，办案部门应当接收并登记。

听取辩护人意见应当制作笔录或者记录在案，辩护人提出的书面意见应当附卷。

辩护人提交案件相关材料的，办案部门应当将辩护人提交材料的目的、来源及内容等情况记录在案，一并附卷。

★辩护律师向公安机关了解案件有关情况的，公安机关应当告知的内容

《公安机关办理刑事案件程序规定》（2020年7月20日修正 公安部令第159号）

第五十条 辩护律师向公安机关了解案件有关情况的，公安机关应当依法将犯罪嫌疑人涉嫌的罪名以及当时已查明的该罪的主要事实，犯罪嫌疑人被采取、变更、解除强制措施，延长侦查羁押期限等案件有关情况，告知接受委托或者指派的辩护律师，并记录在案。

★公安机关案件侦查终结前辩护律师提出要求的，应当听取辩护律师的意见

《公安机关办理刑事案件程序规定》（2020年7月20日修正 公安部令第159号）

第五十八条 案件侦查终结前，辩护律师提出要求的，公安机关应当听取辩护律师的意见，根据情况进行核实，并记录在案。辩护律师提出书面意见的，应当附卷。

对辩护律师收集的犯罪嫌疑人不在犯罪现场、未达到刑事责任年龄、属于依法不负刑事责任的精神病人的证据，公安机关应当进行核实并将有关情况记录在案，有关证据应当附卷。

★辩护律师了解犯罪嫌疑人涉嫌的罪名、主要事实、强制措施、移送审查起诉等案件有关情况的，公安机关应当告知

《最高人民检察院、公安部关于公安机关办理经济犯罪案件的若干规定》（2017年11月24日 公通字〔2017〕25号）

第六十六条 辩护律师向公安机关了解犯罪嫌疑人涉嫌的罪名

以及现已查明的该罪的主要事实，犯罪嫌疑人被采取、变更、解除强制措施，延长侦查羁押期限、移送审查起诉等案件有关情况的，公安机关应当依法将上述情况告知辩护律师，并记录在案。

第39条

★辩护律师向公安机关提交与经济犯罪案件有关的申诉、控告等材料的，公安机关应当接收并在三十日以内予以答复

《最高人民检察院、公安部关于公安机关办理经济犯罪案件的若干规定》(2017年11月24日 公通字〔2017〕25号)

第六十七条 辩护律师向公安机关提交与经济犯罪案件有关的申诉、控告等材料的，公安机关应当在执法办案场所予以接收，当面了解有关情况并记录在案。对辩护律师提供的材料，公安机关应当及时依法审查，并在三十日以内予以答复。

第三十九条 【辩护人会见、通信】辩护律师可以同在押的犯罪嫌疑人、被告人会见和通信。其他辩护人经人民法院、人民检察院许可，也可以同在押的犯罪嫌疑人、被告人会见和通信。

辩护律师持律师执业证书、律师事务所证明和委托书或者法律援助公函要求会见在押的犯罪嫌疑人、被告人的，看守所应当及时安排会见，至迟不得超过四十八小时。

危害国家安全犯罪、恐怖活动犯罪案件，在侦查期间辩护律师会见在押的犯罪嫌疑人，应当经侦查机关许可。上述案件，侦查机关应当事先通知看守所。

辩护律师会见在押的犯罪嫌疑人、被告人，可以了解案件有关情况，提供法律咨询等；自案件移送审查起诉之日起，可以向犯罪嫌疑人、被告人核实有关证据。辩护律师会见犯罪嫌疑人、被告人时不被监听。

辩护律师同被监视居住的犯罪嫌疑人、被告人会见、通信，适用第一款、第三款、第四款的规定。

新旧条文序号对照

2018 年刑事诉讼法	2012 年刑事诉讼法	1996 年刑事诉讼法
第三十九条	第三十七条	第三十六条

适用要点与裁判依据

★看守所不得以“未收到办案部门通知”为由拒绝安排辩护律师会见

《公安部、司法部关于进一步保障和规范看守所律师会见工作的通知》(2019 年 10 月 18 日　公监管〔2019〕372 号)

一、依法安排及时会见,保障律师正常执业。辩护律师到看守所要求会见在押的犯罪嫌疑人、被告人,看守所在核验律师执业证书、律师事务所证明和委托书或者法律援助公函后,应当及时安排会见,能当时安排的应当时安排,不能当时安排的应向辩护律师说明情况,并保证辩护律师在 48 小时内会见到在押的犯罪嫌疑人、被告人。看守所安排会见不得附加其他条件或者变相要求辩护律师提交法律规定以外的其他文件、材料,不得以未收到办案部门通知为由拒绝安排辩护律师会见。在押犯罪嫌疑人、被告人提出解除委托关系的,辩护律师要求当面向其确认解除委托关系的,看守所应当安排会见;犯罪嫌疑人、被告人书面拒绝会见的,看守所应当将有关书面材料转交辩护律师。

★看守所不得以“未预约”为由拒绝安排律师会见

《公安部、司法部关于进一步保障和规范看守所律师会见工作的通知》(2019 年 10 月 18 日　公监管〔2019〕372 号)

二、加强制度硬件建设,满足律师会见需求。要加强制度建设,看守所应设立律师会见预约平台,在确保在押人员信息安全的前提下,通过网络、微信、电话等方式为律师预约会见,但不得以未预约为由拒绝安排律师会见,有条件的地方可以探索视频会见。要加强会见场所建设，新建看守所律师会见室数量要按照设计押量每百人 4 间的标准建设，老旧看守所要因地制宜、挖掘潜力，通过改建、扩建等办法，进一步增加律师会见室数量。在律师会见室不足的情况下，经书面征得律师同意，可以使用讯问室安排律师会见，但应当关闭录音、监听设备。律师会见量较大的看守所可设置快速会见室，对于会见时间不超过30 分钟的会见申请，看守所应安排快速会见。要加强服务保障，有条件的看守所可设立律师等候休息区，并配备一些必要的服务设施及办公设备，最大限度为律师会见提供便利。律师可以携带个人电脑会见，但应当遵守相关法律法规的规定，确保会见安全。在正常工作时间内无法满足律师会见需求的，经看守所所长批准可适当延长工作时间，或利用公休日安排律师会见。

★律师认为会见权利受到侵害的，可以向看守所及所属公安机关、司法行政机关、律师协会或者检察机关投诉

《公安部、司法部关于进一步保障和规范看守所律师会见工作的通知》(2019 年 10 月 18 日 公监管〔2019〕372 号)

三、加强信息共享和协作配合，确保羁押秩序和安全。公安部、司法部建立全国律师信息共享机制，共享全国律师的执业资格、执业状态等相关信息，并进一步规范辩护委托书、会见介绍信和刑事法律援助辩护(代理)函等文书的格式。律师应当遵守看守所安全管理规定，严禁携带违禁物品进入会见区，严禁带经办案单位核实或许可的律师助理、翻译以外的其他人员参加会见，严禁将通讯工具提供给犯罪嫌疑人、被告人使用或者传递违禁物品、文件。发现律师在会见中有违规行为的，看守所应立即制止，并及时通报同级司法行政机关、律师协会。律师认为自己的会见权利受到侵害的，可以向看守所及所属公安机关、司法行政机关、律师协会或者检察机关投诉，公安机关应当公开受理律师投诉的机构名称和具体联系人、联系方式等。司法行政机关和律师协会要协同相关部门依法整治看守所周边违法设点执业的律师事务所，严肃查处违规执业、以不正当手段争揽业务和扰乱正常会见秩序等行为。

★律师以外的辩护人向检察院申请同在押、被监视居住的犯罪嫌疑人会见和通信的，检察院应当在三日以内作出是否许可的决定并书面通知申请人

《人民检察院刑事诉讼规则》（2019年12月30日　**高检发释字〔2019〕4号**）

第四十八条　自人民检察院对案件审查起诉之日起，律师以外的辩护人向人民检察院申请查阅、摘抄、复制本案的案卷材料或者申请同在押、被监视居住的犯罪嫌疑人会见和通信的，由人民检察院负责捕诉的部门进行审查并作出是否许可的决定，在三日以内书面通知申请人。

人民检察院许可律师以外的辩护人同在押或者被监视居住的犯罪嫌疑人通信的，可以要求看守所或者公安机关将书信送交人民检察院进行检查。

律师以外的辩护人申请查阅、摘抄、复制案卷材料或者申请同在押、被监视居住的犯罪嫌疑人会见和通信，具有下列情形之一的，人民检察院可以不予许可：

（一）同案犯罪嫌疑人在逃的；

（二）案件事实不清，证据不足，或者遗漏罪行、遗漏同案犯罪嫌疑人需要补充侦查的；

（三）涉及国家秘密或者商业秘密的；

（四）有事实表明存在串供、毁灭、伪造证据或者危害证人人身安全可能的。

★辩护律师在侦查期间要求会见"危害国家安全犯罪""恐怖活动犯罪"案件的犯罪嫌疑人，应当向办案部门提出申请

《公安机关办理刑事案件程序规定》（2020年7月20日修正　**公安部令第159号**）

第五十二条　对危害国家安全犯罪案件、恐怖活动犯罪案件，办案部门应当在将犯罪嫌疑人送看守所羁押时书面通知看守所；犯罪嫌疑人被监视居住的，应当在送交执行时书面通知执行机关。

辩护律师在侦查期间要求会见前款规定案件的在押或者被监视居住的犯罪嫌疑人，应当向办案部门提出申请。

对辩护律师提出的会见申请，办案部门应当在收到申请后三日以内，报经县级以上公安机关负责人批准，作出许可或者不许可的决定，书面通知辩护律师，并及时通知看守所或者执行监视居住的部门。除有碍侦查或者可能泄露国家秘密的情形外，应当作出许可的决定。

公安机关不许可会见的，应当说明理由。有碍侦查或者可能泄露国家秘密的情形消失后，公安机关应当许可会见。

有下列情形之一的，属于本条规定的"有碍侦查"：

（一）可能毁灭、伪造证据，干扰证人作证或者串供的；

（二）可能引起犯罪嫌疑人自残、自杀或者逃跑的；

（三）可能引起同案犯逃避、妨碍侦查的；

（四）犯罪嫌疑人的家属与犯罪有牵连的。

★辩护律师要求会见在押的犯罪嫌疑人，看守所应当在四十八小时以内安排律师会见到犯罪嫌疑人

《公安机关办理刑事案件程序规定》（2020年7月20日修正　公安部令第159号）

第五十三条　辩护律师要求会见在押的犯罪嫌疑人，看守所应当在查验其律师执业证书、律师事务所证明和委托书或者法律援助公函后，在四十八小时以内安排律师会见到犯罪嫌疑人，同时通知办案部门。

侦查期间，辩护律师会见危害国家安全犯罪案件、恐怖活动犯罪案件在押或者被监视居住的犯罪嫌疑人时，看守所或者监视居住执行机关还应当查验侦查机关的许可决定文书。

★检察机关应当加强对律师会见权的监督保障

《最高人民检察院、司法部、中华全国律师协会联合印发〈关于依法保障律师执业权利的十条意见〉》（2023年3月2日）

七、加强律师会见权的监督保障

人民检察院应当在看守所、监狱等律师会见场所公布派驻监管场所检察人员姓名及办公电话。律师提出会见在押的犯罪嫌疑人、被告人、罪犯，认为受到相关部门工作人员阻碍的，可以向检察机关提出控告申诉。对相关部门工作人员阻碍律师会见，派驻监管场所检察人员能够当场处理的，应当及时监督相关部门依法保障律师行使会见权；不能当场处理的，应当在五个工作日内审查办理完毕。经审查，认为不符合会见条件的，要及时向律师说明情况，取得理解。派驻监管场所检察室应当与看守所、监狱建立及时畅通的沟通交流机制，促进律师会见问题解决。

类案检索指引

★“特别重大贿赂犯罪案件”不再列入限制会见案件范围

《律师王某某申请会见权监督案》（2021年2月5日最高人民检察院发布首批保障律师执业权利典型案例）

【关键词】

职务犯罪　强制措施执行　律师会见权

【要旨】

办理职务犯罪案件涉及监察机关、检察机关、侦查机关等部门的分工协作、互相配合，涉及刑事诉讼法、监察法等法律、司法解释的衔接运用，对于因对相关法律理解适用不准确等问题导致律师会见障碍的，检察机关应当依法主动履行法律监督职能，积极沟通协调，充分保障律师依法执业。

【指导意义】

1. 针对法律、司法解释修订对律师履职产生新变化的，检察机关应当依法及时保障律师相关执业权利。会见权是律师享有的一项基本诉讼权利，限制律师会见必须有法律明确规定。原刑事诉讼法规定危害国家安全罪、恐怖活动犯罪和特别重大贿赂犯罪案件三类犯罪，辩护律师会见犯罪嫌疑人、被告人需要事先经过侦查机关的许可。2018年10月26日，刑事诉讼法修改后，“特别重大贿赂犯罪案件”不再列入限制会见案件范围。针对办案机关对新修改的法律理解不准确，导致扩大限制律师会见范围的，检察机关应当依法及时监督纠正。

2. 职务犯罪案件办理过程中，检察机关应当高度重视沟通协作与监督制约工作，为全面保障律师执业权利创造条件。监察体制改革以及刑事诉讼法修改后，职务犯罪案件办理程序有了重大调整，检察机关受理监察机关移送的职务犯罪案件后，需要及时办理强制措施手续，并协调侦查机关执行，案件办理涉及多部门协作配合。检察机关在依法履职的过程中，要积极推动办案机关切实增强权利保障意识，共同维护律师依法执业环境，全面提升执法司法公信力。

★依法决定监视居住后，辩护律师申请会见的，应当及时安排会见，并不被监听

《律师陈某某申请会见权监督案》(2021年2月5日最高人民检察院发布首批保障律师执业权利典型案例)

【关键词】

直接受理侦查　监视居住　律师会见

【要旨】

人民检察院办理直接受理侦查的案件，依法决定监视居住后，辩护律师申请会见的，应当及时安排会见，并不被监听。辩护律师会见不受时长和次数限制。人民检察院对自身执法办案中影响律师执业权利的不当行为，应当加强内部监督。

【指导意义】

1. 辩护律师申请会见被监视居住的犯罪嫌疑人，办案机关存在限制会见时长和次数等有碍会见情形的，人民检察院应当依法及时监督纠正。辩护律师会见在押犯罪嫌疑人，侦查机关应当及时安排会见，至迟不得超过四十八小时。根据法律规定，监视居住对人身自由的强制程度低于拘留、逮捕等羁押性强制措施。辩护律师申请会见被监视居住的犯罪嫌疑人，办案机关应当参照刑事诉讼法等相关规定及时安排会见。对限制会见时长和次数等侵犯或变相限制律师会见权,或者会见期间有办案人员出入等不规范行为的,人民检察院应当依法及时监督纠正,统一执法标准。

2. 对于检察人员存在影响律师依法执业等违法或不当行为的,人民检察院应当严格加强内部监督。检察机关是法律监督机关,应牢固树立监督者必须接受监督的理念,用更严格的标准做好自身监督。对于检察人员存在影响律师依法执业等不当行为的,控告申诉检察部门应当不回避、不遮掩问题,在查清事实的基础上依法提出纠正意见,督促办案部门严格规范执法。

第四十条 【辩护人查阅、摘抄、复制案卷材料】辩护律师自人民检察院对案件审查起诉之日起,可以查阅、摘抄、复制本案的案卷材料。其他辩护人经人民法院、人民检察院许可,也可以查阅、摘抄、复制上述材料。

新旧条文序号对照

2018 年刑事诉讼法	2012 年刑事诉讼法	1996 年刑事诉讼法
第四十条	第三十八条	第三十六条第二款

适用要点与裁判依据

★检察院直接受理侦查案件移送起诉,审查起诉案件退回补充侦查、改变管辖、提起公诉的,应当及时告知辩护律师

《人民检察院刑事诉讼规则》(2019 年 12 月 30 日 高检发释字〔2019〕4 号)

第四十七条 自人民检察院对案件审查起诉之日起,应当允许辩护律师查阅、摘抄、复制本案的案卷材料。案卷材料包括案件的诉讼文书和证据材料。

人民检察院直接受理侦查案件移送起诉,审查起诉案件退回补充侦查、改变管辖、提起公诉的,应当及时告知辩护律师。

★律师以外的辩护人申请查阅、摘抄、复制案卷材料或者申请会见和通信,检察院不予许可的四种情形

《人民检察院刑事诉讼规则》(2019年12月30日 **高检发释字**〔2019〕4号)

第四十八条 自人民检察院对案件审查起诉之日起,律师以外的辩护人向人民检察院申请查阅、摘抄、复制本案的案卷材料或者申请同在押、被监视居住的犯罪嫌疑人会见和通信的,由人民检察院负责捕诉的部门进行审查并作出是否许可的决定,在三日以内书面通知申请人。

人民检察院许可律师以外的辩护人同在押或者被监视居住的犯罪嫌疑人通信的,可以要求看守所或者公安机关将书信送交人民检察院进行检查。

律师以外的辩护人申请查阅、摘抄、复制案卷材料或者申请同在押、被监视居住的犯罪嫌疑人会见和通信,具有下列情形之一的,人民检察院可以不予许可:

(一)同案犯罪嫌疑人在逃的;

(二)案件事实不清,证据不足,或者遗漏罪行、遗漏同案犯罪嫌疑人需要补充侦查的;

(三)涉及国家秘密或者商业秘密的;

(四)有事实表明存在串供、毁灭、伪造证据或者危害证人人身安全可能的。

★辩护人复制案卷材料可以采取复印、拍照、扫描、刻录等方式

《人民检察院刑事诉讼规则》(2019年12月30日 **高检发释字**〔2019〕4号)

第四十九条 辩护律师或者经过许可的其他辩护人到人民检察院查阅、摘抄、复制本案的案卷材料,由负责案件管理的部门及时安排,由办案部门提供案卷材料。因办案部门工作等原因无法及时安排的,应当向辩护人说明,并自即日起三个工作日以内安排辩护人阅卷，办案部门应当予以配合。

人民检察院应当为辩护人查阅、摘抄、复制案卷材料设置专门的场所或者电子卷宗阅卷终端设备。必要时，人民检察院可以派员在场协助。

辩护人复制案卷材料可以采取复印、拍照、扫描、刻录等方式，人民检察院不收取费用。

★检察机关应当充分保障律师查阅案卷权利

《最高人民检察院、司法部、中华全国律师协会联合印发〈关于依法保障律师执业权利的十条意见〉》（2023年3月2日）

三、充分保障律师查阅案卷的权利

人民检察院在律师提出阅卷申请后，一般应当提供电子卷宗，便于律师查阅、复制。律师提出调阅案件纸质卷宗的，人民检察院了解具体原因后，认为应予支持的，应当及时安排。各级人民检察院应当进一步规范电子卷宗制作标准，提高制作效率，确保电子卷宗完整、清晰、准确，便于查阅。对于符合互联网阅卷要求的，应当在三日内完成律师互联网阅卷申请的办理和答复。

第四十一条　【辩护人申请调取证据材料】辩护人认为在侦查、审查起诉期间公安机关、人民检察院收集的证明犯罪嫌疑人、被告人无罪或者罪轻的证据材料未提交的，有权申请人民检察院、人民法院调取。

新旧条文序号对照

2018年刑事诉讼法	2012年刑事诉讼法	1996年刑事诉讼法
第四十一条	第三十九条	

适用要点与裁判依据

★辩护律师可以申请法院调取办案机关未随案移送的证据材料

《最高人民法院关于适用〈中华人民共和国刑事诉讼法〉的解释》(2021年1月26日 法释〔2021〕1号)

第五十七条 辩护人认为在调查、侦查、审查起诉期间监察机关、公安机关、人民检察院收集的证明被告人无罪或者罪轻的证据材料未随案移送,申请人民法院调取的,应当以书面形式提出,并提供相关线索或者材料。人民法院接受申请后,应当向人民检察院调取。人民检察院移送相关证据材料后,人民法院应当及时通知辩护人。

★法院对未随案移送的证据材料,应当通知检察院在指定时间内移送;未移送的,根据在案证据对案件事实作出认定

《最高人民法院关于适用〈中华人民共和国刑事诉讼法〉的解释》(2021年1月26日 法释〔2021〕1号)

第七十三条 对提起公诉的案件,人民法院应当审查证明被告人有罪、无罪、罪重、罪轻的证据材料是否全部随案移送;未随案移送的,应当通知人民检察院在指定时间内移送。人民检察院未移送的,人民法院应当根据在案证据对案件事实作出认定。

★辩护人申请调取公安机关在侦查期间收集的证明犯罪嫌疑人无罪或者罪轻的证据材料的,检察院应当及时审查

《人民检察院刑事诉讼规则》(2019年12月30日 高检发释字〔2019〕4号)

第五十条 案件提请批准逮捕或者移送起诉后,辩护人认为公安机关在侦查期间收集的证明犯罪嫌疑人无罪或者罪轻的证据材料未提交,申请人民检察院向公安机关调取的,人民检察院负责捕诉的部门应当及时审查。……

第四十二条　【辩护人收集特定证据】辩护人收集的有关犯罪嫌疑人不在犯罪现场、未达到刑事责任年龄、属于依法不负刑事责任的精神病人的证据，应当及时告知公安机关、人民检察院。

新旧条文序号对照

2018年刑事诉讼法	2012年刑事诉讼法	1996年刑事诉讼法
第四十二条	第四十条	

适用要点与裁判依据

★侦查、审查逮捕、审查起诉过程中，辩护人收集的对犯罪嫌疑人有利的证据告知检察院的，检察院应当及时审查

《人民检察院刑事诉讼规则》(2019年12月30日　高检发释字〔2019〕4号)

第五十一条　在人民检察院侦查、审查逮捕、审查起诉过程中，辩护人收集的有关犯罪嫌疑人不在犯罪现场、未达到刑事责任年龄、属于依法不负刑事责任的精神病人的证据，告知人民检察院的，人民检察院应当及时审查。

第四十三条　【辩护律师的调查取证权】辩护律师经证人或者其他有关单位和个人同意，可以向他们收集与本案有关的材料，也可以申请人民检察院、人民法院收集、调取证据，或者申请人民法院通知证人出庭作证。

辩护律师经人民检察院或者人民法院许可，并且经被害人或者其近亲属、被害人提供的证人同意，可以向他们收集与本案有关的材料。

新旧条文序号对照

2018年刑事诉讼法	2012年刑事诉讼法	1996年刑事诉讼法
第四十三条	第四十一条	第三十七条

适用要点与裁判依据

★辩护律师申请收集、调取证据,检察院决定不予收集、调取的,应当书面说明理由

《人民检察院刑事诉讼规则》(2019年12月30日　高检发释字〔2019〕4号)

第五十二条　案件移送起诉后,辩护律师依据刑事诉讼法第四十三条第一款的规定申请人民检察院收集、调取证据的,人民检察院负责捕诉的部门应当及时审查。经审查,认为需要收集、调取证据的,应当决定收集、调取并制作笔录附卷;决定不予收集、调取的,应当书面说明理由。

人民检察院根据辩护律师的申请收集、调取证据时,辩护律师可以在场。

★辩护律师申请检察院许可向被害人等收集与本案有关材料的,检察院应当在五日以内作出是否许可的决定

《人民检察院刑事诉讼规则》(2019年12月30日　高检发释字〔2019〕4号)

第五十三条　辩护律师申请人民检察院许可其向被害人或者其近亲属、被害人提供的证人收集与本案有关材料的,人民检察院负责捕诉的部门应当及时进行审查。人民检察院应当在五日以内作出是否许可的决定,通知辩护律师;不予许可的,应当书面说明理由。

★辩护律师申请法院向被害人等收集与本案有关的材料，法院认为确有必要的，应当签发准许调查书

《最高人民法院关于适用〈中华人民共和国刑事诉讼法〉的解释》(2021年1月26日　法释〔2021〕1号)

第五十八条　辩护律师申请向被害人及其近亲属、被害人提供的证人收集与本案有关的材料，人民法院认为确有必要的，应当签发准许调查书。

★辩护律师向证人等收集、调取证据材料被拒，申请法院收集、调取或者申请通知证人出庭作证，法院认为确有必要的，应当同意

《最高人民法院关于适用〈中华人民共和国刑事诉讼法〉的解释》(2021年1月26日　法释〔2021〕1号)

第五十九条　辩护律师向证人或者有关单位、个人收集、调取与本案有关的证据材料，因证人或者有关单位、个人不同意，申请人民法院收集、调取，或者申请通知证人出庭作证，人民法院认为确有必要的，应当同意。

★辩护律师直接申请向证人等收集、调取证据材料，法院认为确有必要，且不宜或者不能由辩护律师收集、调取的，应当同意

《最高人民法院关于适用〈中华人民共和国刑事诉讼法〉的解释》(2021年1月26日　法释〔2021〕1号)

第六十条　辩护律师直接申请人民法院向证人或者有关单位、个人收集、调取证据材料，人民法院认为确有必要，且不宜或者不能由辩护律师收集、调取的，应当同意。

人民法院向有关单位收集、调取的书面证据材料，必须由提供人签名，并加盖单位印章；向个人收集、调取的书面证据材料，必须由提供人签名。

人民法院对有关单位、个人提供的证据材料，应当出具收据，写明证据材料的名称、收到的时间、件数、页数以及是否为原件等，由书记员、法官助理或者审判人员签名。

收集、调取证据材料后，应当及时通知辩护律师查阅、摘抄、复制，并告知人民检察院。

第44条

第四十四条 【干扰诉讼行为及处罚】辩护人或者其他任何人，不得帮助犯罪嫌疑人、被告人隐匿、毁灭、伪造证据或者串供，不得威胁、引诱证人作伪证以及进行其他干扰司法机关诉讼活动的行为。

违反前款规定的，应当依法追究法律责任，辩护人涉嫌犯罪的，应当由办理辩护人所承办案件的侦查机关以外的侦查机关办理。辩护人是律师的，应当及时通知其所在的律师事务所或者所属的律师协会。

新旧条文序号对照

2018 年刑事诉讼法	2012 年刑事诉讼法	1996 年刑事诉讼法
第四十四条	第四十二条	第三十八条

适用要点与裁判依据

★监察机关行使监督、调查职权，任何单位和个人不得伪造、隐匿或者毁灭证据

《中华人民共和国监察法》（2018 年 3 月 20 日 主席令第 3 号）

第十八条 监察机关行使监督、调查职权，有权依法向有关单位和个人了解情况，收集、调取证据。有关单位和个人应当如实提供。

监察机关及其工作人员对监督、调查过程中知悉的国家秘密、商业秘密、个人隐私，应当保密。

任何单位和个人不得伪造、隐匿或者毁灭证据。

★对于辩护人等干扰司法机关诉讼活动的行为应当依法追究法律责任

《最高人民法院、最高人民检察院、公安部、国家安全部、司法部关于推进以审判为中心的刑事诉讼制度改革的意见》(2016年7月20日　法发〔2016〕18号)

十八、辩护人或者其他任何人,不得帮助犯罪嫌疑人、被告人隐匿、毁灭、伪造证据或者串供,不得威胁、引诱证人作伪证以及进行其他干扰司法机关诉讼活动的行为。对于实施上述行为的,应当依法追究法律责任。

第四十五条　【被告人拒绝辩护】在审判过程中,被告人可以拒绝辩护人继续为他辩护,也可以另行委托辩护人辩护。

新旧条文序号对照

2018年刑事诉讼法	2012年刑事诉讼法	1996年刑事诉讼法
第四十五条	第四十三条	第三十九条

适用要点与裁判依据

★对被告人拒绝法律援助机构指派的律师为其辩护,或者其监护人、近亲属又为其另行委托辩护人的处理

《最高人民法院关于适用〈中华人民共和国刑事诉讼法〉的解释》(2021年1月26日　法释〔2021〕1号)

第五十条　被告人拒绝法律援助机构指派的律师为其辩护,坚持自己行使辩护权的,人民法院应当准许。

属于应当提供法律援助的情形,被告人拒绝指派的律师为其辩护的,人民法院应当查明原因。理由正当的,应当准许,但被告人应当在五日以内另行委托辩护人;被告人未另行委托辩护人的,人民法院应当在三日以内通知法律援助机构另行指派律师为其提供辩护。

第五十一条 对法律援助机构指派律师为被告人提供辩护，被告人的监护人、近亲属又代为委托辩护人的，应当听取被告人的意见，由其确定辩护人人选。

★对被告人更换辩护人、辩护人拒绝辩护的处理

《最高人民法院关于适用〈中华人民共和国刑事诉讼法〉的解释》(2021年1月26日 法释〔2021〕1号)

第三百一十一条 被告人在一个审判程序中更换辩护人一般不得超过两次。

被告人当庭拒绝辩护人辩护，要求另行委托辩护人或者指派律师的，合议庭应当准许。被告人拒绝辩护人辩护后，没有辩护人的，应当宣布休庭；仍有辩护人的，庭审可以继续进行。

有多名被告人的案件，部分被告人拒绝辩护人辩护后，没有辩护人的，根据案件情况，可以对该部分被告人另案处理，对其他被告人的庭审继续进行。

重新开庭后，被告人再次当庭拒绝辩护人辩护的，可以准许，但被告人不得再次另行委托辩护人或者要求另行指派律师，由其自行辩护。

被告人属于应当提供法律援助的情形，重新开庭后再次当庭拒绝辩护人辩护的，不予准许。

第三百一十二条 法庭审理过程中，辩护人拒绝为被告人辩护，有正当理由的，应当准许；是否继续庭审，参照适用前条规定。

第三百一十三条 依照前两条规定另行委托辩护人或者通知法律援助机构指派律师的，自案件宣布休庭之日起至第十五日止，由辩护人准备辩护，但被告人及其辩护人自愿缩短时间的除外。

庭审结束后、判决宣告前另行委托辩护人的，可以不重新开庭；辩护人提交书面辩护意见的，应当接受。

第四十六条　【委托诉讼代理人】公诉案件的被害人及其法定代理人或者近亲属，附带民事诉讼的当事人及其法定代理人，自案件移送审查起诉之日起，有权委托诉讼代理人。自诉案件的自诉人及其法定代理人，附带民事诉讼的当事人及其法定代理人，有权随时委托诉讼代理人。

人民检察院自收到移送审查起诉的案件材料之日起三日以内，应当告知被害人及其法定代理人或者其近亲属、附带民事诉讼的当事人及其法定代理人有权委托诉讼代理人。人民法院自受理自诉案件之日起三日以内，应当告知自诉人及其法定代理人、附带民事诉讼的当事人及其法定代理人有权委托诉讼代理人。

新旧条文序号对照

2018 年刑事诉讼法	2012 年刑事诉讼法	1996 年刑事诉讼法
第四十六条	第四十四条	第四十条

适用要点与裁判依据

★法院应当告知自诉人等有权委托诉讼代理人，如果经济困难可以申请法律援助

《最高人民法院关于适用〈中华人民共和国刑事诉讼法〉的解释》（2021 年 1 月 26 日　法释〔2021〕1 号）

第六十二条　人民法院自受理自诉案件之日起三日以内，应当告知自诉人及其法定代理人、附带民事诉讼当事人及其法定代理人，有权委托诉讼代理人，并告知其如果经济困难，可以申请法律援助。

★检察院应当告知被害人等如因经济困难没有委托诉讼代理人的，可以申请法律援助

《人民检察院刑事诉讼规则》(2019年12月30日 高检发释字〔2019〕4号)

第五十五条 人民检察院自收到移送起诉案卷材料之日起三日以内，应当告知被害人及其法定代理人或者其近亲属、附带民事诉讼的当事人及其法定代理人有权委托诉讼代理人。被害人及其法定代理人、近亲属因经济困难没有委托诉讼代理人的，应当告知其可以申请法律援助。

当面口头告知的，应当记入笔录，由被告知人签名；电话告知的，应当记录在案；书面告知的，应当将送达回执入卷。被害人众多或者不确定，无法以上述方式逐一告知的，可以公告告知。无法告知的，应当记录在案。

被害人有法定代理人的，应当告知其法定代理人；没有法定代理人的，应当告知其近亲属。

法定代理人或者近亲属为二人以上的，可以告知其中一人。告知时应当按照刑事诉讼法第一百零八条第三项、第六项列举的顺序择先进行。

当事人及其法定代理人、近亲属委托诉讼代理人的，参照刑事诉讼法第三十三条等法律规定执行。

第四十七条 【诉讼代理人的条件】委托诉讼代理人，参照本法第三十三条的规定执行。

新旧条文序号对照

2018年刑事诉讼法	2012年刑事诉讼法	1996年刑事诉讼法
第四十七条	第四十五条	第四十一条

适用要点与裁判依据

★律师担任诉讼代理人的以及其他诉讼代理人的诉讼权限

《最高人民法院关于适用〈中华人民共和国刑事诉讼法〉的解释》(2021年1月26日　法释〔2021〕1号)

第六十五条　律师担任诉讼代理人的,可以查阅、摘抄、复制案卷材料。其他诉讼代理人经人民法院许可,也可以查阅、摘抄、复制案卷材料。

律师担任诉讼代理人,需要收集、调取与本案有关的证据材料的,参照适用本解释第五十九条至第六十一条的规定。

第六十六条　诉讼代理人接受当事人委托或者法律援助机构指派后,应当在三日以内将委托手续或者法律援助手续提交人民法院。

第四十八条　【辩护律师执业保密的权利与义务】辩护律师对在执业活动中知悉的委托人的有关情况和信息,有权予以保密。但是,辩护律师在执业活动中知悉委托人或者其他人,准备或者正在实施危害国家安全、公共安全以及严重危害他人人身安全的犯罪的,应当及时告知司法机关。

新旧条文序号对照

2018年刑事诉讼法	2012年刑事诉讼法	1996年刑事诉讼法
第四十八条	第四十六条	

适用要点与裁判依据

★辩护人查阅案卷材料中发现涉密信息的处理

《最高人民法院关于适用〈中华人民共和国刑事诉讼法〉的解释》(2021年1月26日　法释〔2021〕1号)

第五十五条　查阅、摘抄、复制案卷材料,涉及国家秘密、商业秘密、个人隐私的，应当保密；对不公开审理案件的信息、材料，或者在办案过程中获悉的案件重要信息、证据材料，不得违反规定泄露、披露，不得用于办案以外的用途。人民法院可以要求相关人员出具承诺书。

违反前款规定的，人民法院可以通报司法行政机关或者有关部门，建议给予相应处罚；构成犯罪的，依法追究刑事责任。

★辩护律师向法院告知其委托人或者其他人准备实施、正在实施三类犯罪的处理

《最高人民法院关于适用〈中华人民共和国刑事诉讼法〉的解释》（2021年1月26日　法释〔2021〕1号）

第六十七条　辩护律师向人民法院告知其委托人或者其他人准备实施、正在实施危害国家安全、公共安全以及严重危害他人人身安全犯罪的，人民法院应当记录在案，立即转告主管机关依法处理，并为反映有关情况的辩护律师保密。

★辩护律师告知检察院其委托人等准备实施、正在实施严重犯罪的，检察院应当接受并立即移送有关机关依法处理

《人民检察院刑事诉讼规则》（2019年12月30日　高检发释字〔2019〕4号）

第五十九条　辩护律师告知人民检察院其委托人或者其他人员准备实施、正在实施危害国家安全、危害公共安全以及严重危及他人人身安全犯罪的，人民检察院应当接受并立即移送有关机关依法处理。

人民检察院应当为反映情况的辩护律师保密。

★办理危害国家安全犯罪案件中有关保密的规定

《中华人民共和国香港特别行政区维护国家安全法》（2020年6月30日　主席令第49号）

第六十三条　办理本法规定的危害国家安全犯罪案件的有关执法、司法机关及其人员或者办理其他危害国家安全犯罪案件的香港特别行政区执法、司法机关及其人员，应当对办案过程中知悉的国家秘密、商业秘密和个人隐私予以保密。

担任辩护人或者诉讼代理人的律师应当保守在执业活动中知悉的国家秘密、商业秘密和个人隐私。

配合办案的有关机构、组织和个人应当对案件有关情况予以保密。

第四十九条 【辩护人、诉讼代理人的申诉、控告权】辩护人、诉讼代理人认为公安机关、人民检察院、人民法院及其工作人员阻碍其依法行使诉讼权利的，有权向同级或者上一级人民检察院申诉或者控告。人民检察院对申诉或者控告应当及时进行审查，情况属实的，通知有关机关予以纠正。

新旧条文序号对照

2018年刑事诉讼法	2012年刑事诉讼法	1996年刑事诉讼法
第四十九条	第四十七条	

适用要点与裁判依据

★检察院对辩护人、诉讼代理人认为公安机关阻碍其依法行使诉讼权利提出申诉或者控告的处理

《最高人民检察院、公安部关于公安机关办理经济犯罪案件的若干规定》(2017年11月24日 公通字〔2017〕25号)

第七十条 辩护人、诉讼代理人认为公安机关阻碍其依法行使诉讼权利并向人民检察院申诉或者控告，人民检察院经审查情况属实后通知公安机关予以纠正的，公安机关应当立即纠正，并将监督执行情况书面答复人民检察院。

★辩护人、诉讼代理人对公安机关侦查活动有异议的，可以提出申诉、控告，或者提请检察院依法监督

《最高人民检察院、公安部关于公安机关办理经济犯罪案件的若干规定》（2017年11月24日　公通字〔2017〕25号）

第七十一条　辩护人、诉讼代理人对公安机关侦查活动有异议的，可以向有关公安机关提出申诉、控告，或者提请人民检察院依法监督。

★辩护人、诉讼代理人向检察院申诉或者控告司法机关及其工作人员阻碍其依法行使诉讼权利的十六种情形

《人民检察院刑事诉讼规则》（2019年12月30日　高检发释字〔2019〕4号）

第五十七条　辩护人、诉讼代理人认为公安机关、人民检察院、人民法院及其工作人员具有下列阻碍其依法行使诉讼权利行为之一，向同级或者上一级人民检察院申诉或者控告的，人民检察院负责控告申诉检察的部门应当接受并依法办理，其他办案部门应当予以配合：

（一）违反规定，对辩护人、诉讼代理人提出的回避要求不予受理或者对不予回避决定不服的复议申请不予受理的；

（二）未依法告知犯罪嫌疑人、被告人有权委托辩护人的；

（三）未转达在押或者被监视居住的犯罪嫌疑人、被告人委托辩护人的要求或者未转交其申请法律援助材料的；

（四）应当通知而不通知法律援助机构为符合条件的犯罪嫌疑人、被告人或者被申请强制医疗的人指派律师提供辩护或者法律援助的；

（五）在规定时间内不受理、不答复辩护人提出的变更强制措施申请或者解除强制措施要求的；

（六）未依法告知辩护律师犯罪嫌疑人涉嫌的罪名和案件有关情况的；

（七）违法限制辩护律师同在押、被监视居住的犯罪嫌疑人、被告人会见和通信的；

（八）违法不允许辩护律师查阅、摘抄、复制本案的案卷材料的；

（九）违法限制辩护律师收集、核实有关证据材料的；

（十）没有正当理由不同意辩护律师收集、调取证据或者通知证人出庭作证的申请，或者不答复、不说明理由的；

（十一）未依法提交证明犯罪嫌疑人、被告人无罪或者罪轻的证据材料的；

（十二）未依法听取辩护人、诉讼代理人意见的；

（十三）未依法将开庭的时间、地点及时通知辩护人、诉讼代理人的；

（十四）未依法向辩护人、诉讼代理人及时送达本案的法律文书或者及时告知案件移送情况的；

（十五）阻碍辩护人、诉讼代理人在法庭审理过程中依法行使诉讼权利的；

（十六）其他阻碍辩护人、诉讼代理人依法行使诉讼权利的。

对于直接向上一级人民检察院申诉或者控告的，上一级人民检察院可以交下级人民检察院办理，也可以直接办理。

辩护人、诉讼代理人认为看守所及其工作人员有阻碍其依法行使诉讼权利的行为，向人民检察院申诉或者控告的，由负责刑事执行检察的部门接受并依法办理；其他办案部门收到申诉或者控告的，应当及时移送负责刑事执行检察的部门。

★检察院对于辩护人、诉讼代理人的申诉或者控告应当及时受理并调查核实，在十日以内办结并书面答复

《人民检察院刑事诉讼规则》（2019年12月30日　**高检发释字〔2019〕4号**）

第五十八条　辩护人、诉讼代理人认为其依法行使诉讼权利受到阻碍向人民检察院申诉或者控告的，人民检察院应当及时受理并调查核实，在十日以内办结并书面答复。情况属实的，通知有关机关或者本院有关部门、下级人民检察院予以纠正。

★办案机关通知法律援助机构指派律师担任辩护人时，不得限制或者损害犯罪嫌疑人、被告人委托辩护人的权利

《中华人民共和国法律援助法》（2021年8月20日　主席令第93号）

第二十七条　人民法院、人民检察院、公安机关通知法律援助机构指派律师担任辩护人时，不得限制或者损害犯罪嫌疑人、被告人委托辩护人的权利。

★对于律师提出的情况紧急、需要尽快办理的控告申诉，检察机关一般应当在三个工作日内办理并答复律师

《最高人民检察院、司法部、中华全国律师协会联合印发〈关于依法保障律师执业权利的十条意见〉》（2023年3月2日）

八、畅通权利救济渠道

律师认为人民检察院及其工作人员未严格执行本意见的，可以向该检察院或者上一级人民检察院提出控告申诉，也可以向所属律师协会反映，律师协会要及时将问题线索转交检察机关。人民检察院收到相关控告申诉或问题线索后，应当作为阻碍律师执业权利监督案件在第一时间受理，并于十日内办结并书面答复律师。对于律师提出的情况紧急、需要尽快办理的控告申诉，人民检察院一般应当在三个工作日内办理并答复律师。中华全国律师协会维护律师执业权利中心公布各地维权联系电话、联系人姓名，方便律师查询联系。

类案检索指引

★依法决定监视居住后，辩护律师申请会见的，应当及时安排会见，并不被监听

《律师陈某某申请会见权监督案》（2021年2月5日最高人民检察院发布首批保障律师执业权利典型案例）

【关键词】

直接受理侦查　监视居住　律师会见

【要旨】

人民检察院办理直接受理侦查的案件，依法决定监视居住后，辩护律师申请会见的，应当及时安排会见，并不被监听。辩护律师会见不受时长和次数限制。人民检察院对自身执法办案中影响律师执业权利的不当行为，应当加强内部监督。

【指导意义】

1.辩护律师申请会见被监视居住的犯罪嫌疑人，办案机关存在限制会见时长和次数等有碍会见情形的，人民检察院应当依法及时监督纠正。辩护律师会见在押犯罪嫌疑人，侦查机关应当及时安排会见，至迟不得超过四十八小时。根据法律规定，监视居住对人身自由的强制程度低于拘留、逮捕等羁押性强制措施。辩护律师申请会见被监视居住的犯罪嫌疑人，办案机关应当参照刑事诉讼法等相关规定及时安排会见。对限制会见时长和次数等侵犯或变相限制律师会见权，或者会见期间有办案人员出入等不规范行为的，人民检察院应当依法及时监督纠正，统一执法标准。

2.对于检察人员存在影响律师依法执业等违法或不当行为的，人民检察院应当严格加强内部监督。检察机关是法律监督机关，应牢固树立监督者必须接受监督的理念，用更严格的标准做好自身监督。对于检察人员存在影响律师依法执业等不当行为的，控告申诉检察部门应当不回避、不遮掩问题，在查清事实的基础上依法提出纠正意见，督促办案部门严格规范执法。

★办案机关以律师助理身份不符合规定为由变相限制、阻碍其协助辩护律师会见的，检察院应当依法提出纠正意见

《律师朱某某申请律师助理协助会见监督案》（2021年2月5日最高人民检察院发布保障律师执业权利典型案例）

【关键词】

律师助理　协助会见　联动保障

【要旨】

办案机关以律师助理身份不符合规定为由变相限制、阻碍其协助辩护律师会见犯罪嫌疑人、被告人的，人民检察院应当依法提出纠正意见。人民检察院应积极推动与人民法院、侦查机关、司法行政机关共同建立和完善维护律师及其助理执业权利联动处理机制，依法保障律师执业权利。

【指导意义】

1. 办案机关变相限制、阻碍律师助理协助会见在押犯罪嫌疑人、被告人的，人民检察院应当依法及时受理、调查处置。根据最高人民法院、最高人民检察院、公安部、国家安全部、司法部《关于依法保障律师执业权利的规定》的规定，律师助理是辩护、代理律师所在律师事务所的其他律师和申请律师执业的实习人员，律师助理协助会见在押犯罪嫌疑人、被告人是律师执业权利之一，检察机关依法保障律师助理协助会见是法律监督工作的应有之义，应发挥检察监督职能，依法及时处理对律师助理执业权利受到妨碍后的控告申诉。

2. 人民检察院办理律师维权案件，既要保证监督的精准性，又要注重监督的常态化，建立健全保障律师执业权利工作机制。变相限制、阻碍律师助理会见，是保障律师依法会见的新问题。检察机关通过调研、座谈、研讨，会签规范性文件等形式，加强与办案机关的沟通协作，对办案中出现的阻碍律师助理执业权利情形，及时提出监督纠正意见，有利于从源头上解决此类问题。同时，进一步畅通 12309 检察服务中心与职能机关信息共享机制，依托信息技术应用平台，推动保障律师助理执业权利的落实。

第五章 证 据

第五十条 【证据】可以用于证明案件事实的材料，都是证据。

证据包括：

（一）物证；

（二）书证；

（三）证人证言；

（四）被害人陈述；

（五）犯罪嫌疑人、被告人供述和辩解；

（六）鉴定意见；

（七）勘验、检查、辨认、侦查实验等笔录；

（八）视听资料、电子数据。

证据必须经过查证属实，才能作为定案的根据。

新旧条文序号对照

2018年刑事诉讼法	2012年刑事诉讼法	1996年刑事诉讼法
第五十条	第四十八条	第四十二条

适用要点与裁判依据

★通过反有组织犯罪国际合作取得的材料可以在刑事诉讼中作为证据使用

《中华人民共和国反有组织犯罪法》（2021年12月24日　主席令第101号）

第五十七条　通过反有组织犯罪国际合作取得的材料可以在行政处罚、刑事诉讼中作为证据使用，但依据条约规定或者我方承诺不作为证据使用的除外。

★监察机关调查人员进行讯问以及搜查、查封、扣押等重要取证工作，应当对全过程进行录音录像

《中华人民共和国监察法》（2018年3月20日　主席令第3号）

第四十一条　调查人员采取讯问、询问、留置、搜查、调取、查封、扣押、勘验检查等调查措施，均应当依照规定出示证件，出具书面通知，由二人以上进行，形成笔录、报告等书面材料，并由相关人员签名、盖章。

调查人员进行讯问以及搜查、查封、扣押等重要取证工作，应当对全过程进行录音录像，留存备查。

第50条

★监察机关收集的证据材料符合法定要求的，在刑事诉讼中可以作为证据使用

《中华人民共和国监察法实施条例》（2021年9月20日　国家监察委员会公告第1号）

第五十九条　可以用于证明案件事实的材料都是证据，包括：

（一）物证；

（二）书证；

（三）证人证言；

（四）被害人陈述；

（五）被调查人陈述、供述和辩解；

（六）鉴定意见；

（七）勘验检查、辨认、调查实验等笔录；

（八）视听资料、电子数据。

监察机关向有关单位和个人收集、调取证据时，应当告知其必须依法如实提供证据。对于不按要求提供有关材料，泄露相关信息，伪造、隐匿、毁灭证据，提供虚假情况或者阻止他人提供证据的，依法追究法律责任。

监察机关依照监察法和本条例规定收集的证据材料，经审查符合法定要求的，在刑事诉讼中可以作为证据使用。

★监察机关依法收集的证据材料在刑事诉讼中可以作为证据使用

《最高人民法院关于适用〈中华人民共和国刑事诉讼法〉的解释》（2021年1月26日　法释〔2021〕1号）

第七十六条　监察机关依法收集的证据材料，在刑事诉讼中可以作为证据使用。

对前款规定证据的审查判断，适用刑事审判关于证据的要求和标准。

★法庭审理中应当运用证据证明的案件事实

《最高人民法院关于适用〈中华人民共和国刑事诉讼法〉的解释》(2021年1月26日　法释〔2021〕1号)

第50条

第七十一条　证据未经当庭出示、辨认、质证等法庭调查程序查证属实,不得作为定案的根据。

第七十二条　应当运用证据证明的案件事实包括:

(一)被告人、被害人的身份;

(二)被指控的犯罪是否存在;

(三)被指控的犯罪是否为被告人所实施;

(四)被告人有无刑事责任能力,有无罪过,实施犯罪的动机、目的;

(五)实施犯罪的时间、地点、手段、后果以及案件起因等;

(六)是否系共同犯罪或者犯罪事实存在关联,以及被告人在犯罪中的地位、作用;

(七)被告人有无从重、从轻、减轻、免除处罚情节;

(八)有关涉案财物处理的事实;

(九)有关附带民事诉讼的事实;

(十)有关管辖、回避、延期审理等的程序事实;

(十一)与定罪量刑有关的其他事实。

认定被告人有罪和对被告人从重处罚,适用证据确实、充分的证明标准。

★对讯问过程录音录像的案件,相关录音录像未随案移送的,法院可以通知检察院在指定时间内移送

《最高人民法院关于适用〈中华人民共和国刑事诉讼法〉的解释》(2021年1月26日　法释〔2021〕1号)

第七十四条　依法应当对讯问过程录音录像的案件,相关录音录像未随案移送的,必要时,人民法院可以通知人民检察院在指定时间内移送。人民检察院未移送,导致不能排除属于刑事诉讼法第五十六条规定的以非法方法收集证据情形的，对有关证据应当依法排除；导致有关证据的真实性无法确认的，不得作为定案的根据。

★有关部门对事故进行调查形成的报告，在刑事诉讼中可以作为证据使用

《最高人民法院关于适用〈中华人民共和国刑事诉讼法〉的解释》(2021年1月26日　法释〔2021〕1号)

第一百零一条　有关部门对事故进行调查形成的报告，在刑事诉讼中可以作为证据使用；报告中涉及专门性问题的意见，经法庭查证属实，且调查程序符合法律、有关规定的，可以作为定案的根据。

★对勘验、检查笔录应当着重审查的内容

《最高人民法院关于适用〈中华人民共和国刑事诉讼法〉的解释》(2021年1月26日　法释〔2021〕1号)

第一百零二条　对勘验、检查笔录应当着重审查以下内容：

(一)勘验、检查是否依法进行，笔录制作是否符合法律、有关规定，勘验、检查人员和见证人是否签名或者盖章；

(二)勘验、检查笔录是否记录了提起勘验、检查的事由，勘验、检查的时间、地点，在场人员、现场方位、周围环境等，现场的物品、人身、尸体等的位置、特征等情况，以及勘验、检查的过程；文字记录与实物或者绘图、照片、录像是否相符；现场、物品、痕迹等是否伪造、有无破坏；人身特征、伤害情况、生理状态有无伪装或者变化等；

(三)补充进行勘验、检查的，是否说明了再次勘验、检查的原由，前后勘验、检查的情况是否矛盾。

★勘验、检查、辨认笔录不得作为定案依据的情形

《最高人民法院关于适用〈中华人民共和国刑事诉讼法〉的解释》(2021年1月26日　法释〔2021〕1号)

第一百零三条　勘验、检查笔录存在明显不符合法律、有关规定的情形，不能作出合理解释的，不得作为定案的根据。

第一百零四条　对辨认笔录应当着重审查辨认的过程、方法，以及辨认笔录的制作是否符合有关规定。

第一百零五条　辨认笔录具有下列情形之一的，不得作为定案的根据：

（一）辨认不是在调查人员、侦查人员主持下进行的；

（二）辨认前使辨认人见到辨认对象的；

（三）辨认活动没有个别进行的；

（四）辨认对象没有混杂在具有类似特征的其他对象中，或者供辨认的对象数量不符合规定的；

（五）辨认中给辨认人明显暗示或者明显有指认嫌疑的；

（六）违反有关规定，不能确定辨认笔录真实性的其他情形。

第50条

★对视听资料应当着重审查的内容

《最高人民法院关于适用〈中华人民共和国刑事诉讼法〉的解释》（2021年1月26日　法释〔2021〕1号）

第一百零八条　对视听资料应当着重审查以下内容：

（一）是否附有提取过程的说明，来源是否合法；

（二）是否为原件，有无复制及复制份数；是复制件的，是否附有无法调取原件的原因、复制件制作过程和原件存放地点的说明，制作人、原视听资料持有人是否签名；

（三）制作过程中是否存在威胁、引诱当事人等违反法律、有关规定的情形；

（四）是否写明制作人、持有人的身份，制作的时间、地点、条件和方法；

（五）内容和制作过程是否真实，有无剪辑、增加、删改等情形；

（六）内容与案件事实有无关联。

对视听资料有疑问的，应当进行鉴定。

★具有两种情形的视听资料不得作为定案的根据

《最高人民法院关于适用〈中华人民共和国刑事诉讼法〉的解释》（2021年1月26日　法释〔2021〕1号）

第一百零九条　视听资料具有下列情形之一的，不得作为定案的根据：

（一）系篡改、伪造或者无法确定真伪的；

（二）制作、取得的时间、地点、方式等有疑问，不能作出合理解释的。

第50条

★对电子数据应当着重审查的内容

《最高人民法院关于适用〈中华人民共和国刑事诉讼法〉的解释》（2021年1月26日　法释〔2021〕1号）

第一百一十条　对电子数据是否真实，应当着重审查以下内容：

（一）是否移送原始存储介质；在原始存储介质无法封存、不便移动时，有无说明原因，并注明收集、提取过程及原始存储介质的存放地点或者电子数据的来源等情况；

（二）是否具有数字签名、数字证书等特殊标识；

（三）收集、提取的过程是否可以重现；

（四）如有增加、删除、修改等情形的，是否附有说明；

（五）完整性是否可以保证。

★对电子数据是否完整的审查、验证方法

《最高人民法院关于适用〈中华人民共和国刑事诉讼法〉的解释》（2021年1月26日　法释〔2021〕1号）

第一百一十一条　对电子数据是否完整，应当根据保护电子数据完整性的相应方法进行审查、验证：

（一）审查原始存储介质的扣押、封存状态；

（二）审查电子数据的收集、提取过程，查看录像；

（三）比对电子数据完整性校验值；

（四）与备份的电子数据进行比较；

（五）审查冻结后的访问操作日志；

（六）其他方法。

★对收集、提取电子数据是否合法，应当着重审查的内容

《最高人民法院关于适用〈中华人民共和国刑事诉讼法〉的解释》（2021年1月26日　法释〔2021〕1号）

第一百一十二条　对收集、提取电子数据是否合法，应当着重审查以下内容：

（一）收集、提取电子数据是否由二名以上调查人员、侦查人员进行，取证方法是否符合相关技术标准；

（二）收集、提取电子数据，是否附有笔录、清单，并经调查人员、侦查人员、电子数据持有人、提供人、见证人签名或者盖章；没有签名或者盖章的，是否注明原因；对电子数据的类别、文件格式等是否注明清楚；

（三）是否依照有关规定由符合条件的人员担任见证人，是否对相关活动进行录像；

（四）采用技术调查、侦查措施收集、提取电子数据的，是否依法经过严格的批准手续；

（五）进行电子数据检查的，检查程序是否符合有关规定。

★有瑕疵的电子数据经补正或作出合理解释后可以采用

《最高人民法院关于适用〈中华人民共和国刑事诉讼法〉的解释》（2021年1月26日　法释〔2021〕1号）

第一百一十三条　电子数据的收集、提取程序有下列瑕疵，经补正或者作出合理解释的，可以采用；不能补正或者作出合理解释的，不得作为定案的根据：

（一）未以封存状态移送的；

（二）笔录或者清单上没有调查人员或者侦查人员、电子数据持有人、提供人、见证人签名或者盖章的；

（三）对电子数据的名称、类别、格式等注明不清的；

（四）有其他瑕疵的。

★电子数据不得作为定案根据的三种情形

《最高人民法院关于适用〈中华人民共和国刑事诉讼法〉的解释》（2021年1月26日　法释〔2021〕1号）

第一百一十四条　电子数据具有下列情形之一的，不得作为定案的根据：

（一）系篡改、伪造或者无法确定真伪的；

（二）有增加、删除、修改等情形，影响电子数据真实性的；

（三）其他无法保证电子数据真实性的情形。

★对视听资料、电子数据应当审查是否移送相关文字材料及说明

第51条

《最高人民法院关于适用〈中华人民共和国刑事诉讼法〉的解释》（2021年1月26日　法释〔2021〕1号）

第一百一十五条　对视听资料、电子数据，还应当审查是否移送文字抄清材料以及对绰号、暗语、俗语、方言等不易理解内容的说明。未移送的，必要时，可以要求人民检察院移送。

★对来自境外的证据材料，经法院审查能够证明案件事实且符合刑事诉讼法规定的可以作为定案的根据

《最高人民法院关于适用〈中华人民共和国刑事诉讼法〉的解释》（2021年1月26日　法释〔2021〕1号）

第七十七条　对来自境外的证据材料，人民检察院应当随案移送有关材料来源、提供人、提取人、提取时间等情况的说明。经人民法院审查，相关证据材料能够证明案件事实且符合刑事诉讼法规定的，可以作为证据使用，但提供人或者我国与有关国家签订的双边条约对材料的使用范围有明确限制的除外；材料来源不明或者真实性无法确认的，不得作为定案的根据。

当事人及其辩护人、诉讼代理人提供来自境外的证据材料的，该证据材料应当经所在国公证机关证明，所在国中央外交主管机关或者其授权机关认证，并经中华人民共和国驻该国使领馆认证，或者履行中华人民共和国与该所在国订立的有关条约中规定的证明手续，但我国与该国之间有互免认证协定的除外。

第七十八条　控辩双方提供的证据材料涉及外国语言、文字的，应当附中文译本。

第五十一条　【举证责任】公诉案件中被告人有罪的举证责任由人民检察院承担，自诉案件中被告人有罪的举证责任由自诉人承担。

新旧条文序号对照

2018年刑事诉讼法	2012年刑事诉讼法	1996年刑事诉讼法
第五十一条	第四十九条	

适用要点与裁判依据

★公诉案件中被告人有罪的举证责任由检察院承担

《人民检察院刑事诉讼规则》(2019年12月30日 高检发释字〔2019〕4号)

第六十一条 人民检察院认定案件事实,应当以证据为根据。

公诉案件中被告人有罪的举证责任由人民检察院承担。人民检察院在提起公诉指控犯罪时,应当提出确实、充分的证据,并运用证据加以证明。

人民检察院提起公诉,应当秉持客观公正立场,对被告人有罪、罪重、罪轻的证据都应当向人民法院提出。

★被告人不认罪的,检察院应当强化庭前准备和当庭讯问、举证、质证

《最高人民法院、最高人民检察院、公安部、国家安全部、司法部关于推进以审判为中心的刑事诉讼制度改革的意见》(2016年7月20日 法发〔2016〕18号)

八、进一步完善公诉机制,被告人有罪的举证责任,由人民检察院承担。对被告人不认罪的,人民检察院应当强化庭前准备和当庭讯问、举证、质证。

★自诉案件当事人因客观原因不能取得的证据可以申请法院调取

《最高人民法院关于适用〈中华人民共和国刑事诉讼法〉的解释》(2021年1月26日 法释〔2021〕1号)

第三百二十五条 自诉案件当事人因客观原因不能取得的证

据，申请人民法院调取的，应当说明理由，并提供相关线索或者材料。人民法院认为有必要的，应当及时调取。

对通过信息网络实施的侮辱、诽谤行为，被害人向人民法院告诉，但提供证据确有困难的，人民法院可以要求公安机关提供协助。

第五十二条　【依法全面收集证据】审判人员、检察人员、侦查人员必须依照法定程序，收集能够证实犯罪嫌疑人、被告人有罪或者无罪、犯罪情节轻重的各种证据。严禁刑讯逼供和以威胁、引诱、欺骗以及其他非法方法收集证据，不得强迫任何人证实自己有罪。必须保证一切与案件有关或者了解案情的公民，有客观地充分地提供证据的条件，除特殊情况外，可以吸收他们协助调查。

新旧条文序号对照

2018 年刑事诉讼法	2012 年刑事诉讼法	1996 年刑事诉讼法
第五十二条	第五十条	第四十三条

适用要点与裁判依据

★监察机关对职务违法犯罪案件，应当收集被调查人有无违法犯罪以及情节轻重的证据

《中华人民共和国监察法》（2018 年 3 月 20 日　主席令第 3 号）

第四十条　监察机关对职务违法和职务犯罪案件，应当进行调查，收集被调查人有无违法犯罪以及情节轻重的证据，查明违法犯罪事实，形成相互印证、完整稳定的证据链。

严禁以威胁、引诱、欺骗及其他非法方式收集证据，严禁侮辱、打骂、虐待、体罚或者变相体罚被调查人和涉案人员。

★完善讯问制度,防止刑讯逼供,不得强迫任何人证实自己有罪

《最高人民法院、最高人民检察院、公安部、国家安全部、司法部关于推进以审判为中心的刑事诉讼制度改革的意见》(2016年7月20日　法发〔2016〕18号)

五、完善讯问制度,防止刑讯逼供,不得强迫任何人证实自己有罪。严格按照有关规定要求,在规范的讯问场所讯问犯罪嫌疑人。严格依照法律规定对讯问过程全程同步录音录像,逐步实行对所有案件的讯问过程全程同步录音录像。

探索建立重大案件侦查终结前对讯问合法性进行核查制度。对公安机关、国家安全机关和人民检察院侦查的重大案件,由人民检察院驻看守所检察人员询问犯罪嫌疑人,核查是否存在刑讯逼供、非法取证情形,并同步录音录像。经核查,确有刑讯逼供、非法取证情形的,侦查机关应当及时排除非法证据,不得作为提请批准逮捕、移送审查起诉的根据。

★法庭审理中应当运用证据证明的十一类案件事实

《最高人民法院关于适用〈中华人民共和国刑事诉讼法〉的解释》(2021年1月26日　法释〔2021〕1号)

第七十二条　应当运用证据证明的案件事实包括:

(一)被告人、被害人的身份;

(二)被指控的犯罪是否存在;

(三)被指控的犯罪是否为被告人所实施;

(四)被告人有无刑事责任能力,有无罪过,实施犯罪的动机、目的;

(五)实施犯罪的时间、地点、手段、后果以及案件起因等;

(六)是否系共同犯罪或者犯罪事实存在关联,以及被告人在犯罪中的地位、作用;

(七)被告人有无从重、从轻、减轻、免除处罚情节;

(八)有关涉案财物处理的事实;

(九)有关附带民事诉讼的事实;

(十)有关管辖、回避、延期审理等的程序事实;

（十一）与定罪量刑有关的其他事实。

认定被告人有罪和对被告人从重处罚，适用证据确实、充分的证明标准。

★检察院未随案移送全部证据材料的，法院应当根据在案证据对案件事实作出认定

《最高人民法院关于适用〈中华人民共和国刑事诉讼法〉的解释》（2021年1月26日　法释〔2021〕1号）

第七十三条　对提起公诉的案件，人民法院应当审查证明被告人有罪、无罪、罪重、罪轻的证据材料是否全部随案移送；未随案移送的，应当通知人民检察院在指定时间内移送。人民检察院未移送的，人民法院应当根据在案证据对案件事实作出认定。

★公安机关不得以侦查犯罪为由为他人收集民事诉讼证据

《最高人民检察院、公安部关于公安机关办理经济犯罪案件的若干规定》（2017年11月24日　公通字〔2017〕25号）

第三十五条　公安机关办理经济犯罪案件，应当及时进行侦查，依法全面、客观、及时地收集、调取、固定、审查能够证实犯罪嫌疑人有罪或者无罪、罪重或者罪轻以及与涉案财物有关的各种证据，并防止犯罪嫌疑人逃匿、销毁证据或者转移、隐匿涉案财物。

严禁调取与经济犯罪案件无关的证据材料，不得以侦查犯罪为由滥用侦查措施为他人收集民事诉讼证据。

★公安机关在办理涉正当防卫案件时，要依法及时、全面收集与案件相关的各类证据

《最高人民法院、最高人民检察院、公安部关于依法适用正当防卫制度的指导意见》（2020年8月28日　法发〔2020〕31号）

19. 做好侦查取证工作。公安机关在办理涉正当防卫案件时，要依法及时、全面收集与案件相关的各类证据，为案件的依法公正处理奠定事实根基。取证工作要及时，对冲突现场有视听资料、电子数据等证据材料的，应当第一时间调取；对冲突过程的目击证人，要第一时间询问。取证工作要全面，对证明案件事实有价值的各类证据都应当依法及时收集，特别是涉及判断是否属于防卫行为、是正当防卫还是防卫过当以及有关案件前因后果等的证据。

第五十三条 【司法文书的证据要求】公安机关提请批准逮捕书、人民检察院起诉书、人民法院判决书，必须忠实于事实真象。故意隐瞒事实真象的，应当追究责任。

新旧条文序号对照

2018年刑事诉讼法	2012年刑事诉讼法	1996年刑事诉讼法
第五十三条	第五十一条	第四十四条

适用要点与裁判依据

★裁判文书应当写明控辩双方的意见并说明是否采纳的理由

《最高人民法院关于适用〈中华人民共和国刑事诉讼法〉的解释》（2021年1月26日 法释〔2021〕1号）

第三百条 裁判文书应当写明裁判依据，阐释裁判理由，反映控辩双方的意见并说明采纳或者不予采纳的理由。

适用普通程序审理的被告人认罪的案件，裁判文书可以适当简化。

★检察机关制作法律文书时，应当写明律师相关信息，并载明律师意见、采纳情况及不予采纳的理由

《最高人民检察院、司法部、中华全国律师协会联合印发〈关于依法保障律师执业权利的十条意见〉》（2023年3月2日）

五、及时向律师反馈意见采纳情况

人民检察院应当全面审查律师就办案工作提出的意见，有事实和法律依据的意见应当吸收。在案件办结前，应当通过约见、书面、电话、视频等方式向律师反馈意见采纳情况及不予采纳的理由，并记录在案。制作法律文书时，应当写明律师相关信息，并载明律师意见、检察机关采纳情况及不予采纳的理由。

第五十四条 【收集、调取证据】人民法院、人民检察院和公安机关有权向有关单位和个人收集、调取证据。有关单位和个人应当如实提供证据。

行政机关在行政执法和查办案件过程中收集的物证、书证、视听资料、电子数据等证据材料，在刑事诉讼中可以作为证据使用。

对涉及国家秘密、商业秘密、个人隐私的证据，应当保密。

凡是伪造证据、隐匿证据或者毁灭证据的，无论属于何方，必须受法律追究。

新旧条文序号对照

2018年刑事诉讼法	2012年刑事诉讼法	1996年刑事诉讼法
第五十四条	第五十二条	第四十五条

适用要点与裁判依据

★监察机关有权依法向有关单位和个人了解情况，收集、调取证据

《中华人民共和国监察法》（2018年3月20日 主席令第3号）

第十八条 监察机关行使监督、调查职权，有权依法向有关单位和个人了解情况，收集、调取证据。有关单位和个人应当如实提供。

监察机关及其工作人员对监督、调查过程中知悉的国家秘密、商业秘密、个人隐私，应当保密。

任何单位和个人不得伪造、隐匿或者毁灭证据。

★监察机关依法收集的证据材料，在刑事诉讼中可以作为证据使用

《中华人民共和国监察法》（2018年3月20日　主席令第3号）　**第54条**

第三十三条　监察机关依照本法规定收集的物证、书证、证人证言、被调查人供述和辩解、视听资料、电子数据等证据材料，在刑事诉讼中可以作为证据使用。

监察机关在收集、固定、审查、运用证据时，应当与刑事审判关于证据的要求和标准相一致。

以非法方法收集的证据应当依法予以排除，不得作为案件处置的依据。

★监察机关对司法机关在刑事诉讼中收集的证据材料，经审查符合法定要求的，可以作为证据使用

《中华人民共和国监察法实施条例》（2021年9月20日　国家监察委员会公告第1号）

第六十九条　监察机关对人民法院、人民检察院、公安机关、国家安全机关等在刑事诉讼中收集的物证、书证、视听资料、电子数据，勘验、检查、辨认、侦查实验等笔录，以及鉴定意见等证据材料，经审查符合法定要求的，可以作为证据使用。

监察机关办理职务违法案件，对于人民法院生效刑事判决、裁定和人民检察院不起诉决定采信的证据材料，可以直接作为证据使用。

★最高检察院需要向国家监察委调取讯问录音录像的，可以同国家监察委沟通协商

《国家监察委员会与最高人民检察院办理职务犯罪案件工作衔接办法》（2018年4月16日　国监办发〔2018〕1号）

第二十七条　国家监察委员会调查取得的证据材料，可以在刑事诉讼中作为证据使用。被指定的人民检察院应当对取证合法性进行审查。

国家监察委员会对调查过程的录音、录像不随案移送最高人民检察院。最高人民检察院认为需要调取与指控犯罪有关并且需要对证据合法性进行审查的讯问录音录像,可以同国家监察委员会沟通协商后予以调取。所有因案件需要接触录音、录像的人员,应当对录音、录像的内容严格保密。

第54条

★受指定的检察院审查起诉中发现需要补充提供证据的,由最高检察院同国家监察委沟通协商

《国家监察委员会与最高人民检察院办理职务犯罪案件工作衔接办法》(2018年4月16日 国监办发〔2018〕1号)

第二十八条 被指定的人民检察院在审查起诉过程中,发现需要补充提供证据的,可以列明需补充证据的目录及理由,由最高人民检察院同国家监察委员会沟通协商。

★检察院办理法官涉嫌犯罪案件、抗诉案件、申诉案件,可以调阅法院的诉讼卷宗

《最高人民法院办公厅、最高人民检察院办公厅关于调阅诉讼卷宗有关问题的通知》(2010年6月11日 法办〔2010〕255号)

一、人民检察院在办理法官涉嫌犯罪案件、抗诉案件、申诉案件过程中,可以调阅人民法院的诉讼卷宗。

二、凡是通过查阅、拷贝电子卷、复制、摘录等方式能够满足办案需要的,不再调阅诉讼卷宗。

三、人民法院、人民检察院调阅诉讼卷宗应严格手续,经院领导批准,填写《人民法院调阅卷宗单》、《人民检察院调阅卷宗单》,加盖院印或办公厅(室)印章,由相关部门确定专人负责办理。

四、人民法院、人民检察院调阅诉讼卷宗的时间为三个月。特殊情况应重新办理调阅手续,连续调阅期限不超过六个月。

五、人民法院、人民检察院在调阅诉讼卷宗期间,有关单位、当事人和诉讼代理人等需要查阅诉讼卷宗的,应按照《档案法》和人民法院、人民检察院关于利用诉讼卷宗的规定,严格手续,提供查阅,但不得向外转借。

六、人民法院、人民检察院在使用诉讼卷宗过程中,严格执行谁批准谁负责、谁使用谁负责的制度,做好保密工作,确保诉讼卷宗安全。对于违反保密规定,泄露审判、检察秘密的,或者篡改、损毁、丢失卷宗的,应依法依纪追究相关人员的责任。

七、人民法院、人民检察院之间调阅诉讼卷宗的,由同级人民法院、人民检察院负责办理。

八、调阅卷宗的具体事宜,由各省、自治区、直辖市高级人民法院、人民检察院制定意见。

★对来自境外的证据材料,经法院审查能够证明案件事实且符合刑事诉讼法规定的,可以作为证据使用

《最高人民法院关于适用〈中华人民共和国刑事诉讼法〉的解释》(2021年1月26日　法释〔2021〕1号)

第七十七条　对来自境外的证据材料,人民检察院应当随案移送有关材料来源、提供人、提取人、提取时间等情况的说明。经人民法院审查,相关证据材料能够证明案件事实且符合刑事诉讼法规定的,可以作为证据使用,但提供人或者我国与有关国家签订的双边条约对材料的使用范围有明确限制的除外;材料来源不明或者真实性无法确认的,不得作为定案的根据。

当事人及其辩护人、诉讼代理人提供来自境外的证据材料的,该证据材料应当经所在国公证机关证明,所在国中央外交主管机关或者其授权机关认证,并经中华人民共和国驻该国使领馆认证,或者履行中华人民共和国与该所在国订立的有关条约中规定的证明手续,但我国与该国之间有互免认证协定的除外。

★公安机关向网络服务提供者调取电子数据的,应当制作调取证据通知书

《最高人民法院、最高人民检察院、公安部关于办理信息网络犯罪案件适用刑事诉讼程序若干问题的意见》(2022年8月26日　法发〔2022〕23号)

14. 公安机关向网络服务提供者调取电子数据的,应当制作调取证据通知书,注明需要调取的电子数据的相关信息。调取证据通知书及相关法律文书可以采用数据电文形式。跨地域调取电子数据的，可以通过公安机关信息化系统传输相关数据电文。

网络服务提供者向公安机关提供电子数据的，可以采用数据电文形式。采用数据电文形式提供电子数据的，应当保证电子数据的完整性，并制作电子证明文件，载明调证法律文书编号、单位电子公章、完整性校验值等保护电子数据完整性方法的说明等信息。

数据电文形式的法律文书和电子证明文件，应当使用电子签名、数字水印等方式保证完整性。

★行政执法机关对公安机关决定立案的案件应当将涉案物品及材料移交公安机关

《行政执法机关移送涉嫌犯罪案件的规定》（2020年8月7日国务院令第730号）

第十二条　行政执法机关对公安机关决定立案的案件，应当自接到立案通知书之日起3日内将涉案物品以及与案件有关的其他材料移交公安机关，并办结交接手续；法律、行政法规另有规定的，依照其规定。

第十六条　行政执法机关违反本规定，逾期不将案件移送公安机关的，由本级或者上级人民政府，或者实行垂直管理的上级行政执法机关，责令限期移送，并对其正职负责人或者主持工作的负责人根据情节轻重，给予记过以上的处分；构成犯罪的，依法追究刑事责任。

行政执法机关违反本规定，对应当向公安机关移送的案件不移送，或者以行政处罚代替移送的，由本级或者上级人民政府，或者实行垂直管理的上级行政执法机关，责令改正，给予通报；拒不改正的，对其正职负责人或者主持工作的负责人给予记过以上的处分；构成犯罪的，依法追究刑事责任。

对本条第一款、第二款所列行为直接负责的主管人员和其他直接责任人员，分别比照前两款的规定给予处分；构成犯罪的，依法追究刑事责任。

★行政机关在行政执法和查办案件过程中收集的证据材料，经法庭查证属实且收集程序合法的，可以作为定案的根据

《最高人民法院关于适用〈中华人民共和国刑事诉讼法〉的解释》（2021年1月26日　法释〔2021〕1号）

第七十五条　行政机关在行政执法和查办案件过程中收集的物证、书证、视听资料、电子数据等证据材料，经法庭查证属实，且收集程序符合有关法律、行政法规规定的，可以作为定案的根据。

根据法律、行政法规规定行使国家行政管理职权的组织，在行政执法和查办案件过程中收集的证据材料，视为行政机关收集的证据材料。

★办案机关调取数据应当经过严格的批准手续，依法进行

《中华人民共和国数据安全法》（2021年6月10日　主席令第87号）

第三十五条　公安机关、国家安全机关因依法维护国家安全或者侦查犯罪的需要调取数据，应当按照国家有关规定，经过严格的批准手续，依法进行，有关组织、个人应当予以配合。

★香港特别行政区法院在审理危害国家安全犯罪案件中对是否涉及国家安全或者国家秘密的认定，应当取得行政长官的证明书

《全国人民代表大会常务委员会关于〈中华人民共和国香港特别行政区维护国家安全法〉第十四条和第四十七条的解释》（2022年12月30日）

二、根据《中华人民共和国香港特别行政区维护国家安全法》第四十七条的规定，香港特别行政区法院在审理危害国家安全犯罪案件中遇有涉及有关行为是否涉及国家安全或者有关证据材料是否涉及国家秘密的认定问题，应当向行政长官提出并取得行政长官就该等问题发出的证明书，上述证明书对法院有约束力。

★依法履行反间谍工作职责获取的个人和组织的信息，应当保密

《中华人民共和国反间谍法》（2023年4月26日修订　主席令第4号）

第十一条　国家安全机关及其工作人员在工作中，应当严格依法办事，不得超越职权、滥用职权，不得侵犯个人和组织的合法权益。

国家安全机关及其工作人员依法履行反间谍工作职责获取的个人和组织的信息，只能用于反间谍工作。对属于国家秘密、工作秘密、商业秘密和个人隐私、个人信息的，应当保密。

★国家安全机关调查了解有关间谍行为的情况、收集有关证据

《中华人民共和国反间谍法》（2023年4月26日修订　主席令第4号）

第三十二条　在国家安全机关调查了解有关间谍行为的情况、收集有关证据时，有关个人和组织应当如实提供，不得拒绝。

第五十五条　【证明规则】对一切案件的判处都要重证据，重调查研究，不轻信口供。只有被告人供述，没有其他证据的，不能认定被告人有罪和处以刑罚；没有被告人供述，证据确实、充分的，可以认定被告人有罪和处以刑罚。

证据确实、充分，应当符合以下条件：

（一）定罪量刑的事实都有证据证明；

（二）据以定案的证据均经法定程序查证属实；

（三）综合全案证据，对所认定事实已排除合理怀疑。

新旧条文序号对照

2018年刑事诉讼法	2012年刑事诉讼法	1996年刑事诉讼法
第五十五条	第五十三条	第四十六条

适用要点与裁判依据

★监察机关在收集、固定、审查、运用证据时，应当与刑事审判关于证据的要求和标准相一致

《中华人民共和国监察法》(2018年3月20日 主席令第3号)

第三十三条 监察机关依照本法规定收集的物证、书证、证人证言、被调查人供述和辩解、视听资料、电子数据等证据材料，在刑事诉讼中可以作为证据使用。

监察机关在收集、固定、审查、运用证据时，应当与刑事审判关于证据的要求和标准相一致。

以非法方法收集的证据应当依法予以排除，不得作为案件处置的依据。

★对于量刑证据存疑的，应当作出有利于被告人的认定

《最高人民法院、最高人民检察院、公安部、国家安全部、司法部关于推进以审判为中心的刑事诉讼制度改革的意见》(2016年7月20日 法发〔2016〕18号)

二、严格按照法律规定的证据裁判要求，没有证据不得认定犯罪事实。侦查机关侦查终结，人民检察院提起公诉，人民法院作出有罪判决，都应当做到犯罪事实清楚，证据确实、充分。

侦查机关、人民检察院应当按照裁判的要求和标准收集、固定、审查、运用证据，人民法院应当按照法定程序认定证据，依法作出裁判。

人民法院作出有罪判决，对于证明犯罪构成要件的事实，应当综合全案证据排除合理怀疑，对于量刑证据存疑的，应当作出有利于被告人的认定。

★对被告人供述和辩解应当着重审查九个方面的内容

《最高人民法院关于适用〈中华人民共和国刑事诉讼法〉的解释》(2021年1月26日 法释〔2021〕1号)

第九十三条 对被告人供述和辩解应当着重审查以下内容：

（一）讯问的时间、地点，讯问人的身份、人数以及讯问方式等是否符合法律、有关规定；

（二）讯问笔录的制作、修改是否符合法律、有关规定，是否注明讯问的具体起止时间和地点，首次讯问时是否告知被告人有关权利和法律规定，被告人是否核对确认；

（三）讯问未成年被告人时，是否通知其法定代理人或者合适成年人到场，有关人员是否到场；

（四）讯问女性未成年被告人时，是否有女性工作人员在场；

（五）有无以刑讯逼供等非法方法收集被告人供述的情形；

（六）被告人的供述是否前后一致，有无反复以及出现反复的原因；

（七）被告人的供述和辩解是否全部随案移送；

（八）被告人的辩解内容是否符合案情和常理，有无矛盾；

（九）被告人的供述和辩解与同案被告人的供述和辩解以及其他证据能否相互印证，有无矛盾；存在矛盾的，能否得到合理解释。

必要时，可以结合现场执法音视频记录、讯问录音录像、被告人进出看守所的健康检查记录、笔录等，对被告人的供述和辩解进行审查。

★没有直接证据，但间接证据同时符合五项条件的，可以认定被告人有罪

《最高人民法院关于适用〈中华人民共和国刑事诉讼法〉的解释》（2021年1月26日 法释〔2021〕1号）

第一百四十条 没有直接证据，但间接证据同时符合下列条件的，可以认定被告人有罪：

（一）证据已经查证属实；

（二）证据之间相互印证，不存在无法排除的矛盾和无法解释的疑问；

（三）全案证据形成完整的证据链；

（四）根据证据认定案件事实足以排除合理怀疑，结论具有唯一性；

（五）运用证据进行的推理符合逻辑和经验。

★根据被告人的供述、指认提取到的物证、书证与其他证据相互印证，并排除非法取证可能的，可以认定被告人有罪

《最高人民法院关于适用〈中华人民共和国刑事诉讼法〉的解释》（2021年1月26日 法释〔2021〕1号）

第一百四十一条 根据被告人的供述、指认提取到了隐蔽性很强的物证、书证，且被告人的供述与其他证明犯罪事实发生的证据相互印证，并排除串供、逼供、诱供等可能性的，可以认定被告人有罪。

★对到案经过、抓获经过有疑问的，法院应当通知检察院补充说明

《最高人民法院关于适用〈中华人民共和国刑事诉讼法〉的解释》（2021年1月26日 法释〔2021〕1号）

第一百四十二条 对监察机关、侦查机关出具的被告人到案经过、抓获经过等材料，应当审查是否有出具该说明材料的办案人员、办案机关的签名、盖章。

对到案经过、抓获经过或者确定被告人有重大嫌疑的根据有疑问的，应当通知人民检察院补充说明。

★对案件事实的认知和表达存在一定困难但尚未丧失正确认知、表达能力，且有其他证据印证的，可以采信

《最高人民法院关于适用〈中华人民共和国刑事诉讼法〉的解释》（2021年1月26日 法释〔2021〕1号）

第一百四十三条 下列证据应当慎重使用，有其他证据印证的，可以采信：

（一）生理上、精神上有缺陷，对案件事实的认知和表达存在一定困难，但尚未丧失正确认知、表达能力的被害人、证人和被告人所作的陈述、证言和供述；

（二）与被告人有亲属关系或者其他密切关系的证人所作的有利于被告人的证言，或者与被告人有利害冲突的证人所作的不利于被告人的证言。

★对被告人及其辩护人提出有自首、坦白、立功的事实和理由，有关机关未予认定的，法院应当要求有关机关提供证明材料

《最高人民法院关于适用〈中华人民共和国刑事诉讼法〉的解释》(2021年1月26日 法释〔2021〕1号)

第一百四十四条 证明被告人自首、坦白、立功的证据材料，没有加盖接受被告人投案、坦白、检举揭发等的单位的印章，或者接受人员没有签名的，不得作为定案的根据。

对被告人及其辩护人提出有自首、坦白、立功的事实和理由，有关机关未予认定，或者有关机关提出被告人有自首、坦白、立功表现，但证据材料不全的，人民法院应当要求有关机关提供证明材料，或者要求有关人员作证，并结合其他证据作出认定。

★证明被告人具有累犯、毒品再犯情节等的证据材料不全的，法院应当通知检察院提供

《最高人民法院关于适用〈中华人民共和国刑事诉讼法〉的解释》(2021年1月26日 法释〔2021〕1号)

第一百四十五条 证明被告人具有累犯、毒品再犯情节等的证据材料，应当包括前罪的裁判文书、释放证明等材料；材料不全的，应当通知人民检察院提供。

★证明被告人具有依法从轻或者减轻处罚年龄的证据不足的，应当作出有利于被告人的认定

《最高人民法院关于适用〈中华人民共和国刑事诉讼法〉的解释》(2021年1月26日 法释〔2021〕1号)

第一百四十六条 审查被告人实施被指控的犯罪时或者审判时是否达到相应法定责任年龄，应当根据户籍证明、出生证明文件、学籍卡、人口普查登记、无利害关系人的证言等证据综合判断。

证明被告人已满十二周岁、十四周岁、十六周岁、十八周岁或者不满七十五周岁的证据不足的，应当作出有利于被告人的认定。

第五十六条　【排除非法证据】采用刑讯逼供等非法方法收集的犯罪嫌疑人、被告人供述和采用暴力、威胁等非法方法收集的证人证言、被害人陈述，应当予以排除。收集物证、书证不符合法定程序，可能严重影响司法公正的，应当予以补正或者作出合理解释；不能补正或者作出合理解释的，对该证据应当予以排除。

在侦查、审查起诉、审判时发现有应当排除的证据的，应当依法予以排除，不得作为起诉意见、起诉决定和判决的依据。

新旧条文序号对照

2018年刑事诉讼法	2012年刑事诉讼法	1996年刑事诉讼法
第五十六条	第五十四条	

适用要点与裁判依据

★对采用非法方法收集的言词证据，不得作为移送审查逮捕、批准或者决定逮捕、移送起诉以及提起公诉的依据

《人民检察院刑事诉讼规则》（2019年12月30日　**高检发释字**〔2019〕4号）

第六十六条　对采用刑讯逼供等非法方法收集的犯罪嫌疑人供述和采用暴力、威胁等非法方法收集的证人证言、被害人陈述，应当依法排除，不得作为移送审查逮捕、批准或者决定逮捕、移送起诉以及提起公诉的依据。

★对采用三种非法方法收集的犯罪嫌疑人供述，应当予以排除

《人民检察院刑事诉讼规则》（2019年12月30日　**高检发释字**〔2019〕4号）

第六十七条　对采用下列方法收集的犯罪嫌疑人供述，应当予以排除：

（一）采用殴打、违法使用戒具等暴力方法或者变相肉刑的恶劣

第
56
条

手段,使犯罪嫌疑人遭受难以忍受的痛苦而违背意愿作出的供述;

（二）采用以暴力或者严重损害本人及其近亲属合法权益等进行威胁的方法,使犯罪嫌疑人遭受难以忍受的痛苦而违背意愿作出的供述;

（三）采用非法拘禁等非法限制人身自由的方法收集的供述。

★对采用刑讯逼供方法使犯罪嫌疑人作出供述,之后受该刑讯逼供行为影响而作出的"重复性供述",应当一并排除之例外情形

《人民检察院刑事诉讼规则》（2019年12月30日 高检发释字〔2019〕4号）

第六十八条 对采用刑讯逼供方法使犯罪嫌疑人作出供述,之后犯罪嫌疑人受该刑讯逼供行为影响而作出的与该供述相同的重复性供述,应当一并排除,但下列情形除外:

（一）侦查期间,根据控告、举报或者自己发现等,公安机关确认或者不能排除以非法方法收集证据而更换侦查人员,其他侦查人员再次讯问时告知诉讼权利和认罪认罚的法律规定,犯罪嫌疑人自愿供述的;

（二）审查逮捕、审查起诉期间,检察人员讯问时告知诉讼权利和认罪认罚的法律规定,犯罪嫌疑人自愿供述的。

★采用非法方法收集的证人证言、被害人陈述,应当予以排除

《人民检察院刑事诉讼规则》（2019年12月30日 高检发释字〔2019〕4号）

第六十九条 采用暴力、威胁以及非法限制人身自由等非法方法收集的证人证言、被害人陈述,应当予以排除。

★被告人供述和辩解不得作为定案的根据的四种情形

《最高人民法院关于适用〈中华人民共和国刑事诉讼法〉的解释》（2021年1月26日 法释〔2021〕1号）

第九十四条 被告人供述具有下列情形之一的,不得作为定案的根据:

（一）讯问笔录没有经被告人核对确认的;

（二）讯问聋、哑人，应当提供通晓聋、哑手势的人员而未提供的；

（三）讯问不通晓当地通用语言、文字的被告人，应当提供翻译人员而未提供的；

（四）讯问未成年人，其法定代理人或者合适成年人不在场的。

★有瑕疵的讯问笔录不能补正或者作出合理解释的，不得作为定案的根据

《最高人民法院关于适用〈中华人民共和国刑事诉讼法〉的解释》（2021年1月26日　**法释〔2021〕1号**）

第九十五条　讯问笔录有下列瑕疵，经补正或者作出合理解释的，可以采用；不能补正或者作出合理解释的，不得作为定案的根据：

（一）讯问笔录填写的讯问时间、讯问地点、讯问人、记录人、法定代理人等有误或者存在矛盾的；

（二）讯问人没有签名的；

（三）首次讯问笔录没有记录告知被讯问人有关权利和法律规定的。

★采用三种非法方法收集的被告人供述应当予以排除

《最高人民法院关于适用〈中华人民共和国刑事诉讼法〉的解释》（2021年1月26日　**法释〔2021〕1号**）

第一百二十三条　采用下列非法方法收集的被告人供述，应当予以排除：

（一）采用殴打、违法使用戒具等暴力方法或者变相肉刑的恶劣手段，使被告人遭受难以忍受的痛苦而违背意愿作出的供述；

（二）采用以暴力或者严重损害本人及其近亲属合法权益等相威胁的方法，使被告人遭受难以忍受的痛苦而违背意愿作出的供述；

（三）采用非法拘禁等非法限制人身自由的方法收集的被告人供述。

★对于被告人受刑讯逼供后作出的相同的“重复性供述”应当一并排除

《最高人民法院关于适用〈中华人民共和国刑事诉讼法〉的解释》（2021年1月26日　**法释〔2021〕1号**）

第一百二十四条　采用刑讯逼供方法使被告人作出供述，之后被告人受该刑讯逼供行为影响而作出的与该供述相同的重复性供述，应当一并排除，但下列情形除外：

第56条

（一）调查、侦查期间，监察机关、侦查机关根据控告、举报或者自己发现等，确认或者不能排除以非法方法收集证据而更换调查、侦查人员，其他调查、侦查人员再次讯问时告知有关权利和认罪的法律后果，被告人自愿供述的；

（二）审查逮捕、审查起诉和审判期间，检察人员、审判人员讯问时告知诉讼权利和认罪的法律后果，被告人自愿供述的。

★被告人及其辩护人申请排除非法证据的，应当在开庭审理前提出

《最高人民法院关于适用〈中华人民共和国刑事诉讼法〉的解释》（2021年1月26日　法释〔2021〕1号）

第一百二十八条　人民法院向被告人及其辩护人送达起诉书副本时，应当告知其申请排除非法证据的，应当在开庭审理前提出，但庭审期间才发现相关线索或者材料的除外。

★检察院在办理刑事案件发现可能存在以非法方法收集证据情形的处理

《最高人民检察院、公安部关于加强和规范补充侦查工作的指导意见》（2020年3月27日　高检发〔2020〕6号）

第十四条　人民检察院在办理刑事案件过程中，发现可能存在《中华人民共和国刑事诉讼法》第五十六条规定的以非法方法收集证据情形的，可以要求公安机关对证据收集的合法性作出书面说明或者提供相关证明材料，必要时，可以自行调查核实。

★受最高检察院指定的检察院审查起诉阶段认为可能存在非法取证行为需要调查核实的，应当报最高检察院批准

《国家监察委员会与最高人民检察院办理职务犯罪案件工作衔接办法》（2018年4月16日　国监办发〔2018〕1号）

第二十九条　在审查起诉阶段，被指定的人民检察院认为可能存在非法取证行为，需要调查核实的，应当报最高人民检察院批准。

第三十条 被指定的人民检察院可以采取以下方式进行调查核实：

（一）讯问犯罪嫌疑人；

（二）询问在场人员及证人；

（三）听取辩护律师意见；

（四）进行伤情、病情检查或者鉴定；

（五）其他调查核实方式。

被指定的人民检察院认为需要国家监察委员会对证据收集的合法性作出书面说明或提供相关证明材料，应当报最高人民检察院，由最高人民检察院同国家监察委员会沟通协商。

★最高检察院经审查认为受指定的检察院申请调取的材料与证明证据收集的合法性有联系的，应当同国家监察委沟通协商

《国家监察委员会与最高人民检察院办理职务犯罪案件工作衔接办法》（2018年4月16日 国监办发〔2018〕1号）

第三十一条 最高人民检察院对于调取讯问录音录像、体检记录等材料的申请，经审查认为申请调取的材料与证明证据收集的合法性有联系的，应当同国家监察委员会沟通协商；认为与证明证据收集的合法性没有联系的，应当决定不予调取。

★对于受最高检察院指定的检察院提出是否排除非法证据的处理意见，应当报最高检察院与国家监察委沟通协商后作出决定

《国家监察委员会与最高人民检察院办理职务犯罪案件工作衔接办法》（2018年4月16日 国监办发〔2018〕1号）

第三十二条 被指定的人民检察院调查完毕后，应当提出排除或者不排除非法证据的处理意见，报最高人民检察院批准决定。最高人民检察院经与国家监察委员会沟通协商后，作出决定。

被排除的非法证据应当随案移送，并写明为依法排除的非法证据。

类案检索指引

★对不属于非法取证情形的证据瑕疵通过补查补正或作出合理解释的，可以依法采纳相关证据

《李建贩卖毒品案——对取证瑕疵能够作出合理解释的，可以依法采纳相关证据》[2019年6月25日最高人民法院发布2019年十大毒品(涉毒)犯罪典型案例]

【典型意义】

依法全面、规范地收集、提取证据，确保案件证据质量，是有力打击毒品犯罪的基础和前提。毒品犯罪隐蔽性较强，证据收集工作有一定特殊性，对于不属于非法取证情形的证据瑕疵，通过补查补正或者作出合理解释，可以依法采纳相关证据。本案侦查人员在搜查时未出示搜查证，现场勘查笔录与扣押清单中对毒品包数和查获毒品位置的记载不完全一致，但通过侦查机关出具说明、调取在场证人的证言、侦查人员出庭作证等方式，使得证据瑕疵得到合理解释，能够确认相关证据的真实性，体现了审判阶段对取证规范性的严格要求，有利于确保毒品犯罪案件的证据质量。

★非法证据排除后，其他在案证据不能证明犯罪嫌疑人实施犯罪的，应当依法作出不批准逮捕的决定

《王玉雷不批准逮捕案》(2016年5月31日最高人民检察院发布第七批指导性案例：检例第27号)

【关键词】

侦查活动监督　排除非法证据　不批准逮捕

【要旨】

检察机关办理审查逮捕案件，要严格坚持证据合法性原则，既要善于发现非法证据，又要坚决排除非法证据。非法证据排除后，其他在案证据不能证明犯罪嫌疑人实施犯罪行为的，应当依法对犯罪嫌疑人作出不批准逮捕的决定。要加强对审查逮捕案件的跟踪监督，引导侦查机关全面及时收集证据，促进侦查活动依法规范进行。

【指导意义】

1. 严格坚持非法证据排除规则。根据我国刑事诉讼法第七十九条规定，逮捕的证据条件是“有证据证明有犯罪事实”，这里的“证据”必须是依法取得的合法证据，不包括采取刑讯逼供、暴力取证等非法方法取得的证据。检察机关在审查逮捕过程中，要高度重视对证据合法性的审查，如果接到犯罪嫌疑人及其辩护人或者证人、被害人等关于刑讯逼供、暴力取证等非法行为的控告、举报及提供的线索，或者在审查案件材料时发现可能存在非法取证行为，以及刑事执行检察部门反映可能存在违法提讯情况的，应当认真进行审查，通过当面讯问犯罪嫌疑人、查看犯罪嫌疑人身体状况、识别犯罪嫌疑人供述是否自然可信以及调阅提审登记表、犯罪嫌疑人入所体检记录等途径，及时发现非法证据，坚决排除非法证据。

2. 严格把握作出批准逮捕决定的条件。构建以客观证据为核心的案件事实认定体系，高度重视无法排除合理怀疑的矛盾证据，注意利用收集在案的客观证据验证、比对全案证据，守住“犯罪事实不能没有、犯罪嫌疑人不能搞错”的逮捕底线。要坚持惩罚犯罪与保障人权并重的理念，重视犯罪嫌疑人不在犯罪现场、没有作案时间等方面的无罪证据以及侦查机关可能存在的非法取证行为的线索。综合审查全案证据，不能证明犯罪嫌疑人实施了犯罪行为的，应当依法作出不批准逮捕的决定。要结合办理审查逮捕案件，注意发挥检察机关侦查监督作用，引导侦查机关及时收集、补充其他证据，促进侦查活动依法规范进行。

第五十七条 【对非法收集证据的法律监督】人民检察院接到报案、控告、举报或者发现侦查人员以非法方法收集证据的，应当进行调查核实。对于确有以非法方法收集证据情形的，应当提出纠正意见；构成犯罪的，依法追究刑事责任。

新旧条文序号对照

2018年刑事诉讼法	2012年刑事诉讼法	1996年刑事诉讼法
第五十七条	第五十五条	

适用要点与裁判依据

★收集物证、书证不符合法定程序的，检察院应当要求公安机关补正或者作出书面解释

《人民检察院刑事诉讼规则》(2019年12月30日 高检发释字〔2019〕4号)

第七十条 收集物证、书证不符合法定程序，可能严重影响司法公正的，人民检察院应当及时要求公安机关补正或者作出书面解释；不能补正或者无法作出合理解释的，对该证据应当予以排除。

对公安机关的补正或者解释，人民检察院应当予以审查。经补正或者作出合理解释的，可以作为批准或者决定逮捕、提起公诉的依据。

★确有非法取证情形的，不得作为提请批准逮捕、移送起诉的依据

《人民检察院刑事诉讼规则》(2019年12月30日 高检发释字〔2019〕4号)

第七十一条 对重大案件，人民检察院驻看守所检察人员在侦查终结前应当对讯问合法性进行核查并全程同步录音、录像，核查情况应当及时通知本院负责捕诉的部门。

负责捕诉的部门认为确有刑讯逼供等非法取证情形的，应当要求公安机关依法排除非法证据，不得作为提请批准逮捕、移送起诉的依据。

★检察院发现侦查人员以非法方法收集证据的，应当及时进行调查核实

《人民检察院刑事诉讼规则》(2019年12月30日 高检发释字〔2019〕4号)

第七十二条 人民检察院发现侦查人员以非法方法收集证据

的，应当及时进行调查核实。

当事人及其辩护人或者值班律师、诉讼代理人报案、控告、举报侦查人员采用刑讯逼供等非法方法收集证据，并提供涉嫌非法取证的人员、时间、地点、方式和内容等材料或者线索的，人民检察院应当受理并进行审查。根据现有材料无法证明证据收集合法性的，应当及时进行调查核实。

上一级人民检察院接到对侦查人员采用刑讯逼供等非法方法收集证据的报案、控告、举报，可以直接进行调查核实，也可以交由下级人民检察院调查核实。交由下级人民检察院调查核实的，下级人民检察院应当及时将调查结果报告上一级人民检察院。

人民检察院决定调查核实的，应当及时通知公安机关。

★检察院经审查认定存在非法取证行为的，对该证据应当予以排除

《人民检察院刑事诉讼规则》(2019年12月30日 **高检发释字〔2019〕4号**)

第七十三条 人民检察院经审查认定存在非法取证行为的，对该证据应当予以排除，其他证据不能证明犯罪嫌疑人实施犯罪行为的，应当不批准或者决定逮捕。已经移送起诉的，可以依法将案件退回监察机关补充调查或者退回公安机关补充侦查，或者作出不起诉决定。被排除的非法证据应当随案移送，并写明为依法排除的非法证据。

对于侦查人员的非法取证行为，尚未构成犯罪的，应当依法向其所在机关提出纠正意见。对于需要补正或者作出合理解释的，应当提出明确要求。

对于非法取证行为涉嫌犯罪需要追究刑事责任的，应当依法立案侦查。

★检察院认为可能存在以刑讯逼供等非法方法收集证据情形的，可以书面要求办案机关对证据收集的合法性作出说明

《人民检察院刑事诉讼规则》(2019年12月30日 **高检发释字〔2019〕4号**)

第七十四条 人民检察院认为可能存在以刑讯逼供等非法方法

收集证据情形的，可以书面要求监察机关或者公安机关对证据收集的合法性作出说明。说明应当加盖单位公章，并由调查人员或者侦查人员签名。

第58条

★检察院在审查逮捕、审查起诉和审判阶段，可以对证据收集的合法性、真实性进行审查

《人民检察院刑事诉讼规则》(2019年12月30日　高检发释字〔2019〕4号)

第七十五条　对于公安机关立案侦查的案件，存在下列情形之一的，人民检察院在审查逮捕、审查起诉和审判阶段，可以调取公安机关讯问犯罪嫌疑人的录音、录像，对证据收集的合法性以及犯罪嫌疑人、被告人供述的真实性进行审查：

(一)认为讯问活动可能存在刑讯逼供等非法取证行为的；

(二)犯罪嫌疑人、被告人或者辩护人提出犯罪嫌疑人、被告人供述系非法取得，并提供相关线索或者材料的；

(三)犯罪嫌疑人、被告人提出讯问活动违反法定程序或者翻供，并提供相关线索或者材料的；

(四)犯罪嫌疑人、被告人或者辩护人提出讯问笔录内容不真实，并提供相关线索或者材料的；

(五)案情重大、疑难、复杂的。

人民检察院调取公安机关讯问犯罪嫌疑人的录音、录像，公安机关未提供，人民检察院经审查认为不能排除有刑讯逼供等非法取证行为的，相关供述不得作为批准逮捕、提起公诉的依据。

人民检察院直接受理侦查的案件，负责侦查的部门移送审查逮捕、移送起诉时，应当将讯问录音、录像连同案卷材料一并移送审查。

第五十八条　【对证据收集合法性的法庭调查】法庭审理过程中，审判人员认为可能存在本法第五十六条规定的以非法方法收集证据情形的，应当对证据收集的合法性进行法庭调查。

当事人及其辩护人、诉讼代理人有权申请人民法院对以非法方法收集的证据依法予以排除。申请排除以非法方法收集的证据的，应当提供相关线索或者材料。

新旧条文序号对照

2018年刑事诉讼法	2012年刑事诉讼法	1996年刑事诉讼法
第五十八条	第五十六条	

适用要点与裁判依据

★被告人及其辩护人提出审前供述系非法取得的，检察院可以将讯问录音、录像一并移送法院

《人民检察院刑事诉讼规则》（2019年12月30日　高检发释字〔2019〕4号）

第七十六条　对于提起公诉的案件，被告人及其辩护人提出审前供述系非法取得，并提供相关线索或者材料的，人民检察院可以将讯问录音、录像连同案卷材料一并移送人民法院。

第五十九条　【对证据收集合法性的证明】在对证据收集的合法性进行法庭调查的过程中，人民检察院应当对证据收集的合法性加以证明。

现有证据材料不能证明证据收集的合法性的，人民检察院可以提请人民法院通知有关侦查人员或者其他人员出庭说明情况；人民法院可以通知有关侦查人员或者其他人员出庭说明情况。有关侦查人员或者其他人员也可以要求出庭说明情况。经人民法院通知，有关人员应当出庭。

新旧条文序号对照

2018年刑事诉讼法	2012年刑事诉讼法	1996年刑事诉讼法
第五十九条	第五十七条	

适用要点与裁判依据

★庭审中对证据收集“合法性”应当先行当庭调查

《最高人民法院关于适用〈中华人民共和国刑事诉讼法〉的解释》(2021年1月26日 法释〔2021〕1号)

第一百三十四条 庭审期间,法庭决定对证据收集的合法性进行调查的,应当先行当庭调查。但为防止庭审过分迟延,也可以在法庭调查结束前调查。

★法庭决定对证据收集的合法性进行调查的程序

《最高人民法院关于适用〈中华人民共和国刑事诉讼法〉的解释》(2021年1月26日 法释〔2021〕1号)

第一百三十五条 法庭决定对证据收集的合法性进行调查的,由公诉人通过宣读调查、侦查讯问笔录、出示提讯登记、体检记录、对讯问合法性的核查材料等证据材料,有针对性地播放讯问录音录像,提请法庭通知有关调查人员、侦查人员或者其他人员出庭说明情况等方式,证明证据收集的合法性。

讯问录音录像涉及国家秘密、商业秘密、个人隐私或者其他不宜公开内容的,法庭可以决定对讯问录音录像不公开播放、质证。

公诉人提交的取证过程合法的说明材料,应当经有关调查人员、侦查人员签名,并加盖单位印章。未经签名或者盖章的,不得作为证据使用。上述说明材料不能单独作为证明取证过程合法的根据。

★控辩双方申请法庭通知有关人员出庭说明情况，法庭认为有必要的，应当通知有关人员出庭

《最高人民法院关于适用〈中华人民共和国刑事诉讼法〉的解释》（2021年1月26日 法释〔2021〕1号）

第一百三十六条 控辩双方申请法庭通知调查人员、侦查人员或者其他人员出庭说明情况，法庭认为有必要的，应当通知有关人员出庭。

根据案件情况，法庭可以依职权通知调查人员、侦查人员或者其他人员出庭说明情况。

调查人员、侦查人员或者其他人员出庭的，应当向法庭说明证据收集过程，并就相关情况接受控辩双方和法庭的询问。

★对证据的真实性，应当综合全案证据进行审查

《最高人民法院关于适用〈中华人民共和国刑事诉讼法〉的解释》（2021年1月26日 法释〔2021〕1号）

第一百三十九条 对证据的真实性，应当综合全案证据进行审查。

对证据的证明力，应当根据具体情况，从证据与案件事实的关联程度、证据之间的联系等方面进行审查判断。

★公诉人可以提请法庭当庭播放相关时段的讯问录音、录像，对有关异议或者事实进行质证

《人民检察院刑事诉讼规则》（2019年12月30日 高检发释字〔2019〕4号）

第七十七条 在法庭审理过程中，被告人或者辩护人对讯问活动合法性提出异议，公诉人可以要求被告人及其辩护人提供相关线索或者材料。必要时，公诉人可以提请法庭当庭播放相关时段的讯问录音、录像，对有关异议或者事实进行质证。

需要播放的讯问录音、录像中涉及国家秘密、商业秘密、个人隐私或者含有其他不宜公开内容的，公诉人应当建议在法庭组成人员、公诉人、侦查人员、被告人及其辩护人范围内播放。因涉及国家秘密、商业秘密、个人隐私或者其他犯罪线索等内容,人民检察院对讯问录音、录像的相关内容进行技术处理的,公诉人应当向法庭作出说明。

第六十条　【对非法证据的推定排除】对于经过法庭审理,确认或者不能排除存在本法第五十六条规定的以非法方法收集证据情形的,对有关证据应当予以排除。

新旧条文序号对照

2018 年刑事诉讼法	2012 年刑事诉讼法	1996 年刑事诉讼法
第六十条	第五十八条	

适用要点与裁判依据

★被告人的供述不得作为定案的根据的四种情形

《最高人民法院关于适用〈中华人民共和国刑事诉讼法〉的解释》(2021 年 1 月 26 日　法释〔2021〕1 号)

第九十四条　被告人供述具有下列情形之一的,不得作为定案的根据:

(一)讯问笔录没有经被告人核对确认的;

(二)讯问聋、哑人,应当提供通晓聋、哑手势的人员而未提供的;

(三)讯问不通晓当地通用语言、文字的被告人,应当提供翻译人员而未提供的;

(四)讯问未成年人,其法定代理人或者合适成年人不在场的。

★法庭对证据收集的合法性进行调查后,不能排除存在以非法方法收集证据情形的,对有关证据应当排除

《最高人民法院关于适用〈中华人民共和国刑事诉讼法〉的解释》(2021 年 1 月 26 日　法释〔2021〕1 号)

第一百三十七条　法庭对证据收集的合法性进行调查后,确认或者不能排除存在刑事诉讼法第五十六条规定的以非法方法收集证据情形的，对有关证据应当排除。

第六十一条　【证人证言】证人证言必须在法庭上经过公诉人、被害人和被告人、辩护人双方质证并且查实以后，才能作为定案的根据。法庭查明证人有意作伪证或者隐匿罪证的时候，应当依法处理。

新旧条文序号对照

2018 年刑事诉讼法	2012 年刑事诉讼法	1996 年刑事诉讼法
第六十一条	第五十九条	第四十七条

适用要点与裁判依据

★对证人证言应当着重审查八个方面的内容

《最高人民法院关于适用〈中华人民共和国刑事诉讼法〉的解释》(2021 年 1 月 26 日　法释〔2021〕1 号)

第八十七条　对证人证言应当着重审查以下内容：

（一）证言的内容是否为证人直接感知；

（二）证人作证时的年龄，认知、记忆和表达能力，生理和精神状态是否影响作证；

（三）证人与案件当事人、案件处理结果有无利害关系；

（四）询问证人是否个别进行；

（五）询问笔录的制作、修改是否符合法律、有关规定，是否注明询问的起止时间和地点，首次询问时是否告知证人有关权利义务和法律责任，证人对询问笔录是否核对确认；

（六）询问未成年证人时，是否通知其法定代理人或者刑事诉讼法第二百八十一条第一款规定的合适成年人到场，有关人员是否到场；

（七）有无以暴力、威胁等非法方法收集证人证言的情形；

（八）证言之间以及与其他证据之间能否相互印证，有无矛盾；存在矛盾的，能否得到合理解释。

★证人的猜测性、评论性、推断性的证言，不得作为证据使用

《最高人民法院关于适用〈中华人民共和国刑事诉讼法〉的解释》（2021 年 1 月 26 日　法释〔2021〕1 号）

第八十八条　处于明显醉酒、中毒或者麻醉等状态，不能正常感知或者正确表达的证人所提供的证言，不得作为证据使用。

证人的猜测性、评论性、推断性的证言，不得作为证据使用，但根据一般生活经验判断符合事实的除外。

★有瑕疵的证人证言不能补正或者作出合理解释的，不得作为定案的根据

《最高人民法院关于适用〈中华人民共和国刑事诉讼法〉的解释》（2021 年 1 月 26 日　法释〔2021〕1 号）

第九十条　证人证言的收集程序、方式有下列瑕疵，经补正或者作出合理解释的，可以采用；不能补正或者作出合理解释的，不得作为定案的根据：

（一）询问笔录没有填写询问人、记录人、法定代理人姓名以及询问的起止时间、地点的；

（二）询问地点不符合规定的；

（三）询问笔录没有记录告知证人有关权利义务和法律责任的；

（四）询问笔录反映出在同一时段，同一询问人员询问不同证人的；

（五）询问未成年人，其法定代理人或者合适成年人不在场的。

★证人当庭作出的证言与其庭前证言矛盾，不能作出合理解释，可以采信其庭前证言

《最高人民法院关于适用〈中华人民共和国刑事诉讼法〉的解释》（2021 年 1 月 26 日　法释〔2021〕1 号）

第九十一条　证人当庭作出的证言，经控辩双方质证、法庭查证属实的，应当作为定案的根据。

证人当庭作出的证言与其庭前证言矛盾,证人能够作出合理解释,并有其他证据印证的,应当采信其庭审证言;不能作出合理解释,而其庭前证言有其他证据印证的,可以采信其庭前证言。

经人民法院通知,证人没有正当理由拒绝出庭或者出庭后拒绝作证,法庭对其证言的真实性无法确认的,该证人证言不得作为定案的根据。

★向证人发问应当遵循的规则

《最高人民法院关于适用〈中华人民共和国刑事诉讼法〉的解释》(2021年1月26日 法释〔2021〕1号)

第二百六十一条 向证人发问应当遵循以下规则:

(一)发问的内容应当与本案事实有关;

(二)不得以诱导方式发问;

(三)不得威胁证人;

(四)不得损害证人的人格尊严。

对被告人、被害人、附带民事诉讼当事人、鉴定人、有专门知识的人、调查人员、侦查人员或者其他人员的讯问、发问,适用前款规定。

★对控辩双方的讯问、发问方式不当或者内容与本案无关的处理

《最高人民法院关于适用〈中华人民共和国刑事诉讼法〉的解释》(2021年1月26日 法释〔2021〕1号)

第二百六十二条 控辩双方的讯问、发问方式不当或者内容与本案无关的,对方可以提出异议,申请审判长制止,审判长应当判明情况予以支持或者驳回;对方未提出异议的,审判长也可以根据情况予以制止。

★有关人员作证或者发表意见后,应当退庭

《最高人民法院关于适用〈中华人民共和国刑事诉讼法〉的解释》(2021年1月26日 法释〔2021〕1号)

第二百六十五条 证人、鉴定人、有专门知识的人、调查人员、侦查人员或者其他人员不得旁听对本案的审理。有关人员作证或者发表意见后,审判长应当告知其退庭。

★对可能影响定罪量刑的关键证据和控辩双方存在争议的证据，一般应当单独举证、质证

《最高人民法院关于适用〈中华人民共和国刑事诉讼法〉的解释》(2021年1月26日　法释〔2021〕1号)

第二百六十八条　对可能影响定罪量刑的关键证据和控辩双方存在争议的证据，一般应当单独举证、质证，充分听取质证意见。

对控辩双方无异议的非关键证据，举证方可以仅就证据的名称及拟证明的事实作出说明。

召开庭前会议的案件，举证、质证可以按照庭前会议确定的方式进行。

根据案件和庭审情况，法庭可以对控辩双方的举证、质证方式进行必要的指引。

第六十二条　【作证义务】凡是知道案件情况的人，都有作证的义务。

生理上、精神上有缺陷或者年幼，不能辨别是非、不能正确表达的人，不能作证人。

新旧条文序号对照

2018年刑事诉讼法	2012年刑事诉讼法	1996年刑事诉讼法
第六十二条	第六十条	第四十八条

适用要点与裁判依据

★不得担任见证人的三种人员

《最高人民法院关于适用〈中华人民共和国刑事诉讼法〉的解释》(2021年1月26日　法释〔2021〕1号)

第八十条　下列人员不得担任见证人：

（一）生理上、精神上有缺陷或者年幼，不具有相应辨别能力或者不能正确表达的人；

（二）与案件有利害关系，可能影响案件公正处理的人；

（三）行使勘验、检查、搜查、扣押、组织辨认等监察调查、刑事诉讼职权的监察、公安、司法机关的工作人员或者其聘用的人员。

对见证人是否属于前款规定的人员，人民法院可以通过相关笔录载明的见证人的姓名、身份证件种类及号码、联系方式以及常住人口信息登记表等材料进行审查。

由于客观原因无法由符合条件的人员担任见证人的，应当在笔录材料中注明情况，并对相关活动进行全程录音录像。

★证人证言不得作为定案的根据的四种情形

《最高人民法院关于适用〈中华人民共和国刑事诉讼法〉的解释》（2021年1月26日　法释〔2021〕1号）

第八十九条　证人证言具有下列情形之一的，不得作为定案的根据：

（一）询问证人没有个别进行的；

（二）书面证言没有经证人核对确认的；

（三）询问聋、哑人，应当提供通晓聋、哑手势的人员而未提供的；

（四）询问不通晓当地通用语言、文字的证人，应当提供翻译人员而未提供的。

★香港特别行政区维护国家安全法对作证义务的规定

《中华人民共和国香港特别行政区维护国家安全法》（2020年6月30日　主席令第49号）

第五十五条　有以下情形之一的，经香港特别行政区政府或者驻香港特别行政区维护国家安全公署提出，并报中央人民政府批准，由驻香港特别行政区维护国家安全公署对本法规定的危害国家安全犯罪案件行使管辖权：

（一）案件涉及外国或者境外势力介入的复杂情况，香港特别行政区管辖确有困难的；

（二）出现香港特别行政区政府无法有效执行本法的严重情况的；

（三）出现国家安全面临重大现实威胁的情况的。

第五十九条 根据本法第五十五条规定管辖案件时，任何人如果知道本法规定的危害国家安全犯罪案件情况，都有如实作证的义务。

第63条

第六十三条 【对证人及其近亲属的安全保障】人民法院、人民检察院和公安机关应当保障证人及其近亲属的安全。

对证人及其近亲属进行威胁、侮辱、殴打或者打击报复，构成犯罪的，依法追究刑事责任；尚不够刑事处罚的，依法给予治安管理处罚。

新旧条文序号对照

2018年刑事诉讼法	2012年刑事诉讼法	1996年刑事诉讼法
第六十三条	第六十一条	第四十九条

适用要点与裁判依据

★审判期间，证人、鉴定人、被害人提出保护请求的，应当立即审查并作出决定

《最高人民法院关于适用〈中华人民共和国刑事诉讼法〉的解释》（2021年1月26日 法释〔2021〕1号）

第二百五十六条 证人、鉴定人、被害人因出庭作证，本人或者其近亲属的人身安全面临危险的，人民法院应当采取不公开其真实姓名、住址和工作单位等个人信息，或者不暴露其外貌、真实声音等保护措施。辩护律师经法庭许可，查阅对证人、鉴定人、被害人使用化名情况的，应当签署保密承诺书。

审判期间，证人、鉴定人、被害人提出保护请求的，人民法院应当立即审查；认为确有保护必要的，应当及时决定采取相应保护措施。必要时，可以商请公安机关协助。

★决定对出庭作证的证人、鉴定人、被害人采取不公开个人信息的保护措施的，在法律文书中可以使用化名等代替其个人信息

《最高人民法院关于适用〈中华人民共和国刑事诉讼法〉的解释》(2021 年 1 月 26 日 法释〔2021〕1 号)

第二百五十七条 决定对出庭作证的证人、鉴定人、被害人采取不公开个人信息的保护措施的，审判人员应当在开庭前核实其身份，对证人、鉴定人如实作证的保证书不得公开，在判决书、裁定书等法律文书中可以使用化名等代替其个人信息。

第六十四条 【对特定案件作证的专项保护措施】对于危害国家安全犯罪、恐怖活动犯罪、黑社会性质的组织犯罪、毒品犯罪等案件，证人、鉴定人、被害人因在诉讼中作证，本人或者其近亲属的人身安全面临危险的，人民法院、人民检察院和公安机关应当采取以下一项或者多项保护措施：

（一）不公开真实姓名、住址和工作单位等个人信息；

（二）采取不暴露外貌、真实声音等出庭作证措施；

（三）禁止特定的人员接触证人、鉴定人、被害人及其近亲属；

（四）对人身和住宅采取专门性保护措施；

（五）其他必要的保护措施。

证人、鉴定人、被害人认为因在诉讼中作证，本人或者其近亲属的人身安全面临危险的，可以向人民法院、人民检察院、公安机关请求予以保护。

人民法院、人民检察院、公安机关依法采取保护措施，有关单位和个人应当配合。

新旧条文序号对照

2018 年刑事诉讼法	2012 年刑事诉讼法	1996 年刑事诉讼法
第六十四条	第六十二条	

适用要点与裁判依据

★对于在有组织犯罪案件中作证人身安全面临危险的，应当采取一项或者多项保护措施

《中华人民共和国反有组织犯罪法》（2021 年 12 月 24 日 主席令第 101 号）

第六十一条 因举报、控告和制止有组织犯罪活动，在有组织犯罪案件中作证，本人或者其近亲属的人身安全面临危险的，公安机关、人民检察院、人民法院应当按照有关规定，采取下列一项或者多项保护措施：

（一）不公开真实姓名、住址和工作单位等个人信息；

（二）采取不暴露外貌、真实声音等出庭作证措施；

（三）禁止特定的人接触被保护人员；

（四）对人身和住宅采取专门性保护措施；

（五）变更被保护人员的身份，重新安排住所和工作单位；

（六）其他必要的保护措施。

第六十二条 采取本法第六十一条第三项、第四项规定的保护措施，由公安机关执行。根据本法第六十一条第五项规定，变更被保护人员身份的，由国务院公安部门批准和组织实施。

公安机关、人民检察院、人民法院依法采取保护措施，有关单位和个人应当配合。

★实施有组织犯罪的人员配合办案的，可以参照证人保护的规定执行

《中华人民共和国反有组织犯罪法》（2021 年 12 月 24 日 主席令第 101 号）

第六十三条 实施有组织犯罪的人员配合侦查、起诉、审判等工作，对侦破案件或者查明案件事实起到重要作用的，可以参照证人保护的规定执行。

★对有组织犯罪案件的办案人员及其近亲属，可以采取人身保护等保护措施

《中华人民共和国反有组织犯罪法》（2021年12月24日 主席令第101号）

第六十四条 对办理有组织犯罪案件的执法、司法工作人员及其近亲属，可以采取人身保护、禁止特定的人接触等保护措施。

★检察院在办理特定案件过程中，证人、鉴定人、被害人因作证面临危险请求保护的，可以采取一项或者多项保护措施

《人民检察院刑事诉讼规则》（2019年12月30日 高检发释字〔2019〕4号）

第七十九条 人民检察院在办理危害国家安全犯罪、恐怖活动犯罪、黑社会性质的组织犯罪、毒品犯罪等案件过程中，证人、鉴定人、被害人因在诉讼中作证，本人或者其近亲属人身安全面临危险，向人民检察院请求保护的，人民检察院应当受理并及时进行审查。对于确实存在人身安全危险的，应当立即采取必要的保护措施。人民检察院发现存在上述情形的，应当主动采取保护措施。

人民检察院可以采取以下一项或者多项保护措施：

（一）不公开真实姓名、住址和工作单位等个人信息；

（二）建议法庭采取不暴露外貌、真实声音等出庭作证措施；

（三）禁止特定的人员接触证人、鉴定人、被害人及其近亲属；

（四）对人身和住宅采取专门性保护措施；

（五）其他必要的保护措施。

人民检察院依法决定不公开证人、鉴定人、被害人的真实姓名、住址和工作单位等个人信息的，可以在起诉书、询问笔录等法律文书、证据材料中使用化名。但是应当另行书面说明使用化名的情况并标明密级，单独成卷。

人民检察院依法采取保护措施，可以要求有关单位和个人予以配合。

对证人及其近亲属进行威胁、侮辱、殴打或者打击报复，构成犯罪或者应当给予治安管理处罚的，人民检察院应当移送公安机关处理；情节轻微的，予以批评教育、训诫。

第六十五条　【证人履行作证义务的补助】证人因履行作证义务而支出的交通、住宿、就餐等费用，应当给予补助。证人作证的补助列入司法机关业务经费，由同级政府财政予以保障。

有工作单位的证人作证，所在单位不得克扣或者变相克扣其工资、奖金及其他福利待遇。

新旧条文序号对照

2018年刑事诉讼法	2012年刑事诉讼法	1996年刑事诉讼法
第六十五条	第六十三条	

适用要点与裁判依据

★证人在检察院办案期间因履行作证义务而支出的费用，应当获得补助

《人民检察院刑事诉讼规则》（2019年12月30日　高检发释字〔2019〕4号）

第八十条　证人在人民检察院侦查、审查逮捕、审查起诉期间因履行作证义务而支出的交通、住宿、就餐等费用，人民检察院应当给予补助。

★证人作证的补助列入公安机关业务经费

《公安机关办理刑事案件程序规定》（2020年7月20日修正　公安部令第159号）

第七十七条　证人保护工作所必需的人员、经费、装备等，应当予以保障。

证人因履行作证义务而支出的交通、住宿、就餐等费用，应当给予补助。证人作证的补助列入公安机关业务经费。

第六章 强制措施

第六十六条 【拘传、取保候审、监视居住的决定机关】人民法院、人民检察院和公安机关根据案件情况，对犯罪嫌疑人、被告人可以拘传、取保候审或者监视居住。

新旧条文序号对照

2018年刑事诉讼法	2012年刑事诉讼法	1996年刑事诉讼法
第六十六条	第六十四条	第五十条

适用要点与裁判依据

★法院对公诉案件决定继续使用保证金保证的，不再收取保证金

《最高人民法院关于适用〈中华人民共和国刑事诉讼法〉的解释》(2021年1月26日 法释〔2021〕1号)

第一百六十二条 人民检察院、公安机关已经对犯罪嫌疑人取保候审、监视居住，案件起诉至人民法院后，需要继续取保候审、监视居住或者变更强制措施的，人民法院应当在七日以内作出决定，并通知人民检察院、公安机关。

决定继续取保候审、监视居住的，应当重新办理手续，期限重新计算；继续使用保证金保证的，不再收取保证金。

★公安机关办理有组织犯罪案件可以决定对犯罪嫌疑人限制出境措施

《公安机关反有组织犯罪工作规定》(2022 年 8 月 26 日　公安部令第 165 号)

第三十八条　公安机关办理有组织犯罪案件,可以依照《中华人民共和国出境入境管理法》的规定,决定对犯罪嫌疑人采取限制出境措施,按规定通知移民管理机构执行;对于不需要继续采取限制出境措施的,应当及时解除。

★前一阶段已经采取取保候审的,审查起诉或者审判阶段时需要继续取保候审的,应当在七日内作出决定

《最高人民法院、最高人民检察院、公安部、国家安全部关于取保候审若干问题的规定》(2022 年 9 月 5 日修订　公通字〔2022〕25 号)

第二十六条　在侦查或者审查起诉阶段已经采取取保候审的,案件移送至审查起诉或者审判阶段时,需要继续取保候审、变更保证方式或者变更强制措施的,受案机关应当在七日内作出决定,并通知移送案件的机关和执行机关。

受案机关作出取保候审决定并执行后,原取保候审措施自动解除,不再办理解除手续。对继续采取保证金保证的,原则上不变更保证金数额,不再重新收取保证金。受案机关变更的强制措施开始执行后,应当及时通知移送案件的机关和执行机关,原取保候审决定自动解除,不再办理解除手续,执行机关应当依法退还保证金。

取保候审期限即将届满,受案机关仍未作出继续取保候审或者变更强制措施决定的,移送案件的机关应当在期限届满十五日前书面通知受案机关。受案机关应当在取保候审期限届满前作出决定,并通知移送案件的机关和执行机关。

★拘传时,应当向被拘传的犯罪嫌疑人出示拘传证

《人民检察院刑事诉讼规则》(2019 年 12 月 30 日　高检发释字〔2019〕4 号)

第八十一条　人民检察院根据案件情况,对犯罪嫌疑人可以拘传。

第八十二条　拘传时，应当向被拘传的犯罪嫌疑人出示拘传证。对抗拒拘传的，可以使用戒具，强制到案。

执行拘传的人员不得少于二人。

★不得以连续拘传的方式变相拘禁犯罪嫌疑人

《人民检察院刑事诉讼规则》（2019年12月30日　高检发释字〔2019〕4号）

第八十三条　拘传的时间从犯罪嫌疑人到案时开始计算。犯罪嫌疑人到案后，应当责令其在拘传证上填写到案时间，签名或者盖章，并捺指印，然后立即讯问。拘传结束后，应当责令犯罪嫌疑人在拘传证上填写拘传结束时间。犯罪嫌疑人拒绝填写的，应当在拘传证上注明。

一次拘传持续的时间不得超过十二小时；案情特别重大、复杂，需要采取拘留、逮捕措施的，拘传持续的时间不得超过二十四小时。两次拘传间隔的时间一般不得少于十二小时，不得以连续拘传的方式变相拘禁犯罪嫌疑人。

拘传犯罪嫌疑人，应当保证犯罪嫌疑人的饮食和必要的休息时间。

★检察院拘传犯罪嫌疑人，应当在其所在市、县内的地点进行

《人民检察院刑事诉讼规则》（2019年12月30日　高检发释字〔2019〕4号）

第八十四条　人民检察院拘传犯罪嫌疑人，应当在犯罪嫌疑人所在市、县内的地点进行。

犯罪嫌疑人工作单位与居住地不在同一市、县的，拘传应当在犯罪嫌疑人工作单位所在的市、县内进行；特殊情况下，也可以在犯罪嫌疑人居住地所在的市、县内进行。

★在拘传期间决定不采取其他强制措施的，拘传期限届满，应当结束拘传

《人民检察院刑事诉讼规则》（2019年12月30日　高检发释字〔2019〕4号）

第八十五条　需要对被拘传的犯罪嫌疑人变更强制措施的，应当在拘传期限内办理变更手续。

在拘传期间决定不采取其他强制措施的，拘传期限届满，应当结束拘传。

第六十七条 【取保候审的情形与执行】人民法院、人民检察院和公安机关对有下列情形之一的犯罪嫌疑人、被告人，可以取保候审：

（一）可能判处管制、拘役或者独立适用附加刑的；

（二）可能判处有期徒刑以上刑罚，采取取保候审不致发生社会危险性的；

（三）患有严重疾病、生活不能自理，怀孕或者正在哺乳自己婴儿的妇女，采取取保候审不致发生社会危险性的；

（四）羁押期限届满，案件尚未办结，需要采取取保候审的。

取保候审由公安机关执行。

新旧条文序号对照

2018 年刑事诉讼法	2012 年刑事诉讼法	1996 年刑事诉讼法
第六十七条	第六十五条	第五十一条

适用要点与裁判依据

★对有组织犯罪的组织者、领导者和骨干成员，应当严格掌握取保候审的适用条件

《中华人民共和国反有组织犯罪法》(2021 年 12 月 24 日 主席令第 101 号)

第二十二条 办理有组织犯罪案件，应当以事实为根据，以法律为准绳，坚持宽严相济。

对有组织犯罪的组织者、领导者和骨干成员，应当严格掌握取保候审、不起诉、缓刑、减刑、假释和暂予监外执行的适用条件，充分适用剥夺政治权利、没收财产、罚金等刑罚。

有组织犯罪的犯罪嫌疑人、被告人自愿如实供述自己的罪行，承认指控的犯罪事实，愿意接受处罚的，可以依法从宽处理。

★法院对被逮捕的被告人可以“变更强制措施”或者“立即释放”的情形

《最高人民法院关于适用〈中华人民共和国刑事诉讼法〉的解释》(2021年1月26日　法释〔2021〕1号)

第一百六十九条　被逮捕的被告人具有下列情形之一的，人民法院可以变更强制措施：

(一)患有严重疾病、生活不能自理的；

(二)怀孕或者正在哺乳自己婴儿的；

(三)系生活不能自理的人的唯一扶养人。

第一百七十条　被逮捕的被告人具有下列情形之一的，人民法院应当立即释放；必要时，可以依法变更强制措施：

(一)第一审人民法院判决被告人无罪、不负刑事责任或者免予刑事处罚的；

(二)第一审人民法院判处管制、宣告缓刑、单独适用附加刑，判决尚未发生法律效力的；

(三)被告人被羁押的时间已到第一审人民法院对其判处的刑期期限的；

(四)案件不能在法律规定的期限内审结的。

第一百七十一条　人民法院决定释放被告人的，应当立即将释放通知书送交公安机关执行。

★取保候审由被取保候审人“居住地”的派出所执行

《最高人民法院、最高人民检察院、公安部、国家安全部关于取保候审若干问题的规定》(2022年9月5日修订　公通字〔2022〕25号)

第十四条　公安机关决定取保候审的，在核实被取保候审人已经交纳保证金后，应当将取保候审决定书、取保候审执行通知书和其他有关材料一并送交执行。

第十五条　公安机关决定取保候审的，应当及时通知被取保候审人居住地的派出所执行。被取保候审人居住地在异地的，应当及时通知居住地公安机关，由其指定被取保候审人居住地的派出所执行。必要时，办案部门可以协助执行。

被取保候审人居住地变更的，执行取保候审的派出所应当及时通知决定取保候审的公安机关，由其重新确定被取保候审人变更后的居住地派出所执行。变更后的居住地在异地的，决定取保候审的公安机关应当通知该地公安机关，由其指定被取保候审人居住地的派出所执行。原执行机关应当与变更后的执行机关进行工作交接。

★可以在被取保候审人“暂住地”执行的三种情形

《最高人民法院、最高人民检察院、公安部、国家安全部关于取保候审若干问题的规定》（2022年9月5日修订　公通字〔2022〕25号）

第十六条　居住地包括户籍所在地、经常居住地。经常居住地是指被取保候审人离开户籍所在地最后连续居住一年以上的地方。

取保候审一般应当在户籍所在地执行，但已形成经常居住地的，可以在经常居住地执行。

被取保候审人具有下列情形之一的，也可以在其暂住地执行取保候审：

（一）被取保候审人离开户籍所在地一年以上且无经常居住地，但在暂住地有固定住处的；

（二）被取保候审人系外国人、无国籍人，香港特别行政区、澳门特别行政区、台湾地区居民的；

（三）被取保候审人户籍所在地无法查清且无经常居住地的。

★被取保候审人未在规定期限内向执行机关报到的处理

《最高人民法院、最高人民检察院、公安部、国家安全部关于取保候审若干问题的规定》（2022年9月5日修订　公通字〔2022〕25号）

第十七条　在本地执行取保候审的，决定取保候审的公安机关应当将法律文书和有关材料送达负责执行的派出所。

在异地执行取保候审的，决定取保候审的公安机关应当将法律文书和载有被取保候审人的报到期限、联系方式等信息的有关材料送达执行机关，送达方式包括直接送达、委托送达、邮寄送达等，执行机关应当及时出具回执。被取保候审人应当在收到取保候审决定书后五日以内向执行机关报到。执行机关应当在被取保候审人报到后三日以内向决定机关反馈。

被取保候审人未在规定期限内向负责执行的派出所报到，且无正当事由的，执行机关应当通知决定机关，决定机关应当依法传讯被取保候审人，被取保候审人不到案的，依照法律和本规定第五章的有关规定处理。

★检察院对两类犯罪嫌疑人不得取保候审

《人民检察院刑事诉讼规则》(2019年12月30日 高检发释字〔2019〕4号)

第八十七条 人民检察院对于严重危害社会治安的犯罪嫌疑人，以及其他犯罪性质恶劣、情节严重的犯罪嫌疑人不得取保候审。

★监察机关移送起诉未采取留置措施的，检察院可以决定取保候审

《人民检察院刑事诉讼规则》(2019年12月30日 高检发释字〔2019〕4号)

第一百四十六条 对于监察机关移送起诉的未采取留置措施的案件，人民检察院受理后，在审查起诉过程中根据案件情况，可以依照本规则相关规定决定是否采取逮捕、取保候审或者监视居住措施。

★香港特别行政区维护国家安全法对取保候审的规定

《中华人民共和国香港特别行政区维护国家安全法》(2020年6月30日 主席令第49号)

第四十二条 香港特别行政区执法、司法机关在适用香港特别行政区现行法律有关羁押、审理期限等方面的规定时，应当确保危害国家安全犯罪案件公正、及时办理，有效防范、制止和惩治危害国家安全犯罪。

对犯罪嫌疑人、被告人，除非法官有充足理由相信其不会继续实施危害国家安全行为的，不得准予保释。

第六十八条 【取保候审的方式】人民法院、人民检察院和公安机关决定对犯罪嫌疑人、被告人取保候审，应当责令犯罪嫌疑人、被告人提出保证人或者交纳保证金。

新旧条文序号对照

2018年刑事诉讼法	2012年刑事诉讼法	1996年刑事诉讼法
第六十八条	第六十六条	第五十三条

适用要点与裁判依据

★对未成年人取保候审的，应当优先适用保证人保证

《最高人民法院、最高人民检察院、公安部、国家安全部关于取保候审若干问题的规定》(2022年9月5日修订 公通字〔2022〕25号)

第四条 对犯罪嫌疑人、被告人决定取保候审的，应当责令其提出保证人或者交纳保证金。

对同一犯罪嫌疑人、被告人决定取保候审的，不得同时使用保证人保证和保证金保证。对未成年人取保候审的，应当优先适用保证人保证。

★决定取保候审的，不得同时使用保证人保证与保证金保证

《最高人民法院关于适用〈中华人民共和国刑事诉讼法〉的解释》(2021年1月26日 法释〔2021〕1号)

第一百五十条 被告人具有刑事诉讼法第六十七条第一款规定

情形之一的，人民法院可以决定取保候审。

对被告人决定取保候审的，应当责令其提出保证人或者交纳保证金，不得同时使用保证人保证与保证金保证。

第一百五十一条　对下列被告人决定取保候审的，可以责令其提出一至二名保证人：

（一）无力交纳保证金的；

（二）未成年或者已满七十五周岁的；

（三）不宜收取保证金的其他被告人。

第六十九条　【保证人的条件】保证人必须符合下列条件：

（一）与本案无牵连；

（二）有能力履行保证义务；

（三）享有政治权利，人身自由未受到限制；

（四）有固定的住处和收入。

新旧条文序号对照

2018年刑事诉讼法	2012年刑事诉讼法	1996年刑事诉讼法
第六十九条	第六十七条	第五十四条

适用要点与裁判依据

★公安机关采取保证人保证的，保证人必须符合四项条件

《公安机关办理刑事案件程序规定》（2020年7月20日修正 公安部令第159号）

第八十五条　采取保证人保证的，保证人必须符合以下条件，并经公安机关审查同意：

（一）与本案无牵连；

（二）有能力履行保证义务；

(三)享有政治权利,人身自由未受到限制;

(四)有固定的住处和收入。

★检察院采取保证人保证方式的,应当经检察院审查同意

《人民检察院刑事诉讼规则》(2019年12月30日 高检发释字〔2019〕4号)

第九十条 采取保证人保证方式的,保证人应当符合刑事诉讼法第六十九条规定的条件,并经人民检察院审查同意。

★法院决定适用保证人保证时,应当审查保证人是否符合法定条件

《最高人民法院关于适用〈中华人民共和国刑事诉讼法〉的解释》(2021年1月26日 法释〔2021〕1号)

第一百五十二条 人民法院应当审查保证人是否符合法定条件。符合条件的,应当告知其必须履行的保证义务,以及不履行义务的法律后果,并由其出具保证书。

第七十条 【保证人的义务】保证人应当履行以下义务:

(一)监督被保证人遵守本法第七十一条的规定;

(二)发现被保证人可能发生或者已经发生违反本法第七十一条规定的行为的,应当及时向执行机关报告。

被保证人有违反本法第七十一条规定的行为,保证人未履行保证义务的,对保证人处以罚款,构成犯罪的,依法追究刑事责任。

新旧条文序号对照

2018年刑事诉讼法	2012年刑事诉讼法	1996年刑事诉讼法
第七十条	第六十八条	第五十五条

适用要点与裁判依据

★保证人不愿继续履行保证义务或者丧失履行保证义务能力的处理

《最高人民法院关于适用〈中华人民共和国刑事诉讼法〉的解释》(2021年1月26日 法释〔2021〕1号)

第一百五十五条 被告人被取保候审期间,保证人不愿继续履行保证义务或者丧失履行保证义务能力的,人民法院应当在收到保证人的申请或者公安机关的书面通知后三日以内,责令被告人重新提出保证人或者交纳保证金,或者变更强制措施,并通知公安机关。

★法院发现保证人未履行保证义务的应当书面通知公安机关

《最高人民法院关于适用〈中华人民共和国刑事诉讼法〉的解释》(2021年1月26日 法释〔2021〕1号)

第一百五十六条 人民法院发现保证人未履行保证义务的,应当书面通知公安机关依法处理。

★检察院应当告知保证人履行的两项义务

《人民检察院刑事诉讼规则》(2019年12月30日 高检发释字〔2019〕4号)

第九十一条 人民检察院应当告知保证人履行以下义务:

(一)监督被保证人遵守刑事诉讼法第七十一条的规定;

(二)发现被保证人可能发生或者已经发生违反刑事诉讼法第七十一条规定的行为的,及时向执行机关报告。

保证人保证承担上述义务后,应当在取保候审保证书上签名或者盖章。

★保证人对公安机关的罚款决定不服,可以申请复议、复核

《公安机关办理刑事案件程序规定》(2020年7月20日修正 公安部令第159号)

第一百零四条 决定对保证人罚款的,应当报经县级以上公安机关负责人批准,制作对保证人罚款决定书,在三日以内送达保证人，告知其如果对罚款决定不服，可以在收到决定书之日起五日以内向作出决定的公安机关申请复议。公安机关应当在收到复议申请后七日以内作出决定。

保证人对复议决定不服的，可以在收到复议决定书后五日以内向上一级公安机关申请复核一次。上一级公安机关应当在收到复核申请后七日以内作出决定。对上级公安机关撤销或者变更罚款决定的，下级公安机关应当执行。

★对保证人罚款决定的执行

《公安机关办理刑事案件程序规定》（2020年7月20日修正 公安部令第159号）

第一百零五条 对于保证人罚款的决定已过复议期限，或者复议、复核后维持原决定或者变更罚款数额的，公安机关应当及时通知指定的银行将保证人罚款按照国家的有关规定上缴国库。人民法院、人民检察院决定取保候审的，还应当在三日以内通知决定取保候审的机关。

第七十一条 【被取保候审人应当遵守的规定】被取保候审的犯罪嫌疑人、被告人应当遵守以下规定：

（一）未经执行机关批准不得离开所居住的市、县；

（二）住址、工作单位和联系方式发生变动的，在二十四小时以内向执行机关报告；

（三）在传讯的时候及时到案；

（四）不得以任何形式干扰证人作证；

（五）不得毁灭、伪造证据或者串供。

人民法院、人民检察院和公安机关可以根据案件情况，责令被取保候审的犯罪嫌疑人、被告人遵守以下一项或者多项规定：

（一）不得进入特定的场所；

（二）不得与特定的人员会见或者通信；

（三）不得从事特定的活动；

（四）将护照等出入境证件、驾驶证件交执行机关保存。

被取保候审的犯罪嫌疑人、被告人违反前两款规定，已交纳保证金的，没收部分或者全部保证金，并且区别情形，责令犯罪嫌疑人、被告人具结悔过，重新交纳保证金、提出保证人，或者监视居住、予以逮捕。

对违反取保候审规定，需要予以逮捕的，可以对犯罪嫌疑人、被告人先行拘留。

新旧条文序号对照

2018年刑事诉讼法	2012年刑事诉讼法	1996年刑事诉讼法
第七十一条	第六十九条	第五十六条

适用要点与裁判依据

★法院对被取保候审的被告人应当决定逮捕的情形

《最高人民法院关于适用〈中华人民共和国刑事诉讼法〉的解释》（2021年1月26日　法释〔2021〕1号）

第一百六十四条　被取保候审的被告人具有下列情形之一的，人民法院应当决定逮捕：

（一）故意实施新的犯罪的；

（二）企图自杀或者逃跑的；

（三）毁灭、伪造证据，干扰证人作证或者串供的；

（四）打击报复、恐吓滋扰被害人、证人、鉴定人、举报人、控告人等的；

（五）经传唤，无正当理由不到案，影响审判活动正常进行的；

（六）擅自改变联系方式或者居住地，导致无法传唤，影响审判活动正常进行的；

（七）未经批准，擅自离开所居住的市、县，影响审判活动正常进行，或者两次未经批准，擅自离开所居住的市、县的；

（八）违反规定进入特定场所、与特定人员会见或者通信、从事特定活动，影响审判活动正常进行，或者两次违反有关规定的；

（九）依法应当决定逮捕的其他情形。

第一百六十六条　对可能判处徒刑以下刑罚的被告人，违反取保候审、监视居住规定，严重影响诉讼活动正常进行的，可以决定逮捕。

★决定取保候审时，可以责令其不得进入的"特定的场所"

《最高人民法院、最高人民检察院、公安部、国家安全部关于取保候审若干问题的规定》（2022年9月5日修订　公通字〔2022〕25号）

第七条　决定取保候审时，可以根据案件情况责令被取保候审人不得进入下列"特定的场所"：

（一）可能导致其再次实施犯罪的场所；

（二）可能导致其实施妨害社会秩序、干扰他人正常活动行为的场所；

（三）与其所涉嫌犯罪活动有关联的场所；

（四）可能导致其实施毁灭证据、干扰证人作证等妨害诉讼活动的场所；

（五）其他可能妨害取保候审执行的特定场所。

★决定取保候审时，可以责令其不得会见和通信的"特定的人员"

《最高人民法院、最高人民检察院、公安部、国家安全部关于取保候审若干问题的规定》（2022年9月5日修订　公通字〔2022〕25号）

第八条　决定取保候审时，可以根据案件情况责令被取保候审人不得与下列"特定的人员"会见或者通信：

（一）证人、鉴定人、被害人及其法定代理人和近亲属；

（二）同案违法行为人、犯罪嫌疑人、被告人以及与案件有关联的其他人员；

（三）可能遭受被取保候审人侵害、滋扰的人员；

（四）可能实施妨害取保候审执行、影响诉讼活动的人员。

前款中的“通信”包括以信件、短信、电子邮件、通话，通过网络平台或者网络应用服务交流信息等各种方式直接或者间接通信。

★决定取保候审时，可以责令其不得从事的“特定的活动”

《最高人民法院、最高人民检察院、公安部、国家安全部关于取保候审若干问题的规定》（2022年9月5日修订　公通字〔2022〕25号）

第九条　决定取保候审时，可以根据案件情况责令被取保候审人不得从事下列“特定的活动”：

（一）可能导致其再次实施犯罪的活动；

（二）可能对国家安全、公共安全、社会秩序造成不良影响的活动；

（三）与所涉嫌犯罪相关联的活动；

（四）可能妨害诉讼的活动；

（五）其他可能妨害取保候审执行的特定活动。

★被取保候审人具有正当合理事由需要离开所居住的市、县的，由派出所负责人批准

《最高人民法院、最高人民检察院、公安部、国家安全部关于取保候审若干问题的规定》（2022年9月5日修订　公通字〔2022〕25号）

第十九条　被取保候审人未经批准不得离开所居住的市、县。

被取保候审人需要离开所居住的市、县的，应当向负责执行的派出所提出书面申请，并注明事由、目的地、路线、交通方式、往返日期、联系方式等。被取保候审人有紧急事由，来不及提出书面申请的，可以先通过电话、短信等方式提出申请，并及时补办书面申请手续。

经审查，具有工作、学习、就医等正当合理事由的，由派出所负责人批准。

负责执行的派出所批准后，应当通知决定机关，并告知被取保候审人遵守下列要求：

（一）保持联系方式畅通，并在传讯的时候及时到案；

（二）严格按照批准的地点、路线、往返日期出行；

（三）不得从事妨害诉讼的活动；

（四）返回居住地后及时向执行机关报告。

对于因正常工作和生活需要经常性跨市、县活动的，可以根据情况，简化批准程序。

第七十二条 【保证金的确定与执行】取保候审的决定机关应当综合考虑保证诉讼活动正常进行的需要，被取保候审人的社会危险性，案件的性质、情节，可能判处刑罚的轻重，被取保候审人的经济状况等情况，确定保证金的数额。

提供保证金的人应当将保证金存入执行机关指定银行的专门账户。

新旧条文序号对照

2018年刑事诉讼法	2012年刑事诉讼法	1996年刑事诉讼法
第七十二条	第七十条	

适用要点与裁判依据

★办案机关应当综合考虑确定保证金的数额

《最高人民法院、最高人民检察院、公安部、国家安全部关于取保候审若干问题的规定》（2022年9月5日修订　公通字〔2022〕25号）

第五条 采取保证金形式取保候审的，保证金的起点数额为人民币一千元；被取保候审人为未成年人的，保证金的起点数额为人民币五百元。

决定机关应当综合考虑保证诉讼活动正常进行的需要，被取保候审人的社会危险性，案件的性质、情节，可能判处刑罚的轻重，被取保候审人的经济状况等情况，确定保证金的数额。

第六条 对符合取保候审条件，但犯罪嫌疑人、被告人不能提出保证人也不交纳保证金的，可以监视居住。

前款规定的被监视居住人提出保证人或者交纳保证金的，可以对其变更为取保候审。

★应当指定银行设立专门账户并委托银行代为收取和保管保证金

《最高人民法院、最高人民检察院、公安部、国家安全部关于取保候审若干问题的规定》（2022年9月5日修订　公通字〔2022〕25号）

第十条　公安机关应当在其指定的银行设立取保候审保证金专门账户，委托银行代为收取和保管保证金，并将相关信息通知同级人民检察院、人民法院。

保证金应当以人民币交纳。

第十一条　公安机关决定使用保证金保证的，应当及时将收取保证金通知书送达被取保候审人，责令其在三日内向指定的银行一次性交纳保证金。

第十二条　人民法院、人民检察院决定使用保证金保证的，应当责令被取保候审人在三日内向公安机关指定银行的专门账户一次性交纳保证金。

第十三条　被取保候审人或者为其提供保证金的人应当将所交纳的保证金存入取保候审保证金专门账户，并由银行出具相关凭证。

第七十三条　【保证金的退还】犯罪嫌疑人、被告人在取保候审期间未违反本法第七十一条规定的，取保候审结束的时候，凭解除取保候审的通知或者有关法律文书到银行领取退还的保证金。

新旧条文序号对照

2018年刑事诉讼法	2012年刑事诉讼法	1996年刑事诉讼法
第七十三条	第七十一条	第五十六条第二款

适用要点与裁判依据

★被取保候审人不能自己领取退还的保证金的，由公安机关通知银行转账至其提供的银行账户

《最高人民法院、最高人民检察院、公安部、国家安全部关于取保候审若干问题的规定》（2022年9月5日修订 公通字〔2022〕25号）

第二十五条 采取保证金方式保证的被取保候审人在取保候审期间没有违反刑事诉讼法第七十一条的规定，也没有故意实施新的犯罪的，在解除取保候审、变更强制措施或者执行刑罚的同时，公安机关应当通知银行如数退还保证金。

被取保候审人或者其法定代理人可以凭有关法律文书到银行领取退还的保证金。被取保候审人不能自己领取退还的保证金的，经本人出具书面申请并经公安机关同意，由公安机关书面通知银行将退还的保证金转账至被取保候审人或者其委托的人提供的银行账户。

★取保候审保证金可以用于退赔被害人、履行附带民事赔偿义务或者执行财产刑

《最高人民法院关于适用〈中华人民共和国刑事诉讼法〉的解释》（2021年1月26日 法释〔2021〕1号）

第一百五十九条 对被取保候审的被告人的判决、裁定生效后，如果保证金属于其个人财产，且需要用以退赔被害人、履行附带民事赔偿义务或者执行财产刑的，人民法院可以书面通知公安机关移交全部保证金，由人民法院作出处理，剩余部分退还被告人。

第七十四条 【监视居住的情形与执行机关】人民法院、人民检察院和公安机关对符合逮捕条件，有下列情形之一的犯罪嫌疑人、被告人，可以监视居住：

（一）患有严重疾病、生活不能自理的；

（二）怀孕或者正在哺乳自己婴儿的妇女；

（三）系生活不能自理的人的唯一扶养人；

（四）因为案件的特殊情况或者办理案件的需要，采取监视居住措施更为适宜的；

（五）羁押期限届满，案件尚未办结，需要采取监视居住措施的。

对符合取保候审条件，但犯罪嫌疑人、被告人不能提出保证人，也不交纳保证金的，可以监视居住。

监视居住由公安机关执行。

新旧条文序号对照

2018年刑事诉讼法	2012年刑事诉讼法	1996年刑事诉讼法
第七十四条	第七十二条	

适用要点与裁判依据

★对于符合逮捕条件，具有五种情形之一的犯罪嫌疑人，检察院可以监视居住

《人民检察院刑事诉讼规则》（2019年12月30日　高检发释字〔2019〕4号）

第一百零七条　人民检察院对于符合逮捕条件，具有下列情形之一的犯罪嫌疑人，可以监视居住：

（一）患有严重疾病、生活不能自理的；

（二）怀孕或者正在哺乳自己婴儿的妇女；

（三）系生活不能自理的人的唯一扶养人；

（四）因为案件的特殊情况或者办理案件的需要，采取监视居住措施更为适宜的；

（五）羁押期限届满，案件尚未办结，需要采取监视居住措施的。

前款第三项中的扶养包括父母、祖父母、外祖父母对子女、孙子女、外孙子女的抚养和子女、孙子女、外孙子女对父母、祖父母、外祖父母的赡养以及配偶、兄弟姐妹之间的相互扶养。

对符合取保候审条件,但犯罪嫌疑人不能提出保证人,也不交纳保证金的,可以监视居住。

第一百四十一条 对符合刑事诉讼法第七十四条第一款规定的犯罪嫌疑人,人民检察院经审查认为不需要逮捕的,可以在作出不批准逮捕决定的同时,向公安机关提出采取监视居住措施的建议。

第一百四十六条 对于监察机关移送起诉的未采取留置措施的案件,人民检察院受理后,在审查起诉过程中根据案件情况,可以依照本规则相关规定决定是否采取逮捕、取保候审或者监视居住措施。

第七十五条 【监视居住的执行方式】监视居住应当在犯罪嫌疑人、被告人的住处执行;无固定住处的,可以在指定的居所执行。对于涉嫌危害国家安全犯罪、恐怖活动犯罪,在住处执行可能有碍侦查的,经上一级公安机关批准,也可以在指定的居所执行。但是,不得在羁押场所、专门的办案场所执行。

指定居所监视居住的,除无法通知的以外,应当在执行监视居住后二十四小时以内,通知被监视居住人的家属。

被监视居住的犯罪嫌疑人、被告人委托辩护人,适用本法第三十四条的规定。

人民检察院对指定居所监视居住的决定和执行是否合法实行监督。

新旧条文序号对照

2018年刑事诉讼法	2012年刑事诉讼法	1996年刑事诉讼法
第七十五条	第七十三条	

适用要点与裁判依据

★"有碍侦查"的认定

《公安机关办理刑事案件程序规定》(2020 年 7 月 20 日修正 公安部令第 159 号)

第一百一十一条　监视居住应当在犯罪嫌疑人、被告人住处执行;无固定住处的,可以在指定的居所执行。对于涉嫌危害国家安全犯罪、恐怖活动犯罪,在住处执行可能有碍侦查的,经上一级公安机关批准,也可以在指定的居所执行。

有下列情形之一的,属于本条规定的"有碍侦查":

(一)可能毁灭、伪造证据,干扰证人作证或者串供的;

(二)可能引起犯罪嫌疑人自残、自杀或者逃跑的;

(三)可能引起同案犯逃避、妨碍侦查的;

(四)犯罪嫌疑人、被告人在住处执行监视居住有人身危险的;

(五)犯罪嫌疑人、被告人的家属或者所在单位人员与犯罪有牵连的。

指定居所监视居住的,不得要求被监视居住人支付费用。

★"固定住处"的认定与"指定的居所"的条件

《公安机关办理刑事案件程序规定》(2020 年 7 月 20 日修正 公安部令第 159 号)

第一百一十二条　固定住处,是指被监视居住人在办案机关所在的市、县内生活的合法住处;指定的居所,是指公安机关根据案件情况,在办案机关所在的市、县内为被监视居住人指定的生活居所。

指定的居所应当符合下列条件:

(一)具备正常的生活、休息条件;

(二)便于监视、管理;

(三)保证安全。

公安机关不得在羁押场所、专门的办案场所或者办公场所执行监视居住。

★“无法通知”的四种情形

《公安机关办理刑事案件程序规定》(2020年7月20日修正 公安部令第159号)

第一百一十三条 指定居所监视居住的,除无法通知的以外,应当制作监视居住通知书,在执行监视居住后二十四小时以内,由决定机关通知被监视居住人的家属。

有下列情形之一的,属于本条规定的“无法通知”:

(一)不讲真实姓名、住址、身份不明的;

(二)没有家属的;

(三)提供的家属联系方式无法取得联系的;

(四)因自然灾害等不可抗力导致无法通知的。

无法通知的情形消失以后,应当立即通知被监视居住人的家属。

无法通知家属的,应当在监视居住通知书中注明原因。

第七十六条 【指定居所监视居住的期限折抵刑期】指定居所监视居住的期限应当折抵刑期。被判处管制的,监视居住一日折抵刑期一日;被判处拘役、有期徒刑的,监视居住二日折抵刑期一日。

新旧条文序号对照

2018年刑事诉讼法	2012年刑事诉讼法	1996年刑事诉讼法
第七十六条	第七十四条	

第七十七条 【被监视居住人应当遵守的规定】被监视居住的犯罪嫌疑人、被告人应当遵守以下规定：

（一）未经执行机关批准不得离开执行监视居住的处所；

（二）未经执行机关批准不得会见他人或者通信；

（三）在传讯的时候及时到案；

（四）不得以任何形式干扰证人作证；

（五）不得毁灭、伪造证据或者串供；

（六）将护照等出入境证件、身份证件、驾驶证件交执行机关保存。

被监视居住的犯罪嫌疑人、被告人违反前款规定，情节严重的，可以予以逮捕；需要予以逮捕的，可以对犯罪嫌疑人、被告人先行拘留。

新旧条文序号对照

2018年刑事诉讼法	2012年刑事诉讼法	1996年刑事诉讼法
第七十七条	第七十五条	第五十七条

第七十八条 【监视居住的方式】执行机关对被监视居住的犯罪嫌疑人、被告人，可以采取电子监控、不定期检查等监视方法对其遵守监视居住规定的情况进行监督；在侦查期间，可以对被监视居住的犯罪嫌疑人的通信进行监控。

新旧条文序号对照

2018年刑事诉讼法	2012年刑事诉讼法	1996年刑事诉讼法
第七十八条	第七十六条	

适用要点与裁判依据

★对被监视居住人，可以采取电子监控、不定期检查等监视方法

《公安机关办理刑事案件程序规定》(2020 年 7 月 20 日修正 公安部令第 159 号)

第一百一十六条 公安机关对被监视居住人，可以采取电子监控、不定期检查等监视方法对其遵守监视居住规定的情况进行监督；在侦查期间，可以对被监视居住的犯罪嫌疑人的电话、传真、信函、邮件、网络等通信进行监控。

第一百一十七条 公安机关决定监视居住的，由被监视居住人住处或者指定居所所在地的派出所执行，办案部门可以协助执行。必要时，也可以由办案部门负责执行，派出所或者其他部门协助执行。

第七十九条 【取保候审、监视居住的期限】人民法院、人民检察院和公安机关对犯罪嫌疑人、被告人取保候审最长不得超过十二个月，监视居住最长不得超过六个月。

在取保候审、监视居住期间，不得中断对案件的侦查、起诉和审理。对于发现不应当追究刑事责任或者取保候审、监视居住期限届满的，应当及时解除取保候审、监视居住。解除取保候审、监视居住，应当及时通知被取保候审、监视居住人和有关单位。

新旧条文序号对照

2018 年刑事诉讼法	2012 年刑事诉讼法	1996 年刑事诉讼法
第七十九条	第七十七条	第五十八条

适用要点与裁判依据

★监视居住期满后如果确有必要可以决定取保候审

《全国人民代表大会常务委员会法制工作委员会关于对“犯罪嫌疑人被监视居住期满后能否转取保候审”问题的答复意见》(2000 年 10 月 26 日)

因侦查犯罪需要,对于监视居住期满的犯罪嫌疑人,如果确有必要采取取保候审强制措施,并且符合取保候审条件的,可以决定取保候审,依法作出取保候审决定书,但是不能不经依法变更就转为取保候审,不能中止对案件的侦查。

第八十条　【逮捕的批准、决定与执行】逮捕犯罪嫌疑人、被告人,必须经过人民检察院批准或者人民法院决定,由公安机关执行。

新旧条文序号对照

2018 年刑事诉讼法	2012 年刑事诉讼法	1996 年刑事诉讼法
第八十条	第七十八条	第五十九条

适用要点与裁判依据

★检察机关“批捕”犯罪嫌疑人之前应当征询辩护律师意见

《最高人民检察院、司法部、中华全国律师协会关于依法保障律师执业权利的十条意见》(2023 年 3 月 2 日)

人民检察院听取律师意见,应当坚持“能见尽见、应听尽听”原则,充分保障律师向办案部门反映意见的权利。人民检察院拟决定或者批准逮捕犯罪嫌疑人的,应当在作出决定前征询辩护律师意见。拟当面听取律师意见的,应当由检察官或者检察官助理在专门的律师会见室进行，并配备记录人员，完整记录律师意见和工作过程。当面听取律师意见有困难的，可以通过书面、电话、视频等方式进行并记录在案。

★检察院对于因证据不足不批准逮捕，需要补充侦查的，应当要求公安机关补充侦查

《最高人民检察院、公安部关于加强和规范补充侦查工作的指导意见》（2020年3月27日 高检发〔2020〕6号）

第80条

第五条 公安机关提请人民检察院审查批准逮捕的，人民检察院应当接收。经审查，不符合批捕条件的，应当依法作出不批准逮捕决定。人民检察院对于因证据不足作出不批准逮捕决定，需要补充侦查的，应当制作补充侦查提纲，列明证据体系存在的问题、补充侦查方向、取证要求等事项并说明理由。公安机关应当按照人民检察院的要求开展补充侦查。补充侦查完毕，认为符合逮捕条件的，应当重新提请批准逮捕。对于人民检察院不批准逮捕而未说明理由的，公安机关可以要求人民检察院说明理由。对人民检察院不批准逮捕的决定认为有错误的，公安机关可以依法要求复议、提请复核。

对于作出批准逮捕决定的案件，确有必要的，人民检察院可以根据案件证据情况，就完善证据体系、补正证据合法性、全面查清案件事实等事项，向公安机关提出捕后侦查意见。逮捕之后，公安机关应当及时开展侦查工作。

★法院作出逮捕决定后，送交公安机关执行

《最高人民法院关于适用〈中华人民共和国刑事诉讼法〉的解释》（2021年1月26日 法释〔2021〕1号）

第一百四十七条 人民法院根据案件情况，可以决定对被告人拘传、取保候审、监视居住或者逮捕。

对被告人采取、撤销或者变更强制措施的，由院长决定；决定继续取保候审、监视居住的，可以由合议庭或者独任审判员决定。

第一百六十七条 人民法院作出逮捕决定后，应当将逮捕决定书等相关材料送交公安机关执行，并将逮捕决定书抄送人民检察院。

逮捕被告人后，人民法院应当将逮捕的原因和羁押的处所，在二十四小时以内通知其家属；确实无法通知的，应当记录在案。

★检察机关决定或者批准逮捕犯罪嫌疑人前应当征询辩护律师意见

《最高人民检察院、司法部、中华全国律师协会联合印发〈关于依法保障律师执业权利的十条意见〉》（2023年3月2日）

四、充分保障律师反映意见的权利

人民检察院听取律师意见，应当坚持"能见尽见、应听尽听"原则，充分保障律师向办案部门反映意见的权利。人民检察院拟决定或者批准逮捕犯罪嫌疑人的，应当在作出决定前征询辩护律师意见。拟当面听取律师意见的，应当由检察官或者检察官助理在专门的律师会见室进行，并配备记录人员，完整记录律师意见和工作过程。当面听取律师意见有困难的，可以通过书面、电话、视频等方式进行并记录在案。

第八十一条　【逮捕条件】对有证据证明有犯罪事实，可能判处徒刑以上刑罚的犯罪嫌疑人、被告人，采取取保候审尚不足以防止发生下列社会危险性的，应当予以逮捕：

（一）可能实施新的犯罪的；

（二）有危害国家安全、公共安全或者社会秩序的现实危险的；

（三）可能毁灭、伪造证据，干扰证人作证或者串供的；

（四）可能对被害人、举报人、控告人实施打击报复的；

（五）企图自杀或者逃跑的。

批准或者决定逮捕，应当将犯罪嫌疑人、被告人涉嫌犯罪的性质、情节，认罪认罚等情况，作为是否可能发生社会危险性的考虑因素。

对有证据证明有犯罪事实，可能判处十年有期徒刑以上刑罚的，或者有证据证明有犯罪事实，可能判处徒刑以上刑罚，曾经故意犯罪或者身份不明的，应当予以逮捕。

被取保候审、监视居住的犯罪嫌疑人、被告人违反取保候审、监视居住规定，情节严重的，可以予以逮捕。

新旧条文序号对照

2018 年刑事诉讼法	2012 年刑事诉讼法	1996 年刑事诉讼法
第八十一条	第七十九条	第六十条

适用要点与裁判依据

★采取取保候审、监视居住措施足以防止发生社会危险性的，不得适用羁押性强制措施

《最高人民检察院、公安部关于公安机关办理经济犯罪案件的若干规定》(2017 年 11 月 24 日 公通字〔2017〕25 号)

第三十一条 公安机关决定采取强制措施时，应当考虑犯罪嫌疑人涉嫌犯罪情节的轻重程度、有无继续犯罪和逃避或者妨碍侦查的可能性，使所适用的强制措施同犯罪的严重程度、犯罪嫌疑人的社会危险性相适应，依法慎用羁押性强制措施。

采取取保候审、监视居住措施足以防止发生社会危险性的，不得适用羁押性强制措施。

★确有非法取证情形的，不得作为提请批准逮捕、移送起诉的依据

《人民检察院刑事诉讼规则》(2019 年 12 月 30 日 高检发释字〔2019〕4 号)

第七十一条 对重大案件，人民检察院驻看守所检察人员在侦查终结前应当对讯问合法性进行核查并全程同步录音、录像，核查情况应当及时通知本院负责捕诉的部门。

负责捕诉的部门认为确有刑讯逼供等非法取证情形的，应当要求公安机关依法排除非法证据，不得作为提请批准逮捕、移送起诉的依据。

★检察院审查逮捕阶段可以调取公安机关讯问犯罪嫌疑人的录音、录像，对证据收集的合法性、真实性进行审查

《人民检察院刑事诉讼规则》（2019年12月30日　高检发释字〔2019〕4号）

第七十五条　对于公安机关立案侦查的案件，存在下列情形之一的，人民检察院在审查逮捕、审查起诉和审判阶段，可以调取公安机关讯问犯罪嫌疑人的录音、录像，对证据收集的合法性以及犯罪嫌疑人、被告人供述的真实性进行审查：

（一）认为讯问活动可能存在刑讯逼供等非法取证行为的；

（二）犯罪嫌疑人、被告人或者辩护人提出犯罪嫌疑人、被告人供述系非法取得，并提供相关线索或者材料的；

（三）犯罪嫌疑人、被告人提出讯问活动违反法定程序或者翻供，并提供相关线索或者材料的；

（四）犯罪嫌疑人、被告人或者辩护人提出讯问笔录内容不真实，并提供相关线索或者材料的；

（五）案情重大、疑难、复杂的。

人民检察院调取公安机关讯问犯罪嫌疑人的录音、录像，公安机关未提供，人民检察院经审查认为不能排除有刑讯逼供等非法取证行为的，相关供述不得作为批准逮捕、提起公诉的依据。

人民检察院直接受理侦查的案件，负责侦查的部门移送审查逮捕、移送起诉时，应当将讯问录音、录像连同案卷材料一并移送审查。

★对于罪行较轻、采用非羁押性强制措施足以防止发生社会危险性的，可不适用羁押性强制措施

《最高人民法院、最高人民检察院、公安部、国家安全部、司法部关于适用认罪认罚从宽制度的指导意见》（2019年10月11日　高检发〔2019〕13号）

19. 社会危险性评估。人民法院、人民检察院、公安机关应当将犯罪嫌疑人、被告人认罪认罚作为其是否具有社会危险性的重要考虑因素。对于罪行较轻、采用非羁押性强制措施足以防止发生刑事诉讼法第八十一条第一款规定的社会危险性的犯罪嫌疑人、被告人,根据犯罪性质及可能判处的刑罚,依法可不适用羁押性强制措施。

★检察院认为没有社会危险性不需要逮捕的,应当作出不批准逮捕的决定

《最高人民法院、最高人民检察院、公安部、国家安全部、司法部关于适用认罪认罚从宽制度的指导意见》(2019年10月11日 高检发〔2019〕13号)

20. 逮捕的适用。犯罪嫌疑人认罪认罚,公安机关认为罪行较轻、没有社会危险性的,应当不再提请人民检察院审查逮捕。对提请逮捕的,人民检察院认为没有社会危险性不需要逮捕的,应当作出不批准逮捕的决定。

★已经逮捕的犯罪嫌疑人、被告人认罪认罚的,经审查认为没有继续羁押必要的,应当变更为取保候审或者监视居住

《最高人民法院、最高人民检察院、公安部、国家安全部、司法部关于适用认罪认罚从宽制度的指导意见》(2019年10月11日 高检发〔2019〕13号)

21. 逮捕的变更。已经逮捕的犯罪嫌疑人、被告人认罪认罚的,人民法院、人民检察院应当及时审查羁押的必要性,经审查认为没有继续羁押必要的,应当变更为取保候审或者监视居住。

★"有证据证明有犯罪事实"的三种情形

《人民检察院刑事诉讼规则》(2019年12月30日 高检发释字〔2019〕4号)

第一百二十八条 人民检察院对有证据证明有犯罪事实,可能判处徒刑以上刑罚的犯罪嫌疑人,采取取保候审尚不足以防止发生下列社会危险性的,应当批准或者决定逮捕:

(一)可能实施新的犯罪的;

（二）有危害国家安全、公共安全或者社会秩序的现实危险的；

（三）可能毁灭、伪造证据，干扰证人作证或者串供的；

（四）可能对被害人、举报人、控告人实施打击报复的；

（五）企图自杀或者逃跑的。

有证据证明有犯罪事实是指同时具备下列情形：

（一）有证据证明发生了犯罪事实；

（二）有证据证明该犯罪事实是犯罪嫌疑人实施的；

（三）证明犯罪嫌疑人实施犯罪行为的证据已经查证属实。

犯罪事实既可以是单一犯罪行为的事实，也可以是数个犯罪行为中任何一个犯罪行为的事实。

★"可能实施新的犯罪"的七种情形

《人民检察院刑事诉讼规则》（2019年12月30日 高检发释字〔2019〕4号）

第一百二十九条 犯罪嫌疑人具有下列情形之一的，可以认定为"可能实施新的犯罪"：

（一）案发前或者案发后正在策划、组织或者预备实施新的犯罪的；

（二）扬言实施新的犯罪的；

（三）多次作案、连续作案、流窜作案的；

（四）一年内曾因故意实施同类违法行为受到行政处罚的；

（五）以犯罪所得为主要生活来源的；

（六）有吸毒、赌博等恶习的；

（七）其他可能实施新的犯罪的情形。

★"有危害国家安全、公共安全或者社会秩序的现实危险"的认定

《人民检察院刑事诉讼规则》（2019年12月30日 高检发释字〔2019〕4号）

第一百三十条 犯罪嫌疑人具有下列情形之一的，可以认定为"有危害国家安全、公共安全或者社会秩序的现实危险"：

（一）案发前或者案发后正在积极策划、组织或者预备实施危害国家安全、公共安全或者社会秩序的重大违法犯罪行为的；

（二）曾因危害国家安全、公共安全或者社会秩序受到刑事处罚或者行政处罚的；

（三）在危害国家安全、黑恶势力、恐怖活动、毒品犯罪中起组织、策划、指挥作用或者积极参加的；

（四）其他有危害国家安全、公共安全或者社会秩序的现实危险的情形。

★“可能毁灭、伪造证据，干扰证人作证或者串供”的情形

《人民检察院刑事诉讼规则》（2019年12月30日 高检发释字〔2019〕4号）

第一百三十一条 犯罪嫌疑人具有下列情形之一的，可以认定为“可能毁灭、伪造证据，干扰证人作证或者串供”：

（一）曾经或者企图毁灭、伪造、隐匿、转移证据的；

（二）曾经或者企图威逼、恐吓、利诱、收买证人，干扰证人作证的；

（三）有同案犯罪嫌疑人或者与其在事实上存在密切关联犯罪的犯罪嫌疑人在逃，重要证据尚未收集到位的；

（四）其他可能毁灭、伪造证据，干扰证人作证或者串供的情形。

★可以认定为“可能对被害人、举报人、控告人实施打击报复”的情形

《人民检察院刑事诉讼规则》（2019年12月30日 高检发释字〔2019〕4号）

第一百三十二条 犯罪嫌疑人具有下列情形之一的，可以认定为“可能对被害人、举报人、控告人实施打击报复”：

（一）扬言或者准备、策划对被害人、举报人、控告人实施打击报复的；

（二）曾经对被害人、举报人、控告人实施打击、要挟、迫害等行为的；

（三）采取其他方式滋扰被害人、举报人、控告人的正常生活、工作的；

（四）其他可能对被害人、举报人、控告人实施打击报复的情形。

★可以认定为“企图自杀或者逃跑”的情形

《人民检察院刑事诉讼规则》（2019年12月30日　高检发释字〔2019〕4号）

第一百三十三条　犯罪嫌疑人具有下列情形之一的，可以认定为“企图自杀或者逃跑”：

（一）着手准备自杀、自残或者逃跑的；

（二）曾经自杀、自残或者逃跑的；

（三）有自杀、自残或者逃跑的意思表示的；

（四）曾经以暴力、威胁手段抗拒抓捕的；

（五）其他企图自杀或者逃跑的情形。

★公安机关没有补充移送相关证据的，检察院应当作出不批准逮捕的决定

《人民检察院刑事诉讼规则》（2019年12月30日　高检发释字〔2019〕4号）

第一百三十四条　人民检察院办理审查逮捕案件，应当全面把握逮捕条件，对有证据证明有犯罪事实、可能判处徒刑以上刑罚的犯罪嫌疑人，除具有刑事诉讼法第八十一条第三款、第四款规定的情形外，应当严格审查是否具备社会危险性条件。

第一百三十五条　人民检察院审查认定犯罪嫌疑人是否具有社会危险性，应当以公安机关移送的社会危险性相关证据为依据，并结合案件具体情况综合认定。必要时，可以通过讯问犯罪嫌疑人、询问证人等诉讼参与人、听取辩护律师意见等方式，核实相关证据。

依据在案证据不能认定犯罪嫌疑人符合逮捕社会危险性条件的，人民检察院可以要求公安机关补充相关证据，公安机关没有补充移送的，应当作出不批准逮捕的决定。

★对有证据证明有犯罪事实，可能判处徒刑以上刑罚，犯罪嫌疑人身份不明的，应当批准或者决定逮捕

《人民检察院刑事诉讼规则》（2019 年 12 月 30 日　高检发释字〔2019〕4 号）

第一百三十六条　对有证据证明有犯罪事实，可能判处十年有期徒刑以上刑罚的犯罪嫌疑人，应当批准或者决定逮捕。

对有证据证明有犯罪事实，可能判处徒刑以上刑罚，犯罪嫌疑人曾经故意犯罪或者不讲真实姓名、住址，身份不明的，应当批准或者决定逮捕。

第81条

★对实施多个犯罪行为或者共同犯罪案件的犯罪嫌疑人的逮捕条件

《人民检察院刑事诉讼规则》（2019 年 12 月 30 日　高检发释字〔2019〕4 号）

第一百三十八条　对实施多个犯罪行为或者共同犯罪案件的犯罪嫌疑人，符合本规则第一百二十八条的规定，具有下列情形之一的，应当批准或者决定逮捕：

（一）有证据证明犯有数罪中的一罪的；

（二）有证据证明实施多次犯罪中的一次犯罪的；

（三）共同犯罪中，已有证据证明有犯罪事实的犯罪嫌疑人。

★对犯罪嫌疑人涉嫌的罪行较轻不予逮捕的七种情形

《人民检察院刑事诉讼规则》（2019 年 12 月 30 日　高检发释字〔2019〕4 号）

第一百四十条　犯罪嫌疑人涉嫌的罪行较轻，且没有其他重大犯罪嫌疑，具有下列情形之一的，可以作出不批准逮捕或者不予逮捕的决定：

（一）属于预备犯、中止犯，或者防卫过当、避险过当的；

（二）主观恶性较小的初犯，共同犯罪中的从犯、胁从犯，犯罪后自首、有立功表现或者积极退赃、赔偿损失、确有悔罪表现的；

（三）过失犯罪的犯罪嫌疑人，犯罪后有悔罪表现，有效控制损失或者积极赔偿损失的；

（四）犯罪嫌疑人与被害人双方根据刑事诉讼法的有关规定达成和解协议，经审查，认为和解系自愿、合法且已经履行或者提供担保的；

（五）犯罪嫌疑人认罪认罚的；

（六）犯罪嫌疑人系已满十四周岁未满十八周岁的未成年人或者在校学生，本人有悔罪表现，其家庭、学校或者所在社区、居民委员会、村民委员会具备监护、帮教条件的；

（七）犯罪嫌疑人系已满七十五周岁的人。

★检察院对于监察机关移送起诉的案件未采取留置措施的，根据案件情况决定是否逮捕

《人民检察院刑事诉讼规则》（2019年12月30日　高检发释字〔2019〕4号）

第一百四十六条　对于监察机关移送起诉的未采取留置措施的案件，人民检察院受理后，在审查起诉过程中根据案件情况，可以依照本规则相关规定决定是否采取逮捕、取保候审或者监视居住措施。

类案检索指引

★非法证据排除后不能证明犯罪嫌疑人实施犯罪的，应当作出不批准逮捕决定

《王玉雷不批准逮捕案》（2016年5月31日最高人民检察院发布第七批指导性案例：检例第27号）

【关键词】

侦查活动监督　排除非法证据　不批准逮捕

【要旨】

检察机关办理审查逮捕案件，要严格坚持证据合法性原则，既要善于发现非法证据，又要坚决排除非法证据。非法证据排除后，其他在案证据不能证明犯罪嫌疑人实施犯罪行为的，应当依法对犯罪嫌疑人作出不批准逮捕的决定。要加强对审查逮捕案件的跟踪监督，引导侦查机关全面及时收集证据，促进侦查活动依法规范进行。

【指导意义】

1. 严格坚持非法证据排除规则。根据我国刑事诉讼法第七十九条规定，逮捕的证据条件是“有证据证明有犯罪事实”，这里的“证据”必须是依法取得的合法证据，不包括采取刑讯逼供、暴力取证等非法方法取得的证据。检察机关在审查逮捕过程中，要高度重视对证据合法性的审查，如果接到犯罪嫌疑人及其辩护人或者证人、被害人等关于刑讯逼供、暴力取证等非法行为的控告、举报及提供的线索，或者在审查案件材料时发现可能存在非法取证行为，以及刑事执行检察部门反映可能存在违法提讯情况的，应当认真进行审查，通过当面讯问犯罪嫌疑人、查看犯罪嫌疑人身体状况、识别犯罪嫌疑人供述是否自然可信以及调阅提审登记表、犯罪嫌疑人入所体检记录等途径，及时发现非法证据，坚决排除非法证据。

2. 严格把握作出批准逮捕决定的条件。构建以客观证据为核心的案件事实认定体系，高度重视无法排除合理怀疑的矛盾证据，注意利用收集在案的客观证据验证、比对全案证据，守住“犯罪事实不能没有、犯罪嫌疑人不能搞错”的逮捕底线。要坚持惩罚犯罪与保障人权并重的理念，重视犯罪嫌疑人不在犯罪现场、没有作案时间等方面的无罪证据以及侦查机关可能存在的非法取证行为的线索。综合审查全案证据，不能证明犯罪嫌疑人实施了犯罪行为的，应当依法作出不批准逮捕的决定。要结合办理审查逮捕案件，注意发挥检察机关侦查监督作用，引导侦查机关及时收集、补充其他证据，促进侦查活动依法规范进行。

★对认罪认罚后没有社会危险性的，作出不批准逮捕决定

《魏某某职务侵占案》（2020年10月13日最高人民检察院认罪认罚案件适用速裁程序典型案例）

【典型意义】

一是发挥捕诉一体办案机制优势，在审查逮捕阶段积极主动开展认罪认罚工作。根据刑事诉讼法的相关规定，检察机关在审查逮捕期间可开展权利告知、释法说理、教育转化等认罪认罚工作，促使犯罪嫌疑人自愿如实供述犯罪事实。同时，将认罪认罚作为是否可能发生社会危险性的考虑因素，对认罪认罚后没有社会危险性的，作出不批准逮捕决定。

二是强化监督意识，客观公正履职，确保全面准确惩治犯罪。适用认罪认罚从宽制度和速裁程序办理案件不能片面求快，一味从宽，检察官要全面深入审查案件，发现应当追究刑事责任的漏罪漏犯的，依法追捕、追诉。

三是注重追赃挽损，兼顾被告人与被害方利益。本案办理中，检察机关督促两被告人退赃退赔，弥补了被害方全部损失，取得被害方谅解。同时适用速裁程序，充分兑现从宽政策，兼顾认罪认罚案件中被告人与被害方利益的平衡。

第八十二条　【可以先行拘留的情形】公安机关对于现行犯或者重大嫌疑分子，如果有下列情形之一的，可以先行拘留：

（一）正在预备犯罪、实行犯罪或者在犯罪后即时被发觉的；

（二）被害人或者在场亲眼看见的人指认他犯罪的；

（三）在身边或者住处发现有犯罪证据的；

（四）犯罪后企图自杀、逃跑或者在逃的；

（五）有毁灭、伪造证据或者串供可能的；

（六）不讲真实姓名、住址，身份不明的；

（七）有流窜作案、多次作案、结伙作案重大嫌疑的。

新旧条文序号对照

2018 年刑事诉讼法	2012 年刑事诉讼法	1996 年刑事诉讼法
第八十二条	第八十条	第六十一条

适用要点与裁判依据

★被调查人涉嫌职务犯罪，经监察机关审批，可以将其留置在特定场所

《中华人民共和国监察法》（2018年3月20日　主席令第3号）

第二十二条　被调查人涉嫌贪污贿赂、失职渎职等严重职务违法或者职务犯罪，监察机关已经掌握其部分违法犯罪事实及证据，仍有重要问题需要进一步调查，并有下列情形之一的，经监察机关依法审批，可以将其留置在特定场所：

（一）涉及案情重大、复杂的；

（二）可能逃跑、自杀的；

（三）可能串供或者伪造、隐匿、毁灭证据的；

（四）可能有其他妨碍调查行为的。

对涉嫌行贿犯罪或者共同职务犯罪的涉案人员，监察机关可以依照前款规定采取留置措施。

留置场所的设置、管理和监督依照国家有关规定执行。

★检察院可以决定拘留的两种情形

《人民检察院刑事诉讼规则》（2019年12月30日　高检发释字〔2019〕4号）

第一百二十一条　人民检察院对于具有下列情形之一的犯罪嫌疑人，可以决定拘留：

（一）犯罪后企图自杀、逃跑或者在逃的；

（二）有毁灭、伪造证据或者串供可能的。

★对于监察机关移送起诉已采取留置措施的案件，检察院应当在受理案件后作出拘留决定

《人民检察院刑事诉讼规则》（2019年12月30日　高检发释字〔2019〕4号）

第一百四十二条　对于监察机关移送起诉的已采取留置措施的案件，人民检察院应当在受理案件后，及时对犯罪嫌疑人作出拘留决定，交公安机关执行。执行拘留后，留置措施自动解除。

第八十三条　【异地拘留、逮捕】公安机关在异地执行拘留、逮捕的时候，应当通知被拘留、逮捕人所在地的公安机关，被拘留、逮捕人所在地的公安机关应当予以配合。

新旧条文序号对照

2018年刑事诉讼法	2012年刑事诉讼法	1996年刑事诉讼法
第八十三条	第八十一条	第六十二条

第八十四条　【扭送的情形】对于有下列情形的人，任何公民都可以立即扭送公安机关、人民检察院或者人民法院处理：

（一）正在实行犯罪或者在犯罪后即时被发觉的；

（二）通缉在案的；

（三）越狱逃跑的；

（四）正在被追捕的。

新旧条文序号对照

2018年刑事诉讼法	2012年刑事诉讼法	1996年刑事诉讼法
第八十四条	第八十二条	第六十三条

适用要点与裁判依据

★公民将犯罪嫌疑人或者犯罪人扭送到检察院的，检察院应当予以接受

《人民检察院刑事诉讼规则》（2019年12月30日 高检发释字〔2019〕4号）

第一百二十七条 公民将正在实行犯罪或者在犯罪后即被发觉的、通缉在案的、越狱逃跑的、正在被追捕的犯罪嫌疑人或者犯罪人扭送到人民检察院的，人民检察院应当予以接受，并且根据具体情况决定是否采取相应的紧急措施。不属于自己管辖的，应当移送主管机关处理。

第八十五条 【拘留程序】公安机关拘留人的时候，必须出示拘留证。

拘留后，应当立即将被拘留人送看守所羁押，至迟不得超过二十四小时。除无法通知或者涉嫌危害国家安全犯罪、恐怖活动犯罪通知可能有碍侦查的情形以外，应当在拘留后二十四小时以内，通知被拘留人的家属。有碍侦查的情形消失以后，应当立即通知被拘留人的家属。

新旧条文序号对照

2018年刑事诉讼法	2012年刑事诉讼法	1996年刑事诉讼法
第八十五条	第八十三条	第六十四条

适用要点与裁判依据

★对有组织犯罪案件的犯罪嫌疑人、被告人，可以采取异地羁押、分别羁押或者单独羁押等措施

《中华人民共和国反有组织犯罪法》（2021年12月24日　主席令第101号）

第三十条　对有组织犯罪案件的犯罪嫌疑人、被告人，根据办理案件和维护监管秩序的需要，可以采取异地羁押、分别羁押或者单独羁押等措施。采取异地羁押措施的，应当依法通知犯罪嫌疑人、被告人的家属和辩护人。

★对被调查人采取留置措施后，应当在二十四小时以内，通知被留置人员所在单位和家属，但有有碍调查情形的除外

《中华人民共和国监察法》（2018年3月20日　主席令第3号）

第四十四条　对被调查人采取留置措施后，应当在二十四小时以内，通知被留置人员所在单位和家属，但有可能毁灭、伪造证据，干扰证人作证或者串供等有碍调查情形的除外。有碍调查的情形消失后，应当立即通知被留置人员所在单位和家属。

监察机关应当保障被留置人员的饮食、休息和安全，提供医疗服务。讯问被留置人员应当合理安排讯问时间和时长，讯问笔录由被讯问人阅看后签名。

被留置人员涉嫌犯罪移送司法机关后，被依法判处管制、拘役和有期徒刑的，留置一日折抵管制二日，折抵拘役、有期徒刑一日。

★紧急情况下，对于符合法定情形之一的，经出示人民警察证，可以将犯罪嫌疑人口头传唤至公安机关后办理法律手续

《公安机关办理刑事案件程序规定》（2020年7月20日修正　公安部令第159号）

第一百二十五条　拘留犯罪嫌疑人，应当填写呈请拘留报告书，经县级以上公安机关负责人批准，制作拘留证。执行拘留时，必须出示拘留证，并责令被拘留人在拘留证上签名、捺指印，拒绝签名、捺指印的，侦查人员应当注明。

紧急情况下，对于符合本规定第一百二十四条所列情形之一的，经出示人民警察证，可以将犯罪嫌疑人口头传唤至公安机关后立即审查，办理法律手续。

★异地执行拘留，无法及时将犯罪嫌疑人押解回管辖地的，应当在宣布拘留后立即将其送抓获地看守所羁押

《公安机关办理刑事案件程序规定》(2020年7月20日修正　公安部令第159号)

第一百二十六条　拘留后，应当立即将被拘留人送看守所羁押，至迟不得超过二十四小时。

异地执行拘留，无法及时将犯罪嫌疑人押解回管辖地的，应当在宣布拘留后立即将其送抓获地看守所羁押，至迟不得超过二十四小时。到达管辖地后，应当立即将犯罪嫌疑人送看守所羁押。

★"无法通知"和"有碍侦查"的情形

《公安机关办理刑事案件程序规定》(2020年7月20日修正　公安部令第159号)

第一百二十七条　除无法通知或者涉嫌危害国家安全犯罪、恐怖活动犯罪通知可能有碍侦查的情形以外，应当在拘留后二十四小时以内制作拘留通知书，通知被拘留人的家属。拘留通知书应当写明拘留原因和羁押处所。

本条规定的"无法通知"的情形适用本规定第一百一十三条第二款的规定。

有下列情形之一的，属于本条规定的"有碍侦查"：

(一)可能毁灭、伪造证据，干扰证人作证或者串供的；

(二)可能引起同案犯逃避、妨碍侦查的；

(三)犯罪嫌疑人的家属与犯罪有牵连的。

无法通知、有碍侦查的情形消失以后，应当立即通知被拘留人的家属。

对于没有在二十四小时以内通知家属的，应当在拘留通知书中注明原因。

第八十六条 【拘留后的讯问与释放】公安机关对被拘留的人，应当在拘留后的二十四小时以内进行讯问。在发现不应当拘留的时候，必须立即释放，发给释放证明。

新旧条文序号对照

2018 年刑事诉讼法	2012 年刑事诉讼法	1996 年刑事诉讼法
第八十六条	第八十四条	第六十五条

第八十七条 【提请逮捕的程序】公安机关要求逮捕犯罪嫌疑人的时候，应当写出提请批准逮捕书，连同案卷材料、证据，一并移送同级人民检察院审查批准。必要的时候，人民检察院可以派人参加公安机关对于重大案件的讨论。

新旧条文序号对照

2018 年刑事诉讼法	2012 年刑事诉讼法	1996 年刑事诉讼法
第八十七条	第八十五条	第六十六条

适用要点与裁判依据

★犯罪嫌疑人自愿认罪认罚的，应当在提请批准逮捕书中写明有关情况

《公安机关办理刑事案件程序规定》(2020 年 7 月 20 日修正 公安部令第 159 号)

第一百三十七条 需要提请批准逮捕犯罪嫌疑人的，应当经县级以上公安机关负责人批准，制作提请批准逮捕书，连同案卷材料、证据，一并移送同级人民检察院审查批准。

犯罪嫌疑人自愿认罪认罚的，应当记录在案，并在提请批准逮捕书中写明有关情况。

★检察院认为确有必要时，可以派员适时介入公安机关办理重大、疑难、复杂的经济犯罪案件

《最高人民检察院、公安部关于公安机关办理经济犯罪案件的若干规定》（2017 年 11 月 24 日　公通字〔2017〕25 号）

第四十一条　公安机关办理重大、疑难、复杂的经济犯罪案件，可以听取人民检察院的意见，人民检察院认为确有必要时，可以派员适时介入侦查活动，对收集证据、适用法律提出意见，监督侦查活动是否合法。对人民检察院提出的意见，公安机关应当认真审查，并将结果及时反馈人民检察院。没有采纳的，应当说明理由。

第四十二条　公安机关办理跨区域性的重大经济犯罪案件，应当向人民检察院通报立案侦查情况，人民检察院可以根据通报情况调度办案力量，开展指导协调等工作。需要逮捕犯罪嫌疑人的，公安机关应当提前与人民检察院沟通。

第八十八条　【审查批准逮捕的程序】人民检察院审查批准逮捕，可以讯问犯罪嫌疑人；有下列情形之一的，应当讯问犯罪嫌疑人：

（一）对是否符合逮捕条件有疑问的；

（二）犯罪嫌疑人要求向检察人员当面陈述的；

（三）侦查活动可能有重大违法行为的。

人民检察院审查批准逮捕，可以询问证人等诉讼参与人，听取辩护律师的意见；辩护律师提出要求的，应当听取辩护律师的意见。

新旧条文序号对照

2018 年刑事诉讼法	2012 年刑事诉讼法	1996 年刑事诉讼法
第八十八条	第八十六条	

第八十九条 【审查批准逮捕的决定权】人民检察院审查批准逮捕犯罪嫌疑人由检察长决定。重大案件应当提交检察委员会讨论决定。

新旧条文序号对照

2018 年刑事诉讼法	2012 年刑事诉讼法	1996 年刑事诉讼法
第八十九条	第八十七条	第六十七条

第九十条 【审查批准逮捕的决定与执行】人民检察院对于公安机关提请批准逮捕的案件进行审查后，应当根据情况分别作出批准逮捕或者不批准逮捕的决定。对于批准逮捕的决定，公安机关应当立即执行，并且将执行情况及时通知人民检察院。对于不批准逮捕的，人民检察院应当说明理由，需要补充侦查的，应当同时通知公安机关。

新旧条文序号对照

2018 年刑事诉讼法	2012 年刑事诉讼法	1996 年刑事诉讼法
第九十条	第八十八条	第六十八条

适用要点与裁判依据

★检察院对于因证据不足不批准逮捕，需要补充侦查的，应当制作补充侦查提纲

《最高人民检察院、公安部关于加强和规范补充侦查工作的指导意见》（2020年3月27日　高检发〔2020〕6号）

第五条　公安机关提请人民检察院审查批准逮捕的，人民检察院应当接收。经审查，不符合批捕条件的，应当依法作出不批准逮捕决定。人民检察院对于因证据不足作出不批准逮捕决定，需要补充侦查的，应当制作补充侦查提纲，列明证据体系存在的问题、补充侦查方向、取证要求等事项并说明理由。公安机关应当按照人民检察院的要求开展补充侦查。补充侦查完毕，认为符合逮捕条件的，应当重新提请批准逮捕。对于人民检察院不批准逮捕而未说明理由的，公安机关可以要求人民检察院说明理由。对人民检察院不批准逮捕的决定认为有错误的，公安机关可以依法要求复议、提请复核。

对于作出批准逮捕决定的案件，确有必要的，人民检察院可以根据案件证据情况，就完善证据体系、补正证据合法性、全面查清案件事实等事项，向公安机关提出捕后侦查意见。逮捕之后，公安机关应当及时开展侦查工作。

★对于检察院不批准逮捕并通知补充侦查的，公安机关应当补充侦查

《公安机关办理刑事案件程序规定》（2020年7月20日修正　公安部令第159号）

第一百三十八条　对于人民检察院不批准逮捕并通知补充侦查的，公安机关应当按照人民检察院的补充侦查提纲补充侦查。

公安机关补充侦查完毕，认为符合逮捕条件的，应当重新提请批准逮捕。

★对于检察院不批准逮捕而未说明理由的，公安机关可以要求说明理由

《公安机关办理刑事案件程序规定》（2020年7月20日修正 公安部令第159号）

第一百三十九条　对于人民检察院不批准逮捕而未说明理由的，公安机关可以要求人民检察院说明理由。

类案检索指引

★通过逮捕诉讼化审查方式以案释法，加强法治教育警示

《王某某交通肇事案》（2017年6月28日最高人民检察院发布7起检察机关以案释法典型案事例）

【释法必要性】

友谊县人民检察院受理案件后，决定通过逮捕诉讼化审查方式对本案进行以案释法。一是犯罪嫌疑人王某某属于过失犯罪，社会危险性较小，没有逮捕必要。但如果没有得到被害人谅解，检察机关对嫌疑人作出不批准逮捕的决定，可能引起被害人的误解和不满。二是犯罪嫌疑人的妻子向检察机关提出对王某某从轻处理的请求，并表达了积极赔偿被害人的愿望，有必要通过释法说理，积极促成双方达成和解、化解矛盾。三是本案因犯罪嫌疑人酒后驾车引发，酒后驾车肇事案件在当地频发，有必要通过释法说理加强法治教育警示。

第九十一条　【提请批捕及审查批捕的期限】公安机关对被拘留的人，认为需要逮捕的，应当在拘留后的三日以内，提请人民检察院审查批准。在特殊情况下，提请审查批准的时间可以延长一日至四日。

对于流窜作案、多次作案、结伙作案的重大嫌疑分子，提请审查批准的时间可以延长至三十日。

人民检察院应当自接到公安机关提请批准逮捕书后的七日以内，作出批准逮捕或者不批准逮捕的决定。人民检察院不批准逮捕的，公安机关应当在接到通知后立即释放，并且将执行情况及时通知人民检察院。对于需要继续侦查，并且符合取保候审、监视居住条件的，依法取保候审或者监视居住。

新旧条文序号对照

2018年刑事诉讼法	2012年刑事诉讼法	1996年刑事诉讼法
第九十一条	第八十九条	第六十九条

第九十二条 【对不批准逮捕的复议与复核】公安机关对人民检察院不批准逮捕的决定，认为有错误的时候，可以要求复议，但是必须将被拘留的人立即释放。如果意见不被接受，可以向上一级人民检察院提请复核。上级人民检察院应当立即复核，作出是否变更的决定，通知下级人民检察院和公安机关执行。

新旧条文序号对照

2018年刑事诉讼法	2012年刑事诉讼法	1996年刑事诉讼法
第九十二条	第九十条	第七十条

第九十三条 【执行逮捕的程序】公安机关逮捕人的时候，必须出示逮捕证。

逮捕后，应当立即将被逮捕人送看守所羁押。除无法通知的以外，应当在逮捕后二十四小时以内，通知被逮捕人的家属。

新旧条文序号对照

2018 年刑事诉讼法	2012 年刑事诉讼法	1996 年刑事诉讼法
第九十三条	第九十一条	第七十一条

适用要点与裁判依据

第94条

★对有组织犯罪案件的犯罪嫌疑人、被告人，可以采取异地羁押、分别羁押或者单独羁押等措施

《中华人民共和国反有组织犯罪法》(2021 年 12 月 24 日　主席令第 101 号)

第三十条　对有组织犯罪案件的犯罪嫌疑人、被告人，根据办理案件和维护监管秩序的需要，可以采取异地羁押、分别羁押或者单独羁押等措施。采取异地羁押措施的，应当依法通知犯罪嫌疑人、被告人的家属和辩护人。

★对有组织犯罪案件的犯罪嫌疑人、被告人采取异地羁押措施的，应当依法通知犯罪嫌疑人、被告人的家属和辩护人

《公安机关反有组织犯罪工作规定》(2022 年 8 月 26 日　公安部令第 165 号)

第三十九条　根据办理案件及维护监管秩序的需要，可以对有组织犯罪案件的犯罪嫌疑人、被告人采取异地羁押、分别羁押或者单独羁押等措施。采取异地羁押措施的，应当依法通知犯罪嫌疑人、被告人的家属和辩护人。

第九十四条　【对被逮捕人的讯问】人民法院、人民检察院对于各自决定逮捕的人，公安机关对于经人民检察院批准逮捕的人，都必须在逮捕后的二十四小时以内进行讯问。在发现不应当逮捕的时候，必须立即释放，发给释放证明。

新旧条文序号对照

2018年刑事诉讼法	2012年刑事诉讼法	1996年刑事诉讼法
第九十四条	第九十二条	第七十二条

第95条

第九十五条 【羁押必要性审查】犯罪嫌疑人、被告人被逮捕后，人民检察院仍应当对羁押的必要性进行审查。对不需要继续羁押的，应当建议予以释放或者变更强制措施。有关机关应当在十日以内将处理情况通知人民检察院。

新旧条文序号对照

2018年刑事诉讼法	2012年刑事诉讼法	1996年刑事诉讼法
第九十五条	第九十三条	

适用要点与裁判依据

★可以进行羁押听证的六种情形

《人民检察院羁押听证办法》(2021年8月17日)

第二条 羁押听证是指人民检察院办理审查逮捕、审查延长侦查羁押期限、羁押必要性审查案件，以组织召开听证会的形式，就是否决定逮捕、是否批准延长侦查羁押期限、是否继续羁押听取各方意见的案件审查活动。

第三条 具有下列情形之一，且有必要当面听取各方意见，以依法准确作出审查决定的，可以进行羁押听证：

(一)需要核实评估犯罪嫌疑人、被告人是否具有社会危险性，未成年犯罪嫌疑人、被告人是否具有社会帮教条件的；

(二)有重大社会影响的；

（三）涉及公共利益、民生保障、企业生产经营等领域，听证审查有利于实现案件办理政治效果、法律效果和社会效果统一的；

（四）在押犯罪嫌疑人、被告人及其法定代理人、近亲属或者辩护人申请变更强制措施的；

（五）羁押必要性审查案件在事实认定、法律适用、案件处理等方面存在较大争议的；

（六）其他有必要听证审查的。

★羁押听证一般不公开进行

《人民检察院羁押听证办法》（2021年8月17日）

第五条　根据本办法开展的羁押听证一般不公开进行。人民检察院认为有必要公开的，经检察长批准，听证活动可以公开进行。

未成年人案件羁押听证一律不公开进行。

★参加羁押听证的人员

《人民检察院羁押听证办法》（2021年8月17日）

第六条　羁押听证由承办案件的检察官办案组的主办检察官或者独任办理案件的检察官主持。检察长或者部门负责人参加听证的，应当主持听证。

第七条　除主持听证的检察官外，参加羁押听证的人员一般包括参加案件办理的其他检察人员、侦查人员、犯罪嫌疑人、被告人及其法定代理人和辩护人、被害人及其诉讼代理人。

其他诉讼参与人，犯罪嫌疑人、被告人、被害人的近亲属，未成年犯罪嫌疑人、被告人的合适成年人等其他人员，经人民检察院许可，可以参加听证并发表意见。必要时，人民检察院可以根据相关规定邀请符合条件的社会人士作为听证员参加听证。

有重大影响的审查逮捕案件和羁押必要性审查案件的公开听证，应当邀请人民监督员参加。

★认罪认罚的，听证审查时主持听证的检察官应当核实认罪认罚的自愿性、合法性

《人民检察院羁押听证办法》(2021 年 8 月 17 日)

第十一条 犯罪嫌疑人、被告人认罪认罚的，听证审查时主持听证的检察官应当核实认罪认罚的自愿性、合法性，并听取侦查人员对犯罪嫌疑人是否真诚认罪认罚的意见。

犯罪嫌疑人、被告人认罪认罚的情况是判断其是否具有社会危险性的重要考虑因素。

★羁押听证应当在看守所进行

《人民检察院羁押听证办法》(2021 年 8 月 17 日)

第十七条 犯罪嫌疑人、被告人被羁押的，羁押听证应当在看守所进行。犯罪嫌疑人、被告人未被羁押的，听证一般在人民检察院听证室进行。

羁押听证的安全保障、技术保障，由本院司法警察和技术信息等部门负责。

★已经批准逮捕的犯罪嫌疑人认罪认罚，当事人达成刑事和解，没有继续羁押必要的，应当变更强制措施

《最高人民检察院、公安部关于依法妥善办理轻伤害案件的指导意见》(2022 年 12 月 22 日 高检发办字〔2022〕167 号)

(十九)依法开展羁押必要性审查。对于已经批准逮捕的犯罪嫌疑人，如果犯罪嫌疑人认罪认罚，当事人达成刑事和解，没有继续羁押必要的，人民检察院应当依法释放、变更强制措施或者建议公安机关、人民法院释放、变更强制措施。

第九十六条 【强制措施的撤销与变更】人民法院、人民检察院和公安机关如果发现对犯罪嫌疑人、被告人采取强制措施不当的，应当及时撤销或者变更。公安机关释放被逮捕的人或者变更逮捕措施的，应当通知原批准的人民检察院。

新旧条文序号对照

2018 年刑事诉讼法	2012 年刑事诉讼法	1996 年刑事诉讼法
第九十六条	第九十四条	第七十三条

适用要点与裁判依据

★自对新型冠状病毒感染实施"乙类乙管"、不再纳入检疫传染病管理之日起,犯罪嫌疑人、被告人处于被羁押状态的,应当依法及时解除羁押强制措施

《最高人民法院、最高人民检察院、公安部、司法部、海关总署关于适应新阶段疫情防控政策调整依法妥善办理相关刑事案件的通知》(2023 年 1 月 7 日发布)

自 2023 年 1 月 8 日对新型冠状病毒感染实施"乙类乙管"、不再纳入检疫传染病管理之日起,对违反新型冠状病毒感染疫情预防、控制措施和国境卫生检疫规定的行为,不再以刑法第三百三十条妨害传染病防治罪、第三百三十二条妨害国境卫生检疫罪定罪处罚。目前正在办理的相关案件,依照我国刑法、刑事诉讼法相关规定,及时妥善处理。犯罪嫌疑人、被告人处于被羁押状态的,各办案机关应当依法及时解除羁押强制措施;涉案财物被查封、扣押、冻结的,应当依法及时解除。

第九十七条 【变更强制措施的申请与决定】犯罪嫌疑人、被告人及其法定代理人、近亲属或者辩护人有权申请变更强制措施。人民法院、人民检察院和公安机关收到申请后,应当在三日以内作出决定;不同意变更强制措施的,应当告知申请人,并说明不同意的理由。

新旧条文序号对照

2018 年刑事诉讼法	2012 年刑事诉讼法	1996 年刑事诉讼法
第九十七条	第九十五条	(第五十二条)

适用要点与裁判依据

★犯罪嫌疑人可以取保候审的四种情形

《人民检察院刑事诉讼规则》(2019 年 12 月 30 日 高检发释字〔2019〕4 号)

第八十六条 人民检察院对于具有下列情形之一的犯罪嫌疑人,可以取保候审:

(一)可能判处管制、拘役或者独立适用附加刑的;

(二)可能判处有期徒刑以上刑罚,采取取保候审不致发生社会危险性的;

(三)患有严重疾病、生活不能自理,怀孕或者正在哺乳自己婴儿的妇女,采取取保候审不致发生社会危险性的;

(四)羁押期限届满,案件尚未办结,需要采取取保候审的。

★被羁押或者监视居住的犯罪嫌疑人及其辩护人等向检察院申请取保候审,检察院应当在三日以内作出是否同意的答复

《人民检察院刑事诉讼规则》(2019 年 12 月 30 日 高检发释字〔2019〕4 号)

第八十八条 被羁押或者监视居住的犯罪嫌疑人及其法定代理人、近亲属或者辩护人向人民检察院申请取保候审,人民检察院应当在三日以内作出是否同意的答复。经审查符合本规则第八十六条规定情形之一的,可以对被羁押或者监视居住的犯罪嫌疑人依法办理取保候审手续。经审查不符合取保候审条件的,应当告知申请人,并说明不同意取保候审的理由。

★犯罪嫌疑人等提出变更强制措施申请的，应当说明理由并附上相关材料

《人民检察院刑事诉讼规则》（2019年12月30日　高检发释字〔2019〕4号）

第一百五十一条　犯罪嫌疑人及其法定代理人、近亲属或者辩护人向人民检察院提出变更强制措施申请的，人民检察院应当在收到申请后三日以内作出决定。

经审查，同意变更强制措施的，应当在作出决定的同时通知公安机关执行；不同意变更强制措施的，应当书面告知申请人，并说明不同意的理由。

犯罪嫌疑人及其法定代理人、近亲属或者辩护人提出变更强制措施申请的，应当说明理由，有证据和其他材料的，应当附上相关材料。

类案检索指引

★在部门联动的作用下，变更强制措施，为涉案公司顺利赔偿谅解以及后续经营奠定基础

《某服饰公司申请依法变更强制措施监督案》（2022年11月16日最高人民检察院发布第三批检察机关办理涉非公经济控告申诉典型案例）

【关键词】

防疫服装　提前介入　变更强制措施　恢复生产经营

【典型意义】

1. 用好服务非公经济“绿色通道”，有效回应企业诉求。控申12309检察窗口是反映社情民意的“晴雨表”，建好用好服务非公经济“绿色通道”是控告申诉检察部门主动融入大局、服务大局、保障大局的重要切入点和发力点。本案即是控申部门依托12309检察“绿色通道”，第一时间受理涉企案件，了解案情和反应诉求，第一时间与相关部门和公安机关沟通协调，准确界定案件性质，及时向信访群众反馈案件进展，让人民群众切实体会到检察机关服务非公经济发展的诚心和力度。

2. 跨部门配合横向联动，实现 1 + 1 > 2 的融合效应。检察机关对内充分发挥控申部门端口靠前的优势，在第一关口注重收集关键信息，靠前一步核实企业涉案情况，做到“全院一盘棋”，协同落实少捕慎诉慎押刑事司法政策，形成“全科医生问诊”“专科医生开方”的一体化办案格局。在部门联动的作用下，变更强制措施、解除冻结账户等一系列举措，多点着力服务保障非公企业发展，为涉案公司顺利赔偿谅解以及后续经营奠定了基础。

3. 积极能动履职，持续做好涉案企业“后半篇文章”。在国际经济形势和国内外疫情的双重冲击下，检察机关义不容辞担起为企业纾难解困的社会责任。通过跟踪问效，针对非公企业生产经营遇到的问题，积极提供法律帮助，引导非公企业筑牢守法合规经营底线，并及时总结办理非公经济案件的成功经验，推动出台服务保障非公经济健康发展的制度机制，为优化法治化营商环境注入检察力量。

第九十八条 【审限期届满】犯罪嫌疑人、被告人被羁押的案件，不能在本法规定的侦查羁押、审查起诉、一审、二审期限内办结的，对犯罪嫌疑人、被告人应当予以释放；需要继续查证、审理的，对犯罪嫌疑人、被告人可以取保候审或者监视居住。

新旧条文序号对照

2018 年刑事诉讼法	2012 年刑事诉讼法	1996 年刑事诉讼法
第九十八条	第九十六条	第七十四条

适用要点与裁判依据

★法院应当立即释放或者可以依法变更强制措施的四种情形

《最高人民法院关于适用〈中华人民共和国刑事诉讼法〉的解释》(2021年1月26日　法释〔2021〕1号)

第一百七十条　被逮捕的被告人具有下列情形之一的，人民法院应当立即释放；必要时，可以依法变更强制措施：

(一)第一审人民法院判决被告人无罪、不负刑事责任或者免予刑事处罚的；

(二)第一审人民法院判处管制、宣告缓刑、单独适用附加刑，判决尚未发生法律效力的；

(三)被告人被羁押的时间已到第一审人民法院对其判处的刑期期限的；

(四)案件不能在法律规定的期限内审结的。

第九十九条　【强制措施期限届满】人民法院、人民检察院或者公安机关对被采取强制措施法定期限届满的犯罪嫌疑人、被告人，应当予以释放、解除取保候审、监视居住或者依法变更强制措施。犯罪嫌疑人、被告人及其法定代理人、近亲属或者辩护人对于人民法院、人民检察院或者公安机关采取强制措施法定期限届满的，有权要求解除强制措施。

新旧条文序号对照

2018年刑事诉讼法	2012年刑事诉讼法	1996年刑事诉讼法
第九十九条	第九十七条	第七十五条

适用要点与裁判依据

★被采取强制措施的被告人被判处管制、缓刑、单处附加刑、监禁刑的，强制措施自动解除的条件

《最高人民法院关于适用〈中华人民共和国刑事诉讼法〉的解释》(2021年1月26日 法释〔2021〕1号)

第一百七十二条 被采取强制措施的被告人，被判处管制、缓刑的，在社区矫正开始后，强制措施自动解除；被单处附加刑的，在判决、裁定发生法律效力后，强制措施自动解除；被判处监禁刑的，在刑罚开始执行后，强制措施自动解除。

★被告人等申请解除强制措施的，法院应当在三日以内作出决定

《最高人民法院关于适用〈中华人民共和国刑事诉讼法〉的解释》(2021年1月26日 法释〔2021〕1号)

第一百七十四条 被告人及其法定代理人、近亲属或者辩护人申请变更、解除强制措施的，应当说明理由。人民法院收到申请后，应当在三日以内作出决定。同意变更、解除强制措施的，应当依照本解释规定处理；不同意的，应当告知申请人，并说明理由。

★检察院经审查，认为法定期限届满的，应当决定解除、变更强制措施或者释放犯罪嫌疑人

《人民检察院刑事诉讼规则》(2019年12月30日 高检发释字〔2019〕4号)

第一百五十条 犯罪嫌疑人及其法定代理人、近亲属或者辩护人认为人民检察院采取强制措施法定期限届满，要求解除、变更强制措施或者释放犯罪嫌疑人的，人民检察院应当在收到申请后三日以内作出决定。

经审查，认为法定期限届满的，应当决定解除、变更强制措施或者释放犯罪嫌疑人，并通知公安机关执行；认为法定期限未满的，书面答复申请人。

★犯罪嫌疑人及其辩护人等认为强制措施超过法定期限提出申诉，公安机关应当在三十日以内审查完毕并作出决定

《最高人民检察院、公安部关于公安机关办理经济犯罪案件的若干规定》（2017年11月24日　公通字〔2017〕25号）

第六十九条　犯罪嫌疑人及其法定代理人、近亲属或者辩护人认为公安机关所采取的强制措施超过法定期限，有权向原批准或者决定的公安机关提出申诉，接受该项申诉的公安机关应当在接到申诉之日起三十日以内审查完毕并作出决定，将结果书面通知申诉人。对超过法定期限的强制措施，应当立即解除或者变更。

★香港特别行政区维护国家安全法对羁押期限的规定

《中华人民共和国香港特别行政区维护国家安全法》（2020年6月30日　主席令第49号）

第四十二条　香港特别行政区执法、司法机关在适用香港特别行政区现行法律有关羁押、审理期限等方面的规定时，应当确保危害国家安全犯罪案件公正、及时办理，有效防范、制止和惩治危害国家安全犯罪。

对犯罪嫌疑人、被告人，除非法官有充足理由相信其不会继续实施危害国家安全行为的，不得准予保释。

第100条

第一百条　【侦查监督】人民检察院在审查批准逮捕工作中，如果发现公安机关的侦查活动有违法情况，应当通知公安机关予以纠正，公安机关应当将纠正情况通知人民检察院。

新旧条文序号对照

2018年刑事诉讼法	2012年刑事诉讼法	1996年刑事诉讼法
第一百条	第九十八条	第七十六条

适用要点与裁判依据

★检察院发现公安机关的侦查羁押期限执行情况具有四种情形之一的，应当依法提出纠正意见

《人民检察院刑事诉讼规则》(2019年12月30日 高检发释字〔2019〕4号)

第六百一十六条 人民检察院发现公安机关的侦查羁押期限执行情况具有下列情形之一的，应当依法提出纠正意见：

(一)未按规定办理换押手续的；

(二)决定重新计算侦查羁押期限、经批准延长侦查羁押期限，未书面通知人民检察院和看守所的；

(三)对犯罪嫌疑人进行精神病鉴定，没有书面通知人民检察院和看守所的；

(四)其他违法情形。

第七章 附带民事诉讼

第一百零一条 【附带民事诉讼的提起】被害人由于被告人的犯罪行为而遭受物质损失的，在刑事诉讼过程中，有权提起附带民事诉讼。被害人死亡或者丧失行为能力的，被害人的法定代理人、近亲属有权提起附带民事诉讼。

如果是国家财产、集体财产遭受损失的，人民检察院在提起公诉的时候，可以提起附带民事诉讼。

新旧条文序号对照

2018年刑事诉讼法	2012年刑事诉讼法	1996年刑事诉讼法
第一百零一条	第九十九条	第七十七条第一款

适用要点与裁判依据

★附带民事诉讼的起诉条件

《最高人民法院关于适用〈中华人民共和国刑事诉讼法〉的解释》(2021年1月26日　法释〔2021〕1号)

第一百八十二条　附带民事诉讼的起诉条件是:

(一)起诉人符合法定条件;

(二)有明确的被告人;

(三)有请求赔偿的具体要求和事实、理由;

(四)属于人民法院受理附带民事诉讼的范围。

★同案犯在逃的,不应列为附带民事诉讼被告人

《最高人民法院关于适用〈中华人民共和国刑事诉讼法〉的解释》(2021年1月26日　法释〔2021〕1号)

第一百八十三条　共同犯罪案件,同案犯在逃的,不应列为附带民事诉讼被告人。逃跑的同案犯到案后,被害人或者其法定代理人、近亲属可以对其提起附带民事诉讼,但已经从其他共同犯罪人处获得足额赔偿的除外。

★因受到犯罪侵犯提起附带民事诉讼或者单独提起民事诉讼要求赔偿精神损失的,一般不予受理

《最高人民法院关于适用〈中华人民共和国刑事诉讼法〉的解释》(2021年1月26日　法释〔2021〕1号)

第一百七十五条　被害人因人身权利受到犯罪侵犯或者财物被犯罪分子毁坏而遭受物质损失的,有权在刑事诉讼过程中提起附带民事诉讼;被害人死亡或者丧失行为能力的,其法定代理人、近亲属有权提起附带民事诉讼。

因受到犯罪侵犯，提起附带民事诉讼或者单独提起民事诉讼要求赔偿精神损失的，人民法院一般不予受理。

★因国家机关工作人员行使职权时构成犯罪提起的附带民事诉讼，不予受理，但可以依法申请国家赔偿

《最高人民法院关于适用〈中华人民共和国刑事诉讼法〉的解释》(2021 年 1 月 26 日 法释〔2021〕1 号)

第一百七十七条 国家机关工作人员在行使职权时，侵犯他人人身、财产权利构成犯罪，被害人或者其法定代理人、近亲属提起附带民事诉讼的，人民法院不予受理，但应当告知其可以依法申请国家赔偿。

★附带民事诉讼中依法负有赔偿责任的五类人

《最高人民法院关于适用〈中华人民共和国刑事诉讼法〉的解释》(2021 年 1 月 26 日 法释〔2021〕1 号)

第一百八十条 附带民事诉讼中依法负有赔偿责任的人包括：

（一）刑事被告人以及未被追究刑事责任的其他共同侵害人；

（二）刑事被告人的监护人；

（三）死刑罪犯的遗产继承人；

（四）共同犯罪案件中，案件审结前死亡的被告人的遗产继承人；

（五）对被害人的物质损失依法应当承担赔偿责任的其他单位和个人。

附带民事诉讼被告人的亲友自愿代为赔偿的，可以准许。

★侦查、审查起诉期间经调解已经达成协议并全部履行，被害人等又提起附带民事诉讼的，不予受理

《最高人民法院关于适用〈中华人民共和国刑事诉讼法〉的解释》(2021 年 1 月 26 日 法释〔2021〕1 号)

第一百八十五条 侦查、审查起诉期间，有权提起附带民事诉讼的人提出赔偿要求，经公安机关、人民检察院调解，当事人双方已经达成协议并全部履行，被害人或者其法定代理人、近亲属又提起附带民事诉讼的，人民法院不予受理，但有证据证明调解违反自愿、合法原则的除外。

★法院对提起附带民事诉讼的,应当在七日以内决定是否受理

《最高人民法院关于适用〈中华人民共和国刑事诉讼法〉的解释》(2021年1月26日　法释〔2021〕1号)

第一百八十六条　被害人或者其法定代理人、近亲属提起附带民事诉讼的,人民法院应当在七日以内决定是否受理。符合刑事诉讼法第一百零一条以及本解释有关规定的,应当受理;不符合的,裁定不予受理。

★检察院提起附带民事诉讼,遭受损失的单位已经终止且没有权利义务继受人的,判令被告人向检察院交付赔偿款,由检察院上缴国库

《最高人民法院关于适用〈中华人民共和国刑事诉讼法〉的解释》(2021年1月26日　法释〔2021〕1号)

第一百九十三条　人民检察院提起附带民事诉讼的,人民法院经审理,认为附带民事诉讼被告人依法应当承担赔偿责任的,应当判令附带民事诉讼被告人直接向遭受损失的单位作出赔偿;遭受损失的单位已经终止,有权利义务继受人的,应当判令其向继受人作出赔偿;没有权利义务继受人的,应当判令其向人民检察院交付赔偿款,由人民检察院上缴国库。

★法院认定公诉案件被告人不构成犯罪或者准许检察院撤回起诉的,对附带民事诉讼的处理

《最高人民法院关于适用〈中华人民共和国刑事诉讼法〉的解释》(2021年1月26日　法释〔2021〕1号)

第一百九十七条　人民法院认定公诉案件被告人的行为不构成犯罪,对已经提起的附带民事诉讼,经调解不能达成协议的,可以一并作出刑事附带民事判决,也可以告知附带民事原告人另行提起民事诉讼。

人民法院准许人民检察院撤回起诉的公诉案件,对已经提起的附带民事诉讼,可以进行调解;不宜调解或者经调解不能达成协议的，应当裁定驳回起诉，并告知附带民事诉讼原告人可以另行提起民事诉讼。

★因单位犯罪造成经济损失的被害人等提起附带民事诉讼的，应当一并审理，被害人也有权另行提起附带民事诉讼

《最高人民法院关于在审理经济纠纷案件中涉及经济犯罪嫌疑若干问题的规定》（2020 年 12 月 23 日修正　法释〔2020〕17 号）

第八条　根据《中华人民共和国刑事诉讼法》第一百零一条第一款的规定，被害人或其法定代理人、近亲属对本规定第二条因单位犯罪行为造成经济损失的，对第四条、第五条第一款、第六条应当承担刑事责任的被告人未能返还财物而遭受经济损失提起附带民事诉讼的，受理刑事案件的人民法院应当依法一并审理。被害人或其法定代理人、近亲属因被害人遭受经济损失也有权对单位另行提起民事诉讼。若被害人或其法定代理人、近亲属另行提起民事诉讼的，有管辖权的人民法院应当依法受理。

★检察院提起附带民事诉讼的，应当列为附带民事诉讼原告人

《最高人民法院关于适用〈中华人民共和国刑事诉讼法〉的解释》（2021 年 1 月 26 日　法释〔2021〕1 号）

第一百七十九条　国家财产、集体财产遭受损失，受损失的单位未提起附带民事诉讼，人民检察院在提起公诉时提起附带民事诉讼的，人民法院应当受理。

人民检察院提起附带民事诉讼的，应当列为附带民事诉讼原告人。

被告人非法占有、处置国家财产、集体财产的，依照本解释第一百七十六条的规定处理。

★检察院审查移送起诉中对于损害社会公共利益的行为，应当查明是否需要提起附带民事公益诉讼

《人民检察院刑事诉讼规则》（2019 年 12 月 30 日　高检发释字〔2019〕4 号）

第三百三十条　人民检察院审查移送起诉的案件，应当查明：

……

（十）有无附带民事诉讼；对于国家财产、集体财产遭受损失的，是否需要由人民检察院提起附带民事诉讼；对于破坏生态环境和资源保护，食品药品安全领域侵害众多消费者合法权益，侵害英雄烈士的姓名、肖像、名誉、荣誉等损害社会公共利益的行为，是否需要由人民检察院提起附带民事公益诉讼；

……

（十三）涉案财物是否查封、扣押、冻结并妥善保管，清单是否齐备；对被害人合法财产的返还和对违禁品或者不宜长期保存的物品的处理是否妥当，移送的证明文件是否完备。

★检察院制作的起诉书应当写明附带民事诉讼、附带民事公益诉讼情况

《人民检察院刑事诉讼规则》（2019年12月30日　高检发释字〔2019〕4号）

第三百五十八条　人民检察院决定起诉的，应当制作起诉书。

起诉书的主要内容包括：

……

（五）被告人认罪认罚情况，包括认罪认罚的内容、具结书签署情况等。

被告人真实姓名、住址无法查清的，可以按其绰号或者自报的姓名、住址制作起诉书，并在起诉书中注明。被告人自报的姓名可能造成损害他人名誉、败坏道德风俗等不良影响的，可以对被告人编号并按编号制作起诉书，附具被告人的照片，记明足以确定被告人面貌、体格、指纹以及其他反映被告人特征的事项。

起诉书应当附有被告人现在处所，证人、鉴定人、需要出庭的有专门知识的人的名单，需要保护的被害人、证人、鉴定人的化名名单，查封、扣押、冻结的财物及孳息的清单，附带民事诉讼、附带民事公益诉讼情况以及其他需要附注的情况。

证人、鉴定人、有专门知识的人的名单应当列明姓名、性别、年龄、职业、住址、联系方式，并注明证人、鉴定人是否出庭。

★检察院提起刑事附带民事公益诉讼，应履行诉前公告程序

《最高人民法院、最高人民检察院关于人民检察院提起刑事附带民事公益诉讼应否履行诉前公告程序问题的批复》（2019年11月25日 法释〔2019〕18号）

人民检察院提起刑事附带民事公益诉讼，应履行诉前公告程序。对于未履行诉前公告程序的，人民法院应当进行释明，告知人民检察院公告后再行提起诉讼。

因人民检察院履行诉前公告程序，可能影响相关刑事案件审理期限的，人民检察院可以另行提起民事公益诉讼。

★二审期间提起的附带民事诉讼的处理

《最高人民法院关于适用〈中华人民共和国刑事诉讼法〉的解释》（2021年1月26日 法释〔2021〕1号）

第一百九十八条 第一审期间未提起附带民事诉讼，在第二审期间提起的，第二审人民法院可以依法进行调解；调解不成的，告知当事人可以在刑事判决、裁定生效后另行提起民事诉讼。

★审理附带民事诉讼案件不收取诉讼费

《最高人民法院关于适用〈中华人民共和国刑事诉讼法〉的解释》（2021年1月26日 法释〔2021〕1号）

第一百九十九条 人民法院审理附带民事诉讼案件，不收取诉讼费。

★检察院对知识产权案件提起公诉时，可以提起刑事附带民事公益诉讼

《人民检察院办理知识产权案件工作指引》（2023年4月26日）

第二十条 侵害国家、集体享有的知识产权或者侵害行为致使国家财产、集体财产遭受损失的，人民检察院在提起公诉时，可以提起附带民事诉讼；损害社会公共利益的，人民检察院在提起公诉时，可以提起刑事附带民事公益诉讼。

人民检察院一般应当对在案全部被告人和没有被追究刑事责任的共同侵害人，一并提起附带民事诉讼或者刑事附带民事公益诉讼，但共同犯罪案件中同案犯在逃的或者已经赔偿损失的除外。在逃的同案犯到案后，人民检察院可以依法对其提起附带民事诉讼或者刑事附带民事公益诉讼。

第四十三条 人民检察院在办理知识产权刑事、民事、行政案件过程中，应当注重发现知识产权公益诉讼案件线索，并及时将有关材料移送负责知识产权公益诉讼检察的部门或者办案组织办理。

类案检索指引

★对造成环境污染公司的控股股东愿意承担连带责任并提供担保的，可以依申请将其列为第三人让其作为共同赔偿主体

《盛开水务公司污染环境刑事附带民事公益诉讼案》（2020年12月3日最高人民检察院发布第二十三批指导性案例：检例第86号）

【关键词】

刑事附带民事公益诉讼　参与调解　连带责任　替代性修复

【要旨】

检察机关办理环境污染民事公益诉讼案件，可以在查清事实明确责任的基础上，遵循自愿、合法和最大限度保护公共利益的原则，积极参与调解。造成环境污染公司的控股股东自愿加入诉讼，愿意承担连带责任并提供担保的，检察机关可以依申请将其列为第三人，让其作为共同赔偿主体，督促其运用现金赔偿、替代性修复等方式，承担生态损害赔偿的连带责任。对办案中发现的带有普遍性的问题，检察机关可以通过提出检察建议、立法建议等方式，促进社会治理创新。

★贯彻恢复性司法理念审理破坏海洋生态环境刑事附带民事诉讼案件

《江苏省连云港市连云区人民检察院诉尹宝山等人非法捕捞水产品刑事附带民事诉讼案》（2017年6月22日最高人民法院公布环境资源刑事、民事、行政十大典型案例）

【典型意义】

本案系江苏省首例由检察机关提起刑事附带民事诉讼的环境资源

刑事案件。该案在审判及执行方式上的探索创新,对环境资源案件审理具有较好的借鉴价值。一审法院在依法受理检察机关提起的刑事附带民事起诉后,查明案件事实并充分听取了各被告对修复方案的意见,将生态修复方案向社会公开,广泛征求公众的意见,在汇总、审查社会公众意见后,确认了相关职能部门出具的根据产出比 1:10 增殖放流中国对虾苗的修复方案的科学性、合理性,开创了引导社会公众参与环境司法的新机制。本案对环境资源审判贯彻恢复性司法理念审理海洋生态环境破坏案件,引导社会公众参与审判具有较好的示范意义。

★提起野生动物资源保护刑事附带民事公益诉讼,在追究行为人刑事责任的同时还使其依法承担生态环境损害赔偿责任

《浙江省龙泉市人民检察院诉王某某等非法猎捕、杀害、收购、出售珍贵、濒危野生动物刑事附带民事公益诉讼案》(2020 年 2 月 28 日最高人民检察院发布检察机关野生动物保护公益诉讼典型案例)

【关键词】

刑事附带民事公益诉讼　野生动物资源保护　分类确定赔偿标准　案发地开庭　专家辅助人出庭

【要旨】

检察机关通过提起野生动物资源保护刑事附带民事公益诉讼,在追究资源破坏者刑事责任的同时,还使其依法承担生态环境损害赔偿责任。通过聘请专家“外脑”分类确定赔偿标准,同时通过检察长领办、案发地开庭、申请专家证人出庭等多种形式提升人民群众的野生动物保护意识,实现对生态环境和资源的有效司法保护。

★对生态资源受损状况和赔偿数额难以确定的,借助专家意见依法提出公益损害赔偿请求

《江苏省常州市金坛区人民检察院诉袁某某等 21 人非法收购、出售珍贵、濒危野生动物及制品刑事附带民事公益诉讼案》(2020 年 2 月 28 日最高人民检察院发布检察机关野生动物保护公益诉讼典型案例)

【关键词】

刑事附带民事公益诉讼　野生动物资源保护　生态资源补偿

费　专家咨询意见

【要旨】

非法收购、出售国家重点保护的珍贵、濒危野生动物，不仅构成刑事犯罪，也对野生动物资源和生态环境造成损害，检察机关可以提起附带民事公益诉讼。对生态资源受损状况和赔偿数额难以确定的，可以借助专家意见，并依据相关法律法规提出公益损害赔偿请求。

★对生态环境保护案件实行刑事、民事、行政同步办理工作机制，实行“一站式取证”

《广东省广州市南沙区人民检察院诉陈某某等5宗10人非法捕捞水产品刑事附带民事公益诉讼系列案》（2020年4月29日最高人民检察院发布“守护海洋”检察公益诉讼专项监督活动典型案例）

【关键词】

刑事附带民事公益诉讼　海洋渔业资源　一站式取证清单　水生生态损害认定　增殖放流

【要旨】

对于非法捕捞水产品的刑事案件，附带提起民事公益诉讼，制定证据清单，探索刑事、民事“一站式”取证，建立非法捕捞水产品生态损害认定模型，以增殖放流方式替代生态环境损害赔偿金，提高司法监督效能。

★充分听取相关科研机构和行政机关的意见，科学认定渔业资源的价值

《上海铁路运输检察院诉周某某非法捕捞水产品刑事附带民事公益诉讼案》（2020年4月29日最高人民检察院发布“守护海洋”检察公益诉讼专项监督活动典型案例）

【关键词】

刑事附带民事公益诉讼　长江经济带　洄游生物　非法捕捞　渔业资源价值认定

【要旨】

对于非法捕捞破坏海洋生物类公益诉讼案件，需要根据海洋生物的种类、性质，捕捞水域的属性等多重因素，充分听取相关科研机构和行政机关的意见，科学认定渔业资源的价值。

★对文物造成实际损害的案件依法对行为人提起刑事附带民事公益诉讼，要求其承担文物修复责任并公开赔礼道歉

《新疆维吾尔自治区博乐市人民检察院诉谢某某等9人盗掘古墓葬刑事附带民事公益诉讼案》（2020年12月2日最高人民检察院发布文物和文化遗产保护公益诉讼典型案例）

【关键词】

刑事附带民事公益诉讼　盗掘古墓葬　委托评估　回填修复

【要旨】

违法行为人构成妨害文物管理罪相关罪名，并对文物造成实际损害，检察机关依法对其提起刑事附带民事公益诉讼，要求其承担文物修复责任并公开赔礼道歉。

★附带民事公益诉讼被告的范围不局限于刑事案件被告

《安徽省铜陵市郊区人民检察院诉李某某等非法采矿刑事附带民事公益诉讼案》［2020年12月11日最高人民检察院发布检察机关服务保障长江经济带发展典型案例（第三批）］

【关键词】

刑事附带民事公益诉讼　非法采矿　综合治理　一体化办案

【要旨】

检察机关在办理刑事附带民事公益诉讼案件过程中，附带民事公益诉讼被告范围不局限于刑事案件被告。根据“谁侵权、谁赔偿”原则，依法追究相关民事侵权主体的连带赔偿责任，有利于受损社会公共利益得到及时救济和保护。

★树立打击与修复并重的生态司法理念，通过禁止令的适用，实现犯罪惩罚预防双成效

《重庆市万州区曹某某等3人污染环境刑事公诉案》［2020年12月11日最高人民检察院发布检察机关服务保障长江经济带发展典型案例（第三批）］

【关键词】

污染环境　提前介入　专家辅助人　禁止令

【要旨】

检察机关提前介入引导侦查，指导污染环境刑事案件取证的及时性、规范性，通过鉴定意见和专家辅助人出庭方式解决专业性问题。树立打击与修复并重的生态司法理念，在追究行为人刑事责任的同时，教育行为人主动修复受损的生态环境，并且通过禁止令的适用，实现犯罪惩罚预防双成效。

★构建食品安全领域"刑事司法＋公益诉讼＋行政执法"常态化协同治理机制，织密食品安全防护网

《浙江省松阳县人民检察院诉刘某某、纪某某生产、销售有毒、有害食品刑事附带民事公益诉讼案》（2021年3月15日最高人民检察院发布"3·15"食品药品安全消费者权益保护检察公益诉讼典型案例）

【关键词】

刑事附带民事公益诉讼　食品安全　惩罚性赔偿

【要旨】

针对生产、销售有毒、有害食品的违法犯罪行为，检察机关通过提起刑事附带民事公益诉讼，提出惩罚性赔偿诉讼请求，让违法者在被追究刑事责任的同时承担惩罚性赔偿责任。结合办案，检察机关推动构建食品安全领域"刑事司法＋公益诉讼＋行政执法"常态化协同治理机制，织密食品安全防护网。

★在依法严惩生产销售不符合安全标准食品犯罪的同时，对违法行为侵害社会公共利益的，依法提起刑事附带民事公益诉讼

《贵州省遵义市红花岗区人民检察院诉刘某美等三人生产、销售不符合安全标准食品刑事附带民事公益诉讼案》（2021年3月15日最高人民检察院发布“3·15”食品药品安全消费者权益保护检察公益诉讼典型案例）

【关键词】

刑事附带民事公益诉讼　食品安全　非食用添加剂　惩罚性赔偿

【要旨】

检察机关在依法严惩生产销售不符合安全标准食品犯罪的同时，对违法行为侵害社会公共利益的，依法提起刑事附带民事公益诉讼，要求行为人承担惩罚性赔偿责任。

★对野生动物保护提起刑事附带民事公益诉讼，使行为人依法承担生态环境损害赔偿责任

《黑龙江省齐齐哈尔市龙沙区人民检察院诉李某某等13人非法狩猎刑事附带民事公益诉讼案》（最高人民检察院2021年10月9日发布生物多样性保护公益诉讼典型案例）

【关键词】

刑事附带民事公益诉讼　野生动物资源保护　国家级自然保护区　生态环境损害修复费

【要旨】

检察机关通过对国家级自然保护区的野生动物保护提起刑事附带民事公益诉讼，在追究资源破坏者刑事责任的同时，还使其依法承担生态环境损害赔偿责任，实现对生物多样性和生态环境的有效司法保护。

★检察机关对生产、销售假药案可以提出惩罚性赔偿诉讼请求

《湖北省鄂州市鄂城区人民检察院诉李某强等人销售假药刑事附带民事公益诉讼案》（2023年3月15日最高人民检察院发布"3·15"检察机关食品药品安全公益诉讼典型案例）

【关键词】

刑事附带民事公益诉讼　生产销售假药　惩罚性赔偿　多部门联动　行刑民衔接

【要旨】

针对生产、销售假药的违法行为，检察机关综合发挥多种检察职能，依法能动履职。一方面，通过行政公益诉讼督促行政机关依法履职，针对行政机关在履职整改过程中发现的生产、销售假药的犯罪线索，检察机关与行政机关、公安机关多部门联动，发挥"法治共同体"的最大效能。另一方面，针对公安机关移送起诉的生产、销售假药的刑事犯罪案件，检察机关可以提起刑事附带民事公益诉讼，提出惩罚性赔偿诉讼请求，充分发挥民事公益诉讼的独特价值。

【典型意义】

违法行为人制造假药，并利用网络进行销售，数量多、范围广、获利大，严重损害众多消费者的合法权益。检察机关坚持系统观念，依法能动履职，综合运用公益诉讼检察、刑事检察等多种职能手段，探索行政公益诉讼与行政执法衔接配合、刑事检察与公益诉讼检察双向互动的办案模式，提升了食品药品安全领域执法、司法保护合力，充分发挥民事公益诉讼惩罚性赔偿威慑效果和司法指引功能，为守护人民群众美好生活贡献检察力量。

★检察机关对生产、销售不符合安全标准的牛肉等食材的案件，依法提起附带民事公益诉讼

《宁夏回族自治区青铜峡市人民检察院诉张某某等人侵犯公民个人信息刑事附带民事公益诉讼案》（2023年3月15日最高人民检察院发布“3·15”检察机关食品药品安全公益诉讼典型案例）

【关键词】

刑事附带民事公益诉讼　食品安全　生产、销售不符合安全标准的食品　惩罚性赔偿

【要旨】

针对生产、销售不符合安全标准的食品危及众多不特定消费者生命健康的行为，检察机关在办理刑事案件的基础上，可以同时提起附带民事公益诉讼，对违法行为持续时间长、违法销售金额大、受害人覆盖面广的违法行为人提出惩罚性赔偿诉讼请求，有效震慑食品安全领域违法犯罪行为，切实维护社会公共利益。

【典型意义】

民以食为天，食以安为先。本案中刘某等29人生产、销售不符合安全标准的牛肉等食材持续时间长，数量大，销售金额高，涉及人员多，安全隐患大，危害后果严重。检察机关积极履行公益诉讼检察职责，在各被告承担刑事责任的基础上，依法提起附带民事公益诉讼，主张销售数额十倍的惩罚性赔偿，让违法者付出沉重代价，不敢再犯，不能再犯。

★检察机关对非法利用信息网络犯罪提起刑事附带民事公益诉讼，追究违法行为人的刑事与民事双重责任

《宁夏回族自治区青铜峡市人民检察院诉张某某等人侵犯公民个人信息刑事附带民事公益诉讼案》（2023年3月30日最高人民检察院发布8件个人信息保护检察公益诉讼典型案例）

【关键词】

刑事附带民事公益诉讼　股民个人信息　电信网络诈骗　公益损害赔偿金　二审改判

【要旨】

针对非法利用信息网络侵害众多公民个人信息违法行为，检察机关可以提起刑事附带民事公益诉讼，依法追究行为人的刑事与民事双重责任，对侵犯公民个人信息违法犯罪行为起到有效震慑作用，有力维护法律权威尊严、社会公平正义和社会公共利益。

【典型意义】

侵犯公民个人信息犯罪严重危害公民个人信息安全，易引发电信网络诈骗等衍生犯罪，社会危害性较大。本案中，检察机关充分发挥刑事、公益诉讼检察职能联动优势，依法对非法利用信息网络犯罪提起刑事附带民事公益诉讼，追究违法行为人的刑事与民事双重责任，追缴违法所得并承担民事公益损害赔偿金，对非法获取、使用公民个人信息的行为形成惩治震慑，实现了“三个效果”的有机统一。

★相关公益损失难以直接计算的，可以按照侵权人通过网络交易获得的利益确定公益损害赔偿金额

《上海市浦东新区人民检察院诉张某侵犯公民个人信息刑事附带民事公益诉讼案》（2023年3月30日最高人民检察院发布8件个人信息保护检察公益诉讼典型案例）

【关键词】

刑事附带民事公益诉讼　客户订单个人信息　公益损害赔偿金调解

【要旨】

检察机关在办理涉网络的侵犯公民个人信息刑事案件时，对侵害众多个人信息权益的，可依法提起刑事附带民事公益诉讼，诉请被告承担停止侵害、消除危险、赔偿损失等民事责任。相关公益损失难以直接计算的，按照侵权人通过网络交易获得的利益确定赔偿金额。

【典型意义】

通过非法入侵计算机系统的方式获取大量公民个人信息并通过网络出售牟利,是侵害众多公民个人信息权益的一种表现形式。本案中,检察机关在依法追究其刑事责任的同时,通过公益诉讼追究侵权人应承担的民事责任,体现保护公益、全面追责的独特价值。检察机关在提起附带民事公益诉讼时,可提出停止侵害、删除数据、赔偿损失等诉请。公益诉讼损害赔偿是建立在维护个人信息安全秩序基础上对受损公益提出的补偿。针对网络侵害的特点,相关公益损失难以直接计算的,可以按照侵权人通过网络交易获得的利益确定公益损害赔偿金额,对于办理同类案件具有一定的借鉴意义。

★通过刑事附带民事公益诉讼加大侵权成本、震慑违法犯罪

《广东省深圳市宝安区人民检察院诉付某等人侵犯公民个人信息刑事附带民事公益诉讼案》(2023年3月30日最高人民检察院发布8件个人信息保护检察公益诉讼典型案例)

【关键词】

刑事附带民事公益诉讼　快递面单个人信息　数据采集工具　企业数据合规

【要旨】

对于快递行业龙头企业内部员工利用工作便利泄露信息,因快递业数据采集工具"巴枪"管理不善导致大量公民个人信息受到侵害的情形,检察机关以刑事附带民事公益诉讼追究违法者民事责任,通过制发社会治理类检察建议督促企业依法规范寄递用户信息采集管理,全面维护用户个人信息安全。

【典型意义】

物流行业掌握大量公民个人生活信息,通过大数据分析后可精准画出用户购物习惯、消费水平、生活轨迹的图谱,极易滋生诈骗、不正当竞争等违法行为。本案中,检察机关通过刑事附带民事公益诉讼加大侵权成本、震慑违法犯罪,同时通过制发社会治理检察建议,着力实现"后端惩治"到"全流程风控"转化,引导快递行业龙头企业良性运行,建立快递企业个人信息安全保护通用标准,实现"由点到线,由线到面"的辐射效应。

★聘请专家科学论证,确定海豚物种及发育系数,评估发育阶段,破解鉴定难题

《福建省晋江市人民检察院诉邱某某等人非法猎捕、杀害珍贵、濒危野生动物(海豚)刑事附带民事公益诉讼案》(2021年10月9日最高人民检察院发布生物多样性保护公益诉讼典型案例)

【关键词】

刑事附带民事公益诉讼 野生动物资源保护 专家评估论证 生态资源损失费 "生态检察+公益诉讼"

【要旨】

在没有扣押到海豚实物的情况下,聘请专家科学论证,确定海豚物种及发育系数,评估发育阶段,破解鉴定难题。

★把行为人积极履行生态环境修复责任作为其认罪悔罪表现,实现公益损害修复责任与刑事责任的价值互补

《内蒙古自治区阿拉善盟额济纳旗人民检察院诉王某某失火刑事附带民事公益诉讼案》(最高人民检察院2021年10月9日发布生物多样性保护公益诉讼典型案例)

【关键词】

刑事附带民事公益诉讼 胡杨林保护 生态修复责任衔接认罪认罚从宽 异地修复

【要旨】

检察机关将公益诉讼检察与刑事检察有效衔接,把当事人积极履行生态环境修复责任作为其认罪悔罪表现,积极适用认罪认罚从宽制度,实现了公益损害修复责任与刑事责任的价值互补。对于已经实现自然修复状态的或不宜在原地补植的受损林地,可以"异地修复"方式弥补受损公益。

★准确认定生产性垂钓并予以依法惩治,对非法捕捞的犯罪分子起到威慑和警示作用

《江苏省南京市陈某宝、万某祥非法捕捞水产品案》(2021年11月5日最高人民检察院发布“检察为民办实事”之检察机关依法惩治长江流域非法捕捞水产品犯罪典型案例)

【典型意义】

近年来,随着长江流域重点水域全面禁捕,生产性垂钓等变相捕捞行为正逐渐成为破坏长江水生生物资源的主要违法犯罪方式之一。一些人以牟利为目的,假借休闲性、娱乐性垂钓,使用多线多钩、长线多钩、单线多钩等钓具进行垂钓。由于这些钓具抛竿范围广、入水深,能直接作用于深水鱼群区且目标精准,有时还能捕获到珍稀、濒危鱼类。有的垂钓者为达到捕获渔获物数量更大、种类更多的目的,甚至辅以各类探鱼、锚鱼设备,对天然渔业资源和生态环境的危害很大。

长江流域必须严禁生产性垂钓行为,否则将会严重扰乱禁捕工作正常有序开展。本案中,检察机关根据行政主管部门公布的禁用工具、禁用方法,以及垂钓行为造成水生生物资源的危害程度,准确认定陈某宝等人的非法捕捞行为系生产性垂钓,并予以依法惩治,对企图利用或变相利用垂钓进行非法捕捞的犯罪分子,起到了一定的威慑和警示作用。

★采取没收违法所得、罚金刑等多种措施对行为人进行经济惩罚,责令其承担生态修复费用

《湖南省岳阳市张某节等10人非法捕捞水产品、吴某龙等10人掩饰、隐瞒犯罪所得案》(2021年11月5日最高人民检察院发布“检察为民办实事”之检察机关依法惩治长江流域非法捕捞水产品犯罪典型案例)

【典型意义】

我国自2002年起试行春季禁渔期(每年4月1日至6月30日),到2016年调整禁渔期(每年3月1日至6月30日),再到2020年长江流域重点水域实行全面禁渔。禁令之下,虽然各地不断加大打击力度,但长期以来,仍有不法人员为牟取非法利益不惜铤而走险,甚至形成了捕捞、收购、贩卖长江野生鱼的完整产业链。产业链环环相扣、分工明确,通过多次交易,各环节得到不断加固,不仅危害十分严重,打击也十分困难。

为有效预防、惩治非法捕捞水产品犯罪,检察机关要紧盯非法捕捞"捕运销"全链条,将职业化、团伙化非法捕捞作为重点打击、从重处罚的情形。坚持"全链条"打击、打深打透,配合其他执法司法机关斩断非法捕捞供销产业链。对以牟取非法利益为目的非法捕捞的,采取没收违法所得、罚金刑等多种措施进行经济惩罚,并责令其承担生态修复费用,铲除滋生非法捕捞水产品犯罪的土壤。

★综合认定被告人应承担的人文生态资源损失,为人文遗迹民事公益诉讼司法保护提供有益借鉴

《江西省金溪县人民检察院诉徐某文、方某平人文遗迹保护刑事附带民事公益诉讼案》(2022年6月5日最高人民法院发布2021年度人民法院环境资源审判典型案例)

【典型意义】

本案是传统村落标识性建筑损毁引发的人文遗迹保护刑事附带民事公益诉讼案件。传统村落在农耕文明传承中形成,是重要的历史文化遗产,蕴涵着丰富的历史信息和厚重的文化价值,是中华文明发展演变的实证,属于人文遗迹,其依附的历史环境要素,如塔桥亭阁、碑幢刻石等属于不可再生资源,一旦破坏难以恢复。被盗石匾及被破坏的门楼依原貌修复后其人文生态价值相较原物必有贬损,原生态传统村落风貌的完整性和历史文化传承功能已不可逆地遭到破坏。本案结合多方面因素综合认定被告人应承担的人文生态资源损失,为人文遗迹民事公益诉讼司法保护提供了有益借鉴。本案的依法审理使遭到损害的人文生态环境权益得到救济和弥补,有利于提升社会公众人文生态资源保护意识,增强保护传统村落等不可再生文化遗产的自觉性,促进传统村落可持续保护,更好地留住历史传承和美丽乡愁。

★加强公益诉讼案件线索移送,在办案中相互提供专业支持,形成工作合力,为案件准确办理提供有力支撑

《浙江省绍兴市越城区人民检察院诉王某甲等七人危害钱塘江海塘防洪安全刑事附带民事公益诉讼案》(2022年6月9日最高人民检察院、水利部联合发布涉水领域检察公益诉讼典型案例)

【关键词】

刑事附带民事公益诉讼 水灾害防治 犯罪线索移送 “河长+检察长”协作机制

【要旨】

检察机关与水利部门充分发挥“河长+检察长”机制作用,针对挖掘一线海塘用于倾倒工程渣土,严重危害海塘防洪安全的违法行为,在追究违法行为人公益损害责任的同时,深挖刑事犯罪线索,依法提起刑事附带民事公益诉讼,形成保护海塘合力,有效防治水灾害发生。

★以水生态功能损害造成的损失为基数,适用《民法典》环境侵权惩罚性赔偿条款,诉请承担相应的惩罚性赔偿

《江苏省建湖县人民检察院诉张某某等人长江非法采砂刑事附带民事公益诉讼案》(2022年6月9日最高人民检察院、水利部联合发布涉水领域检察公益诉讼典型案例)

【关键词】

刑事附带民事公益诉讼 长江水生态保护 惩罚性赔偿

【要旨】

检察机关在办理非法采砂等涉水领域公益诉讼案件时,坚持内外协作,争取水利部门专业人员的“外脑”支持,邀请参与调查核实,并根据专业指导意见,对水生态功能损害进行全面评估量化。以水生态功能损害造成的损失为基数,综合考虑侵权人恶意程度、行为后果等因素,依法适用《中华人民共和国民法典》环境侵权惩罚性赔偿条款,诉请承担相应的惩罚性赔偿。

★通过提起刑事附带民事公益诉讼，依法追究侵权人巨额民事赔偿责任

《广东省佛山市顺德区人民检察院诉林某泉等九人非法采砂刑事附带民事公益诉讼案》（2022年6月9日最高人民检察院、水利部联合发布涉水领域检察公益诉讼典型案例）

【关键词】

刑事附带民事公益诉讼　水生态保护　水利设施安全

【要旨】

长期大量盗采河砂对河流水生态系统和水利设施安全造成破坏，损害社会公共利益。检察机关与水利部门加强协作，通过提起刑事附带民事公益诉讼，依法追究侵权人巨额民事赔偿责任，为修复水生态系统、保护水利工程、保障防洪、航运安全等贡献检察力量。

★依法惩处破坏森林资源犯罪行为，对附带民事公益诉讼积极促成调解

《云南省澜沧县人民检察院诉歪某毁林种茶刑事附带民事公益诉讼案》（2022年6月14日最高人民法院发布森林资源民事纠纷典型案例）

【典型意义】

森林是水库、钱库、粮库、碳库，对国家生态安全具有基础性、战略性作用。林地以及依托于林地生存的森林、野生动植物和微生物是地球表面最重要的生态资源之一，也是维护生态平衡的基本保障。本案所涉的云南澜沧江畔景迈山，是中国著名古茶山之一，迄今已有1828年历史，被誉为“世界茶文化自然博物馆”“人类农耕文明奇观”。近年来，部分村民受利益驱使，非法侵占周边林地，毁林种茶，把茶树种植演变为对森林的疯狂蚕食。然而，古茶树喜湿好肥，对生长环境的洁净度要求极高，需要纯天然的森林环境。破坏森林资源，不仅破坏了野生古茶树的生长环境，也打破了古茶山的生态平衡，最终损害的是当地群众及其子孙后代的长远利益。人民法院依法惩处破坏森林资源犯罪行为，对附带民事公益诉讼积极促成调解，通过

“刑罚+修复”的责任方式，有效保护了景迈山古茶林的生存环境。本案体现了人民法院完整准确全面贯彻新发展理念，引导公众保护和可持续利用自然资源，努力让人与自然和谐共生的生态文明生生不息、代代传承。

★对被告人自愿交纳生态环境损失赔偿金和补植修复保证金的作为从轻量刑情节

《江苏省连云港经济技术开发区人民检察院诉仰某梅等三人森林失火刑事附带民事公益诉讼案》（2022年6月14日最高人民法院发布森林资源民事纠纷典型案例）

【典型意义】

森林火灾对森林资源的危害极大，不仅在短时间内破坏大面积森林，造成严重财产损失和人身伤亡，还导致森林生态系统服务功能丧失。破坏森林资源案件的审理，除依法追究行为人法律责任外，核心是受损生态环境的修复。本案中，人民法院依据林业部门出具的专业意见，制定详细修复方案作为判决附件，明确被告在原地补植复绿的栽植品种、规格、数量、时间、养护期限和要求等，采取自然恢复和人工修复相结合措施，确保了森林修复的科学性、合理性和可操作性。被告在本案中自愿交纳生态环境损失赔偿金和补植修复保证金，人民法院将该情形作为从轻量刑情节，并确定在其不履行修复义务时将保证金用于支付森林生态环境修复费用，有效保障生态环境及时修复。本案巡回审判由上百家媒体报道，并经全国消防系统微信公众平台转载，通过“线上直播+线下补植”方式，引导公众形成生态祭祀、安全用火的良好社会风尚。

★针对破坏国家级自然保护区野生动物资源的违法行为，提起刑事附带民事公益诉讼让行为人依法承担生态环境损害赔偿责任

《黑龙江省齐齐哈尔市龙沙区人民检察院诉李某某等13人非法狩猎刑事附带民事公益诉讼案》（2022年11月5日最高人民检察院发布首批湿地保护公益诉讼典型案例）

【关键词】

刑事附带民事公益诉讼　国际重要湿地　非法狩猎　生物多

样性

【要旨】

针对破坏国家级自然保护区野生动物资源的违法行为，检察机关在追究资源破坏者刑事责任的同时，通过提起刑事附带民事公益诉讼让其依法承担生态环境损害赔偿责任，实现对生物多样性和湿地生态环境的有效司法保护。

【典型意义】

扎龙湿地是亚洲第一湿地，也是世界最大的芦苇湿地和丹顶鹤繁殖地，以鹤类、鸟类等为主的重要珍稀水禽分布区，具有调节气候、净化水质、降解污染、蓄水防洪、补给地下水、调节区域的水量平衡、防止自然力侵蚀等功能。本案中，检察机关充分发挥刑事检察和公益诉讼检察职能作用，在打击犯罪的同时让违法者承担生态环境修复费用，通过制作法治宣传片以案说法、建立协作机制等方式，增强社会公众环保意识、法治意识、责任意识，促进生物多样性保护，实现湿地资源的可持续利用，促进人与自然和谐共生，为国家级自然保护区生态文明建设提供高效服务和有力保障。

★对于寄递违禁品犯罪损害社会公共利益的案件，检察机关在追究相关责任人员刑事责任的同时，应当依法提起公益诉讼

《四川代某林危害珍贵、濒危野生动物案》（2022 年 11 月 23 日最高人民检察院发布 5 件检察机关落实“七号检察建议”典型案例）

【关键词】

危害珍贵、濒危野生动物罪　立案监督　刑事附带民事公益诉讼

【典型意义】

检察机关应当依法惩治涉及危害珍贵、濒危野生动物等各类寄递违禁品犯罪，对于寄递从业人员明知寄递物品系违禁品，仍积极协助将违禁品进行违法寄递的，应当通过立案监督等方式，依法追究寄递从业人员刑事责任，增强寄递从业人员的责任意识和法治意识。

对于寄递违禁品犯罪损害社会公共利益的问题，检察机关在追究相关责任人员刑事责任的同时，应当依法提起公益诉讼。针对办案中发现的寄递行业安全隐患，检察机关通过制发检察建议等形式，推动加强寄递安全管理。

★针对孕产妇生育信息被泄露、滥用的行为，检察机关依法追究当事人的公益损害赔偿责任

《江苏省滨海县人民检察院诉王某红侵犯孕产妇生育信息刑事附带民事公益诉讼案》（2022年11月23日最高人民检察院、中华全国妇女联合会发布《妇女权益保障检察公益诉讼典型案例》）

【关键词】

刑事附带民事公益诉讼　行政公益诉讼诉前程序　孕产妇生育信息　妇女人格权益　公益损害赔偿金

【要旨】

针对孕产妇生育信息被泄露、滥用的行为，检察机关充分发挥刑事、公益诉讼检察职能作用，依法追究当事人的公益损害赔偿责任，并建立公益损害赔偿款财政专用账户托管机制，全方位保护公民个人健康生理信息。

【典型意义】

孕产妇生育信息属于个人健康生理信息，是《中华人民共和国民法典》保护的有重要价值的公民个人信息。生育信息数据庞大，一旦泄露易引发针对妇女的电信诈骗、定向促销、人身骚扰等多种关联违法犯罪活动，给相关家庭人身和财产安全构成重大威胁。本案中，检察机关在通过刑事检察从严惩治侵害公民个人信息犯罪行为的同时，通过提起刑事附带民事公益诉讼、制发检察建议等方式推动相关行业领域整治，设立公益损害赔偿金专用账户，构建多部门协作配合机制，共同维护孕产妇生育信息安全。

★明知是假药而大量销售、侵害老年人合法权益的，可以提出惩罚性赔偿诉讼请求

《江苏省新沂市人民检察院诉薛某某等6人销售假药刑事附带民事公益诉讼案》（2022年11月28日最高人民检察院发布药品安全公益诉讼典型案例）

【关键词】

刑事附带民事公益诉讼　药品安全　养老诈骗

【要旨】

生产销售假药刑事附带民事公益诉讼案件中，被告主观明知是假药而大量销售、侵害老年人合法权益的，可以提出惩罚性赔偿诉讼请求。

【典型意义】

违法人员针对老年群体辨识能力较低的弱点，向其销售假药，社会危害性、公益损害性更加严重，应当依法提起刑事附带民事公益诉讼，追究其惩罚性赔偿责任，以打击犯罪、保护公益。检察机关加强整体履职，统筹发挥刑事公诉和民事公益诉讼职能作用，在刑事附带民事公益诉讼中，依法探索刑事罚金刑和民事公益诉讼惩罚性赔偿责任的衔接适用，被告人自愿认罪认罚并主动支付民事公益诉讼惩罚性赔偿金，推动了办案"三个效果"的有机统一。

★船舶偷排含油污水案件中，对违法排放污染物的行为及其造成的损害的认定依据

《武汉卓航江海贸易有限公司、向阳等12人污染环境刑事附带民事公益诉讼案》（2022年12月30日最高人民法院发布第37批指导性案例：指导性案例202号）

【关键词】

刑事　刑事附带民事公益诉讼　船舶偷排含油污水　损害认定　污染物性质鉴定

【裁判要点】

1. 船舶偷排含油污水案件中，人民法院可以根据船舶航行轨迹、污

第
101
条

染防治设施运行状况、污染物处置去向,结合被告人供述、证人证言、专家意见等证据对违法排放污染物的行为及其造成的损害作出认定。

2. 认定船舶偷排的含油污水是否属于有毒物质时,由于客观原因无法取样的,可以依据来源相同、性质稳定的舱底残留污水进行污染物性质鉴定。

★对于必要、合理、适度的环境污染处置费用,应当认定为属于污染环境刑事附带民事公益诉讼案件中的损失及生态环境损害赔偿范围

《左勇、徐鹤污染环境刑事附带民事公益诉讼案》(2022年12月30日最高人民法院发布第37批指导性案例:指导性案例203号)

【关键词】

刑事　刑事附带民事公益诉讼　应急处置措施　必要合理范围　公私财产损失　生态环境损害

【裁判要点】

对于必要、合理、适度的环境污染处置费用,人民法院应当认定为属于污染环境刑事附带民事公益诉讼案件中的公私财产损失及生态环境损害赔偿范围。对于明显超出必要合理范围的处置费用,不应当作为追究被告人刑事责任,以及附带民事公益诉讼被告承担生态环境损害赔偿责任的依据。

★鼓励被告人主动赔偿公益损失并与检察机关达成附带民事赔偿协议

《王某等3人盗掘古墓葬刑事附带民事公益诉讼案》(2023年2月7日最高人民法院发布《依法保护文物和文化遗产典型案例》)

【典型意义】

本案系盗掘古墓葬引发的刑事案件。被盗吴楚贵族墓葬群是苏州市文物保护单位,具有较大的历史、艺术、科学价值。王某等人先后实施十余次盗掘,对古墓葬本体造成了直接、严重的破坏,也对古墓葬群的自然、人文环境造成了损害。检察机关在提起公诉的同时,依法提起附带民事公益诉讼。人民法院坚持严格依法确定法定刑幅度，坚决严惩盗墓行为，同时注重运用恢复性司法规则，鼓励被告人主动赔偿公益损失，促进古墓葬及周边环境及时修复，依法支持被告人与检察机关达成附带民事赔偿协议，并将被告人足额赔偿情节作为重要酌定从轻处罚因素予以考量。该案依法审理落实了全面追责及刑事、民事责任相协调的要求，彰显了以最严格制度、最严密法治推动历史文化遗产和自然、人文环境一体保护的司法价值取向。

★正确贯彻损害担责、全面赔偿原则，统筹考量各被告人的刑事、民事责任

《孙某林等15人盗掘古墓葬刑事附带民事公益诉讼案》（2023年2月7日最高人民法院发布十五起依法保护文物和文化遗产典型案例）

【典型意义】

本案系盗掘古墓葬引发的刑事案件。被盗古墓葬属于青海省都兰县热水乡境内的热水墓群，其中，血渭一号大墓是迄今为止热水墓群乃至青藏高原上发现的结构最完整、体系最清晰、形制最复杂的高等级墓葬，对研究唐代吐蕃历史文化、唐蕃关系与民族交流融合等具有重要价值。孙某林等人的盗掘行为严重损毁古墓葬本体结构，严重破坏古墓葬的历史、艺术、科学价值，严重损害国家和社会公共利益。人民法院在依法严惩盗掘古墓葬犯罪行为的同时，正确贯彻损害担责、全面赔偿原则，依法合理认定民事责任范围，统筹考量各被告人的刑事、民事责任，并明确判决将在案文物全部移交文物行政部门。该案体现了人民法院依法严惩重大文物犯罪、推进文物与环境一体保护和系统治理的坚定决心与责任担当，对保护传承少数民族历史文化，激发全体中华民族文化自信自强，具有重大积极意义。

★采取"补植复绿"替代修复受损害的生态环境

《阿罗某甲等盗伐林木刑事附带民事公益诉讼案》（2023年2月17日最高人民法院发布司法积极稳妥推进碳达峰碳中和典型案例）

【典型意义】

本案判决被告人采取"补植复绿"替代修复受损害的生态环境，

有利于固碳增汇，对于减缓和适应气候变化具有积极意义。同时，在被告人自愿认购碳汇的基础上，人民法院创新适用将被告人购买林业碳汇在碳市场注销、以替代承担生态环境受到损害至修复完成期间服务功能丧失导致损失的赔偿方式，有效缓解了案涉补种树木幼龄期固碳增汇能力缺失的问题。此外，建设国家公园的目的是保持自然生态系统的原真性和完整性，保护生物多样性，保护生态安全屏障，给子孙后代留下珍贵的自然资产。本案适用碳汇修复大熊猫国家公园受损生态环境，也体现了整体保护、系统修复的国家公园保护理念。

第一百零二条 【附带民事诉讼中的保全措施】人民法院在必要的时候，可以采取保全措施，查封、扣押或者冻结被告人的财产。附带民事诉讼原告人或者人民检察院可以申请人民法院采取保全措施。人民法院采取保全措施，适用民事诉讼法的有关规定。

新旧条文序号对照

2018 年刑事诉讼法	2012 年刑事诉讼法	1996 年刑事诉讼法
第一百零二条	第一百条	第七十七条第二款

适用要点与裁判依据

★有权提起附带民事诉讼的人因情况紧急，可以在提起附带民事诉讼前向法院申请采取保全措施

《最高人民法院关于适用〈中华人民共和国刑事诉讼法〉的解释》（2021 年 1 月 26 日 法释〔2021〕1 号）

第一百八十九条 人民法院对可能因被告人的行为或者其他原因，使附带民事判决难以执行的案件，根据附带民事诉讼原告人的申请，可以裁定采取保全措施，查封、扣押或者冻结被告人的财产；附带民事诉讼原告人未提出申请的,必要时,人民法院也可以采取保全措施。

有权提起附带民事诉讼的人因情况紧急,不立即申请保全将会使其合法权益受到难以弥补的损害的,可以在提起附带民事诉讼前,向被保全财产所在地、被申请人居住地或者对案件有管辖权的人民法院申请采取保全措施。申请人在人民法院受理刑事案件后十五日以内未提起附带民事诉讼的,人民法院应当解除保全措施。

人民法院采取保全措施,适用民事诉讼法第一百条至第一百零五条的有关规定,但民事诉讼法第一百零一条第三款的规定除外。

第一百零三条 【附带民事诉讼的审理】人民法院审理附带民事诉讼案件,可以进行调解,或者根据物质损失情况作出判决、裁定。

新旧条文序号对照

2018年刑事诉讼法	2012年刑事诉讼法	1996年刑事诉讼法
第一百零三条	第一百零一条	

适用要点与裁判依据

★调解未达成协议或者调解书签收前当事人反悔的,附带民事诉讼应当同刑事诉讼一并判决

《最高人民法院关于适用〈中华人民共和国刑事诉讼法〉的解释》(2021年1月26日 法释〔2021〕1号)

第一百九十条 人民法院审理附带民事诉讼案件,可以根据自愿、合法的原则进行调解。经调解达成协议的,应当制作调解书。调解书经双方当事人签收后即具有法律效力。

调解达成协议并即时履行完毕的，可以不制作调解书，但应当制作笔录，经双方当事人、审判人员、书记员签名后即发生法律效力。

第一百九十一条　调解未达成协议或者调解书签收前当事人反悔的，附带民事诉讼应当同刑事诉讼一并判决。

★驾驶机动车致人伤亡或者造成公私财产重大损失构成犯罪的，依照道路交通安全法的规定确定赔偿责任

《最高人民法院关于适用〈中华人民共和国刑事诉讼法〉的解释》（2021年1月26日　法释〔2021〕1号）

第一百九十二条　对附带民事诉讼作出判决，应当根据犯罪行为造成的物质损失，结合案件具体情况，确定被告人应当赔偿的数额。

犯罪行为造成被害人人身损害的，应当赔偿医疗费、护理费、交通费等为治疗和康复支付的合理费用，以及因误工减少的收入。造成被害人残疾的，还应当赔偿残疾生活辅助器具费等费用；造成被害人死亡的，还应当赔偿丧葬费等费用。

驾驶机动车致人伤亡或者造成公私财产重大损失，构成犯罪的，依照《中华人民共和国道路交通安全法》第七十六条的规定确定赔偿责任。

附带民事诉讼当事人就民事赔偿问题达成调解、和解协议的，赔偿范围、数额不受第二款、第三款规定的限制。

★对于附带民事诉讼应当按撤诉处理、可以缺席判决、告知另行提起民事诉讼的情形

《最高人民法院关于适用〈中华人民共和国刑事诉讼法〉的解释》（2021年1月26日　法释〔2021〕1号）

第一百九十五条　附带民事诉讼原告人经传唤，无正当理由拒不到庭，或者未经法庭许可中途退庭的，应当按撤诉处理。

刑事被告人以外的附带民事诉讼被告人经传唤，无正当理由拒不到庭，或者未经法庭许可中途退庭的，附带民事部分可以缺席判决。

刑事被告人以外的附带民事诉讼被告人下落不明，或者用公告送达以外的其他方式无法送达，可能导致刑事案件审判过分迟延的，可以不将其列为附带民事诉讼被告人，告知附带民事诉讼原告人另行提起民事诉讼。

★自诉案件宣告无罪后，对附带民事诉讼的处理

《最高人民法院关于适用〈中华人民共和国刑事诉讼法〉的解释》（2021年1月26日　法释〔2021〕1号）

第三百三十三条　对自诉案件，应当参照刑事诉讼法第二百条和本解释第二百九十五条的有关规定作出判决。对依法宣告无罪的案件，有附带民事诉讼的，其附带民事部分可以依法进行调解或者一并作出判决，也可以告知附带民事诉讼原告人另行提起民事诉讼。

第一百零四条　【一并审判】附带民事诉讼应当同刑事案件一并审判，只有为了防止刑事案件审判的过分迟延，才可以在刑事案件审判后，由同一审判组织继续审理附带民事诉讼。

新旧条文序号对照

2018年刑事诉讼法	2012年刑事诉讼法	1996年刑事诉讼法
第一百零四条	第一百零二条	第七十八条

适用要点与裁判依据

★同一审判组织的成员确实不能继续参与附带民事诉讼审判的，可以更换

《最高人民法院关于适用〈中华人民共和国刑事诉讼法〉的解释》（2021年1月26日　法释〔2021〕1号）

第一百九十六条　附带民事诉讼应当同刑事案件一并审判，只有为了防止刑事案件审判的过分迟延，才可以在刑事案件审判后，由同一审判组织继续审理附带民事诉讼；同一审判组织的成员确实不能继续参与审判的，可以更换。

★审理附带民事诉讼案件的法律适用

《最高人民法院关于适用〈中华人民共和国刑事诉讼法〉的解释》(2021年1月26日　法释〔2021〕1号)

第二百零一条　人民法院审理附带民事诉讼案件，除刑法、刑事诉讼法以及刑事司法解释已有规定的以外，适用民事法律的有关规定。

第八章　期间、送达

第一百零五条　【期间的计算】期间以时、日、月计算。

期间开始的时和日不算在期间以内。

法定期间不包括路途上的时间。上诉状或者其他文件在期满前已经交邮的，不算过期。

期间的最后一日为节假日的，以节假日后的第一日为期满日期，但犯罪嫌疑人、被告人或者罪犯在押期间，应当至期满之日为止，不得因节假日而延长。

新旧条文序号对照

2018年刑事诉讼法	2012年刑事诉讼法	1996年刑事诉讼法
第一百零五条	第一百零三条	第七十九条

适用要点与裁判依据

★以月、年计算刑期规则

《最高人民法院关于适用〈中华人民共和国刑事诉讼法〉的解释》(2021 年 1 月 26 日　法释〔2021〕1 号)

第二百零二条　以月计算的期间,自本月某日至下月同日为一个月;期限起算日为本月最后一日的,至下月最后一日为一个月;下月同日不存在的,自本月某日至下月最后一日为一个月;半个月一律按十五日计算。

以年计算的刑期,自本年本月某日至次年同月同日的前一日为一年;次年同月同日不存在的,自本年本月某日至次年同月最后一日的前一日为一年。以月计算的刑期,自本月某日至下月同日的前一日为一个月;刑期起算日为本月最后一日的,至下月最后一日的前一日为一个月;下月同日不存在的,自本月某日至下月最后一日的前一日为一个月;半个月一律按十五日计算。

★指定管辖案件审理期限的起算时间

《最高人民法院关于适用〈中华人民共和国刑事诉讼法〉的解释》(2021 年 1 月 26 日　法释〔2021〕1 号)

第二百零九条　指定管辖案件的审理期限,自被指定管辖的人民法院收到指定管辖决定书和案卷、证据材料之日起计算。

第一百零六条　【期间延续】当事人由于不能抗拒的原因或者有其他正当理由而耽误期限的,在障碍消除后五日以内,可以申请继续进行应当在期满以前完成的诉讼活动。

前款申请是否准许,由人民法院裁定。

新旧条文序号对照

2018年刑事诉讼法	2012年刑事诉讼法	1996年刑事诉讼法
第一百零六条	第一百零四条	第八十条

适用要点与裁判依据

★当事人因正当理由而耽误期限申请继续进行诉讼活动的，经法院查证属实后，应当裁定准许

《最高人民法院关于适用〈中华人民共和国刑事诉讼法〉的解释》（2021年1月26日　法释〔2021〕1号）

第二百零三条　当事人由于不能抗拒的原因或者有其他正当理由而耽误期限，依法申请继续进行应当在期满前完成的诉讼活动的，人民法院查证属实后，应当裁定准许。

第一百零七条　【送达】送达传票、通知书和其他诉讼文件应当交给收件人本人；如果本人不在，可以交给他的成年家属或者所在单位的负责人员代收。

收件人本人或者代收人拒绝接收或者拒绝签名、盖章的时候，送达人可以邀请他的邻居或者其他见证人到场，说明情况，把文件留在他的住处，在送达证上记明拒绝的事由、送达的日期，由送达人签名，即认为已经送达。

新旧条文序号对照

2018年刑事诉讼法	2012年刑事诉讼法	1996年刑事诉讼法
第一百零七条	第一百零五条	第八十一条

适用要点与裁判依据

★采用拍照、录像等方式记录送达过程，即视为送达

《最高人民法院关于适用〈中华人民共和国刑事诉讼法〉的解释》（2021年1月26日 法释〔2021〕1号）

第二百零四条 送达诉讼文书，应当由收件人签收。收件人不在的，可以由其成年家属或者所在单位负责收件的人员代收。收件人或者代收人在送达回证上签收的日期为送达日期。

收件人或者代收人拒绝签收的，送达人可以邀请见证人到场，说明情况，在送达回证上注明拒收的事由和日期，由送达人、见证人签名或者盖章，将诉讼文书留在收件人、代收人的住处或者单位；也可以把诉讼文书留在受送达人的住处，并采用拍照、录像等方式记录送达过程，即视为送达。

★直接送达诉讼文书有困难的，可以委托收件人所在地的法院代为送达或者邮寄送达

《最高人民法院关于适用〈中华人民共和国刑事诉讼法〉的解释》（2021年1月26日 法释〔2021〕1号）

第二百零五条 直接送达诉讼文书有困难的，可以委托收件人所在地的人民法院代为送达或者邮寄送达。

第二百零六条 委托送达的，应当将委托函、委托送达的诉讼文书及送达回证寄送受托法院。受托法院收到后，应当登记，在十日以内送达收件人，并将送达回证寄送委托法院；无法送达的，应当告知委托法院，并将诉讼文书及送达回证退回。

★邮寄送达的，签收日期为送达日期

《最高人民法院关于适用〈中华人民共和国刑事诉讼法〉的解释》（2021年1月26日 法释〔2021〕1号）

第二百零七条 邮寄送达的，应当将诉讼文书、送达回证邮寄给收件人。签收日期为送达日期。

★三种特殊情形的送达方式

《最高人民法院关于适用〈中华人民共和国刑事诉讼法〉的解释》（2021年1月26日 法释〔2021〕1号）

第二百零八条 诉讼文书的收件人是军人的，可以通过其所在部队团级以上单位的政治部门转交。

收件人正在服刑的，可以通过执行机关转交。

收件人正在接受专门矫治教育等的，可以通过相关机构转交。

由有关部门、单位代为转交诉讼文书的，应当请有关部门、单位收到后立即交收件人签收，并将送达回证及时寄送人民法院。

★当事人拒绝签收的，应当在诉讼文书或者笔录材料中注明情况，有见证人见证或者录音录像证明的，不影响送达效力

《最高人民法院关于适用〈中华人民共和国刑事诉讼法〉的解释》（2021年1月26日 法释〔2021〕1号）

第六百五十二条 诉讼期间制作、形成的工作记录、告知笔录等材料，应当由制作人员和其他有关人员签名、盖章。宣告或者送达裁判文书、通知书等诉讼文书的，应当由接受宣告或者送达的人在诉讼文书、送达回证上签名、盖章。

诉讼参与人未签名、盖章的，应当捺指印；刑事被告人除签名、盖章外，还应当捺指印。

当事人拒绝签名、盖章、捺指印的，办案人员应当在诉讼文书或者笔录材料中注明情况，有见证人见证或者有录音录像证明的，不影响相关诉讼文书或者笔录材料的效力。

第九章　其他规定

第一百零八条　【法定用语】本法下列用语的含意是：

（一）“侦查”是指公安机关、人民检察院对于刑事案件，依照法律进行的收集证据、查明案情的工作和有关的强制性措施；

（二）“当事人”是指被害人、自诉人、犯罪嫌疑人、被告人、附带民事诉讼的原告人和被告人；

（三）“法定代理人”是指被代理人的父母、养父母、监护人和负有保护责任的机关、团体的代表；

（四）“诉讼参与人”是指当事人、法定代理人、诉讼代理人、辩护人、证人、鉴定人和翻译人员；

（五）“诉讼代理人”是指公诉案件的被害人及其法定代理人或者近亲属、自诉案件的自诉人及其法定代理人委托代为参加诉讼的人和附带民事诉讼的当事人及其法定代理人委托代为参加诉讼的人；

（六）“近亲属”是指夫、妻、父、母、子、女、同胞兄弟姊妹。

新旧条文序号对照

2018年刑事诉讼法	2012年刑事诉讼法	1996年刑事诉讼法
第一百零八条	第一百零六条	第八十二条

第二编　立案、侦查和提起公诉

第一章　立　　案

第一百零九条　【立案侦查】公安机关或者人民检察院发现犯罪事实或者犯罪嫌疑人，应当按照管辖范围，立案侦查。

新旧条文序号对照

2018 年刑事诉讼法	2012 年刑事诉讼法	1996 年刑事诉讼法
第一百零九条	第一百零七条	第八十三条

适用要点与裁判依据

★重大案件同案处理可能导致其本人或者近亲属有人身危险的，可以分案处理

《中华人民共和国反有组织犯罪法》（2021 年 12 月 24 日　主席令第 101 号）

第二十八条　公安机关核查有组织犯罪线索，发现犯罪事实或者犯罪嫌疑人的，应当依照《中华人民共和国刑事诉讼法》的规定立案侦查。

第三十二条　犯罪嫌疑人、被告人检举、揭发重大犯罪的其他共同犯罪人或者提供侦破重大案件的重要线索或者证据，同案处理可能导致其本人或者近亲属有人身危险的，可以分案处理。

★公安机关对于同时符合三项条件的应当立案

《最高人民检察院、公安部关于公安机关办理经济犯罪案件的若干规定》(2017年11月24日 公通字〔2017〕25号)

第十七条 公安机关经立案审查,同时符合下列条件的,应当立案:

(一)认为有犯罪事实;

(二)涉嫌犯罪数额、结果或者其他情节符合经济犯罪案件的立案追诉标准,需要追究刑事责任;

(三)属于该公安机关管辖。

★公安机关立案后三十日内经侦查无法收集到证明有犯罪事实的充分证据的,应当立即撤销案件或者终止侦查

《最高人民检察院、公安部关于公安机关办理经济犯罪案件的若干规定》(2017年11月24日 公通字〔2017〕25号)

第十八条 在立案审查中,发现案件事实或者线索不明的,经公安机关办案部门负责人批准,可以依照有关规定采取询问、查询、勘验、鉴定和调取证据材料等不限制被调查对象人身、财产权利的措施。经审查,认为有犯罪事实,需要追究刑事责任的,经县级以上公安机关负责人批准,予以立案。

公安机关立案后,应当采取调查性侦查措施,但是一般不得采取限制人身、财产权利的强制性措施。确有必要采取的,必须严格依照法律规定的条件和程序。严禁在没有证据的情况下,查封、扣押、冻结涉案财物或者拘留、逮捕犯罪嫌疑人。

公安机关立案后,在三十日以内经积极侦查,仍然无法收集到证明有犯罪事实需要对犯罪嫌疑人追究刑事责任的充分证据的,应当立即撤销案件或者终止侦查。重大、疑难、复杂案件,经上一级公安机关负责人批准,可以再延长三十日。

上级公安机关认为不应当立案,责令限期纠正的,或者人民检察院认为不应当立案,通知撤销案件的,公安机关应当及时撤销案件。

★检察院已经作出不起诉决定的案件，公安机关不得针对同一法律事实的同一犯罪嫌疑人继续侦查或者补充侦查

《最高人民检察院、公安部关于公安机关办理经济犯罪案件的若干规定》(2017年11月24日 公通字〔2017〕25号)

第四十五条 人民检察院已经作出不起诉决定的案件，公安机关不得针对同一法律事实的同一犯罪嫌疑人继续侦查或者补充侦查，但是有新的事实或者证据的，可以重新立案侦查。

第110条

第一百一十条 【对报案、举报、控告、自首的接受】任何单位和个人发现有犯罪事实或者犯罪嫌疑人，有权利也有义务向公安机关、人民检察院或者人民法院报案或者举报。

被害人对侵犯其人身、财产权利的犯罪事实或者犯罪嫌疑人，有权向公安机关、人民检察院或者人民法院报案或者控告。

公安机关、人民检察院或者人民法院对于报案、控告、举报，都应当接受。对于不属于自己管辖的，应当移送主管机关处理，并且通知报案人、控告人、举报人；对于不属于自己管辖而又必须采取紧急措施的，应当先采取紧急措施，然后移送主管机关。

犯罪人向公安机关、人民检察院或者人民法院自首的，适用第三款规定。

新旧条文序号对照

2018年刑事诉讼法	2012年刑事诉讼法	1996年刑事诉讼法
第一百一十条	第一百零八条	第八十四条

适用要点与裁判依据

★任何组织和个人对职务违法、职务犯罪行为有权向纪检监察机关提出检举控告

《纪检监察机关处理检举控告工作规则》(2020年1月21日)

第四条　任何组织和个人对以下行为,有权向纪检监察机关提出检举控告:

(一)党组织、党员违反政治纪律、组织纪律、廉洁纪律、群众纪律、工作纪律、生活纪律等党的纪律行为;

(二)监察对象不依法履职,违反秉公用权、廉洁从政从业以及道德操守等规定,涉嫌贪污贿赂、滥用职权、玩忽职守、权力寻租、利益输送、徇私舞弊以及浪费国家资财等职务违法、职务犯罪行为;

(三)其他依照规定应当由纪检监察机关处理的违纪违法行为。

★公安机关发现国家工作人员涉嫌《反有组织犯罪法》所列犯罪情形之一的,应当按照职权进行初步核查

《公安机关反有组织犯罪工作规定》(2022年8月26日　公安部令第165号)

第五十四条　公安机关在反有组织犯罪工作中,发现国家工作人员涉嫌《中华人民共和国反有组织犯罪法》第五十条第一款所列情形之一的,应当按照职权进行初步核查。

经核查,属于公安机关管辖的,应当全面调查,依法作出处理;不属于公安机关管辖的,应当及时移送主管机关。

★行政执法机关向公安机关移送涉嫌犯罪案件的程序

《行政执法机关移送涉嫌犯罪案件的规定》(2020年8月7日　国务院令第730号)

第五条　行政执法机关对应当向公安机关移送的涉嫌犯罪案件,应当立即指定2名或者2名以上行政执法人员组成专案组专门负责,核实情况后提出移送涉嫌犯罪案件的书面报告,报经本机关正职负责人或者主持工作的负责人审批。

行政执法机关正职负责人或者主持工作的负责人应当自接到报告之日起3日内作出批准移送或者不批准移送的决定。决定批准的,应当在24小时内向同级公安机关移送;决定不批准的,应当将不予批准的理由记录在案。

第六条 行政执法机关向公安机关移送涉嫌犯罪案件,应当附有下列材料:

(一)涉嫌犯罪案件移送书;

(二)涉嫌犯罪案件情况的调查报告;

(三)涉案物品清单;

(四)有关检验报告或者鉴定结论;

(五)其他有关涉嫌犯罪的材料。

第七条 公安机关对行政执法机关移送的涉嫌犯罪案件,应当在涉嫌犯罪案件移送书的回执上签字;其中,不属于本机关管辖的,应当在24小时内转送有管辖权的机关,并书面告知移送案件的行政执法机关。

★公安机关对行政执法机关移送涉嫌犯罪案件的审查

《行政执法机关移送涉嫌犯罪案件的规定》(2020年8月7日国务院令第730号)

第八条 公安机关应当自接受行政执法机关移送的涉嫌犯罪案件之日起3日内,依照刑法、刑事诉讼法以及最高人民法院、最高人民检察院关于立案标准和公安部关于公安机关办理刑事案件程序的规定,对所移送的案件进行审查。认为有犯罪事实,需要追究刑事责任,依法决定立案的,应当书面通知移送案件的行政执法机关;认为没有犯罪事实,或者犯罪事实显著轻微,不需要追究刑事责任,依法不予立案的,应当说明理由,并书面通知移送案件的行政执法机关,相应退回案卷材料。

★法院在审理经济纠纷案件中发现不是同一法律关系的经济犯罪嫌疑线索的处理

《最高人民法院关于在审理经济纠纷案件中涉及经济犯罪嫌疑若干问题的规定》(2020 年 12 月 23 日修正 法释〔2020〕17 号)

第十条 人民法院在审理经济纠纷案件中,发现与本案有牵连,但与本案不是同一法律关系的经济犯罪嫌疑线索、材料,应将犯罪嫌疑线索、材料移送有关公安机关或检察机关查处,经济纠纷案件继续审理。

第十一条 人民法院作为经济纠纷受理的案件,经审理认为不属经济纠纷案件而有经济犯罪嫌疑的,应当裁定驳回起诉,将有关材料移送公安机关或检察机关。

第十二条 人民法院已立案审理的经济纠纷案件,公安机关或检察机关认为有经济犯罪嫌疑,并说明理由附有关材料函告受理该案的人民法院的,有关人民法院应当认真审查。经过审查,认为确有经济犯罪嫌疑的,应当将案件移送公安机关或检察机关,并书面通知当事人,退还案件受理费;如认为确属经济纠纷案件的,应当依法继续审理,并将结果函告有关公安机关或检察机关。

★检察院发现生效裁判文书系当事人通过虚假诉讼获得的,应当向法院提出再审检察建议或者抗诉

《最高人民法院、最高人民检察院、公安部、司法部关于进一步加强虚假诉讼犯罪惩治工作的意见》(2021 年 3 月 4 日 法发〔2021〕10 号)

第十八条 人民检察院发现已经发生法律效力的判决、裁定、调解书系民事诉讼当事人通过虚假诉讼获得的,应当依照民事诉讼法第二百零八条第一款、第二款等法律和相关司法解释的规定,向人民法院提出再审检察建议或者抗诉。

第十九条 人民法院对人民检察院依照本意见第十八条的规定提出再审检察建议或者抗诉的民事案件,应当依照民事诉讼法等法律和相关司法解释的规定处理。按照审判监督程序决定再审、需要中止执行的，裁定中止原判决、裁定、调解书的执行。

★国家鼓励单位和个人举报有组织犯罪

《中华人民共和国反有组织犯罪法》（2021年12月24日 主席令第101号）

第八条 国家鼓励单位和个人举报有组织犯罪。

对举报有组织犯罪或者在反有组织犯罪工作中作出突出贡献的单位和个人，按照国家有关规定给予表彰、奖励。

第110条

★公安机关接到对有组织犯罪的报案、控告、举报后应当及时组织核查或者移送有关主管机关依法处理

《中华人民共和国反有组织犯罪法》（2021年12月24日 主席令第101号）

第二十四条 公安机关应当依法运用现代信息技术，建立有组织犯罪线索收集和研判机制，分级分类进行处置。

公安机关接到对有组织犯罪的报案、控告、举报后，应当及时开展统计、分析、研判工作，组织核查或者移送有关主管机关依法处理。

★有关国家机关发现有组织犯罪线索，或者接到对有组织犯罪的举报的，应当及时移送公安机关等主管机关依法处理

《中华人民共和国反有组织犯罪法》（2021年12月24日 主席令第101号）

第二十五条 有关国家机关在履行职责时发现有组织犯罪线索，或者接到对有组织犯罪的举报的，应当及时移送公安机关等主管机关依法处理。

第二十六条 公安机关核查有组织犯罪线索，可以按照国家有关规定采取调查措施。公安机关向有关单位和个人收集、调取相关信息和材料的，有关单位和个人应当如实提供。

★监察机关对于报案或者举报，应当接受并按照有关规定处理

《中华人民共和国监察法》（2018年3月20日 主席令第3号）

第三十五条 监察机关对于报案或者举报，应当接受并按照有关规定处理。对于不属于本机关管辖的,应当移送主管机关处理。

★检察院负责控告申诉检察的部门统一接受报案、控告、举报、申诉和犯罪嫌疑人投案自首,并依法审查

《人民检察院刑事诉讼规则》(2019年12月30日 高检发释字〔2019〕4号)

第一百六十一条 人民检察院负责控告申诉检察的部门统一接受报案、控告、举报、申诉和犯罪嫌疑人投案自首,并依法审查,在七日以内作出以下处理:

(一)属于本院管辖且符合受理条件的,应当予以受理;

(二)不属于本院管辖的报案、控告、举报、自首,应当移送主管机关处理。必须采取紧急措施的,应当先采取紧急措施,然后移送主管机关。不属于本院管辖的申诉,应当告知其向有管辖权的机关提出;

(三)案件情况不明的,应当进行必要的调查核实,查明情况后依法作出处理。

负责控告申诉检察的部门可以向下级人民检察院交办控告、申诉、举报案件,并依照有关规定进行督办。

★检察院应当受理控告、申诉的条件

《人民检察院刑事诉讼规则》(2019年12月30日 高检发释字〔2019〕4号)

第一百六十二条 控告、申诉符合下列条件的,人民检察院应当受理:

(一)属于人民检察院受理案件范围;

(二)本院具有管辖权;

(三)申诉人是原案的当事人或者其法定代理人、近亲属;

(四)控告、申诉材料符合受理要求。

控告人、申诉人委托律师代理控告、申诉,符合上述条件的,应当受理。

控告、申诉材料不齐备的,应当告知控告人、申诉人补齐。受理时间从控告人、申诉人补齐相关材料之日起计算。

★检察院对于群众来信，负责控告申诉检察的部门应当在七日以内进行程序性答复

《人民检察院刑事诉讼规则》（2019 年 12 月 30 日　高检发释字〔2019〕4 号）

第一百六十三条　对于收到的群众来信，负责控告申诉检察的部门应当在七日以内进行程序性答复，办案部门应当在三个月以内将办理进展或者办理结果答复来信人。

第110条

★公安机关对于公民扭送、报案、控告、举报或者犯罪嫌疑人自动投案的，都应当立即接受

《公安机关办理刑事案件程序规定》（2020 年 7 月 20 日修正　公安部令第 159 号）

第一百六十九条　公安机关对于公民扭送、报案、控告、举报或者犯罪嫌疑人自动投案的，都应当立即接受，问明情况，并制作笔录，经核对无误后，由扭送人、报案人、控告人、举报人、投案人签名、捺指印。必要时，应当对接受过程录音录像。

第一百七十条　公安机关对扭送人、报案人、控告人、举报人、投案人提供的有关证据材料等应当登记，制作接受证据材料清单，由扭送人、报案人、控告人、举报人、投案人签名，并妥善保管。必要时，应当拍照或者录音录像。

★负有报告义务的单位及其工作人员未履行报告职责，造成严重后果，构成犯罪的，依法追究刑事责任

《最高人民检察院、国家监察委员会、教育部、公安部、民政部、司法部、国家卫生健康委员会、中国共产主义青年团中央委员会、中华全国妇女联合会关于建立侵害未成年人案件强制报告制度的意见（试行）》（2020 年 5 月 7 日　高检发〔2020〕9 号）

第十六条　负有报告义务的单位及其工作人员未履行报告职责，造成严重后果的，由其主管行政机关或者本单位依法对直接负责的主管人员或者其他直接责任人员给予相应处分；构成犯罪的，依法追究刑事责任。相关单位或者单位主管人员阻止工作人员报告的，予以从重处罚。

第十七条　对于行使公权力的公职人员长期不重视强制报告工作，不按规定落实强制报告制度要求的，根据其情节、后果等情况，监察委员会应当依法对相关单位和失职失责人员进行问责，对涉嫌职务违法犯罪的依法调查处理。

★受害妇女对性骚扰行为可以向公安机关报案

《中华人民共和国妇女权益保障法》（2022 年 10 月 30 日　主席令第 122 号）

第110条

第二十三条　禁止违背妇女意愿，以言语、文字、图像、肢体行为等方式对其实施性骚扰。

受害妇女可以向有关单位和国家机关投诉。接到投诉的有关单位和国家机关应当及时处理，并书面告知处理结果。

受害妇女可以向公安机关报案，也可以向人民法院提起民事诉讼，依法请求行为人承担民事责任。

★学校对性侵害、性骚扰女学生的违法犯罪行为，应当及时向公安机关、教育行政部门报告

《中华人民共和国妇女权益保障法》（2022 年 10 月 30 日　主席令第 122 号）

第二十四条　学校应当根据女学生的年龄阶段，进行生理卫生、心理健康和自我保护教育，在教育、管理、设施等方面采取措施，提高其防范性侵害、性骚扰的自我保护意识和能力，保障女学生的人身安全和身心健康发展。

学校应当建立有效预防和科学处置性侵害、性骚扰的工作制度。对性侵害、性骚扰女学生的违法犯罪行为，学校不得隐瞒，应当及时通知受害未成年女学生的父母或者其他监护人，向公安机关、教育行政部门报告，并配合相关部门依法处理。

对遭受性侵害、性骚扰的女学生，学校、公安机关、教育行政部门等相关单位和人员应当保护其隐私和个人信息，并提供必要的保护措施。

第一百一十一条 【接受报案、举报、控告的程序】报案、控告、举报可以用书面或者口头提出。接受口头报案、控告、举报的工作人员，应当写成笔录，经宣读无误后，由报案人、控告人、举报人签名或者盖章。

接受控告、举报的工作人员，应当向控告人、举报人说明诬告应负的法律责任。但是，只要不是捏造事实，伪造证据，即使控告、举报的事实有出入，甚至是错告的，也要和诬告严格加以区别。

公安机关、人民检察院或者人民法院应当保障报案人、控告人、举报人及其近亲属的安全。报案人、控告人、举报人如果不愿公开自己的姓名和报案、控告、举报的行为，应当为他保守秘密。

新旧条文序号对照

2018 年刑事诉讼法	2012 年刑事诉讼法	1996 年刑事诉讼法
第一百一十一条	第一百零九条	第八十五条

适用要点与裁判依据

★公安机关接受案件时，应当制作受案登记表和受案回执

《公安机关办理刑事案件程序规定》(2020 年 7 月 20 日修正 公安部令第 159 号)

第一百七十一条 公安机关接受案件时，应当制作受案登记表和受案回执，并将受案回执交扭送人、报案人、控告人、举报人。扭送人、报案人、控告人、举报人无法取得联系或者拒绝接受回执的，应当在回执中注明。

第一百一十二条 【对报案、控告、举报、自首的审查】人民法院、人民检察院或者公安机关对于报案、控告、举报和自首的材料，应当按照管辖范围，迅速进行审查，认为有犯罪事实需要追究刑事责任的时候，应当立案；认为没有犯罪事实，或者犯罪事实显著轻微，不需要追究刑事责任的时候，不予立案，并且将不立案的原因通知控告人。控告人如果不服，可以申请复议。

新旧条文序号对照

2018年刑事诉讼法	2012年刑事诉讼法	1996年刑事诉讼法
第一百一十二条	第一百一十条	第八十六条

适用要点与裁判依据

★纪检监察机关检举控告工作按照管理权限实行分级受理

《纪检监察机关处理检举控告工作规则》(2020年1月21日)

第十一条 检举控告工作按照管理权限实行分级受理：

(一)中央纪委国家监委受理反映中央委员、候补中央委员，中央纪委委员，中央管理的领导干部，党中央工作机关、党中央批准设立的党组(党委)，各省、自治区、直辖市党委、纪委等涉嫌违纪或者职务违法、职务犯罪问题的检举控告。

(二)地方各级纪委监委受理反映同级党委委员、候补委员，同级纪委委员，同级党委管理的党员、干部以及监察对象，同级党委工作机关、党委批准设立的党组(党委)，下一级党委、纪委等涉嫌违纪或者职务违法、职务犯罪问题的检举控告。

(三)基层纪委受理反映同级党委管理的党员，同级党委下属的各级党组织涉嫌违纪问题的检举控告；未设立纪律检查委员会的党的基层委员会，由该委员会受理检举控告。

各级纪委监委按照管理权限受理反映本机关干部涉嫌违纪或者

职务违法、职务犯罪问题的检举控告。

★行政执法机关对公安机关不予立案通知提出异议的处理

《行政执法机关移送涉嫌犯罪案件的规定》(2020 年 8 月 7 日国务院令第 730 号)

第九条 行政执法机关接到公安机关不予立案的通知书后,认为依法应当由公安机关决定立案的,可以自接到不予立案通知书之日起 3 日内,提请作出不予立案决定的公安机关复议,也可以建议人民检察院依法进行立案监督。

第112条 作出不予立案决定的公安机关应当自收到行政执法机关提请复议的文件之日起 3 日内作出立案或者不予立案的决定,并书面通知移送案件的行政执法机关。移送案件的行政执法机关对公安机关不予立案的复议决定仍有异议的,应当自收到复议决定通知书之日起 3 日内建议人民检察院依法进行立案监督。

公安机关应当接受人民检察院依法进行的立案监督。

第十条 行政执法机关对公安机关决定不予立案的案件,应当依法作出处理;其中,依照有关法律、法规或者规章的规定应当给予行政处罚的,应当依法实施行政处罚。

★行政执法机关对应当向公安机关移送的涉嫌犯罪案件,不得以行政处罚代替移送

《行政执法机关移送涉嫌犯罪案件的规定》(2020 年 8 月 7 日国务院令第 730 号)

第十一条 行政执法机关对应当向公安机关移送的涉嫌犯罪案件,不得以行政处罚代替移送。

行政执法机关向公安机关移送涉嫌犯罪案件前已经作出的警告,责令停产停业,暂扣或者吊销许可证、暂扣或者吊销执照的行政处罚决定,不停止执行。

依照行政处罚法的规定,行政执法机关向公安机关移送涉嫌犯罪案件前,已经依法给予当事人罚款的,人民法院判处罚金时,依法折抵相应罚金。

★公安机关立案后,应当采取调查性侦查措施,但是一般不得采取限制人身、财产权利的强制性措施

《最高人民检察院、公安部关于公安机关办理经济犯罪案件的若干规定》(2017 年 11 月 24 日　公通字〔2017〕25 号)

第十八条　在立案审查中,发现案件事实或者线索不明的,经公安机关办案部门负责人批准,可以依照有关规定采取询问、查询、勘验、鉴定和调取证据材料等不限制被调查对象人身、财产权利的措施。经审查,认为有犯罪事实,需要追究刑事责任的,经县级以上公安机关负责人批准,予以立案。

公安机关立案后,应当采取调查性侦查措施,但是一般不得采取限制人身、财产权利的强制性措施。确有必要采取的,必须严格依照法律规定的条件和程序。严禁在没有证据的情况下,查封、扣押、冻结涉案财物或者拘留、逮捕犯罪嫌疑人。

公安机关立案后,在三十日以内经积极侦查,仍然无法收集到证明有犯罪事实需要对犯罪嫌疑人追究刑事责任的充分证据的,应当立即撤销案件或者终止侦查。重大、疑难、复杂案件,经上一级公安机关负责人批准,可以再延长三十日。

上级公安机关认为不应当立案,责令限期纠正的,或者人民检察院认为不应当立案,通知撤销案件的,公安机关应当及时撤销案件。

第七十七条　本规定所称的"调查性侦查措施",是指公安机关在办理经济犯罪案件过程中,依照法律规定进行的专门调查工作和有关侦查措施,但是不包括限制犯罪嫌疑人人身、财产权利的强制性措施。

★公安机关对有控告人的案件经审查决定不予立案的,应当在立案审查期限内制作不予立案通知书,三日以内送达控告人

《最高人民检察院、公安部关于公安机关办理经济犯罪案件的若干规定》(2017 年 11 月 24 日　公通字〔2017〕25 号)

第十九条　对有控告人的案件,经审查决定不予立案的,应当在立案审查的期限内制作不予立案通知书,并在三日以内送达控告人。

★涉嫌经济犯罪的案件与法院正在审理或者作出生效裁判文书的民事案件，符合三项条件之一的，应当立案

《最高人民检察院、公安部关于公安机关办理经济犯罪案件的若干规定》(2017年11月24日　公通字〔2017〕25号)

第二十条　涉嫌经济犯罪的案件与人民法院正在审理或者作出生效裁判文书的民事案件，属于同一法律事实或者有牵连关系，符合下列条件之一的，应当立案：

(一)人民法院在审理民事案件或者执行过程中，发现有经济犯罪嫌疑，裁定不予受理、驳回起诉、中止诉讼、判决驳回诉讼请求或者中止执行生效裁判文书，并将有关材料移送公安机关的；

(二)人民检察院依法通知公安机关立案的；

(三)公安机关认为有证据证明有犯罪事实，需要追究刑事责任，经省级以上公安机关负责人批准的。

有前款第二项、第三项情形的，公安机关立案后，应当严格依照法律规定的条件和程序采取强制措施和侦查措施，并将立案决定书等法律文书及相关案件材料复印件抄送正在审理或者作出生效裁判文书的人民法院并说明立案理由，同时通报与办理民事案件的人民法院同级的人民检察院，必要时可以报告上级公安机关。

在侦查过程中，不得妨碍人民法院民事诉讼活动的正常进行。

★侦查和审查起诉中，应当将相关法律文书抄送正在审理或者作出生效裁判文书的法院依法处理的两种情形

《最高人民检察院、公安部关于公安机关办理经济犯罪案件的若干规定》(2017年11月24日　公通字〔2017〕25号)

第二十一条　公安机关在侦查过程中、人民检察院在审查起诉过程中，发现具有下列情形之一的，应当将立案决定书、起诉意见书等法律文书及相关案件材料复印件抄送正在审理或者作出生效裁判文书的人民法院，由人民法院依法处理：

(一)侦查、审查起诉的经济犯罪案件与人民法院正在审理或者作出生效裁判文书的民事案件属于同一法律事实或者有牵连关系的；

（二）涉案财物已被有关当事人申请执行的。

有前款规定情形的，公安机关、人民检察院应当同时将有关情况通报与办理民事案件的人民法院同级的人民检察院。

公安机关将相关法律文书及案件材料复印件抄送人民法院后一个月以内未收到回复的，必要时，可以报告上级公安机关。

立案侦查、审查起诉的经济犯罪案件与仲裁机构作出仲裁裁决的民事案件属于同一法律事实或者有牵连关系，且人民法院已经受理与该仲裁裁决相关申请的，依照本条第一款至第三款的规定办理。

★公安机关不得以刑事立案为由要求法院移送案件、裁定驳回起诉、中止诉讼、判决驳回诉讼请求等

《最高人民检察院、公安部关于公安机关办理经济犯罪案件的若干规定》（2017年11月24日 公通字〔2017〕25号）

第二十二条 涉嫌经济犯罪的案件与人民法院正在审理或者作出生效裁判文书以及仲裁机构作出裁决的民事案件有关联但不属同一法律事实的，公安机关可以立案侦查，但是不得以刑事立案为由要求人民法院移送案件、裁定驳回起诉、中止诉讼、判决驳回诉讼请求、中止执行或者撤销判决、裁定，或者要求人民法院撤销仲裁裁决。

★法院在办理民事案件过程中将涉嫌经济犯罪的线索、材料移送公安机关的，公安机关应当在十日以内决定是否立案

《最高人民检察院、公安部关于公安机关办理经济犯罪案件的若干规定》（2017年11月24日 公通字〔2017〕25号）

第二十三条 人民法院在办理民事案件过程中，认为该案件不属于民事纠纷而有经济犯罪嫌疑需要追究刑事责任，并将涉嫌经济犯罪的线索、材料移送公安机关的，接受案件的公安机关应当立即审查，并在十日以内决定是否立案。公安机关不立案的，应当及时告知人民法院。

第二十四条 人民法院在办理民事案件过程中，发现与民事纠纷虽然不是同一事实但是有关联的经济犯罪线索、材料，并将涉嫌经济犯罪的线索、材料移送公安机关的，接受案件的公安机关应当立即审查，并在十日以内决定是否立案。公安机关不立案的，应当及时告知人民法院。

★公安机关接报案件后决定立案的应当在三日以内向查询的报案人等告知立案情况

《最高人民检察院、公安部关于公安机关办理经济犯罪案件的若干规定》(2017年11月24日 公通字〔2017〕25号)

第二十六条 公安机关接报案件后,报案人、控告人、举报人、被害人及其法定代理人、近亲属查询立案情况的,应当在三日以内告知立案情况并记录在案。对已经立案的,应当告知立案时间、涉嫌罪名、办案单位等情况。

第112条

★控告人对公安机关不予立案决定不服的,可以申请复议、复核

《公安机关办理刑事案件程序规定》(2020年7月20日修正 公安部令第159号)

第一百七十九条 控告人对不予立案决定不服的,可以在收到不予立案通知书后七日以内向作出决定的公安机关申请复议;公安机关应当在收到复议申请后三十日以内作出决定,并将决定书送达控告人。

控告人对不予立案的复议决定不服的,可以在收到复议决定书后七日以内向上一级公安机关申请复核;上一级公安机关应当在收到复核申请后三十日以内作出决定。对上级公安机关撤销不予立案决定的,下级公安机关应当执行。

案情重大、复杂的,公安机关可以延长复议、复核时限,但是延长时限不得超过三十日,并书面告知申请人。

★公安机关对药品监管部门移送的涉嫌犯罪案件的审查立案期限

《药品行政执法与刑事司法衔接工作办法》(2023年1月10日 国药监法〔2022〕41号)

第十二条 公安机关对药品监管部门移送的涉嫌犯罪案件,应当自接受案件之日起3日内作出立案或者不立案的决定;案件较为复杂的,应当在10日内作出决定;案情重大、疑难、复杂或者跨区域性的,经县级以上公安机关负责人批准,应当在30日内决定是否立案;特殊情况下,受案单位报经上一级公安机关批准,可以再延长30日作出决定。接受案件后对属于公安机关管辖但不属于本公安机关管辖的案件,应当在24小时内移送有管辖权的公安机关,并书面通知移送机关,抄送同级人民检察院。对不属于公安机关管辖的,应当在24小时内退回移送机关,并书面说明理由。

公安机关作出立案、不予立案、撤销案件决定的,应当自作出决定之日起3日内书面通知移送机关,同时抄送同级人民检察院。公安机关作出不予立案或者撤销案件决定的,应当说明理由,并将案卷材料退回移送机关。

第一百一十三条 【立案监督】人民检察院认为公安机关对应当立案侦查的案件而不立案侦查的,或者被害人认为公安机关对应当立案侦查的案件而不立案侦查,向人民检察院提出的,人民检察院应当要求公安机关说明不立案的理由。人民检察院认为公安机关不立案理由不能成立的,应当通知公安机关立案,公安机关接到通知后应当立案。

新旧条文序号对照

2018年刑事诉讼法	2012年刑事诉讼法	1996年刑事诉讼法
第一百一十三条	第一百一十一条	第八十七条

适用要点与裁判依据

★检察机关及时发现和纠正应当立案而不立案、不应当立案而立案、长期"挂案"和以刑事手段插手经济纠纷等违法情形

《最高人民检察院、公安部关于健全完善侦查监督与协作配合机制的意见》(2021年10月31日 高检发〔2021〕13号)

三、机制完善

(一)健全完善监督制约机制

1.依法履行监督职责。人民检察院要依法开展立案监督、侦查活动监督工作,及时发现和纠正应当立案而不立案、不应当立案而立案、长期"挂案"和以刑事手段插手经济纠纷等违法情形;及时发现和纠正刑讯逼供、非法取证等侦查违法行为,从源头上防范冤假错案发生;规范强制措施和侦查手段适用,切实保障人权。

★检察机关要坚决防止不应当监督而监督、应当监督而未监督、不当升格或者降格监督等情况发生

《最高人民检察院、公安部关于健全完善侦查监督与协作配合机制的意见》(2021年10月31日 高检发〔2021〕13号)

三、机制完善

(一)健全完善监督制约机制

……

2. 规范开展监督工作。人民检察院要严格按照法律规定开展立案监督、侦查活动监督工作,坚决防止不应当监督而监督、应当监督而未监督、不当升格或者降格监督等情况发生。开展监督工作过程中,不得干涉侦查人员依法办案,不得干扰和妨碍侦查活动正常进行。

★检察机关、公安机关应当建立刑事案件侦查监督与执法监督相衔接机制,强化对侦查活动内外部监督的衔接配合

《最高人民检察院、公安部关于健全完善侦查监督与协作配合机制的意见》(2021年10月31日 高检发〔2021〕13号)

三、机制完善

(一)健全完善监督制约机制

……

4. 加强内外监督衔接。人民检察院、公安机关应当建立刑事案件侦查监督与执法监督相衔接机制,强化对侦查活动内外部监督的衔接配合,推动检察机关法律监督与公安机关执法监督有机贯通、相互协调。必要时,人民检察院、公安机关可以联合就不批捕不起诉案件开展案件质量评查,针对同时涉及公安机关和人民检察院办案、监督工作的突出问题开展专项检查、监督。

★公安机关不接受行政执法机关移送的涉嫌犯罪案件，或者逾期不作出立案或者不予立案的决定的处理

《行政执法机关移送涉嫌犯罪案件的规定》（2020年8月7日　国务院令第730号）

第十七条　公安机关违反本规定，不接受行政执法机关移送的涉嫌犯罪案件，或者逾期不作出立案或者不予立案的决定的，除由人民检察院依法实施立案监督外，由本级或者上级人民政府责令改正，对其正职负责人根据情节轻重，给予记过以上的处分；构成犯罪的，依法追究刑事责任。

对前款所列行为直接负责的主管人员和其他直接责任人员，比照前款的规定给予处分；构成犯罪的，依法追究刑事责任。

★检察院对公安机关立案、侦查活动监督制约机制的健全完善

《最高人民检察院、公安部关于健全完善侦查监督与协作配合机制的意见》（2021年10月31日　高检发〔2021〕13号）

三、机制完善

（一）健全完善监督制约机制

1. 依法履行监督职责。人民检察院要依法开展立案监督、侦查活动监督工作，及时发现和纠正应当立案而不立案、不应当立案而立案、长期“挂案”和以刑事手段插手经济纠纷等违法情形；及时发现和纠正刑讯逼供、非法取证等侦查违法行为，从源头上防范冤假错案发生；规范强制措施和侦查手段适用，切实保障人权。

2. 规范开展监督工作。人民检察院要严格按照法律规定开展立案监督、侦查活动监督工作，坚决防止不应当监督而监督、应当监督而未监督、不当升格或者降格监督等情况发生。开展监督工作过程中，不得干涉侦查人员依法办案，不得干扰和妨碍侦查活动正常进行。

3. 切实保障监督效果。人民检察院接到报案、控告、举报或者工作中发现监督线索，需要进行调查核实的，应当及时通知公安机关，公安机关应当予以支持配合。人民检察院在调查核实过程中，应当加强与公安机关沟通，充分听取办案人员意见。经依法调查核实后，需要监督纠正的，应当及时向公安机关提出监督意见、检察建议。公安机关对人民检察院提出的监督意见和检察建议，应当及时纠正整改并将纠正整改情况通知或回复人民检察院。

4. 加强内外监督衔接。人民检察院、公安机关应当建立刑事案件侦查监督与执法监督相衔接机制，强化对侦查活动内外部监督的衔接配合，推动检察机关法律监督与公安机关执法监督有机贯通、相互协调。必要时，人民检察院、公安机关可以联合就不批捕不起诉案件开展案件质量评查，针对同时涉及公安机关和人民检察院办案、监督工作的突出问题开展专项检查、监督。

5. 规范落实制约机制。公安机关对人民检察院的不批捕不起诉决定、立案监督意见、纠正侦查违法等监督意见有异议的，可以依据法律规定要求说明理由或者要求复议、提请复核、申请复查，人民检察院应当认真审查并及时回复或者作出决定。人民检察院在审查过程中应当加强与公安机关的沟通，必要时，可以以联席会议等形式充分听取办案人员意见。经复议、复核、复查认为原监督意见确有错误的，应当及时将变更决定通知公安机关或及时撤销原纠正意见。

★侦查监督与协作配合办公室的主要职责

《最高人民检察院、公安部关于健全完善侦查监督与协作配合机制的意见》（2021年10月31日 高检发〔2021〕13号）

四、设立侦查监督与协作配合办公室

人民检察院刑事检察部门与公安机关法制部门共同牵头设立侦查监督与协作配合办公室。办公室依托公安机关执法办案管理中心，由人民检察院指派的常驻检察官和公安机关法制部门指定的专门人员共同负责。办公室应当明确责任分工，建立健全办公室制度规范和工作台账，主要职责：

（一）组织协调。组织协调人民检察院、公安机关相关部门、所队依法开展侦查监督、协作配合等相关工作，组织保障执法办案和侦查监督数据的共享通报。

(二)监督协作。根据办公室人员配置和地方实际,积极开展侦查监督和协作配合相关工作;协调人民检察院、公安机关相关部门加强对重大、疑难案件的会商指导。

(三)督促落实。负责对检察机关补充侦查意见的跟踪指导和督促落实;对联合督办案件的沟通协调、信息通报、督促办理;对监督意见和检察建议整改落实情况的跟踪督促;对公安机关要求说明理由、要求复议、提请复核、申请复查和提出意见建议的跟踪督促和及时反馈;对庭审阶段侦查人员出庭的协调督促。

(四)咨询指导。对公安机关、人民检察院办理刑事案件过程中遇到的疑难复杂问题,以及轻微刑事案件犯罪嫌疑人是否需要提请批准逮捕、移送审查起诉等问题及时提供法律咨询和指导解答。

(五)其他职责。充分发挥协作沟通的平台机制优势,积极推进人民检察院与公安机关加强监督制约、协作配合、信息共享等其他相关制度机制的健全完善和贯彻落实。

★检察院发现公安机关可能存在应当立案侦查而不立案侦查情形的,应当依法进行审查

《人民检察院刑事诉讼规则》(2019年12月30日 高检发释字〔2019〕4号)

第五百五十七条 被害人及其法定代理人、近亲属或者行政执法机关,认为公安机关对其控告或者移送的案件应当立案侦查而不立案侦查,或者当事人认为公安机关不应当立案而立案,向人民检察院提出的,人民检察院应当受理并进行审查。

人民检察院发现公安机关可能存在应当立案侦查而不立案侦查情形的,应当依法进行审查。

人民检察院接到控告、举报或者发现行政执法机关不移送涉嫌犯罪案件的,经检察长批准,应当向行政执法机关提出检察意见,要求其按照管辖规定向公安机关移送涉嫌犯罪案件。

第五百五十八条 人民检察院负责控告申诉检察的部门受理对

公安机关应当立案而不立案或者不应当立案而立案的控告、申诉，应当根据事实、法律进行审查。认为需要公安机关说明不立案或者立案理由的，应当及时将案件移送负责捕诉的部门办理；认为公安机关立案或者不立案决定正确的，应当制作相关法律文书，答复控告人、申诉人。

★对于公安机关可能存在违法立案情形，尚未提请批准逮捕或者移送起诉的，检察院应当要求公安机关书面说明立案理由

《人民检察院刑事诉讼规则》（2019年12月30日　高检发释字〔2019〕4号）

第五百五十九条　人民检察院经审查，认为需要公安机关说明不立案理由的，应当要求公安机关书面说明不立案的理由。

对于有证据证明公安机关可能存在违法动用刑事手段插手民事、经济纠纷，或者利用立案实施报复陷害、敲诈勒索以及谋取其他非法利益等违法立案情形，尚未提请批准逮捕或者移送起诉的，人民检察院应当要求公安机关书面说明立案理由。

第五百六十条　人民检察院要求公安机关说明不立案或者立案理由，应当书面通知公安机关，并且告知公安机关在收到通知后七日以内，书面说明不立案或者立案的情况、依据和理由，连同有关证据材料回复人民检察院。

第五百六十一条　公安机关说明不立案或者立案的理由后，人民检察院应当进行审查。认为公安机关不立案或者立案理由不能成立的，经检察长决定，应当通知公安机关立案或者撤销案件。

人民检察院认为公安机关不立案或者立案理由成立的，应当在十日以内将不立案或者立案的依据和理由告知被害人及其法定代理人、近亲属或者行政执法机关。

★公安机关在七日以内不说明理由也不作出立案或者不立案决定的，检察院应当提出纠正意见

《人民检察院刑事诉讼规则》（2019年12月30日　高检发释字〔2019〕4号）

第五百六十二条　公安机关对当事人的报案、控告、举报或者行政执法机关移送的涉嫌犯罪案件受理后未在规定期限内作出是否立案决定，当事人或者行政执法机关向人民检察院提出的，人民检察院应当受理并进行审查。经审查，认为尚未超过规定期限的，应当移送公安机关处理，并答复报案人、控告人、举报人或者行政执法机关；认为超过规定期限的，应当要求公安机关在七日以内书面说明逾期不作出是否立案决定的理由，连同有关证据材料回复人民检察院。公安机关在七日以内不说明理由也不作出立案或者不立案决定的，人民检察院应当提出纠正意见。人民检察院经审查有关证据材料认为符合立案条件的，应当通知公安机关立案。

★检察院通知公安机关立案或者撤销案件，应当制作通知立案书或者通知撤销案件书

《人民检察院刑事诉讼规则》(2019年12月30日 高检发释字〔2019〕4号)

第五百六十三条 人民检察院通知公安机关立案或者撤销案件，应当制作通知立案书或者通知撤销案件书，说明依据和理由，连同证据材料送达公安机关，并且告知公安机关应当在收到通知立案书后十五日以内立案，对通知撤销案件书没有异议的应当立即撤销案件，并将立案决定书或者撤销案件决定书及时送达人民检察院。

第五百六十四条 人民检察院通知公安机关立案或者撤销案件的，应当依法对执行情况进行监督。

公安机关在收到通知立案书或者通知撤销案件书后超过十五日不予立案或者未要求复议、提请复核也不撤销案件的，人民检察院应当发出纠正违法通知书。公安机关仍不纠正的，报上一级人民检察院协商同级公安机关处理。

公安机关立案后三个月以内未侦查终结的，人民检察院可以向公安机关发出立案监督案件催办函，要求公安机关及时向人民检察院反馈侦查工作进展情况。

★拓宽立案监督案件信息来源，做好信息分析及调查核实工作

《莫长生、潘其安、杨昌勇非法毁坏国家重点保护植物案》(2015年6月16日最高人民检察院发布10起检察机关加强生态环境司法保护典型案例)

【典型意义】

榕江县检察院结合本县境内森林覆盖率高、林业资源丰富，盗伐滥伐林木及非法采伐、毁坏国家重点保护植物案件发案率较高的实际情况，积极拓宽立案监督案件信息来源，做好信息分析及调查核实工作，突出立案监督工作实效。本案系榕江县首例采用新型伐木工具实施非法毁坏国家重点保护植物的案件，被告人采用消声伸缩电锯切割楠木蔸块，作案手段隐蔽，后果极其恶劣，被切割蔸块的楠木树往往无法存活。榕江县检察院通过认真分析群众举报线索，深入现场调查取证，及时向公安机关提出立案监督意见，有效打击了破坏环境资源犯罪，震慑了潜在的犯罪分子，也为全国检察机关今后办理同类型案件起到了良好的示范作用。

第113条

★发挥检察监督和服务职能，对民营企业实施平等保护

《某丝绸公司申请不立案监督案》(2022年11月16日最高人民检察院发布第三批检察机关办理涉非公经济控告申诉典型案例)

【关键词】

法律适用　公开听证　企业管理漏洞　合规指导

【典型意义】

检察机关持续落实最高检服务民营经济发展各项政策要求，充分发挥检察监督和服务职能，对民营企业实施平等保护；帮助企业查找经营风险和管理缺漏，联合第三方组织提出专业整改建议，使涉案企业“合规入心”“守法入脑”，促进企业提质增效，为民营企业营造良好营商环境保驾护航，传递“检察温度”。

第一百一十四条　【自诉案件的起诉与受理】对于自诉案件，被害人有权向人民法院直接起诉。被害人死亡或者丧失行为能力的，被害人的法定代理人、近亲属有权向人民法院起诉。人民法院应当依法受理。

新旧条文序号对照

2018年刑事诉讼法	2012年刑事诉讼法	1996年刑事诉讼法
第一百一十四条	第一百一十二条	第八十八条

第二章　侦　查

第一节　一般规定

第一百一十五条　【侦查程序】公安机关对已经立案的刑事案件，应当进行侦查，收集、调取犯罪嫌疑人有罪或者无罪、罪轻或者罪重的证据材料。对现行犯或者重大嫌疑分子可以依法先行拘留，对符合逮捕条件的犯罪嫌疑人，应当依法逮捕。

新旧条文序号对照

2018年刑事诉讼法	2012年刑事诉讼法	1996年刑事诉讼法
第一百一十五条	第一百一十三条	第八十九条

适用要点与裁判依据

★监察机关应当收集被调查人有无违法犯罪以及情节轻重的证据

《中华人民共和国监察法》(2018年3月20日 主席令第3号)

第四十条 监察机关对职务违法和职务犯罪案件,应当进行调查,收集被调查人有无违法犯罪以及情节轻重的证据,查明违法犯罪事实,形成相互印证、完整稳定的证据链。

严禁以威胁、引诱、欺骗及其他非法方式收集证据,严禁侮辱、打骂、虐待、体罚或者变相体罚被调查人和涉案人员。

★侦查机关应当全面、客观、及时收集与案件有关的证据

《最高人民法院、最高人民检察院、公安部、国家安全部、司法部关于推进以审判为中心的刑事诉讼制度改革的意见》(2016年7月20日 法发〔2016〕18号)

四、侦查机关应当全面、客观、及时收集与案件有关的证据。

侦查机关应当依法收集证据。对采取刑讯逼供、暴力、威胁等非法方法收集的言词证据,应当依法予以排除。侦查机关收集物证、书证不符合法定程序,可能严重影响司法公正,不能补正或者作出合理解释的,应当依法予以排除。

对物证、书证等实物证据,一般应当提取原物、原件,确保证据的真实性。需要鉴定的,应当及时送检。证据之间有矛盾的,应当及时查证。所有证据应当妥善保管,随案移送。

★香港特别行政区维护国家安全法对调查严重犯罪案件的规定

《中华人民共和国香港特别行政区维护国家安全法》(2020年6月30日 主席令第49号)

第四十三条 香港特别行政区政府警务处维护国家安全部门办理危害国家安全犯罪案件时,可以采取香港特别行政区现行法律准予警方等执法部门在调查严重犯罪案件时采取的各种措施,并可以采取以下措施:

（一）搜查可能存有犯罪证据的处所、车辆、船只、航空器以及其他有关地方和电子设备；

（二）要求涉嫌实施危害国家安全犯罪行为的人员交出旅行证件或者限制其离境；

（三）对用于或者意图用于犯罪的财产、因犯罪所得的收益等与犯罪相关的财产，予以冻结，申请限制令、押记令、没收令以及充公；

（四）要求信息发布人或者有关服务商移除信息或者提供协助；

（五）要求外国及境外政治性组织，外国及境外当局或者政治性组织的代理人提供资料；

（六）经行政长官批准，对有合理理由怀疑涉及实施危害国家安全犯罪的人员进行截取通讯和秘密监察；

（七）对有合理理由怀疑拥有与侦查有关的资料或者管有有关物料的人员，要求其回答问题和提交资料或者物料。

香港特别行政区维护国家安全委员会对警务处维护国家安全部门等执法机构采取本条第一款规定措施负有监督责任。

授权香港特别行政区行政长官会同香港特别行政区维护国家安全委员会为采取本条第一款规定措施制定相关实施细则。

第一百一十六条　【预审与核实证据】公安机关经过侦查，对有证据证明有犯罪事实的案件，应当进行预审，对收集、调取的证据材料予以核实。

新旧条文序号对照

2018年刑事诉讼法	2012年刑事诉讼法	1996年刑事诉讼法
第一百一十六条	第一百一十四条	第九十条

第一百一十七条　【对侦查行为申诉、控告的处理】当事人和辩护人、诉讼代理人、利害关系人对于司法机关及其工作人员有下列行为之一的，有权向该机关申诉或者控告：

（一）采取强制措施法定期限届满，不予以释放、解除或者变更的；

（二）应当退还取保候审保证金不退还的；

（三）对与案件无关的财物采取查封、扣押、冻结措施的；

（四）应当解除查封、扣押、冻结不解除的；

（五）贪污、挪用、私分、调换、违反规定使用查封、扣押、冻结的财物的。

受理申诉或者控告的机关应当及时处理。对处理不服的，可以向同级人民检察院申诉；人民检察院直接受理的案件，可以向上一级人民检察院申诉。人民检察院对申诉应当及时进行审查，情况属实的，通知有关机关予以纠正。

新旧条文序号对照

2018年刑事诉讼法	2012年刑事诉讼法	1996年刑事诉讼法
第一百一十七条	第一百一十五条	

适用要点与裁判依据

★检察院应当对侦查活动中是否存在十六种违法行为进行监督

《人民检察院刑事诉讼规则》（2019年12月30日　高检发释字〔2019〕4号）

第五百六十七条　人民检察院应当对侦查活动中是否存在以下违法行为进行监督：

（一）采用刑讯逼供以及其他非法方法收集犯罪嫌疑人供述的；

（二）讯问犯罪嫌疑人依法应当录音或者录像而没有录音或者录像，或者未在法定羁押场所讯问犯罪嫌疑人的；

（三）采用暴力、威胁以及非法限制人身自由等非法方法收集证人证言、被害人陈述，或者以暴力、威胁等方法阻止证人作证或者指使他人作伪证的；

（四）伪造、隐匿、销毁、调换、私自涂改证据，或者帮助当事人毁灭、伪造证据的；

（五）违反刑事诉讼法关于决定、执行、变更、撤销强制措施的规定，或者强制措施法定期限届满，不予释放、解除或者变更的；

（六）应当退还取保候审保证金不退还的；

（七）违反刑事诉讼法关于讯问、询问、勘验、检查、搜查、鉴定、采取技术侦查措施等规定的；

（八）对与案件无关的财物采取查封、扣押、冻结措施，或者应当解除查封、扣押、冻结而不解除的；

（九）贪污、挪用、私分、调换、违反规定使用查封、扣押、冻结的财物及其孳息的；

（十）不应当撤案而撤案的；

（十一）侦查人员应当回避而不回避的；

（十二）依法应当告知犯罪嫌疑人诉讼权利而不告知，影响犯罪嫌疑人行使诉讼权利的；

（十三）对犯罪嫌疑人拘留、逮捕、指定居所监视居住后依法应当通知家属而未通知的；

（十四）阻碍当事人、辩护人、诉讼代理人、值班律师依法行使诉讼权利的；

（十五）应当对证据收集的合法性出具说明或者提供证明材料而不出具、不提供的；

（十六）侦查活动中的其他违反法律规定的行为。

★检察院发现侦查活动中的违法情形已涉嫌犯罪，应依法立案侦查

《人民检察院刑事诉讼规则》（2019 年 12 月 30 日 高检发释字〔2019〕4 号）

第五百六十八条 人民检察院发现侦查活动中的违法情形已涉

关可以要求其就涉嫌违法行为作出陈述，必要时向被调查人出具书面通知。

对涉嫌贪污贿赂、失职渎职等职务犯罪的被调查人，监察机关可以进行讯问，要求其如实供述涉嫌犯罪的情况。

★侦查人员第一次讯问，应当问明犯罪嫌疑人是否受过刑事处罚或者行政处理等情况

《公安机关办理刑事案件程序规定》(2020 年 7 月 20 日修正 公安部令第 159 号)

第二百零三条 侦查人员讯问犯罪嫌疑人时，应当首先讯问犯罪嫌疑人是否有犯罪行为，并告知犯罪嫌疑人享有的诉讼权利，如实供述自己罪行可以从宽处理以及认罪认罚的法律规定，让他陈述有罪的情节或者无罪的辩解，然后向他提出问题。

犯罪嫌疑人对侦查人员的提问，应当如实回答。但是对与本案无关的问题，有拒绝回答的权利。

第一次讯问，应当问明犯罪嫌疑人的姓名、别名、曾用名、出生年月日、户籍所在地、现住地、籍贯、出生地、民族、职业、文化程度、政治面貌、工作单位、家庭情况、社会经历，是否属于人大代表、政协委员，是否受过刑事处罚或者行政处理等情况。

第121条

第一百二十一条 【讯问聋、哑犯罪嫌疑人】讯问聋、哑的犯罪嫌疑人，应当有通晓聋、哑手势的人参加，并且将这种情况记明笔录。

新旧条文序号对照

2018 年刑事诉讼法	2012 年刑事诉讼法	1996 年刑事诉讼法
第一百二十一条	第一百一十九条	第九十四条

适用要点与裁判依据

★讯问不通晓当地语言文字的犯罪嫌疑人,应当配备翻译人员

《公安机关办理刑事案件程序规定》(2020年7月20日修正 公安部令第159号)

第二百零四条 讯问聋、哑的犯罪嫌疑人,应当有通晓聋、哑手势的人参加,并在讯问笔录上注明犯罪嫌疑人的聋、哑情况,以及翻译人员的姓名、工作单位和职业。

讯问不通晓当地语言文字的犯罪嫌疑人,应当配备翻译人员。

第一百二十二条 【讯问笔录】讯问笔录应当交犯罪嫌疑人核对,对于没有阅读能力的,应当向他宣读。如果记载有遗漏或者差错,犯罪嫌疑人可以提出补充或者改正。犯罪嫌疑人承认笔录没有错误后,应当签名或者盖章。侦查人员也应当在笔录上签名。犯罪嫌疑人请求自行书写供述的,应当准许。必要的时候,侦查人员也可以要犯罪嫌疑人亲笔书写供词。

新旧条文序号对照

2018年刑事诉讼法	2012年刑事诉讼法	1996年刑事诉讼法
第一百二十二条	第一百二十条	第九十五条

适用要点与裁判依据

★制作讯问笔录应当使用能够长期保持字迹的材料

《公安机关办理刑事案件程序规定》(2020年7月20日修正 公安部令第159号)

第二百零五条 侦查人员应当将问话和犯罪嫌疑人的供述或者辩解如实地记录清楚。制作讯问笔录应当使用能够长期保持字迹的材料。

★笔录经犯罪嫌疑人核对无误后，应当由其在末页写明“以上笔录我看过（或向我宣读过），和我说的相符”

《公安机关办理刑事案件程序规定》（2020年7月20日修正 公安部令第159号）

第二百零六条 讯问笔录应当交犯罪嫌疑人核对；对于没有阅读能力的，应当向他宣读。如果记录有遗漏或者差错，应当允许犯罪嫌疑人补充或者更正，并捺指印。笔录经犯罪嫌疑人核对无误后，应当由其在笔录上逐页签名、捺指印，并在末页写明“以上笔录我看过（或向我宣读过），和我说的相符”。拒绝签名、捺指印的，侦查人员应当在笔录上注明。

第122条

讯问笔录上所列项目，应当按照规定填写齐全。侦查人员、翻译人员应当在讯问笔录上签名。

★侦查人员收到犯罪嫌疑人的亲笔供词后应当在首页右上方写明“于某年某月某日收到”并签名

《公安机关办理刑事案件程序规定》（2020年7月20日修正 公安部令第159号）

第二百零七条 犯罪嫌疑人请求自行书写供述的，应当准许；必要时，侦查人员也可以要求犯罪嫌疑人亲笔书写供词。犯罪嫌疑人应当在亲笔供词上逐页签名、捺指印。侦查人员收到后，应当在首页右上方写明“于某年某月某日收到”，并签名。

★监察机关对关键事实，一般应制作多份笔录，由被调查人书写自书材料，不得在多份笔录之间相互复制

《国家监察委员会与最高人民检察院办理职务犯罪案件工作衔接办法》（2018年4月16日 国监办发〔2018〕1号）

第一条 案件调查部门收集、固定、审查被调查人涉嫌职务犯罪的供述和辩解、证人证言、物证、书证等证据材料，应严格遵循刑事审判关于证据的要求和标准。

首次讯问、询问时应当告知被调查人、证人有关权利义务等事项；讯问、询问应当制作完整的笔录，注明具体起止时间、地点，并由调查人员和被调查人、证人签名；对关键事实，一般应制作多份笔录，由被调查人书写自书材料。不得在多份笔录之间相互复制；避免提示性、诱导性提问。

讯问以及搜查、查封、扣押等重要取证工作应全程同步录音录像。

第一百二十三条　【讯问过程录音、录像】侦查人员在讯问犯罪嫌疑人的时候，可以对讯问过程进行录音或者录像；对于可能判处无期徒刑、死刑的案件或者其他重大犯罪案件，应当对讯问过程进行录音或者录像。

录音或者录像应当全程进行，保持完整性。

新旧条文序号对照

2018年刑事诉讼法	2012年刑事诉讼法	1996年刑事诉讼法
第一百二十三条	第一百二十一条	第九十六条

适用要点与裁判依据

★对讯问过程录音录像的，应当对每一次讯问全程不间断进行，不得选择性地录制，不得剪接、删改

《公安机关办理刑事案件程序规定》（2020年7月20日修正 公安部令第159号）

第二百零八条　讯问犯罪嫌疑人，在文字记录的同时，可以对讯问过程进行录音录像。对于可能判处无期徒刑、死刑的案件或者其他重大犯罪案件，应当对讯问过程进行录音录像。

前款规定的"可能判处无期徒刑、死刑的案件"，是指应当适用的法定刑或者量刑档次包含无期徒刑、死刑的案件。"其他重大犯罪案件"，是指致人重伤、死亡的严重危害公共安全犯罪、严重侵犯公民人身权利犯罪，以及黑社会性质组织犯罪、严重毒品犯罪等重大故意犯罪案件。

对讯问过程录音录像的，应当对每一次讯问全程不间断进行，保持完整性。不得选择性地录制，不得剪接、删改。

★监察机关讯问以及搜查、查封、扣押等重要取证工作应全程同步录音录像

《国家监察委员会与最高人民检察院办理职务犯罪案件工作衔接办法》(2018 年 4 月 16 日 国监办发〔2018〕1 号)

第一条 案件调查部门收集、固定、审查被调查人涉嫌职务犯罪的供述和辩解、证人证言、物证、书证等证据材料，应严格遵循刑事审判关于证据的要求和标准。

首次讯问、询问时应当告知被调查人、证人有关权利义务等事项；讯问、询问应当制作完整的笔录，注明具体起止时间、地点，并由调查人员和被调查人、证人签名；对关键事实，一般应制作多份笔录，由被调查人书写自书材料。不得在多份笔录之间相互复制；避免提示性、诱导性提问。

讯问以及搜查、查封、扣押等重要取证工作应全程同步录音录像。

第三节 询问证人

第一百二十四条 【询问证人的程序】侦查人员询问证人，可以在现场进行，也可以到证人所在单位、住处或者证人提出的地点进行，在必要的时候，可以通知证人到人民检察院或者公安机关提供证言。在现场询问证人，应当出示工作证件，到证人所在单位、住处或者证人提出的地点询问证人，应当出示人民检察院或者公安机关的证明文件。

询问证人应当个别进行。

新旧条文序号对照

2018 年刑事诉讼法	2012 年刑事诉讼法	1996 年刑事诉讼法
第一百二十四条	第一百二十二条	第九十七条

适用要点与裁判依据

★监察机关在调查过程中可以询问证人等人员

《中华人民共和国监察法》(2018 年 3 月 20 日　主席令第 3 号)

第二十一条　在调查过程中,监察机关可以询问证人等人员。

★询问证人,检察人员或者检察人员和书记员不得少于二人

《人民检察院刑事诉讼规则》(2019 年 12 月 30 日　高检发释字〔2019〕4 号)

第一百九十二条　询问证人,应当由检察人员负责进行。询问时,检察人员或者检察人员和书记员不得少于二人。

★检察人员到证人提出的地点进行询问的,应当在笔录中记明

《人民检察院刑事诉讼规则》(2019 年 12 月 30 日　高检发释字〔2019〕4 号)

第一百九十三条　询问证人,可以在现场进行,也可以到证人所在单位、住处或者证人提出的地点进行。必要时,也可以通知证人到人民检察院提供证言。到证人提出的地点进行询问的,应当在笔录中记明。

询问证人应当个别进行。

在现场询问证人,应当出示工作证件。到证人所在单位、住处或者证人提出的地点询问证人,应当出示人民检察院的证明文件。

★侦查人员到证人所在单位、住处或者证人提出的地点询问证人,应当经办案部门负责人批准

《公安机关办理刑事案件程序规定》(2020 年 7 月 20 日修正　公安部令第 159 号)

第二百一十条　询问证人、被害人,可以在现场进行,也可以到证人、被害人所在单位、住处或者证人、被害人提出的地点进行。在必要的时候,可以书面、电话或者当场通知证人、被害人到公安机关提供证言。

询问证人、被害人应当个别进行。

在现场询问证人、被害人,侦查人员应当出示人民警察证。到证人、被害人所在单位、住处或者证人、被害人提出的地点询问证人、被害人,应当经办案部门负责人批准,制作询问通知书。询问前,侦查人员应当出示询问通知书和人民警察证。

第一百二十五条　【讯问证人时的告知事项】询问证人,应当告知他应当如实地提供证据、证言和有意作伪证或者隐匿罪证要负的法律责任。

新旧条文序号对照

2018年刑事诉讼法	2012年刑事诉讼法	1996年刑事诉讼法
第一百二十五条	第一百二十三条	第九十八条

适用要点与裁判依据

★询问证人,不得采用拘禁、暴力、威胁、引诱、欺骗以及其他非法方法获取证言

《人民检察院刑事诉讼规则》(2019年12月30日　高检发释字〔2019〕4号)

第一百九十一条　人民检察院在侦查过程中,应当及时询问证人,并且告知证人履行作证的权利和义务。

人民检察院应当保证一切与案件有关或者了解案情的公民有客观充分地提供证据的条件,并为他们保守秘密。除特殊情况外,人民检察院可以吸收他们协助调查。

第一百九十四条　询问证人,应当问明证人的基本情况以及与当事人的关系，并且告知证人应当如实提供证据、证言和故意作伪证或者隐匿罪证应当承担的法律责任，但是不得向证人泄露案情，不得采用拘禁、暴力、威胁、引诱、欺骗以及其他非法方法获取证言。

询问重大或者有社会影响的案件的重要证人，应当对询问过程实行全程录音、录像，并在询问笔录中注明。

★侦查人员不得向证人泄露案情或者表示对案件的看法

《公安机关办理刑事案件程序规定》（2020年7月20日修正 公安部令第159号）

第二百一十一条　询问前，应当了解证人、被害人的身份，证人、被害人、犯罪嫌疑人之间的关系。询问时，应当告知证人、被害人必须如实地提供证据、证言和有意作伪证或者隐匿罪证应负的法律责任。

侦查人员不得向证人、被害人泄露案情或者表示对案件的看法，严禁采用暴力、威胁等非法方法询问证人、被害人。

第一百二十六条　【询问笔录】本法第一百二十二条的规定，也适用于询问证人。

新旧条文序号对照

2018年刑事诉讼法	2012年刑事诉讼法	1996年刑事诉讼法
第一百二十六条	第一百二十四条	第九十九条

适用要点与裁判依据

★询问笔录应当交证人核对，如果记录有遗漏或者差错，应当允许证人补充或者更正

《公安机关办理刑事案件程序规定》（2020年7月20日修正 公安部令第159号）

第二百零六条　讯问笔录应当交犯罪嫌疑人核对；对于没有阅

读能力的，应当向他宣读。如果记录有遗漏或者差错，应当允许犯罪嫌疑人补充或者更正，并捺指印。笔录经犯罪嫌疑人核对无误后，应当由其在笔录上逐页签名、捺指印，并在末页写明“以上笔录我看过（或向我宣读过），和我说的相符”。拒绝签名、捺指印的，侦查人员应当在笔录上注明。

讯问笔录上所列项目，应当按照规定填写齐全。侦查人员、翻译人员应当在讯问笔录上签名。

★证人请求自行书写供述的，应当准许；侦查人员也可以要求证人亲笔书写供词

《公安机关办理刑事案件程序规定》（2020年7月20日修正　公安部令第159号）

第二百零七条　犯罪嫌疑人请求自行书写供述的，应当准许；必要时，侦查人员也可以要求犯罪嫌疑人亲笔书写供词。犯罪嫌疑人应当在亲笔供词上逐页签名、捺指印。侦查人员收到后，应当在首页右上方写明“于某年某月某日收到”，并签名。

★监察机关对关键事实，一般应制作多份笔录，由证人书写自书材料，不得在多份笔录之间相互复制

《国家监察委员会与最高人民检察院办理职务犯罪案件工作衔接办法》（2018年4月16日　国监办发〔2018〕1号）

第一条　案件调查部门收集、固定、审查被调查人涉嫌职务犯罪的供述和辩解、证人证言、物证、书证等证据材料，应严格遵循刑事审判关于证据的要求和标准。

首次讯问、询问时应当告知被调查人、证人有关权利义务等事项；讯问、询问应当制作完整的笔录，注明具体起止时间、地点，并由调查人员和被调查人、证人签名；对关键事实，一般应制作多份笔录，由被调查人书写自书材料。不得在多份笔录之间相互复制；避免提示性、诱导性提问。

讯问以及搜查、查封、扣押等重要取证工作应全程同步录音录像。

第一百二十七条　【询问被害人】询问被害人，适用本节各条规定。

新旧条文序号对照

2018 年刑事诉讼法	2012 年刑事诉讼法	1996 年刑事诉讼法
第一百二十七条	第一百二十五条	第一百条

适用要点与裁判依据

★询问笔录应当交被害人核对，如果记录有遗漏或者差错，应当允许被害人补充或者更正，并捺指印

《公安机关办理刑事案件程序规定》(2020 年 7 月 20 日修正 公安部令第 159 号)

第二百零六条　讯问笔录应当交犯罪嫌疑人核对；对于没有阅读能力的，应当向他宣读。如果记录有遗漏或者差错，应当允许犯罪嫌疑人补充或者更正，并捺指印。笔录经犯罪嫌疑人核对无误后，应当由其在笔录上逐页签名、捺指印，并在末页写明"以上笔录我看过(或向我宣读过)，和我说的相符"。拒绝签名、捺指印的，侦查人员应当在笔录上注明。

讯问笔录上所列项目，应当按照规定填写齐全。侦查人员、翻译人员应当在讯问笔录上签名。

★被害人请求自行书写供述的，应当准许；必要时，侦查人员也可以要求被害人亲笔书写供词

《公安机关办理刑事案件程序规定》(2020 年 7 月 20 日修正 公安部令第 159 号)

第二百零七条　犯罪嫌疑人请求自行书写供述的，应当准许；必要时，侦查人员也可以要求犯罪嫌疑人亲笔书写供词。犯罪嫌疑人应当在亲笔供词上逐页签名、捺指印。侦查人员收到后，应当在首页

★为了确定死因,经县级以上公安机关负责人批准,可以解剖尸体

《公安机关办理刑事案件程序规定》(2020年7月20日修正 公安部令第159号)

第二百一十八条 为了确定死因,经县级以上公安机关负责人批准,可以解剖尸体,并且通知死者家属到场,让其在解剖尸体通知书上签名。

死者家属无正当理由拒不到场或者拒绝签名的,侦查人员应当在解剖尸体通知书上注明。对身份不明的尸体,无法通知死者家属的,应当在笔录中注明。

第二百一十九条 对已查明死因,没有继续保存必要的尸体,应当通知家属领回处理,对于无法通知或者通知后家属拒绝领回的,经县级以上公安机关负责人批准,可以及时处理。

第二百二十条 公安机关进行勘验、检查后,人民检察院要求复验、复查的,公安机关应当进行复验、复查,并可以通知人民检察院派员参加。

★经县级以上公安机关负责人批准,可以进行侦查实验

《公安机关办理刑事案件程序规定》(2020年7月20日修正 公安部令第159号)

第二百二十一条 为了查明案情,在必要的时候,经县级以上公安机关负责人批准,可以进行侦查实验。

进行侦查实验,应当全程录音录像,并制作侦查实验笔录,由参加实验的人签名。

进行侦查实验,禁止一切足以造成危险、侮辱人格或者有伤风化的行为。

★国家安全机关调查间谍行为,可以依法对涉嫌间谍行为的人身、物品、场所进行检查

《中华人民共和国反间谍法》(2023年4月26日修订 主席令第4号)

第二十八条 国家安全机关调查间谍行为,经设区的市级以上国家安全机关负责人批准，可以依法对涉嫌间谍行为的人身、物品、场所进行检查。

检查女性身体的，应当由女性工作人员进行。

第一百二十九条　【保护犯罪现场】任何单位和个人，都有义务保护犯罪现场，并且立即通知公安机关派员勘验。

新旧条文序号对照

2018 年刑事诉讼法	2012 年刑事诉讼法	1996 年刑事诉讼法
第一百二十九条	第一百二十七条	第一百零二条

适用要点与裁判依据

★发案地派出所、巡警等部门应当妥善保护犯罪现场和证据

《公安机关办理刑事案件程序规定》(2020 年 7 月 20 日修正　公安部令第 159 号)

第二百一十四条　发案地派出所、巡警等部门应当妥善保护犯罪现场和证据，控制犯罪嫌疑人，并立即报告公安机关主管部门。

执行勘查的侦查人员接到通知后，应当立即赶赴现场；勘查现场，应当持有刑事犯罪现场勘查证。

第一百三十条　【勘验、检查的依据】侦查人员执行勘验、检查，必须持有人民检察院或者公安机关的证明文件。

新旧条文序号对照

2018 年刑事诉讼法	2012 年刑事诉讼法	1996 年刑事诉讼法
第一百三十条	第一百二十八条	第一百零三条

适用要点与裁判依据

★监察机关可以直接或者指派、聘请具有专门知识、资格的人员在调查人员主持下进行勘验检查

《中华人民共和国监察法》(2018 年 3 月 20 日　主席令第 3 号)

第二十六条　监察机关在调查过程中,可以直接或者指派、聘请具有专门知识、资格的人员在调查人员主持下进行勘验检查。勘验检查情况应当制作笔录,由参加勘验检查的人员和见证人签名或者盖章。

★侦查人员进行勘查现场,应当持有刑事犯罪现场勘查证

《公安机关办理刑事案件程序规定》(2020 年 7 月 20 日修正　公安部令第 159 号)

第二百一十四条　发案地派出所、巡警等部门应当妥善保护犯罪现场和证据,控制犯罪嫌疑人,并立即报告公安机关主管部门。

执行勘查的侦查人员接到通知后,应当立即赶赴现场;勘查现场,应当持有刑事犯罪现场勘查证。

★国家安全机关工作人员依法执行反间谍工作任务时,依照规定出示工作证件

《中华人民共和国反间谍法》(2023 年 4 月 26 日修订　主席令第 4 号)

第二十四条　国家安全机关工作人员依法执行反间谍工作任务时,依照规定出示工作证件,可以查验中国公民或者境外人员的身份证明,向有关个人和组织问询有关情况,对身份不明、有间谍行为嫌疑的人员,可以查看其随带物品。

第一百三十一条 【对死因不明尸体的解剖】对于死因不明的尸体，公安机关有权决定解剖，并且通知死者家属到场。

新旧条文序号对照

2018年刑事诉讼法	2012年刑事诉讼法	1996年刑事诉讼法
第一百三十一条	第一百二十九条	第一百零四条

适用要点与裁判依据

★检察院解剖死因不明的尸体，应当通知死者家属到场

《人民检察院刑事诉讼规则》（2019年12月30日 高检发释字〔2019〕4号）

第一百九十八条 人民检察院解剖死因不明的尸体，应当通知死者家属到场，并让其在解剖通知书上签名或者盖章。

死者家属无正当理由拒不到场或者拒绝签名、盖章的，不影响解剖的进行，但是应当在解剖通知书上记明。对于身份不明的尸体，无法通知死者家属的，应当记明笔录。

★经县级以上公安机关负责人批准，可以解剖尸体

《公安机关办理刑事案件程序规定》（2020年7月20日修正 公安部令第159号）

第二百一十八条 为了确定死因，经县级以上公安机关负责人批准，可以解剖尸体，并且通知死者家属到场，让其在解剖尸体通知书上签名。

死者家属无正当理由拒不到场或者拒绝签名的，侦查人员应当在解剖尸体通知书上注明。对身份不明的尸体，无法通知死者家属的，应当在笔录中注明。

★对已查明死因，没有继续保存必要的尸体，无法通知或者家属拒绝领回的，经县级以上公安机关负责人批准，可以及时处理

《公安机关办理刑事案件程序规定》（2020 年 7 月 20 日修正　公安部令第 159 号）

第二百一十九条　对已查明死因，没有继续保存必要的尸体，应当通知家属领回处理，对于无法通知或者通知后家属拒绝领回的，经县级以上公安机关负责人批准，可以及时处理。

第一百三十二条　【人身检查】为了确定被害人、犯罪嫌疑人的某些特征、伤害情况或者生理状态，可以对人身进行检查，可以提取指纹信息，采集血液、尿液等生物样本。

犯罪嫌疑人如果拒绝检查，侦查人员认为必要的时候，可以强制检查。

检查妇女的身体，应当由女工作人员或者医师进行。

新旧条文序号对照

2018 年刑事诉讼法	2012 年刑事诉讼法	1996 年刑事诉讼法
第一百三十二条	第一百三十条	第一百零五条

适用要点与裁判依据

★人身检查不得采用损害被检查人生命、健康或者贬低其名誉、人格的方法

《人民检察院刑事诉讼规则》（2019 年 12 月 30 日　高检发释字〔2019〕4 号）

第一百九十九条　为了确定被害人、犯罪嫌疑人的某些特征、伤害情况或者生理状态，人民检察院可以对其人身进行检查，可以提取指纹信息，采集血液、尿液等生物样本。

必要时，可以指派、聘请法医或者医师进行人身检查。采集血液等生物样本应当由医师进行。

犯罪嫌疑人如果拒绝检查，检察人员认为必要时可以强制检查。

检查妇女的身体，应当由女工作人员或者医师进行。

人身检查不得采用损害被检查人生命、健康或者贬低其名誉、人格的方法。在人身检查过程中知悉的被检查人的个人隐私，检察人员应当予以保密。

★被害人死亡的，应当通过被害人近亲属辨认、提取生物样本鉴定等方式确定被害人身份

《公安机关办理刑事案件程序规定》(2020年7月20日修正 公安部令第159号)

第二百一十七条 为了确定被害人、犯罪嫌疑人的某些特征、伤害情况或者生理状态，可以对人身进行检查，依法提取、采集肖像、指纹等人体生物识别信息，采集血液、尿液等生物样本。被害人死亡的，应当通过被害人近亲属辨认、提取生物样本鉴定等方式确定被害人身份。

犯罪嫌疑人拒绝检查、提取、采集的，侦查人员认为必要的时候，经办案部门负责人批准，可以强制检查、提取、采集。

检查妇女的身体，应当由女工作人员或者医师进行。

检查的情况应当制作笔录，由参加检查的侦查人员、检查人员、被检查人员和见证人签名。被检查人员拒绝签名的，侦查人员应当在笔录中注明。

第一百三十三条 【勘验、检查笔录】勘验、检查的情况应当写成笔录，由参加勘验、检查的人和见证人签名或者盖章。

侦查实验，禁止一切足以造成危险、侮辱人格或者有伤风化的行为。

新旧条文序号对照

2018 年刑事诉讼法	2012 年刑事诉讼法	1996 年刑事诉讼法
第一百三十五条	第一百三十三条	第一百零八条

适用要点与裁判依据

★法院对侦查实验笔录应当着重审查实验的过程、方法

《最高人民法院关于适用〈中华人民共和国刑事诉讼法〉的解释》(2021 年 1 月 26 日 法释〔2021〕1 号)

第一百零六条 对侦查实验笔录应当着重审查实验的过程、方法，以及笔录的制作是否符合有关规定。

★侦查实验笔录不得作为定案的根据的情形

《最高人民法院关于适用〈中华人民共和国刑事诉讼法〉的解释》(2021 年 1 月 26 日 法释〔2021〕1 号)

第一百零七条 侦查实验的条件与事件发生时的条件有明显差异，或者存在影响实验结论科学性的其他情形的，侦查实验笔录不得作为定案的根据。

★经检察长批准，可以进行侦查实验

《人民检察院刑事诉讼规则》(2019 年 12 月 30 日 高检发释字〔2019〕4 号)

第二百条 为了查明案情，必要时经检察长批准，可以进行侦查实验。

侦查实验，禁止一切足以造成危险、侮辱人格或者有伤风化的行为。

★侦查实验，可以要求犯罪嫌疑人、被害人、证人参加

《人民检察院刑事诉讼规则》（2019 年 12 月 30 日　高检发释字〔2019〕4 号）

第二百零一条　侦查实验，必要时可以聘请有关专业人员参加，也可以要求犯罪嫌疑人、被害人、证人参加。

★进行侦查实验，应当全程录音录像

《公安机关办理刑事案件程序规定》（2020 年 7 月 20 日修正　公安部令第 159 号）

第二百二十一条　为了查明案情，在必要的时候，经县级以上公安机关负责人批准，可以进行侦查实验。

进行侦查实验，应当全程录音录像，并制作侦查实验笔录，由参加实验的人签名。

进行侦查实验，禁止一切足以造成危险、侮辱人格或者有伤风化的行为。

第五节　搜　查

第一百三十六条　【搜查目的及范围】为了收集犯罪证据、查获犯罪人，侦查人员可以对犯罪嫌疑人以及可能隐藏罪犯或者犯罪证据的人的身体、物品、住处和其他有关的地方进行搜查。

新旧条文序号对照

2018 年刑事诉讼法	2012 年刑事诉讼法	1996 年刑事诉讼法
第一百三十六条	第一百三十四条	第一百零九条

适用要点与裁判依据

★监察机关可以对涉嫌职务犯罪的被调查人以及可能隐藏被调查人或者犯罪证据的人的身体、物品、住处进行搜查

《中华人民共和国监察法》(2018 年 3 月 20 日 主席令第 3 号)

第二十四条 监察机关可以对涉嫌职务犯罪的被调查人以及可能隐藏被调查人或者犯罪证据的人的身体、物品、住处和其他有关地方进行搜查。在搜查时,应当出示搜查证,并有被搜查人或者其家属等见证人在场。

搜查女性身体,应当由女性工作人员进行。

监察机关进行搜查时,可以根据工作需要提请公安机关配合。公安机关应当依法予以协助。

第137条

第一百三十七条 【协助搜查】任何单位和个人,有义务按照人民检察院和公安机关的要求,交出可以证明犯罪嫌疑人有罪或者无罪的物证、书证、视听资料等证据。

新旧条文序号对照

2018 年刑事诉讼法	2012 年刑事诉讼法	1996 年刑事诉讼法
第一百三十七条	第一百三十五条	第一百一十条

适用要点与裁判依据

★监察机关进行搜查时,公安机关应当依法予以协助

《中华人民共和国监察法》(2018 年 3 月 20 日 主席令第 3 号)

第二十四条 监察机关可以对涉嫌职务犯罪的被调查人以及可能隐藏被调查人或者犯罪证据的人的身体、物品、住处和其他有关地方进行搜查。在搜查时,应当出示搜查证,并有被搜查人或者其家属等见证人在场。

搜查女性身体,应当由女性工作人员进行。

监察机关进行搜查时,可以根据工作需要提请公安机关配合。公安机关应当依法予以协助。

★检察院有权要求有关单位和个人,交出能够证明犯罪嫌疑人有罪或者无罪以及犯罪情节轻重的证据

《人民检察院刑事诉讼规则》(2019年12月30日 高检发释字〔2019〕4号)

第二百零二条 人民检察院有权要求有关单位和个人,交出能够证明犯罪嫌疑人有罪或者无罪以及犯罪情节轻重的证据。

第一百三十八条 【搜查证】进行搜查,必须向被搜查人出示搜查证。

在执行逮捕、拘留的时候,遇有紧急情况,不另用搜查证也可以进行搜查。

第138条

新旧条文序号对照

2018年刑事诉讼法	2012年刑事诉讼法	1996年刑事诉讼法
第一百三十八条	第一百三十六条	第一百一十一条

适用要点与裁判依据

★监察机关在搜查时,应当出示搜查证

《中华人民共和国监察法》(2018年3月20日 主席令第3号)

第二十四条 监察机关可以对涉嫌职务犯罪的被调查人以及可能隐藏被调查人或者犯罪证据的人的身体、物品、住处和其他有关地方进行搜查。在搜查时,应当出示搜查证,并有被搜查人或者其家属等见证人在场。

搜查女性身体，应当由女性工作人员进行。

监察机关进行搜查时，可以根据工作需要提请公安机关配合。公安机关应当依法予以协助。

★检察机关在执行逮捕、拘留时，不另用搜查证也可以进行搜查的五种紧急情况

《人民检察院刑事诉讼规则》（2019 年 12 月 30 日　高检发释字〔2019〕4 号）

第二百零五条　搜查时，应当向被搜查人或者他的家属出示搜查证。

在执行逮捕、拘留的时候，遇有下列紧急情况之一，不另用搜查证也可以进行搜查：

（一）可能随身携带凶器的；

（二）可能隐藏爆炸、剧毒等危险物品的；

（三）可能隐匿、毁弃、转移犯罪证据的；

第138条

（四）可能隐匿其他犯罪嫌疑人的；

（五）其他紧急情况。

搜查结束后，搜查人员应当在二十四小时以内补办有关手续。

★公安机关执行拘留、逮捕的时候，不用搜查证也可以进行搜查的五种紧急情况

《公安机关办理刑事案件程序规定》（2020 年 7 月 20 日修正　公安部令第 159 号）

第二百二十四条　执行拘留、逮捕的时候，遇有下列紧急情况之一的，不用搜查证也可以进行搜查：

（一）可能随身携带凶器的；

（二）可能隐藏爆炸、剧毒等危险物品的；

（三）可能隐匿、毁弃、转移犯罪证据的；

（四）可能隐匿其他犯罪嫌疑人的；

（五）其他突然发生的紧急情况。

第一百三十九条 【见证人及对妇女身体的搜查】在搜查的时候，应当有被搜查人或者他的家属，邻居或者其他见证人在场。

搜查妇女的身体，应当由女工作人员进行。

新旧条文序号对照

2018 年刑事诉讼法	2012 年刑事诉讼法	1996 年刑事诉讼法
第一百三十九条	第一百三十七条	第一百一十二条

适用要点与裁判依据

★确因客观原因无法由符合条件的人员担任见证人的，应当对有关侦查活动进行全程录音录像

《公安机关办理刑事案件程序规定》(2020 年 7 月 20 日修正 公安部令第 159 号)

第一百九十四条 公安机关开展勘验、检查、搜查、辨认、查封、扣押等侦查活动，应当邀请有关公民作为见证人。

下列人员不得担任侦查活动的见证人：

(一)生理上、精神上有缺陷或者年幼，不具有相应辨别能力或者不能正确表达的人；

(二)与案件有利害关系，可能影响案件公正处理的人；

(三)公安机关的工作人员或者其聘用的人员。

确因客观原因无法由符合条件的人员担任见证人的，应当对有关侦查活动进行全程录音录像，并在笔录中注明有关情况。

★进行搜查时，应当有被搜查人或者他的家属、邻居或者其他见证人在场

《公安机关办理刑事案件程序规定》(2020 年 7 月 20 日修正 公安部令第 159 号)

第二百二十五条 进行搜查时，应当有被搜查人或者他的家属、邻居或者其他见证人在场。

公安机关可以要求有关单位和个人交出可以证明犯罪嫌疑人有罪或者无罪的物证、书证、视听资料等证据。遇到阻碍搜查的，侦查人员可以强制搜查。

搜查妇女的身体，应当由女工作人员进行。

第一百四十条 【搜查笔录】搜查的情况应当写成笔录，由侦查人员和被搜查人或者他的家属，邻居或者其他见证人签名或者盖章。如果被搜查人或者他的家属在逃或者拒绝签名、盖章，应当在笔录上注明。

新旧条文序号对照

2018 年刑事诉讼法	2012 年刑事诉讼法	1996 年刑事诉讼法
第一百四十条	第一百三十八条	第一百一十三条

第140条

适用要点与裁判依据

★搜查的情况应当制作笔录

《公安机关办理刑事案件程序规定》(2020 年 7 月 20 日修正 公安部令第 159 号)

第二百二十六条 搜查的情况应当制作笔录，由侦查人员和被搜查人或者他的家属，邻居或者其他见证人签名。

如果被搜查人拒绝签名，或者被搜查人在逃，他的家属拒绝签名或者不在场的，侦查人员应当在笔录中注明。

第六节 查封、扣押物证、书证

第一百四十一条 【查封、扣押财物、文件】在侦查活动中发现的可用以证明犯罪嫌疑人有罪或者无罪的各种财物、文件，应当查封、扣押；与案件无关的财物、文件，不得查封、扣押。

对查封、扣押的财物、文件，要妥善保管或者封存，不得使用、调换或者损毁。

新旧条文序号对照

2018 年刑事诉讼法	2012 年刑事诉讼法	1996 年刑事诉讼法
第一百四十一条	第一百三十九条	第一百一十四条

适用要点与裁判依据

★监察机关采取调取、查封、扣押措施，应当收集原物原件，会同持有人等当面逐一拍照、登记、编号，开列清单

《中华人民共和国监察法》(2018 年 3 月 20 日 主席令第 3 号)

第二十五条 监察机关在调查过程中，可以调取、查封、扣押用以证明被调查人涉嫌违法犯罪的财物、文件和电子数据等信息。采取调取、查封、扣押措施，应当收集原物原件，会同持有人或者保管人、见证人，当面逐一拍照、登记、编号，开列清单，由在场人员当场核对、签名，并将清单副本交财物、文件的持有人或者保管人。

对调取、查封、扣押的财物、文件，监察机关应当设立专用账户、专门场所，确定专门人员妥善保管，严格履行交接、调取手续，定期对账核实，不得毁损或者用于其他目的。对价值不明物品应当及时鉴定，专门封存保管。

查封、扣押的财物、文件经查明与案件无关的，应当在查明后三日内解除查封、扣押，予以退还。

★公安机关可以对有关涉案财产采取紧急措施，期限不得超过四十八小时

《公安机关反有组织犯罪工作规定》（2022年8月26日　公安部令第165号）

第三十条　公安机关核查黑社会性质组织犯罪线索，发现涉案财产有灭失、转移的紧急风险的，经设区的市级以上公安机关负责人批准后，可以对有关涉案财产采取紧急止付或者临时冻结、临时扣押的紧急措施，期限不得超过四十八小时。

期限届满或者适用紧急措施的情形消失的，应当立即解除紧急措施；符合立案条件的，办案部门应当在紧急措施期限届满前依法立案侦查，并办理冻结、扣押手续。

★公安机关可以全面调查涉嫌有组织犯罪的组织及其成员财产情况并依法采取查询、查封、扣押、冻结等措施

第141条

《公安机关反有组织犯罪工作规定》（2022年8月26日　公安部令第165号）

第四十五条　公安机关根据办理有组织犯罪案件的需要，可以全面调查涉嫌有组织犯罪的组织及其成员财产的来源、性质、用途、权属及价值，依法采取查询、查封、扣押、冻结等措施。

全面调查的范围包括：有组织犯罪组织的财产；组织成员个人所有的财产；组织成员实际控制的财产；组织成员出资购买的财产；组织成员转移至他人名下的财产；组织成员涉嫌洗钱及掩饰、隐瞒犯罪所得、犯罪所得孳息、收益等犯罪涉及的财产；其他与有组织犯罪组织及其成员有关的财产。

★公安机关对于持有人拒绝交出应当查封、扣押的财物、文件的，可以强制查封、扣押

《公安机关办理刑事案件程序规定》（2020年7月20日修正　公安部令第159号）

第二百二十七条　在侦查活动中发现的可用以证明犯罪嫌疑人

有罪或者无罪的各种财物、文件,应当查封、扣押;但与案件无关的财物、文件,不得查封、扣押。

持有人拒绝交出应当查封、扣押的财物、文件的,公安机关可以强制查封、扣押。

★利害关系人对查封、扣押、冻结、处置涉案财物提出异议的,公安机关应当及时予以核实,依法作出处理

《公安机关反有组织犯罪工作规定》(2022年8月26日 公安部令第165号)

第五十三条 利害关系人对查封、扣押、冻结、处置涉案财物提出异议的,公安机关应当及时予以核实,听取其意见,依法作出处理,并书面告知利害关系人。经查明确实与案件无关的财物,应当在三日以内解除相关措施,并予以退还。

公安机关对涉案财物作出处理后,利害关系人对处理不服的,可以提出申诉或者控告。受理申诉或者控告的公安机关应当及时进行调查核实,在收到申诉、控告之日起三十日以内作出处理决定并书面回复。

★严禁在立案之前查封、扣押、冻结财物

《中共中央办公厅、国务院办公厅关于进一步规范刑事诉讼涉案财物处置工作的意见》(2015年1月24日 中办发〔2015〕7号)

二、规范涉案财物查封、扣押、冻结程序。查封、扣押、冻结涉案财物,应当严格依照法定条件和程序进行。严禁在立案之前查封、扣押、冻结财物。不得查封、扣押、冻结与案件无关的财物。凡查封、扣押、冻结的财物,都应当及时进行审查;经查明确实与案件无关的,应当在三日内予以解除、退还,并通知有关当事人。

……

★涉案财物严禁由办案部门、办案人员自行保管

《中共中央办公厅、国务院办公厅关于进一步规范刑事诉讼涉案财物处置工作的意见》(2015年1月24日 中办发〔2015〕7号)

三、建立办案部门与保管部门、办案人员与保管人员相互制约制度。涉案财物应当由公安机关、国家安全机关、人民检察院、人民法院指定本机关的一个部门或者专职人员统一保管，严禁由办案部门、办案人员自行保管。办案部门、保管部门截留、坐支、私分或者擅自处理涉案财物的，对其直接负责的主管人员和其他直接责任人员，按滥用职权等依法依纪追究责任；办案人员、保管人员调换、侵吞、窃取、挪用涉案财物的，按贪污等依法依纪追究责任。

★对扣押款项应当逐案设立明细账，扣押后立即存入扣押机关唯一合规账户

《中共中央办公厅、国务院办公厅关于进一步规范刑事诉讼涉案财物处置工作的意见》（2015 年 1 月 24 日　中办发〔2015〕7 号）

四、规范涉案财物保管制度。对查封、扣押、冻结的财物，均应当制作详细清单。对扣押款项应当逐案设立明细账，在扣押后立即存入扣押机关唯一合规账户。对赃物特别是贵重物品实行分类保管，做到一案一账、一物一卡、账实相符。对作为证据使用的实物一般应当随案移送，如实登记，妥善保管，健全交接手续，防止损毁、丢失等。

★探索建立跨部门的地方涉案财物集中管理信息平台，实现信息共享

《中共中央办公厅、国务院办公厅关于进一步规范刑事诉讼涉案财物处置工作的意见》（2015 年 1 月 24 日　中办发〔2015〕7 号）

五、探索建立跨部门的地方涉案财物集中管理信息平台。公安机关、人民检察院和人民法院查封、扣押、冻结、处理涉案财物，应当依照相关规定将财物清单及时录入信息平台，实现信息共享，确保涉案财物管理规范、移送顺畅、处置及时。

★完善涉案财物审前返及先行处置程序，权属有争议的，应当在法院判决时一并处理

《中共中央办公厅、国务院办公厅关于进一步规范刑事诉讼涉案财物处置工作的意见》（2015 年 1 月 24 日　中办发〔2015〕7 号）

六、完善涉案财物审前返还程序。对权属明确的被害人合法财产，凡返还不损害其他被害人或者利害关系人的利益、不影响诉讼正常进行的,公安机关、国家安全机关、人民检察院、人民法院都应当及时返还。权属有争议的,应当在人民法院判决时一并处理。

七、完善涉案财物先行处置程序。对易损毁、灭失、变质等不宜长期保存的物品,易贬值的汽车、船艇等物品,或者市场价格波动大的债券、股票、基金份额等财产,有效期即将届满的汇票、本票、支票等,经权利人同意或者申请,并经县级以上公安机关、国家安全机关、人民检察院或者人民法院主要负责人批准,可以依法出售、变现或者先行变卖、拍卖。所得款项统一存入各单位唯一合规账户。

涉案财物先行处置应当做到公开、公平。

★调取物证应当调取原物,调取书证、视听资料应当调取原件

《人民检察院刑事诉讼规则》(2019 年 12 月 30 日　高检发释字〔2019〕4 号)

第二百零九条　调取物证应当调取原物。原物不便搬运、保存,或者依法应当返还被害人,或者因保密工作需要不能调取原物的,可以将原物封存,并拍照、录像。对原物拍照或者录像应当足以反映原物的外形、内容。

第141条

调取书证、视听资料应当调取原件。取得原件确有困难或者因保密需要不能调取原件的,可以调取副本或者复制件。

调取书证、视听资料的副本、复制件和物证的照片、录像的,应当书面记明不能调取原件、原物的原因,制作过程和原件、原物存放地点,并由制作人员和原书证、视听资料、物证持有人签名或者盖章。

★对于先行处置的财产应当及时告知犯罪嫌疑人、被告人或者其近亲属

《公安机关反有组织犯罪工作规定》(2022 年 8 月 26 日　公安部令第 165 号)

第四十七条　对下列财产,经县级以上公安机关主要负责人批准,可以依法先行处置,所得价款由扣押、冻结机关保管,并及时告知犯罪嫌疑人、被告人或者其近亲属:

(一)易损毁、灭失、变质等不宜长期保存的物品;

（二）有效期即将届满的汇票、本票、支票等；

（三）债券、股票、基金份额等财产，经权利人申请，出售不损害国家利益、被害人利益，不影响诉讼正常进行的。

★公安机关不得在诉讼程序终结之前处置涉案财物，不得超权限、超范围、超数额、超时限查封、扣押、冻结

《最高人民检察院、公安部关于公安机关办理经济犯罪案件的若干规定》（2017年11月24日　公通字〔2017〕25号）

第四十六条　查封、扣押、冻结以及处置涉案财物，应当依照法律规定的条件和程序进行。除法律法规和规范性文件另有规定以外，公安机关不得在诉讼程序终结之前处置涉案财物。严格区分违法所得、其他涉案财产与合法财产，严格区分企业法人财产与股东个人财产，严格区分犯罪嫌疑人个人财产与家庭成员财产，不得超权限、超范围、超数额、超时限查封、扣押、冻结，并注意保护利害关系人的合法权益。

对涉众型经济犯罪案件，需要追缴、返还涉案财物的，应当坚持统一资产处置原则。公安机关移送审查起诉时，应当将有关涉案财物及其清单随案移送人民检察院。人民检察院提起公诉时，应当将有关涉案财物及其清单一并移送受理案件的人民法院，并提出处理意见。

第七十八条　本规定所称的"涉众型经济犯罪案件"，是指基于同一法律事实、利益受损人数众多、可能影响社会秩序稳定的经济犯罪案件，包括但不限于非法吸收公众存款，集资诈骗，组织、领导传销活动，擅自设立金融机构，擅自发行股票、公司企业债券等犯罪。

第一百四十二条　【查封、扣押财物、文件清单】对查封、扣押的财物、文件，应当会同在场见证人和被查封、扣押财物、文件持有人查点清楚，当场开列清单一式二份，由侦查人员、见证人和持有人签名或者盖章，一份交给持有人，另一份附卷备查。

新旧条文序号对照

2018 年刑事诉讼法	2012 年刑事诉讼法	1996 年刑事诉讼法
第一百四十二条	第一百四十条	第一百一十五条

适用要点与裁判依据

★监察机关采取调取、查封、扣押措施时，应当开列清单，交财物、文件的持有人或者保管人

《中华人民共和国监察法》(2018 年 3 月 20 日　主席令第 3 号)

第二十五条　监察机关在调查过程中，可以调取、查封、扣押用以证明被调查人涉嫌违法犯罪的财物、文件和电子数据等信息。采取调取、查封、扣押措施，应当收集原物原件，会同持有人或者保管人、见证人，当面逐一拍照、登记、编号，开列清单，由在场人员当场核对、签名，并将清单副本交财物、文件的持有人或者保管人。

对调取、查封、扣押的财物、文件，监察机关应当设立专用账户、专门场所，确定专门人员妥善保管，严格履行交接、调取手续，定期对账核实，不得毁损或者用于其他目的。对价值不明物品应当及时鉴定，专门封存保管。

查封、扣押的财物、文件经查明与案件无关的，应当在查明后三日内解除查封、扣押，予以退还。

★查封、扣押财物和文件，应当会同在场见证人和被查封、扣押财物、文件的持有人查点清楚，当场开列查封、扣押清单

《公安机关办理刑事案件程序规定》(2020 年 7 月 20 日修正　公安部令第 159 号)

第二百三十条　对查封、扣押的财物和文件，应当会同在场见证人和被查封、扣押财物、文件的持有人查点清楚，当场开列查封、扣押清单一式三份，写明财物或者文件的名称、编号、数量、特征及其来源

第
142
条

等，由侦查人员、持有人和见证人签名，一份交给持有人，一份交给公安机关保管人员，一份附卷备查。

对于财物、文件的持有人无法确定，以及持有人不在现场或者拒绝签名的，侦查人员应当在清单中注明。

依法扣押文物、贵金属、珠宝、字画等贵重财物的，应当拍照或者录音录像，并及时鉴定、估价。

执行查封、扣押时，应当为犯罪嫌疑人及其所扶养的亲属保留必需的生活费用和物品。能够保证侦查活动正常进行的，可以允许有关当事人继续合理使用有关涉案财物，但应当采取必要的保值、保管措施。

★对作为犯罪证据但不便提取的财物、文件，可以交持有人保管或者封存，并且开具登记保存清单

《公安机关办理刑事案件程序规定》（2020年7月20日修正 公安部令第159号）

第142条

第二百三十一条 对作为犯罪证据但不便提取或者没有必要提取的财物、文件，经登记、拍照或者录音录像、估价后，可以交财物、文件持有人保管或者封存，并且开具登记保存清单一式两份，由侦查人员、持有人和见证人签名，一份交给财物、文件持有人，另一份连同照片或者录音录像资料附卷备查。财物、文件持有人应当妥善保管，不得转移、变卖、毁损。

★国家安全机关工作人员依法执行反间谍工作任务时，可以查阅、调取有关的文件、数据、资料、物品

《中华人民共和国反间谍法》（2023年4月26日修订 主席令第4号）

第二十六条 国家安全机关工作人员依法执行反间谍工作任务时，根据国家有关规定，经设区的市级以上国家安全机关负责人批准，可以查阅、调取有关的文件、数据、资料、物品，有关个人和组织应当予以配合。查阅、调取不得超出执行反间谍工作任务所需的范围和限度。

第一百四十三条　【查封、扣押邮件、电报】侦查人员认为需要扣押犯罪嫌疑人的邮件、电报的时候，经公安机关或者人民检察院批准，即可通知邮电机关将有关的邮件、电报检交扣押。

不需要继续扣押的时候，应即通知邮电机关。

新旧条文序号对照

2018 年刑事诉讼法	2012 年刑事诉讼法	1996 年刑事诉讼法
第一百四十三条	第一百四十一条	第一百一十六条

适用要点与裁判依据

★公安机关扣押犯罪嫌疑人的邮件、电子邮件、电报的批准权

《公安机关办理刑事案件程序规定》(2020 年 7 月 20 日修正　公安部令第 159 号)

第143条

第二百三十二条　扣押犯罪嫌疑人的邮件、电子邮件、电报，应当经县级以上公安机关负责人批准，制作扣押邮件、电报通知书，通知邮电部门或者网络服务单位检交扣押。

不需要继续扣押的时候，应当经县级以上公安机关负责人批准，制作解除扣押邮件、电报通知书，立即通知邮电部门或者网络服务单位。

★检察院对于查封、扣押的邮件、电报，经查明确实与案件无关的，应当在三日以内作出解除或者退还决定

《人民检察院刑事诉讼规则》(2019 年 12 月 30 日　高检发释字〔2019〕4 号)

第二百一十七条　对于扣押的款项和物品，应当在三日以内将款项存入唯一合规账户，将物品送负责案件管理的部门保管。法律或者有关规定另有规定的除外。

对于查封、扣押在人民检察院的物品、文件、邮件、电报，人民检察院应当妥善保管。经查明确实与案件无关的，应当在三日以内作出解除或者退还决定，并通知有关单位、当事人办理相关手续。

★国家安全机关工作人员依法执行反间谍工作任务时，可以查验、查封、扣押电子设备、设施及有关程序、工具

《中华人民共和国反间谍法》（2023年4月26日修订　主席令第4号）

第二十五条　国家安全机关工作人员依法执行反间谍工作任务时，经设区的市级以上国家安全机关负责人批准，出示工作证件，可以查验有关个人和组织的电子设备、设施及有关程序、工具。查验中发现存在危害国家安全情形的，国家安全机关应当责令其采取措施立即整改。拒绝整改或者整改后仍存在危害国家安全隐患的，可以予以查封、扣押。

对依照前款规定查封、扣押的电子设备、设施及有关程序、工具，在危害国家安全的情形消除后，国家安全机关应当及时解除查封、扣押。

第143条

★国家安全机关调查间谍行为，可以对涉嫌用于间谍行为的场所、设施或者财物依法查询、查封、扣押、冻结

《中华人民共和国反间谍法》（2023年4月26日修订　主席令第4号）

第二十九条　国家安全机关调查间谍行为，经设区的市级以上国家安全机关负责人批准，可以查询涉嫌间谍行为人员的相关财产信息。

第三十条　国家安全机关调查间谍行为，经设区的市级以上国家安全机关负责人批准，可以对涉嫌用于间谍行为的场所、设施或者财物依法查封、扣押、冻结；不得查封、扣押、冻结与被调查的间谍行为无关的场所、设施或者财物。

第三十一条　国家安全机关工作人员在反间谍工作中采取查阅、调取、传唤、检查、查询、查封、扣押、冻结等措施，应当由二人以上进行，依照有关规定出示工作证件及相关法律文书，并由相关人员在有关笔录等书面材料上签名、盖章。

国家安全机关工作人员进行检查、查封、扣押等重要取证工作，应当对全过程进行录音录像，留存备查。

第一百四十四条　【查询、冻结财产】人民检察院、公安机关根据侦查犯罪的需要，可以依照规定查询、冻结犯罪嫌疑人的存款、汇款、债券、股票、基金份额等财产。有关单位和个人应当配合。

犯罪嫌疑人的存款、汇款、债券、股票、基金份额等财产已被冻结的，不得重复冻结。

新旧条文序号对照

2018 年刑事诉讼法	2012 年刑事诉讼法	1996 年刑事诉讼法
第一百四十四条	第一百四十二条	第一百一十七条

适用要点与裁判依据

第144条

★监察机关可以依照规定查询、冻结涉案单位和个人的存款、汇款、债券、股票、基金份额等财产

《中华人民共和国监察法》（2018 年 3 月 20 日　主席令第 3 号）

第二十三条　监察机关调查涉嫌贪污贿赂、失职渎职等严重职务违法或者职务犯罪，根据工作需要，可以依照规定查询、冻结涉案单位和个人的存款、汇款、债券、股票、基金份额等财产。有关单位和个人应当配合。

冻结的财产经查明与案件无关的，应当在查明后三日内解除冻结，予以退还。

★公安机关查询嫌疑人员的存款、汇款、债券、股票、基金份额等财产信息的批准权

《中华人民共和国反有组织犯罪法》（2021 年 12 月 24 日　主席令第 101 号）

第二十七条　公安机关核查有组织犯罪线索，经县级以上公安机关负责人批准，可以查询嫌疑人员的存款、汇款、债券、股票、基金份额等财产信息。

公安机关核查黑社会性质组织犯罪线索，发现涉案财产有灭失、转移的紧急风险的，经设区的市级以上公安机关负责人批准，可以对有关涉案财产采取紧急止付或者临时冻结、临时扣押的紧急措施，期限不得超过四十八小时。期限届满或者适用紧急措施的情形消失的，应当立即解除紧急措施。

★司法机关可以依法查询、冻结犯罪嫌疑人、被告人的存款、汇款、债券、股票、基金份额等财产

《中华人民共和国反有组织犯罪法》(2021年12月24日 主席令第101号)

第三十九条 办理有组织犯罪案件中发现的可用以证明犯罪嫌疑人、被告人有罪或者无罪的各种财物、文件，应当依法查封、扣押。

第144条

公安机关、人民检察院、人民法院可以依照《中华人民共和国刑事诉讼法》的规定查询、冻结犯罪嫌疑人、被告人的存款、汇款、债券、股票、基金份额等财产。有关单位和个人应当配合。

★司法机关可以全面调查涉嫌有组织犯罪的组织及其成员的财产状况

《中华人民共和国反有组织犯罪法》(2021年12月24日 主席令第101号)

第四十条 公安机关、人民检察院、人民法院根据办理有组织犯罪案件的需要，可以全面调查涉嫌有组织犯罪的组织及其成员的财产状况。

★公安机关可以向反洗钱行政主管部门查询与有组织犯罪相关的信息数据

《中华人民共和国反有组织犯罪法》(2021年12月24日 主席令第101号)

第四十二条 公安机关可以向反洗钱行政主管部门查询与有组

织犯罪相关的信息数据，提请协查与有组织犯罪相关的可疑交易活动，反洗钱行政主管部门应当予以配合并及时回复。

★对金融机构等单位未依法协助公安机关采取紧急止付、临时冻结措施的处理

《中华人民共和国反有组织犯罪法》（2021年12月24日　主席令第101号）

第七十一条　金融机构等相关单位未依照本法第二十七条规定协助公安机关采取紧急止付、临时冻结措施的，由公安机关责令改正；拒不改正的，由公安机关处五万元以上二十万元以下罚款，并对直接负责的主管人员和其他直接责任人员处五万元以下罚款；情节严重的，公安机关可以建议有关主管部门对直接负责的主管人员和其他直接责任人员依法给予处分。

★禁止超权限、超范围、超数额、超时限查封、扣押、冻结

《公安部关于进一步依法严格规范开展办案协作的通知》（2021年4月24日）

13. 对涉嫌犯罪但仍在正常生产经营的企业，依法慎用查封、扣押、冻结等强制性侦查措施，减少对企业正常生产经营的不利影响。确需查封、扣押、冻结的，应当严格区分违法所得、其他涉案财产与合法财产，禁止超权限、超范围、超数额、超时限查封、扣押、冻结。

★检察机关冻结财产的，应当经检察长批准

《人民检察院刑事诉讼规则》（2019年12月30日　高检发释字〔2019〕4号）

第二百一十二条　人民检察院根据侦查犯罪的需要，可以依照规定查询、冻结犯罪嫌疑人的存款、汇款、债券、股票、基金份额等财产，并可以要求有关单位和个人配合。

查询、冻结前款规定的财产，应当制作查询、冻结财产通知书，通知银行或者其他金融机构、邮政部门执行。冻结财产的，应当经检察长批准。

★犯罪嫌疑人的存款、汇款等财产已被冻结的，不得重复冻结，可以轮候冻结

《人民检察院刑事诉讼规则》（2019 年 12 月 30 日 高检发释字〔2019〕4 号）

第二百一十三条 犯罪嫌疑人的存款、汇款、债券、股票、基金份额等财产已冻结的，人民检察院不得重复冻结，可以轮候冻结。人民检察院应当要求有关银行或者其他金融机构、邮政部门在解除冻结或者作出处理前通知人民检察院。

★对于查询、冻结的财产，不得划转、转账或者以其他方式变相扣押

《公安机关办理刑事案件程序规定》（2020 年 7 月 20 日修正 公安部令第 159 号）

第
144
条

第二百三十七条 公安机关根据侦查犯罪的需要，可以依照规定查询、冻结犯罪嫌疑人的存款、汇款、证券交易结算资金、期货保证金等资金，债券、股票、基金份额和其他证券，以及股权、保单权益和其他投资权益等财产，并可以要求有关单位和个人配合。

对于前款规定的财产，不得划转、转账或者以其他方式变相扣押。

★对冻结的债券、股票、基金份额等财产，应当告知当事人有权申请出售

《公安机关办理刑事案件程序规定》（2020 年 7 月 20 日修正 公安部令第 159 号）

第二百四十六条 对冻结的债券、股票、基金份额等财产，应当告知当事人或者其法定代理人、委托代理人有权申请出售。

权利人书面申请出售被冻结的债券、股票、基金份额等财产，不损害国家利益、被害人、其他权利人利益，不影响诉讼正常进行的，以及冻结的汇票、本票、支票的有效期即将届满的，经县级以上公安机关负责人批准，可以依法出售或者变现，所得价款应当继续冻结在其对应的银行账户中；没有对应的银行账户的，所得价款由公安机关在银行指定专门账户保管，并及时告知当事人或者其近亲属。

第一百四十五条　【解除查封、扣押、冻结】对查封、扣押的财物、文件、邮件、电报或者冻结的存款、汇款、债券、股票、基金份额等财产，经查明确实与案件无关的，应当在三日以内解除查封、扣押、冻结，予以退还。

新旧条文序号对照

2018 年刑事诉讼法	2012 年刑事诉讼法	1996 年刑事诉讼法
第一百四十五条	第一百四十三条	第一百一十八条

适用要点与裁判依据

第145条

★监察机关对于冻结的财产经查明与案件无关的，应当在查明后三日内解除冻结，予以退还

《中华人民共和国监察法》（2018 年 3 月 20 日　主席令第 3 号）

第二十三条　监察机关调查涉嫌贪污贿赂、失职渎职等严重职务违法或者职务犯罪，根据工作需要，可以依照规定查询、冻结涉案单位和个人的存款、汇款、债券、股票、基金份额等财产。有关单位和个人应当配合。

冻结的财产经查明与案件无关的，应当在查明后三日内解除冻结，予以退还。

★对被害人的合法财产，应当及时返还

《中华人民共和国反有组织犯罪法》（2021 年 12 月 24 日　主席令第 101 号）

第四十一条　查封、扣押、冻结、处置涉案财物，应当严格依照法定条件和程序进行，依法保护公民和组织的合法财产权益，严格区分违法所得与合法财产、本人财产与其家属的财产，减少对企业正常经营活动的不利影响。不得查封、扣押、冻结与案件无关的财物。经查明确实与案件无关的财物，应当在三日以内解除查封、扣押、冻结，予以退还。对被害人的合法财产,应当及时返还。

查封、扣押、冻结涉案财物,应当为犯罪嫌疑人、被告人及其扶养的家属保留必需的生活费用和物品。

★利害关系人对涉案财物处理决定不服的处理

《中共中央办公厅、国务院办公厅关于进一步规范刑事诉讼涉案财物处置工作的意见》(2015年1月24日 中办发〔2015〕7号)

十二、明确利害关系人诉讼权利。善意第三人等案外人与涉案财物处理存在利害关系的,公安机关、国家安全机关、人民检察院应当告知其相关诉讼权利,人民法院应当通知其参加诉讼并听取其意见。被告人、自诉人、附带民事诉讼的原告和被告人对涉案财物处理决定不服的,可以就财物处理部分提出上诉,被害人或者其他利害关系人可以请求人民检察院抗诉。

十三、完善权利救济机制。人民法院、人民检察院、公安机关、国家安全机关应当建立有效的权利救济机制,对当事人、利害关系人提出异议、复议、申诉、投诉或者举报的,应当依法及时受理并反馈处理结果。

第145条

《中华人民共和国反有组织犯罪法》(2021年12月24日 主席令第101号)

第四十九条 利害关系人对查封、扣押、冻结、处置涉案财物提出异议的,公安机关、人民检察院、人民法院应当及时予以核实,听取其意见,依法作出处理。

公安机关、人民检察院、人民法院对涉案财物作出处理后,利害关系人对处理不服的,可以提出申诉或者控告。

★对于违法扣押的账户内财产,公安机关应当按原渠道退回

《公安部关于进一步依法严格规范开展办案协作的通知》(2021年4月24日)

14. 对于涉案人员、企业金融账户内的财产,只能依法采取冻结措施,严禁以划转、转账或者其他任何方式变相扣押。

对于违法扣押的账户内财产,公安机关应当按原渠道退回;上级公安机关发现下级公安机关违法扣押的，应当责令其按原渠道退回。对于经审核确系涉案财产的，可以依法采取冻结措施。

★对扣押的款项和物品，应当在三日以内将款项存入唯一合规账户

《人民检察院刑事诉讼规则》（2019年12月30日 高检发释字〔2019〕4号）

第二百一十七条 对于扣押的款项和物品，应当在三日以内将款项存入唯一合规账户，将物品送负责案件管理的部门保管。法律或者有关规定另有规定的除外。

对于查封、扣押在人民检察院的物品、文件、邮件、电报，人民检察院应当妥善保管。经查明确实与案件无关的，应当在三日以内作出解除或者退还决定，并通知有关单位、当事人办理相关手续。

★对于无人认领财物的处理

《公安机关办理刑事案件程序规定》（2020年7月20日修正 公安部令第159号）

第二百三十三条 对查封、扣押的财物、文件、邮件、电子邮件、电报，经查明确实与案件无关的，应当在三日以内解除查封、扣押，退还原主或者原邮电部门、网络服务单位；原主不明确的，应当采取公告方式告知原主认领。在通知原主或者公告后六个月以内，无人认领的，按照无主财物处理，登记后上缴国库。

★对有证据证明权属关系明确的被害人合法财产及其孳息，可以在诉讼程序终结之前返还被害人

《最高人民检察院、公安部关于公安机关办理经济犯罪案件的若干规定》（2017年11月24日 公通字〔2017〕25号）

第五十二条 涉嫌犯罪事实查证属实后，对有证据证明权属关系明确的被害人合法财产及其孳息，及时返还不损害其他被害人或者利害关系人的利益、不影响诉讼正常进行的，可以在登记、拍照或者录像、估价后，经县级以上公安机关负责人批准，开具发还清单，在诉讼程序终结之前返还被害人。办案人员应当在案卷中注明返还的理由,将原物照片、清单和被害人的领取手续存卷备查。

具有下列情形之一的,不得在诉讼程序终结之前返还:

(一)涉嫌犯罪事实尚未查清的;

(二)涉案财物及其孳息的权属关系不明确或者存在争议的;

(三)案件需要变更管辖的;

(四)可能损害其他被害人或者利害关系人利益的;

(五)可能影响诉讼程序正常进行的;

(六)其他不宜返还的。

★解除对涉案财物的查封、扣押、冻结措施并及时返还有关当事人的三种情形

《最高人民检察院、公安部关于公安机关办理经济犯罪案件的若干规定》(2017年11月24日 公通字〔2017〕25号)

第五十三条 有下列情形之一的,除依照有关法律法规和规范性文件另行处理的以外,应当立即解除对涉案财物的查封、扣押、冻结措施,并及时返还有关当事人:

(一)公安机关决定撤销案件或者对犯罪嫌疑人终止侦查的;

(二)人民检察院通知撤销案件或者作出不起诉决定的;

(三)人民法院作出生效判决、裁定应当返还的。

★国家安全机关对依法查封、扣押、冻结的涉案财物的处理方式

《中华人民共和国反间谍法》(2023年4月26日修订 主席令第4号)

第六十二条 国家安全机关对依照本法查封、扣押、冻结的财物,应当妥善保管,并按照下列情形分别处理:

(一)涉嫌犯罪的,依照《中华人民共和国刑事诉讼法》等有关法律的规定处理;

(二)尚不构成犯罪,有违法事实的,对依法应当没收的予以没收,依法应当销毁的予以销毁;

(三)没有违法事实的,或者与案件无关的,应当解除查封、扣押、冻结,并及时返还相关财物;造成损失的,应当依法予以赔偿。

第六十三条　涉案财物符合下列情形之一的,应当依法予以追缴、没收,或者采取措施消除隐患:

(一)违法所得的财物及其孳息、收益,供实施间谍行为所用的本人财物;

(二)非法获取、持有的属于国家秘密的文件、数据、资料、物品;

(三)非法生产、销售、持有、使用的专用间谍器材。

第六十四条　行为人及其近亲属或者其他相关人员,因行为人实施间谍行为从间谍组织及其代理人获取的所有利益,由国家安全机关依法采取追缴、没收等措施。

第六十五条　国家安全机关依法收缴的罚款以及没收的财物,一律上缴国库。

第七节　鉴　　定

第一百四十六条　【鉴定目的及专业人员】为了查明案情,需要解决案件中某些专门性问题的时候,应当指派、聘请有专门知识的人进行鉴定。

新旧条文序号对照

2018年刑事诉讼法	2012年刑事诉讼法	1996年刑事诉讼法
第一百四十六条	第一百四十四条	第一百一十九条

适用要点与裁判依据

★监察机关对于专门性问题可以指派、聘请有专门知识的人进行鉴定

《中华人民共和国监察法》(2018年3月20日　主席令第3号)

第二十七条　监察机关在调查过程中,对于案件中的专门性问题，可以指派、聘请有专门知识的人进行鉴定。鉴定人进行鉴定后，应当出具鉴定意见，并且签名。

★认定“有专门知识的人”和“专门知识”的条件

《最高人民检察院关于指派、聘请有专门知识的人参与办案若干问题的规定(试行)》(2018年4月3日)

第二条 本规定所称“有专门知识的人”，是指运用专门知识参与人民检察院的办案活动，协助解决专门性问题或者提出意见的人，但不包括以鉴定人身份参与办案的人。

本规定所称“专门知识”，是指特定领域内的人员理解和掌握的、具有专业技术性的认识和经验等。

第五条 具备条件的人民检察院可以明确专门部门，负责建立有专门知识的人推荐名单库。

★不得作为“有专门知识的人”参与办案的五种情形

第146条

《最高人民检察院关于指派、聘请有专门知识的人参与办案若干问题的规定(试行)》(2018年4月3日)

第三条 人民检察院可以指派、聘请有鉴定资格的人员，或者经本院审查具备专业能力的其他人员，作为有专门知识的人参与办案。

有下列情形之一的人员，不得作为有专门知识的人参与办案：

(一)因违反职业道德，被主管部门注销鉴定资格、撤销鉴定人登记，或者吊销其他执业资格、近三年以内被处以停止执业处罚的；

(二)无民事行为能力或者限制民事行为能力的；

(三)近三年以内违反本规定第十八条至第二十一条规定的；

(四)以办案人员等身份参与过本案办理工作的；

(五)不宜作为有专门知识的人参与办案的其他情形。

第四条 人民检察院聘请检察机关以外的人员作为有专门知识的人参与办案，应当核实其有效身份证件和能够证明符合本规定第三条第一款要求的材料。

★审查起诉时，可以指派、聘请有专门知识的人对涉及专门性问题的证据材料进行审查并出具审查意见

《最高人民检察院关于指派、聘请有专门知识的人参与办案若干问题的规定（试行）》（2018年4月3日）

第八条 人民检察院在审查起诉时，发现涉及专门性问题的证据材料有下列情形之一的，可以指派、聘请有专门知识的人进行审查，出具审查意见：

（一）对定罪量刑有重大影响的；

（二）与其他证据之间存在无法排除的矛盾的；

（三）就同一专门性问题有两份或者两份以上的鉴定意见，且结论不一致的；

（四）当事人、辩护人、诉讼代理人有异议的；

（五）其他必要的情形。

★法庭审理中，检察院可以申请通知有专门知识的人出庭

《最高人民检察院关于指派、聘请有专门知识的人参与办案若干问题的规定（试行）》（2018年4月3日）

第十条 刑事案件法庭审理中，人民检察院可以申请人民法院通知有专门知识的人出庭，就鉴定人作出的鉴定意见提出意见。

第十一条 刑事案件法庭审理中，公诉人出示、播放、演示涉及专门性问题的证据材料需要协助的，人民检察院可以指派、聘请有专门知识的人进行操作。

★检察院可以指派、聘请有专门知识的人办理的五类案件

《最高人民检察院关于指派、聘请有专门知识的人参与办案若干问题的规定（试行）》（2018年4月3日）

第十四条 人民检察院在下列办案活动中，需要指派、聘请有专门知识的人的，可以适用本规定：

（一）办理控告、申诉、国家赔偿或者国家司法救助案件；

（二）办理监管场所发生的被监管人重伤、死亡案件；

（三）办理民事、行政诉讼监督案件；

（四）检察委员会审议决定重大案件和其他重大问题；

（五）需要指派、聘请有专门知识的人的其他办案活动。

★检察院应当为有专门知识的人参与办案提供必要条件

《最高人民检察院关于指派、聘请有专门知识的人参与办案若干问题的规定（试行）》（2018 年 4 月 3 日）

第十五条　人民检察院应当为有专门知识的人参与办案提供下列必要条件：

（一）介绍与涉案专门性问题有关的情况；

（二）提供涉及专门性问题的证据等案卷材料；

（三）明确要求协助或者提出意见的问题；

（四）有专门知识的人参与办案所必需的其他条件。

★检察院聘请其他有鉴定资格的人员进行鉴定，应当征得鉴定人所在单位同意

第146条

《人民检察院刑事诉讼规则》（2019 年 12 月 30 日　**高检发释字〔2019〕4 号**）

第二百一十八条　人民检察院为了查明案情，解决案件中某些专门性的问题，可以进行鉴定。

鉴定由人民检察院有鉴定资格的人员进行。必要时，也可以聘请其他有鉴定资格的人员进行，但是应当征得鉴定人所在单位同意。

★聘请鉴定不得暗示或者强迫鉴定人作出某种鉴定意见

《人民检察院刑事诉讼规则》（2019 年 12 月 30 日　**高检发释字〔2019〕4 号**）

第二百一十九条　人民检察院应当为鉴定人提供必要条件，及时向鉴定人送交有关检材和对比样本等原始材料，介绍与鉴定有关的情况，并明确提出要求鉴定解决的问题，但是不得暗示或者强迫鉴定人作出某种鉴定意见。

补充鉴定或者重新鉴定。

第一百四十九条　【鉴定期间】对犯罪嫌疑人作精神病鉴定的期间不计入办案期限。

新旧条文序号对照

2018 年刑事诉讼法	2012 年刑事诉讼法	1996 年刑事诉讼法
第一百四十九条	第一百四十七条	第一百二十二条

适用要点与裁判依据

★对犯罪嫌疑人作精神病鉴定的期间不计入羁押期限和办案期限

《人民检察院刑事诉讼规则》(2019 年 12 月 30 日　高检发释字〔2019〕4 号)

第二百二十二条　对犯罪嫌疑人作精神病鉴定的期间不计入羁押期限和办案期限。

★对犯罪嫌疑人作精神病鉴定的时间不计入办案期限

《公安机关办理刑事案件程序规定》(2020 年 7 月 20 日修正　公安部令第 159 号)

第二百五十七条　对犯罪嫌疑人作精神病鉴定的时间不计入办案期限,其他鉴定时间都应当计入办案期限。

第八节 技术侦查措施

第一百五十条 【技术侦查措施的启动】公安机关在立案后，对于危害国家安全犯罪、恐怖活动犯罪、黑社会性质的组织犯罪、重大毒品犯罪或者其他严重危害社会的犯罪案件，根据侦查犯罪的需要，经过严格的批准手续，可以采取技术侦查措施。

人民检察院在立案后，对于利用职权实施的严重侵犯公民人身权利的重大犯罪案件，根据侦查犯罪的需要，经过严格的批准手续，可以采取技术侦查措施，按照规定交有关机关执行。

追捕被通缉或者批准、决定逮捕的在逃的犯罪嫌疑人、被告人，经过批准，可以采取追捕所必需的技术侦查措施。

新旧条文序号对照

2018年刑事诉讼法	2012年刑事诉讼法	1996年刑事诉讼法
第一百五十条	第一百四十八条	

适用要点与裁判依据

★对采取技术调查、侦查措施收集的证据材料应当着重审查的内容

《最高人民法院关于适用〈中华人民共和国刑事诉讼法〉的解释》(2021年1月26日　法释〔2021〕1号)

第一百一十九条　对采取技术调查、侦查措施收集的证据材料，除根据相关证据材料所属的证据种类，依照本章第二节至第七节的相应规定进行审查外，还应当着重审查以下内容：

(一)技术调查、侦查措施所针对的案件是否符合法律规定；

（二）技术调查措施是否经过严格的批准手续，按照规定交有关机关执行；技术侦查措施是否在刑事立案后，经过严格的批准手续；

（三）采取技术调查、侦查措施的种类、适用对象和期限是否按照批准决定载明的内容执行；

（四）采取技术调查、侦查措施收集的证据材料与其他证据是否矛盾；存在矛盾的，能否得到合理解释。

★公安机关在立案后可以采取技术侦查措施、实施控制下交付或者由有关人员隐匿身份进行侦查

《公安机关反有组织犯罪工作规定》（2022 年 8 月 26 日　公安部令第 165 号）

第四十条　公安机关在立案后，根据侦查犯罪的需要，依照《中华人民共和国刑事诉讼法》的规定，可以采取技术侦查措施、实施控制下交付或者由有关人员隐匿身份进行侦查。

公安机关实施控制下交付或者由有关人员隐匿身份进行侦查的，应当进行风险评估，制定预案，经县级以上公安机关负责人批准后实施。

采取技术侦查、控制下交付、隐匿身份侦查措施收集的与案件有关的材料，可以作为刑事诉讼证据使用。如果使用该证据可能危及有关人员的人身安全，或者可能产生其他严重后果的，应当采取不暴露有关人员身份和使用的技术设备、侦查方法等保护措施。无法采取保护措施或者采取保护措施不足以防止产生严重后果的，可以建议由审判人员在庭外对证据进行核实。

★公安机关立案后，依法可以采取技术侦查措施、实施控制下交付或者由有关人员隐匿身份进行侦查

《中华人民共和国反有组织犯罪法》（2021 年 12 月 24 日　主席令第 101 号）

第三十一条　公安机关在立案后，根据侦查犯罪的需要，依照《中华人民共和国刑事诉讼法》的规定，可以采取技术侦查措施、实施控制下交付或者由有关人员隐匿身份进行侦查。

★监察机关调查涉嫌重大贪污贿赂等职务犯罪，可以采取技术调查措施，按照规定交有关机关执行

《中华人民共和国监察法》（2018年3月20日 主席令第3号）

第二十八条 监察机关调查涉嫌重大贪污贿赂等职务犯罪，根据需要，经过严格的批准手续，可以采取技术调查措施，按照规定交有关机关执行。

批准决定应当明确采取技术调查措施的种类和适用对象，自签发之日起三个月以内有效；对于复杂、疑难案件，期限届满仍有必要继续采取技术调查措施的，经过批准，有效期可以延长，每次不得超过三个月。对于不需要继续采取技术调查措施的，应当及时解除。

★检察机关对于利用职权实施的严重侵犯公民人身权利的重大犯罪案件和直接受理侦查的案件，可以采取技术侦查措施

《人民检察院刑事诉讼规则》（2019年12月30日 高检发释字〔2019〕4号）

第150条

第二百二十七条 人民检察院在立案后，对于利用职权实施的严重侵犯公民人身权利的重大犯罪案件，经过严格的批准手续，可以采取技术侦查措施，交有关机关执行。

第二百二十八条 人民检察院办理直接受理侦查的案件，需要追捕被通缉或者决定逮捕的在逃犯罪嫌疑人、被告人的，经过批准，可以采取追捕所必需的技术侦查措施，不受本规则第二百二十七条规定的案件范围的限制。

★公安机关立案后，可以采取技术侦查措施的五类严重危害社会的犯罪案件

《公安机关办理刑事案件程序规定》（2020年7月20日修正 公安部令第159号）

第二百六十三条 公安机关在立案后，根据侦查犯罪的需要，可以对下列严重危害社会的犯罪案件采取技术侦查措施：

（一）危害国家安全犯罪、恐怖活动犯罪、黑社会性质的组织犯罪、重大毒品犯罪案件；

（二）故意杀人、故意伤害致人重伤或者死亡、强奸、抢劫、绑架、放火、爆炸、投放危险物质等严重暴力犯罪案件；

（三）集团性、系列性、跨区域性重大犯罪案件；

（四）利用电信、计算机网络、寄递渠道等实施的重大犯罪案件，以及针对计算机网络实施的重大犯罪案件；

（五）其他严重危害社会的犯罪案件，依法可能判处七年以上有期徒刑的。

公安机关追捕被通缉或者批准、决定逮捕的在逃的犯罪嫌疑人、被告人，可以采取追捕所必需的技术侦查措施。

★技术侦查措施的适用对象

《公安机关办理刑事案件程序规定》（2020 年 7 月 20 日修正　公安部令第 159 号）

第二百六十四条　技术侦查措施是指由设区的市一级以上公安机关负责技术侦查的部门实施的记录监控、行踪监控、通信监控、场所监控等措施。

技术侦查措施的适用对象是犯罪嫌疑人、被告人以及与犯罪活动直接关联的人员。

★检察机关等部门决定采取技术侦查措施，由设区的市一级以上公安机关按照规定办理交付执行

《公安机关办理刑事案件程序规定》（2020 年 7 月 20 日修正　公安部令第 159 号）

第二百六十五条　需要采取技术侦查措施的，应当制作呈请采取技术侦查措施报告书，报设区的市一级以上公安机关负责人批准，制作采取技术侦查措施决定书。

人民检察院等部门决定采取技术侦查措施，交公安机关执行的，由设区的市一级以上公安机关按照规定办理相关手续后，交负责技术侦查的部门执行，并将执行情况通知人民检察院等部门。

第一百五十一条 【技术侦查措施的种类、适用对象及效力】批准决定应当根据侦查犯罪的需要，确定采取技术侦查措施的种类和适用对象。批准决定自签发之日起三个月以内有效。对于不需要继续采取技术侦查措施的，应当及时解除；对于复杂、疑难案件，期限届满仍有必要继续采取技术侦查措施的，经过批准，有效期可以延长，每次不得超过三个月。

新旧条文序号对照

2018 年刑事诉讼法	2012 年刑事诉讼法	1996 年刑事诉讼法
第一百五十一条	第一百四十九条	

适用要点与裁判依据

★批准决定应当明确采取技术调查措施的种类和适用对象

《中华人民共和国监察法》（2018 年 3 月 20 日 主席令第 3 号）

第二十八条 监察机关调查涉嫌重大贪污贿赂等职务犯罪，根据需要，经过严格的批准手续，可以采取技术调查措施，按照规定交有关机关执行。

批准决定应当明确采取技术调查措施的种类和适用对象，自签发之日起三个月以内有效；对于复杂、疑难案件，期限届满仍有必要继续采取技术调查措施的，经过批准，有效期可以延长，每次不得超过三个月。对于不需要继续采取技术调查措施的，应当及时解除。

★采取技术侦查措施收集的材料作为证据使用的，辩护律师可以依法查阅、摘抄、复制

《人民检察院刑事诉讼规则》（2019 年 12 月 30 日 高检发释字〔2019〕4 号）

第二百二十九条 人民检察院采取技术侦查措施应当根据侦

查犯罪的需要，确定采取技术侦查措施的种类和适用对象，按照有关规定报请批准。批准决定自签发之日起三个月以内有效。对于不需要继续采取技术侦查措施的，应当及时解除；对于复杂、疑难案件，期限届满仍有必要继续采取技术侦查措施的，应当在期限届满前十日以内制作呈请延长技术侦查措施期限报告书，写明延长的期限及理由，经过原批准机关批准，有效期可以延长，每次不得超过三个月。

采取技术侦查措施收集的材料作为证据使用的，批准采取技术侦查措施的法律文书应当附卷，辩护律师可以依法查阅、摘抄、复制。

★有效期限届满，负责技术侦查的部门应当立即解除技术侦查措施

《公安机关办理刑事案件程序规定》（2020 年 7 月 20 日修正　公安部令第 159 号）

第二百六十六条　批准采取技术侦查措施的决定自签发之日起三个月以内有效。

在有效期限内，对不需要继续采取技术侦查措施的，办案部门应当立即书面通知负责技术侦查的部门解除技术侦查措施；负责技术侦查的部门认为需要解除技术侦查措施的，报批准机关负责人批准，制作解除技术侦查措施决定书，并及时通知办案部门。

对复杂、疑难案件，采取技术侦查措施的有效期限届满仍需要继续采取技术侦查措施的，经负责技术侦查的部门审核后，报批准机关负责人批准，制作延长技术侦查措施期限决定书。批准延长期限，每次不得超过三个月。

有效期限届满，负责技术侦查的部门应当立即解除技术侦查措施。

第一百五十二条 【技术侦查措施的实施】采取技术侦查措施，必须严格按照批准的措施种类、适用对象和期限执行。

侦查人员对采取技术侦查措施过程中知悉的国家秘密、商业秘密和个人隐私，应当保密；对采取技术侦查措施获取的与案件无关的材料，必须及时销毁。

采取技术侦查措施获取的材料，只能用于对犯罪的侦查、起诉和审判，不得用于其他用途。

公安机关依法采取技术侦查措施，有关单位和个人应当配合，并对有关情况予以保密。

新旧条文序号对照

2018年刑事诉讼法	2012年刑事诉讼法	1996年刑事诉讼法
第一百五十二条	第一百五十条	

适用要点与裁判依据

★监察机关调查涉嫌重大贪污贿赂等职务犯罪，可以采取技术调查措施，交有关机关执行

《中华人民共和国监察法》(2018年3月20日 主席令第3号)

第二十八条 监察机关调查涉嫌重大贪污贿赂等职务犯罪，根据需要，经过严格的批准手续，可以采取技术调查措施，按照规定交有关机关执行。

批准决定应当明确采取技术调查措施的种类和适用对象，自签发之日起三个月以内有效；对于复杂、疑难案件，期限届满仍有必要继续采取技术调查措施的，经过批准，有效期可以延长，每次不得超过三个月。对于不需要继续采取技术调查措施的，应当及时解除。

★对于使用技术侦查措施获取的证据材料，可以由审判人员在庭外对证据进行核实的情形

《人民检察院刑事诉讼规则》（2019年12月30日　高检发释字〔2019〕4号）

第二百三十条　采取技术侦查措施收集的物证、书证及其他证据材料，检察人员应当制作相应的说明材料，写明获取证据的时间、地点、数量、特征以及采取技术侦查措施的批准机关、种类等，并签名和盖章。

对于使用技术侦查措施获取的证据材料，如果可能危及特定人员的人身安全、涉及国家秘密或者公开后可能暴露侦查秘密或者严重损害商业秘密、个人隐私的，应当采取不暴露有关人员身份、技术方法等保护措施。必要时，可以建议不在法庭上质证，由审判人员在庭外对证据进行核实。

★采取技术侦查措施，必须严格按照批准的措施种类、适用对象和期限执行

《公安机关办理刑事案件程序规定》（2020年7月20日修正　公安部令第159号）

第二百六十七条　采取技术侦查措施，必须严格按照批准的措施种类、适用对象和期限执行。

在有效期限内，需要变更技术侦查措施种类或者适用对象的，应当按照本规定第二百六十五条规定重新办理批准手续。

★使用技术侦查措施收集的材料作为证据时，可能产生严重后果的，应当采取相应的保护措施

《公安机关办理刑事案件程序规定》（2020年7月20日修正　公安部令第159号）

第二百六十八条　采取技术侦查措施收集的材料在刑事诉讼中可以作为证据使用。使用技术侦查措施收集的材料作为证据时，可能危及有关人员的人身安全，或者可能产生其他严重后果的，应当采取不暴露有关人员身份和使用的技术设备、侦查方法等保护措施。

采取技术侦查措施收集的材料作为证据使用的，采取技术侦查措施决定书应当附卷。

★采取技术侦查措施收集的与案件无关的材料，必须及时销毁，并制作销毁记录

《公安机关办理刑事案件程序规定》（2020年7月20日修正 公安部令第159号）

第二百六十九条　采取技术侦查措施收集的材料，应当严格依照有关规定存放，只能用于对犯罪的侦查、起诉和审判，不得用于其他用途。

采取技术侦查措施收集的与案件无关的材料，必须及时销毁，并制作销毁记录。

第153条

第一百五十三条　【隐匿身份侦查与控制下交付】为了查明案情，在必要的时候，经公安机关负责人决定，可以由有关人员隐匿其身份实施侦查。但是，不得诱使他人犯罪，不得采用可能危害公共安全或者发生重大人身危险的方法。

对涉及给付毒品等违禁品或者财物的犯罪活动，公安机关根据侦查犯罪的需要，可以依照规定实施控制下交付。

新旧条文序号对照

2018年刑事诉讼法	2012年刑事诉讼法	1996年刑事诉讼法
第一百五十三条	第一百五十一条	

适用要点与裁判依据

★隐匿身份实施侦查时，不得使用促使他人产生犯罪意图的方法诱使他人犯罪

《公安机关办理刑事案件程序规定》（2020年7月20日修正 公安部令第159号）

第二百七十一条　为了查明案情，在必要的时候，经县级以上公安机关负责人决定,可以由侦查人员或者公安机关指定的其他人员隐匿身份实施侦查。

隐匿身份实施侦查时,不得使用促使他人产生犯罪意图的方法诱使他人犯罪,不得采用可能危害公共安全或者发生重大人身危险的方法。

第一百五十四条 【侦查措施材料的使用】依照本节规定采取侦查措施收集的材料在刑事诉讼中可以作为证据使用。如果使用该证据可能危及有关人员的人身安全,或者可能产生其他严重后果的,应当采取不暴露有关人员身份、技术方法等保护措施,必要的时候,可以由审判人员在庭外对证据进行核实。

新旧条文序号对照

2018 年刑事诉讼法	2012 年刑事诉讼法	1996 年刑事诉讼法
第一百五十四条	第一百五十二条	

适用要点与裁判依据

★使用采取技术调查、侦查措施收集的证据材料时可以采取的保护措施

《最高人民法院关于适用〈中华人民共和国刑事诉讼法〉的解释》(2021 年 1 月 26 日 法释〔2021〕1 号)

第一百一十六条 依法采取技术调查、侦查措施收集的材料在刑事诉讼中可以作为证据使用。

采取技术调查、侦查措施收集的材料,作为证据使用的,应当随案移送。

第一百一十七条 使用采取技术调查、侦查措施收集的证据材料可能危及有关人员的人身安全,或者可能产生其他严重后果的,可以采取下列保护措施：

（一）使用化名等代替调查、侦查人员及有关人员的个人信息；

（二）不具体写明技术调查、侦查措施使用的技术设备和技术方法；

（三）其他必要的保护措施。

★当庭调查技术调查、侦查证据材料可能产生严重后果的，法庭应当采取相应的保护措施

《最高人民法院关于适用〈中华人民共和国刑事诉讼法〉的解释》（2021年1月26日　法释〔2021〕1号）

第一百二十条　采取技术调查、侦查措施收集的证据材料，应当经过当庭出示、辨认、质证等法庭调查程序查证。

当庭调查技术调查、侦查证据材料可能危及有关人员的人身安全，或者可能产生其他严重后果的，法庭应当采取不暴露有关人员身份和技术调查、侦查措施使用的技术设备、技术方法等保护措施。必要时，审判人员可以在庭外对证据进行核实。

第154条

★采用技术调查、侦查证据作为定案根据的，裁判文书中可以表述相关证据的名称、证据种类和证明对象

《最高人民法院关于适用〈中华人民共和国刑事诉讼法〉的解释》（2021年1月26日　法释〔2021〕1号）

第一百二十一条　采用技术调查、侦查证据作为定案根据的，人民法院在裁判文书中可以表述相关证据的名称、证据种类和证明对象，但不得表述有关人员身份和技术调查、侦查措施使用的技术设备、技术方法等。

★法院认为应当移送的技术调查、侦查证据材料，经通知检察院未移送的，应当根据在案证据对案件事实作出认定

《最高人民法院关于适用〈中华人民共和国刑事诉讼法〉的解释》（2021年1月26日　法释〔2021〕1号）

第一百二十二条　人民法院认为应当移送的技术调查、侦查证据材料未随案移送的，应当通知人民检察院在指定时间内移送。人民检察院未移送的，人民法院应当根据在案证据对案件事实作出认定。

★采取技术侦查措施收集的证据材料，应当经过法庭调查程序查证

《最高人民法院、最高人民检察院、公安部关于办理信息网络犯罪案件适用刑事诉讼程序若干问题的意见》（2022 年 8 月 26 日　法发〔2022〕23 号）

19. 采取技术侦查措施收集的证据材料，应当经过当庭出示、辨认、质证等法庭调查程序查证。

当庭调查技术侦查证据材料可能危及有关人员的人身安全，或者可能产生其他严重后果的，法庭应当采取不暴露有关人员身份和技术侦查措施使用的技术设备、技术方法等保护措施。必要时，审判人员可以在庭外对证据进行核实。

第九节　通　　缉

第一百五十五条　【通缉令】应当逮捕的犯罪嫌疑人如果在逃，公安机关可以发布通缉令，采取有效措施，追捕归案。

各级公安机关在自己管辖的地区以内，可以直接发布通缉令；超出自己管辖的地区，应当报请有权决定的上级机关发布。

新旧条文序号对照

2018 年刑事诉讼法	2012 年刑事诉讼法	1996 年刑事诉讼法
第一百五十五条	第一百五十三条	第一百二十三条

适用要点与裁判依据

★监察机关对于依法应当留置的被调查人在逃的，可以决定在本行政区域内通缉

《中华人民共和国监察法》（2018 年 3 月 20 日　主席令第 3 号）

第二十九条　依法应当留置的被调查人如果在逃，监察机关可以决定在本行政区域内通缉，由公安机关发布通缉令，追捕归案。通缉范围超出本行政区域的，应当报请有权决定的上级监察机关决定。

★检察院办理直接受理侦查的案件，应当逮捕的犯罪嫌疑人在逃或者已被逮捕的犯罪嫌疑人脱逃的，可以通缉

《人民检察院刑事诉讼规则》（2019 年 12 月 30 日　高检发释字〔2019〕4 号）

第二百三十二条　人民检察院办理直接受理侦查的案件，应当逮捕的犯罪嫌疑人在逃，或者已被逮捕的犯罪嫌疑人脱逃的，经检察长批准，可以通缉。

第二百三十三条　各级人民检察院需要在本辖区内通缉犯罪嫌疑人的，可以直接决定通缉；需要在本辖区外通缉犯罪嫌疑人的，由有决定权的上级人民检察院决定。

★检察院应当将通缉通知书和通缉对象的信息及案情简况送达公安机关发布通缉令，追捕归案

《人民检察院刑事诉讼规则》（2019 年 12 月 30 日　高检发释字〔2019〕4 号）

第二百三十四条　人民检察院应当将通缉通知书和通缉对象的照片、身份、特征、案情简况送达公安机关，由公安机关发布通缉令，追捕归案。

★检察院需要在边防口岸采取边控措施的，应当制作边控对象通知书，商请公安机关办理边控手续

《人民检察院刑事诉讼规则》（2019 年 12 月 30 日　高检发释字〔2019〕4 号）

第二百三十五条　为防止犯罪嫌疑人等涉案人员逃往境外，需要在边防口岸采取边控措施的,人民检察院应当按照有关规定制作边控对象通知书,商请公安机关办理边控手续。

★通缉令的发送范围,由签发通缉令的公安机关负责人决定

《公安机关办理刑事案件程序规定》(2020年7月20日修正 公安部令第159号)

第二百七十四条 应当逮捕的犯罪嫌疑人在逃的,经县级以上公安机关负责人批准,可以发布通缉令,采取有效措施,追捕归案。

县级以上公安机关在自己管辖的地区内,可以直接发布通缉令;超出自己管辖的地区,应当报请有权决定的上级公安机关发布。

通缉令的发送范围,由签发通缉令的公安机关负责人决定。

★通缉令的内容及补发通报

《公安机关办理刑事案件程序规定》(2020年7月20日修正 公安部令第159号)

第二百七十五条 通缉令中应当尽可能写明被通缉人的姓名、别名、曾用名、绰号、性别、年龄、民族、籍贯、出生地、户籍所在地、居住地、职业、身份证号码、衣着和体貌特征、口音、行为习惯,并附被通缉人近期照片,可以附指纹及其他物证的照片。除了必须保密的事项以外,应当写明发案的时间、地点和简要案情。

第二百七十六条 通缉令发出后,如果发现新的重要情况可以补发通报。通报必须注明原通缉令的编号和日期。

★公安机关接到通缉令抓获犯罪嫌疑人后,凭通缉令或者相关法律文书羁押

《公安机关办理刑事案件程序规定》(2020年7月20日修正 公安部令第159号)

第二百七十七条 公安机关接到通缉令后,应当及时布置查缉。抓获犯罪嫌疑人后,报经县级以上公安机关负责人批准,凭通缉令或者相关法律文书羁押,并通知通缉令发布机关进行核实,办理交接手续。

★对犯罪嫌疑人在口岸采取边控措施的审批程序

《公安机关办理刑事案件程序规定》(2020年7月20日修正 公安部令第159号)

第二百七十八条 需要对犯罪嫌疑人在口岸采取边控措施的，应当按照有关规定制作边控对象通知书，并附有关法律文书，经县级以上公安机关负责人审核后，层报省级公安机关批准，办理全国范围内的边控措施。需要限制犯罪嫌疑人人身自由的，应当附有关限制人身自由的法律文书。

紧急情况下，需要采取边控措施的，县级以上公安机关可以出具公函，先向有关口岸所在地出入境边防检查机关交控，但应当在七日以内按照规定程序办理全国范围内的边控措施。

★经县级以上公安机关负责人批准，可以发布悬赏通告

《公安机关办理刑事案件程序规定》(2020年7月20日修正 公安部令第159号)

第155条

第二百七十九条 为发现重大犯罪线索，追缴涉案财物、证据，查获犯罪嫌疑人，必要时，经县级以上公安机关负责人批准，可以发布悬赏通告。

悬赏通告应当写明悬赏对象的基本情况和赏金的具体数额。

第二百八十条 通缉令、悬赏通告应当广泛张贴，并可以通过广播、电视、报刊、计算机网络等方式发布。

第二百八十一条 经核实，犯罪嫌疑人已经自动投案、被击毙或者被抓获，以及发现有其他不需要采取通缉、边控、悬赏通告的情形的，发布机关应当在原通缉、通知、通告范围内，撤销通缉令、边控通知、悬赏通告。

第十节 侦查终结

第一百五十六条 【侦查羁押期限】对犯罪嫌疑人逮捕后的侦查羁押期限不得超过二个月。案情复杂、期限届满不能终结的案件，可以经上一级人民检察院批准延长一个月。

新旧条文序号对照

2018年刑事诉讼法	2012年刑事诉讼法	1996年刑事诉讼法
第一百五十六条	第一百五十四条	第一百二十四条

适用要点与裁判依据

★报请延长侦查羁押期限、变更强制措施或者解除强制措施的情形

《人民检察院刑事诉讼规则》(2019年12月30日 高检发释字〔2019〕4号)

第二百五十二条 人民检察院直接受理侦查的共同犯罪案件，如果同案犯罪嫌疑人在逃，但在案犯罪嫌疑人犯罪事实清楚，证据确实、充分的，对在案犯罪嫌疑人应当根据本规则第二百三十七条的规定分别移送起诉或者移送不起诉。

由于同案犯罪嫌疑人在逃，在案犯罪嫌疑人的犯罪事实无法查清的，对在案犯罪嫌疑人应当根据案件的不同情况分别报请延长侦查羁押期限、变更强制措施或者解除强制措施。

第一百五十七条 【延期审理】因为特殊原因，在较长时间内不宜交付审判的特别重大复杂的案件，由最高人民检察院报请全国人民代表大会常务委员会批准延期审理。

新旧条文序号对照

2018年刑事诉讼法	2012年刑事诉讼法	1996年刑事诉讼法
第一百五十七条	第一百五十五条	第一百二十五条

适用要点与裁判依据

★因为特殊原因不宜交付审判的特别重大复杂案件的延期审理程序

《人民检察院刑事诉讼规则》（2019年12月30日 高检发释字〔2019〕4号）

第三百一十四条 因为特殊原因，在较长时间内不宜交付审判的特别重大复杂的案件，由最高人民检察院报请全国人民代表大会常务委员会批准延期审理。

第一百五十八条 【侦查羁押期限的延长】下列案件在本法第一百五十六条规定的期限届满不能侦查终结的，经省、自治区、直辖市人民检察院批准或者决定，可以延长二个月：

（一）交通十分不便的边远地区的重大复杂案件；

（二）重大的犯罪集团案件；

（三）流窜作案的重大复杂案件；

（四）犯罪涉及面广，取证困难的重大复杂案件。

新旧条文序号对照

2018 年刑事诉讼法	2012 年刑事诉讼法	1996 年刑事诉讼法
第一百五十八条	第一百五十六条	第一百二十六条

适用要点与裁判依据

★省级检察院直接受理侦查的案件，可以决定延长二个月

《人民检察院刑事诉讼规则》（2019 年 12 月 30 日　高检发释字〔2019〕4 号）

第三百零五条　人民检察院办理直接受理侦查的案件，对犯罪嫌疑人逮捕后的侦查羁押期限不得超过二个月。案情复杂、期限届满不能终结的案件，可以经上一级人民检察院批准延长一个月。

第三百零六条　设区的市级人民检察院和基层人民检察院办理直接受理侦查的案件，符合刑事诉讼法第一百五十八条规定，在本规则第三百零五条规定的期限届满前不能侦查终结的，经省级人民检察院批准，可以延长二个月。

省级人民检察院直接受理侦查的案件，有前款情形的，可以直接决定延长二个月。

第一百五十九条　【侦查羁押期限的再延长】对犯罪嫌疑人可能判处十年有期徒刑以上刑罚，依照本法第一百五十八条规定延长期限届满，仍不能侦查终结的，经省、自治区、直辖市人民检察院批准或者决定，可以再延长二个月。

新旧条文序号对照

2018年刑事诉讼法	2012年刑事诉讼法	1996年刑事诉讼法
第一百五十九条	第一百五十七条	第一百二十七条

第一百六十条 【侦查羁押期限的重新计算】在侦查期间，发现犯罪嫌疑人另有重要罪行的，自发现之日起依照本法第一百五十六条的规定重新计算侦查羁押期限。

犯罪嫌疑人不讲真实姓名、住址，身份不明的，应当对其身份进行调查，侦查羁押期限自查清其身份之日起计算，但是不得停止对其犯罪行为的侦查取证。对于犯罪事实清楚，证据确实、充分，确实无法查明其身份的，也可以按其自报的姓名起诉、审判。

新旧条文序号对照

2018年刑事诉讼法	2012年刑事诉讼法	1996年刑事诉讼法
第一百六十条	第一百五十八条	第一百二十八条

适用要点与裁判依据

★对于退回国家监察委补充调查结束后需要提起公诉的，审查起诉期限重新计算

《国家监察委员会与最高人民检察院办理职务犯罪案件工作衔接办法》（2018年4月16日 国监办发〔2018〕1号）

第三十九条 对于退回国家监察委员会补充调查的案件，调查部门应当在一个月内补充调查完毕并形成补充调查报告，经案件审理室审核后按程序报批。

补充调查以二次为限。

补充调查结束后需要提起公诉的，应当由国家监察委员会重新移送最高人民检察院。审查起诉期限重新计算。

★公安机关侦查期间，发现犯罪嫌疑人另有重要罪行的，重新计算侦查羁押期限

《公安机关办理刑事案件程序规定》(2020 年 7 月 20 日修正　公安部令第 159 号)

第一百五十一条　在侦查期间，发现犯罪嫌疑人另有重要罪行的，应当自发现之日起五日以内报县级以上公安机关负责人批准后，重新计算侦查羁押期限，制作变更羁押期限通知书，送达看守所，并报批准逮捕的人民检察院备案。

前款规定的"另有重要罪行"，是指与逮捕时的罪行不同种的重大犯罪以及同种犯罪并将影响罪名认定、量刑档次的重大犯罪。

第一百六十一条　【听取辩护律师意见】在案件侦查终结前，辩护律师提出要求的，侦查机关应当听取辩护律师的意见，并记录在案。辩护律师提出书面意见的，应当附卷。

第 161 条

新旧条文序号对照

2018 年刑事诉讼法	2012 年刑事诉讼法	1996 年刑事诉讼法
第一百六十一条	第一百五十九条	

适用要点与裁判依据

★侦查终结前，犯罪嫌疑人、辩护律师提出的无罪、罪轻或者依法不应追究刑事责任的意见，侦查机关应当依法予以核实

《最高人民法院、最高人民检察院、公安部、国家安全部、司法部关于推进以审判为中心的刑事诉讼制度改革的意见》(2016 年 7 月 20 日　法发〔2016〕18 号)

六、在案件侦查终结前，犯罪嫌疑人提出无罪或者罪轻的辩解，辩护律师提出犯罪嫌疑人无罪或者依法不应追究刑事责任的意见，侦查机关应当依法予以核实。

★侦查终结移送起诉时，检察院应当同时将案件移送情况告知犯罪嫌疑人及其辩护律师

《人民检察院刑事诉讼规则》（2019 年 12 月 30 日 高检发释字〔2019〕4 号）

第二百三十九条 在案件侦查过程中，犯罪嫌疑人委托辩护律师的，检察人员可以听取辩护律师的意见。

辩护律师要求当面提出意见的，检察人员应当听取意见，并制作笔录附卷。辩护律师提出书面意见的，应当附卷。

侦查终结前，犯罪嫌疑人提出无罪或者罪轻的辩解，辩护律师提出犯罪嫌疑人无罪或者依法不应当追究刑事责任意见的，人民检察院应当依法予以核实。

第161条 案件侦查终结移送起诉时，人民检察院应当同时将案件移送情况告知犯罪嫌疑人及其辩护律师。

★侦查终结的案件，应当连同辩护律师提出的意见，一并移送同级检察院审查决定

《公安机关办理刑事案件程序规定》（2020 年 7 月 20 日修正 公安部令第 159 号）

第二百八十九条 对侦查终结的案件，应当制作起诉意见书，经县级以上公安机关负责人批准后，连同全部案卷材料、证据，以及辩护律师提出的意见，一并移送同级人民检察院审查决定；同时将案件移送情况告知犯罪嫌疑人及其辩护律师。

犯罪嫌疑人自愿认罪的，应当记录在案，随案移送，并在起诉意见书中写明有关情况；认为案件符合速裁程序适用条件的，可以向人民检察院提出适用速裁程序的建议。

★检察机关应当及时向律师反馈意见采纳情况及不予采纳的理由

《最高人民检察院、司法部、中华全国律师协会联合印发〈关于依法保障律师执业权利的十条意见〉》(2023 年 3 月 2 日)

五、及时向律师反馈意见采纳情况

人民检察院应当全面审查律师就办案工作提出的意见,有事实和法律依据的意见应当吸收。在案件办结前,应当通过约见、书面、电话、视频等方式向律师反馈意见采纳情况及不予采纳的理由,并记录在案。制作法律文书时,应当写明律师相关信息,并载明律师意见、检察机关采纳情况及不予采纳的理由。

第一百六十二条 【侦查终结及起诉意见书】公安机关侦查终结的案件,应当做到犯罪事实清楚,证据确实、充分,并且写出起诉意见书,连同案卷材料、证据一并移送同级人民检察院审查决定;同时将案件移送情况告知犯罪嫌疑人及其辩护律师。

犯罪嫌疑人自愿认罪的,应当记录在案,随案移送,并在起诉意见书中写明有关情况。

新旧条文序号对照

2018 年刑事诉讼法	2012 年刑事诉讼法	1996 年刑事诉讼法
第一百六十二条	第一百六十条	第一百二十九条

适用要点与裁判依据

★移送审查起诉时,应当对涉案财产提出处理意见

《中华人民共和国反有组织犯罪法》(2021 年 12 月 24 日 主席令第 101 号)

第四十四条 公安机关、人民检察院应当对涉案财产审查甄别。

在移送审查起诉、提起公诉时，应当对涉案财产提出处理意见。

在审理有组织犯罪案件过程中，应当对与涉案财产的性质、权属有关的事实、证据进行法庭调查、辩论。人民法院应当依法作出判决，对涉案财产作出处理。

★犯罪嫌疑人认罪认罚的，应当在起诉意见书中写明情况和从宽处理意见，并随案移送相关证据材料

《公安机关反有组织犯罪工作规定》（2022年8月26日 公安部令第165号）

第四十一条 公安机关侦查有组织犯罪案件，应当依法履行认罪认罚从宽告知、教育义务，敦促犯罪嫌疑人如实供述自己的罪行。

犯罪嫌疑人认罪认罚的，应当在起诉意见书中写明自愿认罪认罚的情况和从宽处理意见，并随案移送相关证据材料。

★同案处理可能导致其本人或者近亲属有人身危险，可以分案处理

第162条

《公安机关反有组织犯罪工作规定》（2022年8月26日 公安部令第165号）

第四十三条 犯罪嫌疑人检举、揭发重大犯罪的其他共同犯罪人或者提供侦破重大案件的重要线索或者证据，同案处理可能导致其本人或者近亲属有人身危险，经县级以上公安机关负责人批准，可以分案处理。

公安机关决定分案处理的，应当就案件管辖等问题书面征求人民法院、人民检察院意见并达成一致，防止分案处理出现证据灭失、证据链脱节或者影响有组织犯罪认定等情况。

★公安机关对于犯罪嫌疑人不能说明合法来源的财产，应当随案移送审查起诉，并对高度可能性作出说明

《公安机关反有组织犯罪工作规定》（2022年8月26日 公安部令第165号）

第四十九条 有证据证明犯罪嫌疑人在犯罪期间获得的财产高度可能属于黑社会性质组织犯罪的违法所得及其孳息、收益，公安机关应当要求犯罪嫌疑人说明财产来源并予以查证,对犯罪嫌疑人不能说明合法来源的,应当随案移送审查起诉,并对高度可能性作出说明。

★对数量特别众多且具有同类性质的证据材料,确因客观条件无法逐一收集的,应当按照一定比例或者数量选取证据

《最高人民法院、最高人民检察院、公安部关于办理信息网络犯罪案件适用刑事诉讼程序若干问题的意见》(2022年8月26日 法发〔2022〕23号)

20. 办理信息网络犯罪案件,对于数量特别众多且具有同类性质、特征或者功能的物证、书证、证人证言、被害人陈述、视听资料、电子数据等证据材料,确因客观条件限制无法逐一收集的,应当按照一定比例或者数量选取证据,并对选取情况作出说明和论证。

人民检察院、人民法院应当重点审查取证方法、过程是否科学。经审查认为取证不科学的,应当由原取证机关作出补充说明或者重新取证。

人民检察院、人民法院应当结合其他证据材料,以及犯罪嫌疑人、被告人及其辩护人所提辩解、辩护意见,审查认定取得的证据。经审查,对相关事实不能排除合理怀疑的,应当作出有利于犯罪嫌疑人、被告人的认定。

★对涉案人数特别众多的信息网络犯罪案件,可以按照该账户接收的资金数额认定犯罪数额

《最高人民法院、最高人民检察院、公安部关于办理信息网络犯罪案件适用刑事诉讼程序若干问题的意见》(2022年8月26日 法发〔2022〕23号)

21. 对于涉案人数特别众多的信息网络犯罪案件,确因客观条件限制无法收集证据逐一证明、逐人核实涉案账户的资金来源,但根据银行账户、非银行支付账户等交易记录和其他证据材料,足以认定有关账户主要用于接收、流转涉案资金的,可以按照该账户接收的资金数额认定犯罪数额,但犯罪嫌疑人、被告人能够作出合理说明的除外。案外人提出异议的,应当依法审查。

★公安机关移送审查起诉的案件做到“证据确实、充分”应当符合的条件

《公安机关办理刑事案件程序规定》(2020年7月20日修正　公安部令第159号)

第七十条　公安机关移送审查起诉的案件，应当做到犯罪事实清楚，证据确实、充分。

证据确实、充分，应当符合以下条件：

(一)认定的案件事实都有证据证明；

(二)认定案件事实的证据均经法定程序查证属实；

(三)综合全案证据，对所认定事实已排除合理怀疑。

对证据的审查，应当结合案件的具体情况，从各证据与待证事实的关联程度、各证据之间的联系等方面进行审查判断。

只有犯罪嫌疑人供述，没有其他证据的，不能认定案件事实；没有犯罪嫌疑人供述，证据确实、充分的，可以认定案件事实。

第162条

★侦查终结移送检察院审查起诉的案件可以提出适用速裁程序的建议

《公安机关办理刑事案件程序规定》(2020年7月20日修正　公安部令第159号)

第二百八十九条　对侦查终结的案件，应当制作起诉意见书，经县级以上公安机关负责人批准后，连同全部案卷材料、证据，以及辩护律师提出的意见，一并移送同级人民检察院审查决定；同时将案件移送情况告知犯罪嫌疑人及其辩护律师。

犯罪嫌疑人自愿认罪的，应当记录在案，随案移送，并在起诉意见书中写明有关情况；认为案件符合速裁程序适用条件的，可以向人民检察院提出适用速裁程序的建议。

★被害人提出附带民事诉讼的，应当在起诉意见书末页注明

《公安机关办理刑事案件程序规定》(2020年7月20日修正　公安部令第159号)

第二百九十二条　被害人提出附带民事诉讼的，应当记录在案；

移送审查起诉时,应当在起诉意见书末页注明。

★国家监察委移送最高检察院的《起诉意见书》的主要内容

《国家监察委员会与最高人民检察院办理职务犯罪案件工作衔接办法》(2018年4月16日　国监办发〔2018〕1号)

第十六条　国家监察委员会决定移送的案件,案件审理室应当将《起诉意见书》及时移交案件监督管理室,由案件监督管理室出具移送函,连同《起诉意见书》一并移送最高人民检察院。由调查部门负责移送被调查人、全部案卷材料、涉案款物等。案件移送前,应当按程序报批后作出党纪处分、政务处分决定,需要终止人大代表资格的,应当提请有关机关终止人大代表资格。案件移送最高人民检察院后,国家监察委员会调查部门应当跟踪了解案件办理情况,发现问题及时报告,不得违规过问、干预案件办理工作。

第十七条　《起诉意见书》主要内容包括:

(一)被调查人基本情况;

(二)案件来源及立案;

(三)留置的时间;

(四)依法查明的犯罪事实和证据清单;

(五)被调查人从重、从轻、减轻等情节;

(六)涉案款物情况;

(七)涉嫌罪名和法律依据;

(八)对被调查人采取强制措施的建议;

(九)其他需要说明的情况。

★国家监察委对被调查人采取留置措施的案件,应当在移送起诉前书面通知最高检察院,由其商最高法院办理指定管辖事宜

《国家监察委员会与最高人民检察院办理职务犯罪案件工作衔接办法》(2018年4月16日　国监办发〔2018〕1号)

第十八条　对被调查人采取留置措施的国家监察委员会应当在正式移送起诉10日前书面通知最高人民检察院移送事宜。

案件材料移送路途时间不计入办案期限。

第十九条 国家监察委员会调查的职务犯罪案件需要在异地起诉、审判的，一般应当在移送起诉二十日前，由最高人民检察院商最高人民法院办理指定管辖事宜，并由最高人民检察院向国家监察委员会通报。

类案检索指引

★检察机关对办案机关未依法告知辩护人重大程序性决定等问题开展法律监督并依法纠正

《律师鲁某某申请知情权监督案》(2021年2月5日最高人民检察院发布首批保障律师执业权利典型案例)

【关键词】

重大程序性决定　律师知情权类案监督

【要旨】

根据刑事诉讼法及相关司法解释的规定，对于重大程序性决定，办案机关应当依法及时告知辩护律师。办案机关未依法履行告知义务，侵犯律师执业权利的，检察机关应依法进行监督。对于诉讼环节重大程序性决定，办案机关可通过信息化手段，通过发送短信、网上自助查询等形式切实保障律师的知情权。

【指导意义】

1. 检察机关应当对刑事诉讼中办案机关未依法告知辩护人重大程序性决定等问题，开展法律监督并依法纠正。根据《中华人民共和国刑事诉讼法》《人民检察院刑事诉讼规则》及最高人民法院、最高人民检察院、公安部、国家安全部、司法部《关于依法保障律师执业权利的规定》等规定，在刑事诉讼中，律师认为办案机关及其工作人员未依法向律师履行告知义务，阻碍律师依法行使诉讼权利的，可以向人民检察院申诉、控告。人民检察院应当在受理后十日以内进行审查，情况属实的，通知有关机关予以纠正。人民检察院在办案过程中发现有阻碍律师依法行使诉讼权利行为的，应当依法、及时提出纠正意见。

2. 检察机关在办案中要善于发现阻碍律师依法行使执业权利的案件线索，加强类案监督，深化办案效果。通过座谈、走访、专项检查等形式，主动排查阻碍律师依法行使执业权利的案件线索。建立内部线索移送反馈机制，对于在检察履职过程中发现的案件线索，及时依法办理。以个案办理为突破口，梳理类案，就普遍性问题提出纠正意见，并依法持续跟进监督，督促、协助整改落实，增强监督实效。

3. 保障律师执业权利，要争取各方支持，创新监督方式，优化监督效果。侵犯律师知情权类案件，除了办案机关自身执法不规范、办案人员法治意识不强等原因，还存在律师与办案人员沟通不畅、信息对接不及时等问题。检察机关要注重加强与公安、法院、司法行政机关的沟通协调。对需要多方配合解决的问题，以牵头会商研究、联合制定系列规范性文件等方式，从制度上加强防范。善于运用智能化手段，加强信息化建设，致力破解信息沟通不畅等难题，高效及时保障律师知情权，努力实现良好的办案效果。

第一百六十三条 【撤销案件】在侦查过程中，发现不应对犯罪嫌疑人追究刑事责任的，应当撤销案件；犯罪嫌疑人已被逮捕的，应当立即释放，发给释放证明，并且通知原批准逮捕的人民检察院。

新旧条文序号对照

2018 年刑事诉讼法	2012 年刑事诉讼法	1996 年刑事诉讼法
第一百六十三条	第一百六十一条	第一百三十条

适用要点与裁判依据

★公安机关在侦查过程中应当及时撤销案件的情形

《最高人民检察院、公安部关于公安机关办理经济犯罪案件的若干规定》（2017 年 11 月 24 日　公通字〔2017〕25 号）

第二十五条　在侦查过程中，公安机关发现具有下列情形之一的，应当及时撤销案件：

（一）对犯罪嫌疑人解除强制措施之日起十二个月以内，仍然不能移送审查起诉或者依法作其他处理的；

（二）对犯罪嫌疑人未采取强制措施，自立案之日起二年以内，仍然不能移送审查起诉或者依法作其他处理的；

（三）人民检察院通知撤销案件的；

（四）其他符合法律规定的撤销案件情形的。

有前款第一项、第二项情形，但是有证据证明有犯罪事实需要进一步侦查的，经省级以上公安机关负责人批准，可以不撤销案件，继续侦查。

撤销案件后，公安机关应当立即停止侦查活动，并解除相关的侦查措施和强制措施。

撤销案件后，又发现新的事实或者证据，依法需要追究刑事责任的，公安机关应当重新立案侦查。

★公安机关对检察院退回补充侦查的案件，发现不应当追究刑事责任的，应当撤销案件，并通知检察院

《公安机关办理刑事案件程序规定》（2020 年 7 月 20 日修正　公安部令第 159 号）

第二百九十六条　对人民检察院退回补充侦查的案件，根据不同情况，报县级以上公安机关负责人批准，分别作如下处理：

（一）原认定犯罪事实不清或者证据不够充分的，应当在查清事实、补充证据后，制作补充侦查报告书，移送人民检察院审查；对确实无法查明的事项或者无法补充的证据，应当书面向人民检察院说明情况；

（二）在补充侦查过程中，发现新的同案犯或者新的罪行，需要追究刑事责任的，应当重新制作起诉意见书，移送人民检察院审查；

（三）发现原认定的犯罪事实有重大变化，不应当追究刑事责任的，应当撤销案件或者对犯罪嫌疑人终止侦查，并将有关情况通知退查的人民检察院；

（四）原认定犯罪事实清楚，证据确实、充分，人民检察院退回补充侦查不当的，应当说明理由，移送人民检察院审查。

★检察院应当撤销案件的情形

《人民检察院刑事诉讼规则》（2019年12月30日 高检发释字〔2019〕4号）

第二百四十二条 人民检察院在侦查过程中或者侦查终结后，发现具有下列情形之一的，负责侦查的部门应当制作拟撤销案件意见书，报请检察长决定：

第163条

（一）具有刑事诉讼法第十六条规定情形之一的；

（二）没有犯罪事实的，或者依照刑法规定不负刑事责任或者不是犯罪的；

（三）虽有犯罪事实，但不是犯罪嫌疑人所为的。

对于共同犯罪的案件，如有符合本条规定情形的犯罪嫌疑人，应当撤销对该犯罪嫌疑人的立案。

★地方检察院决定撤销案件的，应当报上一级检察院审查

《人民检察院刑事诉讼规则》（2019年12月30日 高检发释字〔2019〕4号）

第二百四十三条 地方各级人民检察院决定撤销案件的，负责侦查的部门应当将撤销案件意见书连同本案全部案卷材料，在法定期限届满七日前报上一级人民检察院审查；重大、复杂案件在法定期限届满十日前报上一级人民检察院审查。

对于共同犯罪案件，应当将处理同案犯罪嫌疑人的有关法律文书以及案件事实、证据材料复印件等，一并报送上一级人民检察院。

上一级人民检察院负责侦查的部门应当对案件事实、证据和适用法律进行全面审查。必要时,可以讯问犯罪嫌疑人。

上一级人民检察院负责侦查的部门审查后,应当提出是否同意撤销案件的意见,报请检察长决定。

人民检察院决定撤销案件的,应当告知控告人、举报人,听取其意见并记明笔录。

第二百四十四条 上一级人民检察院审查下级人民检察院报送的拟撤销案件,应当在收到案件后七日以内批复;重大、复杂案件,应当在收到案件后十日以内批复。情况紧急或者因其他特殊原因不能按时送达的,可以先行通知下级人民检察院执行。

第二百四十五条 上一级人民检察院同意撤销案件的,下级人民检察院应当作出撤销案件决定,并制作撤销案件决定书。上一级人民检察院不同意撤销案件的,下级人民检察院应当执行上一级人民检察院的决定。

第163条

报请上一级人民检察院审查期间,犯罪嫌疑人羁押期限届满的,应当依法释放犯罪嫌疑人或者变更强制措施。

★检察院撤销案件的决定,应当分别送达犯罪嫌疑人所在单位和犯罪嫌疑人

《人民检察院刑事诉讼规则》(2019年12月30日 **高检发释字〔2019〕4号**)

第二百四十六条 撤销案件的决定,应当分别送达犯罪嫌疑人所在单位和犯罪嫌疑人。犯罪嫌疑人死亡的,应当送达犯罪嫌疑人原所在单位。如果犯罪嫌疑人在押,应当制作决定释放通知书,通知公安机关依法释放。

★检察院作出撤销案件决定的,应当在三十日以内对犯罪嫌疑人的违法所得作出处理

《人民检察院刑事诉讼规则》(2019年12月30日 **高检发释字〔2019〕4号**)

第二百四十七条 人民检察院作出撤销案件决定的,应当在三十日以内报经检察长批准，对犯罪嫌疑人的违法所得作出处理。情况特殊的，可以延长三十日。

第二百四十八条　人民检察院撤销案件时，对犯罪嫌疑人的违法所得及其他涉案财产应当区分不同情形，作出相应处理：

（一）因犯罪嫌疑人死亡而撤销案件，依照刑法规定应当追缴其违法所得及其他涉案财产的，按照本规则第十二章第四节的规定办理。

（二）因其他原因撤销案件，对于查封、扣押、冻结的犯罪嫌疑人违法所得及其他涉案财产需要没收的，应当提出检察意见，移送有关主管机关处理。

（三）对于冻结的犯罪嫌疑人存款、汇款、债券、股票、基金份额等财产需要返还被害人的，可以通知金融机构、邮政部门返还被害人；对于查封、扣押的犯罪嫌疑人的违法所得及其他涉案财产需要返还被害人的，直接决定返还被害人。

人民检察院申请人民法院裁定处理犯罪嫌疑人涉案财产的，应当向人民法院移送有关案卷材料。

★检察院撤销案件时对涉案财物的处理

《人民检察院刑事诉讼规则》（2019 年 12 月 30 日　高检发释字〔2019〕4 号）

第二百四十九条　人民检察院撤销案件时，对查封、扣押、冻结的犯罪嫌疑人的涉案财物需要返还犯罪嫌疑人的，应当解除查封、扣押或者书面通知有关金融机构、邮政部门解除冻结，返还犯罪嫌疑人或者其合法继承人。

第十一节　人民检察院对直接受理的案件的侦查

第一百六十四条　【检察院对直接受理案件的侦查】人民检察院对直接受理的案件的侦查适用本章规定。

第164条

严格依照刑事诉讼法规定的程序，严格遵守刑事案件办案期限的规定，依法提请批准逮捕、移送起诉、不起诉或者撤销案件。

对犯罪嫌疑人采取强制措施，应当经检察长批准。

第一百六十六条 【检察院讯问被拘留的人】人民检察院对直接受理的案件中被拘留的人，应当在拘留后的二十四小时以内进行讯问。在发现不应当拘留的时候，必须立即释放，发给释放证明。

新旧条文序号对照

2018 年刑事诉讼法	2012 年刑事诉讼法	1996 年刑事诉讼法
第一百六十六条	第一百六十四条	第一百三十三条

适用要点与裁判依据

★讯问同案的犯罪嫌疑人，应当个别进行

《人民检察院刑事诉讼规则》（2019 年 12 月 30 日 高检发释字〔2019〕4 号）

第一百八十二条 讯问犯罪嫌疑人，由检察人员负责进行。讯问时，检察人员或者检察人员和书记员不得少于二人。

讯问同案的犯罪嫌疑人，应当个别进行。

★犯罪嫌疑人被送交看守所羁押后，不得以讯问为目的将犯罪嫌疑人提押出所进行讯问

《人民检察院刑事诉讼规则》（2019 年 12 月 30 日 高检发释字〔2019〕4 号）

第一百八十六条 犯罪嫌疑人被送交看守所羁押后，检察人员对其进行讯问，应当填写提讯、提解证，在看守所讯问室进行。

因辨认、鉴定、侦查实验或者追缴犯罪有关财物的需要，经检察长批准,可以提押犯罪嫌疑人出所,并应当由两名以上司法警察押解。不得以讯问为目的将犯罪嫌疑人提押出所进行讯问。

★对讯问过程实行全程录音、录像

《人民检察院刑事诉讼规则》(2019 年 12 月 30 日 高检发释字〔2019〕4 号)

第一百九十条 人民检察院办理直接受理侦查的案件,应当在每次讯问犯罪嫌疑人时,对讯问过程实行全程录音、录像,并在讯问笔录中注明。

第一百六十七条 【对被拘留人决定逮捕、取保候审、监视居住】人民检察院对直接受理的案件中被拘留的人,认为需要逮捕的,应当在十四日以内作出决定。在特殊情况下,决定逮捕的时间可以延长一日至三日。对不需要逮捕的,应当立即释放;对需要继续侦查,并且符合取保候审、监视居住条件的,依法取保候审或者监视居住。

新旧条文序号对照

2018 年刑事诉讼法	2012 年刑事诉讼法	1996 年刑事诉讼法
第一百六十七条	第一百六十五条	第一百三十四条

适用要点与裁判依据

★犯罪嫌疑人已被拘留的,应当在收到逮捕意见书后七日以内报请检察长决定是否逮捕

《人民检察院刑事诉讼规则》(2019 年 12 月 30 日 高检发释字〔2019〕4 号)

第二百九十七条 对本院负责侦查的部门移送审查逮捕的案件,犯罪嫌疑人已被拘留的,负责捕诉的部门应当在收到逮捕犯罪嫌疑人意见书后七日以内，报请检察长决定是否逮捕，特殊情况下，决定逮捕的时间可以延长一日至三日；犯罪嫌疑人未被拘留的，负责捕诉的部门应当在收到逮捕犯罪嫌疑人意见书后十五日以内，报请检察长决定是否逮捕，重大、复杂案件，不得超过二十日。

第一百六十八条 【对直接受理案件的侦查终结】人民检察院侦查终结的案件，应当作出提起公诉、不起诉或者撤销案件的决定。

新旧条文序号对照

2018年刑事诉讼法	2012年刑事诉讼法	1996年刑事诉讼法
第一百六十八条	第一百六十六条	第一百三十五条

适用要点与裁判依据

★侦查终结报告和起诉意见书、不起诉意见书应当报请检察长批准

《人民检察院刑事诉讼规则》(2019年12月30日 高检发释字〔2019〕4号)

第二百三十七条 人民检察院经过侦查，认为犯罪事实清楚，证据确实、充分，依法应当追究刑事责任的，应当写出侦查终结报告，并且制作起诉意见书。

犯罪嫌疑人自愿认罪的，应当记录在案，随案移送，并在起诉意见书中写明有关情况。

对于犯罪情节轻微，依照刑法规定不需要判处刑罚或者免除刑罚的案件，应当写出侦查终结报告，并且制作不起诉意见书。

侦查终结报告和起诉意见书或者不起诉意见书应当报请检察长批准。

★国家或者集体财产遭受损失的，在提出提起公诉意见的同时，可以提出提起附带民事诉讼的意见

《人民检察院刑事诉讼规则》(2019年12月30日　高检发释字〔2019〕4号)

第二百三十八条　负责侦查的部门应当将起诉意见书或者不起诉意见书，查封、扣押、冻结的犯罪嫌疑人的财物及其孳息、文件清单以及对查封、扣押、冻结的涉案财物的处理意见和其他案卷材料，一并移送本院负责捕诉的部门审查。国家或者集体财产遭受损失的，在提出提起公诉意见的同时，可以提出提起附带民事诉讼的意见。

第三章　提起公诉

第一百六十九条　【决定提起公诉】凡需要提起公诉的案件，一律由人民检察院审查决定。

新旧条文序号对照

2018年刑事诉讼法	2012年刑事诉讼法	1996年刑事诉讼法
第一百六十九条	第一百六十七条	第一百三十六条

适用要点与裁判依据

★对监察机关移送的案件，检察院经审查认为依法应当追究刑事责任的，应当作出起诉决定

《中华人民共和国监察法》(2018年3月20日　主席令第3号)

第四十七条　对监察机关移送的案件，人民检察院依照《中华人民共和国刑事诉讼法》对被调查人采取强制措施。

人民检察院经审查，认为犯罪事实已经查清，证据确实、充分，依法应当追究刑事责任的，应当作出起诉决定。

人民检察院经审查，认为需要补充核实的，应当退回监察机关补充调查，必要时可以自行补充侦查。对于补充调查的案件，应当在一个月内补充调查完毕。补充调查以二次为限。

人民检察院对于有《中华人民共和国刑事诉讼法》规定的不起诉的情形的，经上一级人民检察院批准，依法作出不起诉的决定。监察机关认为不起诉的决定有错误的，可以向上一级人民检察院提请复议。

第170条

第一百七十条 【对监察机关移送起诉案件的审查】人民检察院对于监察机关移送起诉的案件，依照本法和监察法的有关规定进行审查。人民检察院经审查，认为需要补充核实的，应当退回监察机关补充调查，必要时可以自行补充侦查。

对于监察机关移送起诉的已采取留置措施的案件，人民检察院应当对犯罪嫌疑人先行拘留，留置措施自动解除。人民检察院应当在拘留后的十日以内作出是否逮捕、取保候审或者监视居住的决定。在特殊情况下，决定的时间可以延长一日至四日。人民检察院决定采取强制措施的期间不计入审查起诉期限。

新旧条文序号对照

2018年刑事诉讼法	2012年刑事诉讼法	1996年刑事诉讼法
第一百七十条		

适用要点与裁判依据

★对国家监察委移送的案件，最高检察院应当审查的内容

《国家监察委员会与最高人民检察院办理职务犯罪案件工作衔接办法》(2018年4月16日　国监办发〔2018〕1号)

第二十条　对于国家监察委员会移送的案件，最高人民检察院案件管理部门接收案卷材料后应当立即审查下列内容:

(一)案卷材料齐备、规范，符合有关规定的要求;

(二)移送的款项或者物品与移送清单相符;

(三)被调查人在案情况。

第二十一条　最高人民检察院案件管理部门认为具备受理条件的，应当及时进行登记，并立即将案卷材料移送公诉部门办理;认为不具备受理条件的，应当商国家监察委员会相关部门补送材料。

★最高检察院经审查认为需要追究刑事责任的，应当立即决定采取强制措施，并与国家监察委办理交接手续

《国家监察委员会与最高人民检察院办理职务犯罪案件工作衔接办法》(2018年4月16日　国监办发〔2018〕1号)

第二十二条　最高人民检察院公诉部门经审查认为有犯罪事实需要追究刑事责任的，应当立即决定采取强制措施，并与国家监察委员会调查部门办理交接手续。国家监察委员会对被调查人的留置措施自其被检察机关采取强制措施之时自动解除。

最高人民检察院公诉部门在审查期间，检察官应当持《起诉意见书》和检察提讯证提讯犯罪嫌疑人。

对于正在被留置的被调查人，一般应当予以逮捕。如果犯罪嫌疑人涉嫌的罪行较轻，或者患有严重疾病、生活不能自理，是怀孕或者正在哺乳自己婴儿的妇女，不逮捕不致发生社会危险性的，可以采取取保候审或者监视居住措施。

★最高检察院对于国家监察委移送的案件确定指定管辖的，一般应当指定人民检察院分院、州、市检察院审查起诉

《国家监察委员会与最高人民检察院办理职务犯罪案件工作衔接办法》（2018 年 4 月 16 日 国监办发〔2018〕1 号）

第二十三条 对于确定指定管辖的，应当综合考虑当地人民检察院、人民法院、看守所等的办案力量、办案场所以及交通等因素决定，一般应当指定人民检察院分院、州、市人民检察院审查起诉。

对于一人犯数罪、共同犯罪、多个犯罪嫌疑人实施的犯罪相互关联，并案处理有利于查明案件事实和诉讼进行的，可以并案指定由同一人民检察院审查起诉。

★监察机关对于被调查人主动认罪认罚的，可以在移送检察院时提出从宽处罚的建议

《中华人民共和国监察法》（2018 年 3 月 20 日 主席令第 3 号）

第170条

第三十一条 涉嫌职务犯罪的被调查人主动认罪认罚，有下列情形之一的，监察机关经领导人员集体研究，并报上一级监察机关批准，可以在移送人民检察院时提出从宽处罚的建议：

（一）自动投案，真诚悔罪悔过的；

（二）积极配合调查工作，如实供述监察机关还未掌握的违法犯罪行为的；

（三）积极退赃，减少损失的；

（四）具有重大立功表现或者案件涉及国家重大利益等情形的。

★检察院对监察机关移送的案件经审查认为需要补充核实的，应当退回监察机关补充调查，以二次为限

《中华人民共和国监察法》（2018 年 3 月 20 日 主席令第 3 号）

第四十七条 对监察机关移送的案件，人民检察院依照《中华人民共和国刑事诉讼法》对被调查人采取强制措施。

人民检察院经审查，认为犯罪事实已经查清，证据确实、充分，依法应当追究刑事责任的，应当作出起诉决定。

人民检察院经审查，认为需要补充核实的，应当退回监察机关补充调查，必要时可以自行补充侦查。对于补充调查的案件，应当在一个月内补充调查完毕。补充调查以二次为限。

人民检察院对于有《中华人民共和国刑事诉讼法》规定的不起诉的情形的，经上一级人民检察院批准，依法作出不起诉的决定。监察机关认为不起诉的决定有错误的，可以向上一级人民检察院提请复议。

★监察机关移送起诉的未采取留置措施的案件，检察院在审查起诉过程中可以决定是否采取强制措施

《人民检察院刑事诉讼规则》(2019年12月30日　**高检发释字**〔2019〕4号)

第一百四十六条　对于监察机关移送起诉的未采取留置措施的案件，人民检察院受理后，在审查起诉过程中根据案件情况，可以依照本规则相关规定决定是否采取逮捕、取保候审或者监视居住措施。

★监察机关移送起诉的案件，需要依法指定审判管辖的，检察院应当协商同级法院办理指定管辖有关事宜

《人民检察院刑事诉讼规则》(2019年12月30日　**高检发释字**〔2019〕4号)

第三百二十九条　监察机关移送起诉的案件，需要依照刑事诉讼法的规定指定审判管辖的，人民检察院应当在监察机关移送起诉二十日前协商同级人民法院办理指定管辖有关事宜。

★监察机关认为不起诉的决定有错误的，应当向上一级检察院提请复议

《人民检察院刑事诉讼规则》(2019年12月30日　**高检发释字**〔2019〕4号)

第三百七十八条　对于监察机关或者公安机关移送起诉的案件，人民检察院决定不起诉的，应当将不起诉决定书送达监察机关或者公安机关。

第三百七十九条 监察机关认为不起诉的决定有错误,向上一级人民检察院提请复议的,上一级人民检察院应当在收到提请复议意见书后三十日以内,经检察长批准,作出复议决定,通知监察机关。

公安机关认为不起诉决定有错误要求复议的,人民检察院负责捕诉的部门应当另行指派检察官或者检察官办案组进行审查,并在收到要求复议意见书后三十日以内,经检察长批准,作出复议决定,通知公安机关。

第171条

第一百七十一条 【审查起诉的内容】人民检察院审查案件的时候,必须查明:

(一)犯罪事实、情节是否清楚,证据是否确实、充分,犯罪性质和罪名的认定是否正确;

(二)有无遗漏罪行和其他应当追究刑事责任的人;

(三)是否属于不应追究刑事责任的;

(四)有无附带民事诉讼;

(五)侦查活动是否合法。

新旧条文序号对照

2018年刑事诉讼法	2012年刑事诉讼法	1996年刑事诉讼法
第一百七十一条	第一百六十八条	第一百三十七条

适用要点与裁判依据

★检察院审查移送起诉的案件,应当查明的内容

《人民检察院刑事诉讼规则》(2019年12月30日 高检发释字〔2019〕4号)

第三百三十条 人民检察院审查移送起诉的案件,应当查明:

（一）犯罪嫌疑人身份状况是否清楚，包括姓名、性别、国籍、出生年月日、职业和单位等；单位犯罪的，单位的相关情况是否清楚；

（二）犯罪事实、情节是否清楚；实施犯罪的时间、地点、手段、危害后果是否明确；

（三）认定犯罪性质和罪名的意见是否正确；有无法定的从重、从轻、减轻或者免除处罚情节及酌定从重、从轻情节；共同犯罪案件的犯罪嫌疑人在犯罪活动中的责任认定是否恰当；

（四）犯罪嫌疑人是否认罪认罚；

（五）证明犯罪事实的证据材料是否随案移送；证明相关财产系违法所得的证据材料是否随案移送；不宜移送的证据的清单、复制件、照片或者其他证明文件是否随案移送；

（六）证据是否确实、充分，是否依法收集，有无应当排除非法证据的情形；

（七）采取侦查措施包括技术侦查措施的法律手续和诉讼文书是否完备；

（八）有无遗漏罪行和其他应当追究刑事责任的人；

（九）是否属于不应当追究刑事责任的；

（十）有无附带民事诉讼；对于国家财产、集体财产遭受损失的，是否需要由人民检察院提起附带民事诉讼；对于破坏生态环境和资源保护，食品药品安全领域侵害众多消费者合法权益，侵害英雄烈士的姓名、肖像、名誉、荣誉等损害社会公共利益的行为，是否需要由人民检察院提起附带民事公益诉讼；

（十一）采取的强制措施是否适当，对于已经逮捕的犯罪嫌疑人，有无继续羁押的必要；

（十二）侦查活动是否合法；

（十三）涉案财物是否查封、扣押、冻结并妥善保管，清单是否齐备；对被害人合法财产的返还和对违禁品或者不宜长期保存的物品的处理是否妥当，移送的证明文件是否完备。

犯罪嫌疑人认罪认罚的，人民检察院应当告知其享有的诉讼权利和认罪认罚的法律规定，听取犯罪嫌疑人、辩护人或者值班律师、被害人及其诉讼代理人对下列事项的意见，并记录在案：

（一）涉嫌的犯罪事实、罪名及适用的法律规定；

（二）从轻、减轻或者免除处罚等从宽处罚的建议；

（三）认罪认罚后案件审理适用的程序；

（四）其他需要听取意见的事项。

人民检察院依照前两款规定听取值班律师意见的，应当提前为值班律师了解案件有关情况提供必要的便利。

新旧条文序号对照

2018 年刑事诉讼法	2012 年刑事诉讼法	1996 年刑事诉讼法
第一百七十三条	第一百七十条	第一百三十九条

适用要点与裁判依据

★检察院办理认罪认罚案件，对于检察官围绕量刑建议、程序适用等事项活动，应当同步录音录像

《人民检察院办理认罪认罚案件听取意见同步录音录像规定》（2021 年 12 月 2 日　高检发办字〔2021〕117 号）

第二条　人民检察院办理认罪认罚案件，对于检察官围绕量刑建议、程序适用等事项听取犯罪嫌疑人、被告人、辩护人或者值班律师意见、签署具结书活动，应当同步录音录像。

听取意见同步录音录像不包括讯问过程，但是讯问与听取意见、签署具结书同时进行的，可以一并录制。

多次听取意见的，至少要对量刑建议形成、确认以及最后的具结书签署过程进行同步录音录像。对依法不需要签署具结书的案件，应当对能够反映量刑建议形成的环节同步录音录像。

★认罪认罚案件同步录音录像适用于所有认罪认罚案件

《人民检察院办理认罪认罚案件听取意见同步录音录像规定》（2021年12月2日　高检发办字〔2021〕117号）

第三条　认罪认罚案件听取意见同步录音录像适用于所有认罪认罚案件。

第一百七十四条　【认罪认罚具结书】犯罪嫌疑人自愿认罪，同意量刑建议和程序适用的，应当在辩护人或者值班律师在场的情况下签署认罪认罚具结书。

犯罪嫌疑人认罪认罚，有下列情形之一的，不需要签署认罪认罚具结书：

（一）犯罪嫌疑人是盲、聋、哑人，或者是尚未完全丧失辨认或者控制自己行为能力的精神病人的；

（二）未成年犯罪嫌疑人的法定代理人、辩护人对未成年人认罪认罚有异议的；

（三）其他不需要签署认罪认罚具结书的情形。

新旧条文序号对照

2018年刑事诉讼法	2012年刑事诉讼法	1996年刑事诉讼法
第一百七十四条		

适用要点与裁判依据

★认罪认罚案件同步录音录像的适用范围

《人民检察院办理认罪认罚案件听取意见同步录音录像规定》（2021年12月2日　高检发办字〔2021〕117号）

第二条　人民检察院办理认罪认罚案件，对于检察官围绕量刑建议、程序适用等事项听取犯罪嫌疑人、被告人、辩护人或者值班律师意见、签署具结书活动，应当同步录音录像。

听取意见同步录音录像不包括讯问过程，但是讯问与听取意见、签署具结书同时进行的，可以一并录制。

多次听取意见的，至少要对量刑建议形成、确认以及最后的具结书签署过程进行同步录音录像。对依法不需要签署具结书的案件，应当对能够反映量刑建议形成的环节同步录音录像。

第三条　认罪认罚案件听取意见同步录音录像适用于所有认罪认罚案件。

★同步录音录像的具体内容

《人民检察院办理认罪认罚案件听取意见同步录音录像规定》
(2021 年 12 月 2 日　高检发办字〔2021〕117 号)

第四条　同步录音录像一般应当包含如下内容：

(一)告知犯罪嫌疑人、被告人、辩护人或者值班律师对听取意见过程进行同步录音录像的情况；

(二)告知犯罪嫌疑人、被告人诉讼权利义务和认罪认罚法律规定，释明认罪认罚的法律性质和法律后果的情况；

(三)告知犯罪嫌疑人、被告人无正当理由反悔的法律后果的情况；

(四)告知认定的犯罪事实、罪名、处理意见，提出的量刑建议、程序适用建议并进行说明的情况；

(五)检察官听取犯罪嫌疑人、被告人、辩护人或者值班律师意见，犯罪嫌疑人、被告人听取辩护人或者值班律师意见的情况；

(六)根据需要，开示证据的情况；

(七)犯罪嫌疑人、被告人签署具结书及辩护人或者值班律师见证的情况；

(八)其他需要录制的情况。

★同步录音录像的实施办法

《人民检察院办理认罪认罚案件听取意见同步录音录像规定》
(2021 年 12 月 2 日　高检发办字〔2021〕117 号)

第五条　认罪认罚案件听取意见应当由检察官主持，检察官助理、检察技术人员、司法警察、书记员协助。犯罪嫌疑人、被告人、辩护人或者值班律师等人员参与。

同步录音录像由检察技术人员或其他检察辅助人员负责录制。

第六条 同步录音录像一般应当在羁押场所或者检察机关办案区进行,有条件的可以探索在上述地点单独设置听取意见室。

采取远程视频等方式听取意见的,应当保存视频音频作为同步录音录像资料。

第七条 听取意见前,人民检察院应当告知辩护人或者值班律师听取意见的时间、地点,并听取辩护人或者值班律师意见。

在听取意见过程中,人民检察院应当为辩护人或者值班律师会见犯罪嫌疑人、查阅案卷材料提供必要的便利。

★同步录音录像的技术要求

《人民检察院办理认罪认罚案件听取意见同步录音录像规定》(2021年12月2日 高检发办字〔2021〕117号)

第八条 同步录音录像,应当客观、全面地反映听取意见的参与人员、听取意见过程,画面完整、端正,声音和影像清晰可辨。同步录音录像应当保持完整、连续,不得选择性录制,不得篡改、删改。

第九条 同步录音录像的起始和结束由检察官宣布。开始录像前,应当告知犯罪嫌疑人、被告人、辩护人或者值班律师。

第十条 听取意见过程中发现可能影响定罪量刑的新情况,需要补充核实的,应当中止听取意见和同步录音录像。核实完毕后,视情决定重新或者继续听取意见并进行同步录音录像。

因技术故障无法录制的,一般应当中止听取意见,待故障排除后再行听取意见和录制。技术故障一时难以排除的,征得犯罪嫌疑人、被告人、辩护人或者值班律师同意,可以继续听取意见,但应当记录在案。

★犯罪嫌疑人有辩护人的，不得绕开辩护人安排值班律师代为见证具结

《人民检察院办理认罪认罚案件开展量刑建议工作的指导意见》（2021年12月3日 高检发办字〔2021〕120号）

第二十七条 听取意见后，达成一致意见的，犯罪嫌疑人应当签署认罪认罚具结书。有刑事诉讼法第一百七十四条第二款不需要签署具结书情形的，不影响对其提出从宽的量刑建议。

犯罪嫌疑人有辩护人的，应当由辩护人在场见证具结并签字，不得绕开辩护人安排值班律师代为见证具结。辩护人确因客观原因无法到场的，可以通过远程视频方式见证具结。

犯罪嫌疑人自愿认罪认罚，没有委托辩护人，拒绝值班律师帮助的，签署具结书时，应当通知值班律师到场见证，并在具结书上注明。值班律师对人民检察院量刑建议、程序适用有异议的，检察官应当听取其意见，告知其确认犯罪嫌疑人认罪认罚的自愿性后应当在具结书上签字。

第174条

未成年犯罪嫌疑人签署具结书时，其法定代理人应当到场并签字确认。法定代理人无法到场的，合适成年人应当到场签字确认。法定代理人、辩护人对未成年人认罪认罚有异议的，未成年犯罪嫌疑人不需要签署具结书。

★办理认罪认罚案件听取意见过程中，可以中止听取意见的情形

《人民检察院办理认罪认罚案件开展量刑建议工作的指导意见》（2021年12月3日 高检发办字〔2021〕120号）

第二十八条 听取意见过程中，犯罪嫌疑人及其辩护人或者值班律师提供可能影响量刑的新的证据材料或者提出不同意见，需要审查、核实的，可以中止听取意见。人民检察院经审查、核实并充分准备后可以继续听取意见。

★开庭前被告人自愿认罪认罚的,检察院可以在辩护人或者值班律师在场的情况下签署认罪认罚具结书

《人民检察院办理认罪认罚案件开展量刑建议工作的指导意见》(2021年12月3日 高检发办字〔2021〕120号)

第二十九条 人民检察院提起公诉后开庭前,被告人自愿认罪认罚的,人民检察院可以组织听取意见。达成一致的,被告人应当在辩护人或者值班律师在场的情况下签署认罪认罚具结书。

★对未成年犯罪嫌疑人签署具结书的特别要求

《人民检察院办理认罪认罚案件开展量刑建议工作的指导意见》(2021年12月3日 高检发办字〔2021〕120号)

第二十七条 听取意见后,达成一致意见的,犯罪嫌疑人应当签署认罪认罚具结书。有刑事诉讼法第一百七十四条第二款不需要签署具结书情形的,不影响对其提出从宽的量刑建议。

犯罪嫌疑人有辩护人的,应当由辩护人在场见证具结并签字,不得绕开辩护人安排值班律师代为见证具结。辩护人确因客观原因无法到场的,可以通过远程视频方式见证具结。

犯罪嫌疑人自愿认罪认罚,没有委托辩护人,拒绝值班律师帮助的,签署具结书时,应当通知值班律师到场见证,并在具结书上注明。值班律师对人民检察院量刑建议、程序适用有异议的,检察官应当听取其意见,告知其确认犯罪嫌疑人认罪认罚的自愿性后应当在具结书上签字。

未成年犯罪嫌疑人签署具结书时,其法定代理人应当到场并签字确认。法定代理人无法到场的,合适成年人应当到场签字确认。法定代理人、辩护人对未成年人认罪认罚有异议的,未成年犯罪嫌疑人不需要签署具结书。

★检察机关办理认罪认罚案件,应当认真听取辩护律师或者值班律师的意见

《最高人民检察院、司法部、中华全国律师协会联合印发〈关于依法保障律师执业权利的十条意见〉》(2023年3月2日)

六、认真听取律师对认罪认罚案件的意见

人民检察院办理认罪认罚案件,应当认真听取辩护律师或者值值班律师的意见。已委托辩护律师的，应当提前通知辩护律师，确保犯罪嫌疑人签署认罪认罚具结书时在场并有明确的意见，不得绕开辩护律师安排值班律师代为见证具结。辩护律师确因客观原因无法到场的，可以通过远程视频方式见证具结；确有不便的，经辩护律师同意，可以安排值班律师在场履职。

类案检索指引

★涉黑涉恶犯罪案件依法可以适用该制度

《林某彬等人组织、领导、参加黑社会性质组织案》(2020 年 11 月 24 日最高人民检察院发布第二十二批指导性案例：检例第 84 号)

【关键词】

认罪认罚　黑社会性质组织犯罪　宽严相济　追赃挽损

【要旨】

认罪认罚从宽制度可以适用于所有刑事案件，没有适用罪名和可能判处刑罚的限定，涉黑涉恶犯罪案件依法可以适用该制度。认罪认罚从宽制度贯穿刑事诉讼全过程，适用于侦查、起诉、审判各个阶段。检察机关办理涉黑涉恶犯罪案件，要积极履行主导责任，发挥认罪认罚从宽制度在查明案件事实、提升指控效果、有效追赃挽损等方面的作用。

【指导意义】

1. 对于黑社会性质组织犯罪等共同犯罪案件，适用认罪认罚从宽制度有助于提升指控犯罪质效。检察机关应当注重认罪认罚从宽制度的全流程适用，通过犯罪嫌疑人、被告人认罪认罚，有针对性地收集、完善和固定证据，同时以点带面促使其他被告人认罪认罚，完善指控犯罪的证据体系。对于黑社会性质组织等涉案人数众多的共同犯罪案件，通过对被告人开展认罪认罚教育转化工作，有利于分化瓦解犯罪组织，提升指控犯罪的效果。

2. 将认罪认罚与追赃挽损有机结合，彻底清除有组织犯罪的经济基础，尽力挽回被害人损失。检察机关应当运用认罪认罚深挖涉案财产线索，将退赃退赔情况作为是否认罚的考察重点，灵活运用量刑建议从宽幅度激励被告人退赃退赔，通过认罪认罚成果巩固和扩大追赃挽损的效果。

3. 区别对待，准确贯彻宽严相济刑事政策。认罪认罚从宽制度可以适用于所有案件，但“可以”适用不是一律适用，被告人认罪认罚后是否从宽，要根据案件性质、情节和对社会造成的危害后果等具体情况，坚持罪责刑相适应原则，区分情况、区别对待，做到该宽则宽，当严则严，宽严相济，罚当其罪。对犯罪性质恶劣、犯罪手段残忍、危害后果严重的犯罪分子，即使认罪认罚也不足以从宽处罚的，依法可不予以从宽处罚。

第一百七十五条 【审查起诉与补充侦查】人民检察院审查案件，可以要求公安机关提供法庭审判所必需的证据材料；认为可能存在本法第五十六条规定的以非法方法收集证据情形的，可以要求其对证据收集的合法性作出说明。

人民检察院审查案件，对于需要补充侦查的，可以退回公安机关补充侦查，也可以自行侦查。

对于补充侦查的案件，应当在一个月以内补充侦查完毕。补充侦查以二次为限。补充侦查完毕移送人民检察院后，人民检察院重新计算审查起诉期限。

对于二次补充侦查的案件，人民检察院仍然认为证据不足，不符合起诉条件的，应当作出不起诉的决定。

新旧条文序号对照

2018 年刑事诉讼法	2012 年刑事诉讼法	1996 年刑事诉讼法
第一百七十五条	第一百七十一条	第一百四十条

适用要点与裁判依据

★检察机关对公安机关办理的重大、疑难、复杂经济犯罪案件可以“适时介入”

《最高人民检察院、公安部关于公安机关办理经济犯罪案件的若干规定》(2017年11月24日 公通字〔2017〕25号)

第四十一条 公安机关办理重大、疑难、复杂的经济犯罪案件,可以听取人民检察院的意见,人民检察院认为确有必要时,可以派员适时介入侦查活动,对收集证据、适用法律提出意见,监督侦查活动是否合法。对人民检察院提出的意见,公安机关应当认真审查,并将结果及时反馈人民检察院。没有采纳的,应当说明理由。

第四十二条 公安机关办理跨区域性的重大经济犯罪案件,应当向人民检察院通报立案侦查情况,人民检察院可以根据通报情况调度办案力量,开展指导协调等工作。需要逮捕犯罪嫌疑人的,公安机关应当提前与人民检察院沟通。

★检察机关对国家监察委移送的案件审查认为犯罪事实不清、证据不足的,应当退回补充调查

《国家监察委员会与最高人民检察院办理职务犯罪案件工作衔接办法》(2018年4月16日 国监办发〔2018〕1号)

第三十七条 移送审查起诉的案件,犯罪事实不清、证据不足的,应当退回国家监察委员会补充调查。被指定的人民检察院经审查,拟退回补充调查的,应当报最高人民检察院批准。最高人民检察院在作出决定前,应当与国家监察委员会沟通协商,具体由最高人民检察院公诉部门和国家监察委员会案件审理室进行对接。

需要退回补充调查的案件,应当以最高人民检察院的名义出具退回补充调查决定书、补充调查提纲,连同案卷材料由最高人民检察院一并送交国家监察委员会案件监督管理室。

第三十八条 最高人民检察院决定退回补充调查的案件,补充调查期间，犯罪嫌疑人沿用人民检察院作出的强制措施。被指定的人民检察院应当将退回补充调查情况书面通知看守所。国家监察委员会需要讯问被调查人的，被指定的人民检察院应当予以配合。

★对于退回国家监察补充调查的案件，以二次为限

《国家监察委员会与最高人民检察院办理职务犯罪案件工作衔接办法》（2018年4月16日　国监办发〔2018〕1号）

第三十九条　对于退回国家监察委员会补充调查的案件，调查部门应当在一个月内补充调查完毕并形成补充调查报告，经案件审理室审核后按程序报批。

补充调查以二次为限。

补充调查结束后需要提起公诉的，应当由国家监察委员会重新移送最高人民检察院。审查起诉期限重新计算。

★检察机关对国家监察委移送审查起诉的案件审查后可以自行补充侦查

《国家监察委员会与最高人民检察院办理职务犯罪案件工作衔接办法》（2018年4月16日　国监办发〔2018〕1号）

第四十条　被指定的人民检察院经审查，认为本案定罪量刑的基本犯罪事实已经查清，但具有下列情形之一的，经报最高人民检察院批准，并同时通报国家监察委员会后，可以自行补充侦查：

（一）证人证言、犯罪嫌疑人供述和辩解、被害人陈述的内容中主要情节一致，个别情节不一致且不影响定罪量刑的；

（二）书证、物证等证据材料需要补充鉴定的；

（三）其他由被指定的人民检察院查证更为便利、更有效率、更有利于查清案件事实的情形。

第四十一条　自行补充侦查的案件，应当在审查起诉期间补充侦查完毕。

被指定的人民检察院自行补充侦查的，可以由最高人民检察院商国家监察委员会提供协助。

自行补充侦查完毕后，被指定的人民检察院应当制作补充侦查终结报告并附相关证据材料，报最高人民检察院批准后入卷，同时抄送国家监察委员会。

第四十二条　被指定的人民检察院发现新的职务犯罪线索的，应当在3日内报最高人民检察院。经批准后，通过最高人民检察院转交国家监察委员会。

★对认罪认罚案件可以依法作出不起诉决定

《最高人民法院、最高人民检察院、公安部、国家安全部、司法部关于适用认罪认罚从宽制度的指导意见》(2019年10月11日　高检发〔2019〕13号)

30. 不起诉的适用。完善起诉裁量权，充分发挥不起诉的审前分流和过滤作用，逐步扩大相对不起诉在认罪认罚案件中的适用。对认罪认罚后没有争议，不需要判处刑罚的轻微刑事案件，人民检察院可以依法作出不起诉决定。人民检察院应当加强对案件量刑的预判，对其中可能判处免刑的轻微刑事案件，可以依法作出不起诉决定。

对认罪认罚后案件事实不清、证据不足的案件，应当依法作出不起诉决定。

★退回补充侦查的适用范围及要求

《最高人民检察院、公安部关于加强和规范补充侦查工作的指导意见》(2020年3月27日　高检发〔2020〕6号)

第六条　人民检察院在审查起诉期间发现案件存在事实不清、证据不足或者存在遗漏罪行、遗漏同案犯罪嫌疑人等情形需要补充侦查的，应当制作补充侦查提纲，连同案卷材料一并退回公安机关并引导公安机关进一步查明案件事实、补充收集证据。

人民检察院第一次退回补充侦查时，应当向公安机关列明全部补充侦查事项。在案件事实或证据发生变化、公安机关未补充侦查到位、或者重新报送的材料中发现矛盾和问题的，可以第二次退回补充侦查。

★退回补充侦查提纲的内容

《最高人民检察院、公安部关于加强和规范补充侦查工作的指导意见》(2020年3月27日 高检发〔2020〕6号)

第七条 退回补充侦查提纲一般包括以下内容:

(一)阐明补充侦查的理由,包括案件事实不清、证据不足的具体表现和问题;

(二)阐明补充侦查的方向和取证目的;

(三)明确需要补充侦查的具体事项和需要补充收集的证据目录;

(四)根据起诉和审判的证据标准,明确补充、完善证据需要达到的标准和必备要素;

(五)有遗漏罪行的,应当指出在起诉意见书中没有认定的犯罪嫌疑人的罪行;

(六)有遗漏同案犯罪嫌疑人需要追究刑事责任的,应当建议补充移送;

(七)其他需要列明的事项。

补充侦查提纲、捕后侦查意见可参照本条执行。

★退回补充侦查后,检察院必要时可列席公安机关的案件讨论并发表意见

《最高人民检察院、公安部关于加强和规范补充侦查工作的指导意见》(2020年3月27日 高检发〔2020〕6号)

第八条 案件退回补充侦查后,人民检察院和公安机关的办案人员应当加强沟通,及时就取证方向、落实补证要求等达成一致意见。公安机关办案人员对于补充侦查提纲有异议的,双方及时沟通。

对于事实证据发生重大变化的案件,可能改变定性的案件,证据标准难以把握的重大、复杂、疑难、新型案件,以及公安机关提出请求的案件,人民检察院在退回补充侦查期间,可以了解补充侦查开展情况,查阅证据材料,对补充侦查方向、重点、取证方式等提出建议,必要时可列席公安机关的案件讨论并发表意见。

★审查起诉阶段检察院可以发出《调取证据材料通知书》的六种情形

《最高人民检察院、公安部关于加强和规范补充侦查工作的指导意见》(2020年3月27日　高检发〔2020〕6号)

第十条　对于具有以下情形可以及时调取的有关证据材料,人民检察院可以发出《调取证据材料通知书》,通知公安机关直接补充相关证据并移送,以提高办案效率:

(一)案件基本事实清楚,虽欠缺某些证据,但收集、补充证据难度不大且在审查起诉期间内能够完成的;

(二)证据存在书写不规范、漏填、错填等瑕疵,公安机关可以在审查起诉期间补正、说明的;

(三)证据材料制作违反程序规定但程度较轻微,通过补正可以弥补的;

(四)案卷诉讼文书存在瑕疵,需进行必要的修改或补充的;

(五)缺少前科材料、释放证明、抓获经过等材料,侦查人员能够及时提供的;

(六)其他可以通知公安机关直接补充相关证据的。

★审查起诉阶段检察院可以自行开展补充侦查的情形

《最高人民检察院、公安部关于加强和规范补充侦查工作的指导意见》(2020年3月27日　高检发〔2020〕6号)

第十一条　人民检察院在审查起诉过程中,具有下列情形之一,自行补充侦查更为适宜的,可以依法自行开展侦查工作:

(一)影响定罪量刑的关键证据存在灭失风险,需要及时收集和固定证据,人民检察院有条件自行侦查的;

(二)经退回补充侦查未达到要求,自行侦查具有可行性的;

(三)有证据证明或者有迹象表明侦查人员可能存在利用侦查活动插手民事、经济纠纷、实施报复陷害等违法行为和刑讯逼供、非法取证等违法行为,不宜退回补充侦查的;

(四)其他需要自行侦查的。

人民检察院开展自行侦查工作应依法规范开展。

★检察院通过自行侦查方式补强证据的，公安机关应当依法予以配合

《最高人民检察院、公安部关于加强和规范补充侦查工作的指导意见》（2020年3月27日　高检发〔2020〕6号）

第十二条　自行侦查由检察官组织实施，必要时可以调配办案人员。开展自行侦查的检察人员不得少于二人。自行侦查过程中，需要技术支持和安全保障的，由检察机关的技术部门和警务部门派员协助。

人民检察院通过自行侦查方式补强证据的，公安机关应当依法予以配合。

人民检察院自行侦查，适用《中华人民共和国刑事诉讼法》规定的讯问、询问、勘验、检查、查封、扣押、鉴定等侦查措施，应当遵循法定程序，在法定期限内侦查完毕。

★检察院在法院作出生效判决前，认为需要补充证据材料的，可以发出《调取证据材料通知书》，要求公安机关提供

《最高人民检察院、公安部关于加强和规范补充侦查工作的指导意见》（2020年3月27日　高检发〔2020〕6号）

第十三条　人民检察院对公安机关移送的案件进行审查后，在法院作出生效判决前，认为需要补充审判所必需的证据材料的，可以发出《调取证据材料通知书》，要求公安机关提供。人民检察院办理刑事审判监督案件，可以向公安机关发出《调取证据材料通知书》。

★对公安机关要求复议的不起诉案件，检察院应当另行指派检察官办理

《最高人民检察院、公安部关于加强和规范补充侦查工作的指导意见》（2020年3月27日　高检发〔2020〕6号）

第十五条　公安机关经补充侦查重新移送后，人民检察院应当接收，及时审查公安机关制作的书面补充侦查报告和移送的补充证据，根据补充侦查提纲的内容核对公安机关应补充侦查事项是否补查到位，补充侦查活动是否合法，补充侦查后全案证据是否已确实、充分。经审查，公安机关未能按要求开展补充侦查工作，无法达到批捕标准的，应当依法作出不批捕决定；经二次补充侦查仍然证据不足，不符合起诉条件的，人民检察院应当依法作出不起诉决定。对人民检察院不起诉决定认为错误的，公安机关可以依法复议、复核。

对公安机关要求复议的不批准逮捕案件、不起诉案件，人民检察院应当另行指派检察官办理。人民检察院办理公安机关对不批准逮捕决定和不起诉决定要求复议、提请复核的案件，应当充分听取公安机关的意见，相关意见应当附卷备查。

★公安机关对于补充侦查提纲不明确或者有异议的，应当及时与检察院沟通

《最高人民检察院、公安部关于加强和规范补充侦查工作的指导意见》（2020年3月27日　高检发〔2020〕6号）

第十六条　公安机关开展补充侦查工作，应当按照人民检察院补充侦查提纲的要求，及时、认真补充完善相关证据材料；对于补充侦查提纲不明确或者有异议的，应当及时与人民检察院沟通；对于无法通过补充侦查取得证据的，应当书面说明原因、补充侦查过程中所做的工作以及采取的补救措施。公安机关补充侦查后，应当单独立卷移送人民检察院，人民检察院应当依法接收案卷。

类案检索指引

★检察机关围绕指控毒品犯罪证明体系的薄弱及关键环节，列明补充侦查方向及目的，增强补充侦查实效

《李某斌贩卖毒品、容留他人吸毒退回补充侦查案》（2020年11月30日最高人民检察院下发8起检察机关补充侦查典型案例）

【要旨】

毒品犯罪包括走私、贩卖、运输、制造毒品罪，非法持有毒品罪，包庇毒品犯罪分子罪，强迫他人吸毒罪等。各个具体犯罪之间多有关联,可能会出现证据收集固定后改变案件定性、追加漏罪的情形。针对案件定性、可能的漏罪等,检察官围绕指控犯罪证明体系的薄弱及关键环节,列明补充侦查方向及目的,制作有针对性和可操作性的补充侦查提纲,增强补充侦查实效,准确认定犯罪行为,依法严厉打击毒品犯罪。

★检察机关对于利用网络 APP 实施的互联网新型犯罪及时引导侦查人员对网络 APP 的功能等进行司法鉴定

《林某凡侵犯公民个人信息不批捕补充侦查案》(2020 年 11 月 30 日最高人民检察院下发 8 起检察机关补充侦查典型案例)

【要旨】

利用网络 APP 实施的网络犯罪等互联网新型犯罪普遍存在取证难、罪名认定难和专业性强等特点,应以电子数据为取证核心,及时引导侦查人员对网络 APP 的功能、合法性等进行司法鉴定;通过电子证据的规范提取、固定、比对,证明多个电子数据之间、电子数据与案件事实之间的关联性,再综合鉴定意见、被告人供述、被害人陈述等证据,形成完整证据链,准确认定罪名,强化指控犯罪力度。

★检察机关补充侦查提纲应具有针对性、可操作性,确保补充侦查取得实效

《牟某锋抢劫、强奸退回补充侦查案》(2020 年 11 月 30 日最高人民检察院下发 8 起检察机关补充侦查典型案例)

【要旨】

针对抢劫等暴力犯罪伴随发生性侵行为的情形,检察官要认真审查被害人尸体检验报告,与鉴定人进行充分沟通交流,结合法医学知识锁定被害人身体创伤形成的时间及原因,对全案作出准确定性。围绕指控犯罪证明体系的关键和薄弱环节引导补充侦查,提纲要具有针对性、可操作性,确保及时收集固定关键证据。退回补充侦查前后,加强与侦查人员的沟通配合,确保补充侦查取得实效。

★检察机关在被告人供述作为非法证据予以排除后，补充侦查中亟须在两方面做足功课

《宋某勇猥亵儿童不批捕补充侦查案》（2020年11月30日最高人民检察院下发8起检察机关补充侦查典型案例）

【要旨】

猥亵儿童犯罪具有隐蔽性，熟人作案较多，且一般作案成年人反侦查意识强而被害未成年人留存证据意识弱，致使该类案件证据收集固定难度较大。如被告人供述作为非法证据予以排除后，指控犯罪证据将更加薄弱。在补充侦查中，亟须在两方面做足功课：一方面，通过引导侦查搜集视听资料等关键证据，强化被害人陈述的证明力；另一方面，补充收集证人证言、电子数据等证据，形成指控证据链，运用常识、常理等经验法则，证明被告人无罪辩解荒谬，达到指控犯罪目的。

第175条

★检察机关对于恶势力犯罪案件第一次退查后仍出现幕后指使不明、损失数额不清等情形的，应当进行二次退查

《王某刚等9人寻衅滋事、非法拘禁退回补充侦查案》（2020年11月30日最高人民检察院下发8起检察机关补充侦查典型案例）

【要旨】

恶势力犯罪虽不属于刑法规定的罪名，但认定与否，在刑罚适用上大有不同。对有证据证明案件涉嫌恶势力犯罪，而公安机关未针对恶势力犯罪作整体、系统侦查，仅以恶势力成员所涉罪行移送审查起诉的，检察机关应当充分考虑人民群众对公平正义的感受，及时退回补充侦查，并根据相关司法解释规定，围绕恶势力犯罪特征，就是否构成恶势力犯罪及惯常实施的犯罪活动逐项开展引导补充侦查工作，以准确认定犯罪事实，正确适用法律。如发现漏罪漏犯的，应及时予以追诉。对于第一次退回补充侦查新查明的违法犯罪出现幕后指使不明，损失数额不清等情形，影响整体评价恶势力犯罪性质的，应当进行二次退回补充侦查。

★检察机关对引发网络舆情、社会关注的案件应充分发挥“捕诉一体”优势，适时介入侦查引导取证

《王某寻衅滋事、强制猥亵引导侦查案》（2020年11月30日最高人民检察院下发8起检察机关补充侦查典型案例）

【要旨】

对引发网络舆情、社会关注的案件，检察机关应充分发挥捕诉一体优势，适时介入侦查引导取证。应立足案件事实审查证据，既重视言词证据的收集，也重视客观证据的收集固定，针对指控犯罪的薄弱环节提出引导侦查取证提纲。补充侦查提纲应“粗”“细”结合，既要列明侦查方向和目的，又要提出精细化、可操作性强的意见，以提升证据收集质效，尽量避免审查起诉阶段退回补充侦查，为精准指控犯罪打牢根基。

★检察机关对案件在非法占有目的、涉案数额等方面存在的薄弱环节，通过补充侦查予以完善

《王某诈骗退回补充侦查案》（2020年11月30日最高人民检察院下发8起检察机关补充侦查典型案例）

【要旨】

涉众型诈骗犯罪与集资诈骗犯罪有相近之处，但也有明显区别。该案被害人数量较多，侦查人员最初未注重从公开性和社会性角度调查取证，将案件定性为集资诈骗罪。审查证据时，围绕其认定的集资诈骗罪，按照该罪非法性、公开性、利诱性、社会性四个特征构建证据体系，发现定性证据存在问题，然后立足定罪关键事实，从鉴定意见、被告人辩解等在案证据中充分发掘有补证可能性的证据线索，列明补充侦查提纲。经补充侦查，检察机关认定该诈骗行为不具备公开性、社会性，厘清了集资诈骗与诈骗界限，从而改变案件定性，最终认定行为人构成涉众型诈骗犯罪。同时，对案件在非法占有目的、涉案数额等方面存在的薄弱环节，也通过补充侦查予以完善。

★检察机关灵活妥善运用补充侦查,力争"一退"就达到补充侦查目标,"二退"当用则用,确保案件质量过硬

《徐某、贾某强等35人非法控制计算机信息系统引导侦查案》(2020年11月30日最高人民检察院下发8起检察机关补充侦查典型案例)

【要旨】

当前针对手机系统的犯罪活动高发,该类案件专业性、技术性强,犯罪手段隐蔽,普通大众难以识别。因智能手机拥有独立操作系统,能够独立运行,司法实践中对于非法控制手机操作系统的,应当认定为构成非法控制计算机信息系统罪。为有效打击该类犯罪,检察官针对开发"拉活"木马的公司、将木马程序植入手机用户的公司及其骨干技术人员,应从资金流、技术流、信息流入手提出明确具体的取证意见,强化电子数据证据取证,增强指控犯罪力度。

司法实践中,应灵活妥善运用补充侦查。检察官对每一起案件都要认真审核,充分考虑定罪量刑所需证据条件,既要深刻把握补充侦查的必要性、可操作性,又要注重其说理性和实效性,力争"一退"就达到补充侦查目标,同时,坚持案件质量第一,"二退"当用则用,确保案件质量过硬。要通过做好补充侦查工作,切实提升办案质效,优化"案－件比",准确、及时查明犯罪事实,补充完善有罪、无罪和罪重、罪轻证据,及时排除非法证据,确保依法准确适用法律。

★检察机关针对侦查中面临的取证难等问题,提前介入,多次引导侦查补充证据,依法确定诈骗金额

《眢某、凡某雨、林某永等人诈骗失业保险金案》(2021年10月26日最高人民检察院发布7起检察机关依法追诉诈骗犯罪典型案例)

【典型意义】

1. 发挥主导作用,依法打击犯罪。该案是常州市首例骗取失业保险金案件,犯罪持续时间长、影响范围广,冒领保险金的工人众多,严重危害国家失业保险金安全和民生民利。针对该案侦查中面临的取证难等问题,检察机关提前介入,积极引导公安机关侦查取证。移送审查起诉后,多次引导侦查补充证据,依法确定诈骗金额。积极研究该类案件遇到的重点难点问题,为今后办案提供有益指导。

2. 注重职能延伸,促进行业规范。失业保险金是社会保险制度的重要组成部分,是失业劳动者享有的基本生活保障,也是确保民生民利和社会稳定的重要制度。恶意骗取国家失业保险金,不仅侵犯国家失业保险金,而且损坏了失业者的切身利益。因此,针对办案中发现的社保部门程序简单、审核不严,相关公司用工管理不规范、失业保险金宣传不到位、企业沟通不到位等问题,检察机关积极运用检察建议,促使相关部门和企业严肃整顿,及时堵塞社会管理漏洞。

3. 履职检察监督职能,积极挽回国家损失。在办理案件过程中,坚持宽严相济刑事政策,对恶意诈骗失业救济金的储某燕等七名被告人坚决予以追诉,对另外四十余名因法治意识淡薄、主观恶性较小、骗取金额较少、且主动退出冒领金额的工人,依法建议公安机关不予立案或作撤案处理,取得了良好的法律效果和社会效果。打击犯罪的同时,对被骗的失业保险金,积极协助追缴,挽回国家损失。

★检察机关成功追诉一起在企业并购领域针对上市民营企业的虚假诉讼型诈骗案

《周某等人虚假诉讼诈骗案》(2021年10月26日最高人民检察院发布7起检察机关依法追诉诈骗犯罪典型案例)

【典型意义】

1. 为办理同类案件提供指引,保护民营企业健康有序发展。检察机关成功追诉一起在企业并购领域针对上市民营企业的虚假诉讼型诈骗案。办理本案过程中,检察机关以保护民营经济为宗旨,细致分析，精准研判，通过数字化办案，为民营企业主持公道，避免企业2100余万元的损失，更为企业挽回声誉。本案中运用数字化办案方式、证据审查方法、追赃挽损途径，为检察机关办理同类案件提供了工作指引，同时通过公开审查，为民营企业反映诉求、化解纠纷提供了畅通的渠道。本案的办理体现了恢复性司法理念，实现了“三个效果”有机统一，充分发挥检察机关的诉前主导责任。

2. 本案的判决有利于预防和警示企业并购领域犯罪。本案系杭州地区企业并购领域诈骗第一案，R集团在向检察机关送感谢信时，表示目前R集团在企业数十亿的并购过程中，都会注意仔细核查被收购企业资产和债务的真实性，并会出示本案判决书给被收购企业，提醒被收购企业要真实、合法申报企业财务信息，否则可能会被追究刑事责任。本案的办理不仅帮助企业追回损失，挽回声誉，维护法律公正，更重要的是，对于全国民营企业而言，在进行并购项目时，对收购方和出售方均具有警示、预防的指导意义。

★检察机关引导公安机关第一时间对手机、电脑等原始存储介质规范扣押和封存，完整提取和固定后台数据

《洪某源、张某发、彭某明等61人利用期货交易平台诈骗案》（2021年10月26日最高人民检察院发布7起检察机关依法追诉诈骗犯罪典型案例）

【典型意义】

1. 加强电子证据收集、固定和审查。针对电子数据证据易篡改、易灭失的特点，引导公安机关第一时间对手机、电脑等原始存储介质规范扣押和封存，完整提取和固定后台数据。对平台电子数据委托专业鉴定机构提取、恢复，并全程同步录音录像，必要时通过邀请期货行业专业人员介入等方式，提高电子数据审查的专业性。

2. 把握犯罪特点确保精准打击。对期货投资交易平台类案要从平台真伪、被害人亏损原因、犯罪嫌疑人盈利来源厘清诈骗与非法经营等犯罪的界限，抓住涉案平台的虚假性、被告人虚构事实与被害人“入金”的因果关系、资金走向及盈利来源等关键点，依法准确定性。

3. 深挖犯罪与追赃挽损并重。针对网络诈骗案件涉案人数多、犯罪事实多的特点，检察机关全面梳理平台电子数据，厘清各平台、各层级、各角色人员的犯罪事实，及时发现纠正漏罪漏犯，从犯罪嫌疑人分赃、取现的资金账户入手，倒查资金流向，及时冻结关联账户，加强追赃工作，尽可能挽回被害人经济损失。

★检察机关对跨多个区域、涉及多笔犯罪事实的案件，采取上下一体联动模式、挂牌督办、指定管辖等方式加大案件办理力度

《腾某珠、童某散等7人“骗婚”诈骗案》（2021年10月26日最高人民检察院发布7起检察机关依法追诉诈骗犯罪典型案例）

【典型意义】

1. 发挥检察一体优势，立体监督与自行补侦相结合。对于案件跨多个区域、涉及多笔犯罪事实的，应采取上下级检察机关一体联动模式，采取挂牌督办、指定管辖等方式加大案件办理力度。针对证据薄弱、犯罪嫌疑人供述不稳定等问题，检察机关应践行能动司法理念，综合运用纠正违法、纠正漏补、漏诉等监督手段，并发挥引导侦查、自行补充侦查等职能，及时固定证据，精准指控犯罪。

2. 厘清犯罪事实，精准认定骗婚类诈骗犯罪。婚姻应当基于感情，绝不能成为骗财的手段。在办理农村“骗婚”类案件中，不能仅以是否领取结婚证、是否共同生活作为罪与非罪的判断标准，而应当把握诈骗犯罪的实质，综合考量行为人是否隐瞒婚育史、婚后是否故意挑起矛盾意欲解除婚姻关系、是否存在故意失联行为等。在此基础上，准确区分索取钱财的行为是正常的索要彩礼还是以结婚为名的诈骗。对于隐瞒婚育史、婚后不履行夫妻义务、彩礼得手后故意挑起夫妻矛盾、以夫妻感情不合等理由离家出走、要求离婚的，应以诈骗罪追究其刑事责任。

3. 保障被害人权益，延伸社会治理职能。针对因骗婚行为致被害人“人财两空”、生活陷入困境的问题，检察机关及时启动司法救助程序，防止因案致贫。并注重引入社会力量适时开展心理疏导，化解负面情绪。针对农村地区“骗婚”案件多发的问题，及时制发“检察关注函”，提示当地政府关注农村大龄男青年婚育问题，提醒农村群众认清诈骗分子“真面目”、守好手中“钱袋子”。同时，广泛开展送法进社区、进乡村，引导群众学法、懂法、守法、用法，促进公民法治观念养成。

★检察机关提前介入，引导公安机关侦查取证，及时追诉遗漏的犯罪事实，有力打击新型网络毒品犯罪

《郭某明等人贩卖毒品案》（2021 年 11 月 25 日最高人民检察院发布检察机关依法惩治寄递违禁品犯罪典型案例）

【典型意义】

近年来，大麻滥用和网络毒品犯罪呈上升趋势，特别是贩毒分子利用境外网络平台、“虚拟货币”交易平台便于隐匿身份、信息传播迅速、不受地域限制等特点，创建网络群组，使用“虚拟货币”结算，通过寄递渠道完成毒品交易，使案件办理难度加大。本案办理过程中，检察机关提前介入，引导公安机关侦查取证，通过电子远程勘查提取电子数据，调取账户信息，破解作案手机，调取快递单，完善证据链条，及时追诉遗漏的犯罪事实，最终促使被告人认罪伏法，有力打击了新型网络毒品犯罪。

★检察机关在办理利用智能快递柜贩卖毒品案件过程中，加强对证据的补强和固定，形成完整的证据链条

《唐某来贩卖毒品案》（2021 年 11 月 25 日最高人民检察院发布检察机关依法惩治寄递违禁品犯罪典型案例）

【典型意义】

在办理利用智能快递柜贩卖毒品案件过程中，被告人作为毒品贩卖链条中的一环，在上家未到案、与下家无直接联系、钱货分离的情况下，检察机关要加强对微信聊天记录、转账记录、短信记录及关联人员供述等证据的补强和固定，确保证据之间能相互印证，形成完整的证据链条。同时，延伸检察职能，针对案件中发现的犯罪分子利用快递、智能快递柜漏洞寄递毒品等问题，向邮政主管部门制发检察建议，联合相关主管部门建立邮政监管行政执法与检察监督联动机制，为寄递行业禁毒专项工作贡献检察力量。

★检察人员办理毒品犯罪案件时，发挥司法亲历性，积极开展自行侦查工作，完善证据体系，切实发挥检察机关的主导作用

《段某喜非法持有毒品案》(2021年11月25日最高人民检察院发布检察机关依法惩治寄递违禁品犯罪典型案例)

【典型意义】

毒品犯罪分子指使他人收取寄递的毒品，零口供案件多，证据较为单一，将在案证据与犯罪事实构建起关联性尤为重要。检察人员在办理毒品犯罪案件时，要发挥司法亲历性，积极开展自行侦查工作。通过自行补充侦查，依法调取相关证据，充分发挥通话清单、监控视频以及电子证据等客观性证据的作用，通过出示客观证据的方式进行针对性讯问，还原案发经过及相关证据与被告人之间的关联性，完善证据体系，切实发挥检察机关的主导作用。

★检察机关充分发挥引导侦查作用，及时收集固定证据，完善证据体系，有力破解毒品犯罪主观明知认定等难题

《某速递有限公司、苏某生运输毒品案》(2021年11月25日最高人民检察院发布检察机关依法惩治寄递违禁品犯罪典型案例)

【典型意义】

本案是典型的快递从业人员参与寄递毒品案，反映出快递企业内部监督缺失、邮政管理部门监管不到位的问题。检察机关充分发挥引导侦查作用，及时收集固定证据，完善证据体系，有力破解毒品犯罪主观明知认定等难题，确保了案件质量。同时，强化监督意识，对于可能存在遗漏单位犯罪的问题，检察机关引导、督促公安机关补充侦查，使犯罪得到及时追究。依法严厉惩治快递企业及其从业人员涉嫌毒品犯罪案件，从源头上斩断寄递毒品非法渠道，有利于推动快递企业完善内部管理制度,助推企业合规经营,促进监管部门强化监管,切实维护寄递安全。

★检察机关对于利用寄递渠道实施的跨省跨区域非法买卖枪支案件,积极引导侦查取证,切实在办案中发挥主导作用

《杨某帆等人非法买卖、运输枪支案》(2021年11月25日最高人民检察院发布检察机关依法惩治寄递违禁品犯罪典型案例)

【典型意义】

本案系通过网络联络交易,并利用寄递渠道实施的跨省跨区域非法买卖枪支案件,社会危害严重。检察机关积极引导侦查取证,依法开展诉讼监督,切实在办案中发挥主导作用。认真落实普法责任,依托庭审以案释法,开展法治教育,起到良好的警示作用和动员效果。针对办案中发现社会管理问题,及时制发检察建议,推动寄递行业综合治理,切实维护社会稳定和人民群众的生命财产安全。

第175条

★检察机关对于利用寄递渠道非法买卖野生动物制品犯罪案件,积极引导侦查机关有针对性地收集、固定证据

《陈某帅等人非法收购、出售珍贵、濒危野生动物制品案》(2021年11月25日最高人民检察院发布检察机关依法惩治寄递违禁品犯罪典型案例)

【典型意义】

针对利用寄递渠道非法买卖野生动物制品犯罪证据固定难、全链条打击难的特点,检察机关积极引导侦查机关有针对性地收集、固定证据,构建了严密证据锁链,监督侦查机关通过关键案件线索逐层深挖犯罪,扩大了打击效果,为类案办理积累了宝贵经验。积极发挥社会管理职能,引导快递企业堵塞制度和人员管理漏洞,依法依规经营。同时,积极开展法治宣传和教育,引导群众全面自觉抵制野生动物及其制品消费,增强环境资源保护意识。

(编著者注:根据《刑法修正案(十一)》及有关罪名规定的司法解释,本案所涉罪名已变更为“危害珍贵、濒危野生动物罪”。)

★检察机关充分履行自行补充侦查职权，全面查清案件事实，开展社会调查，为适用企业合规提供充分依据

《新泰市J公司等建筑企业串通投标系列案件》（2021年6月3日最高人民检察院发布企业合规改革试点典型案例）

【典型意义】

本案中，检察机关充分履行自行补充侦查职权，全面查清案件事实，开展社会调查，为适用企业合规提供充分依据。同时，检察机关推动企业合规与不起诉决定、检察听证、检察意见、检察建议等相关工作紧密结合，既推动对企业违法犯罪行为依法处罚、教育、矫治，使企业能够改过自新、合规守法经营，又能减少和预防企业再犯罪，使企业更主动地承担社会责任，同时推动当地建筑行业深层次问题的解决，为企业合规建设提供了生动的检察实践。

★检察机关对于遗漏犯罪事实或者遗漏犯罪嫌疑人的，应当及时引导公安机关补充侦查或者自行补充侦查

《天津孟某、苏某飞贩卖毒品、洗钱案》（2022年11月23日最高人民检察院发布5件检察机关落实"七号检察建议"典型案例）

【关键词】

贩卖毒品罪 洗钱罪 引导补充侦查 一案双查

【典型意义】

检察机关审查毒品案件时，应当着重从毒品流通链条和毒赃流转链条进行审查。对涉案财物的来源和去向进行全面查证，详细审查银行账户和第三方支付交易明细等客观性证据，查明毒赃流转情况，依法追捕追诉涉毒洗钱犯罪。对于遗漏犯罪事实或者遗漏犯罪嫌疑人的，应当及时引导公安机关补充侦查或者自行补充侦查，完善证据体系，及时进行补充起诉。针对犯罪分子利用快递贩运毒品等问题，通过制发检察建议，广泛开展预防寄递毒品宣传教育工作等方式堵塞漏洞，推动寄递行业依法规范经营。

★查实影响定罪量刑的关键事实和情节，完善证据链条，确保案件质量

《陕西万某走私毒品、容留他人吸毒案》（2022年11月23日最高人民检察院发布5件检察机关落实“七号检察建议”典型案例）

【关键词】

走私毒品罪　警检邮协作机制　自行补充侦查

【典型意义】

检察机关以落实“七号检察建议”为契机，与公安、邮政管理、交通运输等部门建立了常态化协作机制，依法严厉打击寄递违禁品犯罪案件。在诉讼过程中，检察机关发挥主导作用，履行好引导侦查与自行补充侦查职责，查实影响定罪量刑的关键事实和情节，完善证据链条，确保案件质量。针对办案中发现的寄递行业存在的风险隐患，检察机关坚持治罪与治理并重，及时提出加强寄递行业监管的意见，并向涉案人员单位、主管部门制发抄送检察建议，督促强化日常监管。

★办理因民间纠纷引发的轻伤害案件要注重矛盾化解

《焦某、李某故意伤害案》（2023年1月13日最高人民检察院发布检察机关依法妥善办理轻伤害案件典型案例）

【典型意义】

（一）依法自行开展侦查工作。查清事实、厘清原委是认定案件事实、化解矛盾的根本。轻伤害案件要重点查清案件起因、致伤手段、致伤部位和致伤原因。自行侦查具有可行性的，检察机关可以依法自行开展侦查。

（二）办理因民间纠纷引发的轻伤害案件要注重矛盾化解。办理因民间纠纷引发的轻伤害案件要注重矛盾化解，依法充分适用认罪认罚从宽、刑事和解规定，把化解矛盾贯穿办案始终，明辨是非，使当事人、群众明事理、守规矩，发挥法律定纷止争作用，体现司法公正。

（三）依法敢用、善用、准确适用不起诉。对因民间纠纷引起的轻伤害案件，犯罪嫌疑人真诚悔罪，向被害人赔偿损失、赔礼道歉并取得谅解，案件事实清楚，证据确实、充分，符合不起诉条件的，检察机关可以依法决定不起诉。

★以公开听证保证不起诉的公正性和当事人的可接受度

《卢某故意伤害案》（2023 年 1 月 13 日最高人民检察院发布检察机关依法妥善办理轻伤害案件典型案例）

【典型意义】

（一）探索实践认罪认罚从宽制度证据开示。检察机关对事实清楚、证据充分，但犯罪嫌疑人不认罪或者对部分事实不认罪的案件，通过证据开示，使犯罪嫌疑人认可已查明事实，提高认罪认罚自愿性。

（二）以公开听证保证不起诉的公正性和当事人的可接受度。检察机关对拟不起诉案件，可以组织听证，充分听取公安机关和犯罪嫌疑人、被害人以及犯罪嫌疑人、被害人委托的人等对案件处理的意见，为案件是否作不起诉处理提供参考。对民间纠纷引发的轻伤害案件，当事人自愿达成和解的，检察机关可以依法决定不起诉。

（三）通过不起诉公开宣布释法说理。对民间纠纷，特别是发生在邻里间的轻微刑事案件，检察机关可以组织不起诉公开宣布，增强检察机关作出不起诉决定的公开性和说理性，并通过以案释法引导社会公众平和、理性处理纠纷。

★对民间纠纷引发的轻伤害案件应当坚持少捕慎诉

《王某故意伤害案》（2023 年 1 月 13 日最高人民检察院发布检察机关依法妥善办理轻伤害案件典型案例）

【典型意义】

（一）积极促进当事人双方进行和解。对符合刑事和解条件的，检察机关要充分听取当事人双方的意见，释明刑事和解相关法律规定，引导双方理性对待赔偿问题，积极促进当事人达成和解。

（二）充分发挥第三方调解力量促进和解。对有和解意愿，符合和解条件的，可以由第三方调解力量主持当事人双方调解，以促进当事人达成刑事和解。

（三）对民间纠纷引发的轻伤害案件应当坚持少捕慎诉。发生在亲属间的轻伤害案件多因琐事引发，检察机关办理此类案件应坚持少捕慎诉。对达成刑事和解，符合不批捕、不起诉条件的，可以依法作出不批捕、不起诉决定。

第一百七十六条 【起诉决定】人民检察院认为犯罪嫌疑人的犯罪事实已经查清，证据确实、充分，依法应当追究刑事责任的，应当作出起诉决定，按照审判管辖的规定，向人民法院提起公诉，并将案卷材料、证据移送人民法院。

犯罪嫌疑人认罪认罚的，人民检察院应当就主刑、附加刑、是否适用缓刑等提出量刑建议，并随案移送认罪认罚具结书等材料。

新旧条文序号对照

2018年刑事诉讼法	2012年刑事诉讼法	1996年刑事诉讼法
第一百七十六条	第一百七十二条	第一百四十一条

适用要点与裁判依据

★检察院提起公诉时，应当对涉案财产提出处理意见

《中华人民共和国反有组织犯罪法》（2021年12月24日 主席令第101号）

第四十四条 公安机关、人民检察院应当对涉案财产审查甄别。在移送审查起诉、提起公诉时，应当对涉案财产提出处理意见。

在审理有组织犯罪案件过程中，应当对与涉案财产的性质、权属有关的事实、证据进行法庭调查、辩论。人民法院应当依法作出判决，对涉案财产作出处理。

★犯罪嫌疑人签署认罪认罚具结书后，在提起公诉前反悔的，具结书失效

《最高人民法院、最高人民检察院、公安部、国家安全部、司法部关于适用认罪认罚从宽制度的指导意见》(2019年10月11日　高检发〔2019〕13号)

52.起诉前反悔的处理。犯罪嫌疑人认罪认罚，签署认罪认罚具结书，在人民检察院提起公诉前反悔的，具结书失效，人民检察院应当在全面审查事实证据的基础上，依法提起公诉。

★检察院认为犯罪嫌疑人的"犯罪事实已经查清"的情形

《人民检察院刑事诉讼规则》(2019年12月30日　高检发释字〔2019〕4号)

第三百五十五条　人民检察院认为犯罪嫌疑人的犯罪事实已经查清，证据确实、充分，依法应当追究刑事责任的，应当作出起诉决定。

具有下列情形之一的，可以认为犯罪事实已经查清：

(一)属于单一罪行的案件，查清的事实足以定罪量刑或者与定罪量刑有关的事实已经查清，不影响定罪量刑的事实无法查清的；

(二)属于数个罪行的案件，部分罪行已经查清并符合起诉条件，其他罪行无法查清的；

(三)无法查清作案工具、赃物去向，但有其他证据足以对被告人定罪量刑的；

(四)证人证言、犯罪嫌疑人供述和辩解、被害人陈述的内容主要情节一致，个别情节不一致，但不影响定罪的。

对于符合前款第二项情形的，应当以已经查清的罪行起诉。

★发现遗漏罪行或者同案犯罪嫌疑人未移送起诉的，应当要求补充侦查或者补充移送起诉，也可以直接提起公诉

《人民检察院刑事诉讼规则》(2019年12月30日　高检发释字〔2019〕4号)

第三百五十六条　人民检察院在办理公安机关移送起诉的案件

中,发现遗漏罪行或者有依法应当移送起诉的同案犯罪嫌疑人未移送起诉的,应当要求公安机关补充侦查或者补充移送起诉。对于犯罪事实清楚,证据确实、充分的,也可以直接提起公诉。

★审查起诉阶段,发现属于监察机关或者公安机关管辖但符合起诉条件的,经征求同意后,可以直接起诉

《人民检察院刑事诉讼规则》(2019年12月30日 高检发释字〔2019〕4号)

第三百五十七条 人民检察院立案侦查时认为属于直接受理侦查的案件,在审查起诉阶段发现属于监察机关管辖的,应当及时商监察机关办理。属于公安机关管辖,案件事实清楚,证据确实、充分,符合起诉条件的,可以直接起诉;事实不清、证据不足的,应当及时移送有管辖权的机关办理。

第176条 在审查起诉阶段,发现公安机关移送起诉的案件属于监察机关管辖,或者监察机关移送起诉的案件属于公安机关管辖,但案件事实清楚,证据确实、充分,符合起诉条件的,经征求监察机关、公安机关意见后,没有不同意见的,可以直接起诉;提出不同意见,或者事实不清、证据不足的,应当将案件退回移送案件的机关并说明理由,建议其移送有管辖权的机关办理。

★检察院制作起诉书的主要内容

《人民检察院刑事诉讼规则》(2019年12月30日 高检发释字〔2019〕4号)

第三百五十八条 人民检察院决定起诉的,应当制作起诉书。

起诉书的主要内容包括:

(一)被告人的基本情况,包括姓名、性别、出生年月日、出生地和户籍地、公民身份号码、民族、文化程度、职业、工作单位及职务、住址,是否受过刑事处分及处分的种类和时间,采取强制措施的情况等;如果是单位犯罪,应当写明犯罪单位的名称和组织机构代码、所在地址、联系方式,法定代表人和诉讼代表人的姓名、职务、联系方式;如果还有应当负刑事责任的直接负责的主管人员或其他直接责任人员，应当按上述被告人基本情况的内容叙写；

（二）案由和案件来源；

（三）案件事实，包括犯罪的时间、地点、经过、手段、动机、目的、危害后果等与定罪量刑有关的事实要素。起诉书叙述的指控犯罪事实的必备要素应当明晰、准确。被告人被控有多项犯罪事实的，应当逐一列举，对于犯罪手段相同的同一犯罪可以概括叙写；

（四）起诉的根据和理由，包括被告人触犯的刑法条款、犯罪的性质及认定的罪名、处罚条款、法定从轻、减轻或者从重处罚的情节，共同犯罪各被告人应负的罪责等；

（五）被告人认罪认罚情况，包括认罪认罚的内容、具结书签署情况等。

被告人真实姓名、住址无法查清的，可以按其绰号或者自报的姓名、住址制作起诉书，并在起诉书中注明。被告人自报的姓名可能造成损害他人名誉、败坏道德风俗等不良影响的，可以对被告人编号并按编号制作起诉书，附具被告人的照片，记明足以确定被告人面貌、体格、指纹以及其他反映被告人特征的事项。

起诉书应当附有被告人现在处所，证人、鉴定人、需要出庭的有专门知识的人的名单，需要保护的被害人、证人、鉴定人的化名名单，查封、扣押、冻结的财物及孳息的清单，附带民事诉讼、附带民事公益诉讼情况以及其他需要附注的情况。

证人、鉴定人、有专门知识的人的名单应当列明姓名、性别、年龄、职业、住址、联系方式，并注明证人、鉴定人是否出庭。

★提起公诉的案件，应当向法院移送的相关材料

《人民检察院刑事诉讼规则》（2019年12月30日　**高检发释字〔2019〕4号**）

第三百五十九条　人民检察院提起公诉的案件，应当向人民法院移送起诉书、案卷材料、证据和认罪认罚具结书等材料。

起诉书应当一式八份，每增加一名被告人增加起诉书五份。

关于被害人姓名、住址、联系方式、被告人被采取强制措施的种类、是否在案及羁押处所等问题,人民检察院应当在起诉书中列明,不再单独移送材料;对于涉及被害人隐私或者为保护证人、鉴定人、被害人人身安全,而不宜公开证人、鉴定人、被害人姓名、住址、工作单位和联系方式等个人信息的,可以在起诉书中使用化名。但是应当另行书面说明使用化名的情况并标明密级,单独成卷。

第三百六十条 人民检察院对于犯罪嫌疑人、被告人或者证人等翻供、翻证的材料以及对犯罪嫌疑人、被告人有利的其他证据材料,应当移送人民法院。

第三百六十一条 人民法院向人民检察院提出书面意见要求补充移送材料,人民检察院认为有必要移送的,应当自收到通知之日起三日以内补送。

第三百六十二条 对提起公诉后,在人民法院宣告判决前补充收集的证据材料,人民检察院应当及时移送人民法院。

第176条

第三百六十三条 在审查起诉期间,人民检察院可以根据辩护人的申请,向监察机关、公安机关调取在调查、侦查期间收集的证明犯罪嫌疑人、被告人无罪或者罪轻的证据材料。

★提起公诉的案件,可以提出量刑建议,制作量刑建议书,与起诉书一并移送法院

《人民检察院刑事诉讼规则》(2019年12月30日 高检发释字〔2019〕4号)

第三百六十四条 人民检察院提起公诉的案件,可以向人民法院提出量刑建议。除有减轻处罚或者免除处罚情节外,量刑建议应当在法定量刑幅度内提出。建议判处有期徒刑、管制、拘役的,可以具有一定的幅度,也可以提出具体确定的建议。

提出量刑建议的,可以制作量刑建议书,与起诉书一并移送人民法院。量刑建议书的主要内容应当包括被告人所犯罪行的法定刑、量刑情节、建议人民法院对被告人判处刑罚的种类、刑罚幅度、可以适用的刑罚执行方式以及提出量刑建议的依据和理由等。

认罪认罚案件的量刑建议,按照本章第二节的规定办理。

★检察院对认罪认罚案件提出量刑建议的内容和原则

《人民检察院办理认罪认罚案件开展量刑建议工作的指导意见》(2021年12月3日　高检发办字〔2021〕120号)

第一条　犯罪嫌疑人认罪认罚的,人民检察院应当就主刑、附加刑、是否适用缓刑等提出量刑建议。

对认罪认罚案件,人民检察院应当在全面审查证据、查明事实、准确认定犯罪的基础上提出量刑建议。

第二条　人民检察院对认罪认罚案件提出量刑建议,应当坚持以下原则:

(一)宽严相济。应当根据犯罪的具体情况,综合考虑从重、从轻、减轻或者免除处罚等各种量刑情节提出量刑建议,做到该宽则宽,当严则严,宽严相济,轻重有度。

(二)依法建议。应当根据犯罪的事实、性质、情节和对于社会的危害程度等,依照刑法、刑事诉讼法以及相关司法解释的规定提出量刑建议。

(三)客观公正。应当全面收集、审查有罪、无罪、罪轻、罪重、从宽、从严等证据,依法听取犯罪嫌疑人、被告人、辩护人或者值班律师、被害人及其诉讼代理人的意见,客观公正提出量刑建议。

(四)罪责刑相适应。提出量刑建议既要体现认罪认罚从宽,又要考虑犯罪嫌疑人、被告人所犯罪行的轻重、应负的刑事责任和社会危险性的大小,确保罚当其罪,避免罪责刑失衡。

(五)量刑均衡。涉嫌犯罪的事实、情节基本相同的案件,提出的量刑建议应当保持基本均衡。

★检察院对认罪认罚案件提出量刑建议的条件

《人民检察院办理认罪认罚案件开展量刑建议工作的指导意见》(2021年12月3日　高检发办字〔2021〕120号)

第三条　人民检察院对认罪认罚案件提出量刑建议,应当符合以下条件:

(一)犯罪事实清楚,证据确实、充分;

（二）提出量刑建议所依据的法定从重、从轻、减轻或者免除处罚等量刑情节已查清；

（三）提出量刑建议所依据的酌定从重、从轻处罚等量刑情节已查清。

第四条　办理认罪认罚案件，人民检察院一般应当提出确定刑量刑建议。对新类型、不常见犯罪案件，量刑情节复杂的重罪案件等，也可以提出幅度刑量刑建议，但应当严格控制所提量刑建议的幅度。

★检察院办理认罪认罚案件提出量刑建议，应当听取被害人及其诉讼代理人的意见

《人民检察院办理认罪认罚案件开展量刑建议工作的指导意见》（2021年12月3日　高检发办字〔2021〕120号）

第176条

第九条　人民检察院办理认罪认罚案件提出量刑建议，应当听取被害人及其诉讼代理人的意见，并将犯罪嫌疑人是否与被害方达成调解协议、和解协议或者赔偿被害方损失，取得被害方谅解，是否自愿承担公益损害修复及赔偿责任等，作为从宽处罚的重要考虑因素。

犯罪嫌疑人自愿认罪并且有赔偿意愿，但被害方拒绝接受赔偿或者赔偿请求明显不合理，未能达成调解或者和解协议的，可以综合考量赔偿情况及全案情节对犯罪嫌疑人予以适当从宽，但罪行极其严重、情节极其恶劣的除外。

必要时，人民检察院可以听取侦查机关、相关行政执法机关、案发地或者居住地基层组织和群众的意见。

★检察院应当认真审查关于犯罪嫌疑人社会危险性和案件对所居住社区影响的调查评估意见

《人民检察院办理认罪认罚案件开展量刑建议工作的指导意见》（2021年12月3日　高检发办字〔2021〕120号）

第十条　人民检察院应当认真审查侦查机关移送的关于犯罪嫌疑人社会危险性和案件对所居住社区影响的调查评估意见。侦查机关未委托调查评估，人民检察院拟提出判处管制、缓刑量刑建议的，一般应当委托犯罪嫌疑人居住地的社区矫正机构或者有关组织进行调查评估，必要时，也可以自行调查评估。

调查评估意见是人民检察院提出判处管制、缓刑量刑建议的重要参考。人民检察院提起公诉时，已收到调查评估材料的，应当一并移送人民法院，已经委托调查评估但尚未收到调查评估材料的，人民检察院经审查全案情况认为犯罪嫌疑人符合管制、缓刑适用条件的，可以提出判处管制、缓刑的量刑建议，同时将委托文书随案移送人民法院。

★检察院对认罪认罚案件提出量刑建议的依据和方法

《人民检察院办理认罪认罚案件开展量刑建议工作的指导意见》

（2021年12月3日 高检发办字〔2021〕120号）

第十一条 人民检察院应当按照有关量刑指导意见规定的量刑基本方法，依次确定量刑起点、基准刑和拟宣告刑，提出量刑建议。对新类型、不常见犯罪案件，可以参照相关量刑规范和相似案件的判决提出量刑建议。

第十二条 提出确定刑量刑建议应当明确主刑适用刑种、刑期和是否适用缓刑。

建议判处拘役的，一般应当提出确定刑量刑建议。

建议判处附加刑的，应当提出附加刑的类型。

建议判处罚金刑的，应当以犯罪情节为根据，综合考虑犯罪嫌疑人缴纳罚金的能力提出确定的数额。

建议适用缓刑的，应当明确提出。

第十三条 除有减轻处罚情节外，幅度刑量刑建议应当在法定量刑幅度内提出，不得兼跨两种以上主刑。

建议判处有期徒刑的，一般应当提出相对明确的量刑幅度。建议判处六个月以上不满一年有期徒刑的，幅度一般不超过二个月；建议判处一年以上不满三年有期徒刑的，幅度一般不超过六个月；建议判处三年以上不满十年有期徒刑的，幅度一般不超过一年；建议判处十年以上有期徒刑的，幅度一般不超过二年。

建议判处管制的，幅度一般不超过三个月。

★检察院提出量刑建议应当区别认罪认罚的不同诉讼阶段等，综合考量确定从宽的限度和幅度

《人民检察院办理认罪认罚案件开展量刑建议工作的指导意见》（2021年12月3日 高检发办字〔2021〕120号）

第十四条 人民检察院提出量刑建议应当区别认罪认罚的不同诉讼阶段、对查明案件事实的价值和意义、是否确有悔罪表现，以及罪行严重程度等，综合考量确定从宽的限度和幅度。在从宽幅度上，主动认罪认罚优于被动认罪认罚，早认罪认罚优于晚认罪认罚，彻底认罪认罚优于不彻底认罪认罚，稳定认罪认罚优于不稳定认罪认罚。

认罪认罚的从宽幅度一般应当大于仅有坦白，或者虽认罪但不认罚的从宽幅度。对犯罪嫌疑人具有自首、坦白情节，同时认罪认罚的，应当在法定刑幅度内给予相对更大的从宽幅度。

★犯罪嫌疑人虽然认罪认罚，但所犯罪行具有五种情形之一的，提出量刑建议应当从严把握从宽幅度或者依法不予从宽

《人民检察院办理认罪认罚案件开展量刑建议工作的指导意见》（2021年12月3日 高检发办字〔2021〕120号）

第十五条 犯罪嫌疑人虽然认罪认罚，但所犯罪行具有下列情形之一的，提出量刑建议应当从严把握从宽幅度或者依法不予从宽：

（一）危害国家安全犯罪、恐怖活动犯罪、黑社会性质组织犯罪的首要分子、主犯；

（二）犯罪性质和危害后果特别严重、犯罪手段特别残忍、社会影响特别恶劣的；

（三）虽然罪行较轻但具有累犯、惯犯等恶劣情节的；

（四）性侵等严重侵害未成年人的；

（五）其他应当从严把握从宽幅度或者不宜从宽的情形。

★犯罪嫌疑人具有多个量刑情节的，应当全面考虑各情节的调节幅度，综合分析提出量刑建议

《人民检察院办理认罪认罚案件开展量刑建议工作的指导意见》

（2021年12月3日 高检发办字〔2021〕120号）

第十六条 犯罪嫌疑人既有从重又有从轻、减轻处罚情节，应当全面考虑各情节的调节幅度，综合分析提出量刑建议，不能仅根据某一情节一律从轻或者从重。

犯罪嫌疑人具有减轻处罚情节的，应当在法定刑以下提出量刑建议，有数个量刑幅度的，应当在法定量刑幅度的下一个量刑幅度内提出量刑建议。

第十七条 犯罪嫌疑人犯数罪，同时具有立功、累犯等量刑情节的，先适用该量刑情节调节个罪基准刑，分别提出量刑建议，再依法提出数罪并罚后决定执行的刑罚的量刑建议。人民检察院提出量刑建议时应当分别列明个罪量刑建议和数罪并罚后决定执行的刑罚的量刑建议。

★对于共同犯罪案件，提出量刑建议时应当注意各犯罪嫌疑人之间的量刑平衡

《人民检察院办理认罪认罚案件开展量刑建议工作的指导意见》

（2021年12月3日 高检发办字〔2021〕120号）

第十八条 对于共同犯罪案件，人民检察院应当根据各犯罪嫌疑人在共同犯罪中的地位、作用以及应当承担的刑事责任分别提出量刑建议。提出量刑建议时应当注意各犯罪嫌疑人之间的量刑平衡。

★公诉后、开庭前被告人自愿认罪认罚的处理

《人民检察院办理认罪认罚案件开展量刑建议工作的指导意见》

（2021年12月3日 高检发办字〔2021〕120号）

第二十九条 人民检察院提起公诉后开庭前，被告人自愿认罪认罚的，人民检察院可以组织听取意见。达成一致的，被告人应当在辩护人或者值班律师在场的情况下签署认罪认罚具结书。

★犯罪嫌疑人签署具结书后，没有新的事实和证据，且未反悔的，检察院不得撤销具结书、变更量刑建议

《人民检察院办理认罪认罚案件开展量刑建议工作的指导意见》（2021 年 12 月 3 日 高检发办字〔2021〕120 号）

第三十条 对于认罪认罚案件，犯罪嫌疑人签署具结书后，没有新的事实和证据，且犯罪嫌疑人未反悔的，人民检察院不得撤销具结书、变更量刑建议。除发现犯罪嫌疑人认罪悔罪不真实、认罪认罚后又反悔或者不履行具结书中需要履行的赔偿损失、退赃退赔等情形外，不得提出加重犯罪嫌疑人刑罚的量刑建议。

★检察院提出量刑建议的两种形式

《人民检察院办理认罪认罚案件开展量刑建议工作的指导意见》（2021 年 12 月 3 日 高检发办字〔2021〕120 号）

第三十一条 人民检察院提出量刑建议，一般应当制作量刑建议书，与起诉书一并移送人民法院。对于案情简单、量刑情节简单，适用速裁程序的案件，也可以在起诉书中载明量刑建议。

第176条

量刑建议书中应当写明建议对犯罪嫌疑人科处的主刑、附加刑、是否适用缓刑等及其理由和依据，必要时可以单独出具量刑建议理由说明书。适用速裁程序审理的案件，通过起诉书载明量刑建议的，可以在起诉书中简化说理。

★法院经审理认为量刑建议明显不当或者认为被告人、辩护人对量刑建议的异议合理的，可以建议检察院调整量刑建议

《人民检察院办理认罪认罚案件开展量刑建议工作的指导意见》（2021 年 12 月 3 日 高检发办字〔2021〕120 号）

第三十二条 人民法院经审理，认为量刑建议明显不当或者认为被告人、辩护人对量刑建议的异议合理，建议人民检察院调整量刑建议的，人民检察院应当认真审查，认为人民法院建议合理的，应当调整量刑建议，认为人民法院建议不当的，应当说明理由和依据。

人民检察院调整量刑建议，可以制作量刑建议调整书移送人民法院。

★开庭审理前或者休庭期间调整量刑建议的，应当重新听取被告人及其辩护人或者值班律师的意见

《人民检察院办理认罪认罚案件开展量刑建议工作的指导意见》
（2021年12月3日　高检发办字〔2021〕120号）

第三十三条　开庭审理前或者休庭期间调整量刑建议的，应当重新听取被告人及其辩护人或者值班律师的意见。

庭审中调整量刑建议，被告人及其辩护人没有异议的，人民检察院可以当庭调整量刑建议并记录在案。当庭无法达成一致或者调整量刑建议需要履行相应报告、决定程序的，可以建议法庭休庭，按照本意见第二十四条、第二十五条的规定组织听取意见，履行相应程序后决定是否调整。

适用速裁程序审理认罪认罚案件，需要调整量刑建议的，应当在庭前或者当庭作出调整。

★对于被告人签署认罪认罚具结书后，庭审中反悔不再认罪认罚的处理

《人民检察院办理认罪认罚案件开展量刑建议工作的指导意见》
（2021年12月3日　高检发办字〔2021〕120号）

第三十四条　被告人签署认罪认罚具结书后，庭审中反悔不再认罪认罚的，人民检察院应当了解反悔的原因，被告人明确不再认罪认罚的，人民检察院应当建议人民法院不再适用认罪认罚从宽制度，撤回从宽量刑建议，并建议法院在量刑时考虑相应情况。依法需要转为普通程序或者简易程序审理的，人民检察院应当向人民法院提出建议。

★对于被告人认罪认罚，庭审中辩护人作无罪辩护的处理

《人民检察院办理认罪认罚案件开展量刑建议工作的指导意见》
（2021年12月3日　高检发办字〔2021〕120号）

第三十五条　被告人认罪认罚而庭审中辩护人作无罪辩护的，人民检察院应当核实被告人认罪认罚的真实性、自愿性。被告人仍然认罪认罚的，可以继续适用认罪认罚从宽制度，被告人反悔不再认罪认罚的，按照本意见第三十四条的规定处理。

第三十六条 检察官应当在职责权限范围内调整量刑建议。根据本意见第二十一条规定，属于检察官职责权限范围内的，可以由检察官调整量刑建议并向部门负责人报告备案；属于检察长或者检察委员会职责权限范围内的，应当由检察长或者检察委员会决定调整。

类案检索指引

★综合考虑量刑情节，提出确定刑量刑建议

《邱某某盗窃案》（2020年10月13日最高人民检察院认罪认罚案件适用速裁程序典型案例）

【典型意义】

一是依托公安机关执法办案管理中心，搭建速裁案件"一站式"刑拘直判办理平台，实现案件快慢分道、简案快办。张家港市人民检察院会同市法院、市公安局、市司法局会签出台《关于"一站式"办理刑拘直判案件的工作意见》，在公安执法办案管理中心设立派驻检察室、速裁法庭、值班律师工作站，建立"一站式"简案快办工作平台。派驻检察室提前了解公安机关侦查情况，与公安机关一道及时对盗窃、危险驾驶等轻刑案件开展甄别筛查、繁简分流工作，对事实清楚，证据确实、充分，符合速裁程序的案件推行刑拘直判，最大程度简化文书制作、案件流转、强制措施转换等程序环节，实现简单案件侦查、起诉、审判在刑拘七日内完成，确保及时惩治犯罪，发挥刑罚威慑效应。

二是综合考虑量刑情节，提出确定刑量刑建议，加强量刑建议说理，提升量刑建议可接受度。确定刑量刑建议有利于明确被告人对判罚的预期，促使其更好认罪认罚，避免判后反悔上诉等现象。对于盗窃等常见、多发、简单的轻微刑事案件，有着明确的量刑指导规范和成熟的当地司法实践标准，应当依法提出确定刑量刑建议。同时，应当加强量刑建议说理，详细阐释量刑建议的依据、确定过程和理由，提升被告人、辩护人或者值班律师以及法官对量刑建议的认可度。

★推动企业合规与适用认罪认罚从宽制度及检察建议相结合

《上海市A公司、B公司、关某某虚开增值税专用发票案》（2021年6月3日最高人民检察院发布企业合规改革试点典型案例）

【典型意义】

一是检察机关推动企业合规与适用认罪认罚从宽制度相结合。本案中，检察机关在督促企业作出合规承诺并开展合规建设的同时，通过适用认罪认罚从宽制度，坚持和落实能不判实刑的提出判缓刑的量刑建议等司法政策，努力让企业"活下来""留得住""经营得好"，取得更好的司法办案效果。

二是检察机关推动企业合规与检察建议相结合。本案中，检察机关会同税务机关在回访过程中，发现涉案企业在预防违法犯罪方面制度不健全、不落实，管理不完善，存在违法犯罪隐患，需要及时消除的，结合合规整改情况，向涉案企业制发检察建议，推动其深化实化合规建设，避免合规整改走过场、流于形式。

★党员严重违纪涉嫌犯罪的，原则上先作出党纪处分决定，再移送司法机关依法处理，至迟不晚于司法机关决定提起公诉或者作出不起诉决定前

《中国共产党处分违纪党员批准权限和程序规定》（2022年9月22日）

第十七条　给予违纪党员党纪处分，依照本规定应当由党委审批的，须经本级纪委常委会（未设常委会的应当召开纪委全体会议，下同）审议通过后于15日内报请这一级党委审议；依照本规定应当由上级党组织审批的，还须经同级党委审议同意后，按照程序于15日内呈报上一级纪委审查批准；党委应当及时审议处分事项，对处分意见分歧较大且确有必要的，也可以先通过召开书记专题会议等形式进行酝酿。

党员严重违纪涉嫌犯罪的，原则上先作出党纪处分决定，再移送司法机关依法处理。案情疑难、复杂，对事实证据、行为性质的认定把握困难或者有重大争议，可能影响党纪处理结果的，或者因留置期限即将届满等原因急需移送司法机关依法处理的，负责审查的纪委监委经本级纪委常委会审议同意后，可以先行移送司法机关，并及时报上一级纪委监委备案；其中给予其党纪处分须报请同级党委或者上级党组织审批的，应当在移送司法机关之日起15日内报请同级党委审议，至迟不晚于司法机关决定提起公诉或者作出不起诉决定前。

给予地方党委委员、候补委员和地方纪委委员、监委委员党纪处分，依照本规定须呈报上级党组织审批的，在报请同级党委审议前，有监督执纪权限的纪委常委会审议通过后，应当于3日内形成书面情况报告与上级纪委沟通；上级纪委应当基于该书面情况报告载明的违纪事实和处分意见进行审核，并及时反馈处理意见。上级纪委受理该案件后，应当认真审核，不受此前已反馈处理意见的限制。

第177条

第一百七十七条 【不起诉决定】 犯罪嫌疑人没有犯罪事实，或者有本法第十六条规定的情形之一的，人民检察院应当作出不起诉决定。

对于犯罪情节轻微，依照刑法规定不需要判处刑罚或者免除刑罚的，人民检察院可以作出不起诉决定。

人民检察院决定不起诉的案件，应当同时对侦查中查封、扣押、冻结的财物解除查封、扣押、冻结。对被不起诉人需要给予行政处罚、处分或者需要没收其违法所得的，人民检察院应当提出检察意见，移送有关主管机关处理。有关主管机关应当将处理结果及时通知人民检察院。

新旧条文序号对照

2018年刑事诉讼法	2012年刑事诉讼法	1996年刑事诉讼法
第一百七十七条	第一百七十三条	第一百四十二条

适用要点与裁判依据

★对有组织犯罪的组织者、领导者和骨干成员，应当严格掌握不起诉的适用条件

《中华人民共和国反有组织犯罪法》(2021年12月24日 主席令第101号)

第二十二条 办理有组织犯罪案件，应当以事实为根据，以法律为准绳，坚持宽严相济。

对有组织犯罪的组织者、领导者和骨干成员，应当严格掌握取保候审、不起诉、缓刑、减刑、假释和暂予监外执行的适用条件，充分适用剥夺政治权利、没收财产、罚金等刑罚。

有组织犯罪的犯罪嫌疑人、被告人自愿如实供述自己的罪行，承认指控的犯罪事实，愿意接受处罚的，可以依法从宽处理。

第三十三条 犯罪嫌疑人、被告人积极配合有组织犯罪案件的侦查、起诉、审判等工作，有下列情形之一的，可以依法从宽处罚，但对有组织犯罪的组织者、领导者应当严格适用：

(一)为查明犯罪组织的组织结构及其组织者、领导者、首要分子的地位、作用提供重要线索或者证据的；

(二)为查明犯罪组织实施的重大犯罪提供重要线索或者证据的；

(三)为查处国家工作人员涉有组织犯罪提供重要线索或者证据的；

(四)协助追缴、没收尚未掌握的赃款赃物的；

(五)其他为查办有组织犯罪案件提供重要线索或者证据的情形。

对参加有组织犯罪组织的犯罪嫌疑人、被告人不起诉或者免予刑事处罚的，可以根据案件的不同情况，依法予以训诫、责令具结悔过、赔礼道歉、赔偿损失，或者由主管部门予以行政处罚或者处分。

★监察机关移送的案件有不起诉情形的，经上一级检察院批准，依法作出不起诉决定

《中华人民共和国监察法》(2018年3月20日 **主席令第3号**)

第四十七条 对监察机关移送的案件，人民检察院依照《中华人民共和国刑事诉讼法》对被调查人采取强制措施。

人民检察院经审查，认为犯罪事实已经查清，证据确实、充分，依法应当追究刑事责任的，应当作出起诉决定。

人民检察院经审查，认为需要补充核实的，应当退回监察机关补充调查，必要时可以自行补充侦查。对于补充调查的案件，应当在一个月内补充调查完毕。补充调查以二次为限。

人民检察院对于有《中华人民共和国刑事诉讼法》规定的不起诉的情形的，经上一级人民检察院批准，依法作出不起诉的决定。监察机关认为不起诉的决定有错误的，可以向上一级人民检察院提请复议。

第177条

★被指定的检察院对国家监察委移送的案件审查认为依法应当追究刑事责任的，报最高检察院批准后，作出起诉决定

《国家监察委员会与最高人民检察院办理职务犯罪案件工作衔接办法》(2018年4月16日 国监办发〔2018〕1号)

第三十三条 被指定的人民检察院对案件进行审查后，认为犯罪嫌疑人的犯罪事实已经查清，证据确实、充分，依法应当追究刑事责任的，应当报最高人民检察院批准后，作出起诉决定，并由最高人民检察院向国家监察委员会通报。对拟作不起诉决定，或者改变犯罪性质、罪名的，应当报最高人民检察院，由最高人民检察院与国家监察委员会沟通协商。

★检察机关对国家监察委移送的案件审查后可以作出不起诉决定的三种情形

《国家监察委员会与最高人民检察院办理职务犯罪案件工作衔接办法》(2018年4月16日 国监办发〔2018〕1号)

第四十三条 被指定的人民检察院经审查发现有下列情形的，

经报最高人民检察院批准，分别作出如下处理：

（一）犯罪嫌疑人没有犯罪事实，或者有《中华人民共和国刑事诉讼法》第十五条规定的情形之一的，可以将案件退回国家监察委员会处理，也可以作出不起诉决定；

（二）经二次退回补充调查仍然认为证据不足，不符合起诉条件的，应当作出不起诉决定；

（三）犯罪情节轻微，依照刑法规定不需要判处刑罚或者免除刑罚的，可以作出不起诉决定。

最高人民检察院在批准不起诉决定前，应当与国家监察委员会沟通协商。

★国家监察委认为不起诉决定书确有错误的，应当向最高检察院申请复议

《国家监察委员会与最高人民检察院办理职务犯罪案件工作衔接办法》（2018年4月16日　国监办发〔2018〕1号）

第四十四条　不起诉决定书应当由被指定的人民检察院作出，通过最高人民检察院送达国家监察委员会。国家监察委员会认为不起诉决定书确有错误的，应当在收到不起诉决定书后30日内向最高人民检察院申请复议。

第四十五条　对于国家监察委员会对不起诉决定申请复议的案件，最高人民检察院应当另行指定检察官审查提出意见，并自收到复议申请后三十日内，经由检察长或者检察委员会决定后，以最高人民检察院的名义答复国家监察委员会。

最高人民检察院的复议决定可以撤销或者变更原有不起诉决定，交由下级人民检察院执行。

★检察机关决定不起诉的案件，对国家监察委随案移送的涉案财产应当区分不同情形，作出相应处理

《国家监察委员会与最高人民检察院办理职务犯罪案件工作衔接办法》（2018年4月16日　国监办发〔2018〕1号）

第四十六条　人民检察院决定不起诉的案件，对国家监察委员会随案移送的涉案财产，经最高人民检察院批准，应当区分不同情形，作出相应处理：

（一）因犯罪嫌疑人死亡而决定不起诉，符合《中华人民共和国刑事诉讼法》第二百八十条规定的没收程序条件的，按照本办法的相关规定办理；

（二）因其他原因决定不起诉，对于查封、扣押、冻结的犯罪嫌疑人违法所得及其他涉案财产需要没收的，应当提出检察意见，退回国家监察委员会处理；

（三）对于冻结的犯罪嫌疑人存款、汇款、债券、股票、基金份额等财产能够查明需要返还被害人的，可以通知金融机构返还被害人；对于查封、扣押的犯罪嫌疑人的违法所得及其他涉案财产能够查明需要返还被害人的，直接决定返还被害人。

最高人民检察院批准上述决定前，应当与国家监察委员会沟通。

第177条

★不起诉后认罪认罚的犯罪嫌疑人又反悔的案件的处理

《最高人民法院、最高人民检察院、公安部、国家安全部、司法部关于适用认罪认罚从宽制度的指导意见》（2019年10月11日　高检发〔2019〕13号）

51.不起诉后反悔的处理。因犯罪嫌疑人认罪认罚，人民检察院依照刑事诉讼法第一百七十七条第二款作出不起诉决定后，犯罪嫌疑人否认指控的犯罪事实或者不积极履行赔礼道歉、退赃退赔、赔偿损失等义务的，人民检察院应当进行审查，区分下列情形依法作出处理：

（一）发现犯罪嫌疑人没有犯罪事实，或者符合刑事诉讼法第十六条规定的情形之一的，应当撤销原不起诉决定，依法重新作出不起诉决定；

（二）认为犯罪嫌疑人仍属于犯罪情节轻微，依照刑法规定不需要判处刑罚或者免除刑罚的，可以维持原不起诉决定；

（三）排除认罪认罚因素后，符合起诉条件的，应当根据案件具体情况撤销原不起诉决定，依法提起公诉。

★对认罪认罚后可能判处免刑的轻微刑事案件，可以依法作出不起诉决定

《最高人民法院、最高人民检察院、公安部、国家安全部、司法部关于适用认罪认罚从宽制度的指导意见》(2019年10月11日 高检发〔2019〕13号)

30. 不起诉的适用。完善起诉裁量权，充分发挥不起诉的审前分流和过滤作用，逐步扩大相对不起诉在认罪认罚案件中的适用。对认罪认罚后没有争议，不需要判处刑罚的轻微刑事案件，人民检察院可以依法作出不起诉决定。人民检察院应当加强对案件量刑的预判，对其中可能判处免刑的轻微刑事案件，可以依法作出不起诉决定。

对认罪认罚后案件事实不清、证据不足的案件，应当依法作出不起诉决定。

★对认罪认罚后案件事实不清、证据不足的案件，依法作出不起诉决定

《人民检察院刑事诉讼规则》(2019年12月30日 高检发释字〔2019〕4号)

第三百六十七条 人民检察院对于二次退回补充调查或者补充侦查的案件，仍然认为证据不足，不符合起诉条件的，经检察长批准，依法作出不起诉决定。

人民检察院对于经过一次退回补充调查或者补充侦查的案件，认为证据不足，不符合起诉条件，且没有再次退回补充调查或者补充侦查必要的，经检察长批准，可以作出不起诉决定。

★检察院对被不起诉人需要给予行政处罚、政务处分的，应当向同级有关主管机关提出检察意见

《人民检察院办理知识产权案件工作指引》(2023年4月26日)

第十九条 人民检察院对知识产权刑事案件作出不起诉决定，对被不起诉人需要给予行政处罚、政务处分或者其他处分的，经检察长批准，应当依法向同级有关主管机关提出检察意见，自不起诉决定作出之日起三日以内连同不起诉决定书一并送达。有关主管机关应当将处理结果及时通知人民检察院。

★实施性侵被不起诉的人员纳入"性侵违法犯罪人员信息库"

《最高人民检察院、教育部、公安部关于建立教职员工准入查询性侵违法犯罪信息制度的意见》(2020年8月20日　高检发〔2020〕14号)

第四条　本意见所称的性侵违法犯罪信息,是指符合下列条件的违法犯罪信息,公安部根据本条规定建立性侵违法犯罪人员信息库:

(一)因触犯刑法第二百三十六条、第二百三十七条规定的强奸,强制猥亵,猥亵儿童犯罪行为被人民法院依法作出有罪判决的人员信息;

(二)因触犯刑法第二百三十六条、第二百三十七条规定的强奸,强制猥亵,猥亵儿童犯罪行为被人民检察院根据刑事诉讼法第一百七十七条第二款之规定作出不起诉决定的人员信息;

(三)因触犯治安管理处罚法第四十四条规定的猥亵行为被行政处罚的人员信息。

第177条

符合刑事诉讼法第二百八十六条规定的未成年人犯罪记录封存条件的信息除外。

第五条　学校新招录教师、行政人员、勤杂人员、安保人员等在校园内工作的教职员工,在入职前应当进行性侵违法犯罪信息查询。

在认定教师资格前,教师资格认定机构应当对申请人员进行性侵违法犯罪信息查询。

第六条　教育行政部门应当做好在职教职员工性侵违法犯罪信息的筛查。

★党员严重违纪涉嫌犯罪的,原则上先作出党纪处分决定,再移送司法机关依法处理

《中国共产党处分违纪党员批准权限和程序规定》(2022年9月22日)

第十七条　给予违纪党员党纪处分,依照本规定应当由党委审批的,须经本级纪委常委会(未设常委会的应当召开纪委全体会议,下同)审议通过后于15日内报请这一级党委审议;依照本规定应当由上级党组织审批的，还须经同级党委审议同意后，按照程序于15日内呈报上一级纪委审查批准；党委应当及时审议处分事项，对处分意见分歧较大且确有必要的，也可以先通过召开书记专题会议等形式进行酝酿。

党员严重违纪涉嫌犯罪的，原则上先作出党纪处分决定，再移送司法机关依法处理。案情疑难、复杂，对事实证据、行为性质的认定把握困难或者有重大争议，可能影响党纪处理结果的，或者因留置期限即将届满等原因急需移送司法机关依法处理的，负责审查的纪委监委经本级纪委常委会审议同意后，可以先行移送司法机关，并及时报上一级纪委监委备案；其中给予其党纪处分须报请同级党委或者上级党组织审批的，应当在移送司法机关之日起15日内报请同级党委审议，至迟不晚于司法机关决定提起公诉或者作出不起诉决定前。

给予地方党委委员、候补委员和地方纪委委员、监委委员党纪处分，依照本规定须呈报上级党组织审批的，在报请同级党委审议前，有监督执纪权限的纪委常委会审议通过后，应当于3日内形成书面情况报告与上级纪委沟通；上级纪委应当基于该书面情况报告载明的违纪事实和处分意见进行审核，并及时反馈处理意见。上级纪委受理该案件后，应当认真审核，不受此前已反馈处理意见的限制。

★对于犯罪嫌疑人系未成年人的刑事案件，应当以不公开方式宣布不起诉决定

《最高人民检察院、公安部关于依法妥善办理轻伤害案件的指导意见》（2022年12月22日　高检发办字〔2022〕167号）

（十五）注重通过不起诉释法说理修复社会关系。人民检察院宣布不起诉决定，一般应当在人民检察院的宣告室等场所进行。根据案件的具体情况，也可以到当事人所在村、社区、单位等场所宣布，并邀请社区、单位有关人员参加。宣布不起诉决定时，应当就案件事实、法律责任、不起诉依据、理由等释法说理。

对于犯罪嫌疑人系未成年人的刑事案件，应当以不公开方式宣布不起诉决定，并结合案件具体情况对未成年犯罪嫌疑人予以训诫和教育。

★因被害人赔偿请求明显不合理，未能达成和解谅解的，一般不影响对符合条件的犯罪嫌疑人依法作出不起诉决定

《最高人民检察院、公安部关于依法妥善办理轻伤害案件的指导意见》（2022年12月22日　高检发办字〔2022〕167号）

（十七）依法准确适用不起诉。对于犯罪事实清楚，证据确实、充分，犯罪嫌疑人具有本意见第十六条第一款规定情形之一，依照刑法规定不需要判处刑罚或者免除刑罚的，可以依法作出不起诉决定。

对犯罪嫌疑人自愿认罪认罚，愿意积极赔偿，并提供了担保，但因被害人赔偿请求明显不合理，未能达成和解谅解的，一般不影响对符合条件的犯罪嫌疑人依法作出不起诉决定。

★检察院作出不起诉决定后，一般不再提出行政拘留的检察意见

《最高人民检察院、公安部关于依法妥善办理轻伤害案件的指导意见》（2022年12月22日　高检发办字〔2022〕167号）

（十八）落实不起诉后非刑罚责任。人民检察院决定不起诉的轻伤害案件，可以根据案件的不同情况，对被不起诉人予以训诫或者责令具结悔过、赔礼道歉、赔偿损失。被不起诉人在不起诉前已被刑事拘留、逮捕的，或者当事人双方已经和解并承担了民事赔偿责任的，人民检察院作出不起诉决定后，一般不再提出行政拘留的检察意见。

类案检索指引

★对在共同犯罪中处于从属地位、主观恶性不大、认罪认罚的，应当依法从宽处理

《江苏A建设有限公司等七家公司及其经营者虚开发票系列案——对处于从属地位，被动实施共同犯罪的民营企业，依法从宽处理》（2019年1月17日最高人民检察院发布首批涉民营企业司法保护典型案例）

【指导意义】

1. 对于在经济犯罪活动中处于不同地位的民营企业经营者，要依法区别对待，充分考虑企业在上下游经营活动中的地位。对在共同犯罪中处于从属地位，主观恶性不大，自首、坦白，积极退赃退赔、认罪认罚的，应当依法从宽处理，促进民营企业恢复正常生产经营活动，维护企业员工就业和正常生活。对于在共同犯罪中，主观恶性较大、情节严重、采取非法手段牟取非法利益的主犯，应当依法追究刑事责任。

2. 检察机关办理涉民营企业经济犯罪案件，要注意保护和促进市场经济秩序良性发展。对于偷逃税款、虚开发票等严重破坏合法、健康的市场经济秩序，破坏公开、公平、公正的市场竞争秩序的犯罪行为，应当依法追究刑事责任，维护合法经营、公平竞争的市场环境。

★对毒品犯罪案件决定存疑不起诉后应当继续引导侦查机关补充、完善证据

《存疑不起诉后继续引导侦查成功追诉案——农子壮贩卖毒品案》（2020 年 6 月 26 日最高人民检察院发布“强化法律监督　推进毒品犯罪检察治理”典型案例）

【典型意义】

检察机关准确把握毒品犯罪案件的起诉标准，防止“带病”起诉，依法对证据不足案件作出不起诉决定。同时，不放过案件线索，加大办案力度，引导侦查机关补充、完善证据，构建完整的证据体系。待案件事实清楚，证据确实、充分后，依法提起公诉，犯罪分子被判处死缓，最大程度实现了不枉不纵的司法办案效果。

★审慎处理企业经营的不规范问题，对不构成犯罪的，依法作出不起诉决定

《保护民营经济不起诉案——郝某某涉嫌非法买卖制毒物品案》（2020 年 6 月 26 日最高人民检察院发布“强化法律监督　推进毒品犯罪检察治理”典型案例）

【典型意义】

对于实践中违规生产、经营、购买、运输易制毒化学品的行为，要依据刑法和相关司法解释的规定，准确区分罪与非罪的界限。本案检察机关依法妥善办理涉民营经济案件，保障企业正常生产经营活动，审慎处理企业经营的不规范问题，对不构成犯罪的，依法作出不起诉决定。检察机关还积极参与社会治理，准确制发检察建议，促进企业规范、合法经营，为民营企业的健康发展提供有力司法保障。

★对于正在进行的共同不法侵害行为进行反击造成暴力程度较低的不法侵害人死亡的，依法作出不起诉决定

《湖南省宁乡市文某丰正当防卫不起诉案——对共同侵害人实施防卫的认定》(2020年11月27日最高人民检察院发布6起正当防卫不捕不诉典型案例)

【典型意义】

对于不法侵害主观故意的具体内容虽不确定，但实施了足以严重危及他人人身安全的暴力犯罪行为的，应当认定为符合特殊防卫的起因条件，防卫人可以实行特殊防卫。此案中，刘某某指使欧某某恐吓文某丰，到达现场后拿出匕首交给欧某某，尽管其吩咐恐吓的内容不确定，但当欧某某持匕首向文某丰的要害部位刺去时，二人共同实施的不法侵害已严重危及文某丰的人身安全。文某丰面对刘某某、欧某某共同实施的暴力侵害进行反击，无论造成二人中谁的死伤，都属于正当防卫，即使造成暴力程度较轻的刘某某重伤或者死亡，也不属于防卫过当，不负刑事责任。

认定文某丰的行为属于正当防卫，依法作出不起诉决定，具有积极意义。有利于鼓励公民行使正当防卫权利，在遭受不法侵害，特别是严重暴力侵害时，要敢于积极同违法犯罪行为作斗争。司法机关在办理涉正当防卫案件中，要注重查明前因后果，分清是非曲直，确保案件处理于法有据、于理应当、于情相容，符合人民群众的公平正义观念，实现法律效果与社会效果的有机统一。

★防卫人被骗入传销组织后在遭受传销人员不法侵害，面对多人围殴持刀反击造成伤亡结果的，应慎重考虑防卫行为是否明显超过必要限度

《江西省宜春市高某波正当防卫不起诉案——对"明显超过必要限度"的认定》（2020年11月27日最高人民检察院发布正当防卫不捕不诉典型案例）

【法律要旨】

根据刑法第二十条第二款的规定，认定防卫过当应当同时具备"明显超过必要限度"和"造成重大损害"两个条件，缺一不可。"造成重大损害"是指造成不法侵害人重伤、死亡，对此不难判断。实践中较难把握的是相关防卫行为是否明显超过必要限度，不少案件处理中存在认识分歧。最高人民法院、最高人民检察院、公安部《关于依法适用正当防卫制度的指导意见》规定，防卫是否"明显超过必要限度"，应当综合考虑不法侵害的性质、手段、强度、危害程度和防卫的时机、手段、强度、损害后果等情节，考虑双方力量对比，立足防卫人防卫时所处情境，结合社会公众的一般认知作出判断。在判断不法侵害的危害程度时，不仅要考虑已经造成的损害，还要考虑造成进一步损害的急迫危险性和现实可能性。

防卫人被骗入传销组织，在人身自由、健康、安全遭受传销人员不法侵害时，面对多人围殴，尽管不法侵害人没有持器械，防卫人持刀反击，造成伤亡结果的，应当从防卫人的角度设身处地考虑防卫行为是否明显超过必要限度。

【典型意义】

在判断防卫是否"明显超过必要限度"时，不应当苛求防卫人必须采取与不法侵害基本相当的反击方式和强度。通过综合考量，对于防卫行为与不法侵害相差悬殊、明显过激的，应当认定防卫明显超过必要限度。反之，不应认定为"明显超过必要限度"。高某波被骗至传销窝点，面对多人非法限制其人身自由、对其围攻，强制其加入传销组织，为摆脱困境实施防卫，持刀反击，其行为虽然造成一人死亡、二人轻微伤的客观后果,但从防卫人面对多人围殴的场景和情势急迫状况来看,持刀反击的行为并没有明显超过必要限度。此案办理过程中,检察机关秉持客观公正立场,严格依法规范办案,注重释法说理,提升办案质效,具有典型示范意义。

★对强奸行为实施特殊防卫的行为,检察机关充分发挥诉前主导作用,依法及时作出不起诉决定

《安徽省枞阳县周某某正当防卫不起诉案——对强奸行为实施特殊防卫的认定》(2020 年 11 月 27 日最高人民检察院发布正当防卫不捕不诉典型案例)

【法律要旨】

我国刑法第二十条第三款规定,对正在进行行凶、杀人、抢劫、强奸、绑架以及其他严重危及人身安全的暴力犯罪,采取防卫行为,造成不法侵害人伤亡的,不属于防卫过当,不负刑事责任。"强奸"与行凶、杀人、抢劫、绑架是并列规定的。根据最高人民法院、最高人民检察院、公安部《关于依法适用正当防卫制度的指导意见》的规定,"杀人、抢劫、强奸、绑架",是指具体犯罪行为而不是具体罪名。在实施不法侵害过程中存在杀人、抢劫、强奸、绑架等严重危及人身安全的暴力犯罪行为的,可以实行特殊防卫。

在强奸犯罪中,严重危及人身安全的表现形式,就是强行与女性发生性关系,而不是要求危及到生命安全。对强奸行为实行特殊防卫不要求侵害行为已经达到严重危及生命安全的程度,防卫人才可以实行特殊防卫。实践中,强奸案件具有证据相对薄弱的特点,在涉强奸的正当防卫案件办理中,在证据采信上要采取口供补强原则,在认定不法侵害人的侵害意图、侵害能力、侵害强度和不法侵害是否处于持续状态时,应体现有利于防卫人的原则。要充分考虑防卫人面临不法侵害时的紧迫状态和紧张心理,防止在事后以正常情况下冷静理性、客观精确的标准去评判防卫人。

【典型意义】

我国刑法将正在进行的"强奸"与"行凶""杀人""抢劫""绑架"

等严重危及人身安全的暴力犯罪并列规定，可以实行特殊防卫，造成不法侵害人伤亡的，不负刑事责任，体现了对妇女人身安全和性权利的充分保障和尊重。此案中，不法侵害人许某某将周某某推倒在稻田里，趴在周某某身上，解其裤腰带，意图强行与周某某发生性关系的行为，已经构成严重危及人身安全的强奸行为，周某某对正在实施的强奸行为进行防御和反抗，致不法侵害人死亡，符合刑法第二十条第三款的规定，依法不负刑事责任。在证据采信上，此案发生于夜晚的野外田间，没有目击证人，周某某供述稳定，且能够与其他证据相互印证，周某某的供述应予采信。在双方对峙过程中，周某某试图求救但没有实现，在救助无门，逃跑不能的特殊环境下，在近两个小时的高度紧张和惊恐状态下，不能苛求周某某对许某某是否继续实施不法侵害作出精准判断，应当采信周某某认为不法侵害行为处于持续状态的判断。

此案办理中，检察机关充分发挥诉前主导作用，依法及时作出不起诉决定，体现了对妇女权益的充分尊重和依法保障。此案的不起诉将对弘扬社会正气，消除社会戾气，促进社会治理产生积极影响，有利于鼓励公民勇于同违法犯罪行为作斗争。同时，引领社会公众养成保护弱势群体的风尚，弘扬真善美，抵制假恶丑，自觉践行社会主义核心价值观，维护社会和谐安宁。

★提起公诉前全部支付了拖欠的劳动报酬取得被害人谅解，依法不起诉

《李某军拒不支付劳动报酬案》（2020年12月23日最高人民检察院发布依法惩治拒不支付劳动报酬犯罪典型案例）

【典型意义】

1.“两法衔接”及时有效，提前介入引导取证。当地检察机关积极主动与劳动保障部门、公安机关建立信息通报、线索移送、会商研判等工作机制，及时介入欠薪案件，将检察监督工作前移，加大治理恶意欠薪力度。在结算劳动报酬、犯罪数额认定存在争议，是否构罪存疑的情况下，检察机关同步介入调查，及时引导取证，确保案件证据充分、犯罪数额认定准确。

2. 追讨薪酬与解决就业兼顾，充分保障劳动者合法权益。本案被害人均系农村务工人员，且案件移送审查起诉时正值春节前夕，农民工的血汗钱没有着落，处理不当极易引发社会矛盾，影响社会稳定。案发后检察机关及时介入，积极与公安机关会商运用认罪认罚从宽制度，引导犯罪嫌疑人支付欠薪。李某军到案后，检察机关通过释法说理，敦促其筹措资金，最终李某军全部结清所欠工资，得到员工谅解，及时防范化解了一起重要节点的群体访风险。在办案过程中，检察机关联合劳动监察、公安机关耐心接待农民工代表，安抚被害人情绪，同时联系人力资源社会保障部门提供招聘信息，帮助农民工解决再就业难题，用检察服务传递司法温度。

3. 惩治犯罪与护航企业并重，宽严相济依法妥善处理涉企案件。本案审查起诉前期，李某军对犯罪数额有异议，检察机关耐心说明认定的依据，加强法律政策宣讲，促使其如实供述犯罪事实、自愿认罪认罚，并结清了工人工资。检察机关综合考量，李某军犯罪情节轻微，提起公诉前付清拖欠的工资并取得谅解，未造成严重后果，且案件办理过程中正值新冠疫情期间，民营经济面临重大压力，涉案公司经营困难，检察机关经逐一联系被害人听取意见后，依法对李某军适用认罪认罚从宽制度作出不起诉决定，保障其尽快带领企业复工复产。

★对非法经营危险废物行为的社会危害性应作实质性判断

《公司无证处置危险废物未造成污染后果，检察官依法作出不起诉》（2020年12月30日最高人民检察院发布第二届民营经济法治建设峰会检察机关服务民营经济典型案例）

【典型意义】

对本案行为人非法经营危险废物行为的社会危害性应作实质性判断，其虽然未依法取得危险废物经营许可证，但不具有违法造成环境污染情形的，不能简单以非法经营罪论处。根据有关司法解释的规定，无危险废物经营许可证从事危险废物经营活动，有严重污染环境的才按照污染环境罪定罪处罚,同时构成非法经营罪的,依照处罚较重的规定定罪处罚。本案虽依法不作刑事犯罪处理,但仍应根据《固体废物污染环境防治法》《危险废物经营许可证管理办法》等规定,给予行政处罚。

★最大限度降低刑事办案对企业正常生产经营可能造成的负面影响

《依法不起诉,挽救11家企业》(2020年12月30日最高人民检察院发布第二届民营经济法治建设峰会检察机关服务民营经济典型案例)

【典型意义】

检察机关坚持打击和保护并重,对于串通投标的提意者、组织者、主要受益者以及职业陪标人、专业居间介绍者,依法从严惩处;对于没有犯罪前科、被动参与陪标、收取少量好处且具有从轻、减轻情节的,依法作不起诉处理,并向行政主管部门提出加强招投标监管、开展以案释法警示教育的检察建议和对被不起诉人予以行政处罚的检察意见。相关主管部门采纳了检察机关的意见建议。同时,因该案在当地有重大影响,涉案企业和人员众多,检察机关通过现场和远程视频连线等方式组织了公开听证,听取人大代表、政协委员、人民监督员的意见建议,接受社会监督,慎重作出不起诉的决定,最大限度降低刑事办案对企业正常生产经营可能造成的负面影响。

★取保候审足以防止发生社会危险性的,依法不批准逮捕

《郭某、张某诈骗不起诉案》(2021年6月23日最高人民检察院、教育部联合印发在校学生涉"两卡"犯罪典型案例)

【典型意义】

检察机关在审查逮捕时,要贯彻"少捕慎押"理念,全面准确把握逮捕条件。对于学校和居住地不在本地的学生,要加强与所在学校联系,综合评估其犯罪行为、社会危害、一贯表现、认罪态度等因素,充分考虑所在学校、社区管理教育能力,从能够保障诉讼办案、有利于学生完成学业的角度出发,对于采取取保候审足以防止发生社会危险性的,可以依法不批准逮捕。

犯罪嫌疑人被取保候审后,检察机关要会同公安机关,保持与涉案学生所在学校、居住社区和家长的联系,跟踪了解学生日常表现。相关学校和学生家长要共同承担起监督管理职责,加强教育挽救,促使涉案学生真诚悔过,督促其遵守取保候审规定,确保诉讼活动的顺利进行。

教育部门和相关学校要加强对学生兼职就业的教育引导,规范学校内的兼职就业活动,及时提示风险,帮助学生提高辨别违法犯罪的能力,防止在兼职就业过程中落入违法犯罪"陷阱"。

★办理涉"两卡"案件,对涉案学生犯罪情节轻微,认罪态度较好的,可以依法作出不起诉决定

《许某帮助信息网络犯罪活动不起诉案》(2021 年 6 月 23 日最高人民检察院、教育部联合印发在校学生涉"两卡"犯罪典型案例)

【典型意义】

第177条

实践中,在校学生容易被贩卡团伙拉拢、利诱,成为犯罪"工具人"。这之中,有的由于不正确的消费观、价值观,为了金钱利益,非法开办、出售"两卡";有的在寻找实习机会、社会兼职过程中,由于法治观念淡薄,被犯罪团伙所利用,步入犯罪陷阱;有的交友不慎、识人不明,在所谓"朋友""老乡"的引诱、教唆下出租、出售"两卡"。

办理涉"两卡"案件,对涉案学生要以教育、挽救、惩戒、警示为主,努力实现办案"三个效果"的有机统一。检察机关要加强与教育部门、相关学校的沟通联系,充分了解其学习情况、在校表现,是否具有帮教条件,综合评判起诉必要性。对于犯罪情节轻微,认罪态度较好的,检察机关可以依法作出不起诉决定,并会同教育部门和相关学校加强教育管理,帮助学生迷途知返、走上正途。

要坚持预防为先的理念,注重源头治理、综合治理,坚持齐抓共管、群防群治。检察机关和教育部门、相关学校要共同深入推动反电信网络诈骗和防范"两卡"违法犯罪校园宣传活动,发挥案例的教育警示作用,防止在校学生成为犯罪"工具人"。

★犯罪情节轻微,不需要判处刑罚或者免除刑罚的,可作不起诉处理

《贵州省遵义市穆某群非法捕捞水产品案》(2021年11月5日最高人民检察院发布"检察为民办实事"之检察机关依法惩治长江流域非法捕捞水产品犯罪典型案例)

【典型意义】

根据法律规定,犯罪情节轻微,不需要判处刑罚或者免除刑罚的,检察机关可作不起诉处理。但是不起诉不等于不惩罚。根据我国刑事诉讼法第一百七十七条第三款规定,检察机关对作出不起诉决定的案件,认为需要对被不起诉人给予行政处罚的,应当提出检察意见,移送有关主管机关处理。检察机关根据非法捕捞人员涉嫌犯罪的事实和情节,作出不起诉决定后,主动做好刑事司法、行政处罚的衔接工作,提出对被不起诉人行政处罚的检察意见,不仅实现了刑事司法与行政处罚的无缝衔接,使有关主管机关后续处理于法有据,也使违法人员受到应有惩罚;同时警醒被不起诉人和周围群众要以此为戒,遵纪守法,杜绝此类行为再次发生。本案较好实现了法律效果与政治效果、社会效果的有机统一,充分展现了检察机关积极参与社会综合治理的有效作为。

检察机关积极发挥法律监督职能,将生态环境保护和检察监督高度融合,针对有关主管行业部门在管理、查处禁用渔具方面存在的漏洞依法制发检察建议,敦促其更有针对性地履行监管职能、改进工作,让群众对非法捕捞水产品的危害有了更进一步的认识,推动实现"办理一案、治理一片"的效果,有利于从源头上减少非法捕捞水产品犯罪的发生。

★对于因未达法定刑事责任年龄而不予追究刑事责任的未成年人,其父母应切实承担起监督管教的责任

《李某涉嫌抢夺罪被不起诉案——提高家庭教育指导针对性,推动严重不良行为未成年人矫治》(2021年11月15日最高人民检察院、全国妇联、中国关工委联合印发《在办理涉未成年人案件中全面开展家庭教育指导工作典型案例》)

【典型意义】

未成年人犯罪通常与成长环境及教育失当有着密切关系。对于因未达法定刑事责任年龄而不予追究刑事责任的未成年人,其父母应切实承担起监督管教的责任。相关部门通过家庭教育指导提升父母监护能力、改善家庭环境,是帮助严重不良行为未成年人回归正轨,预防重新犯罪的有效手段。不同家庭情况千差万别,家庭教育指导应坚持因人而异、对症下药。相关部门在开展家庭教育指导工作时,应针对具体问题、契合家庭实际、照顾个体特点,确保工作的针对性和实效性。

★检察机关在办理因邻里纠纷、民间矛盾引发的轻伤害案件时应以少捕慎诉慎押刑事司法政策为指导

《姜某故意伤害案——对民间纠纷引发的轻伤害案件,在矛盾化解、达成和解基础上依法对犯罪嫌疑人从宽作出不起诉处理》(2021年11月29日最高人民检察院印发《检察机关贯彻少捕慎诉慎押刑事司法政策典型案例(第一批)》)

【典型意义】

因邻里纠纷、民间矛盾引发的轻伤害案件常见多发,如果简单追诉、处理不当,容易进一步激化矛盾,形成更深的积怨,甚至与搬不走的邻居结下"世仇",埋下更大隐患。检察机关在办理此类案件时,要坚持能动司法、主动履职,以少捕慎诉慎押刑事司法政策为指导,深入了解矛盾纠纷产生的根源,注意倾听当事人的想法,充分借助基层人民政府和村民委员会等群众自治组织等各方面力量,善于运用检调对接、检察听证、刑事和解、认罪认罚从宽等制度机制促进矛盾化解,通过办案修复社会关系,减少社会对抗,实现办案政治效果、法律效果和社会效果的有机统一。

★探索建立企业合规异地协作工作机制,确立"委托方发起""受托方协助""第三方执行"的合规考察异地协作模式

《上海J公司、朱某某假冒注册商标案——依托长三角一体化协作平台,对涉案企业异地适用第三方监督评估机制》(2021年12月8日最高人民检察院发布第二批企业合规典型案例)

【关键词】

企业合规　异地监督考察　长三角协作　检察一体化

【要旨】

针对涉案企业注册地、生产经营地和犯罪地分离的情况，依托长三角区域检察协作平台，联合探索建立涉案企业合规异地协作工作机制，合力破解异地社会调查、监督考察、行刑衔接等难题，以检察机关企业合规工作协同化推动长三角营商环境一体化建设，为企业合规异地检察协作提供参考和借鉴。

【典型意义】

1. 积极探索，为企业合规异地适用第三方机制开拓实践思路。针对涉案企业注册地、生产经营地和犯罪地分离的情况，上海、浙江检察机关依托长三角区域检察协作平台，通过个案办理探索建立企业合规异地协作工作机制，确立了“委托方发起”“受托方协助”“第三方执行”的合规考察异地协作模式，合力破解异地社会调查、监督考察、行刑衔接等难题，降低司法办案成本，提升办案质效，为推动区域行业现代化治理提供了实践样本。

2. 有序推进，切实防止社会调查“一托了之”。本案中，检察机关采取层层递进的工作方式，确保社会调查重点明确、调查结果全面客观。一是事前细化调查提纲。重点围绕涉案企业社会贡献度、企业发展前景、社会综合评价等开展协助调查，一并考察企业家的一贯表现，确保社会调查结果全面客观。二是事中加强沟通协调。浦东新区检察院多次赴浙江会商，就调查方式、调查内容及相关要求达成共识，形成办案合力。秀洲区检察院协调区市场监管、人社、税务、科技、工商联及行业协会，对涉案公司及个人开展全面调查。三是事后进行专项研讨。检察机关深入审查全部协查材料，研究认为涉案企业符合企业合规改革试点适用条件，并层报上级机关审核备案。

3. 完善机制，提升监督评估实际效果。本案中，秀洲区检察院联合当地 13 个部门出台规范性文件，探索构建企业合规“双组六机制”工作模式。“双组”，即检察机关牵头成立“合规监管考察组”和“合规指导组”两个工作组；“六机制”，即联席会议、合规培育、提前介入、会商通报、指导帮扶、审查监管等六个协作机制。合规考察中，由合规监管考察组和合规指导组共同研究形成专业意见，并邀请人大代表、政协委员全程参与，提高监管考察的透明度和公信力。

4. 标本兼治，有效防治企业违法犯罪。从司法实践看，涉企经济犯罪成因复杂，许多涉及经济社会系统性、深层次矛盾问题，单靠刑事法律的"孤军作战"，难以取得良好的社会治理效果。本案中，检察机关开展企业合规改革以推动源头治理为着力点，针对办案发现的企业经营管理中的突出问题，通过第三方监督评估机制对涉案企业开展扎实有效的合规整改，促进企业依法合规经营发展，对于完善制度机制、形成治理合力具有积极意义。

★在办理企业合规案件过程中，依托第三方监督评估机制，充分发挥异地协作、公开听证、检察建议等作用

《山东沂南县Y公司、姚某明等人串通投标案——异地协作开展第三方监督评估，对第三方组织开展"飞行监管"，促进当地招投标领域行业治理》（2021年12月8日最高人民检察院发布第二批企业合规典型案例）

第177条

【关键词】

串通投标 异地协作 飞行监管 关联企业共同整改 行业治理

【要旨】

在办理企业合规案件过程中，依托第三方监督评估机制，充分发挥异地协作、公开听证、检察建议等作用，促进涉案企业及关联企业共同整改，形成工作合力。组建巡回检查小组，对第三方组织履职情况开展"飞行监管"，确保对涉案企业的监督评估客观公正有效。延伸检察职能，推动行业治理，实现"办理一案、治理一片"效果。

【典型意义】

1. 积极探索，对第三方组织开展"飞行监管"。该案中，为确保企业合规建设和第三方组织监督工作依法、规范、有序进行，第三方机制管委会组建巡回检查小组，探索建立"飞行监管"机制，对第三方组织及其组成人员的履职情况开展不预先告知的现场抽查和跟踪监督。实践中，第三方机制管委会可以牵头组建巡回检查小组，邀请人大代表、政协委员、人民监督员、退休法官、检察官以及会计、审计、法律、合规等相关领域的专家学者担任巡回检查小组成员开展巡回检查,并将检查情况及时报告第三方机制管委会及其联席会议,提出改进工作的意见建议。

2. 强化协作配合,促进关联企业共同整改。该案探索建立第三方监督评估异地协作模式,对涉案企业开展合规建设。同时由行政主管部门加强对关联企业合规整改的监督指导。经过共同监管,涉案企业及关联企业专门聘请法律顾问进行合规建设,同时建立每月述职谈合规、合规学习、员工管理、财务管理、举报制度等相关机制。整改期间,Y 公司参与了六个项目的招投标,依法合规承揽工程 2000 余万元,稳定持续提供就业岗位 200 余个。同时,各职能部门在各自管理环节落实"谁执法谁普法",加强正面引导和反面警示,让招投标领域相关从业人员正确判断自己的行为性质,遵规守法,加强行业自律。

3. 注重行业治理,实现"办理一案、治理一片"效果。近年来,不法分子为经济利益所驱动,在工程建设、设备采购等多个领域大肆"串标""围标",不仅严重扰乱市场经济秩序,侵害其他招投标当事人合法利益,还给工程质量、安全管理带来隐患,各方务必高度重视,采取有力措施加以解决。该案中,检察机关积极延伸办案职能,主动作为,注重加强与相关行政主管部门的沟通协作,用好公开听证、检察意见、检察建议组合拳,促进从个案合规提升为行业合规,助力在招投标领域形成合规建设的法治氛围,努力实现"办理一起案件、扶助一批企业、规范一个行业"的良好示范效应。

★针对涉案企业安全生产管理中漏洞,检察机关深入开展社会调查,积极引导企业开展合规建设

《随州市 Z 公司康某某等人重大责任事故案——在涉企危害生产安全犯罪案件中适用企业合规推动当地企业强化安全生产意识》(2021 年 12 月 8 日最高人民检察院发布第二批企业合规典型案例)

【关键词】

重大责任事故　专项合规整改　第三方监督评估　安全生产

【要旨】

针对涉案企业安全生产管理中漏洞，检察机关深入开展社会调查，积极引导企业开展合规建设。检察机关委托应急管理局、市场监督管理局、工商联等第三方监督评估机制管委会成员单位以及安全生产协会，共同组成第三方监督评估组织，指导涉案企业及其相关人员结合履行合规计划，认真落实安全生产职责。检察机关对合规考察结果认真审查，组织召开公开听证会，确保合规整改效果，推动当地企业强化安全生产意识。

【典型意义】

1. 检察机关积极稳妥在涉企危害生产安全犯罪案件中适用企业合规，推动当地企业强化安全生产意识。检察机关为遏制本地生产安全事故多发频发势头，保护人民群众生命财产安全，教育警示相关企业建立健全安全生产管理制度，积极稳妥选择在安全生产领域开展企业合规改革试点。涉企危害生产安全犯罪具有不同于涉企经济犯罪、职务犯罪的特点，检察机关需要更加深入细致开展社会调查，对涉企危害生产安全犯罪的社会危害性以及合规整改的必要性、可行性进行全面评估，确保涉案企业"真整改""真合规"，切实防止"边整改""边违规"。

2. 检察机关在企业合规试点中注意"因罪施救""因案明规"。在合规整改期间，检察机关针对危害生产安全犯罪的特点，建议第三方组织对企业合规整改情况定期或不定期进行检查，确保企业合规整改措施落实落细。同时，第三方组织还根据检察机关建议，要求企业定期组织安全生产全面排查和专项检查，组织作业人员学习生产安全操作规程，加强施工承包方安全资质审查，配备生产作业防护设备，聘请专家对企业人员进行专项安全教育培训并考试考核。涉案企业通过合规整改，提高了安全生产隐患排查和事故防范能力，有效防止再次发生危害生产安全违法行为。

3. 检察机关积极适用第三方机制，确保监督评估的专业性。本案中，检察机关紧密结合涉企危害生产安全犯罪特点，有针对性加强与第三方机制管委会沟通协调，由安全生产领域相关行政执法机关、行业协会人员组成第三方组织，应急管理部门相关人员担任牵头人，提升监督评估专业性。第三方组织围绕本案中造成生产安全责任事故的重要因素，如未认真核验承包方作业人员劳动防护用品、应急救援物资配备等情况，未及时发现承包方劳动防护用品配备不到位等问题，指导涉案企业及其相关人员结合履行合规计划，认真落实安全生产职责，细致排查消除安全生产隐患，确保合规整改取得实效。

★积极探索检察履职与企业合规的结合方式，发挥少捕、慎诉等刑事司法政策的优势，激励企业加强合规管理

《深圳X公司走私普通货物案——持续开展合规引导，做好刑事司法与行政管理行业治理的衔接贯通》（2021年12月8日最高人民检察院发布第二批企业合规典型案例）

【关键词】

合规激励　第三方监督评估　行刑衔接　合规传导

【要旨】

积极探索检察履职与企业合规的结合方式，发挥少捕、慎诉等刑事司法政策的优势，激励企业加强合规管理。在涉案企业进行合规整改的过程中，检察机关应发挥程序性主导作用及保持中立性，推动企业真正依法合规经营。通过检察履职传导合规理念，加强与行政机关的沟通协作，促进“合规互认”，提升合规效果，增强参与力量，形成保护民营经济健康发展合力。

【典型意义】

1. 落实少捕慎诉慎押刑事司法政策，降低办案对企业正常生产经营的影响。该案中，鉴于X公司长期以正规报关为主，不是低报走私犯意的提起者，系共同犯罪的从犯，案发后积极与海关、银行合作，探索水果进口合规经营模式，深圳市检察院经过社会危险性量化评估，对重要业务人员李某、程某作出不捕决定。在跟踪侦查进展，深入了解涉案企业复工复产状况的基础上，深圳市检察院对两名高管张某某、曲某某启动捕后羁押必要性审查。经审查,深圳市检察院认为该案事实已经查清,主要证据已收集完毕,建议侦查机关将两名高管变更强制措施回归企业。后侦查机关根据建议及时对张某某、曲某某变更为取保候审,有效避免企业生产停顿带来的严重影响。

2. 坚守法定办案期限,探索合规考察不局限于办案期限的模式。企业合规改革试点要依法有序推进,不能随意突破法律。改革试点中,如何处理合规考察期限和办案期限的关系是亟需厘清的重要问题。根据案件采取强制措施方式的不同,至多存在六个半月或一年的不同办案期限。本案中,涉案企业作为大型民营企业,其涉案合规风险点及合规管理体系建设较为复杂,合规整改时间无法在案件办理期限内完成。作为企业合规改革第一批试点地区,深圳检察机关根据涉案企业阶段性的合规整改情况作出不起诉决定后,持续督促其进行合规整改,合规考察期限届满后通过第三方工作组开展合规监督评估,确保合规整改充分开展、取得实效。

3. 积极促成"合规互认",彰显企业合规程序价值。检察机关对涉案企业作出不起诉决定后,行政执法机关仍需对涉案企业行政处罚的,检察机关可以提出检察意见。在企业合规整改期限较长的情况下,合规程序往往横跨多个法律程序,前一法律程序中已经开展的企业合规能否得到下一法律程序的认可,是改革试点实践中普遍存在的问题。本案中,深圳市检察机关对涉案企业开展第三方监督评估后,积极促成"合规互认",将企业合规计划、定期书面报告、合规考察报告等移送深圳海关,作为海关作出处理决定的重要参考,彰显了企业合规的程序价值。

4. 设置考察回访程序,确保合规监管延续性。企业合规监督评估后,涉案企业合规体系是否能实现持续有效地运转,直接关系到合规整改的实效。本案中,第三方工作组针对涉案企业合规管理体系建设尚待完善之处,再进行为期一年的企业合规跟踪回访,助力企业通过持续、全面合规打造核心竞争力。

★对犯罪情节轻微，且积极修复被破坏黄河水源补给地的刑事案件，依法作出不起诉决定

《内蒙古自治区鄂尔多斯市某煤炭公司非法占用农用地刑事不起诉案》（2022年1月25日最高人民检察院发布检察机关服务保障黄河流域生态保护和高质量发展典型案例）

【关键词】

非法占用农用地　水土保持　支持磋商　生态修复　酌定不起诉

【要旨】

对犯罪情节轻微，且积极修复被破坏黄河水源补给地的刑事案件，可以依法作出不起诉决定，并坚持依法、审慎、稳妥原则，通过召开听证会等方式接受各方监督。检察机关可以支持生态损害赔偿权利人开展生态损害赔偿磋商。

【典型意义】

内蒙古自治区鄂尔多斯市位于黄河上游地区，黄河河段728公里。本案案发于黄河鄂尔多斯段“金三角腹地”，当地的十大孔兑是黄河上游地区的重要补给水源地。但因水土流失严重，每年向黄河输入河沙约3000万立方米。为涵养水源、保持水土稳定，检察机关既依法惩治危害黄河水源补给地环境资源犯罪，同时积极支持生态环境损害赔偿权利机关与赔偿义务人进行磋商并达成协议，将督促恢复生态环境作为案件处理的重要事由予以考量。通过邀请专门人员实地查看和检察听证等方式，让生态修复以人民群众看得见、感受到、信得过的方式实现。对犯罪情节轻微，恢复效果好的，检察机关可依法作出情节轻微不起诉决定。对拟作不起诉的危害生态环境犯罪案件举行听证会，将普法融入听证，既提升了不起诉案件听证工作的公信力，也宣讲了环保政策法律，提升了法治宣传教育成效。

★企业合规整改落实后，检察机关能动履职，推动行业合规诉源治理

《北京李某某等9人保险诈骗案》[2023年1月16日最高人民检察院发布涉案企业合规典型案例(第四批)]

【关键词】

保险诈骗　专业监督考察　公开听证　诉源治理

【要旨】

针对汽车销售服务企业员工利用工作之便实施的保险诈骗行为，检察机关通过深入调查，积极引导侦查准确认定犯罪主体。启动合规时，考虑汽车销售服务企业与保险公司深度合作的行业特点，组织开展第三方监督评估。邀请保险和汽车销售服务行业各自监管部门共同参与公开审查，确保企业合规整改的针对性和有效性，既注重保障保险公司合法权益，又注重激励汽车销售服务企业推进合规建设。企业合规整改落实后，检察机关能动履职，推动行业合规诉源治理。

【典型意义】

1. 依法全面审查，确保企业合规的必要性和可行性。将案件准确定性作为启动企业合规工作的先决条件，积极引导公安机关补充完善证据，并充分发挥检察机关自行补充侦查的职能作用。充分听取犯罪嫌疑人及辩护人的意见，结合证据进行释法说理，解决控辩双方在案件定性方面的争议。积极稳妥开展企业合规必要性审查，通过组织座谈、查阅企业年报、调取完税证明等材料、听取保险公司意见等方式，多角度审查涉案企业的制度漏洞、发展前景、社会贡献、合规意愿，确保后续开展的企业合规具有必要性、可行性。

2. 兼顾企业经营模式和案件特点适用第三方机制，确保企业合规的专业性和科学性。保险公司在车险营销中往往与汽车销售服务企业建立合作关系，企业暴露出的问题兼具汽车维修和保险服务的双重特点。该案在启动第三方机制时充分考虑专业性和针对性，由汽修行业的行政监管部门、相关行业协会组织、法律专业人士组成第三方监督评估组织。合规考察结束后组织公开听证，邀请北京市银保监局工作人员从保险监管的角度提出专业意见，确保合规考察结果运用的科学性。

3. 多措并举支持第三方机制运行，发挥企业合规中检察机关的主导作用。启动第三方机制时，检察机关在保证办案安全的前提下向第三方组织提供涉案企业资料及相关案情，协助第三方组织实地调查，综合研判企业在合规领域存在的突出问题。合规监督考察过程中，检察机关在充分保证第三方组织独立履职的基础上，与第三方组织和企业分别建立定期沟通会商机制，双向跟进企业合规整改进程、合规计划落实情况。第三方组织出具企业合规考察书面报告后，检察机关及时回访涉案企业、保险公司，将审查工作做细、做实。

4. 推进诉源治理，深化企业合规整改实效。在启动、推进、评估涉案企业合规过程中，兼顾保护民营企业健康发展和维护保险公司合法权益双重目标。保障保险公司的知情权和发表意见的权利，通过深入开展涉案企业合规促进保险合作更加规范、顺畅。立足司法办案，延伸检察职能，充分运用类案调研成果，携手行政监管部门、行业协会开展保险诈骗犯罪诉源治理专项工作，以个案合规推动行业合规。

★积极引导外资企业树立生态环境理念，以生态环境合规建设为契机全面推动外资企业合规建设

《山东潍坊 X 公司、张某某污染环境案》［2023 年 1 月 16 日最高人民检察院发布涉案企业合规典型案例（第四批）］

【关键词】

污染环境　中外合资企业　集团公司普遍推行合规　公开听证

【要旨】

根据污染环境案件特点有针对性选任第三方组织，精准开展合规监督评估。结合中外合资企业的特点，外资集团公司要求在华十余家企业同步开展合规建设，探索合规国际标准本土化路径。积极引导外资企业树立生态环境理念，以生态环境合规建设为契机全面推动外资企业合规建设,积极构建法治化营商环境及生态保护大格局。

【典型意义】

1. 依法能动履职,全面准确把握涉案企业合规改革的主要目的。滨海经开区检察院以涉案企业合规改革精神为指导,先行到 X 公司调研和查看案发现场,积极推动 X 公司进行企业合规整改。合规建设使企业自身取得了持续发展的能力,保持了企业的国际竞争力,同时对本地其他化工企业起到了警示作用。截至 2022 年 8 月,X 公司稳定原有就业人员近百人,并新增就业人员多名。此外,潍坊市滨海经开区管委会出具了对 X 公司扩产技术改造项目的联审意见,同意 X 公司每年增产 4000 吨溴系阻燃剂的生产,预计 X 公司当年新增投资 1500 万元,新增税收 500 万元,显著提高了企业持续发展的能力。

2. 坚持检察上下一体,联动办案。经山东省检察院同意潍坊市滨海经开区检察院对该案启动涉案企业合规后,滨海经开区检察院结合当时该区尚未成立第三方机制委员会的实际情况,依托潍坊市检察院与市第三方监督评估机制管理委员会会商,选定了包括市检察院特聘专家在内的人员组建第三方组织,同时对第三方组织成员的选任工作和履职情况进行监督。在办案过程中,上下两级检察院办案人员多次会同第三方组织成员到 X 公司进行考察、座谈、评估,在危险废物的识别流程、固体废物的收集和处理环节、员工培训等方面,向 X 公司提出意见。企业合规整改完成后,上下两级检察院精准开展合规监督评估,督促 X 公司认真落实环保责任,弥补了 X 公司的监督管理漏洞,有效防止了再次发生相同或类似违法犯罪,助推 X 公司完善现代企业管理制度。

3. 结合中外合资企业特点,外资集团旗下在华十余家同类企业主动、全面开展合规建设,将 ESG 国际标准本土化,探索建立符合我国国情的专项合规体系。企业合规整改过程中,检察机关发现 X 公司所属集团公司曾获得 EcoVadis 评级金牌,在中国本土化进程中却遇到了挑战。究其原因,X 公司虽然意识到应当将国际 ESG 合规标准应用于中国本地企业，但该标准内容多为体系与原则性规定，在中国落地必然需要依据中国法规与中国实践经验进行细化。X 公司虽然要求 ESG 合规标准融入管理全流程，制定了指导性规定，但具体到每位员工应当承担的责任时出现了偏差，且在固体废物的收集和处理等环节存在漏洞，导致涉案企业危险废物处置由生产经理个人决策，未按照标准汇报公司后处理，从而发生污染环境的犯罪。

针对这一问题，检察机关与第三方组织协助 X 公司结合我国法律分析本地常见违规情况，识别可能导致企业刑事责任的风险点，建议在类似重大决策层面，应将个人责任与集体决策相结合，帮助企业完成制度落地。X 公司深入研究了案件发生的原因，参考 H 集团的 ESG 合规标准与当地最佳合规进行实践操作，使用新型合规方案，使新的决策机制在中国实践获得成功，并形成了双重预防机制智能化，从而将国际 ESG 合规标准本土化。H 集团为落实该项机制，以点带面，主动将集团公司在中国的其他十余家企业均进行了内部合规整改，设立了风险监控与处理机制，真正实现了集团企业全面合规，保证了集团企业在中国的可持续发展。

★积极稳妥探索合规准备工作前移，在“重罪”案件中开展合规改革

《山西新绛南某某等人诈骗案》［2023 年 1 月 16 日最高人民检察院发布涉案企业合规典型案例（第四批）］

【关键词】

诈骗　合规准备工作前移　专项合规组合　推动区域合规

【要旨】

检察机关在启动涉案企业合规工作中，主动服务保障乡村振兴战略，积极稳妥在涉案劳动密集型企业中开展合规工作。因企施策，找准方向，标本兼治，为企业量身定制“安全生产 + 财税管理”专项合规组合推进路径。积极稳妥探索合规准备工作前移，在“重罪”案件中开展合规改革，坚持量化评估、科学验收，确保企业“真合规”“真整改”。

【典型意义】

1. 准确把握涉案企业合规的适用条件，积极稳妥探索对重罪案件适用合规考察程序。本案中3名犯罪嫌疑人涉嫌诈骗罪，办案机关根据《关于建立涉案企业合规第三方监督评估机制的指导意见（试行）》第3条的规定，认为3名犯罪嫌疑人实施的骗取工伤保险基金的行为属于公司企业的经营管理人员实施的与生产经营活动密切相关的犯罪，可以适用合规考察程序。本案中的诈骗罪行为方式与普通诈骗罪存在许多不同，骗取的对象为政府部门管理的社会保险基金，骗取行为与企业生产经营活动直接相关，虽然刑法对诈骗罪未规定单位犯罪，但根据上述指导意见的规定，符合合规案件适用范围。刑法分则当中存在若干类似的罪名，由于未规定单位犯罪，但只要符合涉案企业合规改革试点文件规定的“与生产经营活动密切相关”的条件，就可以纳入合规改革试点的案件范围，从这个意义上讲，涉案企业合规改革并不限于单位犯罪案件。本案中南某某、张某甲的行为按照诈骗罪量刑，基准刑为66个月，属于重罪案件，但检察机关综合考虑其具有自首、退赔退赃、初犯偶犯、认罪认罚等法定酌定量刑情节，同时对涉案企业是否具备合规整改的条件进行了认真分析，对本案启动合规考察程序，完全符合当前涉案企业合规改革探索中的相关指导性文件规定。

2. 合规准备工作前移，坚持全流程、系统性推进合规改革试点工作。本案中，检察机关在介入侦查环节即着手开展合规准备工作，通过深入细致的专项调查，准确全面地掌握了犯罪的原因、是否符合合规条件等基本信息，并与侦查机关、政府有关部门、工商联等协作机构紧密沟通、达成共识。注重用足用好合规程序的工具箱，对犯罪嫌疑人不批准逮捕，对企业慎重采取查封、扣押、冻结等强制性侦查措施，有助于全面实现合规整改目的。同时，检察机关尽早开展合规准备工作，有助于案件进入审查起诉环节后高质量开展合规考察，更能发挥合规“保企业”“保就业”等社会功能。

3. 针对性制定专项合规组合计划，标本兼治推动真合规、真整改。检察机关借助第三方组织，紧扣财税制度混乱导致的漏保风险，以及安全生产执行不到位引发安全事故风险等问题，为企业量身定制"安全生产＋财税管理"专项合规组合推进路径，向企业指明合规风险点，提出专业整改意见。同时，检察机关通过总结提炼《合规整改可行性评估报告》内容，建议第三方组织制定《合规整改情况验收表》，对企业合规整改完成情况进行量化评估，促进第三方组织准确履职，确保合规整改监督评估专业有据，考察验收结果更具说服力，合规整改成效更实。

★积极探索生态环境保护领域涉案企业合规适用，对涉多罪名涉案外资企业开展合规考察

《安徽C公司、蔡某某等人滥伐林木、非法占用农用地案》［2023年1月16日**最高人民检察院发布涉案企业合规典型案例(第四批)**］

【关键词】

外资企业　一体化办案　府检联动　生态修复

【要旨】

检察机关依托"府检联动"工作机制，依法能动履职，加强与行政机关的沟通协作，综合运用行政、经济、司法手段，积极探索生态环境保护领域涉案企业合规适用，对涉多罪名涉案外资企业开展合规考察，通过个案合规推动行业合规，切实营造安商惠企的法治化营商环境，有力护航民营经济高质量发展。

【典型意义】

1. 注重理念指引，积极探索对多罪名涉案企业开展合规考察。本案涉案企业涉嫌2个罪名、涉案自然人较多，芜湖市、区两级检察机关强化上下联动，结合涉案企业合规案件适用条件，对该案探索开展环保合规，并推动相关机制的建立。办案机关考虑到涉案企业虽涉嫌两个罪名，但两罪之间具有密切关联，鉴于犯罪成因、企业生产经营状况、法益修复情况等因素，可以对涉案企业开展合规考察。检察机关在办案过程中，还将涉案企业合规与少捕慎诉慎押刑事司法政策、认罪认罚从宽制度有机结合，在确保合规整改实效性的前提下确定合适的考察期限。同时办案机关积极依托"府检联动"机制，有效形成企业合规整改合力，督促涉案企业履行合规承诺的同时，帮助企业尽快恢复正常生产经营秩序。

2. 发挥主导责任，扎实推进合规进程。该案移送检察机关审查起诉之初，涉案企业虽有强烈的合规整改意愿，但因生态治理难度大、投入高，案发地的恢复治理工作迟迟未能跟进。检察机关严格把握企业合规适用条件，在督促涉案企业对损害后果采取必要的补救挽损措施后，才正式启动合规程序，并在合规建设期间，多次邀请第三方组织现场核查合规计划的执行落实情况。同时切实做好企业合规"后半篇文章"，通过上级集团公司直接派遣合规团队介入，督促涉案企业建立用林用地风险防控体系及处理机制，推动出台《合规管理制度》等规章制度，帮助涉案企业和员工树立合规意识，筑牢绿色可持续发展理念。

3. 延伸监督职能，实现行业合规治理。企业合规的最终目是让企业"活下来""留得住""经营得好"。繁昌区检察院在依法对C公司和蔡某某等涉案人员作出不起诉决定后，充分总结该案暴露的行业治理问题，向行业主管部门制发检察建议，推动"个案合规"向"行业合规"延伸。行业主管部门根据检察机关的建议，在深入辖区内企业开展专项检查的基础上，召开全区矿山开采行业专题会议，通报C公司案件情况，要求各相关企业完善配套机制，强化制度执行，并对发现的问题限期整改。检察机关通过C公司环保合规案件的办理，推动行业治理，较好地实现了政治效果、法律效果和社会效果的有机统一。

★注重强化诉源治理，制定出台企业数据合规指引，积极探索建立对科创企业的适度容错机制

《浙江杭州T公司、陈某某等人帮助信息网络犯罪活动案》［2023年1月16日最高人民检察院发布涉案企业合规典型案例（第四批）］

【关键词】

帮助信息网络犯罪活动　网络科技公司　互动式广告　制度建构与技术升级　数据合规指引

【要旨】

互联网广告的高频性、易变性和非接触性，导致经营互联网广告业务的企业在实际经营过程中，难以判断广告主的违法性，极易成为网络违法犯罪的"帮凶"。检察机关针对互联网广告行业属性、技术行为合规规则，发挥"行政主管＋业务专家"联动监督的叠加优势，以"制度规范＋技术合规"综合施策，提升涉案企业合规监督评估的精准性和有效性。同时，注重强化诉源治理，制定出台企业数据合规指引，积极探索建立对科创企业的适度容错机制，从"治已病"到"治未病"，有效激发市场主体活力，助力数字经济健康发展。

【典型意义】

1. 强化能动履职，深入推进企业整改。检察机关从个案出发，考虑涉案企业系辖区重点培育企业，公司规模较大、员工达千余人，所涉犯罪涉及公司部分业务，罪名反映问题较新等诸多因素，从维护社会稳定、促进企业经营发展、保障劳动力就业等公共利益角度综合考虑决定对涉案企业开展合规整改。检察机关将企业合规与认罪认罚从宽制度、不起诉制度融合推进，督促企业重新审视经营流程和机制漏洞，引导企业从源头上完善内部管理体系。

2. 选好第三方组织，确保监督评估效果。第三方组织承担对涉案企业的调查、监督、评估、考核等职责，其专业人员库能否用好，直接关系第三方监督评估的实际效果。该涉案企业存在互联网企业营运模式的专业化特征，且本案又涉互联网广告运营这一特殊领域，检察机关基于涉案合规业务的特性，组建由浙江大学网络安全学术专家、行政主管机关领导、广告业内专家、法律实务专家等组成的第三方监督评估组织。在行政主管的政策引导和业务专家的技术支撑下，合规指导精准有力。

3. 针对犯罪成因的专项合规计划辅之以技术监管，形成行业合规示范效应。该案中，针对广告主身份认证这一关键问题，检察机关和第三方监督评估组要求涉案企业克服困难坚决整改到位，在管好自己的同时也要管理好合作伙伴。通过"制度构建＋技术升级"，涉案企业初步建立了刑事合规管理体系，一方面，通过对合作伙伴的管理，在一定程度上净化了行业风气；另一方面，也通过技术提升，在违法广告的巡查、筛选方面提出了六项专利权申请，将作弊监测系统、防篡改系统、自动审核系统、异常排查系统等技术手段应用于涉互联网广告行业相关企业，以点带面，有效推动行业良性发展。

4. 强化诉源治理，助力数字经济发展。办案检察机关通过联合相关部门搭建平台、整合数据、对有刑事风险的科创企业进行事先预警评估，督促开展合规整改，探索建立适度容错机制，有效激发了市场主体活力。同时，通过制发数据合规指引，引导企业自主构建数据合规管理、运行、保障和处置体系，强化企业数据安全保障意识和犯罪预防意识，实现“惩”“防”“治”工作的一体化开展，较好地推动了末端处理与前端治理的有机融合，有力促进了区域数字经济健康发展，彰显了检察担当。

第一百七十八条 【不起诉决定的宣布与执行】不起诉的决定，应当公开宣布，并且将不起诉决定书送达被不起诉人和他的所在单位。如果被不起诉人在押，应当立即释放。

新旧条文序号对照

2018年刑事诉讼法	2012年刑事诉讼法	1996年刑事诉讼法
第一百七十八条	第一百七十四条	第一百四十三条

适用要点与裁判依据

★不起诉决定书自公开宣布之日起生效

《人民检察院刑事诉讼规则》（2019年12月30日 高检发释字〔2019〕4号）

第三百七十六条 不起诉的决定，由人民检察院公开宣布。公开宣布不起诉决定的活动应当记录在案。

不起诉决定书自公开宣布之日起生效。

被不起诉人在押的,应当立即释放;被采取其他强制措施的,应当通知执行机关解除。

第一百七十九条　【公安机关对不起诉决定的复议、复核】对于公安机关移送起诉的案件,人民检察院决定不起诉的,应当将不起诉决定书送达公安机关。公安机关认为不起诉的决定有错误的时候,可以要求复议,如果意见不被接受,可以向上一级人民检察院提请复核。

新旧条文序号对照

2018 年刑事诉讼法	2012 年刑事诉讼法	1996 年刑事诉讼法
第一百七十九条	第一百七十五条	第一百四十四条

适用要点与裁判依据

★对公安机关要求复议的不起诉案件,检察院应当另行指派检察官办理

《最高人民检察院、公安部关于加强和规范补充侦查工作的指导意见》(2020 年 3 月 27 日　高检发〔2020〕6 号)

第十五条　公安机关经补充侦查重新移送后,人民检察院应当接收,及时审查公安机关制作的书面补充侦查报告和移送的补充证据,根据补充侦查提纲的内容核对公安机关应补充侦查事项是否补查到位,补充侦查活动是否合法,补充侦查后全案证据是否已确实、充分。经审查,公安机关未能按要求开展补充侦查工作,无法达到批捕标准的,应当依法作出不批捕决定;经二次补充侦查仍然证据不足,不符合起诉条件的,人民检察院应当依法作出不起诉决定。对人民检察院不起诉决定认为错误的，公安机关可以依法复议、复核。

对公安机关要求复议的不批准逮捕案件、不起诉案件，人民检察院应当另行指派检察官办理。人民检察院办理公安机关对不批准逮捕决定和不起诉决定要求复议、提请复核的案件，应当充分听取公安机关的意见，相关意见应当附卷备查。

第一百八十条 【被害人对不起诉决定的申诉、起诉】对于有被害人的案件，决定不起诉的，人民检察院应当将不起诉决定书送达被害人。被害人如果不服，可以自收到决定书后七日以内向上一级人民检察院申诉，请求提起公诉。人民检察院应当将复查决定告知被害人。对人民检察院维持不起诉决定的，被害人可以向人民法院起诉。被害人也可以不经申诉，直接向人民法院起诉。人民法院受理案件后，人民检察院应当将有关案件材料移送人民法院。

新旧条文序号对照

2018年刑事诉讼法	2012年刑事诉讼法	1996年刑事诉讼法
第一百八十条	第一百七十六条	第一百四十五条

适用要点与裁判依据

★被害人对不起诉决定在七日以内提出申诉的，作出决定的检察院应当将申诉材料连同案卷一并报送上一级检察院

《人民检察院刑事诉讼规则》（2019年12月30日 高检发释字〔2019〕4号）

第三百八十一条 被害人不服不起诉决定，在收到不起诉决定书后七日以内提出申诉的，由作出不起诉决定的人民检察院的上一级人民检察院负责捕诉的部门进行复查。

被害人向作出不起诉决定的人民检察院提出申诉的,作出决定的人民检察院应当将申诉材料连同案卷一并报送上一级人民检察院。

★被害人对不起诉决定在七日以后提出申诉的,由作出不起诉决定的检察院进行审查

《人民检察院刑事诉讼规则》(2019 年 12 月 30 日　高检发释字〔2019〕4 号)

第三百八十二条　被害人不服不起诉决定,在收到不起诉决定书七日以后提出申诉的,由作出不起诉决定的人民检察院负责控告申诉检察的部门进行审查。经审查,认为不起诉决定正确的,出具审查结论直接答复申诉人,并做好释法说理工作;认为不起诉决定可能存在错误的,移送负责捕诉的部门进行复查。

★上级检察院经复查作出起诉决定的,应当撤销下级检察院的不起诉决定,交由下级检察院提起公诉

《人民检察院刑事诉讼规则》(2019 年 12 月 30 日　高检发释字〔2019〕4 号)

第三百八十三条　人民检察院应当将复查决定书送达被害人、被不起诉人和作出不起诉决定的人民检察院。

上级人民检察院经复查作出起诉决定的,应当撤销下级人民检察院的不起诉决定,交由下级人民检察院提起公诉,并将复查决定抄送移送起诉的监察机关或者公安机关。

★检察院收到法院受理被害人对被不起诉人起诉的通知后,应当终止复查,将有关案卷材料移送法院

《人民检察院刑事诉讼规则》(2019 年 12 月 30 日　高检发释字〔2019〕4 号)

第三百八十四条　人民检察院收到人民法院受理被害人对被不起诉人起诉的通知后,应当终止复查,将作出不起诉决定所依据的有关案卷材料移送人民法院。

类案检索指引

★检察机关办理疑难复杂和争议较大的刑事案件应当坚持"应听证尽听证"

《陈某某刑事申诉公开听证案》(2022 年 7 月 21 日最高人民检察院第三十九批指导性案例:检例第 158 号)

【关键词】

刑事申诉　大检察官主持听证　刑民交叉　释法说理　矛盾化解　应听证尽听证

【要旨】

检察机关办理疑难复杂和争议较大的刑事案件应当坚持"应听证尽听证",做到厘清案情、释明法理、化解矛盾、案结事了。刑事申诉案件公开听证,重在释法说理,解开"心结",引导当事人理解、认同人民检察院依法作出的处理决定。主办检察官主持听证,能当场作出决定的,可当场宣布处理决定并阐明理由。在听证员评议时,主办检察官可结合听证情况分别与双方当事人进一步沟通交流,做针对性更强、更为具体的矛盾化解和释法说理工作。听证员评议意见是人民检察院作出决定的重要参考,检察机关要保障听证员独立和充分发表意见。

【指导意义】

(一)办理疑难复杂和争议较大的刑事案件应当坚持"应听证尽听证",保障司法公正,提升司法公信,促进矛盾化解。检察听证既是深化案件审查、查明案件事实的有效方式,又是做好释法说理、矛盾化解工作的客观需要。检察机关受理、首办疑难复杂、争议较大的刑民交叉案件,应当以听证方式审查,依法准确定性处理。对于拟依法作出不批准逮捕或者不起诉决定的刑事案件,当事人矛盾冲突尖锐,或者属有影响性案件的,检察机关应当组织召开听证会,就事实认定、证据采信、法律适用和案件处理等听取当事人、听证员及其他参加人的意见。对于诉求强烈、矛盾突出的刑事申诉案件,检察机关也应当通过听证方式当面听取申诉人和其他相关人员意见，充分释法说理，达到消除疑虑、增进理解、化解矛盾、促进案结事了的目的。

（二）各级人民检察院检察长、副检察长应当直接主持重大疑难复杂刑事申诉案件的检察听证。检察长、副检察长主持听证，要在全面阅卷、掌握案情和申诉争议焦点的基础上，结合听证过程，有针对性地做好矛盾化解工作。特别是在听证员进行评议的暂时休会期间，要不失时机地结合听证情况，分别与当事人进一步沟通交流，从人民检察院拟作出决定考虑，做更为具体的矛盾化解和释法说理工作，为当事人理解、接受将要作出的处理决定奠定基础。

（三）要充分尊重听证员的独立评议地位，听证员评议意见是人民检察院作出决定的重要参考。听证员受邀参加听证，其职责主要是听取当事人、案件承办人及其他参加人就案件争议焦点等问题作出陈述和说明，独立进行评议，并发表评议意见。要保障所有听证员独立和充分发表意见。评议完毕，可以推举一名听证员代表全体听证员发表意见。听证员之间有意见分歧的，听证员代表阐述完多数听证员共同意见后，也要对少数听证员的不同意见予以适当表述。听证员的意见应当作为人民检察院依法处理案件的重要参考，拟不采纳听证员多数意见的，应当层报检察长作出决定。

第180条

★检察机关办理因民间矛盾、邻里纠纷等引发的复杂、疑难刑事申诉案件，应当举行检察听证

《董某某刑事申诉公开听证案》（2022年7月21日最高人民检察院第三十九批指导性案例：检例第160号）

【关键词】

刑事申诉　检察听证　引导和解　检察建议　能动履职　综合治理

【要旨】

检察机关办理因民间矛盾、邻里纠纷等引发的复杂、疑难刑事申诉案件，应当举行检察听证，消除双方当事人之间的误会和积怨，引导双方当事人和解。对于刑事申诉案件反映出的社会治理不完善的问题，检察机关应当依法能动履职，推动主管部门予以完善。必要时可以邀请相关主管部门负责人参加检察听证，就有效化解矛盾、妥善处理案件等提出意见建议，促进综合治理。

【指导意义】

（一）人民检察院办理群众之间积怨较深、难解的“小案”，应当通过检察听证消除误会积怨，引导双方和解。因民间矛盾、邻里纠纷等引发的轻伤害案件常见多发，许多是典型的“小案”，但当事人申诉比例很高。究其原因，主要在于一些案件简单“依法”办理，走完诉讼程序，刑事和解、多元化解、释法说理等工作没有做到位，致矛盾激化，甚至存在诱发严重刑事案件的可能。对于此类案件，人民检察院拟作出不起诉决定时，应当举行检察听证，向当事人充分释法说理，将双方当事人的责任，犯罪嫌疑人是否构成犯罪的证据和法律依据、应当承担的损害赔偿等处理意见阐述清楚，引导双方当事人就民事赔偿达成和解，为当事人接受不起诉决定奠定基础。对于因释法说理和矛盾化解不到位导致反复申诉的“小案”，人民检察院也应当通过检察听证搭建沟通化解的平台，让申诉人有理能讲、有怨能诉、有惑得释，在摆事实、讲证据、释法理的基础上积极引导双方达成谅解，从而化解矛盾纠纷。

（二）人民检察院应当结合办案依法能动履职，积极促进社会治理。不少久诉不息的刑事申诉案件背后，都存在社会治理薄弱环节和突出问题。人民检察院在办理刑事申诉案件过程中，要自觉践行新时代“枫桥经验”，立足于法律监督定位，依法能动履职，对申诉案件反映出的社会治理不完善问题，通过制发检察建议推动解决。对于与案件处理有重要关系的问题，可以邀请相关主管部门负责人参加听证会，就案件处理和完善治理，就地化解矛盾、防范同类案事件发生等发表意见建议，协助案件的妥善处理。听证会后，要督促落实检察建议，积极促进综合治理，实现社会和谐稳定。

第一百八十一条 【被不起诉人对不起诉决定的申诉】对于人民检察院依照本法第一百七十七条第二款规定作出的不起诉决定，被不起诉人如果不服，可以自收到决定书后七日以内向人民检察院申诉。人民检察院应当作出复查决定，通知被不起诉的人，同时抄送公安机关。

新旧条文序号对照

2018 年刑事诉讼法	2012 年刑事诉讼法	1996 年刑事诉讼法
第一百八十一条	第一百七十七条	第一百四十六条

适用要点与裁判依据

★被不起诉人对不起诉决定不服提出申诉的审查处理

《人民检察院刑事诉讼规则》(2019 年 12 月 30 日 高检发释字〔2019〕4 号)

第三百八十五条 对于人民检察院依照刑事诉讼法第一百七十七条第二款规定作出的不起诉决定，被不起诉人不服，在收到不起诉决定书后七日以内提出申诉的，应当由作出决定的人民检察院负责捕诉的部门进行复查；被不起诉人在收到不起诉决定书七日以后提出申诉的，由负责控告申诉检察的部门进行审查。经审查，认为不起诉决定正确的，出具审查结论直接答复申诉人，并做好释法说理工作；认为不起诉决定可能存在错误的，移送负责捕诉的部门复查。

人民检察院应当将复查决定书送达被不起诉人、被害人。复查后，撤销不起诉决定，变更不起诉的事实或者法律依据的，应当同时将复查决定书抄送移送起诉的监察机关或者公安机关。

第一百八十二条 【对特定案件的不起诉及撤销案件】犯罪嫌疑人自愿如实供述涉嫌犯罪的事实，有重大立功或者案件涉及国家重大利益的，经最高人民检察院核准，公安机关可以撤销案件，人民检察院可以作出不起诉决定，也可以对涉嫌数罪中的一项或者多项不起诉。

根据前款规定不起诉或者撤销案件的，人民检察院、公安机关应当及时对查封、扣押、冻结的财物及其孳息作出处理。

新旧条文序号对照

2018 年刑事诉讼法	2012 年刑事诉讼法	1996 年刑事诉讼法
第一百八十二条		

第三编　审　　判

第一章　审判组织

第一百八十三条　【合议庭、独任审判】基层人民法院、中级人民法院审判第一审案件，应当由审判员三人或者由审判员和人民陪审员共三人或者七人组成合议庭进行，但是基层人民法院适用简易程序、速裁程序的案件可以由审判员一人独任审判。

高级人民法院审判第一审案件，应当由审判员三人至七人或者由审判员和人民陪审员共三人或者七人组成合议庭进行。

最高人民法院审判第一审案件，应当由审判员三人至七人组成合议庭进行。

人民法院审判上诉和抗诉案件，由审判员三人或者五人组成合议庭进行。

合议庭的成员人数应当是单数。

新旧条文序号对照

2018年刑事诉讼法	2012年刑事诉讼法	1996年刑事诉讼法
第一百八十三条	第一百七十八条	第一百四十七条

适用要点与裁判依据

★审判员依法独任审判时,行使与审判长相同的职权

《最高人民法院关于适用〈中华人民共和国刑事诉讼法〉的解释》(2021年1月26日 法释〔2021〕1号)

第二百一十二条 合议庭由审判员担任审判长。院长或者庭长参加审理案件时,由其本人担任审判长。

审判员依法独任审判时,行使与审判长相同的职权。

★由审判员和人民陪审员组成七人合议庭进行审判的刑事案件

《最高人民法院关于适用〈中华人民共和国刑事诉讼法〉的解释》(2021年1月26日 法释〔2021〕1号)

第二百一十三条 基层人民法院、中级人民法院、高级人民法院审判下列第一审刑事案件,由审判员和人民陪审员组成合议庭进行:

(一)涉及群体利益、公共利益的;

(二)人民群众广泛关注或者其他社会影响较大的;

(三)案情复杂或者有其他情形,需要由人民陪审员参加审判的。

基层人民法院、中级人民法院、高级人民法院审判下列第一审刑事案件,由审判员和人民陪审员组成七人合议庭进行:

(一)可能判处十年以上有期徒刑、无期徒刑、死刑,且社会影响重大的;

(二)涉及征地拆迁、生态环境保护、食品药品安全,且社会影响重大的;

(三)其他社会影响重大的。

★审理第一审的涉正当防卫案件,社会影响重大的,由人民陪审员和法官组成七人合议庭进行审理

《最高人民法院、最高人民检察院、公安部关于依法适用正当防卫制度的指导意见》(2020年8月28日 法发〔2020〕31号)

20. 依法公正处理案件。要全面审查事实证据,认真听取各方意见，高度重视犯罪嫌疑人、被告人及其辩护人提出的正当防卫或者防卫过当的辩解、辩护意见，并及时核查，以准确认定事实、正确适用法律。要及时披露办案进展等工作信息，回应社会关切。对于依法认定为正当防卫的案件，根据刑事诉讼法的规定，及时作出不予立案、撤销案件、不批准逮捕、不起诉的决定或者被告人无罪的判决。对于防卫过当案件，应当依法适用认罪认罚从宽制度；对于犯罪情节轻微，依法不需要判处刑罚或者免除刑罚的，人民检察院可以作出不起诉决定。对于不法侵害人涉嫌犯罪的，应当依法及时追诉。人民法院审理第一审的涉正当防卫案件，社会影响较大或者案情复杂的，由人民陪审员和法官组成合议庭进行审理；社会影响重大的，由人民陪审员和法官组成七人合议庭进行审理。

★对于第一审普通程序案件，法院应当告知被告人有权申请由人民陪审员参加合议庭审判案件

《最高人民法院关于适用〈中华人民共和国人民陪审员法〉若干问题的解释》（2019年4月24日　法释〔2019〕5号）

第二条　对于人民陪审员法第十五条、第十六条规定之外的第一审普通程序案件，人民法院应当告知刑事案件被告人、民事案件原告和被告、行政案件原告，在收到通知五日内有权申请由人民陪审员参加合议庭审判案件。

人民法院接到当事人在规定期限内提交的申请后，经审查决定由人民陪审员和法官组成合议庭审判的，合议庭成员确定后，应当及时告知当事人。

★因案件类型需要具有相应专业知识的人民陪审员参加合议庭审判的，可以在符合专业需求的名单中随机抽取确定

《最高人民法院关于适用〈中华人民共和国人民陪审员法〉若干问题的解释》（2019年4月24日　法释〔2019〕5号）

第三条　人民法院应当在开庭七日前从人民陪审员名单中随机抽取确定人民陪审员。

人民法院可以根据案件审判需要，从人民陪审员名单中随机抽取一定数量的候补人民陪审员,并确定递补顺序,一并告知当事人。

因案件类型需要具有相应专业知识的人民陪审员参加合议庭审判的,可以根据具体案情,在符合专业需求的人民陪审员名单中随机抽取确定。

★法院可以将参加审判活动的时间、地点等事项书面通知人民陪审员所在单位

《最高人民法院关于适用〈中华人民共和国人民陪审员法〉若干问题的解释》(2019年4月24日 法释〔2019〕5号)

第四条 人民陪审员确定后,人民法院应当将参审案件案由、当事人姓名或名称、开庭地点、开庭时间等事项告知参审人民陪审员及候补人民陪审员。

必要时,人民法院可以将参加审判活动的时间、地点等事项书面通知人民陪审员所在单位。

第183条

★七人合议庭开庭前应当制作事实认定问题清单,供人民陪审员在庭审时参考

《最高人民法院关于适用〈中华人民共和国人民陪审员法〉若干问题的解释》(2019年4月24日 法释〔2019〕5号)

第九条 七人合议庭开庭前,应当制作事实认定问题清单,根据案件具体情况,区分事实认定问题与法律适用问题,对争议事实问题逐项列举,供人民陪审员在庭审时参考。事实认定问题和法律适用问题难以区分的,视为事实认定问题。

★案件审判过程中人民陪审员的职权

《最高人民法院关于适用〈中华人民共和国人民陪审员法〉若干问题的解释》(2019年4月24日 法释〔2019〕5号)

第十条 案件审判过程中,人民陪审员依法有权参加案件调查和调解工作。

第十一条 庭审过程中,人民陪审员依法有权向诉讼参加人发问,审判长应当提示人民陪审员围绕案件争议焦点进行发问。

★合议庭评议案件时，人民陪审员和法官依次发表意见

《最高人民法院关于适用〈中华人民共和国人民陪审员法〉若干问题的解释》（2019年4月24日　法释〔2019〕5号）

第十二条　合议庭评议案件时，先由承办法官介绍案件涉及的相关法律、证据规则，然后由人民陪审员和法官依次发表意见，审判长最后发表意见并总结合议庭意见。

★七人合议庭评议时，对于法律适用问题，人民陪审员不参加表决，但可以发表意见，并记录在卷

《最高人民法院关于适用〈中华人民共和国人民陪审员法〉若干问题的解释》（2019年4月24日　法释〔2019〕5号）

第十三条　七人合议庭评议时，审判长应当归纳和介绍需要通过评议讨论决定的案件事实认定问题，并列出案件事实问题清单。

人民陪审员全程参加合议庭评议，对于事实认定问题，由人民陪审员和法官在共同评议的基础上进行表决。对于法律适用问题，人民陪审员不参加表决，但可以发表意见，并记录在卷。

★人民陪审员应当认真阅读评议笔录

《最高人民法院关于适用〈中华人民共和国人民陪审员法〉若干问题的解释》（2019年4月24日　法释〔2019〕5号）

第十四条　人民陪审员应当认真阅读评议笔录，确认无误后签名。

★人民陪审员列席审判委员会时，可以发表意见

《最高人民法院关于适用〈中华人民共和国人民陪审员法〉若干问题的解释》（2019年4月24日　法释〔2019〕5号）

第十五条　人民陪审员列席审判委员会讨论其参加审理的案件时，可以发表意见。

★案件审结后，应将裁判文书副本及时送交参加审判的人民陪审员

《最高人民法院关于适用〈中华人民共和国人民陪审员法〉若干问题的解释》（2019年4月24日　法释〔2019〕5号）

第十六条　案件审结后，人民法院应将裁判文书副本及时送交参加该案审判的人民陪审员。

★合议庭成员确定后,因回避、工作调动、身体健康、廉政风险等事由确需调整成员的,应当及时通知当事人

《最高人民法院关于规范合议庭运行机制的意见》(2022年10月26日 法发〔2022〕31号)

二、合议庭可以通过指定或者随机方式产生。因专业化审判或者案件繁简分流工作需要,合议庭成员相对固定的,应当定期轮换交流。属于"四类案件"或者参照"四类案件"监督管理的,院庭长可以按照其职权指定合议庭成员。以指定方式产生合议庭的,应当在办案平台全程留痕,或者形成书面记录入卷备查。

合议庭的审判长由院庭长指定。院庭长参加合议庭的,由院庭长担任审判长。

合议庭成员确定后,因回避、工作调动、身体健康、廉政风险等事由,确需调整成员的,由院庭长按照职权决定,调整结果应当及时通知当事人,并在办案平台标注原因,或者形成书面记录入卷备查。

法律、司法解释规定"另行组成合议庭"的案件,原合议庭成员及审判辅助人员均不得参与办理。

★香港特别行政区维护国家安全法对负责处理危害国家安全犯罪案件指定法官和适用程序的规定

《中华人民共和国香港特别行政区维护国家安全法》(2020年6月30日 主席令第49号)

第四十四条 香港特别行政区行政长官应当从裁判官、区域法院法官、高等法院原讼法庭法官、上诉法庭法官以及终审法院法官中指定若干名法官,也可从暂委或者特委法官中指定若干名法官,负责处理危害国家安全犯罪案件。行政长官在指定法官前可征询香港特别行政区维护国家安全委员会和终审法院首席法官的意见。上述指定法官任期一年。

凡有危害国家安全言行的,不得被指定为审理危害国家安全犯罪案件的法官。在获任指定法官期间,如有危害国家安全言行的,终止其指定法官资格。

在裁判法院、区域法院、高等法院和终审法院就危害国家安全犯罪案件提起的刑事检控程序应当分别由各该法院的指定法官处理。

第四十五条　除本法另有规定外，裁判法院、区域法院、高等法院和终审法院应当按照香港特别行政区的其他法律处理就危害国家安全犯罪案件提起的刑事检控程序。

第四十六条　对高等法院原讼法庭进行的就危害国家安全犯罪案件提起的刑事检控程序，律政司长可基于保护国家秘密、案件具有涉外因素或者保障陪审员及其家人的人身安全等理由，发出证书指示相关诉讼毋须在有陪审团的情况下进行审理。凡律政司长发出上述证书，高等法院原讼法庭应当在没有陪审团的情况下进行审理，并由三名法官组成审判庭。

凡律政司长发出前款规定的证书，适用于相关诉讼的香港特别行政区任何法律条文关于"陪审团"或者"陪审团的裁决"，均应当理解为指法官或者法官作为事实裁断者的职能。

第四十七条　香港特别行政区法院在审理案件中遇有涉及有关行为是否涉及国家安全或者有关证据材料是否涉及国家秘密的认定问题，应取得行政长官就该等问题发出的证明书，上述证明书对法院有约束力。

第183条

类案检索指引

★准确适用人民陪审员法七人合议庭事实认定和法律适用区分的规定，充分发挥人民陪审员"主""助""补"作用

《人民陪审员参加七人合议庭审理林某某等人黑社会性质组织犯罪案》(2022年10月11日最高人民法院发布人民陪审员参审十大典型案例)

【典型意义】

本案是全国开展扫黑除恶专项斗争工作以来，佛山市乃至广东省内的一起重大涉黑案件,案件涉及扫黑除恶、生态文明保护等社会重大关切问题,社会影响重大。人民法院依法组织人民陪审员参与审理,把扫黑除恶与审判工作紧密结合,打好了一场扫黑除恶人民战争。合议庭在审判中,准确适用人民陪审员法七人合议庭事实认定和法律适用区分的规定,充分发挥人民陪审员"主""助""补"作用,是发挥人民陪审员参审主观能动性、明晰人民陪审员参审作用与范围、强化人民陪审员与法官协作的典型案例。

(本案由广东省佛山市顺德区人民法院审理)

★人民陪审员积极延伸参审职能,主动承担起"法治宣传员"的角色

《人民陪审员参加审理卢某某等人校园欺凌案》(2022 年 10 月 11 日最高人民法院发布人民陪审员参审十大典型案例)

【典型意义】

本案人民陪审员将教育专业知识与司法审判理念深度融合,由参审之初因不了解法律知识的不敢发言,到充分认识到人民陪审员参与案件审理的价值意义后积极履职,深入思考,主动作为,亲身经历了一场法治的洗礼,也帮助案件审理工作取得了良好效果。特别是案件宣判后,人民陪审员积极延伸参审职能,主动承担起"法治宣传员"的角色,穿针引线、建言献策,有力推动形成对校园欺凌的社会治理合力,为加强未成年人司法保护贡献了力量。

(本案由广东省广州市花都区人民法院审理)

★人民陪审员从常识常理与专业知识背景两方面与法官形成思维和智识上的优势互补

《人民陪审员参加七人合议庭审理"3·07"长江特大非法采砂案》(2022 年 10 月 11 日最高人民法院发布人民陪审员参审十大典型案例)

【典型意义】

本案由最高人民法院指定管辖,公安部、最高人民检察院联合挂牌督办,人民群众关注度高,社会影响重大。人民法院积极吸收人民陪审员参加案件审理工作，并在个案随机抽取规则方面进行了积极探索，从人民群众的常识常理与专业知识背景两方面与法官形成思维和智识上的优势互补，帮助法官拓宽审理工作思路，为准确认定事实提供了重要的参考和有益的帮助，维护了司法公信，增进了司法权威。案件审判工作取得良好的社会反响，实现了法律效果、政治效果与社会效果的有机统一。

（本案由江苏省东台市人民法院审理）

第一百八十四条　【合议庭评议规则】合议庭进行评议的时候，如果意见分歧，应当按多数人的意见作出决定，但是少数人的意见应当写入笔录。评议笔录由合议庭的组成人员签名。

新旧条文序号对照

2018 年刑事诉讼法	2012 年刑事诉讼法	1996 年刑事诉讼法
第一百八十四条	第一百七十九条	第一百四十八条

适用要点与裁判依据

★合议庭评议情况应当保密

《最高人民法院关于适用〈中华人民共和国刑事诉讼法〉的解释》（2021 年 1 月 26 日　法释〔2021〕1 号）

第二百一十四条　开庭审理和评议案件，应当由同一合议庭进行。合议庭成员在评议案件时，应当独立发表意见并说明理由。意见分歧的，应当按多数意见作出决定，但少数意见应当记入笔录。评议笔录由合议庭的组成人员在审阅确认无误后签名。评议情况应当保密。

★人民陪审员参加七人合议庭审判案件,对法律适用可以发表意见,但不参加表决

《最高人民法院关于适用〈中华人民共和国刑事诉讼法〉的解释》(2021年1月26日 法释〔2021〕1号)

第二百一十五条 人民陪审员参加三人合议庭审判案件,应当对事实认定、法律适用独立发表意见,行使表决权。

人民陪审员参加七人合议庭审判案件,应当对事实认定独立发表意见,并与审判员共同表决;对法律适用可以发表意见,但不参加表决。

★评议前,部分合议庭成员不能继续履行审判职责的,应当依法更换合议庭组成人员,重新开庭审理

《最高人民法院关于适用〈中华人民共和国刑事诉讼法〉的解释》(2021年1月26日 法释〔2021〕1号)

第三百零一条 庭审结束后、评议前,部分合议庭成员不能继续履行审判职责的,人民法院应当依法更换合议庭组成人员,重新开庭审理。

评议后、宣判前,部分合议庭成员因调动、退休等正常原因不能参加宣判,在不改变原评议结论的情况下,可以由审判本案的其他审判员宣判,裁判文书上仍署审判本案的合议庭成员的姓名。

★合议庭评议过程不向未直接参加案件审理工作的人员公开

《最高人民法院关于规范合议庭运行机制的意见》(2022年10月26日 法发〔2022〕31号)

六、合议庭应当在庭审结束后及时评议。合议庭成员确有客观原因难以实现线下同场评议的,可以通过人民法院办案平台采取在线方式评议,但不得以提交书面意见的方式参加评议或者委托他人参加评议。合议庭评议过程不向未直接参加案件审理工作的人员公开。

合议庭评议案件时,先由承办法官对案件事实认定、证据采信以及适用法律等发表意见,其他合议庭成员依次发表意见。审判长应当根据评议情况总结合议庭评议的结论性意见。

审判长主持评议时，与合议庭其他成员权利平等。合议庭成员评议时，应当充分陈述意见，独立行使表决权，不得拒绝陈述意见；同意他人意见的，应当提供事实和法律根据并论证理由。

合议庭成员对评议结果的表决以口头形式进行。评议过程应当以书面形式完整记入笔录，评议笔录由审判辅助人员制作，由参加合议的人员和制作人签名。评议笔录属于审判秘密，非经法定程序和条件，不得对外公开。

★合议庭可以根据案情或者院庭长提出的监督意见复议

《最高人民法院关于规范合议庭运行机制的意见》（2022 年 10 月 26 日　法发〔2022〕31 号）

七、合议庭评议时，如果意见存在分歧，应当按照多数意见作出决定，但是少数意见应当记入笔录。

合议庭可以根据案情或者院庭长提出的监督意见复议。合议庭无法形成多数意见时，审判长应当按照有关规定和程序建议院庭长将案件提交专业法官会议讨论，或者由院长将案件提交审判委员会讨论决定。专业法官会议讨论形成的意见，供合议庭复议时参考；审判委员会的决定，合议庭应当执行。

第一百八十五条　【合议庭与审判委员会的权限】合议庭开庭审理并且评议后，应当作出判决。对于疑难、复杂、重大的案件，合议庭认为难以作出决定的，由合议庭提请院长决定提交审判委员会讨论决定。审判委员会的决定，合议庭应当执行。

第185条

新旧条文序号对照

2018 年刑事诉讼法	2012 年刑事诉讼法	1996 年刑事诉讼法
第一百八十五条	第一百八十条	第一百四十九条

适用要点与裁判依据

★合议庭应当提请院长决定提交审判委员会讨论决定的案件范围

《最高人民法院关于适用〈中华人民共和国刑事诉讼法〉的解释》(2021 年 1 月 26 日 法释〔2021〕1 号)

第二百一十六条 合议庭审理、评议后,应当及时作出判决、裁定。

对下列案件,合议庭应当提请院长决定提交审判委员会讨论决定:

(一)高级人民法院、中级人民法院拟判处死刑立即执行的案件,以及中级人民法院拟判处死刑缓期执行的案件;

(二)本院已经发生法律效力的判决、裁定确有错误需要再审的案件;

(三)人民检察院依照审判监督程序提出抗诉的案件。

对合议庭成员意见有重大分歧的案件、新类型案件、社会影响重大的案件以及其他疑难、复杂、重大的案件,合议庭认为难以作出决定的,可以提请院长决定提交审判委员会讨论决定。

人民陪审员可以要求合议庭将案件提请院长决定是否提交审判委员会讨论决定。

对提请院长决定提交审判委员会讨论决定的案件,院长认为不必要的,可以建议合议庭复议一次。

独任审判的案件,审判员认为有必要的,也可以提请院长决定提交审判委员会讨论决定。

★合议庭、独任审判员对审判委员会决定有不同意见的,可以建议院长提交审判委员会复议

《最高人民法院关于适用〈中华人民共和国刑事诉讼法〉的解释》(2021 年 1 月 26 日 法释〔2021〕1 号)

第二百一十七条 审判委员会的决定,合议庭、独任审判员应当执行；有不同意见的，可以建议院长提交审判委员会复议。

★检察长列席法院审判委员会讨论案件或者议题的职责、范围和程序

《最高人民法院、最高人民检察院关于人民检察院检察长列席人民法院审判委员会会议的实施意见》(2010年1月12日　法发〔2010〕4号)

一、人民检察院检察长可以列席同级人民法院审判委员会会议。

检察长不能列席时，可以委托副检察长列席同级人民法院审判委员会会议。

二、人民检察院检察长列席人民法院审判委员会会议的任务是，对于审判委员会讨论的案件和其他有关议题发表意见，依法履行法律监督职责。

三、人民法院审判委员会讨论下列案件或者议题，同级人民检察院检察长可以列席：

(一)可能判处被告人无罪的公诉案件；

(二)可能判处被告人死刑的案件；

(三)人民检察院提出抗诉的案件；

(四)与检察工作有关的其他议题。

四、人民法院院长决定将本意见第三条所列案件或者议题提交审判委员会讨论的，人民法院应当通过适当方式告知同级人民检察院。人民检察院检察长决定列席审判委员会会议的，人民法院应当将会议议程、会议时间通知人民检察院。

对于人民法院审判委员会讨论的议题，人民检察院认为有必要的，可以向人民法院提出列席审判委员会会议；人民法院认为有必要的，可以邀请人民检察院检察长列席审判委员会会议。

五、人民检察院检察长列席审判委员会会议的，人民法院应当将会议材料在送审判委员会委员的同时送人民检察院检察长。

六、人民检察院检察长列席审判委员会会议，应当在会前进行充分准备，必要时可就有关问题召开检察委员会会议进行讨论。

七、检察长或者受检察长委托的副检察长列席审判委员会讨论案件的会议，可以在人民法院承办人汇报完毕后、审判委员会委员表决前发表意见。

审判委员会会议讨论与检察工作有关的其他议题，检察长或者受检察长委托的副检察长的发言程序适用前款规定。

检察长或者受检察长委托的副检察长在审判委员会会议上发表的意见，应当记录在卷。

八、人民检察院检察长列席审判委员会会议讨论的案件，人民法院应当将裁判文书及时送达或者抄送人民检察院。

人民检察院检察长列席的审判委员会会议讨论的其他议题，人民法院应当将讨论通过的决定文本及时送给人民检察院。

九、出席、列席审判委员会会议的所有人员，对审判委员会讨论内容应当保密。

十、人民检察院检察长列席审判委员会会议的具体事宜由审判委员会办事机构和检察委员会办事机构负责办理。

★检察长可以列席同级法院审判委员会会议，依法履行法律监督职责

《人民检察院刑事诉讼规则》（2019 年 12 月 30 日 高检发释字〔2019〕4 号）

第185条

第五百七十一条 人民检察院检察长或者检察长委托的副检察长，可以列席同级人民法院审判委员会会议，依法履行法律监督职责。

★专业法官会议讨论形成的意见，供合议庭复议时参考

《最高人民法院关于规范合议庭运行机制的意见》（2022 年 10 月 26 日 法发〔2022〕31 号）

七、合议庭评议时，如果意见存在分歧，应当按照多数意见作出决定，但是少数意见应当记入笔录。

合议庭可以根据案情或者院庭长提出的监督意见复议。合议庭无法形成多数意见时，审判长应当按照有关规定和程序建议院庭长将案件提交专业法官会议讨论，或者由院长将案件提交审判委员会讨论决定。专业法官会议讨论形成的意见，供合议庭复议时参考；审判委员会的决定，合议庭应当执行。

★院庭长对合议庭评议、复议结果有异议的，不得直接改变合议庭意见

《最高人民法院关于规范合议庭运行机制的意见》(2022年10月26日　法发〔2022〕31号)

八、合议庭发现审理的案件属于"四类案件"或者有必要参照"四类案件"监督管理的，应当按照有关规定及时向院庭长报告。

对于"四类案件"或者参照"四类案件"监督管理的案件，院庭长可以按照职权要求合议庭报告案件审理进展和评议结果，就案件审理涉及的相关问题提出意见，视情建议合议庭复议。院庭长对审理过程或者评议、复议结果有异议的，可以决定将案件提交专业法官会议讨论，或者按照程序提交审判委员会讨论决定，但不得直接改变合议庭意见。院庭长监督管理的情况应当在办案平台全程留痕，或者形成书面记录入卷备查。

第二章　第一审程序

第一节　公 诉 案 件

第一百八十六条　【庭前审查】人民法院对提起公诉的案件进行审查后，对于起诉书中有明确的指控犯罪事实的，应当决定开庭审判。

新旧条文序号对照

2018 年刑事诉讼法	2012 年刑事诉讼法	1996 年刑事诉讼法
第一百八十六条	第一百八十一条	第一百五十条

适用要点与裁判依据

★对提起公诉的案件,法院应当审查的十项内容

《最高人民法院关于适用〈中华人民共和国刑事诉讼法〉的解释》(2021 年 1 月 26 日 法释〔2021〕1 号)

第二百一十八条 对提起公诉的案件,人民法院应当在收到起诉书(一式八份,每增加一名被告人,增加起诉书五份)和案卷、证据后,审查以下内容:

(一)是否属于本院管辖;

(二)起诉书是否写明被告人的身份,是否受过或者正在接受刑事处罚、行政处罚、处分,被采取留置措施的情况,被采取强制措施的时间、种类、羁押地点,犯罪的时间、地点、手段、后果以及其他可能影响定罪量刑的情节;有多起犯罪事实的,是否在起诉书中将事实分别列明;

(三)是否移送证明指控犯罪事实及影响量刑的证据材料,包括采取技术调查、侦查措施的法律文书和所收集的证据材料;

(四)是否查封、扣押、冻结被告人的违法所得或者其他涉案财物,查封、扣押、冻结是否逾期;是否随案移送涉案财物、附涉案财物清单;是否列明涉案财物权属情况;是否就涉案财物处理提供相关证据材料;

(五)是否列明被害人的姓名、住址、联系方式;是否附有证人、鉴定人名单;是否申请法庭通知证人、鉴定人、有专门知识的人出庭,并列明有关人员的姓名、性别、年龄、职业、住址、联系方式;是否附有需要保护的证人、鉴定人、被害人名单;

（六）当事人已委托辩护人、诉讼代理人或者已接受法律援助的，是否列明辩护人、诉讼代理人的姓名、住址、联系方式；

（七）是否提起附带民事诉讼；提起附带民事诉讼的，是否列明附带民事诉讼当事人的姓名、住址、联系方式等，是否附有相关证据材料；

（八）监察调查、侦查、审查起诉程序的各种法律手续和诉讼文书是否齐全；

（九）被告人认罪认罚的，是否提出量刑建议、移送认罪认罚具结书等材料；

（十）有无刑事诉讼法第十六条第二项至第六项规定的不追究刑事责任的情形。

★法院对提起公诉的案件审查后，应当按照不同情形分别处理

《最高人民法院关于适用〈中华人民共和国刑事诉讼法〉的解释》（2021年1月26日　法释〔2021〕1号）

第二百一十九条　人民法院对提起公诉的案件审查后，应当按照下列情形分别处理：

（一）不属于本院管辖的，应当退回人民检察院；

（二）属于刑事诉讼法第十六条第二项至第六项规定情形的，应当退回人民检察院；属于告诉才处理的案件，应当同时告知被害人有权提起自诉；

（三）被告人不在案的，应当退回人民检察院；但是，对人民检察院按照缺席审判程序提起公诉的，应当依照本解释第二十四章的规定作出处理；

（四）不符合前条第二项至第九项规定之一，需要补充材料的，应当通知人民检察院在三日以内补送；

（五）依照刑事诉讼法第二百条第三项规定宣告被告人无罪后，人民检察院根据新的事实、证据重新起诉的，应当依法受理；

（六）依照本解释第二百九十六条规定裁定准许撤诉的案件，没有新的影响定罪量刑的事实、证据，重新起诉的，应当退回人民检察院；

（七）被告人真实身份不明，但符合刑事诉讼法第一百六十条第二款规定的，应当依法受理。

对公诉案件是否受理，应当在七日以内审查完毕。

★法院对同一案件分案审理、对分案起诉的案件并案审理的适用条件

《最高人民法院关于适用〈中华人民共和国刑事诉讼法〉的解释》(2021 年 1 月 26 日　法释〔2021〕1 号)

第二百二十条　对一案起诉的共同犯罪或者关联犯罪案件，被告人人数众多、案情复杂，人民法院经审查认为，分案审理更有利于保障庭审质量和效率的，可以分案审理。分案审理不得影响当事人质证权等诉讼权利的行使。

对分案起诉的共同犯罪或者关联犯罪案件，人民法院经审查认为，合并审理更有利于查明案件事实、保障诉讼权利、准确定罪量刑的，可以并案审理。

★法院对单位犯罪案件还应当审查的内容

《最高人民法院关于适用〈中华人民共和国刑事诉讼法〉的解释》(2021 年 1 月 26 日　法释〔2021〕1 号)

第三百三十五条　人民法院受理单位犯罪案件，除依照本解释第二百一十八条的有关规定进行审查外，还应当审查起诉书是否列明被告单位的名称、住所地、联系方式，法定代表人、实际控制人、主要负责人以及代表被告单位出庭的诉讼代表人的姓名、职务、联系方式。需要人民检察院补充材料的，应当通知人民检察院在三日以内补送。

第三百三十六条　被告单位的诉讼代表人，应当是法定代表人、实际控制人或者主要负责人；法定代表人、实际控制人或者主要负责人被指控为单位犯罪直接责任人员或者因客观原因无法出庭的，应当由被告单位委托其他负责人或者职工作为诉讼代表人。但是，有关人员被指控为单位犯罪直接责任人员或者知道案件情况、负有作证义务的除外。

依据前款规定难以确定诉讼代表人的，可以由被告单位委托律师等单位以外的人员作为诉讼代表人。

诉讼代表人不得同时担任被告单位或者被指控为单位犯罪直接责任人员的有关人员的辩护人。

★适用普通程序审理认罪认罚案件可以“简化程序”的具体内容

《最高人民法院、最高人民检察院、公安部、国家安全部、司法部关于适用认罪认罚从宽制度的指导意见》(2019年10月11日　高检发〔2019〕13号)

47.普通程序的适用。适用普通程序办理认罪认罚案件,可以适当简化法庭调查、辩论程序。公诉人宣读起诉书后,合议庭当庭询问被告人对指控的犯罪事实、证据及量刑建议的意见,核实具结书签署的自愿性、真实性、合法性。公诉人、辩护人、审判人员对被告人的讯问、发问可以简化。对控辩双方无异议的证据,可以仅就证据名称及证明内容进行说明;对控辩双方有异议,或者法庭认为有必要调查核实的证据,应当出示并进行质证。法庭辩论主要围绕有争议的问题进行,裁判文书可以适当简化。

第一百八十七条　【开庭前的准备】人民法院决定开庭审判后,应当确定合议庭的组成人员,将人民检察院的起诉书副本至迟在开庭十日以前送达被告人及其辩护人。

在开庭以前,审判人员可以召集公诉人、当事人和辩护人、诉讼代理人,对回避、出庭证人名单、非法证据排除等与审判相关的问题,了解情况,听取意见。

人民法院确定开庭日期后,应当将开庭的时间、地点通知人民检察院,传唤当事人,通知辩护人、诉讼代理人、证人、鉴定人和翻译人员,传票和通知书至迟在开庭三日以前送达。公开审判的案件,应当在开庭三日以前先期公布案由、被告人姓名、开庭时间和地点。

上述活动情形应当写入笔录,由审判人员和书记员签名。

新旧条文序号对照

2018年刑事诉讼法	2012年刑事诉讼法	1996年刑事诉讼法
第一百八十七条	第一百八十二条	第一百五十一条

适用要点与裁判依据

★开庭审理前，法院应当进行的准备工作

《最高人民法院关于适用〈中华人民共和国刑事诉讼法〉的解释》(2021年1月26日 法释〔2021〕1号)

第二百二十一条 开庭审理前，人民法院应当进行下列工作：

(一)确定审判长及合议庭组成人员；

(二)开庭十日以前将起诉书副本送达被告人、辩护人；

(三)通知当事人、法定代理人、辩护人、诉讼代理人在开庭五日以前提供证人、鉴定人名单，以及拟当庭出示的证据；申请证人、鉴定人、有专门知识的人出庭的，应当列明有关人员的姓名、性别、年龄、职业、住址、联系方式；

(四)开庭三日以前将开庭的时间、地点通知人民检察院；

(五)开庭三日以前将传唤当事人的传票和通知辩护人、诉讼代理人、法定代理人、证人、鉴定人等出庭的通知书送达；通知有关人员出庭，也可以采取电话、短信、传真、电子邮件、即时通讯等能够确认对方收悉的方式；对被害人人数众多的涉众型犯罪案件，可以通过互联网公布相关文书，通知有关人员出庭；

(六)公开审理的案件，在开庭三日以前公布案由、被告人姓名、开庭时间和地点。

上述工作情况应当记录在案。

★法院决定召开庭前会议的情形和方式

《最高人民法院关于适用〈中华人民共和国刑事诉讼法〉的解释》(2021年1月26日　法释〔2021〕1号)

第二百二十六条　案件具有下列情形之一的,人民法院可以决定召开庭前会议:

(一)证据材料较多、案情重大复杂的;

(二)控辩双方对事实、证据存在较大争议的;

(三)社会影响重大的;

(四)需要召开庭前会议的其他情形。

第二百三十一条　庭前会议一般不公开进行。

根据案件情况,庭前会议可以采用视频等方式进行。

★控辩双方可以申请法院召开庭前会议,并应当说明理由

《最高人民法院关于适用〈中华人民共和国刑事诉讼法〉的解释》(2021年1月26日　法释〔2021〕1号)

第二百二十七条　控辩双方可以申请人民法院召开庭前会议,提出申请应当说明理由。人民法院经审查认为有必要的,应当召开庭前会议;决定不召开的,应当告知申请人。

★庭前会议中,检察院可以通过出示有关证据材料等方式,对证据收集的合法性加以说明

《最高人民法院关于适用〈中华人民共和国刑事诉讼法〉的解释》(2021年1月26日　法释〔2021〕1号)

第一百三十条　开庭审理前,人民法院可以召开庭前会议,就非法证据排除等问题了解情况,听取意见。

在庭前会议中,人民检察院可以通过出示有关证据材料等方式,对证据收集的合法性加以说明。必要时,可以通知调查人员、侦查人员或者其他人员参加庭前会议,说明情况。

★庭前会议中，检察院可以撤回有关证据，当事人等可以撤回排除非法证据的申请

《最高人民法院关于适用〈中华人民共和国刑事诉讼法〉的解释》（2021年1月26日 法释〔2021〕1号）

第一百三十一条 在庭前会议中，人民检察院可以撤回有关证据。撤回的证据，没有新的理由，不得在庭审中出示。

当事人及其辩护人、诉讼代理人可以撤回排除非法证据的申请。撤回申请后，没有新的线索或者材料，不得再次对有关证据提出排除申请。

★驳回排除非法证据的申请后，没有新的线索或者材料，以相同理由再次提出申请的，法院不再审查

《最高人民法院关于适用〈中华人民共和国刑事诉讼法〉的解释》（2021年1月26日 法释〔2021〕1号）

第一百三十二条 当事人及其辩护人、诉讼代理人在开庭审理前未申请排除非法证据，在庭审过程中提出申请的，应当说明理由。人民法院经审查，对证据收集的合法性有疑问的，应当进行调查；没有疑问的，驳回申请。

驳回排除非法证据的申请后，当事人及其辩护人、诉讼代理人没有新的线索或者材料，以相同理由再次提出申请的，人民法院不再审查。

第187条

★控辩双方在庭前会议中对证据收集是否合法未达成一致意见，法院有疑问的，应当在庭审中进行调查

《最高人民法院关于适用〈中华人民共和国刑事诉讼法〉的解释》（2021年1月26日 法释〔2021〕1号）

第一百三十三条 控辩双方在庭前会议中对证据收集是否合法未达成一致意见，人民法院对证据收集的合法性有疑问的，应当在庭审中进行调查；对证据收集的合法性没有疑问，且无新的线索或者材料表明可能存在非法取证的，可以决定不再进行调查并说明理由。

★有多名被告人的案件，法院可以根据情况确定参加庭前会议的被告人

《最高人民法院关于适用〈中华人民共和国刑事诉讼法〉的解释》(2021 年 1 月 26 日　法释〔2021〕1 号)

第二百三十条　庭前会议由审判长主持，合议庭其他审判员也可以主持庭前会议。

召开庭前会议应当通知公诉人、辩护人到场。

庭前会议准备就非法证据排除了解情况、听取意见，或者准备询问控辩双方对证据材料的意见的，应当通知被告人到场。有多名被告人的案件，可以根据情况确定参加庭前会议的被告人。

★对庭前会议中达成一致意见的事项，法庭在向控辩双方核实后，可以当庭予以确认

《最高人民法院关于适用〈中华人民共和国刑事诉讼法〉的解释》(2021 年 1 月 26 日　法释〔2021〕1 号)

第二百三十三条　对召开庭前会议的案件，可以在开庭时告知庭前会议情况。对庭前会议中达成一致意见的事项，法庭在向控辩双方核实后，可以当庭予以确认；未达成一致意见的事项，法庭可以归纳控辩双方争议焦点，听取控辩双方意见，依法作出处理。

控辩双方在庭前会议中就有关事项达成一致意见，在庭审中反悔的，除有正当理由外，法庭一般不再进行处理。

★审判期间，被告单位被撤销、注销的，对单位犯罪直接负责的主管人员和其他直接责任人员应当继续审理

《最高人民法院关于适用〈中华人民共和国刑事诉讼法〉的解释》(2021 年 1 月 26 日　法释〔2021〕1 号)

第三百四十四条　审判期间，被告单位被吊销营业执照、宣告破产但尚未完成清算、注销登记的，应当继续审理；被告单位被撤销、注销的，对单位犯罪直接负责的主管人员和其他直接责任人员应当继续审理。

★审判期间，被告单位合并、分立的，应当将原单位列为被告单位，并注明合并、分立情况

《最高人民法院关于适用〈中华人民共和国刑事诉讼法〉的解释》(2021年1月26日　法释〔2021〕1号)

第三百四十五条　审判期间，被告单位合并、分立的，应当将原单位列为被告单位，并注明合并、分立情况。对被告单位所判处的罚金以其在新单位的财产及收益为限。

★开庭前法院应当公开的信息和方式

《中华人民共和国人民法院法庭规则》(2016年4月13日　法释〔2016〕7号)

第八条　人民法院应当通过官方网站、电子显示屏、公告栏等向公众公开各法庭的编号、具体位置以及旁听席位数量等信息。

第九条　公开的庭审活动，公民可以旁听。

旁听席位不能满足需要时，人民法院可以根据申请的先后顺序或者通过抽签、摇号等方式发放旁听证，但应当优先安排当事人的近亲属或其他与案件有利害关系的人旁听。

下列人员不得旁听：

(一)证人、鉴定人以及准备出庭提出意见的有专门知识的人；

(二)未获得人民法院批准的未成年人；

(三)拒绝接受安全检查的人；

第187条

(四)醉酒的人、精神病人或其他精神状态异常的人；

(五)其他有可能危害法庭安全或妨害法庭秩序的人。

依法有可能封存犯罪记录的公开庭审活动，任何单位或个人不得组织人员旁听。

依法不公开的庭审活动，除法律另有规定外，任何人不得旁听。

★法院应当通过互联网向参加诉讼的当事人及其法定代理人、诉讼代理人、辩护人公开的信息

《最高人民法院关于人民法院通过互联网公开审判流程信息的规定》(2018年3月4日　法释〔2018〕7号)

第一条　人民法院审判刑事、民事、行政、国家赔偿案件的流程信息，应当通过互联网向参加诉讼的当事人及其法定代理人、诉讼代理人、辩护人公开。

人民法院审判具有重大社会影响案件的流程信息，可以通过互联网或者其他方式向公众公开。

第五条　当事人、法定代理人、诉讼代理人、辩护人的身份证件号码、律师执业证号、组织机构代码、统一社会信用代码，是其获取审判流程信息的身份验证依据。

当事人及其法定代理人、诉讼代理人、辩护人应当配合受理案件的人民法院采集、核对身份信息，并预留有效的手机号码。

第七条　下列程序性信息应当通过互联网向当事人及其法定代理人、诉讼代理人、辩护人公开：

（一）收案、立案信息，结案信息；

（二）检察机关、刑罚执行机关信息，当事人信息；

（三）审判组织信息；

（四）审判程序、审理期限、送达、上诉、抗诉、移送等信息；

（五）庭审、质证、证据交换、庭前会议、询问、宣判等诉讼活动的时间和地点；

（六）裁判文书在中国裁判文书网的公布情况；

（七）法律、司法解释规定应当公开，或者人民法院认为可以公开的其他程序性信息。

第一百八十八条　【公开审理】人民法院审判第一审案件应当公开进行。但是有关国家秘密或者个人隐私的案件，不公开审理；涉及商业秘密的案件，当事人申请不公开审理的，可以不公开审理。

不公开审理的案件，应当当庭宣布不公开审理的理由。

新旧条文序号对照

2018年刑事诉讼法	2012年刑事诉讼法	1996年刑事诉讼法
第一百八十八条	第一百八十三条	第一百五十二条

适用要点与裁判依据

★公开审理案件时公诉人、诉讼参与人提出“涉密”或者“隐私”证据的处理

《最高人民法院关于适用〈中华人民共和国刑事诉讼法〉的解释》(2021年1月26日 法释〔2021〕1号)

第八十一条 公开审理案件时,公诉人、诉讼参与人提出涉及国家秘密、商业秘密或者个人隐私的证据的,法庭应当制止;确与本案有关的,可以根据具体情况,决定将案件转为不公开审理,或者对相关证据的法庭调查不公开进行。

★不公开审理的案件范围

《最高人民法院关于适用〈中华人民共和国刑事诉讼法〉的解释》(2021年1月26日 法释〔2021〕1号)

第二百二十二条 审判案件应当公开进行。

案件涉及国家秘密或者个人隐私的,不公开审理;涉及商业秘密,当事人提出申请的,法庭可以决定不公开审理。

不公开审理的案件,任何人不得旁听,但具有刑事诉讼法第二百八十五条规定情形的除外。

★不宜旁听公开审理的人员

《最高人民法院关于适用〈中华人民共和国刑事诉讼法〉的解释》(2021年1月26日 法释〔2021〕1号)

第二百二十三条 精神病人、醉酒的人、未经人民法院批准的未成年人以及其他不宜旁听的人不得旁听案件审理。

★被害人人数众多的,被害人可以推选若干代表人参加庭审

《最高人民法院关于适用〈中华人民共和国刑事诉讼法〉的解释》(2021年1月26日　法释〔2021〕1号)

第二百二十四条　被害人人数众多,且案件不属于附带民事诉讼范围的,被害人可以推选若干代表人参加庭审。

★手机、电脑等电子设备允许携带进入法庭,但仅限于辅助性诉讼事务使用,并调成静音状态不得开启录音录像功能

《最高人民法院关于进一步规范庭审秩序保障诉讼权利的通知》(2020年7月30日　法〔2020〕145号)

7.规范电子设备使用,保障辅助性诉讼事务正常进行。人民法院应当细化完善携带、使用电子设备参加庭审的规定,禁止针孔式具有隐秘录音录像等功能的电子设备进入法庭。对手机、电脑等电子设备,一般允许携带进入法庭,但仅限于记录、法规查询、证据展示等辅助性诉讼事务使用,并要求当事人等诉讼参与人和旁听人员将手机等设备调成静音状态且不得开启录音录像功能。对重大敏感案件和依法不公开开庭审理的案件,人民法院应当禁止携带电子设备进入法庭,采取屏蔽网络信号等必要技术措施,防止庭审活动信息被不当传播,确有使用必要的,需经人民法院准许。

第一百八十九条　【支持公诉】人民法院审判公诉案件,人民检察院应当派员出席法庭支持公诉。

新旧条文序号对照

2018年刑事诉讼法	2012年刑事诉讼法	1996年刑事诉讼法
第一百八十九条	第一百八十四条	第一百五十三条

适用要点与裁判依据

★检察官助理可以协助检察官出庭，检察官可以配备书记员担任记录

《人民检察院刑事诉讼规则》（2019 年 12 月 30 日 高检发释字〔2019〕4 号）

第三百九十条 提起公诉的案件，人民检察院应当派员以国家公诉人的身份出席第一审法庭，支持公诉。

公诉人应当由检察官担任。检察官助理可以协助检察官出庭。根据需要可以配备书记员担任记录。

第一百九十条 【法庭开庭】开庭的时候，审判长查明当事人是否到庭，宣布案由；宣布合议庭的组成人员、书记员、公诉人、辩护人、诉讼代理人、鉴定人和翻译人员的名单；告知当事人有权对合议庭组成人员、书记员、公诉人、鉴定人和翻译人员申请回避；告知被告人享有辩护权利。

被告人认罪认罚的，审判长应当告知被告人享有的诉讼权利和认罪认罚的法律规定，审查认罪认罚的自愿性和认罪认罚具结书内容的真实性、合法性。

新旧条文序号对照

2018 年刑事诉讼法	2012 年刑事诉讼法	1996 年刑事诉讼法
第一百九十条	第一百八十五条	第一百五十四条

适用要点与裁判依据

★审理未成年人案件的法庭，应当根据未成年人身心发展特点设置区域和席位

《中华人民共和国人民法院法庭规则》（2016年4月13日　法释〔2016〕7号）

第三条　法庭分设审判活动区和旁听区，两区以栏杆等进行隔离。

审理未成年人案件的法庭应当根据未成年人身心发展特点设置区域和席位。

有新闻媒体旁听或报道庭审活动时，旁听区可以设置专门的媒体记者席。

★刑事法庭可以配置同步视频作证室

《中华人民共和国人民法院法庭规则》（2016年4月13日　法释〔2016〕7号）

第四条　刑事法庭可以配置同步视频作证室，供依法应当保护或其他确有保护必要的证人、鉴定人、被害人在庭审作证时使用。

★法庭应当设置残疾人无障碍设施

《中华人民共和国人民法院法庭规则》（2016年4月13日　法释〔2016〕7号）

第五条　法庭应当设置残疾人无障碍设施；根据需要配备合议庭合议室，检察人员、律师及其他诉讼参与人休息室，被告人羁押室等附属场所。

★被告人出庭受审时不着看守所的"马甲"

《最高人民法院关于适用〈中华人民共和国刑事诉讼法〉的解释》（2021年1月26日　法释〔2021〕1号）

第三百零五条　在押被告人出庭受审时，不着监管机构的识别服。

庭审期间不得对被告人使用戒具，但法庭认为其人身危险性大，可能危害法庭安全的除外。

★庭审中原则上不得对被告人或上诉人使用戒具

《中华人民共和国人民法院法庭规则》(2016 年 4 月 13 日 法释〔2016〕7 号)

第十三条 刑事在押被告人或上诉人出庭受审时,着正装或便装,不着监管机构的识别服。

人民法院在庭审活动中不得对被告人或上诉人使用戒具,但认为其人身危险性大,可能危害法庭安全的除外。

★被害人、诉讼代理人经传唤或者通知未到庭,不影响开庭审理

《最高人民法院关于适用〈中华人民共和国刑事诉讼法〉的解释》(2021 年 1 月 26 日 法释〔2021〕1 号)

第二百二十五条 被害人、诉讼代理人经传唤或者通知未到庭,不影响开庭审理的,人民法院可以开庭审理。

辩护人经通知未到庭,被告人同意的,人民法院可以开庭审理,但被告人属于应当提供法律援助情形的除外。

★书记员在开庭审理前应当进行的八项工作

《最高人民法院关于适用〈中华人民共和国刑事诉讼法〉的解释》(2021 年 1 月 26 日 法释〔2021〕1 号)

第二百三十四条 开庭审理前,书记员应当依次进行下列工作:

第190条

(一)受审判长委托,查明公诉人、当事人、辩护人、诉讼代理人、证人及其他诉讼参与人是否到庭;

(二)核实旁听人员中是否有证人、鉴定人、有专门知识的人;

(三)请公诉人、辩护人、诉讼代理人及其他诉讼参与人入庭;

(四)宣读法庭规则;

(五)请审判长、审判员、人民陪审员入庭;

(六)审判人员就座后,向审判长报告开庭前的准备工作已经就绪。

★审判长在宣布开庭、传被告人到庭后，应当查明的情况和宣布的事项

《最高人民法院关于适用〈中华人民共和国刑事诉讼法〉的解释》(2021年1月26日　法释〔2021〕1号)

第二百三十五条　审判长宣布开庭，传被告人到庭后，应当查明被告人的下列情况：

（一）姓名、出生日期、民族、出生地、文化程度、职业、住址，或者被告单位的名称、住所地、法定代表人、实际控制人以及诉讼代表人的姓名、职务；

（二）是否受过刑事处罚、行政处罚、处分及其种类、时间；

（三）是否被采取留置措施及留置的时间，是否被采取强制措施及强制措施的种类、时间；

（四）收到起诉书副本的日期；有附带民事诉讼的，附带民事诉讼被告人收到附带民事起诉状的日期。

被告人较多的，可以在开庭前查明上述情况，但开庭时审判长应当作出说明。

第二百三十六条　审判长宣布案件的来源、起诉的案由、附带民事诉讼当事人的姓名及是否公开审理；不公开审理的，应当宣布理由。

第二百三十七条　审判长宣布合议庭组成人员、法官助理、书记员、公诉人的名单，以及辩护人、诉讼代理人、鉴定人、翻译人员等诉讼参与人的名单。

第二百三十八条　审判长应当告知当事人及其法定代理人、辩护人、诉讼代理人在法庭审理过程中依法享有下列诉讼权利：

（一）可以申请合议庭组成人员、法官助理、书记员、公诉人、鉴定人和翻译人员回避；

（二）可以提出证据，申请通知新的证人到庭、调取新的证据，申请重新鉴定或者勘验；

（三）被告人可以自行辩护；

(四)被告人可以在法庭辩论终结后作最后陈述。

★对被告人认罪的案件,法庭调查可以主要围绕量刑和其他有争议的问题进行

《最高人民法院关于适用〈中华人民共和国刑事诉讼法〉的解释》(2021年1月26日 法释〔2021〕1号)

第二百七十八条 对被告人认罪的案件,在确认被告人了解起诉书指控的犯罪事实和罪名,自愿认罪且知悉认罪的法律后果后,法庭调查可以主要围绕量刑和其他有争议的问题进行。

对被告人不认罪或者辩护人作无罪辩护的案件,法庭调查应当在查明定罪事实的基础上,查明有关量刑事实。

第一百九十一条 【庭审程序】公诉人在法庭上宣读起诉书后,被告人、被害人可以就起诉书指控的犯罪进行陈述,公诉人可以讯问被告人。

被害人、附带民事诉讼的原告人和辩护人、诉讼代理人,经审判长许可,可以向被告人发问。

审判人员可以讯问被告人。

新旧条文序号对照

2018年刑事诉讼法	2012年刑事诉讼法	1996年刑事诉讼法
第一百九十一条	第一百八十六条	第一百五十五条

适用要点与裁判依据

★法庭调查的顺序

《最高人民法院关于适用〈中华人民共和国刑事诉讼法〉的解释》(2021年1月26日 法释〔2021〕1号)

第二百四十条 审判长宣布法庭调查开始后,应当先由公诉人宣读起诉书；公诉人宣读起诉书后，审判长应当询问被告人对起诉书指控的犯罪事实和罪名有无异议。

有附带民事诉讼的，公诉人宣读起诉书后，由附带民事诉讼原告人或者其法定代理人、诉讼代理人宣读附带民事起诉状。

第二百四十一条　在审判长主持下，被告人、被害人可以就起诉书指控的犯罪事实分别陈述。

第二百六十七条　举证方当庭出示证据后，由对方发表质证意见。

第二百六十八条　对可能影响定罪量刑的关键证据和控辩双方存在争议的证据，一般应当单独举证、质证，充分听取质证意见。

对控辩双方无异议的非关键证据，举证方可以仅就证据的名称及拟证明的事实作出说明。

召开庭前会议的案件，举证、质证可以按照庭前会议确定的方式进行。

根据案件和庭审情况，法庭可以对控辩双方的举证、质证方式进行必要的指引。

第二百六十九条　审理过程中，法庭认为有必要的，可以传唤同案被告人、分案审理的共同犯罪或者关联犯罪案件的被告人等到庭对质。

★控辩双方就证据问题对被告人的讯问、发问可以在举证、质证环节进行

《最高人民法院关于适用〈中华人民共和国刑事诉讼法〉的解释》（2021年1月26日　法释〔2021〕1号）

第二百四十二条　在审判长主持下，公诉人可以就起诉书指控的犯罪事实讯问被告人。

经审判长准许，被害人及其法定代理人、诉讼代理人可以就公诉人讯问的犯罪事实补充发问；附带民事诉讼原告人及其法定代理人、诉讼代理人可以就附带民事部分的事实向被告人发问；被告人的法定代理人、辩护人，附带民事诉讼被告人及其法定代理人、诉讼代理人可以在控诉方、附带民事诉讼原告方就某一问题讯问、发问完毕后向被告人发问。

根据案件情况，就证据问题对被告人的讯问、发问可以在举证、质证环节进行。

第二百四十三条 讯问同案审理的被告人，应当分别进行。

★控辩双方可以向被害人、附带民事诉讼原告人发问

《最高人民法院关于适用〈中华人民共和国刑事诉讼法〉的解释》(2021年1月26日 **法释〔2021〕1号**)

第二百四十四条 经审判长准许，控辩双方可以向被害人、附带民事诉讼原告人发问。

★审判人员讯问、发问

《最高人民法院关于适用〈中华人民共和国刑事诉讼法〉的解释》(2021年1月26日 **法释〔2021〕1号**)

第二百四十五条 必要时，审判人员可以讯问被告人，也可以向被害人、附带民事诉讼当事人发问。

★传唤同案被告人、分案审理的共同犯罪或者关联犯罪案件的被告人等到庭对质

《最高人民法院关于适用〈中华人民共和国刑事诉讼法〉的解释》(2021年1月26日 **法释〔2021〕1号**)

第191条

第二百六十九条 审理过程中，法庭认为有必要的，可以传唤同案被告人、分案审理的共同犯罪或者关联犯罪案件的被告人等到庭对质。

第二百七十条 当庭出示的证据，尚未移送人民法院的，应当在质证后当庭移交。

★法庭对证据有疑问的处理

《最高人民法院关于适用〈中华人民共和国刑事诉讼法〉的解释》(2021年1月26日 **法释〔2021〕1号**)

第二百七十一条 法庭对证据有疑问的，可以告知公诉人、当事人及其法定代理人、辩护人、诉讼代理人补充证据或者作出说明；必要时，可以宣布休庭，对证据进行调查核实。

对公诉人、当事人及其法定代理人、辩护人、诉讼代理人补充的和审判人员庭外调查核实取得的证据，应当经过当庭质证才能作为定案的根据。但是，对不影响定罪量刑的非关键证据、有利于被告人的量刑证据以及认定被告人有犯罪前科的裁判文书等证据，经庭外征求意见，控辩双方没有异议的除外。

有关情况，应当记录在案。

★法院讯问被告人可以根据情况采取视频方式

《最高人民法院关于适用〈中华人民共和国刑事诉讼法〉的解释》(2021年1月26日　法释〔2021〕1号)

第六百五十条　人民法院讯问被告人，宣告判决，审理减刑、假释案件等，可以根据情况采取视频方式。

第一百九十二条　【证人、鉴定人出庭】公诉人、当事人或者辩护人、诉讼代理人对证人证言有异议，且该证人证言对案件定罪量刑有重大影响，人民法院认为证人有必要出庭作证的，证人应当出庭作证。

人民警察就其执行职务时目击的犯罪情况作为证人出庭作证，适用前款规定。

公诉人、当事人或者辩护人、诉讼代理人对鉴定意见有异议，人民法院认为鉴定人有必要出庭的，鉴定人应当出庭作证。经人民法院通知，鉴定人拒不出庭作证的，鉴定意见不得作为定案的根据。

新旧条文序号对照

2018年刑事诉讼法	2012年刑事诉讼法	1996年刑事诉讼法
第一百九十二条	第一百八十七条	

适用要点与裁判依据

★对证人、鉴定人的法庭质证规则

《最高人民法院、最高人民检察院、公安部、国家安全部、司法部关于推进以审判为中心的刑事诉讼制度改革的意见》(2016 年 7 月 20 日　法发〔2016〕18 号)

十二、完善对证人、鉴定人的法庭质证规则。落实证人、鉴定人、侦查人员出庭作证制度,提高出庭作证率。公诉人、当事人或者辩护人、诉讼代理人对证人证言有异议,人民法院认为该证人证言对案件定罪量刑有重大影响的,证人应当出庭作证。

健全证人保护工作机制,对因作证面临人身安全等危险的人员依法采取保护措施。建立证人、鉴定人等作证补助专项经费划拨机制。完善强制证人到庭制度。

★对鉴定意见应当着重审查的内容

《最高人民法院关于适用〈中华人民共和国刑事诉讼法〉的解释》(2021 年 1 月 26 日　法释〔2021〕1 号)

第九十七条　对鉴定意见应当着重审查以下内容:

(一)鉴定机构和鉴定人是否具有法定资质;

(二)鉴定人是否存在应当回避的情形;

(三)检材的来源、取得、保管、送检是否符合法律、有关规定,与相关提取笔录、扣押清单等记载的内容是否相符,检材是否可靠;

(四)鉴定意见的形式要件是否完备,是否注明提起鉴定的事由、鉴定委托人、鉴定机构、鉴定要求、鉴定过程、鉴定方法、鉴定日期等相关内容,是否由鉴定机构盖章并由鉴定人签名;

(五)鉴定程序是否符合法律、有关规定;

(六)鉴定的过程和方法是否符合相关专业的规范要求;

(七)鉴定意见是否明确;

(八)鉴定意见与案件事实有无关联;

(九)鉴定意见与勘验、检查笔录及相关照片等其他证据是否矛

盾;存在矛盾的,能否得到合理解释;

(十)鉴定意见是否依法及时告知相关人员,当事人对鉴定意见有无异议。

★鉴定意见及有关报告不得作为定案的根据的情形

《最高人民法院关于适用〈中华人民共和国刑事诉讼法〉的解释》(2021年1月26日　法释〔2021〕1号)

第九十八条　鉴定意见具有下列情形之一的,不得作为定案的根据:

(一)鉴定机构不具备法定资质,或者鉴定事项超出该鉴定机构业务范围、技术条件的;

(二)鉴定人不具备法定资质,不具有相关专业技术或者职称,或者违反回避规定的;

(三)送检材料、样本来源不明,或者因污染不具备鉴定条件的;

(四)鉴定对象与送检材料、样本不一致的;

(五)鉴定程序违反规定的;

(六)鉴定过程和方法不符合相关专业的规范要求的;

(七)鉴定文书缺少签名、盖章的;

(八)鉴定意见与案件事实没有关联的;

(九)违反有关规定的其他情形。

第九十九条　经人民法院通知,鉴定人拒不出庭作证的,鉴定意见不得作为定案的根据。

鉴定人由于不能抗拒的原因或者有其他正当理由无法出庭的,人民法院可以根据情况决定延期审理或者重新鉴定。

鉴定人无正当理由拒不出庭作证的,人民法院应当通报司法行政机关或者有关部门。

第一百条　因无鉴定机构,或者根据法律、司法解释的规定,指派、聘请有专门知识的人就案件的专门性问题出具的报告,可以作为证据使用。

对前款规定的报告的审查与认定,参照适用本节的有关规定。

经人民法院通知，出具报告的人拒不出庭作证的，有关报告不得作为定案的根据。

★控辩双方提请证人、鉴定人等出庭作证的程序

《最高人民法院关于适用〈中华人民共和国刑事诉讼法〉的解释》(2021年1月26日 法释〔2021〕1号)

第二百四十六条 公诉人可以提请法庭通知证人、鉴定人、有专门知识的人、调查人员、侦查人员或者其他人员出庭，或者出示证据。被害人及其法定代理人、诉讼代理人，附带民事诉讼原告人及其诉讼代理人也可以提出申请。

在控诉方举证后，被告人及其法定代理人、辩护人可以提请法庭通知证人、鉴定人、有专门知识的人、调查人员、侦查人员或者其他人员出庭，或者出示证据。

★控辩双方申请证人出庭作证，出示证据，应当说明的内容

《最高人民法院关于适用〈中华人民共和国刑事诉讼法〉的解释》(2021年1月26日 法释〔2021〕1号)

第二百四十七条 控辩双方申请证人出庭作证，出示证据，应当说明证据的名称、来源和拟证明的事实。法庭认为有必要的，应当准许；对方提出异议，认为有关证据与案件无关或者明显重复、不必要，法庭经审查异议成立的，可以不予准许。

第192条

★控辩双方可以申请出示已经移送的案卷和证据材料

《最高人民法院关于适用〈中华人民共和国刑事诉讼法〉的解释》(2021年1月26日 法释〔2021〕1号)

第二百四十八条 已经移送人民法院的案卷和证据材料，控辩双方需要出示的，可以向法庭提出申请，法庭可以准许。案卷和证据材料应当在质证后当庭归还。

需要播放录音录像或者需要将证据材料交由法庭、公诉人或者诉讼参与人查看的，法庭可以指令值庭法警或者相关人员予以协助。

★控辩双方对证人证言、鉴定意见异议的处理

《最高人民法院关于适用〈中华人民共和国刑事诉讼法〉的解释》(2021年1月26日 法释〔2021〕1号)

第二百四十九条 公诉人、当事人或者辩护人、诉讼代理人对证人证言有异议,且该证人证言对定罪量刑有重大影响,或者对鉴定意见有异议,人民法院认为证人、鉴定人有必要出庭作证的,应当通知证人、鉴定人出庭。

控辩双方对侦破经过、证据来源、证据真实性或者合法性等有异议,申请调查人员、侦查人员或者有关人员出庭,人民法院认为有必要的,应当通知调查人员、侦查人员或者有关人员出庭。

★法庭认为有必要的,应当通知有专门知识的人出庭

《最高人民法院关于适用〈中华人民共和国刑事诉讼法〉的解释》(2021年1月26日 法释〔2021〕1号)

第二百五十条 公诉人、当事人及其辩护人、诉讼代理人申请法庭通知有专门知识的人出庭,就鉴定意见提出意见的,应当说明理由。法庭认为有必要的,应当通知有专门知识的人出庭。

申请有专门知识的人出庭,不得超过二人。有多种类鉴定意见的,可以相应增加人数。

第二百五十一条 为查明案件事实、调查核实证据,人民法院可以依职权通知证人、鉴定人、有专门知识的人、调查人员、侦查人员或者其他人员出庭。

第二百五十二条 人民法院通知有关人员出庭的,可以要求控辩双方予以协助。

★规范和完善鉴定人出庭作证的内容和要求

《司法部关于进一步规范和完善司法鉴定人出庭作证活动的指导意见》(2020年5月14日 司规〔2020〕2号)

八、鉴定人出庭作证时,要如实回答涉及下列内容的问题:

(一)与本人及其所执业鉴定机构执业资格和执业范围有关的问题;

（二）与鉴定活动及其鉴定意见有关的问题；

（三）其他依法应当回答的问题。

九、法庭质证中，鉴定人无法当庭回答质询或者提问的，经法庭同意，可以在庭后提交书面意见。

十、鉴定人退庭后，要对法庭笔录中鉴定意见的质证内容进行确认。经确认无误的，应当签名；发现记录有差错的，可以要求补充或者改正。

十一、出庭结束后，鉴定机构要将鉴定人出庭作证相关材料归档。

★鉴定人可以向法院书面申请不到庭的情形

《司法部关于进一步规范和完善司法鉴定人出庭作证活动的指导意见》（2020 年 5 月 14 日　司规〔2020〕2 号）

三、人民法院通知鉴定人到庭作证后，有下列情形之一的，鉴定人可以向人民法院提出不到庭书面申请：

（一）未按照法定时限通知到庭的；

（二）因健康原因不能到庭的；

（三）路途特别遥远，交通不便难以到庭的；

（四）因自然灾害等不可抗力不能到庭的；

（五）有其他正当理由不能到庭的。

经人民法院同意，未到庭的鉴定人可以提交书面答复或者说明，或者使用视频传输等技术作证。

★对鉴定人出庭的基本要求

《司法部关于进一步规范和完善司法鉴定人出庭作证活动的指导意见》（2020 年 5 月 14 日　司规〔2020〕2 号）

五、鉴定人出庭要做到：

（一）遵守法律、法规，恪守职业道德，实事求是，尊重科学，尊重事实；

（二）按时出庭，举止文明，遵守法庭纪律；

（三）配合法庭质证，如实回答与鉴定有关的问题；

（四）妥善保管出庭所需的鉴定材料、样本和鉴定档案资料；

（五）所回答问题涉及执业活动中知悉的国家秘密、商业秘密和个人隐私的，应当向人民法院阐明；经人民法院许可的，应当如实回答；

（六）依法应当做到的其他事项。

六、鉴定人到庭作证时，要按照人民法院的要求，携带本人身份证件、司法鉴定人执业证和人民法院出庭通知等材料，并在法庭指定的鉴定人席就座。

第一百九十三条　【强制证人到庭】经人民法院通知，证人没有正当理由不出庭作证的，人民法院可以强制其到庭，但是被告人的配偶、父母、子女除外。

证人没有正当理由拒绝出庭或者出庭后拒绝作证的，予以训诫，情节严重的，经院长批准，处以十日以下的拘留。被处罚人对拘留决定不服的，可以向上一级人民法院申请复议。复议期间不停止执行。

新旧条文序号对照

2018年刑事诉讼法	2012年刑事诉讼法	1996年刑事诉讼法
第一百九十三条	第一百八十八条	

适用要点与裁判依据

★可以准许证人不出庭的四种情形

《最高人民法院关于适用〈中华人民共和国刑事诉讼法〉的解释》（2021年1月26日　法释〔2021〕1号）

第二百五十三条　证人具有下列情形之一，无法出庭作证的，人民法院可以准许其不出庭：

（一）庭审期间身患严重疾病或者行动极为不便的；

（二）居所远离开庭地点且交通极为不便的；

（三）身处国外短期无法回国的；

（四）有其他客观原因，确实无法出庭的。

具有前款规定情形的，可以通过视频等方式作证。

★强制证人出庭的执行

《最高人民法院关于适用〈中华人民共和国刑事诉讼法〉的解释》（2021年1月26日 法释〔2021〕1号）

第二百五十五条 强制证人出庭的，应当由院长签发强制证人出庭令，由法警执行。必要时，可以商请公安机关协助。

第一百九十四条 【证人作证的程序】证人作证，审判人员应当告知他要如实地提供证言和有意作伪证或者隐匿罪证要负的法律责任。公诉人、当事人和辩护人、诉讼代理人经审判长许可，可以对证人、鉴定人发问。审判长认为发问的内容与案件无关的时候，应当制止。

审判人员可以询问证人、鉴定人。

新旧条文序号对照

2018年刑事诉讼法	2012年刑事诉讼法	1996年刑事诉讼法
第一百九十四条	第一百八十九条	第一百五十六条

适用要点与裁判依据

★证人应当保证向法庭如实提供证言，并在保证书上签名

《最高人民法院关于适用〈中华人民共和国刑事诉讼法〉的解释》（2021年1月26日 法释〔2021〕1号）

第二百五十八条 证人出庭的，法庭应当核实其身份、与当事人以及本案的关系,并告知其有关权利义务和法律责任。证人应当保证向法庭如实提供证言,并在保证书上签名。

★法庭依职权通知证人出庭的,发问顺序由审判长根据案件情况确定

《最高人民法院关于适用〈中华人民共和国刑事诉讼法〉的解释》(2021年1月26日 法释〔2021〕1号)

第二百五十九条 证人出庭后,一般先向法庭陈述证言;其后,经审判长许可,由申请通知证人出庭的一方发问,发问完毕后,对方也可以发问。

法庭依职权通知证人出庭的,发问顺序由审判长根据案件情况确定。

★向证人发问应当遵循的规则

《最高人民法院关于适用〈中华人民共和国刑事诉讼法〉的解释》(2021年1月26日 法释〔2021〕1号)

第二百六十一条 向证人发问应当遵循以下规则:

(一)发问的内容应当与本案事实有关;

(二)不得以诱导方式发问;

(三)不得威胁证人;

(四)不得损害证人的人格尊严。

对被告人、被害人、附带民事诉讼当事人、鉴定人、有专门知识的人、调查人员、侦查人员或者其他人员的讯问、发问,适用前款规定。 **第194条**

★控辩双方的讯问、发问方式不当的,对方可以提出异议,审判长应当判明情况予以支持或者驳回

《最高人民法院关于适用〈中华人民共和国刑事诉讼法〉的解释》(2021年1月26日 法释〔2021〕1号)

第二百六十二条 控辩双方的讯问、发问方式不当或者内容与本案无关的,对方可以提出异议,申请审判长制止,审判长应当判明情况予以支持或者驳回;对方未提出异议的,审判长也可以根据情况予以制止。

★向证人、调查人员、侦查人员发问应当分别进行

《最高人民法院关于适用〈中华人民共和国刑事诉讼法〉的解释》(2021年1月26日 法释〔2021〕1号)

第二百六十三条 审判人员认为必要时,可以询问证人、鉴定人、有专门知识的人、调查人员、侦查人员或者其他人员。

第二百六十四条 向证人、调查人员、侦查人员发问应当分别进行。

★有关人员作证或者发表意见后,审判长应当告知其退庭

《最高人民法院关于适用〈中华人民共和国刑事诉讼法〉的解释》(2021年1月26日 法释〔2021〕1号)

第二百六十五条 证人、鉴定人、有专门知识的人、调查人员、侦查人员或者其他人员不得旁听对本案的审理。有关人员作证或者发表意见后,审判长应当告知其退庭。

第二百六十六条 审理涉及未成年人的刑事案件,询问未成年被害人、证人,通知未成年被害人、证人出庭作证,适用本解释第二十二章的有关规定。

第195条

第一百九十五条 【出示物证、宣读书证】公诉人、辩护人应当向法庭出示物证,让当事人辨认,对未到庭的证人的证言笔录、鉴定人的鉴定意见、勘验笔录和其他作为证据的文书,应当当庭宣读。审判人员应当听取公诉人、当事人和辩护人、诉讼代理人的意见。

新旧条文序号对照

2018年刑事诉讼法	2012年刑事诉讼法	1996年刑事诉讼法
第一百九十五条	第一百九十条	第一百五十七条

适用要点与裁判依据

★对当庭出示的证据的移交

《最高人民法院关于适用〈中华人民共和国刑事诉讼法〉的解释》（2021年1月26日　法释〔2021〕1号）

第二百七十条　当庭出示的证据，尚未移送人民法院的，应当在质证后当庭移交。

★对控辩双方申请出示开庭前未移送或者提交的证据的处理

《最高人民法院关于适用〈中华人民共和国刑事诉讼法〉的解释》（2021年1月26日　法释〔2021〕1号）

第二百七十二条　公诉人申请出示开庭前未移送或者提交人民法院的证据，辩护方提出异议的，审判长应当要求公诉人说明理由；理由成立并确有出示必要的，应当准许。

辩护方提出需要对新的证据作辩护准备的，法庭可以宣布休庭，并确定准备辩护的时间。

辩护方申请出示开庭前未提交的证据，参照适用前两款规定。

第一百九十六条　【休庭后对证据的调查核实】法庭审理过程中，合议庭对证据有疑问的，可以宣布休庭，对证据进行调查核实。

人民法院调查核实证据，可以进行勘验、检查、查封、扣押、鉴定和查询、冻结。

新旧条文序号对照

2018年刑事诉讼法	2012年刑事诉讼法	1996年刑事诉讼法
第一百九十六条	第一百九十一条	第一百五十八条

适用要点与裁判依据

★法院调查核实证据时发现对定罪量刑有重大影响的新证据材料的处理

《最高人民法院关于适用〈中华人民共和国刑事诉讼法〉的解释》(2021年1月26日 法释〔2021〕1号)

第七十九条 人民法院依照刑事诉讼法第一百九十六条的规定调查核实证据,必要时,可以通知检察人员、辩护人、自诉人及其法定代理人到场。上述人员未到场的,应当记录在案。

人民法院调查核实证据时,发现对定罪量刑有重大影响的新的证据材料的,应当告知检察人员、辩护人、自诉人及其法定代理人。必要时,也可以直接提取,并及时通知检察人员、辩护人、自诉人及其法定代理人查阅、摘抄、复制。

★对休庭后控辩双方补充的和审判人员庭外调查核实取得的证据,应当经过当庭质证才能作为定案的根据

《最高人民法院关于适用〈中华人民共和国刑事诉讼法〉的解释》(2021年1月26日 法释〔2021〕1号)

第二百七十一条 法庭对证据有疑问的,可以告知公诉人、当事人及其法定代理人、辩护人、诉讼代理人补充证据或者作出说明;必要时,可以宣布休庭,对证据进行调查核实。

对公诉人、当事人及其法定代理人、辩护人、诉讼代理人补充的和审判人员庭外调查核实取得的证据,应当经过当庭质证才能作为定案的根据。但是,对不影响定罪量刑的非关键证据、有利于被告人的量刑证据以及认定被告人有犯罪前科的裁判文书等证据,经庭外征求意见,控辩双方没有异议的除外。

有关情况,应当记录在案。

第一百九十七条　【法庭审理中控辩双方申请举证】法庭审理过程中，当事人和辩护人、诉讼代理人有权申请通知新的证人到庭，调取新的物证，申请重新鉴定或者勘验。

公诉人、当事人和辩护人、诉讼代理人可以申请法庭通知有专门知识的人出庭，就鉴定人作出的鉴定意见提出意见。

法庭对于上述申请，应当作出是否同意的决定。

第二款规定的有专门知识的人出庭，适用鉴定人的有关规定。

新旧条文序号对照

2018 年刑事诉讼法	2012 年刑事诉讼法	1996 年刑事诉讼法
第一百九十七条	第一百九十二条	第一百五十九条

适用要点与裁判依据

★法庭审理中可以决定延期审理的情形

《最高人民法院关于适用〈中华人民共和国刑事诉讼法〉的解释》（2021 年 1 月 26 日　法释〔2021〕1 号）

第二百七十三条　法庭审理过程中，控辩双方申请通知新的证人到庭，调取新的证据，申请重新鉴定或者勘验的，应当提供证人的基本信息、证据的存放地点，说明拟证明的事项，申请重新鉴定或者勘验的理由。法庭认为有必要的，应当同意，并宣布休庭；根据案件情况，可以决定延期审理。

人民法院决定重新鉴定的，应当及时委托鉴定，并将鉴定意见告知人民检察院、当事人及其辩护人、诉讼代理人。

★公诉人建议延期审理不得超过两次

《最高人民法院关于适用〈中华人民共和国刑事诉讼法〉的解释》（2021 年 1 月 26 日　法释〔2021〕1 号）

第二百七十四条　审判期间，公诉人发现案件需要补充侦查，建议延期审理的,合议庭可以同意,但建议延期审理不得超过两次。

人民检察院将补充收集的证据移送人民法院的,人民法院应当通知辩护人、诉讼代理人查阅、摘抄、复制。

补充侦查期限届满后,人民检察院未将补充的证据材料移送人民法院的,人民法院可以根据在案证据作出判决、裁定。

★检察院在收到法院调取证据材料决定书后三日以内移交

《最高人民法院关于适用〈中华人民共和国刑事诉讼法〉的解释》(2021 年 1 月 26 日　法释〔2021〕1 号)

第二百七十五条　人民法院向人民检察院调取需要调查核实的证据材料,或者根据被告人、辩护人的申请,向人民检察院调取在调查、侦查、审查起诉期间收集的有关被告人无罪或者罪轻的证据材料,应当通知人民检察院在收到调取证据材料决定书后三日以内移交。

★法庭审理中对定罪量刑的证据存在争议的,应当单独质证

《最高人民法院、最高人民检察院、公安部、国家安全部、司法部关于推进以审判为中心的刑事诉讼制度改革的意见》(2016 年 7 月 20 日　法发〔2016〕18 号)

第198条

十一、规范法庭调查程序,确保诉讼证据出示在法庭、案件事实查明在法庭。证明被告人有罪或者无罪、罪轻或者罪重的证据,都应当在法庭上出示,依法保障控辩双方的质证权利。对定罪量刑的证据,控辩双方存在争议的,应当单独质证;对庭前会议中控辩双方没有异议的证据,可以简化举证、质证。

第一百九十八条　【法庭调查、法庭辩论、最后陈述】法庭审理过程中,对与定罪、量刑有关的事实、证据都应当进行调查、辩论。

经审判长许可,公诉人、当事人和辩护人、诉讼代理人可以对证据和案件情况发表意见并且可以互相辩论。

审判长在宣布辩论终结后,被告人有最后陈述的权利。

新旧条文序号对照

2018年刑事诉讼法	2012年刑事诉讼法	1996年刑事诉讼法
第一百九十八条	第一百九十三条	第一百六十条

适用要点与裁判依据

★法庭对与量刑有关的事实、证据和影响量刑的情节应当进行调查

《最高人民法院关于适用〈中华人民共和国刑事诉讼法〉的解释》(2021年1月26日　法释〔2021〕1号)

第二百七十六条　法庭审理过程中,对与量刑有关的事实、证据,应当进行调查。

人民法院除应当审查被告人是否具有法定量刑情节外,还应当根据案件情况审查以下影响量刑的情节:

(一)案件起因;

(二)被害人有无过错及过错程度,是否对矛盾激化负有责任及责任大小;

(三)被告人的近亲属是否协助抓获被告人;

(四)被告人平时表现,有无悔罪态度;

(五)退赃、退赔及赔偿情况;

(六)被告人是否取得被害人或者其近亲属谅解;

(七)影响量刑的其他情节。

★合议庭发现被告人可能有自首、坦白、立功等法定量刑情节,应当通知检察院在指定时间内移送有关证据材料

《最高人民法院关于适用〈中华人民共和国刑事诉讼法〉的解释》(2021年1月26日　法释〔2021〕1号)

第二百七十七条　审判期间,合议庭发现被告人可能有自首、坦白、立功等法定量刑情节,而人民检察院移送的案卷中没有相关证据材料的,应当通知人民检察院在指定时间内移送。

审判期间,被告人提出新的立功线索的,人民法院可以建议人民检察院补充侦查。

★经法庭审查,不能确认查封、扣押、冻结的财物及其孳息属于违法所得或者依法应当追缴的其他涉案财物的,不得没收

《最高人民法院关于适用〈中华人民共和国刑事诉讼法〉的解释》(2021年1月26日 法释〔2021〕1号)

第二百七十九条 法庭审理过程中,应当对查封、扣押、冻结财物及其孳息的权属、来源等情况,是否属于违法所得或者依法应当追缴的其他涉案财物进行调查,由公诉人说明情况、出示证据、提出处理建议,并听取被告人、辩护人等诉讼参与人的意见。

案外人对查封、扣押、冻结的财物及其孳息提出权属异议的,人民法院应当听取案外人的意见;必要时,可以通知案外人出庭。

经审查,不能确认查封、扣押、冻结的财物及其孳息属于违法所得或者依法应当追缴的其他涉案财物的,不得没收。

★法庭辩论的内容和顺序

《最高人民法院关于适用〈中华人民共和国刑事诉讼法〉的解释》(2021年1月26日 法释〔2021〕1号)

第198条

第二百八十条 合议庭认为案件事实已经调查清楚的,应当由审判长宣布法庭调查结束,开始就定罪、量刑、涉案财物处理的事实、证据、适用法律等问题进行法庭辩论。

第二百八十一条 法庭辩论应当在审判长的主持下,按照下列顺序进行:

(一)公诉人发言;

(二)被害人及其诉讼代理人发言;

(三)被告人自行辩护;

(四)辩护人辩护;

(五)控辩双方进行辩论。

★当事人及其辩护人、诉讼代理人可以对量刑提出意见并说明理由

《最高人民法院关于适用〈中华人民共和国刑事诉讼法〉的解释》(2021年1月26日　法释〔2021〕1号)

第二百八十二条　人民检察院可以提出量刑建议并说明理由;建议判处管制、宣告缓刑的,一般应当附有调查评估报告,或者附有委托调查函。

当事人及其辩护人、诉讼代理人可以对量刑提出意见并说明理由。

★被告人认罪案件的法庭辩论

《最高人民法院关于适用〈中华人民共和国刑事诉讼法〉的解释》(2021年1月26日　法释〔2021〕1号)

第二百八十三条　对被告人认罪的案件,法庭辩论时,应当指引控辩双方主要围绕量刑和其他有争议的问题进行。

对被告人不认罪或者辩护人作无罪辩护的案件,法庭辩论时,可以指引控辩双方先辩论定罪问题,后辩论量刑和其他问题。

★附带民事诉讼部分的法庭辩论

《最高人民法院关于适用〈中华人民共和国刑事诉讼法〉的解释》(2021年1月26日　法释〔2021〕1号)

第二百八十四条　附带民事部分的辩论应当在刑事部分的辩论结束后进行,先由附带民事诉讼原告人及其诉讼代理人发言,后由附带民事诉讼被告人及其诉讼代理人答辩。 **第198条**

★审判长对控辩双方与案件无关、重复或者指责对方的发言应当提醒、制止

《最高人民法院关于适用〈中华人民共和国刑事诉讼法〉的解释》(2021年1月26日　法释〔2021〕1号)

第二百八十五条　法庭辩论过程中,审判长应当充分听取控辩双方的意见,对控辩双方与案件无关、重复或者指责对方的发言应当提醒、制止。

★法庭辩论中可以恢复法庭调查的情形

《最高人民法院关于适用〈中华人民共和国刑事诉讼法〉的解释》(2021年1月26日 法释〔2021〕1号)

第二百八十六条 法庭辩论过程中,合议庭发现与定罪、量刑有关的新的事实,有必要调查的,审判长可以宣布恢复法庭调查,在对新的事实调查后,继续法庭辩论。

★合议庭应当保证被告人充分行使最后陈述的权利

《最高人民法院关于适用〈中华人民共和国刑事诉讼法〉的解释》(2021年1月26日 法释〔2021〕1号)

第二百八十七条 审判长宣布法庭辩论终结后,合议庭应当保证被告人充分行使最后陈述的权利。

被告人在最后陈述中多次重复自己的意见的,法庭可以制止;陈述内容蔑视法庭、公诉人,损害他人及社会公共利益,或者与本案无关的,应当制止。

在公开审理的案件中,被告人最后陈述的内容涉及国家秘密、个人隐私或者商业秘密的,应当制止。

第二百八十八条 被告人在最后陈述中提出新的事实、证据,合议庭认为可能影响正确裁判的,应当恢复法庭调查;被告人提出新的辩解理由,合议庭认为可能影响正确裁判的,应当恢复法庭辩论。

★检察院变更、追加、补充起诉的,法院应当给予被告人及其辩护人必要的准备时间

《最高人民法院关于适用〈中华人民共和国刑事诉讼法〉的解释》(2021年1月26日 法释〔2021〕1号)

第二百八十九条 公诉人当庭发表与起诉书不同的意见,属于变更、追加、补充或者撤回起诉的,人民法院应当要求人民检察院在指定时间内以书面方式提出;必要时,可以宣布休庭。人民检察院在指定时间内未提出的,人民法院应当根据法庭审理情况,就起诉书指控的犯罪事实依法作出判决、裁定。

人民检察院变更、追加、补充起诉的，人民法院应当给予被告人及其辩护人必要的准备时间。

第二百九十条　辩护人应当及时将书面辩护意见提交人民法院。

★法庭审理过程中，应当对查封、扣押、冻结的财物及其孳息进行审查

《最高人民法院关于适用〈中华人民共和国刑事诉讼法〉的解释》(2021年1月26日　法释〔2021〕1号)

第四百四十二条　法庭审理过程中，应当依照本解释第二百七十九条的规定，依法对查封、扣押、冻结的财物及其孳息进行审查。

★被告人将涉案财物与其他合法财产共同用于投资或者置业的，对因此形成的财产中对应的份额及其收益，应当追缴

《最高人民法院关于适用〈中华人民共和国刑事诉讼法〉的解释》(2021年1月26日　法释〔2021〕1号)

第四百四十三条　被告人将依法应当追缴的涉案财物用于投资或者置业的，对因此形成的财产及其收益，应当追缴。

被告人将依法应当追缴的涉案财物与其他合法财产共同用于投资或者置业的，对因此形成的财产中与涉案财物对应的份额及其收益，应当追缴。

★判决追缴违法所得或者责令退赔的，应当写明追缴、退赔的金额或者财物的名称、数量等情况

《最高人民法院关于适用〈中华人民共和国刑事诉讼法〉的解释》(2021年1月26日　法释〔2021〕1号)

第四百四十四条　对查封、扣押、冻结的财物及其孳息，应当在判决书中写明名称、金额、数量、存放地点及其处理方式等。涉案财物较多，不宜在判决主文中详细列明的，可以附清单。

判决追缴违法所得或者责令退赔的，应当写明追缴、退赔的金额或者财物的名称、数量等情况；已经发还的，应当在判决书中写明。

★对判决时尚未追缴到案或者尚未足额退赔的违法所得，应当判决继续追缴或者责令退赔

《最高人民法院关于适用〈中华人民共和国刑事诉讼法〉的解释》（2021年1月26日 法释〔2021〕1号）

第四百四十五条 查封、扣押、冻结的财物及其孳息，经审查，确属违法所得或者依法应当追缴的其他涉案财物的，应当判决返还被害人，或者没收上缴国库，但法律另有规定的除外。

对判决时尚未追缴到案或者尚未足额退赔的违法所得，应当判决继续追缴或者责令退赔。

判决返还被害人的涉案财物，应当通知被害人认领；无人认领的，应当公告通知；公告满一年无人认领的，应当上缴国库；上缴国库后有人认领，经查证属实的，应当申请退库予以返还；原物已经拍卖、变卖的，应当返还价款。

对侵犯国有财产的案件，被害单位已经终止且没有权利义务继受人，或者损失已经被核销的，查封、扣押、冻结的财物及其孳息应当上缴国库。

第199条

第一百九十九条 【对违反法庭秩序的处理】在法庭审判过程中，如果诉讼参与人或者旁听人员违反法庭秩序，审判长应当警告制止。对不听制止的，可以强行带出法庭；情节严重的，处以一千元以下的罚款或者十五日以下的拘留。罚款、拘留必须经院长批准。被处罚人对罚款、拘留的决定不服的，可以向上一级人民法院申请复议。复议期间不停止执行。

对聚众哄闹、冲击法庭或者侮辱、诽谤、威胁、殴打司法工作人员或者诉讼参与人，严重扰乱法庭秩序，构成犯罪的，依法追究刑事责任。

新旧条文序号对照

2018 年刑事诉讼法	2012 年刑事诉讼法	1996 年刑事诉讼法
第一百九十九条	第一百九十四条	第一百六十一条

适用要点与裁判依据

★旁听人员不得对庭审活动进行录音、录像、拍照或者使用即时通讯工具等传播庭审活动

《最高人民法院关于适用〈中华人民共和国刑事诉讼法〉的解释》(2021 年 1 月 26 日　法释〔2021〕1 号)

第三百零六条　庭审期间，全体人员应当服从法庭指挥，遵守法庭纪律，尊重司法礼仪，不得实施下列行为：

(一)鼓掌、喧哗、随意走动；

(二)吸烟、进食；

(三)拨打、接听电话，或者使用即时通讯工具；

(四)对庭审活动进行录音、录像、拍照或者使用即时通讯工具等传播庭审活动；

(五)其他危害法庭安全或者扰乱法庭秩序的行为。

旁听人员不得进入审判活动区，不得随意站立、走动，不得发言和提问。

记者经许可实施第一款第四项规定的行为，应当在指定的时间及区域进行，不得干扰庭审活动。

★旁听人员未经许可对庭审活动进行录音、录像、拍照等传播庭审活动的，可以暂扣相关设备及存储介质，删除相关内容

《最高人民法院关于适用〈中华人民共和国刑事诉讼法〉的解释》(2021 年 1 月 26 日　法释〔2021〕1 号)

第三百零七条　有关人员危害法庭安全或者扰乱法庭秩序的，审判长应当按照下列情形分别处理：

（一）情节较轻的，应当警告制止；根据具体情况，也可以进行训诫；

（二）训诫无效的，责令退出法庭；拒不退出的，指令法警强行带出法庭；

（三）情节严重的，报经院长批准后，可以对行为人处一千元以下的罚款或者十五日以下的拘留。

未经许可对庭审活动进行录音、录像、拍照或者使用即时通讯工具等传播庭审活动的，可以暂扣相关设备及存储介质，删除相关内容。

有关人员对罚款、拘留的决定不服的，可以直接向上一级人民法院申请复议，也可以通过决定罚款、拘留的人民法院向上一级人民法院申请复议。通过决定罚款、拘留的人民法院申请复议的，该人民法院应当自收到复议申请之日起三日以内，将复议申请、罚款或者拘留决定书和有关事实、证据材料一并报上一级人民法院复议。复议期间，不停止决定的执行。

★辩护人严重扰乱法庭秩序被责令退出法庭、强行带出法庭，被告人自行辩护的，庭审继续进行

《最高人民法院关于适用〈中华人民共和国刑事诉讼法〉的解释》(2021 年 1 月 26 日 法释〔2021〕1 号)

第三百零八条 担任辩护人、诉讼代理人的律师严重扰乱法庭秩序，被强行带出法庭或者被处以罚款、拘留的，人民法院应当通报司法行政机关，并可以建议依法给予相应处罚。

第三百一十条 辩护人严重扰乱法庭秩序，被责令退出法庭、强行带出法庭或者被处以罚款、拘留，被告人自行辩护的，庭审继续进行；被告人要求另行委托辩护人，或者被告人属于应当提供法律援助情形的，应当宣布休庭。

辩护人、诉讼代理人被责令退出法庭、强行带出法庭或者被处以罚款后，具结保证书，保证服从法庭指挥、不再扰乱法庭秩序的，经法庭许可，可以继续担任辩护人、诉讼代理人。

辩护人、诉讼代理人具有下列情形之一的，不得继续担任同一案件的辩护人、诉讼代理人：

（一）擅自退庭的；

（二）无正当理由不出庭或者不按时出庭，严重影响审判顺利进行的；

（三）被拘留或者具结保证书后再次被责令退出法庭、强行带出法庭的。

★危害法庭安全或者扰乱法庭秩序，构成犯罪的，依法追究刑事责任

《最高人民法院关于适用〈中华人民共和国刑事诉讼法〉的解释》（2021年1月26日　法释〔2021〕1号）

第三百零九条　实施下列行为之一，危害法庭安全或者扰乱法庭秩序，构成犯罪的，依法追究刑事责任：

（一）非法携带枪支、弹药、管制刀具或者爆炸性、易燃性、毒害性、放射性以及传染病病原体等危险物质进入法庭；

（二）哄闹、冲击法庭；

（三）侮辱、诽谤、威胁、殴打司法工作人员或者诉讼参与人；

（四）毁坏法庭设施，抢夺、损毁诉讼文书、证据；

（五）其他危害法庭安全或者扰乱法庭秩序的行为。

第二百条　【评议与判决】在被告人最后陈述后，审判长宣布休庭，合议庭进行评议，根据已经查明的事实、证据和有关的法律规定，分别作出以下判决：

（一）案件事实清楚，证据确实、充分，依据法律认定被告人有罪的，应当作出有罪判决；

（二）依据法律认定被告人无罪的，应当作出无罪判决；

（三）证据不足，不能认定被告人有罪的，应当作出证据不足、指控的犯罪不能成立的无罪判决。

新旧条文序号对照

2018 年刑事诉讼法	2012 年刑事诉讼法	1996 年刑事诉讼法
第二百条	第一百九十五条	第一百六十二条

适用要点与裁判依据

★被告人追缴、退赔、赔偿的情况,可以作为量刑情节考虑

《最高人民法院关于适用〈中华人民共和国刑事诉讼法〉的解释》(2021 年 1 月 26 日 法释〔2021〕1 号)

第一百七十六条 被告人非法占有、处置被害人财产的,应当依法予以追缴或者责令退赔。被害人提起附带民事诉讼的,人民法院不予受理。追缴、退赔的情况,可以作为量刑情节考虑。

第一百九十四条 审理刑事附带民事诉讼案件,人民法院应当结合被告人赔偿被害人物质损失的情况认定其悔罪表现,并在量刑时予以考虑。

★对于公诉人当庭发表与起诉书不同的意见的处理

《最高人民法院关于适用〈中华人民共和国刑事诉讼法〉的解释》(2021 年 1 月 26 日 法释〔2021〕1 号)

第二百八十九条 公诉人当庭发表与起诉书不同的意见,属于变更、追加、补充或者撤回起诉的,人民法院应当要求人民检察院在指定时间内以书面方式提出;必要时,可以宣布休庭。人民检察院在指定时间内未提出的,人民法院应当根据法庭审理情况,就起诉书指控的犯罪事实依法作出判决、裁定。

人民检察院变更、追加、补充起诉的,人民法院应当给予被告人及其辩护人必要的准备时间。

第二百九十条 辩护人应当及时将书面辩护意见提交人民法院。

★对一审公诉案件审理后应当分别不同情形作出判决、裁定的十种情形

《最高人民法院关于适用〈中华人民共和国刑事诉讼法〉的解释》(2021年1月26日　法释〔2021〕1号)

第二百九十五条　对第一审公诉案件,人民法院审理后,应当按照下列情形分别作出判决、裁定:

(一)起诉指控的事实清楚,证据确实、充分,依据法律认定指控被告人的罪名成立的,应当作出有罪判决;

(二)起诉指控的事实清楚,证据确实、充分,但指控的罪名不当的,应当依据法律和审理认定的事实作出有罪判决;

(三)案件事实清楚,证据确实、充分,依据法律认定被告人无罪的,应当判决宣告被告人无罪;

(四)证据不足,不能认定被告人有罪的,应当以证据不足、指控的犯罪不能成立,判决宣告被告人无罪;

(五)案件部分事实清楚,证据确实、充分的,应当作出有罪或者无罪的判决;对事实不清、证据不足部分,不予认定;

(六)被告人因未达到刑事责任年龄,不予刑事处罚的,应当判决宣告被告人不负刑事责任;

(七)被告人是精神病人,在不能辨认或者不能控制自己行为时造成危害结果,不予刑事处罚的,应当判决宣告被告人不负刑事责任;被告人符合强制医疗条件的,应当依照本解释第二十六章的规定进行审理并作出判决;

(八)犯罪已过追诉时效期限且不是必须追诉,或者经特赦令免除刑罚的,应当裁定终止审理;

(九)属于告诉才处理的案件,应当裁定终止审理,并告知被害人有权提起自诉;

(十)被告人死亡的,应当裁定终止审理;但有证据证明被告人无罪,经缺席审理确认无罪的,应当判决宣告被告人无罪。

对涉案财物,人民法院应当根据审理查明的情况,依照本解释第十八章的规定作出处理。

具有第一款第二项规定情形的，人民法院应当在判决前听取控辩双方的意见，保障被告人、辩护人充分行使辩护权。必要时，可以再次开庭，组织控辩双方围绕被告人的行为构成何罪及如何量刑进行辩论。

★对于开庭后、宣判前检察院要求撤回起诉的处理

《最高人民法院关于适用〈中华人民共和国刑事诉讼法〉的解释》(2021 年 1 月 26 日　法释〔2021〕1 号)

第二百三十二条　人民法院在庭前会议中听取控辩双方对案件事实、证据材料的意见后，对明显事实不清、证据不足的案件，可以建议人民检察院补充材料或者撤回起诉。建议撤回起诉的案件，人民检察院不同意的，开庭审理后，没有新的事实和理由，一般不准许撤回起诉。

第二百九十六条　在开庭后、宣告判决前，人民检察院要求撤回起诉的，人民法院应当审查撤回起诉的理由，作出是否准许的裁定。

★曾因证据不足而宣告无罪的案件判决时，对前案存疑无罪的判决不予撤销

《最高人民法院关于适用〈中华人民共和国刑事诉讼法〉的解释》(2021 年 1 月 26 日　法释〔2021〕1 号)

第二百九十八条　对依照本解释第二百一十九条第一款第五项规定受理的案件，人民法院应当在判决中写明被告人曾被人民检察院提起公诉，因证据不足，指控的犯罪不能成立，被人民法院依法判决宣告无罪的情况；前案依照刑事诉讼法第二百条第三项规定作出的判决不予撤销。

★检察院对单位犯罪案件只起诉自然人的刑事责任

《最高人民法院关于适用〈中华人民共和国刑事诉讼法〉的解释》(2021 年 1 月 26 日　法释〔2021〕1 号)

第三百四十条　对应当认定为单位犯罪的案件，人民检察院只作为自然人犯罪起诉的，人民法院应当建议人民检察院对犯罪单位追加起诉。人民检察院仍以自然人犯罪起诉的，人民法院应当依法审理，按照单位犯罪直接负责的主管人员或者其他直接责任人员追究刑事责任，并援引刑法分则关于追究单位犯罪中直接负责的主管人员和其他直接责任人员刑事责任的条款。

★审判期间发现新的事实，可能影响定罪量刑的，或者需要补查补证的处理

《最高人民法院关于适用〈中华人民共和国刑事诉讼法〉的解释》(2021年1月26日　法释〔2021〕1号)

第二百九十七条　审判期间，人民法院发现新的事实，可能影响定罪量刑的，或者需要补查补证的，应当通知人民检察院，由其决定是否补充、变更、追加起诉或者补充侦查。

人民检察院不同意或者在指定时间内未回复书面意见的，人民法院应当就起诉指控的事实，依照本解释第二百九十五条的规定作出判决、裁定。

★审理有组织犯罪案件应当对与涉案财产的性质、权属有关的事实、证据进行法庭调查、辩论

《中华人民共和国反有组织犯罪法》(2021年12月24日　主席令第101号)

第四十四条　公安机关、人民检察院应当对涉案财产审查甄别。在移送审查起诉、提起公诉时，应当对涉案财产提出处理意见。

在审理有组织犯罪案件过程中，应当对与涉案财产的性质、权属有关的事实、证据进行法庭调查、辩论。人民法院应当依法作出判决，对涉案财产作出处理。

第二百零一条　【认罪认罚案件的判决】对于认罪认罚案件，人民法院依法作出判决时，一般应当采纳人民检察院指控的罪名和量刑建议，但有下列情形的除外：

(一)被告人的行为不构成犯罪或者不应当追究其刑事责任的；

人从轻处罚；符合非监禁刑适用条件的，应当适用非监禁刑；具有法定减轻处罚情节的，可以减轻处罚。

对认罪认罚案件，应当根据被告人认罪认罚的阶段早晚以及认罪认罚的主动性、稳定性、彻底性等，在从宽幅度上体现差异。

共同犯罪案件，部分被告人认罪认罚的，可以依法对该部分被告人从宽处罚，但应当注意全案的量刑平衡。

★被告人在审判阶段才认罪认罚的，法院可以不再通知检察院提出或者调整量刑建议

《最高人民法院关于适用〈中华人民共和国刑事诉讼法〉的解释》（2021年1月26日 法释〔2021〕1号）

第三百五十六条 被告人在人民检察院提起公诉前未认罪认罚，在审判阶段认罪认罚的，人民法院可以不再通知人民检察院提出或者调整量刑建议。

对前款规定的案件，人民法院应当就定罪量刑听取控辩双方意见，根据刑事诉讼法第十五条和本解释第三百五十五条的规定作出判决。

★被告人在二审程序中才认罪认罚的，确定从宽幅度时应当与一审有所区别

《最高人民法院关于适用〈中华人民共和国刑事诉讼法〉的解释》（2021年1月26日 法释〔2021〕1号）

第三百五十七条 对被告人在第一审程序中未认罪认罚，在第二审程序中认罪认罚的案件，应当根据其认罪认罚的具体情况决定是否从宽，并依法作出裁判。确定从宽幅度时应当与第一审程序认罪认罚有所区别。

★案件审理过程中，被告人不再认罪认罚的，应当根据审理查明的事实，依法作出裁判

《最高人民法院关于适用〈中华人民共和国刑事诉讼法〉的解释》（2021年1月26日 法释〔2021〕1号）

第三百五十八条 案件审理过程中，被告人不再认罪认罚的，人民法院应当根据审理查明的事实，依法作出裁判。需要转换程序的，依照本解释的相关规定处理。

★法院审理认罪认罚案件不予采纳检察院量刑建议的五种情形

《最高人民法院、最高人民检察院、公安部、国家安全部、司法部关于适用认罪认罚从宽制度的指导意见》(2019年10月11日　高检发〔2019〕13号)

40.量刑建议的采纳。对于人民检察院提出的量刑建议,人民法院应当依法进行审查。对于事实清楚,证据确实、充分,指控的罪名准确,量刑建议适当的,人民法院应当采纳。具有下列情形之一的,不予采纳:

(一)被告人的行为不构成犯罪或者不应当追究刑事责任的;

(二)被告人违背意愿认罪认罚的;

(三)被告人否认指控的犯罪事实的;

(四)起诉指控的罪名与审理认定的罪名不一致的;

(五)其他可能影响公正审判的情形。

对于人民检察院起诉指控的事实清楚,量刑建议适当,但指控的罪名与审理认定的罪名不一致的,人民法院可以听取人民检察院、被告人及其辩护人对审理认定罪名的意见,依法作出裁判。

人民法院不采纳人民检察院量刑建议的,应当说明理由和依据。

★法院审理认罪认罚案件,认为量刑建议明显不当的处理

《最高人民法院、最高人民检察院、公安部、国家安全部、司法部关于适用认罪认罚从宽制度的指导意见》(2019年10月11日　高检发〔2019〕13号)

41.量刑建议的调整。人民法院经审理,认为量刑建议明显不当,或者被告人、辩护人对量刑建议有异议且有理有据的,人民法院应当告知人民检察院,人民检察院可以调整量刑建议。人民法院认为调整后的量刑建议适当的,应当予以采纳;人民检察院不调整量刑建议或者调整后仍然明显不当的,人民法院应当依法作出判决。

适用速裁程序审理的,人民检察院调整量刑建议应当在庭前或者当庭提出。调整量刑建议后,被告人同意继续适用速裁程序的,不需要转换程序处理。

★法院对被告人在审理过程中反悔不再认罪认罚的处理

《最高人民法院、最高人民检察院、公安部、国家安全部、司法部关于适用认罪认罚从宽制度的指导意见》(2019年10月11日　高检发〔2019〕13号)

53. 审判阶段反悔的处理。案件审理过程中,被告人反悔不再认罪认罚的,人民法院应当根据审理查明的事实,依法作出裁判。需要转换程序的,依照本意见的相关规定处理。

★法院未告知检察院调整量刑建议直接作出判决的,检察院一般应当以违反法定程序为由依法提出抗诉

《人民检察院办理认罪认罚案件开展量刑建议工作的指导意见》(2021年12月3日　高检发办字〔2021〕120号)

第三十七条　人民法院违反刑事诉讼法第二百零一条第二款规定,未告知人民检察院调整量刑建议而直接作出判决的,人民检察院一般应当以违反法定程序为由依法提出抗诉。

★检察院对被告人签署认罪认罚具结书后、庭审中反悔不再认罪认罚的处理

《人民检察院办理认罪认罚案件开展量刑建议工作的指导意见》(2021年12月3日　高检发办字〔2021〕120号)

第201条

第三十四条　被告人签署认罪认罚具结书后,庭审中反悔不再认罪认罚的,人民检察院应当了解反悔的原因,被告人明确不再认罪认罚的,人民检察院应当建议人民法院不再适用认罪认罚从宽制度,撤回从宽量刑建议,并建议法院在量刑时考虑相应情况。依法需要转为普通程序或者简易程序审理的,人民检察院应当向人民法院提出建议。

★检察院对被告人认罪认罚而庭审中辩护人作无罪辩护的处理

《人民检察院办理认罪认罚案件开展量刑建议工作的指导意见》(2021年12月3日　高检发办字〔2021〕120号)

第三十五条　被告人认罪认罚而庭审中辩护人作无罪辩护的,

人民检察院应当核实被告人认罪认罚的真实性、自愿性。被告人仍然认罪认罚的，可以继续适用认罪认罚从宽制度，被告人反悔不再认罪认罚的，按照本意见第三十四条的规定处理。

类案检索指引

★对单位犯罪依法适用认罪认罚从宽制度和速裁程序

《成都某印务有限责任公司、黄某某非法经营案》（2020年10月13日最高人民检察院发布4起认罪认罚案件适用速裁程序典型案例）

【典型意义】

一是对符合条件的单位犯罪依法适用认罪认罚从宽制度和速裁程序。犯罪单位作为独立的刑事诉讼主体，依法享有相应的诉讼权利。认罪认罚从宽可以适用于所有刑事案件，对犯罪单位与自然人一样应当平等适用。在适用过程中，应坚持打击和保护并重、实体公正和程序公正并重，对犯罪情节较轻的民营企业经营者慎用人身强制措施，主动听取被告方意见，充分开展量刑协商，并通过建议适用速裁程序，从快从简从宽处理案件，最大程度减小对企业正常经营的影响。

二是坚持法定证明标准，依法查明案件事实，准确定性求刑，为审判阶段适用速裁程序奠定良好基础。实践中，一些轻罪案件的事实认定、定性求刑也会遇到诸多难题。检察机关是指控和证明犯罪的主体，应当履行好诉前主导责任，密切与侦查机关相互制约与协作配合，在诉前有效解决事实认定、案件定性等争议问题。同时加强诉审衔接，为提起公诉后人民法院适用速裁程序快速审理案件创造条件。本案虽然罪行较轻，但公安机关移送起诉时尚有诸多定案疑点，审查起诉期间侦诉有效配合，解决了相关疑点，提起公诉后建议法院适用速裁程序审理，庭审历时仅十多分钟，有效减轻了庭审负担，节约了诉讼资源。

第二百零二条 【宣告判决】宣告判决，一律公开进行。

当庭宣告判决的，应当在五日以内将判决书送达当事人和提起公诉的人民检察院；定期宣告判决的，应当在宣告后立即将判决书送达当事人和提起公诉的人民检察院。判决书应当同时送达辩护人、诉讼代理人。

新旧条文序号对照

2018 年刑事诉讼法	2012 年刑事诉讼法	1996 年刑事诉讼法
第二百零二条	第一百九十六条	第一百六十三条

适用要点与裁判依据

★定期宣告判决的，应当先期公告宣判的时间和地点

《最高人民法院关于适用〈中华人民共和国刑事诉讼法〉的解释》(2021 年 1 月 26 日 法释〔2021〕1 号)

第三百零二条 当庭宣告判决的，应当在五日以内送达判决书。定期宣告判决的，应当在宣判前，先期公告宣判的时间和地点，传唤当事人并通知公诉人、法定代理人、辩护人和诉讼代理人；判决宣告后，应当立即送达判决书。

★被害人死亡，近亲属申请领取判决书的，法院应当及时提供

《最高人民法院关于适用〈中华人民共和国刑事诉讼法〉的解释》(2021 年 1 月 26 日 法释〔2021〕1 号)

第三百零三条 判决书应当送达人民检察院、当事人、法定代理人、辩护人、诉讼代理人，并可以送达被告人的近亲属。被害人死亡，其近亲属申请领取判决书的，人民法院应当及时提供。

判决生效后，还应当送达被告人的所在单位或者户籍地的公安派出所，或者被告单位的注册登记机关。被告人系外国人，且在境内有居住地的，应当送达居住地的公安派出所。

★涉外刑事案件宣判后，外国籍当事人国籍国驻华使领馆要求提供裁判文书的，可以提供

《最高人民法院关于适用〈中华人民共和国刑事诉讼法〉的解释》(2021 年 1 月 26 日　法释〔2021〕1 号)

第四百八十九条　涉外刑事案件宣判后，外国籍当事人国籍国驻华使领馆要求提供裁判文书的，可以向受理案件的人民法院所在地的高级人民法院提出，人民法院可以提供。

第四百九十条　涉外刑事案件审理过程中的其他事项，依照法律、司法解释和其他有关规定办理。

★适用速裁程序审理的案件，除附带民事诉讼的案件以外，一律当庭宣判

《最高人民法院、最高人民检察院、公安部、国家安全部、司法部关于推进以审判为中心的刑事诉讼制度改革的意见》(2016 年 7 月 20 日　法发〔2016〕18 号)

十四、完善当庭宣判制度，确保裁判结果形成在法庭。适用速裁程序审理的案件，除附带民事诉讼的案件以外，一律当庭宣判；适用简易程序审理的案件一般应当当庭宣判；适用普通程序审理的案件逐步提高当庭宣判率。规范定期宣判制度。

第二百零三条　【判决书】判决书应当由审判人员和书记员署名，并且写明上诉的期限和上诉的法院。

新旧条文序号对照

2018 年刑事诉讼法	2012 年刑事诉讼法	1996 年刑事诉讼法
第二百零三条	第一百九十七条	第一百六十四条

适用要点与裁判依据

★庭审结束后部分合议庭成员不能继续履职的，应当更换合议庭组成人员，重新开庭审理

《最高人民法院关于适用〈中华人民共和国刑事诉讼法〉的解释》(2021年1月26日　法释〔2021〕1号)

第三百零一条　庭审结束后、评议前，部分合议庭成员不能继续履行审判职责的，人民法院应当依法更换合议庭组成人员，重新开庭审理。

评议后、宣判前，部分合议庭成员因调动、退休等正常原因不能参加宣判，在不改变原评议结论的情况下，可以由审判本案的其他审判员宣判，裁判文书上仍署审判本案的合议庭成员的姓名。

★适用普通程序审理的被告人认罪的案件，裁判文书可以适当简化

《最高人民法院关于适用〈中华人民共和国刑事诉讼法〉的解释》(2021年1月26日　法释〔2021〕1号)

第三百条　裁判文书应当写明裁判依据，阐释裁判理由，反映控辩双方的意见并说明采纳或者不予采纳的理由。

适用普通程序审理的被告人认罪的案件，裁判文书可以适当简化。

★法官助理参加庭审的应当在判决书、裁定书等法律文书上署名

《最高人民法院关于适用〈中华人民共和国刑事诉讼法〉的解释》(2021年1月26日　法释〔2021〕1号)

第二百九十九条　合议庭成员、法官助理、书记员应当在评议笔录上签名，在判决书、裁定书等法律文书上署名。

★合议庭审理案件的裁判文书，由合议庭成员签署并共同负责

《最高人民法院关于规范合议庭运行机制的意见》(2022年10月26日　法发〔2022〕31号)

九、合议庭审理案件形成的裁判文书，由合议庭成员签署并共同负责。合议庭其他成员签署前,可以对裁判文书提出修改意见,并反馈承办法官。

第二百零四条 【延期审理】在法庭审判过程中,遇有下列情形之一,影响审判进行的,可以延期审理:

(一)需要通知新的证人到庭,调取新的物证,重新鉴定或者勘验的;

(二)检察人员发现提起公诉的案件需要补充侦查,提出建议的;

(三)由于申请回避而不能进行审判的。

新旧条文序号对照

2018 年刑事诉讼法	2012 年刑事诉讼法	1996 年刑事诉讼法
第二百零四条	第一百九十八条	第一百六十五条

适用要点与裁判依据

★审判期间需要延期审理的情形及条件

《最高人民法院关于适用〈中华人民共和国刑事诉讼法〉的解释》(2021 年 1 月 26 日 法释〔2021〕1 号)

第二百七十三条 法庭审理过程中,控辩双方申请通知新的证人到庭,调取新的证据,申请重新鉴定或者勘验的,应当提供证人的基本信息、证据的存放地点,说明拟证明的事项,申请重新鉴定或者勘验的理由。法庭认为有必要的,应当同意,并宣布休庭;根据案件情况,可以决定延期审理。

人民法院决定重新鉴定的,应当及时委托鉴定,并将鉴定意见告知人民检察院、当事人及其辩护人、诉讼代理人。

第二百七十四条 审判期间,公诉人发现案件需要补充侦查,建议延期审理的,合议庭可以同意,但建议延期审理不得超过两次。

人民检察院将补充收集的证据移送人民法院的,人民法院应当通知辩护人、诉讼代理人查阅、摘抄、复制。

补充侦查期限届满后,人民检察院未将补充的证据材料移送人民法院的,人民法院可以根据在案证据作出判决、裁定。

第二百七十五条 人民法院向人民检察院调取需要调查核实的证据材料,或者根据被告人、辩护人的申请,向人民检察院调取在调查、侦查、审查起诉期间收集的有关被告人无罪或者罪轻的证据材料,应当通知人民检察院在收到调取证据材料决定书后三日以内移交。

★审判期间需要补查补证的情形

《最高人民法院关于适用〈中华人民共和国刑事诉讼法〉的解释》(2021年1月26日 法释〔2021〕1号)

第二百九十七条 审判期间,人民法院发现新的事实,可能影响定罪量刑的,或者需要补查补证的,应当通知人民检察院,由其决定是否补充、变更、追加起诉或者补充侦查。

人民检察院不同意或者在指定时间内未回复书面意见的,人民法院应当就起诉指控的事实,依照本解释第二百九十五条的规定作出判决、裁定。

★审理信息网络犯罪案件中需要延期审理的情形

《最高人民法院、最高人民检察院、公安部关于办理信息网络犯罪案件适用刑事诉讼程序若干问题的意见》(2022年8月26日 法发〔2022〕23号)

10. 犯罪嫌疑人被多个公安机关立案侦查的,有关公安机关一般应当协商并案处理,并依法移送案件。协商不成的,可以报请共同上级公安机关指定管辖。

人民检察院对于审查起诉的案件,发现犯罪嫌疑人还有犯罪被异地公安机关立案侦查的,应当通知移送审查起诉的公安机关。

人民法院对于提起公诉的案件，发现被告人还有其他犯罪被审查起诉、立案侦查的，可以协商人民检察院、公安机关并案处理，但可能造成审判过分迟延的除外。决定对有关犯罪并案处理，符合《中华人民共和国刑事诉讼法》第二百零四条规定的，人民检察院可以建议人民法院延期审理。

★公诉人在庭审中可以建议延期审理的八种情形

《人民检察院刑事诉讼规则》(2019年12月30日　**高检发释字〔2019〕4号**)

第四百二十条　在法庭审判过程中，遇有下列情形之一的，公诉人可以建议法庭延期审理：

(一)发现事实不清、证据不足，或者遗漏罪行、遗漏同案犯罪嫌疑人，需要补充侦查或者补充提供证据的；

(二)被告人揭发他人犯罪行为或者提供重要线索，需要补充侦查进行查证的；

(三)发现遗漏罪行或者遗漏同案犯罪嫌疑人，虽不需要补充侦查和补充提供证据，但需要补充、追加起诉的；

(四)申请人民法院通知证人、鉴定人出庭作证或者有专门知识的人出庭提出意见的；

(五)需要调取新的证据，重新鉴定或者勘验的；

(六)公诉人出示、宣读开庭前移送人民法院的证据以外的证据，或者补充、追加、变更起诉，需要给予被告人、辩护人必要时间进行辩护准备的；

(七)被告人、辩护人向法庭出示公诉人不掌握的与定罪量刑有关的证据，需要调查核实的；

(八)公诉人对证据收集的合法性进行证明，需要调查核实的。

在人民法院开庭审理前发现具有前款情形之一的，人民检察院可以建议人民法院延期审理。

第二百零五条 【补充侦查】依照本法第二百零四条第二项的规定延期审理的案件，人民检察院应当在一个月以内补充侦查完毕。

新旧条文序号对照

2018 年刑事诉讼法	2012 年刑事诉讼法	1996 年刑事诉讼法
第二百零五条	第一百九十九条	第一百六十六条

适用要点与裁判依据

★检察院补充侦查期限届满后未将补充的证据材料移送的，法院可以根据在案证据作出判决、裁定

《最高人民法院关于适用〈中华人民共和国刑事诉讼法〉的解释》(2021 年 1 月 26 日 法释〔2021〕1 号)

第二百七十四条 审判期间，公诉人发现案件需要补充侦查，建议延期审理的，合议庭可以同意，但建议延期审理不得超过两次。

人民检察院将补充收集的证据移送人民法院的，人民法院应当通知辩护人、诉讼代理人查阅、摘抄、复制。

补充侦查期限届满后，人民检察院未将补充的证据材料移送人民法院的，人民法院可以根据在案证据作出判决、裁定。

第二百零六条 【中止审理】在审判过程中，有下列情形之一，致使案件在较长时间内无法继续审理的，可以中止审理：

(一)被告人患有严重疾病，无法出庭的；

(二)被告人脱逃的；

(三)自诉人患有严重疾病，无法出庭，未委托诉讼代理人出庭的；

(四)由于不能抗拒的原因。

中止审理的原因消失后，应当恢复审理。中止审理的期间不计入审理期限。

新旧条文序号对照

2018年刑事诉讼法	2012年刑事诉讼法	1996年刑事诉讼法
第二百零六条	第二百条	

适用要点与裁判依据

★有多名被告人的案件，可以对全案中止审理，也可以对部分被告人中止审理，对其他被告人继续审理

《最高人民法院关于适用〈中华人民共和国刑事诉讼法〉的解释》(2021年1月26日　法释〔2021〕1号)

第三百一十四条　有多名被告人的案件，部分被告人具有刑事诉讼法第二百零六条第一款规定情形的，人民法院可以对全案中止审理；根据案件情况，也可以对该部分被告人中止审理，对其他被告人继续审理。

对中止审理的部分被告人，可以根据案件情况另案处理。

第二百零七条　【法庭笔录】法庭审判的全部活动，应当由书记员写成笔录，经审判长审阅后，由审判长和书记员签名。

法庭笔录中的证人证言部分，应当当庭宣读或者交给证人阅读。证人在承认没有错误后，应当签名或者盖章。

法庭笔录应当交给当事人阅读或者向他宣读。当事人认为记载有遗漏或者差错的，可以请求补充或者改正。当事人承认没有错误后，应当签名或者盖章。

新旧条文序号对照

2018年刑事诉讼法	2012年刑事诉讼法	1996年刑事诉讼法
第二百零七条	第二百零一条	第一百六十七条

适用要点与裁判依据

★法庭笔录中的出庭证人、鉴定人等人员的证言、意见部分，应当在庭审后分别交由有关人员阅读或者向其宣读

《最高人民法院关于适用〈中华人民共和国刑事诉讼法〉的解释》(2021年1月26日　法释〔2021〕1号)

第二百九十三条　法庭笔录应当在庭审后交由当事人、法定代理人、辩护人、诉讼代理人阅读或者向其宣读。

法庭笔录中的出庭证人、鉴定人、有专门知识的人、调查人员、侦查人员或者其他人员的证言、意见部分，应当在庭审后分别交由有关人员阅读或者向其宣读。

前两款所列人员认为记录有遗漏或者差错的，可以请求补充或者改正；确认无误后，应当签名；拒绝签名的，应当记录在案；要求改变庭审中陈述的，不予准许。

★法院开庭审判案件，应当对庭审活动进行全程录音录像

《最高人民法院关于人民法院庭审录音录像的若干规定》(2017年2月22日　法释〔2017〕5号)

第一条　人民法院开庭审判案件，应当对庭审活动进行全程录音录像。

第二条　人民法院应当在法庭内配备固定或者移动的录音录像设备。

有条件的人民法院可以在法庭安装使用智能语音识别同步转换文字系统。

第三条　庭审录音录像应当自宣布开庭时开始，至闭庭时结束。除下列情形外，庭审录音录像不得人为中断：

(一)休庭；

(二)公开庭审中的不公开举证、质证活动；

(三)不宜录制的调解活动。

负责录音录像的人员应当对录音录像的起止时间、有无中断等情况进行记录并附卷。

第四条 人民法院应当采取叠加同步录制时间或者其他措施保证庭审录音录像的真实和完整。

因设备故障或技术原因导致录音录像不真实、不完整的,负责录音录像的人员应当作出书面说明,经审判长或独任审判员审核签字后附卷。

第五条 人民法院应当使用专门设备在线或离线存储、备份庭审录音录像。因设备故障等原因导致不符合技术标准的录音录像,应当一并存储。

庭审录音录像的归档,按照人民法院电子诉讼档案管理规定执行。

第六条 人民法院通过使用智能语音识别系统同步转换生成的庭审文字记录,经审判人员、书记员、诉讼参与人核对签字后,作为法庭笔录管理和使用。

第七条 诉讼参与人对法庭笔录有异议并申请补正的,书记员可以播放庭审录音录像进行核对、补正;不予补正的,应当将申请记录在案。

第八条 适用简易程序审理民事案件的庭审录音录像,经当事人同意的,可以替代法庭笔录。

第九条 人民法院应当将替代法庭笔录的庭审录音录像同步保存在服务器或者刻录成光盘,并由当事人和其他诉讼参与人对其完整性校验值签字或者采取其他方法进行确认。

第十条 人民法院应当通过审判流程信息公开平台、诉讼服务平台以及其他便民诉讼服务平台,为当事人、辩护律师、诉讼代理人等依法查阅庭审录音录像提供便利。

对提供查阅的录音录像,人民法院应当设置必要的安全防范措施。

第十一条 当事人、辩护律师、诉讼代理人等可以依照规定复制录音或者誊录庭审录音录像，必要时人民法院应当配备相应设施。

第十二条　人民法院可以播放依法公开审理案件的庭审录音录像。

第十三条　诉讼参与人、旁听人员违反法庭纪律或者有关法律规定，危害法庭安全、扰乱法庭秩序的，人民法院可以通过庭审录音录像进行调查核实，并将其作为追究法律责任的证据。

第十四条　人民检察院、诉讼参与人认为庭审活动不规范或者违反法律规定的，人民法院应当结合庭审录音录像进行调查核实。

第十五条　未经人民法院许可，任何人不得对庭审活动进行录音录像，不得对庭审录音录像进行拍录、复制、删除和迁移。

行为人实施前款行为的，依照规定追究其相应责任。

第十六条　涉及国家秘密、商业秘密、个人隐私等庭审活动的录制，以及对庭审录音录像的存储、查阅、复制、誊录等，应当符合保密管理等相关规定。

第十七条　庭审录音录像涉及的相关技术保障、技术标准和技术规范，由最高人民法院另行制定。

第十八条　人民法院从事其他审判活动或者进行执行、听证、接访等活动需要进行录音录像的，参照本规定执行。

第十九条　本规定自2017年3月1日起施行。最高人民法院此前发布的司法解释及规范性文件与本规定不一致的，以本规定为准。

★规范庭审录音录像管理，保障相关主体依法查阅

《最高人民法院关于进一步规范庭审秩序保障诉讼权利的通知》（2020年7月30日　法〔2020〕145号）

9. 规范庭审录音录像管理，保障相关主体依法查阅。人民法院应当通过审判流程信息公开平台、诉讼服务平台以及其他便民诉讼服务平台，为当事人、辩护律师、诉讼代理人等依法查阅庭审录音录像提供便利。建立和完善庭审录音录像的管理、使用、储存制度，确保对庭审录音录像的查阅、复制、誊录规范留痕，防止未经许可对庭审录音录像进行录拍、复制、删除和迁移。

★法院对公开进行的庭审活动可以通过电视、互联网或其他公共媒体进行图文、音频、视频直播或录播

《中华人民共和国人民法院法庭规则》（2016年4月13日　法释〔2016〕7号）

第十一条　依法公开进行的庭审活动，具有下列情形之一的，人民法院可以通过电视、互联网或其他公共媒体进行图文、音频、视频直播或录播：

（一）公众关注度较高；

（二）社会影响较大；

（三）法治宣传教育意义较强。

第二百零八条　【审理期限】人民法院审理公诉案件，应当在受理后二个月以内宣判，至迟不得超过三个月。对于可能判处死刑的案件或者附带民事诉讼的案件，以及有本法第一百五十八条规定情形之一的，经上一级人民法院批准，可以延长三个月；因特殊情况还需要延长的，报请最高人民法院批准。

人民法院改变管辖的案件，从改变后的人民法院收到案件之日起计算审理期限。

人民检察院补充侦查的案件，补充侦查完毕移送人民法院后，人民法院重新计算审理期限。

新旧条文序号对照

2018年刑事诉讼法	2012年刑事诉讼法	1996年刑事诉讼法
第二百零八条	第二百零二条	第一百六十八条

适用要点与裁判依据

★指定管辖案件审理期限的确定

《最高人民法院关于适用〈中华人民共和国刑事诉讼法〉的解释》(2021 年 1 月 26 日 法释〔2021〕1 号)

第二百零九条 指定管辖案件的审理期限,自被指定管辖的人民法院收到指定管辖决定书和案卷、证据材料之日起计算。

★可能判处死刑的案件或者附带民事诉讼的案件审理期限的延长

《最高人民法院关于适用〈中华人民共和国刑事诉讼法〉的解释》(2021 年 1 月 26 日 法释〔2021〕1 号)

第二百一十条 对可能判处死刑的案件或者附带民事诉讼的案件,以及有刑事诉讼法第一百五十八条规定情形之一的案件,上一级人民法院可以批准延长审理期限一次,期限为三个月。因特殊情况还需要延长的,应当报请最高人民法院批准。

申请批准延长审理期限的,应当在期限届满十五日以前层报。有权决定的人民法院不同意的,应当在审理期限届满五日以前作出决定。

因特殊情况报请最高人民法院批准延长审理期限,最高人民法院经审查,予以批准的,可以延长审理期限一至三个月。期限届满案件仍然不能审结的,可以再次提出申请。

★对被告人作精神病鉴定的时间不计入审理期限

《最高人民法院关于适用〈中华人民共和国刑事诉讼法〉的解释》(2021 年 1 月 26 日 法释〔2021〕1 号)

第二百一十一条 审判期间,对被告人作精神病鉴定的时间不计入审理期限。

★检察院发现法院的审理期限执行情况具有四种情形之一的应当依法提出纠正意见

《人民检察院刑事诉讼规则》(2019 年 12 月 30 日 高检发释字〔2019〕4 号)

第六百一十七条 人民检察院发现人民法院的审理期限执行情

况具有下列情形之一的，应当依法提出纠正意见：

（一）在一审、二审和死刑复核阶段未按规定办理换押手续的；

（二）违反刑事诉讼法的规定重新计算审理期限、批准延长审理期限、改变管辖、延期审理、中止审理或者发回重审的；

（三）决定重新计算审理期限、批准延长审理期限、改变管辖、延期审理、中止审理、对被告人进行精神病鉴定，没有书面通知人民检察院和看守所的；

（四）其他违法情形。

★香港特别行政区维护国家安全法对审理期限的规定

《中华人民共和国香港特别行政区维护国家安全法》（2020年6月30日　主席令第49号）

第四十二条　香港特别行政区执法、司法机关在适用香港特别行政区现行法律有关羁押、审理期限等方面的规定时，应当确保危害国家安全犯罪案件公正、及时办理，有效防范、制止和惩治危害国家安全犯罪。

对犯罪嫌疑人、被告人，除非法官有充足理由相信其不会继续实施危害国家安全行为的，不得准予保释。

第二百零九条　【法律监督】人民检察院发现人民法院审理案件违反法律规定的诉讼程序，有权向人民法院提出纠正意见。

新旧条文序号对照

2018年刑事诉讼法	2012年刑事诉讼法	1996年刑事诉讼法
第二百零九条	第二百零三条	第一百六十九条

适用要点与裁判依据

★检察院应当对审判活动中是否存在十六种违法行为进行监督

《人民检察院刑事诉讼规则》(2019年12月30日 高检发释字〔2019〕4号)

第五百七十条 人民检察院应当对审判活动中是否存在以下违法行为进行监督:

(一)人民法院对刑事案件的受理违反管辖规定的;

(二)人民法院审理案件违反法定审理和送达期限的;

(三)法庭组成人员不符合法律规定,或者依照规定应当回避而不回避的;

(四)法庭审理案件违反法定程序的;

(五)侵犯当事人、其他诉讼参与人的诉讼权利和其他合法权利的;

(六)法庭审理时对有关程序问题所作的决定违反法律规定的;

(七)违反法律规定裁定发回重审的;

(八)故意毁弃、篡改、隐匿、伪造、偷换证据或者其他诉讼材料,或者依据未经法定程序调查、质证的证据定案的;

(九)依法应当调查收集相关证据而不收集的;

(十)徇私枉法,故意违背事实和法律作枉法裁判的;

(十一)收受、索取当事人及其近亲属或者其委托的律师等人财物或者其他利益的;

(十二)违反法律规定采取强制措施或者采取强制措施法定期限届满,不予释放、解除或者变更的;

(十三)应当退还取保候审保证金不退还的;

(十四)对与案件无关的财物采取查封、扣押、冻结措施,或者应当解除查封、扣押、冻结而不解除的;

(十五)贪污、挪用、私分、调换、违反规定使用查封、扣押、冻结的财物及其孳息的；

（十六）其他违反法律规定的行为。

★检察长可以列席同级法院审判委员会会议，依法履行法律监督职责

《人民检察院刑事诉讼规则》（2019年12月30日　高检发释字〔2019〕4号）

第五百七十一条　人民检察院检察长或者检察长委托的副检察长，可以列席同级人民法院审判委员会会议，依法履行法律监督职责。

★检察院对违反程序的庭审活动提出纠正意见，应当在庭审后提出

《人民检察院刑事诉讼规则》（2019年12月30日　高检发释字〔2019〕4号）

第五百七十二条　人民检察院在审判活动监督中，发现人民法院或者审判人员审理案件违反法律规定的诉讼程序，应当向人民法院提出纠正意见。

人民检察院对违反程序的庭审活动提出纠正意见，应当由人民检察院在庭审后提出。出席法庭的检察人员发现法庭审判违反法律规定的诉讼程序，应当在休庭后及时向检察长报告。

★检察院认为法院审理案件违反法定程序，在庭审后提出书面纠正意见，法院认为正确的，应当采纳

《最高人民法院关于适用〈中华人民共和国刑事诉讼法〉的解释》（2021年1月26日　法释〔2021〕1号）

第三百一十五条　人民检察院认为人民法院审理案件违反法定程序，在庭审后提出书面纠正意见，人民法院认为正确的，应当采纳。

第二节 自诉案件

第二百一十条 【自诉案件的范围】自诉案件包括下列案件：

（一）告诉才处理的案件；

（二）被害人有证据证明的轻微刑事案件；

（三）被害人有证据证明对被告人侵犯自己人身、财产权利的行为应当依法追究刑事责任，而公安机关或者人民检察院不予追究被告人刑事责任的案件。

新旧条文序号对照

2018 年刑事诉讼法	2012 年刑事诉讼法	1996 年刑事诉讼法
第二百一十条	第二百零四条	第一百七十条

适用要点与裁判依据

★法院直接受理自诉案件的范围

《最高人民法院关于适用〈中华人民共和国刑事诉讼法〉的解释》（2021 年 1 月 26 日　法释〔2021〕1 号）

第一条 人民法院直接受理的自诉案件包括：

（一）告诉才处理的案件：

1. 侮辱、诽谤案（刑法第二百四十六条规定的，但严重危害社会秩序和国家利益的除外）；

2. 暴力干涉婚姻自由案（刑法第二百五十七条第一款规定的）；

3. 虐待案（刑法第二百六十条第一款规定的，但被害人没有能力告诉或者因受到强制、威吓无法告诉的除外）；

4. 侵占案（刑法第二百七十条规定的）。

（二）人民检察院没有提起公诉，被害人有证据证明的轻微刑事案件：

1. 故意伤害案（刑法第二百三十四条第一款规定的）；

2. 非法侵入住宅案（刑法第二百四十五条规定的）；

3. 侵犯通信自由案（刑法第二百五十二条规定的）；

4. 重婚案（刑法第二百五十八条规定的）；

5. 遗弃案（刑法第二百六十一条规定的）；

6. 生产、销售伪劣商品案（刑法分则第三章第一节规定的，但严重危害社会秩序和国家利益的除外）；

7. 侵犯知识产权案（刑法分则第三章第七节规定的，但严重危害社会秩序和国家利益的除外）；

8. 刑法分则第四章、第五章规定的，可能判处三年有期徒刑以下刑罚的案件。

本项规定的案件，被害人直接向人民法院起诉的，人民法院应当依法受理。对其中证据不足，可以由公安机关受理的，或者认为对被告人可能判处三年有期徒刑以上刑罚的，应当告知被害人向公安机关报案，或者移送公安机关立案侦查。

（三）被害人有证据证明对被告人侵犯自己人身、财产权利的行为应当依法追究刑事责任，且有证据证明曾经提出控告，而公安机关或者人民检察院不予追究被告人刑事责任的案件。

★法院受理自诉案件的条件

《最高人民法院关于适用〈中华人民共和国刑事诉讼法〉的解释》（2021年1月26日　法释〔2021〕1号）

第三百一十六条　人民法院受理自诉案件必须符合下列条件：

（一）符合刑事诉讼法第二百一十条、本解释第一条的规定；

（二）属于本院管辖；

（三）被害人告诉；

（四）有明确的被告人、具体的诉讼请求和证明被告人犯罪事实的证据。

★不能亲自告诉，法定代理人、近亲属告诉或者代为告诉的，法院应当依法受理

《最高人民法院关于适用〈中华人民共和国刑事诉讼法〉的解释》(2021年1月26日　法释〔2021〕1号)

第三百一十七条　本解释第一条规定的案件，如果被害人死亡、丧失行为能力或者因受强制、威吓等无法告诉，或者是限制行为能力人以及因年老、患病、盲、聋、哑等不能亲自告诉，其法定代理人、近亲属告诉或者代为告诉的，人民法院应当依法受理。

被害人的法定代理人、近亲属告诉或者代为告诉的，应当提供与被害人关系的证明和被害人不能亲自告诉的原因的证明。

★自诉状的内容和要求

《最高人民法院关于适用〈中华人民共和国刑事诉讼法〉的解释》(2021年1月26日　法释〔2021〕1号)

第三百一十八条　提起自诉应当提交刑事自诉状；同时提起附带民事诉讼的，应当提交刑事附带民事自诉状。

第三百一十九条　自诉状一般应当包括以下内容：

(一)自诉人(代为告诉人)、被告人的姓名、性别、年龄、民族、出生地、文化程度、职业、工作单位、住址、联系方式；

(二)被告人实施犯罪的时间、地点、手段、情节和危害后果等；

(三)具体的诉讼请求；

第210条

(四)致送的人民法院和具状时间；

(五)证据的名称、来源等；

(六)证人的姓名、住址、联系方式等。

对两名以上被告人提出告诉的，应当按照被告人的人数提供自诉状副本。

★自诉人只对部分侵害人提起自诉、共同被害人中只有部分人告诉的处理

《最高人民法院关于适用〈中华人民共和国刑事诉讼法〉的解释》(2021年1月26日　法释〔2021〕1号)

第三百二十三条　自诉人明知有其他共同侵害人，但只对部分侵害人提起自诉的,人民法院应当受理,并告知其放弃告诉的法律后果;自诉人放弃告诉,判决宣告后又对其他共同侵害人就同一事实提起自诉的,人民法院不予受理。

共同被害人中只有部分人告诉的,人民法院应当通知其他被害人参加诉讼,并告知其不参加诉讼的法律后果。被通知人接到通知后表示不参加诉讼或者不出庭的,视为放弃告诉。第一审宣判后,被通知人就同一事实又提起自诉的,人民法院不予受理。但是,当事人另行提起民事诉讼的,不受本解释限制。

★书写自诉申请有困难的,可以口头提出

《最高人民法院关于适用〈中华人民共和国刑事诉讼法〉的解释》(2021年1月26日 法释〔2021〕1号)

第六百五十一条 向人民法院提出自诉、上诉、申诉、申请等的,应当以书面形式提出。书写有困难的,除另有规定的以外,可以口头提出,由人民法院工作人员制作笔录或者记录在案,并向口述人宣读或者交其阅读。

第二百一十一条 【自诉案件的审查】人民法院对于自诉案件进行审查后,按照下列情形分别处理:

(一)犯罪事实清楚,有足够证据的案件,应当开庭审判;

(二)缺乏罪证的自诉案件,如果自诉人提不出补充证据,应当说服自诉人撤回自诉,或者裁定驳回。

自诉人经两次依法传唤,无正当理由拒不到庭的,或者未经法庭许可中途退庭的,按撤诉处理。

法庭审理过程中,审判人员对证据有疑问,需要调查核实的,适用本法第一百九十六条的规定。

新旧条文序号对照

2018年刑事诉讼法	2012年刑事诉讼法	1996年刑事诉讼法
第二百一十一条	第二百零五条	第一百七十一条

适用要点与裁判依据

★法院应当说服自诉人撤回起诉的九种情形

《最高人民法院关于适用〈中华人民共和国刑事诉讼法〉的解释》(2021年1月26日 法释〔2021〕1号)

第三百二十条 对自诉案件,人民法院应当在十五日以内审查完毕。经审查,符合受理条件的,应当决定立案,并书面通知自诉人或者代为告诉人。

具有下列情形之一的,应当说服自诉人撤回起诉;自诉人不撤回起诉的,裁定不予受理:

(一)不属于本解释第一条规定的案件的;

(二)缺乏罪证的;

(三)犯罪已过追诉时效期限的;

(四)被告人死亡的;

(五)被告人下落不明的;

(六)除因证据不足而撤诉的以外,自诉人撤诉后,就同一事实又告诉的;

(七)经人民法院调解结案后,自诉人反悔,就同一事实再行告诉的;

(八)属于本解释第一条第二项规定的案件,公安机关正在立案侦查或者人民检察院正在审查起诉的;

(九)不服人民检察院对未成年犯罪嫌疑人作出的附条件不起诉决定或者附条件不起诉考验期满后作出的不起诉决定,向人民法院起诉的。

★法院对立案后经审查缺乏罪证的自诉案件，应当说服撤回起诉或者裁定驳回起诉

《最高人民法院关于适用〈中华人民共和国刑事诉讼法〉的解释》(2021 年 1 月 26 日　法释〔2021〕1 号)

第三百二十一条　对已经立案，经审查缺乏罪证的自诉案件，自诉人提不出补充证据的，人民法院应当说服其撤回起诉或者裁定驳回起诉；自诉人撤回起诉或者被驳回起诉后，又提出了新的足以证明被告人有罪的证据，再次提起自诉的，人民法院应当受理。

★对不予受理裁定、驳回起诉裁定的处理

《最高人民法院关于适用〈中华人民共和国刑事诉讼法〉的解释》(2021 年 1 月 26 日　法释〔2021〕1 号)

第三百二十二条　自诉人对不予受理或者驳回起诉的裁定不服的，可以提起上诉。

第二审人民法院查明第一审人民法院作出的不予受理裁定有错误的，应当在撤销原裁定的同时，指令第一审人民法院立案受理；查明第一审人民法院驳回起诉裁定有错误的，应当在撤销原裁定的同时，指令第一审人民法院进行审理。

★裁定准许自诉人撤诉后，对已被采取强制措施的被告人应当立即解除

《最高人民法院关于适用〈中华人民共和国刑事诉讼法〉的解释》(2021 年 1 月 26 日　法释〔2021〕1 号)

第三百三十条　裁定准许撤诉的自诉案件，被告人被采取强制措施的，人民法院应当立即解除。

★对自诉案件裁定按撤诉处理的情形及效力

《最高人民法院关于适用〈中华人民共和国刑事诉讼法〉的解释》(2021 年 1 月 26 日　法释〔2021〕1 号)

第三百三十一条　自诉人经两次传唤，无正当理由拒不到庭，或者未经法庭准许中途退庭的，人民法院应当裁定按撤诉处理。

部分自诉人撤诉或者被裁定按撤诉处理的，不影响案件的继续审理。

★对自诉案件被告人审判期间下落不明的处理

《最高人民法院关于适用〈中华人民共和国刑事诉讼法〉的解释》(2021年1月26日 法释〔2021〕1号)

第三百三十二条 被告人在自诉案件审判期间下落不明的,人民法院可以裁定中止审理;符合条件的,可以对被告人依法决定逮捕。

★对自诉案件宣告无罪后附带民事诉讼的处理

《最高人民法院关于适用〈中华人民共和国刑事诉讼法〉的解释》(2021年1月26日 法释〔2021〕1号)

第三百三十三条 对自诉案件,应当参照刑事诉讼法第二百条和本解释第二百九十五条的有关规定作出判决。对依法宣告无罪的案件,有附带民事诉讼的,其附带民事部分可以依法进行调解或者一并作出判决,也可以告知附带民事诉讼原告人另行提起民事诉讼。

★法院依法调取公安机关已经收集的案件材料和有关证据的,公安机关应当及时移交

《公安机关办理刑事案件程序规定》(2020年7月20日修正 公安部令第159号)

第211条

第一百七十六条 经过审查,对告诉才处理的案件,公安机关应当告知当事人向人民法院起诉。

对被害人有证据证明的轻微刑事案件,公安机关应当告知被害人可以向人民法院起诉;被害人要求公安机关处理的,公安机关应当依法受理。

人民法院审理自诉案件,依法调取公安机关已经收集的案件材料和有关证据的,公安机关应当及时移交。

第二百一十二条　【自诉案件的处理】人民法院对自诉案件，可以进行调解；自诉人在宣告判决前，可以同被告人自行和解或者撤回自诉。本法第二百一十条第三项规定的案件不适用调解。

人民法院审理自诉案件的期限，被告人被羁押的，适用本法第二百零八条第一款、第二款的规定；未被羁押的，应当在受理后六个月以内宣判。

新旧条文序号对照

2018 年刑事诉讼法	2012 年刑事诉讼法	1996 年刑事诉讼法
第二百一十二条	第二百零六条	第一百七十二条

适用要点与裁判依据

★自诉案件适用调解的条件与程序

《最高人民法院关于适用〈中华人民共和国刑事诉讼法〉的解释》(2021 年 1 月 26 日　法释〔2021〕1 号)

第三百二十八条　人民法院审理自诉案件，可以在查明事实、分清是非的基础上，根据自愿、合法的原则进行调解。调解达成协议的，应当制作刑事调解书，由审判人员、法官助理、书记员署名，并加盖人民法院印章。调解书经双方当事人签收后，即具有法律效力。调解没有达成协议，或者调解书签收前当事人反悔的，应当及时作出判决。

刑事诉讼法第二百一十条第三项规定的案件不适用调解。

★自诉案件适用和解与撤回自诉

《最高人民法院关于适用〈中华人民共和国刑事诉讼法〉的解释》(2021 年 1 月 26 日　法释〔2021〕1 号)

第三百二十九条　判决宣告前，自诉案件的当事人可以自行和解，自诉人可以撤回自诉。

人民法院经审查，认为和解、撤回自诉确属自愿的，应当裁定准许；认为系被强迫、威吓等，并非自愿的，不予准许。

第二百一十三条 【自诉案件的反诉】自诉案件的被告人在诉讼过程中，可以对自诉人提起反诉。反诉适用自诉的规定。

新旧条文序号对照

2018 年刑事诉讼法	2012 年刑事诉讼法	1996 年刑事诉讼法
第二百一十三条	第二百零七条	第一百七十三条

适用要点与裁判依据

★被告人对自诉人提起反诉必须符合的条件

《最高人民法院关于适用〈中华人民共和国刑事诉讼法〉的解释》(2021 年 1 月 26 日 法释〔2021〕1 号)

第三百三十四条 告诉才处理和被害人有证据证明的轻微刑事案件的被告人或者其法定代理人在诉讼过程中，可以对自诉人提起反诉。反诉必须符合下列条件：

(一)反诉的对象必须是本案自诉人；

(二)反诉的内容必须是与本案有关的行为；

(三)反诉的案件必须符合本解释第一条第一项、第二项的规定。

反诉案件适用自诉案件的规定，应当与自诉案件一并审理。自诉人撤诉的，不影响反诉案件的继续审理。

第三节 简易程序

第二百一十四条 【简易程序的适用条件】基层人民法院管辖的案件，符合下列条件的，可以适用简易程序审判：

（一）案件事实清楚、证据充分的；

（二）被告人承认自己所犯罪行，对指控的犯罪事实没有异议的；

（三）被告人对适用简易程序没有异议的。

人民检察院在提起公诉的时候，可以建议人民法院适用简易程序。

新旧条文序号对照

2018 年刑事诉讼法	2012 年刑事诉讼法	1996 年刑事诉讼法
第二百一十四条	第二百零八条	第一百七十四条

适用要点与裁判依据

★被告人有辩护人的，应当通知其出庭

《最高人民法院关于适用〈中华人民共和国刑事诉讼法〉的解释》（2021 年 1 月 26 日 法释〔2021〕1 号）

第三百六十三条 适用简易程序审理案件，被告人有辩护人的，应当通知其出庭。

★检察院可以建议法院适用简易程序审理的三类案件

《人民检察院刑事诉讼规则》（2019 年 12 月 30 日 高检发释字〔2019〕4 号）

第四百三十条 人民检察院对于基层人民法院管辖的案件，符合下列条件的，可以建议人民法院适用简易程序审理：

（一）案件事实清楚、证据充分的；

（二）被告人承认自己所犯罪行，对指控的犯罪事实没有异议的；

（三）被告人对适用简易程序没有异议的。

第二百一十五条 【不适用简易程序的情形】有下列情形之一的，不适用简易程序：

（一）被告人是盲、聋、哑人，或者是尚未完全丧失辨认或者控制自己行为能力的精神病人的；

（二）有重大社会影响的；

（三）共同犯罪案件中部分被告人不认罪或者对适用简易程序有异议的；

（四）其他不宜适用简易程序审理的。

新旧条文序号对照

2018 年刑事诉讼法	2012 年刑事诉讼法	1996 年刑事诉讼法
第二百一十五条	第二百零九条	

适用要点与裁判依据

★检察院不得建议法院适用简易程序审理的六类案件

《人民检察院刑事诉讼规则》（2019 年 12 月 30 日 高检发释字〔2019〕4 号）

第四百三十一条 具有下列情形之一的，人民检察院不得建议人民法院适用简易程序：

（一）被告人是盲、聋、哑人，或者是尚未完全丧失辨认或者控制自己行为能力的精神病人的；

（二）有重大社会影响的；

（三）共同犯罪案件中部分被告人不认罪或者对适用简易程序有异议的；

（四）比较复杂的共同犯罪案件；

（五）辩护人作无罪辩护或者对主要犯罪事实有异议的；

（六）其他不宜适用简易程序的。

人民法院决定适用简易程序审理的案件，人民检察院认为具有刑事诉讼法第二百一十五条规定情形之一的，应当向人民法院提出纠正意见；具有其他不宜适用简易程序情形的，人民检察院可以建议人民法院不适用简易程序。

★辩护人作无罪辩护的案件不适用简易程序

《最高人民法院关于适用〈中华人民共和国刑事诉讼法〉的解释》（2021年1月26日　法释〔2021〕1号）

第三百六十条　具有下列情形之一的，不适用简易程序：

（一）被告人是盲、聋、哑人的；

（二）被告人是尚未完全丧失辨认或者控制自己行为能力的精神病人的；

（三）案件有重大社会影响的；

（四）共同犯罪案件中部分被告人不认罪或者对适用简易程序有异议的；

（五）辩护人作无罪辩护的；

（六）被告人认罪但经审查认为可能不构成犯罪的；

（七）不宜适用简易程序审理的其他情形。

第二百一十六条　【简易程序的审理】适用简易程序审理案件，对可能判处三年有期徒刑以下刑罚的，可以组成合议庭进行审判，也可以由审判员一人独任审判；对可能判处的有期徒刑超过三年的，应当组成合议庭进行审判。

适用简易程序审理公诉案件，人民检察院应当派员出庭。

新旧条文序号对照

2018 年刑事诉讼法	2012 年刑事诉讼法	1996 年刑事诉讼法
第二百一十六条	第二百一十条	第一百七十五条

适用要点与裁判依据

★公诉人可以简化宣读起诉书的情形

《人民检察院刑事诉讼规则》(2019 年 12 月 30 日 高检发释字〔2019〕4 号)

第四百三十四条 公诉人出席简易程序法庭时,应当主要围绕量刑以及其他有争议的问题进行法庭调查和法庭辩论。在确认被告人庭前收到起诉书并对起诉书指控的犯罪事实没有异议后,可以简化宣读起诉书,根据案件情况决定是否讯问被告人,询问证人、鉴定人和出示证据。

根据案件情况,公诉人可以建议法庭简化法庭调查和法庭辩论程序。

第217条

第二百一十七条 【简易程序的法庭调查】适用简易程序审理案件,审判人员应当询问被告人对指控的犯罪事实的意见,告知被告人适用简易程序审理的法律规定,确认被告人是否同意适用简易程序审理。

新旧条文序号对照

2018 年刑事诉讼法	2012 年刑事诉讼法	1996 年刑事诉讼法
第二百一十七条	第二百一十一条	

适用要点与裁判依据

★法院应当告知被告人适用简易程序的法律规定

《最高人民法院关于适用〈中华人民共和国刑事诉讼法〉的解释》(2021年1月26日　法释〔2021〕1号)

第三百五十九条　基层人民法院受理公诉案件后，经审查认为案件事实清楚、证据充分的，在将起诉书副本送达被告人时，应当询问被告人对指控的犯罪事实的意见，告知其适用简易程序的法律规定。被告人对指控的犯罪事实没有异议并同意适用简易程序的，可以决定适用简易程序，并在开庭前通知人民检察院和辩护人。

对人民检察院建议或者被告人及其辩护人申请适用简易程序审理的案件，依照前款规定处理；不符合简易程序适用条件的，应当通知人民检察院或者被告人及其辩护人。

★法院应当确认被告人是否同意适用简易程序

《最高人民法院关于适用〈中华人民共和国刑事诉讼法〉的解释》(2021年1月26日　法释〔2021〕1号)

第三百六十四条　适用简易程序审理案件，审判长或者独任审判员应当当庭询问被告人对指控的犯罪事实的意见，告知被告人适用简易程序审理的法律规定，确认被告人是否同意适用简易程序。

第二百一十八条　【简易程序的互相辩论】适用简易程序审理案件，经审判人员许可，被告人及其辩护人可以同公诉人、自诉人及其诉讼代理人互相辩论。

新旧条文序号对照

2018年刑事诉讼法	2012年刑事诉讼法	1996年刑事诉讼法
第二百一十八条	第二百一十二条	第一百七十六条

适用要点与裁判依据

★控辩双方对与定罪量刑有关的事实、证据没有异议的，法庭审理可以直接围绕罪名确定和量刑问题进行

《最高人民法院关于适用〈中华人民共和国刑事诉讼法〉的解释》(2021年1月26日 法释〔2021〕1号)

第三百六十五条 适用简易程序审理案件，可以对庭审作如下简化：

（一）公诉人可以摘要宣读起诉书；

（二）公诉人、辩护人、审判人员对被告人的讯问、发问可以简化或者省略；

（三）对控辩双方无异议的证据，可以仅就证据的名称及所证明的事项作出说明；对控辩双方有异议或者法庭认为有必要调查核实的证据，应当出示，并进行质证；

（四）控辩双方对与定罪量刑有关的事实、证据没有异议的，法庭审理可以直接围绕罪名确定和量刑问题进行。

第219条

第二百一十九条 【程序简化与最后陈述】适用简易程序审理案件，不受本章第一节关于送达期限、讯问被告人、询问证人、鉴定人、出示证据、法庭辩论程序规定的限制。但在判决宣告前应当听取被告人的最后陈述意见。

新旧条文序号对照

2018年刑事诉讼法	2012年刑事诉讼法	1996年刑事诉讼法
第二百一十九条	第二百一十三条	第一百七十七条

适用要点与裁判依据

★适用简易程序审理案件的可以简化庭审程序和裁判文书

《最高人民法院关于适用〈中华人民共和国刑事诉讼法〉的解释》(2021年1月26日　法释〔2021〕1号)

第三百六十二条　适用简易程序审理案件,人民法院应当在开庭前将开庭的时间、地点通知人民检察院、自诉人、被告人、辩护人,也可以通知其他诉讼参与人。

第三百六十五条　适用简易程序审理案件,可以对庭审作如下简化:

(一)公诉人可以摘要宣读起诉书;

(二)公诉人、辩护人、审判人员对被告人的讯问、发问可以简化或者省略;

(三)对控辩双方无异议的证据,可以仅就证据的名称及所证明的事项作出说明;对控辩双方有异议或者法庭认为有必要调查核实的证据,应当出示,并进行质证;

(四)控辩双方对与定罪量刑有关的事实、证据没有异议的,法庭审理可以直接围绕罪名确定和量刑问题进行。

适用简易程序审理案件,判决宣告前应当听取被告人的最后陈述。

第三百六十七条　适用简易程序审理案件,裁判文书可以简化。

适用简易程序审理案件,一般应当当庭宣判。

第二百二十条　【简易程序的审理期限】适用简易程序审理案件,人民法院应当在受理后二十日以内审结;对可能判处的有期徒刑超过三年的,可以延长至一个半月。

新旧条文序号对照

2018 年刑事诉讼法	2012 年刑事诉讼法	1996 年刑事诉讼法
第二百二十条	第二百一十四条	第一百七十八条

适用要点与裁判依据

★转为普通程序审理的案件，审理期限应当从作出决定之日起计算

《最高人民法院关于适用〈中华人民共和国刑事诉讼法〉的解释》（2021 年 1 月 26 日 法释〔2021〕1 号）

第三百六十八条 适用简易程序审理案件，在法庭审理过程中，具有下列情形之一的，应当转为普通程序审理：

（一）被告人的行为可能不构成犯罪的；

（二）被告人可能不负刑事责任的；

（三）被告人当庭对起诉指控的犯罪事实予以否认的；

（四）案件事实不清、证据不足的；

（五）不应当或者不宜适用简易程序的其他情形。

决定转为普通程序审理的案件，审理期限应当从作出决定之日起计算。

第221条

第二百二十一条 【简易程序的转化】人民法院在审理过程中，发现不宜适用简易程序的，应当按照本章第一节或者第二节的规定重新审理。

新旧条文序号对照

2018 年刑事诉讼法	2012 年刑事诉讼法	1996 年刑事诉讼法
第二百二十一条	第二百一十五条	第一百七十九条

适用要点与裁判依据

★适用简易程序独任审判应当转由合议庭审理的情形

《最高人民法院关于适用〈中华人民共和国刑事诉讼法〉的解释》(2021年1月26日　法释〔2021〕1号)

第三百六十六条　适用简易程序独任审判过程中,发现对被告人可能判处的有期徒刑超过三年的,应当转由合议庭审理。

★适用简易程序应当转为普通程序审理的情形

《最高人民法院关于适用〈中华人民共和国刑事诉讼法〉的解释》(2021年1月26日　法释〔2021〕1号)

第三百六十八条　适用简易程序审理案件,在法庭审理过程中,具有下列情形之一的,应当转为普通程序审理:

(一)被告人的行为可能不构成犯罪的;

(二)被告人可能不负刑事责任的;

(三)被告人当庭对起诉指控的犯罪事实予以否认的;

(四)案件事实不清、证据不足的;

(五)不应当或者不宜适用简易程序的其他情形。

决定转为普通程序审理的案件,审理期限应当从作出决定之日起计算。

★公诉人发现不宜适用简易程序审理的,应当建议法庭按普通程序重新审理

《人民检察院刑事诉讼规则》(2019年12月30日　高检发释字〔2019〕4号)

第四百三十五条　适用简易程序审理的公诉案件,公诉人发现不宜适用简易程序审理的,应当建议法庭按照第一审普通程序重新审理。

★公诉人对转为普通程序审理的案件可以建议法院延期审理

《最高人民法院关于适用〈中华人民共和国刑事诉讼法〉的解释》(2021年1月26日　法释〔2021〕1号)

第四百三十六条　转为普通程序审理的案件,公诉人需要为出

★适用速裁程序审理案件，一般不进行法庭调查、法庭辩论，裁判文书可以简化

《最高人民法院关于适用〈中华人民共和国刑事诉讼法〉的解释》（2021年1月26日 **法释**〔2021〕1号）

第三百七十三条 适用速裁程序审理案件，一般不进行法庭调查、法庭辩论，但在判决宣告前应当听取辩护人的意见和被告人的最后陈述。

第三百七十四条 适用速裁程序审理案件，裁判文书可以简化。

适用速裁程序审理案件，应当当庭宣判。

★适用速裁程序审理案件应当转为普通程序或者简易程序审理的五种情形

《最高人民法院关于适用〈中华人民共和国刑事诉讼法〉的解释》（2021年1月26日 **法释**〔2021〕1号）

第三百七十五条 适用速裁程序审理案件，在法庭审理过程中，具有下列情形之一的，应当转为普通程序或者简易程序审理：

（一）被告人的行为可能不构成犯罪或者不应当追究刑事责任的；

（二）被告人违背意愿认罪认罚的；

（三）被告人否认指控的犯罪事实的；

（四）案件疑难、复杂或者对适用法律有重大争议的；

（五）其他不宜适用速裁程序的情形。

第三百七十六条 决定转为普通程序或者简易程序审理的案件，审理期限应当从作出决定之日起计算。

第三百七十七条 适用速裁程序审理的案件，第二审人民法院依照刑事诉讼法第二百三十六条第一款第三项的规定发回原审人民法院重新审判的，原审人民法院应当适用第一审普通程序重新审判。

★审理速裁程序案件可以适用在线诉讼

《人民法院在线诉讼规则》（2021年6月16日 **法释**〔2021〕12号）

第三条 人民法院综合考虑案件情况、当事人意愿和技术条件

等因素,可以对以下案件适用在线诉讼:

(一)民事、行政诉讼案件;

(二)刑事速裁程序案件,减刑、假释案件,以及因其他特殊原因不宜线下审理的刑事案件;

(三)民事特别程序、督促程序、破产程序和非诉执行审查案件;

(四)民事、行政执行案件和刑事附带民事诉讼执行案件;

(五)其他适宜采取在线方式审理的案件。

第四条　人民法院开展在线诉讼,应当征得当事人同意,并告知适用在线诉讼的具体环节、主要形式、权利义务、法律后果和操作方法等。

人民法院应当根据当事人对在线诉讼的相应意思表示,作出以下处理:

(一)当事人主动选择适用在线诉讼的,人民法院可以不再另行征得其同意,相应诉讼环节可以直接在线进行;

(二)各方当事人均同意适用在线诉讼的,相应诉讼环节可以在线进行;

(三)部分当事人同意适用在线诉讼,部分当事人不同意的,相应诉讼环节可以采取同意方当事人线上、不同意方当事人线下的方式进行;

(四)当事人仅主动选择或者同意对部分诉讼环节适用在线诉讼的,人民法院不得推定其对其他诉讼环节均同意适用在线诉讼。

对人民检察院参与的案件适用在线诉讼的,应当征得人民检察院同意。

★采取在线方式审理的案件,被告人、罪犯被羁押的,可以在看守所、监狱等羁押场所在线出庭

《人民法院在线诉讼规则》(2021 年 6 月 16 日　法释〔2021〕12 号)

第三十七条　符合本规定第三条第二项规定的刑事案件,经公诉人、当事人、辩护人同意,可以根据案件情况,采取在线方式讯问被告人、开庭审理、宣判等。

案件采取在线方式审理的,按照以下情形分别处理:

(一)被告人、罪犯被羁押的,可以在看守所、监狱等羁押场所在线出庭;

(二)被告人、罪犯未被羁押的,因特殊原因确实无法到庭的,可以在人民法院指定的场所在线出庭;

(三)证人、鉴定人一般应当在线下出庭,但法律和司法解释另有规定的除外。

第二百二十五条 【速裁程序的期限】适用速裁程序审理案件,人民法院应当在受理后十日以内审结;对可能判处的有期徒刑超过一年的,可以延长至十五日。

新旧条文序号对照

2018年刑事诉讼法	2012年刑事诉讼法	1996年刑事诉讼法
第二百二十五条		

适用要点与裁判依据

★转为普通程序或者简易程序审理以及二审法院发回原审法院重新审判案件的审理期限

《最高人民法院关于适用〈中华人民共和国刑事诉讼法〉的解释》(2021年1月26日 法释〔2021〕1号)

第三百七十六条 决定转为普通程序或者简易程序审理的案件,审理期限应当从作出决定之日起计算。

第三百七十七条 适用速裁程序审理的案件,第二审人民法院依照刑事诉讼法第二百三十六条第一款第三项的规定发回原审人民法院重新审判的,原审人民法院应当适用第一审普通程序重新审判。

第二百二十六条　【速裁程序的转化】人民法院在审理过程中，发现有被告人的行为不构成犯罪或者不应当追究其刑事责任、被告人违背意愿认罪认罚、被告人否认指控的犯罪事实或者其他不宜适用速裁程序审理的情形的，应当按照本章第一节或者第三节的规定重新审理。

新旧条文序号对照

2018年刑事诉讼法	2012年刑事诉讼法	1996年刑事诉讼法
第二百二十六条		

适用要点与裁判依据

★适用速裁程序审理过程中需要“程序转换”的情形

《最高人民法院关于适用〈中华人民共和国刑事诉讼法〉的解释》(2021年1月26日　法释〔2021〕1号)

第三百七十五条　适用速裁程序审理案件，在法庭审理过程中，具有下列情形之一的，应当转为普通程序或者简易程序审理：

(一)被告人的行为可能不构成犯罪或者不应当追究刑事责任的；

(二)被告人违背意愿认罪认罚的；

(三)被告人否认指控的犯罪事实的；

(四)案件疑难、复杂或者对适用法律有重大争议的；

(五)其他不宜适用速裁程序的情形。

第三章 第二审程序

第二百二十七条 【上诉权】被告人、自诉人和他们的法定代理人，不服地方各级人民法院第一审的判决、裁定，有权用书状或者口头向上一级人民法院上诉。被告人的辩护人和近亲属，经被告人同意，可以提出上诉。

附带民事诉讼的当事人和他们的法定代理人，可以对地方各级人民法院第一审的判决、裁定中的附带民事诉讼部分，提出上诉。

对被告人的上诉权，不得以任何借口加以剥夺。

新旧条文序号对照

2018 年刑事诉讼法	2012 年刑事诉讼法	1996 年刑事诉讼法
第二百二十七条	第二百一十六条	第一百八十条

适用要点与裁判依据

★上诉状的内容

《最高人民法院关于适用〈中华人民共和国刑事诉讼法〉的解释》(2021 年 1 月 26 日 法释〔2021〕1 号)

第三百七十九条 人民法院受理的上诉案件，一般应当有上诉状正本及副本。

上诉状内容一般包括：第一审判决书、裁定书的文号和上诉人收到的时间，第一审人民法院的名称，上诉的请求和理由，提出上诉的时间。被告人的辩护人、近亲属经被告人同意提出上诉的，还应当写明其与被告人的关系，并应当以被告人作为上诉人。

第二百二十八条　【抗诉权】地方各级人民检察院认为本级人民法院第一审的判决、裁定确有错误的时候，应当向上一级人民法院提出抗诉。

新旧条文序号对照

2018 年刑事诉讼法	2012 年刑事诉讼法	1996 年刑事诉讼法
第二百二十八条	第二百一十七条	第一百八十一条

适用要点与裁判依据

★检察院对一审判决、裁定应当提出抗诉的六种情形

《人民检察院刑事诉讼规则》（2019 年 12 月 30 日　高检发释字〔2019〕4 号）

第五百八十四条　人民检察院认为同级人民法院第一审判决、裁定具有下列情形之一的，应当提出抗诉：

（一）认定的事实确有错误或者据以定罪量刑的证据不确实、不充分的；

（二）有确实、充分证据证明有罪判无罪，或者无罪判有罪的；

（三）重罪轻判，轻罪重判，适用刑罚明显不当的；

（四）认定罪名不正确，一罪判数罪、数罪判一罪，影响量刑或者造成严重社会影响的；

（五）免除刑事处罚或者适用缓刑、禁止令、限制减刑等错误的；

（六）人民法院在审理过程中严重违反法律规定的诉讼程序的。

第五百九十条　第二审人民法院发回原审人民法院按照第一审程序重新审判的案件，如果人民检察院认为重新审判的判决、裁定确有错误的，可以按照第二审程序提出抗诉。

★对于需要提出抗诉的案件，应当报请检察长决定

《人民检察院刑事诉讼规则》（2019 年 12 月 30 日　高检发释字〔2019〕4 号）

第五百八十五条　人民检察院在收到人民法院第一审判决书或者裁定书后，应当及时审查。对于需要提出抗诉的案件，应当报请检察长决定。

★检察院对一审判决、裁定提出抗诉的期限

《人民检察院刑事诉讼规则》（2019 年 12 月 30 日　高检发释字〔2019〕4 号）

第五百八十六条　人民检察院对同级人民法院第一审判决的抗诉，应当在接到判决书后第二日起十日以内提出；对第一审裁定的抗诉，应当在接到裁定书后第二日起五日以内提出。

★检察院应当通过原审法院向上一级法院提出抗诉，并将抗诉书副本连同案卷材料报送上一级检察院

《人民检察院刑事诉讼规则》（2019 年 12 月 30 日　高检发释字〔2019〕4 号）

第五百八十七条　人民检察院对同级人民法院第一审判决、裁定的抗诉，应当制作抗诉书，通过原审人民法院向上一级人民法院提出，并将抗诉书副本连同案卷材料报送上一级人民检察院。

★上一级检察院对下一级检察院提出抗诉的审查决定权

《人民检察院刑事诉讼规则》（2019 年 12 月 30 日　高检发释字〔2019〕4 号）

第五百八十九条　上一级人民检察院对下级人民检察院按照第二审程序提出抗诉的案件，认为抗诉正确的，应当支持抗诉。

上一级人民检察院认为抗诉不当的，应当听取下级人民检察院的意见。听取意见后，仍然认为抗诉不当的，应当向同级人民法院撤回抗诉，并且通知下级人民检察院。

上一级人民检察院在上诉、抗诉期限内，发现下级人民检察院应当提出抗诉而没有提出抗诉的案件,可以指令下级人民检察院依法提出抗诉。

上一级人民检察院支持或者部分支持抗诉意见的,可以变更、补充抗诉理由,及时制作支持抗诉意见书,并通知提出抗诉的人民检察院。

★检察院对认罪认罚案件判决提出抗诉的情形

《人民检察院办理认罪认罚案件开展量刑建议工作的指导意见》(2021年12月3日 高检发办字〔2021〕120号)

第三十七条 人民法院违反刑事诉讼法第二百零一条第二款规定,未告知人民检察院调整量刑建议而直接作出判决的,人民检察院一般应当以违反法定程序为由依法提出抗诉。

第三十八条 认罪认罚案件审理中,人民法院认为量刑建议明显不当建议人民检察院调整,人民检察院不予调整或者调整后人民法院不予采纳,人民检察院认为判决、裁定量刑确有错误的,应当依法提出抗诉,或者根据案件情况,通过提出检察建议或者发出纠正违法通知书等进行监督。

第三十九条 认罪认罚案件中,人民法院采纳人民检察院提出的量刑建议作出判决、裁定,被告人仅以量刑过重为由提出上诉,因被告人反悔不再认罪认罚致从宽量刑明显不当的,人民检察院应当依法提出抗诉。

★法院对检察院提出抗诉后又要求撤回抗诉的处理

《最高人民法院关于适用〈中华人民共和国刑事诉讼法〉的解释》(2021年1月26日 法释〔2021〕1号)

第三百八十五条 人民检察院在抗诉期限内要求撤回抗诉的,人民法院应当准许。

人民检察院在抗诉期满后要求撤回抗诉的,第二审人民法院可以裁定准许,但是认为原判存在将无罪判为有罪、轻罪重判等情形的,应当不予准许,继续审理。

上级人民检察院认为下级人民检察院抗诉不当,向第二审人民法院要求撤回抗诉的，适用前两款规定。

类案检索指引

★检察院认为一审判决重罪轻判、适用刑罚明显不当的，应当提出抗诉

《陈邓昌抢劫、盗窃，付志强盗窃案》（2014 年 9 月 10 日最高人民检察院发布第五批指导性案例：检例第 17 号）

【关键词】

第二审程序刑事抗诉　入户抢劫　盗窃罪　补充起诉

【要旨】

1. 对于入户盗窃，因被发现而当场使用暴力或者以暴力相威胁的行为，应当认定为"入户抢劫"。

2. 在人民法院宣告判决前，人民检察院发现被告人有遗漏的罪行可以一并起诉和审理的，可以补充起诉。

3. 人民检察院认为同级人民法院第一审判决重罪轻判，适用刑罚明显不当的，应当提出抗诉。

★检察院对于依法应当判处死刑而一审法院未判处死刑的，应当依法提出抗诉

《郭明先参加黑社会性质组织、故意杀人、故意伤害案》（2014 年 9 月 10 日最高人民检察院发布第五批指导性案例：检例第 18 号）

【关键词】

第二审程序刑事抗诉　故意杀人　罪行极其严重　死刑立即执行

【要旨】

死刑依法只适用于罪行极其严重的犯罪分子。对故意杀人、故意伤害、绑架、爆炸等涉黑、涉恐、涉暴刑事案件中罪行极其严重，严重危害国家安全和公共安全、严重危害公民生命权，或者严重危害社会秩序的被告人，依法应当判处死刑，人民法院未判处死刑的，人民检察院应当依法提出抗诉。

★检察院对于共同犯罪案件中各共同犯罪人量刑失衡的应当依法提起抗诉

《张某、沈某某等七人抢劫案》(2014 年 9 月 10 日最高人民检察院发布第五批指导性案例:检例第 19 号)

【关键词】

第二审程序刑事抗诉　未成年人与成年人共同犯罪分案起诉　累犯

【要旨】

1. 办理未成年人与成年人共同犯罪案件,一般应当将未成年人与成年人分案起诉,但对于未成年人系犯罪集团的组织者或者其他共同犯罪中的主犯,或者具有其他不宜分案起诉情形的,可以不分案起诉。

2. 办理未成年人与成年人共同犯罪案件,应当根据未成年人在共同犯罪中的地位、作用,综合考量未成年人实施犯罪行为的动机和目的、犯罪时的年龄、是否属于初犯、偶犯、犯罪后的悔罪表现、个人成长经历和一贯表现等因素,依法从轻或者减轻处罚。

3. 未成年人犯罪不构成累犯。

★检察院对于认罪认罚的被告人无正当理由上诉,可以依法提出抗诉

《琚某忠盗窃案》(2020 年 11 月 24 日最高人民检察院发布第二十二批指导性案例:检例第 83 号)

【关键词】

认罪认罚　无正当理由上诉　抗诉　取消从宽量刑

【要旨】

对于犯罪事实清楚,证据确实、充分,被告人自愿认罪认罚,一审法院采纳从宽量刑建议判决的案件,因被告人无正当理由上诉而不再具有认罪认罚从宽的条件,检察机关可以依法提出抗诉,建议法院取消因认罪认罚给予被告人的从宽量刑。

【指导意义】

被告人通过认罪认罚获得量刑从宽后，在没有新事实、新证据的情况下，违背具结承诺以量刑过重为由提出上诉，无正当理由引起二审程序，消耗国家司法资源，检察机关可以依法提出抗诉。一审判决量刑适当、自愿性保障充分，因为认罪认罚后反悔上诉导致量刑不当的案件，检察机关依法提出抗诉有利于促使被告人遵守协商承诺，促进认罪认罚从宽制度健康稳定运行。检察机关提出抗诉时，应当建议法院取消基于认罪认罚给予被告人的从宽量刑，但不能因被告人反悔行为对其加重处罚。

★检察院对多人性侵害多名未成年人案件的错误判决依法提出抗诉

《依法抗诉性侵害未成年人案件　维护法律权威》（2019年12月20日最高人民检察院发布20起检察机关依法严惩侵害未成年人犯罪加强未成年人司法保护典型案例）

【典型意义】

多人性侵害多名未成年人案件主观恶性大，后果严重，影响恶劣，依法应予以从严惩处。本案中，检察机关认真履行审判监督职能，对错误判决依法提出抗诉，维护了法律权威和司法公正，取得了良好的法律效果和社会效果。

第228条

★检察院通过抗诉，三名严重毒品犯罪分子均被改判重刑

《抗诉后三人被改判重刑案——陈雄飞等人贩卖、运输毒品案》（2020年6月26日最高人民检察院发布"强化法律监督　推进毒品犯罪检察治理"典型案例）

【典型意义】

检察机关充分发挥法律监督职能，坚持全面审查案件事实，以证据为核心构建抗诉基础，突破"零口供"被告人心理防线，促使其认罪，并通过仔细复核、补强证据，排除证据矛盾，完善证据体系，同时还及时追诉一名重要漏犯。通过抗诉，三名严重毒品犯罪分子均被改判重刑，其中一名被告人被改判为死刑立即执行，维护了国家法律统一适用。

第二百二十九条　【被害人请求抗诉权】被害人及其法定代理人不服地方各级人民法院第一审的判决的,自收到判决书后五日以内,有权请求人民检察院提出抗诉。人民检察院自收到被害人及其法定代理人的请求后五日以内,应当作出是否抗诉的决定并且答复请求人。

新旧条文序号对照

2018 年刑事诉讼法	2012 年刑事诉讼法	1996 年刑事诉讼法
第二百二十九条	第二百一十八条	第一百八十二条

适用要点与裁判依据

★被害人及其法定代理人在收到判决书"五日以后"请求抗诉的,由检察院决定是否受理

《人民检察院刑事诉讼规则》(2019 年 12 月 30 日　高检发释字〔2019〕4 号)

第五百八十八条　被害人及其法定代理人不服地方各级人民法院第一审的判决,在收到判决书后五日以内请求人民检察院提出抗诉的,人民检察院应当立即进行审查,在收到被害人及其法定代理人的请求后五日以内作出是否抗诉的决定,并且答复请求人。经审查认为应当抗诉的,适用本规则第五百八十四条至第五百八十七条的规定办理。

被害人及其法定代理人在收到判决书五日以后请求人民检察院提出抗诉的,由人民检察院决定是否受理。

第二百三十条 【上诉、抗诉期限】不服判决的上诉和抗诉的期限为十日，不服裁定的上诉和抗诉的期限为五日，从接到判决书、裁定书的第二日起算。

新旧条文序号对照

2018 年刑事诉讼法	2012 年刑事诉讼法	1996 年刑事诉讼法
第二百三十条	第二百一十九条	第一百八十三条

适用要点与裁判依据

★对附带民事判决、裁定的上诉、抗诉期限，应当按照刑事部分的上诉、抗诉期限确定

《最高人民法院关于适用〈中华人民共和国刑事诉讼法〉的解释》(2021 年 1 月 26 日 法释〔2021〕1 号)

第三百八十条 上诉、抗诉必须在法定期限内提出。不服判决的上诉、抗诉的期限为十日；不服裁定的上诉、抗诉的期限为五日。上诉、抗诉的期限，从接到判决书、裁定书的第二日起计算。

对附带民事判决、裁定的上诉、抗诉期限，应当按照刑事部分的上诉、抗诉期限确定。附带民事部分另行审判的，上诉期限也应当按照刑事诉讼法规定的期限确定。

★对上诉人通过第一审法院提出上诉或者直接向第二审法院提出上诉的审查处理

《最高人民法院关于适用〈中华人民共和国刑事诉讼法〉的解释》(2021 年 1 月 26 日 法释〔2021〕1 号)

第三百八十一条 上诉人通过第一审人民法院提出上诉的，第一审人民法院应当审查。上诉符合法律规定的，应当在上诉期满后三日以内将上诉状连同案卷、证据移送上一级人民法院，并将上诉状副本送交同级人民检察院和对方当事人。

第三百八十二条　上诉人直接向第二审人民法院提出上诉的，第二审人民法院应当在收到上诉状后三日以内将上诉状交第一审人民法院。第一审人民法院应当审查上诉是否符合法律规定。符合法律规定的，应当在接到上诉状后三日以内将上诉状连同案卷、证据移送上一级人民法院，并将上诉状副本送交同级人民检察院和对方当事人。

★对上诉人在上诉期限届满前后要求撤回上诉的审查处理

《最高人民法院关于适用〈中华人民共和国刑事诉讼法〉的解释》(2021年1月26日　法释〔2021〕1号)

第三百八十三条　上诉人在上诉期限内要求撤回上诉的，人民法院应当准许。

上诉人在上诉期满后要求撤回上诉的，第二审人民法院经审查，认为原判认定事实和适用法律正确，量刑适当的，应当裁定准许；认为原判确有错误的，应当不予准许，继续按照上诉案件审理。

被判处死刑立即执行的被告人提出上诉，在第二审开庭后宣告裁判前申请撤回上诉的，应当不予准许，继续按照上诉案件审理。

★检察院对一审判决、裁定的抗诉，应当通过一审法院提交抗诉书

《最高人民法院关于适用〈中华人民共和国刑事诉讼法〉的解释》(2021年1月26日　法释〔2021〕1号)

第三百八十四条　地方各级人民检察院对同级人民法院第一审判决、裁定的抗诉，应当通过第一审人民法院提交抗诉书。第一审人民法院应当在抗诉期满后三日以内将抗诉书连同案卷、证据移送上一级人民法院，并将抗诉书副本送交当事人。

★对检察院在抗诉期限届满前后要求撤回抗诉的审查处理

《最高人民法院关于适用〈中华人民共和国刑事诉讼法〉的解释》(2021年1月26日　法释〔2021〕1号)

第三百八十五条　人民检察院在抗诉期限内要求撤回抗诉的，人民法院应当准许。

人民检察院在抗诉期满后要求撤回抗诉的，第二审人民法院可以裁定准许，但是认为原判存在将无罪判为有罪、轻罪重判等情形的，应当不予准许，继续审理。

上级人民检察院认为下级人民检察院抗诉不当，向第二审人民法院要求撤回抗诉的，适用前两款规定。

★上诉、抗诉期满前（后）撤回上诉、抗诉的，一审判决、裁定生效时间的确定

《最高人民法院关于适用〈中华人民共和国刑事诉讼法〉的解释》（2021年1月26日 法释〔2021〕1号）

第三百八十六条 在上诉、抗诉期满前撤回上诉、抗诉的，第一审判决、裁定在上诉、抗诉期满之日起生效。在上诉、抗诉期满后要求撤回上诉、抗诉，第二审人民法院裁定准许的，第一审判决、裁定应当自第二审裁定书送达上诉人或者抗诉机关之日起生效。

第二百三十一条 【提出上诉的途径】被告人、自诉人、附带民事诉讼的原告人和被告人通过原审人民法院提出上诉的，原审人民法院应当在三日以内将上诉状连同案卷、证据移送上一级人民法院，同时将上诉状副本送交同级人民检察院和对方当事人。

被告人、自诉人、附带民事诉讼的原告人和被告人直接向第二审人民法院提出上诉的，第二审人民法院应当在三日以内将上诉状交原审人民法院送交同级人民检察院和对方当事人。

新旧条文序号对照

2018年刑事诉讼法	2012年刑事诉讼法	1996年刑事诉讼法
第二百三十一条	第二百二十条	第一百八十四条

第二百三十二条 【提出抗诉的途径与撤回抗诉】地方各级人民检察院对同级人民法院第一审判决、裁定的抗诉，应当通过原审人民法院提出抗诉书，并且将抗诉书抄送上一级人民检察院。原审人民法院应当将抗诉书连同案卷、证据移送上一级人民法院，并且将抗诉书副本送交当事人。

上级人民检察院如果认为抗诉不当，可以向同级人民法院撤回抗诉，并且通知下级人民检察院。

新旧条文序号对照

2018 年刑事诉讼法	2012 年刑事诉讼法	1996 年刑事诉讼法
第二百三十二条	第二百二十一条	第一百八十五条

适用要点与裁判依据

★上一级检察院对下级检察院提出（不提出）抗诉案件的审查处理

《人民检察院刑事诉讼规则》（2019 年 12 月 30 日 高检发释字〔2019〕4 号）

第五百八十九条 上一级人民检察院对下级人民检察院按照第二审程序提出抗诉的案件，认为抗诉正确的，应当支持抗诉。

上一级人民检察院认为抗诉不当的，应当听取下级人民检察院的意见。听取意见后，仍然认为抗诉不当的，应当向同级人民法院撤回抗诉，并且通知下级人民检察院。

上一级人民检察院在上诉、抗诉期限内，发现下级人民检察院应当提出抗诉而没有提出抗诉的案件，可以指令下级人民检察院依法提出抗诉。

上一级人民检察院支持或者部分支持抗诉意见的，可以变更、补充抗诉理由，及时制作支持抗诉意见书，并通知提出抗诉的人民检察院。

第二百三十三条 【全面审查】第二审人民法院应当就第一审判决认定的事实和适用法律进行全面审查，不受上诉或者抗诉范围的限制。

共同犯罪的案件只有部分被告人上诉的，应当对全案进行审查，一并处理。

新旧条文序号对照

2018 年刑事诉讼法	2012 年刑事诉讼法	1996 年刑事诉讼法
第二百三十三条	第二百二十二条	第一百八十六条

适用要点与裁判依据

★二审法院对只有部分被告人提出上诉、检察院只对部分被告人的判决提出抗诉的，应当全案审查，一并处理

《最高人民法院关于适用〈中华人民共和国刑事诉讼法〉的解释》（2021 年 1 月 26 日 法释〔2021〕1 号）

第三百八十九条 共同犯罪案件，只有部分被告人提出上诉，或者自诉人只对部分被告人的判决提出上诉，或者人民检察院只对部分被告人的判决提出抗诉的，第二审人民法院应当对全案进行审查，一并处理。

★共同犯罪案件上诉的被告人死亡，其他被告人未上诉的，仍应对全案进行审查，作出判决、裁定

《最高人民法院关于适用〈中华人民共和国刑事诉讼法〉的解释》（2021 年 1 月 26 日 法释〔2021〕1 号）

第三百九十条 共同犯罪案件，上诉的被告人死亡，其他被告人未上诉的，第二审人民法院应当对死亡的被告人终止审理；但有证据证明被告人无罪，经缺席审理确认无罪的，应当判决宣告被告人无罪。

具有前款规定的情形，第二审人民法院仍应对全案进行审查，对其他同案被告人作出判决、裁定。

★二审法院对上诉、抗诉案件应当着重审查的内容

《最高人民法院关于适用〈中华人民共和国刑事诉讼法〉的解释》(2021年1月26日　法释〔2021〕1号)

第三百九十一条　对上诉、抗诉案件，应当着重审查下列内容：

（一）第一审判决认定的事实是否清楚，证据是否确实、充分；

（二）第一审判决适用法律是否正确，量刑是否适当；

（三）在调查、侦查、审查起诉、第一审程序中，有无违反法定程序的情形；

（四）上诉、抗诉是否提出新的事实、证据；

（五）被告人的供述和辩解情况；

（六）辩护人的辩护意见及采纳情况；

（七）附带民事部分的判决、裁定是否合法、适当；

（八）对涉案财物的处理是否正确；

（九）第一审人民法院合议庭、审判委员会讨论的意见。

★二审程序中应当对证据收集的合法性进行审查的情形

《最高人民法院关于适用〈中华人民共和国刑事诉讼法〉的解释》(2021年1月26日　法释〔2021〕1号)

第一百三十八条　具有下列情形之一的，第二审人民法院应当对证据收集的合法性进行审查，并根据刑事诉讼法和本解释的有关规定作出处理：

（一）第一审人民法院对当事人及其辩护人、诉讼代理人排除非法证据的申请没有审查，且以该证据作为定案根据的；

（二）人民检察院或者被告人、自诉人及其法定代理人不服第一审人民法院作出的有关证据收集合法性的调查结论，提出抗诉、上诉的；

（三）当事人及其辩护人、诉讼代理人在第一审结束后才发现相关线索或者材料，申请人民法院排除非法证据的。

第二百三十四条 【开庭审理与不开庭审理】第二审人民法院对于下列案件，应当组成合议庭，开庭审理：

（一）被告人、自诉人及其法定代理人对第一审认定的事实、证据提出异议，可能影响定罪量刑的上诉案件；

（二）被告人被判处死刑的上诉案件；

（三）人民检察院抗诉的案件；

（四）其他应当开庭审理的案件。

第二审人民法院决定不开庭审理的，应当讯问被告人，听取其他当事人、辩护人、诉讼代理人的意见。

第二审人民法院开庭审理上诉、抗诉案件，可以到案件发生地或者原审人民法院所在地进行。

新旧条文序号对照

2018 年刑事诉讼法	2012 年刑事诉讼法	1996 年刑事诉讼法
第二百三十四条	第二百二十三条	第一百八十七条

适用要点与裁判依据

★二审法院对判处死刑的被告人没有上诉、同案的其他被告人上诉的案件应当开庭审理

《最高人民法院关于适用〈中华人民共和国刑事诉讼法〉的解释》（2021 年 1 月 26 日 法释〔2021〕1 号）

第三百九十三条 下列案件，根据刑事诉讼法第二百三十四条

的规定,应当开庭审理:

(一)被告人、自诉人及其法定代理人对第一审认定的事实、证据提出异议,可能影响定罪量刑的上诉案件;

(二)被告人被判处死刑的上诉案件;

(三)人民检察院抗诉的案件;

(四)应当开庭审理的其他案件。

被判处死刑的被告人没有上诉,同案的其他被告人上诉的案件,第二审人民法院应当开庭审理。

★二审法院可以不开庭审理的情形

《最高人民法院关于适用〈中华人民共和国刑事诉讼法〉的解释》(2021年1月26日　法释〔2021〕1号)

第三百九十四条　对上诉、抗诉案件,第二审人民法院经审查,认为原判事实不清、证据不足,或者具有刑事诉讼法第二百三十八条规定的违反法定诉讼程序情形,需要发回重新审判的,可以不开庭审理。

第四百条　第二审案件依法不开庭审理的,应当讯问被告人,听取其他当事人、辩护人、诉讼代理人的意见。合议庭全体成员应当阅卷,必要时应当提交书面阅卷意见。

★二审法院对不服适用速裁程序一审判决的案件可以不开庭审理

《最高人民法院、最高人民检察院、公安部、国家安全部、司法部关于适用认罪认罚从宽制度的指导意见》(2019年10月11日　高检发〔2019〕13号)

45.速裁案件的二审程序。被告人不服适用速裁程序作出的第一审判决提出上诉的案件,可以不开庭审理。第二审人民法院审查后,按照下列情形分别处理:

(一)发现被告人以事实不清、证据不足为由提出上诉的,应当裁定撤销原判,发回原审人民法院适用普通程序重新审理,不再按认罪认罚案件从宽处罚;

（二）发现被告人以量刑不当为由提出上诉的，原判量刑适当的，应当裁定驳回上诉，维持原判；原判量刑不当的，经审理后依法改判。

类案检索指引

★二审法院对上诉案件决定不开庭审理的应当依法听取辩护律师意见

《律师侯某某请发表意见权监督案》（2021年2月5日最高人民检察院发布首批5起全国检察机关保障律师执业权利典型案例）

【关键词】

二审上诉案件 不开庭审理 听取律师意见 知情权

【要旨】

二审上诉案件决定不开庭审理的，应当依法听取辩护律师意见。针对辩护律师上诉时已提交书面意见，在二审决定不开庭审理后不再听取辩护律师意见等限制或剥夺律师发表意见权的，人民检察院应当监督纠正。对辩护律师提出二审上诉不开庭审理环节存在侵犯律师发表意见权等执业权利的，人民检察院应当全面调查核实，依法监督，促进二审程序依法进行。

【指导意义】

1. 二审上诉案件决定不开庭审理但未听取辩护律师意见属于程序违法，人民检察院应当监督纠正。人民法院经审查决定对二审上诉案件不开庭审理的，应当依法听取辩护律师意见，这是法定必经程序。人民法院不得以辩护律师在上诉时已提交书面意见为由，而在决定不开庭审理时不再听取辩护律师意见。针对类似限制或剥夺律师发表意见权的行为，人民检察院应当监督纠正，确保辩护律师执业权利得到保障，确保二审上诉案件不开庭审理程序合法。

2. 二审上诉案件决定不开庭审理的，辩护律师知情权等执业权利应当予以充分保障。对于二审不开庭审理的,应当充分听取律师意见。人民检察院在办理此类控告申诉案件时,应当针对未予告知不开庭审理决定而径行作出驳回上诉裁定,未就变更强制措施申请予以告知并书面说明理由等侵犯辩护律师执业权利的行为进行全面调查核实,提出有针对性的监督意见,充分保障律师在二审诉讼程序中的合法权利,共同维护司法公信力。

第二百三十五条　【检察院派员出席法庭、查阅案卷】人民检察院提出抗诉的案件或者第二审人民法院开庭审理的公诉案件,同级人民检察院都应当派员出席法庭。第二审人民法院应当在决定开庭审理后及时通知人民检察院查阅案卷。人民检察院应当在一个月以内查阅完毕。人民检察院查阅案卷的时间不计入审理期限。

新旧条文序号对照

2018 年刑事诉讼法	2012 年刑事诉讼法	1996 年刑事诉讼法
第二百三十五条	第二百二十四条	第一百八十八条

适用要点与裁判依据

★法院对检察院接到抗诉案件开庭通知后不派员出庭且未说明原因的,可以裁定按撤回抗诉处理

《最高人民法院关于适用〈中华人民共和国刑事诉讼法〉的解释》(2021 年 1 月 26 日　法释〔2021〕1 号)

第三百九十七条　开庭审理上诉、抗诉的公诉案件,应当通知同级人民检察院派员出庭。

抗诉案件,人民检察院接到开庭通知后不派员出庭,且未说明原因的,人民法院可以裁定按人民检察院撤回抗诉处理。

第235条

★二审开庭审理时,检察官助理可以协助检察官出庭,根据需要可以配备书记员担任记录

《人民检察院刑事诉讼规则》(2019 年 12 月 30 日 高检发释字〔2019〕4 号)

第四百四十五条 对提出抗诉的案件或者公诉案件中人民法院决定开庭审理的上诉案件,同级人民检察院应当指派检察官出席第二审法庭。检察官助理可以协助检察官出庭。根据需要可以配备书记员担任记录。

★检察官出席二审法庭的五项任务

《人民检察院刑事诉讼规则》(2019 年 12 月 30 日 高检发释字〔2019〕4 号)

第四百四十六条 检察官出席第二审法庭的任务是:

(一)支持抗诉或者听取上诉意见,对原审人民法院作出的错误判决或者裁定提出纠正意见;

(二)维护原审人民法院正确的判决或者裁定,建议法庭维持原判;

(三)维护诉讼参与人的合法权利;

(四)对法庭审理案件有无违反法律规定诉讼程序的情况记明笔录;

(五)依法从事其他诉讼活动。

★对抗诉和上诉案件,二审法院的同级检察院可以调取下级检察院与案件有关的材料

《人民检察院刑事诉讼规则》(2019 年 12 月 30 日 高检发释字〔2019〕4 号)

第四百四十七条 对抗诉和上诉案件,第二审人民法院的同级人民检察院可以调取下级人民检察院与案件有关的材料。

人民检察院在接到第二审人民法院决定开庭、查阅案卷通知后,可以查阅或者调阅案卷材料。查阅或者调阅案卷材料应当在接到人民法院的通知之日起一个月以内完成。在一个月以内无法完成的,可以商请人民法院延期审理。

★检察院对死刑第二审案件审查的重点内容

《人民检察院办理死刑第二审案件和复核监督工作指引(试行)》(2018年3月31日)

第八条　【审查的主要内容】检察人员应当客观全面审查在案证据材料,并重点审查以下内容:

第一审判决认定事实是否清楚,证据是否确实、充分;

适用法律是否正确,对有关量刑情节的认定是否准确,量刑是否适当;

被判处死刑的被告人是否罪行极其严重,是否必须立即执行;

被告人被判处死刑缓期二年执行的,决定限制减刑或者终身监禁是否适当;

抗诉、上诉意见与第一审判决存在的分歧,抗诉、上诉理由是否正确、充分;

抗诉、上诉中是否提出或者第一审判决后是否出现了可能影响定罪量刑的新事实、新证据;

有无遗漏罪行或者其他应当追究刑事责任的人;

涉案财物处理是否妥当;

诉讼活动是否存在影响公正判决的违法情形;

被告方与被害方是否达成赔偿谅解;

是否有涉检信访或者重大舆情等风险;

其他可能影响定罪量刑的内容。

★检察院对死刑二审案件进行全面审查的方式

《人民检察院办理死刑第二审案件和复核监督工作指引(试行)》(2018年3月31日)

第九条　【审查方式】检察人员审查案件,应当就第一审判决认定的案件事实和适用法律进行全面审查,重点围绕抗诉、上诉理由开展下列工作:

复核主要证据,必要时到案发现场调查;

讯问被告人，听取被告人的上诉理由或者辩解；

必要时听取辩护人、被害人及其法定代理人或者近亲属的意见；

必要时询问证人；

对证据合法性有疑问的，应当进行调查核实；

对鉴定意见有疑问的，可以重新鉴定或者补充鉴定；

需要侦查机关补充调取和完善的证据，可以要求侦查机关提供，必要时可以自行调查核实，补充收集相关证据；

应当开展的其他工作。

★检察院对死刑第二审（上诉）案件审查后的处理意见

《人民检察院办理死刑第二审案件和复核监督工作指引（试行）》（2018年3月31日）

第二十八条 【上诉案件的处理意见】对于上诉案件，审查后视情形提出以下处理意见：

原判决认定事实清楚，证据确实、充分，适用法律正确，量刑适当，审判程序合法的，应当提出建议维持原判的意见；

原判决在事实认定、证据采信、综合评判等方面存在不当之处，但不影响定罪量刑的，可以建议第二审人民法院在依法纠正后维持原判；

原判决认定事实没有错误，但适用法律错误，导致定罪错误或者量刑不当的，应当提出建议改判的意见，但不得违反上诉不加刑原则；

原判决认定事实不清或者证据不足的，可以在查清事实后提出建议改判的意见，也可以提出建议发回重审的意见；

第一审人民法院违反法律规定的诉讼程序，可能影响公正审判的，应当提出建议发回重审的意见。

★检察院对死刑第二审（抗诉）案件审查后的处理意见

《人民检察院办理死刑第二审案件和复核监督工作指引（试行）》（2018年3月31日）

第二十九条 【抗诉案件的处理意见】对于抗诉案件，审查后视情形提出以下处理意见：

具有《人民检察院刑事诉讼规则（试行）》第五百八十四条规定的情形，原判决确有错误，抗诉意见正确的，应当提出支持抗诉的意见；

原判决确有错误，抗诉意见部分正确的，可以变更、补充抗诉理由，提出部分支持抗诉的意见；

原判决并无不当，抗诉意见不当的，应当提出撤回抗诉的意见。

第二百三十六条 【对上诉、抗诉案件的处理】第二审人民法院对不服第一审判决的上诉、抗诉案件，经过审理后，应当按照下列情形分别处理：

（一）原判决认定事实和适用法律正确、量刑适当的，应当裁定驳回上诉或者抗诉，维持原判；

（二）原判决认定事实没有错误，但适用法律有错误，或者量刑不当的，应当改判；

（三）原判决事实不清楚或者证据不足的，可以在查清事实后改判；也可以裁定撤销原判，发回原审人民法院重新审判。

原审人民法院对于依照前款第三项规定发回重新审判的案件作出判决后，被告人提出上诉或者人民检察院提出抗诉的，第二审人民法院应当依法作出判决或者裁定，不得再发回原审人民法院重新审判。

新旧条文序号对照

2018 年刑事诉讼法	2012 年刑事诉讼法	1996 年刑事诉讼法
第二百三十六条	第二百二十五条	第一百八十九条

适用要点与裁判依据

★有多名被告人的案件，二审法院根据案件情况可以对部分被告人分案处理

《最高人民法院关于适用〈中华人民共和国刑事诉讼法〉的解释》（2021年1月26日 法释〔2021〕1号）

第四百零四条 第二审人民法院认为第一审判决事实不清、证据不足的，可以在查清事实后改判，也可以裁定撤销原判，发回原审人民法院重新审判。

有多名被告人的案件，部分被告人的犯罪事实不清、证据不足或者有新的犯罪事实需要追诉，且有关犯罪与其他同案被告人没有关联的，第二审人民法院根据案件情况，可以对该部分被告人分案处理，将该部分被告人发回原审人民法院重新审判。原审人民法院重新作出判决后，被告人上诉或者人民检察院抗诉，其他被告人的案件尚未作出第二审判决、裁定的，第二审人民法院可以并案审理。

★二审法院发现原审法院在重新审判过程中程序违法的，应当裁定撤销原判，发回重新审判

《最高人民法院关于适用〈中华人民共和国刑事诉讼法〉的解释》（2021年1月26日 法释〔2021〕1号）

第四百零六条 第二审人民法院发现原审人民法院在重新审判过程中，有刑事诉讼法第二百三十八条规定的情形之一，或者违反第二百三十九条规定的，应当裁定撤销原判，发回重新审判。

第二百三十八条　【对违反法定程序的处理】第二审人民法院发现第一审人民法院的审理有下列违反法律规定的诉讼程序的情形之一的，应当裁定撤销原判，发回原审人民法院重新审判：

（一）违反本法有关公开审判的规定的；

（二）违反回避制度的；

（三）剥夺或者限制了当事人的法定诉讼权利，可能影响公正审判的；

（四）审判组织的组成不合法的；

（五）其他违反法律规定的诉讼程序，可能影响公正审判的。

新旧条文序号对照

2018 年刑事诉讼法	2012 年刑事诉讼法	1996 年刑事诉讼法
第二百三十八条	第二百二十七条	第一百九十一条

适用要点与裁判依据

★一审法院对被告人及其辩护人排除非法证据的申请未予审查可能影响公正审判的，二审法院应当撤销原判，发回重审

《人民法院办理刑事案件排除非法证据规程（试行）》（2017 年 11 月 27 日　法发〔2017〕31 号）

第三十三条　第一审人民法院对被告人及其辩护人排除非法证据的申请未予审查，并以有关证据作为定案的根据，可能影响公正审判的，第二审人民法院应当裁定撤销原判，发回原审人民法院重新审判。

★二审法院对上诉、抗诉案件审查后，认为具有违反法定诉讼程序情形，需要发回重审的，可以不开庭审理

《最高人民法院关于适用〈中华人民共和国刑事诉讼法〉的解释》（2021 年 1 月 26 日　法释〔2021〕1 号）

第三百九十四条　对上诉、抗诉案件，第二审人民法院经审查，认为原判事实不清、证据不足，或者具有刑事诉讼法第二百三十八条规定的违反法定诉讼程序情形，需要发回重新审判的，可以不开庭审理。

★二审法院发现原审法院在重新审判过程中有程序违法的，应当撤销原判，发回重审

《最高人民法院关于适用〈中华人民共和国刑事诉讼法〉的解释》（2021 年 1 月 26 日　法释〔2021〕1 号）

第四百零六条　第二审人民法院发现原审人民法院在重新审判过程中，有刑事诉讼法第二百三十八条规定的情形之一，或者违反第二百三十九条规定的，应当裁定撤销原判，发回重新审判。

第二百三十九条　【对发回重审案件的审理程序】原审人民法院对于发回重新审判的案件，应当另行组成合议庭，依照第一审程序进行审判。对于重新审判后的判决，依照本法第二百二十七条、第二百二十八条、第二百二十九条的规定可以上诉、抗诉。

新旧条文序号对照

2018 年刑事诉讼法	2012 年刑事诉讼法	1996 年刑事诉讼法
第二百三十九条	第二百二十八条	第一百九十二条

适用要点与裁判依据

★“另行组成合议庭”的案件，原合议庭成员及审判辅助人员均不得参与办理

《最高人民法院关于规范合议庭运行机制的意见》（2022 年 10 月 26 日　法发〔2022〕31 号）

二、合议庭可以通过指定或者随机方式产生。因专业化审判或者案件繁简分流工作需要，合议庭成员相对固定的，应当定期轮换交流。属于“四类案件”或者参照“四类案件”监督管理的，院庭长可以按照其职权指定合议庭成员。以指定方式产生合议庭的，应当在办案平台全程留痕，或者形成书面记录入卷备查。

合议庭的审判长由院庭长指定。院庭长参加合议庭的，由院庭长担任审判长。

合议庭成员确定后，因回避、工作调动、身体健康、廉政风险等事由，确需调整成员的，由院庭长按照职权决定，调整结果应当及时通知当事人，并在办案平台标注原因，或者形成书面记录入卷备查。

法律、司法解释规定“另行组成合议庭”的案件，原合议庭成员及审判辅助人员均不得参与办理。

第二百四十条 【对一审裁定的审查处理】第二审人民法院对不服第一审裁定的上诉或者抗诉，经过审查后，应当参照本法第二百三十六条、第二百三十八条和第二百三十九条的规定，分别情形用裁定驳回上诉、抗诉，或者撤销、变更原裁定。

新旧条文序号对照

2018 年刑事诉讼法	2012 年刑事诉讼法	1996 年刑事诉讼法
第二百四十条	第二百二十九条	第一百九十三条

适用要点与裁判依据

★对不服一审没收违法所得或者驳回申请裁定的上诉、抗诉案件的处理

《最高人民法院关于适用〈中华人民共和国刑事诉讼法〉的解释》(2021 年 1 月 26 日 法释〔2021〕1 号)

第六百二十三条 对不服第一审没收违法所得或者驳回申请裁

定的上诉、抗诉案件，第二审人民法院经审理，应当按照下列情形分别处理：

（一）第一审裁定认定事实清楚和适用法律正确的，应当驳回上诉或者抗诉，维持原裁定；

（二）第一审裁定认定事实清楚，但适用法律有错误的，应当改变原裁定；

（三）第一审裁定认定事实不清的，可以在查清事实后改变原裁定，也可以撤销原裁定，发回原审人民法院重新审判；

（四）第一审裁定违反法定诉讼程序，可能影响公正审判的，应当撤销原裁定，发回原审人民法院重新审判。

第一审人民法院对发回重新审判的案件作出裁定后，第二审人民法院对不服第一审人民法院裁定的上诉、抗诉，应当依法作出裁定，不得再发回原审人民法院重新审判；但是，第一审人民法院在重新审判过程中违反法定诉讼程序，可能影响公正审判的除外。

第二百四十一条　【发回重审案件的审理期限】第二审人民法院发回原审人民法院重新审判的案件，原审人民法院从收到发回的案件之日起，重新计算审理期限。

新旧条文序号对照

2018 年刑事诉讼法	2012 年刑事诉讼法	1996 年刑事诉讼法
第二百四十一条	第二百三十条	第一百九十四条

第二百四十二条　【二审程序】第二审人民法院审判上诉或者抗诉案件的程序，除本章已有规定的以外，参照第一审程序的规定进行。

新旧条文序号对照

2018 年刑事诉讼法	2012 年刑事诉讼法	1996 年刑事诉讼法
第二百四十二条	第二百三十一条	第一百九十五条

适用要点与裁判依据

★开庭审理上诉、抗诉案件的程序

《最高人民法院关于适用〈中华人民共和国刑事诉讼法〉的解释》(2021 年 1 月 26 日　法释〔2021〕1 号)

第三百九十八条　开庭审理上诉、抗诉案件,除参照适用第一审程序的有关规定外,应当按照下列规定进行:

(一)法庭调查阶段,审判人员宣读第一审判决书、裁定书后,上诉案件由上诉人或者辩护人先宣读上诉状或者陈述上诉理由,抗诉案件由检察员先宣读抗诉书;既有上诉又有抗诉的案件,先由检察员宣读抗诉书,再由上诉人或者辩护人宣读上诉状或者陈述上诉理由;

(二)法庭辩论阶段,上诉案件,先由上诉人、辩护人发言,后由检察员、诉讼代理人发言;抗诉案件,先由检察员、诉讼代理人发言,后由被告人、辩护人发言;既有上诉又有抗诉的案件,先由检察员、诉讼代理人发言,后由上诉人、辩护人发言。

★开庭审理上诉、抗诉案件的重点和审理方式

《最高人民法院关于适用〈中华人民共和国刑事诉讼法〉的解释》(2021 年 1 月 26 日　法释〔2021〕1 号)

第三百九十九条　开庭审理上诉、抗诉案件,可以重点围绕对第一审判决、裁定有争议的问题或者有疑问的部分进行。根据案件情况,可以按照下列方式审理:

(一)宣读第一审判决书,可以只宣读案由、主要事实、证据名称和判决主文等;

(二)法庭调查应当重点围绕对第一审判决提出异议的事实、证据

以及新的证据等进行;对没有异议的事实、证据和情节,可以直接确认;

(三)对同案审理案件中未上诉的被告人,未被申请出庭或者人民法院认为没有必要到庭的,可以不再传唤到庭;

(四)被告人犯有数罪的案件,对其中事实清楚且无异议的犯罪,可以不在庭审时审理。

同案审理的案件,未提出上诉、人民检察院也未对其判决提出抗诉的被告人要求出庭的,应当准许。出庭的被告人可以参加法庭调查和辩论。

第二百四十三条 【二审的审理期限】第二审人民法院受理上诉、抗诉案件,应当在二个月以内审结。对于可能判处死刑的案件或者附带民事诉讼的案件,以及有本法第一百五十八条规定情形之一的,经省、自治区、直辖市高级人民法院批准或者决定,可以延长二个月;因特殊情况还需要延长的,报请最高人民法院批准。

最高人民法院受理上诉、抗诉案件的审理期限,由最高人民法院决定。

新旧条文序号对照

2018 年刑事诉讼法	2012 年刑事诉讼法	1996 年刑事诉讼法
第二百四十三条	第二百三十二条	第一百九十六条

适用要点与裁判依据

★涉外刑事案件的二审审理期限

《最高人民法院关于适用〈中华人民共和国刑事诉讼法〉的解释》(2021 年 1 月 26 日 法释〔2021〕1 号)

第四百八十八条 涉外刑事案件,符合刑事诉讼法第二百零八条第一款、第二百四十三条规定的，经有关人民法院批准或者决定，可以延长审理期限。

★检察院发现法院的审理期限执行情况具有四种情形之一的，应当依法提出纠正意见

《人民检察院刑事诉讼规则》（2019年12月30日　高检发释字〔2019〕4号）

第六百一十七条　人民检察院发现人民法院的审理期限执行情况具有下列情形之一的，应当依法提出纠正意见：

（一）在一审、二审和死刑复核阶段未按规定办理换押手续的；

（二）违反刑事诉讼法的规定重新计算审理期限、批准延长审理期限、改变管辖、延期审理、中止审理或者发回重审的；

（三）决定重新计算审理期限、批准延长审理期限、改变管辖、延期审理、中止审理、对被告人进行精神病鉴定，没有书面通知人民检察院和看守所的；

（四）其他违法情形。

★香港特别行政区维护国家安全法对审理期限的规定

《中华人民共和国香港特别行政区维护国家安全法》（2020年6月30日　主席令第49号）

第四十二条　香港特别行政区执法、司法机关在适用香港特别行政区现行法律有关羁押、审理期限等方面的规定时，应当确保危害国家安全犯罪案件公正、及时办理，有效防范、制止和惩治危害国家安全犯罪。

对犯罪嫌疑人、被告人，除非法官有充足理由相信其不会继续实施危害国家安全行为的，不得准予保释。

第二百四十四条　【终审的判决、裁定】第二审的判决、裁定和最高人民法院的判决、裁定，都是终审的判决、裁定。

新旧条文序号对照

2018 年刑事诉讼法	2012 年刑事诉讼法	1996 年刑事诉讼法
第二百四十四条	第二百三十三条	第一百九十七条

适用要点与裁判依据

★撤回上诉、抗诉的案件,一审判决、裁定生效时间的确定

《最高人民法院关于适用〈中华人民共和国刑事诉讼法〉的解释》(2021 年 1 月 26 日 法释〔2021〕1 号)

第三百八十六条 在上诉、抗诉期满前撤回上诉、抗诉的,第一审判决、裁定在上诉、抗诉期满之日起生效。在上诉、抗诉期满后要求撤回上诉、抗诉,第二审人民法院裁定准许的,第一审判决、裁定应当自第二审裁定书送达上诉人或者抗诉机关之日起生效。

★二审判决、裁定是终审的判决、裁定的,自宣告之日起发生法律效力

《最高人民法院关于适用〈中华人民共和国刑事诉讼法〉的解释》(2021 年 1 月 26 日 法释〔2021〕1 号)

第四百一十三条 第二审人民法院可以委托第一审人民法院代为宣判,并向当事人送达第二审判决书、裁定书。第一审人民法院应当在代为宣判后五日以内将宣判笔录送交第二审人民法院,并在送达完毕后及时将送达回证送交第二审人民法院。

委托宣判的,第二审人民法院应当直接向同级人民检察院送达第二审判决书、裁定书。

第二审判决、裁定是终审的判决、裁定的,自宣告之日起发生法律效力。

第二百四十五条　【涉案财物的处理】公安机关、人民检察院和人民法院对查封、扣押、冻结的犯罪嫌疑人、被告人的财物及其孳息，应当妥善保管，以供核查，并制作清单，随案移送。任何单位和个人不得挪用或者自行处理。对被害人的合法财产，应当及时返还。对违禁品或者不宜长期保存的物品，应当依照国家有关规定处理。

对作为证据使用的实物应当随案移送，对不宜移送的，应当将其清单、照片或者其他证明文件随案移送。

人民法院作出的判决，应当对查封、扣押、冻结的财物及其孳息作出处理。

人民法院作出的判决生效以后，有关机关应当根据判决对查封、扣押、冻结的财物及其孳息进行处理。对查封、扣押、冻结的赃款赃物及其孳息，除依法返还被害人的以外，一律上缴国库。

司法工作人员贪污、挪用或者私自处理查封、扣押、冻结的财物及其孳息的，依法追究刑事责任；不构成犯罪的，给予处分。

新旧条文序号对照

2018 年刑事诉讼法	2012 年刑事诉讼法	1996 年刑事诉讼法
第二百四十五条	第二百三十四条	第一百九十八条

适用要点与裁判依据

★对涉案财产可以依法先行出售、变现或者变卖、拍卖的情形和程序

《中华人民共和国反有组织犯罪法》（2021 年 12 月 24 日　主席令第 101 号）

第四十三条　对下列财产，经县级以上公安机关、人民检察院或者人民法院主要负责人批准，可以依法先行出售、变现或者变卖、拍卖，所得价款由扣押、冻结机关保管，并及时告知犯罪嫌疑人、被告人或者其近亲属：

（一）易损毁、灭失、变质等不宜长期保存的物品；

（二）有效期即将届满的汇票、本票、支票等；

（三）债券、股票、基金份额等财产，经权利人申请，出售不损害国家利益、被害人利益，不影响诉讼正常进行的。

★对被告单位的违法所得及其他涉案财物决定追缴或者查封、扣押、冻结

《最高人民法院关于适用〈中华人民共和国刑事诉讼法〉的解释》（2021年1月26日 法释〔2021〕1号）

第三百四十一条 被告单位的违法所得及其他涉案财物，尚未被依法追缴或者查封、扣押、冻结的，人民法院应当决定追缴或者查封、扣押、冻结。

第三百四十二条 为保证判决的执行，人民法院可以先行查封、扣押、冻结被告单位的财产，或者由被告单位提出担保。

第三百四十三条 采取查封、扣押、冻结等措施，应当严格依照法定程序进行，最大限度降低对被告单位正常生产经营活动的影响。

第三百四十六条 审理单位犯罪案件，本章没有规定的，参照适用本解释的有关规定。

★对查封、扣押、冻结的涉案财物的保管

《最高人民法院关于适用〈中华人民共和国刑事诉讼法〉的解释》（2021年1月26日 法释〔2021〕1号）

第四百三十七条 人民法院对查封、扣押、冻结的涉案财物及其孳息，应当妥善保管，并制作清单，附卷备查；对人民检察院随案移送的实物，应当根据清单核查后妥善保管。任何单位和个人不得挪用或者自行处理。

第245条

查封不动产、车辆、船舶、航空器等财物，应当扣押其权利证书，经拍照或者录像后原地封存，或者交持有人、被告人的近亲属保管，登记并写明财物的名称、型号、权属、地址等详细信息，并通知有关财物的登记、管理部门办理查封登记手续。

扣押物品，应当登记并写明物品名称、型号、规格、数量、重量、质量、成色、纯度、颜色、新旧程度、缺损特征和来源等。扣押货币、有价证券，应当登记并写明货币、有价证券的名称、数额、面额等，货币应当存入银行专门账户，并登记银行存款凭证的名称、内容。扣押文物、金银、珠宝、名贵字画等贵重物品以及违禁品，应当拍照，需要鉴定的，应当及时鉴定。对扣押的物品应当根据有关规定及时估价。

冻结存款、汇款、债券、股票、基金份额等财产，应当登记并写明编号、种类、面值、张数、金额等。

★对被害人的合法财产，权属明确的，应当依法及时返还

《最高人民法院关于适用〈中华人民共和国刑事诉讼法〉的解释》(2021 年 1 月 26 日　法释〔2021〕1 号)

第四百三十八条　对被害人的合法财产，权属明确的，应当依法及时返还，但须经拍照、鉴定、估价，并在案卷中注明返还的理由，将原物照片、清单和被害人的领取手续附卷备查；权属不明的，应当在人民法院判决、裁定生效后，按比例返还被害人，但已获退赔的部分应予扣除。

★对不宜长期保存、易贬值或者市场价格波动大的财产的先行处置

《最高人民法院关于适用〈中华人民共和国刑事诉讼法〉的解释》(2021 年 1 月 26 日　法释〔2021〕1 号)

第四百三十九条　审判期间，对不宜长期保存、易贬值或者市场价格波动大的财产，或者有效期即将届满的票据等，经权利人申请或者同意，并经院长批准，可以依法先行处置，所得款项由人民法院保管。

涉案财物先行处置应当依法、公开、公平。

★对作为证据使用的实物，应当随案移送

《最高人民法院关于适用〈中华人民共和国刑事诉讼法〉的解释》(2021 年 1 月 26 日　法释〔2021〕1 号)

第四百四十条　对作为证据使用的实物，应当随案移送。第一审判决、裁定宣告后,被告人上诉或者人民检察院抗诉的,第一审人民法院应当将上述证据移送第二审人民法院。

★对实物未随案移送的,应当根据情况分别审查的内容

《最高人民法院关于适用〈中华人民共和国刑事诉讼法〉的解释》(2021年1月26日 法释〔2021〕1号)

第四百四十一条 对实物未随案移送的,应当根据情况,分别审查以下内容:

(一)大宗的、不便搬运的物品,是否随案移送查封、扣押清单,并附原物照片和封存手续,注明存放地点等;

(二)易腐烂、霉变和不易保管的物品,查封、扣押机关变卖处理后,是否随案移送原物照片、清单、变价处理的凭证(复印件)等;

(三)枪支弹药、剧毒物品、易燃易爆物品以及其他违禁品、危险物品,查封、扣押机关根据有关规定处理后,是否随案移送原物照片和清单等。

上述未随案移送的实物,应当依法鉴定、估价的,还应当审查是否附有鉴定、估价意见。

对查封、扣押的货币、有价证券等,未移送实物的,应当审查是否附有原物照片、清单或者其他证明文件。

★一审判决未对随案移送的涉案财物及其孳息作出处理的,二审法院可以裁定发回原审法院重新审判

《最高人民法院关于适用〈中华人民共和国刑事诉讼法〉的解释》(2021年1月26日 法释〔2021〕1号)

第四百四十六条 第二审期间,发现第一审判决未对随案移送的涉案财物及其孳息作出处理的,可以裁定撤销原判,发回原审人民法院重新审判,由原审人民法院依法对涉案财物及其孳息一并作出处理。

判决生效后,发现原判未对随案移送的涉案财物及其孳息作出处理的,由原审人民法院依法对涉案财物及其孳息另行作出处理。

第四百四十七条 随案移送的或者人民法院查封、扣押的财物及其孳息，由第一审人民法院在判决生效后负责处理。

实物未随案移送、由扣押机关保管的，人民法院应当在判决生效后十日以内，将判决书、裁定书送达扣押机关，并告知其在一个月以内将执行回单送回，确因客观原因无法按时完成的，应当说明原因。

★对冻结的存款、汇款、债券、股票、基金份额等财产的处理

《最高人民法院关于适用〈中华人民共和国刑事诉讼法〉的解释》(2021年1月26日　法释〔2021〕1号)

第四百四十八条　对冻结的存款、汇款、债券、股票、基金份额等财产判决没收的，第一审人民法院应当在判决生效后，将判决书、裁定书送达相关金融机构和财政部门，通知相关金融机构依法上缴国库并在接到执行通知书后十五日以内，将上缴国库的凭证、执行回单送回。

★对用于运输走私冻品等货物的船舶、车辆的处置

《最高人民法院、最高人民检察院、海关总署、公安部、中国海警局关于打击粤港澳海上跨境走私犯罪适用法律若干问题的指导意见》(2021年12月14日　署缉发〔2021〕141号)

四、对用于运输走私冻品等货物的船舶、车辆，按照以下原则处置：

(一)对"三无"船舶，无法提供有效证书的船舶、车辆，依法予以没收、收缴或者移交主管机关依法处置；

(二)对走私犯罪分子自有的船舶、车辆或者假挂靠、长期不作登记、虚假登记等实为走私分子所有的船舶、车辆，作为犯罪工具依法没收；

(三)对所有人明知或者应当知道他人实施走私冻品等犯罪而出租、出借的船舶、车辆，依法予以没收。

具有下列情形之一的，可以认定船舶、车辆出租人、出借人明知或者应当知道他人实施违法犯罪，但有证据证明确属被蒙骗或者有其他相反证据的除外：

（一）出租人、出借人未经有关部门批准，擅自将船舶改装为可运载冻品等货物用的船舶，或者进行伪装的；

（二）出租人、出借人默许实际承运人将船舶改装为可运载冻品等货物用船舶，或者进行伪装的；

（三）因出租、出借船舶、车辆用于走私受过行政处罚，又出租、出借给同一走私人或者同一走私团伙使用的；

（四）出租人、出借人拒不提供真实的实际承运人信息，或者提供虚假的实际承运人信息的；

（五）其他可以认定明知或者应当知道的情形。

是否属于“三无”船舶，按照《“三无”船舶联合认定办法》（署缉发〔2021〕88 号印发）规定认定。

★对查封、扣押的未取得国家检验检疫准入证书的冻品的处置

《最高人民法院、最高人民检察院、海关总署、公安部、中国海警局关于打击粤港澳海上跨境走私犯罪适用法律若干问题的指导意见》（2021 年 12 月 14 日 署缉发〔2021〕141 号）

五、对查封、扣押的未取得国家检验检疫准入证书的冻品，走私犯罪事实已基本查清的，在做好拍照、录像、称量、勘验、检查等证据固定工作和保留样本后，依照《罚没走私冻品处置办法（试行）》（署缉发〔2015〕289 号印发）和《海关总署 财政部关于查获走私冻品由地方归口处置的通知》（署财函〔2019〕300 号）规定，先行移交有关部门作无害化处理。

第四章 死刑复核程序

第246条

第二百四十六条 【死刑核准权】死刑由最高人民法院核准。

新旧条文序号对照

2018 年刑事诉讼法	2012 年刑事诉讼法	1996 年刑事诉讼法
第二百四十六条	第二百三十五条	第一百九十九条

第二百四十七条　【死刑核准程序】中级人民法院判处死刑的第一审案件，被告人不上诉的，应当由高级人民法院复核后，报请最高人民法院核准。高级人民法院不同意判处死刑的，可以提审或者发回重新审判。

高级人民法院判处死刑的第一审案件被告人不上诉的，和判处死刑的第二审案件，都应当报请最高人民法院核准。

新旧条文序号对照

2018 年刑事诉讼法	2012 年刑事诉讼法	1996 年刑事诉讼法
第二百四十七条	第二百三十六条	第二百条

适用要点与裁判依据

★高级人民法院复核死刑案件，应当讯问被告人

《最高人民法院关于适用〈中华人民共和国刑事诉讼法〉的解释》(2021 年 1 月 26 日　法释〔2021〕1 号)

第四百二十三条　报请最高人民法院核准死刑的案件，应当按照下列情形分别处理：

（一）中级人民法院判处死刑的第一审案件，被告人未上诉、人民检察院未抗诉的，在上诉、抗诉期满后十日以内报请高级人民法院复核。高级人民法院同意判处死刑的，应当在作出裁定后十日以内报请最高人民法院核准；认为原判认定的某一具体事实或者引用的法律条款等存在瑕疵，但判处被告人死刑并无不当的，可以在纠正后作出核准的判决、裁定；不同意判处死刑的，应当依照第二审程序提审或者发回重新审判；

（二）中级人民法院判处死刑的第一审案件，被告人上诉或者人民检察院抗诉，高级人民法院裁定维持的，应当在作出裁定后十日以内报请最高人民法院核准；

（三）高级人民法院判处死刑的第一审案件，被告人未上诉、人民检察院未抗诉的，应当在上诉、抗诉期满后十日以内报请最高人民法院核准。

高级人民法院复核死刑案件，应当讯问被告人。

第二百四十八条 【死刑缓期二年执行核准权】中级人民法院判处死刑缓期二年执行的案件，由高级人民法院核准。

新旧条文序号对照

2018 年刑事诉讼法	2012 年刑事诉讼法	1996 年刑事诉讼法
第二百四十八条	第二百三十七条	第二百零一条

适用要点与裁判依据

★高级人民法院复核死刑缓期执行案件，不得加重被告人的刑罚

《最高人民法院关于适用〈中华人民共和国刑事诉讼法〉的解释》（2021 年 1 月 26 日 法释〔2021〕1 号）

第四百二十四条 中级人民法院判处死刑缓期执行的第一审案件，被告人未上诉、人民检察院未抗诉的，应当报请高级人民法院核准。

高级人民法院复核死刑缓期执行案件，应当讯问被告人。

第四百二十八条 高级人民法院复核死刑缓期执行案件，应当按照下列情形分别处理：

（一）原判认定事实和适用法律正确、量刑适当、诉讼程序合法的，应当裁定核准；

（二）原判认定的某一具体事实或者引用的法律条款等存在瑕疵，但判处被告人死刑缓期执行并无不当的，可以在纠正后作出核准的判决、裁定；

（三）原判认定事实正确，但适用法律有错误，或者量刑过重的，应当改判；

（四）原判事实不清、证据不足的，可以裁定不予核准，并撤销原判，发回重新审判，或者依法改判；

（五）复核期间出现新的影响定罪量刑的事实、证据的，可以裁定不予核准，并撤销原判，发回重新审判，或者依照本解释第二百七十一条的规定审理后依法改判；

（六）原审违反法定诉讼程序，可能影响公正审判的，应当裁定不予核准，并撤销原判，发回重新审判。

复核死刑缓期执行案件，不得加重被告人的刑罚。

第二百四十九条　【复核死刑的审判组织】最高人民法院复核死刑案件，高级人民法院复核死刑缓期执行的案件，应当由审判员三人组成合议庭进行。

新旧条文序号对照

2018 年刑事诉讼法	2012 年刑事诉讼法	1996 年刑事诉讼法
第二百四十九条	第二百三十八条	第二百零二条

第二百五十条　【核准或者不核准死刑裁定】最高人民法院复核死刑案件，应当作出核准或者不核准死刑的裁定。对于不核准死刑的，最高人民法院可以发回重新审判或者予以改判。

新旧条文序号对照

2018年刑事诉讼法	2012年刑事诉讼法	1996年刑事诉讼法
第二百五十条	第二百三十九条	

适用要点与裁判依据

★最高人民法院复核死刑案件后的六种处理情形

《最高人民法院关于适用〈中华人民共和国刑事诉讼法〉的解释》(2021年1月26日 法释〔2021〕1号)

第四百二十九条 最高人民法院复核死刑案件,应当按照下列情形分别处理:

(一)原判认定事实和适用法律正确、量刑适当、诉讼程序合法的,应当裁定核准;

(二)原判认定的某一具体事实或者引用的法律条款等存在瑕疵,但判处被告人死刑并无不当的,可以在纠正后作出核准的判决、裁定;

(三)原判事实不清、证据不足的,应当裁定不予核准,并撤销原判,发回重新审判;

(四)复核期间出现新的影响定罪量刑的事实、证据的,应当裁定不予核准,并撤销原判,发回重新审判;

(五)原判认定事实正确、证据充分,但依法不应当判处死刑的,应当裁定不予核准,并撤销原判,发回重新审判;根据案件情况,必要时,也可以依法改判;

(六)原审违反法定诉讼程序,可能影响公正审判的,应当裁定不予核准,并撤销原判,发回重新审判。

★对最高人民法院发回二审法院重新审判的案件，二审法院一般不得再发回一审法院重新审判

《最高人民法院关于适用〈中华人民共和国刑事诉讼法〉的解释》（2021年1月26日　法释〔2021〕1号）

第四百三十条　最高人民法院裁定不予核准死刑的，根据案件情况，可以发回第二审人民法院或者第一审人民法院重新审判。

对最高人民法院发回第二审人民法院重新审判的案件，第二审人民法院一般不得发回第一审人民法院重新审判。

第一审人民法院重新审判的，应当开庭审理。第二审人民法院重新审判的，可以直接改判；必须通过开庭查清事实、核实证据或者纠正原审程序违法的，应当开庭审理。

第四百三十一条　高级人民法院依照复核程序审理后报请最高人民法院核准死刑，最高人民法院裁定不予核准，发回高级人民法院重新审判的，高级人民法院可以依照第二审程序提审或者发回重新审判。

★最高人民法院复核死刑裁定下发后，受委托宣判的法院应当在宣判后将裁判文书送达辩护律师及被害人的近亲属

《最高人民法院关于死刑复核及执行程序中保障当事人合法权益的若干规定》（2019年8月8日　法释〔2019〕12号）

第五条　最高人民法院复核裁定下发后，受委托进行宣判的人民法院应当在宣判后五日内将裁判文书送达辩护律师。

对被害人死亡的案件，被害人近亲属申请获取裁判文书的，受委托进行宣判的人民法院应当提供。

第二百五十一条 【讯问被告人、听取辩护律师和最高检察院的意见】最高人民法院复核死刑案件，应当讯问被告人，辩护律师提出要求的，应当听取辩护律师的意见。

在复核死刑案件过程中，最高人民检察院可以向最高人民法院提出意见。最高人民法院应当将死刑复核结果通报最高人民检察院。

新旧条文序号对照

2018 年刑事诉讼法	2012 年刑事诉讼法	1996 年刑事诉讼法
第二百五十一条	第二百四十条	

适用要点与裁判依据

★送达死刑裁判文书时，应当告知被告人在复核死刑阶段有权委托辩护律师

《最高人民法院关于死刑复核及执行程序中保障当事人合法权益的若干规定》(2019 年 8 月 8 日 法释〔2019〕12 号)

第一条 高级人民法院在向被告人送达依法作出的死刑裁判文书时，应当告知其在最高人民法院复核死刑阶段有权委托辩护律师，并将告知情况记入宣判笔录；被告人提出由其近亲属代为委托辩护律师的，除因客观原因无法通知的以外，高级人民法院应当及时通知其近亲属，并将通知情况记录在案。

★最高人民法院复核死刑案件，辩护律师应当在一个半月内提交辩护意见

《最高人民法院关于死刑复核及执行程序中保障当事人合法权益的若干规定》(2019 年 8 月 8 日 法释〔2019〕12 号)

第二条 最高人民法院复核死刑案件，辩护律师应当自接受委托或者受指派之日起十日内向最高人民法院提交有关手续，并自接受委托或者指派之日起一个半月内提交辩护意见。

第三条　辩护律师提交相关手续、辩护意见及证据等材料的，可以经高级人民法院代收并随案移送，也可以寄送至最高人民法院。

★最高人民法院复核裁定作出后，对律师提交的辩护意见及证据材料的审查处理

《最高人民法院关于死刑复核及执行程序中保障当事人合法权益的若干规定》(2019年8月8日　法释〔2019〕12号)

第四条　最高人民法院复核裁定作出后，律师提交辩护意见及证据材料的，应当接收并出具接收清单；经审查，相关意见及证据材料可能影响死刑复核结果的，应当暂停交付执行或者停止执行，但不再办理接收委托辩护手续。

★死刑复核及执行程序中的辩护律师及被害人近亲属可以要求提供裁判文书

《最高人民法院关于死刑复核及执行程序中保障当事人合法权益的若干规定》(2019年8月8日　法释〔2019〕12号)

第五条　最高人民法院复核裁定下发后，受委托进行宣判的人民法院应当在宣判后五日内将裁判文书送达辩护律师。

对被害人死亡的案件，被害人近亲属申请获取裁判文书的，受委托进行宣判的人民法院应当提供。

★执行死刑前，应当告知罪犯可以申请会见其近亲属

《最高人民法院关于死刑复核及执行程序中保障当事人合法权益的若干规定》(2019年8月8日　法释〔2019〕12号)

第六条　第一审人民法院在执行死刑前，应当告知罪犯可以申请会见其近亲属。

罪犯申请会见并提供具体联系方式的，人民法院应当通知其近亲属。对经查找确实无法与罪犯近亲属取得联系的，或者其近亲属拒绝会见的，应当告知罪犯。罪犯提出通过录音录像等方式留下遗言的，人民法院可以准许。

通知会见的相关情况，应当记录在案。

★检察机关对死刑复核活动实行法律监督的方式

《人民检察院刑事诉讼规则》(2019 年 12 月 30 日 高检发释字〔2019〕4 号)

第六百零二条 最高人民检察院依法对最高人民法院的死刑复核活动实行法律监督。

省级人民检察院依法对高级人民法院复核未上诉且未抗诉死刑立即执行案件和死刑缓期二年执行案件的活动实行法律监督。

第六百零三条 最高人民检察院、省级人民检察院通过办理下列案件对死刑复核活动实行法律监督:

(一)人民法院向人民检察院通报的死刑复核案件;

(二)下级人民检察院提请监督或者报告重大情况的死刑复核案件;

(三)当事人及其近亲属或者受委托的律师向人民检察院申请监督的死刑复核案件;

(四)认为应当监督的其他死刑复核案件。

★省级人民检察院对于进入最高人民法院死刑复核程序的案件提请监督的情形和途径

《人民检察院刑事诉讼规则》(2019 年 12 月 30 日 高检发释字〔2019〕4 号)

第六百零四条 省级人民检察院对于进入最高人民法院死刑复核程序的案件,发现具有下列情形之一的,应当及时向最高人民检察院提请监督:

(一)案件事实不清、证据不足,依法应当发回重新审判或者改判的;

(二)被告人具有从宽处罚情节,依法不应当判处死刑的;

(三)适用法律错误的;

(四)违反法律规定的诉讼程序,可能影响公正审判的;

(五)其他应当提请监督的情形。

第六百零五条 省级人民检察院发现死刑复核案件被告人有自首、立功、怀孕或者被告人家属与被害人家属达成赔偿谅解协议等新的重大情况,影响死刑适用的,应当及时向最高人民检察院报告。

第六百零六条　当事人及其近亲属或者受委托的律师向最高人民检察院提出不服死刑裁判的申诉，由负责死刑复核监督的部门审查。

第六百零七条　对于适用死刑存在较大分歧或者在全国有重大影响的死刑第二审案件，省级人民检察院应当及时报最高人民检察院备案。

★最高人民检察院审查发现死刑复核案件具有六种情形之一的，应当向最高人民法院提出检察意见

《人民检察院刑事诉讼规则》（2019 年 12 月 30 日　**高检发释字**〔2019〕4 号）

第六百一十一条　最高人民检察院经审查发现死刑复核案件具有下列情形之一的，应当经检察长决定，依法向最高人民法院提出检察意见：

（一）认为适用死刑不当，或者案件事实不清、证据不足，依法不应当核准死刑的；

（二）认为不予核准死刑的理由不成立，依法应当核准死刑的；

（三）发现新的事实和证据，可能影响被告人定罪量刑的；

（四）严重违反法律规定的诉讼程序，可能影响公正审判的；

（五）司法工作人员在办理案件时，有贪污受贿，徇私舞弊，枉法裁判等行为的；

（六）其他需要提出检察意见的情形。

同意最高人民法院核准或者不核准意见的，应当经检察长批准，书面回复最高人民法院。

对于省级人民检察院提请监督、报告重大情况的案件，最高人民检察院认为具有影响死刑适用情形的，应当及时将有关材料转送最高人民法院。

★死刑复核期间，辩护律师要求当面反映意见的，最高人民法院应当听取，并制作笔录

第
251
条

《最高人民法院关于适用〈中华人民共和国刑事诉讼法〉的解释》（2021 年 1 月 26 日　法释〔2021〕1 号）

第四百三十四条　死刑复核期间，辩护律师要求当面反映意见的,最高人民法院有关合议庭应当在办公场所听取其意见,并制作笔录;辩护律师提出书面意见的,应当附卷。

★死刑复核期间,最高人民检察院提出意见的,最高人民法院应当审查并将采纳情况及理由予以反馈

《最高人民法院关于适用〈中华人民共和国刑事诉讼法〉的解释》(2021年1月26日　法释〔2021〕1号)

第四百三十五条　死刑复核期间,最高人民检察院提出意见的,最高人民法院应当审查,并将采纳情况及理由反馈最高人民检察院。

第四百三十六条　最高人民法院应当根据有关规定向最高人民检察院通报死刑案件复核结果。

★司法部法律援助中心接到最高人民法院法律援助通知书后,应当指派具有三年以上刑事辩护执业经历的律师担任辩护人

《最高人民法院、司法部关于为死刑复核案件被告人依法提供法律援助的规定(试行)》(2021年12月30日　法〔2021〕348号)

第四条　司法部法律援助中心在接到最高人民法院法律援助通知书后,应当在三日内指派具有三年以上刑事辩护执业经历的律师担任被告人的辩护律师,并函告最高人民法院。

司法部法律援助中心出具的法律援助公函应当写明接受指派的辩护律师的姓名、所属律师事务所及联系方式。

第五条　最高人民法院应当告知或者委托高级人民法院告知被告人为其指派的辩护律师的情况。被告人拒绝指派的律师为其辩护的,最高人民法院应当准许。

★被告人在死刑复核期间自行委托辩护律师的,司法部法律援助中心应当作出终止法律援助的决定

《最高人民法院、司法部关于为死刑复核案件被告人依法提供法律援助的规定(试行)》(2021年12月30日　法〔2021〕348号)

第六条　被告人在死刑复核期间自行委托辩护律师的,司法部法律援助中心应当作出终止法律援助的决定,并及时函告最高人民法院。

最高人民法院在复核死刑案件过程中发现有前款规定情形的，应当及时函告司法部法律援助中心。司法部法律援助中心应当作出终止法律援助的决定。

★辩护律师要求当面反映意见的，最高人民法院应当听取辩护律师的意见

《最高人民法院、司法部关于为死刑复核案件被告人依法提供法律援助的规定（试行）》（2021年12月30日　法〔2021〕348号）

第九条　辩护律师在依法履行辩护职责中遇到困难和问题的，最高人民法院、司法部有关部门应当及时协调解决，切实保障辩护律师依法履行职责。

第十条　辩护律师应当在接受指派之日起一个半月内提交书面辩护意见或者当面反映辩护意见。辩护律师要求当面反映意见的，最高人民法院应当听取辩护律师的意见。

第五章　审判监督程序

第二百五十二条　【申诉】当事人及其法定代理人、近亲属，对已经发生法律效力的判决、裁定，可以向人民法院或者人民检察院提出申诉，但是不能停止判决、裁定的执行。

新旧条文序号对照

2018年刑事诉讼法	2012年刑事诉讼法	1996年刑事诉讼法
第二百五十二条	第二百四十一条	第二百零三条

适用要点与裁判依据

★对罪犯在刑罚执行期间的正当申诉不能不加分析地认为是不认罪悔罪

《最高人民法院关于办理减刑、假释案件具体应用法律的规定》(2016年11月14日　法释〔2016〕23号)

第三条　“确有悔改表现”是指同时具备以下条件：

(一)认罪悔罪；

(二)遵守法律法规及监规，接受教育改造；

(三)积极参加思想、文化、职业技术教育；

(四)积极参加劳动，努力完成劳动任务。

对职务犯罪、破坏金融管理秩序和金融诈骗犯罪、组织(领导、参加、包庇、纵容)黑社会性质组织犯罪等罪犯，不积极退赃、协助追缴赃款赃物、赔偿损失，或者服刑期间利用个人影响力和社会关系等不正当手段意图获得减刑、假释的，不认定其“确有悔改表现”。

罪犯在刑罚执行期间的申诉权利应当依法保护，对其正当申诉不能不加分析地认为是不认罪悔罪。

★法院处理历史形成的产权案件的目标任务、总体要求、工作原则

《最高人民法院关于依法妥善处理历史形成的产权案件工作实施意见》(2016年11月28日　法发〔2016〕28号)

二、明确目标任务和总体要求

4.明确办案范围。对于改革开放以来作出的涉及重大财产处置的产权纠纷以及民营企业和投资人违法犯罪的生效裁判，当事人、案外人提出申诉的，人民法院要及时审查，认真甄别；确有错误的，坚决依法纠正。

5.突出工作重点。着重抓好重大典型案件的甄别、纠正和宣传工作。注重查清案件事实和焦点问题，厘清相关法律政策问题，摸清案件背景和社会反应，准确适用法律和有关政策规定，作出妥善处理。对重点案件要逐案制定包括立案、再审、执行、善后在内的一揽子工作方案。

三、正确把握工作原则

6. 坚持实事求是原则。尊重历史，实事求是，以发展眼光客观看待和依法妥善处理改革开放以来各类企业特别是民营企业经营过程中存在的不规范问题。

7. 坚持平等保护原则。为各类产权主体提供平等的司法保护，坚持法律面前人人平等，畅通产权申诉案件的立案渠道，规范适用再审审理程序，确保诉讼地位平等、诉讼权利平等、法律适用平等。

8. 坚持依法纠错原则。坚持以事实为根据，以法律为准绳，严格遵循法不溯及既往、罪刑法定、在新旧法之间从旧兼从轻等原则，严守法定程序。对符合再审条件的申诉案件，依法启动再审程序；对确有错误的生效裁判，坚决予以纠正，维护公平正义，提升司法公信。

9. 坚持纠防结合原则。通过对产权错案冤案的甄别和纠正，强化审判监督司法救济、倒逼防错和统一法律适用功能；落实司法责任制，加强源头预防。

★对法院、检察院生效裁判、决定不服提出申诉的，法院、检察院可以引导委托律师代为进行

《最高人民法院、最高人民检察院、司法部关于逐步实行律师代理申诉制度的意见》（2017年4月1日　法发〔2017〕8号）

一、坚持平等、自愿原则。当事人对人民法院、人民检察院作出的生效裁判、决定不服的，提出申诉的，可以自行委托律师；人民法院、人民检察院，可以引导申诉人、被申诉人委托律师代为进行。

申诉人因经济困难没有委托律师的，可以向法律援助机构提出申请。

★律师接受申诉人委托可以通过来信、网上申诉平台、远程视频接访系统、律师服务平台等提交申诉材料

第252条

《最高人民法院、最高人民检察院、司法部关于逐步实行律师代理申诉制度的意见》（2017年4月1日　法发〔2017〕8号）

七、完善申诉立案审查程序。律师接受申诉人委托，可以到人民法院、人民检察院申诉接待场所或者通过来信、网上申诉平台、远程视频接访系统、律师服务平台等提交申诉材料。

提交的材料不符合要求的，人民法院或人民检察院可以通知其限期补充或者补正，并一次性告知应当补充或者补正的全部材料。未在通知期限内提交的，人民法院或者人民检察院不予受理。

对符合法律规定条件的申诉，人民法院、人民检察院应当接收材料，依法立案审查。经审查认为不符合立案条件的，应当以书面形式通知申诉人及代理律师。

★法院、检察院对经审查认为申诉不能成立的，依法向申诉人出具法律文书，同时送达代理律师

《最高人民法院、最高人民检察院、司法部关于逐步实行律师代理申诉制度的意见》（2017年4月1日　法发〔2017〕8号）

八、尊重代理申诉律师意见。人民法院、人民检察院应认真审查律师代为提出的申诉意见，并在法律规定期限内审查完毕。

对经审查认为申诉不能成立的，依法向申诉人出具法律文书，同时送达代理律师。认为案件确有错误的，依法予以纠正。认为案件存在瑕疵的，依法采取相应补正、补救措施。

★法院、检察院应当依法保障代理申诉律师的阅卷权、会见权

《最高人民法院、最高人民检察院、司法部关于逐步实行律师代理申诉制度的意见》（2017年4月1日　法发〔2017〕8号）

九、依法保障代理申诉律师的阅卷权、会见权。在诉讼服务大厅或者信访接待场所建立律师阅卷室、会见室。为律师查阅、摘抄、复制案卷材料等提供方便和保障。对法律援助机构指派的律师复制相关材料的费用予以免收。有条件的地区，可以提供网上阅卷服务。

★依法保障代理申诉律师人身安全

第252条

《最高人民法院、最高人民检察院、司法部关于逐步实行律师代理申诉制度的意见》（2017年4月1日　法发〔2017〕8号）

十、依法保障代理申诉律师人身安全。对在驻点或者代理申诉过程中出现可能危害律师人身安全的违法行为，人民法院或人民检察院要依法及时制止，固定证据，并做好相关处置工作。

★完善律师代理申诉公开机制

《最高人民法院、最高人民检察院、司法部关于逐步实行律师代理申诉制度的意见》（2017年4月1日　法发〔2017〕8号）

十一、完善律师代理申诉公开机制。对律师代理的申诉案件，除法律规定不能公开、当事人不同意公开或者其他不适宜公开的情形，人民法院、人民检察院可以公开立案、审查程序，并告知申诉人及其代理律师，审查结果。案件疑难，复杂的，申诉人及其代理律师可以申请举行公开听证，人民法院人、民检察院可以依申请或者依职权进行公开听证，并邀请相关领域专家、人大代表、政协委员及群众代表等社会第三方参加。

十二、探索建立律师代理申诉网上工作平台。运用信息技术，探索建立律师事务所、法律援助机构与人民法院、人民检察院之间视频申诉系统，鼓励律师通过视频形式开展工作；开发律师申诉接待平台，实现与人民法院、人民检察院可公开申诉信息的互联互通、共享共用。

★律师在代理申诉过程中不得与申诉人订立风险代理协议

《最高人民法院、最高人民检察院、司法部关于逐步实行律师代理申诉制度的意见》（2017年4月1日　法发〔2017〕8号）

十五、强化律师代理申诉执业管理。对律师在代理申诉过程中，违反《中华人民共和国律师法》、《律师执业管理办法》等规定，具有煽动、教唆和组织申诉人以违法方式表达诉求；利用代理申诉案件过程中获得的案件信息进行歪曲、有误导性的宣传和评论，恶意炒作案件；与申诉人订立风险代理协议；在人民法院或者人民检察院驻点提供法律服务时接待其他当事人，或者通过虚假承诺、明示或暗示与司法机关的特殊关系等方式诱使其他当事人签订委托代理协议等行为的，司法行政部门或者律师协会应当相应给予行业处分和行政处罚。构成犯罪的，依法追究刑事责任。

人民法院、人民检察院发现律师存在违法违规行为的，应当向司法行政部门、律师协会提出处罚、处分建议。司法行政部门,律师协会,核查后,应当将结果及时通报建议机关。

★当事人认为法院的生效裁判确有错误,向检察院申诉的,由作出生效裁判的法院的同级检察院依法办理

《人民检察院刑事诉讼规则》(2019 年 12 月 30 日　高检发释字〔2019〕4 号)

第五百九十三条　当事人及其法定代理人、近亲属认为人民法院已经发生法律效力的判决、裁定确有错误,向人民检察院申诉的,由作出生效判决、裁定的人民法院的同级人民检察院依法办理。

当事人及其法定代理人、近亲属直接向上级人民检察院申诉的,上级人民检察院可以交由作出生效判决、裁定的人民法院的同级人民检察院受理;案情重大、疑难、复杂的,上级人民检察院可以直接受理。

当事人及其法定代理人、近亲属对人民法院已经发生法律效力的判决、裁定提出申诉,经人民检察院复查决定不予抗诉后继续提出申诉的,上一级人民检察院应当受理。

第五百九十四条　对不服人民法院已经发生法律效力的判决、裁定的申诉,经两级人民检察院办理且省级人民检察院已经复查的,如果没有新的证据,人民检察院不再复查,但原审被告人可能被宣告无罪或者判决、裁定有其他重大错误可能的除外。

★地方各级检察院对不服同级法院生效裁判的申诉复查后的处理

《人民检察院刑事诉讼规则》(2019 年 12 月 30 日　高检发释字〔2019〕4 号)

第五百九十五条　人民检察院对已经发生法律效力的判决、裁定的申诉复查后,认为需要提请或者提出抗诉的,报请检察长决定。

第252条 地方各级人民检察院对不服同级人民法院已经发生法律效力的判决、裁定的申诉复查后,认为需要提出抗诉的,应当提请上一级人民检察院抗诉。

上级人民检察院对下一级人民检察院提请抗诉的申诉案件进行

审查后,认为需要提出抗诉的,应当向同级人民法院提出抗诉。

人民法院开庭审理时,同级人民检察院应当派员出席法庭。

★检察院对不服生效裁判的申诉案件复查终结后,应当制作刑事申诉复查通知书,在十日以内通知申诉人

《人民检察院刑事诉讼规则》(2019 年 12 月 30 日　高检发释字〔2019〕4 号)

第五百九十六条　人民检察院对不服人民法院已经发生法律效力的判决、裁定的申诉案件复查终结后,应当制作刑事申诉复查通知书,在十日以内通知申诉人。

经复查向上一级人民检察院提请抗诉的,应当在上一级人民检察院作出是否抗诉的决定后制作刑事申诉复查通知书。

★案外人认为生效裁判侵害其合法权益,提出申诉的,法院应当审查处理

《最高人民法院关于适用〈中华人民共和国刑事诉讼法〉的解释》(2021 年 1 月 26 日　法释〔2021〕1 号)

第四百五十一条　当事人及其法定代理人、近亲属对已经发生法律效力的判决、裁定提出申诉的,人民法院应当审查处理。

案外人认为已经发生法律效力的判决、裁定侵害其合法权益,提出申诉的,人民法院应当审查处理。

申诉可以委托律师代为进行。

★向法院申诉应当提交的材料

《最高人民法院关于适用〈中华人民共和国刑事诉讼法〉的解释》(2021 年 1 月 26 日　法释〔2021〕1 号)

第四百五十二条　向人民法院申诉,应当提交以下材料:

(一)申诉状。应当写明当事人的基本情况、联系方式以及申诉的事实与理由;

(二)原一、二审判决书、裁定书等法律文书。经过人民法院复查或者再审的,应当附有驳回申诉通知书、再审决定书、再审判决书、裁定书;

（三）其他相关材料。以有新的证据证明原判决、裁定认定的事实确有错误为由申诉的，应当同时附有相关证据材料；申请人民法院调查取证的，应当附有相关线索或者材料。

申诉符合前款规定的，人民法院应当出具收到申诉材料的回执。申诉不符合前款规定的，人民法院应当告知申诉人补充材料；申诉人拒绝补充必要材料且无正当理由的，不予审查。

★对法院生效裁判的申诉一般由终审法院审查处理

《最高人民法院关于适用〈中华人民共和国刑事诉讼法〉的解释》（2021年1月26日 法释〔2021〕1号）

第四百五十三条 申诉由终审人民法院审查处理。但是，第二审人民法院裁定准许撤回上诉的案件，申诉人对第一审判决提出申诉的，可以由第一审人民法院审查处理。

上一级人民法院对未经终审人民法院审查处理的申诉，可以告知申诉人向终审人民法院提出申诉，或者直接交终审人民法院审查处理，并告知申诉人；案件疑难、复杂、重大的，也可以直接审查处理。

对未经终审人民法院及其上一级人民法院审查处理，直接向上级人民法院申诉的，上级人民法院应当告知申诉人向下级人民法院提出。

★对法院生效裁判的申诉案件可以指定异地法院进行审查

《最高人民法院关于适用〈中华人民共和国刑事诉讼法〉的解释》（2021年1月26日 法释〔2021〕1号）

第四百五十四条 最高人民法院或者上级人民法院可以指定终审人民法院以外的人民法院对申诉进行审查。被指定的人民法院审查后，应当制作审查报告，提出处理意见，层报最高人民法院或者上级人民法院审查处理。

★对死刑案件的申诉由原核准法院审查处理

《最高人民法院关于适用〈中华人民共和国刑事诉讼法〉的解释》（2021年1月26日 法释〔2021〕1号）

第四百五十五条 对死刑案件的申诉，可以由原核准的人民法院直接审查处理，也可以交由原审人民法院审查。原审人民法院应当制作审查报告，提出处理意见，层报原核准的人民法院审查处理。

★法院对申诉案件必要时可以进行听证

《最高人民法院关于适用〈中华人民共和国刑事诉讼法〉的解释》(2021年1月26日　**法释〔2021〕1号**)

第四百五十六条　对立案审查的申诉案件，人民法院可以听取当事人和原办案单位的意见，也可以对原判据以定罪量刑的证据和新的证据进行核实。必要时，可以进行听证。

★法院对申诉案件的审查期限应当在三个月以内作出决定，至迟不得超过六个月

《最高人民法院关于适用〈中华人民共和国刑事诉讼法〉的解释》(2021年1月26日　**法释〔2021〕1号**)

第四百五十七条　对立案审查的申诉案件，应当在三个月以内作出决定，至迟不得超过六个月。因案件疑难、复杂、重大或者其他特殊原因需要延长审查期限的，参照本解释第二百一十条的规定处理。

经审查，具有下列情形之一的，应当根据刑事诉讼法第二百五十三条的规定，决定重新审判：

(一)有新的证据证明原判决、裁定认定的事实确有错误，可能影响定罪量刑的；

(二)据以定罪量刑的证据不确实、不充分、依法应当排除的；

(三)证明案件事实的主要证据之间存在矛盾的；

(四)主要事实依据被依法变更或者撤销的；

(五)认定罪名错误的；

(六)量刑明显不当的；

(七)对违法所得或者其他涉案财物的处理确有明显错误的；

(八)违反法律关于溯及力规定的；

(九)违反法定诉讼程序，可能影响公正裁判的；

(十)审判人员在审理该案件时有贪污受贿、徇私舞弊、枉法裁判行为的。

申诉不具有上述情形的，应当说服申诉人撤回申诉；对仍然坚持申诉的，应当书面通知驳回。

第二百五十三条 【提起申诉】当事人及其法定代理人、近亲属的申诉符合下列情形之一的，人民法院应当重新审判：

（一）有新的证据证明原判决、裁定认定的事实确有错误，可能影响定罪量刑的；

（二）据以定罪量刑的证据不确实、不充分、依法应当予以排除，或者证明案件事实的主要证据之间存在矛盾的；

（三）原判决、裁定适用法律确有错误的；

（四）违反法律规定的诉讼程序，可能影响公正审判的；

（五）审判人员在审理该案件的时候，有贪污受贿，徇私舞弊，枉法裁判行为的。

新旧条文序号对照

2018 年刑事诉讼法	2012 年刑事诉讼法	1996 年刑事诉讼法
第二百五十三条	第二百四十二条	第二百零四条

适用要点与裁判依据

★法院对申诉案件立案审查后应当决定重新审判的十种情形

《最高人民法院关于适用〈中华人民共和国刑事诉讼法〉的解释》（2021 年 1 月 26 日 法释〔2021〕1 号）

第四百五十七条 对立案审查的申诉案件，应当在三个月以内作出决定，至迟不得超过六个月。因案件疑难、复杂、重大或者其他特殊原因需要延长审查期限的，参照本解释第二百一十条的规定处理。

经审查，具有下列情形之一的，应当根据刑事诉讼法第二百五十三条的规定，决定重新审判：

（一）有新的证据证明原判决、裁定认定的事实确有错误，可能影响定罪量刑的；

（二）据以定罪量刑的证据不确实、不充分、依法应当排除的；

（三）证明案件事实的主要证据之间存在矛盾的；

（四）主要事实依据被依法变更或者撤销的；

（五）认定罪名错误的；

（六）量刑明显不当的；

（七）对违法所得或者其他涉案财物的处理确有明显错误的；

（八）违反法律关于溯及力规定的；

（九）违反法定诉讼程序，可能影响公正裁判的；

（十）审判人员在审理该案件时有贪污受贿、徇私舞弊、枉法裁判行为的。

申诉不具有上述情形的，应当说服申诉人撤回申诉；对仍然坚持申诉的，应当书面通知驳回。

★可能改变原判决、裁定据以定罪量刑的事实的“新的证据”

《最高人民法院关于适用〈中华人民共和国刑事诉讼法〉的解释》(2021 年 1 月 26 日　法释〔2021〕1 号)

第四百五十八条　具有下列情形之一，可能改变原判决、裁定据以定罪量刑的事实的证据，应当认定为刑事诉讼法第二百五十三条第一项规定的“新的证据”：

（一）原判决、裁定生效后新发现的证据；

（二）原判决、裁定生效前已经发现，但未予收集的证据；

（三）原判决、裁定生效前已经收集，但未经质证的证据；

（四）原判决、裁定所依据的鉴定意见，勘验、检查等笔录被改变或者否定的；

（五）原判决、裁定所依据的被告人供述、证人证言等证据发生变化，影响定罪量刑，且有合理理由的。

★申诉人对法院驳回申诉不服的再申诉

《最高人民法院关于适用〈中华人民共和国刑事诉讼法〉的解释》(2021 年 1 月 26 日 法释〔2021〕1 号)

第四百五十九条 申诉人对驳回申诉不服的,可以向上一级人民法院申诉。上一级人民法院经审查认为申诉不符合刑事诉讼法第二百五十三条和本解释第四百五十七条第二款规定的,应当说服申诉人撤回申诉;对仍然坚持申诉的,应当驳回或者通知不予重新审判。

★依照审判监督程序重新审判的案件,应当重点针对申诉、抗诉和决定再审的理由进行审理

《最高人民法院关于适用〈中华人民共和国刑事诉讼法〉的解释》(2021 年 1 月 26 日 法释〔2021〕1 号)

第四百六十五条 依照审判监督程序重新审判的案件,人民法院应当重点针对申诉、抗诉和决定再审的理由进行审理。必要时,应当对原判决、裁定认定的事实、证据和适用法律进行全面审查。

第二百五十四条 【提起再审的主体、方式和理由】各级人民法院院长对本院已经发生法律效力的判决和裁定,如果发现在认定事实上或者在适用法律上确有错误,必须提交审判委员会处理。

最高人民法院对各级人民法院已经发生法律效力的判决和裁定,上级人民法院对下级人民法院已经发生法律效力的判决和裁定,如果发现确有错误,有权提审或者指令下级人民法院再审。

最高人民检察院对各级人民法院已经发生法律效力的判决和裁定,上级人民检察院对下级人民法院已经发生法律效力的判决和裁定,如果发现确有错误,有权按照审判监督程序向同级人民法院提出抗诉。

第 254 条

人民检察院抗诉的案件,接受抗诉的人民法院应当组成合议庭重新审理,对于原判决事实不清楚或者证据不足的,可以指令下级人民法院再审。

新旧条文序号对照

2018 年刑事诉讼法	2012 年刑事诉讼法	1996 年刑事诉讼法
第二百五十四条	第二百四十三条	第二百零五条

适用要点与裁判依据

★对检察院依照审判监督程序提出抗诉的案件，法院应当在收到抗诉书后一个月以内立案

《最高人民法院关于适用〈中华人民共和国刑事诉讼法〉的解释》(2021 年 1 月 26 日　法释〔2021〕1 号)

第四百六十二条　对人民检察院依照审判监督程序提出抗诉的案件，人民法院应当在收到抗诉书后一个月以内立案。但是，有下列情形之一的，应当区别情况予以处理：

(一)不属于本院管辖的，应当将案件退回人民检察院；

(二)按照抗诉书提供的住址无法向被抗诉的原审被告人送达抗诉书的，应当通知人民检察院在三日以内重新提供原审被告人的住址；逾期未提供的，将案件退回人民检察院；

(三)以有新的证据为由提出抗诉，但未附相关证据材料或者有关证据不是指向原起诉事实的，应当通知人民检察院在三日以内补送相关材料；逾期未补送的，将案件退回人民检察院。

决定退回的抗诉案件，人民检察院经补充相关材料后再次抗诉，经审查符合受理条件的，人民法院应当受理。

★对检察院提出抗诉的案件需要指令下级法院再审的，应当在一个月以内作出决定

《最高人民法院关于适用〈中华人民共和国刑事诉讼法〉的解释》(2021 年 1 月 26 日　法释〔2021〕1 号)

第四百六十三条　对人民检察院依照审判监督程序提出抗诉的案件，接受抗诉的人民法院应当组成合议庭审理。对原判事实不清、证据不足,包括有新的证据证明原判可能有错误,需要指令下级人民法院再审的,应当在立案之日起一个月以内作出决定,并将指令再审决定书送达抗诉的人民检察院。

★被告人可能经再审改判无罪的,可以决定中止原判决、裁定的执行

《最高人民法院关于适用〈中华人民共和国刑事诉讼法〉的解释》(2021年1月26日 法释〔2021〕1号)

第四百六十四条 对决定依照审判监督程序重新审判的案件,人民法院应当制作再审决定书。再审期间不停止原判决、裁定的执行,但被告人可能经再审改判无罪,或者可能经再审减轻原判刑罚而致刑期届满的,可以决定中止原判决、裁定的执行,必要时,可以对被告人采取取保候审、监视居住措施。

★对产权申诉案件,上级法院可以提审和改判的,不宜指令再审和发回重审

《最高人民法院关于依法妥善处理历史形成的产权案件工作实施意见》(2016年11月28日 法发〔2016〕28号)

11. 强化程序监督。对产权申诉案件,要加强审级监督,上级法院可以提审和改判的,不宜指令再审和发回重审,强化对下级法院办理产权案件的监督和指导,防止程序空转。重视检察监督,依法办理检察机关提起的抗诉和检察建议案件。

类案检索指引

★虽然违反行政规定,但尚未严重扰乱市场秩序的经营行为,不应当认定为非法经营罪

《王力军非法经营再审改判无罪案》(2018年12月19日最高人民法院发布第19批指导性案例:指导案例97号)

第254条

【关键词】

刑事 非法经营罪 严重扰乱市场秩序 社会危害性 刑事违

法性　刑事处罚必要性

【裁判要点】

1. 对于刑法第二百二十五条第四项规定的“其他严重扰乱市场秩序的非法经营行为”的适用，应当根据相关行为是否具有与刑法第二百二十五条前三项规定的非法经营行为相当的社会危害性、刑事违法性和刑事处罚必要性进行判断。

2. 判断违反行政管理有关规定的经营行为是否构成非法经营罪，应当考虑该经营行为是否属于严重扰乱市场秩序。对于虽然违反行政管理有关规定，但尚未严重扰乱市场秩序的经营行为，不应当认定为非法经营罪。

★对于死刑案件的抗诉，要正确把握适用死刑的条件，严格证明标准

《忻元龙绑架案》（2010 年 12 月 31 日最高人民检察院发布第一批指导性案例：检例第 2 号）

【要旨】

对于死刑案件的抗诉，要正确把握适用死刑的条件，严格证明标准，依法履行刑事审判法律监督职责。

【诉讼过程】

被告人忻元龙绑架一案，由浙江省慈溪市公安局立案侦查，于 2005 年 11 月 21 日移送慈溪市人民检察院审查起诉。慈溪市人民检察院于同年 11 月 22 日告知了忻元龙有权委托辩护人等诉讼权利，也告知了被害人的近亲属有权委托诉讼代理人等诉讼权利。按照案件管辖的规定，同年 11 月 28 日，慈溪市人民检察院将案件报送宁波市人民检察院审查起诉。宁波市人民检察院依法讯问了被告人忻元龙，审查了全部案件材料。2006 年 1 月 4 日，宁波市人民检察院以忻元龙涉嫌绑架罪向宁波市中级人民法院提起公诉。

2006 年 1 月 17 日，浙江省宁波市中级人民法院依法组成合议庭，公开审理了此案。法庭审理认为：被告人忻元龙以勒索财物为目的，绑架并杀害他人，其行为已构成绑架罪。手段残忍、后果严重，依法应予严惩。检察机关指控的罪名成立。

2006 年 2 月 7 日，宁波市中级人民法院作出一审判决：一、被告人忻元龙犯绑架罪，判处死刑，剥夺政治权利终身，并处没收个人全部财产。二、被告人忻元龙赔偿附带民事诉讼原告人杨宝风、张玉彬应得的被害人死亡赔偿金 317640 元、丧葬费 11380 元，合计人民币 329020 元。三、供被告人忻元龙犯罪使用的浙 B3C751 通宝牌面包车一辆及波导 1220 型手机一部，予以没收。

忻元龙对一审刑事部分的判决不服，向浙江省高级人民法院提出上诉。

2006 年 10 月 12 日，浙江省高级人民法院依法组成合议庭，公开审理了此案。法庭审理认为：被告人忻元龙以勒索财物为目的，绑架并杀害他人，其行为已构成绑架罪。犯罪情节特别严重，社会危害极大，依法应予严惩。但鉴于本案的具体情况，对忻元龙判处死刑，可不予立即执行。2007 年 4 月 28 日，浙江省高级人民法院作出二审判决：一、撤销浙江省宁波市中级人民法院(2006)甬刑初字第 16 号刑事附带民事判决中对忻元龙的量刑部分，维持判决的其余部分；二、被告人忻元龙犯绑架罪，判处死刑，缓期二年执行，剥夺政治权利终身。

被害人杨某某的父亲不服，于 2007 年 6 月 25 日向浙江省人民检察院申诉，请求提出抗诉。

浙江省人民检察院经审查认为，浙江省高级人民法院二审判决改判忻元龙死刑缓期二年执行确有错误，于 2007 年 8 月 10 日提请最高人民检察院按照审判监督程序提出抗诉。最高人民检察院派员到浙江专门核查了案件相关情况。最高人民检察院检察委员会两次审议了该案，认为被告人忻元龙绑架犯罪事实清楚，证据确实、充分，依法应当判处死刑立即执行，浙江省高级人民法院以“鉴于本案具体情况”为由改判忻元龙死刑缓期二年执行确有错误，应予纠正。理由如下：

一、忻元龙绑架犯罪事实清楚，证据确实、充分。本案定案的物证、书证、证人证言、被告人供述、鉴定结论、现场勘查笔录等证据能够形成完整的证据体系。公安机关根据忻元龙的供述找到被害人杨某某尸骨,忻元龙供述的诸多隐蔽细节,如埋尸地点、尸体在土中的姿势、尸体未穿鞋袜、埋尸坑中没有书包、打错勒索电话的原因、打勒索电话的通话次数、通话内容,接电话人的口音等,得到了其他证据的印证。

二、浙江省高级人民法院二审判决确有错误。二审改判是认为本案证据存在两个疑点。一是卖给忻元龙波导 1220 型手机的证人傅世红在证言中讲该手机的串号与公安人员扣押在案手机的串号不一致,手机的同一性存有疑问;二是证人宋丽娟和艾力买买提尼牙子证实,在案发当天看见一中年妇女将一个与被害人特征相近的小女孩带走,不能排除有他人作案的可能。经审查,这两个疑点均能够排除。一是关于手机同一性问题。经审查,公安人员在询问傅世红时,将波导 1220 型手机原机主洪义军的身份证号码误记为手机的串号。宁波市人民检察院移送给宁波市中级人民法院的《随案移送物品文件清单》中写明波导 1220 型手机的串号是 350974114389275,且洪义军将手机卖给傅世红的《旧货交易凭证》等证据,清楚地证明了从忻元龙身上扣押的手机即是索要赎金时使用的手机,且手机就在宁波市中级人民法院,手机同一性的疑点能够排除。二是关于是否存在中年妇女作案问题。案卷原有证据能够证实宋丽娟、艾力买买提尼牙子证言证明的"中年妇女带走小女孩"与本案无关。宋丽娟、艾力买买提尼牙子证言证明的中年妇女带走小女孩的地点在绑架现场东侧 200 米左右,与忻元龙绑架杨某某并非同一地点。艾力买买提尼牙子证言证明的是迪欧咖啡厅南边的电脑培训学校门口,不是忻元龙实施绑架的地点;宋丽娟证言证明的中年妇女带走小女孩的地点是迪欧咖啡厅南边的十字路口,而不是老年大学北围墙外的绑架现场,因为宋丽娟所在位置被建筑物阻挡,看不到老年大学北围墙外的绑架现场,此疑问也已经排除。此外,二人提到的小女孩的外貌特征等细节也与杨某某不符。

三、忻元龙所犯罪行极其严重,对其应当判处死刑立即执行。一是忻元龙精心预谋犯罪、主观恶性极深。忻元龙为实施绑架犯罪进行了精心预谋,多次到慈溪市“踩点”,并选择了相对僻静无人的地方作为行车路线。忻元龙以“陈老师找你”为由将杨某某骗上车实施绑架,与慈溪市老年大学剑桥英语培训班负责人陈老师的姓氏相符。忻元龙居住在宁波市的鄞州区,选择在宁波市的慈溪市实施绑架,选择在宁波市的北仑区杀害被害人,之后又精心实施勒索赎金行为,赴安徽省广德县购买波导 1220 型手机,使用异地购买的手机卡,赴安徽省宣城市、芜湖市打勒索电话并要求被害人父亲到浙江省长兴县交付赎金。二是忻元龙犯罪后果极其严重、社会危害性极大。忻元龙实施绑架犯罪后,为使自己的罪行不被发现,在得到被害人家庭信息后,当天就将年仅 9 岁的杨某某杀害,并烧掉了杨某某的书包,扔掉了杨某某挣扎时脱落的鞋子,实施了毁灭罪证的行为。忻元龙归案后认罪态度差。开始不供述犯罪,并隐瞒作案所用手机的来源,后来虽供述犯罪,但编造他人参与共同作案。忻元龙的犯罪行为不仅剥夺了被害人的生命、给被害人家属造成了无法弥补的巨大痛苦,也严重影响了当地群众的安全感。三是二审改判忻元龙死刑缓期二年执行不被被害人家属和当地群众接受。被害人家属强烈要求判处忻元龙死刑立即执行,当地群众对二审改判忻元龙死刑缓期二年执行亦难以接受,要求司法机关严惩忻元龙。

2008 年 10 月 22 日,最高人民检察院依照《中华人民共和国刑事诉讼法》第二百零五条第三款之规定,向最高人民法院提出抗诉。2009 年 3 月 18 日,最高人民法院指令浙江省高级人民法院另行组成合议庭,对忻元龙案件进行再审。

2009 年 5 月 14 日,浙江省高级人民法院另行组成合议庭公开开庭审理本案。法庭审理认为:被告人忻元龙以勒索财物为目的,绑架并杀害他人,其行为已构成绑架罪,且犯罪手段残忍、情节恶劣,社会危害极大,无任何悔罪表现,依法应予严惩。检察机关要求纠正二审判决的意见能够成立。忻元龙及其辩护人要求维持二审判决的意见,理由不足,不予采纳。

2009 年 6 月 26 日,浙江省高级人民法院依照《中华人民共和国刑事诉讼法》第二百零五条第二款、第二百零六条、第一百八十九条第二项,《中华人民共和国刑法》第二百三十九条第一款、第五十七条第一款、第六十四条之规定,作出判决:一、撤销浙江省高级人民法院(2006)浙刑一终字第146号刑事判决中对原审被告人忻元龙的量刑部分,维持该判决的其余部分和宁波市中级人民法院(2006)甬刑初字第16号刑事附带民事判决;二、原审被告人忻元龙犯绑架罪,判处死刑,剥夺政治权利终身,并处没收个人全部财产,并依法报请最高人民法院核准。

最高人民法院复核认为:被告人忻元龙以勒索财物为目的,绑架并杀害他人的行为已构成绑架罪。其犯罪手段残忍,情节恶劣,后果严重,无法定从轻处罚情节。浙江省高级人民法院再审判决认定的事实清楚,证据确实、充分,定罪准确,量刑适当,审判程序合法。

2009年11月13日,最高人民法院依照《中华人民共和国刑事诉讼法》第一百九十九条和《最高人民法院关于复核死刑案件若干问题的规定》第二条第一款之规定,作出裁定:核准浙江省高级人民法院(2009)浙刑再字第3号以原审被告人忻元龙犯绑架罪,判处死刑,剥夺政治权利终身,并处没收个人全部财产的刑事判决。

2009年12月11日,被告人忻元龙被依法执行死刑。

★适用缓刑无法体现罪责刑相适应,无法实现惩罚和预防犯罪的目的,属于量刑明显不当

《马乐利用未公开信息交易案》(2016年5月31日最高人民检察院发布第七批指导性案例:检例第24号)

【关键词】

适用法律错误　刑事抗诉　援引法定刑　情节特别严重

【要旨】

刑法第一百八十条第四款利用未公开信息交易罪为援引法定刑的情形,应当是对第一款法定刑的全部援引。其中,“情节严重”是入罪标准,在处罚上应当依照本条第一款内幕交易、泄露内幕信息罪的全部法定刑处罚,即区分不同情形分别依照第一款规定的“情节严重”和“情节特别严重”两个量刑档次处罚。

【指导意义】

我国刑法分则“罪状 + 法定刑”的立法模式决定了在性质相近、危害相当罪名的法条规范上，基本采用援引法定刑的立法技术。本案对刑法第一百八十条第四款援引法定刑理解的争议是刑法解释的理论问题。正确理解刑法条文，应当以文义解释为起点，综合运用体系解释、目的解释等多种解释方法，按照罪刑法定原则和罪责刑相适应原则的要求，从整个刑法体系中把握立法目的，平衡法益保护。

1. 从法条文义理解，刑法第一百八十条第四款中的“情节严重”是入罪条款，为犯罪构成要件，表明该罪情节犯的属性，具有限定处罚范围的作用，以避免“情节不严重”的行为也入罪，而非量刑档次的限缩。本条款中“情节严重”之后并未列明具体的法定刑，不兼具量刑条款的性质，量刑条款为“依照第一款的规定处罚”，应当理解为对第一款法定刑的全部援引而非部分援引，即同时存在“情节严重”、“情节特别严重”两种情形和两个量刑档次。

2. 从刑法体系的协调性考量，一方面，刑法中存在与第一百八十条第四款表述类似的条款，印证了援引法定刑为全部援引。如刑法第二百八十五条第三款规定“情节严重的，依照前款的规定处罚”，2011 年《最高人民法院、最高人民检察院关于办理危害计算机信息系统安全刑事案件应用法律若干问题的解释》第三条明确了本款包含有“情节严重”、“情节特别严重”两个量刑档次。另一方面，从刑法其他条文的反面例证看，法定刑设置存在细微差别时即无法援引。如刑法第一百八十条第二款关于内幕交易、泄露内幕信息罪单位犯罪的规定，没有援引前款个人犯罪的法定刑，而是单独明确规定处五年以下有期徒刑或者拘役。这是因为第一款规定了情节严重、情节特别严重两个量刑档次，而第二款只有一个量刑档次，并且不对直接负责的主管人员和其他直接责任人员并处罚金。在这种情况下，为避免发生歧义，立法不会采用援引法定刑的方式，而是对相关法定刑作出明确表述。

3. 从设置利用未公开信息交易罪的立法目的分析，刑法将本罪与内幕交易、泄露内幕信息罪一并放在第一百八十条中分款予以规定,就是由于两罪虽然信息范围不同,但是其通过信息的未公开性和价格影响性获利的本质相同,对公众投资者利益和金融管理秩序的实质危害性相当,行为人的主观恶性相当,应当适用相同的法定量刑幅度,具体量刑标准也应一致。如果只截取情节严重部分的法定刑进行援引,势必违反罪刑法定原则和罪刑相适应原则,无法实现惩罚和预防犯罪的目的。

★检察机关对于不能排除有其他人作案可能的,应当依法进行监督

《于英生申诉案》(2016年5月31日最高人民检察院发布第七批指导性案例:检例第25号)

【关键词】

刑事申诉 再审检察建议 改判无罪

【要旨】

坚守防止冤假错案底线,是保障社会公平正义的重要方面。检察机关既要依法监督纠正确有错误的生效刑事裁判,又要注意在审查逮捕、审查起诉等环节有效发挥监督制约作用,努力从源头上防止冤假错案发生。在监督纠正冤错案件方面,要严格把握纠错标准,对于被告人供述反复,有罪供述前后矛盾,且有罪供述的关键情节与其他在案证据存在无法排除的重大矛盾,不能排除有其他人作案可能的,应当依法进行监督。

【指导意义】

1. 对案件事实结论应当坚持"唯一性"证明标准。刑事诉讼法第一百九十五条第一项规定:"案件事实清楚,证据确实、充分,依据法律认定被告人有罪的,应当作出有罪判决。"刑事诉讼法第五十三条第二款对于认定"证据确实、充分"的条件进行了规定:"(一)定罪量刑的事实都有证据证明;(二)据以定案的证据均经法定程序查证属实;(三)综合全案证据,对所认定的案件事实已排除合理怀疑。"排除合理怀疑,要求对于认定的案件事实,从证据角度已经没有符合常理的、有根据的怀疑，特别在是否存在犯罪事实和被告人是否实施了犯罪等关键问题上，确信证据指向的案件结论具有唯一性。只有坚持对案件事实结论的唯一性标准，才能够保证裁判认定的案件事实与客观事实相符，最大限度避免冤假错案的发生。

2. 坚持全面收集证据，严格把握纠错标准。在复查刑事申诉案件过程中，除全面审查原有证据外，还应当注意补充收集、调取能够证实被告人有罪或者无罪、犯罪情节轻重的新证据，通过正向肯定与反向否定，检验原审裁判是否做到案件事实清楚，证据确实、充分。要坚持疑罪从无原则，严格把握纠错标准，对于被告人有罪供述出现反复且前后矛盾，关键情节与其他在案证据存在无法排除的重大矛盾，不能排除有其他人作案可能的，应当认为认定主要案件事实的结论不具有唯一性。人民法院据此判决被告人有罪的，人民检察院应当按照审判监督程序向人民法院提出抗诉，或者向同级人民法院提出再审检察建议。

★检察机关对于在案发现场提取的实物证据未经鉴定的，应当依法进行监督

《陈满申诉案》（2016 年 5 月 31 日最高人民检察院发布第七批指导性案例：检例第 26 号）

【关键词】

刑事申诉 刑事抗诉 改判无罪

【要旨】

证据是刑事诉讼的基石，认定案件事实，必须以证据为根据。证据未经当庭出示、辨认、质证等法庭调查程序查证属实，不能作为定案的根据。对于在案发现场提取的物证等实物证据，未经鉴定，且在诉讼过程中丢失或者毁灭，无法在庭审中出示、质证，有罪供述的主要情节又得不到其他证据印证，而原审裁判认定被告人有罪的，应当依法进行监督。

第254条

【指导意义】

1. 切实强化证据裁判和证据审查意识。证据裁判原则是现代刑事诉讼的一项基本原则,是正确惩治犯罪,防止冤假错案的重要保障。证据裁判原则不仅要求认定案件事实必须以证据为依据,而且所依据的证据必须客观真实、合法有效。我国刑事诉讼法第四十八条第三款规定:"证据必须经过查证属实,才能作为定案的根据。"这是证据使用的根本原则,违背这一原则就有可能导致冤假错案,放纵罪犯或者侵犯公民的合法权利。检察机关审查逮捕、审查起诉和复查刑事申诉案件,都必须注意对证据的客观性、合法性进行审查,及时防止和纠正冤假错案。对于刑事申诉案件,经审查,如果原审裁判据以定案的有关证据,在原审过程中未经法定程序证明其真实性、合法性,而人民法院据此认定被告人有罪的,人民检察院应当依法进行监督。

2. 坚持综合审查判断证据规则。刑事诉讼法第一百九十五条第一项规定:"案件事实清楚,证据确实、充分,依据法律认定被告人有罪的,应当作出有罪判决。"证据确实、充分,不仅是对单一证据的要求,而且是对审查判断全案证据的要求。只有使各项证据相互印证,合理解释消除证据之间存在的矛盾,才能确保查明案件事实真相,避免出现冤假错案。特别是在将犯罪嫌疑人、被告人有罪供述作为定罪主要证据的案件中,尤其要重视以客观性证据检验补强口供等言词证据。只有口供而没有其他客观性证据,或者口供与其他客观性证据相互矛盾、不能相互印证,对所认定的事实不能排除合理怀疑的,应当坚持疑罪从无原则,不能认定被告人有罪。

★正确适用从旧兼从轻的刑法原则,依法保障涉案企业和企业家的合法权益

《湖北某某环境工程有限公司、李某明逃税案》[2021年5月19日最高人民法院发布7件人民法院充分发挥审判职能作用保护产权和企业家合法权益典型案例(第三批)]

【典型意义】

《中共中央、国务院关于完善产权保护制度依法保护产权的意见》(以下简称《产权保护意见》)强调,要坚持有错必纠,对确属适用法律错误的要依法予以纠正,依法妥善处理民营企业经营过程中存在的不规范问题。本案再审判决根据《刑法》第十二条规定的从旧兼从轻原则,依法适用经《刑法修正案(七)》修正后的《刑法》第二百零一条第四款关于对逃税初犯附条件不予追究刑事责任的规定,宣告申诉单位湖北某某环境工程有限公司和申诉人李某明无罪。本案再审裁判正确适用从旧兼从轻的刑法原则,依法保障涉案企业和企业家的合法权益,彰显了人民法院依法保护产权和企业家人身财产安全的态度和决心,对于营造有利于民营企业健康发展的法治化营商环境具有重要意义。

案例索引:最高人民法院(2019)最高法刑申231号再审决定书、湖北省高级人民法院(2019)鄂刑再5号刑事判决书。

★严格区分经济纠纷与刑事犯罪之间的界限,防止将经济纠纷当作犯罪处理,防止将民事责任变为刑事责任

《赵某利诈骗案》[2021年5月19日最高人民法院发布7件人民法院充分发挥审判职能作用保护产权和企业家合法权益典型案例(第三批)]

【典型意义】

习近平总书记在民营企业座谈会上指出,要保护企业家人身和财产安全。本案再审判决按照刑法和相关司法解释的规定认定诈骗罪的构成要件,严格区分了经济纠纷与刑事犯罪之间的界限,对人民法院审理同类案件具有重要指导意义。本案例充分体现了"坚决防止将经济纠纷当作犯罪处理、坚决防止将民事责任变为刑事责任"的司法理念,对于增强企业家干事创业信心,营造依法保护企业家合法权益的良好环境,促进社会经济持续健康发展具有积极意义。

第254条 案例索引:最高人民法院(2018)最高法刑再6号刑事判决书。

★检察机关以看得见、听得懂、感受得到的听证程序，促进诉源治理，实现司法公正

《湖北王某绑架抗诉案——以听证提供平等对话平台，以“程序公正”促“实体公正”》（2022 年 2 月 24 日最高人民检察院发布十起检察机关深化司法民主建设、推进全过程人民民主典型案例）

【典型意义】

检察机关组织听证会，由检察长主持，为案件当事人和办案机关提供了平等对话的平台，请中立的“第三方”听证员提供相关意见，以公开透明的方式听取各方意见，作出兼顾天理、国法、人情的案件处理决定，是以“程序公正”促“实体公正”的创新履职，充分体现了检察司法为民理念。检察听证以看得见、听得懂、感受得到的程序，有效促进了诉源治理，实现了司法公正。

★严禁把经济纠纷当作经济犯罪，把一般违法违规当作刑事犯罪来处理

《张文中诈骗、单位行贿、挪用资金再审改判无罪案》（2022 年 7 月 25 日最高人民法院发布十起人民法院助力全国统一大市场建设典型案例）

【典型意义】

党的十八大以来，以习近平同志为核心的党中央践行以人民为中心的发展思想，大力加强产权保护，高度重视涉产权冤错案件的纠正工作。张文中案启动再审并改判无罪，充分体现了党中央依法平等保护包括非公有制经济在内的各种所有制经济产权，坚决消除影响民营企业生存发展的政策、法律和体制性障碍以及传统观念的束缚，毫不动摇地鼓励、支持、引导民营经济发展，努力打造法治化营商环境的坚强决心；也充分彰显了人民法院充分发挥审判职能作用，切实加强产权司法保护，坚持有错必纠的责任担当。对于依法妥善处理历史形成的涉产权案件，严格遵循罪刑法定、证据裁判、疑罪从无等法律原则，严禁把经济纠纷当作经济犯罪，把一般违法违规当作刑事犯罪来处理，切实保护企业家合法权益，促进经济社会持续健康发展，具有标杆性和重大现实意义。

第二百五十五条 【指令再审】上级人民法院指令下级人民法院再审的，应当指令原审人民法院以外的下级人民法院审理；由原审人民法院审理更为适宜的，也可以指令原审人民法院审理。

新旧条文序号对照

2018 年刑事诉讼法	2012 年刑事诉讼法	1996 年刑事诉讼法
第二百五十五条	第二百四十四条	

适用要点与裁判依据

★对产权申诉案件，上级法院可以提审和改判的，不宜指令再审和发回重审

《最高人民法院、最高人民法院关于依法妥善处理历史形成的产权案件工作实施意见》（2016 年 11 月 28 日 法发〔2016〕28 号）

11. 强化程序监督。对产权申诉案件，要加强审级监督，上级法院可以提审和改判的，不宜指令再审和发回重审，强化对下级法院办理产权案件的监督和指导，防止程序空转。重视检察监督，依法办理检察机关提起的抗诉和检察建议案件。

★上级法院指令再审的，一般应当指令原审法院以外的下级法院审理

《最高人民法院关于适用〈中华人民共和国刑事诉讼法〉的解释》（2021 年 1 月 26 日 法释〔2021〕1 号）

第四百六十一条 上级人民法院发现下级人民法院已经发生法律效力的判决、裁定确有错误的，可以指令下级人民法院再审；原判决、裁定认定事实正确但适用法律错误，或者案件疑难、复杂、重大，或者有不宜由原审人民法院审理情形的，也可以提审。

上级人民法院指令下级人民法院再审的，一般应当指令原审人民法院以外的下级人民法院审理；由原审人民法院审理更有利于查明案件事实、纠正裁判错误的，可以指令原审人民法院审理。

第二百五十六条　【再审程序】人民法院按照审判监督程序重新审判的案件，由原审人民法院审理的，应当另行组成合议庭进行。如果原来是第一审案件，应当依照第一审程序进行审判，所作的判决、裁定，可以上诉、抗诉；如果原来是第二审案件，或者是上级人民法院提审的案件，应当依照第二审程序进行审判，所作的判决、裁定，是终审的判决、裁定。

人民法院开庭审理的再审案件，同级人民检察院应当派员出席法庭。

新旧条文序号对照

2018 年刑事诉讼法	2012 年刑事诉讼法	1996 年刑事诉讼法
第二百五十六条	第二百四十五条	第二百零六条

适用要点与裁判依据

★对再审案件的并案审理与分案审理

《最高人民法院关于适用〈中华人民共和国刑事诉讼法〉的解释》(2021 年 1 月 26 日　法释〔2021〕1 号)

第四百六十七条　对依照审判监督程序重新审判的案件，人民法院在依照第一审程序进行审判的过程中，发现原审被告人还有其他犯罪的，一般应当并案审理，但分案审理更为适宜的，可以分案审理。

★再审案件同案原审被告人以不出庭参加诉讼的情形

《最高人民法院关于适用〈中华人民共和国刑事诉讼法〉的解释》(2021年1月26日 法释〔2021〕1号)

第四百六十八条 开庭审理再审案件,再审决定书或者抗诉书只针对部分原审被告人,其他同案原审被告人不出庭不影响审理的,可以不出庭参加诉讼。

★再审案件一般不得加重原审被告人的刑罚

《最高人民法院关于适用〈中华人民共和国刑事诉讼法〉的解释》(2021年1月26日 法释〔2021〕1号)

第四百六十九条 除人民检察院抗诉的以外,再审一般不得加重原审被告人的刑罚。再审决定书或者抗诉书只针对部分原审被告人的,不得加重其他同案原审被告人的刑罚。

★开庭审理的再审案件,由申诉人或者其辩护人、诉讼代理人陈述申诉理由

《最高人民法院关于适用〈中华人民共和国刑事诉讼法〉的解释》(2021年1月26日 法释〔2021〕1号)

第四百七十一条 开庭审理的再审案件,系人民法院决定再审的,由合议庭组成人员宣读再审决定书;系人民检察院抗诉的,由检察员宣读抗诉书;系申诉人申诉的,由申诉人或者其辩护人、诉讼代理人陈述申诉理由。

★再审案件经过重新审理后应当按照不同情形分别处理

《最高人民法院关于适用〈中华人民共和国刑事诉讼法〉的解释》(2021年1月26日 法释〔2021〕1号)

第四百七十二条 再审案件经过重新审理后,应当按照下列情形分别处理:

第256条 (一)原判决、裁定认定事实和适用法律正确、量刑适当的,应当裁定驳回申诉或者抗诉,维持原判决、裁定;

(二)原判决、裁定定罪准确、量刑适当,但在认定事实、适用法律等方面有瑕疵的,应当裁定纠正并维持原判决、裁定;

（三）原判决、裁定认定事实没有错误，但适用法律错误或者量刑不当的，应当撤销原判决、裁定，依法改判；

（四）依照第二审程序审理的案件，原判决、裁定事实不清、证据不足的，可以在查清事实后改判，也可以裁定撤销原判，发回原审人民法院重新审判。

原判决、裁定事实不清或者证据不足，经审理事实已经查清的，应当根据查清的事实依法裁判；事实仍无法查清，证据不足，不能认定被告人有罪的，应当撤销原判决、裁定，判决宣告被告人无罪。

★生效裁判认定被告人姓名等身份信息有误的，可以通过裁定对有关信息予以更正

《最高人民法院关于适用〈中华人民共和国刑事诉讼法〉的解释》（2021年1月26日　法释〔2021〕1号）

第四百七十三条　原判决、裁定认定被告人姓名等身份信息有误，但认定事实和适用法律正确、量刑适当的，作出生效判决、裁定的人民法院可以通过裁定对有关信息予以更正。

★对依法享有申请国家赔偿权利的当事人，宣判时应当告知可以依法申请国家赔偿

《最高人民法院关于适用〈中华人民共和国刑事诉讼法〉的解释》（2021年1月26日　法释〔2021〕1号）

第四百七十四条　对再审改判宣告无罪并依法享有申请国家赔偿权利的当事人，人民法院宣判时，应当告知其在判决发生法律效力后可以依法申请国家赔偿。

★检察院对法院按照再审程序重新审判案件的全面审查与重点审查

《人民检察院刑事诉讼规则》（2019年12月30日　高检发释字〔2019〕4号）

第四百五十五条　人民检察院对于人民法院按照审判监督程序重新审判的案件，应当对原判决、裁定认定的事实、证据、适用法律进行全面审查，重点审查有争议的案件事实、证据和法律适用问题。

★法院妥善处理历史形成的产权案件的司法政策

《最高人民法院关于依法妥善处理历史形成的产权案件工作实施意见》(2016年11月28日　法发〔2016〕28号)

13. 准确把握罪与非罪的法律政策界限。严格区分经济纠纷与经济犯罪特别是合同纠纷与合同诈骗的界限、企业正当融资与非法集资的界限、民营企业参与国有企业兼并重组中涉及的经济纠纷与恶意侵占国有资产的界限。准确把握经济违法行为入刑标准,准确认定经济纠纷和经济犯罪的性质,坚决纠正将经济纠纷当作犯罪处理的错误生效裁判。对于在生产、经营、融资等活动中的经济行为,当时法律、行政法规没有明确禁止而以犯罪论处的,或者虽属违法违规但不构成犯罪而以犯罪论处的,均应依法纠正。

14. 坚决纠正以刑事执法介入民事纠纷而导致的错案。对于以刑事手段迫使当事人作出意思表示,导致生效民事裁判错误的,要坚决予以纠正。对于涉及犯罪的民营企业投资人,在当事人被采取强制措施或服刑期间,依法保障其行使财产权利等民事权利。对于民营企业投资人因被限制人身自由而严重影响行使民事诉讼权利,被解除人身自由限制后,针对民事案件事实提供了新的证据,可能推翻生效裁判的,人民法院应当依职权调查核实;符合再审条件的,应当依法启动再审。

15. 依法妥善处理因产权混同引发的申诉案件。在甄别和再审产权案件时,要严格区分个人财产和企业法人财产,对股东、企业经营管理者等自然人违法的案件,要注意审查在处置其个人财产时是否存在随意牵连企业法人财产的问题;对企业违法的案件,在处置企业法人财产时是否存在随意牵连股东、企业经营管理者个人合法财产的问题。要严格区分违法所得和合法财产、涉案人员个人财产和家庭成员财产,要注意审查在处置违法所得时是否存在牵连合法财产和涉案人员家庭成员合法财产的问题,以及是否存在违法处理涉案财物的问题,尤其要注意审查是否侵害了当事人及其近亲属、股东、债权人等相关方的合法权益。对确属因生效裁判错误而损害当事人财产权的,要依法纠正并赔偿当事人损失。

★“另行组成合议庭”的案件，原合议庭成员及审判辅助人员均不得参与办理

《最高人民法院关于规范合议庭运行机制的意见》（2022年10月26日 法发〔2022〕31号）

二、合议庭可以通过指定或者随机方式产生。因专业化审判或者案件繁简分流工作需要，合议庭成员相对固定的，应当定期轮换交流。属于“四类案件”或者参照“四类案件”监督管理的，院庭长可以按照其职权指定合议庭成员。以指定方式产生合议庭的，应当在办案平台全程留痕，或者形成书面记录入卷备查。

合议庭的审判长由院庭长指定。院庭长参加合议庭的，由院庭长担任审判长。

合议庭成员确定后，因回避、工作调动、身体健康、廉政风险等事由，确需调整成员的，由院庭长按照职权决定，调整结果应当及时通知当事人，并在办案平台标注原因，或者形成书面记录入卷备查。

法律、司法解释规定“另行组成合议庭”的案件，原合议庭成员及审判辅助人员均不得参与办理。

第二百五十七条 【再审中的强制措施与中止执行】人民法院决定再审的案件，需要对被告人采取强制措施的，由人民法院依法决定；人民检察院提出抗诉的再审案件，需要对被告人采取强制措施的，由人民检察院依法决定。

人民法院按照审判监督程序审判的案件，可以决定中止原判决、裁定的执行。

新旧条文序号对照

2018年刑事诉讼法	2012年刑事诉讼法	1996年刑事诉讼法
第二百五十七条	第二百四十六条	

适用要点与裁判依据

★法院在再审中适用强制措施与中止执行的条件

《最高人民法院关于适用〈中华人民共和国刑事诉讼法〉的解释》(2021年1月26日 法释〔2021〕1号)

第四百六十四条 对决定依照审判监督程序重新审判的案件,人民法院应当制作再审决定书。再审期间不停止原判决、裁定的执行,但被告人可能经再审改判无罪,或者可能经再审减轻原判刑罚而致刑期届满的,可以决定中止原判决、裁定的执行,必要时,可以对被告人采取取保候审、监视居住措施。

★检察院在办理抗诉案件中对强制措施的适用

《人民检察院刑事诉讼规则》(2019年12月30日 高检发释字〔2019〕4号)

第六百条 人民检察院办理按照第二审程序、审判监督程序抗诉的案件,认为需要对被告人采取强制措施的,参照本规则相关规定。决定采取强制措施应当经检察长批准。

第二百五十八条 【再审期限】人民法院按照审判监督程序重新审判的案件,应当在作出提审、再审决定之日起三个月以内审结,需要延长期限的,不得超过六个月。

接受抗诉的人民法院按照审判监督程序审判抗诉的案件,审理期限适用前款规定;对需要指令下级人民法院再审的,应当自接受抗诉之日起一个月以内作出决定,下级人民法院审理案件的期限适用前款规定。

新旧条文序号对照

2018 年刑事诉讼法	2012 年刑事诉讼法	1996 年刑事诉讼法
第二百五十八条	第二百四十七条	第二百零七条

适用要点与裁判依据

★法院应当在收到抗诉书后一个月以内立案的例外情形

《最高人民法院关于适用〈中华人民共和国刑事诉讼法〉的解释》(2021 年 1 月 26 日　法释〔2021〕1 号)

第四百六十二条　对人民检察院依照审判监督程序提出抗诉的案件,人民法院应当在收到抗诉书后一个月以内立案。但是,有下列情形之一的,应当区别情况予以处理:

(一)不属于本院管辖的,应当将案件退回人民检察院;

(二)按照抗诉书提供的住址无法向被抗诉的原审被告人送达抗诉书的,应当通知人民检察院在三日以内重新提供原审被告人的住址;逾期未提供的,将案件退回人民检察院;

(三)以有新的证据为由提出抗诉,但未附相关证据材料或者有关证据不是指向原起诉事实的,应当通知人民检察院在三日以内补送相关材料;逾期未补送的,将案件退回人民检察院。

决定退回的抗诉案件,人民检察院经补充相关材料后再次抗诉,经审查符合受理条件的,人民法院应当受理。

★对检察院提出起诉的案件需要指令下级法院再审的,应当在一个月以内作出决定

《最高人民法院关于适用〈中华人民共和国刑事诉讼法〉的解释》(2021 年 1 月 26 日　法释〔2021〕1 号)

第四百六十三条　对人民检察院依照审判监督程序提出抗诉的案件,接受抗诉的人民法院应当组成合议庭审理。对原判事实不清、证据不足,包括有新的证据证明原判可能有错误,需要指令下级人民法院再审的,应当在立案之日起一个月以内作出决定,并将指令再审决定书送达抗诉的人民检察院。

第四编　执　　行

第二百五十九条　【生效裁判】判决和裁定在发生法律效力后执行。

下列判决和裁定是发生法律效力的判决和裁定：

（一）已过法定期限没有上诉、抗诉的判决和裁定；

（二）终审的判决和裁定；

（三）最高人民法院核准的死刑的判决和高级人民法院核准的死刑缓期二年执行的判决。

新旧条文序号对照

2018 年刑事诉讼法	2012 年刑事诉讼法	1996 年刑事诉讼法
第二百五十九条	第二百四十八条	第二百零八条

适用要点与裁判依据

★判决生效后应当送监执行的被告人又是二审附带民事诉讼被告人的，可以暂缓送监

《最高人民法院关于适用〈中华人民共和国刑事诉讼法〉的解释》（2021 年 1 月 26 日　法释〔2021〕1 号）

第四百零八条　刑事附带民事诉讼案件，只有附带民事诉讼当事人及其法定代理人上诉的，第一审刑事部分的判决在上诉期满后即发生法律效力。

应当送监执行的第一审刑事被告人是第二审附带民事诉讼被告

人的，在第二审附带民事诉讼案件审结前，可以暂缓送监执行。

第二百六十条 【一审宣判后应当立即释放的情形】第一审人民法院判决被告人无罪、免除刑事处罚的，如果被告人在押，在宣判后应当立即释放。

新旧条文序号对照

2018 年刑事诉讼法	2012 年刑事诉讼法	1996 年刑事诉讼法
第二百六十条	第二百四十九条	第二百零九条

适用要点与裁判依据

★法院对于被逮捕的被告人的案件不能在法定期限内审结的，应当立即释放

《最高人民法院关于适用〈中华人民共和国刑事诉讼法〉的解释》（2021 年 1 月 26 日 法释〔2021〕1 号）

第一百七十条 被逮捕的被告人具有下列情形之一的，人民法院应当立即释放；必要时，可以依法变更强制措施：

（一）第一审人民法院判决被告人无罪、不负刑事责任或者免予刑事处罚的；

（二）第一审人民法院判处管制、宣告缓刑、单独适用附加刑，判决尚未发生法律效力的；

（三）被告人被羁押的时间已到第一审人民法院对其判处的刑期期限的；

（四）案件不能在法律规定的期限内审结的。

第一百七十一条 人民法院决定释放被告人的，应当立即将释放通知书送交公安机关执行。

★检察院发现一审宣判后被告人没有被立即释放的，应当立即提出纠正意见

《人民检察院刑事诉讼规则》（2019 年 12 月 30 日　高检发释字〔2019〕4 号）

第六百二十六条　人民法院判决被告人无罪、免予刑事处罚、判处管制、宣告缓刑、单处罚金或者剥夺政治权利，被告人被羁押的，人民检察院应当监督被告人是否被立即释放。发现被告人没有被立即释放的，应当立即向人民法院或者看守所提出纠正意见。

★对法院作出无罪或者免除刑事处罚的判决，公安机关应当立即为在押的被告人办理释放手续

《公安机关办理刑事案件程序规定》（2020 年 7 月 20 日修正　公安部令第 159 号）

第二百九十八条　对被依法判处刑罚的罪犯，如果罪犯已被采取强制措施的，公安机关应当依据人民法院生效的判决书、裁定书以及执行通知书，将罪犯交付执行。

对人民法院作出无罪或者免除刑事处罚的判决，如果被告人在押，公安机关在收到相应的法律文书后应当立即办理释放手续；对人民法院建议给予行政处理的，应当依照有关规定处理或者移送有关部门。

第二百六十一条　【死刑、死缓的执行】最高人民法院判处和核准的死刑立即执行的判决，应当由最高人民法院院长签发执行死刑的命令。

被判处死刑缓期二年执行的罪犯，在死刑缓期执行期间，如果没有故意犯罪，死刑缓期执行期满，应当予以减刑的，由执行机关提出书面意见，报请高级人民法院裁定；如果故意犯罪，情节恶劣，查证属实，应当执行死刑的，由高级人民法院报请最高人民法院核准；对于故意犯罪未执行死刑的，死刑缓期执行的期间重新计算，并报最高人民法院备案。

新旧条文序号对照

2018 年刑事诉讼法	2012 年刑事诉讼法	1996 年刑事诉讼法
第二百六十一条	第二百五十条	第二百一十条

适用要点与裁判依据

★死刑缓期执行期间犯罪的，由罪犯服刑地的中级人民法院依法审判

《最高人民法院关于适用〈中华人民共和国刑事诉讼法〉的解释》(2021 年 1 月 26 日　法释〔2021〕1 号)

第四百九十七条　被判处死刑缓期执行的罪犯，在死刑缓期执行期间犯罪的，应当由罪犯服刑地的中级人民法院依法审判，所作的判决可以上诉、抗诉。

认定故意犯罪，情节恶劣，应当执行死刑的，在判决、裁定发生法律效力后，应当层报最高人民法院核准执行死刑。

对故意犯罪未执行死刑的，不再报高级人民法院核准，死刑缓期执行的期间重新计算，并层报最高人民法院备案。备案不影响判决、裁定的生效和执行。

最高人民法院经备案审查，认为原判不予执行死刑错误，确需改判的，应当依照审判监督程序予以纠正。

★死刑缓期执行期满减刑的，刑期自死刑缓期执行期满之日起计算

《最高人民法院关于适用〈中华人民共和国刑事诉讼法〉的解释》(2021 年 1 月 26 日　法释〔2021〕1 号)

第四百九十八条　死刑缓期执行的期间，从判决或者裁定核准死刑缓期执行的法律文书宣告或者送达之日起计算。

死刑缓期执行期满，依法应当减刑的，人民法院应当及时减刑。死刑缓期执行期满减为无期徒刑、有期徒刑的，刑期自死刑缓期执行期满之日起计算。

第五百一十一条 被判处死刑缓期执行、无期徒刑、有期徒刑、拘役的罪犯,第一审人民法院应当在判决、裁定生效后十日以内,将判决书、裁定书、起诉书副本、自诉状复印件、执行通知书、结案登记表送达公安机关、监狱或者其他执行机关。

★检察院对死刑缓期二年执行判决、裁定在执行过程中监督的主要内容

《人民检察院刑事诉讼规则》(2019 年 12 月 30 日 高检发释字〔2019〕4 号)

第六百五十条 判处被告人死刑缓期二年执行的判决、裁定在执行过程中,人民检察院监督的内容主要包括:

(一)死刑缓期执行期满,符合法律规定应当减为无期徒刑、有期徒刑条件的,监狱是否及时提出减刑建议提请人民法院裁定,人民法院是否依法裁定;

(二)罪犯在缓期执行期间故意犯罪,监狱是否依法侦查和移送起诉;罪犯确系故意犯罪,情节恶劣,查证属实,应当执行死刑的,人民法院是否依法核准或者裁定执行死刑。

被判处死刑缓期二年执行的罪犯在死刑缓期执行期间故意犯罪,执行机关向人民检察院移送起诉的,由罪犯服刑所在地设区的市级人民检察院审查决定是否提起公诉。

人民检察院发现人民法院对被判处死刑缓期二年执行的罪犯减刑不当的,应当依照本规则第六百三十九条、第六百四十条的规定,向人民法院提出纠正意见。罪犯在死刑缓期执行期间又故意犯罪,经人民检察院起诉后,人民法院仍然予以减刑的,人民检察院应当依照本规则相关规定,向人民法院提出抗诉。

第二百六十二条 【执行死刑命令的交付执行与停止执行】下级人民法院接到最高人民法院执行死刑的命令后，应当在七日以内交付执行。但是发现有下列情形之一的，应当停止执行，并且立即报告最高人民法院，由最高人民法院作出裁定：

（一）在执行前发现判决可能有错误的；

（二）在执行前罪犯揭发重大犯罪事实或者有其他重大立功表现，可能需要改判的；

（三）罪犯正在怀孕。

前款第一项、第二项停止执行的原因消失后，必须报请最高人民法院院长再签发执行死刑的命令才能执行；由于前款第三项原因停止执行的，应当报请最高人民法院依法改判。

新旧条文序号对照

2018 年刑事诉讼法	2012 年刑事诉讼法	1996 年刑事诉讼法
第二百六十二条	第二百五十一条	第二百一十一条

适用要点与裁判依据

★执行死刑命令由一审法院执行

《最高人民法院关于适用〈中华人民共和国刑事诉讼法〉的解释》（2021 年 1 月 26 日 法释〔2021〕1 号）

第四百九十九条 最高人民法院的执行死刑命令，由高级人民法院交付第一审人民法院执行。第一审人民法院接到执行死刑命令后，应当在七日以内执行。

在死刑缓期执行期间故意犯罪，最高人民法院核准执行死刑的，由罪犯服刑地的中级人民法院执行。

★对被判处死刑的罪犯，公安机关应当依据法院执行死刑的命令，将罪犯交由法院执行

《公安机关办理刑事案件程序规定》(2020 年 7 月 20 日修正 公安部令第 159 号)

第二百九十九条 对被判处死刑的罪犯，公安机关应当依据人民法院执行死刑的命令，将罪犯交由人民法院执行。

★下级法院接到执行死刑命令后、执行前发现应当暂停执行的六种情形的处理

《最高人民法院关于适用〈中华人民共和国刑事诉讼法〉的解释》(2021 年 1 月 26 日 法释〔2021〕1 号)

第五百条 下级人民法院在接到执行死刑命令后、执行前，发现有下列情形之一的，应当暂停执行，并立即将请求停止执行死刑的报告和相关材料层报最高人民法院：

(一)罪犯可能有其他犯罪的；

(二)共同犯罪的其他犯罪嫌疑人到案，可能影响罪犯量刑的；

(三)共同犯罪的其他罪犯被暂停或者停止执行死刑，可能影响罪犯量刑的；

(四)罪犯揭发重大犯罪事实或者有其他重大立功表现，可能需要改判的；

(五)罪犯怀孕的；

(六)判决、裁定可能有影响定罪量刑的其他错误的。

最高人民法院经审查，认为可能影响罪犯定罪量刑的，应当裁定停止执行死刑；认为不影响的，应当决定继续执行死刑。

★最高人民法院在执行死刑命令签发后、执行前，发现有应当暂停执行情形的处理

《最高人民法院关于适用〈中华人民共和国刑事诉讼法〉的解释》(2021 年 1 月 26 日 法释〔2021〕1 号)

第五百零一条 最高人民法院在执行死刑命令签发后、执行前，发现有前条第一款规定情形的，应当立即裁定停止执行死刑，并将有关材料移交下级人民法院。

第五百零二条 下级人民法院接到最高人民法院停止执行死刑的裁定后,应当会同有关部门调查核实停止执行死刑的事由,并及时将调查结果和意见层报最高人民法院审核。

第五百零三条 对下级人民法院报送的停止执行死刑的调查结果和意见,由最高人民法院原作出核准死刑判决、裁定的合议庭负责审查;必要时,另行组成合议庭进行审查。

第五百零四条 最高人民法院对停止执行死刑的案件,应当按照下列情形分别处理:

(一)确认罪犯怀孕的,应当改判;

(二)确认罪犯有其他犯罪,依法应当追诉的,应当裁定不予核准死刑,撤销原判,发回重新审判;

(三)确认原判决、裁定有错误或者罪犯有重大立功表现,需要改判的,应当裁定不予核准死刑,撤销原判,发回重新审判;

(四)确认原判决、裁定没有错误,罪犯没有重大立功表现,或者重大立功表现不影响原判决、裁定执行的,应当裁定继续执行死刑,并由院长重新签发执行死刑的命令。

第二百六十三条 【执行死刑程序】人民法院在交付执行死刑前,应当通知同级人民检察院派员临场监督。

死刑采用枪决或者注射等方法执行。

死刑可以在刑场或者指定的羁押场所内执行。

指挥执行的审判人员,对罪犯应当验明正身,讯问有无遗言、信札,然后交付执行人员执行死刑。在执行前,如果发现可能有错误,应当暂停执行,报请最高人民法院裁定。

执行死刑应当公布,不应示众。

执行死刑后,在场书记员应当写成笔录。交付执行的人民法院应当将执行死刑情况报告最高人民法院。

执行死刑后,交付执行的人民法院应当通知罪犯家属。

新旧条文序号对照

2018 年刑事诉讼法	2012 年刑事诉讼法	1996 年刑事诉讼法
第二百六十三条	第二百五十二条	第二百一十二条

适用要点与裁判依据

★法院执行死刑前的准备工作

《最高人民法院关于适用〈中华人民共和国刑事诉讼法〉的解释》(2021 年 1 月 26 日　法释〔2021〕1 号)

第五百零五条　第一审人民法院在执行死刑前,应当告知罪犯有权会见其近亲属。罪犯申请会见并提供具体联系方式的,人民法院应当通知其近亲属。确实无法与罪犯近亲属取得联系,或者其近亲属拒绝会见的,应当告知罪犯。罪犯申请通过录音录像等方式留下遗言的,人民法院可以准许。

罪犯近亲属申请会见的,人民法院应当准许并及时安排,但罪犯拒绝会见的除外。罪犯拒绝会见的,应当记录在案并及时告知其近亲属;必要时,应当录音录像。

罪犯申请会见近亲属以外的亲友,经人民法院审查,确有正当理由的,在确保安全的情况下可以准许。

罪犯申请会见未成年子女的,应当经未成年子女的监护人同意;会见可能影响未成年人身心健康的,人民法院可以通过视频方式安排会见,会见时监护人应当在场。

会见一般在罪犯羁押场所进行。

会见情况应当记录在案,附卷存档。

第五百零六条　第一审人民法院在执行死刑三日以前,应当通知同级人民检察院派员临场监督。

★法院执行死刑的方法、场地、程序

《最高人民法院关于适用〈中华人民共和国刑事诉讼法〉的解释》(2021年1月26日 法释〔2021〕1号)

第五百零七条 死刑采用枪决或者注射等方法执行。

采用注射方法执行死刑的,应当在指定的刑场或者羁押场所内执行。

采用枪决、注射以外的其他方法执行死刑的,应当事先层报最高人民法院批准。

第五百零八条 执行死刑前,指挥执行的审判人员应当对罪犯验明正身,讯问有无遗言、信札,并制作笔录,再交执行人员执行死刑。

执行死刑应当公布,禁止游街示众或者其他有辱罪犯人格的行为。

★法院执行死刑后的应当办理的事项

《最高人民法院关于适用〈中华人民共和国刑事诉讼法〉的解释》(2021年1月26日 法释〔2021〕1号)

第五百零九条 执行死刑后,应当由法医验明罪犯确实死亡,在场书记员制作笔录。负责执行的人民法院应当在执行死刑后十五日以内将执行情况,包括罪犯被执行死刑前后的照片,上报最高人民法院。

第五百一十条 执行死刑后,负责执行的人民法院应当办理以下事项:

(一)对罪犯的遗书、遗言笔录,应当及时审查;涉及财产继承、债务清偿、家事嘱托等内容的,将遗书、遗言笔录交给家属,同时复制附卷备查;涉及案件线索等问题的,抄送有关机关;

第263条 (二)通知罪犯家属在限期内领取罪犯骨灰;没有火化条件或者因民族、宗教等原因不宜火化的,通知领取尸体;过期不领取的,由人民法院通知有关单位处理,并要求有关单位出具处理情况的说明;对罪犯骨灰或者尸体的处理情况,应当记录在案;

（三）对外国籍罪犯执行死刑后，通知外国驻华使领馆的程序和时限，根据有关规定办理。

★对执行死刑前近亲属申请会见、罪犯申请会见近亲属的处理

《最高人民法院关于死刑复核及执行程序中保障当事人合法权益的若干规定》（2019年8月8日 法释〔2019〕12号）

第七条 罪犯近亲属申请会见的，人民法院应当准许，并在执行死刑前及时安排，但罪犯拒绝会见的除外。

罪犯拒绝会见的情况，应当记录在案并及时告知其近亲属，必要时应当进行录音录像。

第八条 罪犯提出会见近亲属以外的亲友，经人民法院审查，确有正当理由的，可以在确保会见安全的情况下予以准许。

第九条 罪犯申请会见未成年子女的，应当经未成年子女的监护人同意；会见可能影响未成年人身心健康的，人民法院可以采取视频通话等适当方式安排会见，且监护人应当在场。

第十条 会见由人民法院负责安排，一般在罪犯羁押场所进行。

第十一条 会见罪犯的人员应当遵守羁押场所的规定。违反规定的，应当予以警告；不听警告的，人民法院可以终止会见。

实施威胁、侮辱司法工作人员，或者故意扰乱羁押场所秩序，妨碍执行公务等行为，情节严重的，依法追究法律责任。

第十二条 会见情况应当记录在案，附卷存档。

★死刑执行临场监督由检察院负责刑事执行检察的部门承担

《人民检察院刑事诉讼规则》（2019年12月30日 高检发释字〔2019〕4号）

第六百四十七条 被判处死刑立即执行的罪犯在被执行死刑时，人民检察院应当指派检察官临场监督。

死刑执行临场监督由人民检察院负责刑事执行检察的部门承担。人民检察院派驻看守所、监狱的检察人员应当予以协助，负责捕诉的部门应当提供有关情况。

执行死刑过程中，人民检察院临场监督人员根据需要可以进行拍照、录像。执行死刑后,人民检察院临场监督人员应当检查罪犯是否确已死亡,并填写死刑执行临场监督笔录,签名后入卷归档。

第六百四十八条 省级人民检察院负责案件管理的部门收到高级人民法院报请最高人民法院复核的死刑判决书、裁定书副本后,应当在三日以内将判决书、裁定书副本移送本院负责刑事执行检察的部门。

判处死刑的案件一审是由中级人民法院审理的,省级人民检察院应当及时将死刑判决书、裁定书副本移送中级人民法院的同级人民检察院负责刑事执行检察的部门。

人民检察院收到同级人民法院执行死刑临场监督通知后,应当查明同级人民法院是否收到最高人民法院核准死刑的裁定或者作出的死刑判决、裁定和执行死刑的命令。

★执行死刑前,检察院发现七种情形之一的,应当建议法院立即停止执行

《人民检察院刑事诉讼规则》(2019 年 12 月 30 日 **高检发释字**〔2019〕4 号)

第六百四十九条 执行死刑前,人民检察院发现具有下列情形之一的,应当建议人民法院立即停止执行,并层报最高人民检察院负责死刑复核监督的部门:

(一)被执行人并非应当执行死刑的罪犯的;

(二)罪犯犯罪时不满十八周岁,或者审判的时候已满七十五周岁,依法不应当适用死刑的;

(三)罪犯正在怀孕的;

(四)共同犯罪的其他犯罪嫌疑人到案,共同犯罪的其他罪犯被暂停或者停止执行死刑,可能影响罪犯量刑的;

第263条

(五)罪犯可能有其他犯罪的;

(六)罪犯揭发他人重大犯罪事实或者有其他重大立功表现,可能需要改判的;

(七)判决、裁定可能有影响定罪量刑的其他错误的。

在执行死刑活动中，发现人民法院有侵犯被执行死刑罪犯的人身权、财产权或者其近亲属、继承人合法权利等违法情形的，人民检察院应当依法提出纠正意见。

第二百六十四条 【死缓、无期徒刑、有期徒刑、拘役罪犯的执行】罪犯被交付执行刑罚的时候，应当由交付执行的人民法院在判决生效后十日以内将有关的法律文书送达公安机关、监狱或者其他执行机关。

对被判处死刑缓期二年执行、无期徒刑、有期徒刑的罪犯，由公安机关依法将该罪犯送交监狱执行刑罚。对被判处有期徒刑的罪犯，在被交付执行刑罚前，剩余刑期在三个月以下的，由看守所代为执行。对被判处拘役的罪犯，由公安机关执行。

对未成年犯应当在未成年犯管教所执行刑罚。

执行机关应当将罪犯及时收押，并且通知罪犯家属。

判处有期徒刑、拘役的罪犯，执行期满，应当由执行机关发给释放证明书。

新旧条文序号对照

2018 年刑事诉讼法	2012 年刑事诉讼法	1996 年刑事诉讼法
第二百六十四条	第二百五十三条	第二百一十三条

适用要点与裁判依据

★死刑缓期执行期满减为无期徒刑、有期徒刑的刑期计算

《最高人民法院关于适用〈中华人民共和国刑事诉讼法〉的解释》(2021 年 1 月 26 日 法释〔2021〕1 号)

第四百九十八条 死刑缓期执行的期间，从判决或者裁定核准死刑缓期执行的法律文书宣告或者送达之日起计算。

死刑缓期执行期满，依法应当减刑的，人民法院应当及时减刑。死刑缓期执行期满减为无期徒刑、有期徒刑的，刑期自死刑缓期执行期满之日起计算。

★执行期满未逾五年，不得担任公司、非公司企业法人的法定代表人的情形

《中华人民共和国市场主体登记管理条例》（2021 年 7 月 27 日 国务院令第 746 号）

第十二条 有下列情形之一的，不得担任公司、非公司企业法人的法定代表人：

（一）无民事行为能力或者限制民事行为能力；

（二）因贪污、贿赂、侵占财产、挪用财产或者破坏社会主义市场经济秩序被判处刑罚，执行期满未逾 5 年，或者因犯罪被剥夺政治权利，执行期满未逾 5 年；

（三）担任破产清算的公司、非公司企业法人的法定代表人、董事或者厂长、经理，对破产负有个人责任的，自破产清算完结之日起未逾 3 年；

（四）担任因违法被吊销营业执照、责令关闭的公司、非公司企业法人的法定代表人，并负有个人责任的，自被吊销营业执照之日起未逾 3 年；

（五）个人所负数额较大的债务到期未清偿；

（六）法律、行政法规规定的其他情形。

★法院应当在判决、裁定生效后十日以内将相关法律文书送达执行机关

《最高人民法院关于适用〈中华人民共和国刑事诉讼法〉的解释》（2021 年 1 月 26 日 法释〔2021〕1 号）

第五百一十一条 被判处死刑缓期执行、无期徒刑、有期徒刑、拘役的罪犯，第一审人民法院应当在判决、裁定生效后十日以内，将判决书、裁定书、起诉书副本、自诉状复印件、执行通知书、结案登记表送达公安机关、监狱或者其他执行机关。

第五百一十二条　同案审理的案件中,部分被告人被判处死刑,对未被判处死刑的同案被告人需要羁押执行刑罚的,应当根据前条规定及时交付执行。但是,该同案被告人参与实施有关死刑之罪的,应当在复核讯问被判处死刑的被告人后交付执行。

第五百一十三条　执行通知书回执经看守所盖章后,应当附卷备查。

★有组织犯罪的罪犯刑满释放后,司法行政机关应当会同有关部门落实安置帮教等必要措施,公安机关按规定要求其报告个人财产及日常活动

《中华人民共和国反有组织犯罪法》(2021 年 12 月 24 日　主席令第 101 号)

第十八条　监狱、看守所、社区矫正机构对有组织犯罪的罪犯,应当采取有针对性的监管、教育、矫正措施。有组织犯罪的罪犯刑满释放后,司法行政机关应当会同有关部门落实安置帮教等必要措施,促进其顺利融入社会。

第十九条　对因组织、领导黑社会性质组织被判处刑罚的人员,设区的市级以上公安机关可以决定其自刑罚执行完毕之日起,按照国家有关规定向公安机关报告个人财产及日常活动。报告期限不超过五年。

第二十条　曾被判处刑罚的黑社会性质组织的组织者、领导者或者恶势力组织的首要分子开办企业或者在企业中担任高级管理人员的,相关行业主管部门应当依法审查,对其经营活动加强监督管理。

第七十条　违反本法第十九条规定,不按照公安机关的决定如实报告个人财产及日常活动的,由公安机关给予警告,并责令改正;拒不改正的,处五日以上十日以下拘留,并处三万元以下罚款。

★对有组织犯罪的罪犯，公安机关可以决定其自刑罚执行完毕之日起报告个人财产及日常活动

《公安机关反有组织犯罪工作规定》(2022 年 8 月 26 日　公安部令第 165 号)

第二十条　对因组织、领导黑社会性质组织被判处刑罚的人员，其户籍地设区的市级公安机关可以决定其自刑罚执行完毕之日起向公安机关报告个人财产及日常活动，并制作责令报告个人财产及日常活动决定书。

前款规定的户籍地公安机关认为由原办案地公安机关作出决定更为适宜的，可以商请由其决定。协商不成的，由共同的上级公安机关指定。

认为无需报告的，应当报上一级公安机关同意；无需报告的情况发生变化，有报告必要的，依照本规定作出责令报告个人财产及日常活动决定。

★对有组织犯罪的罪犯，执行机关应当依法从严管理

《中华人民共和国反有组织犯罪法》(2021 年 12 月 24 日　主席令第 101 号)

第三十五条　对有组织犯罪的罪犯，执行机关应当依法从严管理。

黑社会性质组织的组织者、领导者或者恶势力组织的首要分子被判处十年以上有期徒刑、无期徒刑、死刑缓期二年执行的，应当跨省、自治区、直辖市异地执行刑罚。

★对有组织犯罪的罪犯，责令报告个人财产及日常活动决定书的内容及要求

《公安机关反有组织犯罪工作规定》(2022 年 8 月 26 日　公安部令第 165 号)

第264条

第二十一条　责令报告个人财产及日常活动决定书应当载明报告期限、首次报告时间、后续报告间隔期间，报告内容、方式，接受报告的公安机关及地址、联系方式，以及不如实报告的法律责任等。

首次报告时间不迟于刑罚执行完毕后一个月，两次报告间隔期间为二至六个月。

责令报告个人财产及日常活动决定书应当在其刑罚执行完毕之日前三个月内作出并送达和宣告，可以委托刑罚执行机关代为送达和宣告。

依据本规定第二十条第三款作出责令报告个人财产及日常活动决定的，不受第二款首次报告期限和前款期限限制。

★对有组织犯罪的罪犯，经决定机关批准，可以变更接受报告的公安机关

《公安机关反有组织犯罪工作规定》（2022年8月26日　公安部令第165号）

第二十二条　作出决定的公安机关负责接受个人财产及日常活动报告。必要时，也可以指定下一级公安机关接受报告。

报告期间，经报告义务人申请，接受报告的公安机关认为确有必要的，报决定机关批准，可以变更接受报告的公安机关。跨决定机关管辖区域变更的，层报共同的上级公安机关决定。

接受报告的公安机关变更的，应当做好工作交接。

★报告义务人住址、工作单位、通讯方式、出入境证件、重大财产发生变动的，应当向公安机关报告

《公安机关反有组织犯罪工作规定》（2022年8月26日　公安部令第165号）

第二十三条　报告义务人应当按照责令报告个人财产及日常活动决定书的要求，到公安机关报告个人财产及日常活动情况。

在报告间隔期间，报告义务人的个人财产及日常活动情况可能出现较大变动或者存在重大错报、漏报等情况的，接受报告的公安机关可以通知报告义务人书面或者口头补充报告有关情况。

报告义务人住址、工作单位、通讯方式、出入境证件、重大财产发生变动的，应当在变动后的二十四小时内向公安机关报告。

★公安机关可以要求报告义务人报告的个人财产及日常活动情况

《公安机关反有组织犯罪工作规定》(2022 年 8 月 26 日　公安部令第 165 号)

第二十四条　公安机关可以要求报告义务人报告下列个人财产及日常活动情况:

(一)住址、工作单位、通讯方式;

(二)动产、不动产、现金、存款、财产性权利等财产状况;

(三)经商办企业,从事职业及薪酬,投资收益、经营收益等非职业性经济收入,大额支出等财产变动情况;

(四)日常主要社会交往、婚姻状况,接触特定人员和出入特定场所情况,出境入境情况等;

(五)受到行政、刑事调查及处罚的情况,涉及民事诉讼情况。

报告义务人对前款第二、三、五项规定的报告情况,应当提供证明材料。

★个人财产及日常活动报告期限届满或者报告义务人在报告期内死亡的,报告义务自动解除

《公安机关反有组织犯罪工作规定》(2022 年 8 月 26 日　公安部令第 165 号)

第二十五条　个人财产及日常活动报告期限不超过五年,期限届满或者报告义务人在报告期内死亡的,报告义务自动解除。

★因从事电信网络诈骗活动受过刑事处罚的人员,公安机关可以决定自处罚完毕之日起六个月至三年以内不准其出境

《中华人民共和国反电信网络诈骗法》(2022 年 9 月 2 日　主席令第 119 号)

第264条

第三十六条　对前往电信网络诈骗活动严重地区的人员,出境活动存在重大涉电信网络诈骗活动嫌疑的,移民管理机构可以决定不准其出境。

因从事电信网络诈骗活动受过刑事处罚的人员,设区的市级以上公安机关可以根据犯罪情况和预防再犯罪的需要,决定自处罚完毕之日起六个月至三年以内不准其出境,并通知移民管理机构执行。

★检察院发现刑罚交付执行活动具有六种情形之一的,应当依法提出纠正意见

《人民检察院刑事诉讼规则》(2019 年 12 月 30 日　高检发释字〔2019〕4 号)

第六百二十五条　人民检察院发现人民法院、公安机关、看守所等机关的交付执行活动具有下列情形之一的,应当依法提出纠正意见:

(一)交付执行的第一审人民法院没有在法定期间内将判决书、裁定书、人民检察院的起诉书副本、自诉状复印件、执行通知书、结案登记表等法律文书送达公安机关、监狱、社区矫正机构等执行机关的;

(二)对被判处死刑缓期二年执行、无期徒刑或者有期徒刑余刑在三个月以上的罪犯,公安机关、看守所自接到人民法院执行通知书等法律文书后三十日以内,没有将成年罪犯送交监狱执行刑罚,或者没有将未成年罪犯送交未成年犯管教所执行刑罚的;

(三)对需要收监执行刑罚而判决、裁定生效前未被羁押的罪犯,第一审人民法院没有及时将罪犯收监送交公安机关,并将判决书、裁定书、执行通知书等法律文书送达公安机关的;

(四)公安机关对需要收监执行刑罚但下落不明的罪犯,在收到人民法院的判决书、裁定书、执行通知书等法律文书后,没有及时抓捕、通缉的;

(五)对被判处管制、宣告缓刑或者人民法院决定暂予监外执行的罪犯,在判决、裁定生效后或者收到人民法院暂予监外执行决定后,未依法交付罪犯居住地社区矫正机构执行,或者对被单处剥夺政治权利的罪犯,在判决、裁定生效后,未依法交付罪犯居住地公安机关执行的,或者人民法院依法交付执行,社区矫正机构或者公安机关应当接收而拒绝接收的;

（六）其他违法情形。

★检察院发现看守所收押活动和监狱收监活动中具有四种情形之一的，应当依法提出纠正意见

《人民检察院刑事诉讼规则》（2019 年 12 月 30 日 高检发释字〔2019〕4 号）

第六百五十四条 人民检察院发现看守所收押活动和监狱收监活动中具有下列情形之一的，应当依法提出纠正意见：

（一）没有收押、收监文书、凭证，文书、凭证不齐全，或者被收押、收监人员与文书、凭证不符的；

（二）依法应当收押、收监而不收押、收监，或者对依法不应当关押的人员收押、收监的；

（三）未告知被收押、收监人员权利、义务的；

（四）其他违法情形。

★检察院发现看守所代为执行刑罚的活动具有三种情形之一的，应当依法提出纠正意见

《人民检察院刑事诉讼规则》（2019 年 12 月 30 日 高检发释字〔2019〕4 号）

第六百五十九条 人民检察院发现看守所代为执行刑罚的活动具有下列情形之一的，应当依法提出纠正意见：

（一）将被判处有期徒刑剩余刑期在三个月以上的罪犯留所服刑的；

（二）将留所服刑罪犯与犯罪嫌疑人、被告人混押、混管、混教的；

（三）其他违法情形。

★公安机关接到法院生效裁判文书以及执行通知书后，应当在一个月以内将罪犯送交监狱执行

《公安机关办理刑事案件程序规定》（2020 年 7 月 20 日修正 公安部令第 159 号）

第264条

第三百条 公安机关接到人民法院生效的判处死刑缓期二年执行、无期徒刑、有期徒刑的判决书、裁定书以及执行通知书后，应当在一个月以内将罪犯送交监狱执行。

对未成年犯应当送交未成年犯管教所执行刑罚。

★对被判处拘役的罪犯，由看守所执行

《公安机关办理刑事案件程序规定》（2020 年 7 月 20 日修正 公安部令第 159 号）

第三百零一条　对被判处有期徒刑的罪犯，在被交付执行刑罚前，剩余刑期在三个月以下的，由看守所根据人民法院的判决代为执行。

对被判处拘役的罪犯，由看守所执行。

第二百六十五条　【暂予监外执行的情形及程序】对被判处有期徒刑或者拘役的罪犯，有下列情形之一的，可以暂予监外执行：

（一）有严重疾病需要保外就医的；

（二）怀孕或者正在哺乳自己婴儿的妇女；

（三）生活不能自理，适用暂予监外执行不致危害社会的。

对被判处无期徒刑的罪犯，有前款第二项规定情形的，可以暂予监外执行。

对适用保外就医可能有社会危险性的罪犯，或者自伤自残的罪犯，不得保外就医。

对罪犯确有严重疾病，必须保外就医的，由省级人民政府指定的医院诊断并开具证明文件。

在交付执行前，暂予监外执行由交付执行的人民法院决定；在交付执行后，暂予监外执行由监狱或者看守所提出书面意见，报省级以上监狱管理机关或者设区的市一级以上公安机关批准。

新旧条文序号对照

2018 年刑事诉讼法	2012 年刑事诉讼法	1996 年刑事诉讼法
第二百六十五条	第二百五十四条	第二百一十四条

适用要点与裁判依据

★对有组织犯罪的组织者、领导者和骨干成员，应当严格掌握暂予监外执行的适用条件

《中华人民共和国反有组织犯罪法》（2021年12月24日 主席令第101号）

第二十二条 办理有组织犯罪案件，应当以事实为根据，以法律为准绳，坚持宽严相济。

对有组织犯罪的组织者、领导者和骨干成员，应当严格掌握取保候审、不起诉、缓刑、减刑、假释和暂予监外执行的适用条件，充分适用剥夺政治权利、没收财产、罚金等刑罚。

有组织犯罪的犯罪嫌疑人、被告人自愿如实供述自己的罪行，承认指控的犯罪事实，愿意接受处罚的，可以依法从宽处理。

★罪犯在被交付执行前暂予监外执行的适用条件及审查决定

《最高人民法院关于适用〈中华人民共和国刑事诉讼法〉的解释》（2021年1月26日 法释〔2021〕1号）

第五百一十四条 罪犯在被交付执行前，因有严重疾病、怀孕或者正在哺乳自己婴儿的妇女、生活不能自理的原因，依法提出暂予监外执行的申请的，有关病情诊断、妊娠检查和生活不能自理的鉴别，由人民法院负责组织进行。

第五百一十五条 被判处无期徒刑、有期徒刑或者拘役的罪犯，符合刑事诉讼法第二百六十五条第一款、第二款的规定，人民法院决定暂予监外执行的，应当制作暂予监外执行决定书，写明罪犯基本情况、判决确定的罪名和刑罚、决定暂予监外执行的原因、依据等。

人民法院在作出暂予监外执行决定前，应当征求人民检察院的意见。

人民检察院认为人民法院的暂予监外执行决定不当，在法定期限内提出书面意见的，人民法院应当立即对该决定重新核查，并在一个月以内作出决定。

对暂予监外执行的罪犯,适用本解释第五百一十九条的有关规定,依法实行社区矫正。

人民法院决定暂予监外执行的,由看守所或者执行取保候审、监视居住的公安机关自收到决定之日起十日以内将罪犯移送社区矫正机构。

★依法留所执行刑罚的罪犯,可以暂予监外执行的情形

《公安机关办理刑事案件程序规定》(2020 年 7 月 20 日修正 公安部令第 159 号)

第三百零七条　对依法留所执行刑罚的罪犯,有下列情形之一的,可以暂予监外执行:

(一)有严重疾病需要保外就医的;

(二)怀孕或者正在哺乳自己婴儿的妇女;

(三)生活不能自理,适用暂予监外执行不致危害社会的。

对罪犯暂予监外执行的,看守所应当提出书面意见,报设区的市一级以上公安机关批准,同时将书面意见抄送同级人民检察院。

对适用保外就医可能有社会危险性的罪犯,或者自伤自残的罪犯,不得保外就医。

对罪犯确有严重疾病,必须保外就医的,由省级人民政府指定的医院诊断并开具证明文件。

第二百六十六条　【检察院对暂予监外执行的事前监督】监狱、看守所提出暂予监外执行的书面意见的,应当将书面意见的副本抄送人民检察院。人民检察院可以向决定或者批准机关提出书面意见。

新旧条文序号对照

2018 年刑事诉讼法	2012 年刑事诉讼法	1996 年刑事诉讼法
第二百六十六条	第二百五十五条	

适用要点与裁判依据

★法院在作出暂予监外执行决定前,应当征求检察院的意见

《最高人民法院关于适用〈中华人民共和国刑事诉讼法〉的解释》(2021 年 1 月 26 日 法释〔2021〕1 号)

第五百一十五条 被判处无期徒刑、有期徒刑或者拘役的罪犯,符合刑事诉讼法第二百六十五条第一款、第二款的规定,人民法院决定暂予监外执行的,应当制作暂予监外执行决定书,写明罪犯基本情况、判决确定的罪名和刑罚、决定暂予监外执行的原因、依据等。

人民法院在作出暂予监外执行决定前,应当征求人民检察院的意见。

人民检察院认为人民法院的暂予监外执行决定不当,在法定期限内提出书面意见的,人民法院应当立即对该决定重新核查,并在一个月以内作出决定。

对暂予监外执行的罪犯,适用本解释第五百一十九条的有关规定,依法实行社区矫正。

人民法院决定暂予监外执行的,由看守所或者执行取保候审、监视居住的公安机关自收到决定之日起十日以内将罪犯移送社区矫正机构。

★检察院发现暂予监外执行的活动具有十一种情形之一的,应当依法提出纠正意见

《人民检察院刑事诉讼规则》(2019 年 12 月 30 日 高检发释字〔2019〕4 号)

第六百二十九条 人民检察院发现人民法院、监狱、看守所、公安机关暂予监外执行的活动具有下列情形之一的,应当依法提出纠正意见:

(一)将不符合法定条件的罪犯提请、决定暂予监外执行的;

（二）提请、决定暂予监外执行的程序违反法律规定或者没有完备的合法手续，或者对于需要保外就医的罪犯没有省级人民政府指定医院的诊断证明和开具的证明文件的；

（三）监狱、看守所提出暂予监外执行书面意见，没有同时将书面意见副本抄送人民检察院的；

（四）罪犯被决定或者批准暂予监外执行后，未依法交付罪犯居住地社区矫正机构实行社区矫正的；

（五）对符合暂予监外执行条件的罪犯没有依法提请暂予监外执行的；

（六）人民法院在作出暂予监外执行决定前，没有依法征求人民检察院意见的；

（七）发现罪犯不符合暂予监外执行条件，在暂予监外执行期间严重违反暂予监外执行监督管理规定，或者暂予监外执行的条件消失且刑期未满，应当收监执行而未及时收监执行的；

（八）人民法院决定将暂予监外执行的罪犯收监执行，并将有关法律文书送达公安机关、监狱、看守所后，监狱、看守所未及时收监执行的；

（九）对不符合暂予监外执行条件的罪犯通过贿赂、欺骗等非法手段被暂予监外执行以及在暂予监外执行期间脱逃的罪犯，监狱、看守所未建议人民法院将其监外执行期间、脱逃期间不计入执行刑期或者对罪犯执行刑期计算的建议违法、不当的；

（十）暂予监外执行的罪犯刑期届满，未及时办理释放手续的；

（十一）其他违法情形。

★检察院收到监狱、看守所抄送的暂予监外执行书面意见副本后，应当逐案进行审查

《人民检察院刑事诉讼规则》（2019年12月30日　高检发释字〔2019〕4号）

第六百三十条　人民检察院收到监狱、看守所抄送的暂予监外执行书面意见副本后，应当逐案进行审查，发现罪犯不符合暂予监外执行法定条件或者提请暂予监外执行违反法定程序的，应当在十日以内报经检察长批准，向决定或者批准机关提出书面检察意见，同时抄送执行机关。

★公安机关决定对罪犯暂予监外执行的，应当将暂予监外执行决定书抄送同级检察院

《公安机关办理刑事案件程序规定》(2020年7月20日修正 公安部令第159号)

第三百零八条 公安机关决定对罪犯暂予监外执行的，应当将暂予监外执行决定书交被暂予监外执行的罪犯和负责监外执行的社区矫正机构，同时抄送同级人民检察院。

第三百零九条 批准暂予监外执行的公安机关接到人民检察院认为暂予监外执行不当的意见后，应当立即对暂予监外执行的决定进行重新核查。

第二百六十七条 【检察院对暂予监外执行的事后监督】决定或者批准暂予监外执行的机关应当将暂予监外执行决定抄送人民检察院。人民检察院认为暂予监外执行不当的，应当自接到通知之日起一个月以内将书面意见送交决定或者批准暂予监外执行的机关，决定或者批准暂予监外执行的机关接到人民检察院的书面意见后，应当立即对该决定进行重新核查。

新旧条文序号对照

2018年刑事诉讼法	2012年刑事诉讼法	1996年刑事诉讼法
第二百六十七条	第二百五十六条	第二百一十五条

适用要点与裁判依据

★检察院对决定或者批准机关抄送的暂予监外执行决定书，应当审查七个方面的内容

《人民检察院刑事诉讼规则》(2019年12月30日　高检发释字〔2019〕4号)

第六百三十一条　人民检察院接到决定或者批准机关抄送的暂予监外执行决定书后，应当及时审查下列内容：

(一)是否属于被判处有期徒刑或者拘役的罪犯；

(二)是否属于有严重疾病需要保外就医的罪犯；

(三)是否属于怀孕或者正在哺乳自己婴儿的妇女；

(四)是否属于生活不能自理，适用暂予监外执行不致危害社会的罪犯；

(五)是否属于适用保外就医可能有社会危险性的罪犯，或者自伤自残的罪犯；

(六)决定或者批准机关是否符合刑事诉讼法第二百六十五条第五款的规定；

(七)办理暂予监外执行是否符合法定程序。

★检察院经审查认为暂予监外执行不当的，应当向决定或者批准机关提出纠正意见并监督其重新核查

《人民检察院刑事诉讼规则》(2019年12月30日　高检发释字〔2019〕4号)

第六百三十二条　人民检察院经审查认为暂予监外执行不当的，应当自接到通知之日起一个月以内，向决定或者批准暂予监外执行的机关提出纠正意见。下级人民检察院认为暂予监外执行不当的，应当立即层报决定或者批准暂予监外执行的机关的同级人民检察院，由其决定是否向决定或者批准暂予监外执行的机关提出纠正意见。

第六百三十三条　人民检察院向决定或者批准暂予监外执行的

机关提出不同意暂予监外执行的书面意见后，应当监督其对决定或者批准暂予监外执行的结果进行重新核查，并监督重新核查的结果是否符合法律规定。对核查不符合法律规定的，应当依法提出纠正意见，并向上一级人民检察院报告。

类案检索指引

★检察院发现不符合法定条件的罪犯通过非法手段暂予监外执行的，应当依法监督纠正

《罪犯王某某暂予监外执行监督案》(2020 年 2 月 28 日最高人民检察院发布第十九批指导性案例:检例第 72 号)

【关键词】

暂予监外执行监督　徇私舞弊不计入执行刑期　贿赂　技术性证据的审查

【要旨】

人民检察院对违法暂予监外执行进行法律监督时，应当注意发现和查办背后的相关司法工作人员职务犯罪。对司法鉴定意见、病情诊断意见的审查，应当注重对其及所依据的原始资料进行重点审查。发现不符合暂予监外执行条件的罪犯通过非法手段暂予监外执行的，应当依法监督纠正。办理暂予监外执行案件时，应当加强对鉴定意见等技术性证据的联合审查。

【指导意义】

1. 人民检察院对暂予监外执行进行法律监督时，应注重发现和查办违法暂予监外执行背后的相关司法工作人员职务犯罪案件。实践中，违法暂予监外执行案件背后往往隐藏着司法腐败。因此，检察机关在监督纠正违法暂予监外执行的同时，应当注意发现和查办违法监外执行背后存在的相关司法工作人员职务犯罪案件，把刑罚变更执行法律监督与职务犯罪侦查工作相结合，以监督促侦查，以侦查促监督，不断提升法律监督质效。在违法暂予监外执行案件中，一些罪犯亲友往往通过贿赂相关司法工作人员等手段,帮助罪犯违法暂予监外执行,这是违法暂予监外执行中较为常见的一种现象,对于情节严重的,应当依法追究其刑事责任。

2. 对司法鉴定意见、病情诊断意见的审查,应当注重对其及所依据的原始资料进行重点审查。检察人员办理暂予监外执行监督案件时,应当在审查鉴定意见、病情诊断的基础上,对鉴定意见、病情诊断所依据的原始资料进行重点审查,包括罪犯以往就医病历资料、病情诊断所依据的体检记录、住院病案、影像学报告、检查报告单等,判明原始资料以及鉴定意见和病情诊断的真伪、资料的证明力、鉴定人员的资质、产生资料的程序等问题,以及是否能够据此得出鉴定意见、病情诊断所阐述的结论性意见,相关鉴定部门及鉴定人的鉴定行为是否合法有效等。经审查发现疑点的应进行调查核实,可以邀请有专门知识的人参加。同时,也可以视情况要求有关部门重新组织或者自行组织诊断、检查或者鉴别。

3. 办理暂予监外执行案件时,应当加强对鉴定意见等技术性证据的联合审查。司法实践中,负责直接办理暂予监外执行监督案件的刑事执行检察察人员一般缺乏专业性的医学知识,为确保检察意见的准确性,刑事执行检察人员在办理暂予监外执行监督案件时,应当委托检察技术人员对鉴定意见等技术性证据进行审查,检察技术人员应当协助刑事执行检察人员审查或者组织审查案件中涉及的鉴定意见等技术性证据。刑事执行检察人员可以将技术性证据审查意见作为审查判断证据的参考,也可以作为决定重新鉴定、补充鉴定或提出检察建议的依据。

★检察院对社区矫正工作中存在的普遍性、倾向性违法问题和重大隐患,运用检察建议等提升监督效果

《社区矫正对象孙某某撤销缓刑监督案》(2022 年 1 月 30 日最高人民检察院发布第三十三批指导性案例:检例第 131 号)　第267条

【关键词】

社区矫正监督　违反规定外出、出境　调查核实　撤销缓刑

【要旨】

人民检察院应当加强对社区矫正机构监督管理和教育帮扶社区矫正对象等社区矫正工作的法律监督,保证社区矫正活动依法进行。人民检察院开展社区矫正法律监督,应当综合运用查阅档案、调查询问、信息核查等多种方式,查明社区矫正中是否存在违法情形,精准提出监督意见。对宣告缓刑的社区矫正对象违反法律、行政法规和监督管理规定的,应当结合违法违规的客观事实和主观情节,准确认定是否属于"情节严重"应予撤销缓刑情形。对符合撤销缓刑情形但社区矫正机构未依法向人民法院提出撤销缓刑建议的,人民检察院应当向社区矫正机构提出纠正意见;对社区矫正工作中存在普遍性、倾向性违法问题或者有重大隐患的,人民检察院应当提出检察建议。

【指导意义】

(一)人民检察院开展社区矫正法律监督工作,应依法全面履行法律监督职责,确保社区矫正法的正确实施。《中华人民共和国社区矫正法》规定,对被判处管制、宣告缓刑、假释和暂予监外执行的罪犯,依法实行社区矫正,并规定人民检察院依法对社区矫正工作实行法律监督。人民检察院应当加强对社区矫正机构监督管理和教育帮扶社区矫正对象等社区矫正工作的法律监督,保证社区矫正工作依法进行,促进社区矫正对象顺利融入社会,预防社区矫正对象再次违法犯罪。在开展社区矫正监督工作时,应当加强对社区矫正档案和信息管理平台中社区矫正对象的日常监管教育、请假外出审批、考核奖惩等有关情况的审查。对于发现的违法违规监督线索,要及时开展调查核实,查清违法违规事实,准确适用法律,精准提出监督意见,更好地满足人民群众对司法公正和社会和谐稳定的需求。

(二)人民检察院办理撤销缓刑监督案件时,应当全面考量行为人主客观情形,依法判断是否符合"其他违反有关法律、行政法规和监督管理规定,情节严重"的撤销缓刑情形。现行《中华人民共和国社区矫正法实施办法》第四十六条第一款第五项沿用了2012年3月

1日实施的《社区矫正实施办法》(2020年7月1日废止)第二十五条第一款第五项的规定,对社区矫正对象撤销缓刑情形规定了兜底性条款,即有"其他违反有关法律、行政法规和监督管理规定,情节严重的情形",应当提出撤销缓刑建议。认定是否达到"情节严重"时,应当全面考量社区矫正对象违反有关法律、行政法规和监督管理规定行为的性质、次数、频率、手段、事由、后果等客观事实,并在准确把握其主观恶性大小的基础上作出综合认定。具有撤销缓刑情形而社区矫正机构未依法提出撤销缓刑建议的,人民检察院应当向社区矫正机构提出纠正意见,监督社区矫正机构向人民法院提出撤销缓刑建议。

(三)人民检察院应当依法监督社区矫正机构加强对社区矫正对象的监督管理,完善与公安机关等的沟通协作机制,防止社区矫正对象非法出境。社区矫正对象在社区矫正期间应当遵守外出、报告、会客等监管规定。依据《中华人民共和国出境入境管理法》规定,被判处刑罚尚未执行完毕的罪犯,不准出境。人民检察院应当监督社区矫正机构加强对社区矫正对象遵守禁止出境等规定情况的监督管理,督促社区矫正机构会同公安机关等部门完善沟通协作和信息互通机制,防止社区矫正对象非法出境。

(四)对社区矫正工作中存在的普遍性、倾向性违法问题和重大隐患,人民检察院应当充分运用检察建议等提升监督效果。检察建议是检察机关履行法律监督职责的重要方式。人民检察院办理社区矫正监督案件时,发现社区矫正机构存在的普遍性问题和管理漏洞,应充分运用检察建议,依法依规提出有针对性的建议,督促执行机关整改落实、规范管理、堵塞漏洞,最大限度地发挥法律监督促进社会治理的效果,实现法律监督工作和社区矫正工作的双促进、双提升。

第二百六十八条 【收监执行、刑期计算、死亡通知】对暂予监外执行的罪犯,有下列情形之一的,应当及时收监:

(一)发现不符合暂予监外执行条件的;

(二)严重违反有关暂予监外执行监督管理规定的;

(三)暂予监外执行的情形消失后,罪犯刑期未满的。

对于人民法院决定暂予监外执行的罪犯应当予以收监的,由人民法院作出决定,将有关的法律文书送达公安机关、监狱或者其他执行机关。

不符合暂予监外执行条件的罪犯通过贿赂等非法手段被暂予监外执行的,在监外执行的期间不计入执行刑期。罪犯在暂予监外执行期间脱逃的,脱逃的期间不计入执行刑期。

罪犯在暂予监外执行期间死亡的,执行机关应当及时通知监狱或者看守所。

新旧条文序号对照

2018 年刑事诉讼法	2012 年刑事诉讼法	1996 年刑事诉讼法
第二百六十八条	第二百五十七条	第二百一十六条

适用要点与裁判依据

★对暂予监外执行的罪犯应当收监执行的八种情形

《最高人民法院关于适用〈中华人民共和国刑事诉讼法〉的解释》(2021 年 1 月 26 日 法释〔2021〕1 号)

第五百一十六条 人民法院收到社区矫正机构的收监执行建议书后,经审查,确认暂予监外执行的罪犯具有下列情形之一的,应当作出收监执行的决定:

(一)不符合暂予监外执行条件的;

(二)未经批准离开所居住的市、县,经警告拒不改正,或者拒不报告行踪，脱离监管的；

（三）因违反监督管理规定受到治安管理处罚，仍不改正的；

（四）受到执行机关两次警告，仍不改正的；

（五）保外就医期间不按规定提交病情复查情况，经警告拒不改正的；

（六）暂予监外执行的情形消失后，刑期未满的；

（七）保证人丧失保证条件或者因不履行义务被取消保证人资格，不能在规定期限内提出新的保证人的；

（八）违反法律、行政法规和监督管理规定，情节严重的其他情形。

★法院应当在收到社区矫正机构的收监执行建议书后三十日以内作出决定

《最高人民法院关于适用〈中华人民共和国刑事诉讼法〉的解释》（2021年1月26日 法释〔2021〕1号）

第五百一十七条 人民法院应当在收到社区矫正机构的收监执行建议书后三十日以内作出决定。收监执行决定书一经作出，立即生效。

人民法院应当将收监执行决定书送达社区矫正机构和公安机关，并抄送人民检察院，由公安机关将罪犯交付执行。

★被收监执行的罪犯有不计入执行刑期情形的，法院应当在作出收监决定时确定具体时间

《最高人民法院关于适用〈中华人民共和国刑事诉讼法〉的解释》（2021年1月26日 法释〔2021〕1号）

第五百一十八条 被收监执行的罪犯有不计入执行刑期情形的，人民法院应当在作出收监决定时，确定不计入执行刑期的具体时间。

类案检索指引

★检察院发现社区矫正对象暂予监外执行情形消失且刑期未满的,应当依法提出收监执行的检察建议

《社区矫正对象崔某某暂予监外执行收监执行监督案》(2022年1月30日最高人民检察院发布第三十三批指导性案例:检例第132号)

【关键词】

社区矫正监督　重点审查对象　变更执行地　保外就医情形消失　暂予监外执行收监执行

【要旨】

人民检察院开展社区矫正法律监督工作,应当加强对因患严重疾病被暂予监外执行以及变更执行地等社区矫正对象的监督管理活动的监督。人民检察院在监督工作中应当准确把握暂予监外执行适用条件,必要时聘请有专门知识的人辅助审查。发现社区矫正对象暂予监外执行情形消失且刑期未满的,应当依法提出收监执行的检察建议,维护刑罚执行公平公正。

【指导意义】

(一)人民检察院开展社区矫正监督工作,对于保外就医的社区矫正对象是否符合暂予监外执行条件应当加强审查。对于交付社区矫正、变更执行地的保外就医社区矫正对象,检察机关应及时审查是否符合暂予监外执行条件。对于保外就医的职务犯罪、破坏金融管理秩序和金融诈骗犯罪、黑社会性质组织犯罪等社区矫正对象,特别是在监内服刑时间较短、剩余刑期较长的人员,应当予以重点审查。社区矫正期间,人民检察院应监督社区矫正机构及时掌握暂予监外执行社区矫正对象身体状况及疾病治疗等情况,每三个月审查保外就医社区矫正对象病情复查情况。必要时,人民检察院可以自行组织或者要求社区矫正机构对社区矫正对象重新组织诊断、检查或者鉴别。为保证相关结果客观公正,诊断、检查的医疗机构应当与暂予监外执行社区矫正对象日常就诊的医疗机构不同且不存在利益相关。对于暂予监外执行情形消失的，人民检察院应当及时提出收监执行的检察建议，防止“一保到底”，切实维护刑罚执行公平公正。

（二）人民检察院开展社区矫正监督工作，可充分结合专家意见，综合判断社区矫正对象是否符合继续保外就医条件。人民检察院在对保外就医社区矫正对象的监督管理活动开展法律监督时，要重点关注社区矫正对象的身体健康状况，依法判断是否仍属于《保外就医严重疾病范围》规定的严重疾病情形。人民检察院在甄别病情是否发生重大变化、保外就医情形是否消失时，可以邀请有专门知识的人参与，辅助对病情复查诊断书及相关化验单、影像学资料、病历、鉴定意见等材料进行审查，并充分考虑专家意见后进行综合判断。

（三）人民检察院应加强对变更社区矫正执行地的监督，切实防止通过变更执行地逃避刑罚执行问题的发生。为促进社区矫正对象顺利融入社会，因工作变动、居所变化、生活需要等正当理由，社区矫正对象可以申请变更社区矫正执行地。人民检察院应当加强对变更社区矫正执行地等情形的法律监督，重点审查变更理由是否合理、相关证明材料是否充分、变更审批手续、交付接收程序等是否合法规范，同时应当监督变更执行地后的社区矫正机构加强对社区矫正对象的监督管理。

第二百六十九条 【社区矫正的对象】对被判处管制、宣告缓刑、假释或者暂予监外执行的罪犯，依法实行社区矫正，由社区矫正机构负责执行。

新旧条文序号对照

2018 年刑事诉讼法	2012 年刑事诉讼法	1996 年刑事诉讼法
第二百六十九条	第二百五十八条	第二百一十七条

适用要点与裁判依据

★宣判时,应当告知被判处管制、宣告缓刑的罪犯按时到社区矫正机构报到以及不按期报到的后果

《最高人民法院关于适用〈中华人民共和国刑事诉讼法〉的解释》(2021 年 1 月 26 日 法释〔2021〕1 号)

第五百一十九条 对被判处管制、宣告缓刑的罪犯,人民法院应当依法确定社区矫正执行地。社区矫正执行地为罪犯的居住地;罪犯在多个地方居住的,可以确定其经常居住地为执行地;罪犯的居住地、经常居住地无法确定或者不适宜执行社区矫正的,应当根据有利于罪犯接受矫正、更好地融入社会的原则,确定执行地。

宣判时,应当告知罪犯自判决、裁定生效之日起十日以内到执行地社区矫正机构报到,以及不按期报到的后果。

人民法院应当自判决、裁定生效之日起五日以内通知执行地社区矫正机构,并在十日以内将判决书、裁定书、执行通知书等法律文书送达执行地社区矫正机构,同时抄送人民检察院和执行地公安机关。人民法院与社区矫正执行地不在同一地方的,由执行地社区矫正机构将法律文书转送所在地的人民检察院和公安机关。

★对裁定假释的罪犯,依法实行社区矫正

《最高人民法院关于适用〈中华人民共和国刑事诉讼法〉的解释》(2021 年 1 月 26 日 法释〔2021〕1 号)

第五百三十九条 人民法院作出减刑、假释裁定后,应当在七日以内送达提请减刑、假释的执行机关、同级人民检察院以及罪犯本人。人民检察院认为减刑、假释裁定不当,在法定期限内提出书面纠正意见的,人民法院应当在收到意见后另行组成合议庭审理,并在一个月以内作出裁定。

对假释的罪犯,适用本解释第五百一十九条的有关规定,依法实行社区矫正。

★对符合适用缓刑条件的我国台湾地区居民可以宣告缓刑并实行社区矫正

《最高人民法院、最高人民检察院、公安部、司法部关于对因犯罪在大陆受审的台湾居民依法适用缓刑实行社区矫正有关问题的意见》(2016年7月26日 法发〔2016〕33号)

第一条 对因犯罪被判处拘役、三年以下有期徒刑的台湾居民，如果其犯罪情节较轻、有悔罪表现、没有再犯罪的危险且宣告缓刑对所居住社区没有重大不良影响的，人民法院可以宣告缓刑，对其中不满十八周岁的人、怀孕的妇女和已满七十五周岁的人，应当宣告缓刑。

第二条 人民检察院建议对被告人宣告缓刑的，应当说明依据和理由。

被告人及其法定代理人、辩护人提出宣告缓刑的请求，应当说明理由，必要时需提交经过台湾地区公证机关公证的被告人在台湾地区无犯罪记录证明等相关材料。

第三条 公安机关、人民检察院、人民法院需要委托司法行政机关调查评估宣告缓刑对社区影响的，可以委托犯罪嫌疑人、被告人在大陆居住地的县级司法行政机关，也可以委托适合协助社区矫正的下列单位或者人员所在地的县级司法行政机关：

(一)犯罪嫌疑人、被告人在大陆的工作单位或者就读学校；

(二)台湾同胞投资企业协会、台湾同胞投资企业；

(三)其他愿意且有能力协助社区矫正的单位或者人员。

已经建立涉台社区矫正专门机构的地方，可以委托该机构所在地的县级司法行政机关调查评估。

根据前两款规定仍无法确定接受委托的调查评估机关的，可以委托办理案件的公安机关、人民检察院、人民法院所在地的县级司法行政机关。

第四条 司法行政机关收到委托后，一般应当在十个工作日内向委托机关提交调查评估报告；对提交调查评估报告的时间另有规定的,从其规定。

司法行政机关开展调查评估,可以请当地台湾同胞投资企业协会、台湾同胞投资企业以及犯罪嫌疑人、被告人在大陆的监护人、亲友等协助提供有关材料。

第五条 人民法院对被告人宣告缓刑时,应当核实其居住地或者本意见第三条规定的有关单位、人员所在地,书面告知被告人应当自判决、裁定生效后十日内到社区矫正执行地的县级司法行政机关报到,以及逾期报到的法律后果。

缓刑判决、裁定生效后,人民法院应当在十日内将判决书、裁定书、执行通知书等法律文书送达社区矫正执行地的县级司法行政机关,同时抄送该地县级人民检察院和公安机关。

第六条 对被告人宣告缓刑的,人民法院应当及时作出不准出境决定书,同时依照有关规定办理边控手续。

实施边控的期限为缓刑考验期限。

第七条 对缓刑犯的社区矫正,由其在大陆居住地的司法行政机关负责指导管理、组织实施;在大陆没有居住地的,由本意见第三条规定的有关司法行政机关负责。

第八条 为缓刑犯确定的社区矫正小组可以吸收下列人员参与:

(一)当地台湾同胞投资企业协会、台湾同胞投资企业的代表;

(二)在大陆居住或者工作的台湾同胞;

(三)缓刑犯在大陆的亲友;

(四)其他愿意且有能力参与社区矫正工作的人员。

第九条 根据社区矫正需要,司法行政机关可以会同相关部门,协调台湾同胞投资企业协会、台湾同胞投资企业等,为缓刑犯提供工作岗位、技能培训等帮助。

第269条

第十条 对于符合条件的缓刑犯,可以依据《海峡两岸共同打击犯罪及司法互助协议》,移交台湾地区执行。

第十一条 对因犯罪在大陆受审、执行刑罚的台湾居民判处管制、裁定假释、决定或者批准暂予监外执行,实行社区矫正的,可以参照适用本意见的有关规定。

★被判处管制、宣告缓刑、假释或者暂予监外执行的罪犯已被羁押的，由看守所将其交付社区矫正机构执行

《公安机关办理刑事案件程序规定》（2020 年 7 月 20 日修正 公安部令第 159 号）

第三百零二条　对被判处管制、宣告缓刑、假释或者暂予监外执行的罪犯，已被羁押的，由看守所将其交付社区矫正机构执行。

对被判处剥夺政治权利的罪犯，由罪犯居住地的派出所负责执行。

类案检索指引

★检察院应当监督社区矫正机构依法履行社区矫正对象申请外出的审批职责

《社区矫正对象管某某申请外出监督案》（2022 年 1 月 30 日最高人民检察院发布第三十三批指导性案例：检例第 134 号）

【关键词】

社区矫正监督　生产经营需要　申请外出　依申请监督　跟进监督

【要旨】

人民检察院开展社区矫正法律监督工作，应当监督社区矫正机构依法履行社区矫正对象申请外出的审批职责。社区矫正对象因生产经营需要等正当理由申请外出，社区矫正机构未予批准，申请人民检察院监督的，人民检察院应当在调查核实后依法监督社区矫正机构批准。社区矫正机构批准外出的，人民检察院应当监督社区矫正机构加强对社区矫正对象外出期间的动态监督管理，确保社区矫正对象"放得出""管得住"。

【指导意义】

（一）人民检察院开展社区矫正法律监督工作，应当监督社区矫正机构依法开展社区矫正对象外出申请审批工作。开展社区矫正法

第 269 条

律监督,应当自觉服务保障经济社会发展大局,依法维护社区矫正对象合法权益,保障正常生产经营活动的开展。对于社区矫正对象因生产经营需要等有正当理由的外出申请,社区矫正机构未批准,申请人民检察院监督的,人民检察院可综合社区矫正对象所在企业经营状况、个人在企业经营中的职责地位、外出理由是否合理紧迫、原犯罪性质和情节、社区矫正期间表现等情况,判断申请外出的必要性和可能发生的社会危险性,准确提出监督意见。对于社区矫正对象确因生产经营、就医、就学等正当理由申请外出且无社会危险性的,应当认定为符合《中华人民共和国社区矫正法》第二十七条第一款规定,建议社区矫正机构依法予以批准。

(二)对于社区矫正机构批准社区矫正对象外出的,人民检察院应当监督社区矫正机构加强对外出社区矫正对象的动态监管。社区矫正对象经批准外出,仍应接受社区矫正机构的监督管理。人民检察院应当监督社区矫正机构将批准外出社区矫正对象列为重点监管对象,按照《中华人民共和国社区矫正法》和相关法律法规规定,采取电话联络、实时视频或者信息化大数据等高科技手段加强动态管理。必要时,可以建议外出目的地社区矫正机构协助进行监督管理,确保社区矫正对象"放得出""管得住"。

★对于社区矫正对象因正常工作、生活需要申请经常性跨市县活动的,检察院应当监督依法予以批准并简化程序

《社区矫正对象贾某某申请经常性跨市县活动监督案》(最高人民检察院 2022 年 1 月 30 日发布第三十三批指导性案例:检例第 135 号)

【关键词】

社区矫正监督　经常性跨市县活动　依申请监督　简化审批

【要旨】

第269条

人民检察院开展社区矫正法律监督工作,应当切实加强社区矫正对象合法权益保障,着力解决人民群众"急难愁盼"问题。对于社区矫正对象因正常工作、生活需要申请经常性跨市县(包含跨不同省份之间的市、县)活动的,人民检察院应当监督社区矫正机构依法予以批准,并简化批准程序和方式。

【指导意义】

(一)人民检察院开展社区矫正法律监督工作,应当切实加强社区矫正对象合法权益保障,着力解决人民群众"急难愁盼"问题。回应新时代人民群众新要求,着力解决人民群众"急难愁盼"问题,是检察机关落实"司法为民"要求的重要体现。人民检察院履行社区矫正法律监督职责,要立足于厚植党的执政根基、维护社会秩序稳定,办理好事关社区矫正对象等人民群众切身利益的每一起"小案",努力解决人民群众操心事、烦心事、揪心事,不断提升人民群众的获得感、幸福感、安全感。

(二)准确把握立法精神,厘清"经常性跨市、县活动"界限。对社区矫正对象因正常工作和生活需要提出经常性跨市、县活动申请进行审批时,应当将经常性跨市、县活动所指的"市、县"理解为,既包括本省域内的市、县,也包括不同省份之间的市、县。对因正常工作和生活需要,以相对固定时间、频次经常性跨市、县活动的长途货运司机、物流押送员、销售员等特定社区矫正对象,人民检察院应当监督社区矫正机构依法履职,简化批准程序和方式,批准社区矫正对象经常性跨市、县活动的申请。

第二百七十条　【对剥夺政治权利罪犯的执行】对被判处剥夺政治权利的罪犯,由公安机关执行。执行期满,应当由执行机关书面通知本人及其所在单位、居住地基层组织。

新旧条文序号对照

2018年刑事诉讼法	2012年刑事诉讼法	1996年刑事诉讼法
第二百七十条	第二百五十九条	第二百一十八条

适用要点与裁判依据

★法院对单处剥夺政治权利的罪犯的交付执行

《最高人民法院关于适用〈中华人民共和国刑事诉讼法〉的解释》(2021 年 1 月 26 日 法释〔2021〕1 号)

第五百二十条 对单处剥夺政治权利的罪犯,人民法院应当在判决、裁定生效后十日以内,将判决书、裁定书、执行通知书等法律文书送达罪犯居住地的县级公安机关,并抄送罪犯居住地的县级人民检察院。

★对被判处剥夺政治权利的罪犯,由罪犯居住地的派出所负责执行

《公安机关办理刑事案件程序规定》(2020 年 7 月 20 日修正 公安部令第 159 号)

第三百零二条 对被判处管制、宣告缓刑、假释或者暂予监外执行的罪犯,已被羁押的,由看守所将其交付社区矫正机构执行。

对被判处剥夺政治权利的罪犯,由罪犯居住地的派出所负责执行。

第三百一十一条 负责执行剥夺政治权利的派出所应当按照人民法院的判决,向罪犯及其所在单位、居住地基层组织宣布其犯罪事实、被剥夺政治权利的期限,以及罪犯在执行期间应当遵守的规定。

★被剥夺政治权利的罪犯在执行期间应当遵守的规定

《公安机关办理刑事案件程序规定》(2020 年 7 月 20 日修正 公安部令第 159 号)

第三百一十二条 被剥夺政治权利的罪犯在执行期间应当遵守下列规定:

(一)遵守国家法律、行政法规和公安部制定的有关规定,服从监督管理;

(二)不得享有选举权和被选举权;

（三）不得组织或者参加集会、游行、示威、结社活动；

（四）不得出版、制作、发行书籍、音像制品；

（五）不得接受采访，发表演说；

（六）不得在境内外发表有损国家荣誉、利益或者其他具有社会危害性的言论；

（七）不得担任国家机关职务；

（八）不得担任国有公司、企业、事业单位和人民团体的领导职务。

第三百一十三条 被剥夺政治权利的罪犯违反本规定第三百一十二条的规定，尚未构成新的犯罪的，公安机关依法可以给予治安管理处罚。

★被剥夺政治权利执行期满，公安机关应当书面通知本人及其所在单位、居住地基层组织

《公安机关办理刑事案件程序规定》（2020年7月20日修正 公安部令第159号）

第三百一十四条 被剥夺政治权利的罪犯，执行期满，公安机关应当书面通知本人及其所在单位、居住地基层组织。

第二百七十一条 【罚金的执行】被判处罚金的罪犯，期满不缴纳的，人民法院应当强制缴纳；如果由于遭遇不能抗拒的灾祸等原因缴纳确实有困难的，经人民法院裁定，可以延期缴纳、酌情减少或者免除。

新旧条文序号对照

2018年刑事诉讼法	2012年刑事诉讼法	1996年刑事诉讼法
第二百七十一条	第二百六十条	第二百一十九条

适用要点与裁判依据

★罚金由一审法院执行

《最高人民法院关于适用〈中华人民共和国刑事诉讼法〉的解释》(2021年1月26日 法释〔2021〕1号)

第五百二十一条 刑事裁判涉财产部分的执行,是指发生法律效力的刑事裁判中下列判项的执行:

(一)罚金、没收财产;

(二)追缴、责令退赔违法所得;

(三)处置随案移送的赃款赃物;

(四)没收随案移送的供犯罪所用本人财物;

(五)其他应当由人民法院执行的相关涉财产的判项。

第五百二十二条 刑事裁判涉财产部分和附带民事裁判应当由人民法院执行的,由第一审人民法院负责裁判执行的机构执行。

★罚金经强制缴纳仍不能全部缴纳的,在任何时候发现被执行人有可供执行的财产的,应当追缴

《最高人民法院关于适用〈中华人民共和国刑事诉讼法〉的解释》(2021年1月26日 法释〔2021〕1号)

第五百二十三条 罚金在判决规定的期限内一次或者分期缴纳。期满无故不缴纳或者未足额缴纳的,人民法院应当强制缴纳。经强制缴纳仍不能全部缴纳的,在任何时候,包括主刑执行完毕后,发现被执行人有可供执行的财产的,应当追缴。

行政机关对被告人就同一事实已经处以罚款的,人民法院判处罚金时应当折抵,扣除行政处罚已执行的部分。

★被执行人申请延期缴纳、酌情减少或者免除罚金的,应当提交相关证明材料

《最高人民法院关于适用〈中华人民共和国刑事诉讼法〉的解释》(2021年1月26日 法释〔2021〕1号)

第五百二十四条 因遭遇不能抗拒的灾祸等原因缴纳罚金确有困难,被执行人申请延期缴纳、酌情减少或者免除罚金的,应当提交相关证明材料。人民法院应当在收到申请后一个月以内作出裁定。符合法定条件的,应当准许;不符合条件的,驳回申请。

★被判处财产刑,同时又承担附带民事赔偿责任的被执行人,应当先履行民事赔偿责任

《最高人民法院关于适用〈中华人民共和国刑事诉讼法〉的解释》(2021年1月26日 法释〔2021〕1号)

第五百二十七条 被判处财产刑,同时又承担附带民事赔偿责任的被执行人,应当先履行民事赔偿责任。

第五百二十八条 执行刑事裁判涉财产部分、附带民事裁判过程中,当事人、利害关系人认为执行行为违反法律规定,或者案外人对被执行标的书面提出异议的,人民法院应当参照民事诉讼法的有关规定处理。

第二百七十二条 【没收财产的执行】没收财产的判决,无论附加适用或者独立适用,都由人民法院执行;在必要的时候,可以会同公安机关执行。

新旧条文序号对照

2018年刑事诉讼法	2012年刑事诉讼法	1996年刑事诉讼法
第二百七十二条	第二百六十一条	第二百二十条

适用要点与裁判依据

★判处没收财产的判决生效后，应当立即执行

《最高人民法院关于适用〈中华人民共和国刑事诉讼法〉的解释》(2021年1月26日　法释〔2021〕1号)

第五百二十五条　判处没收财产的，判决生效后，应当立即执行。

第五百二十六条　执行财产刑，应当参照被扶养人住所地政府公布的上年度当地居民最低生活费标准，保留被执行人及其所扶养人的生活必需费用。

第五百二十七条　被判处财产刑，同时又承担附带民事赔偿责任的被执行人，应当先履行民事赔偿责任。

第五百二十八条　执行刑事裁判涉财产部分、附带民事裁判过程中，当事人、利害关系人认为执行行为违反法律规定，或者案外人对被执行标的书面提出异议的，人民法院应当参照民事诉讼法的有关规定处理。

★被执行财产在外地的，一审法院可以委托财产所在地的同级法院执行

《最高人民法院关于适用〈中华人民共和国刑事诉讼法〉的解释》(2021年1月26日　法释〔2021〕1号)

第五百三十条　被执行财产在外地的，第一审人民法院可以委托财产所在地的同级人民法院执行。

★刑事裁判涉财产部分的执行，可以参照适用民事执行的有关规定

《最高人民法院关于适用〈中华人民共和国刑事诉讼法〉的解释》(2021年1月26日　法释〔2021〕1号)

第五百三十二条　刑事裁判涉财产部分、附带民事裁判的执行，刑事诉讼法及有关刑事司法解释没有规定的，参照适用民事执行的有关规定。

★在执行阶段对是否属于犯罪分子的个人财产提出异议经审理后作出的生效裁决可以成为执行依据

《最高人民法院研究室关于如何执行没收个人全部财产问题的复函》(2010年12月2日)

一、刑法第五十九条规定:“没收财产是没收犯罪分子个人所有财产的一部或者全部。没收全部财产的,应当对犯罪分子个人及其扶养的家属保留必需的生活费用。”“在判处没收财产的时候,不得没收属于犯罪分子家属所有或者应有的财产。”第六十四条规定:“犯罪分子违法所得的一切财物,应当予以追缴或者责令退赔。”据此,作为附加刑的没收个人全部财产,应当是没收犯罪分子个人合法所有的全部财产。如相关财产属于违法所得,应通过追缴、退赔程序予以追回;如相关财产确属犯罪分子家属所有或者应有的财产,也不得作为没收对象。在没收财产前,如犯罪分子的财产与其他家庭成员的财产处于共有状态,应当从中分割出属于犯罪分子个人所有的财产后予以没收。

二、如果判决时没有详细注明没收的财产种类和数额,只是笼统判决没收个人全部财产,在执行阶段,犯罪分子及其家属或者案外人对是否属于犯罪分子的个人财产提出异议时,应当依法组成合议庭进行审理并作出裁决,生效裁决可以成为执行依据。

第二百七十三条 【新罪、漏罪的处理及减刑、假释程序】罪犯在服刑期间又犯罪的,或者发现了判决的时候所没有发现的罪行,由执行机关移送人民检察院处理。

被判处管制、拘役、有期徒刑或者无期徒刑的罪犯,在执行期间确有悔改或者立功表现,应当依法予以减刑、假释的时候,由执行机关提出建议书,报请人民法院审核裁定,并将建议书副本抄送人民检察院。人民检察院可以向人民法院提出书面意见。

新旧条文序号对照

2018年刑事诉讼法	2012年刑事诉讼法	1996年刑事诉讼法
第二百七十三条	第二百六十二条	第二百二十一条

适用要点与裁判依据

★法院可以吸收人民陪审员参加减刑、假释案件的审理

《最高人民法院、司法部关于〈中华人民共和国人民陪审员法〉实施中若干问题的答复》(2020年8月11日 法发〔2020〕29号)

10. 人民法院可否吸收人民陪审员参加减刑、假释案件的审理?

答:人民法院可以结合案件情况,吸收人民陪审员参加减刑、假释案件审理,但不需要开庭审理的除外。

★法院对减刑、假释案件的四种处理方式

《最高人民法院关于适用〈中华人民共和国刑事诉讼法〉的解释》(2021年1月26日 法释〔2021〕1号)

第五百三十四条 对减刑、假释案件,应当按照下列情形分别处理:

(一)对被判处死刑缓期执行的罪犯的减刑,由罪犯服刑地的高级人民法院在收到同级监狱管理机关审核同意的减刑建议书后一个月以内作出裁定;

(二)对被判处无期徒刑的罪犯的减刑、假释,由罪犯服刑地的高级人民法院在收到同级监狱管理机关审核同意的减刑、假释建议书后一个月以内作出裁定,案情复杂或者情况特殊的,可以延长一个月;

(三)对被判处有期徒刑和被减为有期徒刑的罪犯的减刑、假释,由罪犯服刑地的中级人民法院在收到执行机关提出的减刑、假释建议书后一个月以内作出裁定,案情复杂或者情况特殊的,可以延长一个月;

（四）对被判处管制、拘役的罪犯的减刑，由罪犯服刑地的中级人民法院在收到同级执行机关审核同意的减刑建议书后一个月以内作出裁定。

对社区矫正对象的减刑，由社区矫正执行地的中级以上人民法院在收到社区矫正机构减刑建议书后三十日以内作出裁定。

★对罪犯积极履行刑事裁判涉财产部分、附带民事裁判确定的义务的，可以认定有悔改表现，在减刑、假释时从宽掌握

《最高人民法院关于适用〈中华人民共和国刑事诉讼法〉的解释》（2021年1月26日 法释〔2021〕1号）

第五百三十六条 审理减刑、假释案件，对罪犯积极履行刑事裁判涉财产部分、附带民事裁判确定的义务的，可以认定有悔改表现，在减刑、假释时从宽掌握；对确有履行能力而不履行或者不全部履行的，在减刑、假释时从严掌握。

★审理减刑、假释案件，应当在立案后五日以内公示的内容

《最高人民法院关于适用〈中华人民共和国刑事诉讼法〉的解释》（2021年1月26日 法释〔2021〕1号）

第五百三十七条 审理减刑、假释案件，应当在立案后五日以内对下列事项予以公示：

（一）罪犯的姓名、年龄等个人基本情况；

（二）原判认定的罪名和刑期；

（三）罪犯历次减刑情况；

（四）执行机关的减刑、假释建议和依据。

公示应当写明公示期限和提出意见的方式。

★审理减刑、假释案件，应当组成合议庭开庭审理的七类案件

《最高人民法院关于适用〈中华人民共和国刑事诉讼法〉的解释》（2021年1月26日 法释〔2021〕1号）

第五百三十八条 审理减刑、假释案件，应当组成合议庭，可以采用书面审理的方式，但下列案件应当开庭审理： **第273条**

（一）因罪犯有重大立功表现提请减刑的；

（二）提请减刑的起始时间、间隔时间或者减刑幅度不符合一般规定的；

（三）被提请减刑、假释罪犯系职务犯罪罪犯，组织、领导、参加、包庇、纵容黑社会性质组织罪犯，破坏金融管理秩序罪犯或者金融诈骗罪犯的；

（四）社会影响重大或者社会关注度高的；

（五）公示期间收到不同意见的；

（六）人民检察院提出异议的；

（七）有必要开庭审理的其他案件。

★减刑、假释裁定作出前，执行机关书面提请撤回减刑、假释建议的，由法院决定

《最高人民法院关于适用〈中华人民共和国刑事诉讼法〉的解释》（2021年1月26日 法释〔2021〕1号）

第五百四十条 减刑、假释裁定作出前，执行机关书面提请撤回减刑、假释建议的，人民法院可以决定是否准许。

★法院发现本院已经生效的减刑、假释裁定确有错误的审理

《最高人民法院关于适用〈中华人民共和国刑事诉讼法〉的解释》（2021年1月26日 法释〔2021〕1号）

第五百四十一条 人民法院发现本院已经生效的减刑、假释裁定确有错误的，应当另行组成合议庭审理；发现下级人民法院已经生效的减刑、假释裁定确有错误的，可以指令下级人民法院另行组成合议庭审理，也可以自行组成合议庭审理。

★罪犯在缓刑、假释考验期限内犯新罪或者被发现漏罪的审理

《最高人民法院关于适用〈中华人民共和国刑事诉讼法〉的解释》（2021年1月26日 法释〔2021〕1号）

第273条

第五百四十二条 罪犯在缓刑、假释考验期限内犯新罪或者被发现在判决宣告前还有其他罪没有判决，应当撤销缓刑、假释的，由审判新罪的人民法院撤销原判决、裁定宣告的缓刑、假释，并书面通知原审人民法院和执行机关。

★法院审理减刑、假释案件等,可以根据情况采取视频方式

《最高人民法院关于适用〈中华人民共和国刑事诉讼法〉的解释》(2021年1月26日　法释〔2021〕1号)

第六百五十条　人民法院讯问被告人,宣告判决,审理减刑、假释案件等,可以根据情况采取视频方式。

★对有组织犯罪的组织者、领导者和骨干成员应当严格掌握减刑、假释的适用条件

《中华人民共和国反有组织犯罪法》(2021年12月24日　主席令第101号)

第二十二条　办理有组织犯罪案件,应当以事实为根据,以法律为准绳,坚持宽严相济。

对有组织犯罪的组织者、领导者和骨干成员,应当严格掌握取保候审、不起诉、缓刑、减刑、假释和暂予监外执行的适用条件,充分适用剥夺政治权利、没收财产、罚金等刑罚。

有组织犯罪的犯罪嫌疑人、被告人自愿如实供述自己的罪行,承认指控的犯罪事实,愿意接受处罚的,可以依法从宽处理。

★法院对减刑、假释案件可以适用在线诉讼的条件和程序

《人民法院在线诉讼规则》(2021年6月16日　法释〔2021〕12号)

第三条　人民法院综合考虑案件情况、当事人意愿和技术条件等因素,可以对以下案件适用在线诉讼:

(一)民事、行政诉讼案件;

(二)刑事速裁程序案件,减刑、假释案件,以及因其他特殊原因不宜线下审理的刑事案件;

(三)民事特别程序、督促程序、破产程序和非诉执行审查案件;

(四)民事、行政执行案件和刑事附带民事诉讼执行案件;

(五)其他适宜采取在线方式审理的案件。

第四条　人民法院开展在线诉讼,应当征得当事人同意,并告知适用在线诉讼的具体环节、主要形式、权利义务、法律后果和操作方法等。

人民法院应当根据当事人对在线诉讼的相应意思表示，作出以下处理：

（一）当事人主动选择适用在线诉讼的，人民法院可以不再另行征得其同意，相应诉讼环节可以直接在线进行；

（二）各方当事人均同意适用在线诉讼的，相应诉讼环节可以在线进行；

（三）部分当事人同意适用在线诉讼，部分当事人不同意的，相应诉讼环节可以采取同意方当事人线上、不同意方当事人线下的方式进行；

（四）当事人仅主动选择或者同意对部分诉讼环节适用在线诉讼的，人民法院不得推定其对其他诉讼环节均同意适用在线诉讼。

对人民检察院参与的案件适用在线诉讼的，应当征得人民检察院同意。

第三十七条　符合本规定第三条第二项规定的刑事案件，经公诉人、当事人、辩护人同意，可以根据案件情况，采取在线方式讯问被告人、开庭审理、宣判等。

案件采取在线方式审理的，按照以下情形分别处理：

（一）被告人、罪犯被羁押的，可以在看守所、监狱等羁押场所在线出庭；

（二）被告人、罪犯未被羁押的，因特殊原因确实无法到庭的，可以在人民法院指定的场所在线出庭；

（三）证人、鉴定人一般应当在线下出庭，但法律和司法解释另有规定的除外。

★对依法留所服刑的罪犯符合减刑、假释条件的，由看守所报请所在地中级以上人民法院审核裁定

第273条

《公安机关办理刑事案件程序规定》（2020年7月20日修正　公安部令第159号）

第三百零五条　对依法留看守所执行刑罚的罪犯，符合减刑条件的，由看守所制作减刑建议书，经设区的市一级以上公安机关审查同意后，报请所在地中级以上人民法院审核裁定。

第三百零六条 对依法留看守所执行刑罚的罪犯，符合假释条件的，由看守所制作假释建议书，经设区的市一级以上公安机关审查同意后，报请所在地中级以上人民法院审核裁定。

类案检索指引

★法院备案审查中发现之前减刑裁定确有错误，依法撤销减刑

《罪犯赵威减刑撤销案——备案审查中发现之前减刑裁定确有错误，依法撤销减刑》（2015年7月29日最高人民法院公布5起严格规范减刑、假释、暂予监外执行的典型案例）

（一）基本案情

罪犯赵威，男，原系重庆市万盛区安全生产监督管理局局长兼煤炭工业管理局局长、万盛区政协副主席（副厅级）。2010年9月8日重庆市高级人民法院以受贿罪、滥用职权罪，数罪并罚，判处赵威有期徒刑九年，并处没收个人财产人民币50000元，追缴其所退赃款人民币210000元。判决生效后，赵威于2010年10月13日被交付执行。刑期至2018年8月25日止。2012年5月29日重庆市第三中级人民法院作出裁定，认定赵威确有悔改表现，对其减去有期徒刑八个月。2012年6月13日执行机关重庆市垫江监狱以赵威服刑期间积极主动检举吴雅、苏怀志等人制造、贩卖毒品的违法犯罪线索，经办案单位查证属实，确有重大立功表现为由再次建议对其减刑。重庆三中院经审理认定赵威检举他人重大犯罪活动经查证属实，确有重大立功表现，遂于2012年7月3日作出（2012）渝三中法刑执字第2725号刑事裁定，对赵威减去有期徒刑一年零十一个月，刑期至2016年1月25日止。

2014年6月11日垫江监狱以罪犯赵威自上次减刑以来确有悔改表现为由，再次向重庆三中院提出减刑建议。重庆三中院受理后，依法将减刑建议书等有关材料进行公示，并公开开庭审理了本案。

该院于2014年7月11日作出(2014)渝三中法刑执字第2485号刑事裁定,对赵威减去有期徒刑一年。

减刑裁定作出后,重庆三中院依法将该案向重庆市高级人民法院报备审查。重庆高院经审查认为,重庆三中院于2014年7月11日作出的(2014)渝三中法刑执字第2485号刑事裁定符合法律规定,但重庆三中院2012年7月3日作出的(2012)渝三中法刑执字第2725号刑事裁定中将罪犯赵威举报他人的行为认定为重大立功,并对其减去有期徒刑一年零十一个月确有错误。经查,赵威举报吴雅、苏怀志等人制毒贩毒之前,公安机关已经将吴雅逮捕,故不能认定赵威有重大立功表现。

(二)裁判结果

重庆高院于2014年12月31日作出(2015)渝高法刑执字第0073号刑事裁定,撤销重庆三中院(2012)渝三中法刑执字第2725号刑事裁定。罪犯赵威刑期起止时间为:自2009年8月26日起至2016年12月25日止。

★检察院对既符合法定减刑条件又符合法定假释条件的,可以建议刑罚执行机关优先适用假释

《罪犯康某假释监督案》(2020年2月28日最高人民检察院发布第十九批指导性案例:检例第71号)

【关键词】

未成年罪犯　假释适用　帮教

【要旨】

人民检察院办理未成年罪犯减刑、假释监督案件,应当比照成年罪犯依法适当从宽把握假释条件。对既符合法定减刑条件又符合法定假释条件的,可以建议刑罚执行机关优先适用假释。审查未成年罪犯是否符合假释条件时,应当结合犯罪的具体情节、原判刑罚情况、刑罚执行中的表现、家庭帮教能力和条件等因素综合认定。

【指导意义】

1. 罪犯既符合法定减刑条件又符合法定假释条件的,可以优先适用假释。减刑、假释都是刑罚变更执行的重要方式,与减刑相比,假释更有利于维护裁判的权威和促进罪犯融入社会、预防罪犯再犯罪。目前,世界其他法治国家多数是实行单一假释制度或者是假释为主、减刑为辅的刑罚变更执行制度。但在我国司法实践中,减刑、假释适用不平衡,罪犯减刑比例一般在百分之二十多,假释比例只有百分之一左右,假释适用率低。人民检察院在办理减刑、假释案件时,应当充分发挥减刑、假释制度的不同价值功能,对既符合法定减刑条件又符合法定假释条件的罪犯,可以建议刑罚执行机关提请人民法院优先适用假释。

2. 对犯罪时未满十八周岁的罪犯适用假释可以依法从宽掌握,综合各种因素判断罪犯是否符合假释条件。人民检察院办理犯罪时未满十八周岁的罪犯假释案件,应当综合罪犯犯罪情节、原判刑罚、服刑表现、身心特点、监管帮教等因素依法从宽掌握。特别是对初犯、偶犯和在校学生等罪犯,假释后其家庭和社区具有帮教能力和条件的,可以建议刑罚执行机关和人民法院依法适用假释。对罪犯"假释后有无再犯罪危险"的审查判断,人民检察院应当根据相关法律和司法解释的规定,结合未成年罪犯犯罪的具体情节、原判刑罚情况,其在刑罚执行中的一贯表现、帮教条件(包括其身体状况、性格特征、被假释后生活来源以及帮教环境等因素)综合考虑。

3. 对犯罪时未满十八周岁的罪犯假释案件,人民检察院可以建议罪犯的父母参加假释庭审。将未成年人罪犯父母到庭制度引入假释案件审理中,有助于更好地调查假释案件相关情况,客观准确地适用法律,保障罪犯的合法权益,督促罪犯假释后社会帮教责任的落实,有利于发挥司法机关、家庭和社会对罪犯改造帮教的合力作用,促进罪犯的权益保护和改造教育,实现办案的政治效果、法律效果和社会效果的有机统一。

4. 人民检察院应当做好罪犯监狱刑罚执行和社区矫正法律监督工作的衔接,继续加强对假释的罪犯社区矫正活动的法律监督。监狱罪犯被裁定假释实行社区矫正后,检察机关应当按照《中华人民共和国社区矫正法》的有关规定，监督有关部门做好罪犯的交付、接收等工作，并应当做好对社区矫正机构对罪犯社区矫正活动的监督，督促社区矫正机构对罪犯进行法治、道德等方面的教育，组织其参加公益活动，增强其法治观念，提高其道德素质和社会责任感，帮助其融入社会，预防和减少犯罪。

★检察院发现宣告缓刑的社区矫正对象有见义勇为、抢险救灾等突出表现的，应当依法提出减刑建议

《社区矫正对象王某减刑监督案》（2022 年 1 月 30 日最高人民检察院发布第三十三批指导性案例：检例第 133 号）

【关键词】

社区矫正监督　见义勇为　重大立功　减刑监督　检察听证

【要旨】

人民检察院开展社区矫正法律监督工作，应当坚持客观公正立场，既监督纠正社区矫正中的违法行为，又依法维护社区矫正对象合法权益。发现宣告缓刑的社区矫正对象有见义勇为、抢险救灾等突出表现的，应当监督相关部门审查确定是否属于重大立功情形，是否符合减刑条件。对有重大社会影响的减刑监督案件，人民检察院可以召开听证会，围绕社区矫正对象是否符合重大立功等重点内容进行听证，结合原判罪名情节、社区矫正期间表现等依法提出检察建议。

【指导意义】

（一）人民检察院开展社区矫正法律监督工作，发现宣告缓刑社区矫正对象有重大立功线索的，应当监督社区矫正机构进行调查核实，依法维护社区矫正对象合法权益。根据有关法律和司法解释的规定，宣告缓刑的罪犯，一般不适用减刑；在缓刑考验期内有重大立功表现的，可以参照《中华人民共和国刑法》第七十八条的规定，予以减刑。因此，人民检察院在监督工作中发现社区矫正对象有见义勇为等突出表现，可能构成重大立功的，应当监督社区矫正机构及时进行调查，依法予以确认。必要时，人民检察院可以自行开展调查核实。

（二）人民检察院在办理减刑监督案件时，可以通过公开听证方式听取各方意见，最大程度凝聚共识，确保案件办理质效。人民检察院办理有重大社会影响的社区矫正对象减刑监督案件，可以运用公开听证方式开展案件审查工作，广泛听取意见，并通过以案释法，弘扬社会主义核心价值观。在听证过程中，应重点围绕社区矫正对象的行为是否符合《中华人民共和国刑法》第七十八条规定的重大立功情形听取意见。人民检察院综合听证员意见，结合社区矫正对象见义勇为的具体表现、有效避免或阻止发生的危害后果，以及原判罪名情节、社会危害程度和社区矫正期间表现等因素，经审慎研究，依法认定符合减刑条件的，应当向刑罚执行机关提出提请减刑的检察建议。

第二百七十四条　【检察院对减刑、假释裁定的监督】人民检察院认为人民法院减刑、假释的裁定不当，应当在收到裁定书副本后二十日以内，向人民法院提出书面纠正意见。人民法院应当在收到纠正意见后一个月以内重新组成合议庭进行审理，作出最终裁定。

新旧条文序号对照

2018年刑事诉讼法	2012年刑事诉讼法	1996年刑事诉讼法
第二百七十四条	第二百六十三条	第二百二十二条

适用要点与裁判依据

★法院审理黑社会性质组织犯罪罪犯的减刑、假释案件，应当通知检察院参加审理

《中华人民共和国反有组织犯罪法》（2021年12月24日　主席令第101号）

第三十七条　人民法院审理黑社会性质组织犯罪罪犯的减刑、假释案件，应当通知人民检察院、执行机关参加审理，并通知被报请减刑、假释的罪犯参加,听取其意见。

★法院作出减刑、假释裁定后,应当在七日以内送达同级检察院

《最高人民法院关于适用〈中华人民共和国刑事诉讼法〉的解释》(2021年1月26日 法释〔2021〕1号)

第五百三十九条 人民法院作出减刑、假释裁定后,应当在七日以内送达提请减刑、假释的执行机关、同级人民检察院以及罪犯本人。人民检察院认为减刑、假释裁定不当,在法定期限内提出书面纠正意见的,人民法院应当在收到意见后另行组成合议庭审理,并在一个月以内作出裁定。

对假释的罪犯,适用本解释第五百一十九条的有关规定,依法实行社区矫正。

★检察院收到减刑、假释的裁定书后,应当及时审查五个方面的内容

《人民检察院刑事诉讼规则》(2019年12月30日 高检发释字〔2019〕4号)

第六百三十八条 人民检察院收到人民法院减刑、假释的裁定书副本后,应当及时审查下列内容:

(一)被减刑、假释的罪犯是否符合法定条件,对罪犯减刑的减刑幅度、起始时间、间隔时间或者减刑后又假释的间隔时间、罪犯被减刑后实际执行的刑期或者假释考验期是否符合有关规定;

(二)执行机关提请减刑、假释的程序是否合法;

(三)人民法院审理、裁定减刑、假释的程序是否合法;

(四)人民法院对罪犯裁定不予减刑、假释是否符合有关规定;

(五)人民法院减刑、假释裁定书是否依法送达执行并向社会公布。

第274条 **★下级检察院发现减刑、假释裁定不当的,应当向作出减刑、假释裁定的法院的同级检察院报告**

《人民检察院刑事诉讼规则》(2019年12月30日 高检发释字〔2019〕4号)

第六百四十条 对人民法院减刑、假释裁定的纠正意见,由作出减刑、假释裁定的人民法院的同级人民检察院书面提出。

下级人民检察院发现人民法院减刑、假释裁定不当的，应当向作出减刑、假释裁定的人民法院的同级人民检察院报告。

★检察院对法院重新作出的最终裁定不符合法律规定的，应当向同级法院提出纠正意见

《人民检察院刑事诉讼规则》（2019 年 12 月 30 日 高检发释字〔2019〕4 号）

第六百四十一条 人民检察院对人民法院减刑、假释的裁定提出纠正意见后，应当监督人民法院是否在收到纠正意见后一个月以内重新组成合议庭进行审理，并监督重新作出的裁定是否符合法律规定。对最终裁定不符合法律规定的，应当向同级人民法院提出纠正意见。

类案检索指引

★法院对宣告缓刑罪犯裁定减刑适用法律错误的，检察院应当依法提出纠正意见

《宣告缓刑罪犯蔡某等 12 人减刑监督案》（2020 年 2 月 28 日最高人民检察院发布第十九批指导性案例：检例第 70 号）

【关键词】

缓刑罪犯减刑 持续跟进监督 地方规范性文件法律效力 最终裁定纠正违法意见

【要旨】

对于判处拘役或者三年以下有期徒刑并宣告缓刑的罪犯，在缓刑考验期内确有悔改表现或者有一般立功表现，一般不适用减刑。在缓刑考验期内有重大立功表现的，可以参照刑法第七十八条的规定予以减刑。人民法院对宣告缓刑罪犯裁定减刑适用法律错误的，人民检察院应当依法提出纠正意见。人民法院裁定维持原减刑裁定的，人民检察院应当继续予以监督。

【指导意义】

1. 人民法院减刑裁定适用法律错误,人民检察院应当依法监督纠正。人民检察院在办理减刑、假释案件时,应准确把握法院减刑、假释裁定所依据规范性文件。对于地方人民法院、人民检察院制定的司法解释性文件,应当根据《最高人民法院 最高人民检察院关于地方人民法院、人民检察院不得制定司法解释性质文件的通知》予以清理。人民法院依据地方人民法院、人民检察院制定的司法解释性文件作出裁定的,属于适用法律错误,人民检察院应当依法向人民法院提出书面监督纠正意见,监督人民法院重新组成合议庭进行审理。

2. 人民法院对没有重大立功表现的缓刑罪犯裁定减刑的,人民检察院应当予以监督纠正。减刑、假释是我国重要的刑罚执行制度,不符合法定条件和非经法定程序,不得减刑、假释。根据有关法律和司法解释的规定,判处拘役或者三年以下有期徒刑并宣告缓刑的罪犯,一般不适用减刑;在缓刑考验期限内有重大立功表现的,可以参照刑法第七十八条的规定,予以减刑。因此,对缓刑罪犯适用减刑的法定条件限是在缓刑考验期限内有重大立功表现。根据《社区矫正法》的有关规定,人民检察院依法对社区矫正工作实行法律监督,发现社区矫正机构对宣告缓刑的罪犯向人民法院提出减刑建议不当的,应当依法提出纠正意见;发现人民法院对于确有悔改表现或者有一般立功表现但没有重大立功表现的缓刑罪犯裁定减刑的,应当依法向人民法院发出《纠正不当减刑裁定意见书》,申明监督理由、依据和意见,监督人民法院重新组成合议庭进行审理并作出最终裁定。

3. 人民检察院发现人民法院已经生效的减刑、假释裁定仍有错误的,应当继续向人民法院提出书面纠正意见。人民检察院对人民法院减刑、假释的裁定提出纠正意见后,应当监督人民法院在收到纠正意见后一个月内重新组成合议庭进行审理,并监督人民法院重新作出的裁定是否符合法律规定。人民法院重新作出的裁定仍不符合法律规定的,人民检察院应当继续向人民法院提出纠正意见,提请人民法院按照审判监督程序依法另行组成合议庭重新审理并作出裁定。对人民法院仍然不采纳纠正意见的，人民检察院应当提请上级人民检察院继续监督。

第二百七十五条 【执行机关对罪犯申诉的处理】监狱和其他执行机关在刑罚执行中，如果认为判决有错误或者罪犯提出申诉，应当转请人民检察院或者原判人民法院处理。

新旧条文序号对照

2018 年刑事诉讼法	2012 年刑事诉讼法	1996 年刑事诉讼法
第二百七十五条	第二百六十四条	第二百二十三条

适用要点与裁判依据

★对于罪犯的申诉，检察院或者法院应当及时处理

《中华人民共和国监狱法》(2012 年 10 月 26 日修正 主席令第 63 号)

第七条 罪犯的人格不受侮辱，其人身安全、合法财产和辩护、申诉、控告、检举以及其他未被依法剥夺或者限制的权利不受侵犯。

罪犯必须严格遵守法律、法规和监规纪律，服从管理，接受教育，参加劳动。

第二十一条 罪犯对生效的判决不服的，可以提出申诉。

对于罪犯的申诉，人民检察院或者人民法院应当及时处理。

第二百七十六条 【检察院对执行刑罚活动的监督】人民检察院对执行机关执行刑罚的活动是否合法实行监督。如果发现有违法的情况，应当通知执行机关纠正。

新旧条文序号对照

2018 年刑事诉讼法	2012 年刑事诉讼法	1996 年刑事诉讼法
第二百七十六条	第二百六十五条	第二百二十四条

适用要点与裁判依据

★检察院可以对监狱、看守所等场所采取巡回检察、派驻检察等方式进行监督

《人民检察院刑事诉讼规则》(2019 年 12 月 30 日 高检发释字〔2019〕4 号)

第六百二十一条 人民检察院依法对刑事判决、裁定和决定的执行工作以及监狱、看守所等的监管执法活动实行法律监督。

第六百二十二条 人民检察院根据工作需要,可以对监狱、看守所等场所采取巡回检察、派驻检察等方式进行监督。

★检察院对刑罚执行和监管执法活动实行监督,可以根据三种情形分别处理

《人民检察院刑事诉讼规则》(2019 年 12 月 30 日 高检发释字〔2019〕4 号)

第六百二十四条 人民检察院对刑罚执行和监管执法活动实行监督,可以根据下列情形分别处理:

(一)发现执法瑕疵、安全隐患,或者违法情节轻微的,口头提出纠正意见,并记录在案;

(二)发现严重违法,发生重大事故,或者口头提出纠正意见后七日以内未予纠正的,书面提出纠正意见;

(三)发现存在可能导致执法不公问题,或者存在重大监管漏洞、重大安全隐患、重大事故风险等问题的,提出检察建议。

对于在巡回检察中发现的前款规定的问题、线索的整改落实情况,通过巡回检察进行督导。

★检察院对公安机关执行拘役、剥夺政治权利的监督

《人民检察院刑事诉讼规则》(2019 年 12 月 30 日　高检发释字〔2019〕4 号)

第六百二十七条　人民检察院发现公安机关未依法执行拘役、剥夺政治权利,拘役执行期满未依法发给释放证明,或者剥夺政治权利执行期满未书面通知本人及其所在单位、居住地基层组织等违法情形的,应当依法提出纠正意见。

★检察院对监狱、看守所执行刑罚中的释放、交付行为的监督

《人民检察院刑事诉讼规则》(2019 年 12 月 30 日　高检发释字〔2019〕4 号)

第六百二十八条　人民检察院发现监狱、看守所对服刑期满或者依法应当予以释放的人员没有按期释放,对被裁定假释的罪犯依法应当交付罪犯居住地社区矫正机构实行社区矫正而不交付,对主刑执行完毕仍然需要执行附加剥夺政治权利的罪犯依法应当交付罪犯居住地公安机关执行而不交付,或者对服刑期未满又无合法释放根据的罪犯予以释放等违法行为的,应当依法提出纠正意见。

★检察院对暂予监外执行和社区矫正的监督

《人民检察院刑事诉讼规则》(2019 年 12 月 30 日　高检发释字〔2019〕4 号)

第六百三十四条　对于暂予监外执行的罪犯,人民检察院发现罪犯不符合暂予监外执行条件、严重违反有关暂予监外执行的监督管理规定或者暂予监外执行的情形消失而罪犯刑期未满的,应当通知执行机关收监执行,或者建议决定或者批准暂予监外执行的机关作出收监执行决定。

第六百四十二条　人民检察院发现社区矫正决定机关、看守所、监狱、社区矫正机构在交付、接收社区矫正对象活动中违反有关规定的,应当依法提出纠正意见。

第六百四十三条　人民检察院发现社区矫正执法活动具有下列情形之一的,应当依法提出纠正意见:

（一）社区矫正对象报到后，社区矫正机构未履行法定告知义务，致使其未按照有关规定接受监督管理的；

（二）违反法律规定批准社区矫正对象离开所居住的市、县，或者违反人民法院禁止令的内容批准社区矫正对象进入特定区域或者场所的；

（三）没有依法监督管理而导致社区矫正对象脱管的；

（四）社区矫正对象违反监督管理规定或者人民法院的禁止令，未依法予以警告、未提请公安机关给予治安管理处罚的；

（五）对社区矫正对象有殴打、体罚、虐待、侮辱人格、强迫其参加超时间或者超体力社区服务等侵犯其合法权利行为的；

（六）未依法办理解除、终止社区矫正的；

（七）其他违法情形。

第六百四十四条 人民检察院发现对社区矫正对象的刑罚变更执行活动具有下列情形之一的，应当依法提出纠正意见：

（一）社区矫正机构未依法向人民法院、公安机关、监狱管理机关提出撤销缓刑、撤销假释建议或者对暂予监外执行的收监执行建议，或者未依法向人民法院提出减刑建议的；

（二）人民法院、公安机关、监狱管理机关未依法作出裁定、决定，或者未依法送达的；

（三）公安机关未依法将罪犯送交看守所、监狱，或者看守所、监狱未依法收监执行的；

（四）公安机关未依法对在逃的罪犯实施追捕的；

（五）其他违法情形。

★检察院发现法院执行刑事裁判涉财产部分具有八种情形之一的，应当依法提出纠正意见

第276条 《人民检察院刑事诉讼规则》（2019年12月30日 高检发释字〔2019〕4号）

第六百四十五条 人民检察院发现人民法院执行刑事裁判涉财产部分具有下列情形之一的，应当依法提出纠正意见：

（一）执行立案活动违法的；

（二）延期缴纳、酌情减少或者免除罚金违法的；

（三）中止执行或者终结执行违法的；

（四）被执行人有履行能力，应当执行而不执行的；

（五）损害被执行人、被害人、利害关系人或者案外人合法权益的；

（六）刑事裁判全部或者部分被撤销后未依法返还或者赔偿的；

（七）执行的财产未依法上缴国库的；

（八）其他违法情形。

人民检察院对人民法院执行刑事裁判涉财产部分进行监督，可以对公安机关查封、扣押、冻结涉案财物的情况，人民法院审判部门、立案部门、执行部门移送、立案、执行情况，被执行人的履行能力等情况向有关单位和个人进行调查核实。

★检察院对于公安机关不依法向法院移送涉案财物或者对涉案财物的查封、扣押等存在违法情形的，应当依法提出纠正意见

《人民检察院刑事诉讼规则》（2019 年 12 月 30 日　高检发释字〔2019〕4 号）

第六百四十六条　人民检察院发现被执行人或者其他人员有隐匿、转移、变卖财产等妨碍执行情形的，可以建议人民法院及时查封、扣押、冻结。

公安机关不依法向人民法院移送涉案财物、相关清单、照片和其他证明文件，或者对涉案财物的查封、扣押、冻结、返还、处置等活动存在违法情形的，人民检察院应当依法提出纠正意见。

第五编 特别程序

第一章 未成年人刑事案件诉讼程序

第二百七十七条 【方针、原则及要求】对犯罪的未成年人实行教育、感化、挽救的方针，坚持教育为主、惩罚为辅的原则。

人民法院、人民检察院和公安机关办理未成年人刑事案件，应当保障未成年人行使其诉讼权利，保障未成年人得到法律帮助，并由熟悉未成年人身心特点的审判人员、检察人员、侦查人员承办。

新旧条文序号对照

2018 年刑事诉讼法	2012 年刑事诉讼法	1996 年刑事诉讼法
第二百七十七条	第二百六十六条	

适用要点与裁判依据

★法院应当加强同政府有关部门、人民团体、社会组织等的配合，充分保障未成年人的合法权益

《最高人民法院关于适用〈中华人民共和国刑事诉讼法〉的解释》(2021 年 1 月 26 日　法释〔2021〕1 号)

第五百四十六条　人民法院审理未成年人刑事案件，应当贯彻教育、感化、挽救的方针，坚持教育为主、惩罚为辅的原则，加强对未成年人的特殊保护。

第五百四十七条　人民法院应当加强同政府有关部门、人民团体、社会组织等的配合，推动未成年人刑事案件人民陪审、情况调查、安置帮教等工作的开展，充分保障未成年人的合法权益，积极参与社会治安综合治理。

★对未成年人遭受性侵害、暴力伤害案件实施心理干预等保护措施

《最高人民法院关于适用〈中华人民共和国刑事诉讼法〉的解释》(2021 年 1 月 26 日　法释〔2021〕1 号)

第五百四十八条　人民法院应当加强同政府有关部门、人民团体、社会组织等的配合，对遭受性侵害或者暴力伤害的未成年被害人及其家庭实施必要的心理干预、经济救助、法律援助、转学安置等保护措施。

★法院应当确定专门机构和专门人员审理未成年人刑事案件

《最高人民法院关于适用〈中华人民共和国刑事诉讼法〉的解释》(2021 年 1 月 26 日　法释〔2021〕1 号)

第五百四十九条　人民法院应当确定专门机构或者指定专门人员，负责审理未成年人刑事案件。审理未成年人刑事案件的人员应当经过专门培训，熟悉未成年人身心特点、善于做未成年人思想教育工作。

参加审理未成年人刑事案件的人民陪审员，可以从熟悉未成年人身心特点、关心未成年人保护工作的人民陪审员名单中随机抽取确定。

第五百五十条　被告人实施被指控的犯罪时不满十八周岁、人民法院立案时不满二十周岁的案件，由未成年人案件审判组织审理。

下列案件可以由未成年人案件审判组织审理：

(一)人民法院立案时不满二十二周岁的在校学生犯罪案件；

(二)强奸、猥亵、虐待、遗弃未成年人等侵害未成年人人身权利的犯罪案件；

(三)由未成年人案件审判组织审理更为适宜的其他案件。

共同犯罪案件有未成年被告人的或者其他涉及未成年人的刑事案件,是否由未成年人案件审判组织审理,由院长根据实际情况决定。

第五百五十一条　对分案起诉至同一人民法院的未成年人与成年人共同犯罪案件,可以由同一个审判组织审理;不宜由同一个审判组织审理的,可以分别审理。

未成年人与成年人共同犯罪案件,由不同人民法院或者不同审判组织分别审理的,有关人民法院或者审判组织应当互相了解共同犯罪被告人的审判情况,注意全案的量刑平衡。

第五百五十二条　对未成年人刑事案件,必要时,上级人民法院可以根据刑事诉讼法第二十七条的规定,指定下级人民法院将案件移送其他人民法院审判。

★法院对未成年人未尽到保护职责单位提出司法建议

《最高人民法院关于适用〈中华人民共和国刑事诉讼法〉的解释》(2021年1月26日　法释〔2021〕1号)

第五百六十条　人民法院发现有关单位未尽到未成年人教育、管理、救助、看护等保护职责的,应当向该单位提出司法建议。

★法院应当根据涉及未成年人刑事案件的特点,开展法治宣传教育工作

《最高人民法院关于适用〈中华人民共和国刑事诉讼法〉的解释》(2021年1月26日　法释〔2021〕1号)

第五百六十一条　人民法院应当结合实际,根据涉及未成年人刑事案件的特点,开展未成年人法治宣传教育工作。

第278条

第二百七十八条　【指派律师提供辩护】未成年犯罪嫌疑人、被告人没有委托辩护人的,人民法院、人民检察院、公安机关应当通知法律援助机构指派律师为其提供辩护。

新旧条文序号对照

2018年刑事诉讼法	2012年刑事诉讼法	1996年刑事诉讼法
第二百七十八条	第二百六十七条	

适用要点与裁判依据

★法院应当为没有委托辩护人的未成年被告人通知法律援助机构指派律师为其提供辩护

《最高人民法院关于适用〈中华人民共和国刑事诉讼法〉的解释》(2021年1月26日　法释〔2021〕1号)

第五百六十四条　审判时不满十八周岁的未成年被告人没有委托辩护人的,人民法院应当通知法律援助机构指派熟悉未成年人身心特点的律师为其提供辩护。

★法院应当为因经济困难没有委托诉讼代理人的未成年被害人帮助其申请法律援助

《最高人民法院关于适用〈中华人民共和国刑事诉讼法〉的解释》(2021年1月26日　法释〔2021〕1号)

第五百六十五条　未成年被害人及其法定代理人因经济困难或者其他原因没有委托诉讼代理人的,人民法院应当帮助其申请法律援助。

第二百七十九条　【社会调查】公安机关、人民检察院、人民法院办理未成年人刑事案件,根据情况可以对未成年犯罪嫌疑人、被告人的成长经历、犯罪原因、监护教育等情况进行调查。

新旧条文序号对照

2018年刑事诉讼法	2012年刑事诉讼法	1996年刑事诉讼法
第二百七十九条	第二百六十八条	

适用要点与裁判依据

★公安机关办理未成年人刑事案件应当重点查清实施犯罪行为时不同年龄段的临界年龄

《公安机关办理刑事案件程序规定》(2020年7月20日修正 公安部令第159号)

第三百二十一条 公安机关办理未成年人刑事案件时,应当重点查清未成年犯罪嫌疑人实施犯罪行为时是否已满十四周岁、十六周岁、十八周岁的临界年龄。

★公安机关办理未成年人刑事案件在提请批准逮捕、移送审查起诉时,应当将调查报告与案卷材料一并移送检察院

《公安机关办理刑事案件程序规定》(2020年7月20日修正 公安部令第159号)

第三百二十二条 公安机关办理未成年人刑事案件,根据情况可以对未成年犯罪嫌疑人的成长经历、犯罪原因、监护教育等情况进行调查并制作调查报告。

作出调查报告的,在提请批准逮捕、移送审查起诉时,应当结合案情综合考虑,并将调查报告与案卷材料一并移送人民检察院。

★开展社会调查应当尊重和保护未成年人隐私,不得向不知情人员泄露未成年犯罪嫌疑人的涉案信息

第279条

《人民检察院刑事诉讼规则》(2019年12月30日 高检发释字〔2019〕4号)

第四百六十一条 人民检察院根据情况可以对未成年犯罪嫌疑人的成长经历、犯罪原因、监护教育等情况进行调查,并制作社会调查报告,作为办案和教育的参考。

人民检察院开展社会调查,可以委托有关组织和机构进行。开展社会调查应当尊重和保护未成年人隐私,不得向不知情人员泄露未成年犯罪嫌疑人的涉案信息。

人民检察院应当对公安机关移送的社会调查报告进行审查。必要时,可以进行补充调查。

人民检察院制作的社会调查报告应当随案移送人民法院。

★法院可以委托社区矫正机构、共青团、社会组织等对未成年被告人的基本情况进行调查,或者自行调查

《最高人民法院关于适用〈中华人民共和国刑事诉讼法〉的解释》(2021年1月26日　法释〔2021〕1号)

第五百六十八条　对人民检察院移送的关于未成年被告人性格特点、家庭情况、社会交往、成长经历、犯罪原因、犯罪前后的表现、监护教育等情况的调查报告,以及辩护人提交的反映未成年被告人上述情况的书面材料,法庭应当接受。

必要时,人民法院可以委托社区矫正机构、共青团、社会组织等对未成年被告人的上述情况进行调查,或者自行调查。

★法院根据案情需要可以对未成年被告人、被害人、证人进行心理疏导、对未成年被告人进行心理测评

《最高人民法院关于适用〈中华人民共和国刑事诉讼法〉的解释》(2021年1月26日　法释〔2021〕1号)

第五百六十九条　人民法院根据情况,可以对未成年被告人、被害人、证人进行心理疏导;根据实际需要并经未成年被告人及其法定代理人同意,可以对未成年被告人进行心理测评。

心理疏导、心理测评可以委托专门机构、专业人员进行。

心理测评报告可以作为办理案件和教育未成年人的参考。

类案检索指引

★检察机关认为社会调查报告不能全面反映未成年人情况的，可以商请公安机关补充调查，也可以自行或者委托有关组织、机构补充调查

《牛某非法拘禁案》(2021年3月2日最高人民检察院发布第二十七批指导性案例：检例第106号)

【关键词】

非法拘禁　共同犯罪　补充社会调查　附条件不起诉　异地考察帮教

【要旨】

检察机关对于公安机关移送的社会调查报告应当认真审查，报告内容不能全面反映未成年人成长经历、犯罪原因、监护教育等情况的，可以商公安机关补充调查，也可以自行或者委托其他有关组织、机构补充调查。对实施犯罪行为时系未成年人但诉讼过程中已满十八周岁的犯罪嫌疑人，符合条件的，可以适用附条件不起诉。对于外地户籍未成年犯罪嫌疑人，办案检察机关可以委托未成年人户籍所在地检察机关开展异地协作考察帮教，两地检察机关要各司其职，密切配合，确保帮教取得实效。

【指导意义】

(一)办理附条件不起诉案件，应当进行社会调查，社会调查报告内容不完整的，应当补充开展社会调查。社会调查报告是检察机关认定未成年犯罪嫌疑人主观恶性大小、是否适合作附条件不起诉以及附什么样的条件、如何制定具体的帮教方案等的重要参考。社会调查报告的内容主要包括涉罪未成年人个人基本情况、家庭情况、成长经历、社会生活状况、犯罪原因、犯罪前后表现、是否具备有效监护条件、社会帮教条件等，应具有个性化和针对性。公安机关、人民检察院、人民法院办理未成年人刑事案件，根据法律规定和案件情况可以进行社会调查。公安机关侦查未成年人犯罪案件，检察机关可以商请公安机关进行社会调查。认为公安机关随案移送的社会调查报告内容不完整、不全面的，可以商请公安机关补充进行社会调查，也可以自行补充开展社会调查。

（二）对于犯罪时系未成年人但诉讼过程中已满十八周岁的犯罪嫌疑人，可以适用附条件不起诉。刑事诉讼法第二百八十二条规定，对于涉嫌刑法分则第四章、第五章、第六章规定的犯罪，可能判处一年有期徒刑以下刑罚，符合起诉条件，但有悔罪表现的未成年人刑事案件，可以作出附条件不起诉决定。未成年人刑事案件是指犯罪嫌疑人实施犯罪时系未成年人的案件。对于实施犯罪行为时未满十八周岁，但诉讼中已经成年的犯罪嫌疑人，符合适用附条件不起诉案件条件的，人民检察院可以作出附条件不起诉决定。

（三）对外地户籍未成年人，可以开展异地协作考察帮教，确保帮教效果。被附条件不起诉人户籍地或经常居住地与办案检察机关属于不同地区，被附条件不起诉人希望返回户籍地或经常居住地生活工作的，办案检察机关可以委托其户籍地或经常居住地检察机关协助进行考察帮教，户籍地或经常居住地检察机关应当予以支持。两地检察机关应当根据被附条件不起诉人的具体情况，共同制定有针对性的帮教方案并积极沟通协作。当地检察机关履行具体考察帮教职责，重点关注未成年人行踪轨迹、人际交往、思想动态等情况，定期走访被附条件不起诉人的法定代理人以及所在社区、单位，并将考察帮教情况及时反馈办案检察机关。办案检察机关应当根据考察帮教需要提供协助。考验期届满前，当地检察机关应当出具被附条件不起诉人考察帮教情况总结报告，作为办案检察机关对被附条件不起诉人是否最终作出不起诉决定的重要依据。

第二百八十条　【严格限制适用逮捕措施】对未成年犯罪嫌疑人、被告人应当严格限制适用逮捕措施。人民检察院审查批准逮捕和人民法院决定逮捕，应当讯问未成年犯罪嫌疑人、被告人，听取辩护律师的意见。

对被拘留、逮捕和执行刑罚的未成年人与成年人应当分别关押、分别管理、分别教育。

新旧条文序号对照

2018 年刑事诉讼法	2012 年刑事诉讼法	1996 年刑事诉讼法
第二百八十条	第二百六十九条	

适用要点与裁判依据

★公安机关对未成年犯罪嫌疑人被拘留、逮捕后服从管理、变更强制措施不致发生社会危险性的，应当及时变更强制措施

《公安机关办理刑事案件程序规定》（2020 年 7 月 20 日修正　公安部令第 159 号）

第三百二十七条　对未成年犯罪嫌疑人应当严格限制和尽量减少使用逮捕措施。

未成年犯罪嫌疑人被拘留、逮捕后服从管理、依法变更强制措施不致发生社会危险性，能够保证诉讼正常进行的，公安机关应当依法及时变更强制措施；人民检察院批准逮捕的案件，公安机关应当将变更强制措施情况及时通知人民检察院。

★检察院对未成年犯罪嫌疑人审查逮捕，应当综合衡量其社会危险性，严格限制适用逮捕措施

《人民检察院刑事诉讼规则》（2019 年 12 月 30 日　高检发释字〔2019〕4 号）

第四百六十二条　人民检察院对未成年犯罪嫌疑人审查逮捕，

应当根据未成年犯罪嫌疑人涉嫌犯罪的性质、情节、主观恶性、有无监护与社会帮教条件、认罪认罚等情况，综合衡量其社会危险性，严格限制适用逮捕措施。

★检察院对于未成年犯罪嫌疑人应当不批准逮捕的情形

《人民检察院刑事诉讼规则》(2019 年 12 月 30 日　高检发释字〔2019〕4 号)

第四百六十三条　对于罪行较轻，具备有效监护条件或者社会帮教措施，没有社会危险性或者社会危险性较小的未成年犯罪嫌疑人，应当不批准逮捕。

对于罪行比较严重，但主观恶性不大，有悔罪表现，具备有效监护条件或者社会帮教措施，具有下列情形之一，不逮捕不致发生社会危险性的未成年犯罪嫌疑人，可以不批准逮捕：

(一)初次犯罪、过失犯罪的；

(二)犯罪预备、中止、未遂的；

(三)防卫过当、避险过当的；

(四)有自首或者立功表现的；

(五)犯罪后认罪认罚，或者积极退赃，尽力减少和赔偿损失，被害人谅解的；

(六)不属于共同犯罪的主犯或者集团犯罪中的首要分子的；

(七)属于已满十四周岁不满十六周岁的未成年人或者系在校学生的；

(八)其他可以不批准逮捕的情形。

对于没有固定住所、无法提供保证人的未成年犯罪嫌疑人适用取保候审的，可以指定合适的成年人作为保证人。

★检察院审查逮捕中对犯罪嫌疑人实际年龄难以判断，影响是否应当负刑事责任认定的，应当不批准逮捕

第280条

《人民检察院刑事诉讼规则》(2019 年 12 月 30 日　高检发释字〔2019〕4 号)

第四百六十四条　审查逮捕未成年犯罪嫌疑人，应当重点查清其是否已满十四、十六、十八周岁。

对犯罪嫌疑人实际年龄难以判断,影响对该犯罪嫌疑人是否应当负刑事责任认定的,应当不批准逮捕。需要补充侦查的,同时通知公安机关。

★检察人员对于辩护人提出犯罪嫌疑人不适宜羁押等意见应当进行审查

《人民检察院刑事诉讼规则》(2019年12月30日 高检发释字〔2019〕4号)

第四百六十五条 在审查逮捕、审查起诉中,人民检察院应当讯问未成年犯罪嫌疑人,听取辩护人的意见,并制作笔录附卷。辩护人提出书面意见的,应当附卷。对于辩护人提出犯罪嫌疑人无罪、罪轻或者减轻、免除刑事责任、不适宜羁押或者侦查活动有违法情形等意见的,检察人员应当进行审查,并在相关工作文书中叙明辩护人提出的意见,说明是否采纳的情况和理由。

讯问未成年犯罪嫌疑人,应当通知其法定代理人到场,告知法定代理人依法享有的诉讼权利和应当履行的义务。到场的法定代理人可以代为行使未成年犯罪嫌疑人的诉讼权利,代为行使权利时不得损害未成年犯罪嫌疑人的合法权益。

无法通知、法定代理人不能到场或者法定代理人是共犯的,也可以通知未成年犯罪嫌疑人的其他成年亲属,所在学校、单位或者居住地的村民委员会、居民委员会、未成年人保护组织的代表到场,并将有关情况记录在案。未成年犯罪嫌疑人明确拒绝法定代理人以外的合适成年人到场,且有正当理由的,人民检察院可以准许,但应当在征求其意见后通知其他合适成年人到场。

到场的法定代理人或者其他人员认为检察人员在讯问中侵犯未成年犯罪嫌疑人合法权益提出意见的,人民检察院应当记录在案。对合理意见,应当接受并纠正。讯问笔录应当交由到场的法定代理人或者其他人员阅读或者向其宣读,并由其在笔录上签名或者盖章,并捺指印。

讯问女性未成年犯罪嫌疑人,应当有女性检察人员参加。

询问未成年被害人、证人,适用本条第二款至第五款的规定。询问应当以一次为原则,避免反复询问。

★法院对被逮捕且没有完成义务教育的未成年被告人应当与教育行政部门互相配合,保证其接受义务教育

《最高人民法院关于适用〈中华人民共和国刑事诉讼法〉的解释》(2021年1月26日 法释〔2021〕1号)

第五百五十三条 对未成年被告人应当严格限制适用逮捕措施。

人民法院决定逮捕,应当讯问未成年被告人,听取辩护律师的意见。

对被逮捕且没有完成义务教育的未成年被告人,人民法院应当与教育行政部门互相配合,保证其接受义务教育。

★法院对必要时可以安排取保候审的被告人接受社会观护

《最高人民法院关于适用〈中华人民共和国刑事诉讼法〉的解释》(2021年1月26日 法释〔2021〕1号)

第五百五十四条 人民法院对无固定住所、无法提供保证人的未成年被告人适用取保候审的,应当指定合适成年人作为保证人,必要时可以安排取保候审的被告人接受社会观护。

第二百八十一条 【讯问、询问、审判、最后陈述】对于未成年人刑事案件,在讯问和审判的时候,应当通知未成年犯罪嫌疑人、被告人的法定代理人到场。无法通知、法定代理人不能到场或者法定代理人是共犯的,也可以通知未成年犯罪嫌疑人、被告人的其他成年亲属,所在学校、单位、居住地基层组织或者未成年人保护组织的代表到场,并将有关情况记录在案。到场的法定代理人可以代为行使未成年犯罪嫌疑人、被告人的诉讼权利。

到场的法定代理人或者其他人员认为办案人员在讯问、审判中侵犯未成年人合法权益的，可以提出意见。讯问笔录、法庭笔录应当交给到场的法定代理人或者其他人员阅读或者向他宣读。

讯问女性未成年犯罪嫌疑人，应当有女工作人员在场。

审判未成年人刑事案件，未成年被告人最后陈述后，其法定代理人可以进行补充陈述。

询问未成年被害人、证人，适用第一款、第二款、第三款的规定。

新旧条文序号对照

2018 年刑事诉讼法	2012 年刑事诉讼法	1996 年刑事诉讼法
第二百八十一条	第二百七十条	

适用要点与裁判依据

★公安机关讯问未成年犯罪嫌疑人应当采取适合未成年人的方式

《公安机关办理刑事案件程序规定》(2020 年 7 月 20 日修正 公安部令第 159 号)

第三百二十四条 讯问未成年犯罪嫌疑人应当采取适合未成年人的方式，耐心细致地听取其供述或者辩解，认真审核、查证与案件有关的证据和线索，并针对其思想顾虑、恐惧心理、抵触情绪进行疏导和教育。

讯问女性未成年犯罪嫌疑人，应当有女工作人员在场。

★公安机关询问未成年被害人、证人，应当以适当的方式进行，尽可能减少询问频次，避免造成二次伤害

《公安机关办理刑事案件程序规定》(2020 年 7 月 20 日修正 公安部令第 159 号)

第三百二十六条 询问未成年被害人、证人，适用本规定第三百二十三条、第三百二十四条、第三百二十五条的规定。

询问未成年被害人、证人，应当以适当的方式进行，注意保护其隐私和名誉，尽可能减少询问频次，避免造成二次伤害。必要时，可以聘请熟悉未成年人身心特点的专业人员协助。

★在审查逮捕、审查起诉中，检察院应当讯问未成年犯罪嫌疑人，听取辩护人的意见

《人民检察院刑事诉讼规则》(2019 年 12 月30 日　**高检发释字**〔2019〕4 号)

第四百六十五条　在审查逮捕、审查起诉中，人民检察院应当讯问未成年犯罪嫌疑人，听取辩护人的意见，并制作笔录附卷。辩护人提出书面意见的，应当附卷。对于辩护人提出犯罪嫌疑人无罪、罪轻或者减轻、免除刑事责任、不适宜羁押或者侦查活动有违法情形等意见的，检察人员应当进行审查，并在相关工作文书中叙明辩护人提出的意见，说明是否采纳的情况和理由。

讯问未成年犯罪嫌疑人，应当通知其法定代理人到场，告知法定代理人依法享有的诉讼权利和应当履行的义务。到场的法定代理人可以代为行使未成年犯罪嫌疑人的诉讼权利，代为行使权利时不得损害未成年犯罪嫌疑人的合法权益。

无法通知、法定代理人不能到场或者法定代理人是共犯的，也可以通知未成年犯罪嫌疑人的其他成年亲属，所在学校、单位或者居住地的村民委员会、居民委员会、未成年人保护组织的代表到场，并将有关情况记录在案。未成年犯罪嫌疑人明确拒绝法定代理人以外的合适成年人到场，且有正当理由的，人民检察院可以准许，但应当在征求其意见后通知其他合适成年人到场。

到场的法定代理人或者其他人员认为检察人员在讯问中侵犯未成年犯罪嫌疑人合法权益提出意见的，人民检察院应当记录在案。对合理意见，应当接受并纠正。讯问笔录应当交由到场的法定代理人或者其他人员阅读或者向其宣读，并由其在笔录上签名或者盖章，并捺指印。

讯问女性未成年犯罪嫌疑人,应当有女性检察人员参加。

询问未成年被害人、证人,适用本条第二款至第五款的规定。询问应当以一次为原则,避免反复询问。

★讯问未成年犯罪嫌疑人应当保护其人格尊严

《人民检察院刑事诉讼规则》(2019年12月30日 高检发释字〔2019〕4号)

第四百六十六条 讯问未成年犯罪嫌疑人应当保护其人格尊严。

讯问未成年犯罪嫌疑人一般不得使用戒具。对于确有人身危险性必须使用戒具的,在现实危险消除后应当立即停止使用。

★法定代理人或者其他人员经法庭同意,可以参与对未成年被告人的法庭教育等工作

《最高人民法院关于适用〈中华人民共和国刑事诉讼法〉的解释》(2021年1月26日 法释〔2021〕1号)

第五百五十五条 人民法院审理未成年人刑事案件,在讯问和开庭时,应当通知未成年被告人的法定代理人到场。法定代理人无法通知、不能到场或者是共犯的,也可以通知合适成年人到场,并将有关情况记录在案。

到场的法定代理人或者其他人员,除依法行使刑事诉讼法第二百八十一条第二款规定的权利外,经法庭同意,可以参与对未成年被告人的法庭教育等工作。

适用简易程序审理未成年人刑事案件,适用前两款规定。

★审理性侵害或者暴力伤害案件询问未成年被害人、证人时应当采取同步录音录像等措施

《最高人民法院关于适用〈中华人民共和国刑事诉讼法〉的解释》(2021年1月26日 法释〔2021〕1号)

第五百五十六条 询问未成年被害人、证人,适用前条规定。

审理未成年人遭受性侵害或者暴力伤害案件,在询问未成年被害人、证人时,应当采取同步录音录像等措施,尽量一次完成;未成年被害人、证人是女性的,应当由女性工作人员进行。

★开庭时,未成年被告人所在学校和未成年人保护组织可以派代表到场

《最高人民法院关于适用〈中华人民共和国刑事诉讼法〉的解释》(2021年1月26日 法释〔2021〕1号)

第五百五十七条 开庭审理时被告人不满十八周岁的案件,一律不公开审理。经未成年被告人及其法定代理人同意,未成年被告人所在学校和未成年人保护组织可以派代表到场。到场代表的人数和范围,由法庭决定。经法庭同意,到场代表可以参与对未成年被告人的法庭教育工作。

对依法公开审理,但可能需要封存犯罪记录的案件,不得组织人员旁听;有旁听人员的,应当告知其不得传播案件信息。

★开庭审理中,未成年被害人、证人一般不出庭作证

《最高人民法院关于适用〈中华人民共和国刑事诉讼法〉的解释》(2021年1月26日 法释〔2021〕1号)

第五百五十八条 开庭审理涉及未成年人的刑事案件,未成年被害人、证人一般不出庭作证;必须出庭的,应当采取保护其隐私的技术手段和心理干预等保护措施。

★审理涉及未成年人的刑事案件,不得向外界披露未成年人的姓名、住所、照片等资料信息

《最高人民法院关于适用〈中华人民共和国刑事诉讼法〉的解释》(2021年1月26日 法释〔2021〕1号)

第五百五十九条 审理涉及未成年人的刑事案件,不得向外界披露未成年人的姓名、住所、照片以及可能推断出未成年人身份的其他资料。

查阅、摘抄、复制的案卷材料,涉及未成年人的,不得公开和传播。

★对未成年人刑事案件决定适用简易程序审理的，应当征求未成年被告人及其法定代理人、辩护人的意见

《最高人民法院关于适用〈中华人民共和国刑事诉讼法〉的解释》（2021年1月26日 法释〔2021〕1号）

第五百六十六条 对未成年人刑事案件，人民法院决定适用简易程序审理的，应当征求未成年被告人及其法定代理人、辩护人的意见。上述人员提出异议的，不适用简易程序。

★开庭时被告人不满二十周岁的一般应当通知其近亲属到庭

《最高人民法院关于适用〈中华人民共和国刑事诉讼法〉的解释》（2021年1月26日 法释〔2021〕1号）

第五百六十七条 被告人实施被指控的犯罪时不满十八周岁，开庭时已满十八周岁、不满二十周岁的，人民法院开庭时，一般应当通知其近亲属到庭。经法庭同意，近亲属可以发表意见。近亲属无法通知、不能到场或者是共犯的，应当记录在案。

★法庭审理过程中对语言表达方式的特别规定

《最高人民法院关于适用〈中华人民共和国刑事诉讼法〉的解释》（2021年1月26日 法释〔2021〕1号）

第五百七十三条 法庭审理过程中，审判人员应当根据未成年被告人的智力发育程度和心理状态，使用适合未成年人的语言表达方式。

发现有对未成年被告人威胁、训斥、诱供或者讽刺等情形的，审判长应当制止。

★控辩双方提出对未成年被告人适用非监禁刑的量刑建议的，应当提供有关的书面材料

《最高人民法院关于适用〈中华人民共和国刑事诉讼法〉的解释》（2021年1月26日 法释〔2021〕1号）

第五百七十四条 控辩双方提出对未成年被告人判处管制、宣告缓刑等量刑建议的，应当向法庭提供有关未成年被告人能够获得监护、帮教以及对所居住社区无重大不良影响的书面材料。

★对未成年被告人情况的调查报告和书面材料，法庭应当审查并听取控辩双方意见

《最高人民法院关于适用〈中华人民共和国刑事诉讼法〉的解释》（2021年1月26日　法释〔2021〕1号）

第五百七十五条　对未成年被告人情况的调查报告，以及辩护人提交的有关未成年被告人情况的书面材料，法庭应当审查并听取控辩双方意见。上述报告和材料可以作为办理案件和教育未成年人的参考。

人民法院可以通知作出调查报告的人员出庭说明情况，接受控辩双方和法庭的询问。

★法庭可以对未成年被告人进行法治教育

《最高人民法院关于适用〈中华人民共和国刑事诉讼法〉的解释》（2021年1月26日　法释〔2021〕1号）

第五百七十六条　法庭辩论结束后，法庭可以根据未成年人的生理、心理特点和案件情况，对未成年被告人进行法治教育；判决未成年被告人有罪的，宣判后，应当对未成年被告人进行法治教育。

对未成年被告人进行教育，其法定代理人以外的成年亲属或者教师、辅导员等参与有利于感化、挽救未成年人的，人民法院应当邀请其参加有关活动。

适用简易程序审理的案件，对未成年被告人进行法庭教育，适用前两款规定。

★定期宣告判决的应向未成年被告人的成年亲属送达判决书

《最高人民法院关于适用〈中华人民共和国刑事诉讼法〉的解释》（2021年1月26日　法释〔2021〕1号）

第五百七十九条　定期宣告判决的未成年人刑事案件，未成年被告人的法定代理人无法通知、不能到场或者是共犯的，法庭可以通知合适成年人到庭，并在宣判后向未成年被告人的成年亲属送达判决书。

★交付执行刑罚时应当将有关未成年罪犯的调查报告、表现材料、法律文书一并送达执行机关

《最高人民法院关于适用〈中华人民共和国刑事诉讼法〉的解释》(2021 年 1 月 26 日 法释〔2021〕1 号)

第五百八十条 将未成年罪犯送监执行刑罚或者送交社区矫正时,人民法院应当将有关未成年罪犯的调查报告及其在案件审理中的表现材料,连同有关法律文书,一并送达执行机关。

第二百八十二条 【附条件不起诉】对于未成年人涉嫌刑法分则第四章、第五章、第六章规定的犯罪,可能判处一年有期徒刑以下刑罚,符合起诉条件,但有悔罪表现的,人民检察院可以作出附条件不起诉的决定。人民检察院在作出附条件不起诉的决定以前,应当听取公安机关、被害人的意见。

对附条件不起诉的决定,公安机关要求复议、提请复核或者被害人申诉的,适用本法第一百七十九条、第一百八十条的规定。

未成年犯罪嫌疑人及其法定代理人对人民检察院决定附条件不起诉有异议的,人民检察院应当作出起诉的决定。

新旧条文序号对照

2018 年刑事诉讼法	2012 年刑事诉讼法	1996 年刑事诉讼法
第二百八十二条	第二百七十一条	

适用要点与裁判依据

★检察院作出附条件不起诉的决定前，应当听取未成年犯罪嫌疑人及其法定代理人、辩护人的意见

《人民检察院刑事诉讼规则》（2019 年 12 月 30 日　高检发释字〔2019〕4 号）

第四百六十九条　对于符合刑事诉讼法第二百八十二条第一款规定条件的未成年人刑事案件，人民检察院可以作出附条件不起诉的决定。

人民检察院在作出附条件不起诉的决定以前，应当听取公安机关、被害人、未成年犯罪嫌疑人及其法定代理人、辩护人的意见，并制作笔录附卷。

第四百七十条　未成年犯罪嫌疑人及其法定代理人对拟作出附条件不起诉决定提出异议的，人民检察院应当提起公诉。但是，未成年犯罪嫌疑人及其法定代理人提出无罪辩解，人民检察院经审查认为无罪辩解理由成立的，应当按照本规则第三百六十五条的规定作出不起诉决定。

未成年犯罪嫌疑人及其法定代理人对案件作附条件不起诉处理没有异议，仅对所附条件及考验期有异议的，人民检察院可以依法采纳其合理的意见，对考察的内容、方式、时间等进行调整；其意见不利于对未成年犯罪嫌疑人帮教，人民检察院不采纳的，应当进行释法说理。

人民检察院作出起诉决定前，未成年犯罪嫌疑人及其法定代理人撤回异议的，人民检察院可以依法作出附条件不起诉决定。

★检察院应当当面向未成年犯罪嫌疑人及其法定代理人宣布附条件不起诉决定

《人民检察院刑事诉讼规则》（2019 年 12 月 30 日　高检发释字〔2019〕4 号）

第四百七十一条　人民检察院作出附条件不起诉的决定后，应当制作附条件不起诉决定书，并在三日以内送达公安机关、被害人或者其近亲属及其诉讼代理人、未成年犯罪嫌疑人及其法定代理人、辩护人。

人民检察院应当当面向未成年犯罪嫌疑人及其法定代理人宣布附条件不起诉决定,告知考验期限、在考验期内应当遵守的规定以及违反规定应负的法律责任,并制作笔录附卷。

★被害人不服附条件不起诉决定的,检察院应当告知其可以向法院起诉的规定

《人民检察院刑事诉讼规则》(2019 年 12 月 30 日 高检发释字〔2019〕4 号)

第四百七十二条 对附条件不起诉的决定,公安机关要求复议、提请复核或者被害人提出申诉的,具体程序参照本规则第三百七十九条至第三百八十三条的规定。被害人不服附条件不起诉决定的,应当告知其不适用刑事诉讼法第一百八十条关于被害人可以向人民法院起诉的规定,并做好释法说理工作。

前款规定的复议、复核、申诉由相应人民检察院负责未成年人检察的部门进行审查。

第四百七十八条 考验期满作出不起诉决定,被害人提出申诉的,依照本规则第四百七十二条规定办理。

★附条件不起诉决定的考验期

《人民检察院刑事诉讼规则》(2019 年 12 月 30 日 高检发释字〔2019〕4 号)

第四百七十三条 人民检察院作出附条件不起诉决定的,应当确定考验期。考验期为六个月以上一年以下,从人民检察院作出附条件不起诉的决定之日起计算。

第四百八十条 被附条件不起诉的未成年犯罪嫌疑人,在考验期内没有本规则第四百七十九条规定的情形,考验期满的,人民检察院应当作出不起诉的决定。

类案检索指引

★对涉罪未成年在校学生适用附条件不起诉，应当最大限度减少对其学习、生活的影响

《胡某某抢劫案》(2021 年 3 月 2 日最高人民检察院发布第二十七批指导性案例：检例第 103 号)

【关键词】

抢劫　在校学生　附条件不起诉　调整考验期

【要旨】

办理附条件不起诉案件，应当准确把握其与不起诉的界限。对于涉罪未成年在校学生附条件不起诉，应当坚持最有利于未成年人健康成长原则，找准办案、帮教与保障学业的平衡点，灵活掌握办案节奏和考察帮教方式。要阶段性评估帮教成效，根据被附条件不起诉人角色转变和个性需求，动态调整考验期限和帮教内容。

【指导意义】

(一)办理附条件不起诉案件，应当注意把握附条件不起诉与不起诉之间的界限。根据刑事诉讼法第一百七十七条第二款，检察机关对于犯罪情节轻微，依照刑法规定不需要判处刑罚或者可以免除刑罚的犯罪嫌疑人，可以决定不起诉。而附条件不起诉的适用条件是可能判处一年有期徒刑以下刑罚，符合起诉条件，但有悔罪表现的未成年犯罪嫌疑人，且只限定于涉嫌刑法分则第四章、第五章、第六章规定的犯罪。对于犯罪情节轻微符合不起诉条件的未成年犯罪嫌疑人，应依法适用不起诉，不能以附条件不起诉代替不起诉。对于未成年犯罪嫌疑人涉嫌刑法分则第四章、第五章、第六章规定的犯罪，根据犯罪情节和悔罪表现，尚未达到不需要判处刑罚或者可以免除刑罚程度，综合考虑可能判处一年有期徒刑以下刑罚，适用附条件不起诉能更好地达到矫正效果，促使其再社会化的，应依法适用附条件不起诉。

(二)对涉罪未成年在校学生适用附条件不起诉，应当最大限度减少对其学习、生活的影响。坚持最有利于未成年人健康成长原则，立足涉罪在校学生教育矫治和回归社会，应尽可能保障其正常学习和生活。在法律规定的办案期限内，检察机关可灵活掌握办案节奏和方式，利用假期和远程方式办案帮教，在心理疏导、隐私保护等方面提供充分保障，达到教育、管束和保护的有机统一。

（三）对于已确定的考验期限和考察帮教措施，经评估后认为不能适应教育矫治需求的，可以适时动态调整。对于在考验期中经历考试、升学、求职等角色转变的被附条件不起诉人，应当及时对考察帮教情况、效果进行评估，根据考察帮教的新情况和新变化，有针对性地调整考验期限和帮教措施，巩固提升帮教成效，促其早日顺利回归社会。考验期限和帮教措施在调整前，应当充分听取各方意见。

★对共同犯罪的未成年人适用附条件不起诉时，应当遵循精准帮教的要求对每名涉罪未成年人设置个性化附带条件

《庄某等人敲诈勒索案》（2021 年 3 月 2 日最高人民检察院发布第二十七批指导性案例：检例第 104 号）

【关键词】

敲诈勒索　未成年人共同犯罪　附条件不起诉　个性化附带条件　精准帮教

【要旨】

检察机关对共同犯罪的未成年人适用附条件不起诉时，应当遵循精准帮教的要求对每名涉罪未成年人设置个性化附带条件。监督考察时，要根据涉罪未成年人回归社会的不同需求，督促制定所附条件执行的具体计划，分阶段评估帮教效果，发现问题及时调整帮教方案，提升精准帮教实效。

【指导意义】

（一）附条件不起诉设定的附带条件，应根据社会调查情况合理设置，具有个性化，体现针对性。检察机关办理附条件不起诉案件，应当坚持因案而异，根据社会调查情况，针对涉罪未成年人的具体犯罪原因和回归社会的具体需求等设置附带条件。对共同犯罪未成年人既要针对其共同存在的问题，又要考虑每名涉罪未成年人的实际情况，设定符合个体特点的附带条件并制定合理的帮教计划，做到"对症下药"，确保附条件不起诉制度教育矫治功能的实现。

（二）加强沟通，争取未成年犯罪嫌疑人及其法定代理人、学校的理解、配合和支持。检察机关应当就附带条件、考验期限等与未成年犯罪嫌疑人充分沟通，使其自觉遵守并切实执行。未成年犯罪嫌疑人的法定代理人和其所在学校是参与精准帮教的重要力量，检察机关应当通过释法说理、开展家庭教育指导等工作，与各方达成共识，形成帮教合力。

（三）加强对附带条件执行效果的动态监督，实现精准帮教。检察机关对于附条件不起诉所附带条件的执行要加强全程监督、指导，掌握落实情况，动态评估帮教效果，发现问题及时调整帮教方式和措施。为保证精准帮教目标的实现，可以联合其他社会机构、组织、爱心企业等共同开展帮教工作，帮助涉罪未成年人顺利回归社会。

★对于犯罪情节轻微，悔罪态度好，依法可附条件不起诉，并对其开展帮教考察

《与专门学校合作帮教矫治　为涉罪未成年人点亮归途》［2021年5月31日最高人民检察院发布十起检察机关与各方力量携手构建未成年人保护大格局典型案（事）例］

【典型意义】

预防未成年人犯罪法规定，国家加强专门学校建设，对有严重不良行为的未成年人进行专门教育。本案中，检察机关加强与教育部门、专门学校合作考察帮教，建立司法机关与专门学校衔接工作机制。同时，检察机关进一步推动与教育部门的协助合作，促进专门学校建设，共同对未达刑事责任年龄涉罪未成年人、有严重不良行为的未成年人进行专门教育，不断提升教育矫治效果，努力解决涉罪未成年人"一判了之"和"一放了之"的现实困境。

★对有滥用药物问题的涉罪未成年人适用附条件不起诉时，可以细化戒瘾治疗措施，提升精准帮教的效果

《防止未成年人滥用药物综合司法保护案》（2023 年 2 月 24 日最高人民检察院发布第四十三批指导性案例：检例第 171 号）

【关键词】

综合履职　附条件不起诉行政公益诉讼　滥用药物　数字检察

【要旨】

检察机关办理涉未成年人案件，应当统筹发挥多种检察职能，通过一体融合履职，加强未成年人综合司法保护。对有滥用药物问题的涉罪未成年人适用附条件不起诉时，可以细化戒瘾治疗措施，提升精准帮教的效果。针对个案中发现的社会治理问题，充分运用大数据分析，深挖类案线索，推动堵漏建制、源头保护，提升"个案办理—类案监督—系统治理"工作质效。

【指导意义】

（一）统筹运用多种检察职能，推动完善一体履职、全面保护、统分有序的未检融合履职模式，综合保护未成年人合法权益。检察机关应当充分发挥未检业务集中统一办理优势，强化系统审查意识和综合取证能力，在办理涉未成年人刑事案件过程中，一并审查未成年人相关公共利益等其他权益是否遭受损害。对经审查评估需要同步履行相关法律监督职责的案件，应当依法融合履职，综合运用法律赋予的监督手段，系统维护未成年人合法权益。

（二）附条件不起诉考验期监督管理规定的设定，应当以最有利于教育挽救未成年人为原则，体现帮教考察的个性化、精准性和有效性。检察机关对未成年人作出附条件不起诉决定时，应当考虑涉罪未成年人发案原因和个性需求，细化矫治教育措施。对共同犯罪的未成年人，既要考虑其共性问题，又要考虑每名涉罪未成年人的实际情况和个体特点，设置既有共性又有个性的监督管理规定和帮教措施，并督促落实。对存在滥用药物情形的涉罪未成年人，检察机关应当会同未成年人父母或其他监护人，要求其督促未成年人接受心理疏导和戒断治疗，并将相关情况纳入监督考察范围，提升精准帮教效果，落实附条件不起诉制度的教育矫治功能，帮助涉罪未成年人顺利回归社会。

（三）能动运用大数据分析，提升法律监督质效，做实诉源治理。检察机关要综合研判案件背后的风险因素、类案特质，主动应用数字思维，通过数字建模进行数据分析和比对，深挖药品流通过程中的问题，系统梳理类案监督线索，精准发现案发领域治理漏洞，通过开展公益诉讼等方式实现协同治理，促进有关方面依法履职、加强监管执法，推动从顶层设计上健全制度机制，完善相关领域社会治理，实现办案法律效果和社会效果的有机统一。

★多维度为未成年人顺利回归正常生活与学习提供帮助

《段某某寻衅滋事附条件不起诉案——拓展社会支持资源　开展精准帮教和家庭教育指导》（2023年4月14日最高人民检察院发布6起未成年人检察社会支持体系示范建设典型案例）

【典型意义】

检察机关依托专业社会支持体系，与团委、妇联、社工多方联动，引入社工、家庭教育指导专家等多方面专业社会资源，贯通社会调查、帮教、家庭教育指导等多个环节工作，纠正未成年人偏差行为，改善家庭监护和教育环境，多维度为未成年人顺利回归正常生活与学习提供帮助，实现教育挽救保护目标。

★引导社工专业力量与当地未成年人保护力量之间建立有效链接，实现专业保护与社会保护融合发力

《涂某盗窃附条件不起诉案——畅通家庭和社区再社会化渠道》（2023年4月14日最高人民检察院发布6起未成年人检察社会支持体系示范建设典型案例）

【典型意义】

检察机关在办理未成年人案件时，依托社会支持体系，引导社工专业力量与当地未成年人保护力量之间建立有效链接，实现专业保护与社会保护融合发力。社工依托社会支持体系拓展当地保护资源，实现获取信息更全面、安排活动更便捷、回归社会渠道更丰富。当地未成年人保护力量依托专业化协同机制，实现干预帮教更专业、督促监护更有力，改变成长更有效，更好帮助涉罪未成年人回归社会，是融合保护理念在未成年人检察社会支持体系建设过程中的实践应用，实现了未成年人保护力量叠加放大效应。

★实现检察机关“一家独管”向“社会共管”转变，单一“行为矫治”向促进“未来发展”转变

《伊某某盗窃附条件不起诉案——全流程引入社会力量干预和矫治》（2023年4月14日最高人民检察院发布6起未成年人检察社会支持体系示范建设典型案例）

【典型意义】

在罪错未成年干预和矫治过程中全流程引入社会力量，建立同步评价机制、社会观护机制、再社会化促进机制，整合社会力量、增进社会接纳、强化再社会化效果，实现检察机关“一家独管”向“社会共管”转变，单一“行为矫治”向促进“未来发展”转变，程序保障向权利保护转变，推动未成年人检察社会支持体系的发展和升级。

第二百八十三条 【监督考察】在附条件不起诉的考验期内，由人民检察院对被附条件不起诉的未成年犯罪嫌疑人进行监督考察。未成年犯罪嫌疑人的监护人，应当对未成年犯罪嫌疑人加强管教，配合人民检察院做好监督考察工作。

附条件不起诉的考验期为六个月以上一年以下，从人民检察院作出附条件不起诉的决定之日起计算。

被附条件不起诉的未成年犯罪嫌疑人，应当遵守下列规定：

第283条 （一）遵守法律法规，服从监督；

（二）按照考察机关的规定报告自己的活动情况；

（三）离开所居住的市、县或者迁居，应当报经考察机关批准；

（四）按照考察机关的要求接受矫治和教育。

新旧条文序号对照

2018年刑事诉讼法	2012年刑事诉讼法	1996年刑事诉讼法
第二百八十三条	第二百七十二条	

适用要点与裁判依据

★在附条件不起诉的考验期内，由检察院对被附条件不起诉的未成年犯罪嫌疑人进行监督考察

《人民检察院刑事诉讼规则》（2019年12月30日　高检发释字〔2019〕4号）

第四百七十四条　在附条件不起诉的考验期内，由人民检察院对被附条件不起诉的未成年犯罪嫌疑人进行监督考察。人民检察院应当要求未成年犯罪嫌疑人的监护人对未成年犯罪嫌疑人加强管教，配合人民检察院做好监督考察工作。

人民检察院可以会同未成年犯罪嫌疑人的监护人、所在学校、单位、居住地的村民委员会、居民委员会、未成年人保护组织等的有关人员，定期对未成年犯罪嫌疑人进行考察、教育，实施跟踪帮教。

第四百七十五条　人民检察院对于被附条件不起诉的未成年犯罪嫌疑人，应当监督考察其是否遵守下列规定：

（一）遵守法律法规，服从监督；

（二）按照规定报告自己的活动情况；

（三）离开所居住的市、县或者迁居，应当报经批准；

（四）按照要求接受矫治和教育。

★检察院可以要求被附条件不起诉的未成年犯罪嫌疑人接受六个方面的矫治和教育

《人民检察院刑事诉讼规则》（2019年12月30日　高检发释字〔2019〕4号）

第四百七十六条　人民检察院可以要求被附条件不起诉的未成

年犯罪嫌疑人接受下列矫治和教育：

（一）完成戒瘾治疗、心理辅导或者其他适当的处遇措施；

（二）向社区或者公益团体提供公益劳动；

（三）不得进入特定场所，与特定的人员会见或者通信，从事特定的活动；

（四）向被害人赔偿损失、赔礼道歉等；

（五）接受相关教育；

（六）遵守其他保护被害人安全以及预防再犯的禁止性规定。

★考验期届满，应当制作附条件不起诉考察意见书报请检察长决定

《人民检察院刑事诉讼规则》（2019年12月30日 高检发释字〔2019〕4号）

第四百七十七条 考验期届满，检察人员应当制作附条件不起诉考察意见书，提出起诉或者不起诉的意见，报请检察长决定。

考验期满作出不起诉的决定以前，应当听取被害人意见。

第二百八十四条 【附条件不起诉决定的撤销及作出不起诉决定】被附条件不起诉的未成年犯罪嫌疑人，在考验期内有下列情形之一的，人民检察院应当撤销附条件不起诉的决定，提起公诉：

（一）实施新的犯罪或者发现决定附条件不起诉以前还有其他犯罪需要追诉的；

（二）违反治安管理规定或者考察机关有关附条件不起诉的监督管理规定，情节严重的。

被附条件不起诉的未成年犯罪嫌疑人，在考验期内没有上述情形，考验期满的，人民检察院应当作出不起诉的决定。

新旧条文序号对照

2018 年刑事诉讼法	2012 年刑事诉讼法	1996 年刑事诉讼法
第二百八十四条	第二百七十三条	

适用要点与裁判依据

★应当撤销附条件不起诉的决定，提起公诉的四种情形

《人民检察院刑事诉讼规则》(2019 年 12 月 30 日　高检发释字〔2019〕4 号)

第四百七十九条　被附条件不起诉的未成年犯罪嫌疑人，在考验期内具有下列情形之一的，人民检察院应当撤销附条件不起诉的决定，提起公诉：

(一)实施新的犯罪的；

(二)发现决定附条件不起诉以前还有其他犯罪需要追诉的；

(三)违反治安管理规定，造成严重后果，或者多次违反治安管理规定的；

(四)违反有关附条件不起诉的监督管理规定，造成严重后果，或者多次违反有关附条件不起诉的监督管理规定的。

类案检索指引

★对于被附条件不起诉人在考验期内多次违反监督管理规定情节严重的，应当依法撤销附条件不起诉决定，提起公诉

《唐某等人聚众斗殴案》(2021 年 3 月 2 日最高人民检察院发布第二十七批指导性案例：检例第 107 号)

【关键词】

聚众斗殴　违反监督管理规定　撤销附条件不起诉　提起公诉

【要旨】

对于被附条件不起诉人在考验期内多次违反监督管理规定，逃避或脱离矫治和教育，经强化帮教措施后仍无悔改表现，附条件不起诉的挽救功能无法实现，符合“违反考察机关监督管理规定，情节严重”的，应当依法撤销附条件不起诉决定，提起公诉。

【指导意义】

（一）针对被附条件不起诉人的实际表现，及时调整监督矫治措施，加大帮教力度。检察机关对干预矫治的情形和再犯风险应当进行动态评估，发现被附条件不起诉人在考验期内违反帮教协议的相关规定时，要及时分析原因，对仍有帮教可能性的，应当调整措施，通过延长帮教期限、心理疏导、司法训诫、家庭教育指导等多种措施加大帮教力度，及时矫正被附条件不起诉未成年人的行为认知偏差。

（二）准确把握“违反考察机关监督管理规定”行为频次、具体情节、有无继续考察帮教必要等因素，依法认定“情节严重”。检察机关经调查核实、动态评估后发现被附条件不起诉人多次故意违反禁止性监督管理规定，或者进入特定场所后违反治安管理规定，或者违反指示性监督管理规定，经检察机关采取训诫提醒、心理疏导等多种措施后仍无悔改表现，脱离、拒绝帮教矫治，导致通过附条件不起诉促进涉罪未成年人悔过自新、回归社会的功能无法实现时，应当认定为刑事诉讼法第二百八十四条第一款第（二）项规定的“情节严重”，依法撤销附条件不起诉决定，提起公诉。

第二百八十五条 【不公开审理及其例外】审判的时候被告人不满十八周岁的案件，不公开审理。但是，经未成年被告人及其法定代理人同意，未成年被告人所在学校和未成年人保护组织可以派代表到场。

新旧条文序号对照

2018年刑事诉讼法	2012年刑事诉讼法	1996年刑事诉讼法
第二百八十五条	第二百七十四条	

适用要点与裁判依据

★对依法公开审理，但可能需要封存犯罪记录的案件，有旁听人员的，应当告知其不得传播案件信息

《最高人民法院关于适用〈中华人民共和国刑事诉讼法〉的解释》(2021年1月26日　法释〔2021〕1号)

第五百五十七条　开庭审理时被告人不满十八周岁的案件，一律不公开审理。经未成年被告人及其法定代理人同意，未成年被告人所在学校和未成年人保护组织可以派代表到场。到场代表的人数和范围，由法庭决定。经法庭同意，到场代表可以参与对未成年被告人的法庭教育工作。

对依法公开审理，但可能需要封存犯罪记录的案件，不得组织人员旁听；有旁听人员的，应当告知其不得传播案件信息。

第二百八十六条　【犯罪记录封存】犯罪的时候不满十八周岁，被判处五年有期徒刑以下刑罚的，应当对相关犯罪记录予以封存。

犯罪记录被封存的，不得向任何单位和个人提供，但司法机关为办案需要或者有关单位根据国家规定进行查询的除外。依法进行查询的单位，应当对被封存的犯罪记录的情况予以保密。

新旧条文序号对照

2018 年刑事诉讼法	2012 年刑事诉讼法	1996 年刑事诉讼法
第二百八十六条	第二百七十五条	

适用要点与裁判依据

★被封存犯罪记录的未成年人,如果发现漏罪,合并被判处五年有期徒刑以上刑罚的,应当对其犯罪记录解除封存

《公安机关办理刑事案件程序规定》(2020 年 7 月 20 日修正 公安部令第 159 号)

第三百三十一条 未成年人犯罪的时候不满十八周岁,被判处五年有期徒刑以下刑罚的,公安机关应当依据人民法院已经生效的判决书,将该未成年人的犯罪记录予以封存。

犯罪记录被封存的,除司法机关为办案需要或者有关单位根据国家规定进行查询外,公安机关不得向其他任何单位和个人提供。

被封存犯罪记录的未成年人,如果发现漏罪,合并被判处五年有期徒刑以上刑罚的,应当对其犯罪记录解除封存。

★检察院对未成年犯罪嫌疑人作出不起诉决定后,应当对相关记录予以封存

《人民检察院刑事诉讼规则》(2019 年 12 月 30 日 高检发释字〔2019〕4 号)

第四百八十六条 人民检察院对未成年犯罪嫌疑人作出不起诉决定后,应当对相关记录予以封存。除司法机关为办案需要进行查询外,不得向任何单位和个人提供。封存的具体程序参照本规则第四百八十三条至第四百八十五条的规定。

★被封存犯罪记录的未成年人或者其法定代理人申请出具无犯罪记录证明的，应当出具

《人民检察院刑事诉讼规则》(2019 年 12 月 30 日 高检发释字〔2019〕4 号)

第四百八十七条 被封存犯罪记录的未成年人或者其法定代理人申请出具无犯罪记录证明的，人民检察院应当出具。需要协调公安机关、人民法院为其出具无犯罪记录证明的，人民检察院应当予以协助。

★对依法应当封存犯罪记录的案件，宣判时，不得组织人员旁听；有旁听人员的，应当告知其不得传播案件信息

《最高人民法院关于适用〈中华人民共和国刑事诉讼法〉的解释》(2021 年 1 月 26 日 法释〔2021〕1 号)

第五百七十八条 对未成年人刑事案件，宣告判决应当公开进行。

对依法应当封存犯罪记录的案件，宣判时，不得组织人员旁听；有旁听人员的，应当告知其不得传播案件信息。

★犯罪时不满十八周岁，被判处免予刑事处罚的未成年人的犯罪记录，应当封存

《最高人民法院关于适用〈中华人民共和国刑事诉讼法〉的解释》(2021 年 1 月 26 日 法释〔2021〕1 号)

第五百八十一条 犯罪时不满十八周岁，被判处五年有期徒刑以下刑罚以及免予刑事处罚的未成年人的犯罪记录，应当封存。

司法机关或者有关单位向人民法院申请查询封存的犯罪记录的，应当提供查询的理由和依据。对查询申请，人民法院应当及时作出是否同意的决定。

★对于涉案未成年人身份、案情等信息资料私自传播的，依法给予治安处罚或追究其刑事责任

《最高人民检察院、国家监察委员会、教育部、公安部、民政部、司法部、国家卫生健康委员会、中国共产主义青年团中央委员会、中华全国妇女联合会关于建立侵害未成年人案件强制报告制度的意见（试行）》（2020年5月7日　高检发〔2020〕9号）

第十四条　相关单位、组织及其工作人员应当注意保护未成年人隐私，对于涉案未成年人身份、案情等信息资料予以严格保密，严禁通过互联网或者以其他方式进行传播。私自传播的，依法给予治安处罚或追究其刑事责任。

★建立性侵违法犯罪人员信息库

《最高人民检察院、教育部、公安部关于建立教职员工准入查询性侵违法犯罪信息制度的意见》（2020年8月20日　高检发〔2020〕14号）

第四条　本意见所称的性侵违法犯罪信息，是指符合下列条件的违法犯罪信息，公安部根据本条规定建立性侵违法犯罪人员信息库：

（一）因触犯刑法第二百三十六条、第二百三十七条规定的强奸，强制猥亵，猥亵儿童犯罪行为被人民法院依法作出有罪判决的人员信息；

（二）因触犯刑法第二百三十六条、第二百三十七条规定的强奸，强制猥亵，猥亵儿童犯罪行为被人民检察院根据刑事诉讼法第一百七十七条第二款之规定作出不起诉决定的人员信息；

（三）因触犯治安管理处罚法第四十四条规定的猥亵行为被行政处罚的人员信息。

第286条

符合刑事诉讼法第二百八十六条规定的未成年人犯罪记录封存条件的信息除外。

第五条　学校新招录教师、行政人员、勤杂人员、安保人员等在校园内工作的教职员工，在入职前应当进行性侵违法犯罪信息查询。

在认定教师资格前，教师资格认定机构应当对申请人员进行性侵违法犯罪信息查询。

第六条　教育行政部门应当做好在职教职员工性侵违法犯罪信息的筛查。

★对未成年人犯罪记录封存的适用范围

《最高人民法院、最高人民检察院、公安部、司法部关于未成年人犯罪记录封存的实施办法》（2022年5月24日）

第二条　本办法所称未成年人犯罪记录，是指国家专门机关对未成年犯罪人员情况的客观记载。应当封存的未成年人犯罪记录，包括侦查、起诉、审判及刑事执行过程中形成的有关未成年人犯罪或者涉嫌犯罪的全部案卷材料与电子档案信息。

第三条　不予刑事处罚、不追究刑事责任、不起诉、采取刑事强制措施的记录，以及对涉罪未成年人进行社会调查、帮教考察、心理疏导、司法救助等工作的记录，按照本办法规定的内容和程序进行封存。

第四条　犯罪的时候不满十八周岁，被判处五年有期徒刑以下刑罚以及免予刑事处罚的未成年人犯罪记录，应当依法予以封存。

对在年满十八周岁前后实施数个行为，构成一罪或者一并处理的数罪，主要犯罪行为是在年满十八岁周岁前实施的，被判处或者决定执行五年有期徒刑以下刑罚以及免予刑事处罚的未成年人犯罪记录，应当对全案依法予以封存。

★对于分案办理的未成年人与成年人共同犯罪案件，在封存未成年人案卷材料和信息的同时，应当对相关信息采取必要保密措施

《最高人民法院、最高人民检察院、公安部、司法部关于未成年人犯罪记录封存的实施办法》（2022年5月24日）

第五条　对于分案办理的未成年人与成年人共同犯罪案件，在封存未成年人案卷材料和信息的同时，应当在未封存的成年人卷宗封面标注“含犯罪记录封存信息”等明显标识，并对相关信息采取必要保密措施。对于未分案办理的未成年人与成年人共同犯罪案件，应当在全案卷宗封面标注“含犯罪记录封存信息”等明显标识，并对相关信息采取必要保密措施。

第六条　其他刑事、民事、行政及公益诉讼案件，因办案需要使用了被封存的未成年人犯罪记录信息的，应当在相关卷宗封面标明“含犯罪记录封存信息”，并对相关信息采取必要保密措施。

★未成年人因事实不清、证据不足被宣告无罪的案件，应当对涉罪记录予以封存

《最高人民法院、最高人民检察院、公安部、司法部关于未成年人犯罪记录封存的实施办法》(2022年5月24日)

第七条　未成年人因事实不清、证据不足被宣告无罪的案件，应当对涉罪记录予以封存；但未成年被告人及其法定代理人申请不予封存或者解除封存的，经人民法院同意，可以不予封存或者解除封存。

★对于犯罪记录被封存的未成年人，在入伍、就业时免除犯罪记录的报告义务

《最高人民法院、最高人民检察院、公安部、司法部关于未成年人犯罪记录封存的实施办法》(2022年5月24日)

第九条　未成年人犯罪记录封存应当贯彻及时、有效的原则。对于犯罪记录被封存的未成年人，在入伍、就业时免除犯罪记录的报告义务。

被封存犯罪记录的未成年人因涉嫌再次犯罪接受司法机关调查时，应当主动、如实地供述其犯罪记录情况，不得回避、隐瞒。

★封存的未成年人犯罪记录数据不得向外部平台提供或对接

《最高人民法院、最高人民检察院、公安部、司法部关于未成年人犯罪记录封存的实施办法》(2022年5月24日)

第286条

第十条　对于需要封存的未成年人犯罪记录，应当遵循《中华人民共和国个人信息保护法》不予公开，并建立专门的未成年人犯罪档案库，执行严格的保管制度。

对于电子信息系统中需要封存的未成年人犯罪记录数据，应当加设封存标记，未经法定查询程序，不得进行信息查询、共享及复用。

封存的未成年人犯罪记录数据不得向外部平台提供或对接。

★检察院、公安机关在收到法院刑事裁判文书、《犯罪记录封存通知书》后应当在三日内统筹相关机关将涉案未成年人的犯罪记录整体封存

《最高人民法院、最高人民检察院、公安部、司法部关于未成年人犯罪记录封存的实施办法》（2022年5月24日）

第十一条　人民法院依法对犯罪时不满十八周岁的被告人判处五年有期徒刑以下刑罚以及免予刑事处罚的，判决生效后，应当将刑事裁判文书、《犯罪记录封存通知书》及时送达被告人，并同时送达同级人民检察院、公安机关，同级人民检察院、公安机关在收到上述文书后应当在三日内统筹相关各级检察机关、公安机关将涉案未成年人的犯罪记录整体封存。

★公安机关收到检察机关《不起诉决定书》和《犯罪记录封存通知书》后应当在三日内将涉案未成年人的犯罪记录封存

《最高人民法院、最高人民检察院、公安部、司法部关于未成年人犯罪记录封存的实施办法》（2022年5月24日）

第十二条　人民检察院依法对犯罪时不满十八周岁的犯罪嫌疑人决定不起诉后，应当将《不起诉决定书》、《犯罪记录封存通知书》及时送达被不起诉人，并同时送达同级公安机关，同级公安机关收到上述文书后应当在三日内将涉案未成年人的犯罪记录封存。

★社区矫正机构应当在刑事执行完毕后三日内将涉案未成年人的犯罪记录封存

《最高人民法院、最高人民检察院、公安部、司法部关于未成年人犯罪记录封存的实施办法》（2022年5月24日）

第十三条　对于被判处管制、宣告缓刑、假释或者暂予监外执行的未成年罪犯，依法实行社区矫正，执行地社区矫正机构应当在刑事执行完毕后三日内将涉案未成年人的犯罪记录封存。

日起,不再受未成年人犯罪记录封存相关规定的限制。

★承担犯罪记录封存以及保护未成年人隐私、信息工作的公职人员,不当泄露未成年人犯罪记录或者隐私、信息的法律责任

《最高人民法院、最高人民检察院、公安部、司法部关于未成年人犯罪记录封存的实施办法》(2022年5月24日)

第二十条 承担犯罪记录封存以及保护未成年人隐私、信息工作的公职人员,不当泄露未成年人犯罪记录或者隐私、信息的,应当予以处分;造成严重后果,给国家、个人造成重大损失或者恶劣影响的,依法追究刑事责任。

第二十一条 涉案未成年人应当封存的信息被不当公开,造成未成年人在就学、就业、生活保障等方面未受到同等待遇的,未成年人及其法定代理人可以向相关机关、单位提出封存申请,或者向人民检察院申请监督。

第二十二条 人民检察院对犯罪记录封存工作进行法律监督。对犯罪记录应当封存而未封存,或者封存不当,或者未成年人及其法定代理人提出异议的,人民检察院应当进行审查,对确实存在错误的,应当及时通知有关单位予以纠正。

有关单位应当自收到人民检察院的纠正意见后及时审查处理。经审查无误的,应当向人民检察院说明理由;经审查确实有误的,应当及时纠正,并将纠正措施与结果告知人民检察院。

类案检索指引

★适用碳汇修复大熊猫国家公园受损生态环境,体现整体保护、系统修复的国家公园保护理念

《阿罗某甲等盗伐林木刑事附带民事公益诉讼案》(2023年2月17日最高人民法院发布十一起司法积极稳妥推进碳达峰碳中和典型案例)

第
286
条

【典型意义】

本案判决被告人采取“补植复绿”替代修复受损害的生态环境,

有利于固碳增汇，对于减缓和适应气候变化具有积极意义。同时，在被告人自愿认购碳汇的基础上，人民法院创新适用将被告人购买林业碳汇在碳市场注销、以替代承担生态环境受到损害至修复完成期间服务功能丧失导致损失的赔偿方式，有效缓解了案涉补种树木幼龄期固碳增汇能力缺失的问题。此外，建设国家公园的目的是保持自然生态系统的原真性和完整性，保护生物多样性，保护生态安全屏障，给子孙后代留下珍贵的自然资产。本案适用碳汇修复大熊猫国家公园受损生态环境，也体现了整体保护、系统修复的国家公园保护理念。

第二百八十七条　【法律适用】办理未成年人刑事案件，除本章已有规定的以外，按照本法的其他规定进行。

新旧条文序号对照

2018 年刑事诉讼法	2012 年刑事诉讼法	1996 年刑事诉讼法
第二百八十七条	第二百七十六条	

适用要点与裁判依据

★办理未成年人刑事案件，按照刑事诉讼法和其他有关规定进行

《人民检察院刑事诉讼规则》（2019 年 12 月 30 日　高检发释字〔2019〕4 号）

第四百九十一条　办理未成年人刑事案件，除本节已有规定的以外，按照刑事诉讼法和其他有关规定进行。

第二章 当事人和解的公诉案件诉讼程序

第二百八十八条 【适用条件】下列公诉案件，犯罪嫌疑人、被告人真诚悔罪，通过向被害人赔偿损失、赔礼道歉等方式获得被害人谅解，被害人自愿和解的，双方当事人可以和解：

（一）因民间纠纷引起，涉嫌刑法分则第四章、第五章规定的犯罪案件，可能判处三年有期徒刑以下刑罚的；

（二）除渎职犯罪以外的可能判处七年有期徒刑以下刑罚的过失犯罪案件。

犯罪嫌疑人、被告人在五年以内曾经故意犯罪的，不适用本章规定的程序。

新旧条文序号对照

2018 年刑事诉讼法	2012 年刑事诉讼法	1996 年刑事诉讼法
第二百八十八条	第二百七十七条	

适用要点与裁判依据

★不属于因民间纠纷引起的犯罪案件的六种情形

《公安机关办理刑事案件程序规定》（2020 年 7 月 20 日修正 公安部令第 159 号）

第三百三十四条 有下列情形之一的，不属于因民间纠纷引起的犯罪案件：

（一）雇凶伤害他人的；

（二）涉及黑社会性质组织犯罪的；

（三）涉及寻衅滋事的；

（四）涉及聚众斗殴的；

（五）多次故意伤害他人身体的；

（六）其他不宜和解的。

★双方当事人可以和解的公诉案件的范围和条件

《人民检察院刑事诉讼规则》（2019 年 12 月 30 日　高检发释字〔2019〕4 号）

第四百九十二条　下列公诉案件，双方当事人可以和解：

（一）因民间纠纷引起，涉嫌刑法分则第四章、第五章规定的犯罪案件，可能判处三年有期徒刑以下刑罚的；

（二）除渎职犯罪以外的可能判处七年有期徒刑以下刑罚的过失犯罪案件。

当事人和解的公诉案件应当同时符合下列条件：

（一）犯罪嫌疑人真诚悔罪，向被害人赔偿损失、赔礼道歉等；

（二）被害人明确表示对犯罪嫌疑人予以谅解；

（三）双方当事人自愿和解，符合有关法律规定；

（四）属于侵害特定被害人的故意犯罪或者有直接被害人的过失犯罪；

（五）案件事实清楚，证据确实、充分。

犯罪嫌疑人在五年以内曾经故意犯罪的，不适用本节规定的程序。

犯罪嫌疑人在犯刑事诉讼法第二百八十八条第一款规定的犯罪前五年内曾经故意犯罪，无论该故意犯罪是否已经追究，均应当认定为前款规定的五年以内曾经故意犯罪。

★当事人自行和解与申请法院主持和解

《最高人民法院关于适用〈中华人民共和国刑事诉讼法〉的解释》（2021 年 1 月 26 日　法释〔2021〕1 号）

第288条

第五百八十七条　对符合刑事诉讼法第二百八十八条规定的公诉案件，事实清楚、证据充分的，人民法院应当告知当事人可以自行和解；

当事人提出申请的，人民法院可以主持双方当事人协商以达成和解。

根据案件情况，人民法院可以邀请人民调解员、辩护人、诉讼代理人、当事人亲友等参与促成双方当事人和解。

★被害人死亡的公诉案件适用和解的条件及处理

《最高人民法院关于适用〈中华人民共和国刑事诉讼法〉的解释》(2021年1月26日 法释〔2021〕1号)

第五百八十八条 符合刑事诉讼法第二百八十八条规定的公诉案件，被害人死亡的，其近亲属可以与被告人和解。近亲属有多人的，达成和解协议，应当经处于最先继承顺序的所有近亲属同意。

被害人系无行为能力或者限制行为能力人的，其法定代理人、近亲属可以代为和解。

★被告人的近亲属代为和解的条件

《最高人民法院关于适用〈中华人民共和国刑事诉讼法〉的解释》(2021年1月26日 法释〔2021〕1号)

第五百八十九条 被告人的近亲属经被告人同意，可以代为和解。

被告人系限制行为能力人的，其法定代理人可以代为和解。

被告人的法定代理人、近亲属依照前两款规定代为和解的，和解协议约定的赔礼道歉等事项，应当由被告人本人履行。

第二百八十九条 【和解协议书】双方当事人和解的，公安机关、人民检察院、人民法院应当听取当事人和其他有关人员的意见，对和解的自愿性、合法性进行审查，并主持制作和解协议书。

新旧条文序号对照

第289条

2018年刑事诉讼法	2012年刑事诉讼法	1996年刑事诉讼法
第二百八十九条	第二百七十八条	

适用要点与裁判依据

★侦查阶段的和解协议书应当包括三个方面的内容

《公安机关办理刑事案件程序规定》(2020 年 7 月 20 日修正 公安部令第 159 号)

第三百三十七条　和解协议书应当包括以下内容:

(一)案件的基本事实和主要证据;

(二)犯罪嫌疑人承认自己所犯罪行,对指控的犯罪事实没有异议,真诚悔罪;

(三)犯罪嫌疑人通过向被害人赔礼道歉、赔偿损失等方式获得被害人谅解;涉及赔偿损失的,应当写明赔偿的数额、方式等;提起附带民事诉讼的,由附带民事诉讼原告人撤回附带民事诉讼;

(四)被害人自愿和解,请求或者同意对犯罪嫌疑人依法从宽处罚。

和解协议应当及时履行。

★检察院应当对和解的自愿性、合法性重点审查六个方面的内容

《人民检察院刑事诉讼规则》(2019 年 12 月 30 日　高检发释字〔2019〕4 号)

第四百九十七条　人民检察院应当对和解的自愿性、合法性进行审查,重点审查以下内容:

(一)双方当事人是否自愿和解;

(二)犯罪嫌疑人是否真诚悔罪,是否向被害人赔礼道歉,赔偿数额与其所造成的损害和赔偿能力是否相适应;

(三)被害人及其法定代理人或者近亲属是否明确表示对犯罪嫌疑人予以谅解;

(四)是否符合法律规定;

(五)是否损害国家、集体和社会公共利益或者他人的合法权益;

(六)是否符合社会公德。

审查时,应当听取双方当事人和其他有关人员对和解的意见,告知刑事案件可能从宽处理的法律后果和双方的权利义务,并制作笔录附卷。

★检察院主持制作和解协议书的主要内容及履行

《人民检察院刑事诉讼规则》(2019年12月30日 高检发释字〔2019〕4号)

第四百九十八条 经审查认为双方自愿和解,内容合法,且符合本规则第四百九十二条规定的范围和条件的,人民检察院应当主持制作和解协议书。

和解协议书的主要内容包括:

(一)双方当事人的基本情况;

(二)案件的主要事实;

(三)犯罪嫌疑人真诚悔罪,承认自己所犯罪行,对指控的犯罪没有异议,向被害人赔偿损失、赔礼道歉等。赔偿损失的,应当写明赔偿的数额、履行的方式、期限等;

(四)被害人及其法定代理人或者近亲属对犯罪嫌疑人予以谅解,并要求或者同意公安机关、人民检察院、人民法院对犯罪嫌疑人依法从宽处理。

和解协议书应当由双方当事人签字,可以写明和解协议书系在人民检察院主持下制作。检察人员不在当事人和解协议书上签字,也不加盖人民检察院印章。

和解协议书一式三份,双方当事人各持一份,另一份交人民检察院附卷备查。

第四百九十九条 和解协议书约定的赔偿损失内容,应当在双方签署协议后立即履行,至迟在人民检察院作出从宽处理决定前履行。确实难以一次性履行的,在提供有效担保并且被害人同意的情况下,也可以分期履行。

第289条

★对公安机关、检察院主持制作的和解协议书，当事人提出异议的，法院应当审查的内容

《最高人民法院关于适用〈中华人民共和国刑事诉讼法〉的解释》(2021 年 1 月 26 日　法释〔2021〕1 号)

第五百九十条　对公安机关、人民检察院主持制作的和解协议书，当事人提出异议的，人民法院应当审查。经审查，和解自愿、合法的，予以确认，无需重新制作和解协议书；和解违反自愿、合法原则的，应当认定无效。和解协议被认定无效后，双方当事人重新达成和解的，人民法院应当主持制作新的和解协议书。

★审判期间，双方当事人在庭外达成和解的，法院应当通知检察院，并听取其意见

《最高人民法院关于适用〈中华人民共和国刑事诉讼法〉的解释》(2021 年 1 月 26 日　法释〔2021〕1 号)

第五百九十一条　审判期间，双方当事人和解的，人民法院应当听取当事人及其法定代理人等有关人员的意见。双方当事人在庭外达成和解的，人民法院应当通知人民检察院，并听取其意见。经审查，和解自愿、合法的，应当主持制作和解协议书。

★法院主持制作和解协议书应当包括的主要内容并即时履行

《最高人民法院关于适用〈中华人民共和国刑事诉讼法〉的解释》(2021 年 1 月 26 日　法释〔2021〕1 号)

第五百九十二条　和解协议书应当包括以下内容：

(一)被告人承认自己所犯罪行，对犯罪事实没有异议，并真诚悔罪；

(二)被告人通过向被害人赔礼道歉、赔偿损失等方式获得被害人谅解；涉及赔偿损失的，应当写明赔偿的数额、方式等；提起附带民事诉讼的，由附带民事诉讼原告人撤回起诉；

(三)被害人自愿和解，请求或者同意对被告人依法从宽处罚。

和解协议书应当由双方当事人和审判人员签名，但不加盖人民法院印章。

和解协议书一式三份，双方当事人各持一份，另一份交人民法院附卷备查。

对和解协议中的赔偿损失内容，双方当事人要求保密的，人民法院应当准许，并采取相应的保密措施。

第五百九十三条　和解协议约定的赔偿损失内容，被告人应当在协议签署后即时履行。

和解协议已经全部履行，当事人反悔的，人民法院不予支持，但有证据证明和解违反自愿、合法原则的除外。

★当事人在侦查、审查起诉期间达成和解协议并全部履行，被害人又提起附带民事诉讼的，法院不予受理

《最高人民法院关于适用〈中华人民共和国刑事诉讼法〉的解释》（2021年1月26日　法释〔2021〕1号）

第五百九十四条　双方当事人在侦查、审查起诉期间已经达成和解协议并全部履行，被害人或者其法定代理人、近亲属又提起附带民事诉讼的，人民法院不予受理，但有证据证明和解违反自愿、合法原则的除外。

★检察院、公安机关可以建议轻伤害案件的当事人进行和解

《最高人民检察院、公安部关于依法妥善办理轻伤害案件的指导意见》（2022年12月22日　高检发办字〔2022〕167号）

（十一）充分适用刑事和解制度。对于轻伤害案件，符合刑事和解条件的，人民检察院、公安机关可以建议当事人进行和解，并告知相应的权利义务，必要时可以提供法律咨询，积极促进当事人自愿和解。

当事人双方达成和解并已实际履行的，应当依法从宽处理，符合不起诉条件的，应当作出不起诉决定。被害人事后反悔要求追究犯罪嫌疑人刑事责任或者不同意对犯罪嫌疑人从宽处理的，人民检察院、公安机关应当调查了解原因，认为被害人理由正当的，应当依法保障被害人的合法权益；对和解系自愿、合法的，应当维持已作出的从宽处理决定。人民检察院、公安机关开展刑事和解工作的相关证据和材料，应当随案移送。

第二百九十条 【从宽处罚】对于达成和解协议的案件，公安机关可以向人民检察院提出从宽处理的建议。人民检察院可以向人民法院提出从宽处罚的建议；对于犯罪情节轻微，不需要判处刑罚的，可以作出不起诉的决定。人民法院可以依法对被告人从宽处罚。

新旧条文序号对照

2018年刑事诉讼法	2012年刑事诉讼法	1996年刑事诉讼法
第二百九十条	第二百七十九条	

适用要点与裁判依据

★公安机关对达成和解协议的案件移送检察院审查起诉时，可以提出从宽处理的建议

《公安机关办理刑事案件程序规定》（2020年7月20日修正 公安部令第159号）

第三百三十八条 对达成和解协议的案件，经县级以上公安机关负责人批准，公安机关将案件移送人民检察院审查起诉时，可以提出从宽处理的建议。

★当事人在侦查阶段达成和解协议，公安机关提出从宽处理建议的，检察院在审查起诉时应当充分考虑

《人民检察院刑事诉讼规则》（2019年12月30日 高检发释字〔2019〕4号）

第五百条 双方当事人在侦查阶段达成和解协议，公安机关向人民检察院提出从宽处理建议的，人民检察院在审查逮捕和审查起诉时应当充分考虑公安机关的建议。

★双方当事人达成和解协议的公诉案件,检察院可以向法院提出从宽处罚的量刑建议

《人民检察院刑事诉讼规则》(2019 年 12 月 30 日 高检发释字〔2019〕4 号)

第五百零二条 人民检察院对于公安机关移送起诉的案件,双方当事人达成和解协议的,可以作为是否需要判处刑罚或者免除刑罚的因素予以考虑。符合法律规定的不起诉条件的,可以决定不起诉。

对于依法应当提起公诉的,人民检察院可以向人民法院提出从宽处罚的量刑建议。

★检察院拟对当事人达成和解的公诉案件作出不起诉决定的,应当听取双方当事人的意见

《人民检察院刑事诉讼规则》(2019 年 12 月 30 日 高检发释字〔2019〕4 号)

第五百零三条 人民检察院拟对当事人达成和解的公诉案件作出不起诉决定的,应当听取双方当事人对和解的意见,并且查明犯罪嫌疑人是否已经切实履行和解协议、不能即时履行的是否已经提供有效担保,将其作为是否决定不起诉的因素予以考虑。

当事人在不起诉决定作出之前反悔的,可以另行达成和解。不能另行达成和解的,人民检察院应当依法作出起诉或者不起诉决定。

当事人在不起诉决定作出之后反悔的,人民检察院不撤销原决定,但有证据证明和解违反自愿、合法原则的除外。

★检察院应当认定和解协议无效的情形及处理

《人民检察院刑事诉讼规则》(2019 年 12 月 30 日 高检发释字〔2019〕4 号)

第290条 **第五百零四条** 犯罪嫌疑人或者其亲友等以暴力、威胁、欺骗或者其他非法方法强迫、引诱被害人和解,或者在协议履行完毕之后威胁、报复被害人的,应当认定和解协议无效。已经作出不批准逮捕或者不起诉决定的,人民检察院根据案件情况可以撤销原决定,对犯罪嫌疑人批准逮捕或者提起公诉。

★法院对达成和解协议案件被告人的从宽处罚

《最高人民法院关于适用〈中华人民共和国刑事诉讼法〉的解释》(2021年1月26日　法释〔2021〕1号)

第五百九十六条　对达成和解协议的案件,人民法院应当对被告人从轻处罚;符合非监禁刑适用条件的,应当适用非监禁刑;判处法定最低刑仍然过重的,可以减轻处罚;综合全案认为犯罪情节轻微不需要判处刑罚的,可以免予刑事处罚。

共同犯罪案件,部分被告人与被害人达成和解协议的,可以依法对该部分被告人从宽处罚,但应当注意全案的量刑平衡。

第五百九十七条　达成和解协议的,裁判文书应当叙明,并援引刑事诉讼法的相关条文。

第三章　缺席审判程序

第二百九十一条　【适用条件】对于贪污贿赂犯罪案件,以及需要及时进行审判,经最高人民检察院核准的严重危害国家安全犯罪、恐怖活动犯罪案件,犯罪嫌疑人、被告人在境外,监察机关、公安机关移送起诉,人民检察院认为犯罪事实已经查清,证据确实、充分,依法应当追究刑事责任的,可以向人民法院提起公诉。人民法院进行审查后,对于起诉书中有明确的指控犯罪事实,符合缺席审判程序适用条件的,应当决定开庭审判。

前款案件,由犯罪地、被告人离境前居住地或者最高人民法院指定的中级人民法院组成合议庭进行审理。

新旧条文序号对照

2018 年刑事诉讼法	2012 年刑事诉讼法	1996 年刑事诉讼法
第二百九十一条		

适用要点与裁判依据

★对提起公诉的案件,法院应当重点审查的内容

《最高人民法院关于适用〈中华人民共和国刑事诉讼法〉的解释》(2021 年 1 月 26 日 法释〔2021〕1 号)

第五百九十八条 对人民检察院依照刑事诉讼法第二百九十一条第一款的规定提起公诉的案件,人民法院应当重点审查以下内容:

(一)是否属于可以适用缺席审判程序的案件范围;

(二)是否属于本院管辖;

(三)是否写明被告人的基本情况,包括明确的境外居住地、联系方式等;

(四)是否写明被告人涉嫌有关犯罪的主要事实,并附证据材料;

(五)是否写明被告人有无近亲属以及近亲属的姓名、身份、住址、联系方式等情况;

(六)是否列明违法所得及其他涉案财产的种类、数量、价值、所在地等,并附证据材料;

(七)是否附有查封、扣押、冻结违法所得及其他涉案财产的清单和相关法律手续。

前款规定的材料需要翻译件的,人民法院应当要求人民检察院一并移送。

★提起公诉的案件,法院审查后,应当区别不同情形分别处理

《最高人民法院关于适用〈中华人民共和国刑事诉讼法〉的解释》(2021 年 1 月 26 日 法释〔2021〕1 号)

第五百九十九条 对人民检察院依照刑事诉讼法第二百九十一

条第一款的规定提起公诉的案件,人民法院审查后,应当按照下列情形分别处理:

(一)符合缺席审判程序适用条件,属于本院管辖,且材料齐全的,应当受理;

(二)不属于可以适用缺席审判程序的案件范围、不属于本院管辖或者不符合缺席审判程序的其他适用条件的,应当退回人民检察院;

(三)材料不全的,应当通知人民检察院在三十日以内补送;三十日以内不能补送的,应当退回人民检察院。

★法院立案后,应当将起诉书送达被告人近亲属,告知其有权代为委托辩护人并敦促被告人归案

《最高人民法院关于适用〈中华人民共和国刑事诉讼法〉的解释》(2021 年 1 月 26 日　法释〔2021〕1 号)

第六百条　对人民检察院依照刑事诉讼法第二百九十一条第一款的规定提起公诉的案件,人民法院立案后,应当将传票和起诉书副本送达被告人,传票应当载明被告人到案期限以及不按要求到案的法律后果等事项;应当将起诉书副本送达被告人近亲属,告知其有权代为委托辩护人,并通知其敦促被告人归案。

★审理案件过程中,被告人脱逃或者死亡,符合法定条件的,检察院可以按照缺席审判程序向法院提起公诉

《最高人民法院关于适用〈中华人民共和国刑事诉讼法〉的解释》(2021 年 1 月 26 日　法释〔2021〕1 号)

第六百二十六条　在审理案件过程中,被告人脱逃或者死亡,符合刑事诉讼法第二百九十八条第一款规定的,人民检察院可以向人民法院提出没收违法所得的申请;符合刑事诉讼法第二百九十一条第一款规定的,人民检察院可以按照缺席审判程序向人民法院提起公诉。

人民检察院向原受理案件的人民法院提出没收违法所得申请的,可以由同一审判组织审理。

★检察院对于监察机关移送起诉的贪污贿赂犯罪案件，犯罪嫌疑人、被告人在境外，依法应当追究刑事责任的，可以提起公诉

《人民检察院刑事诉讼规则》(2019 年 12 月 30 日 高检发释字〔2019〕4 号)

第五百零五条 对于监察机关移送起诉的贪污贿赂犯罪案件，犯罪嫌疑人、被告人在境外，人民检察院认为犯罪事实已经查清，证据确实、充分，依法应当追究刑事责任的，可以向人民法院提起公诉。

对于公安机关移送起诉的需要及时进行审判的严重危害国家安全犯罪、恐怖活动犯罪案件，犯罪嫌疑人、被告人在境外，人民检察院认为犯罪事实已经查清，证据确实、充分，依法应当追究刑事责任的，经最高人民检察院核准，可以向人民法院提起公诉。

前两款规定的案件，由有管辖权的中级人民法院的同级人民检察院提起公诉。

人民检察院提起公诉的，应当向人民法院提交被告人已出境的证据。

第二百九十二条 【文书送达、开庭审理、作出判决】人民法院应当通过有关国际条约规定的或者外交途径提出的司法协助方式，或者被告人所在地法律允许的其他方式，将传票和人民检察院的起诉书副本送达被告人。传票和起诉书副本送达后，被告人未按要求到案的，人民法院应当开庭审理，依法作出判决，并对违法所得及其他涉案财产作出处理。

新旧条文序号对照

2018 年刑事诉讼法	2012 年刑事诉讼法	1996 年刑事诉讼法
第二百九十二条		

适用要点与裁判依据

★向在中华人民共和国领域外居住的当事人送达刑事诉讼文书的方式

《最高人民法院关于适用〈中华人民共和国刑事诉讼法〉的解释》(2021 年 1 月 26 日 法释〔2021〕1 号)

第四百九十五条 人民法院向在中华人民共和国领域外居住的当事人送达刑事诉讼文书,可以采用下列方式:

(一)根据受送达人所在国与中华人民共和国缔结或者共同参加的国际条约规定的方式送达;

(二)通过外交途径送达;

(三)对中国籍当事人,所在国法律允许或者经所在国同意的,可以委托我国驻受送达人所在国的使领馆代为送达;

(四)当事人是自诉案件的自诉人或者附带民事诉讼原告人的,可以向有权代其接受送达的诉讼代理人送达;

(五)当事人是外国单位的,可以向其在中华人民共和国领域内设立的代表机构或者有权接受送达的分支机构、业务代办人送达;

(六)受送达人所在国法律允许的,可以邮寄送达;自邮寄之日起满三个月,送达回证未退回,但根据各种情况足以认定已经送达的,视为送达;

(七)受送达人所在国法律允许的,可以采用传真、电子邮件等能够确认受送达人收悉的方式送达。

★法院通过外交途径向在中华人民共和国领域外居住的受送达人送达刑事诉讼文书的,应当经高级人民法院审查后报最高人民法院审核

《最高人民法院关于适用〈中华人民共和国刑事诉讼法〉的解释》(2021 年 1 月 26 日 法释〔2021〕1 号)

第四百九十六条 人民法院通过外交途径向在中华人民共和国领域外居住的受送达人送达刑事诉讼文书的,所送达的文书应当经高级人民法院审查后报最高人民法院审核。最高人民法院认为可以发出的,由最高人民法院交外交部主管部门转递。

外国法院通过外交途径请求人民法院送达刑事诉讼文书的,由该国驻华使馆将法律文书交我国外交部主管部门转最高人民法院。最高人民法院审核后认为属于人民法院职权范围,且可以代为送达的,应当转有关人民法院办理。

★作出有罪判决的,应当达到证据确实、充分的证明标准

《最高人民法院关于适用〈中华人民共和国刑事诉讼法〉的解释》(2021年1月26日　法释〔2021〕1号)

第二百九十五条　对第一审公诉案件,人民法院审理后,应当按照下列情形分别作出判决、裁定:

(一)起诉指控的事实清楚,证据确实、充分,依据法律认定指控被告人的罪名成立的,应当作出有罪判决;

(二)起诉指控的事实清楚,证据确实、充分,但指控的罪名不当的,应当依据法律和审理认定的事实作出有罪判决;

(三)案件事实清楚,证据确实、充分,依据法律认定被告人无罪的,应当判决宣告被告人无罪;

(四)证据不足,不能认定被告人有罪的,应当以证据不足、指控的犯罪不能成立,判决宣告被告人无罪;

(五)案件部分事实清楚,证据确实、充分的,应当作出有罪或者无罪的判决;对事实不清、证据不足部分,不予认定;

(六)被告人因未达到刑事责任年龄,不予刑事处罚的,应当判决宣告被告人不负刑事责任;

(七)被告人是精神病人,在不能辨认或者不能控制自己行为时造成危害结果,不予刑事处罚的,应当判决宣告被告人不负刑事责任;被告人符合强制医疗条件的,应当依照本解释第二十六章的规定进行审理并作出判决;

(八)犯罪已过追诉时效期限且不是必须追诉,或者经特赦令免除刑罚的,应当裁定终止审理;

（九）属于告诉才处理的案件，应当裁定终止审理，并告知被害人有权提起自诉；

（十）被告人死亡的，应当裁定终止审理；但有证据证明被告人无罪，经缺席审理确认无罪的，应当判决宣告被告人无罪。

对涉案财物，人民法院应当根据审理查明的情况，依照本解释第十八章的规定作出处理。

具有第一款第二项规定情形的，人民法院应当在判决前听取控辩双方的意见，保障被告人、辩护人充分行使辩护权。必要时，可以再次开庭，组织控辩双方围绕被告人的行为构成何罪及如何量刑进行辩论。

第六百零四条 对人民检察院依照刑事诉讼法第二百九十一条第一款的规定提起公诉的案件，人民法院审理后应当参照本解释第二百九十五条的规定作出判决、裁定。

作出有罪判决的，应当达到证据确实、充分的证明标准。

经审理认定的罪名不属于刑事诉讼法第二百九十一条第一款规定的罪名的，应当终止审理。

适用缺席审判程序审理案件，可以对违法所得及其他涉案财产一并作出处理。

第二百九十三条 【辩护权】人民法院缺席审判案件，被告人有权委托辩护人，被告人的近亲属可以代为委托辩护人。被告人及其近亲属没有委托辩护人的，人民法院应当通知法律援助机构指派律师为其提供辩护。

新旧条文序号对照

2018 年刑事诉讼法	2012 年刑事诉讼法	1996 年刑事诉讼法
第二百九十三条		

适用要点与裁判依据

★被告人有权委托或者由近亲属代为委托一名至二名辩护人

《最高人民法院关于适用〈中华人民共和国刑事诉讼法〉的解释》(2021年1月26日 法释〔2021〕1号)

第六百零一条 人民法院审理人民检察院依照刑事诉讼法第二百九十一条第一款的规定提起公诉的案件,被告人有权委托或者由近亲属代为委托一至二名辩护人。委托律师担任辩护人的,应当委托具有中华人民共和国律师资格并依法取得执业证书的律师;在境外委托的,应当依照本解释第四百八十六条的规定对授权委托进行公证、认证。

被告人及其近亲属没有委托辩护人的,人民法院应当通知法律援助机构指派律师为被告人提供辩护。

被告人及其近亲属拒绝法律援助机构指派的律师辩护的,依照本解释第五十条第二款的规定处理。

★被告人的近亲属申请参加诉讼的,法院应当及时审查决定

《最高人民法院关于适用〈中华人民共和国刑事诉讼法〉的解释》(2021年1月26日 法释〔2021〕1号)

第六百零二条 人民法院审理人民检察院依照刑事诉讼法第二百九十一条第一款的规定提起公诉的案件,被告人的近亲属申请参加诉讼的,应当在收到起诉书副本后、第一审开庭前提出,并提供与被告人关系的证明材料。有多名近亲属的,应当推选一至二人参加诉讼。

对被告人的近亲属提出申请的,人民法院应当及时审查决定。

★被告人的近亲属参加诉讼的,可以发表意见,出示证据,申请法庭通知证人、鉴定人等出庭,进行辩论

《最高人民法院关于适用〈中华人民共和国刑事诉讼法〉的解释》(2021年1月26日 法释〔2021〕1号)

第六百零三条 人民法院审理人民检察院依照刑事诉讼法第二

百九十一条第一款的规定提起公诉的案件,参照适用公诉案件第一审普通程序的有关规定。被告人的近亲属参加诉讼的,可以发表意见,出示证据,申请法庭通知证人、鉴定人等出庭,进行辩论。

★犯罪嫌疑人、被告人逃匿境外,委托诉讼代理人申请参加诉讼,法院可以准许

《最高人民法院关于适用〈中华人民共和国刑事诉讼法〉的解释》(2021年1月26日 法释〔2021〕1号)

第六百一十八条 犯罪嫌疑人、被告人逃匿境外,委托诉讼代理人申请参加诉讼,且违法所得或者其他涉案财产所在国、地区主管机关明确提出意见予以支持的,人民法院可以准许。

人民法院准许参加诉讼的,犯罪嫌疑人、被告人的诉讼代理人依照本解释关于利害关系人的诉讼代理人的规定行使诉讼权利。

第二百九十四条 【判决书的送达与上诉、抗诉】人民法院应当将判决书送达被告人及其近亲属、辩护人。被告人或者其近亲属不服判决的,有权向上一级人民法院上诉。辩护人经被告人或者其近亲属同意,可以提出上诉。

人民检察院认为人民法院的判决确有错误的,应当向上一级人民法院提出抗诉。

新旧条文序号对照

2018年刑事诉讼法	2012年刑事诉讼法	1996年刑事诉讼法
第二百九十四条		

第二百九十五条 【重新审理与交付执行】在审理过程中，被告人自动投案或者被抓获的，人民法院应当重新审理。

罪犯在判决、裁定发生法律效力后到案的，人民法院应当将罪犯交付执行刑罚。交付执行刑罚前，人民法院应当告知罪犯有权对判决、裁定提出异议。罪犯对判决、裁定提出异议的，人民法院应当重新审理。

依照生效判决、裁定对罪犯的财产进行的处理确有错误的，应当予以返还、赔偿。

新旧条文序号对照

2018 年刑事诉讼法	2012 年刑事诉讼法	1996 年刑事诉讼法
第二百九十五条		

适用要点与裁判依据

★提起公诉后被告人到案的，检察院应当商请法院将案件撤回并重新审查

《人民检察院刑事诉讼规则》（2019 年 12 月 30 日 高检发释字〔2019〕4 号）

第五百一十条 提起公诉后被告人到案，人民法院拟重新审理的，人民检察院应当商人民法院将案件撤回并重新审查。

第二百九十六条 【中止审理与缺席审理】因被告人患有严重疾病无法出庭，中止审理超过六个月，被告人仍无法出庭，被告人及其法定代理人、近亲属申请或者同意恢复审理的，人民法院可以在被告人不出庭的情况下缺席审理，依法作出判决。

新旧条文序号对照

2018 年刑事诉讼法	2012 年刑事诉讼法	1996 年刑事诉讼法
第二百九十六条		

适用要点与裁判依据

★因被告人患有严重疾病导致缺乏受审能力，无法出庭受审的，可以缺席审判

《最高人民法院关于适用〈中华人民共和国刑事诉讼法〉的解释》(2021 年 1 月 26 日　法释〔2021〕1 号)

第六百零五条　因被告人患有严重疾病导致缺乏受审能力，无法出庭受审，中止审理超过六个月，被告人仍无法出庭，被告人及其法定代理人、近亲属申请或者同意恢复审理的，人民法院可以根据刑事诉讼法第二百九十六条的规定缺席审判。

符合前款规定的情形，被告人无法表达意愿的，其法定代理人、近亲属可以代为申请或者同意恢复审理。

★法院受理案件后被告人死亡的，应当裁定终止审理；但经缺席审理确认无罪的，应当判决宣告被告人无罪

《最高人民法院关于适用〈中华人民共和国刑事诉讼法〉的解释》(2021 年 1 月 26 日　法释〔2021〕1 号)

第六百零六条　人民法院受理案件后被告人死亡的，应当裁定终止审理；但有证据证明被告人无罪，经缺席审理确认无罪的，应当判决宣告被告人无罪。

前款所称"有证据证明被告人无罪，经缺席审理确认无罪"，包括案件事实清楚，证据确实、充分，依据法律认定被告人无罪的情形，以及证据不足，不能认定被告人有罪的情形。

第二百九十七条　【被告人死亡案件的处理】被告人死亡的，人民法院应当裁定终止审理，但有证据证明被告人无罪，人民法院经缺席审理确认无罪的，应当依法作出判决。

人民法院按照审判监督程序重新审判的案件，被告人死亡的，人民法院可以缺席审理，依法作出判决。

新旧条文序号对照

2018 年刑事诉讼法	2012 年刑事诉讼法	1996 年刑事诉讼法
第二百九十七条		

适用要点与裁判依据

★经缺席审理确认被告人无罪的，应当判决宣告被告人无罪

《最高人民法院关于适用〈中华人民共和国刑事诉讼法〉的解释》（2021 年 1 月 26 日　法释〔2021〕1 号）

第六百零七条　人民法院按照审判监督程序重新审判的案件，被告人死亡的，可以缺席审理。有证据证明被告人无罪，经缺席审理确认被告人无罪的，应当判决宣告被告人无罪；虽然构成犯罪，但原判量刑畸重的，应当依法作出判决。

第四章　犯罪嫌疑人、被告人逃匿、死亡案件违法所得的没收程序

第二百九十八条　【适用条件】对于贪污贿赂犯罪、恐怖活动犯罪等重大犯罪案件，犯罪嫌疑人、被告人逃匿，在通缉一年后不能到案，或者犯罪嫌疑人、被告人死亡，依照刑法规定应当追缴其

违法所得及其他涉案财产的，人民检察院可以向人民法院提出没收违法所得的申请。

公安机关认为有前款规定情形的，应当写出没收违法所得意见书，移送人民检察院。

没收违法所得的申请应当提供与犯罪事实、违法所得相关的证据材料，并列明财产的种类、数量、所在地及查封、扣押、冻结的情况。

人民法院在必要的时候，可以查封、扣押、冻结申请没收的财产。

新旧条文序号对照

2018 年刑事诉讼法	2012 年刑事诉讼法	1996 年刑事诉讼法
第二百九十八条	第二百八十条	

适用要点与裁判依据

★对黑社会性质组织犯罪案件的犯罪嫌疑人、被告人启动违法所得的没收程序

《中华人民共和国反有组织犯罪法》（2021 年 12 月 24 日　主席令第 101 号）

第四十七条　黑社会性质组织犯罪案件的犯罪嫌疑人、被告人逃匿，在通缉一年后不能到案，或者犯罪嫌疑人、被告人死亡，依照《中华人民共和国刑法》规定应当追缴其违法所得及其他涉案财产的，依照《中华人民共和国刑事诉讼法》有关犯罪嫌疑人、被告人逃匿、死亡案件违法所得的没收程序的规定办理。

★被调查人逃匿，在通缉一年后不能到案，或者死亡的，由监察机关提请检察院向法院提出没收违法所得的申请

《中华人民共和国监察法》（2018 年 3 月 20 日　主席令第 3 号）

第四十八条　监察机关在调查贪污贿赂、失职渎职等职务犯罪案件过程中,被调查人逃匿或者死亡,有必要继续调查的,经省级以上监察机关批准,应当继续调查并作出结论。被调查人逃匿,在通缉一年后不能到案,或者死亡的,由监察机关提请人民检察院依照法定程序,向人民法院提出没收违法所得的申请。

★国家监察委员会与最高人民检察院、最高人民法院协商办理指定管辖有关事宜

《国家监察委员会与最高人民检察院办理职务犯罪案件工作衔接办法》(2018年4月16日 国监办发〔2018〕1号)

第三十五条 国家监察委员会调查的案件,被调查人逃匿,在通缉一年后不能到案,或者死亡,依照刑法规定应当追缴其违法所得及其他涉案财产的,国家监察委员会应当写出没收违法所得意见书,连同相关证据材料一并移送最高人民检察院。

国家监察委员会在移送没收违法所得意见书之前,应当与最高人民检察院、最高人民法院协商办理指定管辖有关事宜。

★对于国家监察委员会移送的案件,被指定的检察院拟提出没收违法所得申请的,应当报最高人民检察院批准

《国家监察委员会与最高人民检察院办理职务犯罪案件工作衔接办法》(2018年4月16日 国监办发〔2018〕1号)

第三十六条 对于国家监察委员会移送的没收违法所得案件,被指定的人民检察院拟提出没收违法所得申请的,应当报最高人民检察院批准。在审查过程中认为需要补充证据,或者拟不提出没收违法所得申请的,应当报最高人民检察院,由最高人民检察院同国家监察委员会沟通协商。

★审理中被告人脱逃或者死亡,符合法定条件的,检察院可以向法院提出没收违法所得的申请

第298条

《最高人民法院关于适用〈中华人民共和国刑事诉讼法〉的解释》(2021年1月26日 法释〔2021〕1号)

第六百二十六条 在审理案件过程中,被告人脱逃或者死亡,符合刑事诉讼法第二百九十八条第一款规定的,人民检察院可以向人民法院提出没收违法所得的申请;符合刑事诉讼法第二百九十一条第一款规定的,人民检察院可以按照缺席审判程序向人民法院提起公诉。

人民检察院向原受理案件的人民法院提出没收违法所得申请的,可以由同一审判组织审理。

★黑社会性质组织犯罪案件的犯罪嫌疑人逃匿,在通缉一年后不能到案,或者犯罪嫌疑人死亡启动违法所得的没收程序

《公安机关反有组织犯罪工作规定》(2022 年 8 月 26 日 公安部令第 165 号)

第五十一条 黑社会性质组织犯罪案件的犯罪嫌疑人逃匿,在通缉一年后不能到案,或者犯罪嫌疑人死亡,依照《中华人民共和国刑法》规定应当追缴其违法所得及其他涉案财产的,依照《中华人民共和国刑事诉讼法》及《公安机关办理刑事案件程序规定》有关犯罪嫌疑人逃匿、死亡案件违法所得的没收程序的规定办理。

★对犯罪嫌疑人、被告人"逃匿"的认定

《人民检察院刑事诉讼规则》(2019 年 12 月 30 日 高检发释字〔2019〕4 号)

第五百一十三条 犯罪嫌疑人、被告人为逃避侦查和刑事追究潜逃、隐匿,或者在刑事诉讼过程中脱逃的,应当认定为"逃匿"。

犯罪嫌疑人、被告人因意外事故下落不明满二年,或者因意外事故下落不明,经有关机关证明其不可能生存的,按照前款规定处理。

★对公安机关"通缉"的认定

《人民检察院刑事诉讼规则》(2019 年 12 月 30 日 高检发释字〔2019〕4 号)

第五百一十四条 公安机关发布通缉令或者公安部通过国际刑警组织发布红色国际通报,应当认定为"通缉"。

★对犯罪嫌疑人、被告人"违法所得"的认定

《人民检察院刑事诉讼规则》(2019 年 12 月 30 日 高检发释字〔2019〕4 号)

第五百一十五条 犯罪嫌疑人、被告人通过实施犯罪直接或者间接产生、获得的任何财产，应当认定为“违法所得”。

违法所得已经部分或者全部转变、转化为其他财产的，转变、转化后的财产应当视为前款规定的“违法所得”。

来自违法所得转变、转化后的财产收益，或者来自已经与违法所得相混合财产中违法所得相应部分的收益，也应当视为第一款规定的违法所得。

★对犯罪嫌疑人、被告人“其他涉案财产”的认定

《人民检察院刑事诉讼规则》（2019年12月30日　高检发释字〔2019〕4号）

第五百一十六条　犯罪嫌疑人、被告人非法持有的违禁品、供犯罪所用的本人财物，应当认定为“其他涉案财产”。

★对“利害关系人”和“其他利害关系人”的认定

《人民检察院刑事诉讼规则》（2019年12月30日　高检发释字〔2019〕4号）

第五百一十七条　刑事诉讼法第二百九十九条第三款规定的“利害关系人”包括犯罪嫌疑人、被告人的近亲属和其他对申请没收的财产主张权利的自然人和单位。

刑事诉讼法第二百九十九条第二款、第三百条第二款规定的“其他利害关系人”是指前款规定的“其他对申请没收的财产主张权利的自然人和单位”。

★没收违法所得的申请，由有管辖权的中级人民法院的同级检察院提出

《人民检察院刑事诉讼规则》（2019年12月30日　高检发释字〔2019〕4号）

第五百一十八条　人民检察院审查监察机关或者公安机关移送的没收违法所得意见书，向人民法院提出没收违法所得的申请以及对违法所得没收程序中调查活动、审判活动的监督，由负责捕诉的部门办理。

第298条

第五百一十九条　没收违法所得的申请，应当由有管辖权的中级人民法院的同级人民检察院提出。

★"贪污贿赂犯罪、恐怖活动犯罪等"的范围

《最高人民法院关于适用〈中华人民共和国刑事诉讼法〉的解释》(2021年1月26日　法释〔2021〕1号)

第六百零九条　刑事诉讼法第二百九十八条规定的"贪污贿赂犯罪、恐怖活动犯罪等"犯罪案件,是指下列案件:

(一)贪污贿赂、失职渎职等职务犯罪案件;

(二)刑法分则第二章规定的相关恐怖活动犯罪案件,以及恐怖活动组织、恐怖活动人员实施的杀人、爆炸、绑架等犯罪案件;

(三)危害国家安全、走私、洗钱、金融诈骗、黑社会性质组织、毒品犯罪案件;

(四)电信诈骗、网络诈骗犯罪案件。

★"重大犯罪案件"的确定

《最高人民法院关于适用〈中华人民共和国刑事诉讼法〉的解释》(2021年1月26日　法释〔2021〕1号)

第六百一十条　在省、自治区、直辖市或者全国范围内具有较大影响的犯罪案件,或者犯罪嫌疑人、被告人逃匿境外的犯罪案件,应当认定为刑事诉讼法第二百九十八条第一款规定的"重大犯罪案件"。

★检察院没收违法所得申请书应当载明的内容

《人民检察院刑事诉讼规则》(2019年12月30日　高检发释字〔2019〕4号)

第五百二十条　人民检察院向人民法院提出没收违法所得的申请,应当制作没收违法所得申请书。没收违法所得申请书应当载明以下内容:

(一)犯罪嫌疑人、被告人的基本情况,包括姓名、性别、出生年月日、出生地、户籍地、公民身份号码、民族、文化程度、职业、工作单位及职务、住址等;

(二)案由及案件来源;

(三)犯罪嫌疑人、被告人的犯罪事实及相关证据材料;

（四）犯罪嫌疑人、被告人逃匿、被通缉或者死亡的情况；

（五）申请没收的财产种类、数量、价值、所在地以及查封、扣押、冻结财产清单和相关法律手续；

（六）申请没收的财产属于违法所得及其他涉案财产的相关事实及证据材料；

（七）提出没收违法所得申请的理由和法律依据；

（八）有无近亲属和其他利害关系人以及利害关系人的姓名、身份、住址、联系方式；

（九）其他应当写明的内容。

上述材料需要翻译件的，人民检察院应当随没收违法所得申请书一并移送人民法院。

★检察院对监察机关或者公安机关移送的没收违法所得意见书应当审查的内容

《人民检察院刑事诉讼规则》（2019 年 12 月 30 日　高检发释字〔2019〕4 号）

第五百二十一条　监察机关或者公安机关向人民检察院移送没收违法所得意见书，应当由有管辖权的人民检察院的同级监察机关或者公安机关移送。

第五百二十二条　人民检察院审查监察机关或者公安机关移送的没收违法所得意见书，应当审查下列内容：

（一）是否属于本院管辖；

（二）是否符合刑事诉讼法第二百九十八条第一款规定的条件；

（三）犯罪嫌疑人基本情况，包括姓名、性别、国籍、出生年月日、职业和单位等；

（四）犯罪嫌疑人涉嫌犯罪的事实和相关证据材料；

（五）犯罪嫌疑人逃匿、下落不明、被通缉或者死亡的情况，通缉令或者死亡证明是否随案移送；

（六）违法所得及其他涉案财产的种类、数量、所在地以及查封、扣押、冻结的情况，查封、扣押、冻结的财产清单和相关法律手续是否随案移送；

（七）违法所得及其他涉案财产的相关事实和证据材料；

（八）有无近亲属和其他利害关系人以及利害关系人的姓名、身份、住址、联系方式。

对于与犯罪事实、违法所得及其他涉案财产相关的证据材料，不宜移送的，应当审查证据的清单、复制件、照片或者其他证明文件是否随案移送。

★检察院对监察机关、公安机关没收违法所得意见书的审查期限

《人民检察院刑事诉讼规则》（2019 年 12 月 30 日　**高检发释字**〔2019〕4 号）

第五百二十三条　人民检察院应当在接到监察机关或者公安机关移送的没收违法所得意见书后三十日以内作出是否提出没收违法所得申请的决定。三十日以内不能作出决定的，可以延长十五日。

对于监察机关或者公安机关移送的没收违法所得案件，经审查认为不符合刑事诉讼法第二百九十八条第一款规定条件的，应当作出不提出没收违法所得申请的决定，并向监察机关或者公安机关书面说明理由；认为需要补充证据的，应当书面要求监察机关或者公安机关补充证据，必要时也可以自行调查。

监察机关或者公安机关补充证据的时间不计入人民检察院办案期限。

★检察院对公安机关不启动违法所得没收程序的监督

《人民检察院刑事诉讼规则》（2019 年 12 月 30 日　**高检发释字**〔2019〕4 号）

第五百二十四条　人民检察院发现公安机关应当启动违法所得没收程序而不启动的，可以要求公安机关在七日以内书面说明不启动的理由。

经审查，认为公安机关不启动理由不能成立的，应当通知公安机关启动程序。

★检察院对公安机关违法所得没收程序中调查活动的监督

《人民检察院刑事诉讼规则》(2019年12月30日 高检发释字〔2019〕4号)

第五百二十五条 人民检察院发现公安机关在违法所得没收程序的调查活动中有违法情形的,应当向公安机关提出纠正意见。

★检察院直接受理侦查的案件违法所得没收程序的启动

《人民检察院刑事诉讼规则》(2019年12月30日 高检发释字〔2019〕4号)

第五百二十七条 人民检察院直接受理侦查的案件,犯罪嫌疑人死亡而撤销案件,符合刑事诉讼法第二百九十八条第一款规定条件的,负责侦查的部门应当启动违法所得没收程序进行调查。

负责侦查的部门进行调查应当查明犯罪嫌疑人涉嫌的犯罪事实,犯罪嫌疑人死亡的情况,以及犯罪嫌疑人的违法所得及其他涉案财产的情况,并可以对违法所得及其他涉案财产依法进行查封、扣押、查询、冻结。

负责侦查的部门认为符合刑事诉讼法第二百九十八条第一款规定条件的,应当写出没收违法所得意见书,连同案卷材料一并移送有管辖权的人民检察院负责侦查的部门,并由有管辖权的人民检察院负责侦查的部门移送本院负责捕诉的部门。

负责捕诉的部门对没收违法所得意见书进行审查,作出是否提出没收违法所得申请的决定,具体程序按照本规则第五百二十二条、第五百二十三条的规定办理。

★检察院审查起诉过程中可以直接提出没收违法所得的申请

《人民检察院刑事诉讼规则》(2019年12月30日 高检发释字〔2019〕4号)

第298条

第五百二十八条 在人民检察院审查起诉过程中,犯罪嫌疑人死亡,或者贪污贿赂犯罪、恐怖活动犯罪等重大犯罪案件的犯罪嫌疑人逃匿,在通缉一年后不能到案,依照刑法规定应当追缴其违法所得及其他涉案财产的,人民检察院可以直接提出没收违法所得的申请。

在人民法院审理案件过程中，被告人死亡而裁定终止审理，或者被告人脱逃而裁定中止审理，人民检察院可以依法另行向人民法院提出没收违法所得的申请。

★法院对没收违法所得的申请进行审理，检察院应当承担举证责任

《人民检察院刑事诉讼规则》（2019年12月30日 高检发释字〔2019〕4号）

第五百二十九条 人民法院对没收违法所得的申请进行审理，人民检察院应当承担举证责任。

人民法院对没收违法所得的申请开庭审理的，人民检察院应当派员出席法庭。

类案检索指引

★检察机关提出没收违法所得申请，应有证据证明直接或者间接来源于犯罪所得，或者能够排除财产合法来源的可能性

《白静贪污违法所得没收案》（2021年12月9日最高人民检察院发布第三十二批指导性案例：检例第127号）

【关键词】

违法所得没收 证明标准 鉴定人出庭 举证重点

【要旨】

检察机关提出没收违法所得申请，应有证据证明申请没收的财产直接或者间接来源于犯罪所得，或者能够排除财产合法来源的可能性。人民检察院出席申请没收违法所得案件庭审，应当重点对于申请没收的财产属于违法所得进行举证。对于专业性较强的案件，可以申请鉴定人出庭。

【指导意义】

（一）准确把握认定违法所得的证明标准，依法提出没收申请。检察机关提出没收违法所得申请，应当有证据证明有犯罪事实。除因犯罪嫌疑人、被告人逃匿无法收集的证据外,其他能够证明犯罪事实的证据都应当收集在案。在案证据应能够证明申请没收的财产具有高度可能系直接或者间接来源于违法所得或者系犯罪嫌疑人、被告人非法持有的违禁品、供犯罪所用的本人财物。对于在案证据无法证明部分财产系犯罪嫌疑人、被告人违法所得及其他涉案财产的,则不应列入申请没收的财产范围。

(二)证明申请没收的财产属于违法所得,是检察机关庭审举证的重点。人民法院开庭审理申请没收违法所得案件,人民检察院应当派员出席法庭承担举证责任。针对犯罪嫌疑人、被告人实施了法律规定的重大犯罪出示相关证据后,应当着重针对申请没收的财产属于违法所得进行举证。对于涉及金融证券类等重大复杂、专业性强的案件,检察机关可以申请人民法院通知鉴定人出庭作证,以增强证明效果。

★对于跨境转移贪污贿赂所得的洗钱犯罪案件,检察机关应当依法适用特别程序追缴贪污贿赂违法所得

《彭旭峰受贿,贾斯语受贿、洗钱违法所得没收案》(2021年12月9日最高人民检察院发布第三十二批指导性案例:检例第128号)

【关键词】

违法所得没收　主犯　洗钱罪　境外财产　国际刑事司法协助

【要旨】

对于跨境转移贪污贿赂所得的洗钱犯罪案件,检察机关应当依法适用特别程序追缴贪污贿赂违法所得。对于犯罪嫌疑人、被告人转移至境外的财产,如果有证据证明具有高度可能属于违法所得及其他涉案财产的,可以依法申请予以没收。对于共同犯罪的主犯逃匿境外,其他共同犯罪人已经在境内依照普通刑事诉讼程序处理的案件,应当充分考虑主犯应对全案事实负责以及国际刑事司法协助等因素,依法审慎适用特别程序追缴违法所得。

【指导意义】

(一)依法加大对跨境转移贪污贿赂所得的洗钱犯罪打击力度。

犯罪嫌疑人、被告人逃匿境外的贪污贿赂犯罪案件，一般均已先期将巨额资产转移至境外，我国刑法第一百九十一条明确规定此类跨境转移资产行为属于洗钱犯罪。《最高人民法院、最高人民检察院关于适用犯罪嫌疑人、被告人逃匿、死亡案件违法所得没收程序若干问题的规定》明确规定对于洗钱犯罪案件，可以适用特别程序追缴违法所得及其他涉案财产。检察机关在办理贪污贿赂犯罪案件中，应当加大对涉嫌洗钱犯罪线索的审查力度，对于符合法定条件的，应积极适用违法所得没收程序追缴违法所得。

（二）准确认定需要没收违法所得的境外财产。《最高人民法院、最高人民检察院关于适用犯罪嫌疑人、被告人逃匿、死亡案件违法所得没收程序若干问题的规定》明确规定对于适用违法所得没收程序案件，适用“具有高度可能”的证明标准。经审查，有证据证明犯罪嫌疑人、被告人将违法所得转移至境外，在境外购置财产的支出小于所转移的违法所得，且犯罪嫌疑人、被告人没有足以支付其在境外购置财产的其他收入来源的，可以认定其在境外购置的财产具有高度可能属于需要申请没收的违法所得。

（三）对于主犯逃匿境外的共同犯罪案件，依法审慎适用特别程序追缴违法所得。共同犯罪中，主犯对全部案件事实负责，犯罪后部分犯罪嫌疑人、被告人逃匿境外，部分犯罪嫌疑人、被告人在境内被司法机关依法查办的，如果境内境外均有涉案财产，且逃匿的犯罪嫌疑人、被告人是共同犯罪的主犯，依法适用特别程序追缴共同犯罪违法所得，有利于全面把握涉案事实，取得较好办案效果。

第二百九十九条　【审理】没收违法所得的申请，由犯罪地或者犯罪嫌疑人、被告人居住地的中级人民法院组成合议庭进行审理。

人民法院受理没收违法所得的申请后，应当发出公告。公告期间为六个月。犯罪嫌疑人、被告人的近亲属和其他利害关系人有权申请参加诉讼，也可以委托诉讼代理人参加诉讼。

人民法院在公告期满后对没收违法所得的申请进行审理。利害关系人参加诉讼的，人民法院应当开庭审理。

新旧条文序号对照

2018 年刑事诉讼法	2012 年刑事诉讼法	1996 年刑事诉讼法
第二百九十九条	第二百八十一条	

适用要点与裁判依据

★法院对检察院提出的没收违法所得申请应当审查的内容

《最高人民法院关于适用〈中华人民共和国刑事诉讼法〉的解释》（2021 年 1 月 26 日　法释〔2021〕1 号）

第六百一十一条　犯罪嫌疑人、被告人死亡，依照刑法规定应当追缴其违法所得及其他涉案财产，人民检察院提出没收违法所得申请的，人民法院应当依法受理。

第六百一十二条　对人民检察院提出的没收违法所得申请，人民法院应当审查以下内容：

（一）是否属于可以适用违法所得没收程序的案件范围；

（二）是否属于本院管辖；

（三）是否写明犯罪嫌疑人、被告人基本情况，以及涉嫌有关犯罪的情况，并附证据材料；

（四）是否写明犯罪嫌疑人、被告人逃匿、被通缉、脱逃、下落不明、死亡等情况，并附证据材料；

（五）是否列明违法所得及其他涉案财产的种类、数量、价值、所在地等，并附证据材料；

（六）是否附有查封、扣押、冻结违法所得及其他涉案财产的清单和法律手续；

（七）是否写明犯罪嫌疑人、被告人有无利害关系人，利害关系人的姓名、身份、住址、联系方式及其要求等情况；

（八）是否写明申请没收的理由和法律依据；

（九）其他依法需要审查的内容和材料。

前款规定的材料需要翻译件的，人民法院应当要求人民检察院一并移送。

★法院对检察院没收违法所得的申请审查后处理

《最高人民法院关于适用〈中华人民共和国刑事诉讼法〉的解释》（2021年1月26日 法释〔2021〕1号）

第六百一十三条 对没收违法所得的申请，人民法院应当在三十日以内审查完毕，并按照下列情形分别处理：

（一）属于没收违法所得申请受案范围和本院管辖，且材料齐全、有证据证明有犯罪事实的，应当受理；

（二）不属于没收违法所得申请受案范围或者本院管辖的，应当退回人民检察院；

（三）没收违法所得申请不符合“有证据证明有犯罪事实”标准要求的，应当通知人民检察院撤回申请；

（四）材料不全的，应当通知人民检察院在七日以内补送；七日以内不能补送的，应当退回人民检察院。

人民检察院尚未查封、扣押、冻结申请没收的财产或者查封、扣押、冻结期限即将届满，涉案财产有被隐匿、转移或者毁损、灭失危险的，人民法院可以查封、扣押、冻结申请没收的财产。

★法院受理没收违法所得的申请后应当发布公告

《最高人民法院关于适用〈中华人民共和国刑事诉讼法〉的解释》（2021年1月26日 法释〔2021〕1号）

第六百一十四条 人民法院受理没收违法所得的申请后，应当在十五日以内发布公告。公告应当载明以下内容：

（一）案由、案件来源；

（二）犯罪嫌疑人、被告人的基本情况；

（三）犯罪嫌疑人、被告人涉嫌犯罪的事实；

（四）犯罪嫌疑人、被告人逃匿、被通缉、脱逃、下落不明、死亡等情况；

（五）申请没收的财产的种类、数量、价值、所在地等以及已查封、扣押、冻结财产的清单和法律手续；

（六）申请没收的财产属于违法所得及其他涉案财产的相关事实；

（七）申请没收的理由和法律依据；

（八）利害关系人申请参加诉讼的期限、方式以及未按照该期限、方式申请参加诉讼可能承担的不利法律后果；

（九）其他应当公告的情况。

公告期为六个月，公告期间不适用中止、中断、延长的规定。

第六百一十五条　公告应当在全国公开发行的报纸、信息网络媒体、最高人民法院的官方网站发布，并在人民法院公告栏发布。必要时，公告可以在犯罪地、犯罪嫌疑人、被告人居住地或者被申请没收财产所在地发布。最后发布的公告的日期为公告日期。发布公告的，应当采取拍照、录像等方式记录发布过程。

人民法院已经掌握境内利害关系人联系方式的，应当直接送达含有公告内容的通知；直接送达有困难的，可以委托代为送达、邮寄送达。经受送达人同意的，可以采用传真、电子邮件等能够确认其收悉的方式告知公告内容，并记录在案。

人民法院已经掌握境外犯罪嫌疑人、被告人、利害关系人联系方式，经受送达人同意的，可以采用传真、电子邮件等能够确认其收悉的方式告知公告内容，并记录在案；受送达人未表示同意，或者人民法院未掌握境外犯罪嫌疑人、被告人、利害关系人联系方式，其所在国、地区的主管机关明确提出应当向受送达人送达含有公告内容的通知的，人民法院可以决定是否送达。决定送达的，应当依照本解释第四百九十三条的规定请求所在国、地区提供司法协助。

★"违法所得"案件没收程序中的"其他利害关系人"申请参加诉讼

《最高人民法院关于适用〈中华人民共和国刑事诉讼法〉的解释》(2021年1月26日　法释〔2021〕1号)

第六百一十六条　刑事诉讼法第二百九十九条第二款、第三百条第二款规定的"其他利害关系人",是指除犯罪嫌疑人、被告人的近亲属以外的,对申请没收的财产主张权利的自然人和单位。

第六百一十七条　犯罪嫌疑人、被告人的近亲属和其他利害关系人申请参加诉讼的,应当在公告期间内提出。犯罪嫌疑人、被告人的近亲属应当提供其与犯罪嫌疑人、被告人关系的证明材料,其他利害关系人应当提供证明其对违法所得及其他涉案财产主张权利的证据材料。

利害关系人可以委托诉讼代理人参加诉讼。委托律师担任诉讼代理人的,应当委托具有中华人民共和国律师资格并依法取得执业证书的律师;在境外委托的,应当依照本解释第四百八十六条的规定对授权委托进行公证、认证。

利害关系人在公告期满后申请参加诉讼,能够合理说明理由的,人民法院应当准许。

★对没收违法所得案件的开庭审理程序

《最高人民法院关于适用〈中华人民共和国刑事诉讼法〉的解释》(2021年1月26日　法释〔2021〕1号)

第六百一十九条　公告期满后,人民法院应当组成合议庭对申请没收违法所得的案件进行审理。

利害关系人申请参加或者委托诉讼代理人参加诉讼的,应当开庭审理。没有利害关系人申请参加诉讼的,或者利害关系人及其诉讼代理人无正当理由拒不到庭的,可以不开庭审理。

人民法院确定开庭日期后,应当将开庭的时间、地点通知人民检察院、利害关系人及其诉讼代理人、证人、鉴定人、翻译人员。通知书应当依照本解释第六百一十五条第二款、第三款规定的方式,至迟在开庭审理三日以前送达;受送达人在境外的,至迟在开庭审理三十日以前送达。

第六百二十条 开庭审理申请没收违法所得的案件,按照下列程序进行:

(一)审判长宣布法庭调查开始后,先由检察员宣读申请书,后由利害关系人、诉讼代理人发表意见;

(二)法庭应当依次就犯罪嫌疑人、被告人是否实施了贪污贿赂犯罪、恐怖活动犯罪等重大犯罪并已经通缉一年不能到案,或者是否已经死亡,以及申请没收的财产是否依法应当追缴进行调查;调查时,先由检察员出示证据,后由利害关系人、诉讼代理人出示证据,并进行质证;

(三)法庭辩论阶段,先由检察员发言,后由利害关系人、诉讼代理人发言,并进行辩论。

利害关系人接到通知后无正当理由拒不到庭,或者未经法庭许可中途退庭的,可以转为不开庭审理,但还有其他利害关系人参加诉讼的除外。

类案检索指引

★检察机关在适用违法所得没收程序中,应当承担举证责任

《黄艳兰贪污违法所得没收案》(2021 年 12 月 9 日最高人民检察院第三十二批指导性案例:检例第 129 号)

【关键词】

违法所得没收 利害关系人异议 善意第三方

【要旨】

检察机关在适用违法所得没收程序中,应当承担证明有犯罪事实以及申请没收的财产属于违法所得及其他涉案财产的举证责任。利害关系人及其诉讼代理人参加诉讼并主张权利,但不能提供合法证据或者其主张明显与事实不符的,应当依法予以辩驳。善意第三方对申请没收财产享有合法权利的,应当依法予以保护。

【指导意义】

(一)利害关系人对申请没收财产提出异议或主张权利的,检察人员出庭时应当作为质证重点。根据《最高人民法院、最高人民检察院关于适用犯罪嫌疑人、被告人逃匿、死亡案件违法所得没收程序若干问题的规定》第十五条的规定,利害关系人在诉讼中对检察机关申请没收的财产属于违法所得及其他涉案财产等相关事实及证据有异议的,可以提出意见;对申请没收财产主张权利的,应当出示相关证据。对于其提供的证据不合法,或其异议明显与客观事实不符的,出庭检察人员应当围绕财产状态、财产来源、与违法犯罪的关系等内容,有针对性地予以驳斥,建议人民法院依法不予支持。

(二)善意第三方对申请没收财产享有合法权益的,应当依法保护。对申请没收财产因抵押而享有优先受偿权的债权人,或者享有其他合法权利的利害关系人,如果在案证据能够证明其在抵押权设定时对该财产系违法所得不知情,或者有理由相信该财产为合法财产,依法应当认定为善意第三方,对其享有的担保物权或其他合法权利,依法应当予以保护。

第三百条 【作出裁定及上诉、抗诉】人民法院经审理,对经查证属于违法所得及其他涉案财产,除依法返还被害人的以外,应当裁定予以没收;对不属于应当追缴的财产的,应当裁定驳回申请,解除查封、扣押、冻结措施。

对于人民法院依照前款规定作出的裁定,犯罪嫌疑人、被告人的近亲属和其他利害关系人或者人民检察院可以提出上诉、抗诉。

新旧条文序号对照

2018年刑事诉讼法	2012年刑事诉讼法	1996年刑事诉讼法
第三百条	第二百八十二条	

适用要点与裁判依据

★"违法所得"案件没收程序中的"其他利害关系人"申请参加诉讼

《最高人民法院关于适用〈中华人民共和国刑事诉讼法〉的解释》(2021年1月26日 法释〔2021〕1号)

第六百一十六条 刑事诉讼法第二百九十九条第二款、第三百条第二款规定的"其他利害关系人",是指除犯罪嫌疑人、被告人的近亲属以外的,对申请没收的财产主张权利的自然人和单位。

第六百一十七条 犯罪嫌疑人、被告人的近亲属和其他利害关系人申请参加诉讼的,应当在公告期间内提出。犯罪嫌疑人、被告人的近亲属应当提供其与犯罪嫌疑人、被告人关系的证明材料,其他利害关系人应当提供证明其对违法所得及其他涉案财产主张权利的证据材料。

利害关系人可以委托诉讼代理人参加诉讼。委托律师担任诉讼代理人的,应当委托具有中华人民共和国律师资格并依法取得执业证书的律师;在境外委托的,应当依照本解释第四百八十六条的规定对授权委托进行公证、认证。

利害关系人在公告期满后申请参加诉讼,能够合理说明理由的,人民法院应当准许。

★一审法院审理后按照不同情形分别作出裁定

《最高人民法院关于适用〈中华人民共和国刑事诉讼法〉的解释》(2021年1月26日 法释〔2021〕1号)

第六百二十一条 对申请没收违法所得的案件,人民法院审理后,应当按照下列情形分别处理:

(一)申请没收的财产属于违法所得及其他涉案财产的,除依法返还被害人的以外,应当裁定没收;

(二)不符合刑事诉讼法第二百九十八条第一款规定的条件的,应当裁定驳回申请,解除查封、扣押、冻结措施。

申请没收的财产具有高度可能属于违法所得及其他涉案财产

的，应当认定为前款规定的“申请没收的财产属于违法所得及其他涉案财产”。巨额财产来源不明犯罪案件中，没有利害关系人对违法所得及其他涉案财产主张权利，或者利害关系人对违法所得及其他涉案财产虽然主张权利但提供的证据没有达到相应证明标准的，应当视为“申请没收的财产属于违法所得及其他涉案财产”。

第六百二十二条　对没收违法所得或者驳回申请的裁定，犯罪嫌疑人、被告人的近亲属和其他利害关系人或者人民检察院可以在五日以内提出上诉、抗诉。

★检察院认为一审裁定确有错误的，应当提出抗诉

《人民检察院刑事诉讼规则》（2019年12月30日　高检发释字〔2019〕4号）

第五百三十条　出席法庭的检察官应当宣读没收违法所得申请书，并在法庭调查阶段就申请没收的财产属于违法所得及其他涉案财产等相关事实出示、宣读证据。

发现人民法院或者审判人员审理没收违法所得案件违反法律规定的诉讼程序，应当向人民法院提出纠正意见。

人民检察院认为同级人民法院按照违法所得没收程序所作的第一审裁定确有错误的，应当在五日以内向上一级人民法院提出抗诉。

最高人民检察院、省级人民检察院认为下级人民法院按照违法所得没收程序所作的已经发生法律效力的裁定确有错误的，应当按照审判监督程序向同级人民法院提出抗诉。

★二审法院对不服上诉、抗诉案件的处理

《最高人民法院关于适用〈中华人民共和国刑事诉讼法〉的解释》（2021年1月26日　法释〔2021〕1号）

第六百二十三条　对不服第一审没收违法所得或者驳回申请裁定的上诉、抗诉案件，第二审人民法院经审理，应当按照下列情形分别处理：

（一）第一审裁定认定事实清楚和适用法律正确的，应当驳回上诉或者抗诉，维持原裁定；

（二）第一审裁定认定事实清楚，但适用法律有错误的，应当改变原裁定；

（三）第一审裁定认定事实不清的，可以在查清事实后改变原裁定，也可以撤销原裁定，发回原审人民法院重新审判；

（四）第一审裁定违反法定诉讼程序，可能影响公正审判的，应当撤销原裁定，发回原审人民法院重新审判。

第一审人民法院对发回重新审判的案件作出裁定后，第二审人民法院对不服第一审人民法院裁定的上诉、抗诉，应当依法作出裁定，不得再发回原审人民法院重新审判；但是，第一审人民法院在重新审判过程中违反法定诉讼程序，可能影响公正审判的除外。

第六百二十四条　利害关系人非因故意或者重大过失在第一审期间未参加诉讼，在第二审期间申请参加诉讼的，人民法院应当准许，并撤销原裁定，发回原审人民法院重新审判。

★法院审理申请没收违法所得案件的期限

《最高人民法院关于适用〈中华人民共和国刑事诉讼法〉的解释》（2021年1月26日　法释〔2021〕1号）

第六百二十七条　审理申请没收违法所得案件的期限，参照公诉案件第一审普通程序和第二审程序的审理期限执行。

公告期间和请求刑事司法协助的时间不计入审理期限。

★没收裁定生效后犯罪嫌疑人、被告人到案并对裁定提出异议的处理

《最高人民法院关于适用〈中华人民共和国刑事诉讼法〉的解释》（2021年1月26日　法释〔2021〕1号）

第六百二十八条　没收违法所得裁定生效后，犯罪嫌疑人、被告人到案并对没收裁定提出异议，人民检察院向原作出裁定的人民法院提起公诉的，可以由同一审判组织审理。

第300条

人民法院经审理，应当按照下列情形分别处理：

（一）原裁定正确的，予以维持，不再对涉案财产作出判决；

（二）原裁定确有错误的，应当撤销原裁定，并在判决中对有关涉案财产一并作出处理。

人民法院生效的没收裁定确有错误的，除第一款规定的情形外，应当依照审判监督程序。

第三百零一条　【终止审理】在审理过程中，在逃的犯罪嫌疑人、被告人自动投案或者被抓获的，人民法院应当终止审理。

没收犯罪嫌疑人、被告人财产确有错误的，应当予以返还、赔偿。

新旧条文序号对照

2018 年刑事诉讼法	2012 年刑事诉讼法	1996 年刑事诉讼法
第三百零一条	第二百八十三条	

适用要点与裁判依据

★对法院终止审理的，检察院应当将案卷退回监察机关或者公安机关处理

《人民检察院刑事诉讼规则》（2019 年 12 月 30 日　高检发释字〔2019〕4 号）

第五百三十二条　在审理案件过程中，在逃的犯罪嫌疑人、被告人自动投案或者被抓获，人民法院按照刑事诉讼法第三百零一条第一款的规定终止审理的，人民检察院应当将案卷退回监察机关或者公安机关处理。

★法院审理申请没收违法所得的案件过程中适用终止审理的条件和程序

《最高人民法院关于适用〈中华人民共和国刑事诉讼法〉的解释》（2021 年 1 月 26 日　法释〔2021〕1 号）

第六百二十五条　在审理申请没收违法所得的案件过程中，在逃的犯罪嫌疑人、被告人到案的，人民法院应当裁定终止审理。人民检察院向原受理申请的人民法院提起公诉的，可以由同一审判组织审理。

第五章 依法不负刑事责任的精神病人的强制医疗程序

第三百零二条 【适用条件】实施暴力行为，危害公共安全或者严重危害公民人身安全，经法定程序鉴定依法不负刑事责任的精神病人，有继续危害社会可能的，可以予以强制医疗。

新旧条文序号对照

2018 年刑事诉讼法	2012 年刑事诉讼法	1996 年刑事诉讼法
第三百零二条	第二百八十四条	

适用要点与裁判依据

★公安机关对于可能属于依法不负刑事责任的精神病人的，应当对其进行精神病鉴定

《公安机关办理刑事案件程序规定》（2020 年 7 月 20 日修正 公安部令第 159 号）

第三百四十二条 公安机关发现实施暴力行为，危害公共安全或者严重危害公民人身安全的犯罪嫌疑人，可能属于依法不负刑事责任的精神病人的，应当对其进行精神病鉴定。

★检察院在审查起诉中,犯罪嫌疑人经鉴定系依法不负刑事责任的精神病人,应当向法院提出强制医疗的申请

《人民检察院刑事诉讼规则》(2019 年 12 月 30 日　高检发释字〔2019〕4 号)

第五百四十三条　在审查起诉中,犯罪嫌疑人经鉴定系依法不负刑事责任的精神病人的,人民检察院应当作出不起诉决定。认为符合刑事诉讼法第三百零二条规定条件的,应当向人民法院提出强制医疗的申请。

★检察院发现公安机关对涉案精神病人进行鉴定有违法情形的,应当依法提出纠正意见

《人民检察院刑事诉讼规则》(2019 年 12 月 30 日　高检发释字〔2019〕4 号)

第五百四十一条　人民检察院对公安机关移送的强制医疗案件,发现公安机关对涉案精神病人进行鉴定违反法律规定,具有下列情形之一的,应当依法提出纠正意见:

(一)鉴定机构不具备法定资质的;

(二)鉴定人不具备法定资质或者违反回避规定的;

(三)鉴定程序违反法律或者有关规定,鉴定的过程和方法违反相关专业规范要求的;

(四)鉴定文书不符合法定形式要件的;

(五)鉴定意见没有依法及时告知相关人员的;

(六)鉴定人故意作虚假鉴定的;

(七)其他违反法律规定的情形。

人民检察院对精神病鉴定程序进行监督,可以要求公安机关补充鉴定或者重新鉴定。必要时,可以询问鉴定人并制作笔录,或者委托具有法定资质的鉴定机构进行补充鉴定或者重新鉴定。

类案检索指引

★对于“有继续危害社会可能”，应当综合予以判定，必要时，可以委托相关机构或者专家进行评估

《徐加富强制医疗案》(2016 年 6 月 30 日最高人民法院发布第 13 批指导性案例：指导性案例 63 号)

【关键词】

刑事诉讼　强制医疗　有继续危害社会可能

【裁判要点】

审理强制医疗案件，对被申请人或者被告人是否“有继续危害社会可能”，应当综合被申请人或者被告人所患精神病的种类、症状，案件审理时其病情是否已经好转，以及其家属或者监护人有无严加看管和自行送医治疗的意愿和能力等情况予以判定。必要时，可以委托相关机构或者专家进行评估。

第三百零三条　【启动程序】根据本章规定对精神病人强制医疗的，由人民法院决定。

公安机关发现精神病人符合强制医疗条件的，应当写出强制医疗意见书，移送人民检察院。对于公安机关移送的或者在审查起诉过程中发现的精神病人符合强制医疗条件的，人民检察院应当向人民法院提出强制医疗的申请。人民法院在审理案件过程中发现被告人符合强制医疗条件的，可以作出强制医疗的决定。

对实施暴力行为的精神病人，在人民法院决定强制医疗前，公安机关可以采取临时的保护性约束措施。

新旧条文序号对照

2018 年刑事诉讼法	2012 年刑事诉讼法	1996 年刑事诉讼法
第三百零三条	第二百八十五条	

适用要点与裁判依据

★对于有继续危害社会可能，符合强制医疗条件的，公安机关应当在七日以内移送同级检察院

《公安机关办理刑事案件程序规定》(2020 年 7 月 20 日修正　公安部令第 159 号)

第三百四十三条　对经法定程序鉴定依法不负刑事责任的精神病人，有继续危害社会可能，符合强制医疗条件的，公安机关应当在七日以内写出强制医疗意见书，经县级以上公安机关负责人批准，连同相关证据材料和鉴定意见一并移送同级人民检察院。

★对实施暴力行为的精神病人，在法院决定强制医疗前，公安机关可以采取临时的保护性约束措施

《公安机关办理刑事案件程序规定》(2020 年 7 月 20 日修正　公安部令第 159 号)

第三百四十四条　对实施暴力行为的精神病人，在人民法院决定强制医疗前，经县级以上公安机关负责人批准，公安机关可以采取临时的保护性约束措施。必要时，可以将其送精神病医院接受治疗。

第三百四十五条　采取临时的保护性约束措施时，应当对精神病人严加看管，并注意约束的方式、方法和力度，以避免和防止危害他人和精神病人的自身安全为限度。

对于精神病人已没有继续危害社会可能，解除约束后不致发生社会危险性的，公安机关应当及时解除保护性约束措施。

★检察院对经法定程序鉴定依法不负刑事责任的精神病人，有继续危害社会可能的，应当向法院提出强制医疗的申请

《人民检察院刑事诉讼规则》(2019 年 12 月 30 日　高检发释字〔2019〕4 号)

第五百三十四条　对于实施暴力行为，危害公共安全或者严重危害公民人身安全，已经达到犯罪程度，经法定程序鉴定依法不负刑事责任的精神病人,有继续危害社会可能的,人民检察院应当向人民法院提出强制医疗的申请。

提出强制医疗的申请以及对强制医疗决定的监督,由负责捕诉的部门办理。

第五百三十五条　强制医疗的申请由被申请人实施暴力行为所在地的基层人民检察院提出;由被申请人居住地的人民检察院提出更为适宜的,可以由被申请人居住地的基层人民检察院提出。

第五百三十六条　人民检察院向人民法院提出强制医疗的申请,应当制作强制医疗申请书。强制医疗申请书的主要内容包括:

(一)涉案精神病人的基本情况,包括姓名、性别、出生年月日、出生地、户籍地、公民身份号码、民族、文化程度、职业、工作单位及职务、住址,采取临时保护性约束措施的情况及处所等;

(二)涉案精神病人的法定代理人的基本情况,包括姓名、住址、联系方式等;

(三)案由及案件来源;

(四)涉案精神病人实施危害公共安全或者严重危害公民人身安全的暴力行为的事实,包括实施暴力行为的时间、地点、手段、后果等及相关证据情况;

(五)涉案精神病人不负刑事责任的依据,包括有关鉴定意见和其他证据材料;

(六)涉案精神病人继续危害社会的可能;

(七)提出强制医疗申请的理由和法律依据。

★检察院审查公安机关移送的强制医疗意见书,应当查明八个方面的内容

《人民检察院刑事诉讼规则》(2019年12月30日　高检发释字〔2019〕4号)

第303条

第五百三十七条　人民检察院审查公安机关移送的强制医疗意见书,应当查明:

(一)是否属于本院管辖;

（二）涉案精神病人身份状况是否清楚，包括姓名、性别、国籍、出生年月日、职业和单位等；

（三）涉案精神病人实施危害公共安全或者严重危害公民人身安全的暴力行为的事实；

（四）公安机关对涉案精神病人进行鉴定的程序是否合法，涉案精神病人是否依法不负刑事责任；

（五）涉案精神病人是否有继续危害社会的可能；

（六）证据材料是否随案移送，不宜移送的证据的清单、复制件、照片或者其他证明文件是否随案移送；

（七）证据是否确实、充分；

（八）采取的临时保护性约束措施是否适当。

★检察院办理公安机关移送的强制医疗案件，可以开展调查

《人民检察院刑事诉讼规则》（2019 年 12 月 30 日 高检发释字〔2019〕4 号）

第五百三十八条 人民检察院办理公安机关移送的强制医疗案件，可以采取以下方式开展调查，调查情况应当记录并附卷：

（一）会见涉案精神病人，听取涉案精神病人的法定代理人、诉讼代理人意见；

（二）询问办案人员、鉴定人；

（三）向被害人及其法定代理人、近亲属了解情况；

（四）向涉案精神病人的主治医生、近亲属、邻居、其他知情人员或者基层组织等了解情况；

（五）就有关专门性技术问题委托具有法定资质的鉴定机构、鉴定人进行鉴定。

★检察院应当在接到公安机关移送的强制医疗意见书后三十日以内作出是否提出强制医疗申请的决定

《人民检察院刑事诉讼规则》（2019 年 12 月 30 日 高检发释字〔2019〕4 号）

第五百三十九条 人民检察院应当在接到公安机关移送的强制

医疗意见书后三十日以内作出是否提出强制医疗申请的决定。

对于公安机关移送的强制医疗案件，经审查认为不符合刑事诉讼法第三百零二条规定条件的，应当作出不提出强制医疗申请的决定，并向公安机关书面说明理由。认为需要补充证据的，应当书面要求公安机关补充证据，必要时也可以自行调查。

公安机关补充证据的时间不计入人民检察院办案期限。

★检察院发现公安机关应当启动而不启动强制医疗程序的，可以要求书面说明不启动的理由

《人民检察院刑事诉讼规则》（2019 年 12 月 30 日　高检发释字〔2019〕4 号）

第五百四十条　人民检察院发现公安机关应当启动强制医疗程序而不启动的，可以要求公安机关在七日以内书面说明不启动的理由。

经审查，认为公安机关不启动理由不能成立的，应当通知公安机关启动强制医疗程序。

公安机关收到启动强制医疗程序通知书后，未按要求启动强制医疗程序的，人民检察院应当提出纠正意见。

★检察院发现公安机关对涉案精神病人采取临时保护性约束措施的监督

《人民检察院刑事诉讼规则》（2019 年 12 月 30 日　高检发释字〔2019〕4 号）

第五百四十二条　人民检察院发现公安机关对涉案精神病人不应当采取临时保护性约束措施而采取的，应当提出纠正意见。

认为公安机关应当采取临时保护性约束措施而未采取的，应当建议公安机关采取临时保护性约束措施。

第三百零四条　【审理】人民法院受理强制医疗的申请后，应当组成合议庭进行审理。

人民法院审理强制医疗案件，应当通知被申请人或者被告人的法定代理人到场。被申请人或者被告人没有委托诉讼代理人的，人民法院应当通知法律援助机构指派律师为其提供法律帮助。

新旧条文序号对照

2018 年刑事诉讼法	2012 年刑事诉讼法	1996 年刑事诉讼法
第三百零四条	第二百八十六条	

适用要点与裁判依据

★法院对申请强制医疗案件审理后应当按照三种情形分别处理

《最高人民法院关于适用〈中华人民共和国刑事诉讼法〉的解释》(2021 年 1 月 26 日　法释〔2021〕1 号)

第六百三十七条　对申请强制医疗的案件，人民法院审理后，应当按照下列情形分别处理：

(一)符合刑事诉讼法第三百零二条规定的强制医疗条件的，应当作出对被申请人强制医疗的决定；

(二)被申请人属于依法不负刑事责任的精神病人，但不符合强制医疗条件的，应当作出驳回强制医疗申请的决定；被申请人已经造成危害结果的，应当同时责令其家属或者监护人严加看管和医疗；

(三)被申请人具有完全或者部分刑事责任能力，依法应当追究刑事责任的，应当作出驳回强制医疗申请的决定，并退回人民检察院依法处理。

★法院在审理刑事案件中发现被告人可能符合强制医疗条件的处理

《最高人民法院关于适用〈中华人民共和国刑事诉讼法〉的解释》(2021年1月26日　法释〔2021〕1号)

第六百三十八条　第一审人民法院在审理刑事案件过程中,发现被告人可能符合强制医疗条件的,应当依照法定程序对被告人进行法医精神病鉴定。经鉴定,被告人属于依法不负刑事责任的精神病人的,应当适用强制医疗程序,对案件进行审理。

开庭审理前款规定的案件,应当先由合议庭组成人员宣读对被告人的法医精神病鉴定意见,说明被告人可能符合强制医疗的条件,后依次由公诉人和被告人的法定代理人、诉讼代理人发表意见。经审判长许可,公诉人和被告人的法定代理人、诉讼代理人可以进行辩论。

第六百三十九条　对前条规定的案件,人民法院审理后,应当按照下列情形分别处理:

(一)被告人符合强制医疗条件的,应当判决宣告被告人不负刑事责任,同时作出对被告人强制医疗的决定;

(二)被告人属于依法不负刑事责任的精神病人,但不符合强制医疗条件的,应当判决宣告被告人无罪或者不负刑事责任;被告人已经造成危害结果的,应当同时责令其家属或者监护人严加看管和医疗;

(三)被告人具有完全或者部分刑事责任能力,依法应当追究刑事责任的,应当依照普通程序继续审理。

第六百四十条　第二审人民法院在审理刑事案件过程中,发现被告人可能符合强制医疗条件的,可以依照强制医疗程序对案件作出处理,也可以裁定发回原审人民法院重新审判。

★强制医疗案件没有委托诉讼代理人的,法院应当通知法律援助机构指派律师为其提供法律援助

《中华人民共和国法律援助法》(2021年8月20日　主席令第93号)

第二十八条　强制医疗案件的被申请人或者被告人没有委托诉

讼代理人的,人民法院应当通知法律援助机构指派律师为其提供法律援助。

第三百零五条　【审理期限及申请复议】人民法院经审理,对于被申请人或者被告人符合强制医疗条件的,应当在一个月以内作出强制医疗的决定。

被决定强制医疗的人、被害人及其法定代理人、近亲属对强制医疗决定不服的,可以向上一级人民法院申请复议。

新旧条文序号对照

2018 年刑事诉讼法	2012 年刑事诉讼法	1996 年刑事诉讼法
第三百零五条	第二百八十七条	

适用要点与裁判依据

★法院决定强制医疗的执行

《最高人民法院关于适用〈中华人民共和国刑事诉讼法〉的解释》(2021 年 1 月 26 日　法释〔2021〕1 号)

第六百四十一条　人民法院决定强制医疗的,应当在作出决定后五日以内,向公安机关送达强制医疗决定书和强制医疗执行通知书,由公安机关将被决定强制医疗的人送交强制医疗。

★法院应当对不服强制医疗决定的复议申请、抗诉作出复议决定

《最高人民法院关于适用〈中华人民共和国刑事诉讼法〉的解释》(2021 年 1 月 26 日　法释〔2021〕1 号)

第六百四十二条　被决定强制医疗的人、被害人及其法定代理人、近亲属对强制医疗决定不服的,可以自收到决定书第二日起五日以内向上一级人民法院申请复议。复议期间不停止执行强制医疗的决定。

第六百四十三条 对不服强制医疗决定的复议申请，上一级人民法院应当组成合议庭审理，并在一个月以内，按照下列情形分别作出复议决定：

（一）被决定强制医疗的人符合强制医疗条件的，应当驳回复议申请，维持原决定；

（二）被决定强制医疗的人不符合强制医疗条件的，应当撤销原决定；

（三）原审违反法定诉讼程序，可能影响公正审判的，应当撤销原决定，发回原审人民法院重新审判。

第六百四十四条 对本解释第六百三十九条第一项规定的判决、决定，人民检察院提出抗诉，同时被决定强制医疗的人、被害人及其法定代理人、近亲属申请复议的，上一级人民法院应当依照第二审程序一并处理。

★法院对检察院提出的书面纠正意见，应当另行组成合议庭审理，并在一个月以内作出决定

《最高人民法院关于适用〈中华人民共和国刑事诉讼法〉的解释》（2021年1月26日 法释〔2021〕1号）

第六百四十八条 人民检察院认为强制医疗决定或者解除强制医疗决定不当，在收到决定书后二十日以内提出书面纠正意见的，人民法院应当另行组成合议庭审理，并在一个月以内作出决定。

第三百零六条 【诊断评估与申请解除】强制医疗机构应当定期对被强制医疗的人进行诊断评估。对于已不具有人身危险性，不需要继续强制医疗的，应当及时提出解除意见，报决定强制医疗的人民法院批准。

第306条

被强制医疗的人及其近亲属有权申请解除强制医疗。

新旧条文序号对照

2018 年刑事诉讼法	2012 年刑事诉讼法	1996 年刑事诉讼法
第三百零六条	第二百八十八条	

适用要点与裁判依据

★被强制医疗的人及其近亲属申请解除强制医疗的,应当向决定强制医疗的法院提出

《最高人民法院关于适用〈中华人民共和国刑事诉讼法〉的解释》(2021 年 1 月 26 日　法释〔2021〕1 号)

第六百四十五条　被强制医疗的人及其近亲属申请解除强制医疗的,应当向决定强制医疗的人民法院提出。

被强制医疗的人及其近亲属提出的解除强制医疗申请被人民法院驳回,六个月后再次提出申请的,人民法院应当受理。

★法院对强制医疗机构提出解除强制医疗意见和当事人申请解除强制医疗的,应当组成合议庭进行审查

《最高人民法院关于适用〈中华人民共和国刑事诉讼法〉的解释》(2021 年 1 月 26 日　法释〔2021〕1 号)

第六百四十六条　强制医疗机构提出解除强制医疗意见,或者被强制医疗的人及其近亲属申请解除强制医疗的,人民法院应当审查是否附有对被强制医疗的人的诊断评估报告。

强制医疗机构提出解除强制医疗意见,未附诊断评估报告的,人民法院应当要求其提供。

被强制医疗的人及其近亲属向人民法院申请解除强制医疗,强制医疗机构未提供诊断评估报告的,申请人可以申请人民法院调取。必要时,人民法院可以委托鉴定机构对被强制医疗的人进行鉴定。

第六百四十七条　强制医疗机构提出解除强制医疗意见,或者被强制医疗的人及其近亲属申请解除强制医疗的,人民法院应当组

成合议庭进行审查,并在一个月以内,按照下列情形分别处理:

(一)被强制医疗的人已不具有人身危险性,不需要继续强制医疗的,应当作出解除强制医疗的决定,并可责令被强制医疗的人的家属严加看管和医疗;

(二)被强制医疗的人仍具有人身危险性,需要继续强制医疗的,应当作出继续强制医疗的决定。

对前款规定的案件,必要时,人民法院可以开庭审理,通知人民检察院派员出庭。

人民法院应当在作出决定后五日以内,将决定书送达强制医疗机构、申请解除强制医疗的人、被决定强制医疗的人和人民检察院。决定解除强制医疗的,应当通知强制医疗机构在收到决定书的当日解除强制医疗。

第三百零七条 【法律监督】人民检察院对强制医疗的决定和执行实行监督。

新旧条文序号对照

2018年刑事诉讼法	2012年刑事诉讼法	1996年刑事诉讼法
第三百零七条	第二百八十九条	

适用要点与裁判依据

★检察院对法院强制医疗案件审理活动的监督

《人民检察院刑事诉讼规则》(2019年12月30日 高检发释字〔2019〕4号)

第307条

第五百四十四条 人民法院对强制医疗案件开庭审理的,人民检察院应当派员出席法庭。

第五百四十五条 人民检察院发现人民法院强制医疗案件审理

活动具有下列情形之一的,应当提出纠正意见:

(一)未通知被申请人或者被告人的法定代理人到场的;

(二)被申请人或者被告人没有委托诉讼代理人,未通知法律援助机构指派律师为其提供法律帮助的;

(三)未组成合议庭或者合议庭组成人员不合法的;

(四)未经被申请人、被告人的法定代理人请求直接作出不开庭审理决定的;

(五)未会见被申请人的;

(六)被申请人、被告人要求出庭且具备出庭条件,未准许其出庭的;

(七)违反法定审理期限的;

(八)收到人民检察院对强制医疗决定不当的书面纠正意见后,未另行组成合议庭审理或者未在一个月以内作出复议决定的;

(九)人民法院作出的强制医疗决定或者驳回强制医疗申请决定不当的;

(十)其他违反法律规定的情形。

第五百四十六条　出席法庭的检察官发现人民法院或者审判人员审理强制医疗案件违反法律规定的诉讼程序,应当记录在案,并在休庭后及时向检察长报告,由人民检察院在庭审后向人民法院提出纠正意见。

★检察院对法院审理强制医疗案件作出的决定的监督

《人民检察院刑事诉讼规则》(2019 年 12 月 30 日　高检发释字〔2019〕4 号)

第五百四十七条　人民检察院认为人民法院作出的强制医疗决定或者驳回强制医疗申请的决定,具有下列情形之一的,应当在收到决定书副本后二十日以内向人民法院提出纠正意见:

(一)据以作出决定的事实不清或者确有错误的;

(二)据以作出决定的证据不确实、不充分的;

(三)据以作出决定的证据依法应当予以排除的;

（四）据以作出决定的主要证据之间存在矛盾的；

（五）有确实、充分的证据证明应当决定强制医疗而予以驳回的，或者不应当决定强制医疗而决定强制医疗的；

（六）审理过程中严重违反法定诉讼程序，可能影响公正审理和决定的。

第五百四十八条 人民法院在审理案件过程中发现被告人符合强制医疗条件，适用强制医疗程序对案件进行审理的，人民检察院应当在庭审中发表意见。

人民法院作出宣告被告人无罪或者不负刑事责任的判决和强制医疗决定的，人民检察院应当进行审查。对判决确有错误的，应当依法提出抗诉；对强制医疗决定不当或者未作出强制医疗的决定不当的，应当提出纠正意见。

第五百四十九条 人民法院收到被决定强制医疗的人、被害人及其法定代理人、近亲属复议申请后，未组成合议庭审理，或者未在一个月以内作出复议决定，或者有其他违法行为的，人民检察院应当提出纠正意见。

第五百五十条 人民检察院对于人民法院批准解除强制医疗的决定实行监督，发现人民法院解除强制医疗的决定不当的，应当提出纠正意见。

附　则

第三百零八条　【军队保卫部门、中国海警局、监狱对刑事案件的侦查权】军队保卫部门对军队内部发生的刑事案件行使侦查权。

中国海警局履行海上维权执法职责，对海上发生的刑事案件行使侦查权。

对罪犯在监狱内犯罪的案件由监狱进行侦查。

军队保卫部门、中国海警局、监狱办理刑事案件，适用本法的有关规定。

新旧条文序号对照

2018 年刑事诉讼法	2012 年刑事诉讼法	1996 年刑事诉讼法
第三百零八条	第二百九十条	第二百二十五条

适用要点与裁判依据

★海上发生的刑事案件的管辖原则

《最高人民法院、最高人民检察院、中国海警局关于海上刑事案件管辖等有关问题的通知》(2020 年 2 月 20 日　海警〔2020〕1 号)

一、对海上发生的刑事案件，按照下列原则确定管辖：

(一)在中华人民共和国内水、领海发生的犯罪，由犯罪地或者被告人登陆地的人民法院管辖，如果由被告人居住地的人民法院审判更为适宜的，可以由被告人居住地的人民法院管辖；

（二）在中华人民共和国领域外的中国船舶内的犯罪，由该船舶最初停泊的中国口岸所在地或者被告人登陆地、入境地的人民法院管辖；

（三）中国公民在中华人民共和国领海以外的海域犯罪，由其登陆地、入境地、离境前居住地或者现居住地的人民法院管辖；被害人是中国公民的，也可以由被害人离境前居住地或者现居住地的人民法院管辖；

（四）外国人在中华人民共和国领海以外的海域对中华人民共和国国家或者公民犯罪，根据《中华人民共和国刑法》应当受到处罚的，由该外国人登陆地、入境地、入境后居住地的人民法院管辖，也可以由被害人离境前居住地或者现居住地的人民法院管辖；

（五）对中华人民共和国缔结或者参加的国际条约所规定的罪行，中华人民共和国在所承担的条约义务的范围内行使刑事管辖权的，由被告人被抓获地、登陆地或者入境地的人民法院管辖。

前款第一项规定的犯罪地包括犯罪行为发生地和犯罪结果发生地。前款第二项至第五项规定的入境地，包括进入我国陆地边境、领海以及航空器降落在我国境内的地点。

★海上发生的刑事案件的立案侦查

《最高人民法院、最高人民检察院、中国海警局关于海上刑事案件管辖等有关问题的通知》（2020年2月20日　海警〔2020〕1号）

二、海上发生的刑事案件的立案侦查，由海警机构根据本通知第一条规定的管辖原则进行。

依据第一条规定确定的管辖地未设置海警机构的，由有关海警局商同级人民检察院、人民法院指定管辖。

第308条

★海警局办理刑事案件需要提请批准逮捕或者移送起诉的，依法向所在检察院提请或者移送

《最高人民法院、最高人民检察院、中国海警局关于海上刑事案件管辖等有关问题的通知》（2020年2月20日　海警〔2020〕1号）

三、沿海省、自治区、直辖市海警局办理刑事案件，需要提请批准逮捕或者移送起诉的，依法向所在地省级人民检察院提请或者移送。

沿海省、自治区、直辖市海警局下属海警局，中国海警局各分局、直属局办理刑事案件，需要提请批准逮捕或者移送起诉的，依法向所在地设区的市级人民检察院提请或者移送。

海警工作站办理刑事案件，需要提请批准逮捕或者移送起诉的，依法向所在地基层人民检察院提请或者移送。

★法院、检察院对海警机构移送的刑事案件的法律适用

《最高人民法院、最高人民检察院、中国海警局关于海上刑事案件管辖等有关问题的通知》（2020年2月20日　海警〔2020〕1号）

四、人民检察院对于海警机构移送起诉的海上刑事案件，按照刑事诉讼法、司法解释以及本通知的有关规定进行审查后，认为应当由其他人民检察院起诉的，应当将案件移送有管辖权的人民检察院。

需要按照刑事诉讼法、司法解释以及本通知的有关规定指定审判管辖的，海警机构应当在移送起诉前向人民检察院通报，由人民检察院协商同级人民法院办理指定管辖有关事宜。

五、对人民检察院提起公诉的海上刑事案件，人民法院经审查认为符合刑事诉讼法、司法解释以及本通知有关规定的，应当依法受理。

★海警机构办理刑事案件应当主动接受检察机关监督

《最高人民法院、最高人民检察院、中国海警局关于海上刑事案件管辖等有关问题的通知》（2020年2月20日　海警〔2020〕1号）

六、海警机构办理刑事案件应当主动接受检察机关监督，与检察机关建立信息共享平台，定期向检察机关通报行政执法与刑事司法衔接，刑事立案、破案，采取强制措施等情况。

海警机构所在地的人民检察院依法对海警机构的刑事立案、侦查活动实行监督。

海警机构办理重大、疑难、复杂的刑事案件，可以商请人民检察院介入侦查活动，并听取人民检察院的意见和建议。人民检察院认为确有必要时，可以派员介入海警机构的侦查活动，对收集证据、适用法律提出意见,监督侦查活动是否合法,海警机构应当予以配合。

★有关公安机关的规定适用于国家安全机关、军队保卫部门、中国海警局和监狱

《最高人民法院关于适用〈中华人民共和国刑事诉讼法〉的解释》(2021 年 1 月 26 日　法释〔2021〕1 号)

第六百五十三条　本解释的有关规定适用于军事法院等专门人民法院。

第六百五十四条　本解释有关公安机关的规定,依照刑事诉讼法的有关规定,适用于国家安全机关、军队保卫部门、中国海警局和监狱。

★检察院办理专门机关移送的刑事案件以及对专门机关立案、侦查活动的监督,适用关于公安机关的规定

《人民检察院刑事诉讼规则》(2019 年 12 月 30 日　高检发释字〔2019〕4 号)

第六百八十条　人民检察院办理国家安全机关、海警机关、监狱移送的刑事案件以及对国家安全机关、海警机关、监狱立案、侦查活动的监督,适用本规则关于公安机关的规定。

第六百八十一条　军事检察院等专门人民检察院办理刑事案件,适用本规则和其他有关规定。

★军队战时开展刑事诉讼活动可以调整适用刑事诉讼法关于管辖、辩护与代理、强制措施等部分具体规定

《全国人民代表大会常务委员会关于军队战时调整适用〈中华人民共和国刑事诉讼法〉部分规定的决定》(2023 年 2 月 24 日)

第308条

为贯彻落实党的二十大精神,完善中国特色军事法治体系,从法律制度上保障人民军队有效履行新时代使命任务、提高打赢能力,第十三届全国人民代表大会常务委员会第三十九次会议决定:军队战时开展刑事诉讼活动,遵循《中华人民共和国刑法》、《中华人民共和国刑事诉讼法》确定的基本原则、基本制度、基本程序,适应战时刑事诉讼特点,保障诉讼当事人合法权益,维护司法公平正义,可以调整适用《中华人民共和国刑事诉讼法》关于管辖、辩护与代理、强制措施、立案、侦查、起诉、审判、执行等部分具体规定。具体由中央军事委员会规定。

本决定自2023年2月25日起施行。

配套法律文件

（一）法律法规

中华人民共和国反有组织犯罪法

（十三届全国人大常委会第三十二次会议2021年12月24日通过　自2022年5月1日起施行）

第一章　总　　则

第一条　为了预防和惩治有组织犯罪，加强和规范反有组织犯罪工作，维护国家安全、社会秩序、经济秩序，保护公民和组织的合法权益，根据宪法，制定本法。

第二条　本法所称有组织犯罪，是指《中华人民共和国刑法》第二百九十四条规定的组织、领导、参加黑社会性质组织犯罪，以及黑社会性质组织、恶势力组织实施的犯罪。

本法所称恶势力组织，是指经常纠集在一起，以暴力、威胁或者其他手段，在一定区域或者行业领域内多次实施违法犯罪活动，为非作恶，欺压群众，扰乱社会秩序、经济秩序，造成较为恶劣的社会影响，但尚未形成黑社会性质组织的犯罪组织。

境外的黑社会组织到中华人民共和国境内发展组织成员、实施犯罪，以及在境外对中华人民共和国国家或者公民犯罪的，适用本法。

第三条 反有组织犯罪工作应当坚持总体国家安全观，综合运用法律、经济、科技、文化、教育等手段，建立健全反有组织犯罪工作机制和有组织犯罪预防治理体系。

第四条 反有组织犯罪工作应当坚持专门工作与群众路线相结合，坚持专项治理与系统治理相结合，坚持与反腐败相结合，坚持与加强基层组织建设相结合，惩防并举、标本兼治。

第五条 反有组织犯罪工作应当依法进行，尊重和保障人权，维护公民和组织的合法权益。

第六条 监察机关、人民法院、人民检察院、公安机关、司法行政机关以及其他有关国家机关，应当根据分工，互相配合，互相制约，依法做好反有组织犯罪工作。

有关部门应当动员、依靠村民委员会、居民委员会、企业事业单位、社会组织，共同开展反有组织犯罪工作。

第七条 任何单位和个人都有协助、配合有关部门开展反有组织犯罪工作的义务。

国家依法对协助、配合反有组织犯罪工作的单位和个人给予保护。

第八条 国家鼓励单位和个人举报有组织犯罪。

对举报有组织犯罪或者在反有组织犯罪工作中作出突出贡献的单位和个人，按照国家有关规定给予表彰、奖励。

第二章 预防和治理

第九条 各级人民政府和有关部门应当依法组织开展有组织犯罪预防和治理工作，将有组织犯罪预防和治理工作纳入考评体系。村民委员会、居民委员会应当协助人民政府以及有关部门开展有组织犯罪预防和治理工作。

第十条 承担有组织犯罪预防和治理职责的部门应当开展反有组织犯罪宣传教育，增强公民的反有组织犯罪意识和能力。

监察机关、人民法院、人民检察院、公安机关、司法行政机关应当通过普法宣传、以案释法等方式,开展反有组织犯罪宣传教育。

新闻、广播、电视、文化、互联网信息服务等单位,应当有针对性地面向社会开展反有组织犯罪宣传教育。

第十一条 教育行政部门、学校应当会同有关部门建立防范有组织犯罪侵害校园工作机制,加强反有组织犯罪宣传教育,增强学生防范有组织犯罪的意识,教育引导学生自觉抵制有组织犯罪,防范有组织犯罪的侵害。

学校发现有组织犯罪侵害学生人身、财产安全,妨害校园及周边秩序的,有组织犯罪组织在学生中发展成员的,或者学生参加有组织犯罪活动的,应当及时制止,采取防范措施,并向公安机关和教育行政部门报告。

第十二条 民政部门应当会同监察机关、公安机关等有关部门,对村民委员会、居民委员会成员候选人资格进行审查,发现因实施有组织犯罪受过刑事处罚的,应当依照有关规定及时作出处理;发现有组织犯罪线索的,应当及时向公安机关报告。

第十三条 市场监管、金融监管、自然资源、交通运输等行业主管部门应当会同公安机关,建立健全行业有组织犯罪预防和治理长效机制,对相关行业领域内有组织犯罪情况进行监测分析,对有组织犯罪易发的行业领域加强监督管理。

第十四条 监察机关、人民法院、人民检察院、公安机关在办理案件中发现行业主管部门有组织犯罪预防和治理工作存在问题的,可以书面向相关行业主管部门提出意见建议。相关行业主管部门应当及时处理并书面反馈。

第十五条 公安机关可以会同有关部门根据本地有组织犯罪情况,确定预防和治理的重点区域、行业领域或者场所。

重点区域、行业领域或者场所的管理单位应当采取有效措施,加强管理,并及时将工作情况向公安机关反馈。

第十六条 电信业务经营者、互联网服务提供者应当依法履行网络信息安全管理义务,采取安全技术防范措施,防止含有宣扬、诱导有组织犯罪内容的信息传播;发现含有宣扬、诱导有组织犯罪内容的信息的,应当立即停止传输,采取消除等处置措施,保存相关记录,并向公安机关或者有关部门报告,依法为公安机关侦查有组织犯罪提供技术支持和协助。

网信、电信、公安等主管部门对含有宣扬、诱导有组织犯罪内容的信息,应当按照职责分工,及时责令有关单位停止传输、采取消除等处置措施,或者下架相关应用、关闭相关网站、关停相关服务。有关单位应当立即执行,并保存相关记录,协助调查。对互联网上来源于境外的上述信息,电信主管部门应当采取技术措施,及时阻断传播。

第十七条 国务院反洗钱行政主管部门、国务院其他有关部门、机构应当督促金融机构和特定非金融机构履行反洗钱义务。发现与有组织犯罪有关的可疑交易活动的,有关主管部门可以依法进行调查,经调查不能排除洗钱嫌疑的,应当及时向公安机关报案。

第十八条 监狱、看守所、社区矫正机构对有组织犯罪的罪犯,应当采取有针对性的监管、教育、矫正措施。

有组织犯罪的罪犯刑满释放后,司法行政机关应当会同有关部门落实安置帮教等必要措施,促进其顺利融入社会。

第十九条 对因组织、领导黑社会性质组织被判处刑罚的人员,设区的市级以上公安机关可以决定其自刑罚执行完毕之日起,按照国家有关规定向公安机关报告个人财产及日常活动。报告期限不超过五年。

第二十条 曾被判处刑罚的黑社会性质组织的组织者、领导者或者恶势力组织的首要分子开办企业或者在企业中担任高级管理人员的,相关行业主管部门应当依法审查,对其经营活动加强监督管理。

第二十一条 移民管理、海关、海警等部门应当会同公安机关严密防范境外的黑社会组织入境渗透、发展、实施违法犯罪活动。

出入境证件签发机关、移民管理机构对境外的黑社会组织的人员,有权决定不准其入境、不予签发入境证件或者宣布其入境证件作废。

移民管理、海关、海警等部门发现境外的黑社会组织的人员入境的,应当及时通知公安机关。发现相关人员涉嫌违反我国法律或者发现涉嫌有组织犯罪物品的,应当依法扣留并及时处理。

第三章 案件办理

第二十二条 办理有组织犯罪案件,应当以事实为根据,以法律为准绳,坚持宽严相济。

对有组织犯罪的组织者、领导者和骨干成员,应当严格掌握取保候审、不起诉、缓刑、减刑、假释和暂予监外执行的适用条件,充分适用剥夺政治权利、没收财产、罚金等刑罚。

有组织犯罪的犯罪嫌疑人、被告人自愿如实供述自己的罪行,承认指控的犯罪事实,愿意接受处罚的,可以依法从宽处理。

第二十三条 利用网络实施的犯罪,符合本法第二条规定的,应当认定为有组织犯罪。

为谋取非法利益或者形成非法影响,有组织地进行滋扰、纠缠、哄闹、聚众造势等,对他人形成心理强制,足以限制人身自由、危及人身财产安全,影响正常社会秩序、经济秩序的,可以认定为有组织犯罪的犯罪手段。

第二十四条 公安机关应当依法运用现代信息技术,建立有组织犯罪线索收集和研判机制,分级分类进行处置。

公安机关接到对有组织犯罪的报案、控告、举报后,应当及时开展统计、分析、研判工作,组织核查或者移送有关主管机关依法处理。

第二十五条 有关国家机关在履行职责时发现有组织犯罪线索,或者接到对有组织犯罪的举报的,应当及时移送公安机关等主管机关依法处理。

第二十六条 公安机关核查有组织犯罪线索,可以按照国家有关规定采取调查措施。公安机关向有关单位和个人收集、调取相关信息和材料的,有关单位和个人应当如实提供。

第二十七条 公安机关核查有组织犯罪线索,经县级以上公安机关负责人批准,可以查询嫌疑人员的存款、汇款、债券、股票、基金份额等财产信息。

公安机关核查黑社会性质组织犯罪线索,发现涉案财产有灭失、转移的紧急风险的,经设区的市级以上公安机关负责人批准,可以对有关涉案财产采取紧急止付或者临时冻结、临时扣押的紧急措施,期限不得超过四十八小时。期限届满或者适用紧急措施的情形消失的,应当立即解除紧急措施。

第二十八条 公安机关核查有组织犯罪线索,发现犯罪事实或者犯罪嫌疑人的,应当依照《中华人民共和国刑事诉讼法》的规定立案侦查。

第二十九条 公安机关办理有组织犯罪案件,可以依照《中华人民共和国出境入境管理法》的规定,决定对犯罪嫌疑人采取限制出境措施,通知移民管理机构执行。

第三十条 对有组织犯罪案件的犯罪嫌疑人、被告人,根据办理案件和维护监管秩序的需要,可以采取异地羁押、分别羁押或者单独羁押等措施。采取异地羁押措施的,应当依法通知犯罪嫌疑人、被告人的家属和辩护人。

第三十一条 公安机关在立案后,根据侦查犯罪的需要,依照《中华人民共和国刑事诉讼法》的规定,可以采取技术侦查措施、实施控制下交付或者由有关人员隐匿身份进行侦查。

第三十二条 犯罪嫌疑人、被告人检举、揭发重大犯罪的其他共同犯罪人或者提供侦破重大案件的重要线索或者证据,同案处理可能导致其本人或者近亲属有人身危险的,可以分案处理。

第三十三条 犯罪嫌疑人、被告人积极配合有组织犯罪案件的侦查、起诉、审判等工作,有下列情形之一的,可以依法从宽处罚,但对有组织犯罪的组织者、领导者应当严格适用:

(一)为查明犯罪组织的组织结构及其组织者、领导者、首要分子

（二）有效期即将届满的汇票、本票、支票等；

（三）债券、股票、基金份额等财产，经权利人申请，出售不损害国家利益、被害人利益，不影响诉讼正常进行的。

第四十四条 公安机关、人民检察院应当对涉案财产审查甄别。在移送审查起诉、提起公诉时，应当对涉案财产提出处理意见。

在审理有组织犯罪案件过程中，应当对与涉案财产的性质、权属有关的事实、证据进行法庭调查、辩论。人民法院应当依法作出判决，对涉案财产作出处理。

第四十五条 有组织犯罪组织及其成员违法所得的一切财物及其孳息、收益，违禁品和供犯罪所用的本人财物，应当依法予以追缴、没收或者责令退赔。

依法应当追缴、没收的涉案财产无法找到、灭失或者与其他合法财产混合且不可分割的，可以追缴、没收其他等值财产或者混合财产中的等值部分。

被告人实施黑社会性质组织犯罪的定罪量刑事实已经查清，有证据证明其在犯罪期间获得的财产高度可能属于黑社会性质组织犯罪的违法所得及其孳息、收益，被告人不能说明财产合法来源的，应当依法予以追缴、没收。

第四十六条 涉案财产符合下列情形之一的，应当依法予以追缴、没收：

（一）为支持或者资助有组织犯罪活动而提供给有组织犯罪组织及其成员的财产；

（二）有组织犯罪组织成员的家庭财产中实际用于支持有组织犯罪活动的部分；

（三）利用有组织犯罪组织及其成员的违法犯罪活动获得的财产及其孳息、收益。

第四十七条 黑社会性质组织犯罪案件的犯罪嫌疑人、被告人逃匿，在通缉一年后不能到案，或者犯罪嫌疑人、被告人死亡，依照《中华人民共和国刑法》规定应当追缴其违法所得及其他涉案财产的,依照《中华人民共和国刑事诉讼法》有关犯罪嫌疑人、被告人逃匿、死亡案件违法所得的没收程序的规定办理。

第四十八条 监察机关、公安机关、人民检察院发现与有组织犯罪相关的洗钱以及掩饰、隐瞒犯罪所得、犯罪所得收益等犯罪的,应当依法查处。

第四十九条 利害关系人对查封、扣押、冻结、处置涉案财物提出异议的,公安机关、人民检察院、人民法院应当及时予以核实,听取其意见,依法作出处理。

公安机关、人民检察院、人民法院对涉案财物作出处理后,利害关系人对处理不服的,可以提出申诉或者控告。

第五章 国家工作人员涉有组织犯罪的处理

第五十条 国家工作人员有下列行为的,应当全面调查,依法作出处理:

(一)组织、领导、参加有组织犯罪活动的;

(二)为有组织犯罪组织及其犯罪活动提供帮助的;

(三)包庇有组织犯罪组织、纵容有组织犯罪活动的;

(四)在查办有组织犯罪案件工作中失职渎职的;

(五)利用职权或者职务上的影响干预反有组织犯罪工作的;

(六)其他涉有组织犯罪的违法犯罪行为。

国家工作人员组织、领导、参加有组织犯罪的,应当依法从重处罚。

第五十一条 监察机关、人民法院、人民检察院、公安机关、司法行政机关应当加强协作配合,建立线索办理沟通机制,发现国家工作人员涉嫌本法第五十条规定的违法犯罪的线索,应当依法处理或者及时移送主管机关处理。

任何单位和个人发现国家工作人员与有组织犯罪有关的违法犯罪行为,有权向监察机关、人民检察院、公安机关等部门报案、控告、举报。有关部门接到报案、控告、举报后,应当及时处理。

第五十二条 依法查办有组织犯罪案件或者依照职责支持、协助查办有组织犯罪案件的国家工作人员,不得有下列行为:

(一)接到报案、控告、举报不受理,发现犯罪信息、线索隐瞒不报、不如实报告,或者未经批准、授权擅自处置、不移送犯罪线索、涉案材料;

(二)向违法犯罪人员通风报信,阻碍案件查处;

(三)违背事实和法律处理案件;

(四)违反规定查封、扣押、冻结、处置涉案财物;

(五)其他滥用职权、玩忽职守、徇私舞弊的行为。

第五十三条 有关机关接到对从事反有组织犯罪工作的执法、司法工作人员的举报后,应当依法处理,防止犯罪嫌疑人、被告人等利用举报干扰办案、打击报复。

对利用举报等方式歪曲捏造事实,诬告陷害从事反有组织犯罪工作的执法、司法工作人员的,应当依法追究责任;造成不良影响的,应当按照规定及时澄清事实,恢复名誉,消除不良影响。

第六章 国际合作

第五十四条 中华人民共和国根据缔结或者参加的国际条约,或者按照平等互惠原则,与其他国家、地区、国际组织开展反有组织犯罪合作。

第五十五条 国务院有关部门根据国务院授权,代表中国政府与外国政府和有关国际组织开展反有组织犯罪情报信息交流和执法合作。

国务院公安部门应当加强跨境反有组织犯罪警务合作,推动与有关国家和地区建立警务合作机制。经国务院公安部门批准,边境地区公安机关可以与相邻国家或者地区执法机构建立跨境有组织犯罪情报信息交流和警务合作机制。

第五十六条 涉及有组织犯罪的刑事司法协助、引渡,依照有关法律的规定办理。

第五十七条 通过反有组织犯罪国际合作取得的材料可以在行政处罚、刑事诉讼中作为证据使用,但依据条约规定或者我方承诺不作为证据使用的除外。

第七章 保障措施

第五十八条 国家为反有组织犯罪工作提供必要的组织保障、制度保障和物质保障。

第五十九条 公安机关和有关部门应当依照职责,建立健全反有组织犯罪专业力量,加强人才队伍建设和专业训练,提升反有组织犯罪工作能力。

第六十条 国务院和县级以上地方各级人民政府应当按照事权划分,将反有组织犯罪工作经费列入本级财政预算。

第六十一条 因举报、控告和制止有组织犯罪活动,在有组织犯罪案件中作证,本人或者其近亲属的人身安全面临危险的,公安机关、人民检察院、人民法院应当按照有关规定,采取下列一项或者多项保护措施:

(一)不公开真实姓名、住址和工作单位等个人信息;

(二)采取不暴露外貌、真实声音等出庭作证措施;

(三)禁止特定的人接触被保护人员;

(四)对人身和住宅采取专门性保护措施;

(五)变更被保护人员的身份,重新安排住所和工作单位;

(六)其他必要的保护措施。

第六十二条 采取本法第六十一条第三项、第四项规定的保护措施,由公安机关执行。根据本法第六十一条第五项规定,变更被保护人员身份的,由国务院公安部门批准和组织实施。

公安机关、人民检察院、人民法院依法采取保护措施,有关单位和个人应当配合。

第六十三条 实施有组织犯罪的人员配合侦查、起诉、审判等工作,对侦破案件或者查明案件事实起到重要作用的,可以参照证人保护的规定执行。

第六十四条 对办理有组织犯罪案件的执法、司法工作人员及其近亲属，可以采取人身保护、禁止特定的人接触等保护措施。

第六十五条 对因履行反有组织犯罪工作职责或者协助、配合有关部门开展反有组织犯罪工作导致伤残或者死亡的人员，按照国家有关规定给予相应的待遇。

第八章 法律责任

第六十六条 组织、领导、参加黑社会性质组织，国家机关工作人员包庇、纵容黑社会性质组织，以及黑社会性质组织、恶势力组织实施犯罪的，依法追究刑事责任。

境外的黑社会组织的人员到中华人民共和国境内发展组织成员、实施犯罪，以及在境外对中华人民共和国国家或者公民犯罪的，依法追究刑事责任。

第六十七条 发展未成年人参加黑社会性质组织、境外的黑社会组织，教唆、诱骗未成年人实施有组织犯罪，或者实施有组织犯罪侵害未成年人合法权益的，依法从重追究刑事责任。

第六十八条 对有组织犯罪的罪犯，人民法院可以依照《中华人民共和国刑法》有关从业禁止的规定，禁止其从事相关职业，并通报相关行业主管部门。

第六十九条 有下列情形之一，尚不构成犯罪的，由公安机关处五日以上十日以下拘留，可以并处一万元以下罚款；情节较重的，处十日以上十五日以下拘留，并处一万元以上三万元以下罚款；有违法所得的，除依法应当返还被害人的以外，应当予以没收：

（一）参加境外的黑社会组织的；

（二）积极参加恶势力组织的；

（三）教唆、诱骗他人参加有组织犯罪组织，或者阻止他人退出有组织犯罪组织的；

（四）为有组织犯罪活动提供资金、场所等支持、协助、便利的；

(五)阻止他人检举揭发有组织犯罪、提供有组织犯罪证据,或者明知他人有有组织犯罪行为,在司法机关向其调查有关情况、收集有关证据时拒绝提供的。

教唆、诱骗未成年人参加有组织犯罪组织或者阻止未成年人退出有组织犯罪组织,尚不构成犯罪的,依照前款规定从重处罚。

第七十条 违反本法第十九条规定,不按照公安机关的决定如实报告个人财产及日常活动的,由公安机关给予警告,并责令改正;拒不改正的,处五日以上十日以下拘留,并处三万元以下罚款。

第七十一条 金融机构等相关单位未依照本法第二十七条规定协助公安机关采取紧急止付、临时冻结措施的,由公安机关责令改正;拒不改正的,由公安机关处五万元以上二十万元以下罚款,并对直接负责的主管人员和其他直接责任人员处五万元以下罚款;情节严重的,公安机关可以建议有关主管部门对直接负责的主管人员和其他直接责任人员依法给予处分。

第七十二条 电信业务经营者、互联网服务提供者有下列情形之一的,由有关主管部门责令改正;拒不改正或者情节严重的,由有关主管部门依照《中华人民共和国网络安全法》的有关规定给予处罚:

(一)拒不为侦查有组织犯罪提供技术支持和协助的;

(二)不按照主管部门的要求对含有宣扬、诱导有组织犯罪内容的信息停止传输、采取消除等处置措施、保存相关记录的。

第七十三条 有关国家机关、行业主管部门拒不履行或者拖延履行反有组织犯罪法定职责,或者拒不配合反有组织犯罪调查取证,或者在其他工作中滥用反有组织犯罪工作有关措施的,由其上级机关责令改正;情节严重的,对负有责任的领导人员和直接责任人员,依法给予处分;构成犯罪的,依法追究刑事责任。

第七十四条 有关部门和单位、个人应当对在反有组织犯罪工作过程中知悉的国家秘密、商业秘密和个人隐私予以保密。违反规定泄露国家秘密、商业秘密和个人隐私的,依法追究法律责任。

第七十五条 国家工作人员有本法第五十条、第五十二条规定的行为，构成犯罪的，依法追究刑事责任；尚不构成犯罪的，依法给予处分。

第七十六条 有关单位和个人对依照本法作出的行政处罚和行政强制措施决定不服的，可以依法申请行政复议或者提起行政诉讼。

第九章 附 则

第七十七条 本法自2022年5月1日起施行。

中华人民共和国监狱法

（1994年12月29日第八届全国人民代表大会常务委员会第十一次会议通过 根据2012年10月26日第十一届全国人民代表大会常务委员会第二十九次会议《关于修改〈中华人民共和国监狱法〉的决定》修正 主席令第63号自2013年1月1日起施行）

第一章 总 则

第一条 为了正确执行刑罚，惩罚和改造罪犯，预防和减少犯罪，根据宪法，制定本法。

第二条 监狱是国家的刑罚执行机关。

依照刑法和刑事诉讼法的规定，被判处死刑缓期二年执行、无期徒刑、有期徒刑的罪犯，在监狱内执行刑罚。

第三条 监狱对罪犯实行惩罚和改造相结合、教育和劳动相结合的原则，将罪犯改造成为守法公民。

第四条 监狱对罪犯应当依法监管，根据改造罪犯的需要，组织罪犯从事生产劳动，对罪犯进行思想教育、文化教育、技术教育。

第五条 监狱的人民警察依法管理监狱、执行刑罚、对罪犯进行教育改造等活动，受法律保护。

第六条 人民检察院对监狱执行刑罚的活动是否合法，依法实行监督。

第七条 罪犯的人格不受侮辱，其人身安全、合法财产和辩护、申诉、控告、检举以及其他未被依法剥夺或者限制的权利不受侵犯。

罪犯必须严格遵守法律、法规和监规纪律，服从管理，接受教育，参加劳动。

第八条 国家保障监狱改造罪犯所需经费。监狱的人民警察经费、罪犯改造经费、罪犯生活费、狱政设施经费及其他专项经费，列入国家预算。

国家提供罪犯劳动必需的生产设施和生产经费。

第九条 监狱依法使用的土地、矿产资源和其他自然资源以及监狱的财产，受法律保护，任何组织或者个人不得侵占、破坏。

第十条 国务院司法行政部门主管全国的监狱工作。

第二章 监 狱

第十一条 监狱的设置、撤销、迁移，由国务院司法行政部门批准。

第十二条 监狱设监狱长一人、副监狱长若干人，并根据实际需要设置必要的工作机构和配备其他监狱管理人员。

监狱的管理人员是人民警察。

第十三条 监狱的人民警察应当严格遵守宪法和法律，忠于职守，秉公执法，严守纪律，清正廉洁。

第十四条 监狱的人民警察不得有下列行为：

（一）索要、收受、侵占罪犯及其亲属的财物；

（二）私放罪犯或者玩忽职守造成罪犯脱逃；

（三）刑讯逼供或者体罚、虐待罪犯；

（四）侮辱罪犯的人格；

（五）殴打或者纵容他人殴打罪犯；

（六）为谋取私利，利用罪犯提供劳务；

（七）违反规定，私自为罪犯传递信件或者物品；

（八）非法将监管罪犯的职权交予他人行使；

（九）其他违法行为。

监狱的人民警察有前款所列行为，构成犯罪的，依法追究刑事责任；尚未构成犯罪的，应当予以行政处分。

第三章 刑罚的执行

第一节 收 监

第十五条 人民法院对被判处死刑缓期二年执行、无期徒刑、有期徒刑的罪犯，应当将执行通知书、判决书送达羁押该罪犯的公安机关，公安机关应当自收到执行通知书、判决书之日起一个月内将该罪犯送交监狱执行刑罚。

罪犯在被交付执行刑罚前，剩余刑期在三个月以下的，由看守所代为执行。

第十六条 罪犯被交付执行刑罚时，交付执行的人民法院应当将人民检察院的起诉书副本、人民法院的判决书、执行通知书、结案登记表同时送达监狱。监狱没有收到上述文件的，不得收监；上述文件不齐全或者记载有误的，作出生效判决的人民法院应当及时补充齐全或者作出更正；对其中可能导致错误收监的，不予收监。

第十七条 罪犯被交付执行刑罚，符合本法第十六条规定的，应当予以收监。罪犯收监后，监狱应当对其进行身体检查。经检查，对于具有暂予监外执行情形的，监狱可以提出书面意见，报省级以上监狱管理机关批准。

第十八条 罪犯收监，应当严格检查其人身和所携带的物品。非生活必需品，由监狱代为保管或者征得罪犯同意退回其家属，违禁品予以没收。

女犯由女性人民警察检查。

第十九条 罪犯不得携带子女在监内服刑。

第二十条 罪犯收监后,监狱应当通知罪犯家属。通知书应当自收监之日起五日内发出。

第二节 对罪犯提出的申诉、控告、检举的处理

第二十一条 罪犯对生效的判决不服的,可以提出申诉。

对于罪犯的申诉,人民检察院或者人民法院应当及时处理。

第二十二条 对罪犯提出的控告、检举材料,监狱应当及时处理或者转送公安机关或者人民检察院处理,公安机关或者人民检察院应当将处理结果通知监狱。

第二十三条 罪犯的申诉、控告、检举材料,监狱应当及时转递,不得扣压。

第二十四条 监狱在执行刑罚过程中,根据罪犯的申诉,认为判决可能有错误的,应当提请人民检察院或者人民法院处理,人民检察院或者人民法院应当自收到监狱提请处理意见书之日起六个月内将处理结果通知监狱。

第三节 监外执行

第二十五条 对于被判处无期徒刑、有期徒刑在监内服刑的罪犯,符合刑事诉讼法规定的监外执行条件的,可以暂予监外执行。

第二十六条 暂予监外执行,由监狱提出书面意见,报省自治区、直辖市监狱管理机关批准。批准机关应当将批准的暂予监外执行决定通知公安机关和原判人民法院,并抄送人民检察院。

人民检察院认为对罪犯适用暂予监外执行不当的,应当自接到通知之日起一个月内将书面意见送交批准暂予监外执行的机关,批准暂予监外执行的机关接到人民检察院的书面意见后,应当立即对该决定进行重新核查。

第二十七条 对暂予监外执行的罪犯,依法实行社区矫正,由社区矫正机构负责执行。原关押监狱应当及时将罪犯在监内改造情况

通报负责执行的社区矫正机构。

第二十八条 暂予监外执行的罪犯具有刑事诉讼法规定的应当收监的情形的,社区矫正机构应当及时通知监狱收监;刑期届满的,由原关押监狱办理释放手续。罪犯在暂予监外执行期间死亡的,社区矫正机构应当及时通知原关押监狱。

第四节 减刑、假释

第二十九条 被判处无期徒刑、有期徒刑的罪犯,在服刑期间确有悔改或者立功表现的,根据监狱考核的结果,可以减刑。有下列重大立功表现之一的,应当减刑:

(一)阻止他人重大犯罪活动的;

(二)检举监狱内外重大犯罪活动,经查证属实的;

(三)有发明创造或者重大技术革新的;

(四)在日常生产、生活中舍己救人的;

(五)在抗御自然灾害或者排除重大事故中,有突出表现的;

(六)对国家和社会有其他重大贡献的。

第三十条 减刑建议由监狱向人民法院提出,人民法院应当自收到减刑建议书之日起一个月内予以审核裁定;案情复杂或者情况特殊的,可以延长一个月。减刑裁定的副本应当抄送人民检察院。

第三十一条 被判处死刑缓期二年执行的罪犯,在死刑缓期执行期间,符合法律规定的减为无期徒刑、有期徒刑条件的,二年期满时,所在监狱应当及时提出减刑建议,报经省、自治区、直辖市监狱管理机关审核后,提请高级人民法院裁定。

第三十二条 被判处无期徒刑、有期徒刑的罪犯,符合法律规定的假释条件的,由监狱根据考核结果向人民法院提出假释建议,人民法院应当自收到假释建议书之日起一个月内予以审核裁定;案情复杂或者情况特殊的,可以延长一个月。假释裁定的副本应当抄送人民检察院。

第三十三条 人民法院裁定假释的,监狱应当按期假释并发给假释证明书。

对被假释的罪犯，依法实行社区矫正，由社区矫正机构负责执行。被假释的罪犯，在假释考验期限内有违反法律、行政法规或者国务院有关部门关于假释的监督管理规定的行为，尚未构成新的犯罪的，社区矫正机构应当向人民法院提出撤销假释的建议，人民法院应当自收到撤销假释建议书之日起一个月内予以审核裁定。人民法院裁定撤销假释的，由公安机关将罪犯送交监狱收监。

第三十四条 对不符合法律规定的减刑、假释条件的罪犯，不得以任何理由将其减刑、假释。

人民检察院认为人民法院减刑、假释的裁定不当，应当依照刑事诉讼法规定的期间向人民法院提出书面纠正意见。对于人民检察院提出书面纠正意见的案件，人民法院应当重新审理。

第五节 释放和安置

第三十五条 罪犯服刑期满，监狱应当按期释放并发给释放证明书。

第三十六条 罪犯释放后，公安机关凭释放证明书办理户籍登记。

第三十七条 对刑满释放人员，当地人民政府帮助其安置生活。

刑满释放人员丧失劳动能力又无法定赡养人、扶养人和基本生活来源的，由当地人民政府予以救济。

第三十八条 刑满释放人员依法享有与其他公民平等的权利。

第四章 狱政管理

第一节 分押分管

第三十九条 监狱对成年男犯、女犯和未成年犯实行分开关押和管理，对未成年犯和女犯的改造，应当照顾其生理、心理特点。

监狱根据罪犯的犯罪类型、刑罚种类、刑期、改造表现等情况，对罪犯实行分别关押，采取不同方式管理。

第四十条　女犯由女性人民警察直接管理。

第二节　警　　戒

第四十一条　监狱的武装警戒由人民武装警察部队负责,具体办法由国务院、中央军事委员会规定。

第四十二条　监狱发现在押罪犯脱逃,应当即时将其抓获,不能即时抓获的,应当立即通知公安机关,由公安机关负责追捕,监狱密切配合。

第四十三条　监狱根据监管需要,设立警戒设施。监狱周围设警戒隔离带,未经准许,任何人不得进入。

第四十四条　监区、作业区周围的机关、团体、企业事业单位和基层组织,应当协助监狱做好安全警戒工作。

第三节　戒具和武器的使用

第四十五条　监狱遇有下列情形之一的,可以使用戒具:

(一)罪犯有脱逃行为的;

(二)罪犯有使用暴力行为的;

(三)罪犯正在押解途中的;

(四)罪犯有其他危险行为需要采取防范措施的。

前款所列情形消失后,应当停止使用戒具。

第四十六条　人民警察和人民武装警察部队的执勤人员遇有下列情形之一,非使用武器不能制止的,按照国家有关规定,可以使用武器:

(一)罪犯聚众骚乱、暴乱的;

(二)罪犯脱逃或者拒捕的;

(三)罪犯持有凶器或者其他危险物,正在行凶或者破坏,危及他人生命、财产安全的;

(四)劫夺罪犯的;

(五)罪犯抢夺武器的。

使用武器的人员，应当按照国家有关规定报告情况。

第四节　通信、会见

第四十七条　罪犯在服刑期间可以与他人通信，但是来往信件应当经过监狱检查。监狱发现有碍罪犯改造内容的信件，可以扣留。罪犯写给监狱的上级机关和司法机关的信件，不受检查。

第四十八条　罪犯在监狱服刑期间，按照规定，可以会见亲属、监护人。

第四十九条　罪犯收受物品和钱款，应当经监狱批准、检查。

第五节　生活、卫生

第五十条　罪犯的生活标准按实物量计算，由国家规定。

第五十一条　罪犯的被服由监狱统一配发。

第五十二条　对少数民族罪犯的特殊生活习惯，应当予以照顾。

第五十三条　罪犯居住的监舍应当坚固、通风、透光、清洁、保暖。

第五十四条　监狱应当设立医疗机构和生活、卫生设施，建立罪犯生活、卫生制度。罪犯的医疗保健列入监狱所在地区的卫生、防疫计划。

第五十五条　罪犯在服刑期间死亡的，监狱应当立即通知罪犯家属和人民检察院、人民法院。罪犯因病死亡的，由监狱作出医疗鉴定。人民检察院对监狱的医疗鉴定有疑义的，可以重新对死亡原因作出鉴定。罪犯家属有疑义的，可以向人民检察院提出。罪犯非正常死亡的，人民检察院应当立即检验，对死亡原因作出鉴定。

第六节　奖　　惩

第五十六条　监狱应当建立罪犯的日常考核制度，考核的结果作为对罪犯奖励和处罚的依据。

第五十七条　罪犯有下列情形之一的，监狱可以给予表扬、物质

罪犯有在法定节日和休息日休息的权利。

第七十二条 监狱对参加劳动的罪犯,应当按照有关规定给予报酬并执行国家有关劳动保护的规定。

第七十三条 罪犯在劳动中致伤、致残或者死亡的,由监狱参照国家劳动保险的有关规定处理。

第六章 对未成年犯的教育改造

第七十四条 对未成年犯应当在未成年犯管教所执行刑罚。

第七十五条 对未成年犯执行刑罚应当以教育改造为主。未成年犯的劳动,应当符合未成年人的特点,以学习文化和生产技能为主。

监狱应当配合国家、社会、学校等教育机构,为未成年犯接受义务教育提供必要的条件。

第七十六条 未成年犯年满十八周岁时,剩余刑期不超过二年的,仍可以留在未成年犯管教所执行剩余刑期。

第七十七条 对未成年犯的管理和教育改造,本章未作规定的,适用本法的有关规定。

第七章 附 则

第七十八条 本法自公布之日起施行。

中华人民共和国社区矫正法

(2019年12月28日第十三届全国人民代表大会常务委员会第十五次会议通过 自2020年7月1日起施行)

第一章 总 则

第一条 为了推进和规范社区矫正工作,保障刑事判决、刑事裁定和暂予监外执行决定的正确执行,提高教育矫正质量,促进社区矫正对象顺利融入社会,预防和减少犯罪,根据宪法,制定本法。

第二条 对被判处管制、宣告缓刑、假释和暂予监外执行的罪犯,依法实行社区矫正。

对社区矫正对象的监督管理、教育帮扶等活动,适用本法。

第三条 社区矫正工作坚持监督管理与教育帮扶相结合,专门机关与社会力量相结合,采取分类管理、个别化矫正,有针对性地消除社区矫正对象可能重新犯罪的因素,帮助其成为守法公民。

第四条 社区矫正对象应当依法接受社区矫正,服从监督管理。

社区矫正工作应当依法进行,尊重和保障人权。社区矫正对象依法享有的人身权利、财产权利和其他权利不受侵犯,在就业、就学和享受社会保障等方面不受歧视。

第五条 国家支持社区矫正机构提高信息化水平,运用现代信息技术开展监督管理和教育帮扶。社区矫正工作相关部门之间依法进行信息共享。

第六条 各级人民政府应当将社区矫正经费列入本级政府预算。

居民委员会、村民委员会和其他社会组织依法协助社区矫正机构开展工作所需的经费应当按照规定列入社区矫正机构本级政府预算。

第七条 对在社区矫正工作中做出突出贡献的组织、个人,按照国家有关规定给予表彰、奖励。

第二章 机构、人员和职责

第八条 国务院司法行政部门主管全国的社区矫正工作。县级以上地方人民政府司法行政部门主管本行政区域内的社区矫正工作。

人民法院、人民检察院、公安机关和其他有关部门依照各自职责,依法做好社区矫正工作。人民检察院依法对社区矫正工作实行法律监督。

地方人民政府根据需要设立社区矫正委员会,负责统筹协调和指导本行政区域内的社区矫正工作。

第九条 县级以上地方人民政府根据需要设置社区矫正机构,负责社区矫正工作的具体实施。社区矫正机构的设置和撤销,由县级以上地方人民政府司法行政部门提出意见,按照规定的权限和程序审批。

司法所根据社区矫正机构的委托,承担社区矫正相关工作。

第十条 社区矫正机构应当配备具有法律等专业知识的专门国家工作人员(以下称社区矫正机构工作人员),履行监督管理、教育帮扶等执法职责。

第十一条 社区矫正机构根据需要,组织具有法律、教育、心理、社会工作等专业知识或者实践经验的社会工作者开展社区矫正相关工作。

第十二条 居民委员会、村民委员会依法协助社区矫正机构做好社区矫正工作。

社区矫正对象的监护人、家庭成员,所在单位或者就读学校应当协助社区矫正机构做好社区矫正工作。

第十三条 国家鼓励、支持企业事业单位、社会组织、志愿者等社会力量依法参与社区矫正工作。

第十四条 社区矫正机构工作人员应当严格遵守宪法和法律,忠于职守,严守纪律,清正廉洁。

第十五条 社区矫正机构工作人员和其他参与社区矫正工作的人员依法开展社区矫正工作,受法律保护。

第十六条 国家推进高素质的社区矫正工作队伍建设。社区矫正机构应当加强对社区矫正工作人员的管理、监督、培训和职业保障,不断提高社区矫正工作的规范化、专业化水平。

第三章　决定和接收

第十七条　社区矫正决定机关判处管制、宣告缓刑、裁定假释、决定或者批准暂予监外执行时应当确定社区矫正执行地。

社区矫正执行地为社区矫正对象的居住地。社区矫正对象在多个地方居住的,可以确定经常居住地为执行地。

社区矫正对象的居住地、经常居住地无法确定或者不适宜执行社区矫正的,社区矫正决定机关应当根据有利于社区矫正对象接受矫正、更好地融入社会的原则,确定执行地。

本法所称社区矫正决定机关,是指依法判处管制、宣告缓刑、裁定假释、决定暂予监外执行的人民法院和依法批准暂予监外执行的监狱管理机关、公安机关。

第十八条　社区矫正决定机关根据需要,可以委托社区矫正机构或者有关社会组织对被告人或者罪犯的社会危险性和对所居住社区的影响,进行调查评估,提出意见,供决定社区矫正时参考。居民委员会、村民委员会等组织应当提供必要的协助。

第十九条　社区矫正决定机关判处管制、宣告缓刑、裁定假释、决定或者批准暂予监外执行,应当按照刑法、刑事诉讼法等法律规定的条件和程序进行。

社区矫正决定机关应当对社区矫正对象进行教育,告知其在社区矫正期间应当遵守的规定以及违反规定的法律后果,责令其按时报到。

第二十条　社区矫正决定机关应当自判决、裁定或者决定生效之日起五日内通知执行地社区矫正机构,并在十日内送达有关法律文书,同时抄送人民检察院和执行地公安机关。社区矫正决定地与执行地不在同一地方的,由执行地社区矫正机构将法律文书转送所在地的人民检察院、公安机关。

第二十一条　人民法院判处管制、宣告缓刑、裁定假释的社区矫正对象,应当自判决、裁定生效之日起十日内到执行地社区矫正机构报到。

人民法院决定暂予监外执行的社区矫正对象，由看守所或者执行取保候审、监视居住的公安机关自收到决定之日起十日内将社区矫正对象移送社区矫正机构。

监狱管理机关、公安机关批准暂予监外执行的社区矫正对象，由监狱或者看守所自收到批准决定之日起十日内将社区矫正对象移送社区矫正机构。

第二十二条 社区矫正机构应当依法接收社区矫正对象，核对法律文书、核实身份、办理接收登记、建立档案，并宣告社区矫正对象的犯罪事实、执行社区矫正的期限以及应当遵守的规定。

第四章 监督管理

第二十三条 社区矫正对象在社区矫正期间应当遵守法律、行政法规，履行判决、裁定、暂予监外执行决定等法律文书确定的义务，遵守国务院司法行政部门关于报告、会客、外出、迁居、保外就医等监督管理规定，服从社区矫正机构的管理。

第二十四条 社区矫正机构应当根据裁判内容和社区矫正对象的性别、年龄、心理特点、健康状况、犯罪原因、犯罪类型、犯罪情节、悔罪表现等情况，制定有针对性的矫正方案，实现分类管理、个别化矫正。矫正方案应当根据社区矫正对象的表现等情况相应调整。

第二十五条 社区矫正机构应当根据社区矫正对象的情况，为其确定矫正小组，负责落实相应的矫正方案。

根据需要，矫正小组可以由司法所、居民委员会、村民委员会的人员，社区矫正对象的监护人、家庭成员，所在单位或者就读学校的人员以及社会工作者、志愿者等组成。社区矫正对象为女性的，矫正小组中应有女性成员。

第二十六条 社区矫正机构应当了解掌握社区矫正对象的活动情况和行为表现。社区矫正机构可以通过通信联络、信息化核查、实地查访等方式核实有关情况，有关单位和个人应当予以配合。

社区矫正机构开展实地查访等工作时,应当保护社区矫正对象的身份信息和个人隐私。

第二十七条 社区矫正对象离开所居住的市、县或者迁居,应当报经社区矫正机构批准。社区矫正机构对于有正当理由的,应当批准;对于因正常工作和生活需要经常性跨市、县活动的,可以根据情况,简化批准程序和方式。

因社区矫正对象迁居等原因需要变更执行地的,社区矫正机构应当按照有关规定作出变更决定。社区矫正机构作出变更决定后,应当通知社区矫正决定机关和变更后的社区矫正机构,并将有关法律文书抄送变更后的社区矫正机构。变更后的社区矫正机构应当将法律文书转送所在地的人民检察院、公安机关。

第二十八条 社区矫正机构根据社区矫正对象的表现,依照有关规定对其实施考核奖惩。社区矫正对象认罪悔罪、遵守法律法规、服从监督管理、接受教育表现突出的,应当给予表扬。社区矫正对象违反法律法规或者监督管理规定的,应当视情节依法给予训诫、警告、提请公安机关予以治安管理处罚,或者依法提请撤销缓刑、撤销假释、对暂予监外执行的收监执行。

对社区矫正对象的考核结果,可以作为认定其是否确有悔改表现或者是否严重违反监督管理规定的依据。

第二十九条 社区矫正对象有下列情形之一的,经县级司法行政部门负责人批准,可以使用电子定位装置,加强监督管理:

(一)违反人民法院禁止令的;

(二)无正当理由,未经批准离开所居住的市、县的;

(三)拒不按照规定报告自己的活动情况,被给予警告的;

(四)违反监督管理规定,被给予治安管理处罚的;

(五)拟提请撤销缓刑、假释或者暂予监外执行收监执行的。

前款规定的使用电子定位装置的期限不得超过三个月。对于不需要继续使用的,应当及时解除;对于期限届满后,经评估仍有必要继续使用的,经过批准,期限可以延长,每次不得超过三个月。

第六章　解除和终止

第四十四条　社区矫正对象矫正期满或者被赦免的，社区矫正机构应当向社区矫正对象发放解除社区矫正证明书，并通知社区矫正决定机关、所在地的人民检察院、公安机关。

第四十五条　社区矫正对象被裁定撤销缓刑、假释，被决定收监执行，或者社区矫正对象死亡的，社区矫正终止。

第四十六条　社区矫正对象具有刑法规定的撤销缓刑、假释情形的，应当由人民法院撤销缓刑、假释。

对于在考验期限内犯新罪或者发现判决宣告以前还有其他罪没有判决的，应当由审理该案件的人民法院撤销缓刑、假释，并书面通知原审人民法院和执行地社区矫正机构。

对于有第二款规定以外的其他需要撤销缓刑、假释情形的，社区矫正机构应当向原审人民法院或者执行地人民法院提出撤销缓刑、假释建议，并将建议书抄送人民检察院。社区矫正机构提出撤销缓刑、假释建议时，应当说明理由，并提供有关证据材料。

第四十七条　被提请撤销缓刑、假释的社区矫正对象可能逃跑或者可能发生社会危险的，社区矫正机构可以在提出撤销缓刑、假释建议的同时，提请人民法院决定对其予以逮捕。

人民法院应当在四十八小时内作出是否逮捕的决定。决定逮捕的，由公安机关执行。逮捕后的羁押期限不得超过三十日。

第四十八条　人民法院应当在收到社区矫正机构撤销缓刑、假释建议书后三十日内作出裁定，将裁定书送达社区矫正机构和公安机关，并抄送人民检察院。

人民法院拟撤销缓刑、假释的，应当听取社区矫正对象的申辩及其委托的律师的意见。

人民法院裁定撤销缓刑、假释的，公安机关应当及时将社区矫正对象送交监狱或者看守所执行。执行以前被逮捕的，羁押一日折抵刑期一日。

人民法院裁定不予撤销缓刑、假释的,对被逮捕的社区矫正对象,公安机关应当立即予以释放。

第四十九条 暂予监外执行的社区矫正对象具有刑事诉讼法规定的应当予以收监情形的,社区矫正机构应当向执行地或者原社区矫正决定机关提出收监执行建议,并将建议书抄送人民检察院。

社区矫正决定机关应当在收到建议书后三十日内作出决定,将决定书送达社区矫正机构和公安机关,并抄送人民检察院。

人民法院、公安机关对暂予监外执行的社区矫正对象决定收监执行的,由公安机关立即将社区矫正对象送交监狱或者看守所收监执行。

监狱管理机关对暂予监外执行的社区矫正对象决定收监执行的,监狱应当立即将社区矫正对象收监执行。

第五十条 被裁定撤销缓刑、假释和被决定收监执行的社区矫正对象逃跑的,由公安机关追捕,社区矫正机构、有关单位和个人予以协助。

第五十一条 社区矫正对象在社区矫正期间死亡的,其监护人、家庭成员应当及时向社区矫正机构报告。社区矫正机构应当及时通知社区矫正决定机关、所在地的人民检察院、公安机关。

第七章 未成年人社区矫正特别规定

第五十二条 社区矫正机构应当根据未成年社区矫正对象的年龄、心理特点、发育需要、成长经历、犯罪原因、家庭监护教育条件等情况,采取针对性的矫正措施。

社区矫正机构为未成年社区矫正对象确定矫正小组,应当吸收熟悉未成年人身心特点的人员参加。

对未成年人的社区矫正,应当与成年人分别进行。

第五十三条 未成年社区矫正对象的监护人应当履行监护责任,承担抚养、管教等义务。

监护人怠于履行监护职责的,社区矫正机构应当督促、教育其履行监护责任。监护人拒不履行监护职责的,通知有关部门依法作出处理。

第五十四条 社区矫正机构工作人员和其他依法参与社区矫正工作的人员对履行职责过程中获得的未成年人身份信息应当予以保密。

除司法机关办案需要或者有关单位根据国家规定查询外,未成年社区矫正对象的档案信息不得提供给任何单位或者个人。依法进行查询的单位,应当对获得的信息予以保密。

第五十五条 对未完成义务教育的未成年社区矫正对象,社区矫正机构应当通知并配合教育部门为其完成义务教育提供条件。未成年社区矫正对象的监护人应当依法保证其按时入学接受并完成义务教育。

年满十六周岁的社区矫正对象有就业意愿的,社区矫正机构可以协调有关部门和单位为其提供职业技能培训,给予就业指导和帮助。

第五十六条 共产主义青年团、妇女联合会、未成年人保护组织应当依法协助社区矫正机构做好未成年人社区矫正工作。

国家鼓励其他未成年人相关社会组织参与未成年人社区矫正工作,依法给予政策支持。

第五十七条 未成年社区矫正对象在复学、升学、就业等方面依法享有与其他未成年人同等的权利,任何单位和个人不得歧视。有歧视行为的,应当由教育、人力资源和社会保障等部门依法作出处理。

第五十八条 未成年社区矫正对象在社区矫正期间年满十八周岁的,继续按照未成年人社区矫正有关规定执行。

第八章 法律责任

第五十九条 社区矫正对象在社区矫正期间有违反监督管理规定行为的,由公安机关依照《中华人民共和国治安管理处罚法》的规定给予处罚;具有撤销缓刑、假释或者暂予监外执行收监情形的,应当依法作出处理。

第六十条 社区矫正对象殴打、威胁、侮辱、骚扰、报复社区矫正机构工作人员和其他依法参与社区矫正工作的人员及其近亲属,构成犯罪的,依法追究刑事责任;尚不构成犯罪的,由公安机关依法给予治安管理处罚。

第六十一条 社区矫正机构工作人员和其他国家工作人员有下列行为之一的,应当给予处分;构成犯罪的,依法追究刑事责任:

(一)利用职务或者工作便利索取、收受贿赂的;

(二)不履行法定职责的;

(三)体罚、虐待社区矫正对象,或者违反法律规定限制或者变相限制社区矫正对象的人身自由的;

(四)泄露社区矫正工作秘密或者其他依法应当保密的信息的;

(五)对依法申诉、控告或者检举的社区矫正对象进行打击报复的;

(六)有其他违纪违法行为的。

第六十二条 人民检察院发现社区矫正工作违反法律规定的,应当依法提出纠正意见、检察建议。有关单位应当将采纳纠正意见、检察建议的情况书面回复人民检察院,没有采纳的应当说明理由。

第九章 附 则

第六十三条 本法自2020年7月1日起施行。

中华人民共和国法律援助法

（2021年8月20日第十三届全国人民代表大会常务委员会第三十次会议通过　自2022年1月1日起施行）

第一章　总　　则

第一条　为了规范和促进法律援助工作，保障公民和有关当事人的合法权益，保障法律正确实施，维护社会公平正义，制定本法。

第二条　本法所称法律援助，是国家建立的为经济困难公民和符合法定条件的其他当事人无偿提供法律咨询、代理、刑事辩护等法律服务的制度，是公共法律服务体系的组成部分。

第三条　法律援助工作坚持中国共产党领导，坚持以人民为中心，尊重和保障人权，遵循公开、公平、公正的原则，实行国家保障与社会参与相结合。

第四条　县级以上人民政府应当将法律援助工作纳入国民经济和社会发展规划、基本公共服务体系，保障法律援助事业与经济社会协调发展。

县级以上人民政府应当健全法律援助保障体系，将法律援助相关经费列入本级政府预算，建立动态调整机制，保障法律援助工作需要，促进法律援助均衡发展。

第五条　国务院司法行政部门指导、监督全国的法律援助工作。县级以上地方人民政府司法行政部门指导、监督本行政区域的法律援助工作。

县级以上人民政府其他有关部门依照各自职责，为法律援助工作提供支持和保障。

第六条　人民法院、人民检察院、公安机关应当在各自职责范围内保障当事人依法获得法律援助,为法律援助人员开展工作提供便利。

第七条 律师协会应当指导和支持律师事务所、律师参与法律援助工作。

第八条 国家鼓励和支持群团组织、事业单位、社会组织在司法行政部门指导下,依法提供法律援助。

第九条 国家鼓励和支持企业事业单位、社会组织和个人等社会力量,依法通过捐赠等方式为法律援助事业提供支持;对符合条件的,给予税收优惠。

第十条 司法行政部门应当开展经常性的法律援助宣传教育,普及法律援助知识。

新闻媒体应当积极开展法律援助公益宣传,并加强舆论监督。

第十一条 国家对在法律援助工作中做出突出贡献的组织和个人,按照有关规定给予表彰、奖励。

第二章 机构和人员

第十二条 县级以上人民政府司法行政部门应当设立法律援助机构。法律援助机构负责组织实施法律援助工作,受理、审查法律援助申请,指派律师、基层法律服务工作者、法律援助志愿者等法律援助人员提供法律援助,支付法律援助补贴。

第十三条 法律援助机构根据工作需要,可以安排本机构具有律师资格或者法律职业资格的工作人员提供法律援助;可以设置法律援助工作站或者联络点,就近受理法律援助申请。

第十四条 法律援助机构可以在人民法院、人民检察院和看守所等场所派驻值班律师,依法为没有辩护人的犯罪嫌疑人、被告人提供法律援助。

第十五条 司法行政部门可以通过政府采购等方式,择优选择律师事务所等法律服务机构为受援人提供法律援助。

第十六条 律师事务所、基层法律服务所、律师、基层法律服务工作者负有依法提供法律援助的义务。

律师事务所、基层法律服务所应当支持和保障本所律师、基层法律服务工作者履行法律援助义务。

第十七条 国家鼓励和规范法律援助志愿服务；支持符合条件的个人作为法律援助志愿者，依法提供法律援助。

高等院校、科研机构可以组织从事法学教育、研究工作的人员和法学专业学生作为法律援助志愿者，在司法行政部门指导下，为当事人提供法律咨询、代拟法律文书等法律援助。

法律援助志愿者具体管理办法由国务院有关部门规定。

第十八条 国家建立健全法律服务资源依法跨区域流动机制，鼓励和支持律师事务所、律师、法律援助志愿者等在法律服务资源相对短缺地区提供法律援助。

第十九条 法律援助人员应当依法履行职责，及时为受援人提供符合标准的法律援助服务，维护受援人的合法权益。

第二十条 法律援助人员应当恪守职业道德和执业纪律，不得向受援人收取任何财物。

第二十一条 法律援助机构、法律援助人员对提供法律援助过程中知悉的国家秘密、商业秘密和个人隐私应当予以保密。

第三章 形式和范围

第二十二条 法律援助机构可以组织法律援助人员依法提供下列形式的法律援助服务：

（一）法律咨询；

（二）代拟法律文书；

（三）刑事辩护与代理；

（四）民事案件、行政案件、国家赔偿案件的诉讼代理及非诉讼代理；

（五）值班律师法律帮助；

（六）劳动争议调解与仲裁代理；

（七）法律、法规、规章规定的其他形式。

第二十三条 法律援助机构应当通过服务窗口、电话、网络等多种方式提供法律咨询服务；提示当事人享有依法申请法律援助的权利，并告知申请法律援助的条件和程序。

第二十四条 刑事案件的犯罪嫌疑人、被告人因经济困难或者其他原因没有委托辩护人的，本人及其近亲属可以向法律援助机构申请法律援助。

第二十五条 刑事案件的犯罪嫌疑人、被告人属于下列人员之一，没有委托辩护人的，人民法院、人民检察院、公安机关应当通知法律援助机构指派律师担任辩护人：

（一）未成年人；

（二）视力、听力、言语残疾人；

（三）不能完全辨认自己行为的成年人；

（四）可能被判处无期徒刑、死刑的人；

（五）申请法律援助的死刑复核案件被告人；

（六）缺席审判案件的被告人；

（七）法律法规规定的其他人员。

其他适用普通程序审理的刑事案件，被告人没有委托辩护人的，人民法院可以通知法律援助机构指派律师担任辩护人。

第二十六条 对可能被判处无期徒刑、死刑的人，以及死刑复核案件的被告人，法律援助机构收到人民法院、人民检察院、公安机关通知后，应当指派具有三年以上相关执业经历的律师担任辩护人。

第二十七条 人民法院、人民检察院、公安机关通知法律援助机构指派律师担任辩护人时，不得限制或者损害犯罪嫌疑人、被告人委托辩护人的权利。

第二十八条 强制医疗案件的被申请人或者被告人没有委托诉讼代理人的，人民法院应当通知法律援助机构指派律师为其提供法律援助。

第二十九条 刑事公诉案件的被害人及其法定代理人或者近亲

属，刑事自诉案件的自诉人及其法定代理人，刑事附带民事诉讼案件的原告人及其法定代理人，因经济困难没有委托诉讼代理人的，可以向法律援助机构申请法律援助。

第三十条 值班律师应当依法为没有辩护人的犯罪嫌疑人、被告人提供法律咨询、程序选择建议、申请变更强制措施、对案件处理提出意见等法律帮助。

第三十一条 下列事项的当事人，因经济困难没有委托代理人的，可以向法律援助机构申请法律援助：

（一）依法请求国家赔偿；

（二）请求给予社会保险待遇或者社会救助；

（三）请求发给抚恤金；

（四）请求给付赡养费、抚养费、扶养费；

（五）请求确认劳动关系或者支付劳动报酬；

（六）请求认定公民无民事行为能力或者限制民事行为能力；

（七）请求工伤事故、交通事故、食品药品安全事故、医疗事故人身损害赔偿；

（八）请求环境污染、生态破坏损害赔偿；

（九）法律、法规、规章规定的其他情形。

第三十二条 有下列情形之一，当事人申请法律援助的，不受经济困难条件的限制：

（一）英雄烈士近亲属为维护英雄烈士的人格权益；

（二）因见义勇为行为主张相关民事权益；

（三）再审改判无罪请求国家赔偿；

（四）遭受虐待、遗弃或者家庭暴力的受害人主张相关权益；

（五）法律、法规、规章规定的其他情形。

第三十三条 当事人不服司法机关生效裁判或者决定提出申诉或者申请再审，人民法院决定、裁定再审或者人民检察院提出抗诉，因经济困难没有委托辩护人或者诉讼代理人的，本人及其近亲属可以向法律援助机构申请法律援助。

第三十四条 经济困难的标准,由省、自治区、直辖市人民政府根据本行政区域经济发展状况和法律援助工作需要确定,并实行动态调整。

第四章 程序和实施

第三十五条 人民法院、人民检察院、公安机关和有关部门在办理案件或者相关事务中,应当及时告知有关当事人有权依法申请法律援助。

第三十六条 人民法院、人民检察院、公安机关办理刑事案件,发现有本法第二十五条第一款、第二十八条规定情形的,应当在三日内通知法律援助机构指派律师。法律援助机构收到通知后,应当在三日内指派律师并通知人民法院、人民检察院、公安机关。

第三十七条 人民法院、人民检察院、公安机关应当保障值班律师依法提供法律帮助,告知没有辩护人的犯罪嫌疑人、被告人有权约见值班律师,并依法为值班律师了解案件有关情况、阅卷、会见等提供便利。

第三十八条 对诉讼事项的法律援助,由申请人向办案机关所在地的法律援助机构提出申请;对非诉讼事项的法律援助,由申请人向争议处理机关所在地或者事由发生地的法律援助机构提出申请。

第三十九条 被羁押的犯罪嫌疑人、被告人、服刑人员,以及强制隔离戒毒人员等提出法律援助申请的,办案机关、监管场所应当在二十四小时内将申请转交法律援助机构。

犯罪嫌疑人、被告人通过值班律师提出代理、刑事辩护等法律援助申请的,值班律师应当在二十四小时内将申请转交法律援助机构。

第四十条 无民事行为能力人或者限制民事行为能力人需要法律援助的,可以由其法定代理人代为提出申请。法定代理人侵犯无民事行为能力人、限制民事行为能力人合法权益的,其他法定代理人或者近亲属可以代为提出法律援助申请。

被羁押的犯罪嫌疑人、被告人、服刑人员,以及强制隔离戒毒人员,可以由其法定代理人或者近亲属代为提出法律援助申请。

第四十一条 因经济困难申请法律援助的,申请人应当如实说明经济困难状况。

法律援助机构核查申请人的经济困难状况,可以通过信息共享查询,或者由申请人进行个人诚信承诺。

法律援助机构开展核查工作,有关部门、单位、村民委员会、居民委员会和个人应当予以配合。

第四十二条 法律援助申请人有材料证明属于下列人员之一的,免予核查经济困难状况:

(一)无固定生活来源的未成年人、老年人、残疾人等特定群体;

(二)社会救助、司法救助或者优抚对象;

(三)申请支付劳动报酬或者请求工伤事故人身损害赔偿的进城务工人员;

(四)法律、法规、规章规定的其他人员。

第四十三条 法律援助机构应当自收到法律援助申请之日起七日内进行审查,作出是否给予法律援助的决定。决定给予法律援助的,应当自作出决定之日起三日内指派法律援助人员为受援人提供法律援助;决定不给予法律援助的,应当书面告知申请人,并说明理由。

申请人提交的申请材料不齐全的,法律援助机构应当一次性告知申请人需要补充的材料或者要求申请人作出说明。申请人未按要求补充材料或者作出说明的,视为撤回申请。

第四十四条 法律援助机构收到法律援助申请后,发现有下列情形之一的,可以决定先行提供法律援助:

(一)距法定时效或者期限届满不足七日,需要及时提起诉讼或者申请仲裁、行政复议;

(二)需要立即申请财产保全、证据保全或者先予执行;

(三)法律、法规、规章规定的其他情形。

法律援助机构先行提供法律援助的,受援人应当及时补办有关手续，补充有关材料。

第四十五条 法律援助机构为老年人、残疾人提供法律援助服务的，应当根据实际情况提供无障碍设施设备和服务。

法律法规对向特定群体提供法律援助有其他特别规定的，依照其规定。

第四十六条 法律援助人员接受指派后，无正当理由不得拒绝、拖延或者终止提供法律援助服务。

法律援助人员应当按照规定向受援人通报法律援助事项办理情况，不得损害受援人合法权益。

第四十七条 受援人应当向法律援助人员如实陈述与法律援助事项有关的情况，及时提供证据材料，协助、配合办理法律援助事项。

第四十八条 有下列情形之一的，法律援助机构应当作出终止法律援助的决定：

（一）受援人以欺骗或者其他不正当手段获得法律援助；

（二）受援人故意隐瞒与案件有关的重要事实或者提供虚假证据；

（三）受援人利用法律援助从事违法活动；

（四）受援人的经济状况发生变化，不再符合法律援助条件；

（五）案件终止审理或者已经被撤销；

（六）受援人自行委托律师或者其他代理人；

（七）受援人有正当理由要求终止法律援助；

（八）法律法规规定的其他情形。

法律援助人员发现有前款规定情形的，应当及时向法律援助机构报告。

第四十九条 申请人、受援人对法律援助机构不予法律援助、终止法律援助的决定有异议的，可以向设立该法律援助机构的司法行政部门提出。

司法行政部门应当自收到异议之日起五日内进行审查，作出维持法律援助机构决定或者责令法律援助机构改正的决定。

申请人、受援人对司法行政部门维持法律援助机构决定不服的，可以依法申请行政复议或者提起行政诉讼。

第五十条 法律援助事项办理结束后，法律援助人员应当及时向法律援助机构报告，提交有关法律文书的副本或者复印件、办理情况报告等材料。

第五章 保障和监督

第五十一条 国家加强法律援助信息化建设，促进司法行政部门与司法机关及其他有关部门实现信息共享和工作协同。

第五十二条 法律援助机构应当依照有关规定及时向法律援助人员支付法律援助补贴。

法律援助补贴的标准，由省、自治区、直辖市人民政府司法行政部门会同同级财政部门，根据当地经济发展水平和法律援助的服务类型、承办成本、基本劳务费用等确定，并实行动态调整。

法律援助补贴免征增值税和个人所得税。

第五十三条 人民法院应当根据情况对受援人缓收、减收或者免收诉讼费用；对法律援助人员复制相关材料等费用予以免收或者减收。

公证机构、司法鉴定机构应当对受援人减收或者免收公证费、鉴定费。

第五十四条 县级以上人民政府司法行政部门应当有计划地对法律援助人员进行培训，提高法律援助人员的专业素质和服务能力。

第五十五条 受援人有权向法律援助机构、法律援助人员了解法律援助事项办理情况；法律援助机构、法律援助人员未依法履行职责的，受援人可以向司法行政部门投诉，并可以请求法律援助机构更换法律援助人员。

第五十六条 司法行政部门应当建立法律援助工作投诉查处制度；接到投诉后，应当依照有关规定受理和调查处理，并及时向投诉人告知处理结果。

第五十七条 司法行政部门应当加强对法律援助服务的监督，制定法律援助服务质量标准，通过第三方评估等方式定期进行质量考核。

第五十八条 司法行政部门、法律援助机构应当建立法律援助信息公开制度，定期向社会公布法律援助资金使用、案件办理、质量考核结果等情况，接受社会监督。

第五十九条 法律援助机构应当综合运用庭审旁听、案卷检查、征询司法机关意见和回访受援人等措施，督促法律援助人员提升服务质量。

第六十条 律师协会应当将律师事务所、律师履行法律援助义务的情况纳入年度考核内容，对拒不履行或者怠于履行法律援助义务的律师事务所、律师，依照有关规定进行惩戒。

第六章 法律责任

第六十一条 法律援助机构及其工作人员有下列情形之一的，由设立该法律援助机构的司法行政部门责令限期改正；有违法所得的，责令退还或者没收违法所得；对直接负责的主管人员和其他直接责任人员，依法给予处分：

（一）拒绝为符合法律援助条件的人员提供法律援助，或者故意为不符合法律援助条件的人员提供法律援助；

（二）指派不符合本法规定的人员提供法律援助；

（三）收取受援人财物；

（四）从事有偿法律服务；

（五）侵占、私分、挪用法律援助经费；

（六）泄露法律援助过程中知悉的国家秘密、商业秘密和个人隐私；

（七）法律法规规定的其他情形。

第六十二条 律师事务所、基层法律服务所有下列情形之一的，由司法行政部门依法给予处罚：

（一）无正当理由拒绝接受法律援助机构指派；

（二）接受指派后，不及时安排本所律师、基层法律服务工作者办理法律援助事项或者拒绝为本所律师、基层法律服务工作者办理法律援助事项提供支持和保障；

（三）纵容或者放任本所律师、基层法律服务工作者怠于履行法律援助义务或者擅自终止提供法律援助；

（四）法律法规规定的其他情形。

第六十三条 律师、基层法律服务工作者有下列情形之一的，由司法行政部门依法给予处罚：

（一）无正当理由拒绝履行法律援助义务或者怠于履行法律援助义务；

（二）擅自终止提供法律援助；

（三）收取受援人财物；

（四）泄露法律援助过程中知悉的国家秘密、商业秘密和个人隐私；

（五）法律法规规定的其他情形。

第六十四条 受援人以欺骗或者其他不正当手段获得法律援助的，由司法行政部门责令其支付已实施法律援助的费用，并处三千元以下罚款。

第六十五条 违反本法规定，冒用法律援助名义提供法律服务并谋取利益的，由司法行政部门责令改正，没收违法所得，并处违法所得一倍以上三倍以下罚款。

第六十六条 国家机关及其工作人员在法律援助工作中滥用职权、玩忽职守、徇私舞弊的，对直接负责的主管人员和其他直接责任人员，依法给予处分。

第六十七条 违反本法规定，构成犯罪的，依法追究刑事责任。

第七章 附 则

第六十八条 工会、共产主义青年团、妇女联合会、残疾人联合会等群团组织开展法律援助工作，参照适用本法的相关规定。

第六十九条 对外国人和无国籍人提供法律援助，我国法律有规定的，适用法律规定；我国法律没有规定的，可以根据我国缔结或者参加的国际条约，或者按照互惠原则，参照适用本法的相关规定。

第七十条 对军人军属提供法律援助的具体办法，由国务院和中央军事委员会有关部门制定。

第七十一条 本法自2022年1月1日起施行。

中华人民共和国监察法

（2018年3月20日第十三届全国人民代表大会第一次会议通过并公布 自公布之日起施行）

第一章 总 则

第一条 为了深化国家监察体制改革，加强对所有行使公权力的公职人员的监督，实现国家监察全面覆盖，深入开展反腐败工作，推进国家治理体系和治理能力现代化，根据宪法，制定本法。

第二条 坚持中国共产党对国家监察工作的领导，以马克思列宁主义、毛泽东思想、邓小平理论、“三个代表”重要思想、科学发展观、习近平新时代中国特色社会主义思想为指导，构建集中统一、权威高效的中国特色国家监察体制。

第三条 各级监察委员会是行使国家监察职能的专责机关，依照本法对所有行使公权力的公职人员（以下称公职人员）进行监察，调查职务违法和职务犯罪，开展廉政建设和反腐败工作，维护宪法和法律的尊严。

第四条 监察委员会依照法律规定独立行使监察权，不受行政机关、社会团体和个人的干涉。

监察机关办理职务违法和职务犯罪案件，应当与审判机关、检察机关、执法部门互相配合，互相制约。

监察机关在工作中需要协助的，有关机关和单位应当根据监察机关的要求依法予以协助。

第五条 国家监察工作严格遵照宪法和法律，以事实为根据，以法律为准绳；在适用法律上一律平等，保障当事人的合法权益；权责对等，严格监督；惩戒与教育相结合，宽严相济。

第六条 国家监察工作坚持标本兼治、综合治理，强化监督问责，严厉惩治腐败；深化改革、健全法治，有效制约和监督权力；加强法治教育和道德教育，弘扬中华优秀传统文化，构建不敢腐、不能腐、不想腐的长效机制。

第二章 监察机关及其职责

第七条 中华人民共和国国家监察委员会是最高监察机关。

省、自治区、直辖市、自治州、县、自治县、市、市辖区设立监察委员会。

第八条 国家监察委员会由全国人民代表大会产生，负责全国监察工作。

国家监察委员会由主任、副主任若干人、委员若干人组成，主任由全国人民代表大会选举，副主任、委员由国家监察委员会主任提请全国人民代表大会常务委员会任免。

国家监察委员会主任每届任期同全国人民代表大会每届任期相同，连续任职不得超过两届。

国家监察委员会对全国人民代表大会及其常务委员会负责，并接受其监督。

第九条 地方各级监察委员会由本级人民代表大会产生，负责本行政区域内的监察工作。

地方各级监察委员会由主任、副主任若干人、委员若干人组成，主任由本级人民代表大会选举，副主任、委员由监察委员会主任提请本级人民代表大会常务委员会任免。

地方各级监察委员会主任每届任期同本级人民代表大会每届任期相同。

地方各级监察委员会对本级人民代表大会及其常务委员会和上一级监察委员会负责,并接受其监督。

第十条 国家监察委员会领导地方各级监察委员会的工作,上级监察委员会领导下级监察委员会的工作。

第十一条 监察委员会依照本法和有关法律规定履行监督、调查、处置职责:

(一)对公职人员开展廉政教育,对其依法履职、秉公用权、廉洁从政从业以及道德操守情况进行监督检查;

(二)对涉嫌贪污贿赂、滥用职权、玩忽职守、权力寻租、利益输送、徇私舞弊以及浪费国家资财等职务违法和职务犯罪进行调查;

(三)对违法的公职人员依法作出政务处分决定;对履行职责不力、失职失责的领导人员进行问责;对涉嫌职务犯罪的,将调查结果移送人民检察院依法审查、提起公诉;向监察对象所在单位提出监察建议。

第十二条 各级监察委员会可以向本级中国共产党机关、国家机关、法律法规授权或者委托管理公共事务的组织和单位以及所管辖的行政区域、国有企业等派驻或者派出监察机构、监察专员。

监察机构、监察专员对派驻或者派出它的监察委员会负责。

第十三条 派驻或者派出的监察机构、监察专员根据授权,按照管理权限依法对公职人员进行监督,提出监察建议,依法对公职人员进行调查、处置。

第十四条 国家实行监察官制度,依法确定监察官的等级设置、任免、考评和晋升等制度。

第三章 监察范围和管辖

第十五条 监察机关对下列公职人员和有关人员进行监察:

（一）中国共产党机关、人民代表大会及其常务委员会机关、人民政府、监察委员会、人民法院、人民检察院、中国人民政治协商会议各级委员会机关、民主党派机关和工商业联合会机关的公务员，以及参照《中华人民共和国公务员法》管理的人员；

（二）法律、法规授权或者受国家机关依法委托管理公共事务的组织中从事公务的人员；

（三）国有企业管理人员；

（四）公办的教育、科研、文化、医疗卫生、体育等单位中从事管理的人员；

（五）基层群众性自治组织中从事管理的人员；

（六）其他依法履行公职的人员。

第十六条 各级监察机关按照管理权限管辖本辖区内本法第十五条规定的人员所涉监察事项。

上级监察机关可以办理下一级监察机关管辖范围内的监察事项，必要时也可以办理所辖各级监察机关管辖范围内的监察事项。

监察机关之间对监察事项的管辖有争议的，由其共同的上级监察机关确定。

第十七条 上级监察机关可以将其所管辖的监察事项指定下级监察机关管辖，也可以将下级监察机关有管辖权的监察事项指定给其他监察机关管辖。

监察机关认为所管辖的监察事项重大、复杂，需要由上级监察机关管辖的，可以报请上级监察机关管辖。

第四章 监察权限

第十八条 监察机关行使监督、调查职权，有权依法向有关单位和个人了解情况，收集、调取证据。有关单位和个人应当如实提供。

监察机关及其工作人员对监督、调查过程中知悉的国家秘密、商业秘密、个人隐私，应当保密。

任何单位和个人不得伪造、隐匿或者毁灭证据。

第十九条 对可能发生职务违法的监察对象，监察机关按照管理权限，可以直接或者委托有关机关、人员进行谈话或者要求说明情况。

第二十条 在调查过程中，对涉嫌职务违法的被调查人，监察机关可以要求其就涉嫌违法行为作出陈述，必要时向被调查人出具书面通知。

对涉嫌贪污贿赂、失职渎职等职务犯罪的被调查人，监察机关可以进行讯问，要求其如实供述涉嫌犯罪的情况。

第二十一条 在调查过程中，监察机关可以询问证人等人员。

第二十二条 被调查人涉嫌贪污贿赂、失职渎职等严重职务违法或者职务犯罪，监察机关已经掌握其部分违法犯罪事实及证据，仍有重要问题需要进一步调查，并有下列情形之一的，经监察机关依法审批，可以将其留置在特定场所：

（一）涉及案情重大、复杂的；

（二）可能逃跑、自杀的；

（三）可能串供或者伪造、隐匿、毁灭证据的；

（四）可能有其他妨碍调查行为的。

对涉嫌行贿犯罪或者共同职务犯罪的涉案人员，监察机关可以依照前款规定采取留置措施。

留置场所的设置、管理和监督依照国家有关规定执行。

第二十三条 监察机关调查涉嫌贪污贿赂、失职渎职等严重职务违法或者职务犯罪，根据工作需要，可以依照规定查询、冻结涉案单位和个人的存款、汇款、债券、股票、基金份额等财产。有关单位和个人应当配合。

冻结的财产经查明与案件无关的，应当在查明后三日内解除冻结，予以退还。

第二十四条 监察机关可以对涉嫌职务犯罪的被调查人以及可能隐藏被调查人或者犯罪证据的人的身体、物品、住处和其他有关地方进行搜查。在搜查时，应当出示搜查证，并有被搜查人或者其家属等见证人在场。

搜查女性身体，应当由女性工作人员进行。

监察机关进行搜查时，可以根据工作需要提请公安机关配合。公安机关应当依法予以协助。

第二十五条 监察机关在调查过程中，可以调取、查封、扣押用以证明被调查人涉嫌违法犯罪的财物、文件和电子数据等信息。采取调取、查封、扣押措施，应当收集原物原件，会同持有人或者保管人、见证人，当面逐一拍照、登记、编号，开列清单，由在场人员当场核对、签名，并将清单副本交财物、文件的持有人或者保管人。

对调取、查封、扣押的财物、文件，监察机关应当设立专用账户、专门场所，确定专门人员妥善保管，严格履行交接、调取手续，定期对账核实，不得毁损或者用于其他目的。对价值不明物品应当及时鉴定，专门封存保管。

查封、扣押的财物、文件经查明与案件无关的，应当在查明后三日内解除查封、扣押，予以退还。

第二十六条 监察机关在调查过程中，可以直接或者指派、聘请具有专门知识、资格的人员在调查人员主持下进行勘验检查。勘验检查情况应当制作笔录，由参加勘验检查的人员和见证人签名或者盖章。

第二十七条 监察机关在调查过程中，对于案件中的专门性问题，可以指派、聘请有专门知识的人进行鉴定。鉴定人进行鉴定后，应当出具鉴定意见，并且签名。

第二十八条 监察机关调查涉嫌重大贪污贿赂等职务犯罪，根据需要，经过严格的批准手续，可以采取技术调查措施，按照规定交有关机关执行。

批准决定应当明确采取技术调查措施的种类和适用对象，自签发之日起三个月以内有效；对于复杂、疑难案件，期限届满仍有必要继续采取技术调查措施的，经过批准，有效期可以延长，每次不得超过三个月。对于不需要继续采取技术调查措施的，应当及时解除。

第二十九条 依法应当留置的被调查人如果在逃,监察机关可以决定在本行政区域内通缉,由公安机关发布通缉令,追捕归案。通缉范围超出本行政区域的,应当报请有权决定的上级监察机关决定。

第三十条 监察机关为防止被调查人及相关人员逃匿境外,经省级以上监察机关批准,可以对被调查人及相关人员采取限制出境措施,由公安机关依法执行。对于不需要继续采取限制出境措施的,应当及时解除。

第三十一条 涉嫌职务犯罪的被调查人主动认罪认罚,有下列情形之一的,监察机关经领导人员集体研究,并报上一级监察机关批准,可以在移送人民检察院时提出从宽处罚的建议:

(一)自动投案,真诚悔罪悔过的;

(二)积极配合调查工作,如实供述监察机关还未掌握的违法犯罪行为的;

(三)积极退赃,减少损失的;

(四)具有重大立功表现或者案件涉及国家重大利益等情形的。

第三十二条 职务违法犯罪的涉案人员揭发有关被调查人职务违法犯罪行为,查证属实的,或者提供重要线索,有助于调查其他案件的,监察机关经领导人员集体研究,并报上一级监察机关批准,可以在移送人民检察院时提出从宽处罚的建议。

第三十三条 监察机关依照本法规定收集的物证、书证、证人证言、被调查人供述和辩解、视听资料、电子数据等证据材料,在刑事诉讼中可以作为证据使用。

监察机关在收集、固定、审查、运用证据时,应当与刑事审判关于证据的要求和标准相一致。

以非法方法收集的证据应当依法予以排除,不得作为案件处置的依据。

第三十四条 人民法院、人民检察院、公安机关、审计机关等国家机关在工作中发现公职人员涉嫌贪污贿赂、失职渎职等职务违法或者职务犯罪的问题线索,应当移送监察机关,由监察机关依法调查处置。

被调查人既涉嫌严重职务违法或者职务犯罪，又涉嫌其他违法犯罪的，一般应当由监察机关为主调查，其他机关予以协助。

第五章 监察程序

第三十五条 监察机关对于报案或者举报，应当接受并按照有关规定处理。对于不属于本机关管辖的，应当移送主管机关处理。

第三十六条 监察机关应当严格按照程序开展工作，建立问题线索处置、调查、审理各部门相互协调、相互制约的工作机制。

监察机关应当加强对调查、处置工作全过程的监督管理，设立相应的工作部门履行线索管理、监督检查、督促办理、统计分析等管理协调职能。

第三十七条 监察机关对监察对象的问题线索，应当按照有关规定提出处置意见，履行审批手续，进行分类办理。线索处置情况应当定期汇总、通报，定期检查、抽查。

第三十八条 需要采取初步核实方式处置问题线索的，监察机关应当依法履行审批程序，成立核查组。初步核实工作结束后，核查组应当撰写初步核实情况报告，提出处理建议。承办部门应当提出分类处理意见。初步核实情况报告和分类处理意见报监察机关主要负责人审批。

第三十九条 经过初步核实，对监察对象涉嫌职务违法犯罪，需要追究法律责任的，监察机关应当按照规定的权限和程序办理立案手续。

监察机关主要负责人依法批准立案后，应当主持召开专题会议，研究确定调查方案，决定需要采取的调查措施。

立案调查决定应当向被调查人宣布，并通报相关组织。涉嫌严重职务违法或者职务犯罪的，应当通知被调查人家属，并向社会公开发布。

第四十条 监察机关对职务违法和职务犯罪案件，应当进行调查,收集被调查人有无违法犯罪以及情节轻重的证据,查明违法犯罪事实,形成相互印证、完整稳定的证据链。

严禁以威胁、引诱、欺骗及其他非法方式收集证据,严禁侮辱、打骂、虐待、体罚或者变相体罚被调查人和涉案人员。

第四十一条 调查人员采取讯问、询问、留置、搜查、调取、查封、扣押、勘验检查等调查措施,均应当依照规定出示证件,出具书面通知,由二人以上进行,形成笔录、报告等书面材料,并由相关人员签名、盖章。

调查人员进行讯问以及搜查、查封、扣押等重要取证工作,应当对全过程进行录音录像,留存备查。

第四十二条 调查人员应当严格执行调查方案,不得随意扩大调查范围、变更调查对象和事项。

对调查过程中的重要事项,应当集体研究后按程序请示报告。

第四十三条 监察机关采取留置措施,应当由监察机关领导人员集体研究决定。设区的市级以下监察机关采取留置措施,应当报上一级监察机关批准。省级监察机关采取留置措施,应当报国家监察委员会备案。

留置时间不得超过三个月。在特殊情况下,可以延长一次,延长时间不得超过三个月。省级以下监察机关采取留置措施的,延长留置时间应当报上一级监察机关批准。监察机关发现采取留置措施不当的,应当及时解除。

监察机关采取留置措施,可以根据工作需要提请公安机关配合。公安机关应当依法予以协助。

第四十四条 对被调查人采取留置措施后,应当在二十四小时以内,通知被留置人员所在单位和家属,但有可能毁灭、伪造证据,干扰证人作证或者串供等有碍调查情形的除外。有碍调查的情形消失后,应当立即通知被留置人员所在单位和家属。

监察机关应当保障被留置人员的饮食、休息和安全,提供医疗服务。讯问被留置人员应当合理安排讯问时间和时长,讯问笔录由被讯问人阅看后签名。

被留置人员涉嫌犯罪移送司法机关后,被依法判处管制、拘役和有期徒刑的,留置一日折抵管制二日,折抵拘役、有期徒刑一日。

第四十五条 监察机关根据监督、调查结果,依法作出如下处置:

(一)对有职务违法行为但情节较轻的公职人员,按照管理权限,直接或者委托有关机关、人员,进行谈话提醒、批评教育、责令检查,或者予以诫勉;

(二)对违法的公职人员依照法定程序作出警告、记过、记大过、降级、撤职、开除等政务处分决定;

(三)对不履行或者不正确履行职责负有责任的领导人员,按照管理权限对其直接作出问责决定,或者向有权作出问责决定的机关提出问责建议;

(四)对涉嫌职务犯罪的,监察机关经调查认为犯罪事实清楚,证据确实、充分的,制作起诉意见书,连同案卷材料、证据一并移送人民检察院依法审查、提起公诉;

(五)对监察对象所在单位廉政建设和履行职责存在的问题等提出监察建议。

监察机关经调查,对没有证据证明被调查人存在违法犯罪行为的,应当撤销案件,并通知被调查人所在单位。

第四十六条 监察机关经调查,对违法取得的财物,依法予以没收、追缴或者责令退赔;对涉嫌犯罪取得的财物,应当随案移送人民检察院。

第四十七条 对监察机关移送的案件,人民检察院依照《中华人民共和国刑事诉讼法》对被调查人采取强制措施。

人民检察院经审查,认为犯罪事实已经查清,证据确实、充分,依法应当追究刑事责任的,应当作出起诉决定。

人民检察院经审查,认为需要补充核实的,应当退回监察机关补充调查,必要时可以自行补充侦查。对于补充调查的案件,应当在一个月内补充调查完毕。补充调查以二次为限。

人民检察院对于有《中华人民共和国刑事诉讼法》规定的不起诉的情形的,经上一级人民检察院批准,依法作出不起诉的决定。监察机关认为不起诉的决定有错误的,可以向上一级人民检察院提请复议。

第四十八条 监察机关在调查贪污贿赂、失职渎职等职务犯罪案件过程中,被调查人逃匿或者死亡,有必要继续调查的,经省级以上监察机关批准,应当继续调查并作出结论。被调查人逃匿,在通缉一年后不能到案,或者死亡的,由监察机关提请人民检察院依照法定程序,向人民法院提出没收违法所得的申请。

第四十九条 监察对象对监察机关作出的涉及本人的处理决定不服的,可以在收到处理决定之日起一个月内,向作出决定的监察机关申请复审,复审机关应当在一个月内作出复审决定;监察对象对复审决定仍不服的,可以在收到复审决定之日起一个月内,向上一级监察机关申请复核,复核机关应当在二个月内作出复核决定。复审、复核期间,不停止原处理决定的执行。复核机关经审查,认定处理决定有错误的,原处理机关应当及时予以纠正。

第六章 反腐败国际合作

第五十条 国家监察委员会统筹协调与其他国家、地区、国际组织开展的反腐败国际交流、合作,组织反腐败国际条约实施工作。

第五十一条 国家监察委员会组织协调有关方面加强与有关国家、地区、国际组织在反腐败执法、引渡、司法协助、被判刑人的移管、资产追回和信息交流等领域的合作。

第五十二条 国家监察委员会加强对反腐败国际追逃追赃和防逃工作的组织协调,督促有关单位做好相关工作:

(一)对于重大贪污贿赂、失职渎职等职务犯罪案件,被调查人逃匿到国(境)外,掌握证据比较确凿的,通过开展境外追逃合作,追捕归案;

（二）向赃款赃物所在国请求查询、冻结、扣押、没收、追缴、返还涉案资产；

（三）查询、监控涉嫌职务犯罪的公职人员及其相关人员进出国（境）和跨境资金流动情况，在调查案件过程中设置防逃程序。

第七章　对监察机关和监察人员的监督

第五十三条　各级监察委员会应当接受本级人民代表大会及其常务委员会的监督。

各级人民代表大会常务委员会听取和审议本级监察委员会的专项工作报告，组织执法检查。

县级以上各级人民代表大会及其常务委员会举行会议时，人民代表大会代表或者常务委员会组成人员可以依照法律规定的程序，就监察工作中的有关问题提出询问或者质询。

第五十四条　监察机关应当依法公开监察工作信息，接受民主监督、社会监督、舆论监督。

第五十五条　监察机关通过设立内部专门的监督机构等方式，加强对监察人员执行职务和遵守法律情况的监督，建设忠诚、干净、担当的监察队伍。

第五十六条　监察人员必须模范遵守宪法和法律，忠于职守、秉公执法，清正廉洁、保守秘密；必须具有良好的政治素质，熟悉监察业务，具备运用法律、法规、政策和调查取证等能力，自觉接受监督。

第五十七条　对于监察人员打听案情、过问案件、说情干预的，办理监察事项的监察人员应当及时报告。有关情况应当登记备案。

发现办理监察事项的监察人员未经批准接触被调查人、涉案人员及其特定关系人，或者存在交往情形的，知情人应当及时报告。有关情况应当登记备案。

第五十八条　办理监察事项的监察人员有下列情形之一的，应当自行回避，监察对象、检举人及其他有关人员也有权要求其回避：

（一）是监察对象或者检举人的近亲属的；

(二)担任过本案的证人的;

(三)本人或者其近亲属与办理的监察事项有利害关系的;

(四)有可能影响监察事项公正处理的其他情形的。

第五十九条 监察机关涉密人员离岗离职后,应当遵守脱密期管理规定,严格履行保密义务,不得泄露相关秘密。

监察人员辞职、退休三年内,不得从事与监察和司法工作相关联且可能发生利益冲突的职业。

第六十条 监察机关及其工作人员有下列行为之一的,被调查人及其近亲属有权向该机关申诉:

(一)留置法定期限届满,不予以解除的;

(二)查封、扣押、冻结与案件无关的财物的;

(三)应当解除查封、扣押、冻结措施而不解除的;

(四)贪污、挪用、私分、调换以及违反规定使用查封、扣押、冻结的财物的;

(五)其他违反法律法规、侵害被调查人合法权益的行为。

受理申诉的监察机关应当在受理申诉之日起一个月内作出处理决定。申诉人对处理决定不服的,可以在收到处理决定之日起一个月内向上一级监察机关申请复查,上一级监察机关应当在收到复查申请之日起二个月内作出处理决定,情况属实的,及时予以纠正。

第六十一条 对调查工作结束后发现立案依据不充分或者失实,案件处置出现重大失误,监察人员严重违法的,应当追究负有责任的领导人员和直接责任人员的责任。

第八章 法律责任

第六十二条 有关单位拒不执行监察机关作出的处理决定,或者无正当理由拒不采纳监察建议的,由其主管部门、上级机关责令改正,对单位给予通报批评;对负有责任的领导人员和直接责任人员依法给予处理。

第六十三条 有关人员违反本法规定,有下列行为之一的,由其所在单位、主管部门、上级机关或者监察机关责令改正，依法给予处理：

（一）不按要求提供有关材料，拒绝、阻碍调查措施实施等拒不配合监察机关调查的；

（二）提供虚假情况，掩盖事实真相的；

（三）串供或者伪造、隐匿、毁灭证据的；

（四）阻止他人揭发检举、提供证据的；

（五）其他违反本法规定的行为，情节严重的。

第六十四条 监察对象对控告人、检举人、证人或者监察人员进行报复陷害的；控告人、检举人、证人捏造事实诬告陷害监察对象的，依法给予处理。

第六十五条 监察机关及其工作人员有下列行为之一的，对负有责任的领导人员和直接责任人员依法给予处理：

（一）未经批准、授权处置问题线索，发现重大案情隐瞒不报，或者私自留存、处理涉案材料的；

（二）利用职权或者职务上的影响干预调查工作、以案谋私的；

（三）违法窃取、泄露调查工作信息，或者泄露举报事项、举报受理情况以及举报人信息的；

（四）对被调查人或者涉案人员逼供、诱供，或者侮辱、打骂、虐待、体罚或者变相体罚的；

（五）违反规定处置查封、扣押、冻结的财物的；

（六）违反规定发生办案安全事故，或者发生安全事故后隐瞒不报、报告失实、处置不当的；

（七）违反规定采取留置措施的；

（八）违反规定限制他人出境，或者不按规定解除出境限制的；

（九）其他滥用职权、玩忽职守、徇私舞弊的行为。

第六十六条 违反本法规定，构成犯罪的，依法追究刑事责任。

第六十七条 监察机关及其工作人员行使职权，侵犯公民、法人和其他组织的合法权益造成损害的，依法给予国家赔偿。

第九章　附　　则

第六十八条　中国人民解放军和中国人民武装警察部队开展监察工作，由中央军事委员会根据本法制定具体规定。

第六十九条　本法自公布之日起施行。《中华人民共和国行政监察法》同时废止。

中华人民共和国监察法实施条例

（2021年7月20日国家监察委员会全体会议决定
2021年9月20日发布　自发布之日起施行）

第一章　总　　则

第一条　为了推动监察工作法治化、规范化，根据《中华人民共和国监察法》（以下简称监察法），结合工作实际，制定本条例。

第二条　坚持中国共产党对监察工作的全面领导，增强政治意识、大局意识、核心意识、看齐意识，坚定中国特色社会主义道路自信、理论自信、制度自信、文化自信，坚决维护习近平总书记党中央的核心、全党的核心地位，坚决维护党中央权威和集中统一领导，把党的领导贯彻到监察工作各方面和全过程。

第三条　监察机关与党的纪律检查机关合署办公，坚持法治思维和法治方式，促进执纪执法贯通、有效衔接司法，实现依纪监督和依法监察、适用纪律和适用法律有机融合。

第四条　监察机关应当依法履行监督、调查、处置职责，坚持实事求是，坚持惩前毖后、治病救人，坚持惩戒与教育相结合，实现政治效果、法律效果和社会效果相统一。

第五条　监察机关应当坚定不移惩治腐败，推动深化改革、完善制度，规范权力运行，加强思想道德教育、法治教育、廉洁教育，引导公职人员提高觉悟、担当作为、依法履职，一体推进不敢腐、不能腐、不想腐体制机制建设。

第六条 监察机关坚持民主集中制，对于线索处置、立案调查、案件审理、处置执行、复审复核中的重要事项应当集体研究，严格按照权限履行请示报告程序。

第七条 监察机关应当在适用法律上一律平等，充分保障监察对象以及相关人员的人身权、知情权、财产权、申辩权、申诉权以及申请复审复核权等合法权益。

第八条 监察机关办理职务犯罪案件，应当与人民法院、人民检察院互相配合、互相制约，在案件管辖、证据审查、案件移送、涉案财物处置等方面加强沟通协调，对于人民法院、人民检察院提出的退回补充调查、排除非法证据、调取同步录音录像、要求调查人员出庭等意见依法办理。

第九条 监察机关开展监察工作，可以依法提请组织人事、公安、国家安全、审计、统计、市场监管、金融监管、财政、税务、自然资源、银行、证券、保险等有关部门、单位予以协助配合。

有关部门、单位应当根据监察机关的要求，依法协助采取有关措施、共享相关信息、提供相关资料和专业技术支持，配合开展监察工作。

第二章 监察机关及其职责

第一节 领导体制

第十条 国家监察委员会在党中央领导下开展工作。地方各级监察委员会在同级党委和上级监察委员会双重领导下工作，监督执法调查工作以上级监察委员会领导为主，线索处置和案件查办在向同级党委报告的同时应当一并向上一级监察委员会报告。

上级监察委员会应当加强对下级监察委员会的领导。下级监察委员会对上级监察委员会的决定必须执行，认为决定不当的，应当在执行的同时向上级监察委员会反映。上级监察委员会对下级监察委员会作出的错误决定,应当按程序予以纠正,或者要求下级监察委员会予以纠正。

第十一条 上级监察委员会可以依法统一调用所辖各级监察机关的监察人员办理监察事项。调用决定应当以书面形式作出。

监察机关办理监察事项应当加强互相协作和配合,对于重要、复杂事项可以提请上级监察机关予以协调。

第十二条 各级监察委员会依法向本级中国共产党机关、国家机关、法律法规授权或者受委托管理公共事务的组织和单位以及所管辖的国有企业事业单位等派驻或者派出监察机构、监察专员。

省级和设区的市级监察委员会依法向地区、盟、开发区等不设置人民代表大会的区域派出监察机构或者监察专员。县级监察委员会和直辖市所辖区(县)监察委员会可以向街道、乡镇等区域派出监察机构或者监察专员。

监察机构、监察专员开展监察工作,受派出机关领导。

第十三条 驻或者派出的监察机构、监察专员根据派出机关授权,按照管理权限依法对派驻或者派出监督单位、区域等的公职人员开展监督,对职务违法和职务犯罪进行调查、处置。监察机构、监察专员可以按规定与地方监察委员会联合调查严重职务违法、职务犯罪,或者移交地方监察委员会调查。

未被授予职务犯罪调查权的监察机构、监察专员发现监察对象涉嫌职务犯罪线索的,应当及时向派出机关报告,由派出机关调查或者依法移交有关地方监察委员会调查。

第二节 监察监督

第十四条 监察机关依法履行监察监督职责,对公职人员政治品行、行使公权力和道德操守情况进行监督检查,督促有关机关、单位加强对所属公职人员的教育、管理、监督。

第十五条 监察机关应当坚决维护宪法确立的国家指导思想,

加强对公职人员特别是领导人员坚持党的领导、坚持中国特色社会主义制度，贯彻落实党和国家路线方针政策、重大决策部署，履行从严管理监督职责，依法行使公权力等情况的监督。

第十六条 监察机关应当加强对公职人员理想教育、为人民服务教育、宪法法律法规教育、优秀传统文化教育，弘扬社会主义核心价值观，深入开展警示教育，教育引导公职人员树立正确的权力观、责任观、利益观，保持为民务实清廉本色。

第十七条 监察机关应当结合公职人员的职责加强日常监督，通过收集群众反映、座谈走访、查阅资料、召集或者列席会议、听取工作汇报和述责述廉、开展监督检查等方式，促进公职人员依法用权、秉公用权、廉洁用权。

第十八条 监察机关可以与公职人员进行谈心谈话，发现政治品行、行使公权力和道德操守方面有苗头性、倾向性问题的，及时进行教育提醒。

第十九条 监察机关对于发现的系统性、行业性的突出问题，以及群众反映强烈的问题，可以通过专项检查进行深入了解，督促有关机关、单位强化治理，促进公职人员履职尽责。

第二十条 监察机关应当以办案促进整改、以监督促进治理，在查清问题、依法处置的同时，剖析问题发生的原因，发现制度建设、权力配置、监督机制等方面存在的问题，向有关机关、单位提出改进工作的意见或者监察建议，促进完善制度，提高治理效能。

第二十一条 监察机关开展监察监督，应当与纪律监督、派驻监督、巡视监督统筹衔接，与人大监督、民主监督、行政监督、司法监督、审计监督、财会监督、统计监督、群众监督和舆论监督等贯通协调，健全信息、资源、成果共享等机制，形成监督合力。

第三节 监察调查

第二十二条 监察机关依法履行监察调查职责，依据监察法、《中华人民共和国公职人员政务处分法》（以下简称政务处分法）和

《中华人民共和国刑法》（以下简称刑法）等规定对职务违法和职务犯罪进行调查。

第二十三条 监察机关负责调查的职务违法是指公职人员实施的与其职务相关联，虽不构成犯罪但依法应当承担法律责任的下列违法行为：

（一）利用职权实施的违法行为；

（二）利用职务上的影响实施的违法行为；

（三）履行职责不力、失职失责的违法行为；

（四）其他违反与公职人员职务相关的特定义务的违法行为。

第二十四条 监察机关发现公职人员存在其他违法行为，具有下列情形之一的，可以依法进行调查、处置：

（一）超过行政违法追究时效，或者超过犯罪追诉时效、未追究刑事责任，但需要依法给予政务处分的；

（二）被追究行政法律责任，需要依法给予政务处分的；

（三）监察机关调查职务违法或者职务犯罪时，对被调查人实施的事实简单、清楚，需要依法给予政务处分的其他违法行为一并查核的。

监察机关发现公职人员成为监察对象前有前款规定的违法行为的，依照前款规定办理。

第二十五条 监察机关依法对监察法第十一条第二项规定的职务犯罪进行调查。

第二十六条 监察机关依法调查涉嫌贪污贿赂犯罪，包括贪污罪，挪用公款罪，受贿罪，单位受贿罪，利用影响力受贿罪，行贿罪，对有影响力的人行贿罪，对单位行贿罪，介绍贿赂罪，单位行贿罪，巨额财产来源不明罪，隐瞒境外存款罪，私分国有资产罪，私分罚没财物罪，以及公职人员在行使公权力过程中实施的职务侵占罪，挪用资金罪，对外国公职人员、国际公共组织官员行贿罪，非国家工作人员受贿罪和相关联的对非国家工作人员行贿罪。

第二十七条 监察机关依法调查公职人员涉嫌滥用职权犯罪，

包括滥用职权罪,国有公司、企业、事业单位人员滥用职权罪,滥用管理公司、证券职权罪,食品、药品监管渎职罪,故意泄露国家秘密罪,报复陷害罪,阻碍解救被拐卖、绑架妇女、儿童罪,帮助犯罪分子逃避处罚罪,违法发放林木采伐许可证罪,办理偷越国(边)境人员出入境证件罪,放行偷越国(边)境人员罪,挪用特定款物罪,非法剥夺公民宗教信仰自由罪,侵犯少数民族风俗习惯罪,打击报复会计、统计人员罪,以及司法工作人员以外的公职人员利用职权实施的非法拘禁罪、虐待被监管人罪、非法搜查罪。

第二十八条 监察机关依法调查公职人员涉嫌玩忽职守犯罪,包括玩忽职守罪,国有公司、企业、事业单位人员失职罪,签订、履行合同失职被骗罪,国家机关工作人员签订、履行合同失职被骗罪,环境监管失职罪,传染病防治失职罪,商检失职罪,动植物检疫失职罪,不解救被拐卖、绑架妇女、儿童罪,失职造成珍贵文物损毁、流失罪,过失泄露国家秘密罪。

第二十九条 监察机关依法调查公职人员涉嫌徇私舞弊犯罪,包括徇私舞弊低价折股、出售国有资产罪,非法批准征收、征用、占用土地罪,非法低价出让国有土地使用权罪,非法经营同类营业罪,为亲友非法牟利罪,枉法仲裁罪,徇私舞弊发售发票、抵扣税款、出口退税罪,商检徇私舞弊罪,动植物检疫徇私舞弊罪,放纵走私罪,放纵制售伪劣商品犯罪行为罪,招收公务员、学生徇私舞弊罪,徇私舞弊不移交刑事案件罪,违法提供出口退税凭证罪,徇私舞弊不征、少征税款罪。

第三十条 监察机关依法调查公职人员在行使公权力过程中涉及的重大责任事故犯罪,包括重大责任事故罪,教育设施重大安全事故罪,消防责任事故罪,重大劳动安全事故罪,强令、组织他人违章冒险作业罪,危险作业罪,不报、谎报安全事故罪,铁路运营安全事故罪,重大飞行事故罪,大型群众性活动重大安全事故罪,危险物品肇事罪,工程重大安全事故罪。

第三十一条 监察机关依法调查公职人员在行使公权力过程中

涉及的其他犯罪,包括破坏选举罪,背信损害上市公司利益罪,金融工作人员购买假币、以假币换取货币罪,利用未公开信息交易罪,诱骗投资者买卖证券、期货合约罪,背信运用受托财产罪,违法运用资金罪,违法发放贷款罪,吸收客户资金不入账罪,违规出具金融票证罪,对违法票据承兑、付款、保证罪,非法转让、倒卖土地使用权罪,私自开拆、隐匿、毁弃邮件、电报罪,故意延误投递邮件罪,泄露不应公开的案件信息罪,披露、报道不应公开的案件信息罪,接送不合格兵员罪。

第三十二条 监察机关发现依法由其他机关管辖的违法犯罪线索,应当及时移送有管辖权的机关。

监察机关调查结束后,对于应当给予被调查人或者涉案人员行政处罚等其他处理的,依法移送有关机关。

第四节 监察处置

第三十三条 监察机关对违法的公职人员,依据监察法、政务处分法等规定作出政务处分决定。

第三十四条 监察机关在追究违法的公职人员直接责任的同时,依法对履行职责不力、失职失责,造成严重后果或者恶劣影响的领导人员予以问责。

监察机关应当组成调查组依法开展问责调查。调查结束后经集体讨论形成调查报告,需要进行问责的按照管理权限作出问责决定,或者向有权作出问责决定的机关、单位书面提出问责建议。

第三十五条 监察机关对涉嫌职务犯罪的人员,经调查认为犯罪事实清楚,证据确实、充分,需要追究刑事责任的,依法移送人民检察院审查起诉。

第三十六条 监察机关根据监督、调查结果,发现监察对象所在单位在廉政建设、权力制约、监督管理、制度执行以及履行职责等方面存在问题需要整改纠正的,依法提出监察建议。

监察机关应当跟踪了解监察建议的采纳情况,指导、督促有关单位限期整改,推动监察建议落实到位。

第三章　监察范围和管辖

第一节　监 察 对 象

第三十七条　监察机关依法对所有行使公权力的公职人员进行监察,实现国家监察全面覆盖。

第三十八条　监察法第十五条第一项所称公务员范围,依据《中华人民共和国公务员法》(以下简称公务员法)确定。

监察法第十五条第一项所称参照公务员法管理的人员,是指有关单位中经批准参照公务员法进行管理的工作人员。

第三十九条　监察法第十五条第二项所称法律、法规授权或者受国家机关依法委托管理公共事务的组织中从事公务的人员,是指在上述组织中,除参照公务员法管理的人员外,对公共事务履行组织、领导、管理、监督等职责的人员,包括具有公共事务管理职能的行业协会等组织中从事公务的人员,以及法定检验检测、检疫等机构中从事公务的人员。

第四十条　监察法第十五条第三项所称国有企业管理人员,是指国家出资企业中的下列人员:

(一)在国有独资、全资公司、企业中履行组织、领导、管理、监督等职责的人员;

(二)经党组织或者国家机关,国有独资、全资公司、企业,事业单位提名、推荐、任命、批准等,在国有控股、参股公司及其分支机构中履行组织、领导、管理、监督等职责的人员;

(三)经国家出资企业中负有管理、监督国有资产职责的组织批准或者研究决定,代表其在国有控股、参股公司及其分支机构中从事组织、领导、管理、监督等工作的人员。

第四十一条　监察法第十五条第四项所称公办的教育、科研、文化、医疗卫生、体育等单位中从事管理的人员,是指国家为了社会公益目的,由国家机关举办或者其他组织利用国有资产举办的教育、科研、文化、医疗卫生、体育等事业单位中,从事组织、领导、管理、监督等工作的人员。

第四十二条 监察法第十五条第五项所称基层群众性自治组织中从事管理的人员,是指该组织中的下列人员:

(一)从事集体事务和公益事业管理的人员;

(二)从事集体资金、资产、资源管理的人员;

(三)协助人民政府从事行政管理工作的人员,包括从事救灾、防疫、抢险、防汛、优抚、帮扶、移民、救济款物的管理,社会捐助公益事业款物的管理,国有土地的经营和管理,土地征收、征用补偿费用的管理,代征、代缴税款,有关计划生育、户籍、征兵工作,协助人民政府等国家机关在基层群众性自治组织中从事的其他管理工作。

第四十三条 下列人员属于监察法第十五条第六项所称其他依法履行公职的人员:

(一)履行人民代表大会职责的各级人民代表大会代表,履行公职的中国人民政治协商会议各级委员会委员、人民陪审员、人民监督员;

(二)虽未列入党政机关人员编制,但在党政机关中从事公务的人员;

(三)在集体经济组织等单位、组织中,由党组织或者国家机关,国有独资、全资公司、企业,国家出资企业中负有管理监督国有和集体资产职责的组织,事业单位提名、推荐、任命、批准等,从事组织、领导、管理、监督等工作的人员;

(四)在依法组建的评标、谈判、询价等组织中代表国家机关,国有独资、全资公司、企业,事业单位,人民团体临时履行公共事务组织、领导、管理、监督等职责的人员;

(五)其他依法行使公权力的人员。

第四十四条 有关机关、单位、组织集体作出的决定违法或者实施违法行为的,监察机关应当对负有责任的领导人员和直接责任人员中的公职人员依法追究法律责任。

第二节 管 辖

第四十五条 监察机关开展监督、调查、处置,按照管理权限与属地管辖相结合的原则,实行分级负责制。

第四十六条 设区的市级以上监察委员会按照管理权限,依法管辖同级党委管理的公职人员涉嫌职务违法和职务犯罪案件。

县级监察委员会和直辖市所辖区(县)监察委员会按照管理权限,依法管辖本辖区内公职人员涉嫌职务违法和职务犯罪案件。

地方各级监察委员会按照本条例第十三条、第四十九条规定,可以依法管辖工作单位在本辖区内的有关公职人员涉嫌职务违法和职务犯罪案件。

监察机关调查公职人员涉嫌职务犯罪案件,可以依法对涉嫌行贿犯罪、介绍贿赂犯罪或者共同职务犯罪的涉案人员中的非公职人员一并管辖。非公职人员涉嫌利用影响力受贿罪的,按照其所利用的公职人员的管理权限确定管辖。

第四十七条 上级监察机关对于下一级监察机关管辖范围内的职务违法和职务犯罪案件,具有下列情形之一的,可以依法提级管辖:

(一)在本辖区有重大影响的;

(二)涉及多个下级监察机关管辖的监察对象,调查难度大的;

(三)其他需要提级管辖的重大、复杂案件。

上级监察机关对于所辖各级监察机关管辖范围内有重大影响的案件,必要时可以依法直接调查或者组织、指挥、参与调查。

地方各级监察机关所管辖的职务违法和职务犯罪案件,具有第一款规定情形的,可以依法报请上一级监察机关管辖。

第四十八条 上级监察机关可以依法将其所管辖的案件指定下级监察机关管辖。

设区的市级监察委员会将同级党委管理的公职人员涉嫌职务违法或者职务犯罪案件指定下级监察委员会管辖的,应当报省级监察委员会批准;省级监察委员会将同级党委管理的公职人员涉嫌职务违法或者职务犯罪案件指定下级监察委员会管辖的,应当报国家监察委员会相关监督检查部门备案。

上级监察机关对于下级监察机关管辖的职务违法和职务犯罪案件,具有下列情形之一,认为由其他下级监察机关管辖更为适宜的,可以依法指定给其他下级监察机关管辖:

(一)管辖有争议的;

(二)指定管辖有利于案件公正处理的;

(三)下级监察机关报请指定管辖的;

(四)其他有必要指定管辖的。

被指定的下级监察机关未经指定管辖的监察机关批准,不得将案件再行指定管辖。发现新的职务违法或者职务犯罪线索,以及其他重要情况、重大问题,应当及时向指定管辖的监察机关请示报告。

第四十九条 工作单位在地方、管理权限在主管部门的公职人员涉嫌职务违法和职务犯罪,一般由驻在主管部门、有管辖权的监察机构、监察专员管辖;经协商,监察机构、监察专员可以按规定移交公职人员工作单位所在地的地方监察委员会调查,或者与地方监察委员会联合调查。地方监察委员会在工作中发现上述公职人员有关问题线索,应当向驻在主管部门、有管辖权的监察机构、监察专员通报,并协商确定管辖。

前款规定单位的其他公职人员涉嫌职务违法和职务犯罪,可以由地方监察委员会管辖;驻在主管部门的监察机构、监察专员自行立案调查的,应当及时通报地方监察委员会。

地方监察委员会调查前两款规定案件,应当将立案、留置、移送审查起诉、撤销案件等重要情况向驻在主管部门的监察机构、监察专员通报。

第五十条 监察机关办理案件中涉及无隶属关系的其他监察机关的监察对象,认为需要立案调查的,应当商请有管理权限的监察机关依法立案调查。商请立案时,应当提供涉案人员基本情况、已经查明的涉嫌违法犯罪事实以及相关证据材料。

承办案件的监察机关认为由其一并调查更为适宜的，可以报请有权决定的上级监察机关指定管辖。

第五十一条 公职人员既涉嫌贪污贿赂、失职渎职等严重职务违法和职务犯罪，又涉嫌公安机关、人民检察院等机关管辖的犯罪，依法由监察机关为主调查的，应当由监察机关和其他机关分别依职权立案，监察机关承担组织协调职责，协调调查和侦查工作进度、重要调查和侦查措施使用等重要事项。

第五十二条 监察机关必要时可以依法调查司法工作人员利用职权实施的涉嫌非法拘禁、刑讯逼供、非法搜查等侵犯公民权利、损害司法公正的犯罪，并在立案后及时通报同级人民检察院。

监察机关在调查司法工作人员涉嫌贪污贿赂等职务犯罪中，可以对其涉嫌的前款规定的犯罪一并调查，并及时通报同级人民检察院。人民检察院在办理直接受理侦查的案件中，发现犯罪嫌疑人同时涉嫌监察机关管辖的其他职务犯罪，经沟通全案移送监察机关管辖的，监察机关应当依法进行调查。

第五十三条 监察机关对于退休公职人员在退休前或者退休后，或者离职、死亡的公职人员在履职期间实施的涉嫌职务违法或者职务犯罪行为，可以依法进行调查。

对前款规定人员，按照其原任职务的管辖规定确定管辖的监察机关；由其他监察机关管辖更为适宜的，可以依法指定或者交由其他监察机关管辖。

第四章 监察权限

第一节 一般要求

第五十四条 监察机关应当加强监督执法调查工作规范化建设，严格按规定对监察措施进行审批和监管，依照法定的范围、程序和期限采取相关措施，出具、送达法律文书。

第五十五条 监察机关在初步核实中，可以依法采取谈话、询问、查询、调取、勘验检查、鉴定措施;立案后可以采取讯问、留置、冻结、搜查、查封、扣押、通缉措施。需要采取技术调查、限制出境措施的,应当按照规定交有关机关依法执行。设区的市级以下监察机关在初步核实中不得采取技术调查措施。

开展问责调查,根据具体情况可以依法采取相关监察措施。

第五十六条 开展讯问、搜查、查封、扣押以及重要的谈话、询问等调查取证工作,应当全程同步录音录像,并保持录音录像资料的完整性。录音录像资料应当妥善保管、及时归档,留存备查。

人民检察院、人民法院需要调取同步录音录像的,监察机关应当予以配合,经审批依法予以提供。

第五十七条 需要商请其他监察机关协助收集证据材料的,应当依法出具《委托调查函》;商请其他监察机关对采取措施提供一般性协助的,应当依法出具《商请协助采取措施函》。商请协助事项涉及协助地监察机关管辖的监察对象的,应当由协助地监察机关按照所涉人员的管理权限报批。协助地监察机关对于协助请求,应当依法予以协助配合。

第五十八条 采取监察措施需要告知、通知相关人员的,应当依法办理。告知包括口头、书面两种方式,通知应当采取书面方式。采取口头方式告知的,应当将相关情况制作工作记录;采取书面方式告知、通知的,可以通过直接送交、邮寄、转交等途径送达,将有关回执或者凭证附卷。

无法告知、通知,或者相关人员拒绝接收的,调查人员应当在工作记录或者有关文书上记明。

第二节 证　　据

第五十九条 可以用于证明案件事实的材料都是证据,包括:

(一)物证;

(二)书证;

(三)证人证言;

（四）被害人陈述；

（五）被调查人陈述、供述和辩解；

（六）鉴定意见；

（七）勘验检查、辨认、调查实验等笔录；

（八）视听资料、电子数据。

监察机关向有关单位和个人收集、调取证据时，应当告知其必须依法如实提供证据。对于不按要求提供有关材料，泄露相关信息，伪造、隐匿、毁灭证据，提供虚假情况或者阻止他人提供证据的，依法追究法律责任。

监察机关依照监察法和本条例规定收集的证据材料，经审查符合法定要求的，在刑事诉讼中可以作为证据使用。

第六十条 监察机关认定案件事实应当以证据为根据，全面、客观地收集、固定被调查人有无违法犯罪以及情节轻重的各种证据，形成相互印证、完整稳定的证据链。

只有被调查人陈述或者供述，没有其他证据的，不能认定案件事实；没有被调查人陈述或者供述，证据符合法定标准的，可以认定案件事实。

第六十一条 证据必须经过查证属实，才能作为定案的根据。审查认定证据，应当结合案件的具体情况，从证据与待证事实的关联程度、各证据之间的联系、是否依照法定程序收集等方面进行综合判断。

第六十二条 监察机关调查终结的职务违法案件，应当事实清楚、证据确凿。证据确凿，应当符合下列条件：

（一）定性处置的事实都有证据证实；

（二）定案证据真实、合法；

（三）据以定案的证据之间不存在无法排除的矛盾；

（四）综合全案证据，所认定事实清晰且令人信服。

第六十三条 监察机关调查终结的职务犯罪案件，应当事实清楚，证据确实、充分。证据确实、充分，应当符合下列条件：

(一)定罪量刑的事实都有证据证明;

(二)据以定案的证据均经法定程序查证属实;

(三)综合全案证据,对所认定事实已排除合理怀疑。

证据不足的,不得移送人民检察院审查起诉。

第六十四条 严禁以暴力、威胁、引诱、欺骗以及非法限制人身自由等非法方法收集证据,严禁侮辱、打骂、虐待、体罚或者变相体罚被调查人、涉案人员和证人。

第六十五条 对于调查人员采用暴力、威胁以及非法限制人身自由等非法方法收集的被调查人供述、证人证言、被害人陈述,应当依法予以排除。

前款所称暴力的方法,是指采用殴打、违法使用戒具等方法或者变相肉刑的恶劣手段,使人遭受难以忍受的痛苦而违背意愿作出供述、证言、陈述;威胁的方法,是指采用以暴力或者严重损害本人及其近亲属合法权益等进行威胁的方法,使人遭受难以忍受的痛苦而违背意愿作出供述、证言、陈述。

收集物证、书证不符合法定程序,可能严重影响案件公正处理的,应当予以补正或者作出合理解释;不能补正或者作出合理解释的,对该证据应当予以排除。

第六十六条 监察机关监督检查、调查、案件审理、案件监督管理等部门发现监察人员在办理案件中,可能存在以非法方法收集证据情形的,应当依据职责进行调查核实。对于被调查人控告、举报调查人员采用非法方法收集证据,并提供涉嫌非法取证的人员、时间、地点、方式和内容等材料或者线索的,应当受理并进行审核。根据现有材料无法证明证据收集合法性的,应当进行调查核实。

经调查核实,确认或者不能排除以非法方法收集证据的,对有关证据依法予以排除,不得作为案件定性处置、移送审查起诉的依据。认定调查人员非法取证的,应当依法处理,另行指派调查人员重新调查取证。

监察机关接到对下级监察机关调查人员采用非法方法收集证据

的控告、举报,可以直接进行调查核实,也可以交由下级监察机关调查核实。交由下级监察机关调查核实的,下级监察机关应当及时将调查结果报告上级监察机关。

第六十七条 对收集的证据材料及扣押的财物应当妥善保管,严格履行交接、调用手续,定期对账核实,不得违规使用、调换、损毁或者自行处理。

第六十八条 监察机关对行政机关在行政执法和查办案件中收集的物证、书证、视听资料、电子数据,勘验、检查等笔录,以及鉴定意见等证据材料,经审查符合法定要求的,可以作为证据使用。

根据法律、行政法规规定行使国家行政管理职权的组织在行政执法和查办案件中收集的证据材料,视为行政机关收集的证据材料。

第六十九条 监察机关对人民法院、人民检察院、公安机关、国家安全机关等在刑事诉讼中收集的物证、书证、视听资料、电子数据,勘验、检查、辨认、侦查实验等笔录,以及鉴定意见等证据材料,经审查符合法定要求的,可以作为证据使用。

监察机关办理职务违法案件,对于人民法院生效刑事判决、裁定和人民检察院不起诉决定采信的证据材料,可以直接作为证据使用。

第三节 谈　　话

第七十条 监察机关在问题线索处置、初步核实和立案调查中,可以依法对涉嫌职务违法的监察对象进行谈话,要求其如实说明情况或者作出陈述。

谈话应当个别进行。负责谈话的人员不得少于二人。

第七十一条 对一般性问题线索的处置,可以采取谈话方式进行,对监察对象给予警示、批评、教育。谈话应当在工作地点等场所进行,明确告知谈话事项,注重谈清问题、取得教育效果。

第七十二条 采取谈话方式处置问题线索的,经审批可以由监察人员或者委托被谈话人所在单位主要负责人等进行谈话。

监察机关谈话应当形成谈话笔录或者记录。谈话结束后,可以根据需要要求被谈话人在十五个工作日以内作出书面说明。被谈话人应当在书面说明每页签名,修改的地方也应当签名。

委托谈话的,受委托人应当在收到委托函后的十五个工作日以内进行谈话。谈话结束后及时形成谈话情况材料报送监察机关,必要时附被谈话人的书面说明。

第七十三条 监察机关开展初步核实工作,一般不与被核查人接触;确有需要与被核查人谈话的,应当按规定报批。

第七十四条 监察机关对涉嫌职务违法的被调查人立案后,可以依法进行谈话。

与被调查人首次谈话时,应当出示《被调查人权利义务告知书》,由其签名、捺指印。被调查人拒绝签名、捺指印的,调查人员应当在文书上记明。对于被调查人未被限制人身自由的,应当在首次谈话时出具《谈话通知书》。

与涉嫌严重职务违法的被调查人进行谈话的,应当全程同步录音录像,并告知被调查人。告知情况应当在录音录像中予以反映,并在笔录中记明。

第七十五条 立案后,与未被限制人身自由的被调查人谈话的,应当在具备安全保障条件的场所进行。

调查人员按规定通知被调查人所在单位派员或者被调查人家属陪同被调查人到指定场所的,应当与陪同人员办理交接手续,填写《陪送交接单》。

第七十六条 调查人员与被留置的被调查人谈话的,按照法定程序在留置场所进行。

与在押的犯罪嫌疑人、被告人谈话的,应当持以监察机关名义出具的介绍信、工作证件,商请有关案件主管机关依法协助办理。

与在看守所、监狱服刑的人员谈话的,应当持以监察机关名义出具的介绍信、工作证件办理。

第七十七条 与被调查人进行谈话,应当合理安排时间、控制时长,保证其饮食和必要的休息时间。

第七十八条 谈话笔录应当在谈话现场制作。笔录应当详细具体,如实反映谈话情况。笔录制作完成后,应当交给被调查人核对。被调查人没有阅读能力的,应当向其宣读。

笔录记载有遗漏或者差错的,应当补充或者更正,由被调查人在补充或者更正处捺指印。被调查人核对无误后,应当在笔录中逐页签名、捺指印。被调查人拒绝签名、捺指印的,调查人员应当在笔录中记明。调查人员也应当在笔录中签名。

第七十九条 被调查人请求自行书写说明材料的,应当准许。必要时,调查人员可以要求被调查人自行书写说明材料。

被调查人应当在说明材料上逐页签名、捺指印,在末页写明日期。对说明材料有修改的,在修改之处应当捺指印。说明材料应当由二名调查人员接收,在首页记明接收的日期并签名。

第八十条 本条例第七十四条至第七十九条的规定,也适用于在初步核实中开展的谈话。

第四节 讯　　问

第八十一条 监察机关对涉嫌职务犯罪的被调查人,可以依法进行讯问,要求其如实供述涉嫌犯罪的情况。

第八十二条 讯问被留置的被调查人,应当在留置场所进行。

第八十三条 讯问应当个别进行,调查人员不得少于二人。

首次讯问时,应当向被讯问人出示《被调查人权利义务告知书》,由其签名、捺指印。被讯问人拒绝签名、捺指印的,调查人员应当在文书上记明。被讯问人未被限制人身自由的,应当在首次讯问时向其出具《讯问通知书》。

讯问一般按照下列顺序进行:

(一)核实被讯问人的基本情况,包括姓名、曾用名、出生年月日、户籍地、身份证件号码、民族、职业、政治面貌、文化程度、工作单位及职务、住所、家庭情况、社会经历,是否属于党代表大会代表、人大代表、政协委员,是否受到过党纪政务处分,是否受到过刑事处罚等;

(二)告知被讯问人如实供述自己罪行可以依法从宽处理和认罪认罚的法律规定;

(三)讯问被讯问人是否有犯罪行为,让其陈述有罪的事实或者无罪的辩解,应当允许其连贯陈述。

调查人员的提问应当与调查的案件相关。被讯问人对调查人员的提问应当如实回答。调查人员对被讯问人的辩解,应当如实记录,认真查核。

讯问时,应当告知被讯问人将进行全程同步录音录像。告知情况应当在录音录像中予以反映,并在笔录中记明。

第八十四条 本条例第七十五条至第七十九条的要求,也适用于讯问。

第五节 询 问

第八十五条 监察机关按规定报批后,可以依法对证人、被害人等人员进行询问,了解核实有关问题或者案件情况。

第八十六条 证人未被限制人身自由的,可以在其工作地点、住所或者其提出的地点进行询问,也可以通知其到指定地点接受询问。到证人提出的地点或者调查人员指定的地点进行询问的,应当在笔录中记明。

调查人员认为有必要或者证人提出需要由所在单位派员或者其家属陪同到询问地点的,应当办理交接手续并填写《陪送交接单》。

第八十七条 询问应当个别进行。负责询问的调查人员不得少于二人。

首次询问时,应当向证人出示《证人权利义务告知书》,由其签名、捺指印。证人拒绝签名、捺指印的,调查人员应当在文书上记明。证人未被限制人身自由的,应当在首次询问时向其出具《询问通知书》。

询问时,应当核实证人身份,问明证人的基本情况,告知证人应当如实提供证据、证言,以及作伪证或者隐匿证据应当承担的法律责任。不得向证人泄露案情，不得采用非法方法获取证言。

询问重大或者有社会影响案件的重要证人，应当对询问过程全程同步录音录像，并告知证人。告知情况应当在录音录像中予以反映，并在笔录中记明。

第八十八条 询问未成年人，应当通知其法定代理人到场。无法通知或者法定代理人不能到场的，应当通知未成年人的其他成年亲属或者所在学校、居住地基层组织的代表等有关人员到场。询问结束后，由法定代理人或者有关人员在笔录中签名。调查人员应当将到场情况记录在案。

询问聋、哑人，应当有通晓聋、哑手势的人员参加。调查人员应当在笔录中记明证人的聋、哑情况，以及翻译人员的姓名、工作单位和职业。询问不通晓当地通用语言、文字的证人，应当有翻译人员。询问结束后，由翻译人员在笔录中签名。

第八十九条 凡是知道案件情况的人，都有如实作证的义务。对故意提供虚假证言的证人，应当依法追究法律责任。

证人或者其他任何人不得帮助被调查人隐匿、毁灭、伪造证据或者串供，不得实施其他干扰调查活动的行为。

第九十条 证人、鉴定人、被害人因作证，本人或者近亲属人身安全面临危险，向监察机关请求保护的，监察机关应当受理并及时进行审查；对于确实存在人身安全危险的，监察机关应当采取必要的保护措施。监察机关发现存在上述情形的，应当主动采取保护措施。

监察机关可以采取下列一项或者多项保护措施：

（一）不公开真实姓名、住址和工作单位等个人信息；

（二）禁止特定的人员接触证人、鉴定人、被害人及其近亲属；

（三）对人身和住宅采取专门性保护措施；

（四）其他必要的保护措施。

依法决定不公开证人、鉴定人、被害人的真实姓名、住址和工作单位等个人信息的，可以在询问笔录等法律文书、证据材料中使用化名。但是应当另行书面说明使用化名的情况并标明密级，单独成卷。

监察机关采取保护措施需要协助的，可以提请公安机关等有关单位和要求有关个人依法予以协助。

第九十一条 本条例第七十六条至第七十九条的要求，也适用于询问。询问重要涉案人员，根据情况适用本条例第七十五条的规定。

询问被害人，适用询问证人的规定。

第六节 留 置

第九十二条 监察机关调查严重职务违法或者职务犯罪，对于符合监察法第二十二条第一款规定的，经依法审批，可以对被调查人采取留置措施。

监察法第二十二条第一款规定的严重职务违法，是指根据监察机关已经掌握的事实及证据，被调查人涉嫌的职务违法行为情节严重，可能被给予撤职以上政务处分；重要问题，是指对被调查人涉嫌的职务违法或者职务犯罪，在定性处置、定罪量刑等方面有重要影响的事实、情节及证据。

监察法第二十二条第一款规定的已经掌握其部分违法犯罪事实及证据，是指同时具备下列情形：

（一）有证据证明发生了违法犯罪事实；

（二）有证据证明该违法犯罪事实是被调查人实施；

（三）证明被调查人实施违法犯罪行为的证据已经查证属实。

部分违法犯罪事实，既可以是单一违法犯罪行为的事实，也可以是数个违法犯罪行为中任何一个违法犯罪行为的事实。

第九十三条 被调查人具有下列情形之一的，可以认定为监察法第二十二条第一款第二项所规定的可能逃跑、自杀：

（一）着手准备自杀、自残或者逃跑的；

（二）曾经有自杀、自残或者逃跑行为的；

（三）有自杀、自残或者逃跑意图的；

（四）其他可能逃跑、自杀的情形。

第九十四条 被调查人具有下列情形之一的，可以认定为监察法第二十二条第一款第三项所规定的可能串供或者伪造、隐匿、毁灭证据：

（一）曾经或者企图串供，伪造、隐匿、毁灭、转移证据的；

（二）曾经或者企图威逼、恐吓、利诱、收买证人，干扰证人作证的；

（三）有同案人或者与被调查人存在密切关联违法犯罪的涉案人员在逃，重要证据尚未收集完成的；

（四）其他可能串供或者伪造、隐匿、毁灭证据的情形。

第九十五条 被调查人具有下列情形之一的，可以认定为监察法第二十二条第一款第四项所规定的可能有其他妨碍调查行为：

（一）可能继续实施违法犯罪行为的；

（二）有危害国家安全、公共安全等现实危险的；

（三）可能对举报人、控告人、被害人、证人、鉴定人等相关人员实施打击报复的；

（四）无正当理由拒不到案，严重影响调查的；

（五）其他可能妨碍调查的行为。

第九十六条 对下列人员不得采取留置措施：

（一）患有严重疾病、生活不能自理的；

（二）怀孕或者正在哺乳自己婴儿的妇女；

（三）系生活不能自理的人的唯一扶养人。

上述情形消除后，根据调查需要可以对相关人员采取留置措施。

第九十七条 采取留置措施时，调查人员不得少于二人，应当向被留置人员宣布《留置决定书》，告知被留置人员权利义务，要求其在《留置决定书》上签名、捺指印。被留置人员拒绝签名、捺指印的，调查人员应当在文书上记明。

第九十八条 采取留置措施后，应当在二十四小时以内通知被留置人员所在单位和家属。当面通知的，由有关人员在《留置通知书》上签名。无法当面通知的，可以先以电话等方式通知，并通过邮寄、转交等方式送达《留置通知书》,要求有关人员在《留置通知书》上签名。

因可能毁灭、伪造证据,干扰证人作证或者串供等有碍调查情形而不宜通知的,应当按规定报批,记录在案。有碍调查的情形消失后,应当立即通知被留置人员所在单位和家属。

第九十九条 县级以上监察机关需要提请公安机关协助采取留置措施的,应当按规定报批,请同级公安机关依法予以协助。提请协助时,应当出具《提请协助采取留置措施函》,列明提请协助的具体事项和建议,协助采取措施的时间、地点等内容,附《留置决定书》复印件。

因保密需要,不适合在采取留置措施前向公安机关告知留置对象姓名的,可以作出说明,进行保密处理。

需要提请异地公安机关协助采取留置措施的,应当按规定报批,向协作地同级监察机关出具协作函件和相关文书,由协作地监察机关提请当地公安机关依法予以协助。

第一百条 留置过程中,应当保障被留置人员的合法权益,尊重其人格和民族习俗,保障饮食、休息和安全,提供医疗服务。

第一百零一条 留置时间不得超过三个月,自向被留置人员宣布之日起算。具有下列情形之一的,经审批可以延长一次,延长时间不得超过三个月:

(一)案情重大,严重危害国家利益或者公共利益的;

(二)案情复杂,涉案人员多、金额巨大,涉及范围广的;

(三)重要证据尚未收集完成,或者重要涉案人员尚未到案,导致违法犯罪的主要事实仍须继续调查的;

(四)其他需要延长留置时间的情形。

省级以下监察机关采取留置措施的,延长留置时间应当报上一级监察机关批准。

延长留置时间的,应当在留置期满前向被留置人员宣布延长留置时间的决定,要求其在《延长留置时间决定书》上签名、捺指印。被留置人员拒绝签名、捺指印的，调查人员应当在文书上记明。

延长留置时间的，应当通知被留置人员家属。

第一百零二条 对被留置人员不需要继续采取留置措施的，应当按规定报批，及时解除留置。

调查人员应当向被留置人员宣布解除留置措施的决定，由其在《解除留置决定书》上签名、捺指印。被留置人员拒绝签名、捺指印的，调查人员应当在文书上记明。

解除留置措施的，应当及时通知被留置人员所在单位或者家属。调查人员应当与交接人办理交接手续，并由其在《解除留置通知书》上签名。无法通知或者有关人员拒绝签名的，调查人员应当在文书上记明。

案件依法移送人民检察院审查起诉的，留置措施自犯罪嫌疑人被执行拘留时自动解除，不再办理解除法律手续。

第一百零三条 留置场所应当建立健全保密、消防、医疗、餐饮及安保等安全工作责任制，制定紧急突发事件处置预案，采取安全防范措施。

留置期间发生被留置人员死亡、伤残、脱逃等办案安全事故、事件的，应当及时做好处置工作。相关情况应当立即报告监察机关主要负责人，并在二十四小时以内逐级上报至国家监察委员会。

第七节 查询、冻结

第一百零四条 监察机关调查严重职务违法或者职务犯罪，根据工作需要，按规定报批后，可以依法查询、冻结涉案单位和个人的存款、汇款、债券、股票、基金份额等财产。

第一百零五条 查询、冻结财产时，调查人员不得少于二人。调查人员应当出具《协助查询财产通知书》或者《协助冻结财产通知书》，送交银行或者其他金融机构、邮政部门等单位执行。有关单位和个人应当予以配合，并严格保密。

查询财产应当在《协助查询财产通知书》中填写查询账号、查询内容等信息。没有具体账号的,应当填写足以确定账户或者权利人的自然人姓名、身份证件号码或者企业法人名称、统一社会信用代码等信息。

冻结财产应当在《协助冻结财产通知书》中填写冻结账户名称、冻结账号、冻结数额、冻结期限起止时间等信息。冻结数额应当具体、明确,暂时无法确定具体数额的,应当在《协助冻结财产通知书》上明确写明“只收不付”。冻结证券和交易结算资金时,应当明确冻结的范围是否及于孳息。

冻结财产,应当为被调查人及其所扶养的亲属保留必需的生活费用。

第一百零六条 调查人员可以根据需要对查询结果进行打印、抄录、复制、拍照,要求相关单位在有关材料上加盖证明印章。对查询结果有疑问的,可以要求相关单位进行书面解释并加盖印章。

第一百零七条 监察机关对查询信息应当加强管理,规范信息交接、调阅、使用程序和手续,防止滥用和泄露。

调查人员不得查询与案件调查工作无关的信息。

第一百零八条 冻结财产的期限不得超过六个月。冻结期限到期未办理续冻手续的,冻结自动解除。

有特殊原因需要延长冻结期限的,应当在到期前按原程序报批,办理续冻手续。每次续冻期限不得超过六个月。

第一百零九条 已被冻结的财产可以轮候冻结,不得重复冻结。轮候冻结的,监察机关应当要求有关银行或者其他金融机构等单位在解除冻结或者作出处理前予以通知。

监察机关接受司法机关、其他监察机关等国家机关移送的涉案财物后,该国家机关采取的冻结期限届满,监察机关续行冻结的顺位与该国家机关冻结的顺位相同。

第一百一十条 冻结财产应当通知权利人或者其法定代理人、委托代理人,要求其在《冻结财产告知书》上签名。冻结股票、债券、基金份额等财产,应当告知权利人或者其法定代理人、委托代理人有权申请出售。

对于被冻结的股票、债券、基金份额等财产,权利人或者其法定代理人、委托代理人申请出售,不损害国家利益、被害人利益,不影响调查正常进行的,经审批可以在案件办结前由相关机构依法出售或者变现。对于被冻结的汇票、本票、支票即将到期的,经审批可以在案件办结前由相关机构依法出售或者变现。出售上述财产的,应当出具《许可出售冻结财产通知书》。

出售或者变现所得价款应当继续冻结在其对应的银行账户中;没有对应的银行账户的,应当存入监察机关指定的专用账户保管,并将存款凭证送监察机关登记。监察机关应当及时向权利人或者其法定代理人、委托代理人出具《出售冻结财产通知书》,并要求其签名。拒绝签名的,调查人员应当在文书上记明。

第一百一十一条 对于冻结的财产,应当及时核查。经查明与案件无关的,经审批,应当在查明后三日以内将《解除冻结财产通知书》送交有关单位执行。解除情况应当告知被冻结财产的权利人或者其法定代理人、委托代理人。

第八节 搜 查

第一百一十二条 监察机关调查职务犯罪案件,为了收集犯罪证据、查获被调查人,按规定报批后,可以依法对被调查人以及可能隐藏被调查人或者犯罪证据的人的身体、物品、住处、工作地点和其他有关地方进行搜查。

第一百一十三条 搜查应当在调查人员主持下进行,调查人员不得少于二人。搜查女性的身体,由女性工作人员进行。

搜查时,应当有被搜查人或者其家属、其所在单位工作人员或者其他见证人在场。监察人员不得作为见证人。调查人员应当向被搜查人或者其家属、见证人出示《搜查证》,要求其签名。被搜查人或者其家属不在场,或者拒绝签名的,调查人员应当在文书上记明。

第一百一十四条 搜查时,应当要求在场人员予以配合,不得进行阻碍。对以暴力、威胁等方法阻碍搜查的,应当依法制止。对阻碍搜查构成违法犯罪的,依法追究法律责任。

第一百一十五条 县级以上监察机关需要提请公安机关依法协助采取搜查措施的,应当按规定报批,请同级公安机关予以协助。提请协助时,应当出具《提请协助采取搜查措施函》,列明提请协助的具体事项和建议,搜查时间、地点、目的等内容,附《搜查证》复印件。

需要提请异地公安机关协助采取搜查措施的,应当按规定报批,向协作地同级监察机关出具协作函件和相关文书,由协作地监察机关提请当地公安机关予以协助。

第一百一十六条 对搜查取证工作,应当全程同步录音录像。

对搜查情况应当制作《搜查笔录》,由调查人员和被搜查人或者其家属、见证人签名。被搜查人或者其家属不在场,或者拒绝签名的,调查人员应当在笔录中记明。

对于查获的重要物证、书证、视听资料、电子数据及其放置、存储位置应当拍照,并在《搜查笔录》中作出文字说明。

第一百一十七条 搜查时,应当避免未成年人或者其他不适宜在搜查现场的人在场。

搜查人员应当服从指挥、文明执法,不得擅自变更搜查对象和扩大搜查范围。搜查的具体时间、方法,在实施前应当严格保密。

第一百一十八条 在搜查过程中查封、扣押财物和文件的,按照查封、扣押的有关规定办理。

第九节 调 取

第一百一十九条 监察机关按规定报批后,可以依法向有关单位和个人调取用以证明案件事实的证据材料。

第一百二十条 调取证据材料时,调查人员不得少于二人。调查人员应当依法出具《调取证据通知书》,必要时附《调取证据清单》。

有关单位和个人配合监察机关调取证据,应当严格保密。

第一百二十一条 调取物证应当调取原物。原物不便搬运、保存，或者依法应当返还，或者因保密工作需要不能调取原物的，可以将原物封存，并拍照、录像。对原物拍照或者录像时，应当足以反映原物的外形、内容。

调取书证、视听资料应当调取原件。取得原件确有困难或者因保密工作需要不能调取原件的，可以调取副本或者复制件。

调取物证的照片、录像和书证、视听资料的副本、复制件的，应当书面记明不能调取原物、原件的原因，原物、原件存放地点，制作过程，是否与原物、原件相符，并由调查人员和物证、书证、视听资料原持有人签名或者盖章。持有人无法签名、盖章或者拒绝签名、盖章的，应当在笔录中记明，由见证人签名。

第一百二十二条 调取外文材料作为证据使用的，应当交由具有资质的机构和人员出具中文译本。中文译本应当加盖翻译机构公章。

第一百二十三条 收集、提取电子数据，能够扣押原始存储介质的，应当予以扣押、封存并在笔录中记录封存状态。无法扣押原始存储介质的，可以提取电子数据，但应当在笔录中记明不能扣押的原因、原始存储介质的存放地点或者电子数据的来源等情况。

由于客观原因无法或者不宜采取前款规定方式收集、提取电子数据的，可以采取打印、拍照或者录像等方式固定相关证据，并在笔录中说明原因。

收集、提取的电子数据，足以保证完整性，无删除、修改、增加等情形的，可以作为证据使用。

收集、提取电子数据，应当制作笔录，记录案由、对象、内容，收集、提取电子数据的时间、地点、方法、过程，并附电子数据清单，注明类别、文件格式、完整性校验值等，由调查人员、电子数据持有人（提供人）签名或者盖章；电子数据持有人（提供人）无法签名或者拒绝签名的，应当在笔录中记明，由见证人签名或者盖章。有条件的，应当对相关活动进行录像。

第一百二十四条 调取的物证、书证、视听资料等原件,经查明与案件无关的,经审批,应当在查明后三日以内退还,并办理交接手续。

第十节 查封、扣押

第一百二十五条 监察机关按规定报批后,可以依法查封、扣押用以证明被调查人涉嫌违法犯罪以及情节轻重的财物、文件、电子数据等证据材料。

对于被调查人到案时随身携带的物品,以及被调查人或者其他相关人员主动上交的财物和文件,依法需要扣押的,依照前款规定办理。对于被调查人随身携带的与案件无关的个人用品,应当逐件登记,随案移交或者退还。

第一百二十六条 查封、扣押时,应当出具《查封/扣押通知书》,调查人员不得少于二人。持有人拒绝交出应当查封、扣押的财物和文件的,可以依法强制查封、扣押。

调查人员对于查封、扣押的财物和文件,应当会同在场见证人和被查封、扣押财物持有人进行清点核对,开列《查封/扣押财物、文件清单》,由调查人员、见证人和持有人签名或者盖章。持有人不在场或者拒绝签名、盖章的,调查人员应当在清单上记明。

查封、扣押财物,应当为被调查人及其所扶养的亲属保留必需的生活费用和物品。

第一百二十七条 查封、扣押不动产和置于该不动产上不宜移动的设施、家具和其他相关财物,以及车辆、船舶、航空器和大型机械、设备等财物,必要时可以依法扣押其权利证书,经拍照或者录像后原地封存。调查人员应当在查封清单上记明相关财物的所在地址和特征,已经拍照或者录像及其权利证书被扣押的情况,由调查人员、见证人和持有人签名或者盖章。持有人不在场或者拒绝签名、盖章的,调查人员应当在清单上记明。

查封、扣押前款规定财物的,必要时可以将被查封财物交给持有人或者其近亲属保管。调查人员应当告知保管人妥善保管，不得对被查封财物进行转移、变卖、毁损、抵押、赠予等处理。

调查人员应当将《查封/扣押通知书》送达不动产、生产设备或者车辆、船舶、航空器等财物的登记、管理部门，告知其在查封期间禁止办理抵押、转让、出售等权属关系变更、转移登记手续。相关情况应当在查封清单上记明。被查封、扣押的财物已经办理抵押登记的，监察机关在执行没收、追缴、责令退赔等决定时应当及时通知抵押权人。

第一百二十八条 查封、扣押下列物品，应当依法进行相应的处理：

（一）查封、扣押外币、金银珠宝、文物、名贵字画以及其他不易辨别真伪的贵重物品，具备当场密封条件的，应当当场密封，由二名以上调查人员在密封材料上签名并记明密封时间。不具备当场密封条件的，应当在笔录中记明，以拍照、录像等方法加以保全后进行封存。查封、扣押的贵重物品需要鉴定的，应当及时鉴定。

（二）查封、扣押存折、银行卡、有价证券等支付凭证和具有一定特征能够证明案情的现金，应当记明特征、编号、种类、面值、张数、金额等，当场密封，由二名以上调查人员在密封材料上签名并记明密封时间。

（三）查封、扣押易损毁、灭失、变质等不宜长期保存的物品以及有消费期限的卡、券，应当在笔录中记明，以拍照、录像等方法加以保全后进行封存，或者经审批委托有关机构变卖、拍卖。变卖、拍卖的价款存入专用账户保管，待调查终结后一并处理。

（四）对于可以作为证据使用的录音录像、电子数据存储介质，应当记明案由、对象、内容，录制、复制的时间、地点、规格、类别、应用长度、文件格式及长度等，制作清单。具备查封、扣押条件的电子设备、存储介质应当密封保存。必要时，可以请有关机关协助。

（五）对被调查人使用违法犯罪所得与合法收入共同购置的不可分割的财产，可以先行查封、扣押。对无法分割退还的财产，涉及违法的，可以在结案后委托有关单位拍卖、变卖，退还不属于违法所得的部分及孳息；涉及职务犯罪的，依法移送司法机关处置。

（六）查封、扣押危险品、违禁品，应当及时送交有关部门，或者根据工作需要严格封存保管。

第一百二十九条 对于需要启封的财物和文件，应当由二名以上调查人员共同办理。重新密封时，由二名以上调查人员在密封材料上签名、记明时间。

第一百三十条 查封、扣押涉案财物，应当按规定将涉案财物详细信息、《查封/扣押财物、文件清单》录入并上传监察机关涉案财物信息管理系统。

对于涉案款项，应当在采取措施后十五日以内存入监察机关指定的专用账户。对于涉案物品，应当在采取措施后三十日以内移交涉案财物保管部门保管。因特殊原因不能按时存入专用账户或者移交保管的，应当按规定报批，将保管情况录入涉案财物信息管理系统，在原因消除后及时存入或者移交。

第一百三十一条 对于已移交涉案财物保管部门保管的涉案财物，根据调查工作需要，经审批可以临时调用，并应当确保完好。调用结束后，应当及时归还。调用和归还时，调查人员、保管人员应当当面清点查验。保管部门应当对调用和归还情况进行登记，全程录像并上传涉案财物信息管理系统。

第一百三十二条 对于被扣押的股票、债券、基金份额等财产，以及即将到期的汇票、本票、支票，依法需要出售或者变现的，按照本条例关于出售冻结财产的规定办理。

第一百三十三条 监察机关接受司法机关、其他监察机关等国家机关移送的涉案财物后，该国家机关采取的查封、扣押期限届满，监察机关续行查封、扣押的顺位与该国家机关查封、扣押的顺位相同。

第一百三十四条 对查封、扣押的财物和文件，应当及时进行核查。经查明与案件无关的，经审批，应当在查明后三日以内解除查封、扣押,予以退还。解除查封、扣押的,应当向有关单位、原持有人或者近亲属送达《解除查封/扣押通知书》,附《解除查封/扣押财物、文件清单》,要求其签名或者盖章。

第一百三十五条 在立案调查之前,对监察对象及相关人员主动上交的涉案财物,经审批可以接收。

接收时,应当由二名以上调查人员,会同持有人和见证人进行清点核对,当场填写《主动上交财物登记表》。调查人员、持有人和见证人应当在登记表上签名或者盖章。

对于主动上交的财物,应当根据立案及调查情况及时决定是否依法查封、扣押。

第十一节 勘验检查

第一百三十六条 监察机关按规定报批后,可以依法对与违法犯罪有关的场所、物品、人身、尸体、电子数据等进行勘验检查。

第一百三十七条 依法需要勘验检查的,应当制作《勘验检查证》;需要委托勘验检查的,应当出具《委托勘验检查书》,送具有专门知识、勘验检查资格的单位(人员)办理。

第一百三十八条 勘验检查应当由二名以上调查人员主持,邀请与案件无关的见证人在场。勘验检查情况应当制作笔录,并由参加勘验检查人员和见证人签名。

勘验检查现场、拆封电子数据存储介质应当全程同步录音录像。对现场情况应当拍摄现场照片、制作现场图,并由勘验检查人员签名。

第一百三十九条 为了确定被调查人或者相关人员的某些特征、伤害情况或者生理状态,可以依法对其人身进行检查。必要时可以聘请法医或者医师进行人身检查。检查女性身体,应当由女性工作人员或者医师进行。被调查人拒绝检查的,可以依法强制检查。

人身检查不得采用损害被检查人生命、健康或者贬低其名誉、人格的方法。对人身检查过程中知悉的个人隐私,应当严格保密。

对人身检查的情况应当制作笔录,由参加检查的调查人员、检查人员、被检查人员和见证人签名。被检查人员拒绝签名的,调查人员应当在笔录中记明。

第一百四十条 为查明案情,在必要的时候,经审批可以依法进行调查实验。调查实验,可以聘请有关专业人员参加,也可以要求被调查人、被害人、证人参加。

进行调查实验,应当全程同步录音录像,制作调查实验笔录,由参加实验的人签名。进行调查实验,禁止一切足以造成危险、侮辱人格的行为。

第一百四十一条 调查人员在必要时,可以依法让被害人、证人和被调查人对与违法犯罪有关的物品、文件、尸体或者场所进行辨认;也可以让被害人、证人对被调查人进行辨认,或者让被调查人对涉案人员进行辨认。

辨认工作应当由二名以上调查人员主持进行。在辨认前,应当向辨认人详细询问辨认对象的具体特征,避免辨认人见到辨认对象,并告知辨认人作虚假辨认应当承担的法律责任。几名辨认人对同一辨认对象进行辨认时,应当由辨认人个别进行。辨认应当形成笔录,并由调查人员、辨认人签名。

第一百四十二条 辨认人员时,被辨认的人数不得少于七人,照片不得少于十张。

辨认人不愿公开进行辨认时,应当在不暴露辨认人的情况下进行辨认,并为其保守秘密。

第一百四十三条 组织辨认物品时一般应当辨认实物。被辨认的物品系名贵字画等贵重物品或者存在不便搬运等情况的,可以对实物照片进行辨认。辨认人进行辨认时,应当在辨认出的实物照片与附纸骑缝上捺指印予以确认,在附纸上写明该实物涉案情况并签名、捺指印。

辨认物品时,同类物品不得少于五件,照片不得少于五张。

对于难以找到相似物品的特定物,可以将该物品照片交由辨认人进行确认后,在照片与附纸骑缝上捺指印,在附纸上写明该物品涉案情况并签名、捺指印。在辨认人确认前,应当向其详细询问物品的具体特征,并对确认过程和结果形成笔录。

第一百四十四条 辨认笔录具有下列情形之一的,不得作为认定案件的依据:

(一)辨认开始前使辨认人见到辨认对象的;

(二)辨认活动没有个别进行的;

(三)辨认对象没有混杂在具有类似特征的其他对象中,或者供辨认的对象数量不符合规定的,但特定辨认对象除外;

(四)辨认中给辨认人明显暗示或者明显有指认嫌疑的;

(五)辨认不是在调查人员主持下进行的;

(六)违反有关规定,不能确定辨认笔录真实性的其他情形。

辨认笔录存在其他瑕疵的,应当结合全案证据审查其真实性和关联性,作出综合判断。

第十二节 鉴 定

第一百四十五条 监察机关为解决案件中的专门性问题,按规定报批后,可以依法进行鉴定。

鉴定时应当出具《委托鉴定书》,由二名以上调查人员送交具有鉴定资格的鉴定机构、鉴定人进行鉴定。

第一百四十六条 监察机关可以依法开展下列鉴定:

(一)对笔迹、印刷文件、污损文件、制成时间不明的文件和以其他形式表现的文件等进行鉴定;

(二)对案件中涉及的财务会计资料及相关财物进行会计鉴定;

(三)对被调查人、证人的行为能力进行精神病鉴定;

(四)对人体造成的损害或者死因进行人身伤亡医学鉴定;

(五)对录音录像资料进行鉴定;

(六)对因电子信息技术应用而出现的材料及其派生物进行电子证据鉴定;

(七)其他可以依法进行的专业鉴定。

第一百四十七条 监察机关应当为鉴定提供必要条件,向鉴定人送交有关检材和对比样本等原始材料,介绍与鉴定有关的情况。调查人员应当明确提出要求鉴定事项,但不得暗示或者强迫鉴定人作出某种鉴定意见。

监察机关应当做好检材的保管和送检工作,记明检材送检环节的责任人,确保检材在流转环节的同一性和不被污染。

第一百四十八条 鉴定人应当在出具的鉴定意见上签名,并附鉴定机构和鉴定人的资质证明或者其他证明文件。多个鉴定人的鉴定意见不一致的,应当在鉴定意见上记明分歧的内容和理由,并且分别签名。

监察机关对于法庭审理中依法决定鉴定人出庭作证的,应当予以协调。

鉴定人故意作虚假鉴定的,应当依法追究法律责任。

第一百四十九条 调查人员应当对鉴定意见进行审查。对经审查作为证据使用的鉴定意见,应当告知被调查人及相关单位、人员,送达《鉴定意见告知书》。

被调查人或者相关单位、人员提出补充鉴定或者重新鉴定申请,经审查符合法定要求的,应当按规定报批,进行补充鉴定或者重新鉴定。

对鉴定意见告知情况可以制作笔录,载明告知内容和被告知人的意见等。

第一百五十条 经审查具有下列情形之一的,应当补充鉴定:

(一)鉴定内容有明显遗漏的;

(二)发现新的有鉴定意义的证物的;

(三)对鉴定证物有新的鉴定要求的;

(四)鉴定意见不完整,委托事项无法确定的;

(五)其他需要补充鉴定的情形。

第一百五十一条 经审查具有下列情形之一的,应当重新鉴定:

（一）鉴定程序违法或者违反相关专业技术要求的；

（二）鉴定机构、鉴定人不具备鉴定资质和条件的；

（三）鉴定人故意作出虚假鉴定或者违反回避规定的；

（四）鉴定意见依据明显不足的；

（五）检材虚假或者被损坏的；

（六）其他应当重新鉴定的情形。

决定重新鉴定的，应当另行确定鉴定机构和鉴定人。

第一百五十二条 因无鉴定机构，或者根据法律法规等规定，监察机关可以指派、聘请具有专门知识的人就案件的专门性问题出具报告。

第十三节 技术调查

第一百五十三条 监察机关根据调查涉嫌重大贪污贿赂等职务犯罪需要，依照规定的权限和程序报经批准，可以依法采取技术调查措施，按照规定交公安机关或者国家有关执法机关依法执行。

前款所称重大贪污贿赂等职务犯罪，是指具有下列情形之一：

（一）案情重大复杂，涉及国家利益或者重大公共利益的；

（二）被调查人可能被判处十年以上有期徒刑、无期徒刑或者死刑的；

（三）案件在全国或者本省、自治区、直辖市范围内有较大影响的。

第一百五十四条 依法采取技术调查措施的，监察机关应当出具《采取技术调查措施委托函》《采取技术调查措施决定书》和《采取技术调查措施适用对象情况表》，送交有关机关执行。其中，设区的市级以下监察机关委托有关执行机关采取技术调查措施，还应当提供《立案决定书》。

第一百五十五条 技术调查措施的期限按照监察法的规定执行，期限届满前未办理延期手续的，到期自动解除。

对于不需要继续采取技术调查措施的，监察机关应当按规定及时报批，将《解除技术调查措施决定书》送交有关机关执行。

需要依法变更技术调查措施种类或者增加适用对象的，监察机关应当重新办理报批和委托手续，依法送交有关机关执行。

第一百五十六条 对于采取技术调查措施收集的信息和材料，依法需要作为刑事诉讼证据使用的，监察机关应当按规定报批，出具《调取技术调查证据材料通知书》向有关执行机关调取。

对于采取技术调查措施收集的物证、书证及其他证据材料，监察机关应当制作书面说明，写明获取证据的时间、地点、数量、特征以及采取技术调查措施的批准机关、种类等。调查人员应当在书面说明上签名。

对于采取技术调查措施获取的证据材料，如果使用该证据材料可能危及有关人员的人身安全，或者可能产生其他严重后果的，应当采取不暴露有关人员身份、技术方法等保护措施。必要时，可以建议由审判人员在庭外进行核实。

第一百五十七条 调查人员对采取技术调查措施过程中知悉的国家秘密、商业秘密、个人隐私，应当严格保密。

采取技术调查措施获取的证据、线索及其他有关材料，只能用于对违法犯罪的调查、起诉和审判，不得用于其他用途。

对采取技术调查措施获取的与案件无关的材料，应当经审批及时销毁。对销毁情况应当制作记录，由调查人员签名。

第十四节 通 缉

第一百五十八条 县级以上监察机关对在逃的应当被留置人员，依法决定在本行政区域内通缉的，应当按规定报批，送交同级公安机关执行。送交执行时，应当出具《通缉决定书》，附《留置决定书》等法律文书和被通缉人员信息，以及承办单位、承办人员等有关情况。

通缉范围超出本行政区域的，应当报有决定权的上级监察机关出具《通缉决定书》，并附《留置决定书》及相关材料，送交同级公安机关执行。

第一百五十九条 国家监察委员会依法需要提请公安部对在逃人员发布公安部通缉令的,应当先提请公安部采取网上追逃措施。如情况紧急,可以向公安部同时出具《通缉决定书》和《提请采取网上追逃措施函》。

省级以下监察机关报请国家监察委员会提请公安部发布公安部通缉令的,应当先提请本地公安机关采取网上追逃措施。

第一百六十条 监察机关接到公安机关抓获被通缉人员的通知后,应当立即核实被抓获人员身份,并在接到通知后二十四小时以内派员办理交接手续。边远或者交通不便地区,至迟不得超过三日。

公安机关在移交前,将被抓获人员送往当地监察机关留置场所临时看管的,当地监察机关应当接收,并保障临时看管期间的安全,对工作信息严格保密。

监察机关需要提请公安机关协助将被抓获人员带回的,应当按规定报批,请本地同级公安机关依法予以协助。提请协助时,应当出具《提请协助采取留置措施函》,附《留置决定书》复印件及相关材料。

第一百六十一条 监察机关对于被通缉人员已经归案、死亡,或者依法撤销留置决定以及发现有其他不需要继续采取通缉措施情形的,应当经审批出具《撤销通缉通知书》,送交协助采取原措施的公安机关执行。

第十五节 限制出境

第一百六十二条 监察机关为防止被调查人及相关人员逃匿境外,按规定报批后,可以依法决定采取限制出境措施,交由移民管理机构依法执行。

第一百六十三条 监察机关采取限制出境措施应当出具有关函件,与《采取限制出境措施决定书》一并送交移民管理机构执行。其中,采取边控措施的,应当附《边控对象通知书》;采取法定不批准出境措施的,应当附《法定不准出境人员报备表》。

第一百六十四条 限制出境措施有效期不超过三个月,到期自动解除。

到期后仍有必要继续采取措施的,应当按原程序报批。承办部门应当出具有关函件,在到期前与《延长限制出境措施期限决定书》一并送交移民管理机构执行。延长期限每次不得超过三个月。

第一百六十五条 监察机关接到口岸移民管理机构查获被决定采取留置措施的边控对象的通知后,应当于二十四小时以内到达口岸办理移交手续。无法及时到达的,应当委托当地监察机关及时前往口岸办理移交手续。当地监察机关应当予以协助。

第一百六十六条 对于不需要继续采取限制出境措施的,应当按规定报批,及时予以解除。承办部门应当出具有关函件,与《解除限制出境措施决定书》一并送交移民管理机构执行。

第一百六十七条 县级以上监察机关在重要紧急情况下,经审批可以依法直接向口岸所在地口岸移民管理机构提请办理临时限制出境措施。

第五章 监察程序

第一节 线索处置

第一百六十八条 监察机关应当对问题线索归口受理、集中管理、分类处置、定期清理。

第一百六十九条 监察机关对于报案或者举报应当依法接受。属于本级监察机关管辖的,依法予以受理;属于其他监察机关管辖的,应当在五个工作日以内予以转送。

监察机关可以向下级监察机关发函交办检举控告,并进行督办,下级监察机关应当按期回复办理结果。

第一百七十条 对于涉嫌职务违法或者职务犯罪的公职人员主动投案的,应当依法接待和办理。

第一百七十一条 监察机关对于执法机关、司法机关等其他机关移送的问题线索，应当及时审核，并按照下列方式办理：

（一）本单位有管辖权的，及时研究提出处置意见；

（二）本单位没有管辖权但其他监察机关有管辖权的，在五个工作日以内转送有管辖权的监察机关；

（三）本单位对部分问题线索有管辖权的，对有管辖权的部分提出处置意见，并及时将其他问题线索转送有管辖权的机关；

（四）监察机关没有管辖权的，及时退回移送机关。

第一百七十二条 信访举报部门归口受理本机关管辖监察对象涉嫌职务违法和职务犯罪问题的检举控告，统一接收有关监察机关以及其他单位移送的相关检举控告，移交本机关监督检查部门或者相关部门，并将移交情况通报案件监督管理部门。

案件监督管理部门统一接收巡视巡察机构和审计机关、执法机关、司法机关等其他机关移送的职务违法和职务犯罪问题线索，按程序移交本机关监督检查部门或者相关部门办理。

监督检查部门、调查部门在工作中发现的相关问题线索，属于本部门受理范围的，应当报送案件监督管理部门备案；属于本机关其他部门受理范围的，经审批后移交案件监督管理部门分办。

第一百七十三条 案件监督管理部门应当对问题线索实行集中管理、动态更新，定期汇总、核对问题线索及处置情况，向监察机关主要负责人报告，并向相关部门通报。

问题线索承办部门应当指定专人负责管理线索，逐件编号登记、建立管理台账。线索管理处置各环节应当由经手人员签名，全程登记备查，及时与案件监督管理部门核对。

第一百七十四条 监督检查部门应当结合问题线索所涉及地区、部门、单位总体情况进行综合分析，提出处置意见并制定处置方案，经审批按照谈话、函询、初步核实、暂存待查、予以了结等方式进行处置，或者按照职责移送调查部门处置。

函询应当以监察机关办公厅（室）名义发函给被反映人，并抄送其所在单位和派驻监察机构主要负责人。被函询人应当在收到函件后十五个工作日以内写出说明材料,由其所在单位主要负责人签署意见后发函回复。被函询人为所在单位主要负责人的,或者被函询人所作说明涉及所在单位主要负责人的,应当直接发函回复监察机关。

被函询人已经退休的,按照第二款规定程序办理。

监察机关根据工作需要,经审批可以对谈话、函询情况进行核实。

第一百七十五条 检举控告人使用本人真实姓名或者本单位名称,有电话等具体联系方式的,属于实名检举控告。监察机关对实名检举控告应当优先办理、优先处置,依法给予答复。虽有署名但不是检举控告人真实姓名(单位名称)或者无法验证的检举控告,按照匿名检举控告处理。

信访举报部门对属于本机关受理的实名检举控告,应当在收到检举控告之日起十五个工作日以内按规定告知实名检举控告人受理情况,并做好记录。

调查人员应当将实名检举控告的处理结果在办结之日起十五个工作日以内向检举控告人反馈,并记录反馈情况。对检举控告人提出异议的应当如实记录,并向其进行说明;对提供新证据材料的,应当依法核查处理。

第二节　初步核实

第一百七十六条 监察机关对具有可查性的职务违法和职务犯罪问题线索,应当按规定报批后,依法开展初步核实工作。

第一百七十七条 采取初步核实方式处置问题线索,应当确定初步核实对象,制定工作方案,明确需要核实的问题和采取的措施,成立核查组。

在初步核实中应当注重收集客观性证据,确保真实性和准确性。

第一百七十八条 在初步核实中发现或者受理被核查人新的具有可查性的问题线索的,应当经审批纳入原初核方案开展核查。

第一百七十九条 核查组在初步核实工作结束后应当撰写初步核实情况报告，列明被核查人基本情况、反映的主要问题、办理依据、初步核实结果、存在疑点、处理建议，由全体人员签名。

承办部门应当综合分析初步核实情况，按照拟立案调查、予以了结、谈话提醒、暂存待查，或者移送有关部门、机关处理等方式提出处置建议，按照批准初步核实的程序报批。

第三节 立 案

第一百八十条 监察机关经过初步核实，对于已经掌握监察对象涉嫌职务违法或者职务犯罪的部分事实和证据，认为需要追究其法律责任的，应当按规定报批后，依法立案调查。

第一百八十一条 监察机关立案调查职务违法或者职务犯罪案件，需要对涉嫌行贿犯罪、介绍贿赂犯罪或者共同职务犯罪的涉案人员立案调查的，应当一并办理立案手续。需要交由下级监察机关立案的，经审批交由下级监察机关办理立案手续。

对单位涉嫌受贿、行贿等职务犯罪，需要追究法律责任的，依法对该单位办理立案调查手续。对事故（事件）中存在职务违法或者职务犯罪问题，需要追究法律责任，但相关责任人员尚不明确的，可以以事立案。对单位立案或者以事立案后，经调查确定相关责任人员的，按照管理权限报批确定被调查人。

监察机关根据人民法院生效刑事判决、裁定和人民检察院不起诉决定认定的事实，需要对监察对象给予政务处分的，可以由相关监督检查部门依据司法机关的生效判决、裁定、决定及其认定的事实、性质和情节，提出给予政务处分的意见，按程序移送审理。对依法被追究行政法律责任的监察对象，需要给予政务处分的，应当依法办理立案手续。

第一百八十二条 对案情简单、经过初步核实已查清主要职务违法事实，应当追究监察对象法律责任，不再需要开展调查的，立案和移送审理可以一并报批，履行立案程序后再移送审理。

第一百八十三条　上级监察机关需要指定下级监察机关立案调查的,应当按规定报批,向被指定管辖的监察机关出具《指定管辖决定书》,由其办理立案手续。

第一百八十四条　批准立案后,应当由二名以上调查人员出示证件,向被调查人宣布立案决定。宣布立案决定后,应当及时向被调查人所在单位等相关组织送达《立案通知书》,并向被调查人所在单位主要负责人通报。

对涉嫌严重职务违法或者职务犯罪的公职人员立案调查并采取留置措施的,应当按规定通知被调查人家属,并向社会公开发布。

第四节　调　　查

第一百八十五条　监察机关对已经立案的职务违法或者职务犯罪案件应当依法进行调查,收集证据查明违法犯罪事实。

调查职务违法或者职务犯罪案件,对被调查人没有采取留置措施的,应当在立案后一年以内作出处理决定;对被调查人解除留置措施的,应当在解除留置措施后一年以内作出处理决定。案情重大复杂的案件,经上一级监察机关批准,可以适当延长,但延长期限不得超过六个月。

被调查人在监察机关立案调查以后逃匿的,调查期限自被调查人到案之日起重新计算。

第一百八十六条　案件立案后,监察机关主要负责人应当依照法定程序批准确定调查方案。

监察机关应当组成调查组依法开展调查。调查工作应当严格按照批准的方案执行,不得随意扩大调查范围、变更调查对象和事项,对重要事项应当及时请示报告。调查人员在调查工作期间,未经批准不得单独接触任何涉案人员及其特定关系人,不得擅自采取调查措施。

第一百八十七条　调查组应当将调查认定的涉嫌违法犯罪事实形成书面材料,交给被调查人核对,听取其意见。被调查人应当在书面材料上签署意见。对被调查人签署不同意见或者拒不签署意见的,调查组应当作出说明或者注明情况。对被调查人提出申辩的事实、理由和证据应当进行核实,成立的予以采纳。

调查组对于立案调查的涉嫌行贿犯罪、介绍贿赂犯罪或者共同职务犯罪的涉案人员,在查明其涉嫌犯罪问题后,依照前款规定办理。

对于按照本条例规定,对立案和移送审理一并报批的案件,应当在报批前履行本条第一款规定的程序。

第一百八十八条 调查组在调查工作结束后应当集体讨论,形成调查报告。调查报告应当列明被调查人基本情况、问题线索来源及调查依据、调查过程,涉嫌的主要职务违法或者职务犯罪事实,被调查人的态度和认识,处置建议及法律依据,并由调查组组长以及有关人员签名。

对调查过程中发现的重要问题和形成的意见建议,应当形成专题报告。

第一百八十九条 调查组对被调查人涉嫌职务犯罪拟依法移送人民检察院审查起诉的,应当起草《起诉建议书》。《起诉建议书》应当载明被调查人基本情况,调查简况,认罪认罚情况,采取留置措施的时间,涉嫌职务犯罪事实以及证据,对被调查人从重、从轻、减轻或者免除处罚等情节,提出对被调查人移送起诉的理由和法律依据,采取强制措施的建议,并注明移送案卷数及涉案财物等内容。

调查组应当形成被调查人到案经过及量刑情节方面的材料,包括案件来源、到案经过,自动投案、如实供述、立功等量刑情节,认罪悔罪态度、退赃、避免和减少损害结果发生等方面的情况说明及相关材料。被检举揭发的问题已被立案、查破,被检举揭发人已被采取调查措施或者刑事强制措施、起诉或者审判的,还应当附有关法律文书。

第一百九十条 经调查认为被调查人构成职务违法或者职务犯罪的,应当区分不同情况提出相应处理意见,经审批将调查报告、职务违法或者职务犯罪事实材料、涉案财物报告、涉案人员处理意见等材料,连同全部证据和文书手续移送审理。

对涉嫌职务犯罪的案件材料应当按照刑事诉讼要求单独立卷,与《起诉建议书》、涉案财物报告、同步录音录像资料及其自查报告等材料一并移送审理。

调查全过程形成的材料应当案结卷成、事毕归档。

第五节 审 理

第一百九十一条 案件审理部门收到移送审理的案件后,应当审核材料是否齐全、手续是否完备。对被调查人涉嫌职务犯罪的,还应当审核相关案卷材料是否符合职务犯罪案件立卷要求,是否在调查报告中单独表述已查明的涉嫌犯罪问题,是否形成《起诉建议书》。

经审核符合移送条件的,应当予以受理;不符合移送条件的,经审批可以暂缓受理或者不予受理,并要求调查部门补充完善材料。

第一百九十二条 案件审理部门受理案件后,应当成立由二人以上组成的审理组,全面审理案卷材料。

案件审理部门对于受理的案件,应当以监察法、政务处分法、刑法、《中华人民共和国刑事诉讼法》等法律法规为准绳,对案件事实证据、性质认定、程序手续、涉案财物等进行全面审理。

案件审理部门应当强化监督制约职能,对案件严格审核把关,坚持实事求是、独立审理,依法提出审理意见。坚持调查与审理相分离的原则,案件调查人员不得参与审理。

第一百九十三条 审理工作应当坚持民主集中制原则,经集体审议形成审理意见。

第一百九十四条 审理工作应当在受理之日起一个月以内完成,重大复杂案件经批准可以适当延长。

第一百九十五条 案件审理部门根据案件审理情况,经审批可以与被调查人谈话,告知其在审理阶段的权利义务,核对涉嫌违法犯罪事实,听取其辩解意见,了解有关情况。与被调查人谈话时,案件审理人员不得少于二人。

具有下列情形之一的，一般应当与被调查人谈话：

（一）对被调查人采取留置措施，拟移送起诉的；

（二）可能存在以非法方法收集证据情形的；

（三）被调查人对涉嫌违法犯罪事实材料签署不同意见或者拒不签署意见的；

（四）被调查人要求向案件审理人员当面陈述的；

（五）其他有必要与被调查人进行谈话的情形。

第一百九十六条 经审理认为主要违法犯罪事实不清、证据不足的，应当经审批将案件退回承办部门重新调查。

有下列情形之一，需要补充完善证据的，经审批可以退回补充调查：

（一）部分事实不清、证据不足的；

（二）遗漏违法犯罪事实的；

（三）其他需要进一步查清案件事实的情形。

案件审理部门将案件退回重新调查或者补充调查的，应当出具审核意见，写明调查事项、理由、调查方向、需要补充收集的证据及其证明作用等，连同案卷材料一并送交承办部门。

承办部门补充调查结束后，应当经审批将补证情况报告及相关证据材料，连同案卷材料一并移送案件审理部门；对确实无法查明的事项或者无法补充的证据，应当作出书面说明。重新调查终结后，应当重新形成调查报告，依法移送审理。

重新调查完毕移送审理的，审理期限重新计算。补充调查期间不计入审理期限。

第一百九十七条 审理工作结束后应当形成审理报告，载明被调查人基本情况、调查简况、涉嫌违法或者犯罪事实、被调查人态度和认识、涉案财物处置、承办部门意见、审理意见等内容，提请监察机关集体审议。

对被调查人涉嫌职务犯罪需要追究刑事责任的，应当形成《起诉意见书》,作为审理报告附件。《起诉意见书》应当忠实于事实真象,载明被调查人基本情况,调查简况,采取留置措施的时间,依法查明的犯罪事实和证据,从重、从轻、减轻或者免除处罚等情节,涉案财物情况,涉嫌罪名和法律依据,采取强制措施的建议,以及其他需要说明的情况。

案件审理部门经审理认为现有证据不足以证明被调查人存在违法犯罪行为,且通过退回补充调查仍无法达到证明标准的,应当提出撤销案件的建议。

第一百九十八条 上级监察机关办理下级监察机关管辖案件的,可以经审理后按程序直接进行处置,也可以经审理形成处置意见后,交由下级监察机关办理。

第一百九十九条 被指定管辖的监察机关在调查结束后应当将案件移送审理,提请监察机关集体审议。

上级监察机关将其所管辖的案件指定管辖的,被指定管辖的下级监察机关应当按照前款规定办理后,将案件报上级监察机关依法作出政务处分决定。上级监察机关在作出决定前,应当进行审理。

上级监察机关将下级监察机关管辖的案件指定其他下级监察机关管辖的,被指定管辖的监察机关应当按照第一款规定办理后,将案件送交有管理权限的监察机关依法作出政务处分决定。有管理权限的监察机关应当进行审理,审理意见与被指定管辖的监察机关意见不一致的,双方应当进行沟通;经沟通不能取得一致意见的,报请有权决定的上级监察机关决定。经协商,有管理权限的监察机关在被指定管辖的监察机关审理阶段可以提前阅卷,沟通了解情况。

对于前款规定的重大、复杂案件,被指定管辖的监察机关经集体审议后将处理意见报有权决定的上级监察机关审核同意的,有管理权限的监察机关可以经集体审议后依法处置。

第六节 处 置

第二百条 监察机关根据监督、调查结果,依据监察法、政务处分法等规定进行处置。

第二百零一条 监察机关对于公职人员有职务违法行为但情节较轻的，可以依法进行谈话提醒、批评教育、责令检查，或者予以诫勉。上述方式可以单独使用，也可以依据规定合并使用。

谈话提醒、批评教育应当由监察机关相关负责人或者承办部门负责人进行，可以由被谈话提醒、批评教育人所在单位有关负责人陪同；经批准也可以委托其所在单位主要负责人进行。对谈话提醒、批评教育情况应当制作记录。

被责令检查的公职人员应当作出书面检查并进行整改。整改情况在一定范围内通报。

诫勉由监察机关以谈话或者书面方式进行。以谈话方式进行的，应当制作记录。

第二百零二条 对违法的公职人员依法需要给予政务处分的，应当根据情节轻重作出警告、记过、记大过、降级、撤职、开除的政务处分决定，制作政务处分决定书。

第二百零三条 监察机关应当将政务处分决定书在作出后一个月以内送达被处分人和被处分人所在机关、单位，并依法履行宣布、书面告知程序。

政务处分决定自作出之日起生效。有关机关、单位、组织应当依法及时执行处分决定，并将执行情况向监察机关报告。处分决定应当在作出之日起一个月以内执行完毕，特殊情况下经监察机关批准可以适当延长办理期限，最迟不得超过六个月。

第二百零四条 监察机关对不履行或者不正确履行职责造成严重后果或者恶劣影响的领导人员，可以按照管理权限采取通报、诫勉、政务处分等方式进行问责；提出组织处理的建议。

第二百零五条 监察机关依法向监察对象所在单位提出监察建议的，应当经审批制作监察建议书。

监察建议书一般应当包括下列内容：

（一）监督调查情况；

(二)调查中发现的主要问题及其产生的原因;

(三)整改建议、要求和期限;

(四)向监察机关反馈整改情况的要求。

第二百零六条 监察机关经调查,对没有证据证明或者现有证据不足以证明被调查人存在违法犯罪行为的,应当依法撤销案件。省级以下监察机关撤销案件后,应当在七个工作日以内向上一级监察机关报送备案报告。上一级监察机关监督检查部门负责备案工作。

省级以下监察机关拟撤销上级监察机关指定管辖或者交办案件的,应当将《撤销案件意见书》连同案卷材料,在法定调查期限到期七个工作日前报指定管辖或者交办案件的监察机关审查。对于重大、复杂案件,在法定调查期限到期十个工作日前报指定管辖或者交办案件的监察机关审查。

指定管辖或者交办案件的监察机关由监督检查部门负责审查工作。指定管辖或者交办案件的监察机关同意撤销案件的,下级监察机关应当作出撤销案件决定,制作《撤销案件决定书》;指定管辖或者交办案件的监察机关不同意撤销案件的,下级监察机关应当执行该决定。

监察机关对于撤销案件的决定应当向被调查人宣布,由其在《撤销案件决定书》上签名、捺指印,立即解除留置措施,并通知其所在机关、单位。

撤销案件后又发现重要事实或者有充分证据,认为被调查人有违法犯罪事实需要追究法律责任的,应当重新立案调查。

第二百零七条 对于涉嫌行贿等犯罪的非监察对象,案件调查终结后依法移送起诉。综合考虑行为性质、手段、后果、时间节点、认罪悔罪态度等具体情况,对于情节较轻,经审批不予移送起诉的,应当采取批评教育、责令具结悔过等方式处置;应当给予行政处罚的,依法移送有关行政执法部门。

对于有行贿行为的涉案单位和人员,按规定记入相关信息记录,可以作为信用评价的依据。

对于涉案单位和人员通过行贿等非法手段取得的财物及孳息，应当依法予以没收、追缴或者责令退赔。对于违法取得的其他不正当利益，依照法律法规及有关规定予以纠正处理。

第二百零八条 对查封、扣押、冻结的涉嫌职务犯罪所得财物及孳息应当妥善保管，并制作《移送司法机关涉案财物清单》随案移送人民检察院。对作为证据使用的实物应当随案移送；对不宜移送的，应当将清单、照片和其他证明文件随案移送。

对于移送人民检察院的涉案财物，价值不明的，应当在移送起诉前委托进行价格认定。在价格认定过程中，需要对涉案财物先行作出真伪鉴定或者出具技术、质量检测报告的，应当委托有关鉴定机构或者检测机构进行真伪鉴定或者技术、质量检测。

对不属于犯罪所得但属于违法取得的财物及孳息，应当依法予以没收、追缴或者责令退赔，并出具有关法律文书。

对经认定不属于违法所得的财物及孳息，应当及时予以返还，并办理签收手续。

第二百零九条 监察机关经调查，对违法取得的财物及孳息决定追缴或者责令退赔的，可以依法要求公安、自然资源、住房城乡建设、市场监管、金融监管等部门以及银行等机构、单位予以协助。

追缴涉案财物以追缴原物为原则，原物已经转化为其他财物的，应当追缴转化后的财物；有证据证明依法应当追缴、没收的涉案财物无法找到、被他人善意取得、价值灭失减损或者与其他合法财产混合且不可分割的，可以依法追缴、没收其他等值财产。

追缴或者责令退赔应当自处置决定作出之日起一个月以内执行完毕。因被调查人的原因逾期执行的除外。

人民检察院、人民法院依法将不认定为犯罪所得的相关涉案财物退回监察机关的，监察机关应当依法处理。

第二百一十条 监察对象对监察机关作出的涉及本人的处理决定不服的，可以在收到处理决定之日起一个月以内，向作出决定的监察机关申请复审。复审机关应当依法受理,并在受理后一个月以内作出复审决定。监察对象对复审决定仍不服的,可以在收到复审决定之日起一个月以内,向上一级监察机关申请复核。复核机关应当依法受理,并在受理后二个月以内作出复核决定。

上一级监察机关的复核决定和国家监察委员会的复审、复核决定为最终决定。

第二百一十一条 复审、复核机关承办部门应当成立工作组,调阅原案卷宗,必要时可以进行调查取证。承办部门应当集体研究,提出办理意见,经审批作出复审、复核决定。决定应当送达申请人,抄送相关单位,并在一定范围内宣布。

复审、复核期间,不停止原处理决定的执行。复审、复核机关经审查认定处理决定有错误或者不当的,应当依法撤销、变更原处理决定,或者责令原处理机关及时予以纠正。复审、复核机关经审查认定处理决定事实清楚、适用法律正确的,应当予以维持。

坚持复审复核与调查审理分离,原案调查、审理人员不得参与复审复核。

第七节 移送审查起诉

第二百一十二条 监察机关决定对涉嫌职务犯罪的被调查人移送起诉的,应当出具《起诉意见书》,连同案卷材料、证据等,一并移送同级人民检察院。

监察机关案件审理部门负责与人民检察院审查起诉的衔接工作,调查、案件监督管理等部门应当予以协助。

国家监察委员会派驻或者派出的监察机构、监察专员调查的职务犯罪案件,应当依法移送省级人民检察院审查起诉。

第二百一十三条 涉嫌职务犯罪的被调查人和涉案人员符合监察法第三十一条、第三十二条规定情形的,结合其案发前的一贯表现、违法犯罪行为的情节、后果和影响等因素,监察机关经综合研判和集体审议,报上一级监察机关批准,可以在移送人民检察院时依法提出从轻、减轻或者免除处罚等从宽处罚建议。报请批准时，应当一并提供主要证据材料、忏悔反思材料。

上级监察机关相关监督检查部门负责审查工作，重点审核拟认定的从宽处罚情形、提出的从宽处罚建议，经审批在十五个工作日以内作出批复。

第二百一十四条 涉嫌职务犯罪的被调查人有下列情形之一，如实交代自己主要犯罪事实的，可以认定为监察法第三十一条第一项规定的自动投案，真诚悔罪悔过：

（一）职务犯罪问题未被监察机关掌握，向监察机关投案的；

（二）在监察机关谈话、函询过程中，如实交代监察机关未掌握的涉嫌职务犯罪问题的；

（三）在初步核实阶段，尚未受到监察机关谈话时投案的；

（四）职务犯罪问题虽被监察机关立案，但尚未受到讯问或者采取留置措施，向监察机关投案的；

（五）因伤病等客观原因无法前往投案，先委托他人代为表达投案意愿，或者以书信、网络、电话、传真等方式表达投案意愿，后到监察机关接受处理的；

（六）涉嫌职务犯罪潜逃后又投案，包括在被通缉、抓捕过程中投案的；

（七）经查实确已准备去投案，或者正在投案途中被有关机关抓获的；

（八）经他人规劝或者在他人陪同下投案的；

（九）虽未向监察机关投案，但向其所在党组织、单位或者有关负责人员投案，向有关巡视巡察机构投案，以及向公安机关、人民检察院、人民法院投案的；

（十）具有其他应当视为自动投案的情形的。

被调查人自动投案后不能如实交代自己的主要犯罪事实，或者自动投案并如实供述自己的罪行后又翻供的，不能适用前款规定。

第二百一十五条 涉嫌职务犯罪的被调查人有下列情形之一

的,可以认定为监察法第三十一条第二项规定的积极配合调查工作,如实供述监察机关还未掌握的违法犯罪行为:

(一)监察机关所掌握线索针对的犯罪事实不成立,在此范围外被调查人主动交代其他罪行的;

(二)主动交代监察机关尚未掌握的犯罪事实,与监察机关已掌握的犯罪事实属不同种罪行的;

(三)主动交代监察机关尚未掌握的犯罪事实,与监察机关已掌握的犯罪事实属同种罪行的;

(四)监察机关掌握的证据不充分,被调查人如实交代有助于收集定案证据的。

前款所称同种罪行和不同种罪行,一般以罪名区分。被调查人如实供述其他罪行的罪名与监察机关已掌握犯罪的罪名不同,但属选择性罪名或者在法律、事实上密切关联的,应当认定为同种罪行。

第二百一十六条 涉嫌职务犯罪的被调查人有下列情形之一的,可以认定为监察法第三十一条第三项规定的积极退赃,减少损失:

(一)全额退赃的;

(二)退赃能力不足,但被调查人及其亲友在监察机关追缴赃款赃物过程中积极配合,且大部分已追缴到位的;

(三)犯罪后主动采取措施避免损失发生,或者积极采取有效措施减少、挽回大部分损失的。

第二百一十七条 涉嫌职务犯罪的被调查人有下列情形之一的,可以认定为监察法第三十一条第四项规定的具有重大立功表现:

(一)检举揭发他人重大犯罪行为且经查证属实的;

(二)提供其他重大案件的重要线索且经查证属实的;

(三)阻止他人重大犯罪活动的;

(四)协助抓捕其他重大职务犯罪案件被调查人、重大犯罪嫌疑人(包括同案犯)的;

(五)为国家挽回重大损失等对国家和社会有其他重大贡献的。

前款所称重大犯罪一般是指依法可能被判处无期徒刑以上刑罚

的犯罪行为;重大案件一般是指在本省、自治区、直辖市或者全国范围内有较大影响的案件;查证属实一般是指有关案件已被监察机关或者司法机关立案调查、侦查,被调查人、犯罪嫌疑人被监察机关采取留置措施或者被司法机关采取强制措施,或者被告人被人民法院作出有罪判决,并结合案件事实、证据进行判断。

监察法第三十一条第四项规定的案件涉及国家重大利益,是指案件涉及国家主权和领土完整、国家安全、外交、社会稳定、经济发展等情形。

第二百一十八条 涉嫌行贿等犯罪的涉案人员有下列情形之一的,可以认定为监察法第三十二条规定的揭发有关被调查人职务违法犯罪行为,查证属实或者提供重要线索,有助于调查其他案件:

(一)揭发所涉案件以外的被调查人职务犯罪行为,经查证属实的;

(二)提供的重要线索指向具体的职务犯罪事实,对调查其他案件起到实质性推动作用的;

(三)提供的重要线索有助于加快其他案件办理进度,或者对其他案件固定关键证据、挽回损失、追逃追赃等起到积极作用的。

第二百一十九条 从宽处罚建议一般应当在移送起诉时作为《起诉意见书》内容一并提出,特殊情况下也可以在案件移送后、人民检察院提起公诉前,单独形成从宽处罚建议书移送人民检察院。对于从宽处罚建议所依据的证据材料,应当一并移送人民检察院。

监察机关对于被调查人在调查阶段认罪认罚,但不符合监察法规定的提出从宽处罚建议条件,在移送起诉时没有提出从宽处罚建议的,应当在《起诉意见书》中写明其自愿认罪认罚的情况。

第二百二十条 监察机关一般应当在正式移送起诉十日前,向拟移送的人民检察院采取书面通知等方式预告移送事宜。对于已采取留置措施的案件,发现被调查人因身体等原因存在不适宜羁押等可能影响刑事强制措施执行情形的,应当通报人民检察院。对于未采取留置措施的案件,可以根据案件具体情况,向人民检察院提出对被调查人采取刑事强制措施的建议。

第二百二十一条 监察机关办理的职务犯罪案件移送起诉,需要指定起诉、审判管辖的,应当与同级人民检察院协商有关程序事宜。需要由同级人民检察院的上级人民检察院指定管辖的,应当商请同级人民检察院办理指定管辖事宜。

监察机关一般应当在移送起诉二十日前,将商请指定管辖函送交同级人民检察院。商请指定管辖函应当附案件基本情况,对于被调查人已被其他机关立案侦查的犯罪认为需要并案审查起诉的,一并进行说明。

派驻或者派出的监察机构、监察专员调查的职务犯罪案件需要指定起诉、审判管辖的,应当报派出机关办理指定管辖手续。

第二百二十二条 上级监察机关指定下级监察机关进行调查,移送起诉时需要人民检察院依法指定管辖的,应当在移送起诉前由上级监察机关与同级人民检察院协商有关程序事宜。

第二百二十三条 监察机关对已经移送起诉的职务犯罪案件,发现遗漏被调查人罪行需要补充移送起诉的,应当经审批出具《补充起诉意见书》,连同相关案卷材料、证据等一并移送同级人民检察院。

对于经人民检察院指定管辖的案件需要补充移送起诉的,可以直接移送原受理移送起诉的人民检察院;需要追加犯罪嫌疑人、被告人的,应当再次商请人民检察院办理指定管辖手续。

第二百二十四条 对于涉嫌行贿犯罪、介绍贿赂犯罪或者共同职务犯罪等关联案件的涉案人员,移送起诉时一般应当随主案确定管辖。

主案与关联案件由不同监察机关立案调查的,调查关联案件的监察机关在移送起诉前,应当报告或者通报调查主案的监察机关,由其统一协调案件管辖事宜。因特殊原因,关联案件不宜随主案确定管辖的,调查主案的监察机关应当及时通报和协调有关事项。

第二百二十五条 监察机关对于人民检察院在审查起诉中书面提出的下列要求应当予以配合:

（一）认为可能存在以非法方法收集证据情形，要求监察机关对证据收集的合法性作出说明或者提供相关证明材料的；

（二）排除非法证据后，要求监察机关另行指派调查人员重新取证的；

（三）对物证、书证、视听资料、电子数据及勘验检查、辨认、调查实验等笔录存在疑问，要求调查人员提供获取、制作的有关情况的；

（四）要求监察机关对案件中某些专门性问题进行鉴定，或者对勘验检查进行复验、复查的；

（五）认为主要犯罪事实已经查清，仍有部分证据需要补充完善，要求监察机关补充提供证据的；

（六）人民检察院依法提出的其他工作要求。

第二百二十六条 监察机关对于人民检察院依法退回补充调查的案件，应当向主要负责人报告，并积极开展补充调查工作。

第二百二十七条 对人民检察院退回补充调查的案件，经审批分别作出下列处理：

（一）认定犯罪事实的证据不够充分的，应当在补充证据后，制作补充调查报告书，连同相关材料一并移送人民检察院审查，对无法补充完善的证据，应当作出书面情况说明，并加盖监察机关或者承办部门公章；

（二）在补充调查中发现新的同案犯或者增加、变更犯罪事实，需要追究刑事责任的，应当重新提出处理意见，移送人民检察院审查；

（三）犯罪事实的认定出现重大变化，认为不应当追究被调查人刑事责任的，应当重新提出处理意见，将处理结果书面通知人民检察院并说明理由；

（四）认为移送起诉的犯罪事实清楚，证据确实、充分的，应当说明理由，移送人民检察院依法审查。

第二百二十八条 人民检察院在审查起诉过程中发现新的职务违法或者职务犯罪问题线索并移送监察机关的，监察机关应当依法处置。

第二百二十九条 在案件审判过程中，人民检察院书面要求监察机关补充提供证据，对证据进行补正、解释，或者协助人民检察院补充侦查的，监察机关应当予以配合。监察机关不能提供有关证据材料的，应当书面说明情况。

人民法院在审判过程中就证据收集合法性问题要求有关调查人员出庭说明情况时，监察机关应当依法予以配合。

第二百三十条 监察机关认为人民检察院不起诉决定有错误的，应当在收到不起诉决定书后三十日以内，依法向其上一级人民检察院提请复议。监察机关应当将上述情况及时向上一级监察机关书面报告。

第二百三十一条 对于监察机关移送起诉的案件，人民检察院作出不起诉决定，人民法院作出无罪判决，或者监察机关经人民检察院退回补充调查后不再移送起诉，涉及对被调查人已生效政务处分事实认定的，监察机关应当依法对政务处分决定进行审核。认为原政务处分决定认定事实清楚、适用法律正确的，不再改变；认为原政务处分决定确有错误或者不当的，依法予以撤销或者变更。

第二百三十二条 对于贪污贿赂、失职渎职等职务犯罪案件，被调查人逃匿，在通缉一年后不能到案，或者被调查人死亡，依法应当追缴其违法所得及其他涉案财产的，承办部门在调查终结后应当依法移送审理。

监察机关应当经集体审议，出具《没收违法所得意见书》，连同案卷材料、证据等，一并移送人民检察院依法提出没收违法所得的申请。

监察机关将《没收违法所得意见书》移送人民检察院后，在逃的被调查人自动投案或者被抓获的，监察机关应当及时通知人民检察院。

第二百三十三条 监察机关立案调查拟适用缺席审判程序的贪污贿赂犯罪案件，应当逐级报送国家监察委员会同意。

监察机关承办部门认为在境外的被调查人犯罪事实已经查清，

证据确实、充分，依法应当追究刑事责任的，应当依法移送审理。

监察机关应当经集体审议，出具《起诉意见书》，连同案卷材料、证据等，一并移送人民检察院审查起诉。

在审查起诉或者缺席审判过程中，犯罪嫌疑人、被告人向监察机关自动投案或者被抓获的，监察机关应当立即通知人民检察院、人民法院。

第六章　反腐败国际合作

第一节　工作职责和领导体制

第二百三十四条　国家监察委员会统筹协调与其他国家、地区、国际组织开展反腐败国际交流、合作。

国家监察委员会组织《联合国反腐败公约》等反腐败国际条约的实施以及履约审议等工作，承担《联合国反腐败公约》司法协助中央机关有关工作。

国家监察委员会组织协调有关单位建立集中统一、高效顺畅的反腐败国际追逃追赃和防逃协调机制，统筹协调、督促指导各级监察机关反腐败国际追逃追赃等涉外案件办理工作，具体履行下列职责：

（一）制定反腐败国际追逃追赃和防逃工作计划，研究工作中的重要问题；

（二）组织协调反腐败国际追逃追赃等重大涉外案件办理工作；

（三）办理由国家监察委员会管辖的涉外案件；

（四）指导地方各级监察机关依法开展涉外案件办理工作；

（五）汇总和通报全国职务犯罪外逃案件信息和追逃追赃工作信息；

（六）建立健全反腐败国际追逃追赃和防逃合作网络；

（七）承担监察机关开展国际刑事司法协助的主管机关职责；

（八）承担其他与反腐败国际追逃追赃等涉外案件办理工作相关的职责。

第二百三十五条　地方各级监察机关在国家监察委员会领导

下,统筹协调、督促指导本地区反腐败国际追逃追赃等涉外案件办理工作,具体履行下列职责:

(一)落实上级监察机关关于反腐败国际追逃追赃和防逃工作部署,制定工作计划;

(二)按照管辖权限或者上级监察机关指定管辖,办理涉外案件;

(三)按照上级监察机关要求,协助配合其他监察机关开展涉外案件办理工作;

(四)汇总和通报本地区职务犯罪外逃案件信息和追逃追赃工作信息;

(五)承担本地区其他与反腐败国际追逃追赃等涉外案件办理工作相关的职责。

省级监察委员会应当会同有关单位,建立健全本地区反腐败国际追逃追赃和防逃协调机制。

国家监察委员会派驻或者派出的监察机构、监察专员统筹协调、督促指导本部门反腐败国际追逃追赃等涉外案件办理工作,参照第一款规定执行。

第二百三十六条 国家监察委员会国际合作局归口管理监察机关反腐败国际追逃追赃等涉外案件办理工作。地方各级监察委员会应当明确专责部门,归口管理本地区涉外案件办理工作。

国家监察委员会派驻或者派出的监察机构、监察专员和地方各级监察机关办理涉外案件中有关执法司法国际合作事项,应当逐级报送国家监察委员会审批。由国家监察委员会依法直接或者协调有关单位与有关国家(地区)相关机构沟通,以双方认可的方式实施。

第二百三十七条 监察机关应当建立追逃追赃和防逃工作内部联络机制。承办部门在调查过程中,发现被调查人或者重要涉案人员外逃、违法所得及其他涉案财产被转移到境外的,可以请追逃追赃部门提供工作协助。监察机关将案件移送人民检察院审查起诉后,仍有重要涉案人员外逃或者未追缴的违法所得及其他涉案财产的,应当由追逃追赃部门继续办理,或者由追逃追赃部门指定协调有关单位办理。

第二节　国(境)内工作

第二百三十八条　监察机关应当将防逃工作纳入日常监督内容,督促相关机关、单位建立健全防逃责任机制。

监察机关在监督、调查工作中,应当根据情况制定对监察对象、重要涉案人员的防逃方案,防范人员外逃和资金外流风险。监察机关应当会同同级组织人事、外事、公安、移民管理等单位健全防逃预警机制,对存在外逃风险的监察对象早发现、早报告、早处置。

第二百三十九条　监察机关应当加强与同级人民银行、公安等单位的沟通协作,推动预防、打击利用离岸公司和地下钱庄等向境外转移违法所得及其他涉案财产,对涉及职务违法和职务犯罪的行为依法进行调查。

第二百四十条　国家监察委员会派驻或者派出的监察机构、监察专员和地方各级监察委员会发现监察对象出逃、失踪、出走,或者违法所得及其他涉案财产被转移至境外的,应当在二十四小时以内将有关信息逐级报送至国家监察委员会国际合作局,并迅速开展相关工作。

第二百四十一条　监察机关追逃追赃部门统一接收巡视巡察机构、审计机关、行政执法部门、司法机关等单位移交的外逃信息。

监察机关对涉嫌职务违法和职务犯罪的外逃人员,应当明确承办部门,建立案件档案。

第二百四十二条　监察机关应当依法全面收集外逃人员涉嫌职务违法和职务犯罪证据。

第二百四十三条　开展反腐败国际追逃追赃等涉外案件办理工作,应当把思想教育贯穿始终,落实宽严相济刑事政策,依法适用认罪认罚从宽制度,促使外逃人员回国投案或者配合调查、主动退赃。开展相关工作,应当尊重所在国家(地区)的法律规定。

第二百四十四条　外逃人员归案、违法所得及其他涉案财产被追缴后,承办案件的监察机关应当将情况逐级报送国家监察委员会国际合作局。监察机关应当依法对涉案人员和违法所得及其他涉案财产作出处置,或者请有关单位依法处置。对不需要继续采取相关措施的,应当及时解除或者撤销。

第三节　对外合作

第二百四十五条　监察机关对依法应当留置或者已经决定留置的外逃人员,需要申请发布国际刑警组织红色通报的,应当逐级报送国家监察委员会审核。国家监察委员会审核后,依法通过公安部向国际刑警组织提出申请。

需要延期、暂停、撤销红色通报的,申请发布红色通报的监察机关应当逐级报送国家监察委员会审核,由国家监察委员会依法通过公安部联系国际刑警组织办理。

第二百四十六条　地方各级监察机关通过引渡方式办理相关涉外案件的,应当按照引渡法、相关双边及多边国际条约等规定准备引渡请求书及相关材料,逐级报送国家监察委员会审核。由国家监察委员会依法通过外交等渠道向外国提出引渡请求。

第二百四十七条　地方各级监察机关通过刑事司法协助方式办理相关涉外案件的,应当按照国际刑事司法协助法、相关双边及多边国际条约等规定准备刑事司法协助请求书及相关材料,逐级报送国家监察委员会审核。由国家监察委员会依法直接或者通过对外联系机关等渠道,向外国提出刑事司法协助请求。

国家监察委员会收到外国提出的刑事司法协助请求书及所附材料,经审查认为符合有关规定的,作出决定并交由省级监察机关执行,或者转交其他有关主管机关。省级监察机关应当立即执行,或者交由下级监察机关执行,并将执行结果或者妨碍执行的情形及时报送国家监察委员会。在执行过程中,需要依法采取查询、调取、查封、扣押、冻结等措施或者需要返还涉案财物的,根据我国法律规定和国家监察委员会的执行决定办理有关法律手续。

第二百四十八条 地方各级监察机关通过执法合作方式办理相关涉外案件的,应当将合作事项及相关材料逐级报送国家监察委员会审核。由国家监察委员会依法直接或者协调有关单位,向有关国家(地区)相关机构提交并开展合作。

第二百四十九条 地方各级监察机关通过境外追诉方式办理相关涉外案件的,应当提供外逃人员相关违法线索和证据,逐级报送国家监察委员会审核。由国家监察委员会依法直接或者协调有关单位向有关国家(地区)相关机构提交,请其依法对外逃人员调查、起诉和审判,并商有关国家(地区)遣返外逃人员。

第二百五十条 监察机关对依法应当追缴的境外违法所得及其他涉案财产,应当责令涉案人员以合法方式退赔。涉案人员拒不退赔的,可以依法通过下列方式追缴:

(一)在开展引渡等追逃合作时,随附请求有关国家(地区)移交相关违法所得及其他涉案财产;

(二)依法启动违法所得没收程序,由人民法院对相关违法所得及其他涉案财产作出冻结、没收裁定,请有关国家(地区)承认和执行,并予以返还;

(三)请有关国家(地区)依法追缴相关违法所得及其他涉案财产,并予以返还;

(四)通过其他合法方式追缴。

第七章 对监察机关和监察人员的监督

第二百五十一条 监察机关和监察人员必须自觉坚持党的领导,在党组织的管理、监督下开展工作,依法接受本级人民代表大会及其常务委员会的监督,接受民主监督、司法监督、社会监督、舆论监督,加强内部监督制约机制建设,确保权力受到严格的约束和监督。

第二百五十二条 各级监察委员会应当按照监察法第五十三条第二款规定,由主任在本级人民代表大会常务委员会全体会议上报告专项工作。

在报告专项工作前,应当与本级人民代表大会有关专门委员会沟通协商,并配合开展调查研究等工作。各级人民代表大会常务委员会审议专项工作报告时,本级监察委员会应当根据要求派出领导成员列席相关会议,听取意见。

各级监察委员会应当认真研究办理本级人民代表大会常务委员会反馈的审议意见,并按照要求书面报告办理情况。

第二百五十三条 各级监察委员会应当积极接受、配合本级人民代表大会常务委员会组织的执法检查。对本级人民代表大会常务委员会的执法检查报告,应当认真研究处理,并向其报告处理情况。

第二百五十四条 各级监察委员会在本级人民代表大会常务委员会会议审议与监察工作有关的议案和报告时,应当派相关负责人到会听取意见,回答询问。

监察机关对依法交由监察机关答复的质询案应当按照要求进行答复。口头答复的,由监察机关主要负责人或者委派相关负责人到会答复。书面答复的,由监察机关主要负责人签署。

第二百五十五条 各级监察机关应当通过互联网政务媒体、报刊、广播、电视等途径,向社会及时准确公开下列监察工作信息:

(一)监察法规;

(二)依法应当向社会公开的案件调查信息;

(三)检举控告地址、电话、网站等信息;

(四)其他依法应当公开的信息。

第二百五十六条 各级监察机关可以根据工作需要,按程序选聘特约监察员履行监督、咨询等职责。特约监察员名单应当向社会公布。

监察机关应当为特约监察员依法开展工作提供必要条件和便利。

第二百五十七条 监察机关实行严格的人员准入制度,严把政治关、品行关、能力关、作风关、廉洁关。监察人员必须忠诚坚定、担当尽责、遵纪守法、清正廉洁。

第二百五十八条 监察机关应当建立监督检查、调查、案件监督管理、案件审理等部门相互协调制约的工作机制。

监督检查和调查部门实行分工协作、相互制约。监督检查部门主要负责联系地区、部门、单位的日常监督检查和对涉嫌一般违法问题线索处置。调查部门主要负责对涉嫌严重职务违法和职务犯罪问题线索进行初步核实和立案调查。

案件监督管理部门负责对监督检查、调查工作全过程进行监督管理,做好线索管理、组织协调、监督检查、督促办理、统计分析等工作。案件监督管理部门发现监察人员在监督检查、调查中有违规办案行为的,及时督促整改;涉嫌违纪违法的,根据管理权限移交相关部门处理。

第二百五十九条 监察机关应当对监察权运行关键环节进行经常性监督检查,适时开展专项督查。案件监督管理、案件审理等部门应当按照各自职责,对问题线索处置、调查措施使用、涉案财物管理等进行监督检查,建立常态化、全覆盖的案件质量评查机制。

第二百六十条 监察机关应当加强对监察人员执行职务和遵纪守法情况的监督,按照管理权限依法对监察人员涉嫌违法犯罪问题进行调查处置。

第二百六十一条 监察机关及其监督检查、调查部门负责人应当定期检查调查期间的录音录像、谈话笔录、涉案财物登记资料,加强对调查全过程的监督,发现问题及时纠正并报告。

第二百六十二条 对监察人员打听案情、过问案件、说情干预的,办理监察事项的监察人员应当及时向上级负责人报告。有关情况应当登记备案。

发现办理监察事项的监察人员未经批准接触被调查人、涉案人员及其特定关系人,或者存在交往情形的,知情的监察人员应当及时向上级负责人报告。有关情况应当登记备案。

第二百六十三条 办理监察事项的监察人员有监察法第五十八条所列情形之一的,应当自行提出回避;没有自行提出回避的,监察机关应当依法决定其回避,监察对象、检举人及其他有关人员也有权要求其回避。

选用借调人员、看护人员、调查场所,应当严格执行回避制度。

第二百六十四条 监察人员自行提出回避,或者监察对象、检举人及其他有关人员要求监察人员回避的,应当书面或者口头提出,并说明理由。口头提出的,应当形成记录。

监察机关主要负责人的回避,由上级监察机关主要负责人决定;其他监察人员的回避,由本级监察机关主要负责人决定。

第二百六十五条 上级监察机关应当通过专项检查、业务考评、开展复查等方式,强化对下级监察机关及监察人员执行职务和遵纪守法情况的监督。

第二百六十六条 监察机关应当对监察人员有计划地进行政治、理论和业务培训。培训应当坚持理论联系实际、按需施教、讲求实效,突出政治机关特色,建设高素质专业化监察队伍。

第二百六十七条 监察机关应当严格执行保密制度,控制监察事项知悉范围和时间。监察人员不准私自留存、隐匿、查阅、摘抄、复制、携带问题线索和涉案资料,严禁泄露监察工作秘密。

监察机关应当建立健全检举控告保密制度,对检举控告人的姓名(单位名称)、工作单位、住址、电话和邮箱等有关情况以及检举控告内容必须严格保密。

第二百六十八条 监察机关涉密人员离岗离职后,应当遵守脱密期管理规定,严格履行保密义务,不得泄露相关秘密。

第二百六十九条 监察人员离任三年以内,不得从事与监察和司法工作相关联且可能发生利益冲突的职业。

监察人员离任后,不得担任原任职监察机关办理案件的诉讼代理人或者辩护人,但是作为当事人的监护人或者近亲属代理诉讼或者进行辩护的除外。

第二百七十条 监察人员应当严格遵守有关规范领导干部配偶、子女及其配偶经商办企业行为的规定。

第二百七十一条 监察机关在履行职责过程中应当依法保护企业产权和自主经营权,严禁利用职权非法干扰企业生产经营。需要企业经营者协助调查的,应当依法保障其合法的人身、财产等权益,避免或者减少对涉案企业正常生产、经营活动的影响。

查封企业厂房、机器设备等生产资料,企业继续使用对该财产价值无重大影响的,可以允许其使用。对于正在运营或者正在用于科技创新、产品研发的设备和技术资料等,一般不予查封、扣押,确需调取违法犯罪证据的,可以采取拍照、复制等方式。

第二百七十二条 被调查人及其近亲属认为监察机关及监察人员存在监察法第六十条第一款规定的有关情形,向监察机关提出申诉的,由监察机关案件监督管理部门依法受理,并按照法定的程序和时限办理。

第二百七十三条 监察机关在维护监督执法调查工作纪律方面失职失责的,依法追究责任。监察人员涉嫌严重职务违法、职务犯罪或者对案件处置出现重大失误的,既应当追究直接责任,还应当严肃追究负有责任的领导人员责任。

监察机关应当建立办案质量责任制,对滥用职权、失职失责造成严重后果的,实行终身责任追究。

第八章 法律责任

第二百七十四条 有关单位拒不执行监察机关依法作出的下列处理决定的,应当由其主管部门、上级机关责令改正,对单位给予通报批评,对负有责任的领导人员和直接责任人员依法给予处理:

(一)政务处分决定;

(二)问责决定;

(三)谈话提醒、批评教育、责令检查,或者予以诫勉的决定;

(四)采取调查措施的决定;

(五)复审、复核决定;

(六)监察机关依法作出的其他处理决定。

第二百七十五条 监察对象对控告人、申诉人、批评人、检举人、证人、监察人员进行打击、压制等报复陷害的,监察机关应当依法给予政务处分。构成犯罪的,依法追究刑事责任。

第二百七十六条 控告人、检举人、证人采取捏造事实、伪造材料等方式诬告陷害的,监察机关应当依法给予政务处分,或者移送有关机关处理。构成犯罪的,依法追究刑事责任。

监察人员因依法履行职责遭受不实举报、诬告陷害、侮辱诽谤,致使名誉受到损害的,监察机关应当会同有关部门及时澄清事实,消除不良影响,并依法追究相关单位或者个人的责任。

第二百七十七条 监察机关应当建立健全办案安全责任制。承办部门主要负责人和调查组组长是调查安全第一责任人。调查组应当指定专人担任安全员。

地方各级监察机关履行管理、监督职责不力发生严重办案安全事故的,或者办案中存在严重违规违纪违法行为的,省级监察机关主要负责人应当向国家监察委员会作出检讨,并予以通报、严肃追责问责。

案件监督管理部门应当对办案安全责任制落实情况组织经常性检查和不定期抽查,发现问题及时报告并督促整改。

第二百七十八条 监察人员在履行职责中有下列行为之一的,依法严肃处理;构成犯罪的,依法追究刑事责任:

(一)贪污贿赂、徇私舞弊的;

(二)不履行或者不正确履行监督职责,应当发现的问题没有发现,或者发现问题不报告、不处置,造成严重影响的;

(三)未经批准、授权处置问题线索,发现重大案情隐瞒不报,或者私自留存、处理涉案材料的;

(四)利用职权或者职务上的影响干预调查工作的;

(五)违法窃取、泄露调查工作信息,或者泄露举报事项、举报受理情况以及举报人信息的;

(六)对被调查人或者涉案人员逼供、诱供,或者侮辱、打骂、虐

待、体罚或者变相体罚的;

(七)违反规定处置查封、扣押、冻结的财物的;

(八)违反规定导致发生办案安全事故,或者发生安全事故后隐瞒不报、报告失实、处置不当的;

(九)违反规定采取留置措施的;

(十)违反规定限制他人出境,或者不按规定解除出境限制的;

(十一)其他职务违法和职务犯罪行为。

第二百七十九条 对监察人员在履行职责中存在违法行为的,可以根据情节轻重,依法进行谈话提醒、批评教育、责令检查、诫勉,或者给予政务处分。构成犯罪的,依法追究刑事责任。

第二百八十条 监察机关及其工作人员在行使职权时,有下列情形之一的,受害人可以申请国家赔偿:

(一)采取留置措施后,决定撤销案件的;

(二)违法没收、追缴或者违法查封、扣押、冻结财物造成损害的;

(三)违法行使职权,造成被调查人、涉案人员或者证人身体伤害或者死亡的;

(四)非法剥夺他人人身自由的;

(五)其他侵犯公民、法人和其他组织合法权益造成损害的。

受害人死亡的,其继承人和其他有扶养关系的亲属有权要求赔偿;受害的法人或者其他组织终止的,其权利承受人有权要求赔偿。

第二百八十一条 监察机关及其工作人员违法行使职权侵犯公民、法人和其他组织的合法权益造成损害的,该机关为赔偿义务机关。申请赔偿应当向赔偿义务机关提出,由该机关负责复审复核工作的部门受理。

赔偿以支付赔偿金为主要方式。能够返还财产或者恢复原状的,予以返还财产或者恢复原状。

第九章　附　　则

第二百八十二条 本条例所称监察机关,包括各级监察委员会及其派驻或者派出监察机构、监察专员。

第二百八十三条 本条例所称“近亲属”，是指夫、妻、父、母、子、女、同胞兄弟姊妹。

第二百八十四条 本条例所称以上、以下、以内，包括本级、本数。

第二百八十五条 期间以时、日、月、年计算，期间开始的时和日不算在期间以内。本条例另有规定的除外。

按照年、月计算期间的，到期月的对应日为期间的最后一日；没有对应日的，月末日为期间的最后一日。

期间的最后一日是法定休假日的，以法定休假日结束的次日为期间的最后一日。但被调查人留置期间应当至到期之日为止，不得因法定休假日而延长。

第二百八十六条 本条例由国家监察委员会负责解释。

第二百八十七条 本条例自发布之日起施行。

（二）综合规范

最高人民法院关于适用《中华人民共和国刑事诉讼法》的解释

（2020年12月7日最高人民法院审判委员会第1820次会议通过　2021年1月26日发布　法释〔2021〕1号　自2021年3月1日起施行）

2018年10月26日，第十三届全国人民代表大会常务委员会第六次会议通过了《关于修改〈中华人民共和国刑事诉讼法〉的决定》。为正确理解和适用修改后的刑事诉讼法，结合人民法院审判工作实际，制定本解释。

第一章 管 辖

第一条 人民法院直接受理的自诉案件包括：

（一）告诉才处理的案件：

1. 侮辱、诽谤案（刑法第二百四十六条规定的，但严重危害社会秩序和国家利益的除外）；

2. 暴力干涉婚姻自由案（刑法第二百五十七条第一款规定的）；

3. 虐待案（刑法第二百六十条第一款规定的，但被害人没有能力告诉或者因受到强制、威吓无法告诉的除外）；

4. 侵占案（刑法第二百七十条规定的）。

（二）人民检察院没有提起公诉，被害人有证据证明的轻微刑事案件：

1. 故意伤害案（刑法第二百三十四条第一款规定的）；

2. 非法侵入住宅案（刑法第二百四十五条规定的）；

3. 侵犯通信自由案（刑法第二百五十二条规定的）；

4. 重婚案（刑法第二百五十八条规定的）；

5. 遗弃案（刑法第二百六十一条规定的）；

6. 生产、销售伪劣商品案（刑法分则第三章第一节规定的，但严重危害社会秩序和国家利益的除外）；

7. 侵犯知识产权案（刑法分则第三章第七节规定的，但严重危害社会秩序和国家利益的除外）；

8. 刑法分则第四章、第五章规定的，可能判处三年有期徒刑以下刑罚的案件。

本项规定的案件，被害人直接向人民法院起诉的，人民法院应当依法受理。对其中证据不足，可以由公安机关受理的，或者认为对被告人可能判处三年有期徒刑以上刑罚的，应当告知被害人向公安机关报案，或者移送公安机关立案侦查。

（三）被害人有证据证明对被告人侵犯自己人身、财产权利的行为应当依法追究刑事责任,且有证据证明曾经提出控告,而公安机关或者人民检察院不予追究被告人刑事责任的案件。

第二条 犯罪地包括犯罪行为地和犯罪结果地。

针对或者主要利用计算机网络实施的犯罪,犯罪地包括用于实施犯罪行为的网络服务使用的服务器所在地,网络服务提供者所在地,被侵害的信息网络系统及其管理者所在地,犯罪过程中被告人、被害人使用的信息网络系统所在地,以及被害人被侵害时所在地和被害人财产遭受损失地等。

第三条 被告人的户籍地为其居住地。经常居住地与户籍地不一致的,经常居住地为其居住地。经常居住地为被告人被追诉前已连续居住一年以上的地方,但住院就医的除外。

被告单位登记的住所地为其居住地。主要营业地或者主要办事机构所在地与登记的住所地不一致的,主要营业地或者主要办事机构所在地为其居住地。

第四条 在中华人民共和国内水、领海发生的刑事案件,由犯罪地或者被告人登陆地的人民法院管辖。由被告人居住地的人民法院审判更为适宜的,可以由被告人居住地的人民法院管辖。

第五条 在列车上的犯罪,被告人在列车运行途中被抓获的,由前方停靠站所在地负责审判铁路运输刑事案件的人民法院管辖。必要时,也可以由始发站或者终点站所在地负责审判铁路运输刑事案件的人民法院管辖。

被告人不是在列车运行途中被抓获的,由负责该列车乘务的铁路公安机关对应的审判铁路运输刑事案件的人民法院管辖;被告人在列车运行途经车站被抓获的,也可以由该车站所在地负责审判铁路运输刑事案件的人民法院管辖。

第六条 在国际列车上的犯罪,根据我国与相关国家签订的协定确定管辖;没有协定的,由该列车始发或者前方停靠的中国车站所在地负责审判铁路运输刑事案件的人民法院管辖。

第七条 在中华人民共和国领域外的中国船舶内的犯罪,由该船舶最初停泊的中国口岸所在地或者被告人登陆地、入境地的人民法院管辖。

第八条 在中华人民共和国领域外的中国航空器内的犯罪，由该航空器在中国最初降落地的人民法院管辖。

第九条 中国公民在中国驻外使领馆内的犯罪，由其主管单位所在地或者原户籍地的人民法院管辖。

第十条 中国公民在中华人民共和国领域外的犯罪，由其登陆地、入境地、离境前居住地或者现居住地的人民法院管辖；被害人是中国公民的，也可以由被害人离境前居住地或者现居住地的人民法院管辖。

第十一条 外国人在中华人民共和国领域外对中华人民共和国国家或者公民犯罪，根据《中华人民共和国刑法》应当受处罚的，由该外国人登陆地、入境地或者入境后居住地的人民法院管辖，也可以由被害人离境前居住地或者现居住地的人民法院管辖。

第十二条 对中华人民共和国缔结或者参加的国际条约所规定的罪行，中华人民共和国在所承担条约义务的范围内行使刑事管辖权的，由被告人被抓获地、登陆地或者入境地的人民法院管辖。

第十三条 正在服刑的罪犯在判决宣告前还有其他罪没有判决的，由原审地人民法院管辖；由罪犯服刑地或者犯罪地的人民法院审判更为适宜的，可以由罪犯服刑地或者犯罪地的人民法院管辖。

罪犯在服刑期间又犯罪的，由服刑地的人民法院管辖。

罪犯在脱逃期间又犯罪的，由服刑地的人民法院管辖。但是，在犯罪地抓获罪犯并发现其在脱逃期间犯罪的，由犯罪地的人民法院管辖。

第十四条 人民检察院认为可能判处无期徒刑、死刑，向中级人民法院提起公诉的案件，中级人民法院受理后，认为不需要判处无期徒刑、死刑的，应当依法审判，不再交基层人民法院审判。

第十五条 一人犯数罪、共同犯罪或者其他需要并案审理的案件，其中一人或者一罪属于上级人民法院管辖的，全案由上级人民法院管辖。

第十六条 上级人民法院决定审判下级人民法院管辖的第一审刑事案件的，应当向下级人民法院下达改变管辖决定书，并书面通知同级人民检察院。

第十七条 基层人民法院对可能判处无期徒刑、死刑的第一审刑事案件，应当移送中级人民法院审判。

基层人民法院对下列第一审刑事案件，可以请求移送中级人民法院审判：

（一）重大、复杂案件；

（二）新类型的疑难案件；

（三）在法律适用上具有普遍指导意义的案件。

需要将案件移送中级人民法院审判的，应当在报请院长决定后，至迟于案件审理期限届满十五日以前书面请求移送。中级人民法院应当在接到申请后十日以内作出决定。不同意移送的，应当下达不同意移送决定书，由请求移送的人民法院依法审判；同意移送的，应当下达同意移送决定书，并书面通知同级人民检察院。

第十八条 有管辖权的人民法院因案件涉及本院院长需要回避或者其他原因，不宜行使管辖权的，可以请求移送上一级人民法院管辖。上一级人民法院可以管辖，也可以指定与提出请求的人民法院同级的其他人民法院管辖。

第十九条 两个以上同级人民法院都有管辖权的案件，由最初受理的人民法院审判。必要时，可以移送主要犯罪地的人民法院审判。

管辖权发生争议的，应当在审理期限内协商解决；协商不成的，由争议的人民法院分别层报共同的上级人民法院指定管辖。

第二十条 管辖不明的案件，上级人民法院可以指定下级人民法院审判。

有关案件，由犯罪地、被告人居住地以外的人民法院审判更为适宜的，上级人民法院可以指定下级人民法院管辖。

第二十一条 上级人民法院指定管辖,应当将指定管辖决定书送达被指定管辖的人民法院和其他有关的人民法院。

第二十二条 原受理案件的人民法院在收到上级人民法院改变管辖决定书、同意移送决定书或者指定其他人民法院管辖的决定书后,对公诉案件,应当书面通知同级人民检察院,并将案卷材料退回,同时书面通知当事人;对自诉案件,应当将案卷材料移送被指定管辖的人民法院,并书面通知当事人。

第二十三条 第二审人民法院发回重新审判的案件,人民检察院撤回起诉后,又向原第一审人民法院的下级人民法院重新提起公诉的,下级人民法院应当将有关情况层报原第二审人民法院。原第二审人民法院根据具体情况,可以决定将案件移送原第一审人民法院或者其他人民法院审判。

第二十四条 人民法院发现被告人还有其他犯罪被起诉的,可以并案审理;涉及同种犯罪的,一般应当并案审理。

人民法院发现被告人还有其他犯罪被审查起诉、立案侦查、立案调查的,可以参照前款规定协商人民检察院、公安机关、监察机关并案处理,但可能造成审判过分迟延的除外。

根据前两款规定并案处理的案件,由最初受理地的人民法院审判。必要时,可以由主要犯罪地的人民法院审判。

第二十五条 第二审人民法院在审理过程中,发现被告人还有其他犯罪没有判决的,参照前条规定处理。第二审人民法院决定并案审理的,应当发回第一审人民法院,由第一审人民法院作出处理。

第二十六条 军队和地方互涉刑事案件,按照有关规定确定管辖。

第二章 回　　避

第二十七条 审判人员具有下列情形之一的,应当自行回避,当事人及其法定代理人有权申请其回避:

(一)是本案的当事人或者是当事人的近亲属的;

(二)本人或者其近亲属与本案有利害关系的;

(三)担任过本案的证人、鉴定人、辩护人、诉讼代理人、翻译人员的;

(四)与本案的辩护人、诉讼代理人有近亲属关系的;

(五)与本案当事人有其他利害关系,可能影响公正审判的。

第二十八条 审判人员具有下列情形之一的,当事人及其法定代理人有权申请其回避:

(一)违反规定会见本案当事人、辩护人、诉讼代理人的;

(二)为本案当事人推荐、介绍辩护人、诉讼代理人,或者为律师、其他人员介绍办理本案的;

(三)索取、接受本案当事人及其委托的人的财物或者其他利益的;

(四)接受本案当事人及其委托的人的宴请,或者参加由其支付费用的活动的;

(五)向本案当事人及其委托的人借用款物的;

(六)有其他不正当行为,可能影响公正审判的。

第二十九条 参与过本案调查、侦查、审查起诉工作的监察、侦查、检察人员,调至人民法院工作的,不得担任本案的审判人员。

在一个审判程序中参与过本案审判工作的合议庭组成人员或者独任审判员,不得再参与本案其他程序的审判。但是,发回重新审判的案件,在第一审人民法院作出裁判后又进入第二审程序、在法定刑以下判处刑罚的复核程序或者死刑复核程序的,原第二审程序、在法定刑以下判处刑罚的复核程序或者死刑复核程序中的合议庭组成人员不受本款规定的限制。

第三十条 依照法律和有关规定应当实行任职回避的,不得担任案件的审判人员。

第三十一条 人民法院应当依法告知当事人及其法定代理人有权申请回避,并告知其合议庭组成人员、独任审判员、法官助理、书记员等人员的名单。

第三十二条 审判人员自行申请回避,或者当事人及其法定代理人申请审判人员回避的,可以口头或者书面提出,并说明理由,由院长决定。

院长自行申请回避,或者当事人及其法定代理人申请院长回避的,由审判委员会讨论决定。审判委员会讨论时,由副院长主持,院长不得参加。

第三十三条 当事人及其法定代理人依照刑事诉讼法第三十条和本解释第二十八条的规定申请回避的,应当提供证明材料。

第三十四条 应当回避的审判人员没有自行回避,当事人及其法定代理人也没有申请其回避的,院长或者审判委员会应当决定其回避。

第三十五条 对当事人及其法定代理人提出的回避申请,人民法院可以口头或者书面作出决定,并将决定告知申请人。

当事人及其法定代理人申请回避被驳回的,可以在接到决定时申请复议一次。不属于刑事诉讼法第二十九条、第三十条规定情形的回避申请,由法庭当庭驳回,并不得申请复议。

第三十六条 当事人及其法定代理人申请出庭的检察人员回避的,人民法院应当区分情况作出处理:

(一)属于刑事诉讼法第二十九条、第三十条规定情形的回避申请,应当决定休庭,并通知人民检察院尽快作出决定;

(二)不属于刑事诉讼法第二十九条、第三十条规定情形的回避申请,应当当庭驳回,并不得申请复议。

第三十七条 本章所称的审判人员,包括人民法院院长、副院长、审判委员会委员、庭长、副庭长、审判员和人民陪审员。

第三十八条 法官助理、书记员、翻译人员和鉴定人适用审判人员回避的有关规定,其回避问题由院长决定。

第三十九条 辩护人、诉讼代理人可以依照本章的有关规定要求回避、申请复议。

第三章 辩护与代理

第四十条 人民法院审判案件,应当充分保障被告人依法享有的辩护权利。

被告人除自己行使辩护权以外,还可以委托辩护人辩护。下列人员不得担任辩护人:

(一)正在被执行刑罚或者处于缓刑、假释考验期间的人;

(二)依法被剥夺、限制人身自由的人;

(三)被开除公职或者被吊销律师、公证员执业证书的人;

(四)人民法院、人民检察院、监察机关、公安机关、国家安全机关、监狱的现职人员;

(五)人民陪审员;

(六)与本案审理结果有利害关系的人;

(七)外国人或者无国籍人;

(八)无行为能力或者限制行为能力的人。

前款第三项至第七项规定的人员,如果是被告人的监护人、近亲属,由被告人委托担任辩护人的,可以准许。

第四十一条 审判人员和人民法院其他工作人员从人民法院离任后二年内,不得以律师身份担任辩护人。

审判人员和人民法院其他工作人员从人民法院离任后,不得担任原任职法院所审理案件的辩护人,但系被告人的监护人、近亲属的除外。

审判人员和人民法院其他工作人员的配偶、子女或者父母不得担任其任职法院所审理案件的辩护人,但系被告人的监护人、近亲属的除外。

第四十二条 对接受委托担任辩护人的,人民法院应当核实其身份证明和授权委托书。

第四十三条 一名被告人可以委托一至二人作为辩护人。

一名辩护人不得为两名以上的同案被告人,或者未同案处理但犯罪事实存在关联的被告人辩护。

第四十四条 被告人没有委托辩护人的，人民法院自受理案件之日起三日以内，应当告知其有权委托辩护人；被告人因经济困难或者其他原因没有委托辩护人的，应当告知其可以申请法律援助；被告人属于应当提供法律援助情形的，应当告知其将依法通知法律援助机构指派律师为其提供辩护。

被告人没有委托辩护人，法律援助机构也没有指派律师为其提供辩护的，人民法院应当告知被告人有权约见值班律师，并为被告人约见值班律师提供便利。

告知可以采取口头或者书面方式。

第四十五条 审判期间，在押的被告人要求委托辩护人的，人民法院应当在三日以内向其监护人、近亲属或者其指定的人员转达要求。被告人应当提供有关人员的联系方式。有关人员无法通知的，应当告知被告人。

第四十六条 人民法院收到在押被告人提出的法律援助或者法律帮助申请，应当依照有关规定及时转交法律援助机构或者通知值班律师。

第四十七条 对下列没有委托辩护人的被告人，人民法院应当通知法律援助机构指派律师为其提供辩护：

（一）盲、聋、哑人；

（二）尚未完全丧失辨认或者控制自己行为能力的精神病人；

（三）可能被判处无期徒刑、死刑的人。

高级人民法院复核死刑案件，被告人没有委托辩护人的，应当通知法律援助机构指派律师为其提供辩护。

死刑缓期执行期间故意犯罪的案件，适用前两款规定。

第四十八条 具有下列情形之一，被告人没有委托辩护人的，人民法院可以通知法律援助机构指派律师为其提供辩护：

（一）共同犯罪案件中，其他被告人已经委托辩护人的；

（二）案件有重大社会影响的；

（三）人民检察院抗诉的；

（四）被告人的行为可能不构成犯罪的；

（五）有必要指派律师提供辩护的其他情形。

第四十九条 人民法院通知法律援助机构指派律师提供辩护的，应当将法律援助通知书、起诉书副本或者判决书送达法律援助机构；决定开庭审理的，除适用简易程序或者速裁程序审理的以外，应当在开庭十五日以前将上述材料送达法律援助机构。

法律援助通知书应当写明案由、被告人姓名、提供法律援助的理由、审判人员的姓名和联系方式；已确定开庭审理的，应当写明开庭的时间、地点。

第五十条 被告人拒绝法律援助机构指派的律师为其辩护，坚持自己行使辩护权的，人民法院应当准许。

属于应当提供法律援助的情形，被告人拒绝指派的律师为其辩护的，人民法院应当查明原因。理由正当的，应当准许，但被告人应当在五日以内另行委托辩护人；被告人未另行委托辩护人的，人民法院应当在三日以内通知法律援助机构另行指派律师为其提供辩护。

第五十一条 对法律援助机构指派律师为被告人提供辩护，被告人的监护人、近亲属又代为委托辩护人的，应当听取被告人的意见，由其确定辩护人人选。

第五十二条 审判期间，辩护人接受被告人委托的，应当在接受委托之日起三日以内，将委托手续提交人民法院。

接受法律援助机构指派为被告人提供辩护的，适用前款规定。

第五十三条 辩护律师可以查阅、摘抄、复制案卷材料。其他辩护人经人民法院许可，也可以查阅、摘抄、复制案卷材料。合议庭、审判委员会的讨论记录以及其他依法不公开的材料不得查阅、摘抄、复制。

辩护人查阅、摘抄、复制案卷材料的，人民法院应当提供便利，并保证必要的时间。

值班律师查阅案卷材料的，适用前两款规定。

复制案卷材料可以采用复印、拍照、扫描、电子数据拷贝等方式。

第五十四条 对作为证据材料向人民法院移送的讯问录音录像，辩护律师申请查阅的，人民法院应当准许。

第五十五条 查阅、摘抄、复制案卷材料，涉及国家秘密、商业秘密、个人隐私的，应当保密；对不公开审理案件的信息、材料，或者在办案过程中获悉的案件重要信息、证据材料，不得违反规定泄露、披露，不得用于办案以外的用途。人民法院可以要求相关人员出具承诺书。

违反前款规定的，人民法院可以通报司法行政机关或者有关部门，建议给予相应处罚；构成犯罪的，依法追究刑事责任。

第五十六条 辩护律师可以同在押的或者被监视居住的被告人会见和通信。其他辩护人经人民法院许可，也可以同在押的或者被监视居住的被告人会见和通信。

第五十七条 辩护人认为在调查、侦查、审查起诉期间监察机关、公安机关、人民检察院收集的证明被告人无罪或者罪轻的证据材料未随案移送，申请人民法院调取的，应当以书面形式提出，并提供相关线索或者材料。人民法院接受申请后，应当向人民检察院调取。人民检察院移送相关证据材料后，人民法院应当及时通知辩护人。

第五十八条 辩护律师申请向被害人及其近亲属、被害人提供的证人收集与本案有关的材料，人民法院认为确有必要的，应当签发准许调查书。

第五十九条 辩护律师向证人或者有关单位、个人收集、调取与本案有关的证据材料，因证人或者有关单位、个人不同意，申请人民法院收集、调取，或者申请通知证人出庭作证，人民法院认为确有必要的，应当同意。

第六十条 辩护律师直接申请人民法院向证人或者有关单位、个人收集、调取证据材料，人民法院认为确有必要，且不宜或者不能由辩护律师收集、调取的，应当同意。

人民法院向有关单位收集、调取的书面证据材料，必须由提供人签名,并加盖单位印章;向个人收集、调取的书面证据材料,必须由提供人签名。

人民法院对有关单位、个人提供的证据材料,应当出具收据,写明证据材料的名称、收到的时间、件数、页数以及是否为原件等,由书记员、法官助理或者审判人员签名。

收集、调取证据材料后,应当及时通知辩护律师查阅、摘抄、复制,并告知人民检察院。

第六十一条 本解释第五十八条至第六十条规定的申请,应当以书面形式提出,并说明理由,写明需要收集、调取证据材料的内容或者需要调查问题的提纲。

对辩护律师的申请,人民法院应当在五日以内作出是否准许、同意的决定,并通知申请人;决定不准许、不同意的,应当说明理由。

第六十二条 人民法院自受理自诉案件之日起三日以内,应当告知自诉人及其法定代理人、附带民事诉讼当事人及其法定代理人,有权委托诉讼代理人,并告知其如果经济困难,可以申请法律援助。

第六十三条 当事人委托诉讼代理人的,参照适用刑事诉讼法第三十三条和本解释的有关规定。

第六十四条 诉讼代理人有权根据事实和法律,维护被害人、自诉人或者附带民事诉讼当事人的诉讼权利和其他合法权益。

第六十五条 律师担任诉讼代理人的,可以查阅、摘抄、复制案卷材料。其他诉讼代理人经人民法院许可,也可以查阅、摘抄、复制案卷材料。

律师担任诉讼代理人,需要收集、调取与本案有关的证据材料的,参照适用本解释第五十九条至第六十一条的规定。

第六十六条 诉讼代理人接受当事人委托或者法律援助机构指派后,应当在三日以内将委托手续或者法律援助手续提交人民法院。

第六十七条 辩护律师向人民法院告知其委托人或者其他人准备实施、正在实施危害国家安全、公共安全以及严重危害他人人身安全犯罪的,人民法院应当记录在案,立即转告主管机关依法处理,并为反映有关情况的辩护律师保密。

第六十八条 律师担任辩护人、诉讼代理人,经人民法院准许,可以带一名助理参加庭审。律师助理参加庭审的,可以从事辅助工作,但不得发表辩护、代理意见。

第四章 证 据

第一节 一般规定

第六十九条 认定案件事实,必须以证据为根据。

第七十条 审判人员应当依照法定程序收集、审查、核实、认定证据。

第七十一条 证据未经当庭出示、辨认、质证等法庭调查程序查证属实,不得作为定案的根据。

第七十二条 应当运用证据证明的案件事实包括:

(一)被告人、被害人的身份;

(二)被指控的犯罪是否存在;

(三)被指控的犯罪是否为被告人所实施;

(四)被告人有无刑事责任能力,有无罪过,实施犯罪的动机、目的;

(五)实施犯罪的时间、地点、手段、后果以及案件起因等;

(六)是否系共同犯罪或者犯罪事实存在关联,以及被告人在犯罪中的地位、作用;

(七)被告人有无从重、从轻、减轻、免除处罚情节;

(八)有关涉案财物处理的事实;

(九)有关附带民事诉讼的事实;

(十)有关管辖、回避、延期审理等的程序事实;

(十一)与定罪量刑有关的其他事实。

认定被告人有罪和对被告人从重处罚,适用证据确实、充分的证明标准。

第七十三条 对提起公诉的案件,人民法院应当审查证明被告人有罪、无罪、罪重、罪轻的证据材料是否全部随案移送；未随案移送的，应当通知人民检察院在指定时间内移送。人民检察院未移送的，人民法院应当根据在案证据对案件事实作出认定。

第七十四条 依法应当对讯问过程录音录像的案件，相关录音录像未随案移送的，必要时，人民法院可以通知人民检察院在指定时间内移送。人民检察院未移送，导致不能排除属于刑事诉讼法第五十六条规定的以非法方法收集证据情形的，对有关证据应当依法排除；导致有关证据的真实性无法确认的，不得作为定案的根据。

第七十五条 行政机关在行政执法和查办案件过程中收集的物证、书证、视听资料、电子数据等证据材料，经法庭查证属实，且收集程序符合有关法律、行政法规规定的，可以作为定案的根据。

根据法律、行政法规规定行使国家行政管理职权的组织，在行政执法和查办案件过程中收集的证据材料，视为行政机关收集的证据材料。

第七十六条 监察机关依法收集的证据材料，在刑事诉讼中可以作为证据使用。

对前款规定证据的审查判断，适用刑事审判关于证据的要求和标准。

第七十七条 对来自境外的证据材料，人民检察院应当随案移送有关材料来源、提供人、提取人、提取时间等情况的说明。经人民法院审查，相关证据材料能够证明案件事实且符合刑事诉讼法规定的，可以作为证据使用，但提供人或者我国与有关国家签订的双边条约对材料的使用范围有明确限制的除外；材料来源不明或者真实性无法确认的，不得作为定案的根据。

当事人及其辩护人、诉讼代理人提供来自境外的证据材料的，该证据材料应当经所在国公证机关证明，所在国中央外交主管机关或者其授权机关认证，并经中华人民共和国驻该国使领馆认证，或者履行中华人民共和国与该所在国订立的有关条约中规定的证明手续，但我国与该国之间有互免认证协定的除外。

第七十八条 控辩双方提供的证据材料涉及外国语言、文字的，应当附中文译本。

第七十九条 人民法院依照刑事诉讼法第一百九十六条的规定调查核实证据，必要时，可以通知检察人员、辩护人、自诉人及其法定代理人到场。上述人员未到场的，应当记录在案。

人民法院调查核实证据时，发现对定罪量刑有重大影响的新的证据材料的，应当告知检察人员、辩护人、自诉人及其法定代理人。必要时，也可以直接提取，并及时通知检察人员、辩护人、自诉人及其法定代理人查阅、摘抄、复制。

第八十条 下列人员不得担任见证人：

（一）生理上、精神上有缺陷或者年幼，不具有相应辨别能力或者不能正确表达的人；

（二）与案件有利害关系，可能影响案件公正处理的人；

（三）行使勘验、检查、搜查、扣押、组织辨认等监察调查、刑事诉讼职权的监察、公安、司法机关的工作人员或者其聘用的人员。

对见证人是否属于前款规定的人员，人民法院可以通过相关笔录载明的见证人的姓名、身份证件种类及号码、联系方式以及常住人口信息登记表等材料进行审查。

由于客观原因无法由符合条件的人员担任见证人的，应当在笔录材料中注明情况，并对相关活动进行全程录音录像。

第八十一条 公开审理案件时，公诉人、诉讼参与人提出涉及国家秘密、商业秘密或者个人隐私的证据的，法庭应当制止；确与本案有关的，可以根据具体情况，决定将案件转为不公开审理，或者对相关证据的法庭调查不公开进行。

第二节 物证、书证的审查与认定

第八十二条 对物证、书证应当着重审查以下内容：

（一）物证、书证是否为原物、原件，是否经过辨认、鉴定；物证的照片、录像、复制品或者书证的副本、复制件是否与原物、原件相符，

是否由二人以上制作,有无制作人关于制作过程以及原物、原件存放于何处的文字说明和签名;

(二)物证、书证的收集程序、方式是否符合法律、有关规定;经勘验、检查、搜查提取、扣押的物证、书证,是否附有相关笔录、清单,笔录、清单是否经调查人员或者侦查人员、物品持有人、见证人签名,没有签名的,是否注明原因;物品的名称、特征、数量、质量等是否注明清楚;

(三)物证、书证在收集、保管、鉴定过程中是否受损或者改变;

(四)物证、书证与案件事实有无关联;对现场遗留与犯罪有关的具备鉴定条件的血迹、体液、毛发、指纹等生物样本、痕迹、物品,是否已作 DNA 鉴定、指纹鉴定等,并与被告人或者被害人的相应生物特征、物品等比对;

(五)与案件事实有关联的物证、书证是否全面收集。

第八十三条 据以定案的物证应当是原物。原物不便搬运、不易保存、依法应当返还或者依法应当由有关部门保管、处理的,可以拍摄、制作足以反映原物外形和特征的照片、录像、复制品。必要时,审判人员可以前往保管场所查看原物。

物证的照片、录像、复制品,不能反映原物的外形和特征的,不得作为定案的根据。

物证的照片、录像、复制品,经与原物核对无误、经鉴定或者以其他方式确认真实的,可以作为定案的根据。

第八十四条 据以定案的书证应当是原件。取得原件确有困难的,可以使用副本、复制件。

对书证的更改或者更改迹象不能作出合理解释,或者书证的副本、复制件不能反映原件及其内容的,不得作为定案的根据。

书证的副本、复制件,经与原件核对无误、经鉴定或者以其他方式确认真实的,可以作为定案的根据。

第八十五条 对与案件事实可能有关联的血迹、体液、毛发、人体组织、指纹、足迹、字迹等生物样本、痕迹和物品,应当提取而没有提取,应当鉴定而没有鉴定,应当移送鉴定意见而没有移送,导致案件事实存疑的,人民法院应当通知人民检察院依法补充收集、调取、移送证据。

第八十六条 在勘验、检查、搜查过程中提取、扣押的物证、书证,未附笔录或者清单,不能证明物证、书证来源的,不得作为定案的根据。

物证、书证的收集程序、方式有下列瑕疵,经补正或者作出合理解释的,可以采用:

(一)勘验、检查、搜查、提取笔录或者扣押清单上没有调查人员或者侦查人员、物品持有人、见证人签名,或者对物品的名称、特征、数量、质量等注明不详的;

(二)物证的照片、录像、复制品,书证的副本、复制件未注明与原件核对无异,无复制时间,或者无被收集、调取人签名的;

(三)物证的照片、录像、复制品,书证的副本、复制件没有制作人关于制作过程和原物、原件存放地点的说明,或者说明中无签名的;

(四)有其他瑕疵的。

物证、书证的来源、收集程序有疑问,不能作出合理解释的,不得作为定案的根据。

第三节 证人证言、被害人陈述的审查与认定

第八十七条 对证人证言应当着重审查以下内容:

(一)证言的内容是否为证人直接感知;

(二)证人作证时的年龄,认知、记忆和表达能力,生理和精神状态是否影响作证;

(三)证人与案件当事人、案件处理结果有无利害关系;

(四)询问证人是否个别进行;

(五)询问笔录的制作、修改是否符合法律、有关规定,是否注明询问的起止时间和地点,首次询问时是否告知证人有关权利义务和法律责任,证人对询问笔录是否核对确认;

(六)询问未成年证人时,是否通知其法定代理人或者刑事诉讼法第二百八十一条第一款规定的合适成年人到场,有关人员是否到场;

(七)有无以暴力、威胁等非法方法收集证人证言的情形;

(八)证言之间以及与其他证据之间能否相互印证,有无矛盾;存在矛盾的,能否得到合理解释。

第八十八条 处于明显醉酒、中毒或者麻醉等状态,不能正常感知或者正确表达的证人所提供的证言,不得作为证据使用。

证人的猜测性、评论性、推断性的证言,不得作为证据使用,但根据一般生活经验判断符合事实的除外。

第八十九条 证人证言具有下列情形之一的,不得作为定案的根据:

(一)询问证人没有个别进行的;

(二)书面证言没有经证人核对确认的;

(三)询问聋、哑人,应当提供通晓聋、哑手势的人员而未提供的;

(四)询问不通晓当地通用语言、文字的证人,应当提供翻译人员而未提供的。

第九十条 证人证言的收集程序、方式有下列瑕疵,经补正或者作出合理解释的,可以采用;不能补正或者作出合理解释的,不得作为定案的根据:

(一)询问笔录没有填写询问人、记录人、法定代理人姓名以及询问的起止时间、地点的;

(二)询问地点不符合规定的;

(三)询问笔录没有记录告知证人有关权利义务和法律责任的;

(四)询问笔录反映出在同一时段,同一询问人员询问不同证人的;

(五)询问未成年人,其法定代理人或者合适成年人不在场的。

第九十一条 证人当庭作出的证言,经控辩双方质证、法庭查证属实的,应当作为定案的根据。

证人当庭作出的证言与其庭前证言矛盾，证人能够作出合理解释，并有其他证据印证的，应当采信其庭审证言；不能作出合理解释，而其庭前证言有其他证据印证的，可以采信其庭前证言。

经人民法院通知，证人没有正当理由拒绝出庭或者出庭后拒绝作证，法庭对其证言的真实性无法确认的，该证人证言不得作为定案的根据。

第九十二条 对被害人陈述的审查与认定，参照适用本节的有关规定。

第四节 被告人供述和辩解的审查与认定

第九十三条 对被告人供述和辩解应当着重审查以下内容：

（一）讯问的时间、地点，讯问人的身份、人数以及讯问方式等是否符合法律、有关规定；

（二）讯问笔录的制作、修改是否符合法律、有关规定，是否注明讯问的具体起止时间和地点，首次讯问时是否告知被告人有关权利和法律规定，被告人是否核对确认；

（三）讯问未成年被告人时，是否通知其法定代理人或者合适成年人到场，有关人员是否到场；

（四）讯问女性未成年被告人时，是否有女性工作人员在场；

（五）有无以刑讯逼供等非法方法收集被告人供述的情形；

（六）被告人的供述是否前后一致，有无反复以及出现反复的原因；

（七）被告人的供述和辩解是否全部随案移送；

（八）被告人的辩解内容是否符合案情和常理，有无矛盾；

（九）被告人的供述和辩解与同案被告人的供述和辩解以及其他证据能否相互印证，有无矛盾；存在矛盾的，能否得到合理解释。

必要时，可以结合现场执法音视频记录、讯问录音录像、被告人进出看守所的健康检查记录、笔录等，对被告人的供述和辩解进行审查。

第九十四条 被告人供述具有下列情形之一的,不得作为定案的根据:

(一)讯问笔录没有经被告人核对确认的;

(二)讯问聋、哑人,应当提供通晓聋、哑手势的人员而未提供的;

(三)讯问不通晓当地通用语言、文字的被告人,应当提供翻译人员而未提供的;

(四)讯问未成年人,其法定代理人或者合适成年人不在场的。

第九十五条 讯问笔录有下列瑕疵,经补正或者作出合理解释的,可以采用;不能补正或者作出合理解释的,不得作为定案的根据:

(一)讯问笔录填写的讯问时间、讯问地点、讯问人、记录人、法定代理人等有误或者存在矛盾的;

(二)讯问人没有签名的;

(三)首次讯问笔录没有记录告知被讯问人有关权利和法律规定的。

第九十六条 审查被告人供述和辩解,应当结合控辩双方提供的所有证据以及被告人的全部供述和辩解进行。

被告人庭审中翻供,但不能合理说明翻供原因或者其辩解与全案证据矛盾,而其庭前供述与其他证据相互印证的,可以采信其庭前供述。

被告人庭前供述和辩解存在反复,但庭审中供认,且与其他证据相互印证的,可以采信其庭审供述;被告人庭前供述和辩解存在反复,庭审中不供认,且无其他证据与庭前供述印证的,不得采信其庭前供述。

第五节 鉴定意见的审查与认定

第九十七条 对鉴定意见应当着重审查以下内容:

(一)鉴定机构和鉴定人是否具有法定资质;

(二)鉴定人是否存在应当回避的情形;

(三)检材的来源、取得、保管、送检是否符合法律、有关规定,与

相关提取笔录、扣押清单等记载的内容是否相符,检材是否可靠;

(四)鉴定意见的形式要件是否完备,是否注明提起鉴定的事由、鉴定委托人、鉴定机构、鉴定要求、鉴定过程、鉴定方法、鉴定日期等相关内容,是否由鉴定机构盖章并由鉴定人签名;

(五)鉴定程序是否符合法律、有关规定;

(六)鉴定的过程和方法是否符合相关专业的规范要求;

(七)鉴定意见是否明确;

(八)鉴定意见与案件事实有无关联;

(九)鉴定意见与勘验、检查笔录及相关照片等其他证据是否矛盾;存在矛盾的,能否得到合理解释;

(十)鉴定意见是否依法及时告知相关人员,当事人对鉴定意见有无异议。

第九十八条 鉴定意见具有下列情形之一的,不得作为定案的根据:

(一)鉴定机构不具备法定资质,或者鉴定事项超出该鉴定机构业务范围、技术条件的;

(二)鉴定人不具备法定资质,不具有相关专业技术或者职称,或者违反回避规定的;

(三)送检材料、样本来源不明,或者因污染不具备鉴定条件的;

(四)鉴定对象与送检材料、样本不一致的;

(五)鉴定程序违反规定的;

(六)鉴定过程和方法不符合相关专业的规范要求的;

(七)鉴定文书缺少签名、盖章的;

(八)鉴定意见与案件事实没有关联的;

(九)违反有关规定的其他情形。

第九十九条 经人民法院通知,鉴定人拒不出庭作证的,鉴定意见不得作为定案的根据。

鉴定人由于不能抗拒的原因或者有其他正当理由无法出庭的,人民法院可以根据情况决定延期审理或者重新鉴定。

鉴定人无正当理由拒不出庭作证的，人民法院应当通报司法行政机关或者有关部门。

第一百条 因无鉴定机构，或者根据法律、司法解释的规定，指派、聘请有专门知识的人就案件的专门性问题出具的报告，可以作为证据使用。

对前款规定的报告的审查与认定，参照适用本节的有关规定。

经人民法院通知，出具报告的人拒不出庭作证的，有关报告不得作为定案的根据。

第一百零一条 有关部门对事故进行调查形成的报告，在刑事诉讼中可以作为证据使用；报告中涉及专门性问题的意见，经法庭查证属实，且调查程序符合法律、有关规定的，可以作为定案的根据。

第六节 勘验、检查、辨认、侦查实验等笔录的审查与认定

第一百零二条 对勘验、检查笔录应当着重审查以下内容：

（一）勘验、检查是否依法进行，笔录制作是否符合法律、有关规定，勘验、检查人员和见证人是否签名或者盖章；

（二）勘验、检查笔录是否记录了提起勘验、检查的事由，勘验、检查的时间、地点，在场人员、现场方位、周围环境等，现场的物品、人身、尸体等的位置、特征等情况，以及勘验、检查的过程；文字记录与实物或者绘图、照片、录像是否相符；现场、物品、痕迹等是否伪造、有无破坏；人身特征、伤害情况、生理状态有无伪装或者变化等；

（三）补充进行勘验、检查的，是否说明了再次勘验、检查的原由，前后勘验、检查的情况是否矛盾。

第一百零三条 勘验、检查笔录存在明显不符合法律、有关规定的情形，不能作出合理解释的，不得作为定案的根据。

第一百零四条 对辨认笔录应当着重审查辨认的过程、方法，以及辨认笔录的制作是否符合有关规定。

第一百零五条 辨认笔录具有下列情形之一的，不得作为定案

的根据：

（一）辨认不是在调查人员、侦查人员主持下进行的；

（二）辨认前使辨认人见到辨认对象的；

（三）辨认活动没有个别进行的；

（四）辨认对象没有混杂在具有类似特征的其他对象中，或者供辨认的对象数量不符合规定的；

（五）辨认中给辨认人明显暗示或者明显有指认嫌疑的；

（六）违反有关规定，不能确定辨认笔录真实性的其他情形。

第一百零六条 对侦查实验笔录应当着重审查实验的过程、方法，以及笔录的制作是否符合有关规定。

第一百零七条 侦查实验的条件与事件发生时的条件有明显差异，或者存在影响实验结论科学性的其他情形的，侦查实验笔录不得作为定案的根据。

第七节 视听资料、电子数据的审查与认定

第一百零八条 对视听资料应当着重审查以下内容：

（一）是否附有提取过程的说明，来源是否合法；

（二）是否为原件，有无复制及复制份数；是复制件的，是否附有无法调取原件的原因、复制件制作过程和原件存放地点的说明，制作人、原视听资料持有人是否签名；

（三）制作过程中是否存在威胁、引诱当事人等违反法律、有关规定的情形；

（四）是否写明制作人、持有人的身份，制作的时间、地点、条件和方法；

（五）内容和制作过程是否真实，有无剪辑、增加、删改等情形；

（六）内容与案件事实有无关联。

对视听资料有疑问的，应当进行鉴定。

第一百零九条 视听资料具有下列情形之一的，不得作为定案的根据：

(一)系篡改、伪造或者无法确定真伪的;

(二)制作、取得的时间、地点、方式等有疑问,不能作出合理解释的。

第一百一十条 对电子数据是否真实,应当着重审查以下内容:

(一)是否移送原始存储介质;在原始存储介质无法封存、不便移动时,有无说明原因,并注明收集、提取过程及原始存储介质的存放地点或者电子数据的来源等情况;

(二)是否具有数字签名、数字证书等特殊标识;

(三)收集、提取的过程是否可以重现;

(四)如有增加、删除、修改等情形的,是否附有说明;

(五)完整性是否可以保证。

第一百一十一条 对电子数据是否完整,应当根据保护电子数据完整性的相应方法进行审查、验证:

(一)审查原始存储介质的扣押、封存状态;

(二)审查电子数据的收集、提取过程,查看录像;

(三)比对电子数据完整性校验值;

(四)与备份的电子数据进行比较;

(五)审查冻结后的访问操作日志;

(六)其他方法。

第一百一十二条 对收集、提取电子数据是否合法,应当着重审查以下内容:

(一)收集、提取电子数据是否由二名以上调查人员、侦查人员进行,取证方法是否符合相关技术标准;

(二)收集、提取电子数据,是否附有笔录、清单,并经调查人员、侦查人员、电子数据持有人、提供人、见证人签名或者盖章;没有签名或者盖章的,是否注明原因;对电子数据的类别、文件格式等是否注明清楚;

(三)是否依照有关规定由符合条件的人员担任见证人,是否对相关活动进行录像;

(四)采用技术调查、侦查措施收集、提取电子数据的,是否依法经过严格的批准手续；

（五）进行电子数据检查的，检查程序是否符合有关规定。

第一百一十三条 电子数据的收集、提取程序有下列瑕疵，经补正或者作出合理解释的，可以采用；不能补正或者作出合理解释的，不得作为定案的根据：

（一）未以封存状态移送的；

（二）笔录或者清单上没有调查人员或者侦查人员、电子数据持有人、提供人、见证人签名或者盖章的；

（三）对电子数据的名称、类别、格式等注明不清的；

（四）有其他瑕疵的。

第一百一十四条 电子数据具有下列情形之一的，不得作为定案的根据：

（一）系篡改、伪造或者无法确定真伪的；

（二）有增加、删除、修改等情形，影响电子数据真实性的；

（三）其他无法保证电子数据真实性的情形。

第一百一十五条 对视听资料、电子数据，还应当审查是否移送文字抄清材料以及对绰号、暗语、俗语、方言等不易理解内容的说明。未移送的，必要时，可以要求人民检察院移送。

第八节 技术调查、侦查证据的审查与认定

第一百一十六条 依法采取技术调查、侦查措施收集的材料在刑事诉讼中可以作为证据使用。

采取技术调查、侦查措施收集的材料，作为证据使用的，应当随案移送。

第一百一十七条 使用采取技术调查、侦查措施收集的证据材料可能危及有关人员的人身安全，或者可能产生其他严重后果的，可以采取下列保护措施：

（一）使用化名等代替调查、侦查人员及有关人员的个人信息；

（二）不具体写明技术调查、侦查措施使用的技术设备和技术

方法;

(三)其他必要的保护措施。

第一百一十八条 移送技术调查、侦查证据材料的,应当附采取技术调查、侦查措施的法律文书、技术调查、侦查证据材料清单和有关说明材料。

移送采用技术调查、侦查措施收集的视听资料、电子数据的,应当制作新的存储介质,并附制作说明,写明原始证据材料、原始存储介质的存放地点等信息,由制作人签名,并加盖单位印章。

第一百一十九条 对采取技术调查、侦查措施收集的证据材料,除根据相关证据材料所属的证据种类,依照本章第二节至第七节的相应规定进行审查外,还应当着重审查以下内容:

(一)技术调查、侦查措施所针对的案件是否符合法律规定;

(二)技术调查措施是否经过严格的批准手续,按照规定交有关机关执行;技术侦查措施是否在刑事立案后,经过严格的批准手续;

(三)采取技术调查、侦查措施的种类、适用对象和期限是否按照批准决定载明的内容执行;

(四)采取技术调查、侦查措施收集的证据材料与其他证据是否矛盾;存在矛盾的,能否得到合理解释。

第一百二十条 采取技术调查、侦查措施收集的证据材料,应当经过当庭出示、辨认、质证等法庭调查程序查证。

当庭调查技术调查、侦查证据材料可能危及有关人员的人身安全,或者可能产生其他严重后果的,法庭应当采取不暴露有关人员身份和技术调查、侦查措施使用的技术设备、技术方法等保护措施。必要时,审判人员可以在庭外对证据进行核实。

第一百二十一条 采用技术调查、侦查证据作为定案根据的,人民法院在裁判文书中可以表述相关证据的名称、证据种类和证明对象,但不得表述有关人员身份和技术调查、侦查措施使用的技术设备、技术方法等。

第一百二十二条 人民法院认为应当移送的技术调查、侦查证据材料未随案移送的,应当通知人民检察院在指定时间内移送。人民检察院未移送的,人民法院应当根据在案证据对案件事实作出认定。

第九节　非法证据排除

第一百二十三条　采用下列非法方法收集的被告人供述,应当予以排除:

(一)采用殴打、违法使用戒具等暴力方法或者变相肉刑的恶劣手段,使被告人遭受难以忍受的痛苦而违背意愿作出的供述;

(二)采用以暴力或者严重损害本人及其近亲属合法权益等相威胁的方法,使被告人遭受难以忍受的痛苦而违背意愿作出的供述;

(三)采用非法拘禁等非法限制人身自由的方法收集的被告人供述。

第一百二十四条　采用刑讯逼供方法使被告人作出供述,之后被告人受该刑讯逼供行为影响而作出的与该供述相同的重复性供述,应当一并排除,但下列情形除外:

(一)调查、侦查期间,监察机关、侦查机关根据控告、举报或者自己发现等,确认或者不能排除以非法方法收集证据而更换调查、侦查人员,其他调查、侦查人员再次讯问时告知有关权利和认罪的法律后果,被告人自愿供述的;

(二)审查逮捕、审查起诉和审判期间,检察人员、审判人员讯问时告知诉讼权利和认罪的法律后果,被告人自愿供述的。

第一百二十五条　采用暴力、威胁以及非法限制人身自由等非法方法收集的证人证言、被害人陈述,应当予以排除。

第一百二十六条　收集物证、书证不符合法定程序,可能严重影响司法公正的,应当予以补正或者作出合理解释;不能补正或者作出合理解释的,对该证据应当予以排除。

认定"可能严重影响司法公正",应当综合考虑收集证据违反法定程序以及所造成后果的严重程度等情况。

第一百二十七条 当事人及其辩护人、诉讼代理人申请人民法院排除以非法方法收集的证据的，应当提供涉嫌非法取证的人员、时间、地点、方式、内容等相关线索或者材料。

第一百二十八条 人民法院向被告人及其辩护人送达起诉书副本时，应当告知其申请排除非法证据的，应当在开庭审理前提出，但庭审期间才发现相关线索或者材料的除外。

第一百二十九条 开庭审理前，当事人及其辩护人、诉讼代理人申请人民法院排除非法证据的，人民法院应当在开庭前及时将申请书或者申请笔录及相关线索、材料的复制件送交人民检察院。

第一百三十条 开庭审理前，人民法院可以召开庭前会议，就非法证据排除等问题了解情况，听取意见。

在庭前会议中，人民检察院可以通过出示有关证据材料等方式，对证据收集的合法性加以说明。必要时，可以通知调查人员、侦查人员或者其他人员参加庭前会议，说明情况。

第一百三十一条 在庭前会议中，人民检察院可以撤回有关证据。撤回的证据，没有新的理由，不得在庭审中出示。

当事人及其辩护人、诉讼代理人可以撤回排除非法证据的申请。撤回申请后，没有新的线索或者材料，不得再次对有关证据提出排除申请。

第一百三十二条 当事人及其辩护人、诉讼代理人在开庭审理前未申请排除非法证据，在庭审过程中提出申请的，应当说明理由。人民法院经审查，对证据收集的合法性有疑问的，应当进行调查；没有疑问的，驳回申请。

驳回排除非法证据的申请后，当事人及其辩护人、诉讼代理人没有新的线索或者材料，以相同理由再次提出申请的，人民法院不再审查。

第一百三十三条 控辩双方在庭前会议中对证据收集是否合法未达成一致意见，人民法院对证据收集的合法性有疑问的，应当在庭审中进行调查；对证据收集的合法性没有疑问，且无新的线索或者材料表明可能存在非法取证的,可以决定不再进行调查并说明理由。

第一百三十四条 庭审期间,法庭决定对证据收集的合法性进行调查的,应当先行当庭调查。但为防止庭审过分迟延,也可以在法庭调查结束前调查。

第一百三十五条 法庭决定对证据收集的合法性进行调查的,由公诉人通过宣读调查、侦查讯问笔录、出示提讯登记、体检记录、对讯问合法性的核查材料等证据材料,有针对性地播放讯问录音录像,提请法庭通知有关调查人员、侦查人员或者其他人员出庭说明情况等方式,证明证据收集的合法性。

讯问录音录像涉及国家秘密、商业秘密、个人隐私或者其他不宜公开内容的,法庭可以决定对讯问录音录像不公开播放、质证。

公诉人提交的取证过程合法的说明材料,应当经有关调查人员、侦查人员签名,并加盖单位印章。未经签名或者盖章的,不得作为证据使用。上述说明材料不能单独作为证明取证过程合法的根据。

第一百三十六条 控辩双方申请法庭通知调查人员、侦查人员或者其他人员出庭说明情况,法庭认为有必要的,应当通知有关人员出庭。

根据案件情况,法庭可以依职权通知调查人员、侦查人员或者其他人员出庭说明情况。

调查人员、侦查人员或者其他人员出庭的,应当向法庭说明证据收集过程,并就相关情况接受控辩双方和法庭的询问。

第一百三十七条 法庭对证据收集的合法性进行调查后,确认或者不能排除存在刑事诉讼法第五十六条规定的以非法方法收集证据情形的,对有关证据应当排除。

第一百三十八条 具有下列情形之一的,第二审人民法院应当对证据收集的合法性进行审查,并根据刑事诉讼法和本解释的有关规定作出处理:

(一)第一审人民法院对当事人及其辩护人、诉讼代理人排除非法证据的申请没有审查,且以该证据作为定案根据的;

(二)人民检察院或者被告人、自诉人及其法定代理人不服第一审人民法院作出的有关证据收集合法性的调查结论,提出抗诉、上诉的;

(三)当事人及其辩护人、诉讼代理人在第一审结束后才发现相关线索或者材料,申请人民法院排除非法证据的。

第十节　证据的综合审查与运用

第一百三十九条　对证据的真实性,应当综合全案证据进行审查。

对证据的证明力,应当根据具体情况,从证据与案件事实的关联程度、证据之间的联系等方面进行审查判断。

第一百四十条　没有直接证据,但间接证据同时符合下列条件的,可以认定被告人有罪:

(一)证据已经查证属实;

(二)证据之间相互印证,不存在无法排除的矛盾和无法解释的疑问;

(三)全案证据形成完整的证据链;

(四)根据证据认定案件事实足以排除合理怀疑,结论具有唯一性;

(五)运用证据进行的推理符合逻辑和经验。

第一百四十一条　根据被告人的供述、指认提取到了隐蔽性很强的物证、书证,且被告人的供述与其他证明犯罪事实发生的证据相互印证,并排除串供、逼供、诱供等可能性的,可以认定被告人有罪。

第一百四十二条　对监察机关、侦查机关出具的被告人到案经过、抓获经过等材料,应当审查是否有出具该说明材料的办案人员、办案机关的签名、盖章。

对到案经过、抓获经过或者确定被告人有重大嫌疑的根据有疑问的,应当通知人民检察院补充说明。

第一百四十三条　下列证据应当慎重使用,有其他证据印证的,可以采信：

（一）生理上、精神上有缺陷，对案件事实的认知和表达存在一定困难，但尚未丧失正确认知、表达能力的被害人、证人和被告人所作的陈述、证言和供述；

（二）与被告人有亲属关系或者其他密切关系的证人所作的有利于被告人的证言，或者与被告人有利害冲突的证人所作的不利于被告人的证言。

第一百四十四条　证明被告人自首、坦白、立功的证据材料，没有加盖接受被告人投案、坦白、检举揭发等的单位的印章，或者接受人员没有签名的，不得作为定案的根据。

对被告人及其辩护人提出有自首、坦白、立功的事实和理由，有关机关未予认定，或者有关机关提出被告人有自首、坦白、立功表现，但证据材料不全的，人民法院应当要求有关机关提供证明材料，或者要求有关人员作证，并结合其他证据作出认定。

第一百四十五条　证明被告人具有累犯、毒品再犯情节等的证据材料，应当包括前罪的裁判文书、释放证明等材料；材料不全的，应当通知人民检察院提供。

第一百四十六条　审查被告人实施被指控的犯罪时或者审判时是否达到相应法定责任年龄，应当根据户籍证明、出生证明文件、学籍卡、人口普查登记、无利害关系人的证言等证据综合判断。

证明被告人已满十二周岁、十四周岁、十六周岁、十八周岁或者不满七十五周岁的证据不足的，应当作出有利于被告人的认定。

第五章　强制措施

第一百四十七条　人民法院根据案件情况，可以决定对被告人拘传、取保候审、监视居住或者逮捕。

对被告人采取、撤销或者变更强制措施的，由院长决定；决定继续取保候审、监视居住的，可以由合议庭或者独任审判员决定。

第一百四十八条　对经依法传唤拒不到庭的被告人，或者根据案件情况有必要拘传的被告人,可以拘传。

拘传被告人,应当由院长签发拘传票,由司法警察执行,执行人员不得少于二人。

拘传被告人,应当出示拘传票。对抗拒拘传的被告人,可以使用戒具。

第一百四十九条 拘传被告人,持续的时间不得超过十二小时;案情特别重大、复杂,需要采取逮捕措施的,持续的时间不得超过二十四小时。不得以连续拘传的形式变相拘禁被告人。应当保证被拘传人的饮食和必要的休息时间。

第一百五十条 被告人具有刑事诉讼法第六十七条第一款规定情形之一的,人民法院可以决定取保候审。

对被告人决定取保候审的,应当责令其提出保证人或者交纳保证金,不得同时使用保证人保证与保证金保证。

第一百五十一条 对下列被告人决定取保候审的,可以责令其提出一至二名保证人:

(一)无力交纳保证金的;

(二)未成年或者已满七十五周岁的;

(三)不宜收取保证金的其他被告人。

第一百五十二条 人民法院应当审查保证人是否符合法定条件。符合条件的,应当告知其必须履行的保证义务,以及不履行义务的法律后果,并由其出具保证书。

第一百五十三条 对决定取保候审的被告人使用保证金保证的,应当依照刑事诉讼法第七十二条第一款的规定确定保证金的具体数额,并责令被告人或者为其提供保证金的单位、个人将保证金一次性存入公安机关指定银行的专门账户。

第一百五十四条 人民法院向被告人宣布取保候审决定后,应当将取保候审决定书等相关材料送交当地公安机关。

对被告人使用保证金保证的,应当在核实保证金已经存入公安机关指定银行的专门账户后,将银行出具的收款凭证一并送交公安机关。

第一百五十五条 被告人被取保候审期间,保证人不愿继续履行保证义务或者丧失履行保证义务能力的,人民法院应当在收到保证人的申请或者公安机关的书面通知后三日以内,责令被告人重新提出保证人或者交纳保证金,或者变更强制措施,并通知公安机关。

第一百五十六条 人民法院发现保证人未履行保证义务的,应当书面通知公安机关依法处理。

第一百五十七条 根据案件事实和法律规定,认为已经构成犯罪的被告人在取保候审期间逃匿的,如果系保证人协助被告人逃匿,或者保证人明知被告人藏匿地点但拒绝向司法机关提供,对保证人应当依法追究责任。

第一百五十八条 人民法院发现使用保证金保证的被取保候审人违反刑事诉讼法第七十一条第一款、第二款规定的,应当书面通知公安机关依法处理。

人民法院收到公安机关已经没收保证金的书面通知或者变更强制措施的建议后,应当区别情形,在五日以内责令被告人具结悔过,重新交纳保证金或者提出保证人,或者变更强制措施,并通知公安机关。

人民法院决定对被依法没收保证金的被告人继续取保候审的,取保候审的期限连续计算。

第一百五十九条 对被取保候审的被告人的判决、裁定生效后,如果保证金属于其个人财产,且需要用以退赔被害人、履行附带民事赔偿义务或者执行财产刑的,人民法院可以书面通知公安机关移交全部保证金,由人民法院作出处理,剩余部分退还被告人。

第一百六十条 对具有刑事诉讼法第七十四条第一款、第二款规定情形的被告人,人民法院可以决定监视居住。

人民法院决定对被告人监视居住的,应当核实其住处;没有固定住处的,应当为其指定居所。

第一百六十一条 人民法院向被告人宣布监视居住决定后,应当将监视居住决定书等相关材料送交被告人住处或者指定居所所在地的公安机关执行。

对被告人指定居所监视居住后，人民法院应当在二十四小时以内，将监视居住的原因和处所通知其家属；确实无法通知的，应当记录在案。

第一百六十二条 人民检察院、公安机关已经对犯罪嫌疑人取保候审、监视居住，案件起诉至人民法院后，需要继续取保候审、监视居住或者变更强制措施的，人民法院应当在七日以内作出决定，并通知人民检察院、公安机关。

决定继续取保候审、监视居住的，应当重新办理手续，期限重新计算；继续使用保证金保证的，不再收取保证金。

第一百六十三条 对具有刑事诉讼法第八十一条第一款、第三款规定情形的被告人，人民法院应当决定逮捕。

第一百六十四条 被取保候审的被告人具有下列情形之一的，人民法院应当决定逮捕：

(一)故意实施新的犯罪的；

(二)企图自杀或者逃跑的；

(三)毁灭、伪造证据，干扰证人作证或者串供的；

(四)打击报复、恐吓滋扰被害人、证人、鉴定人、举报人、控告人等的；

(五)经传唤，无正当理由不到案，影响审判活动正常进行的；

(六)擅自改变联系方式或者居住地，导致无法传唤，影响审判活动正常进行的；

(七)未经批准，擅自离开所居住的市、县，影响审判活动正常进行，或者两次未经批准，擅自离开所居住的市、县的；

(八)违反规定进入特定场所、与特定人员会见或者通信、从事特定活动，影响审判活动正常进行，或者两次违反有关规定的；

(九)依法应当决定逮捕的其他情形。

第一百六十五条 被监视居住的被告人具有下列情形之一的，

人民法院应当决定逮捕：

（一）具有前条第一项至第五项规定情形之一的；

（二）未经批准，擅自离开执行监视居住的处所，影响审判活动正常进行，或者两次未经批准，擅自离开执行监视居住的处所的；

（三）未经批准，擅自会见他人或者通信，影响审判活动正常进行，或者两次未经批准，擅自会见他人或者通信的；

（四）对因患有严重疾病、生活不能自理，或者因怀孕、正在哺乳自己婴儿而未予逮捕的被告人，疾病痊愈或者哺乳期已满的；

（五）依法应当决定逮捕的其他情形。

第一百六十六条 对可能判处徒刑以下刑罚的被告人，违反取保候审、监视居住规定，严重影响诉讼活动正常进行的，可以决定逮捕。

第一百六十七条 人民法院作出逮捕决定后，应当将逮捕决定书等相关材料送交公安机关执行，并将逮捕决定书抄送人民检察院。逮捕被告人后，人民法院应当将逮捕的原因和羁押的处所，在二十四小时以内通知其家属；确实无法通知的，应当记录在案。

第一百六十八条 人民法院对决定逮捕的被告人，应当在逮捕后二十四小时以内讯问。发现不应当逮捕的，应当立即释放。必要时，可以依法变更强制措施。

第一百六十九条 被逮捕的被告人具有下列情形之一的，人民法院可以变更强制措施：

（一）患有严重疾病、生活不能自理的；

（二）怀孕或者正在哺乳自己婴儿的；

（三）系生活不能自理的人的唯一扶养人。

第一百七十条 被逮捕的被告人具有下列情形之一的，人民法院应当立即释放；必要时，可以依法变更强制措施：

（一）第一审人民法院判决被告人无罪、不负刑事责任或者免予刑事处罚的；

（二）第一审人民法院判处管制、宣告缓刑、单独适用附加刑，判

决尚未发生法律效力的;

(三)被告人被羁押的时间已到第一审人民法院对其判处的刑期期限的;

(四)案件不能在法律规定的期限内审结的。

第一百七十一条 人民法院决定释放被告人的,应当立即将释放通知书送交公安机关执行。

第一百七十二条 被采取强制措施的被告人,被判处管制、缓刑的,在社区矫正开始后,强制措施自动解除;被单处附加刑的,在判决、裁定发生法律效力后,强制措施自动解除;被判处监禁刑的,在刑罚开始执行后,强制措施自动解除。

第一百七十三条 对人民法院决定逮捕的被告人,人民检察院建议释放或者变更强制措施的,人民法院应当在收到建议后十日以内将处理情况通知人民检察院。

第一百七十四条 被告人及其法定代理人、近亲属或者辩护人申请变更、解除强制措施的,应当说明理由。人民法院收到申请后,应当在三日以内作出决定。同意变更、解除强制措施的,应当依照本解释规定处理;不同意的,应当告知申请人,并说明理由。

第六章 附带民事诉讼

第一百七十五条 被害人因人身权利受到犯罪侵犯或者财物被犯罪分子毁坏而遭受物质损失的,有权在刑事诉讼过程中提起附带民事诉讼;被害人死亡或者丧失行为能力的,其法定代理人、近亲属有权提起附带民事诉讼。

因受到犯罪侵犯,提起附带民事诉讼或者单独提起民事诉讼要求赔偿精神损失的,人民法院一般不予受理。

第一百七十六条 被告人非法占有、处置被害人财产的,应当依法予以追缴或者责令退赔。被害人提起附带民事诉讼的,人民法院不予受理。追缴、退赔的情况,可以作为量刑情节考虑。

第一百七十七条 国家机关工作人员在行使职权时,侵犯他人人身、财产权利构成犯罪,被害人或者其法定代理人、近亲属提起附带民事诉讼的,人民法院不予受理,但应当告知其可以依法申请国家赔偿。

第一百七十八条 人民法院受理刑事案件后,对符合刑事诉讼法第一百零一条和本解释第一百七十五条第一款规定的,可以告知被害人或者其法定代理人、近亲属有权提起附带民事诉讼。

有权提起附带民事诉讼的人放弃诉讼权利的,应当准许,并记录在案。

第一百七十九条 国家财产、集体财产遭受损失,受损失的单位未提起附带民事诉讼,人民检察院在提起公诉时提起附带民事诉讼的,人民法院应当受理。

人民检察院提起附带民事诉讼的,应当列为附带民事诉讼原告人。

被告人非法占有、处置国家财产、集体财产的,依照本解释第一百七十六条的规定处理。

第一百八十条 附带民事诉讼中依法负有赔偿责任的人包括:

(一)刑事被告人以及未被追究刑事责任的其他共同侵害人;

(二)刑事被告人的监护人;

(三)死刑罪犯的遗产继承人;

(四)共同犯罪案件中,案件审结前死亡的被告人的遗产继承人;

(五)对被害人的物质损失依法应当承担赔偿责任的其他单位和个人。

附带民事诉讼被告人的亲友自愿代为赔偿的,可以准许。

第一百八十一条 被害人或者其法定代理人、近亲属仅对部分共同侵害人提起附带民事诉讼的,人民法院应当告知其可以对其他共同侵害人,包括没有被追究刑事责任的共同侵害人,一并提起附带民事诉讼,但共同犯罪案件中同案犯在逃的除外。

被害人或者其法定代理人、近亲属放弃对其他共同侵害人的诉讼权利的,人民法院应当告知其相应法律后果,并在裁判文书中说明其放弃诉讼请求的情况。

第一百八十二条 附带民事诉讼的起诉条件是:

(一)起诉人符合法定条件;

(二)有明确的被告人;

(三)有请求赔偿的具体要求和事实、理由;

(四)属于人民法院受理附带民事诉讼的范围。

第一百八十三条 共同犯罪案件,同案犯在逃的,不应列为附带民事诉讼被告人。逃跑的同案犯到案后,被害人或者其法定代理人、近亲属可以对其提起附带民事诉讼,但已经从其他共同犯罪人处获得足额赔偿的除外。

第一百八十四条 附带民事诉讼应当在刑事案件立案后及时提起。

提起附带民事诉讼应当提交附带民事起诉状。

第一百八十五条 侦查、审查起诉期间,有权提起附带民事诉讼的人提出赔偿要求,经公安机关、人民检察院调解,当事人双方已经达成协议并全部履行,被害人或者其法定代理人、近亲属又提起附带民事诉讼的,人民法院不予受理,但有证据证明调解违反自愿、合法原则的除外。

第一百八十六条 被害人或者其法定代理人、近亲属提起附带民事诉讼的,人民法院应当在七日以内决定是否受理。符合刑事诉讼法第一百零一条以及本解释有关规定的,应当受理;不符合的,裁定不予受理。

第一百八十七条 人民法院受理附带民事诉讼后,应当在五日以内将附带民事起诉状副本送达附带民事诉讼被告人及其法定代理人,或者将口头起诉的内容及时通知附带民事诉讼被告人及其法定代理人,并制作笔录。

人民法院送达附带民事起诉状副本时,应当根据刑事案件的审理期限,确定被告人及其法定代理人的答辩准备时间。

第一百八十八条 附带民事诉讼当事人对自己提出的主张,有责任提供证据。

第一百八十九条 人民法院对可能因被告人的行为或者其他原因,使附带民事判决难以执行的案件,根据附带民事诉讼原告人的申请,可以裁定采取保全措施,查封、扣押或者冻结被告人的财产;附带民事诉讼原告人未提出申请的,必要时,人民法院也可以采取保全措施。

有权提起附带民事诉讼的人因情况紧急,不立即申请保全将会使其合法权益受到难以弥补的损害的,可以在提起附带民事诉讼前,向被保全财产所在地、被申请人居住地或者对案件有管辖权的人民法院申请采取保全措施。申请人在人民法院受理刑事案件后十五日以内未提起附带民事诉讼的,人民法院应当解除保全措施。

人民法院采取保全措施,适用民事诉讼法第一百条至第一百零五条的有关规定,但民事诉讼法第一百零一条第三款的规定除外。

第一百九十条 人民法院审理附带民事诉讼案件,可以根据自愿、合法的原则进行调解。经调解达成协议的,应当制作调解书。调解书经双方当事人签收后即具有法律效力。

调解达成协议并即时履行完毕的,可以不制作调解书,但应当制作笔录,经双方当事人、审判人员、书记员签名后即发生法律效力。

第一百九十一条 调解未达成协议或者调解书签收前当事人反悔的,附带民事诉讼应当同刑事诉讼一并判决。

第一百九十二条 对附带民事诉讼作出判决,应当根据犯罪行为造成的物质损失,结合案件具体情况,确定被告人应当赔偿的数额。

犯罪行为造成被害人人身损害的,应当赔偿医疗费、护理费、交通费等为治疗和康复支付的合理费用,以及因误工减少的收入。造成被害人残疾的,还应当赔偿残疾生活辅助器具费等费用;造成被害人死亡的,还应当赔偿丧葬费等费用。

驾驶机动车致人伤亡或者造成公私财产重大损失,构成犯罪的,依照《中华人民共和国道路交通安全法》第七十六条的规定确定赔偿责任。

附带民事诉讼当事人就民事赔偿问题达成调解、和解协议的,赔偿范围、数额不受第二款、第三款规定的限制。

第一百九十三条 人民检察院提起附带民事诉讼的,人民法院经审理,认为附带民事诉讼被告人依法应当承担赔偿责任的,应当判令附带民事诉讼被告人直接向遭受损失的单位作出赔偿;遭受损失的单位已经终止,有权利义务继受人的,应当判令其向继受人作出赔偿;没有权利义务继受人的,应当判令其向人民检察院交付赔偿款,由人民检察院上缴国库。

第一百九十四条 审理刑事附带民事诉讼案件,人民法院应当结合被告人赔偿被害人物质损失的情况认定其悔罪表现,并在量刑时予以考虑。

第一百九十五条 附带民事诉讼原告人经传唤,无正当理由拒不到庭,或者未经法庭许可中途退庭的,应当按撤诉处理。

刑事被告人以外的附带民事诉讼被告人经传唤,无正当理由拒不到庭,或者未经法庭许可中途退庭的,附带民事部分可以缺席判决。

刑事被告人以外的附带民事诉讼被告人下落不明,或者用公告送达以外的其他方式无法送达,可能导致刑事案件审判过分迟延的,可以不将其列为附带民事诉讼被告人,告知附带民事诉讼原告人另行提起民事诉讼。

第一百九十六条 附带民事诉讼应当同刑事案件一并审判,只有为了防止刑事案件审判的过分迟延,才可以在刑事案件审判后,由同一审判组织继续审理附带民事诉讼;同一审判组织的成员确实不能继续参与审判的,可以更换。

第一百九十七条 人民法院认定公诉案件被告人的行为不构成犯罪,对已经提起的附带民事诉讼,经调解不能达成协议的,可以一并作出刑事附带民事判决,也可以告知附带民事原告人另行提起民事诉讼。

人民法院准许人民检察院撤回起诉的公诉案件，对已经提起的附带民事诉讼，可以进行调解；不宜调解或者经调解不能达成协议的，应当裁定驳回起诉，并告知附带民事诉讼原告人可以另行提起民事诉讼。

第一百九十八条 第一审期间未提起附带民事诉讼，在第二审期间提起的，第二审人民法院可以依法进行调解；调解不成的，告知当事人可以在刑事判决、裁定生效后另行提起民事诉讼。

第一百九十九条 人民法院审理附带民事诉讼案件，不收取诉讼费。

第二百条 被害人或者其法定代理人、近亲属在刑事诉讼过程中未提起附带民事诉讼，另行提起民事诉讼的，人民法院可以进行调解，或者根据本解释第一百九十二条第二款、第三款的规定作出判决。

第二百零一条 人民法院审理附带民事诉讼案件，除刑法、刑事诉讼法以及刑事司法解释已有规定的以外，适用民事法律的有关规定。

第七章 期间、送达、审理期限

第二百零二条 以月计算的期间，自本月某日至下月同日为一个月；期限起算日为本月最后一日的，至下月最后一日为一个月；下月同日不存在的，自本月某日至下月最后一日为一个月；半个月一律按十五日计算。

以年计算的刑期，自本年本月某日至次年同月同日的前一日为一年；次年同月同日不存在的，自本年本月某日至次年同月最后一日的前一日为一年。以月计算的刑期，自本月某日至下月同日的前一日为一个月；刑期起算日为本月最后一日的，至下月最后一日的前一日为一个月；下月同日不存在的，自本月某日至下月最后一日的前一日为一个月；半个月一律按十五日计算。

第二百零三条 当事人由于不能抗拒的原因或者有其他正当理

由而耽误期限,依法申请继续进行应当在期满前完成的诉讼活动的,人民法院查证属实后,应当裁定准许。

第二百零四条 送达诉讼文书,应当由收件人签收。收件人不在的,可以由其成年家属或者所在单位负责收件的人员代收。收件人或者代收人在送达回证上签收的日期为送达日期。

收件人或者代收人拒绝签收的,送达人可以邀请见证人到场,说明情况,在送达回证上注明拒收的事由和日期,由送达人、见证人签名或者盖章,将诉讼文书留在收件人、代收人的住处或者单位;也可以把诉讼文书留在受送达人的住处,并采用拍照、录像等方式记录送达过程,即视为送达。

第二百零五条 直接送达诉讼文书有困难的,可以委托收件人所在地的人民法院代为送达或者邮寄送达。

第二百零六条 委托送达的,应当将委托函、委托送达的诉讼文书及送达回证寄送受托法院。受托法院收到后,应当登记,在十日以内送达收件人,并将送达回证寄送委托法院;无法送达的,应当告知委托法院,并将诉讼文书及送达回证退回。

第二百零七条 邮寄送达的,应当将诉讼文书、送达回证邮寄给收件人。签收日期为送达日期。

第二百零八条 诉讼文书的收件人是军人的,可以通过其所在部队团级以上单位的政治部门转交。

收件人正在服刑的,可以通过执行机关转交。

收件人正在接受专门矫治教育等的,可以通过相关机构转交。

由有关部门、单位代为转交诉讼文书的,应当请有关部门、单位收到后立即交收件人签收,并将送达回证及时寄送人民法院。

第二百零九条 指定管辖案件的审理期限,自被指定管辖的人民法院收到指定管辖决定书和案卷、证据材料之日起计算。

第二百一十条 对可能判处死刑的案件或者附带民事诉讼的案件,以及有刑事诉讼法第一百五十八条规定情形之一的案件,上一级人民法院可以批准延长审理期限一次,期限为三个月。因特殊情况还需要延长的,应当报请最高人民法院批准。

申请批准延长审理期限的,应当在期限届满十五日以前层报。有权决定的人民法院不同意的,应当在审理期限届满五日以前作出决定。

因特殊情况报请最高人民法院批准延长审理期限,最高人民法院经审查,予以批准的,可以延长审理期限一至三个月。期限届满案件仍然不能审结的,可以再次提出申请。

第二百一十一条 审判期间,对被告人作精神病鉴定的时间不计入审理期限。

第八章 审判组织

第二百一十二条 合议庭由审判员担任审判长。院长或者庭长参加审理案件时,由其本人担任审判长。

审判员依法独任审判时,行使与审判长相同的职权。

第二百一十三条 基层人民法院、中级人民法院、高级人民法院审判下列第一审刑事案件,由审判员和人民陪审员组成合议庭进行:

(一)涉及群体利益、公共利益的;

(二)人民群众广泛关注或者其他社会影响较大的;

(三)案情复杂或者有其他情形,需要由人民陪审员参加审判的。

基层人民法院、中级人民法院、高级人民法院审判下列第一审刑事案件,由审判员和人民陪审员组成七人合议庭进行:

(一)可能判处十年以上有期徒刑、无期徒刑、死刑,且社会影响重大的;

(二)涉及征地拆迁、生态环境保护、食品药品安全,且社会影响重大的;

(三)其他社会影响重大的。

第二百一十四条 开庭审理和评议案件,应当由同一合议庭进行。合议庭成员在评议案件时,应当独立发表意见并说明理由。意见分歧的,应当按多数意见作出决定,但少数意见应当记入笔录。评议笔录由合议庭的组成人员在审阅确认无误后签名。评议情况应当保密。

第二百一十五条 人民陪审员参加三人合议庭审判案件,应当对事实认定、法律适用独立发表意见,行使表决权。

人民陪审员参加七人合议庭审判案件,应当对事实认定独立发表意见,并与审判员共同表决;对法律适用可以发表意见,但不参加表决。

第二百一十六条 合议庭审理、评议后,应当及时作出判决、裁定。

对下列案件,合议庭应当提请院长决定提交审判委员会讨论决定:

(一)高级人民法院、中级人民法院拟判处死刑立即执行的案件,以及中级人民法院拟判处死刑缓期执行的案件;

(二)本院已经发生法律效力的判决、裁定确有错误需要再审的案件;

(三)人民检察院依照审判监督程序提出抗诉的案件。

对合议庭成员意见有重大分歧的案件、新类型案件、社会影响重大的案件以及其他疑难、复杂、重大的案件,合议庭认为难以作出决定的,可以提请院长决定提交审判委员会讨论决定。

人民陪审员可以要求合议庭将案件提请院长决定是否提交审判委员会讨论决定。

对提请院长决定提交审判委员会讨论决定的案件,院长认为不必要的,可以建议合议庭复议一次。

独任审判的案件,审判员认为有必要的,也可以提请院长决定提交审判委员会讨论决定。

第二百一十七条 审判委员会的决定,合议庭、独任审判员应当执行;有不同意见的,可以建议院长提交审判委员会复议。

第九章　公诉案件第一审普通程序

第一节　审查受理与庭前准备

第二百一十八条　对提起公诉的案件，人民法院应当在收到起诉书（一式八份，每增加一名被告人，增加起诉书五份）和案卷、证据后，审查以下内容：

（一）是否属于本院管辖；

（二）起诉书是否写明被告人的身份，是否受过或者正在接受刑事处罚、行政处罚、处分，被采取留置措施的情况，被采取强制措施的时间、种类、羁押地点，犯罪的时间、地点、手段、后果以及其他可能影响定罪量刑的情节；有多起犯罪事实的，是否在起诉书中将事实分别列明；

（三）是否移送证明指控犯罪事实及影响量刑的证据材料，包括采取技术调查、侦查措施的法律文书和所收集的证据材料；

（四）是否查封、扣押、冻结被告人的违法所得或者其他涉案财物，查封、扣押、冻结是否逾期；是否随案移送涉案财物、附涉案财物清单；是否列明涉案财物权属情况；是否就涉案财物处理提供相关证据材料；

（五）是否列明被害人的姓名、住址、联系方式；是否附有证人、鉴定人名单；是否申请法庭通知证人、鉴定人、有专门知识的人出庭，并列明有关人员的姓名、性别、年龄、职业、住址、联系方式；是否附有需要保护的证人、鉴定人、被害人名单；

（六）当事人已委托辩护人、诉讼代理人或者已接受法律援助的，是否列明辩护人、诉讼代理人的姓名、住址、联系方式；

（七）是否提起附带民事诉讼；提起附带民事诉讼的，是否列明附带民事诉讼当事人的姓名、住址、联系方式等，是否附有相关证据材料；

（八）监察调查、侦查、审查起诉程序的各种法律手续和诉讼文书是否齐全；

(九)被告人认罪认罚的,是否提出量刑建议、移送认罪认罚具结书等材料;

(十)有无刑事诉讼法第十六条第二项至第六项规定的不追究刑事责任的情形。

第二百一十九条 人民法院对提起公诉的案件审查后,应当按照下列情形分别处理:

(一)不属于本院管辖的,应当退回人民检察院;

(二)属于刑事诉讼法第十六条第二项至第六项规定情形的,应当退回人民检察院;属于告诉才处理的案件,应当同时告知被害人有权提起自诉;

(三)被告人不在案的,应当退回人民检察院;但是,对人民检察院按照缺席审判程序提起公诉的,应当依照本解释第二十四章的规定作出处理;

(四)不符合前条第二项至第九项规定之一,需要补充材料的,应当通知人民检察院在三日以内补送;

(五)依照刑事诉讼法第二百条第三项规定宣告被告人无罪后,人民检察院根据新的事实、证据重新起诉的,应当依法受理;

(六)依照本解释第二百九十六条规定裁定准许撤诉的案件,没有新的影响定罪量刑的事实、证据,重新起诉的,应当退回人民检察院;

(七)被告人真实身份不明,但符合刑事诉讼法第一百六十条第二款规定的,应当依法受理。

对公诉案件是否受理,应当在七日以内审查完毕。

第二百二十条 对一案起诉的共同犯罪或者关联犯罪案件,被告人人数众多、案情复杂,人民法院经审查认为,分案审理更有利于保障庭审质量和效率的,可以分案审理。分案审理不得影响当事人质证权等诉讼权利的行使。

对分案起诉的共同犯罪或者关联犯罪案件,人民法院经审查认为,合并审理更有利于查明案件事实、保障诉讼权利、准确定罪量刑的，可以并案审理。

第二百二十一条 开庭审理前，人民法院应当进行下列工作：

（一）确定审判长及合议庭组成人员；

（二）开庭十日以前将起诉书副本送达被告人、辩护人；

（三）通知当事人、法定代理人、辩护人、诉讼代理人在开庭五日以前提供证人、鉴定人名单，以及拟当庭出示的证据；申请证人、鉴定人、有专门知识的人出庭的，应当列明有关人员的姓名、性别、年龄、职业、住址、联系方式；

（四）开庭三日以前将开庭的时间、地点通知人民检察院；

（五）开庭三日以前将传唤当事人的传票和通知辩护人、诉讼代理人、法定代理人、证人、鉴定人等出庭的通知书送达；通知有关人员出庭，也可以采取电话、短信、传真、电子邮件、即时通讯等能够确认对方收悉的方式；对被害人人数众多的涉众型犯罪案件，可以通过互联网公布相关文书，通知有关人员出庭；

（六）公开审理的案件，在开庭三日以前公布案由、被告人姓名、开庭时间和地点。

上述工作情况应当记录在案。

第二百二十二条 审判案件应当公开进行。

案件涉及国家秘密或者个人隐私的，不公开审理；涉及商业秘密，当事人提出申请的，法庭可以决定不公开审理。

不公开审理的案件，任何人不得旁听，但具有刑事诉讼法第二百八十五条规定情形的除外。

第二百二十三条 精神病人、醉酒的人、未经人民法院批准的未成年人以及其他不宜旁听的人不得旁听案件审理。

第二百二十四条 被害人人数众多，且案件不属于附带民事诉讼范围的，被害人可以推选若干代表人参加庭审。

第二百二十五条 被害人、诉讼代理人经传唤或者通知未到庭，不影响开庭审理的，人民法院可以开庭审理。

辩护人经通知未到庭，被告人同意的，人民法院可以开庭审理，但被告人属于应当提供法律援助情形的除外。

第二节　庭前会议与庭审衔接

第二百二十六条　案件具有下列情形之一的,人民法院可以决定召开庭前会议:

(一)证据材料较多、案情重大复杂的;

(二)控辩双方对事实、证据存在较大争议的;

(三)社会影响重大的;

(四)需要召开庭前会议的其他情形。

第二百二十七条　控辩双方可以申请人民法院召开庭前会议,提出申请应当说明理由。人民法院经审查认为有必要的,应当召开庭前会议;决定不召开的,应当告知申请人。

第二百二十八条　庭前会议可以就下列事项向控辩双方了解情况,听取意见:

(一)是否对案件管辖有异议;

(二)是否申请有关人员回避;

(三)是否申请不公开审理;

(四)是否申请排除非法证据;

(五)是否提供新的证据材料;

(六)是否申请重新鉴定或者勘验;

(七)是否申请收集、调取证明被告人无罪或者罪轻的证据材料;

(八)是否申请证人、鉴定人、有专门知识的人、调查人员、侦查人员或者其他人员出庭,是否对出庭人员名单有异议;

(九)是否对涉案财物的权属情况和人民检察院的处理建议有异议;

(十)与审判相关的其他问题。

庭前会议中,人民法院可以开展附带民事调解。

对第一款规定中可能导致庭审中断的程序性事项,人民法院可以在庭前会议后依法作出处理,并在庭审中说明处理决定和理由。

控辩双方没有新的理由，在庭审中再次提出有关申请或者异议的，法庭可以在说明庭前会议情况和处理决定理由后，依法予以驳回。

庭前会议情况应当制作笔录，由参会人员核对后签名。

第二百二十九条 庭前会议中，审判人员可以询问控辩双方对证据材料有无异议，对有异议的证据，应当在庭审时重点调查；无异议的，庭审时举证、质证可以简化。

第二百三十条 庭前会议由审判长主持，合议庭其他审判员也可以主持庭前会议。

召开庭前会议应当通知公诉人、辩护人到场。

庭前会议准备就非法证据排除了解情况、听取意见，或者准备询问控辩双方对证据材料的意见的，应当通知被告人到场。有多名被告人的案件，可以根据情况确定参加庭前会议的被告人。

第二百三十一条 庭前会议一般不公开进行。

根据案件情况，庭前会议可以采用视频等方式进行。

第二百三十二条 人民法院在庭前会议中听取控辩双方对案件事实、证据材料的意见后，对明显事实不清、证据不足的案件，可以建议人民检察院补充材料或者撤回起诉。建议撤回起诉的案件，人民检察院不同意的，开庭审理后，没有新的事实和理由，一般不准许撤回起诉。

第二百三十三条 对召开庭前会议的案件，可以在开庭时告知庭前会议情况。对庭前会议中达成一致意见的事项，法庭在向控辩双方核实后，可以当庭予以确认；未达成一致意见的事项，法庭可以归纳控辩双方争议焦点，听取控辩双方意见，依法作出处理。

控辩双方在庭前会议中就有关事项达成一致意见，在庭审中反悔的，除有正当理由外，法庭一般不再进行处理。

第三节 宣布开庭与法庭调查

第二百三十四条 开庭审理前，书记员应当依次进行下列工作：

（一）受审判长委托，查明公诉人、当事人、辩护人、诉讼代理人、证人及其他诉讼参与人是否到庭；

（二）核实旁听人员中是否有证人、鉴定人、有专门知识的人；

（三）请公诉人、辩护人、诉讼代理人及其他诉讼参与人入庭；

（四）宣读法庭规则；

（五）请审判长、审判员、人民陪审员入庭；

（六）审判人员就座后，向审判长报告开庭前的准备工作已经就绪。

第二百三十五条 审判长宣布开庭，传被告人到庭后，应当查明被告人的下列情况：

（一）姓名、出生日期、民族、出生地、文化程度、职业、住址，或者被告单位的名称、住所地、法定代表人、实际控制人以及诉讼代表人的姓名、职务；

（二）是否受过刑事处罚、行政处罚、处分及其种类、时间；

（三）是否被采取留置措施及留置的时间，是否被采取强制措施及强制措施的种类、时间；

（四）收到起诉书副本的日期；有附带民事诉讼的，附带民事诉讼被告人收到附带民事起诉状的日期。

被告人较多的，可以在开庭前查明上述情况，但开庭时审判长应当作出说明。

第二百三十六条 审判长宣布案件的来源、起诉的案由、附带民事诉讼当事人的姓名及是否公开审理；不公开审理的，应当宣布理由。

第二百三十七条 审判长宣布合议庭组成人员、法官助理、书记员、公诉人的名单，以及辩护人、诉讼代理人、鉴定人、翻译人员等诉讼参与人的名单。

第二百三十八条 审判长应当告知当事人及其法定代理人、辩护人、诉讼代理人在法庭审理过程中依法享有下列诉讼权利：

（一）可以申请合议庭组成人员、法官助理、书记员、公诉人、鉴定人和翻译人员回避；

（二）可以提出证据，申请通知新的证人到庭、调取新的证据，申请重新鉴定或者勘验；

（三）被告人可以自行辩护；

（四）被告人可以在法庭辩论终结后作最后陈述。

第二百三十九条　审判长应当询问当事人及其法定代理人、辩护人、诉讼代理人是否申请回避、申请何人回避和申请回避的理由。

当事人及其法定代理人、辩护人、诉讼代理人申请回避的，依照刑事诉讼法及本解释的有关规定处理。

同意或者驳回回避申请的决定及复议决定，由审判长宣布，并说明理由。必要时，也可以由院长到庭宣布。

第二百四十条　审判长宣布法庭调查开始后，应当先由公诉人宣读起诉书；公诉人宣读起诉书后，审判长应当询问被告人对起诉书指控的犯罪事实和罪名有无异议。

有附带民事诉讼的，公诉人宣读起诉书后，由附带民事诉讼原告人或者其法定代理人、诉讼代理人宣读附带民事起诉状。

第二百四十一条　在审判长主持下，被告人、被害人可以就起诉书指控的犯罪事实分别陈述。

第二百四十二条　在审判长主持下，公诉人可以就起诉书指控的犯罪事实讯问被告人。

经审判长准许，被害人及其法定代理人、诉讼代理人可以就公诉人讯问的犯罪事实补充发问；附带民事诉讼原告人及其法定代理人、诉讼代理人可以就附带民事部分的事实向被告人发问；被告人的法定代理人、辩护人，附带民事诉讼被告人及其法定代理人、诉讼代理人可以在控诉方、附带民事诉讼原告方就某一问题讯问、发问完毕后向被告人发问。

根据案件情况，就证据问题对被告人的讯问、发问可以在举证、质证环节进行。

第二百四十三条　讯问同案审理的被告人，应当分别进行。

第二百四十四条　经审判长准许，控辩双方可以向被害人、附带民事诉讼原告人发问。

第二百四十五条 必要时,审判人员可以讯问被告人,也可以向被害人、附带民事诉讼当事人发问。

第二百四十六条 公诉人可以提请法庭通知证人、鉴定人、有专门知识的人、调查人员、侦查人员或者其他人员出庭,或者出示证据。被害人及其法定代理人、诉讼代理人,附带民事诉讼原告人及其诉讼代理人也可以提出申请。

在控诉方举证后,被告人及其法定代理人、辩护人可以提请法庭通知证人、鉴定人、有专门知识的人、调查人员、侦查人员或者其他人员出庭,或者出示证据。

第二百四十七条 控辩双方申请证人出庭作证,出示证据,应当说明证据的名称、来源和拟证明的事实。法庭认为有必要的,应当准许;对方提出异议,认为有关证据与案件无关或者明显重复、不必要,法庭经审查异议成立的,可以不予准许。

第二百四十八条 已经移送人民法院的案卷和证据材料,控辩双方需要出示的,可以向法庭提出申请,法庭可以准许。案卷和证据材料应当在质证后当庭归还。

需要播放录音录像或者需要将证据材料交由法庭、公诉人或者诉讼参与人查看的,法庭可以指令值庭法警或者相关人员予以协助。

第二百四十九条 公诉人、当事人或者辩护人、诉讼代理人对证人证言有异议,且该证人证言对定罪量刑有重大影响,或者对鉴定意见有异议,人民法院认为证人、鉴定人有必要出庭作证的,应当通知证人、鉴定人出庭。

控辩双方对侦破经过、证据来源、证据真实性或者合法性等有异议,申请调查人员、侦查人员或者有关人员出庭,人民法院认为有必要的,应当通知调查人员、侦查人员或者有关人员出庭。

第二百五十条 公诉人、当事人及其辩护人、诉讼代理人申请法庭通知有专门知识的人出庭,就鉴定意见提出意见的,应当说明理由。法庭认为有必要的,应当通知有专门知识的人出庭。

申请有专门知识的人出庭,不得超过二人。有多种类鉴定意见的,可以相应增加人数。

第二百五十一条 为查明案件事实、调查核实证据,人民法院可以依职权通知证人、鉴定人、有专门知识的人、调查人员、侦查人员或者其他人员出庭。

第二百五十二条 人民法院通知有关人员出庭的,可以要求控辩双方予以协助。

第二百五十三条 证人具有下列情形之一,无法出庭作证的,人民法院可以准许其不出庭:

(一)庭审期间身患严重疾病或者行动极为不便的;

(二)居所远离开庭地点且交通极为不便的;

(三)身处国外短期无法回国的;

(四)有其他客观原因,确实无法出庭的。

具有前款规定情形的,可以通过视频等方式作证。

第二百五十四条 证人出庭作证所支出的交通、住宿、就餐等费用,人民法院应当给予补助。

第二百五十五条 强制证人出庭的,应当由院长签发强制证人出庭令,由法警执行。必要时,可以商请公安机关协助。

第二百五十六条 证人、鉴定人、被害人因出庭作证,本人或者其近亲属的人身安全面临危险的,人民法院应当采取不公开其真实姓名、住址和工作单位等个人信息,或者不暴露其外貌、真实声音等保护措施。辩护律师经法庭许可,查阅对证人、鉴定人、被害人使用化名情况的,应当签署保密承诺书。

审判期间,证人、鉴定人、被害人提出保护请求的,人民法院应当立即审查;认为确有保护必要的,应当及时决定采取相应保护措施。必要时,可以商请公安机关协助。

第二百五十七条 决定对出庭作证的证人、鉴定人、被害人采取不公开个人信息的保护措施的,审判人员应当在开庭前核实其身份,对证人、鉴定人如实作证的保证书不得公开,在判决书、裁定书等法律文书中可以使用化名等代替其个人信息。

第二百五十八条 证人出庭的,法庭应当核实其身份、与当事人以及本案的关系,并告知其有关权利义务和法律责任。证人应当保证向法庭如实提供证言,并在保证书上签名。

第二百五十九条 证人出庭后,一般先向法庭陈述证言;其后,经审判长许可,由申请通知证人出庭的一方发问,发问完毕后,对方也可以发问。

法庭依职权通知证人出庭的,发问顺序由审判长根据案件情况确定。

第二百六十条 鉴定人、有专门知识的人、调查人员、侦查人员或者其他人员出庭的,参照适用前两条规定。

第二百六十一条 向证人发问应当遵循以下规则:

(一)发问的内容应当与本案事实有关;

(二)不得以诱导方式发问;

(三)不得威胁证人;

(四)不得损害证人的人格尊严。

对被告人、被害人、附带民事诉讼当事人、鉴定人、有专门知识的人、调查人员、侦查人员或者其他人员的讯问、发问,适用前款规定。

第二百六十二条 控辩双方的讯问、发问方式不当或者内容与本案无关的,对方可以提出异议,申请审判长制止,审判长应当判明情况予以支持或者驳回;对方未提出异议的,审判长也可以根据情况予以制止。

第二百六十三条 审判人员认为必要时,可以询问证人、鉴定人、有专门知识的人、调查人员、侦查人员或者其他人员。

第二百六十四条 向证人、调查人员、侦查人员发问应当分别进行。

第二百六十五条 证人、鉴定人、有专门知识的人、调查人员、侦查人员或者其他人员不得旁听对本案的审理。有关人员作证或者发表意见后,审判长应当告知其退庭。

第二百六十六条 审理涉及未成年人的刑事案件，询问未成年被害人、证人，通知未成年被害人、证人出庭作证，适用本解释第二十二章的有关规定。

第二百六十七条 举证方当庭出示证据后，由对方发表质证意见。

第二百六十八条 对可能影响定罪量刑的关键证据和控辩双方存在争议的证据，一般应当单独举证、质证，充分听取质证意见。

对控辩双方无异议的非关键证据，举证方可以仅就证据的名称及拟证明的事实作出说明。

召开庭前会议的案件，举证、质证可以按照庭前会议确定的方式进行。

根据案件和庭审情况，法庭可以对控辩双方的举证、质证方式进行必要的指引。

第二百六十九条 审理过程中，法庭认为有必要的，可以传唤同案被告人、分案审理的共同犯罪或者关联犯罪案件的被告人等到庭对质。

第二百七十条 当庭出示的证据，尚未移送人民法院的，应当在质证后当庭移交。

第二百七十一条 法庭对证据有疑问的，可以告知公诉人、当事人及其法定代理人、辩护人、诉讼代理人补充证据或者作出说明；必要时，可以宣布休庭，对证据进行调查核实。

对公诉人、当事人及其法定代理人、辩护人、诉讼代理人补充的和审判人员庭外调查核实取得的证据，应当经过当庭质证才能作为定案的根据。但是，对不影响定罪量刑的非关键证据、有利于被告人的量刑证据以及认定被告人有犯罪前科的裁判文书等证据，经庭外征求意见，控辩双方没有异议的除外。

有关情况，应当记录在案。

第二百七十二条 公诉人申请出示开庭前未移送或者提交人民法院的证据，辩护方提出异议的，审判长应当要求公诉人说明理由；

理由成立并确有出示必要的,应当准许。

辩护方提出需要对新的证据作辩护准备的,法庭可以宣布休庭,并确定准备辩护的时间。

辩护方申请出示开庭前未提交的证据,参照适用前两款规定。

第二百七十三条 法庭审理过程中,控辩双方申请通知新的证人到庭,调取新的证据,申请重新鉴定或者勘验的,应当提供证人的基本信息、证据的存放地点,说明拟证明的事项,申请重新鉴定或者勘验的理由。法庭认为有必要的,应当同意,并宣布休庭;根据案件情况,可以决定延期审理。

人民法院决定重新鉴定的,应当及时委托鉴定,并将鉴定意见告知人民检察院、当事人及其辩护人、诉讼代理人。

第二百七十四条 审判期间,公诉人发现案件需要补充侦查,建议延期审理的,合议庭可以同意,但建议延期审理不得超过两次。

人民检察院将补充收集的证据移送人民法院的,人民法院应当通知辩护人、诉讼代理人查阅、摘抄、复制。

补充侦查期限届满后,人民检察院未将补充的证据材料移送人民法院的,人民法院可以根据在案证据作出判决、裁定。

第二百七十五条 人民法院向人民检察院调取需要调查核实的证据材料,或者根据被告人、辩护人的申请,向人民检察院调取在调查、侦查、审查起诉期间收集的有关被告人无罪或者罪轻的证据材料,应当通知人民检察院在收到调取证据材料决定书后三日以内移交。

第二百七十六条 法庭审理过程中,对与量刑有关的事实、证据,应当进行调查。

人民法院除应当审查被告人是否具有法定量刑情节外,还应当根据案件情况审查以下影响量刑的情节:

(一)案件起因;

(二)被害人有无过错及过错程度,是否对矛盾激化负有责任及责任大小;

（三）被告人的近亲属是否协助抓获被告人；

（四）被告人平时表现，有无悔罪态度；

（五）退赃、退赔及赔偿情况；

（六）被告人是否取得被害人或者其近亲属谅解；

（七）影响量刑的其他情节。

第二百七十七条 审判期间，合议庭发现被告人可能有自首、坦白、立功等法定量刑情节，而人民检察院移送的案卷中没有相关证据材料的，应当通知人民检察院在指定时间内移送。

审判期间，被告人提出新的立功线索的，人民法院可以建议人民检察院补充侦查。

第二百七十八条 对被告人认罪的案件，在确认被告人了解起诉书指控的犯罪事实和罪名，自愿认罪且知悉认罪的法律后果后，法庭调查可以主要围绕量刑和其他有争议的问题进行。

对被告人不认罪或者辩护人作无罪辩护的案件，法庭调查应当在查明定罪事实的基础上，查明有关量刑事实。

第二百七十九条 法庭审理过程中，应当对查封、扣押、冻结财物及其孳息的权属、来源等情况，是否属于违法所得或者依法应当追缴的其他涉案财物进行调查，由公诉人说明情况、出示证据、提出处理建议，并听取被告人、辩护人等诉讼参与人的意见。

案外人对查封、扣押、冻结的财物及其孳息提出权属异议的，人民法院应当听取案外人的意见；必要时，可以通知案外人出庭。

经审查，不能确认查封、扣押、冻结的财物及其孳息属于违法所得或者依法应当追缴的其他涉案财物的，不得没收。

第四节 法庭辩论与最后陈述

第二百八十条 合议庭认为案件事实已经调查清楚的，应当由审判长宣布法庭调查结束，开始就定罪、量刑、涉案财物处理的事实、证据、适用法律等问题进行法庭辩论。

第二百八十一条 法庭辩论应当在审判长的主持下，按照下列顺序进行：

（一）公诉人发言；

（二）被害人及其诉讼代理人发言；

（三）被告人自行辩护；

（四）辩护人辩护；

（五）控辩双方进行辩论。

第二百八十二条 人民检察院可以提出量刑建议并说明理由；建议判处管制、宣告缓刑的，一般应当附有调查评估报告，或者附有委托调查函。

当事人及其辩护人、诉讼代理人可以对量刑提出意见并说明理由。

第二百八十三条 对被告人认罪的案件，法庭辩论时，应当指引控辩双方主要围绕量刑和其他有争议的问题进行。

对被告人不认罪或者辩护人作无罪辩护的案件，法庭辩论时，可以指引控辩双方先辩论定罪问题，后辩论量刑和其他问题。

第二百八十四条 附带民事部分的辩论应当在刑事部分的辩论结束后进行，先由附带民事诉讼原告人及其诉讼代理人发言，后由附带民事诉讼被告人及其诉讼代理人答辩。

第二百八十五条 法庭辩论过程中，审判长应当充分听取控辩双方的意见，对控辩双方与案件无关、重复或者指责对方的发言应当提醒、制止。

第二百八十六条 法庭辩论过程中，合议庭发现与定罪、量刑有关的新的事实，有必要调查的，审判长可以宣布恢复法庭调查，在对新的事实调查后，继续法庭辩论。

第二百八十七条 审判长宣布法庭辩论终结后，合议庭应当保证被告人充分行使最后陈述的权利。

被告人在最后陈述中多次重复自己的意见的，法庭可以制止；陈述内容蔑视法庭、公诉人，损害他人及社会公共利益，或者与本案无关的，应当制止。

在公开审理的案件中,被告人最后陈述的内容涉及国家秘密、个人隐私或者商业秘密的,应当制止。

第二百八十八条 被告人在最后陈述中提出新的事实、证据,合议庭认为可能影响正确裁判的,应当恢复法庭调查;被告人提出新的辩解理由,合议庭认为可能影响正确裁判的,应当恢复法庭辩论。

第二百八十九条 公诉人当庭发表与起诉书不同的意见,属于变更、追加、补充或者撤回起诉的,人民法院应当要求人民检察院在指定时间内以书面方式提出;必要时,可以宣布休庭。人民检察院在指定时间内未提出的,人民法院应当根据法庭审理情况,就起诉书指控的犯罪事实依法作出判决、裁定。

人民检察院变更、追加、补充起诉的,人民法院应当给予被告人及其辩护人必要的准备时间。

第二百九十条 辩护人应当及时将书面辩护意见提交人民法院。

第五节 评议案件与宣告判决

第二百九十一条 被告人最后陈述后,审判长应当宣布休庭,由合议庭进行评议。

第二百九十二条 开庭审理的全部活动,应当由书记员制作笔录;笔录经审判长审阅后,分别由审判长和书记员签名。

第二百九十三条 法庭笔录应当在庭审后交由当事人、法定代理人、辩护人、诉讼代理人阅读或者向其宣读。

法庭笔录中的出庭证人、鉴定人、有专门知识的人、调查人员、侦查人员或者其他人员的证言、意见部分,应当在庭审后分别交由有关人员阅读或者向其宣读。

前两款所列人员认为记录有遗漏或者差错的,可以请求补充或者改正;确认无误后,应当签名;拒绝签名的,应当记录在案;要求改变庭审中陈述的,不予准许。

第二百九十四条 合议庭评议案件,应当根据已经查明的事实、证据和有关法律规定,在充分考虑控辩双方意见的基础上,确定被告人是否有罪、构成何罪,有无从重、从轻、减轻或者免除处罚情节,应否处以刑罚、判处何种刑罚,附带民事诉讼如何解决,查封、扣押、冻结的财物及其孳息如何处理等,并依法作出判决、裁定。

第二百九十五条 对第一审公诉案件,人民法院审理后,应当按照下列情形分别作出判决、裁定:

(一)起诉指控的事实清楚,证据确实、充分,依据法律认定指控被告人的罪名成立的,应当作出有罪判决;

(二)起诉指控的事实清楚,证据确实、充分,但指控的罪名不当的,应当依据法律和审理认定的事实作出有罪判决;

(三)案件事实清楚,证据确实、充分,依据法律认定被告人无罪的,应当判决宣告被告人无罪;

(四)证据不足,不能认定被告人有罪的,应当以证据不足、指控的犯罪不能成立,判决宣告被告人无罪;

(五)案件部分事实清楚,证据确实、充分的,应当作出有罪或者无罪的判决;对事实不清、证据不足部分,不予认定;

(六)被告人因未达到刑事责任年龄,不予刑事处罚的,应当判决宣告被告人不负刑事责任;

(七)被告人是精神病人,在不能辨认或者不能控制自己行为时造成危害结果,不予刑事处罚的,应当判决宣告被告人不负刑事责任;被告人符合强制医疗条件的,应当依照本解释第二十六章的规定进行审理并作出判决;

(八)犯罪已过追诉时效期限且不是必须追诉,或者经特赦令免除刑罚的,应当裁定终止审理;

(九)属于告诉才处理的案件,应当裁定终止审理,并告知被害人有权提起自诉;

(十)被告人死亡的,应当裁定终止审理;但有证据证明被告人无罪,经缺席审理确认无罪的,应当判决宣告被告人无罪。

对涉案财物,人民法院应当根据审理查明的情况,依照本解释第十八章的规定作出处理。

具有第一款第二项规定情形的,人民法院应当在判决前听取控辩双方的意见,保障被告人、辩护人充分行使辩护权。必要时,可以再次开庭,组织控辩双方围绕被告人的行为构成何罪及如何量刑进行辩论。

第二百九十六条 在开庭后、宣告判决前,人民检察院要求撤回起诉的,人民法院应当审查撤回起诉的理由,作出是否准许的裁定。

第二百九十七条 审判期间,人民法院发现新的事实,可能影响定罪量刑的,或者需要补查补证的,应当通知人民检察院,由其决定是否补充、变更、追加起诉或者补充侦查。

人民检察院不同意或者在指定时间内未回复书面意见的,人民法院应当就起诉指控的事实,依照本解释第二百九十五条的规定作出判决、裁定。

第二百九十八条 对依照本解释第二百一十九条第一款第五项规定受理的案件,人民法院应当在判决中写明被告人曾被人民检察院提起公诉,因证据不足,指控的犯罪不能成立,被人民法院依法判决宣告无罪的情况;前案依照刑事诉讼法第二百条第三项规定作出的判决不予撤销。

第二百九十九条 合议庭成员、法官助理、书记员应当在评议笔录上签名,在判决书、裁定书等法律文书上署名。

第三百条 裁判文书应当写明裁判依据,阐释裁判理由,反映控辩双方的意见并说明采纳或者不予采纳的理由。

适用普通程序审理的被告人认罪的案件,裁判文书可以适当简化。

第三百零一条 庭审结束后、评议前,部分合议庭成员不能继续履行审判职责的,人民法院应当依法更换合议庭组成人员,重新开庭审理。

评议后、宣判前,部分合议庭成员因调动、退休等正常原因不能参加宣判,在不改变原评议结论的情况下,可以由审判本案的其他审判员宣判,裁判文书上仍署审判本案的合议庭成员的姓名。

第三百零二条 当庭宣告判决的,应当在五日以内送达判决书。定期宣告判决的,应当在宣判前,先期公告宣判的时间和地点,传唤当事人并通知公诉人、法定代理人、辩护人和诉讼代理人;判决宣告后,应当立即送达判决书。

第三百零三条 判决书应当送达人民检察院、当事人、法定代理人、辩护人、诉讼代理人,并可以送达被告人的近亲属。被害人死亡,其近亲属申请领取判决书的,人民法院应当及时提供。

判决生效后,还应当送达被告人的所在单位或者户籍地的公安派出所,或者被告单位的注册登记机关。被告人系外国人,且在境内有居住地的,应当送达居住地的公安派出所。

第三百零四条 宣告判决,一律公开进行。宣告判决结果时,法庭内全体人员应当起立。

公诉人、辩护人、诉讼代理人、被害人、自诉人或者附带民事诉讼原告人未到庭的,不影响宣判的进行。

第六节 法庭纪律与其他规定

第三百零五条 在押被告人出庭受审时,不着监管机构的识别服。

庭审期间不得对被告人使用戒具,但法庭认为其人身危险性大,可能危害法庭安全的除外。

第三百零六条 庭审期间,全体人员应当服从法庭指挥,遵守法庭纪律,尊重司法礼仪,不得实施下列行为:

(一)鼓掌、喧哗、随意走动;

(二)吸烟、进食;

(三)拨打、接听电话,或者使用即时通讯工具;

(四)对庭审活动进行录音、录像、拍照或者使用即时通讯工具等传播庭审活动;

(五)其他危害法庭安全或者扰乱法庭秩序的行为。

旁听人员不得进入审判活动区，不得随意站立、走动，不得发言和提问。

记者经许可实施第一款第四项规定的行为，应当在指定的时间及区域进行，不得干扰庭审活动。

第三百零七条 有关人员危害法庭安全或者扰乱法庭秩序的，审判长应当按照下列情形分别处理：

（一）情节较轻的，应当警告制止；根据具体情况，也可以进行训诫；

（二）训诫无效的，责令退出法庭；拒不退出的，指令法警强行带出法庭；

（三）情节严重的，报经院长批准后，可以对行为人处一千元以下的罚款或者十五日以下的拘留。

未经许可对庭审活动进行录音、录像、拍照或者使用即时通讯工具等传播庭审活动的，可以暂扣相关设备及存储介质，删除相关内容。

有关人员对罚款、拘留的决定不服的，可以直接向上一级人民法院申请复议，也可以通过决定罚款、拘留的人民法院向上一级人民法院申请复议。通过决定罚款、拘留的人民法院申请复议的，该人民法院应当自收到复议申请之日起三日以内，将复议申请、罚款或者拘留决定书和有关事实、证据材料一并报上一级人民法院复议。复议期间，不停止决定的执行。

第三百零八条 担任辩护人、诉讼代理人的律师严重扰乱法庭秩序，被强行带出法庭或者被处以罚款、拘留的，人民法院应当通报司法行政机关，并可以建议依法给予相应处罚。

第三百零九条 实施下列行为之一，危害法庭安全或者扰乱法庭秩序，构成犯罪的，依法追究刑事责任：

（一）非法携带枪支、弹药、管制刀具或者爆炸性、易燃性、毒害性、放射性以及传染病病原体等危险物质进入法庭；

（二）哄闹、冲击法庭；

(三)侮辱、诽谤、威胁、殴打司法工作人员或者诉讼参与人;

(四)毁坏法庭设施,抢夺、损毁诉讼文书、证据;

(五)其他危害法庭安全或者扰乱法庭秩序的行为。

第三百一十条 辩护人严重扰乱法庭秩序,被责令退出法庭、强行带出法庭或者被处以罚款、拘留,被告人自行辩护的,庭审继续进行;被告人要求另行委托辩护人,或者被告人属于应当提供法律援助情形的,应当宣布休庭。

辩护人、诉讼代理人被责令退出法庭、强行带出法庭或者被处以罚款后,具结保证书,保证服从法庭指挥、不再扰乱法庭秩序的,经法庭许可,可以继续担任辩护人、诉讼代理人。

辩护人、诉讼代理人具有下列情形之一的,不得继续担任同一案件的辩护人、诉讼代理人:

(一)擅自退庭的;

(二)无正当理由不出庭或者不按时出庭,严重影响审判顺利进行的;

(三)被拘留或者具结保证书后再次被责令退出法庭、强行带出法庭的。

第三百一十一条 被告人在一个审判程序中更换辩护人一般不得超过两次。

被告人当庭拒绝辩护人辩护,要求另行委托辩护人或者指派律师的,合议庭应当准许。被告人拒绝辩护人辩护后,没有辩护人的,应当宣布休庭;仍有辩护人的,庭审可以继续进行。

有多名被告人的案件,部分被告人拒绝辩护人辩护后,没有辩护人的,根据案件情况,可以对该部分被告人另案处理,对其他被告人的庭审继续进行。

重新开庭后,被告人再次当庭拒绝辩护人辩护的,可以准许,但被告人不得再次另行委托辩护人或者要求另行指派律师,由其自行辩护。

被告人属于应当提供法律援助的情形,重新开庭后再次当庭拒绝辩护人辩护的，不予准许。

第三百一十二条 法庭审理过程中，辩护人拒绝为被告人辩护，有正当理由的，应当准许；是否继续庭审，参照适用前条规定。

第三百一十三条 依照前两条规定另行委托辩护人或者通知法律援助机构指派律师的，自案件宣布休庭之日起至第十五日止，由辩护人准备辩护，但被告人及其辩护人自愿缩短时间的除外。

庭审结束后、判决宣告前另行委托辩护人的，可以不重新开庭；辩护人提交书面辩护意见的，应当接受。

第三百一十四条 有多名被告人的案件，部分被告人具有刑事诉讼法第二百零六条第一款规定情形的，人民法院可以对全案中止审理；根据案件情况，也可以对该部分被告人中止审理，对其他被告人继续审理。

对中止审理的部分被告人，可以根据案件情况另案处理。

第三百一十五条 人民检察院认为人民法院审理案件违反法定程序，在庭审后提出书面纠正意见，人民法院认为正确的，应当采纳。

第十章 自诉案件第一审程序

第三百一十六条 人民法院受理自诉案件必须符合下列条件：

（一）符合刑事诉讼法第二百一十条、本解释第一条的规定；

（二）属于本院管辖；

（三）被害人告诉；

（四）有明确的被告人、具体的诉讼请求和证明被告人犯罪事实的证据。

第三百一十七条 本解释第一条规定的案件，如果被害人死亡、丧失行为能力或者因受强制、威吓等无法告诉，或者是限制行为能力人以及因年老、患病、盲、聋、哑等不能亲自告诉，其法定代理人、近亲属告诉或者代为告诉的，人民法院应当依法受理。

被害人的法定代理人、近亲属告诉或者代为告诉的，应当提供与被害人关系的证明和被害人不能亲自告诉的原因的证明。

第三百一十八条 提起自诉应当提交刑事自诉状;同时提起附带民事诉讼的,应当提交刑事附带民事自诉状。

第三百一十九条 自诉状一般应当包括以下内容:

(一)自诉人(代为告诉人)、被告人的姓名、性别、年龄、民族、出生地、文化程度、职业、工作单位、住址、联系方式;

(二)被告人实施犯罪的时间、地点、手段、情节和危害后果等;

(三)具体的诉讼请求;

(四)致送的人民法院和具状时间;

(五)证据的名称、来源等;

(六)证人的姓名、住址、联系方式等。

对两名以上被告人提出告诉的,应当按照被告人的人数提供自诉状副本。

第三百二十条 对自诉案件,人民法院应当在十五日以内审查完毕。经审查,符合受理条件的,应当决定立案,并书面通知自诉人或者代为告诉人。

具有下列情形之一的,应当说服自诉人撤回起诉;自诉人不撤回起诉的,裁定不予受理:

(一)不属于本解释第一条规定的案件的;

(二)缺乏罪证的;

(三)犯罪已过追诉时效期限的;

(四)被告人死亡的;

(五)被告人下落不明的;

(六)除因证据不足而撤诉的以外,自诉人撤诉后,就同一事实又告诉的;

(七)经人民法院调解结案后,自诉人反悔,就同一事实再行告诉的;

(八)属于本解释第一条第二项规定的案件,公安机关正在立案侦查或者人民检察院正在审查起诉的;

(九)不服人民检察院对未成年犯罪嫌疑人作出的附条件不起诉

决定或者附条件不起诉考验期满后作出的不起诉决定，向人民法院起诉的。

第三百二十一条 对已经立案，经审查缺乏罪证的自诉案件，自诉人提不出补充证据的，人民法院应当说服其撤回起诉或者裁定驳回起诉；自诉人撤回起诉或者被驳回起诉后，又提出了新的足以证明被告人有罪的证据，再次提起自诉的，人民法院应当受理。

第三百二十二条 自诉人对不予受理或者驳回起诉的裁定不服的，可以提起上诉。

第二审人民法院查明第一审人民法院作出的不予受理裁定有错误的，应当在撤销原裁定的同时，指令第一审人民法院立案受理；查明第一审人民法院驳回起诉裁定有错误的，应当在撤销原裁定的同时，指令第一审人民法院进行审理。

第三百二十三条 自诉人明知有其他共同侵害人，但只对部分侵害人提起自诉的，人民法院应当受理，并告知其放弃告诉的法律后果；自诉人放弃告诉，判决宣告后又对其他共同侵害人就同一事实提起自诉的，人民法院不予受理。

共同被害人中只有部分人告诉的，人民法院应当通知其他被害人参加诉讼，并告知其不参加诉讼的法律后果。被通知人接到通知后表示不参加诉讼或者不出庭的，视为放弃告诉。第一审宣判后，被通知人就同一事实又提起自诉的，人民法院不予受理。但是，当事人另行提起民事诉讼的，不受本解释限制。

第三百二十四条 被告人实施两个以上犯罪行为，分别属于公诉案件和自诉案件，人民法院可以一并审理。对自诉部分的审理，适用本章的规定。

第三百二十五条 自诉案件当事人因客观原因不能取得的证据，申请人民法院调取的，应当说明理由，并提供相关线索或者材料。人民法院认为有必要的，应当及时调取。

对通过信息网络实施的侮辱、诽谤行为，被害人向人民法院告诉，但提供证据确有困难的，人民法院可以要求公安机关提供协助。

第三百二十六条 对犯罪事实清楚,有足够证据的自诉案件,应当开庭审理。

第三百二十七条 自诉案件符合简易程序适用条件的,可以适用简易程序审理。

不适用简易程序审理的自诉案件,参照适用公诉案件第一审普通程序的有关规定。

第三百二十八条 人民法院审理自诉案件,可以在查明事实、分清是非的基础上,根据自愿、合法的原则进行调解。调解达成协议的,应当制作刑事调解书,由审判人员、法官助理、书记员署名,并加盖人民法院印章。调解书经双方当事人签收后,即具有法律效力。调解没有达成协议,或者调解书签收前当事人反悔的,应当及时作出判决。

刑事诉讼法第二百一十条第三项规定的案件不适用调解。

第三百二十九条 判决宣告前,自诉案件的当事人可以自行和解,自诉人可以撤回自诉。

人民法院经审查,认为和解、撤回自诉确属自愿的,应当裁定准许;认为系被强迫、威吓等,并非自愿的,不予准许。

第三百三十条 裁定准许撤诉的自诉案件,被告人被采取强制措施的,人民法院应当立即解除。

第三百三十一条 自诉人经两次传唤,无正当理由拒不到庭,或者未经法庭准许中途退庭的,人民法院应当裁定按撤诉处理。

部分自诉人撤诉或者被裁定按撤诉处理的,不影响案件的继续审理。

第三百三十二条 被告人在自诉案件审判期间下落不明的,人民法院可以裁定中止审理;符合条件的,可以对被告人依法决定逮捕。

第三百三十三条 对自诉案件,应当参照刑事诉讼法第二百条和本解释第二百九十五条的有关规定作出判决。对依法宣告无罪的案件,有附带民事诉讼的,其附带民事部分可以依法进行调解或者一并作出判决，也可以告知附带民事诉讼原告人另行提起民事诉讼。

第三百三十四条 告诉才处理和被害人有证据证明的轻微刑事案件的被告人或者其法定代理人在诉讼过程中，可以对自诉人提起反诉。反诉必须符合下列条件：

（一）反诉的对象必须是本案自诉人；

（二）反诉的内容必须是与本案有关的行为；

（三）反诉的案件必须符合本解释第一条第一项、第二项的规定。

反诉案件适用自诉案件的规定，应当与自诉案件一并审理。自诉人撤诉的，不影响反诉案件的继续审理。

第十一章 单位犯罪案件的审理

第三百三十五条 人民法院受理单位犯罪案件，除依照本解释第二百一十八条的有关规定进行审查外，还应当审查起诉书是否列明被告单位的名称、住所地、联系方式，法定代表人、实际控制人、主要负责人以及代表被告单位出庭的诉讼代表人的姓名、职务、联系方式。需要人民检察院补充材料的，应当通知人民检察院在三日以内补送。

第三百三十六条 被告单位的诉讼代表人，应当是法定代表人、实际控制人或者主要负责人；法定代表人、实际控制人或者主要负责人被指控为单位犯罪直接责任人员或者因客观原因无法出庭的，应当由被告单位委托其他负责人或者职工作为诉讼代表人。但是，有关人员被指控为单位犯罪直接责任人员或者知道案件情况、负有作证义务的除外。

依据前款规定难以确定诉讼代表人的，可以由被告单位委托律师等单位以外的人员作为诉讼代表人。

诉讼代表人不得同时担任被告单位或者被指控为单位犯罪直接责任人员的有关人员的辩护人。

第三百三十七条 开庭审理单位犯罪案件，应当通知被告单位的诉讼代表人出庭；诉讼代表人不符合前条规定的，应当要求人民检察院另行确定。

被告单位的诉讼代表人不出庭的，应当按照下列情形分别处理：

（一）诉讼代表人系被告单位的法定代表人、实际控制人或者主要负责人，无正当理由拒不出庭的，可以拘传其到庭；因客观原因无法出庭，或者下落不明的，应当要求人民检察院另行确定诉讼代表人；

（二）诉讼代表人系其他人员的，应当要求人民检察院另行确定诉讼代表人。

第三百三十八条 被告单位的诉讼代表人享有刑事诉讼法规定的有关被告人的诉讼权利。开庭时，诉讼代表人席位置于审判台前左侧，与辩护人席并列。

第三百三十九条 被告单位委托辩护人的，参照适用本解释的有关规定。

第三百四十条 对应当认定为单位犯罪的案件，人民检察院只作为自然人犯罪起诉的，人民法院应当建议人民检察院对犯罪单位追加起诉。人民检察院仍以自然人犯罪起诉的，人民法院应当依法审理，按照单位犯罪直接负责的主管人员或者其他直接责任人员追究刑事责任，并援引刑法分则关于追究单位犯罪中直接负责的主管人员和其他直接责任人员刑事责任的条款。

第三百四十一条 被告单位的违法所得及其他涉案财物，尚未被依法追缴或者查封、扣押、冻结的，人民法院应当决定追缴或者查封、扣押、冻结。

第三百四十二条 为保证判决的执行，人民法院可以先行查封、扣押、冻结被告单位的财产，或者由被告单位提出担保。

第三百四十三条 采取查封、扣押、冻结等措施，应当严格依照法定程序进行，最大限度降低对被告单位正常生产经营活动的影响。

第三百四十四条 审判期间，被告单位被吊销营业执照、宣告破产但尚未完成清算、注销登记的，应当继续审理；被告单位被撤销、注销的，对单位犯罪直接负责的主管人员和其他直接责任人员应当继续审理。

第三百四十五条 审判期间,被告单位合并、分立的,应当将原单位列为被告单位,并注明合并、分立情况。对被告单位所判处的罚金以其在新单位的财产及收益为限。

第三百四十六条 审理单位犯罪案件,本章没有规定的,参照适用本解释的有关规定。

第十二章 认罪认罚案件的审理

第三百四十七条 刑事诉讼法第十五条规定的“认罪”,是指犯罪嫌疑人、被告人自愿如实供述自己的罪行,对指控的犯罪事实没有异议。

刑事诉讼法第十五条规定的“认罚”,是指犯罪嫌疑人、被告人真诚悔罪,愿意接受处罚。

被告人认罪认罚的,可以依照刑事诉讼法第十五条的规定,在程序上从简、实体上从宽处理。

第三百四十八条 对认罪认罚案件,应当根据案件情况,依法适用速裁程序、简易程序或者普通程序审理。

第三百四十九条 对人民检察院提起公诉的认罪认罚案件,人民法院应当重点审查以下内容:

(一)人民检察院讯问犯罪嫌疑人时,是否告知其诉讼权利和认罪认罚的法律规定;

(二)是否随案移送听取犯罪嫌疑人、辩护人或者值班律师、被害人及其诉讼代理人意见的笔录;

(三)被告人与被害人达成调解、和解协议或者取得被害人谅解的,是否随案移送调解、和解协议、被害人谅解书等相关材料;

(四)需要签署认罪认罚具结书的,是否随案移送具结书。

未随案移送前款规定的材料的,应当要求人民检察院补充。

第三百五十条 人民法院应当将被告人认罪认罚作为其是否具有社会危险性的重要考虑因素。被告人罪行较轻,采用非羁押性强制措施足以防止发生社会危险性的,应当依法适用非羁押性强制措施。

第三百五十一条 对认罪认罚案件,法庭审理时应当告知被告人享有的诉讼权利和认罪认罚的法律规定,审查认罪认罚的自愿性和认罪认罚具结书内容的真实性、合法性。

第三百五十二条 对认罪认罚案件,人民检察院起诉指控的事实清楚,但指控的罪名与审理认定的罪名不一致的,人民法院应当听取人民检察院、被告人及其辩护人对审理认定罪名的意见,依法作出判决。

第三百五十三条 对认罪认罚案件,人民法院经审理认为量刑建议明显不当,或者被告人、辩护人对量刑建议提出异议的,人民检察院可以调整量刑建议。人民检察院不调整或者调整后仍然明显不当的,人民法院应当依法作出判决。

适用速裁程序审理认罪认罚案件,需要调整量刑建议的,应当在庭前或者当庭作出调整;调整量刑建议后,仍然符合速裁程序适用条件的,继续适用速裁程序审理。

第三百五十四条 对量刑建议是否明显不当,应当根据审理认定的犯罪事实、认罪认罚的具体情况,结合相关犯罪的法定刑、类似案件的刑罚适用等作出审查判断。

第三百五十五条 对认罪认罚案件,人民法院一般应当对被告人从轻处罚;符合非监禁刑适用条件的,应当适用非监禁刑;具有法定减轻处罚情节的,可以减轻处罚。

对认罪认罚案件,应当根据被告人认罪认罚的阶段早晚以及认罪认罚的主动性、稳定性、彻底性等,在从宽幅度上体现差异。

共同犯罪案件,部分被告人认罪认罚的,可以依法对该部分被告人从宽处罚,但应当注意全案的量刑平衡。

第三百五十六条 被告人在人民检察院提起公诉前未认罪认罚,在审判阶段认罪认罚的,人民法院可以不再通知人民检察院提出或者调整量刑建议。

对前款规定的案件，人民法院应当就定罪量刑听取控辩双方意见，根据刑事诉讼法第十五条和本解释第三百五十五条的规定作出判决。

第三百五十七条 对被告人在第一审程序中未认罪认罚，在第二审程序中认罪认罚的案件，应当根据其认罪认罚的具体情况决定是否从宽，并依法作出裁判。确定从宽幅度时应当与第一审程序认罪认罚有所区别。

第三百五十八条 案件审理过程中，被告人不再认罪认罚的，人民法院应当根据审理查明的事实，依法作出裁判。需要转换程序的，依照本解释的相关规定处理。

第十三章 简易程序

第三百五十九条 基层人民法院受理公诉案件后，经审查认为案件事实清楚、证据充分的，在将起诉书副本送达被告人时，应当询问被告人对指控的犯罪事实的意见，告知其适用简易程序的法律规定。被告人对指控的犯罪事实没有异议并同意适用简易程序的，可以决定适用简易程序，并在开庭前通知人民检察院和辩护人。

对人民检察院建议或者被告人及其辩护人申请适用简易程序审理的案件，依照前款规定处理；不符合简易程序适用条件的，应当通知人民检察院或者被告人及其辩护人。

第三百六十条 具有下列情形之一的，不适用简易程序：

（一）被告人是盲、聋、哑人的；

（二）被告人是尚未完全丧失辨认或者控制自己行为能力的精神病人的；

（三）案件有重大社会影响的；

（四）共同犯罪案件中部分被告人不认罪或者对适用简易程序有异议的；

（五）辩护人作无罪辩护的；

（六）被告人认罪但经审查认为可能不构成犯罪的；

(七)不宜适用简易程序审理的其他情形。

第三百六十一条 适用简易程序审理的案件,符合刑事诉讼法第三十五条第一款规定的,人民法院应当告知被告人及其近亲属可以申请法律援助。

第三百六十二条 适用简易程序审理案件,人民法院应当在开庭前将开庭的时间、地点通知人民检察院、自诉人、被告人、辩护人,也可以通知其他诉讼参与人。

通知可以采用简便方式,但应当记录在案。

第三百六十三条 适用简易程序审理案件,被告人有辩护人的,应当通知其出庭。

第三百六十四条 适用简易程序审理案件,审判长或者独任审判员应当当庭询问被告人对指控的犯罪事实的意见,告知被告人适用简易程序审理的法律规定,确认被告人是否同意适用简易程序。

第三百六十五条 适用简易程序审理案件,可以对庭审作如下简化:

(一)公诉人可以摘要宣读起诉书;

(二)公诉人、辩护人、审判人员对被告人的讯问、发问可以简化或者省略;

(三)对控辩双方无异议的证据,可以仅就证据的名称及所证明的事项作出说明;对控辩双方有异议或者法庭认为有必要调查核实的证据,应当出示,并进行质证;

(四)控辩双方对与定罪量刑有关的事实、证据没有异议的,法庭审理可以直接围绕罪名确定和量刑问题进行。

适用简易程序审理案件,判决宣告前应当听取被告人的最后陈述。

第三百六十六条 适用简易程序独任审判过程中,发现对被告人可能判处的有期徒刑超过三年的,应当转由合议庭审理。

第三百六十七条 适用简易程序审理案件,裁判文书可以简化。

适用简易程序审理案件,一般应当当庭宣判。

第三百六十八条 适用简易程序审理案件,在法庭审理过程中,具有下列情形之一的,应当转为普通程序审理:

(一)被告人的行为可能不构成犯罪的;

(二)被告人可能不负刑事责任的;

(三)被告人当庭对起诉指控的犯罪事实予以否认的;

(四)案件事实不清、证据不足的;

(五)不应当或者不宜适用简易程序的其他情形。

决定转为普通程序审理的案件,审理期限应当从作出决定之日起计算。

第十四章 速裁程序

第三百六十九条 对人民检察院在提起公诉时建议适用速裁程序的案件,基层人民法院经审查认为案件事实清楚,证据确实、充分,可能判处三年有期徒刑以下刑罚的,在将起诉书副本送达被告人时,应当告知被告人适用速裁程序的法律规定,询问其是否同意适用速裁程序。被告人同意适用速裁程序的,可以决定适用速裁程序,并在开庭前通知人民检察院和辩护人。

对人民检察院未建议适用速裁程序的案件,人民法院经审查认为符合速裁程序适用条件的,可以决定适用速裁程序,并在开庭前通知人民检察院和辩护人。

被告人及其辩护人可以向人民法院提出适用速裁程序的申请。

第三百七十条 具有下列情形之一的,不适用速裁程序:

(一)被告人是盲、聋、哑人的;

(二)被告人是尚未完全丧失辨认或者控制自己行为能力的精神病人的;

(三)被告人是未成年人的;

(四)案件有重大社会影响的;

(五)共同犯罪案件中部分被告人对指控的犯罪事实、罪名、量刑建议或者适用速裁程序有异议的;

(六)被告人与被害人或者其法定代理人没有就附带民事诉讼赔偿等事项达成调解、和解协议的;

(七)辩护人作无罪辩护的;

(八)其他不宜适用速裁程序的情形。

第三百七十一条 适用速裁程序审理案件,人民法院应当在开庭前将开庭的时间、地点通知人民检察院、被告人、辩护人,也可以通知其他诉讼参与人。

通知可以采用简便方式,但应当记录在案。

第三百七十二条 适用速裁程序审理案件,可以集中开庭,逐案审理。公诉人简要宣读起诉书后,审判人员应当当庭询问被告人对指控事实、证据、量刑建议以及适用速裁程序的意见,核实具结书签署的自愿性、真实性、合法性,并核实附带民事诉讼赔偿等情况。

第三百七十三条 适用速裁程序审理案件,一般不进行法庭调查、法庭辩论,但在判决宣告前应当听取辩护人的意见和被告人的最后陈述。

第三百七十四条 适用速裁程序审理案件,裁判文书可以简化。

适用速裁程序审理案件,应当当庭宣判。

第三百七十五条 适用速裁程序审理案件,在法庭审理过程中,具有下列情形之一的,应当转为普通程序或者简易程序审理:

(一)被告人的行为可能不构成犯罪或者不应当追究刑事责任的;

(二)被告人违背意愿认罪认罚的;

(三)被告人否认指控的犯罪事实的;

(四)案件疑难、复杂或者对适用法律有重大争议的;

(五)其他不宜适用速裁程序的情形。

第三百七十六条 决定转为普通程序或者简易程序审理的案件,审理期限应当从作出决定之日起计算。

第三百七十七条 适用速裁程序审理的案件,第二审人民法院依照刑事诉讼法第二百三十六条第一款第三项的规定发回原审人民法院重新审判的,原审人民法院应当适用第一审普通程序重新审判。

第十五章 第二审程序

第三百七十八条 地方各级人民法院在宣告第一审判决、裁定时,应当告知被告人、自诉人及其法定代理人不服判决和准许撤回起诉、终止审理等裁定的,有权在法定期限内以书面或者口头形式,通过本院或者直接向上一级人民法院提出上诉;被告人的辩护人、近亲属经被告人同意,也可以提出上诉;附带民事诉讼当事人及其法定代理人,可以对判决、裁定中的附带民事部分提出上诉。

被告人、自诉人、附带民事诉讼当事人及其法定代理人是否提出上诉,以其在上诉期满前最后一次的意思表示为准。

第三百七十九条 人民法院受理的上诉案件,一般应当有上诉状正本及副本。

上诉状内容一般包括:第一审判决书、裁定书的文号和上诉人收到的时间,第一审人民法院的名称,上诉的请求和理由,提出上诉的时间。被告人的辩护人、近亲属经被告人同意提出上诉的,还应当写明其与被告人的关系,并应当以被告人作为上诉人。

第三百八十条 上诉、抗诉必须在法定期限内提出。不服判决的上诉、抗诉的期限为十日;不服裁定的上诉、抗诉的期限为五日。上诉、抗诉的期限,从接到判决书、裁定书的第二日起计算。

对附带民事判决、裁定的上诉、抗诉期限,应当按照刑事部分的上诉、抗诉期限确定。附带民事部分另行审判的,上诉期限也应当按照刑事诉讼法规定的期限确定。

第三百八十一条 上诉人通过第一审人民法院提出上诉的,第一审人民法院应当审查。上诉符合法律规定的,应当在上诉期满后三日以内将上诉状连同案卷、证据移送上一级人民法院,并将上诉状副本送交同级人民检察院和对方当事人。

第三百八十二条 上诉人直接向第二审人民法院提出上诉的,第二审人民法院应当在收到上诉状后三日以内将上诉状交第一审人民法院。第一审人民法院应当审查上诉是否符合法律规定。符合法律规定的,应当在接到上诉状后三日以内将上诉状连同案卷、证据移送上一级人民法院,并将上诉状副本送交同级人民检察院和对方当事人。

第三百八十三条 上诉人在上诉期限内要求撤回上诉的,人民法院应当准许。

上诉人在上诉期满后要求撤回上诉的,第二审人民法院经审查,认为原判认定事实和适用法律正确,量刑适当的,应当裁定准许;认为原判确有错误的,应当不予准许,继续按照上诉案件审理。

被判处死刑立即执行的被告人提出上诉,在第二审开庭后宣告裁判前申请撤回上诉的,应当不予准许,继续按照上诉案件审理。

第三百八十四条 地方各级人民检察院对同级人民法院第一审判决、裁定的抗诉,应当通过第一审人民法院提交抗诉书。第一审人民法院应当在抗诉期满后三日以内将抗诉书连同案卷、证据移送上一级人民法院,并将抗诉书副本送交当事人。

第三百八十五条 人民检察院在抗诉期限内要求撤回抗诉的,人民法院应当准许。

人民检察院在抗诉期满后要求撤回抗诉的,第二审人民法院可以裁定准许,但是认为原判存在将无罪判为有罪、轻罪重判等情形的,应当不予准许,继续审理。

上级人民检察院认为下级人民检察院抗诉不当,向第二审人民法院要求撤回抗诉的,适用前两款规定。

第三百八十六条 在上诉、抗诉期满前撤回上诉、抗诉的,第一审判决、裁定在上诉、抗诉期满之日起生效。在上诉、抗诉期满后要求撤回上诉、抗诉,第二审人民法院裁定准许的,第一审判决、裁定应当自第二审裁定书送达上诉人或者抗诉机关之日起生效。

第三百八十七条 第二审人民法院对第一审人民法院移送的上诉、抗诉案卷、证据,应当审查是否包括下列内容:

(一)移送上诉、抗诉案件函;

（二）上诉状或者抗诉书；

（三）第一审判决书、裁定书八份（每增加一名被告人增加一份）及其电子文本；

（四）全部案卷、证据，包括案件审理报告和其他应当移送的材料。

前款所列材料齐全的，第二审人民法院应当收案；材料不全的，应当通知第一审人民法院及时补送。

第三百八十八条 第二审人民法院审理上诉、抗诉案件，应当就第一审判决、裁定认定的事实和适用法律进行全面审查，不受上诉、抗诉范围的限制。

第三百八十九条 共同犯罪案件，只有部分被告人提出上诉，或者自诉人只对部分被告人的判决提出上诉，或者人民检察院只对部分被告人的判决提出抗诉的，第二审人民法院应当对全案进行审查，一并处理。

第三百九十条 共同犯罪案件，上诉的被告人死亡，其他被告人未上诉的，第二审人民法院应当对死亡的被告人终止审理；但有证据证明被告人无罪，经缺席审理确认无罪的，应当判决宣告被告人无罪。

具有前款规定的情形，第二审人民法院仍应对全案进行审查，对其他同案被告人作出判决、裁定。

第三百九十一条 对上诉、抗诉案件，应当着重审查下列内容：

（一）第一审判决认定的事实是否清楚，证据是否确实、充分；

（二）第一审判决适用法律是否正确，量刑是否适当；

（三）在调查、侦查、审查起诉、第一审程序中，有无违反法定程序的情形；

（四）上诉、抗诉是否提出新的事实、证据；

（五）被告人的供述和辩解情况；

（六）辩护人的辩护意见及采纳情况；

（七）附带民事部分的判决、裁定是否合法、适当；

(八)对涉案财物的处理是否正确;

(九)第一审人民法院合议庭、审判委员会讨论的意见。

第三百九十二条 第二审期间,被告人除自行辩护外,还可以继续委托第一审辩护人或者另行委托辩护人辩护。

共同犯罪案件,只有部分被告人提出上诉,或者自诉人只对部分被告人的判决提出上诉,或者人民检察院只对部分被告人的判决提出抗诉的,其他同案被告人也可以委托辩护人辩护。

第三百九十三条 下列案件,根据刑事诉讼法第二百三十四条的规定,应当开庭审理:

(一)被告人、自诉人及其法定代理人对第一审认定的事实、证据提出异议,可能影响定罪量刑的上诉案件;

(二)被告人被判处死刑的上诉案件;

(三)人民检察院抗诉的案件;

(四)应当开庭审理的其他案件。

被判处死刑的被告人没有上诉,同案的其他被告人上诉的案件,第二审人民法院应当开庭审理。

第三百九十四条 对上诉、抗诉案件,第二审人民法院经审查,认为原判事实不清、证据不足,或者具有刑事诉讼法第二百三十八条规定的违反法定诉讼程序情形,需要发回重新审判的,可以不开庭审理。

第三百九十五条 第二审期间,人民检察院或者被告人及其辩护人提交新证据的,人民法院应当及时通知对方查阅、摘抄或者复制。

第三百九十六条 开庭审理第二审公诉案件,应当在决定开庭审理后及时通知人民检察院查阅案卷。自通知后的第二日起,人民检察院查阅案卷的时间不计入审理期限。

第三百九十七条 开庭审理上诉、抗诉的公诉案件,应当通知同级人民检察院派员出庭。

抗诉案件,人民检察院接到开庭通知后不派员出庭,且未说明原因的，人民法院可以裁定按人民检察院撤回抗诉处理。

第三百九十八条 开庭审理上诉、抗诉案件，除参照适用第一审程序的有关规定外，应当按照下列规定进行：

（一）法庭调查阶段，审判人员宣读第一审判决书、裁定书后，上诉案件由上诉人或者辩护人先宣读上诉状或者陈述上诉理由，抗诉案件由检察员先宣读抗诉书；既有上诉又有抗诉的案件，先由检察员宣读抗诉书，再由上诉人或者辩护人宣读上诉状或者陈述上诉理由；

（二）法庭辩论阶段，上诉案件，先由上诉人、辩护人发言，后由检察员、诉讼代理人发言；抗诉案件，先由检察员、诉讼代理人发言，后由被告人、辩护人发言；既有上诉又有抗诉的案件，先由检察员、诉讼代理人发言，后由上诉人、辩护人发言。

第三百九十九条 开庭审理上诉、抗诉案件，可以重点围绕对第一审判决、裁定有争议的问题或者有疑问的部分进行。根据案件情况，可以按照下列方式审理：

（一）宣读第一审判决书，可以只宣读案由、主要事实、证据名称和判决主文等；

（二）法庭调查应当重点围绕对第一审判决提出异议的事实、证据以及新的证据等进行；对没有异议的事实、证据和情节，可以直接确认；

（三）对同案审理案件中未上诉的被告人，未被申请出庭或者人民法院认为没有必要到庭的，可以不再传唤到庭；

（四）被告人犯有数罪的案件，对其中事实清楚且无异议的犯罪，可以不在庭审时审理。

同案审理的案件，未提出上诉、人民检察院也未对其判决提出抗诉的被告人要求出庭的，应当准许。出庭的被告人可以参加法庭调查和辩论。

第四百条 第二审案件依法不开庭审理的，应当讯问被告人，听取其他当事人、辩护人、诉讼代理人的意见。合议庭全体成员应当阅卷，必要时应当提交书面阅卷意见。

第四百零一条 审理被告人或者其法定代理人、辩护人、近亲属提出上诉的案件,不得对被告人的刑罚作出实质不利的改判,并应当执行下列规定:

(一)同案审理的案件,只有部分被告人上诉的,既不得加重上诉人的刑罚,也不得加重其他同案被告人的刑罚;

(二)原判认定的罪名不当的,可以改变罪名,但不得加重刑罚或者对刑罚执行产生不利影响;

(三)原判认定的罪数不当的,可以改变罪数,并调整刑罚,但不得加重决定执行的刑罚或者对刑罚执行产生不利影响;

(四)原判对被告人宣告缓刑的,不得撤销缓刑或者延长缓刑考验期;

(五)原判没有宣告职业禁止、禁止令的,不得增加宣告;原判宣告职业禁止、禁止令的,不得增加内容、延长期限;

(六)原判对被告人判处死刑缓期执行没有限制减刑、决定终身监禁的,不得限制减刑、决定终身监禁;

(七)原判判处的刑罚不当、应当适用附加刑而没有适用的,不得直接加重刑罚、适用附加刑。原判判处的刑罚畸轻,必须依法改判的,应当在第二审判决、裁定生效后,依照审判监督程序重新审判。

人民检察院抗诉或者自诉人上诉的案件,不受前款规定的限制。

第四百零二条 人民检察院只对部分被告人的判决提出抗诉,或者自诉人只对部分被告人的判决提出上诉的,第二审人民法院不得对其他同案被告人加重刑罚。

第四百零三条 被告人或者其法定代理人、辩护人、近亲属提出上诉,人民检察院未提出抗诉的案件,第二审人民法院发回重新审判后,除有新的犯罪事实且人民检察院补充起诉的以外,原审人民法院不得加重被告人的刑罚。

对前款规定的案件,原审人民法院对上诉发回重新审判的案件依法作出判决后,人民检察院抗诉的,第二审人民法院不得改判为重于原审人民法院第一次判处的刑罚。

第四百零四条 第二审人民法院认为第一审判决事实不清、证据不足的,可以在查清事实后改判,也可以裁定撤销原判,发回原审人民法院重新审判。

有多名被告人的案件,部分被告人的犯罪事实不清、证据不足或者有新的犯罪事实需要追诉,且有关犯罪与其他同案被告人没有关联的,第二审人民法院根据案件情况,可以对该部分被告人分案处理,将该部分被告人发回原审人民法院重新审判。原审人民法院重新作出判决后,被告人上诉或者人民检察院抗诉,其他被告人的案件尚未作出第二审判决、裁定的,第二审人民法院可以并案审理。

第四百零五条 原判事实不清、证据不足,第二审人民法院发回重新审判的案件,原审人民法院重新作出判决后,被告人上诉或者人民检察院抗诉的,第二审人民法院应当依法作出判决、裁定,不得再发回重新审判。

第四百零六条 第二审人民法院发现原审人民法院在重新审判过程中,有刑事诉讼法第二百三十八条规定的情形之一,或者违反第二百三十九条规定的,应当裁定撤销原判,发回重新审判。

第四百零七条 第二审人民法院审理对刑事部分提出上诉、抗诉,附带民事部分已经发生法律效力的案件,发现第一审判决、裁定中的附带民事部分确有错误的,应当依照审判监督程序对附带民事部分予以纠正。

第四百零八条 刑事附带民事诉讼案件,只有附带民事诉讼当事人及其法定代理人上诉的,第一审刑事部分的判决在上诉期满后即发生法律效力。

应当送监执行的第一审刑事被告人是第二审附带民事诉讼被告人的,在第二审附带民事诉讼案件审结前,可以暂缓送监执行。

第四百零九条 第二审人民法院审理对附带民事部分提出上诉,刑事部分已经发生法律效力的案件,应当对全案进行审查,并按照下列情形分别处理:

(一)第一审判决的刑事部分并无不当的,只需就附带民事部分

作出处理;

(二)第一审判决的刑事部分确有错误的,依照审判监督程序对刑事部分进行再审,并将附带民事部分与刑事部分一并审理。

第四百一十条 第二审期间,第一审附带民事诉讼原告人增加独立的诉讼请求或者第一审附带民事诉讼被告人提出反诉的,第二审人民法院可以根据自愿、合法的原则进行调解;调解不成的,告知当事人另行起诉。

第四百一十一条 对第二审自诉案件,必要时可以调解,当事人也可以自行和解。调解结案的,应当制作调解书,第一审判决、裁定视为自动撤销。当事人自行和解的,依照本解释第三百二十九条的规定处理;裁定准许撤回自诉的,应当撤销第一审判决、裁定。

第四百一十二条 第二审期间,自诉案件的当事人提出反诉的,应当告知其另行起诉。

第四百一十三条 第二审人民法院可以委托第一审人民法院代为宣判,并向当事人送达第二审判决书、裁定书。第一审人民法院应当在代为宣判后五日以内将宣判笔录送交第二审人民法院,并在送达完毕后及时将送达回证送交第二审人民法院。

委托宣判的,第二审人民法院应当直接向同级人民检察院送达第二审判决书、裁定书。

第二审判决、裁定是终审的判决、裁定的,自宣告之日起发生法律效力。

第十六章 在法定刑以下判处刑罚和特殊假释的核准

第四百一十四条 报请最高人民法院核准在法定刑以下判处刑罚的案件,应当按照下列情形分别处理:

(一)被告人未上诉、人民检察院未抗诉的,在上诉、抗诉期满后三日以内报请上一级人民法院复核。上级人民法院同意原判的,应当书面层报最高人民法院核准;不同意的,应当裁定发回重新审判,

或者按照第二审程序提审;

(二)被告人上诉或者人民检察院抗诉的,上一级人民法院维持原判,或者改判后仍在法定刑以下判处刑罚的,应当依照前项规定层报最高人民法院核准。

第四百一十五条 对符合刑法第六十三条第二款规定的案件,第一审人民法院未在法定刑以下判处刑罚的,第二审人民法院可以在法定刑以下判处刑罚,并层报最高人民法院核准。

第四百一十六条 报请最高人民法院核准在法定刑以下判处刑罚的案件,应当报送判决书、报请核准的报告各五份,以及全部案卷、证据。

第四百一十七条 对在法定刑以下判处刑罚的案件,最高人民法院予以核准的,应当作出核准裁定书;不予核准的,应当作出不核准裁定书,并撤销原判决、裁定,发回原审人民法院重新审判或者指定其他下级人民法院重新审判。

第四百一十八条 依照本解释第四百一十四条、第四百一十七条规定发回第二审人民法院重新审判的案件,第二审人民法院可以直接改判;必须通过开庭查清事实、核实证据或者纠正原审程序违法的,应当开庭审理。

第四百一十九条 最高人民法院和上级人民法院复核在法定刑以下判处刑罚案件的审理期限,参照适用刑事诉讼法第二百四十三条的规定。

第四百二十条 报请最高人民法院核准因罪犯具有特殊情况,不受执行刑期限制的假释案件,应当按照下列情形分别处理:

(一)中级人民法院依法作出假释裁定后,应当报请高级人民法院复核。高级人民法院同意的,应当书面报请最高人民法院核准;不同意的,应当裁定撤销中级人民法院的假释裁定;

(二)高级人民法院依法作出假释裁定的,应当报请最高人民法院核准。

第四百二十一条 报请最高人民法院核准因罪犯具有特殊情

况，不受执行刑期限制的假释案件，应当报送报请核准的报告、罪犯具有特殊情况的报告、假释裁定书各五份，以及全部案卷。

第四百二十二条　对因罪犯具有特殊情况，不受执行刑期限制的假释案件，最高人民法院予以核准的，应当作出核准裁定书；不予核准的，应当作出不核准裁定书，并撤销原裁定。

第十七章　死刑复核程序

第四百二十三条　报请最高人民法院核准死刑的案件，应当按照下列情形分别处理：

（一）中级人民法院判处死刑的第一审案件，被告人未上诉、人民检察院未抗诉的，在上诉、抗诉期满后十日以内报请高级人民法院复核。高级人民法院同意判处死刑的，应当在作出裁定后十日以内报请最高人民法院核准；认为原判认定的某一具体事实或者引用的法律条款等存在瑕疵，但判处被告人死刑并无不当的，可以在纠正后作出核准的判决、裁定；不同意判处死刑的，应当依照第二审程序提审或者发回重新审判；

（二）中级人民法院判处死刑的第一审案件，被告人上诉或者人民检察院抗诉，高级人民法院裁定维持的，应当在作出裁定后十日以内报请最高人民法院核准；

（三）高级人民法院判处死刑的第一审案件，被告人未上诉、人民检察院未抗诉的，应当在上诉、抗诉期满后十日以内报请最高人民法院核准。

高级人民法院复核死刑案件，应当讯问被告人。

第四百二十四条　中级人民法院判处死刑缓期执行的第一审案件，被告人未上诉、人民检察院未抗诉的，应当报请高级人民法院核准。

高级人民法院复核死刑缓期执行案件，应当讯问被告人。

第四百二十五条　报请复核的死刑、死刑缓期执行案件，应当一案一报。报送的材料包括报请复核的报告，第一、二审裁判文书，案件综合报告各五份以及全部案卷、证据。案件综合报告，第一、二审裁判文书和审理报告应当附送电子文本。

同案审理的案件应当报送全案案卷、证据。

曾经发回重新审判的案件,原第一、二审案卷应当一并报送。

第四百二十六条 报请复核死刑、死刑缓期执行的报告,应当写明案由、简要案情、审理过程和判决结果。

案件综合报告应当包括以下内容:

(一)被告人、被害人的基本情况。被告人有前科或者曾受过行政处罚、处分的,应当写明;

(二)案件的由来和审理经过。案件曾经发回重新审判的,应当写明发回重新审判的原因、时间、案号等;

(三)案件侦破情况。通过技术调查、侦查措施抓获被告人、侦破案件,以及与自首、立功认定有关的情况,应当写明;

(四)第一审审理情况。包括控辩双方意见,第一审认定的犯罪事实,合议庭和审判委员会意见;

(五)第二审审理或者高级人民法院复核情况。包括上诉理由、人民检察院的意见,第二审审理或者高级人民法院复核认定的事实,证据采信情况及理由,控辩双方意见及采纳情况;

(六)需要说明的问题。包括共同犯罪案件中另案处理的同案犯的处理情况,案件有无重大社会影响,以及当事人的反应等情况;

(七)处理意见。写明合议庭和审判委员会的意见。

第四百二十七条 复核死刑、死刑缓期执行案件,应当全面审查以下内容:

(一)被告人的年龄,被告人有无刑事责任能力、是否系怀孕的妇女;

(二)原判认定的事实是否清楚,证据是否确实、充分;

(三)犯罪情节、后果及危害程度;

(四)原判适用法律是否正确,是否必须判处死刑,是否必须立即执行;

(五)有无法定、酌定从重、从轻或者减轻处罚情节;

（六）诉讼程序是否合法；

（七）应当审查的其他情况。

复核死刑、死刑缓期执行案件，应当重视审查被告人及其辩护人的辩解、辩护意见。

第四百二十八条 高级人民法院复核死刑缓期执行案件，应当按照下列情形分别处理：

（一）原判认定事实和适用法律正确、量刑适当、诉讼程序合法的，应当裁定核准；

（二）原判认定的某一具体事实或者引用的法律条款等存在瑕疵，但判处被告人死刑缓期执行并无不当的，可以在纠正后作出核准的判决、裁定；

（三）原判认定事实正确，但适用法律有错误，或者量刑过重的，应当改判；

（四）原判事实不清、证据不足的，可以裁定不予核准，并撤销原判，发回重新审判，或者依法改判；

（五）复核期间出现新的影响定罪量刑的事实、证据的，可以裁定不予核准，并撤销原判，发回重新审判，或者依照本解释第二百七十一条的规定审理后依法改判；

（六）原审违反法定诉讼程序，可能影响公正审判的，应当裁定不予核准，并撤销原判，发回重新审判。

复核死刑缓期执行案件，不得加重被告人的刑罚。

第四百二十九条 最高人民法院复核死刑案件，应当按照下列情形分别处理：

（一）原判认定事实和适用法律正确、量刑适当、诉讼程序合法的，应当裁定核准；

（二）原判认定的某一具体事实或者引用的法律条款等存在瑕疵，但判处被告人死刑并无不当的，可以在纠正后作出核准的判决、裁定；

（三）原判事实不清、证据不足的，应当裁定不予核准，并撤销原

第四百三十九条 审判期间，对不宜长期保存、易贬值或者市场价格波动大的财产，或者有效期即将届满的票据等，经权利人申请或者同意，并经院长批准，可以依法先行处置，所得款项由人民法院保管。

涉案财物先行处置应当依法、公开、公平。

第四百四十条 对作为证据使用的实物，应当随案移送。第一审判决、裁定宣告后，被告人上诉或者人民检察院抗诉的，第一审人民法院应当将上述证据移送第二审人民法院。

第四百四十一条 对实物未随案移送的，应当根据情况，分别审查以下内容：

（一）大宗的、不便搬运的物品，是否随案移送查封、扣押清单，并附原物照片和封存手续，注明存放地点等；

（二）易腐烂、霉变和不易保管的物品，查封、扣押机关变卖处理后，是否随案移送原物照片、清单、变价处理的凭证（复印件）等；

（三）枪支弹药、剧毒物品、易燃易爆物品以及其他违禁品、危险物品，查封、扣押机关根据有关规定处理后，是否随案移送原物照片和清单等。

上述未随案移送的实物，应当依法鉴定、估价的，还应当审查是否附有鉴定、估价意见。

对查封、扣押的货币、有价证券等，未移送实物的，应当审查是否附有原物照片、清单或者其他证明文件。

第四百四十二条 法庭审理过程中，应当依照本解释第二百七十九条的规定，依法对查封、扣押、冻结的财物及其孳息进行审查。

第四百四十三条 被告人将依法应当追缴的涉案财物用于投资或者置业的，对因此形成的财产及其收益，应当追缴。

被告人将依法应当追缴的涉案财物与其他合法财产共同用于投资或者置业的，对因此形成的财产中与涉案财物对应的份额及其收益，应当追缴。

第四百四十四条 对查封、扣押、冻结的财物及其孳息，应当在判决书中写明名称、金额、数量、存放地点及其处理方式等。涉案财物较多,不宜在判决主文中详细列明的,可以附清单。

判决追缴违法所得或者责令退赔的,应当写明追缴、退赔的金额或者财物的名称、数量等情况;已经发还的,应当在判决书中写明。

第四百四十五条 查封、扣押、冻结的财物及其孳息,经审查,确属违法所得或者依法应当追缴的其他涉案财物的,应当判决返还被害人,或者没收上缴国库,但法律另有规定的除外。

对判决时尚未追缴到案或者尚未足额退赔的违法所得,应当判决继续追缴或者责令退赔。

判决返还被害人的涉案财物,应当通知被害人认领;无人认领的,应当公告通知;公告满一年无人认领的,应当上缴国库;上缴国库后有人认领,经查证属实的,应当申请退库予以返还;原物已经拍卖、变卖的,应当返还价款。

对侵犯国有财产的案件,被害单位已经终止且没有权利义务继受人,或者损失已经被核销的,查封、扣押、冻结的财物及其孳息应当上缴国库。

第四百四十六条 第二审期间,发现第一审判决未对随案移送的涉案财物及其孳息作出处理的,可以裁定撤销原判,发回原审人民法院重新审判,由原审人民法院依法对涉案财物及其孳息一并作出处理。

判决生效后,发现原判未对随案移送的涉案财物及其孳息作出处理的,由原审人民法院依法对涉案财物及其孳息另行作出处理。

第四百四十七条 随案移送的或者人民法院查封、扣押的财物及其孳息,由第一审人民法院在判决生效后负责处理。

实物未随案移送、由扣押机关保管的,人民法院应当在判决生效后十日以内,将判决书、裁定书送达扣押机关,并告知其在一个月以内将执行回单送回,确因客观原因无法按时完成的,应当说明原因。

第四百四十八条 对冻结的存款、汇款、债券、股票、基金份额等财产判决没收的,第一审人民法院应当在判决生效后,将判决书、裁定书送达相关金融机构和财政部门，通知相关金融机构依法上缴国库并在接到执行通知书后十五日以内，将上缴国库的凭证、执行回单送回。

第四百四十九条 查封、扣押、冻结的财物与本案无关但已列入清单的，应当由查封、扣押、冻结机关依法处理。

查封、扣押、冻结的财物属于被告人合法所有的，应当在赔偿被害人损失、执行财产刑后及时返还被告人。

第四百五十条 查封、扣押、冻结财物及其处理，本解释没有规定的，参照适用其他司法解释的有关规定。

第十九章 审判监督程序

第四百五十一条 当事人及其法定代理人、近亲属对已经发生法律效力的判决、裁定提出申诉的，人民法院应当审查处理。

案外人认为已经发生法律效力的判决、裁定侵害其合法权益，提出申诉的，人民法院应当审查处理。

申诉可以委托律师代为进行。

第四百五十二条 向人民法院申诉，应当提交以下材料：

（一）申诉状。应当写明当事人的基本情况、联系方式以及申诉的事实与理由；

（二）原一、二审判决书、裁定书等法律文书。经过人民法院复查或者再审的，应当附有驳回申诉通知书、再审决定书、再审判决书、裁定书；

（三）其他相关材料。以有新的证据证明原判决、裁定认定的事实确有错误为由申诉的，应当同时附有相关证据材料；申请人民法院调查取证的，应当附有相关线索或者材料。

申诉符合前款规定的，人民法院应当出具收到申诉材料的回执。申诉不符合前款规定的，人民法院应当告知申诉人补充材料；申诉人拒绝补充必要材料且无正当理由的，不予审查。

第四百五十三条 申诉由终审人民法院审查处理。但是，第二审人民法院裁定准许撤回上诉的案件,申诉人对第一审判决提出申诉的,可以由第一审人民法院审查处理。

上一级人民法院对未经终审人民法院审查处理的申诉,可以告知申诉人向终审人民法院提出申诉,或者直接交终审人民法院审查处理,并告知申诉人;案件疑难、复杂、重大的,也可以直接审查处理。

对未经终审人民法院及其上一级人民法院审查处理,直接向上级人民法院申诉的,上级人民法院应当告知申诉人向下级人民法院提出。

第四百五十四条 最高人民法院或者上级人民法院可以指定终审人民法院以外的人民法院对申诉进行审查。被指定的人民法院审查后,应当制作审查报告,提出处理意见,层报最高人民法院或者上级人民法院审查处理。

第四百五十五条 对死刑案件的申诉,可以由原核准的人民法院直接审查处理,也可以交由原审人民法院审查。原审人民法院应当制作审查报告,提出处理意见,层报原核准的人民法院审查处理。

第四百五十六条 对立案审查的申诉案件,人民法院可以听取当事人和原办案单位的意见,也可以对原判据以定罪量刑的证据和新的证据进行核实。必要时,可以进行听证。

第四百五十七条 对立案审查的申诉案件,应当在三个月以内作出决定,至迟不得超过六个月。因案件疑难、复杂、重大或者其他特殊原因需要延长审查期限的,参照本解释第二百一十条的规定处理。

经审查,具有下列情形之一的,应当根据刑事诉讼法第二百五十三条的规定,决定重新审判:

(一)有新的证据证明原判决、裁定认定的事实确有错误,可能影响定罪量刑的;

(二)据以定罪量刑的证据不确实、不充分、依法应当排除的;

(三)证明案件事实的主要证据之间存在矛盾的;

(四)主要事实依据被依法变更或者撤销的;

（五）认定罪名错误的；

（六）量刑明显不当的；

（七）对违法所得或者其他涉案财物的处理确有明显错误的；

（八）违反法律关于溯及力规定的；

（九）违反法定诉讼程序，可能影响公正裁判的；

（十）审判人员在审理该案件时有贪污受贿、徇私舞弊、枉法裁判行为的。

申诉不具有上述情形的，应当说服申诉人撤回申诉；对仍然坚持申诉的，应当书面通知驳回。

第四百五十八条 具有下列情形之一，可能改变原判决、裁定据以定罪量刑的事实的证据，应当认定为刑事诉讼法第二百五十三条第一项规定的“新的证据”：

（一）原判决、裁定生效后新发现的证据；

（二）原判决、裁定生效前已经发现，但未予收集的证据；

（三）原判决、裁定生效前已经收集，但未经质证的证据；

（四）原判决、裁定所依据的鉴定意见，勘验、检查等笔录被改变或者否定的；

（五）原判决、裁定所依据的被告人供述、证人证言等证据发生变化，影响定罪量刑，且有合理理由的。

第四百五十九条 申诉人对驳回申诉不服的，可以向上一级人民法院申诉。上一级人民法院经审查认为申诉不符合刑事诉讼法第二百五十三条和本解释第四百五十七条第二款规定的，应当说服申诉人撤回申诉；对仍然坚持申诉的，应当驳回或者通知不予重新审判。

第四百六十条 各级人民法院院长发现本院已经发生法律效力的判决、裁定确有错误的，应当提交审判委员会讨论决定是否再审。

第四百六十一条 上级人民法院发现下级人民法院已经发生法律效力的判决、裁定确有错误的，可以指令下级人民法院再审；原判决、裁定认定事实正确但适用法律错误，或者案件疑难、复杂、重大，或者有不宜由原审人民法院审理情形的,也可以提审。

上级人民法院指令下级人民法院再审的,一般应当指令原审人民法院以外的下级人民法院审理;由原审人民法院审理更有利于查明案件事实、纠正裁判错误的,可以指令原审人民法院审理。

第四百六十二条 对人民检察院依照审判监督程序提出抗诉的案件,人民法院应当在收到抗诉书后一个月以内立案。但是,有下列情形之一的,应当区别情况予以处理:

(一)不属于本院管辖的,应当将案件退回人民检察院;

(二)按照抗诉书提供的住址无法向被抗诉的原审被告人送达抗诉书的,应当通知人民检察院在三日以内重新提供原审被告人的住址;逾期未提供的,将案件退回人民检察院;

(三)以有新的证据为由提出抗诉,但未附相关证据材料或者有关证据不是指向原起诉事实的,应当通知人民检察院在三日以内补送相关材料;逾期未补送的,将案件退回人民检察院。

决定退回的抗诉案件,人民检察院经补充相关材料后再次抗诉,经审查符合受理条件的,人民法院应当受理。

第四百六十三条 对人民检察院依照审判监督程序提出抗诉的案件,接受抗诉的人民法院应当组成合议庭审理。对原判事实不清、证据不足,包括有新的证据证明原判可能有错误,需要指令下级人民法院再审的,应当在立案之日起一个月以内作出决定,并将指令再审决定书送达抗诉的人民检察院。

第四百六十四条 对决定依照审判监督程序重新审判的案件,人民法院应当制作再审决定书。再审期间不停止原判决、裁定的执行,但被告人可能经再审改判无罪,或者可能经再审减轻原判刑罚而致刑期届满的,可以决定中止原判决、裁定的执行,必要时,可以对被告人采取取保候审、监视居住措施。

第四百六十五条 依照审判监督程序重新审判的案件,人民法院应当重点针对申诉、抗诉和决定再审的理由进行审理。必要时,应当对原判决、裁定认定的事实、证据和适用法律进行全面审查。

第四百六十六条 原审人民法院审理依照审判监督程序重新审判的案件,应当另行组成合议庭。

原来是第一审案件,应当依照第一审程序进行审判,所作的判决、裁定可以上诉、抗诉;原来是第二审案件,或者是上级人民法院提审的案件,应当依照第二审程序进行审判,所作的判决、裁定是终审的判决、裁定。

符合刑事诉讼法第二百九十六条、第二百九十七条规定的,可以缺席审判。

第四百六十七条 对依照审判监督程序重新审判的案件,人民法院在依照第一审程序进行审判的过程中,发现原审被告人还有其他犯罪的,一般应当并案审理,但分案审理更为适宜的,可以分案审理。

第四百六十八条 开庭审理再审案件,再审决定书或者抗诉书只针对部分原审被告人,其他同案原审被告人不出庭不影响审理的,可以不出庭参加诉讼。

第四百六十九条 除人民检察院抗诉的以外,再审一般不得加重原审被告人的刑罚。再审决定书或者抗诉书只针对部分原审被告人的,不得加重其他同案原审被告人的刑罚。

第四百七十条 人民法院审理人民检察院抗诉的再审案件,人民检察院在开庭审理前撤回抗诉的,应当裁定准许;人民检察院接到出庭通知后不派员出庭,且未说明原因的,可以裁定按撤回抗诉处理,并通知诉讼参与人。

人民法院审理申诉人申诉的再审案件,申诉人在再审期间撤回申诉的,可以裁定准许;但认为原判确有错误的,应当不予准许,继续按照再审案件审理。申诉人经依法通知无正当理由拒不到庭,或者未经法庭许可中途退庭的,可以裁定按撤回申诉处理,但申诉人不是原审当事人的除外。

第四百七十一条 开庭审理的再审案件,系人民法院决定再审的,由合议庭组成人员宣读再审决定书;系人民检察院抗诉的,由检察员宣读抗诉书;系申诉人申诉的,由申诉人或者其辩护人、诉讼代理人陈述申诉理由。

第四百七十二条 再审案件经过重新审理后,应当按照下列情形分别处理:

(一)原判决、裁定认定事实和适用法律正确、量刑适当的,应当裁定驳回申诉或者抗诉,维持原判决、裁定;

(二)原判决、裁定定罪准确、量刑适当,但在认定事实、适用法律等方面有瑕疵的,应当裁定纠正并维持原判决、裁定;

(三)原判决、裁定认定事实没有错误,但适用法律错误或者量刑不当的,应当撤销原判决、裁定,依法改判;

(四)依照第二审程序审理的案件,原判决、裁定事实不清、证据不足的,可以在查清事实后改判,也可以裁定撤销原判,发回原审人民法院重新审判。

原判决、裁定事实不清或者证据不足,经审理事实已经查清的,应当根据查清的事实依法裁判;事实仍无法查清,证据不足,不能认定被告人有罪的,应当撤销原判决、裁定,判决宣告被告人无罪。

第四百七十三条 原判决、裁定认定被告人姓名等身份信息有误,但认定事实和适用法律正确、量刑适当的,作出生效判决、裁定的人民法院可以通过裁定对有关信息予以更正。

第四百七十四条 对再审改判宣告无罪并依法享有申请国家赔偿权利的当事人,人民法院宣判时,应当告知其在判决发生法律效力后可以依法申请国家赔偿。

第二十章 涉外刑事案件的审理和刑事司法协助

第一节 涉外刑事案件的审理

第四百七十五条 本解释所称的涉外刑事案件是指:

(一)在中华人民共和国领域内,外国人犯罪或者我国公民对外国、外国人犯罪的案件;

(二)符合刑法第七条、第十条规定情形的我国公民在中华人民共和国领域外犯罪的案件；

（三）符合刑法第八条、第十条规定情形的外国人犯罪的案件；

（四）符合刑法第九条规定情形的中华人民共和国在所承担国际条约义务范围内行使管辖权的案件。

第四百七十六条　第一审涉外刑事案件，除刑事诉讼法第二十一条至第二十三条规定的以外，由基层人民法院管辖。必要时，中级人民法院可以指定辖区内若干基层人民法院集中管辖第一审涉外刑事案件，也可以依照刑事诉讼法第二十四条的规定，审理基层人民法院管辖的第一审涉外刑事案件。

第四百七十七条　外国人的国籍，根据其入境时持用的有效证件确认；国籍不明的，根据公安机关或者有关国家驻华使领馆出具的证明确认。

国籍无法查明的，以无国籍人对待，适用本章有关规定，在裁判文书中写明"国籍不明"。

第四百七十八条　在刑事诉讼中，外国籍当事人享有我国法律规定的诉讼权利并承担相应义务。

第四百七十九条　涉外刑事案件审判期间，人民法院应当将下列事项及时通报同级人民政府外事主管部门，并依照有关规定通知有关国家驻华使领馆：

（一）人民法院决定对外国籍被告人采取强制措施的情况，包括外国籍当事人的姓名（包括译名）、性别、入境时间、护照或者证件号码、采取的强制措施及法律依据、羁押地点等；

（二）开庭的时间、地点、是否公开审理等事项；

（三）宣判的时间、地点。

涉外刑事案件宣判后，应当将处理结果及时通报同级人民政府外事主管部门。

对外国籍被告人执行死刑的，死刑裁决下达后执行前，应当通知其国籍国驻华使领馆。

外国籍被告人在案件审理中死亡的，应当及时通报同级人民政府外事主管部门,并通知有关国家驻华使领馆。

第四百八十条 需要向有关国家驻华使领馆通知有关事项的,应当层报高级人民法院,由高级人民法院按照下列规定通知:

(一)外国籍当事人国籍国与我国签订有双边领事条约的,根据条约规定办理;未与我国签订双边领事条约,但参加《维也纳领事关系公约》的,根据公约规定办理;未与我国签订领事条约,也未参加《维也纳领事关系公约》,但与我国有外交关系的,可以根据外事主管部门的意见,按照互惠原则,根据有关规定和国际惯例办理;

(二)在外国驻华领馆领区内发生的涉外刑事案件,通知有关外国驻该地区的领馆;在外国领馆领区外发生的涉外刑事案件,通知有关外国驻华使馆;与我国有外交关系,但未设使领馆的国家,可以通知其代管国家驻华使领馆;无代管国家、代管国家不明的,可以不通知;

(三)双边领事条约规定通知时限的,应当在规定的期限内通知;没有规定的,应当根据或者参照《维也纳领事关系公约》和国际惯例尽快通知,至迟不得超过七日;

(四)双边领事条约没有规定必须通知,外国籍当事人要求不通知其国籍国驻华使领馆的,可以不通知,但应当由其本人出具书面声明。

高级人民法院向外国驻华使领馆通知有关事项,必要时,可以请人民政府外事主管部门协助。

第四百八十一条 人民法院受理涉外刑事案件后,应当告知在押的外国籍被告人享有与其国籍国驻华使领馆联系,与其监护人、近亲属会见、通信,以及请求人民法院提供翻译的权利。

第四百八十二条 涉外刑事案件审判期间,外国籍被告人在押,其国籍国驻华使领馆官员要求探视的,可以向受理案件的人民法院所在地的高级人民法院提出。人民法院应当根据我国与被告人国籍国签订的双边领事条约规定的时限予以安排;没有条约规定的,应当尽快安排。必要时,可以请人民政府外事主管部门协助。

涉外刑事案件审判期间，外国籍被告人在押，其监护人、近亲属申请会见的，可以向受理案件的人民法院所在地的高级人民法院提出，并依照本解释第四百八十六条的规定提供与被告人关系的证明。人民法院经审查认为不妨碍案件审判的，可以批准。

被告人拒绝接受探视、会见的，应当由其本人出具书面声明。拒绝出具书面声明的，应当记录在案；必要时，应当录音录像。

探视、会见被告人应当遵守我国法律规定。

第四百八十三条 人民法院审理涉外刑事案件，应当公开进行，但依法不应公开审理的除外。

公开审理的涉外刑事案件，外国籍当事人国籍国驻华使领馆官员要求旁听的，可以向受理案件的人民法院所在地的高级人民法院提出申请，人民法院应当安排。

第四百八十四条 人民法院审判涉外刑事案件，使用中华人民共和国通用的语言、文字，应当为外国籍当事人提供翻译。翻译人员应当在翻译文件上签名。

人民法院的诉讼文书为中文本。外国籍当事人不通晓中文的，应当附有外文译本，译本不加盖人民法院印章，以中文本为准。

外国籍当事人通晓中国语言、文字，拒绝他人翻译，或者不需要诉讼文书外文译本的，应当由其本人出具书面声明。拒绝出具书面声明的，应当记录在案；必要时，应当录音录像。

第四百八十五条 外国籍被告人委托律师辩护，或者外国籍附带民事诉讼原告人、自诉人委托律师代理诉讼的，应当委托具有中华人民共和国律师资格并依法取得执业证书的律师。

外国籍被告人在押的，其监护人、近亲属或者其国籍国驻华使领馆可以代为委托辩护人。其监护人、近亲属代为委托的，应当提供与被告人关系的有效证明。

外国籍当事人委托其监护人、近亲属担任辩护人、诉讼代理人的，被委托人应当提供与当事人关系的有效证明。经审查，符合刑事诉讼法、有关司法解释规定的，人民法院应当准许。

外国籍被告人没有委托辩护人的,人民法院可以通知法律援助机构为其指派律师提供辩护。被告人拒绝辩护人辩护的,应当由其出具书面声明,或者将其口头声明记录在案;必要时,应当录音录像。被告人属于应当提供法律援助情形的,依照本解释第五十条规定处理。

第四百八十六条 外国籍当事人从中华人民共和国领域外寄交或者托交给中国律师或者中国公民的委托书,以及外国籍当事人的监护人、近亲属提供的与当事人关系的证明,必须经所在国公证机关证明,所在国中央外交主管机关或者其授权机关认证,并经中华人民共和国驻该国使领馆认证,或者履行中华人民共和国与该所在国订立的有关条约中规定的证明手续,但我国与该国之间有互免认证协定的除外。

第四百八十七条 对涉外刑事案件的被告人,可以决定限制出境;对开庭审理案件时必须到庭的证人,可以要求暂缓出境。限制外国人出境的,应当通报同级人民政府外事主管部门和当事人国籍国驻华使领馆。

人民法院决定限制外国人和中国公民出境的,应当书面通知被限制出境的人在案件审理终结前不得离境,并可以采取扣留护照或者其他出入境证件的办法限制其出境;扣留证件的,应当履行必要手续,并发给本人扣留证件的证明。

需要对外国人和中国公民在口岸采取边控措施的,受理案件的人民法院应当按照规定制作边控对象通知书,并附有关法律文书,层报高级人民法院办理交控手续。紧急情况下,需要采取临时边控措施的,受理案件的人民法院可以先向有关口岸所在地出入境边防检查机关交控,但应当在七日以内按照规定层报高级人民法院办理手续。

第四百八十八条 涉外刑事案件,符合刑事诉讼法第二百零八条第一款、第二百四十三条规定的,经有关人民法院批准或者决定,可以延长审理期限。

第四百八十九条 涉外刑事案件宣判后,外国籍当事人国籍国驻华使领馆要求提供裁判文书的,可以向受理案件的人民法院所在地的高级人民法院提出,人民法院可以提供。

第四百九十条 涉外刑事案件审理过程中的其他事项,依照法律、司法解释和其他有关规定办理。

第二节 刑事司法协助

第四百九十一条 请求和提供司法协助,应当依照《中华人民共和国国际刑事司法协助法》、我国与有关国家、地区签订的刑事司法协助条约、移管被判刑人条约和有关法律规定进行。

对请求书的签署机关、请求书及所附材料的语言文字、有关办理期限和具体程序等事项,在不违反中华人民共和国法律的基本原则的情况下,可以按照刑事司法协助条约规定或者双方协商办理。

第四百九十二条 外国法院请求的事项有损中华人民共和国的主权、安全、社会公共利益以及违反中华人民共和国法律的基本原则的,人民法院不予协助;属于有关法律规定的可以拒绝提供刑事司法协助情形的,可以不予协助。

第四百九十三条 人民法院请求外国提供司法协助的,应当层报最高人民法院,经最高人民法院审核同意后交由有关对外联系机关及时向外国提出请求。

外国法院请求我国提供司法协助,有关对外联系机关认为属于人民法院职权范围的,经最高人民法院审核同意后转有关人民法院办理。

第四百九十四条 人民法院请求外国提供司法协助的请求书,应当依照刑事司法协助条约的规定提出;没有条约或者条约没有规定的,应当载明法律规定的相关信息并附相关材料。请求书及其所附材料应当以中文制作,并附有被请求国官方文字的译本。

外国请求我国法院提供司法协助的请求书,应当依照刑事司法协助条约的规定提出;没有条约或者条约没有规定的,应当载明我国法律规定的相关信息并附相关材料。请求书及所附材料应当附有中文译本。

第四百九十五条 人民法院向在中华人民共和国领域外居住的当事人送达刑事诉讼文书,可以采用下列方式:

(一)根据受送达人所在国与中华人民共和国缔结或者共同参加的国际条约规定的方式送达;

(二)通过外交途径送达;

(三)对中国籍当事人,所在国法律允许或者经所在国同意的,可以委托我国驻受送达人所在国的使领馆代为送达;

(四)当事人是自诉案件的自诉人或者附带民事诉讼原告人的,可以向有权代其接受送达的诉讼代理人送达;

(五)当事人是外国单位的,可以向其在中华人民共和国领域内设立的代表机构或者有权接受送达的分支机构、业务代办人送达;

(六)受送达人所在国法律允许的,可以邮寄送达;自邮寄之日起满三个月,送达回证未退回,但根据各种情况足以认定已经送达的,视为送达;

(七)受送达人所在国法律允许的,可以采用传真、电子邮件等能够确认受送达人收悉的方式送达。

第四百九十六条 人民法院通过外交途径向在中华人民共和国领域外居住的受送达人送达刑事诉讼文书的,所送达的文书应当经高级人民法院审查后报最高人民法院审核。最高人民法院认为可以发出的,由最高人民法院交外交部主管部门转递。

外国法院通过外交途径请求人民法院送达刑事诉讼文书的,由该国驻华使馆将法律文书交我国外交部主管部门转最高人民法院。最高人民法院审核后认为属于人民法院职权范围,且可以代为送达的,应当转有关人民法院办理。

第二十一章 执行程序

第一节 死刑的执行

第四百九十七条 被判处死刑缓期执行的罪犯,在死刑缓期执行期间犯罪的，应当由罪犯服刑地的中级人民法院依法审判，所作的判决可以上诉、抗诉。

认定故意犯罪，情节恶劣，应当执行死刑的，在判决、裁定发生法律效力后，应当层报最高人民法院核准执行死刑。

对故意犯罪未执行死刑的，不再报高级人民法院核准，死刑缓期执行的期间重新计算，并层报最高人民法院备案。备案不影响判决、裁定的生效和执行。

最高人民法院经备案审查，认为原判不予执行死刑错误，确需改判的，应当依照审判监督程序予以纠正。

第四百九十八条　死刑缓期执行的期间，从判决或者裁定核准死刑缓期执行的法律文书宣告或者送达之日起计算。

死刑缓期执行期满，依法应当减刑的，人民法院应当及时减刑。死刑缓期执行期满减为无期徒刑、有期徒刑的，刑期自死刑缓期执行期满之日起计算。

第四百九十九条　最高人民法院的执行死刑命令，由高级人民法院交付第一审人民法院执行。第一审人民法院接到执行死刑命令后，应当在七日以内执行。

在死刑缓期执行期间故意犯罪，最高人民法院核准执行死刑的，由罪犯服刑地的中级人民法院执行。

第五百条　下级人民法院在接到执行死刑命令后、执行前，发现有下列情形之一的，应当暂停执行，并立即将请求停止执行死刑的报告和相关材料层报最高人民法院：

（一）罪犯可能有其他犯罪的；

（二）共同犯罪的其他犯罪嫌疑人到案，可能影响罪犯量刑的；

（三）共同犯罪的其他罪犯被暂停或者停止执行死刑，可能影响罪犯量刑的；

（四）罪犯揭发重大犯罪事实或者有其他重大立功表现，可能需要改判的；

（五）罪犯怀孕的；

（六）判决、裁定可能有影响定罪量刑的其他错误的。

最高人民法院经审查，认为可能影响罪犯定罪量刑的，应当裁定停止执行死刑；认为不影响的，应当决定继续执行死刑。

第五百零一条 最高人民法院在执行死刑命令签发后、执行前，发现有前条第一款规定情形的，应当立即裁定停止执行死刑，并将有关材料移交下级人民法院。

第五百零二条 下级人民法院接到最高人民法院停止执行死刑的裁定后，应当会同有关部门调查核实停止执行死刑的事由，并及时将调查结果和意见层报最高人民法院审核。

第五百零三条 对下级人民法院报送的停止执行死刑的调查结果和意见，由最高人民法院原作出核准死刑判决、裁定的合议庭负责审查；必要时，另行组成合议庭进行审查。

第五百零四条 最高人民法院对停止执行死刑的案件，应当按照下列情形分别处理：

（一）确认罪犯怀孕的，应当改判；

（二）确认罪犯有其他犯罪，依法应当追诉的，应当裁定不予核准死刑，撤销原判，发回重新审判；

（三）确认原判决、裁定有错误或者罪犯有重大立功表现，需要改判的，应当裁定不予核准死刑，撤销原判，发回重新审判；

（四）确认原判决、裁定没有错误，罪犯没有重大立功表现，或者重大立功表现不影响原判决、裁定执行的，应当裁定继续执行死刑，并由院长重新签发执行死刑的命令。

第五百零五条 第一审人民法院在执行死刑前，应当告知罪犯有权会见其近亲属。罪犯申请会见并提供具体联系方式的，人民法院应当通知其近亲属。确实无法与罪犯近亲属取得联系，或者其近亲属拒绝会见的，应当告知罪犯。罪犯申请通过录音录像等方式留下遗言的，人民法院可以准许。

罪犯近亲属申请会见的，人民法院应当准许并及时安排，但罪犯拒绝会见的除外。罪犯拒绝会见的，应当记录在案并及时告知其近亲属;必要时,应当录音录像。

罪犯申请会见近亲属以外的亲友,经人民法院审查,确有正当理由的,在确保安全的情况下可以准许。

罪犯申请会见未成年子女的,应当经未成年子女的监护人同意;会见可能影响未成年人身心健康的,人民法院可以通过视频方式安排会见,会见时监护人应当在场。

会见一般在罪犯羁押场所进行。

会见情况应当记录在案,附卷存档。

第五百零六条 第一审人民法院在执行死刑三日以前,应当通知同级人民检察院派员临场监督。

第五百零七条 死刑采用枪决或者注射等方法执行。

采用注射方法执行死刑的,应当在指定的刑场或者羁押场所内执行。

采用枪决、注射以外的其他方法执行死刑的,应当事先层报最高人民法院批准。

第五百零八条 执行死刑前,指挥执行的审判人员应当对罪犯验明正身,讯问有无遗言、信札,并制作笔录,再交执行人员执行死刑。

执行死刑应当公布,禁止游街示众或者其他有辱罪犯人格的行为。

第五百零九条 执行死刑后,应当由法医验明罪犯确实死亡,在场书记员制作笔录。负责执行的人民法院应当在执行死刑后十五日以内将执行情况,包括罪犯被执行死刑前后的照片,上报最高人民法院。

第五百一十条 执行死刑后,负责执行的人民法院应当办理以下事项:

(一)对罪犯的遗书、遗言笔录,应当及时审查;涉及财产继承、债务清偿、家事嘱托等内容的,将遗书、遗言笔录交给家属,同时复制附卷备查;涉及案件线索等问题的,抄送有关机关;

(二)通知罪犯家属在限期内领取罪犯骨灰;没有火化条件或者因民族、宗教等原因不宜火化的,通知领取尸体;过期不领取的,由人民法院通知有关单位处理,并要求有关单位出具处理情况的说明;对罪犯骨灰或者尸体的处理情况,应当记录在案;

(三)对外国籍罪犯执行死刑后,通知外国驻华使领馆的程序和时限,根据有关规定办理。

第二节　死刑缓期执行、无期徒刑、有期徒刑、拘役的交付执行

第五百一十一条　被判处死刑缓期执行、无期徒刑、有期徒刑、拘役的罪犯,第一审人民法院应当在判决、裁定生效后十日以内,将判决书、裁定书、起诉书副本、自诉状复印件、执行通知书、结案登记表送达公安机关、监狱或者其他执行机关。

第五百一十二条　同案审理的案件中,部分被告人被判处死刑,对未被判处死刑的同案被告人需要羁押执行刑罚的,应当根据前条规定及时交付执行。但是,该同案被告人参与实施有关死刑之罪的,应当在复核讯问被判处死刑的被告人后交付执行。

第五百一十三条　执行通知书回执经看守所盖章后,应当附卷备查。

第五百一十四条　罪犯在被交付执行前,因有严重疾病、怀孕或者正在哺乳自己婴儿的妇女、生活不能自理的原因,依法提出暂予监外执行的申请的,有关病情诊断、妊娠检查和生活不能自理的鉴别,由人民法院负责组织进行。

第五百一十五条　被判处无期徒刑、有期徒刑或者拘役的罪犯,符合刑事诉讼法第二百六十五条第一款、第二款的规定,人民法院决定暂予监外执行的,应当制作暂予监外执行决定书,写明罪犯基本情况、判决确定的罪名和刑罚、决定暂予监外执行的原因、依据等。

人民法院在作出暂予监外执行决定前,应当征求人民检察院的意见。

人民检察院认为人民法院的暂予监外执行决定不当，在法定期限内提出书面意见的，人民法院应当立即对该决定重新核查，并在一个月以内作出决定。

对暂予监外执行的罪犯，适用本解释第五百一十九条的有关规定，依法实行社区矫正。

人民法院决定暂予监外执行的，由看守所或者执行取保候审、监视居住的公安机关自收到决定之日起十日以内将罪犯移送社区矫正机构。

第五百一十六条 人民法院收到社区矫正机构的收监执行建议书后，经审查，确认暂予监外执行的罪犯具有下列情形之一的，应当作出收监执行的决定：

（一）不符合暂予监外执行条件的；

（二）未经批准离开所居住的市、县，经警告拒不改正，或者拒不报告行踪，脱离监管的；

（三）因违反监督管理规定受到治安管理处罚，仍不改正的；

（四）受到执行机关两次警告，仍不改正的；

（五）保外就医期间不按规定提交病情复查情况，经警告拒不改正的；

（六）暂予监外执行的情形消失后，刑期未满的；

（七）保证人丧失保证条件或者因不履行义务被取消保证人资格，不能在规定期限内提出新的保证人的；

（八）违反法律、行政法规和监督管理规定，情节严重的其他情形。

第五百一十七条 人民法院应当在收到社区矫正机构的收监执行建议书后三十日以内作出决定。收监执行决定书一经作出，立即生效。

人民法院应当将收监执行决定书送达社区矫正机构和公安机关，并抄送人民检察院，由公安机关将罪犯交付执行。

第五百一十八条 被收监执行的罪犯有不计入执行刑期情形的，

人民法院应当在作出收监决定时,确定不计入执行刑期的具体时间。

第三节 管制、缓刑、剥夺政治权利的交付执行

第五百一十九条 对被判处管制、宣告缓刑的罪犯,人民法院应当依法确定社区矫正执行地。社区矫正执行地为罪犯的居住地;罪犯在多个地方居住的,可以确定其经常居住地为执行地;罪犯的居住地、经常居住地无法确定或者不适宜执行社区矫正的,应当根据有利于罪犯接受矫正、更好地融入社会的原则,确定执行地。

宣判时,应当告知罪犯自判决、裁定生效之日起十日以内到执行地社区矫正机构报到,以及不按期报到的后果。

人民法院应当自判决、裁定生效之日起五日以内通知执行地社区矫正机构,并在十日以内将判决书、裁定书、执行通知书等法律文书送达执行地社区矫正机构,同时抄送人民检察院和执行地公安机关。人民法院与社区矫正执行地不在同一地方的,由执行地社区矫正机构将法律文书转送所在地的人民检察院和公安机关。

第五百二十条 对单处剥夺政治权利的罪犯,人民法院应当在判决、裁定生效后十日以内,将判决书、裁定书、执行通知书等法律文书送达罪犯居住地的县级公安机关,并抄送罪犯居住地的县级人民检察院。

第四节 刑事裁判涉财产部分和附带民事裁判的执行

第五百二十一条 刑事裁判涉财产部分的执行,是指发生法律效力的刑事裁判中下列判项的执行:

(一)罚金、没收财产;

(二)追缴、责令退赔违法所得;

(三)处置随案移送的赃款赃物;

(四)没收随案移送的供犯罪所用本人财物;

(五)其他应当由人民法院执行的相关涉财产的判项。

第五百二十二条 刑事裁判涉财产部分和附带民事裁判应当由人民法院执行的，由第一审人民法院负责裁判执行的机构执行。

第五百二十三条 罚金在判决规定的期限内一次或者分期缴纳。期满无故不缴纳或者未足额缴纳的，人民法院应当强制缴纳。经强制缴纳仍不能全部缴纳的，在任何时候，包括主刑执行完毕后，发现被执行人有可供执行的财产的，应当追缴。

行政机关对被告人就同一事实已经处以罚款的，人民法院判处罚金时应当折抵，扣除行政处罚已执行的部分。

第五百二十四条 因遭遇不能抗拒的灾祸等原因缴纳罚金确有困难，被执行人申请延期缴纳、酌情减少或者免除罚金的，应当提交相关证明材料。人民法院应当在收到申请后一个月以内作出裁定。符合法定条件的，应当准许；不符合条件的，驳回申请。

第五百二十五条 判处没收财产的，判决生效后，应当立即执行。

第五百二十六条 执行财产刑，应当参照被扶养人住所地政府公布的上年度当地居民最低生活费标准，保留被执行人及其所扶养人的生活必需费用。

第五百二十七条 被判处财产刑，同时又承担附带民事赔偿责任的被执行人，应当先履行民事赔偿责任。

第五百二十八条 执行刑事裁判涉财产部分、附带民事裁判过程中，当事人、利害关系人认为执行行为违反法律规定，或者案外人对被执行标的书面提出异议的，人民法院应当参照民事诉讼法的有关规定处理。

第五百二十九条 执行刑事裁判涉财产部分、附带民事裁判过程中，具有下列情形之一的，人民法院应当裁定终结执行：

（一）据以执行的判决、裁定被撤销的；

（二）被执行人死亡或者被执行死刑，且无财产可供执行的；

（三）被判处罚金的单位终止，且无财产可供执行的；

（四）依照刑法第五十三条规定免除罚金的；

(五)应当终结执行的其他情形。

裁定终结执行后,发现被执行人的财产有被隐匿、转移等情形的,应当追缴。

第五百三十条 被执行财产在外地的,第一审人民法院可以委托财产所在地的同级人民法院执行。

第五百三十一条 刑事裁判涉财产部分、附带民事裁判全部或者部分被撤销的,已经执行的财产应当全部或者部分返还被执行人;无法返还的,应当依法赔偿。

第五百三十二条 刑事裁判涉财产部分、附带民事裁判的执行,刑事诉讼法及有关刑事司法解释没有规定的,参照适用民事执行的有关规定。

第五节 减刑、假释案件的审理

第五百三十三条 被判处死刑缓期执行的罪犯,在死刑缓期执行期间,没有故意犯罪的,死刑缓期执行期满后,应当裁定减刑;死刑缓期执行期满后,尚未裁定减刑前又犯罪的,应当在依法减刑后,对其所犯新罪另行审判。

第五百三十四条 对减刑、假释案件,应当按照下列情形分别处理:

(一)对被判处死刑缓期执行的罪犯的减刑,由罪犯服刑地的高级人民法院在收到同级监狱管理机关审核同意的减刑建议书后一个月以内作出裁定;

(二)对被判处无期徒刑的罪犯的减刑、假释,由罪犯服刑地的高级人民法院在收到同级监狱管理机关审核同意的减刑、假释建议书后一个月以内作出裁定,案情复杂或者情况特殊的,可以延长一个月;

(三)对被判处有期徒刑和被减为有期徒刑的罪犯的减刑、假释,由罪犯服刑地的中级人民法院在收到执行机关提出的减刑、假释建议书后一个月以内作出裁定,案情复杂或者情况特殊的,可以延长一个月；

（四）对被判处管制、拘役的罪犯的减刑，由罪犯服刑地的中级人民法院在收到同级执行机关审核同意的减刑建议书后一个月以内作出裁定。

对社区矫正对象的减刑，由社区矫正执行地的中级以上人民法院在收到社区矫正机构减刑建议书后三十日以内作出裁定。

第五百三十五条 受理减刑、假释案件，应当审查执行机关移送的材料是否包括下列内容：

（一）减刑、假释建议书；

（二）原审法院的裁判文书、执行通知书、历次减刑裁定书的复制件；

（三）证明罪犯确有悔改、立功或者重大立功表现具体事实的书面材料；

（四）罪犯评审鉴定表、奖惩审批表等；

（五）罪犯假释后对所居住社区影响的调查评估报告；

（六）刑事裁判涉财产部分、附带民事裁判的执行、履行情况；

（七）根据案件情况需要移送的其他材料。

人民检察院对报请减刑、假释案件提出意见的，执行机关应当一并移送受理减刑、假释案件的人民法院。

经审查，材料不全的，应当通知提请减刑、假释的执行机关在三日以内补送；逾期未补送的，不予立案。

第五百三十六条 审理减刑、假释案件，对罪犯积极履行刑事裁判涉财产部分、附带民事裁判确定的义务的，可以认定有悔改表现，在减刑、假释时从宽掌握；对确有履行能力而不履行或者不全部履行的，在减刑、假释时从严掌握。

第五百三十七条 审理减刑、假释案件，应当在立案后五日以内对下列事项予以公示：

（一）罪犯的姓名、年龄等个人基本情况；

（二）原判认定的罪名和刑期；

（三）罪犯历次减刑情况；

（四）执行机关的减刑、假释建议和依据。

公示应当写明公示期限和提出意见的方式。

第五百三十八条 审理减刑、假释案件，应当组成合议庭，可以采用书面审理的方式，但下列案件应当开庭审理：

（一）因罪犯有重大立功表现提请减刑的；

（二）提请减刑的起始时间、间隔时间或者减刑幅度不符合一般规定的；

（三）被提请减刑、假释罪犯系职务犯罪罪犯，组织、领导、参加、包庇、纵容黑社会性质组织罪犯，破坏金融管理秩序罪犯或者金融诈骗罪犯的；

（四）社会影响重大或者社会关注度高的；

（五）公示期间收到不同意见的；

（六）人民检察院提出异议的；

（七）有必要开庭审理的其他案件。

第五百三十九条 人民法院作出减刑、假释裁定后，应当在七日以内送达提请减刑、假释的执行机关、同级人民检察院以及罪犯本人。人民检察院认为减刑、假释裁定不当，在法定期限内提出书面纠正意见的，人民法院应当在收到意见后另行组成合议庭审理，并在一个月以内作出裁定。

对假释的罪犯，适用本解释第五百一十九条的有关规定，依法实行社区矫正。

第五百四十条 减刑、假释裁定作出前，执行机关书面提请撤回减刑、假释建议的，人民法院可以决定是否准许。

第五百四十一条 人民法院发现本院已经生效的减刑、假释裁定确有错误的，应当另行组成合议庭审理；发现下级人民法院已经生效的减刑、假释裁定确有错误的，可以指令下级人民法院另行组成合议庭审理，也可以自行组成合议庭审理。

第六节　缓刑、假释的撤销

第五百四十二条　罪犯在缓刑、假释考验期限内犯新罪或者被发现在判决宣告前还有其他罪没有判决，应当撤销缓刑、假释的，由审判新罪的人民法院撤销原判决、裁定宣告的缓刑、假释，并书面通知原审人民法院和执行机关。

第五百四十三条　人民法院收到社区矫正机构的撤销缓刑建议书后，经审查，确认罪犯在缓刑考验期限内具有下列情形之一的，应当作出撤销缓刑的裁定：

（一）违反禁止令，情节严重的；

（二）无正当理由不按规定时间报到或者接受社区矫正期间脱离监管，超过一个月的；

（三）因违反监督管理规定受到治安管理处罚，仍不改正的；

（四）受到执行机关二次警告，仍不改正的；

（五）违反法律、行政法规和监督管理规定，情节严重的其他情形。

人民法院收到社区矫正机构的撤销假释建议书后，经审查，确认罪犯在假释考验期限内具有前款第二项、第四项规定情形之一，或者有其他违反监督管理规定的行为，尚未构成新的犯罪的，应当作出撤销假释的裁定。

第五百四十四条　被提请撤销缓刑、假释的罪犯可能逃跑或者可能发生社会危险，社区矫正机构在提出撤销缓刑、假释建议的同时，提请人民法院决定对其予以逮捕的，人民法院应当在四十八小时以内作出是否逮捕的决定。决定逮捕的，由公安机关执行。逮捕后的羁押期限不得超过三十日。

第五百四十五条　人民法院应当在收到社区矫正机构的撤销缓刑、假释建议书后三十日以内作出裁定。撤销缓刑、假释的裁定一经作出，立即生效。

人民法院应当将撤销缓刑、假释裁定书送达社区矫正机构和公安机关,并抄送人民检察院,由公安机关将罪犯送交执行。执行以前被逮捕的,羁押一日折抵刑期一日。

第二十二章　未成年人刑事案件诉讼程序

第一节　一般规定

第五百四十六条　人民法院审理未成年人刑事案件,应当贯彻教育、感化、挽救的方针,坚持教育为主、惩罚为辅的原则,加强对未成年人的特殊保护。

第五百四十七条　人民法院应当加强同政府有关部门、人民团体、社会组织等的配合,推动未成年人刑事案件人民陪审、情况调查、安置帮教等工作的开展,充分保障未成年人的合法权益,积极参与社会治安综合治理。

第五百四十八条　人民法院应当加强同政府有关部门、人民团体、社会组织等的配合,对遭受性侵害或者暴力伤害的未成年被害人及其家庭实施必要的心理干预、经济救助、法律援助、转学安置等保护措施。

第五百四十九条　人民法院应当确定专门机构或者指定专门人员,负责审理未成年人刑事案件。审理未成年人刑事案件的人员应当经过专门培训,熟悉未成年人身心特点、善于做未成年人思想教育工作。

参加审理未成年人刑事案件的人民陪审员,可以从熟悉未成年人身心特点、关心未成年人保护工作的人民陪审员名单中随机抽取确定。

第五百五十条　被告人实施被指控的犯罪时不满十八周岁、人民法院立案时不满二十周岁的案件,由未成年人案件审判组织审理。

下列案件可以由未成年人案件审判组织审理:

(一)人民法院立案时不满二十二周岁的在校学生犯罪案件;

(二)强奸、猥亵、虐待、遗弃未成年人等侵害未成年人人身权利的犯罪案件;

（三）由未成年人案件审判组织审理更为适宜的其他案件。

共同犯罪案件有未成年被告人的或者其他涉及未成年人的刑事案件，是否由未成年人案件审判组织审理，由院长根据实际情况决定。

第五百五十一条 对分案起诉至同一人民法院的未成年人与成年人共同犯罪案件，可以由同一个审判组织审理；不宜由同一个审判组织审理的，可以分别审理。

未成年人与成年人共同犯罪案件，由不同人民法院或者不同审判组织分别审理的，有关人民法院或者审判组织应当互相了解共同犯罪被告人的审判情况，注意全案的量刑平衡。

第五百五十二条 对未成年人刑事案件，必要时，上级人民法院可以根据刑事诉讼法第二十七条的规定，指定下级人民法院将案件移送其他人民法院审判。

第五百五十三条 对未成年被告人应当严格限制适用逮捕措施。

人民法院决定逮捕，应当讯问未成年被告人，听取辩护律师的意见。

对被逮捕且没有完成义务教育的未成年被告人，人民法院应当与教育行政部门互相配合，保证其接受义务教育。

第五百五十四条 人民法院对无固定住所、无法提供保证人的未成年被告人适用取保候审的，应当指定合适成年人作为保证人，必要时可以安排取保候审的被告人接受社会观护。

第五百五十五条 人民法院审理未成年人刑事案件，在讯问和开庭时，应当通知未成年被告人的法定代理人到场。法定代理人无法通知、不能到场或者是共犯的，也可以通知合适成年人到场，并将有关情况记录在案。

到场的法定代理人或者其他人员，除依法行使刑事诉讼法第二百八十一条第二款规定的权利外，经法庭同意，可以参与对未成年被告人的法庭教育等工作。

适用简易程序审理未成年人刑事案件,适用前两款规定。

第五百五十六条 询问未成年被害人、证人,适用前条规定。

审理未成年人遭受性侵害或者暴力伤害案件,在询问未成年被害人、证人时,应当采取同步录音录像等措施,尽量一次完成;未成年被害人、证人是女性的,应当由女性工作人员进行。

第五百五十七条 开庭审理时被告人不满十八周岁的案件,一律不公开审理。经未成年被告人及其法定代理人同意,未成年被告人所在学校和未成年人保护组织可以派代表到场。到场代表的人数和范围,由法庭决定。经法庭同意,到场代表可以参与对未成年被告人的法庭教育工作。

对依法公开审理,但可能需要封存犯罪记录的案件,不得组织人员旁听;有旁听人员的,应当告知其不得传播案件信息。

第五百五十八条 开庭审理涉及未成年人的刑事案件,未成年被害人、证人一般不出庭作证;必须出庭的,应当采取保护其隐私的技术手段和心理干预等保护措施。

第五百五十九条 审理涉及未成年人的刑事案件,不得向外界披露未成年人的姓名、住所、照片以及可能推断出未成年人身份的其他资料。

查阅、摘抄、复制的案卷材料,涉及未成年人的,不得公开和传播。

第五百六十条 人民法院发现有关单位未尽到未成年人教育、管理、救助、看护等保护职责的,应当向该单位提出司法建议。

第五百六十一条 人民法院应当结合实际,根据涉及未成年人刑事案件的特点,开展未成年人法治宣传教育工作。

第五百六十二条 审理未成年人刑事案件,本章没有规定的,适用本解释的有关规定。

第二节 开庭准备

第五百六十三条 人民法院向未成年被告人送达起诉书副本

时，应当向其讲明被指控的罪行和有关法律规定，并告知其审判程序和诉讼权利、义务。

第五百六十四条 审判时不满十八周岁的未成年被告人没有委托辩护人的，人民法院应当通知法律援助机构指派熟悉未成年人身心特点的律师为其提供辩护。

第五百六十五条 未成年被害人及其法定代理人因经济困难或者其他原因没有委托诉讼代理人的，人民法院应当帮助其申请法律援助。

第五百六十六条 对未成年人刑事案件，人民法院决定适用简易程序审理的，应当征求未成年被告人及其法定代理人、辩护人的意见。上述人员提出异议的，不适用简易程序。

第五百六十七条 被告人实施被指控的犯罪时不满十八周岁，开庭时已满十八周岁、不满二十周岁的，人民法院开庭时，一般应当通知其近亲属到庭。经法庭同意，近亲属可以发表意见。近亲属无法通知、不能到场或者是共犯的，应当记录在案。

第五百六十八条 对人民检察院移送的关于未成年被告人性格特点、家庭情况、社会交往、成长经历、犯罪原因、犯罪前后的表现、监护教育等情况的调查报告，以及辩护人提交的反映未成年被告人上述情况的书面材料，法庭应当接受。

必要时，人民法院可以委托社区矫正机构、共青团、社会组织等对未成年被告人的上述情况进行调查，或者自行调查。

第五百六十九条 人民法院根据情况，可以对未成年被告人、被害人、证人进行心理疏导；根据实际需要并经未成年被告人及其法定代理人同意，可以对未成年被告人进行心理测评。

心理疏导、心理测评可以委托专门机构、专业人员进行。

心理测评报告可以作为办理案件和教育未成年人的参考。

第五百七十条 开庭前和休庭时，法庭根据情况，可以安排未成年被告人与其法定代理人或者合适成年人会见。

第三节 审 判

第五百七十一条 人民法院应当在辩护台靠近旁听区一侧为未成年被告人的法定代理人或者合适成年人设置席位。

审理可能判处五年有期徒刑以下刑罚或者过失犯罪的未成年人刑事案件,可以采取适合未成年人特点的方式设置法庭席位。

第五百七十二条 未成年被告人或者其法定代理人当庭拒绝辩护人辩护的,适用本解释第三百一十一条第二款、第三款的规定。

重新开庭后,未成年被告人或者其法定代理人再次当庭拒绝辩护人辩护的,不予准许。重新开庭时被告人已满十八周岁的,可以准许,但不得再另行委托辩护人或者要求另行指派律师,由其自行辩护。

第五百七十三条 法庭审理过程中,审判人员应当根据未成年被告人的智力发育程度和心理状态,使用适合未成年人的语言表达方式。

发现有对未成年被告人威胁、训斥、诱供或者讽刺等情形的,审判长应当制止。

第五百七十四条 控辩双方提出对未成年被告人判处管制、宣告缓刑等量刑建议的,应当向法庭提供有关未成年被告人能够获得监护、帮教以及对所居住社区无重大不良影响的书面材料。

第五百七十五条 对未成年被告人情况的调查报告,以及辩护人提交的有关未成年被告人情况的书面材料,法庭应当审查并听取控辩双方意见。上述报告和材料可以作为办理案件和教育未成年人的参考。

人民法院可以通知作出调查报告的人员出庭说明情况,接受控辩双方和法庭的询问。

第五百七十六条 法庭辩论结束后,法庭可以根据未成年人的生理、心理特点和案件情况,对未成年被告人进行法治教育;判决未成年被告人有罪的,宣判后,应当对未成年被告人进行法治教育。

对未成年被告人进行教育，其法定代理人以外的成年亲属或者教师、辅导员等参与有利于感化、挽救未成年人的，人民法院应当邀请其参加有关活动。

适用简易程序审理的案件，对未成年被告人进行法庭教育，适用前两款规定。

第五百七十七条 未成年被告人最后陈述后，法庭应当询问其法定代理人是否补充陈述。

第五百七十八条 对未成年人刑事案件，宣告判决应当公开进行。

对依法应当封存犯罪记录的案件，宣判时，不得组织人员旁听；有旁听人员的，应当告知其不得传播案件信息。

第五百七十九条 定期宣告判决的未成年人刑事案件，未成年被告人的法定代理人无法通知、不能到场或者是共犯的，法庭可以通知合适成年人到庭，并在宣判后向未成年被告人的成年亲属送达判决书。

第四节 执 行

第五百八十条 将未成年罪犯送监执行刑罚或者送交社区矫正时，人民法院应当将有关未成年罪犯的调查报告及其在案件审理中的表现材料，连同有关法律文书，一并送达执行机关。

第五百八十一条 犯罪时不满十八周岁，被判处五年有期徒刑以下刑罚以及免予刑事处罚的未成年人的犯罪记录，应当封存。

司法机关或者有关单位向人民法院申请查询封存的犯罪记录的，应当提供查询的理由和依据。对查询申请，人民法院应当及时作出是否同意的决定。

第五百八十二条 人民法院可以与未成年犯管教所等服刑场所建立联系，了解未成年罪犯的改造情况，协助做好帮教、改造工作，并可以对正在服刑的未成年罪犯进行回访考察。

第五百八十三条 人民法院认为必要时，可以督促被收监服刑的未成年罪犯的父母或者其他监护人及时探视。

第五百八十四条 对被判处管制、宣告缓刑、裁定假释、决定暂予监外执行的未成年罪犯，人民法院可以协助社区矫正机构制定帮教措施。

第五百八十五条 人民法院可以适时走访被判处管制、宣告缓刑、免予刑事处罚、裁定假释、决定暂予监外执行等的未成年罪犯及其家庭，了解未成年罪犯的管理和教育情况，引导未成年罪犯的家庭承担管教责任，为未成年罪犯改过自新创造良好环境。

第五百八十六条 被判处管制、宣告缓刑、免予刑事处罚、裁定假释、决定暂予监外执行等的未成年罪犯，具备就学、就业条件的，人民法院可以就其安置问题向有关部门提出建议，并附送必要的材料。

第二十三章 当事人和解的公诉案件诉讼程序

第五百八十七条 对符合刑事诉讼法第二百八十八条规定的公诉案件，事实清楚、证据充分的，人民法院应当告知当事人可以自行和解；当事人提出申请的，人民法院可以主持双方当事人协商以达成和解。

根据案件情况，人民法院可以邀请人民调解员、辩护人、诉讼代理人、当事人亲友等参与促成双方当事人和解。

第五百八十八条 符合刑事诉讼法第二百八十八条规定的公诉案件，被害人死亡的，其近亲属可以与被告人和解。近亲属有多人的，达成和解协议，应当经处于最先继承顺序的所有近亲属同意。

被害人系无行为能力或者限制行为能力人的，其法定代理人、近亲属可以代为和解。

第五百八十九条 被告人的近亲属经被告人同意，可以代为和解。

被告人系限制行为能力人的，其法定代理人可以代为和解。

被告人的法定代理人、近亲属依照前两款规定代为和解的，和解协议约定的赔礼道歉等事项，应当由被告人本人履行。

第五百九十条 对公安机关、人民检察院主持制作的和解协议书，当事人提出异议的，人民法院应当审查。经审查，和解自愿、合法的，予以确认，无需重新制作和解协议书；和解违反自愿、合法原则的，应当认定无效。和解协议被认定无效后，双方当事人重新达成和解的，人民法院应当主持制作新的和解协议书。

第五百九十一条 审判期间，双方当事人和解的，人民法院应当听取当事人及其法定代理人等有关人员的意见。双方当事人在庭外达成和解的，人民法院应当通知人民检察院，并听取其意见。经审查，和解自愿、合法的，应当主持制作和解协议书。

第五百九十二条 和解协议书应当包括以下内容：

（一）被告人承认自己所犯罪行，对犯罪事实没有异议，并真诚悔罪；

（二）被告人通过向被害人赔礼道歉、赔偿损失等方式获得被害人谅解；涉及赔偿损失的，应当写明赔偿的数额、方式等；提起附带民事诉讼的，由附带民事诉讼原告人撤回起诉；

（三）被害人自愿和解，请求或者同意对被告人依法从宽处罚。

和解协议书应当由双方当事人和审判人员签名，但不加盖人民法院印章。

和解协议书一式三份，双方当事人各持一份，另一份交人民法院附卷备查。

对和解协议中的赔偿损失内容，双方当事人要求保密的，人民法院应当准许，并采取相应的保密措施。

第五百九十三条 和解协议约定的赔偿损失内容，被告人应当在协议签署后即时履行。

和解协议已经全部履行，当事人反悔的，人民法院不予支持，但有证据证明和解违反自愿、合法原则的除外。

第五百九十四条 双方当事人在侦查、审查起诉期间已经达成和解协议并全部履行，被害人或者其法定代理人、近亲属又提起附带民事诉讼的，人民法院不予受理，但有证据证明和解违反自愿、合法原则的除外。

第五百九十五条 被害人或者其法定代理人、近亲属提起附带民事诉讼后，双方愿意和解，但被告人不能即时履行全部赔偿义务的，人民法院应当制作附带民事调解书。

第五百九十六条 对达成和解协议的案件，人民法院应当对被告人从轻处罚；符合非监禁刑适用条件的，应当适用非监禁刑；判处法定最低刑仍然过重的，可以减轻处罚；综合全案认为犯罪情节轻微不需要判处刑罚的，可以免予刑事处罚。

共同犯罪案件，部分被告人与被害人达成和解协议的，可以依法对该部分被告人从宽处罚，但应当注意全案的量刑平衡。

第五百九十七条 达成和解协议的，裁判文书应当叙明，并援引刑事诉讼法的相关条文。

第二十四章 缺席审判程序

第五百九十八条 对人民检察院依照刑事诉讼法第二百九十一条第一款的规定提起公诉的案件，人民法院应当重点审查以下内容：

（一）是否属于可以适用缺席审判程序的案件范围；

（二）是否属于本院管辖；

（三）是否写明被告人的基本情况，包括明确的境外居住地、联系方式等；

（四）是否写明被告人涉嫌有关犯罪的主要事实，并附证据材料；

（五）是否写明被告人有无近亲属以及近亲属的姓名、身份、住址、联系方式等情况；

（六）是否列明违法所得及其他涉案财产的种类、数量、价值、所在地等，并附证据材料；

（七）是否附有查封、扣押、冻结违法所得及其他涉案财产的清单和相关法律手续。

前款规定的材料需要翻译件的，人民法院应当要求人民检察院一并移送。

第五百九十九条 对人民检察院依照刑事诉讼法第二百九十一条第一款的规定提起公诉的案件，人民法院审查后，应当按照下列情形分别处理：

（一）符合缺席审判程序适用条件，属于本院管辖，且材料齐全的，应当受理；

（二）不属于可以适用缺席审判程序的案件范围、不属于本院管辖或者不符合缺席审判程序的其他适用条件的，应当退回人民检察院；

（三）材料不全的，应当通知人民检察院在三十日以内补送；三十日以内不能补送的，应当退回人民检察院。

第六百条 对人民检察院依照刑事诉讼法第二百九十一条第一款的规定提起公诉的案件，人民法院立案后，应当将传票和起诉书副本送达被告人，传票应当载明被告人到案期限以及不按要求到案的法律后果等事项；应当将起诉书副本送达被告人近亲属，告知其有权代为委托辩护人，并通知其敦促被告人归案。

第六百零一条 人民法院审理人民检察院依照刑事诉讼法第二百九十一条第一款的规定提起公诉的案件，被告人有权委托或者由近亲属代为委托一至二名辩护人。委托律师担任辩护人的，应当委托具有中华人民共和国律师资格并依法取得执业证书的律师；在境外委托的，应当依照本解释第四百八十六条的规定对授权委托进行公证、认证。

被告人及其近亲属没有委托辩护人的，人民法院应当通知法律援助机构指派律师为被告人提供辩护。

被告人及其近亲属拒绝法律援助机构指派的律师辩护的，依照本解释第五十条第二款的规定处理。

第六百零二条 人民法院审理人民检察院依照刑事诉讼法第二百九十一条第一款的规定提起公诉的案件，被告人的近亲属申请参加诉讼的，应当在收到起诉书副本后、第一审开庭前提出，并提供与被告人关系的证明材料。有多名近亲属的，应当推选一至二人参加诉讼。

对被告人的近亲属提出申请的,人民法院应当及时审查决定。

第六百零三条 人民法院审理人民检察院依照刑事诉讼法第二百九十一条第一款的规定提起公诉的案件,参照适用公诉案件第一审普通程序的有关规定。被告人的近亲属参加诉讼的,可以发表意见,出示证据,申请法庭通知证人、鉴定人等出庭,进行辩论。

第六百零四条 对人民检察院依照刑事诉讼法第二百九十一条第一款的规定提起公诉的案件,人民法院审理后应当参照本解释第二百九十五条的规定作出判决、裁定。

作出有罪判决的,应当达到证据确实、充分的证明标准。

经审理认定的罪名不属于刑事诉讼法第二百九十一条第一款规定的罪名的,应当终止审理。

适用缺席审判程序审理案件,可以对违法所得及其他涉案财产一并作出处理。

第六百零五条 因被告人患有严重疾病导致缺乏受审能力,无法出庭受审,中止审理超过六个月,被告人仍无法出庭,被告人及其法定代理人、近亲属申请或者同意恢复审理的,人民法院可以根据刑事诉讼法第二百九十六条的规定缺席审判。

符合前款规定的情形,被告人无法表达意愿的,其法定代理人、近亲属可以代为申请或者同意恢复审理。

第六百零六条 人民法院受理案件后被告人死亡的,应当裁定终止审理;但有证据证明被告人无罪,经缺席审理确认无罪的,应当判决宣告被告人无罪。

前款所称"有证据证明被告人无罪,经缺席审理确认无罪",包括案件事实清楚,证据确实、充分,依据法律认定被告人无罪的情形,以及证据不足,不能认定被告人有罪的情形。

第六百零七条 人民法院按照审判监督程序重新审判的案件,被告人死亡的,可以缺席审理。有证据证明被告人无罪,经缺席审理确认被告人无罪的,应当判决宣告被告人无罪;虽然构成犯罪,但原判量刑畸重的，应当依法作出判决。

第六百零八条 人民法院缺席审理案件，本章没有规定的，参照适用本解释的有关规定。

第二十五章 犯罪嫌疑人、被告人逃匿、死亡案件违法所得的没收程序

第六百零九条 刑事诉讼法第二百九十八条规定的“贪污贿赂犯罪、恐怖活动犯罪等”犯罪案件，是指下列案件：

（一）贪污贿赂、失职渎职等职务犯罪案件；

（二）刑法分则第二章规定的相关恐怖活动犯罪案件，以及恐怖活动组织、恐怖活动人员实施的杀人、爆炸、绑架等犯罪案件；

（三）危害国家安全、走私、洗钱、金融诈骗、黑社会性质组织、毒品犯罪案件；

（四）电信诈骗、网络诈骗犯罪案件。

第六百一十条 在省、自治区、直辖市或者全国范围内具有较大影响的犯罪案件，或者犯罪嫌疑人、被告人逃匿境外的犯罪案件，应当认定为刑事诉讼法第二百九十八条第一款规定的“重大犯罪案件”。

第六百一十一条 犯罪嫌疑人、被告人死亡，依照刑法规定应当追缴其违法所得及其他涉案财产，人民检察院提出没收违法所得申请的，人民法院应当依法受理。

第六百一十二条 对人民检察院提出的没收违法所得申请，人民法院应当审查以下内容：

（一）是否属于可以适用违法所得没收程序的案件范围；

（二）是否属于本院管辖；

（三）是否写明犯罪嫌疑人、被告人基本情况，以及涉嫌有关犯罪的情况，并附证据材料；

（四）是否写明犯罪嫌疑人、被告人逃匿、被通缉、脱逃、下落不明、死亡等情况，并附证据材料；

(五)是否列明违法所得及其他涉案财产的种类、数量、价值、所在地等,并附证据材料;

(六)是否附有查封、扣押、冻结违法所得及其他涉案财产的清单和法律手续;

(七)是否写明犯罪嫌疑人、被告人有无利害关系人,利害关系人的姓名、身份、住址、联系方式及其要求等情况;

(八)是否写明申请没收的理由和法律依据;

(九)其他依法需要审查的内容和材料。

前款规定的材料需要翻译件的,人民法院应当要求人民检察院一并移送。

第六百一十三条 对没收违法所得的申请,人民法院应当在三十日以内审查完毕,并按照下列情形分别处理:

(一)属于没收违法所得申请受案范围和本院管辖,且材料齐全、有证据证明有犯罪事实的,应当受理;

(二)不属于没收违法所得申请受案范围或者本院管辖的,应当退回人民检察院;

(三)没收违法所得申请不符合“有证据证明有犯罪事实”标准要求的,应当通知人民检察院撤回申请;

(四)材料不全的,应当通知人民检察院在七日以内补送;七日以内不能补送的,应当退回人民检察院。

人民检察院尚未查封、扣押、冻结申请没收的财产或者查封、扣押、冻结期限即将届满,涉案财产有被隐匿、转移或者毁损、灭失危险的,人民法院可以查封、扣押、冻结申请没收的财产。

第六百一十四条 人民法院受理没收违法所得的申请后,应当在十五日以内发布公告。公告应当载明以下内容:

(一)案由、案件来源;

(二)犯罪嫌疑人、被告人的基本情况;

(三)犯罪嫌疑人、被告人涉嫌犯罪的事实;

(四)犯罪嫌疑人、被告人逃匿、被通缉、脱逃、下落不明、死亡等情况；

（五）申请没收的财产的种类、数量、价值、所在地等以及已查封、扣押、冻结财产的清单和法律手续；

（六）申请没收的财产属于违法所得及其他涉案财产的相关事实；

（七）申请没收的理由和法律依据；

（八）利害关系人申请参加诉讼的期限、方式以及未按照该期限、方式申请参加诉讼可能承担的不利法律后果；

（九）其他应当公告的情况。

公告期为六个月，公告期间不适用中止、中断、延长的规定。

第六百一十五条 公告应当在全国公开发行的报纸、信息网络媒体、最高人民法院的官方网站发布，并在人民法院公告栏发布。必要时，公告可以在犯罪地、犯罪嫌疑人、被告人居住地或者被申请没收财产所在地发布。最后发布的公告的日期为公告日期。发布公告的，应当采取拍照、录像等方式记录发布过程。

人民法院已经掌握境内利害关系人联系方式的，应当直接送达含有公告内容的通知；直接送达有困难的，可以委托代为送达、邮寄送达。经受送达人同意的，可以采用传真、电子邮件等能够确认其收悉的方式告知公告内容，并记录在案。

人民法院已经掌握境外犯罪嫌疑人、被告人、利害关系人联系方式，经受送达人同意的，可以采用传真、电子邮件等能够确认其收悉的方式告知公告内容，并记录在案；受送达人未表示同意，或者人民法院未掌握境外犯罪嫌疑人、被告人、利害关系人联系方式，其所在国、地区的主管机关明确提出应当向受送达人送达含有公告内容的通知的，人民法院可以决定是否送达。决定送达的，应当依照本解释第四百九十三条的规定请求所在国、地区提供司法协助。

第六百一十六条 刑事诉讼法第二百九十九条第二款、第三百条第二款规定的“其他利害关系人”，是指除犯罪嫌疑人、被告人的近亲属以外的，对申请没收的财产主张权利的自然人和单位。

第六百一十七条 犯罪嫌疑人、被告人的近亲属和其他利害关系人申请参加诉讼的,应当在公告期间内提出。犯罪嫌疑人、被告人的近亲属应当提供其与犯罪嫌疑人、被告人关系的证明材料,其他利害关系人应当提供证明其对违法所得及其他涉案财产主张权利的证据材料。

利害关系人可以委托诉讼代理人参加诉讼。委托律师担任诉讼代理人的,应当委托具有中华人民共和国律师资格并依法取得执业证书的律师;在境外委托的,应当依照本解释第四百八十六条的规定对授权委托进行公证、认证。

利害关系人在公告期满后申请参加诉讼,能够合理说明理由的,人民法院应当准许。

第六百一十八条 犯罪嫌疑人、被告人逃匿境外,委托诉讼代理人申请参加诉讼,且违法所得或者其他涉案财产所在国、地区主管机关明确提出意见予以支持的,人民法院可以准许。

人民法院准许参加诉讼的,犯罪嫌疑人、被告人的诉讼代理人依照本解释关于利害关系人的诉讼代理人的规定行使诉讼权利。

第六百一十九条 公告期满后,人民法院应当组成合议庭对申请没收违法所得的案件进行审理。

利害关系人申请参加或者委托诉讼代理人参加诉讼的,应当开庭审理。没有利害关系人申请参加诉讼的,或者利害关系人及其诉讼代理人无正当理由拒不到庭的,可以不开庭审理。

人民法院确定开庭日期后,应当将开庭的时间、地点通知人民检察院、利害关系人及其诉讼代理人、证人、鉴定人、翻译人员。通知书应当依照本解释第六百一十五条第二款、第三款规定的方式,至迟在开庭审理三日以前送达;受送达人在境外的,至迟在开庭审理三十日以前送达。

第六百二十条 开庭审理申请没收违法所得的案件,按照下列程序进行:

(一)审判长宣布法庭调查开始后,先由检察员宣读申请书,后由利害关系人、诉讼代理人发表意见；

（二）法庭应当依次就犯罪嫌疑人、被告人是否实施了贪污贿赂犯罪、恐怖活动犯罪等重大犯罪并已经通缉一年不能到案，或者是否已经死亡，以及申请没收的财产是否依法应当追缴进行调查；调查时，先由检察员出示证据，后由利害关系人、诉讼代理人出示证据，并进行质证；

（三）法庭辩论阶段，先由检察员发言，后由利害关系人、诉讼代理人发言，并进行辩论。

利害关系人接到通知后无正当理由拒不到庭，或者未经法庭许可中途退庭的，可以转为不开庭审理，但还有其他利害关系人参加诉讼的除外。

第六百二十一条 对申请没收违法所得的案件，人民法院审理后，应当按照下列情形分别处理：

（一）申请没收的财产属于违法所得及其他涉案财产的，除依法返还被害人的以外，应当裁定没收；

（二）不符合刑事诉讼法第二百九十八条第一款规定的条件的，应当裁定驳回申请，解除查封、扣押、冻结措施。

申请没收的财产具有高度可能属于违法所得及其他涉案财产的，应当认定为前款规定的“申请没收的财产属于违法所得及其他涉案财产”。巨额财产来源不明犯罪案件中，没有利害关系人对违法所得及其他涉案财产主张权利，或者利害关系人对违法所得及其他涉案财产虽然主张权利但提供的证据没有达到相应证明标准的，应当视为“申请没收的财产属于违法所得及其他涉案财产”。

第六百二十二条 对没收违法所得或者驳回申请的裁定，犯罪嫌疑人、被告人的近亲属和其他利害关系人或者人民检察院可以在五日以内提出上诉、抗诉。

第六百二十三条 对不服第一审没收违法所得或者驳回申请裁定的上诉、抗诉案件，第二审人民法院经审理，应当按照下列情形分别处理：

（一）第一审裁定认定事实清楚和适用法律正确的，应当驳回上诉或者抗诉，维持原裁定；

（二）第一审裁定认定事实清楚，但适用法律有错误的，应当改变原裁定；

（三）第一审裁定认定事实不清的，可以在查清事实后改变原裁定，也可以撤销原裁定，发回原审人民法院重新审判；

（四）第一审裁定违反法定诉讼程序，可能影响公正审判的，应当撤销原裁定，发回原审人民法院重新审判。

第一审人民法院对发回重新审判的案件作出裁定后，第二审人民法院对不服第一审人民法院裁定的上诉、抗诉，应当依法作出裁定，不得再发回原审人民法院重新审判；但是，第一审人民法院在重新审判过程中违反法定诉讼程序，可能影响公正审判的除外。

第六百二十四条　利害关系人非因故意或者重大过失在第一审期间未参加诉讼，在第二审期间申请参加诉讼的，人民法院应当准许，并撤销原裁定，发回原审人民法院重新审判。

第六百二十五条　在审理申请没收违法所得的案件过程中，在逃的犯罪嫌疑人、被告人到案的，人民法院应当裁定终止审理。人民检察院向原受理申请的人民法院提起公诉的，可以由同一审判组织审理。

第六百二十六条　在审理案件过程中，被告人脱逃或者死亡，符合刑事诉讼法第二百九十八条第一款规定的，人民检察院可以向人民法院提出没收违法所得的申请；符合刑事诉讼法第二百九十一条第一款规定的，人民检察院可以按照缺席审判程序向人民法院提起公诉。

人民检察院向原受理案件的人民法院提出没收违法所得申请的，可以由同一审判组织审理。

第六百二十七条　审理申请没收违法所得案件的期限，参照公诉案件第一审普通程序和第二审程序的审理期限执行。

公告期间和请求刑事司法协助的时间不计入审理期限。

第六百二十八条 没收违法所得裁定生效后,犯罪嫌疑人、被告人到案并对没收裁定提出异议,人民检察院向原作出裁定的人民法院提起公诉的,可以由同一审判组织审理。

人民法院经审理,应当按照下列情形分别处理:

(一)原裁定正确的,予以维持,不再对涉案财产作出判决;

(二)原裁定确有错误的,应当撤销原裁定,并在判决中对有关涉案财产一并作出处理。

人民法院生效的没收裁定确有错误的,除第一款规定的情形外,应当依照审判监督程序予以纠正。

第六百二十九条 人民法院审理申请没收违法所得的案件,本章没有规定的,参照适用本解释的有关规定。

第二十六章 依法不负刑事责任的精神病人的强制医疗程序

第六百三十条 实施暴力行为,危害公共安全或者严重危害公民人身安全,社会危害性已经达到犯罪程度,但经法定程序鉴定依法不负刑事责任的精神病人,有继续危害社会可能的,可以予以强制医疗。

第六百三十一条 人民检察院申请对依法不负刑事责任的精神病人强制医疗的案件,由被申请人实施暴力行为所在地的基层人民法院管辖;由被申请人居住地的人民法院审判更为适宜的,可以由被申请人居住地的基层人民法院管辖。

第六百三十二条 对人民检察院提出的强制医疗申请,人民法院应当审查以下内容:

(一)是否属于本院管辖;

(二)是否写明被申请人的身份,实施暴力行为的时间、地点、手段、所造成的损害等情况,并附证据材料;

(三)是否附有法医精神病鉴定意见和其他证明被申请人属于依法不负刑事责任的精神病人的证据材料;

(四)是否列明被申请人的法定代理人的姓名、住址、联系方式;

(五)需要审查的其他事项。

第六百三十三条 对人民检察院提出的强制医疗申请,人民法院应当在七日以内审查完毕,并按照下列情形分别处理:

(一)属于强制医疗程序受案范围和本院管辖,且材料齐全的,应当受理;

(二)不属于本院管辖的,应当退回人民检察院;

(三)材料不全的,应当通知人民检察院在三日以内补送;三日以内不能补送的,应当退回人民检察院。

第六百三十四条 审理强制医疗案件,应当通知被申请人或者被告人的法定代理人到场;被申请人或者被告人的法定代理人经通知未到场的,可以通知被申请人或者被告人的其他近亲属到场。

被申请人或者被告人没有委托诉讼代理人的,应当自受理强制医疗申请或者发现被告人符合强制医疗条件之日起三日以内,通知法律援助机构指派律师担任其诉讼代理人,为其提供法律帮助。

第六百三十五条 审理强制医疗案件,应当组成合议庭,开庭审理。但是,被申请人、被告人的法定代理人请求不开庭审理,并经人民法院审查同意的除外。

审理强制医疗案件,应当会见被申请人,听取被害人及其法定代理人的意见。

第六百三十六条 开庭审理申请强制医疗的案件,按照下列程序进行:

(一)审判长宣布法庭调查开始后,先由检察员宣读申请书,后由被申请人的法定代理人、诉讼代理人发表意见;

(二)法庭依次就被申请人是否实施了危害公共安全或者严重危害公民人身安全的暴力行为、是否属于依法不负刑事责任的精神病人、是否有继续危害社会的可能进行调查;调查时,先由检察员出示证据,后由被申请人的法定代理人、诉讼代理人出示证据,并进行质证;必要时,可以通知鉴定人出庭对鉴定意见作出说明;

（三）法庭辩论阶段，先由检察员发言，后由被申请人的法定代理人、诉讼代理人发言，并进行辩论。

被申请人要求出庭，人民法院经审查其身体和精神状态，认为可以出庭的，应当准许。出庭的被申请人，在法庭调查、辩论阶段，可以发表意见。

检察员宣读申请书后，被申请人的法定代理人、诉讼代理人无异议的，法庭调查可以简化。

第六百三十七条 对申请强制医疗的案件，人民法院审理后，应当按照下列情形分别处理：

（一）符合刑事诉讼法第三百零二条规定的强制医疗条件的，应当作出对被申请人强制医疗的决定；

（二）被申请人属于依法不负刑事责任的精神病人，但不符合强制医疗条件的，应当作出驳回强制医疗申请的决定；被申请人已经造成危害结果的，应当同时责令其家属或者监护人严加看管和医疗；

（三）被申请人具有完全或者部分刑事责任能力，依法应当追究刑事责任的，应当作出驳回强制医疗申请的决定，并退回人民检察院依法处理。

第六百三十八条 第一审人民法院在审理刑事案件过程中，发现被告人可能符合强制医疗条件的，应当依照法定程序对被告人进行法医精神病鉴定。经鉴定，被告人属于依法不负刑事责任的精神病人的，应当适用强制医疗程序，对案件进行审理。

开庭审理前款规定的案件，应当先由合议庭组成人员宣读对被告人的法医精神病鉴定意见，说明被告人可能符合强制医疗的条件，后依次由公诉人和被告人的法定代理人、诉讼代理人发表意见。经审判长许可，公诉人和被告人的法定代理人、诉讼代理人可以进行辩论。

第六百三十九条 对前条规定的案件，人民法院审理后，应当按照下列情形分别处理：

（一）被告人符合强制医疗条件的，应当判决宣告被告人不负刑

事责任,同时作出对被告人强制医疗的决定;

(二)被告人属于依法不负刑事责任的精神病人,但不符合强制医疗条件的,应当判决宣告被告人无罪或者不负刑事责任;被告人已经造成危害结果的,应当同时责令其家属或者监护人严加看管和医疗;

(三)被告人具有完全或者部分刑事责任能力,依法应当追究刑事责任的,应当依照普通程序继续审理。

第六百四十条 第二审人民法院在审理刑事案件过程中,发现被告人可能符合强制医疗条件的,可以依照强制医疗程序对案件作出处理,也可以裁定发回原审人民法院重新审判。

第六百四十一条 人民法院决定强制医疗的,应当在作出决定后五日以内,向公安机关送达强制医疗决定书和强制医疗执行通知书,由公安机关将被决定强制医疗的人送交强制医疗。

第六百四十二条 被决定强制医疗的人、被害人及其法定代理人、近亲属对强制医疗决定不服的,可以自收到决定书第二日起五日以内向上一级人民法院申请复议。复议期间不停止执行强制医疗的决定。

第六百四十三条 对不服强制医疗决定的复议申请,上一级人民法院应当组成合议庭审理,并在一个月以内,按照下列情形分别作出复议决定:

(一)被决定强制医疗的人符合强制医疗条件的,应当驳回复议申请,维持原决定;

(二)被决定强制医疗的人不符合强制医疗条件的,应当撤销原决定;

(三)原审违反法定诉讼程序,可能影响公正审判的,应当撤销原决定,发回原审人民法院重新审判。

第六百四十四条 对本解释第六百三十九条第一项规定的判决、决定,人民检察院提出抗诉,同时被决定强制医疗的人、被害人及其法定代理人、近亲属申请复议的,上一级人民法院应当依照第二审程序一并处理。

第六百四十五条 被强制医疗的人及其近亲属申请解除强制医疗的，应当向决定强制医疗的人民法院提出。

被强制医疗的人及其近亲属提出的解除强制医疗申请被人民法院驳回，六个月后再次提出申请的，人民法院应当受理。

第六百四十六条 强制医疗机构提出解除强制医疗意见，或者被强制医疗的人及其近亲属申请解除强制医疗的，人民法院应当审查是否附有对被强制医疗的人的诊断评估报告。

强制医疗机构提出解除强制医疗意见，未附诊断评估报告的，人民法院应当要求其提供。

被强制医疗的人及其近亲属向人民法院申请解除强制医疗，强制医疗机构未提供诊断评估报告的，申请人可以申请人民法院调取。必要时，人民法院可以委托鉴定机构对被强制医疗的人进行鉴定。

第六百四十七条 强制医疗机构提出解除强制医疗意见，或者被强制医疗的人及其近亲属申请解除强制医疗的，人民法院应当组成合议庭进行审查，并在一个月以内，按照下列情形分别处理：

（一）被强制医疗的人已不具有人身危险性，不需要继续强制医疗的，应当作出解除强制医疗的决定，并可责令被强制医疗的人的家属严加看管和医疗；

（二）被强制医疗的人仍具有人身危险性，需要继续强制医疗的，应当作出继续强制医疗的决定。

对前款规定的案件，必要时，人民法院可以开庭审理，通知人民检察院派员出庭。

人民法院应当在作出决定后五日以内，将决定书送达强制医疗机构、申请解除强制医疗的人、被决定强制医疗的人和人民检察院。决定解除强制医疗的，应当通知强制医疗机构在收到决定书的当日解除强制医疗。

第六百四十八条 人民检察院认为强制医疗决定或者解除强制医疗决定不当，在收到决定书后二十日以内提出书面纠正意见的，人民法院应当另行组成合议庭审理,并在一个月以内作出决定。

第六百四十九条 审理强制医疗案件,本章没有规定的,参照适用本解释的有关规定。

第二十七章 附 则

第六百五十条 人民法院讯问被告人,宣告判决,审理减刑、假释案件等,可以根据情况采取视频方式。

第六百五十一条 向人民法院提出自诉、上诉、申诉、申请等的,应当以书面形式提出。书写有困难的,除另有规定的以外,可以口头提出,由人民法院工作人员制作笔录或者记录在案,并向口述人宣读或者交其阅读。

第六百五十二条 诉讼期间制作、形成的工作记录、告知笔录等材料,应当由制作人员和其他有关人员签名、盖章。宣告或者送达裁判文书、通知书等诉讼文书的,应当由接受宣告或者送达的人在诉讼文书、送达回证上签名、盖章。

诉讼参与人未签名、盖章的,应当捺指印;刑事被告人除签名、盖章外,还应当捺指印。

当事人拒绝签名、盖章、捺指印的,办案人员应当在诉讼文书或者笔录材料中注明情况,有见证人见证或者有录音录像证明的,不影响相关诉讼文书或者笔录材料的效力。

第六百五十三条 本解释的有关规定适用于军事法院等专门人民法院。

第六百五十四条 本解释有关公安机关的规定,依照刑事诉讼法的有关规定,适用于国家安全机关、军队保卫部门、中国海警局和监狱。

第六百五十五条 本解释自2021年3月1日起施行。最高人民法院2012年12月20日发布的《关于适用〈中华人民共和国刑事诉讼法〉的解释》(法释〔2012〕21号)同时废止。最高人民法院以前发布的司法解释和规范性文件,与本解释不一致的,以本解释为准。

人民检察院刑事诉讼规则

（2019 年 12 月 2 日最高人民检察院第十三届检察委员会第二十八次会议通过　2019 年 12 月 30 日发布　高检发释字〔2019〕4 号　自 2019 年 12 月 30 日起施行）

第一章　通　　则

第一条　为保证人民检察院在刑事诉讼中严格依照法定程序办案，正确履行职权，实现惩罚犯罪与保障人权的统一，根据《中华人民共和国刑事诉讼法》《中华人民共和国人民检察院组织法》和有关法律规定，结合人民检察院工作实际，制定本规则。

第二条　人民检察院在刑事诉讼中的任务，是立案侦查直接受理的案件、审查逮捕、审查起诉和提起公诉、对刑事诉讼实行法律监督，保证准确、及时查明犯罪事实，正确应用法律，惩罚犯罪分子，保障无罪的人不受刑事追究，保障刑事法律的统一正确实施，维护社会主义法制，尊重和保障人权，保护公民的人身权利、财产权利、民主权利和其他权利，保障社会主义建设事业的顺利进行。

第三条　人民检察院办理刑事案件，应当严格遵守《中华人民共和国刑事诉讼法》以及其他法律的有关规定，秉持客观公正的立场，尊重和保障人权，既要追诉犯罪，也要保障无罪的人不受刑事追究。

第四条　人民检察院办理刑事案件，由检察官、检察长、检察委员会在各自职权范围内对办案事项作出决定，并依照规定承担相应司法责任。

检察官在检察长领导下开展工作。重大办案事项，由检察长决定。检察长可以根据案件情况，提交检察委员会讨论决定。其他办案事项，检察长可以自行决定，也可以委托检察官决定。

本规则对应当由检察长或者检察委员会决定的重大办案事项有明确规定的,依照本规则的规定。本规则没有明确规定的,省级人民检察院可以制定有关规定,报最高人民检察院批准。

以人民检察院名义制发的法律文书,由检察长签发;属于检察官职权范围内决定事项的,检察长可以授权检察官签发。

重大、疑难、复杂或者有社会影响的案件,应当向检察长报告。

第五条 人民检察院办理刑事案件,根据案件情况,可以由一名检察官独任办理,也可以由两名以上检察官组成办案组办理。由检察官办案组办理的,检察长应当指定一名检察官担任主办检察官,组织、指挥办案组办理案件。

检察官办理案件,可以根据需要配备检察官助理、书记员、司法警察、检察技术人员等检察辅助人员。检察辅助人员依照法律规定承担相应的检察辅助事务。

第六条 人民检察院根据检察工作需要设置业务机构,在刑事诉讼中按照分工履行职责。

业务机构负责人对本部门的办案活动进行监督管理。需要报请检察长决定的事项和需要向检察长报告的案件,应当先由业务机构负责人审核。业务机构负责人可以主持召开检察官联席会议进行讨论,也可以直接报请检察长决定或者向检察长报告。

第七条 检察长不同意检察官处理意见的,可以要求检察官复核,也可以直接作出决定,或者提请检察委员会讨论决定。

检察官执行检察长决定时,认为决定错误的,应当书面提出意见。检察长不改变原决定的,检察官应当执行。

第八条 对同一刑事案件的审查逮捕、审查起诉、出庭支持公诉和立案监督、侦查监督、审判监督等工作,由同一检察官或者检察官办案组负责,但是审查逮捕、审查起诉由不同人民检察院管辖,或者依照法律、有关规定应当另行指派检察官或者检察官办案组办理的除外。

人民检察院履行审查逮捕和审查起诉职责的办案部门,本规则中统称为负责捕诉的部门。

第九条 最高人民检察院领导地方各级人民检察院和专门人民检察院的工作,上级人民检察院领导下级人民检察院的工作。检察长统一领导人民检察院的工作。

上级人民检察院可以依法统一调用辖区的检察人员办理案件,调用的决定应当以书面形式作出。被调用的检察官可以代表办理案件的人民检察院履行出庭支持公诉等各项检察职责。

第十条 上级人民检察院对下级人民检察院作出的决定,有权予以撤销或者变更;发现下级人民检察院办理的案件有错误的,有权指令下级人民检察院予以纠正。

下级人民检察院对上级人民检察院的决定应当执行。如果认为有错误的,应当在执行的同时向上级人民检察院报告。

第十一条 犯罪嫌疑人、被告人自愿如实供述自己的罪行,承认指控的犯罪事实,愿意接受处罚的,可以依法从宽处理。

认罪认罚从宽制度适用于所有刑事案件。人民检察院办理刑事案件的各个诉讼环节,都应当做好认罪认罚的相关工作。

第十二条 人民检察院办理刑事案件的活动依照规定接受人民监督员监督。

第二章 管 辖

第十三条 人民检察院在对诉讼活动实行法律监督中发现的司法工作人员利用职权实施的非法拘禁、刑讯逼供、非法搜查等侵犯公民权利、损害司法公正的犯罪,可以由人民检察院立案侦查。

对于公安机关管辖的国家机关工作人员利用职权实施的重大犯罪案件,需要由人民检察院直接受理的,经省级以上人民检察院决定,可以由人民检察院立案侦查。

第十四条 人民检察院办理直接受理侦查的案件,由设区的市级人民检察院立案侦查。基层人民检察院发现犯罪线索的,应当报设区的市级人民检察院决定立案侦查。

设区的市级人民检察院根据案件情况也可以将案件交由基层人民检察院立案侦查,或者要求基层人民检察院协助侦查。对于刑事执行派出检察院辖区内与刑事执行活动有关的犯罪线索,可以交由刑事执行派出检察院立案侦查。

最高人民检察院、省级人民检察院发现犯罪线索的,可以自行立案侦查,也可以将犯罪线索交由指定的省级人民检察院或者设区的市级人民检察院立案侦查。

第十五条 对本规则第十三条第二款规定的案件,人民检察院需要直接立案侦查的,应当层报省级人民检察院决定。

报请省级人民检察院决定立案侦查的案件,应当制作提请批准直接受理书,写明案件情况以及需要由人民检察院立案侦查的理由,并附有关材料。

省级人民检察院应当在收到提请批准直接受理书后十日以内作出是否立案侦查的决定。省级人民检察院可以决定由设区的市级人民检察院立案侦查,也可以自行立案侦查。

第十六条 上级人民检察院在必要的时候,可以直接立案侦查或者组织、指挥、参与侦查下级人民检察院管辖的案件。下级人民检察院认为案情重大、复杂,需要由上级人民检察院立案侦查的案件,可以请求移送上级人民检察院立案侦查。

第十七条 人民检察院办理直接受理侦查的案件,发现犯罪嫌疑人同时涉嫌监察机关管辖的职务犯罪线索的,应当及时与同级监察机关沟通。

经沟通,认为全案由监察机关管辖更为适宜的,人民检察院应当将案件和相应职务犯罪线索一并移送监察机关;认为由监察机关和人民检察院分别管辖更为适宜的,人民检察院应当将监察机关管辖的相应职务犯罪线索移送监察机关,对依法由人民检察院管辖的犯罪案件继续侦查。

人民检察院应当及时将沟通情况报告上一级人民检察院。沟通期间不得停止对案件的侦查。

第十八条 人民检察院办理直接受理侦查的案件涉及公安机关管辖的刑事案件,应当将属于公安机关管辖的刑事案件移送公安机关。如果涉嫌的主罪属于公安机关管辖,由公安机关为主侦查,人民检察院予以配合;如果涉嫌的主罪属于人民检察院管辖,由人民检察院为主侦查,公安机关予以配合。

对于一人犯数罪、共同犯罪、共同犯罪的犯罪嫌疑人还实施其他犯罪、多个犯罪嫌疑人实施的犯罪存在关联,并案处理有利于查明案件事实和诉讼进行的,人民检察院可以在职责范围内对相关犯罪案件并案处理。

第十九条 本规则第十三条规定的案件,由犯罪嫌疑人工作单位所在地的人民检察院管辖。如果由其他人民检察院管辖更为适宜的,可以由其他人民检察院管辖。

第二十条 对管辖不明确的案件,可以由有关人民检察院协商确定管辖。

第二十一条 几个人民检察院都有权管辖的案件,由最初受理的人民检察院管辖。必要时,可以由主要犯罪地的人民检察院管辖。

第二十二条 对于下列案件,上级人民检察院可以指定管辖:

(一)管辖有争议的案件;

(二)需要改变管辖的案件;

(三)需要集中管辖的特定类型的案件;

(四)其他需要指定管辖的案件。

对前款案件的审查起诉指定管辖的,人民检察院应当与相应的人民法院协商一致。对前款第三项案件的审查逮捕指定管辖的,人民检察院应当与相应的公安机关协商一致。

第二十三条 军事检察院等专门人民检察院的管辖以及军队与地方互涉刑事案件的管辖,按照有关规定执行。

第三章 回 避

第二十四条 检察人员在受理举报和办理案件过程中,发现有刑事诉讼法第二十九条或者第三十条规定的情形之一的,应当自行提出回避;没有自行提出回避的,人民检察院应当决定其回避,当事人及其法定代理人有权要求其回避。

第二十五条 检察人员自行回避的,应当书面或者口头提出,并说明理由。口头提出的,应当记录在案。

第二十六条 人民检察院应当告知当事人及其法定代理人有依法申请回避的权利,并告知办理相关案件的检察人员、书记员等人员的姓名、职务等有关情况。

第二十七条 当事人及其法定代理人要求检察人员回避的,应当书面或者口头向人民检察院提出,并说明理由。口头提出的,应当记录在案。根据刑事诉讼法第三十条的规定要求检察人员回避的,应当提供有关证明材料。

人民检察院经过审查或者调查,认为检察人员符合回避条件的,应当作出回避决定;不符合回避条件的,应当驳回申请。

第二十八条 在开庭审理过程中,当事人及其法定代理人向法庭申请出庭的检察人员回避的,在收到人民法院通知后,人民检察院应当作出回避或者驳回申请的决定。不属于刑事诉讼法第二十九条、第三十条规定情形的回避申请,出席法庭的检察人员应当建议法庭当庭驳回。

第二十九条 检察长的回避,由检察委员会讨论决定。检察委员会讨论检察长回避问题时,由副检察长主持,检察长不得参加。

其他检察人员的回避,由检察长决定。

第三十条 当事人及其法定代理人要求公安机关负责人回避,向同级人民检察院提出,或者向公安机关提出后,公安机关移送同级人民检察院的,由检察长提交检察委员会讨论决定。

第三十一条 检察长应当回避,本人没有自行回避,当事人及其法定代理人也没有申请其回避的,检察委员会应当决定其回避。

其他检察人员有前款规定情形的,检察长应当决定其回避。

第三十二条 人民检察院作出驳回申请回避的决定后,应当告知当事人及其法定代理人如不服本决定,有权在收到驳回申请回避的决定书后五日以内向原决定机关申请复议一次。

第三十三条 当事人及其法定代理人对驳回申请回避的决定不服申请复议的,决定机关应当在三日以内作出复议决定并书面通知申请人。

第三十四条 对人民检察院直接受理的案件进行侦查的人员或者进行补充侦查的人员在回避决定作出以前和复议期间,不得停止对案件的侦查。

第三十五条 参加过同一案件侦查的人员,不得承办该案的审查逮捕、审查起诉、出庭支持公诉和诉讼监督工作,但在审查起诉阶段参加自行补充侦查的人员除外。

第三十六条 被决定回避的检察长在回避决定作出以前所取得的证据和进行的诉讼行为是否有效,由检察委员会根据案件具体情况决定。

被决定回避的其他检察人员在回避决定作出以前所取得的证据和进行的诉讼行为是否有效,由检察长根据案件具体情况决定。

被决定回避的公安机关负责人在回避决定作出以前所进行的诉讼行为是否有效,由作出决定的人民检察院检察委员会根据案件具体情况决定。

第三十七条 本规则关于回避的规定,适用于书记员、司法警察和人民检察院聘请或者指派的翻译人员、鉴定人。

书记员、司法警察和人民检察院聘请或者指派的翻译人员、鉴定人的回避由检察长决定。

辩护人、诉讼代理人可以依照刑事诉讼法及本规则关于回避的规定要求回避、申请复议。

第四章 辩护与代理

第三十八条 人民检察院在办案过程中,应当依法保障犯罪嫌疑人行使辩护权利。

第三十九条 辩护人、诉讼代理人向人民检察院提出有关申请、要求或者提交有关书面材料的,负责案件管理的部门应当接收并及时移送办案部门或者与办案部门联系,具体业务由办案部门负责办理,本规则另有规定的除外。

第四十条 人民检察院负责侦查的部门在第一次讯问犯罪嫌疑人或者对其采取强制措施时,应当告知犯罪嫌疑人有权委托辩护人,并告知其如果因经济困难或者其他原因没有委托辩护人的,可以申请法律援助。属于刑事诉讼法第三十五条规定情形的,应当告知犯罪嫌疑人有权获得法律援助。

人民检察院自收到移送起诉案卷材料之日起三日以内,应当告知犯罪嫌疑人有权委托辩护人,并告知其如果因经济困难或者其他原因没有委托辩护人的,可以申请法律援助。属于刑事诉讼法第三十五条规定情形的,应当告知犯罪嫌疑人有权获得法律援助。

当面口头告知的,应当记入笔录,由被告知人签名;电话告知的,应当记录在案;书面告知的,应当将送达回执入卷。

第四十一条 在押或者被指定居所监视居住的犯罪嫌疑人向人民检察院提出委托辩护人要求的,人民检察院应当及时向其监护人、近亲属或者其指定的人员转达要求,并记录在案。

第四十二条 人民检察院办理直接受理侦查案件和审查起诉案件,发现犯罪嫌疑人是盲、聋、哑人或者是尚未完全丧失辨认或者控制自己行为能力的精神病人,或者可能被判处无期徒刑、死刑,没有委托辩护人的,应当自发现之日起三日以内书面通知法律援助机构指派律师为其提供辩护。

第四十三条 人民检察院收到在押或者被指定居所监视居住的犯罪嫌疑人提出的法律援助申请,应当在二十四小时以内将申请材料转交法律援助机构,并通知犯罪嫌疑人的监护人、近亲属或者其委托的其他人员协助提供有关证件、证明等材料。

第四十四条 属于应当提供法律援助的情形,犯罪嫌疑人拒绝法律援助机构指派的律师作为辩护人的,人民检察院应当查明拒绝的原因。有正当理由的，予以准许，但犯罪嫌疑人需另行委托辩护人；犯罪嫌疑人未另行委托辩护人的，应当书面通知法律援助机构另行指派律师为其提供辩护。

第四十五条 辩护人接受委托后告知人民检察院，或者法律援助机构指派律师后通知人民检察院的，人民检察院负责案件管理的部门应当及时登记辩护人的相关信息，并将有关情况和材料及时通知、移交办案部门。

负责案件管理的部门对办理业务的辩护律师，应当查验其律师执业证书、律师事务所证明和授权委托书或者法律援助公函。对其他辩护人、诉讼代理人，应当查验其身份证明和授权委托书。

第四十六条 人民检察院负责案件管理的部门应当依照法律规定对辩护人、诉讼代理人的资格进行审查，办案部门应当予以协助。

第四十七条 自人民检察院对案件审查起诉之日起，应当允许辩护律师查阅、摘抄、复制本案的案卷材料。案卷材料包括案件的诉讼文书和证据材料。

人民检察院直接受理侦查案件移送起诉，审查起诉案件退回补充侦查、改变管辖、提起公诉的，应当及时告知辩护律师。

第四十八条 自人民检察院对案件审查起诉之日起，律师以外的辩护人向人民检察院申请查阅、摘抄、复制本案的案卷材料或者申请同在押、被监视居住的犯罪嫌疑人会见和通信的，由人民检察院负责捕诉的部门进行审查并作出是否许可的决定，在三日以内书面通知申请人。

人民检察院许可律师以外的辩护人同在押或者被监视居住的犯罪嫌疑人通信的，可以要求看守所或者公安机关将书信送交人民检察院进行检查。

律师以外的辩护人申请查阅、摘抄、复制案卷材料或者申请同在押、被监视居住的犯罪嫌疑人会见和通信，具有下列情形之一的，人民检察院可以不予许可：

（一）同案犯罪嫌疑人在逃的；

（二）案件事实不清，证据不足，或者遗漏罪行、遗漏同案犯罪嫌疑人需要补充侦查的；

（三）涉及国家秘密或者商业秘密的；

（四）有事实表明存在串供、毁灭、伪造证据或者危害证人人身安全可能的。

第四十九条 辩护律师或者经过许可的其他辩护人到人民检察院查阅、摘抄、复制本案的案卷材料，由负责案件管理的部门及时安排，由办案部门提供案卷材料。因办案部门工作等原因无法及时安排的，应当向辩护人说明，并自即日起三个工作日以内安排辩护人阅卷，办案部门应当予以配合。

人民检察院应当为辩护人查阅、摘抄、复制案卷材料设置专门的场所或者电子卷宗阅卷终端设备。必要时，人民检察院可以派员在场协助。

辩护人复制案卷材料可以采取复印、拍照、扫描、刻录等方式，人民检察院不收取费用。

第五十条 案件提请批准逮捕或者移送起诉后，辩护人认为公安机关在侦查期间收集的证明犯罪嫌疑人无罪或者罪轻的证据材料未提交，申请人民检察院向公安机关调取的，人民检察院负责捕诉的部门应当及时审查。经审查，认为辩护人申请调取的证据已收集并且与案件事实有联系的，应当予以调取；认为辩护人申请调取的证据未收集或者与案件事实没有联系的，应当决定不予调取并向辩护人说明理由。公安机关移送相关证据材料的，人民检察院应当在三日以内告知辩护人。

人民检察院办理直接受理侦查的案件，适用前款规定。

第五十一条 在人民检察院侦查、审查逮捕、审查起诉过程中，辩护人收集的有关犯罪嫌疑人不在犯罪现场、未达到刑事责任年龄、属于依法不负刑事责任的精神病人的证据，告知人民检察院的，人民检察院应当及时审查。

第五十二条 案件移送起诉后，辩护律师依据刑事诉讼法第四十三条第一款的规定申请人民检察院收集、调取证据的,人民检察院负责捕诉的部门应当及时审查。经审查,认为需要收集、调取证据的,应当决定收集、调取并制作笔录附卷;决定不予收集、调取的,应当书面说明理由。

人民检察院根据辩护律师的申请收集、调取证据时,辩护律师可以在场。

第五十三条 辩护律师申请人民检察院许可其向被害人或者其近亲属、被害人提供的证人收集与本案有关材料的,人民检察院负责捕诉的部门应当及时进行审查。人民检察院应当在五日以内作出是否许可的决定,通知辩护律师;不予许可的,应当书面说明理由。

第五十四条 在人民检察院侦查、审查逮捕、审查起诉过程中,辩护人要求听取其意见的,办案部门应当及时安排。辩护人提出书面意见的,办案部门应当接收并登记。

听取辩护人意见应当制作笔录或者记录在案,辩护人提出的书面意见应当附卷。

辩护人提交案件相关材料的,办案部门应当将辩护人提交材料的目的、来源及内容等情况记录在案,一并附卷。

第五十五条 人民检察院自收到移送起诉案卷材料之日起三日以内,应当告知被害人及其法定代理人或者其近亲属、附带民事诉讼的当事人及其法定代理人有权委托诉讼代理人。被害人及其法定代理人、近亲属因经济困难没有委托诉讼代理人的,应当告知其可以申请法律援助。

当面口头告知的,应当记入笔录,由被告知人签名;电话告知的,应当记录在案;书面告知的,应当将送达回执入卷。被害人众多或者不确定,无法以上述方式逐一告知的,可以公告告知。无法告知的,应当记录在案。

被害人有法定代理人的,应当告知其法定代理人;没有法定代理人的,应当告知其近亲属。

法定代理人或者近亲属为二人以上的,可以告知其中一人。告知时应当按照刑事诉讼法第一百零八条第三项、第六项列举的顺序择先进行。

当事人及其法定代理人、近亲属委托诉讼代理人的,参照刑事诉讼法第三十三条等法律规定执行。

第五十六条 经人民检察院许可,诉讼代理人查阅、摘抄、复制本案案卷材料的,参照本规则第四十九条的规定办理。

律师担任诉讼代理人,需要申请人民检察院收集、调取证据的,参照本规则第五十二条的规定办理。

第五十七条 辩护人、诉讼代理人认为公安机关、人民检察院、人民法院及其工作人员具有下列阻碍其依法行使诉讼权利行为之一,向同级或者上一级人民检察院申诉或者控告的,人民检察院负责控告申诉检察的部门应当接受并依法办理,其他办案部门应当予以配合:

(一)违反规定,对辩护人、诉讼代理人提出的回避要求不予受理或者对不予回避决定不服的复议申请不予受理的;

(二)未依法告知犯罪嫌疑人、被告人有权委托辩护人的;

(三)未转达在押或者被监视居住的犯罪嫌疑人、被告人委托辩护人的要求或者未转交其申请法律援助材料的;

(四)应当通知而不通知法律援助机构为符合条件的犯罪嫌疑人、被告人或者被申请强制医疗的人指派律师提供辩护或者法律援助的;

(五)在规定时间内不受理、不答复辩护人提出的变更强制措施申请或者解除强制措施要求的;

(六)未依法告知辩护律师犯罪嫌疑人涉嫌的罪名和案件有关情况的;

(七)违法限制辩护律师同在押、被监视居住的犯罪嫌疑人、被告人会见和通信的;

(八)违法不允许辩护律师查阅、摘抄、复制本案的案卷材料的;

(九)违法限制辩护律师收集、核实有关证据材料的;

（十）没有正当理由不同意辩护律师收集、调取证据或者通知证人出庭作证的申请，或者不答复、不说明理由的；

（十一）未依法提交证明犯罪嫌疑人、被告人无罪或者罪轻的证据材料的；

（十二）未依法听取辩护人、诉讼代理人意见的；

（十三）未依法将开庭的时间、地点及时通知辩护人、诉讼代理人的；

（十四）未依法向辩护人、诉讼代理人及时送达本案的法律文书或者及时告知案件移送情况的；

（十五）阻碍辩护人、诉讼代理人在法庭审理过程中依法行使诉讼权利的；

（十六）其他阻碍辩护人、诉讼代理人依法行使诉讼权利的。

对于直接向上一级人民检察院申诉或者控告的，上一级人民检察院可以交下级人民检察院办理，也可以直接办理。

辩护人、诉讼代理人认为看守所及其工作人员有阻碍其依法行使诉讼权利的行为，向人民检察院申诉或者控告的，由负责刑事执行检察的部门接受并依法办理；其他办案部门收到申诉或者控告的，应当及时移送负责刑事执行检察的部门。

第五十八条 辩护人、诉讼代理人认为其依法行使诉讼权利受到阻碍向人民检察院申诉或者控告的，人民检察院应当及时受理并调查核实，在十日以内办结并书面答复。情况属实的，通知有关机关或者本院有关部门、下级人民检察院予以纠正。

第五十九条 辩护律师告知人民检察院其委托人或者其他人员准备实施、正在实施危害国家安全、危害公共安全以及严重危及他人人身安全犯罪的，人民检察院应当接受并立即移送有关机关依法处理。

人民检察院应当为反映情况的辩护律师保密。

第六十条 人民检察院发现辩护人有帮助犯罪嫌疑人、被告人隐匿、毁灭、伪造证据、串供，或者威胁、引诱证人作伪证以及其他干扰司法机关诉讼活动的行为，可能涉嫌犯罪的，应当将涉嫌犯罪的线索或者证据材料移送有管辖权的机关依法处理。

人民检察院发现辩护律师在刑事诉讼中违反法律、法规或者执业纪律的，应当及时向其所在的律师事务所、所属的律师协会以及司法行政机关通报。

第五章　证　　据

第六十一条　人民检察院认定案件事实，应当以证据为根据。

公诉案件中被告人有罪的举证责任由人民检察院承担。人民检察院在提起公诉指控犯罪时，应当提出确实、充分的证据，并运用证据加以证明。

人民检察院提起公诉，应当秉持客观公正立场，对被告人有罪、罪重、罪轻的证据都应当向人民法院提出。

第六十二条　证据的审查认定，应当结合案件的具体情况，从证据与待证事实的关联程度、各证据之间的联系、是否依照法定程序收集等方面进行综合审查判断。

第六十三条　人民检察院侦查终结或者提起公诉的案件，证据应当确实、充分。证据确实、充分，应当符合以下条件：

（一）定罪量刑的事实都有证据证明；

（二）据以定案的证据均经法定程序查证属实；

（三）综合全案证据，对所认定事实已排除合理怀疑。

第六十四条　行政机关在行政执法和查办案件过程中收集的物证、书证、视听资料、电子数据等证据材料，经人民检察院审查符合法定要求的，可以作为证据使用。

行政机关在行政执法和查办案件过程中收集的鉴定意见、勘验、检查笔录，经人民检察院审查符合法定要求的，可以作为证据使用。

第六十五条　监察机关依照法律规定收集的物证、书证、证人证言、被调查人供述和辩解、视听资料、电子数据等证据材料，在刑事诉讼中可以作为证据使用。

第六十六条 对采用刑讯逼供等非法方法收集的犯罪嫌疑人供述和采用暴力、威胁等非法方法收集的证人证言、被害人陈述,应当依法排除,不得作为移送审查逮捕、批准或者决定逮捕、移送起诉以及提起公诉的依据。

第六十七条 对采用下列方法收集的犯罪嫌疑人供述,应当予以排除:

(一)采用殴打、违法使用戒具等暴力方法或者变相肉刑的恶劣手段,使犯罪嫌疑人遭受难以忍受的痛苦而违背意愿作出的供述;

(二)采用以暴力或者严重损害本人及其近亲属合法权益等进行威胁的方法,使犯罪嫌疑人遭受难以忍受的痛苦而违背意愿作出的供述;

(三)采用非法拘禁等非法限制人身自由的方法收集的供述。

第六十八条 对采用刑讯逼供方法使犯罪嫌疑人作出供述,之后犯罪嫌疑人受该刑讯逼供行为影响而作出的与该供述相同的重复性供述,应当一并排除,但下列情形除外:

(一)侦查期间,根据控告、举报或者自己发现等,公安机关确认或者不能排除以非法方法收集证据而更换侦查人员,其他侦查人员再次讯问时告知诉讼权利和认罪认罚的法律规定,犯罪嫌疑人自愿供述的;

(二)审查逮捕、审查起诉期间,检察人员讯问时告知诉讼权利和认罪认罚的法律规定,犯罪嫌疑人自愿供述的。

第六十九条 采用暴力、威胁以及非法限制人身自由等非法方法收集的证人证言、被害人陈述,应当予以排除。

第七十条 收集物证、书证不符合法定程序,可能严重影响司法公正的,人民检察院应当及时要求公安机关补正或者作出书面解释;不能补正或者无法作出合理解释的,对该证据应当予以排除。

对公安机关的补正或者解释,人民检察院应当予以审查。经补正或者作出合理解释的,可以作为批准或者决定逮捕、提起公诉的依据。

第七十一条 对重大案件,人民检察院驻看守所检察人员在侦查终结前应当对讯问合法性进行核查并全程同步录音、录像,核查情况应当及时通知本院负责捕诉的部门。

负责捕诉的部门认为确有刑讯逼供等非法取证情形的,应当要求公安机关依法排除非法证据,不得作为提请批准逮捕、移送起诉的依据。

第七十二条 人民检察院发现侦查人员以非法方法收集证据的,应当及时进行调查核实。

当事人及其辩护人或者值班律师、诉讼代理人报案、控告、举报侦查人员采用刑讯逼供等非法方法收集证据,并提供涉嫌非法取证的人员、时间、地点、方式和内容等材料或者线索的,人民检察院应当受理并进行审查。根据现有材料无法证明证据收集合法性的,应当及时进行调查核实。

上一级人民检察院接到对侦查人员采用刑讯逼供等非法方法收集证据的报案、控告、举报,可以直接进行调查核实,也可以交由下级人民检察院调查核实。交由下级人民检察院调查核实的,下级人民检察院应当及时将调查结果报告上一级人民检察院。

人民检察院决定调查核实的,应当及时通知公安机关。

第七十三条 人民检察院经审查认定存在非法取证行为的,对该证据应当予以排除,其他证据不能证明犯罪嫌疑人实施犯罪行为的,应当不批准或者决定逮捕。已经移送起诉的,可以依法将案件退回监察机关补充调查或者退回公安机关补充侦查,或者作出不起诉决定。被排除的非法证据应当随案移送,并写明为依法排除的非法证据。

对于侦查人员的非法取证行为,尚未构成犯罪的,应当依法向其所在机关提出纠正意见。对于需要补正或者作出合理解释的,应当提出明确要求。

对于非法取证行为涉嫌犯罪需要追究刑事责任的,应当依法立案侦查。

第七十四条 人民检察院认为可能存在以刑讯逼供等非法方法收集证据情形的，可以书面要求监察机关或者公安机关对证据收集的合法性作出说明。说明应当加盖单位公章，并由调查人员或者侦查人员签名。

第七十五条 对于公安机关立案侦查的案件，存在下列情形之一的，人民检察院在审查逮捕、审查起诉和审判阶段，可以调取公安机关讯问犯罪嫌疑人的录音、录像，对证据收集的合法性以及犯罪嫌疑人、被告人供述的真实性进行审查：

（一）认为讯问活动可能存在刑讯逼供等非法取证行为的；

（二）犯罪嫌疑人、被告人或者辩护人提出犯罪嫌疑人、被告人供述系非法取得，并提供相关线索或者材料的；

（三）犯罪嫌疑人、被告人提出讯问活动违反法定程序或者翻供，并提供相关线索或者材料的；

（四）犯罪嫌疑人、被告人或者辩护人提出讯问笔录内容不真实，并提供相关线索或者材料的；

（五）案情重大、疑难、复杂的。

人民检察院调取公安机关讯问犯罪嫌疑人的录音、录像，公安机关未提供，人民检察院经审查认为不能排除有刑讯逼供等非法取证行为的，相关供述不得作为批准逮捕、提起公诉的依据。

人民检察院直接受理侦查的案件，负责侦查的部门移送审查逮捕、移送起诉时，应当将讯问录音、录像连同案卷材料一并移送审查。

第七十六条 对于提起公诉的案件，被告人及其辩护人提出审前供述系非法取得，并提供相关线索或者材料的，人民检察院可以将讯问录音、录像连同案卷材料一并移送人民法院。

第七十七条 在法庭审理过程中，被告人或者辩护人对讯问活动合法性提出异议，公诉人可以要求被告人及其辩护人提供相关线索或者材料。必要时，公诉人可以提请法庭当庭播放相关时段的讯问录音、录像，对有关异议或者事实进行质证。

需要播放的讯问录音、录像中涉及国家秘密、商业秘密、个人隐私或者含有其他不宜公开内容的，公诉人应当建议在法庭组成人员、公诉人、侦查人员、被告人及其辩护人范围内播放。因涉及国家秘密、商业秘密、个人隐私或者其他犯罪线索等内容，人民检察院对讯问录音、录像的相关内容进行技术处理的，公诉人应当向法庭作出说明。

第七十八条 人民检察院认为第一审人民法院有关证据收集合法性的审查、调查结论导致第一审判决、裁定错误的，可以依照刑事诉讼法第二百二十八条的规定向人民法院提出抗诉。

第七十九条 人民检察院在办理危害国家安全犯罪、恐怖活动犯罪、黑社会性质的组织犯罪、毒品犯罪等案件过程中，证人、鉴定人、被害人因在诉讼中作证，本人或者其近亲属人身安全面临危险，向人民检察院请求保护的，人民检察院应当受理并及时进行审查。对于确实存在人身安全危险的，应当立即采取必要的保护措施。人民检察院发现存在上述情形的，应当主动采取保护措施。

人民检察院可以采取以下一项或者多项保护措施：

（一）不公开真实姓名、住址和工作单位等个人信息；

（二）建议法庭采取不暴露外貌、真实声音等出庭作证措施；

（三）禁止特定的人员接触证人、鉴定人、被害人及其近亲属；

（四）对人身和住宅采取专门性保护措施；

（五）其他必要的保护措施。

人民检察院依法决定不公开证人、鉴定人、被害人的真实姓名、住址和工作单位等个人信息的，可以在起诉书、询问笔录等法律文书、证据材料中使用化名。但是应当另行书面说明使用化名的情况并标明密级，单独成卷。

人民检察院依法采取保护措施，可以要求有关单位和个人予以配合。

对证人及其近亲属进行威胁、侮辱、殴打或者打击报复，构成犯罪或者应当给予治安管理处罚的，人民检察院应当移送公安机关处理；情节轻微的，予以批评教育、训诫。

第八十条 证人在人民检察院侦查、审查逮捕、审查起诉期间因履行作证义务而支出的交通、住宿、就餐等费用，人民检察院应当给予补助。

第六章 强制措施

第一节 拘 传

第八十一条 人民检察院根据案件情况，对犯罪嫌疑人可以拘传。

第八十二条 拘传时，应当向被拘传的犯罪嫌疑人出示拘传证。对抗拒拘传的，可以使用戒具，强制到案。

执行拘传的人员不得少于二人。

第八十三条 拘传的时间从犯罪嫌疑人到案时开始计算。犯罪嫌疑人到案后，应当责令其在拘传证上填写到案时间，签名或者盖章，并捺指印，然后立即讯问。拘传结束后，应当责令犯罪嫌疑人在拘传证上填写拘传结束时间。犯罪嫌疑人拒绝填写的，应当在拘传证上注明。

一次拘传持续的时间不得超过十二小时；案情特别重大、复杂，需要采取拘留、逮捕措施的，拘传持续的时间不得超过二十四小时。两次拘传间隔的时间一般不得少于十二小时，不得以连续拘传的方式变相拘禁犯罪嫌疑人。

拘传犯罪嫌疑人，应当保证犯罪嫌疑人的饮食和必要的休息时间。

第八十四条 人民检察院拘传犯罪嫌疑人，应当在犯罪嫌疑人所在市、县内的地点进行。

犯罪嫌疑人工作单位与居住地不在同一市、县的，拘传应当在犯罪嫌疑人工作单位所在的市、县内进行；特殊情况下，也可以在犯罪嫌疑人居住地所在的市、县内进行。

第八十五条 需要对被拘传的犯罪嫌疑人变更强制措施的，应当在拘传期限内办理变更手续。

在拘传期间决定不采取其他强制措施的，拘传期限届满，应当结束拘传。

第二节　取保候审

第八十六条　人民检察院对于具有下列情形之一的犯罪嫌疑人，可以取保候审：

（一）可能判处管制、拘役或者独立适用附加刑的；

（二）可能判处有期徒刑以上刑罚，采取取保候审不致发生社会危险性的；

（三）患有严重疾病、生活不能自理，怀孕或者正在哺乳自己婴儿的妇女，采取取保候审不致发生社会危险性的；

（四）羁押期限届满，案件尚未办结，需要采取取保候审的。

第八十七条　人民检察院对于严重危害社会治安的犯罪嫌疑人，以及其他犯罪性质恶劣、情节严重的犯罪嫌疑人不得取保候审。

第八十八条　被羁押或者监视居住的犯罪嫌疑人及其法定代理人、近亲属或者辩护人向人民检察院申请取保候审，人民检察院应当在三日以内作出是否同意的答复。经审查符合本规则第八十六条规定情形之一的，可以对被羁押或者监视居住的犯罪嫌疑人依法办理取保候审手续。经审查不符合取保候审条件的，应当告知申请人，并说明不同意取保候审的理由。

第八十九条　人民检察院决定对犯罪嫌疑人取保候审，应当责令犯罪嫌疑人提出保证人或者交纳保证金。

对同一犯罪嫌疑人决定取保候审，不得同时使用保证人保证和保证金保证方式。

对符合取保候审条件，具有下列情形之一的犯罪嫌疑人，人民检察院决定取保候审时，可以责令其提供一至二名保证人：

（一）无力交纳保证金的；

（二）系未成年人或者已满七十五周岁的人；

（三）其他不宜收取保证金的。

第九十条 采取保证人保证方式的,保证人应当符合刑事诉讼法第六十九条规定的条件,并经人民检察院审查同意。

第九十一条 人民检察院应当告知保证人履行以下义务:

(一)监督被保证人遵守刑事诉讼法第七十一条的规定;

(二)发现被保证人可能发生或者已经发生违反刑事诉讼法第七十一条规定的行为的,及时向执行机关报告。

保证人保证承担上述义务后,应当在取保候审保证书上签名或者盖章。

第九十二条 采取保证金保证方式的,人民检察院可以根据犯罪嫌疑人的社会危险性,案件的性质、情节,可能判处刑罚的轻重,犯罪嫌疑人的经济状况等,责令犯罪嫌疑人交纳一千元以上的保证金。对于未成年犯罪嫌疑人,可以责令交纳五百元以上的保证金。

第九十三条 人民检察院决定对犯罪嫌疑人取保候审的,应当制作取保候审决定书,载明取保候审开始的时间、保证方式、被取保候审人应当履行的义务和应当遵守的规定。

人民检察院作出取保候审决定时,可以根据犯罪嫌疑人涉嫌犯罪的性质、危害后果、社会影响,犯罪嫌疑人、被害人的具体情况等,有针对性地责令其遵守以下一项或者多项规定:

(一)不得进入特定的场所;

(二)不得与特定的人员会见或者通信;

(三)不得从事特定的活动;

(四)将护照等出入境证件、驾驶证件交执行机关保存。

第九十四条 人民检察院应当向取保候审的犯罪嫌疑人宣读取保候审决定书,由犯罪嫌疑人签名或者盖章,并捺指印,责令犯罪嫌疑人遵守刑事诉讼法第七十一条的规定,告知其违反规定应负的法律责任。以保证金方式保证的,应当同时告知犯罪嫌疑人一次性将保证金存入公安机关指定银行的专门账户。

第九十五条 向犯罪嫌疑人宣布取保候审决定后,人民检察院应当将执行取保候审通知书送达公安机关执行,并告知公安机关在执行期间拟批准犯罪嫌疑人离开所居住的市、县的，应当事先征得人民检察院同意。以保证人方式保证的，应当将取保候审保证书同时送交公安机关。

人民检察院核实保证金已经交纳到公安机关指定银行的凭证后，应当将银行出具的凭证及其他有关材料与执行取保候审通知书一并送交公安机关。

第九十六条 采取保证人保证方式的，如果保证人在取保候审期间不愿继续保证或者丧失保证条件的，人民检察院应当在收到保证人不愿继续保证的申请或者发现其丧失保证条件后三日以内，责令犯罪嫌疑人重新提出保证人或者交纳保证金，并将变更情况通知公安机关。

第九十七条 采取保证金保证方式的，被取保候审人拒绝交纳保证金或者交纳保证金不足决定数额时，人民检察院应当作出变更取保候审措施、变更保证方式或者变更保证金数额的决定，并将变更情况通知公安机关。

第九十八条 公安机关在执行取保候审期间向人民检察院征询是否同意批准犯罪嫌疑人离开所居住的市、县时，人民检察院应当根据案件的具体情况及时作出决定，并通知公安机关。

第九十九条 人民检察院发现保证人没有履行刑事诉讼法第七十条规定的义务，应当通知公安机关，要求公安机关对保证人作出罚款决定。构成犯罪的，依法追究保证人的刑事责任。

第一百条 人民检察院发现犯罪嫌疑人违反刑事诉讼法第七十一条的规定，已交纳保证金的，应当书面通知公安机关没收部分或者全部保证金，并且根据案件的具体情况，责令犯罪嫌疑人具结悔过，重新交纳保证金、提出保证人，或者决定对其监视居住、予以逮捕。

公安机关发现犯罪嫌疑人违反刑事诉讼法第七十一条的规定，提出没收保证金或者变更强制措施意见的，人民检察院应当在收到意见后五日以内作出决定，并通知公安机关。

重新交纳保证金的程序适用本规则第九十二条的规定；提出保

证人的程序适用本规则第九十条、第九十一条的规定。对犯罪嫌疑人继续取保候审的，取保候审的时间应当累计计算。

对犯罪嫌疑人决定监视居住的，应当办理监视居住手续。监视居住的期限应当自执行监视居住决定之日起计算并告知犯罪嫌疑人。

第一百零一条 犯罪嫌疑人有下列违反取保候审规定的行为，人民检察院应当对犯罪嫌疑人予以逮捕：

（一）故意实施新的犯罪；

（二）企图自杀、逃跑；

（三）实施毁灭、伪造证据，串供或者干扰证人作证，足以影响侦查、审查起诉工作正常进行；

（四）对被害人、证人、鉴定人、举报人、控告人及其他人员实施打击报复。

犯罪嫌疑人有下列违反取保候审规定的行为，人民检察院可以对犯罪嫌疑人予以逮捕：

（一）未经批准，擅自离开所居住的市、县，造成严重后果，或者两次未经批准，擅自离开所居住的市、县；

（二）经传讯不到案，造成严重后果，或者经两次传讯不到案；

（三）住址、工作单位和联系方式发生变动，未在二十四小时以内向公安机关报告，造成严重后果；

（四）违反规定进入特定场所、与特定人员会见或者通信、从事特定活动，严重妨碍诉讼程序正常进行。

有前两款情形，需要对犯罪嫌疑人予以逮捕的，可以先行拘留；已交纳保证金的，同时书面通知公安机关没收保证金。

第一百零二条 人民检察院决定对犯罪嫌疑人取保候审，最长不得超过十二个月。

第一百零三条 公安机关决定对犯罪嫌疑人取保候审，案件移送人民检察院审查起诉后，对于需要继续取保候审的，人民检察院应当依法重新作出取保候审决定，并对犯罪嫌疑人办理取保候审手续。

取保候审的期限应当重新计算并告知犯罪嫌疑人。对继续采取保证金方式取保候审的,被取保候审人没有违反刑事诉讼法第七十一条规定的,不变更保证金数额,不再重新收取保证金。

第一百零四条 在取保候审期间,不得中断对案件的侦查、审查起诉。

第一百零五条 取保候审期限届满或者发现不应当追究犯罪嫌疑人的刑事责任的,应当及时解除或者撤销取保候审。

解除或者撤销取保候审的决定,应当及时通知执行机关,并将解除或者撤销取保候审的决定书送达犯罪嫌疑人;有保证人的,应当通知保证人解除保证义务。

第一百零六条 犯罪嫌疑人在取保候审期间没有违反刑事诉讼法第七十一条的规定,或者发现不应当追究犯罪嫌疑人刑事责任的,变更、解除或者撤销取保候审时,应当告知犯罪嫌疑人可以凭变更、解除或者撤销取保候审的通知或者有关法律文书到银行领取退还的保证金。

第三节 监视居住

第一百零七条 人民检察院对于符合逮捕条件,具有下列情形之一的犯罪嫌疑人,可以监视居住:

(一)患有严重疾病、生活不能自理的;

(二)怀孕或者正在哺乳自己婴儿的妇女;

(三)系生活不能自理的人的唯一扶养人;

(四)因为案件的特殊情况或者办理案件的需要,采取监视居住措施更为适宜的;

(五)羁押期限届满,案件尚未办结,需要采取监视居住措施的。

前款第三项中的扶养包括父母、祖父母、外祖父母对子女、孙子女、外孙子女的抚养和子女、孙子女、外孙子女对父母、祖父母、外祖父母的赡养以及配偶、兄弟姐妹之间的相互扶养。

对符合取保候审条件,但犯罪嫌疑人不能提出保证人,也不交纳保证金的,可以监视居住。

第一百零八条 人民检察院应当向被监视居住的犯罪嫌疑人宣读监视居住决定书,由犯罪嫌疑人签名或者盖章,并捺指印,责令犯罪嫌疑人遵守刑事诉讼法第七十七条的规定,告知其违反规定应负的法律责任。

指定居所监视居住的,不得要求被监视居住人支付费用。

第一百零九条 人民检察院核实犯罪嫌疑人住处或者为其指定居所后,应当制作监视居住执行通知书,将有关法律文书和案由、犯罪嫌疑人基本情况材料,送交监视居住地的公安机关执行,必要时人民检察院可以协助公安机关执行。

人民检察院应当告知公安机关在执行期间拟批准犯罪嫌疑人离开执行监视居住的处所、会见他人或者通信的,应当事先征得人民检察院同意。

第一百一十条 人民检察院可以根据案件的具体情况,商请公安机关对被监视居住的犯罪嫌疑人采取电子监控、不定期检查等监视方法,对其遵守监视居住规定的情况进行监督。

人民检察院办理直接受理侦查的案件对犯罪嫌疑人采取监视居住的,在侦查期间可以商请公安机关对其通信进行监控。

第一百一十一条 犯罪嫌疑人有下列违反监视居住规定的行为,人民检察院应当对犯罪嫌疑人予以逮捕:

(一)故意实施新的犯罪行为;

(二)企图自杀、逃跑;

(三)实施毁灭、伪造证据或者串供、干扰证人作证行为,足以影响侦查、审查起诉工作正常进行;

(四)对被害人、证人、鉴定人、举报人、控告人及其他人员实施打击报复。

犯罪嫌疑人有下列违反监视居住规定的行为,人民检察院可以对犯罪嫌疑人予以逮捕:

(一)未经批准,擅自离开执行监视居住的处所,造成严重后果,

或者两次未经批准,擅自离开执行监视居住的处所;

(二)未经批准,擅自会见他人或者通信,造成严重后果,或者两次未经批准,擅自会见他人或者通信;

(三)经传讯不到案,造成严重后果,或者经两次传讯不到案。

有前两款情形,需要对犯罪嫌疑人予以逮捕的,可以先行拘留。

第一百一十二条 人民检察院决定对犯罪嫌疑人监视居住,最长不得超过六个月。

第一百一十三条 公安机关决定对犯罪嫌疑人监视居住,案件移送人民检察院审查起诉后,对于需要继续监视居住的,人民检察院应当依法重新作出监视居住决定,并对犯罪嫌疑人办理监视居住手续。监视居住的期限应当重新计算并告知犯罪嫌疑人。

第一百一十四条 在监视居住期间,不得中断对案件的侦查、审查起诉。

第一百一十五条 监视居住期限届满或者发现不应当追究犯罪嫌疑人刑事责任的,应当解除或者撤销监视居住。

解除或者撤销监视居住的决定应当通知执行机关,并将解除或者撤销监视居住的决定书送达犯罪嫌疑人。

第一百一十六条 监视居住应当在犯罪嫌疑人的住处执行。犯罪嫌疑人无固定住处的,可以在指定的居所执行。

固定住处是指犯罪嫌疑人在办案机关所在地的市、县内工作、生活的合法居所。

指定的居所应当符合下列条件:

(一)具备正常的生活、休息条件;

(二)便于监视、管理;

(三)能够保证安全。

采取指定居所监视居住,不得在看守所、拘留所、监狱等羁押、监管场所以及留置室、讯问室等专门的办案场所、办公区域执行。

第一百一十七条 在指定的居所执行监视居住,除无法通知的以外,人民检察院应当在执行监视居住后二十四小时以内,将指定居所监视居住的原因通知被监视居住人的家属。无法通知的,应当将原因写明附卷。无法通知的情形消除后,应当立即通知。

无法通知包括下列情形:

(一)被监视居住人无家属;

(二)与其家属无法取得联系;

(三)受自然灾害等不可抗力阻碍。

第一百一十八条 对于公安机关、人民法院决定指定居所监视居住的案件,由批准或者决定的公安机关、人民法院的同级人民检察院负责捕诉的部门对决定是否合法实行监督。

人民检察院决定指定居所监视居住的案件,由负责控告申诉检察的部门对决定是否合法实行监督。

第一百一十九条 被指定居所监视居住人及其法定代理人、近亲属或者辩护人认为指定居所监视居住决定存在违法情形,提出控告或者举报的,人民检察院应当受理。

人民检察院可以要求有关机关提供指定居所监视居住决定书和相关案卷材料。经审查,发现存在下列违法情形之一的,应当及时通知其纠正:

(一)不符合指定居所监视居住的适用条件的;

(二)未按法定程序履行批准手续的;

(三)在决定过程中有其他违反刑事诉讼法规定的行为的。

第一百二十条 对于公安机关、人民法院决定指定居所监视居住的案件,由人民检察院负责刑事执行检察的部门对指定居所监视居住的执行活动是否合法实行监督。发现存在下列违法情形之一的,应当及时提出纠正意见:

(一)执行机关收到指定居所监视居住决定书、执行通知书等法律文书后不派员执行或者不及时派员执行的;

(二)在执行指定居所监视居住后二十四小时以内没有通知被监视居住人的家属的;

(三)在羁押场所、专门的办案场所执行监视居住的;

(四)为被监视居住人通风报信、私自传递信件、物品的;

(五)违反规定安排辩护人同被监视居住人会见、通信,或者违法限制被监视居住人与辩护人会见、通信的;

(六)对被监视居住人刑讯逼供、体罚、虐待或者变相体罚、虐待的;

(七)有其他侵犯被监视居住人合法权利行为或者其他违法行为的。

被监视居住人及其法定代理人、近亲属或者辩护人认为执行机关或者执行人员存在上述违法情形,提出控告或者举报的,人民检察院应当受理。

人民检察院决定指定居所监视居住的案件,由负责控告申诉检察的部门对指定居所监视居住的执行活动是否合法实行监督。

第四节　拘　　留

第一百二十一条　人民检察院对于具有下列情形之一的犯罪嫌疑人,可以决定拘留:

(一)犯罪后企图自杀、逃跑或者在逃的;

(二)有毁灭、伪造证据或者串供可能的。

第一百二十二条　人民检察院作出拘留决定后,应当将有关法律文书和案由、犯罪嫌疑人基本情况的材料送交同级公安机关执行。必要时,人民检察院可以协助公安机关执行。

拘留后,应当立即将被拘留人送看守所羁押,至迟不得超过二十四小时。

第一百二十三条　对犯罪嫌疑人拘留后,除无法通知的以外,人民检察院应当在二十四小时以内,通知被拘留人的家属。

无法通知的,应当将原因写明附卷。无法通知的情形消除后,应当立即通知其家属。

第一百二十四条　对被拘留的犯罪嫌疑人,应当在拘留后二十四小时以内进行讯问。

第一百二十五条 对被拘留的犯罪嫌疑人，发现不应当拘留的，应当立即释放；依法可以取保候审或者监视居住的，按照本规则的有关规定办理取保候审或者监视居住手续。

对被拘留的犯罪嫌疑人，需要逮捕的，按照本规则的有关规定办理逮捕手续；决定不予逮捕的，应当及时变更强制措施。

第一百二十六条 人民检察院直接受理侦查的案件，拘留犯罪嫌疑人的羁押期限为十四日，特殊情况下可以延长一日至三日。

第一百二十七条 公民将正在实行犯罪或者在犯罪后即被发觉的、通缉在案的、越狱逃跑的、正在被追捕的犯罪嫌疑人或者犯罪人扭送到人民检察院的，人民检察院应当予以接受，并且根据具体情况决定是否采取相应的紧急措施。不属于自己管辖的，应当移送主管机关处理。

第五节 逮 捕

第一百二十八条 人民检察院对有证据证明有犯罪事实，可能判处徒刑以上刑罚的犯罪嫌疑人，采取取保候审尚不足以防止发生下列社会危险性的，应当批准或者决定逮捕：

（一）可能实施新的犯罪的；

（二）有危害国家安全、公共安全或者社会秩序的现实危险的；

（三）可能毁灭、伪造证据，干扰证人作证或者串供的；

（四）可能对被害人、举报人、控告人实施打击报复的；

（五）企图自杀或者逃跑的。

有证据证明有犯罪事实是指同时具备下列情形：

（一）有证据证明发生了犯罪事实；

（二）有证据证明该犯罪事实是犯罪嫌疑人实施的；

（三）证明犯罪嫌疑人实施犯罪行为的证据已经查证属实。

犯罪事实既可以是单一犯罪行为的事实，也可以是数个犯罪行为中任何一个犯罪行为的事实。

第一百二十九条 犯罪嫌疑人具有下列情形之一的，可以认定

为“可能实施新的犯罪”:

(一)案发前或者案发后正在策划、组织或者预备实施新的犯罪的;

(二)扬言实施新的犯罪的;

(三)多次作案、连续作案、流窜作案的;

(四)一年内曾因故意实施同类违法行为受到行政处罚的;

(五)以犯罪所得为主要生活来源的;

(六)有吸毒、赌博等恶习的;

(七)其他可能实施新的犯罪的情形。

第一百三十条 犯罪嫌疑人具有下列情形之一的,可以认定为“有危害国家安全、公共安全或者社会秩序的现实危险”:

(一)案发前或者案发后正在积极策划、组织或者预备实施危害国家安全、公共安全或者社会秩序的重大违法犯罪行为的;

(二)曾因危害国家安全、公共安全或者社会秩序受到刑事处罚或者行政处罚的;

(三)在危害国家安全、黑恶势力、恐怖活动、毒品犯罪中起组织、策划、指挥作用或者积极参加的;

(四)其他有危害国家安全、公共安全或者社会秩序的现实危险的情形。

第一百三十一条 犯罪嫌疑人具有下列情形之一的,可以认定为“可能毁灭、伪造证据,干扰证人作证或者串供”:

(一)曾经或者企图毁灭、伪造、隐匿、转移证据的;

(二)曾经或者企图威逼、恐吓、利诱、收买证人,干扰证人作证的;

(三)有同案犯罪嫌疑人或者与其在事实上存在密切关联犯罪的犯罪嫌疑人在逃,重要证据尚未收集到位的;

(四)其他可能毁灭、伪造证据,干扰证人作证或者串供的情形。

第一百三十二条 犯罪嫌疑人具有下列情形之一的,可以认定为“可能对被害人、举报人、控告人实施打击报复”:

（一）扬言或者准备、策划对被害人、举报人、控告人实施打击报复的；

（二）曾经对被害人、举报人、控告人实施打击、要挟、迫害等行为的；

（三）采取其他方式滋扰被害人、举报人、控告人的正常生活、工作的；

（四）其他可能对被害人、举报人、控告人实施打击报复的情形。

第一百三十三条 犯罪嫌疑人具有下列情形之一的，可以认定为“企图自杀或者逃跑”：

（一）着手准备自杀、自残或者逃跑的；

（二）曾经自杀、自残或者逃跑的；

（三）有自杀、自残或者逃跑的意思表示的；

（四）曾经以暴力、威胁手段抗拒抓捕的；

（五）其他企图自杀或者逃跑的情形。

第一百三十四条 人民检察院办理审查逮捕案件，应当全面把握逮捕条件，对有证据证明有犯罪事实、可能判处徒刑以上刑罚的犯罪嫌疑人，除具有刑事诉讼法第八十一条第三款、第四款规定的情形外，应当严格审查是否具备社会危险性条件。

第一百三十五条 人民检察院审查认定犯罪嫌疑人是否具有社会危险性，应当以公安机关移送的社会危险性相关证据为依据，并结合案件具体情况综合认定。必要时，可以通过讯问犯罪嫌疑人、询问证人等诉讼参与人、听取辩护律师意见等方式，核实相关证据。

依据在案证据不能认定犯罪嫌疑人符合逮捕社会危险性条件的，人民检察院可以要求公安机关补充相关证据，公安机关没有补充移送的，应当作出不批准逮捕的决定。

第一百三十六条 对有证据证明有犯罪事实，可能判处十年有期徒刑以上刑罚的犯罪嫌疑人，应当批准或者决定逮捕。

对有证据证明有犯罪事实，可能判处徒刑以上刑罚，犯罪嫌疑人曾经故意犯罪或者不讲真实姓名、住址，身份不明的，应当批准或者决定逮捕。

第一百三十七条 人民检察院经审查认为被取保候审、监视居住的犯罪嫌疑人违反取保候审、监视居住规定，依照本规则第一百零一条、第一百一十一条的规定办理。

对于被取保候审、监视居住的可能判处徒刑以下刑罚的犯罪嫌疑人，违反取保候审、监视居住规定，严重影响诉讼活动正常进行的，可以予以逮捕。

第一百三十八条 对实施多个犯罪行为或者共同犯罪案件的犯罪嫌疑人，符合本规则第一百二十八条的规定，具有下列情形之一的，应当批准或者决定逮捕：

（一）有证据证明犯有数罪中的一罪的；

（二）有证据证明实施多次犯罪中的一次犯罪的；

（三）共同犯罪中，已有证据证明有犯罪事实的犯罪嫌疑人。

第一百三十九条 对具有下列情形之一的犯罪嫌疑人，人民检察院应当作出不批准逮捕或者不予逮捕的决定：

（一）不符合本规则规定的逮捕条件的；

（二）具有刑事诉讼法第十六条规定的情形之一的。

第一百四十条 犯罪嫌疑人涉嫌的罪行较轻，且没有其他重大犯罪嫌疑，具有下列情形之一的，可以作出不批准逮捕或者不予逮捕的决定：

（一）属于预备犯、中止犯，或者防卫过当、避险过当的；

（二）主观恶性较小的初犯，共同犯罪中的从犯、胁从犯，犯罪后自首、有立功表现或者积极退赃、赔偿损失、确有悔罪表现的；

（三）过失犯罪的犯罪嫌疑人，犯罪后有悔罪表现，有效控制损失或者积极赔偿损失的；

（四）犯罪嫌疑人与被害人双方根据刑事诉讼法的有关规定达成和解协议，经审查，认为和解系自愿、合法且已经履行或者提供担保的；

（五）犯罪嫌疑人认罪认罚的；

(六)犯罪嫌疑人系已满十四周岁未满十八周岁的未成年人或者在校学生,本人有悔罪表现,其家庭、学校或者所在社区、居民委员会、村民委员会具备监护、帮教条件的;

(七)犯罪嫌疑人系已满七十五周岁的人。

第一百四十一条 对符合刑事诉讼法第七十四条第一款规定的犯罪嫌疑人,人民检察院经审查认为不需要逮捕的,可以在作出不批准逮捕决定的同时,向公安机关提出采取监视居住措施的建议。

第六节 监察机关移送案件的强制措施

第一百四十二条 对于监察机关移送起诉的已采取留置措施的案件,人民检察院应当在受理案件后,及时对犯罪嫌疑人作出拘留决定,交公安机关执行。执行拘留后,留置措施自动解除。

第一百四十三条 人民检察院应当在执行拘留后十日以内,作出是否逮捕、取保候审或者监视居住的决定。特殊情况下,决定的时间可以延长一日至四日。

人民检察院决定采取强制措施的期间不计入审查起诉期限。

第一百四十四条 除无法通知的以外,人民检察院应当在公安机关执行拘留、逮捕后二十四小时以内,通知犯罪嫌疑人的家属。

第一百四十五条 人民检察院应当自收到移送起诉的案卷材料之日起三日以内告知犯罪嫌疑人有权委托辩护人。对已经采取留置措施的,应当在执行拘留时告知。

第一百四十六条 对于监察机关移送起诉的未采取留置措施的案件,人民检察院受理后,在审查起诉过程中根据案件情况,可以依照本规则相关规定决定是否采取逮捕、取保候审或者监视居住措施。

第一百四十七条 对于监察机关移送起诉案件的犯罪嫌疑人采取强制措施,本节未规定的,适用本规则相关规定。

第七节 其他规定

第一百四十八条 人民检察院对担任县级以上各级人民代表大

会代表的犯罪嫌疑人决定采取拘传、取保候审、监视居住、拘留、逮捕强制措施的,应当报请该代表所属的人民代表大会主席团或者常务委员会许可。

人民检察院对担任本级人民代表大会代表的犯罪嫌疑人决定采取强制措施的,应当报请本级人民代表大会主席团或者常务委员会许可。

对担任上级人民代表大会代表的犯罪嫌疑人决定采取强制措施的,应当层报该代表所属的人民代表大会同级的人民检察院报请许可。

对担任下级人民代表大会代表的犯罪嫌疑人决定采取强制措施的,可以直接报请该代表所属的人民代表大会主席团或者常务委员会许可,也可以委托该代表所属的人民代表大会同级的人民检察院报请许可。

对担任两级以上的人民代表大会代表的犯罪嫌疑人决定采取强制措施的,分别依照本条第二、三、四款的规定报请许可。

对担任办案单位所在省、市、县(区)以外的其他地区人民代表大会代表的犯罪嫌疑人决定采取强制措施的,应当委托该代表所属的人民代表大会同级的人民检察院报请许可;担任两级以上人民代表大会代表的,应当分别委托该代表所属的人民代表大会同级的人民检察院报请许可。

对于公安机关提请人民检察院批准逮捕的案件,犯罪嫌疑人担任人民代表大会代表的,报请许可手续由公安机关负责办理。

担任县级以上人民代表大会代表的犯罪嫌疑人,经报请该代表所属人民代表大会主席团或者常务委员会许可后被刑事拘留的,适用逮捕措施时不需要再次报请许可。

第一百四十九条 担任县级以上人民代表大会代表的犯罪嫌疑人因现行犯被人民检察院拘留的,人民检察院应当立即向该代表所属的人民代表大会主席团或者常务委员会报告。报告的程序参照本规则第一百四十八条报请许可的程序规定。

对担任乡、民族乡、镇的人民代表大会代表的犯罪嫌疑人决定采取强制措施的，由县级人民检察院向乡、民族乡、镇的人民代表大会报告。

第一百五十条 犯罪嫌疑人及其法定代理人、近亲属或者辩护人认为人民检察院采取强制措施法定期限届满，要求解除、变更强制措施或者释放犯罪嫌疑人的，人民检察院应当在收到申请后三日以内作出决定。

经审查，认为法定期限届满的，应当决定解除、变更强制措施或者释放犯罪嫌疑人，并通知公安机关执行；认为法定期限未满的，书面答复申请人。

第一百五十一条 犯罪嫌疑人及其法定代理人、近亲属或者辩护人向人民检察院提出变更强制措施申请的，人民检察院应当在收到申请后三日以内作出决定。

经审查，同意变更强制措施的，应当在作出决定的同时通知公安机关执行；不同意变更强制措施的，应当书面告知申请人，并说明不同意的理由。

犯罪嫌疑人及其法定代理人、近亲属或者辩护人提出变更强制措施申请的，应当说明理由，有证据和其他材料的，应当附上相关材料。

第一百五十二条 人民检察院在侦查、审查起诉期间，对犯罪嫌疑人拘留、逮捕后发生依法延长侦查羁押期限、审查起诉期限，重新计算侦查羁押期限、审查起诉期限等期限改变的情形的，应当及时将变更后的期限书面通知看守所。

第一百五十三条 人民检察院决定对涉嫌犯罪的机关事业单位工作人员取保候审、监视居住、拘留、逮捕的，应当在采取或者解除强制措施后五日以内告知其所在单位；决定撤销案件或者不起诉的，应当在作出决定后十日以内告知其所在单位。

第一百五十四条 取保候审变更为监视居住，或者取保候审、监视居住变更为拘留、逮捕的，在变更的同时原强制措施自动解除，不再办理解除法律手续。

第一百五十五条 人民检察院已经对犯罪嫌疑人取保候审、监视居住,案件起诉至人民法院后,人民法院决定取保候审、监视居住或者变更强制措施的,原强制措施自动解除,不再办理解除法律手续。

第七章 案件受理

第一百五十六条 下列案件,由人民检察院负责案件管理的部门统一受理:

(一)公安机关提请批准逮捕、移送起诉、提请批准延长侦查羁押期限、要求复议、提请复核、申请复查、移送申请强制医疗、移送申请没收违法所得的案件;

(二)监察机关移送起诉、提请没收违法所得、对不起诉决定提请复议的案件;

(三)下级人民检察院提出或者提请抗诉、报请指定管辖、报请核准追诉、报请核准缺席审判或者提请死刑复核监督的案件;

(四)人民法院通知出席第二审法庭或者再审法庭的案件;

(五)其他依照规定由负责案件管理的部门受理的案件。

第一百五十七条 人民检察院负责案件管理的部门受理案件时,应当接收案卷材料,并立即审查下列内容:

(一)依据移送的法律文书载明的内容确定案件是否属于本院管辖;

(二)案卷材料是否齐备、规范,符合有关规定的要求;

(三)移送的款项或者物品与移送清单是否相符;

(四)犯罪嫌疑人是否在案以及采取强制措施的情况;

(五)是否在规定的期限内移送案件。

第一百五十八条 人民检察院负责案件管理的部门对接收的案卷材料审查后,认为具备受理条件的,应当及时进行登记,并立即将案卷材料和案件受理登记表移送办案部门办理。

经审查,认为案卷材料不齐备的,应当及时要求移送案件的单位补送相关材料。对于案卷装订不符合要求的,应当要求移送案件的单位重新装订后移送。

对于移送起诉的案件,犯罪嫌疑人在逃的,应当要求公安机关采取措施保证犯罪嫌疑人到案后再移送起诉。共同犯罪案件中部分犯罪嫌疑人在逃的,对在案犯罪嫌疑人的移送起诉应当受理。

第一百五十九条 对公安机关送达的执行情况回执和人民法院送达的判决书、裁定书等法律文书,人民检察院负责案件管理的部门应当接收,即时登记。

第一百六十条 人民检察院直接受理侦查的案件,移送审查逮捕、移送起诉的,按照本规则第一百五十六条至第一百五十八条的规定办理。

第一百六十一条 人民检察院负责控告申诉检察的部门统一接受报案、控告、举报、申诉和犯罪嫌疑人投案自首,并依法审查,在七日以内作出以下处理:

(一)属于本院管辖且符合受理条件的,应当予以受理;

(二)不属于本院管辖的报案、控告、举报、自首,应当移送主管机关处理。必须采取紧急措施的,应当先采取紧急措施,然后移送主管机关。不属于本院管辖的申诉,应当告知其向有管辖权的机关提出;

(三)案件情况不明的,应当进行必要的调查核实,查明情况后依法作出处理。

负责控告申诉检察的部门可以向下级人民检察院交办控告、申诉、举报案件,并依照有关规定进行督办。

第一百六十二条 控告、申诉符合下列条件的,人民检察院应当受理:

(一)属于人民检察院受理案件范围;

(二)本院具有管辖权;

(三)申诉人是原案的当事人或者其法定代理人、近亲属;

(四)控告、申诉材料符合受理要求。

控告人、申诉人委托律师代理控告、申诉,符合上述条件的,应当受理。

控告、申诉材料不齐备的,应当告知控告人、申诉人补齐。受理时间从控告人、申诉人补齐相关材料之日起计算。

第一百六十三条 对于收到的群众来信,负责控告申诉检察的部门应当在七日以内进行程序性答复,办案部门应当在三个月以内将办理进展或者办理结果答复来信人。

第一百六十四条 负责控告申诉检察的部门对受理的刑事申诉案件应当根据事实、法律进行审查,必要时可以进行调查核实。认为原案处理可能错误的,应当移送相关办案部门办理;认为原案处理没有错误的,应当书面答复申诉人。

第一百六十五条 办案部门应当在规定期限内办结控告、申诉案件,制作相关法律文书,送达报案人、控告人、申诉人、举报人、自首人,并做好释法说理工作。

第八章 立 案

第一节 立案审查

第一百六十六条 人民检察院直接受理侦查案件的线索,由负责侦查的部门统一受理、登记和管理。负责控告申诉检察的部门接受的控告、举报,或者本院其他办案部门发现的案件线索,属于人民检察院直接受理侦查案件线索的,应当在七日以内移送负责侦查的部门。

负责侦查的部门对案件线索进行审查后,认为属于本院管辖,需要进一步调查核实的,应当报检察长决定。

第一百六十七条 对于人民检察院直接受理侦查案件的线索,上级人民检察院在必要时,可以直接调查核实或者组织、指挥、参与下级人民检察院的调查核实,可以将下级人民检察院管辖的案件线索指定辖区内其他人民检察院调查核实,也可以将本院管辖的案件线索交由下级人民检察院调查核实;下级人民检察院认为案件线索重大、复杂,需要由上级人民检察院调查核实的,可以提请移送上级人民检察院调查核实。

第一百六十八条 调查核实一般不得接触被调查对象。必须接触被调查对象的,应当经检察长批准。

第一百六十九条 进行调查核实,可以采取询问、查询、勘验、检查、鉴定、调取证据材料等不限制被调查对象人身、财产权利的措施。不得对被调查对象采取强制措施,不得查封、扣押、冻结被调查对象的财产,不得采取技术侦查措施。

第一百七十条 负责侦查的部门调查核实后,应当制作审查报告。

调查核实终结后,相关材料应当立卷归档。立案进入侦查程序的,对于作为诉讼证据以外的其他材料应当归入侦查内卷。

第二节 立案决定

第一百七十一条 人民检察院对于直接受理的案件,经审查认为有犯罪事实需要追究刑事责任的,应当制作立案报告书,经检察长批准后予以立案。

符合立案条件,但犯罪嫌疑人尚未确定的,可以依据已查明的犯罪事实作出立案决定。

对具有下列情形之一的,报请检察长决定不予立案:

(一)具有刑事诉讼法第十六条规定情形之一的;

(二)认为没有犯罪事实的;

(三)事实或者证据尚不符合立案条件的。

第一百七十二条 对于其他机关或者本院其他办案部门移送的案件线索,决定不予立案的,负责侦查的部门应当制作不立案通知书,写明案由和案件来源、决定不立案的原因和法律依据,自作出不立案决定之日起十日以内送达移送案件线索的机关或者部门。

第一百七十三条 对于控告和实名举报,决定不予立案的,应当制作不立案通知书,写明案由和案件来源、决定不立案的原因和法律依据,由负责侦查的部门在十五日以内送达控告人、举报人,同时告知本院负责控告申诉检察的部门。

控告人如果不服,可以在收到不立案通知书后十日以内向上一级人民检察院申请复议。不立案的复议,由上一级人民检察院负责侦查的部门审查办理。

人民检察院认为被控告人、被举报人的行为未构成犯罪,决定不予立案,但需要追究其党纪、政纪、违法责任的,应当移送有管辖权的主管机关处理。

第一百七十四条 错告对被控告人、被举报人造成不良影响的,人民检察院应当自作出不立案决定之日起一个月以内向其所在单位或者有关部门通报调查核实的结论,澄清事实。

属于诬告陷害的,应当移送有关机关处理。

第一百七十五条 人民检察院决定对人民代表大会代表立案,应当按照本规则第一百四十八条、第一百四十九条规定的程序向该代表所属的人民代表大会主席团或者常务委员会进行通报。

第九章 侦 查

第一节 一般规定

第一百七十六条 人民检察院办理直接受理侦查的案件,应当全面、客观地收集、调取犯罪嫌疑人有罪或者无罪、罪轻或者罪重的证据材料,并依法进行审查、核实。办案过程中必须重证据,重调查研究,不轻信口供。严禁刑讯逼供和以威胁、引诱、欺骗以及其他非法方法收集证据,不得强迫任何人证实自己有罪。

第一百七十七条 人民检察院办理直接受理侦查的案件,应当保障犯罪嫌疑人和其他诉讼参与人依法享有的辩护权和其他各项诉讼权利。

第一百七十八条 人民检察院办理直接受理侦查的案件,应当严格依照刑事诉讼法规定的程序,严格遵守刑事案件办案期限的规定,依法提请批准逮捕、移送起诉、不起诉或者撤销案件。

对犯罪嫌疑人采取强制措施,应当经检察长批准。

第一百七十九条 人民检察院办理直接受理侦查的案件,应当对侦查过程中知悉的国家秘密、商业秘密及个人隐私予以保密。

第一百八十条 办理案件的人民检察院需要派员到本辖区以外进行搜查,调取物证、书证等证据材料,或者查封、扣押财物和文件的,应当持相关法律文书和证明文件等与当地人民检察院联系,当地人民检察院应当予以协助。

需要到本辖区以外调取证据材料的,必要时,可以向证据所在地的人民检察院发函调取证据。调取证据的函件应当注明具体的取证对象、地址和内容。证据所在地的人民检察院应当在收到函件后一个月以内将取证结果送达办理案件的人民检察院。

被请求协助的人民检察院有异议的,可以与办理案件的人民检察院进行协商。必要时,报请共同的上级人民检察院决定。

第一百八十一条 人民检察院对于直接受理案件的侦查,可以适用刑事诉讼法第二编第二章规定的各项侦查措施。

刑事诉讼法规定进行侦查活动需要制作笔录的,应当制作笔录。必要时,可以对相关活动进行录音、录像。

第二节 讯问犯罪嫌疑人

第一百八十二条 讯问犯罪嫌疑人,由检察人员负责进行。讯问时,检察人员或者检察人员和书记员不得少于二人。

讯问同案的犯罪嫌疑人,应当个别进行。

第一百八十三条 对于不需要逮捕、拘留的犯罪嫌疑人,可以传唤到犯罪嫌疑人所在市、县内的指定地点或者到他的住处进行讯问。

传唤犯罪嫌疑人,应当出示传唤证和工作证件,并责令犯罪嫌疑人在传唤证上签名或者盖章,并捺指印。

犯罪嫌疑人到案后,应当由其在传唤证上填写到案时间。传唤结束时,应当由其在传唤证上填写传唤结束时间。拒绝填写的,应当在传唤证上注明。

对在现场发现的犯罪嫌疑人,经出示工作证件,可以口头传唤,并将传唤的原因和依据告知被传唤人。在讯问笔录中应当注明犯罪嫌疑人到案时间、到案经过和传唤结束时间。

本规则第八十四条第二款的规定适用于传唤犯罪嫌疑人。

第一百八十四条 传唤犯罪嫌疑人时,其家属在场的,应当当场将传唤的原因和处所口头告知其家属,并在讯问笔录中注明。其家属不在场的,应当及时将传唤的原因和处所通知被传唤人家属。无法通知的,应当在讯问笔录中注明。

第一百八十五条 传唤持续的时间不得超过十二小时。案情特别重大、复杂,需要采取拘留、逮捕措施的,传唤持续的时间不得超过二十四小时。两次传唤间隔的时间一般不得少于十二小时,不得以连续传唤的方式变相拘禁犯罪嫌疑人。

传唤犯罪嫌疑人,应当保证犯罪嫌疑人的饮食和必要的休息时间。

第一百八十六条 犯罪嫌疑人被送交看守所羁押后,检察人员对其进行讯问,应当填写提讯、提解证,在看守所讯问室进行。

因辨认、鉴定、侦查实验或者追缴犯罪有关财物的需要,经检察长批准,可以提押犯罪嫌疑人出所,并应当由两名以上司法警察押解。不得以讯问为目的将犯罪嫌疑人提押出所进行讯问。

第一百八十七条 讯问犯罪嫌疑人一般按照下列顺序进行:

(一)核实犯罪嫌疑人的基本情况,包括姓名、出生年月日、户籍地、公民身份号码、民族、职业、文化程度、工作单位及职务、住所、家庭情况、社会经历、是否属于人大代表、政协委员等;

(二)告知犯罪嫌疑人在侦查阶段的诉讼权利,有权自行辩护或者委托律师辩护,告知其如实供述自己罪行可以依法从宽处理和认罪认罚的法律规定;

(三)讯问犯罪嫌疑人是否有犯罪行为,让他陈述有罪的事实或者无罪的辩解,应当允许其连贯陈述。

犯罪嫌疑人对检察人员的提问,应当如实回答。但是对与本案无关的问题，有拒绝回答的权利。

讯问犯罪嫌疑人时，应当告知犯罪嫌疑人将对讯问进行全程同步录音、录像。告知情况应当在录音、录像中予以反映，并记明笔录。

讯问时，对犯罪嫌疑人提出的辩解要认真查核。严禁刑讯逼供和以威胁、引诱、欺骗以及其他非法的方法获取供述。

第一百八十八条 讯问犯罪嫌疑人，应当制作讯问笔录。讯问笔录应当忠实于原话，字迹清楚，详细具体，并交犯罪嫌疑人核对。犯罪嫌疑人没有阅读能力的，应当向他宣读。如果记载有遗漏或者差错，应当补充或者改正。犯罪嫌疑人认为讯问笔录没有错误的，由其在笔录上逐页签名或者盖章，并捺指印，在末页写明“以上笔录我看过（向我宣读过），和我说的相符”，同时签名或者盖章，并捺指印，注明日期。如果犯罪嫌疑人拒绝签名、盖章、捺指印的，应当在笔录上注明。讯问的检察人员、书记员也应当在笔录上签名。

第一百八十九条 犯罪嫌疑人请求自行书写供述的，检察人员应当准许。必要时，检察人员也可以要求犯罪嫌疑人亲笔书写供述。犯罪嫌疑人应当在亲笔供述的末页签名或者盖章，并捺指印，注明书写日期。检察人员收到后，应当在首页右上方写明“于某年某月某日收到”，并签名。

第一百九十条 人民检察院办理直接受理侦查的案件，应当在每次讯问犯罪嫌疑人时，对讯问过程实行全程录音、录像，并在讯问笔录中注明。

第三节 询问证人、被害人

第一百九十一条 人民检察院在侦查过程中，应当及时询问证人，并且告知证人履行作证的权利和义务。

人民检察院应当保证一切与案件有关或者了解案情的公民有客观充分地提供证据的条件，并为他们保守秘密。除特殊情况外，人民检察院可以吸收他们协助调查。

第一百九十二条 询问证人，应当由检察人员负责进行。询问时,检察人员或者检察人员和书记员不得少于二人。

第一百九十三条 询问证人,可以在现场进行,也可以到证人所在单位、住处或者证人提出的地点进行。必要时,也可以通知证人到人民检察院提供证言。到证人提出的地点进行询问的,应当在笔录中记明。

询问证人应当个别进行。

在现场询问证人,应当出示工作证件。到证人所在单位、住处或者证人提出的地点询问证人,应当出示人民检察院的证明文件。

第一百九十四条 询问证人,应当问明证人的基本情况以及与当事人的关系,并且告知证人应当如实提供证据、证言和故意作伪证或者隐匿罪证应当承担的法律责任,但是不得向证人泄露案情,不得采用拘禁、暴力、威胁、引诱、欺骗以及其他非法方法获取证言。

询问重大或者有社会影响的案件的重要证人,应当对询问过程实行全程录音、录像,并在询问笔录中注明。

第一百九十五条 询问被害人,适用询问证人的规定。

第四节 勘验、检查

第一百九十六条 检察人员对于与犯罪有关的场所、物品、人身、尸体应当进行勘验或者检查。必要时,可以指派检察技术人员或者聘请其他具有专门知识的人,在检察人员的主持下进行勘验、检查。

第一百九十七条 勘验时,人民检察院应当邀请两名与案件无关的见证人在场。

勘查现场,应当拍摄现场照片。勘查的情况应当写明笔录并制作现场图,由参加勘查的人和见证人签名。勘查重大案件的现场,应当录像。

第一百九十八条 人民检察院解剖死因不明的尸体,应当通知死者家属到场,并让其在解剖通知书上签名或者盖章。

死者家属无正当理由拒不到场或者拒绝签名、盖章的,不影响解剖的进行，但是应当在解剖通知书上记明。对于身份不明的尸体，无法通知死者家属的，应当记明笔录。

第一百九十九条 为了确定被害人、犯罪嫌疑人的某些特征、伤害情况或者生理状态，人民检察院可以对其人身进行检查，可以提取指纹信息，采集血液、尿液等生物样本。

必要时，可以指派、聘请法医或者医师进行人身检查。采集血液等生物样本应当由医师进行。

犯罪嫌疑人如果拒绝检查，检察人员认为必要时可以强制检查。

检查妇女的身体，应当由女工作人员或者医师进行。

人身检查不得采用损害被检查人生命、健康或者贬低其名誉、人格的方法。在人身检查过程中知悉的被检查人的个人隐私，检察人员应当予以保密。

第二百条 为了查明案情，必要时经检察长批准，可以进行侦查实验。

侦查实验，禁止一切足以造成危险、侮辱人格或者有伤风化的行为。

第二百零一条 侦查实验，必要时可以聘请有关专业人员参加，也可以要求犯罪嫌疑人、被害人、证人参加。

第五节 搜 查

第二百零二条 人民检察院有权要求有关单位和个人，交出能够证明犯罪嫌疑人有罪或者无罪以及犯罪情节轻重的证据。

第二百零三条 为了收集犯罪证据，查获犯罪人，经检察长批准，检察人员可以对犯罪嫌疑人以及可能隐藏罪犯或者犯罪证据的人的身体、物品、住处、工作地点和其他有关的地方进行搜查。

第二百零四条 搜查应当在检察人员的主持下进行，可以有司法警察参加。必要时，可以指派检察技术人员参加或者邀请当地公安机关、有关单位协助进行。

执行搜查的人员不得少于二人。

第二百零五条 搜查时,应当向被搜查人或者他的家属出示搜查证。

在执行逮捕、拘留的时候,遇有下列紧急情况之一,不另用搜查证也可以进行搜查:

(一)可能随身携带凶器的;

(二)可能隐藏爆炸、剧毒等危险物品的;

(三)可能隐匿、毁弃、转移犯罪证据的;

(四)可能隐匿其他犯罪嫌疑人的;

(五)其他紧急情况。

搜查结束后,搜查人员应当在二十四小时以内补办有关手续。

第二百零六条 搜查时,应当有被搜查人或者其家属、邻居或者其他见证人在场,并且对被搜查人或者其家属说明阻碍搜查、妨碍公务应负的法律责任。

搜查妇女的身体,应当由女工作人员进行。

第二百零七条 搜查时,如果遇到阻碍,可以强制进行搜查。对以暴力、威胁方法阻碍搜查的,应当予以制止,或者由司法警察将其带离现场。阻碍搜查构成犯罪的,应当依法追究刑事责任。

第六节 调取、查封、扣押、查询、冻结

第二百零八条 检察人员可以凭人民检察院的证明文件,向有关单位和个人调取能够证明犯罪嫌疑人有罪或者无罪以及犯罪情节轻重的证据材料,并且可以根据需要拍照、录像、复印和复制。

第二百零九条 调取物证应当调取原物。原物不便搬运、保存,或者依法应当返还被害人,或者因保密工作需要不能调取原物的,可以将原物封存,并拍照、录像。对原物拍照或者录像应当足以反映原物的外形、内容。

调取书证、视听资料应当调取原件。取得原件确有困难或者因保密需要不能调取原件的,可以调取副本或者复制件。

调取书证、视听资料的副本、复制件和物证的照片、录像的,应当

书面记明不能调取原件、原物的原因，制作过程和原件、原物存放地点，并由制作人员和原书证、视听资料、物证持有人签名或者盖章。

第二百一十条 在侦查活动中发现的可以证明犯罪嫌疑人有罪、无罪或者犯罪情节轻重的各种财物和文件，应当查封或者扣押；与案件无关的，不得查封或者扣押。查封或者扣押应当经检察长批准。

不能立即查明是否与案件有关的可疑的财物和文件，也可以查封或者扣押，但应当及时审查。经查明确实与案件无关的，应当在三日以内解除查封或者予以退还。

持有人拒绝交出应当查封、扣押的财物和文件的，可以强制查封、扣押。

对于犯罪嫌疑人、被告人到案时随身携带的物品需要扣押的，可以依照前款规定办理。对于与案件无关的个人用品，应当逐件登记，并随案移交或者退还其家属。

第二百一十一条 对犯罪嫌疑人使用违法所得与合法收入共同购置的不可分割的财产，可以先行查封、扣押、冻结。对无法分割退还的财产，应当在结案后予以拍卖、变卖，对不属于违法所得的部分予以退还。

第二百一十二条 人民检察院根据侦查犯罪的需要，可以依照规定查询、冻结犯罪嫌疑人的存款、汇款、债券、股票、基金份额等财产，并可以要求有关单位和个人配合。

查询、冻结前款规定的财产，应当制作查询、冻结财产通知书，通知银行或者其他金融机构、邮政部门执行。冻结财产的，应当经检察长批准。

第二百一十三条 犯罪嫌疑人的存款、汇款、债券、股票、基金份额等财产已冻结的，人民检察院不得重复冻结，可以轮候冻结。人民检察院应当要求有关银行或者其他金融机构、邮政部门在解除冻结或者作出处理前通知人民检察院。

第二百一十四条 扣押、冻结债券、股票、基金份额等财产，应当书面告知当事人或者其法定代理人、委托代理人有权申请出售。

对于被扣押、冻结的债券、股票、基金份额等财产，在扣押、冻结期间权利人申请出售，经审查认为不损害国家利益、被害人利益，不影响诉讼正常进行的，以及扣押、冻结的汇票、本票、支票的有效期即将届满的，经检察长批准，可以在案件办结前依法出售或者变现，所得价款由人民检察院指定的银行账户保管，并及时告知当事人或者其近亲属。

第二百一十五条 对于冻结的存款、汇款、债券、股票、基金份额等财产，经查明确实与案件无关的，应当在三日以内解除冻结，并通知财产所有人。

第二百一十六条 查询、冻结与案件有关的单位的存款、汇款、债券、股票、基金份额等财产的办法适用本规则第二百一十二条至第二百一十五条的规定。

第二百一十七条 对于扣押的款项和物品，应当在三日以内将款项存入唯一合规账户，将物品送负责案件管理的部门保管。法律或者有关规定另有规定的除外。

对于查封、扣押在人民检察院的物品、文件、邮件、电报，人民检察院应当妥善保管。经查明确实与案件无关的，应当在三日以内作出解除或者退还决定，并通知有关单位、当事人办理相关手续。

第七节 鉴　　定

第二百一十八条 人民检察院为了查明案情，解决案件中某些专门性的问题，可以进行鉴定。

鉴定由人民检察院有鉴定资格的人员进行。必要时，也可以聘请其他有鉴定资格的人员进行，但是应当征得鉴定人所在单位同意。

第二百一十九条 人民检察院应当为鉴定人提供必要条件，及时向鉴定人送交有关检材和对比样本等原始材料，介绍与鉴定有关的情况，并明确提出要求鉴定解决的问题，但是不得暗示或者强迫鉴定人作出某种鉴定意见。

第二百二十条 对于鉴定意见，检察人员应当进行审查，必要时可以进行补充鉴定或者重新鉴定。重新鉴定的，应当另行指派或者聘请鉴定人。

第二百二十一条 用作证据的鉴定意见，人民检察院办案部门应当告知犯罪嫌疑人、被害人；被害人死亡或者没有诉讼行为能力的，应当告知其法定代理人、近亲属或诉讼代理人。

犯罪嫌疑人、被害人或被害人的法定代理人、近亲属、诉讼代理人提出申请，可以补充鉴定或者重新鉴定，鉴定费用由请求方承担。但原鉴定违反法定程序的，由人民检察院承担。

犯罪嫌疑人的辩护人或者近亲属以犯罪嫌疑人有患精神病可能而申请对犯罪嫌疑人进行鉴定的，鉴定费用由申请方承担。

第二百二十二条 对犯罪嫌疑人作精神病鉴定的期间不计入羁押期限和办案期限。

第八节 辨 认

第二百二十三条 为了查明案情，必要时，检察人员可以让被害人、证人和犯罪嫌疑人对与犯罪有关的物品、文件、尸体或场所进行辨认；也可以让被害人、证人对犯罪嫌疑人进行辨认，或者让犯罪嫌疑人对其他犯罪嫌疑人进行辨认。

第二百二十四条 辨认应当在检察人员的主持下进行，执行辨认的人员不得少于二人。在辨认前，应当向辨认人详细询问被辨认对象的具体特征，避免辨认人见到被辨认对象，并应当告知辨认人有意作虚假辨认应负的法律责任。

第二百二十五条 几名辨认人对同一被辨认对象进行辨认时，应当由每名辨认人单独进行。必要时，可以有见证人在场。

第二百二十六条 辨认时，应当将辨认对象混杂在其他对象中。不得在辨认前向辨认人展示辨认对象及其影像资料，不得给辨认人任何暗示。

辨认犯罪嫌疑人时，被辨认的人数不得少于七人，照片不得少于十张。

辨认物品时,同类物品不得少于五件,照片不得少于五张。

对犯罪嫌疑人的辨认,辨认人不愿公开进行时,可以在不暴露辨认人的情况下进行,并应当为其保守秘密。

第九节 技术侦查措施

第二百二十七条 人民检察院在立案后,对于利用职权实施的严重侵犯公民人身权利的重大犯罪案件,经过严格的批准手续,可以采取技术侦查措施,交有关机关执行。

第二百二十八条 人民检察院办理直接受理侦查的案件,需要追捕被通缉或者决定逮捕的在逃犯罪嫌疑人、被告人的,经过批准,可以采取追捕所必需的技术侦查措施,不受本规则第二百二十七条规定的案件范围的限制。

第二百二十九条 人民检察院采取技术侦查措施应当根据侦查犯罪的需要,确定采取技术侦查措施的种类和适用对象,按照有关规定报请批准。批准决定自签发之日起三个月以内有效。对于不需要继续采取技术侦查措施的,应当及时解除;对于复杂、疑难案件,期限届满仍有必要继续采取技术侦查措施的,应当在期限届满前十日以内制作呈请延长技术侦查措施期限报告书,写明延长的期限及理由,经过原批准机关批准,有效期可以延长,每次不得超过三个月。

采取技术侦查措施收集的材料作为证据使用的,批准采取技术侦查措施的法律文书应当附卷,辩护律师可以依法查阅、摘抄、复制。

第二百三十条 采取技术侦查措施收集的物证、书证及其他证据材料,检察人员应当制作相应的说明材料,写明获取证据的时间、地点、数量、特征以及采取技术侦查措施的批准机关、种类等,并签名和盖章。

对于使用技术侦查措施获取的证据材料,如果可能危及特定人员的人身安全、涉及国家秘密或者公开后可能暴露侦查秘密或者严重损害商业秘密、个人隐私的,应当采取不暴露有关人员身份、技术方法等保护措施。必要时,可以建议不在法庭上质证,由审判人员在庭外对证据进行核实。

第二百三十一条 检察人员对采取技术侦查措施过程中知悉的国家秘密、商业秘密和个人隐私,应当保密;对采取技术侦查措施获取的与案件无关的材料,应当及时销毁,并对销毁情况制作记录。

采取技术侦查措施获取的证据、线索及其他有关材料,只能用于对犯罪的侦查、起诉和审判,不得用于其他用途。

第十节 通 缉

第二百三十二条 人民检察院办理直接受理侦查的案件,应当逮捕的犯罪嫌疑人在逃,或者已被逮捕的犯罪嫌疑人脱逃的,经检察长批准,可以通缉。

第二百三十三条 各级人民检察院需要在本辖区内通缉犯罪嫌疑人的,可以直接决定通缉;需要在本辖区外通缉犯罪嫌疑人的,由有决定权的上级人民检察院决定。

第二百三十四条 人民检察院应当将通缉通知书和通缉对象的照片、身份、特征、案情简况送达公安机关,由公安机关发布通缉令,追捕归案。

第二百三十五条 为防止犯罪嫌疑人等涉案人员逃往境外,需要在边防口岸采取边控措施的,人民检察院应当按照有关规定制作边控对象通知书,商请公安机关办理边控手续。

第二百三十六条 应当逮捕的犯罪嫌疑人潜逃出境的,可以按照有关规定层报最高人民检察院商请国际刑警组织中国国家中心局,请求有关方面协助,或者通过其他法律规定的途径进行追捕。

第十一节 侦查终结

第二百三十七条 人民检察院经过侦查,认为犯罪事实清楚,证据确实、充分,依法应当追究刑事责任的,应当写出侦查终结报告,并且制作起诉意见书。

犯罪嫌疑人自愿认罪的,应当记录在案,随案移送,并在起诉意见书中写明有关情况。

对于犯罪情节轻微,依照刑法规定不需要判处刑罚或者免除刑罚的案件,应当写出侦查终结报告,并且制作不起诉意见书。

侦查终结报告和起诉意见书或者不起诉意见书应当报请检察长批准。

第二百三十八条 负责侦查的部门应当将起诉意见书或者不起诉意见书,查封、扣押、冻结的犯罪嫌疑人的财物及其孳息、文件清单以及对查封、扣押、冻结的涉案财物的处理意见和其他案卷材料,一并移送本院负责捕诉的部门审查。国家或者集体财产遭受损失的,在提出提起公诉意见的同时,可以提出提起附带民事诉讼的意见。

第二百三十九条 在案件侦查过程中,犯罪嫌疑人委托辩护律师的,检察人员可以听取辩护律师的意见。

辩护律师要求当面提出意见的,检察人员应当听取意见,并制作笔录附卷。辩护律师提出书面意见的,应当附卷。

侦查终结前,犯罪嫌疑人提出无罪或者罪轻的辩解,辩护律师提出犯罪嫌疑人无罪或者依法不应当追究刑事责任意见的,人民检察院应当依法予以核实。

案件侦查终结移送起诉时,人民检察院应当同时将案件移送情况告知犯罪嫌疑人及其辩护律师。

第二百四十条 人民检察院侦查终结的案件,需要在异地起诉、审判的,应当在移送起诉前与人民法院协商指定管辖的相关事宜。

第二百四十一条 上级人民检察院侦查终结的案件,依照刑事诉讼法的规定应当由下级人民检察院提起公诉或者不起诉的,应当将有关决定、侦查终结报告连同案卷材料交由下级人民检察院审查。

下级人民检察院认为上级人民检察院的决定有错误的,可以向上级人民检察院报告。上级人民检察院维持原决定的,下级人民检察院应当执行。

第二百四十二条 人民检察院在侦查过程中或者侦查终结后,

发现具有下列情形之一的，负责侦查的部门应当制作拟撤销案件意见书，报请检察长决定：

（一）具有刑事诉讼法第十六条规定情形之一的；

（二）没有犯罪事实的，或者依照刑法规定不负刑事责任或者不是犯罪的；

（三）虽有犯罪事实，但不是犯罪嫌疑人所为的。

对于共同犯罪的案件，如有符合本条规定情形的犯罪嫌疑人，应当撤销对该犯罪嫌疑人的立案。

第二百四十三条 地方各级人民检察院决定撤销案件的，负责侦查的部门应当将撤销案件意见书连同本案全部案卷材料，在法定期限届满七日前报上一级人民检察院审查；重大、复杂案件在法定期限届满十日前报上一级人民检察院审查。

对于共同犯罪案件，应当将处理同案犯罪嫌疑人的有关法律文书以及案件事实、证据材料复印件等，一并报送上一级人民检察院。

上一级人民检察院负责侦查的部门应当对案件事实、证据和适用法律进行全面审查。必要时，可以讯问犯罪嫌疑人。

上一级人民检察院负责侦查的部门审查后，应当提出是否同意撤销案件的意见，报请检察长决定。

人民检察院决定撤销案件的，应当告知控告人、举报人，听取其意见并记明笔录。

第二百四十四条 上一级人民检察院审查下级人民检察院报送的拟撤销案件，应当在收到案件后七日以内批复；重大、复杂案件，应当在收到案件后十日以内批复。情况紧急或者因其他特殊原因不能按时送达的，可以先行通知下级人民检察院执行。

第二百四十五条 上一级人民检察院同意撤销案件的，下级人民检察院应当作出撤销案件决定，并制作撤销案件决定书。上一级人民检察院不同意撤销案件的，下级人民检察院应当执行上一级人民检察院的决定。

报请上一级人民检察院审查期间，犯罪嫌疑人羁押期限届满的，应当依法释放犯罪嫌疑人或者变更强制措施。

第二百四十六条 撤销案件的决定,应当分别送达犯罪嫌疑人所在单位和犯罪嫌疑人。犯罪嫌疑人死亡的,应当送达犯罪嫌疑人原所在单位。如果犯罪嫌疑人在押,应当制作决定释放通知书,通知公安机关依法释放。

第二百四十七条 人民检察院作出撤销案件决定的,应当在三十日以内报经检察长批准,对犯罪嫌疑人的违法所得作出处理。情况特殊的,可以延长三十日。

第二百四十八条 人民检察院撤销案件时,对犯罪嫌疑人的违法所得及其他涉案财产应当区分不同情形,作出相应处理:

(一)因犯罪嫌疑人死亡而撤销案件,依照刑法规定应当追缴其违法所得及其他涉案财产的,按照本规则第十二章第四节的规定办理。

(二)因其他原因撤销案件,对于查封、扣押、冻结的犯罪嫌疑人违法所得及其他涉案财产需要没收的,应当提出检察意见,移送有关主管机关处理。

(三)对于冻结的犯罪嫌疑人存款、汇款、债券、股票、基金份额等财产需要返还被害人的,可以通知金融机构、邮政部门返还被害人;对于查封、扣押的犯罪嫌疑人的违法所得及其他涉案财产需要返还被害人的,直接决定返还被害人。

人民检察院申请人民法院裁定处理犯罪嫌疑人涉案财产的,应当向人民法院移送有关案卷材料。

第二百四十九条 人民检察院撤销案件时,对查封、扣押、冻结的犯罪嫌疑人的涉案财物需要返还犯罪嫌疑人的,应当解除查封、扣押或者书面通知有关金融机构、邮政部门解除冻结,返还犯罪嫌疑人或者其合法继承人。

第二百五十条 查封、扣押、冻结的财物,除依法应当返还被害人或者经查明确实与案件无关的以外,不得在诉讼程序终结之前处理。法律或者有关规定另有规定的除外。

第二百五十一条 处理查封、扣押、冻结的涉案财物,应当由检察长决定。

第二百五十二条 人民检察院直接受理侦查的共同犯罪案件,如果同案犯罪嫌疑人在逃,但在案犯罪嫌疑人犯罪事实清楚,证据确实、充分的,对在案犯罪嫌疑人应当根据本规则第二百三十七条的规定分别移送起诉或者移送不起诉。

由于同案犯罪嫌疑人在逃,在案犯罪嫌疑人的犯罪事实无法查清的,对在案犯罪嫌疑人应当根据案件的不同情况分别报请延长侦查羁押期限、变更强制措施或者解除强制措施。

第二百五十三条 人民检察院直接受理侦查的案件,对犯罪嫌疑人没有采取取保候审、监视居住、拘留或者逮捕措施的,负责侦查的部门应当在立案后二年以内提出移送起诉、移送不起诉或者撤销案件的意见;对犯罪嫌疑人采取取保候审、监视居住、拘留或者逮捕措施的,负责侦查的部门应当在解除或者撤销强制措施后一年以内提出移送起诉、移送不起诉或者撤销案件的意见。

第二百五十四条 人民检察院直接受理侦查的案件,撤销案件以后,又发现新的事实或者证据,认为有犯罪事实需要追究刑事责任的,可以重新立案侦查。

第十章 审查逮捕和审查起诉

第一节 一般规定

第二百五十五条 人民检察院办理审查逮捕、审查起诉案件,应当全面审查证明犯罪嫌疑人有罪或者无罪、罪轻或者罪重的证据。

第二百五十六条 经公安机关商请或者人民检察院认为确有必要时,可以派员适时介入重大、疑难、复杂案件的侦查活动,参加公安机关对于重大案件的讨论,对案件性质、收集证据、适用法律等提出意见,监督侦查活动是否合法。

经监察机关商请,人民检察院可以派员介入监察机关办理的职务犯罪案件。

第二百五十七条 对于批准逮捕后要求公安机关继续侦查、不批准逮捕后要求公安机关补充侦查或者审查起诉阶段退回公安机关补充侦查的案件,人民检察院应当分别制作继续侦查提纲或者补充侦查提纲,写明需要继续侦查或者补充侦查的事项、理由、侦查方向、需补充收集的证据及其证明作用等,送交公安机关。

第二百五十八条 人民检察院讯问犯罪嫌疑人时,应当首先查明犯罪嫌疑人的基本情况,依法告知犯罪嫌疑人诉讼权利和义务,以及认罪认罚的法律规定,听取其供述和辩解。犯罪嫌疑人翻供的,应当讯问其原因。犯罪嫌疑人申请排除非法证据的,应当告知其提供相关线索或者材料。犯罪嫌疑人检举揭发他人犯罪的,应当予以记录,并依照有关规定移送有关机关、部门处理。

讯问犯罪嫌疑人应当制作讯问笔录,并交犯罪嫌疑人核对或者向其宣读。经核对无误后逐页签名或者盖章,并捺指印后附卷。犯罪嫌疑人请求自行书写供述的,应当准许,但不得以自行书写的供述代替讯问笔录。

犯罪嫌疑人被羁押的,讯问应当在看守所讯问室进行。

第二百五十九条 办理审查逮捕、审查起诉案件,可以询问证人、被害人、鉴定人等诉讼参与人,并制作笔录附卷。询问时,应当告知其诉讼权利和义务。

询问证人、被害人的地点按照刑事诉讼法第一百二十四条的规定执行。

第二百六十条 讯问犯罪嫌疑人,询问被害人、证人、鉴定人,听取辩护人、被害人及其诉讼代理人的意见,应当由检察人员负责进行。检察人员或者检察人员和书记员不得少于二人。

讯问犯罪嫌疑人,询问证人、鉴定人、被害人,应当个别进行。

第二百六十一条 办理审查逮捕案件,犯罪嫌疑人已经委托辩护律师的,可以听取辩护律师的意见。辩护律师提出要求的,应当听取辩护律师的意见。对辩护律师的意见应当制作笔录,辩护律师提出的书面意见应当附卷。

办理审查起诉案件,应当听取辩护人或者值班律师、被害人及其诉讼代理人的意见,并制作笔录。辩护人或者值班律师、被害人及其诉讼代理人提出书面意见的,应当附卷。

对于辩护律师在审查逮捕、审查起诉阶段多次提出意见的,均应如实记录。

辩护律师提出犯罪嫌疑人不构成犯罪、无社会危险性、不适宜羁押或者侦查活动有违法犯罪情形等书面意见的,检察人员应当审查,并在相关工作文书中说明是否采纳的情况和理由。

第二百六十二条 直接听取辩护人、被害人及其诉讼代理人的意见有困难的,可以通过电话、视频等方式听取意见并记录在案,或者通知辩护人、被害人及其诉讼代理人提出书面意见。无法通知或者在指定期限内未提出意见的,应当记录在案。

第二百六十三条 对于公安机关提请批准逮捕、移送起诉的案件,检察人员审查时发现存在本规则第七十五条第一款规定情形的,可以调取公安机关讯问犯罪嫌疑人的录音、录像并审查相关的录音、录像。对于重大、疑难、复杂的案件,必要时可以审查全部录音、录像。

对于监察机关移送起诉的案件,认为需要调取有关录音、录像的,可以商监察机关调取。

对于人民检察院直接受理侦查的案件,审查时发现负责侦查的部门未按照本规则第七十五条第三款的规定移送录音、录像或者移送不全的,应当要求其补充移送。对取证合法性或者讯问笔录真实性等产生疑问的,应当有针对性地审查相关的录音、录像。对于重大、疑难、复杂的案件,可以审查全部录音、录像。

第二百六十四条 经审查讯问犯罪嫌疑人录音、录像,发现公安机关、本院负责侦查的部门讯问不规范,讯问过程存在违法行为,录音、录像内容与讯问笔录不一致等情形的,应当逐一列明并向公安机关、本院负责侦查的部门书面提出,要求其予以纠正、补正或者书面作出合理解释。发现讯问笔录与讯问犯罪嫌疑人录音、录像内容有重大实质性差异的,或者公安机关、本院负责侦查的部门不能补正或者作出合理解释的,该讯问笔录不能作为批准或者决定逮捕、提起公诉的依据。

第二百六十五条 犯罪嫌疑人及其辩护人申请排除非法证据,并提供相关线索或者材料的,人民检察院应当调查核实。发现侦查人员以刑讯逼供等非法方法收集证据的,应当依法排除相关证据并提出纠正意见。

审查逮捕期限届满前,经审查无法确定存在非法取证的行为,但也不能排除非法取证可能的,该证据不作为批准逮捕的依据。检察官应当根据在案的其他证据认定案件事实和决定是否逮捕,并在作出批准或者不批准逮捕的决定后,继续对可能存在的非法取证行为进行调查核实。经调查核实确认存在以刑讯逼供等非法方法收集证据情形的,应当向公安机关提出纠正意见。以非法方法收集的证据,不得作为提起公诉的依据。

第二百六十六条 审查逮捕期间,犯罪嫌疑人申请排除非法证据,但未提交相关线索或者材料,人民检察院经全面审查案件事实、证据,未发现侦查人员存在以非法方法收集证据的情形,认为符合逮捕条件的,可以批准逮捕。

审查起诉期间,犯罪嫌疑人及其辩护人又提出新的线索或者证据,或者人民检察院发现新的证据,经调查核实认为侦查人员存在以刑讯逼供等非法方法收集证据情形的,应当依法排除非法证据,不得作为提起公诉的依据。

排除非法证据后,犯罪嫌疑人不再符合逮捕条件但案件需要继续审查起诉的,应当及时变更强制措施。案件不符合起诉条件的,应当作出不起诉决定。

第二节 认罪认罚从宽案件办理

第二百六十七条 人民检察院办理犯罪嫌疑人认罪认罚案件,应当保障犯罪嫌疑人获得有效法律帮助,确保其了解认罪认罚的性质和法律后果,自愿认罪认罚。

人民检察院受理案件后,应当向犯罪嫌疑人了解其委托辩护人的情况。犯罪嫌疑人自愿认罪认罚、没有辩护人的,在审查逮捕阶段,人民检察院应当要求公安机关通知值班律师为其提供法律帮助;在审查起诉阶段,人民检察院应当通知值班律师为其提供法律帮助。符合通知辩护条件的,应当依法通知法律援助机构指派律师为其提供辩护。

第二百六十八条 人民检察院应当商法律援助机构设立法律援助工作站派驻值班律师或者及时安排值班律师,为犯罪嫌疑人提供法律咨询、程序选择建议、申请变更强制措施、对案件处理提出意见等法律帮助。

人民检察院应当告知犯罪嫌疑人有权约见值班律师,并为其约见值班律师提供便利。

第二百六十九条 犯罪嫌疑人认罪认罚的,人民检察院应当告知其享有的诉讼权利和认罪认罚的法律规定,听取犯罪嫌疑人、辩护人或者值班律师、被害人及其诉讼代理人对下列事项的意见,并记录在案:

(一)涉嫌的犯罪事实、罪名及适用的法律规定;

(二)从轻、减轻或者免除处罚等从宽处罚的建议;

(三)认罪认罚后案件审理适用的程序;

(四)其他需要听取意见的事项。

依照前款规定听取值班律师意见的,应当提前为值班律师了解案件有关情况提供必要的便利。自人民检察院对案件审查起诉之日起,值班律师可以查阅案卷材料,了解案情。人民检察院应当为值班律师查阅案卷材料提供便利。

人民检察院不采纳辩护人或者值班律师所提意见的,应当向其说明理由。

第二百七十条 批准或者决定逮捕,应当将犯罪嫌疑人涉嫌犯罪的性质、情节,认罪认罚等情况,作为是否可能发生社会危险性的考虑因素。

已经逮捕的犯罪嫌疑人认罪认罚的,人民检察院应当及时对羁押必要性进行审查。经审查,认为没有继续羁押必要的,应当予以释放或者变更强制措施。

第二百七十一条 审查起诉阶段,对于在侦查阶段认罪认罚的案件,人民检察院应当重点审查以下内容:

(一)犯罪嫌疑人是否自愿认罪认罚,有无因受到暴力、威胁、引诱而违背意愿认罪认罚;

(二)犯罪嫌疑人认罪认罚时的认知能力和精神状态是否正常;

(三)犯罪嫌疑人是否理解认罪认罚的性质和可能导致的法律后果;

(四)公安机关是否告知犯罪嫌疑人享有的诉讼权利,如实供述自己罪行可以从宽处理和认罪认罚的法律规定,并听取意见;

(五)起诉意见书中是否写明犯罪嫌疑人认罪认罚情况;

(六)犯罪嫌疑人是否真诚悔罪,是否向被害人赔礼道歉。

经审查,犯罪嫌疑人违背意愿认罪认罚的,人民检察院可以重新开展认罪认罚工作。存在刑讯逼供等非法取证行为的,依照法律规定处理。

第二百七十二条 犯罪嫌疑人自愿认罪认罚,同意量刑建议和程序适用的,应当在辩护人或者值班律师在场的情况下签署认罪认罚具结书。具结书应当包括犯罪嫌疑人如实供述罪行、同意量刑建议和程序适用等内容,由犯罪嫌疑人及其辩护人、值班律师签名。

犯罪嫌疑人具有下列情形之一的,不需要签署认罪认罚具结书:

(一)犯罪嫌疑人是盲、聋、哑人,或者是尚未完全丧失辨认或者控制自己行为能力的精神病人的;

(二)未成年犯罪嫌疑人的法定代理人、辩护人对未成年人认罪认罚有异议的;

(三)其他不需要签署认罪认罚具结书的情形。

有前款情形,犯罪嫌疑人未签署认罪认罚具结书的,不影响认罪认罚从宽制度的适用。

第二百七十三条 犯罪嫌疑人认罪认罚，人民检察院经审查，认为符合速裁程序适用条件的，应当在十日以内作出是否提起公诉的决定，对可能判处的有期徒刑超过一年的，可以延长至十五日；认为不符合速裁程序适用条件的，应当在本规则第三百五十一条规定的期限以内作出是否提起公诉的决定。

对于公安机关建议适用速裁程序办理的案件，人民检察院负责案件管理的部门应当在受理案件的当日将案件移送负责捕诉的部门。

第二百七十四条 认罪认罚案件，人民检察院向人民法院提起公诉的，应当提出量刑建议，在起诉书中写明被告人认罪认罚情况，并移送认罪认罚具结书等材料。量刑建议可以另行制作文书，也可以在起诉书中写明。

第二百七十五条 犯罪嫌疑人认罪认罚的，人民检察院应当就主刑、附加刑、是否适用缓刑等提出量刑建议。量刑建议一般应当为确定刑。对新类型、不常见犯罪案件，量刑情节复杂的重罪案件等，也可以提出幅度刑量刑建议。

第二百七十六条 办理认罪认罚案件，人民检察院应当将犯罪嫌疑人是否与被害方达成和解或者调解协议，或者赔偿被害方损失，取得被害方谅解，或者自愿承担公益损害修复、赔偿责任，作为提出量刑建议的重要考虑因素。

犯罪嫌疑人自愿认罪并且愿意积极赔偿损失，但由于被害方赔偿请求明显不合理，未能达成和解或者调解协议的，一般不影响对犯罪嫌疑人从宽处理。

对于符合当事人和解程序适用条件的公诉案件，犯罪嫌疑人认罪认罚的，人民检察院应当积极促使当事人自愿达成和解。和解协议书和被害方出具的谅解意见应当随案移送。被害方符合司法救助条件的，人民检察院应当积极协调办理。

第二百七十七条 犯罪嫌疑人认罪认罚，人民检察院拟提出适用缓刑或者判处管制的量刑建议,可以委托犯罪嫌疑人居住地的社区矫正机构进行调查评估,也可以自行调查评估。

第二百七十八条 犯罪嫌疑人认罪认罚,人民检察院依照刑事诉讼法第一百七十七条第二款作出不起诉决定后,犯罪嫌疑人反悔的,人民检察院应当进行审查,并区分下列情形依法作出处理:

(一)发现犯罪嫌疑人没有犯罪事实,或者符合刑事诉讼法第十六条规定的情形之一的,应当撤销原不起诉决定,依照刑事诉讼法第一百七十七条第一款的规定重新作出不起诉决定;

(二)犯罪嫌疑人犯罪情节轻微,依照刑法不需要判处刑罚或者免除刑罚的,可以维持原不起诉决定;

(三)排除认罪认罚因素后,符合起诉条件的,应当根据案件具体情况撤销原不起诉决定,依法提起公诉。

第二百七十九条 犯罪嫌疑人自愿如实供述涉嫌犯罪的事实,有重大立功或者案件涉及国家重大利益的,经最高人民检察院核准,公安机关可以撤销案件,人民检察院可以作出不起诉决定,也可以对涉嫌数罪中的一项或者多项不起诉。

前款规定的不起诉,应当由检察长决定。决定不起诉的,人民检察院应当及时对查封、扣押、冻结的财物及其孳息作出处理。

第三节 审查批准逮捕

第二百八十条 人民检察院办理审查逮捕案件,可以讯问犯罪嫌疑人;具有下列情形之一的,应当讯问犯罪嫌疑人:

(一)对是否符合逮捕条件有疑问的;

(二)犯罪嫌疑人要求向检察人员当面陈述的;

(三)侦查活动可能有重大违法行为的;

(四)案情重大、疑难、复杂的;

(五)犯罪嫌疑人认罪认罚的;

(六)犯罪嫌疑人系未成年人的;

(七)犯罪嫌疑人是盲、聋、哑人或者是尚未完全丧失辨认或者控制自己行为能力的精神病人的。

讯问未被拘留的犯罪嫌疑人，讯问前应当听取公安机关的意见。

办理审查逮捕案件，对被拘留的犯罪嫌疑人不予讯问的，应当送达听取犯罪嫌疑人意见书，由犯罪嫌疑人填写后及时收回审查并附卷。经审查认为应当讯问犯罪嫌疑人的，应当及时讯问。

第二百八十一条 对有重大影响的案件，可以采取当面听取侦查人员、犯罪嫌疑人及其辩护人等意见的方式进行公开审查。

第二百八十二条 对公安机关提请批准逮捕的犯罪嫌疑人，已经被拘留的，人民检察院应当在收到提请批准逮捕书后七日以内作出是否批准逮捕的决定；未被拘留的，应当在收到提请批准逮捕书后十五日以内作出是否批准逮捕的决定，重大、复杂案件，不得超过二十日。

第二百八十三条 上级公安机关指定犯罪地或者犯罪嫌疑人居住地以外的下级公安机关立案侦查的案件，需要逮捕犯罪嫌疑人的，由侦查该案件的公安机关提请同级人民检察院审查批准逮捕。人民检察院应当依法作出批准或者不批准逮捕的决定。

第二百八十四条 对公安机关提请批准逮捕的犯罪嫌疑人，人民检察院经审查认为符合本规则第一百二十八条、第一百三十六条、第一百三十八条规定情形，应当作出批准逮捕的决定，连同案卷材料送达公安机关执行，并可以制作继续侦查提纲，送交公安机关。

第二百八十五条 对公安机关提请批准逮捕的犯罪嫌疑人，具有本规则第一百三十九条至第一百四十一条规定情形，人民检察院作出不批准逮捕决定的，应当说明理由，连同案卷材料送达公安机关执行。需要补充侦查的，应当制作补充侦查提纲，送交公安机关。

人民检察院办理审查逮捕案件，不另行侦查，不得直接提出采取取保候审措施的意见。

对于因犯罪嫌疑人没有犯罪事实、具有刑事诉讼法第十六条规定的情形之一或者证据不足，人民检察院拟作出不批准逮捕决定的，应当经检察长批准。

第二百八十六条 人民检察院应当将批准逮捕的决定交公安机关立即执行,并要求公安机关将执行回执及时送达作出批准决定的人民检察院。如果未能执行,也应当要求其将回执及时送达人民检察院,并写明未能执行的原因。对于人民检察院不批准逮捕的,应当要求公安机关在收到不批准逮捕决定书后,立即释放在押的犯罪嫌疑人或者变更强制措施,并将执行回执在收到不批准逮捕决定书后三日以内送达作出不批准逮捕决定的人民检察院。

公安机关在收到不批准逮捕决定书后对在押的犯罪嫌疑人不立即释放或者变更强制措施的,人民检察院应当提出纠正意见。

第二百八十七条 对于没有犯罪事实或者犯罪嫌疑人具有刑事诉讼法第十六条规定情形之一,人民检察院作出不批准逮捕决定的,应当同时告知公安机关撤销案件。

对于有犯罪事实需要追究刑事责任,但不是被立案侦查的犯罪嫌疑人实施,或者共同犯罪案件中部分犯罪嫌疑人不负刑事责任,人民检察院作出不批准逮捕决定的,应当同时告知公安机关对有关犯罪嫌疑人终止侦查。

公安机关在收到不批准逮捕决定书后超过十五日未要求复议、提请复核,也不撤销案件或者终止侦查的,人民检察院应当发出纠正违法通知书。公安机关仍不纠正的,报上一级人民检察院协商同级公安机关处理。

第二百八十八条 人民检察院办理公安机关提请批准逮捕的案件,发现遗漏应当逮捕的犯罪嫌疑人的,应当经检察长批准,要求公安机关提请批准逮捕。公安机关不提请批准逮捕或者说明的不提请批准逮捕的理由不成立的,人民检察院可以直接作出逮捕决定,送达公安机关执行。

第二百八十九条 对已经作出的批准逮捕决定发现确有错误的,人民检察院应当撤销原批准逮捕决定,送达公安机关执行。

对已经作出的不批准逮捕决定发现确有错误,需要批准逮捕的,人民检察院应当撤销原不批准逮捕决定,并重新作出批准逮捕决定,送达公安机关执行。

对因撤销原批准逮捕决定而被释放的犯罪嫌疑人或者逮捕后公安机关变更为取保候审、监视居住的犯罪嫌疑人，又发现需要逮捕的，人民检察院应当重新办理逮捕手续。

第二百九十条 对不批准逮捕的案件，公安机关要求复议的，人民检察院负责捕诉的部门应当另行指派检察官或者检察官办案组进行审查，并在收到要求复议意见书和案卷材料后七日以内，经检察长批准，作出是否变更的决定，通知公安机关。

第二百九十一条 对不批准逮捕的案件，公安机关提请上一级人民检察院复核的，上一级人民检察院应当在收到提请复核意见书和案卷材料后十五日以内，经检察长批准，作出是否变更的决定，通知下级人民检察院和公安机关执行。需要改变原决定的，应当通知作出不批准逮捕决定的人民检察院撤销原不批准逮捕决定，另行制作批准逮捕决定书。必要时，上级人民检察院也可以直接作出批准逮捕决定，通知下级人民检察院送达公安机关执行。

对于经复议复核维持原不批准逮捕决定的，人民检察院向公安机关送达复议复核决定时应当说明理由。

第二百九十二条 人民检察院作出不批准逮捕决定，并且通知公安机关补充侦查的案件，公安机关在补充侦查后又要求复议的，人民检察院应当告知公安机关重新提请批准逮捕。公安机关坚持要求复议的，人民检察院不予受理。

对于公安机关补充侦查后应当提请批准逮捕而不提请批准逮捕的，按照本规则第二百八十八条的规定办理。

第二百九十三条 对公安机关提请批准逮捕的案件，负责捕诉的部门应当将批准、变更、撤销逮捕措施的情况书面通知本院负责刑事执行检察的部门。

第二百九十四条 外国人、无国籍人涉嫌危害国家安全犯罪的案件或者涉及国与国之间政治、外交关系的案件以及在适用法律上确有疑难的案件，需要逮捕犯罪嫌疑人的，按照刑事诉讼法关于管辖的规定,分别由基层人民检察院或者设区的市级人民检察院审查并提出意见,层报最高人民检察院审查。最高人民检察院认为需要逮捕的,经征求外交部的意见后,作出批准逮捕的批复;认为不需要逮捕的,作出不批准逮捕的批复。基层人民检察院或者设区的市级人民检察院根据最高人民检察院的批复,依法作出批准或者不批准逮捕的决定。层报过程中,上级人民检察院认为不需要逮捕的,应当作出不批准逮捕的批复。报送的人民检察院根据批复依法作出不批准逮捕的决定。

基层人民检察院或者设区的市级人民检察院认为不需要逮捕的,可以直接依法作出不批准逮捕的决定。

外国人、无国籍人涉嫌本条第一款规定以外的其他犯罪案件,决定批准逮捕的人民检察院应当在作出批准逮捕决定后四十八小时以内报上一级人民检察院备案,同时向同级人民政府外事部门通报。上一级人民检察院经审查发现批准逮捕决定错误的,应当依法及时纠正。

第二百九十五条 人民检察院办理审查逮捕的危害国家安全犯罪案件,应当报上一级人民检察院备案。

上一级人民检察院经审查发现错误的,应当依法及时纠正。

第四节 审查决定逮捕

第二百九十六条 人民检察院办理直接受理侦查的案件,需要逮捕犯罪嫌疑人的,由负责侦查的部门制作逮捕犯罪嫌疑人意见书,连同案卷材料、讯问犯罪嫌疑人录音、录像一并移送本院负责捕诉的部门审查。犯罪嫌疑人已被拘留的,负责侦查的部门应当在拘留后七日以内将案件移送本院负责捕诉的部门审查。

第二百九十七条 对本院负责侦查的部门移送审查逮捕的案件,犯罪嫌疑人已被拘留的,负责捕诉的部门应当在收到逮捕犯罪嫌疑人意见书后七日以内,报请检察长决定是否逮捕,特殊情况下,决定逮捕的时间可以延长一日至三日;犯罪嫌疑人未被拘留的,负责捕诉的部门应当在收到逮捕犯罪嫌疑人意见书后十五日以内,报请检察长决定是否逮捕,重大、复杂案件,不得超过二十日。

第二百九十八条 对犯罪嫌疑人决定逮捕的,负责捕诉的部门应当将逮捕决定书连同案卷材料、讯问犯罪嫌疑人录音、录像移交负责侦查的部门,并可以对收集证据、适用法律提出意见。由负责侦查的部门通知公安机关执行,必要时可以协助执行。

第二百九十九条 对犯罪嫌疑人决定不予逮捕的,负责捕诉的部门应当将不予逮捕的决定连同案卷材料、讯问犯罪嫌疑人录音、录像移交负责侦查的部门,并说明理由。需要补充侦查的,应当制作补充侦查提纲。犯罪嫌疑人已被拘留的,负责侦查的部门应当通知公安机关立即释放。

第三百条 对应当逮捕而本院负责侦查的部门未移送审查逮捕的犯罪嫌疑人,负责捕诉的部门应当向负责侦查的部门提出移送审查逮捕犯罪嫌疑人的建议。建议不被采纳的,应当报请检察长决定。

第三百零一条 逮捕犯罪嫌疑人后,应当立即送看守所羁押。除无法通知的以外,负责侦查的部门应当把逮捕的原因和羁押的处所,在二十四小时以内通知其家属。对于无法通知的,在无法通知的情形消除后,应当立即通知其家属。

第三百零二条 对被逮捕的犯罪嫌疑人,应当在逮捕后二十四小时以内进行讯问。

发现不应当逮捕的,应当经检察长批准,撤销逮捕决定或者变更为其他强制措施,并通知公安机关执行,同时通知负责捕诉的部门。

对按照前款规定被释放或者变更强制措施的犯罪嫌疑人,又发现需要逮捕的,应当重新移送审查逮捕。

第三百零三条 已经作出不予逮捕的决定,又发现需要逮捕犯罪嫌疑人的,应当重新办理逮捕手续。

第三百零四条 犯罪嫌疑人在异地羁押的,负责侦查的部门应当将决定、变更、撤销逮捕措施的情况书面通知羁押地人民检察院负责刑事执行检察的部门。

第五节 延长侦查羁押期限和重新计算侦查羁押期限

第三百零五条 人民检察院办理直接受理侦查的案件,对犯罪嫌疑人逮捕后的侦查羁押期限不得超过二个月。案情复杂、期限届满不能终结的案件,可以经上一级人民检察院批准延长一个月。

第三百零六条 设区的市级人民检察院和基层人民检察院办理直接受理侦查的案件,符合刑事诉讼法第一百五十八条规定,在本规则第三百零五条规定的期限届满前不能侦查终结的,经省级人民检察院批准,可以延长二个月。

省级人民检察院直接受理侦查的案件,有前款情形的,可以直接决定延长二个月。

第三百零七条 设区的市级人民检察院和基层人民检察院办理直接受理侦查的案件,对犯罪嫌疑人可能判处十年有期徒刑以上刑罚,依照本规则第三百零六条的规定依法延长羁押期限届满,仍不能侦查终结的,经省级人民检察院批准,可以再延长二个月。

省级人民检察院办理直接受理侦查的案件,有前款情形的,可以直接决定再延长二个月。

第三百零八条 最高人民检察院办理直接受理侦查的案件,依照刑事诉讼法的规定需要延长侦查羁押期限的,直接决定延长侦查羁押期限。

第三百零九条 公安机关需要延长侦查羁押期限的,人民检察院应当要求其在侦查羁押期限届满七日前提请批准延长侦查羁押期限。

人民检察院办理直接受理侦查的案件,负责侦查的部门认为需要延长侦查羁押期限的,应当按照前款规定向本院负责捕诉的部门移送延长侦查羁押期限意见书及有关材料。

对于超过法定羁押期限提请延长侦查羁押期限的,不予受理。

第三百一十条 人民检察院审查批准或者决定延长侦查羁押期限,由负责捕诉的部门办理。

受理案件的人民检察院对延长侦查羁押期限的意见审查后，应当提出是否同意延长侦查羁押期限的意见，将公安机关延长侦查羁押期限的意见和本院的审查意见层报有决定权的人民检察院审查决定。

第三百一十一条 对于同时具备下列条件的案件，人民检察院应当作出批准延长侦查羁押期限一个月的决定：

（一）符合刑事诉讼法第一百五十六条的规定；

（二）符合逮捕条件；

（三）犯罪嫌疑人有继续羁押的必要。

第三百一十二条 犯罪嫌疑人虽然符合逮捕条件，但经审查，公安机关在对犯罪嫌疑人执行逮捕后二个月以内未有效开展侦查工作或者侦查取证工作没有实质进展的，人民检察院可以作出不批准延长侦查羁押期限的决定。

犯罪嫌疑人不符合逮捕条件，需要撤销下级人民检察院逮捕决定的，上级人民检察院在作出不批准延长侦查羁押期限决定的同时，应当作出撤销逮捕的决定，或者通知下级人民检察院撤销逮捕决定。

第三百一十三条 有决定权的人民检察院作出批准延长侦查羁押期限或者不批准延长侦查羁押期限的决定后，应当将决定书交由最初受理案件的人民检察院送达公安机关。

最初受理案件的人民检察院负责捕诉的部门收到批准延长侦查羁押期限决定书或者不批准延长侦查羁押期限决定书，应当书面告知本院负责刑事执行检察的部门。

第三百一十四条 因为特殊原因，在较长时间内不宜交付审判的特别重大复杂的案件，由最高人民检察院报请全国人民代表大会常务委员会批准延期审理。

第三百一十五条 人民检察院在侦查期间发现犯罪嫌疑人另有重要罪行的，自发现之日起依照本规则第三百零五条的规定重新计算侦查羁押期限。

另有重要罪行是指与逮捕时的罪行不同种的重大犯罪或者同种

的影响罪名认定、量刑档次的重大犯罪。

第三百一十六条 人民检察院重新计算侦查羁押期限,应当由负责侦查的部门提出重新计算侦查羁押期限的意见,移送本院负责捕诉的部门审查。负责捕诉的部门审查后应当提出是否同意重新计算侦查羁押期限的意见,报检察长决定。

第三百一十七条 对公安机关重新计算侦查羁押期限的备案,由负责捕诉的部门审查。负责捕诉的部门认为公安机关重新计算侦查羁押期限不当的,应当提出纠正意见。

第三百一十八条 人民检察院直接受理侦查的案件,不能在法定侦查羁押期限内侦查终结的,应当依法释放犯罪嫌疑人或者变更强制措施。

第三百一十九条 负责捕诉的部门审查延长侦查羁押期限、审查重新计算侦查羁押期限,可以讯问犯罪嫌疑人,听取辩护律师和侦查人员的意见,调取案卷及相关材料等。

第六节 核准追诉

第三百二十条 法定最高刑为无期徒刑、死刑的犯罪,已过二十年追诉期限的,不再追诉。如果认为必须追诉的,须报请最高人民检察院核准。

第三百二十一条 须报请最高人民检察院核准追诉的案件,公安机关在核准之前可以依法对犯罪嫌疑人采取强制措施。

公安机关报请核准追诉并提请逮捕犯罪嫌疑人,人民检察院经审查认为必须追诉而且符合法定逮捕条件的,可以依法批准逮捕,同时要求公安机关在报请核准追诉期间不得停止对案件的侦查。

未经最高人民检察院核准,不得对案件提起公诉。

第三百二十二条 报请核准追诉的案件应当同时符合下列条件:

(一)有证据证明存在犯罪事实,且犯罪事实是犯罪嫌疑人实施的;

（二）涉嫌犯罪的行为应当适用的法定量刑幅度的最高刑为无期徒刑或者死刑；

（三）涉嫌犯罪的性质、情节和后果特别严重，虽然已过二十年追诉期限，但社会危害性和影响依然存在，不追诉会严重影响社会稳定或者产生其他严重后果，而必须追诉的；

（四）犯罪嫌疑人能够及时到案接受追诉。

第三百二十三条 公安机关报请核准追诉的案件，由同级人民检察院受理并层报最高人民检察院审查决定。

第三百二十四条 地方各级人民检察院对公安机关报请核准追诉的案件，应当及时进行审查并开展必要的调查。经检察委员会审议提出是否同意核准追诉的意见，制作报请核准追诉案件报告书，连同案卷材料一并层报最高人民检察院。

第三百二十五条 最高人民检察院收到省级人民检察院报送的报请核准追诉案件报告书及案卷材料后，应当及时审查，必要时指派检察人员到案发地了解案件有关情况。经检察长批准，作出是否核准追诉的决定，并制作核准追诉决定书或者不予核准追诉决定书，逐级下达至最初受理案件的人民检察院，由其送达报请核准追诉的公安机关。

第三百二十六条 对已经采取强制措施的案件，强制措施期限届满不能作出是否核准追诉决定的，应当对犯罪嫌疑人变更强制措施或者延长侦查羁押期限。

第三百二十七条 最高人民检察院决定核准追诉的案件，最初受理案件的人民检察院应当监督公安机关的侦查工作。

最高人民检察院决定不予核准追诉，公安机关未及时撤销案件的，同级人民检察院应当提出纠正意见。犯罪嫌疑人在押的，应当立即释放。

第七节 审查起诉

第三百二十八条 各级人民检察院提起公诉，应当与人民法院审判管辖相适应。负责捕诉的部门收到移送起诉的案件后,经审查认为不属于本院管辖的,应当在发现之日起五日以内经由负责案件管理的部门移送有管辖权的人民检察院。

属于上级人民法院管辖的第一审案件,应当报送上级人民检察院,同时通知移送起诉的公安机关;属于同级其他人民法院管辖的第一审案件,应当移送有管辖权的人民检察院或者报送共同的上级人民检察院指定管辖,同时通知移送起诉的公安机关。

上级人民检察院受理同级公安机关移送起诉的案件,认为属于下级人民法院管辖的,可以交下级人民检察院审查,由下级人民检察院向同级人民法院提起公诉,同时通知移送起诉的公安机关。

一人犯数罪、共同犯罪和其他需要并案审理的案件,只要其中一人或者一罪属于上级人民检察院管辖的,全案由上级人民检察院审查起诉。

公安机关移送起诉的案件,需要依照刑事诉讼法的规定指定审判管辖的,人民检察院应当在公安机关移送起诉前协商同级人民法院办理指定管辖有关事宜。

第三百二十九条 监察机关移送起诉的案件,需要依照刑事诉讼法的规定指定审判管辖的,人民检察院应当在监察机关移送起诉二十日前协商同级人民法院办理指定管辖有关事宜。

第三百三十条 人民检察院审查移送起诉的案件,应当查明:

(一)犯罪嫌疑人身份状况是否清楚,包括姓名、性别、国籍、出生年月日、职业和单位等;单位犯罪的,单位的相关情况是否清楚;

(二)犯罪事实、情节是否清楚;实施犯罪的时间、地点、手段、危害后果是否明确;

(三)认定犯罪性质和罪名的意见是否正确;有无法定的从重、从轻、减轻或者免除处罚情节及酌定从重、从轻情节;共同犯罪案件的犯罪嫌疑人在犯罪活动中的责任认定是否恰当;

(四)犯罪嫌疑人是否认罪认罚;

(五)证明犯罪事实的证据材料是否随案移送;证明相关财产系

违法所得的证据材料是否随案移送；不宜移送的证据的清单、复制件、照片或者其他证明文件是否随案移送；

（六）证据是否确实、充分，是否依法收集，有无应当排除非法证据的情形；

（七）采取侦查措施包括技术侦查措施的法律手续和诉讼文书是否完备；

（八）有无遗漏罪行和其他应当追究刑事责任的人；

（九）是否属于不应当追究刑事责任的；

（十）有无附带民事诉讼；对于国家财产、集体财产遭受损失的，是否需要由人民检察院提起附带民事诉讼；对于破坏生态环境和资源保护，食品药品安全领域侵害众多消费者合法权益，侵害英雄烈士的姓名、肖像、名誉、荣誉等损害社会公共利益的行为，是否需要由人民检察院提起附带民事公益诉讼；

（十一）采取的强制措施是否适当，对于已经逮捕的犯罪嫌疑人，有无继续羁押的必要；

（十二）侦查活动是否合法；

（十三）涉案财物是否查封、扣押、冻结并妥善保管，清单是否齐备；对被害人合法财产的返还和对违禁品或者不宜长期保存的物品的处理是否妥当，移送的证明文件是否完备。

第三百三十一条 人民检察院办理审查起诉案件应当讯问犯罪嫌疑人。

第三百三十二条 人民检察院认为需要对案件中某些专门性问题进行鉴定而监察机关或者公安机关没有鉴定的，应当要求监察机关或者公安机关进行鉴定。必要时，也可以由人民检察院进行鉴定，或者由人民检察院聘请有鉴定资格的人进行鉴定。

人民检察院自行进行鉴定的，可以商请监察机关或者公安机关派员参加，必要时可以聘请有鉴定资格或者有专门知识的人参加。

第三百三十三条 在审查起诉中，发现犯罪嫌疑人可能患有精神病的，人民检察院应当依照本规则的有关规定对犯罪嫌疑人进行鉴定。

犯罪嫌疑人的辩护人或者近亲属以犯罪嫌疑人可能患有精神病而申请对犯罪嫌疑人进行鉴定的,人民检察院也可以依照本规则的有关规定对犯罪嫌疑人进行鉴定。鉴定费用由申请方承担。

第三百三十四条 人民检察院对鉴定意见有疑问的,可以询问鉴定人或者有专门知识的人并制作笔录附卷,也可以指派有鉴定资格的检察技术人员或者聘请其他有鉴定资格的人进行补充鉴定或者重新鉴定。

人民检察院对鉴定意见等技术性证据材料需要进行专门审查的,按照有关规定交检察技术人员或者其他有专门知识的人进行审查并出具审查意见。

第三百三十五条 人民检察院审查案件时,对监察机关或者公安机关的勘验、检查,认为需要复验、复查的,应当要求其复验、复查,人民检察院可以派员参加;也可以自行复验、复查,商请监察机关或者公安机关派员参加,必要时也可以指派检察技术人员或者聘请其他有专门知识的人参加。

第三百三十六条 人民检察院对物证、书证、视听资料、电子数据及勘验、检查、辨认、侦查实验等笔录存在疑问的,可以要求调查人员或者侦查人员提供获取、制作的有关情况,必要时也可以询问提供相关证据材料的人员和见证人并制作笔录附卷,对物证、书证、视听资料、电子数据进行鉴定。

第三百三十七条 人民检察院在审查起诉阶段认为需要逮捕犯罪嫌疑人的,应当经检察长决定。

第三百三十八条 对于人民检察院正在审查起诉的案件,被逮捕的犯罪嫌疑人及其法定代理人、近亲属或者辩护人认为羁押期限届满,向人民检察院提出释放犯罪嫌疑人或者变更强制措施要求的,人民检察院应当在三日以内审查决定。经审查,认为法定期限届满的,应当决定释放或者依法变更强制措施,并通知公安机关执行;认为法定期限未满的,书面答复申请人。

第三百三十九条 人民检察院对案件进行审查后，应当依法作出起诉或者不起诉以及是否提起附带民事诉讼、附带民事公益诉讼的决定。

第三百四十条 人民检察院对监察机关或者公安机关移送的案件进行审查后，在人民法院作出生效判决之前，认为需要补充提供证据材料的，可以书面要求监察机关或者公安机关提供。

第三百四十一条 人民检察院在审查起诉中发现有应当排除的非法证据，应当依法排除，同时可以要求监察机关或者公安机关另行指派调查人员或者侦查人员重新取证。必要时，人民检察院也可以自行调查取证。

第三百四十二条 人民检察院认为犯罪事实不清、证据不足或者存在遗漏罪行、遗漏同案犯罪嫌疑人等情形需要补充侦查的，应当制作补充侦查提纲，连同案卷材料一并退回公安机关补充侦查。人民检察院也可以自行侦查，必要时可以要求公安机关提供协助。

第三百四十三条 人民检察院对于监察机关移送起诉的案件，认为需要补充调查的，应当退回监察机关补充调查。必要时，可以自行补充侦查。

需要退回补充调查的案件，人民检察院应当出具补充调查决定书、补充调查提纲，写明补充调查的事项、理由、调查方向、需补充收集的证据及其证明作用等，连同案卷材料一并送交监察机关。

人民检察院决定退回补充调查的案件，犯罪嫌疑人已被采取强制措施的，应当将退回补充调查情况书面通知强制措施执行机关。监察机关需要讯问的，人民检察院应当予以配合。

第三百四十四条 对于监察机关移送起诉的案件，具有下列情形之一的，人民检察院可以自行补充侦查：

（一）证人证言、犯罪嫌疑人供述和辩解、被害人陈述的内容主要情节一致，个别情节不一致的；

（二）物证、书证等证据材料需要补充鉴定的；

（三）其他由人民检察院查证更为便利、更有效率、更有利于查清案件事实的情形。

自行补充侦查完毕后,应当将相关证据材料入卷,同时抄送监察机关。人民检察院自行补充侦查的,可以商请监察机关提供协助。

第三百四十五条 人民检察院负责捕诉的部门对本院负责侦查的部门移送起诉的案件进行审查后,认为犯罪事实不清、证据不足或者存在遗漏罪行、遗漏同案犯罪嫌疑人等情形需要补充侦查的,应当制作补充侦查提纲,连同案卷材料一并退回负责侦查的部门补充侦查。必要时,也可以自行侦查,可以要求负责侦查的部门予以协助。

第三百四十六条 退回监察机关补充调查、退回公安机关补充侦查的案件,均应当在一个月以内补充调查、补充侦查完毕。

补充调查、补充侦查以二次为限。

补充调查、补充侦查完毕移送起诉后,人民检察院重新计算审查起诉期限。

人民检察院负责捕诉的部门退回本院负责侦查的部门补充侦查的期限、次数按照本条第一款至第三款的规定执行。

第三百四十七条 补充侦查期限届满,公安机关未将案件重新移送起诉的,人民检察院应当要求公安机关说明理由。

人民检察院发现公安机关违反法律规定撤销案件的,应当提出纠正意见。

第三百四十八条 人民检察院在审查起诉中决定自行侦查的,应当在审查起诉期限内侦查完毕。

第三百四十九条 人民检察院对已经退回监察机关二次补充调查或者退回公安机关二次补充侦查的案件,在审查起诉中又发现新的犯罪事实,应当将线索移送监察机关或者公安机关。对已经查清的犯罪事实,应当依法提起公诉。

第三百五十条 对于在审查起诉期间改变管辖的案件,改变后的人民检察院对于符合刑事诉讼法第一百七十五条第二款规定的案件,可以经原受理案件的人民检察院协助,直接退回原侦查案件的公安机关补充侦查,也可以自行侦查。改变管辖前后退回补充侦查的次数总共不得超过二次。

第三百五十一条 人民检察院对于移送起诉的案件,应当在一个月以内作出决定;重大、复杂的案件,一个月以内不能作出决定的,可以延长十五日。

人民检察院审查起诉的案件,改变管辖的,从改变后的人民检察院收到案件之日起计算审查起诉期限。

第三百五十二条 追缴的财物中,属于被害人的合法财产,不需要在法庭出示的,应当及时返还被害人,并由被害人在发还款物清单上签名或者盖章,注明返还的理由,并将清单、照片附卷。

第三百五十三条 追缴的财物中,属于违禁品或者不宜长期保存的物品,应当依照国家有关规定处理,并将清单、照片、处理结果附卷。

第三百五十四条 人民检察院在审查起诉阶段,可以适用本规则规定的侦查措施和程序。

第八节 起 诉

第三百五十五条 人民检察院认为犯罪嫌疑人的犯罪事实已经查清,证据确实、充分,依法应当追究刑事责任的,应当作出起诉决定。

具有下列情形之一的,可以认为犯罪事实已经查清:

(一)属于单一罪行的案件,查清的事实足以定罪量刑或者与定罪量刑有关的事实已经查清,不影响定罪量刑的事实无法查清的;

(二)属于数个罪行的案件,部分罪行已经查清并符合起诉条件,其他罪行无法查清的;

(三)无法查清作案工具、赃物去向,但有其他证据足以对被告人定罪量刑的;

(四)证人证言、犯罪嫌疑人供述和辩解、被害人陈述的内容主要情节一致,个别情节不一致,但不影响定罪的。

对于符合前款第二项情形的,应当以已经查清的罪行起诉。

第三百五十六条 人民检察院在办理公安机关移送起诉的案件中,发现遗漏罪行或者有依法应当移送起诉的同案犯罪嫌疑人未移送起诉的,应当要求公安机关补充侦查或者补充移送起诉。对于犯罪事实清楚,证据确实、充分的,也可以直接提起公诉。

第三百五十七条 人民检察院立案侦查时认为属于直接受理侦查的案件,在审查起诉阶段发现属于监察机关管辖的,应当及时商监察机关办理。属于公安机关管辖,案件事实清楚,证据确实、充分,符合起诉条件的,可以直接起诉;事实不清、证据不足的,应当及时移送有管辖权的机关办理。

在审查起诉阶段,发现公安机关移送起诉的案件属于监察机关管辖,或者监察机关移送起诉的案件属于公安机关管辖,但案件事实清楚,证据确实、充分,符合起诉条件的,经征求监察机关、公安机关意见后,没有不同意见的,可以直接起诉;提出不同意见,或者事实不清、证据不足的,应当将案件退回移送案件的机关并说明理由,建议其移送有管辖权的机关办理。

第三百五十八条 人民检察院决定起诉的,应当制作起诉书。

起诉书的主要内容包括:

(一)被告人的基本情况,包括姓名、性别、出生年月日、出生地和户籍地、公民身份号码、民族、文化程度、职业、工作单位及职务、住址,是否受过刑事处分及处分的种类和时间,采取强制措施的情况等;如果是单位犯罪,应当写明犯罪单位的名称和组织机构代码、所在地址、联系方式,法定代表人和诉讼代表人的姓名、职务、联系方式;如果还有应当负刑事责任的直接负责的主管人员或其他直接责任人员,应当按上述被告人基本情况的内容叙写;

(二)案由和案件来源;

(三)案件事实,包括犯罪的时间、地点、经过、手段、动机、目的、危害后果等与定罪量刑有关的事实要素。起诉书叙述的指控犯罪事实的必备要素应当明晰、准确。被告人被控有多项犯罪事实的,应当逐一列举,对于犯罪手段相同的同一犯罪可以概括叙写;

（四）起诉的根据和理由，包括被告人触犯的刑法条款、犯罪的性质及认定的罪名、处罚条款、法定从轻、减轻或者从重处罚的情节，共同犯罪各被告人应负的罪责等；

（五）被告人认罪认罚情况，包括认罪认罚的内容、具结书签署情况等。

被告人真实姓名、住址无法查清的，可以按其绰号或者自报的姓名、住址制作起诉书，并在起诉书中注明。被告人自报的姓名可能造成损害他人名誉、败坏道德风俗等不良影响的，可以对被告人编号并按编号制作起诉书，附具被告人的照片，记明足以确定被告人面貌、体格、指纹以及其他反映被告人特征的事项。

起诉书应当附有被告人现在处所，证人、鉴定人、需要出庭的有专门知识的人的名单，需要保护的被害人、证人、鉴定人的化名名单，查封、扣押、冻结的财物及孳息的清单，附带民事诉讼、附带民事公益诉讼情况以及其他需要附注的情况。

证人、鉴定人、有专门知识的人的名单应当列明姓名、性别、年龄、职业、住址、联系方式，并注明证人、鉴定人是否出庭。

第三百五十九条 人民检察院提起公诉的案件，应当向人民法院移送起诉书、案卷材料、证据和认罪认罚具结书等材料。

起诉书应当一式八份，每增加一名被告人增加起诉书五份。

关于被害人姓名、住址、联系方式、被告人被采取强制措施的种类、是否在案及羁押处所等问题，人民检察院应当在起诉书中列明，不再单独移送材料；对于涉及被害人隐私或者为保护证人、鉴定人、被害人人身安全，而不宜公开证人、鉴定人、被害人姓名、住址、工作单位和联系方式等个人信息的，可以在起诉书中使用化名。但是应当另行书面说明使用化名的情况并标明密级，单独成卷。

第三百六十条 人民检察院对于犯罪嫌疑人、被告人或者证人等翻供、翻证的材料以及对犯罪嫌疑人、被告人有利的其他证据材料，应当移送人民法院。

第三百六十一条 人民法院向人民检察院提出书面意见要求补

充移送材料,人民检察院认为有必要移送的,应当自收到通知之日起三日以内补送。

第三百六十二条 对提起公诉后,在人民法院宣告判决前补充收集的证据材料,人民检察院应当及时移送人民法院。

第三百六十三条 在审查起诉期间,人民检察院可以根据辩护人的申请,向监察机关、公安机关调取在调查、侦查期间收集的证明犯罪嫌疑人、被告人无罪或者罪轻的证据材料。

第三百六十四条 人民检察院提起公诉的案件,可以向人民法院提出量刑建议。除有减轻处罚或者免除处罚情节外,量刑建议应当在法定量刑幅度内提出。建议判处有期徒刑、管制、拘役的,可以具有一定的幅度,也可以提出具体确定的建议。

提出量刑建议的,可以制作量刑建议书,与起诉书一并移送人民法院。量刑建议书的主要内容应当包括被告人所犯罪行的法定刑、量刑情节、建议人民法院对被告人判处刑罚的种类、刑罚幅度、可以适用的刑罚执行方式以及提出量刑建议的依据和理由等。

认罪认罚案件的量刑建议,按照本章第二节的规定办理。

第九节　不　起　诉

第三百六十五条 人民检察院对于监察机关或者公安机关移送起诉的案件,发现犯罪嫌疑人没有犯罪事实,或者符合刑事诉讼法第十六条规定的情形之一的,经检察长批准,应当作出不起诉决定。

对于犯罪事实并非犯罪嫌疑人所为,需要重新调查或者侦查的,应当在作出不起诉决定后书面说明理由,将案卷材料退回监察机关或者公安机关并建议重新调查或者侦查。

第三百六十六条 负责捕诉的部门对于本院负责侦查的部门移送起诉的案件,发现具有本规则第三百六十五条第一款规定情形的,应当退回本院负责侦查的部门,建议撤销案件。

第三百六十七条 人民检察院对于二次退回补充调查或者补充侦查的案件,仍然认为证据不足,不符合起诉条件的,经检察长批准,依法作出不起诉决定。

人民检察院对于经过一次退回补充调查或者补充侦查的案件,认为证据不足,不符合起诉条件,且没有再次退回补充调查或者补充侦查必要的,经检察长批准,可以作出不起诉决定。

第三百六十八条 具有下列情形之一,不能确定犯罪嫌疑人构成犯罪和需要追究刑事责任的,属于证据不足,不符合起诉条件:

(一)犯罪构成要件事实缺乏必要的证据予以证明的;

(二)据以定罪的证据存在疑问,无法查证属实的;

(三)据以定罪的证据之间、证据与案件事实之间的矛盾不能合理排除的;

(四)根据证据得出的结论具有其他可能性,不能排除合理怀疑的;

(五)根据证据认定案件事实不符合逻辑和经验法则,得出的结论明显不符合常理的。

第三百六十九条 人民检察院根据刑事诉讼法第一百七十五条第四款规定决定不起诉的,在发现新的证据,符合起诉条件时,可以提起公诉。

第三百七十条 人民检察院对于犯罪情节轻微,依照刑法规定不需要判处刑罚或者免除刑罚的,经检察长批准,可以作出不起诉决定。

第三百七十一条 人民检察院直接受理侦查的案件,以及监察机关移送起诉的案件,拟作不起诉决定的,应当报请上一级人民检察院批准。

第三百七十二条 人民检察院决定不起诉的,应当制作不起诉决定书。

不起诉决定书的主要内容包括:

(一)被不起诉人的基本情况,包括姓名、性别、出生年月日、出生地和户籍地、公民身份号码、民族、文化程度、职业、工作单位及职务、住址,是否受过刑事处分,采取强制措施的情况以及羁押处所等;如

果是单位犯罪,应当写明犯罪单位的名称和组织机构代码、所在地址、联系方式,法定代表人和诉讼代表人的姓名、职务、联系方式;

(二)案由和案件来源;

(三)案件事实,包括否定或者指控被不起诉人构成犯罪的事实以及作为不起诉决定根据的事实;

(四)不起诉的法律根据和理由,写明作出不起诉决定适用的法律条款;

(五)查封、扣押、冻结的涉案财物的处理情况;

(六)有关告知事项。

第三百七十三条 人民检察院决定不起诉的案件,可以根据案件的不同情况,对被不起诉人予以训诫或者责令具结悔过、赔礼道歉、赔偿损失。

对被不起诉人需要给予行政处罚、政务处分或者其他处分的,经检察长批准,人民检察院应当提出检察意见,连同不起诉决定书一并移送有关主管机关处理,并要求有关主管机关及时通报处理情况。

第三百七十四条 人民检察院决定不起诉的案件,应当同时书面通知作出查封、扣押、冻结决定的机关或者执行查封、扣押、冻结决定的机关解除查封、扣押、冻结。

第三百七十五条 人民检察院决定不起诉的案件,需要没收违法所得的,经检察长批准,应当提出检察意见,移送有关主管机关处理,并要求有关主管机关及时通报处理情况。具体程序可以参照本规则第二百四十八条的规定办理。

第三百七十六条 不起诉的决定,由人民检察院公开宣布。公开宣布不起诉决定的活动应当记录在案。

不起诉决定书自公开宣布之日起生效。

被不起诉人在押的,应当立即释放;被采取其他强制措施的,应当通知执行机关解除。

第三百七十七条 不起诉决定书应当送达被害人或者其近亲属及其诉讼代理人、被不起诉人及其辩护人以及被不起诉人所在单位。

送达时，应当告知被害人或者其近亲属及其诉讼代理人，如果对不起诉决定不服，可以自收到不起诉决定书后七日以内向上一级人民检察院申诉；也可以不经申诉，直接向人民法院起诉。依照刑事诉讼法第一百七十七条第二款作出不起诉决定的，应当告知被不起诉人，如果对不起诉决定不服，可以自收到不起诉决定书后七日以内向人民检察院申诉。

第三百七十八条 对于监察机关或者公安机关移送起诉的案件，人民检察院决定不起诉的，应当将不起诉决定书送达监察机关或者公安机关。

第三百七十九条 监察机关认为不起诉的决定有错误，向上一级人民检察院提请复议的，上一级人民检察院应当在收到提请复议意见书后三十日以内，经检察长批准，作出复议决定，通知监察机关。

公安机关认为不起诉决定有错误要求复议的，人民检察院负责捕诉的部门应当另行指派检察官或者检察官办案组进行审查，并在收到要求复议意见书后三十日以内，经检察长批准，作出复议决定，通知公安机关。

第三百八十条 公安机关对不起诉决定提请复核的，上一级人民检察院应当在收到提请复核意见书后三十日以内，经检察长批准，作出复核决定，通知提请复核的公安机关和下级人民检察院。经复核认为下级人民检察院不起诉决定错误的，应当指令下级人民检察院纠正，或者撤销、变更下级人民检察院作出的不起诉决定。

第三百八十一条 被害人不服不起诉决定，在收到不起诉决定书后七日以内提出申诉的，由作出不起诉决定的人民检察院的上一级人民检察院负责捕诉的部门进行复查。

被害人向作出不起诉决定的人民检察院提出申诉的，作出决定的人民检察院应当将申诉材料连同案卷一并报送上一级人民检察院。

第三百八十二条 被害人不服不起诉决定，在收到不起诉决定书七日以后提出申诉的，由作出不起诉决定的人民检察院负责控告申诉检察的部门进行审查。经审查，认为不起诉决定正确的，出具审查结论直接答复申诉人，并做好释法说理工作；认为不起诉决定可能存在错误的，移送负责捕诉的部门进行复查。

第三百八十三条 人民检察院应当将复查决定书送达被害人、被不起诉人和作出不起诉决定的人民检察院。

上级人民检察院经复查作出起诉决定的，应当撤销下级人民检察院的不起诉决定，交由下级人民检察院提起公诉，并将复查决定抄送移送起诉的监察机关或者公安机关。

第三百八十四条 人民检察院收到人民法院受理被害人对被不起诉人起诉的通知后，应当终止复查，将作出不起诉决定所依据的有关案卷材料移送人民法院。

第三百八十五条 对于人民检察院依照刑事诉讼法第一百七十七条第二款规定作出的不起诉决定，被不起诉人不服，在收到不起诉决定书后七日以内提出申诉的，应当由作出决定的人民检察院负责捕诉的部门进行复查；被不起诉人在收到不起诉决定书七日以后提出申诉的，由负责控告申诉检察的部门进行审查。经审查，认为不起诉决定正确的，出具审查结论直接答复申诉人，并做好释法说理工作；认为不起诉决定可能存在错误的，移送负责捕诉的部门复查。

人民检察院应当将复查决定书送达被不起诉人、被害人。复查后，撤销不起诉决定，变更不起诉的事实或者法律依据的，应当同时将复查决定书抄送移送起诉的监察机关或者公安机关。

第三百八十六条 人民检察院复查不服不起诉决定的申诉，应当在立案后三个月以内报经检察长批准作出复查决定。案情复杂的，不得超过六个月。

第三百八十七条 被害人、被不起诉人对不起诉决定不服提出申诉的，应当递交申诉书，写明申诉理由。没有书写能力的，也可以口头提出申诉。人民检察院应当根据其口头提出的申诉制作笔录。

第三百八十八条 人民检察院发现不起诉决定确有错误，符合起诉条件的，应当撤销不起诉决定，提起公诉。

第三百八十九条 最高人民检察院对地方各级人民检察院的起诉、不起诉决定，上级人民检察院对下级人民检察院的起诉、不起诉决定，发现确有错误的，应当予以撤销或者指令下级人民检察院纠正。

第十一章 出席法庭

第一节 出席第一审法庭

第三百九十条 提起公诉的案件，人民检察院应当派员以国家公诉人的身份出席第一审法庭，支持公诉。

公诉人应当由检察官担任。检察官助理可以协助检察官出庭。根据需要可以配备书记员担任记录。

第三百九十一条 对于提起公诉后人民法院改变管辖的案件，提起公诉的人民检察院参照本规则第三百二十八条的规定将案件移送与审判管辖相对应的人民检察院。

接受移送的人民检察院重新对案件进行审查的，根据刑事诉讼法第一百七十二条第二款的规定自收到案件之日起计算审查起诉期限。

第三百九十二条 人民法院决定开庭审判的，公诉人应当做好以下准备工作：

（一）进一步熟悉案情，掌握证据情况；

（二）深入研究与本案有关的法律政策问题；

（三）充实审判中可能涉及的专业知识；

（四）拟定讯问被告人、询问证人、鉴定人、有专门知识的人和宣读、出示、播放证据的计划并制定质证方案；

（五）对可能出现证据合法性争议的，拟定证明证据合法性的提纲并准备相关材料；

（六）拟定公诉意见，准备辩论提纲；

（七）需要对出庭证人等的保护向人民法院提出建议或者配合工作的，做好相关准备。

第三百九十三条 人民检察院在开庭审理前收到人民法院或者被告人及其辩护人、被害人、证人等送交的反映证据系非法取得的书面材料的，应当进行审查。对于审查逮捕、审查起诉期间已经提出并经查证不存在非法取证行为的，应当通知人民法院、有关当事人和辩护人，并按照查证的情况做好庭审准备。对于新的材料或者线索，可以要求监察机关、公安机关对证据收集的合法性进行说明或者提供相关证明材料。

第三百九十四条 人民法院通知人民检察院派员参加庭前会议的，由出席法庭的公诉人参加。检察官助理可以协助。根据需要可以配备书记员担任记录。

人民检察院认为有必要召开庭前会议的，可以建议人民法院召开庭前会议。

第三百九十五条 在庭前会议中，公诉人可以对案件管辖、回避、出庭证人、鉴定人、有专门知识的人的名单、辩护人提供的无罪证据、非法证据排除、不公开审理、延期审理、适用简易程序或者速裁程序、庭审方案等与审判相关的问题提出和交换意见，了解辩护人收集的证据等情况。

对辩护人收集的证据有异议的，应当提出，并简要说明理由。

公诉人通过参加庭前会议，了解案件事实、证据和法律适用的争议和不同意见，解决有关程序问题，为参加法庭审理做好准备。

第三百九十六条 当事人、辩护人、诉讼代理人在庭前会议中提出证据系非法取得，人民法院认为可能存在以非法方法收集证据情形的，人民检察院应当对证据收集的合法性进行说明。需要调查核实的，在开庭审理前进行。

第三百九十七条 人民检察院向人民法院移送全部案卷材料后，在法庭审理过程中，公诉人需要出示、宣读、播放有关证据的，可以申请法庭出示、宣读、播放。

人民检察院基于出庭准备和庭审举证工作的需要，可以取回有关案卷材料和证据。

取回案卷材料和证据后,辩护律师要求查阅案卷材料的,应当允许辩护律师在人民检察院查阅、摘抄、复制案卷材料。

第三百九十八条 公诉人在法庭上应当依法进行下列活动:

(一)宣读起诉书,代表国家指控犯罪,提请人民法院对被告人依法审判;

(二)讯问被告人;

(三)询问证人、被害人、鉴定人;

(四)申请法庭出示物证,宣读书证、未到庭证人的证言笔录、鉴定人的鉴定意见、勘验、检查、辨认、侦查实验等笔录和其他作为证据的文书,播放作为证据的视听资料、电子数据等;

(五)对证据采信、法律适用和案件情况发表意见,提出量刑建议及理由,针对被告人、辩护人的辩护意见进行答辩,全面阐述公诉意见;

(六)维护诉讼参与人的合法权利;

(七)对法庭审理案件有无违反法律规定诉讼程序的情况记明笔录;

(八)依法从事其他诉讼活动。

第三百九十九条 在法庭审理中,公诉人应当客观、全面、公正地向法庭出示与定罪、量刑有关的证明被告人有罪、罪重或者罪轻的证据。

按照审判长要求,或者经审判长同意,公诉人可以按照以下方式举证、质证:

(一)对于可能影响定罪量刑的关键证据和控辩双方存在争议的证据,一般应当单独举证、质证;

(二)对于不影响定罪量刑且控辩双方无异议的证据,可以仅就证据的名称及其证明的事项、内容作出说明;

(三)对于证明方向一致、证明内容相近或者证据种类相同,存在内在逻辑关系的证据,可以归纳、分组示证、质证。

公诉人出示证据时,可以借助多媒体设备等方式出示、播放或者演示证据内容。

定罪证据与量刑证据需要分开的,应当分别出示。

第四百条 公诉人讯问被告人,询问证人、被害人、鉴定人,出示物证,宣读书证、未出庭证人的证言笔录等应当围绕下列事实进行:

(一)被告人的身份;

(二)指控的犯罪事实是否存在,是否为被告人所实施;

(三)实施犯罪行为的时间、地点、方法、手段、结果,被告人犯罪后的表现等;

(四)犯罪集团或者其他共同犯罪案件中参与犯罪人员的各自地位和应负的责任;

(五)被告人有无刑事责任能力,有无故意或者过失,行为的动机、目的;

(六)有无依法不应当追究刑事责任的情况,有无法定的从重或者从轻、减轻以及免除处罚的情节;

(七)犯罪对象、作案工具的主要特征,与犯罪有关的财物的来源、数量以及去向;

(八)被告人全部或者部分否认起诉书指控的犯罪事实的,否认的根据和理由能否成立;

(九)与定罪、量刑有关的其他事实。

第四百零一条 在法庭审理中,下列事实不必提出证据进行证明:

(一)为一般人共同知晓的常识性事实;

(二)人民法院生效裁判所确认并且未依审判监督程序重新审理的事实;

(三)法律、法规的内容以及适用等属于审判人员履行职务所应当知晓的事实;

(四)在法庭审理中不存在异议的程序事实;

(五)法律规定的推定事实;

(六)自然规律或者定律。

第四百零二条 讯问被告人、询问证人不得采取可能影响陈述或者证言客观真实的诱导性发问以及其他不当发问方式。

辩护人向被告人或者证人进行诱导性发问以及其他不当发问可能影响陈述或者证言的客观真实的,公诉人可以要求审判长制止或者要求对该项陈述或者证言不予采纳。

讯问共同犯罪案件的被告人、询问证人应当个别进行。

被告人、证人、被害人对同一事实的陈述存在矛盾的,公诉人可以建议法庭传唤有关被告人、通知有关证人同时到庭对质,必要时可以建议法庭询问被害人。

第四百零三条 被告人在庭审中的陈述与在侦查、审查起诉中的供述一致或者不一致的内容不影响定罪量刑的,可以不宣读被告人供述笔录。

被告人在庭审中的陈述与在侦查、审查起诉中的供述不一致,足以影响定罪量刑的,可以宣读被告人供述笔录,并针对笔录中被告人的供述内容对被告人进行讯问,或者提出其他证据进行证明。

第四百零四条 公诉人对证人证言有异议,且该证人证言对案件定罪量刑有重大影响的,可以申请人民法院通知证人出庭作证。

人民警察就其执行职务时目击的犯罪情况作为证人出庭作证,适用前款规定。

公诉人对鉴定意见有异议的,可以申请人民法院通知鉴定人出庭作证。经人民法院通知,鉴定人拒不出庭作证的,公诉人可以建议法庭不予采纳该鉴定意见作为定案的根据,也可以申请法庭重新通知鉴定人出庭作证或者申请重新鉴定。

必要时,公诉人可以申请法庭通知有专门知识的人出庭,就鉴定人作出的鉴定意见提出意见。

当事人或者辩护人、诉讼代理人对证人证言、鉴定意见有异议的,公诉人认为必要时,可以申请人民法院通知证人、鉴定人出庭作证。

第四百零五条 证人应当由人民法院通知并负责安排出庭

作证。

对于经人民法院通知而未到庭的证人或者出庭后拒绝作证的证人的证言笔录,公诉人应当当庭宣读。

对于经人民法院通知而未到庭的证人的证言笔录存在疑问,确实需要证人出庭作证,且可以强制其到庭的,公诉人应当建议人民法院强制证人到庭作证和接受质证。

第四百零六条 证人在法庭上提供证言,公诉人应当按照审判长确定的顺序向证人发问。可以要求证人就其所了解的与案件有关的事实进行陈述,也可以直接发问。

证人不能连贯陈述的,公诉人可以直接发问。

向证人发问,应当针对证言中有遗漏、矛盾、模糊不清和有争议的内容,并着重围绕与定罪量刑紧密相关的事实进行。

发问采取一问一答形式,提问应当简洁、清楚。

证人进行虚假陈述的,应当通过发问澄清事实,必要时可以宣读在侦查、审查起诉阶段制作的该证人的证言笔录或者出示、宣读其他证据。

当事人和辩护人、诉讼代理人向证人发问后,公诉人可以根据证人回答的情况,经审判长许可,再次向证人发问。

询问鉴定人、有专门知识的人参照上述规定进行。

第四百零七条 必要时,公诉人可以建议法庭采取不暴露证人、鉴定人、被害人外貌、真实声音等出庭作证保护措施,或者建议法庭根据刑事诉讼法第一百五十四条的规定在庭外对证据进行核实。

第四百零八条 对于鉴定意见、勘验、检查、辨认、侦查实验等笔录和其他作为证据的文书以及经人民法院通知而未到庭的被害人的陈述笔录,公诉人应当当庭宣读。

第四百零九条 公诉人向法庭出示物证,一般应当出示原物,原物不易搬运、不易保存或者已返还被害人的,可以出示反映原物外形和特征的照片、录像、复制品,并向法庭说明情况及与原物的同一性。

公诉人向法庭出示书证,一般应当出示原件。获取书证原件确有困难的,可以出示书证副本或者复制件,并向法庭说明情况及与原件的同一性。

公诉人向法庭出示物证、书证,应当对该物证、书证所要证明的内容、获取情况作出说明,并向当事人、证人等问明物证的主要特征,让其辨认。对该物证、书证进行鉴定的,应当宣读鉴定意见。

第四百一十条 在法庭审理过程中,被告人及其辩护人提出被告人庭前供述系非法取得,审判人员认为需要进行法庭调查的,公诉人可以通过出示讯问笔录、提讯登记、体检记录、采取强制措施或者侦查措施的法律文书、侦查终结前对讯问合法性进行核查的材料等证据材料,有针对性地播放讯问录音、录像,提请法庭通知调查人员、侦查人员或者其他人员出庭说明情况等方式,对证据收集的合法性加以证明。

审判人员认为可能存在刑事诉讼法第五十六条规定的以非法方法收集其他证据的情形,需要进行法庭调查的,公诉人可以参照前款规定对证据收集的合法性进行证明。

公诉人不能当庭证明证据收集的合法性,需要调查核实的,可以建议法庭休庭或者延期审理。

在法庭审理期间,人民检察院可以要求监察机关或者公安机关对证据收集的合法性进行说明或者提供相关证明材料。必要时,可以自行调查核实。

第四百一十一条 公诉人对证据收集的合法性进行证明后,法庭仍有疑问的,可以建议法庭休庭,由人民法院对相关证据进行调查核实。人民法院调查核实证据,通知人民检察院派员到场的,人民检察院可以派员到场。

第四百一十二条 在法庭审理过程中,对证据合法性以外的其他程序事实存在争议的,公诉人应当出示、宣读有关诉讼文书、侦查或者审查起诉活动笔录。

第四百一十三条 对于搜查、查封、扣押、冻结、勘验、检查、辨认、侦查实验等活动中形成的笔录存在争议,需要调查人员、侦查人员以及上述活动的见证人出庭陈述有关情况的,公诉人可以建议合议庭通知其出庭。

第四百一十四条 在法庭审理过程中,合议庭对证据有疑问或者人民法院根据辩护人、被告人的申请,向人民检察院调取在侦查、审查起诉中收集的有关被告人无罪或者罪轻的证据材料的,人民检察院应当自收到人民法院要求调取证据材料决定书后三日以内移交。没有上述材料的,应当向人民法院说明情况。

第四百一十五条 在法庭审理过程中,合议庭对证据有疑问并在休庭后进行勘验、检查、查封、扣押、鉴定和查询、冻结的,人民检察院应当依法进行监督,发现上述活动有违法情况的,应当提出纠正意见。

第四百一十六条 人民法院根据申请收集、调取的证据或者在合议庭休庭后自行调查取得的证据,应当经过庭审出示、质证才能决定是否作为判决的依据。未经庭审出示、质证直接采纳为判决依据的,人民检察院应当提出纠正意见。

第四百一十七条 在法庭审理过程中,经审判长许可,公诉人可以逐一对正在调查的证据和案件情况发表意见,并同被告人、辩护人进行辩论。证据调查结束时,公诉人应当发表总结性意见。

在法庭辩论中,公诉人与被害人、诉讼代理人意见不一致的,公诉人应当认真听取被害人、诉讼代理人的意见,阐明自己的意见和理由。

第四百一十八条 人民检察院向人民法院提出量刑建议的,公诉人应当在发表公诉意见时提出。

对认罪认罚案件,人民法院经审理认为人民检察院的量刑建议明显不当向人民检察院提出的,或者被告人、辩护人对量刑建议提出异议的,人民检察院可以调整量刑建议。

第四百一十九条 适用普通程序审理的认罪认罚案件,公诉人可以建议适当简化法庭调查、辩论程序。

第四百二十条 在法庭审判过程中,遇有下列情形之一的,公诉人可以建议法庭延期审理：

（一）发现事实不清、证据不足，或者遗漏罪行、遗漏同案犯罪嫌疑人，需要补充侦查或者补充提供证据的；

（二）被告人揭发他人犯罪行为或者提供重要线索，需要补充侦查进行查证的；

（三）发现遗漏罪行或者遗漏同案犯罪嫌疑人，虽不需要补充侦查和补充提供证据，但需要补充、追加起诉的；

（四）申请人民法院通知证人、鉴定人出庭作证或者有专门知识的人出庭提出意见的；

（五）需要调取新的证据，重新鉴定或者勘验的；

（六）公诉人出示、宣读开庭前移送人民法院的证据以外的证据，或者补充、追加、变更起诉，需要给予被告人、辩护人必要时间进行辩护准备的；

（七）被告人、辩护人向法庭出示公诉人不掌握的与定罪量刑有关的证据，需要调查核实的；

（八）公诉人对证据收集的合法性进行证明，需要调查核实的。

在人民法院开庭审理前发现具有前款情形之一的，人民检察院可以建议人民法院延期审理。

第四百二十一条 法庭宣布延期审理后，人民检察院应当在补充侦查期限内提请人民法院恢复法庭审理或者撤回起诉。

公诉人在法庭审理过程中建议延期审理的次数不得超过两次，每次不得超过一个月。

第四百二十二条 在审判过程中，对于需要补充提供法庭审判所必需的证据或者补充侦查的，人民检察院应当自行收集证据和进行侦查，必要时可以要求监察机关或者公安机关提供协助；也可以书面要求监察机关或者公安机关补充提供证据。

人民检察院补充侦查，适用本规则第六章、第九章、第十章的规定。

补充侦查不得超过一个月。

第四百二十三条 人民法院宣告判决前，人民检察院发现被告人的真实身份或者犯罪事实与起诉书中叙述的身份或者指控犯罪事实不符的，或者事实、证据没有变化，但罪名、适用法律与起诉书不一致的，可以变更起诉。发现遗漏同案犯罪嫌疑人或者罪行的，应当要求公安机关补充移送起诉或者补充侦查；对于犯罪事实清楚，证据确实、充分的，可以直接追加、补充起诉。

第四百二十四条 人民法院宣告判决前，人民检察院发现具有下列情形之一的，经检察长批准，可以撤回起诉：

（一）不存在犯罪事实的；

（二）犯罪事实并非被告人所为的；

（三）情节显著轻微、危害不大，不认为是犯罪的；

（四）证据不足或证据发生变化，不符合起诉条件的；

（五）被告人因未达到刑事责任年龄，不负刑事责任的；

（六）法律、司法解释发生变化导致不应当追究被告人刑事责任的；

（七）其他不应当追究被告人刑事责任的。

对于撤回起诉的案件，人民检察院应当在撤回起诉后三十日以内作出不起诉决定。需要重新调查或者侦查的，应当在作出不起诉决定后将案卷材料退回监察机关或者公安机关，建议监察机关或者公安机关重新调查或者侦查，并书面说明理由。

对于撤回起诉的案件，没有新的事实或者新的证据，人民检察院不得再行起诉。

新的事实是指原起诉书中未指控的犯罪事实。该犯罪事实触犯的罪名既可以是原指控罪名的同一罪名，也可以是其他罪名。

新的证据是指撤回起诉后收集、调取的足以证明原指控犯罪事实的证据。

第四百二十五条 在法庭审理过程中，人民法院建议人民检察院补充侦查、补充起诉、追加起诉或者变更起诉的，人民检察院应当审查有关理由，并作出是否补充侦查、补充起诉、追加起诉或者变更起诉的决定。人民检察院不同意的,可以要求人民法院就起诉指控的犯罪事实依法作出裁判。

第四百二十六条 变更、追加、补充或者撤回起诉应当以书面方式在判决宣告前向人民法院提出。

第四百二十七条 出庭的书记员应当制作出庭笔录,详细记载庭审的时间、地点、参加人员、公诉人出庭执行任务情况和法庭调查、法庭辩论的主要内容以及法庭判决结果,由公诉人和书记员签名。

第四百二十八条 人民检察院应当当庭向人民法院移交取回的案卷材料和证据。在审判长宣布休庭后,公诉人应当与审判人员办理交接手续。无法当庭移交的,应当在休庭后三日以内移交。

第四百二十九条 人民检察院对查封、扣押、冻结的被告人财物及其孳息,应当根据不同情况作以下处理:

(一)对作为证据使用的实物,应当依法随案移送;对不宜移送的,应当将其清单、照片或者其他证明文件随案移送。

(二)冻结在金融机构、邮政部门的违法所得及其他涉案财产,应当向人民法院随案移送该金融机构、邮政部门出具的证明文件。待人民法院作出生效判决、裁定后,由人民法院通知该金融机构上缴国库。

(三)查封、扣押的涉案财物,对依法不移送的,应当随案移送清单、照片或者其他证明文件。待人民法院作出生效判决、裁定后,由人民检察院根据人民法院的通知上缴国库,并向人民法院送交执行回单。

(四)对于被扣押、冻结的债券、股票、基金份额等财产,在扣押、冻结期间权利人申请出售的,参照本规则第二百一十四条的规定办理。

第二节 简易程序

第四百三十条 人民检察院对于基层人民法院管辖的案件,符合下列条件的,可以建议人民法院适用简易程序审理:

（一）案件事实清楚、证据充分的；

（二）被告人承认自己所犯罪行，对指控的犯罪事实没有异议的；

（三）被告人对适用简易程序没有异议的。

第四百三十一条 具有下列情形之一的，人民检察院不得建议人民法院适用简易程序：

（一）被告人是盲、聋、哑人，或者是尚未完全丧失辨认或者控制自己行为能力的精神病人的；

（二）有重大社会影响的；

（三）共同犯罪案件中部分被告人不认罪或者对适用简易程序有异议的；

（四）比较复杂的共同犯罪案件；

（五）辩护人作无罪辩护或者对主要犯罪事实有异议的；

（六）其他不宜适用简易程序的。

人民法院决定适用简易程序审理的案件，人民检察院认为具有刑事诉讼法第二百一十五条规定情形之一的，应当向人民法院提出纠正意见；具有其他不宜适用简易程序情形的，人民检察院可以建议人民法院不适用简易程序。

第四百三十二条 基层人民检察院审查案件，认为案件事实清楚、证据充分的，应当在讯问犯罪嫌疑人时，了解其是否承认自己所犯罪行，对指控的犯罪事实有无异议，告知其适用简易程序的法律规定，确认其是否同意适用简易程序。

第四百三十三条 适用简易程序审理的公诉案件，人民检察院应当派员出席法庭。

第四百三十四条 公诉人出席简易程序法庭时，应当主要围绕量刑以及其他有争议的问题进行法庭调查和法庭辩论。在确认被告人庭前收到起诉书并对起诉书指控的犯罪事实没有异议后，可以简化宣读起诉书，根据案件情况决定是否讯问被告人，询问证人、鉴定人和出示证据。

根据案件情况，公诉人可以建议法庭简化法庭调查和法庭辩论程序。

第四百三十五条 适用简易程序审理的公诉案件，公诉人发现不宜适用简易程序审理的，应当建议法庭按照第一审普通程序重新审理。

第四百三十六条 转为普通程序审理的案件，公诉人需要为出席法庭进行准备的，可以建议人民法院延期审理。

第三节 速裁程序

第四百三十七条 人民检察院对基层人民法院管辖的案件，符合下列条件的，在提起公诉时，可以建议人民法院适用速裁程序审理：

（一）可能判处三年有期徒刑以下刑罚；

（二）案件事实清楚，证据确实、充分；

（三）被告人认罪认罚、同意适用速裁程序。

第四百三十八条 具有下列情形之一的，人民检察院不得建议人民法院适用速裁程序：

（一）被告人是盲、聋、哑人，或者是尚未完全丧失辨认或者控制自己行为能力的精神病人的；

（二）被告人是未成年人的；

（三）案件有重大社会影响的；

（四）共同犯罪案件中部分被告人对指控的犯罪事实、罪名、量刑建议或者适用速裁程序有异议的；

（五）被告人与被害人或者其法定代理人没有就附带民事诉讼赔偿等事项达成调解或者和解协议的；

（六）其他不宜适用速裁程序审理的。

第四百三十九条 公安机关、犯罪嫌疑人及其辩护人建议适用速裁程序，人民检察院经审查认为符合条件的，可以建议人民法院适用速裁程序审理。

公安机关、辩护人未建议适用速裁程序，人民检察院经审查认为符合速裁程序适用条件，且犯罪嫌疑人同意适用的，可以建议人民法院适用速裁程序审理。

第四百四十条 人民检察院建议人民法院适用速裁程序的案件，起诉书内容可以适当简化，重点写明指控的事实和适用的法律。

第四百四十一条 人民法院适用速裁程序审理的案件，人民检察院应当派员出席法庭。

第四百四十二条 公诉人出席速裁程序法庭时，可以简要宣读起诉书指控的犯罪事实、证据、适用法律及量刑建议，一般不再讯问被告人。

第四百四十三条 适用速裁程序审理的案件，人民检察院发现有不宜适用速裁程序审理情形的，应当建议人民法院转为普通程序或者简易程序重新审理。

第四百四十四条 转为普通程序审理的案件，公诉人需要为出席法庭进行准备的，可以建议人民法院延期审理。

第四节 出席第二审法庭

第四百四十五条 对提出抗诉的案件或者公诉案件中人民法院决定开庭审理的上诉案件，同级人民检察院应当指派检察官出席第二审法庭。检察官助理可以协助检察官出庭。根据需要可以配备书记员担任记录。

第四百四十六条 检察官出席第二审法庭的任务是：

（一）支持抗诉或者听取上诉意见，对原审人民法院作出的错误判决或者裁定提出纠正意见；

（二）维护原审人民法院正确的判决或者裁定，建议法庭维持原判；

（三）维护诉讼参与人的合法权利；

（四）对法庭审理案件有无违反法律规定诉讼程序的情况记明笔录；

（五）依法从事其他诉讼活动。

第四百四十七条 对抗诉和上诉案件，第二审人民法院的同级人民检察院可以调取下级人民检察院与案件有关的材料。

人民检察院在接到第二审人民法院决定开庭、查阅案卷通知后，可以查阅或者调阅案卷材料。查阅或者调阅案卷材料应当在接到人民法院的通知之日起一个月以内完成。在一个月以内无法完成的，可以商请人民法院延期审理。

第四百四十八条 检察人员应当客观全面地审查原审案卷材料，不受上诉或者抗诉范围的限制。应当审查原审判决认定案件事实、适用法律是否正确，证据是否确实、充分，量刑是否适当，审判活动是否合法，并应当审查下级人民检察院的抗诉书或者上诉人的上诉状，了解抗诉或者上诉的理由是否正确、充分，重点审查有争议的案件事实、证据和法律适用问题，有针对性地做好庭审准备工作。

第四百四十九条 检察人员在审查第一审案卷材料时，应当复核主要证据，可以讯问原审被告人。必要时，可以补充收集证据、重新鉴定或者补充鉴定。需要原侦查案件的公安机关补充收集证据的，可以要求其补充收集。

被告人、辩护人提出被告人自首、立功等可能影响定罪量刑的材料和线索的，可以移交公安机关调查核实，也可以自行调查核实。发现遗漏罪行或者同案犯罪嫌疑人的，应当建议公安机关侦查。

对于下列原审被告人，应当进行讯问：

（一）提出上诉的；

（二）人民检察院提出抗诉的；

（三）被判处无期徒刑以上刑罚的。

第四百五十条 人民检察院办理死刑上诉、抗诉案件，应当进行下列工作：

（一）讯问原审被告人，听取原审被告人的上诉理由或者辩解；

（二）听取辩护人的意见；

（三）复核主要证据，必要时询问证人；

（四）必要时补充收集证据；

(五)对鉴定意见有疑问的,可以重新鉴定或者补充鉴定;

(六)根据案件情况,可以听取被害人的意见。

第四百五十一条 出席第二审法庭前,检察人员应当制作讯问原审被告人、询问被害人、证人、鉴定人和出示、宣读、播放证据计划,拟写答辩提纲,并制作出庭意见。

第四百五十二条 在法庭审理中,检察官应当针对原审判决或者裁定认定事实或适用法律、量刑等方面的问题,围绕抗诉或者上诉理由以及辩护人的辩护意见,讯问原审被告人,询问被害人、证人、鉴定人,出示和宣读证据,并提出意见和进行辩论。

第四百五十三条 需要出示、宣读、播放第一审期间已移交人民法院的证据的,出庭的检察官可以申请法庭出示、宣读、播放。

在第二审法庭宣布休庭后需要移交证据材料的,参照本规则第四百二十八条的规定办理。

第五节 出席再审法庭

第四百五十四条 人民法院开庭审理再审案件,同级人民检察院应当派员出席法庭。

第四百五十五条 人民检察院对于人民法院按照审判监督程序重新审判的案件,应当对原判决、裁定认定的事实、证据、适用法律进行全面审查,重点审查有争议的案件事实、证据和法律适用问题。

第四百五十六条 人民检察院派员出席再审法庭,如果再审案件按照第一审程序审理,参照本章第一节有关规定执行;如果再审案件按照第二审程序审理,参照本章第四节有关规定执行。

第十二章 特别程序

第一节 未成年人刑事案件诉讼程序

第四百五十七条 人民检察院办理未成年人刑事案件,应当贯彻"教育、感化、挽救"方针和"教育为主、惩罚为辅"的原则,坚持优先保护、特殊保护、双向保护,以帮助教育和预防重新犯罪为目的。

人民检察院可以借助社会力量开展帮助教育未成年人的工作。

第四百五十八条 人民检察院应当指定熟悉未成年人身心特点的检察人员办理未成年人刑事案件。

第四百五十九条 人民检察院办理未成年人与成年人共同犯罪案件,一般应当对未成年人与成年人分案办理、分别起诉。不宜分案处理的,应当对未成年人采取隐私保护、快速办理等特殊保护措施。

第四百六十条 人民检察院受理案件后,应当向未成年犯罪嫌疑人及其法定代理人了解其委托辩护人的情况,并告知其有权委托辩护人。

未成年犯罪嫌疑人没有委托辩护人的,人民检察院应当书面通知法律援助机构指派律师为其提供辩护。

对于公安机关未通知法律援助机构指派律师为未成年犯罪嫌疑人提供辩护的,人民检察院应当提出纠正意见。

第四百六十一条 人民检察院根据情况可以对未成年犯罪嫌疑人的成长经历、犯罪原因、监护教育等情况进行调查,并制作社会调查报告,作为办案和教育的参考。

人民检察院开展社会调查,可以委托有关组织和机构进行。开展社会调查应当尊重和保护未成年人隐私,不得向不知情人员泄露未成年犯罪嫌疑人的涉案信息。

人民检察院应当对公安机关移送的社会调查报告进行审查。必要时,可以进行补充调查。

人民检察院制作的社会调查报告应当随案移送人民法院。

第四百六十二条 人民检察院对未成年犯罪嫌疑人审查逮捕,应当根据未成年犯罪嫌疑人涉嫌犯罪的性质、情节、主观恶性、有无监护与社会帮教条件、认罪认罚等情况,综合衡量其社会危险性,严格限制适用逮捕措施。

第四百六十三条 对于罪行较轻,具备有效监护条件或者社会帮教措施,没有社会危险性或者社会危险性较小的未成年犯罪嫌疑人,应当不批准逮捕。

对于罪行比较严重,但主观恶性不大,有悔罪表现,具备有效监护条件或者社会帮教措施,具有下列情形之一,不逮捕不致发生社会危险性的未成年犯罪嫌疑人,可以不批准逮捕:

(一)初次犯罪、过失犯罪的;

(二)犯罪预备、中止、未遂的;

(三)防卫过当、避险过当的;

(四)有自首或者立功表现的;

(五)犯罪后认罪认罚,或者积极退赃,尽力减少和赔偿损失,被害人谅解的;

(六)不属于共同犯罪的主犯或者集团犯罪中的首要分子的;

(七)属于已满十四周岁不满十六周岁的未成年人或者系在校学生的;

(八)其他可以不批准逮捕的情形。

对于没有固定住所、无法提供保证人的未成年犯罪嫌疑人适用取保候审的,可以指定合适的成年人作为保证人。

第四百六十四条 审查逮捕未成年犯罪嫌疑人,应当重点查清其是否已满十四、十六、十八周岁。

对犯罪嫌疑人实际年龄难以判断,影响对该犯罪嫌疑人是否应当负刑事责任认定的,应当不批准逮捕。需要补充侦查的,同时通知公安机关。

第四百六十五条 在审查逮捕、审查起诉中,人民检察院应当讯问未成年犯罪嫌疑人,听取辩护人的意见,并制作笔录附卷。辩护人提出书面意见的,应当附卷。对于辩护人提出犯罪嫌疑人无罪、罪轻或者减轻、免除刑事责任、不适宜羁押或者侦查活动有违法情形等意见的,检察人员应当进行审查,并在相关工作文书中叙明辩护人提出的意见,说明是否采纳的情况和理由。

讯问未成年犯罪嫌疑人,应当通知其法定代理人到场,告知法定代理人依法享有的诉讼权利和应当履行的义务。到场的法定代理人可以代为行使未成年犯罪嫌疑人的诉讼权利,代为行使权利时不得损害未成年犯罪嫌疑人的合法权益。

无法通知、法定代理人不能到场或者法定代理人是共犯的，也可以通知未成年犯罪嫌疑人的其他成年亲属，所在学校、单位或者居住地的村民委员会、居民委员会、未成年人保护组织的代表到场，并将有关情况记录在案。未成年犯罪嫌疑人明确拒绝法定代理人以外的合适成年人到场，且有正当理由的，人民检察院可以准许，但应当在征求其意见后通知其他合适成年人到场。

到场的法定代理人或者其他人员认为检察人员在讯问中侵犯未成年犯罪嫌疑人合法权益提出意见的，人民检察院应当记录在案。对合理意见，应当接受并纠正。讯问笔录应当交由到场的法定代理人或者其他人员阅读或者向其宣读，并由其在笔录上签名或者盖章，并捺指印。

讯问女性未成年犯罪嫌疑人，应当有女性检察人员参加。

询问未成年被害人、证人，适用本条第二款至第五款的规定。询问应当以一次为原则，避免反复询问。

第四百六十六条 讯问未成年犯罪嫌疑人应当保护其人格尊严。

讯问未成年犯罪嫌疑人一般不得使用戒具。对于确有人身危险性必须使用戒具的，在现实危险消除后应当立即停止使用。

第四百六十七条 未成年犯罪嫌疑人认罪认罚的，人民检察院应当告知本人及其法定代理人享有的诉讼权利和认罪认罚的法律规定，并依照刑事诉讼法第一百七十三条的规定，听取、记录未成年犯罪嫌疑人及其法定代理人、辩护人、被害人及其诉讼代理人的意见。

第四百六十八条 未成年犯罪嫌疑人认罪认罚的，应当在法定代理人、辩护人在场的情况下签署认罪认罚具结书。法定代理人、辩护人对认罪认罚有异议的，不需要签署具结书。

因未成年犯罪嫌疑人的法定代理人、辩护人对其认罪认罚有异议而不签署具结书的，人民检察院应当对未成年人认罪认罚情况，法定代理人、辩护人的异议情况如实记录。提起公诉的，应当将该材料与其他案卷材料一并移送人民法院。

未成年犯罪嫌疑人的法定代理人、辩护人对认罪认罚有异议而不签署具结书的,不影响从宽处理。

法定代理人无法到场的,合适成年人可以代为行使到场权、知情权、异议权等。法定代理人未到场的原因以及听取合适成年人意见等情况应当记录在案。

第四百六十九条 对于符合刑事诉讼法第二百八十二条第一款规定条件的未成年人刑事案件,人民检察院可以作出附条件不起诉的决定。

人民检察院在作出附条件不起诉的决定以前,应当听取公安机关、被害人、未成年犯罪嫌疑人及其法定代理人、辩护人的意见,并制作笔录附卷。

第四百七十条 未成年犯罪嫌疑人及其法定代理人对拟作出附条件不起诉决定提出异议的,人民检察院应当提起公诉。但是,未成年犯罪嫌疑人及其法定代理人提出无罪辩解,人民检察院经审查认为无罪辩解理由成立的,应当按照本规则第三百六十五条的规定作出不起诉决定。

未成年犯罪嫌疑人及其法定代理人对案件作附条件不起诉处理没有异议,仅对所附条件及考验期有异议的,人民检察院可以依法采纳其合理的意见,对考察的内容、方式、时间等进行调整;其意见不利于对未成年犯罪嫌疑人帮教,人民检察院不采纳的,应当进行释法说理。

人民检察院作出起诉决定前,未成年犯罪嫌疑人及其法定代理人撤回异议的,人民检察院可以依法作出附条件不起诉决定。

第四百七十一条 人民检察院作出附条件不起诉的决定后,应当制作附条件不起诉决定书,并在三日以内送达公安机关、被害人或者其近亲属及其诉讼代理人、未成年犯罪嫌疑人及其法定代理人、辩护人。

人民检察院应当当面向未成年犯罪嫌疑人及其法定代理人宣布

附条件不起诉决定,告知考验期限、在考验期内应当遵守的规定以及违反规定应负的法律责任,并制作笔录附卷。

第四百七十二条 对附条件不起诉的决定,公安机关要求复议、提请复核或者被害人提出申诉的,具体程序参照本规则第三百七十九条至第三百八十三条的规定。被害人不服附条件不起诉决定的,应当告知其不适用刑事诉讼法第一百八十条关于被害人可以向人民法院起诉的规定,并做好释法说理工作。

前款规定的复议、复核、申诉由相应人民检察院负责未成年人检察的部门进行审查。

第四百七十三条 人民检察院作出附条件不起诉决定的,应当确定考验期。考验期为六个月以上一年以下,从人民检察院作出附条件不起诉的决定之日起计算。

第四百七十四条 在附条件不起诉的考验期内,由人民检察院对被附条件不起诉的未成年犯罪嫌疑人进行监督考察。人民检察院应当要求未成年犯罪嫌疑人的监护人对未成年犯罪嫌疑人加强管教,配合人民检察院做好监督考察工作。

人民检察院可以会同未成年犯罪嫌疑人的监护人、所在学校、单位、居住地的村民委员会、居民委员会、未成年人保护组织等的有关人员,定期对未成年犯罪嫌疑人进行考察、教育,实施跟踪帮教。

第四百七十五条 人民检察院对于被附条件不起诉的未成年犯罪嫌疑人,应当监督考察其是否遵守下列规定:

(一)遵守法律法规,服从监督;

(二)按照规定报告自己的活动情况;

(三)离开所居住的市、县或者迁居,应当报经批准;

(四)按照要求接受矫治和教育。

第四百七十六条 人民检察院可以要求被附条件不起诉的未成年犯罪嫌疑人接受下列矫治和教育:

(一)完成戒瘾治疗、心理辅导或者其他适当的处遇措施;

(二)向社区或者公益团体提供公益劳动;

(三)不得进入特定场所,与特定的人员会见或者通信,从事特定的活动;

(四)向被害人赔偿损失、赔礼道歉等;

(五)接受相关教育;

(六)遵守其他保护被害人安全以及预防再犯的禁止性规定。

第四百七十七条 考验期届满,检察人员应当制作附条件不起诉考察意见书,提出起诉或者不起诉的意见,报请检察长决定。

考验期满作出不起诉的决定以前,应当听取被害人意见。

第四百七十八条 考验期满作出不起诉决定,被害人提出申诉的,依照本规则第四百七十二条规定办理。

第四百七十九条 被附条件不起诉的未成年犯罪嫌疑人,在考验期内具有下列情形之一的,人民检察院应当撤销附条件不起诉的决定,提起公诉:

(一)实施新的犯罪的;

(二)发现决定附条件不起诉以前还有其他犯罪需要追诉的;

(三)违反治安管理规定,造成严重后果,或者多次违反治安管理规定的;

(四)违反有关附条件不起诉的监督管理规定,造成严重后果,或者多次违反有关附条件不起诉的监督管理规定的。

第四百八十条 被附条件不起诉的未成年犯罪嫌疑人,在考验期内没有本规则第四百七十九条规定的情形,考验期满的,人民检察院应当作出不起诉的决定。

第四百八十一条 人民检察院办理未成年人刑事案件过程中,应当对涉案未成年人的资料予以保密,不得公开或者传播涉案未成年人的姓名、住所、照片、图像及可能推断出该未成年人的其他资料。

第四百八十二条 犯罪的时候不满十八周岁,被判处五年有期徒刑以下刑罚的,人民检察院应当在收到人民法院生效判决、裁定后,对犯罪记录予以封存。

生效判决、裁定由第二审人民法院作出的,同级人民检察院依照前款规定封存犯罪记录时,应当通知下级人民检察院对相关犯罪记录予以封存。

第四百八十三条 人民检察院应当将拟封存的未成年人犯罪记录、案卷等相关材料装订成册,加密保存,不予公开,并建立专门的未成年人犯罪档案库,执行严格的保管制度。

第四百八十四条 除司法机关为办案需要或者有关单位根据国家规定进行查询的以外,人民检察院不得向任何单位和个人提供封存的犯罪记录,并不得提供未成年人有犯罪记录的证明。

司法机关或者有关单位需要查询犯罪记录的,应当向封存犯罪记录的人民检察院提出书面申请。人民检察院应当在七日以内作出是否许可的决定。

第四百八十五条 未成年人犯罪记录封存后,没有法定事由、未经法定程序不得解封。

对被封存犯罪记录的未成年人,符合下列条件之一的,应当对其犯罪记录解除封存:

(一)实施新的犯罪,且新罪与封存记录之罪数罪并罚后被决定执行五年有期徒刑以上刑罚的;

(二)发现漏罪,且漏罪与封存记录之罪数罪并罚后被决定执行五年有期徒刑以上刑罚的。

第四百八十六条 人民检察院对未成年犯罪嫌疑人作出不起诉决定后,应当对相关记录予以封存。除司法机关为办案需要进行查询外,不得向任何单位和个人提供。封存的具体程序参照本规则第四百八十三条至第四百八十五条的规定。

第四百八十七条 被封存犯罪记录的未成年人或者其法定代理人申请出具无犯罪记录证明的,人民检察院应当出具。需要协调公安机关、人民法院为其出具无犯罪记录证明的,人民检察院应当予以协助。

第四百八十八条 负责未成年人检察的部门应当依法对看守所、未成年犯管教所监管未成年人的活动实行监督,配合做好对未成年人的教育。发现没有对未成年犯罪嫌疑人、被告人与成年犯罪嫌疑人、被告人分别关押、管理或者违反规定对未成年犯留所执行刑罚的,应当依法提出纠正意见。

负责未成年人检察的部门发现社区矫正机构违反未成年人社区矫正相关规定的,应当依法提出纠正意见。

第四百八十九条 本节所称未成年人刑事案件,是指犯罪嫌疑人实施涉嫌犯罪行为时已满十四周岁、未满十八周岁的刑事案件。

本节第四百六十条、第四百六十五条、第四百六十六条、第四百六十七条、第四百六十八条所称的未成年犯罪嫌疑人,是指在诉讼过程中未满十八周岁的人。犯罪嫌疑人实施涉嫌犯罪行为时未满十八周岁,在诉讼过程中已满十八周岁的,人民检察院可以根据案件的具体情况适用上述规定。

第四百九十条 人民检察院办理侵害未成年人犯罪案件,应当采取适合未成年被害人身心特点的方法,充分保护未成年被害人的合法权益。

第四百九十一条 办理未成年人刑事案件,除本节已有规定的以外,按照刑事诉讼法和其他有关规定进行。

第二节 当事人和解的公诉案件诉讼程序

第四百九十二条 下列公诉案件,双方当事人可以和解:

(一)因民间纠纷引起,涉嫌刑法分则第四章、第五章规定的犯罪案件,可能判处三年有期徒刑以下刑罚的;

(二)除渎职犯罪以外的可能判处七年有期徒刑以下刑罚的过失犯罪案件。

当事人和解的公诉案件应当同时符合下列条件:

(一)犯罪嫌疑人真诚悔罪,向被害人赔偿损失、赔礼道歉等;

(二)被害人明确表示对犯罪嫌疑人予以谅解;

(三)双方当事人自愿和解,符合有关法律规定;

(四)属于侵害特定被害人的故意犯罪或者有直接被害人的过失

犯罪；

（五）案件事实清楚，证据确实、充分。

犯罪嫌疑人在五年以内曾经故意犯罪的，不适用本节规定的程序。

犯罪嫌疑人在犯刑事诉讼法第二百八十八条第一款规定的犯罪前五年内曾经故意犯罪，无论该故意犯罪是否已经追究，均应当认定为前款规定的五年以内曾经故意犯罪。

第四百九十三条 被害人死亡的，其法定代理人、近亲属可以与犯罪嫌疑人和解。

被害人系无行为能力或者限制行为能力人的，其法定代理人可以代为和解。

第四百九十四条 犯罪嫌疑人系限制行为能力人的，其法定代理人可以代为和解。

犯罪嫌疑人在押的，经犯罪嫌疑人同意，其法定代理人、近亲属可以代为和解。

第四百九十五条 双方当事人可以就赔偿损失、赔礼道歉等民事责任事项进行和解，并且可以就被害人及其法定代理人或者近亲属是否要求或者同意公安机关、人民检察院、人民法院对犯罪嫌疑人依法从宽处理进行协商，但不得对案件的事实认定、证据采信、法律适用和定罪量刑等依法属于公安机关、人民检察院、人民法院职权范围的事宜进行协商。

第四百九十六条 双方当事人可以自行达成和解，也可以经人民调解委员会、村民委员会、居民委员会、当事人所在单位或者同事、亲友等组织或者个人调解后达成和解。

人民检察院对于本规则第四百九十二条规定的公诉案件，可以建议当事人进行和解，并告知相应的权利义务，必要时可以提供法律咨询。

第四百九十七条 人民检察院应当对和解的自愿性、合法性进行审查，重点审查以下内容：

（一）双方当事人是否自愿和解；

（二）犯罪嫌疑人是否真诚悔罪，是否向被害人赔礼道歉，赔偿数额与其所造成的损害和赔偿能力是否相适应；

（三）被害人及其法定代理人或者近亲属是否明确表示对犯罪嫌疑人予以谅解；

（四）是否符合法律规定；

（五）是否损害国家、集体和社会公共利益或者他人的合法权益；

（六）是否符合社会公德。

审查时，应当听取双方当事人和其他有关人员对和解的意见，告知刑事案件可能从宽处理的法律后果和双方的权利义务，并制作笔录附卷。

第四百九十八条 经审查认为双方自愿和解，内容合法，且符合本规则第四百九十二条规定的范围和条件的，人民检察院应当主持制作和解协议书。

和解协议书的主要内容包括：

（一）双方当事人的基本情况；

（二）案件的主要事实；

（三）犯罪嫌疑人真诚悔罪，承认自己所犯罪行，对指控的犯罪没有异议，向被害人赔偿损失、赔礼道歉等。赔偿损失的，应当写明赔偿的数额、履行的方式、期限等；

（四）被害人及其法定代理人或者近亲属对犯罪嫌疑人予以谅解，并要求或者同意公安机关、人民检察院、人民法院对犯罪嫌疑人依法从宽处理。

和解协议书应当由双方当事人签字，可以写明和解协议书系在人民检察院主持下制作。检察人员不在当事人和解协议书上签字，也不加盖人民检察院印章。

和解协议书一式三份，双方当事人各持一份，另一份交人民检察院附卷备查。

第四百九十九条 和解协议书约定的赔偿损失内容，应当在双方签署协议后立即履行,至迟在人民检察院作出从宽处理决定前履行。确实难以一次性履行的,在提供有效担保并且被害人同意的情况下,也可以分期履行。

第五百条 双方当事人在侦查阶段达成和解协议,公安机关向人民检察院提出从宽处理建议的,人民检察院在审查逮捕和审查起诉时应当充分考虑公安机关的建议。

第五百零一条 人民检察院对于公安机关提请批准逮捕的案件,双方当事人达成和解协议的,可以作为有无社会危险性或者社会危险性大小的因素予以考虑。经审查认为不需要逮捕的,可以作出不批准逮捕的决定;在审查起诉阶段可以依法变更强制措施。

第五百零二条 人民检察院对于公安机关移送起诉的案件,双方当事人达成和解协议的,可以作为是否需要判处刑罚或者免除刑罚的因素予以考虑。符合法律规定的不起诉条件的,可以决定不起诉。

对于依法应当提起公诉的,人民检察院可以向人民法院提出从宽处罚的量刑建议。

第五百零三条 人民检察院拟对当事人达成和解的公诉案件作出不起诉决定的,应当听取双方当事人对和解的意见,并且查明犯罪嫌疑人是否已经切实履行和解协议、不能即时履行的是否已经提供有效担保,将其作为是否决定不起诉的因素予以考虑。

当事人在不起诉决定作出之前反悔的,可以另行达成和解。不能另行达成和解的,人民检察院应当依法作出起诉或者不起诉决定。

当事人在不起诉决定作出之后反悔的,人民检察院不撤销原决定,但有证据证明和解违反自愿、合法原则的除外。

第五百零四条 犯罪嫌疑人或者其亲友等以暴力、威胁、欺骗或者其他非法方法强迫、引诱被害人和解,或者在协议履行完毕之后威胁、报复被害人的,应当认定和解协议无效。已经作出不批准逮捕或者不起诉决定的,人民检察院根据案件情况可以撤销原决定,对犯罪嫌疑人批准逮捕或者提起公诉。

第三节　缺席审判程序

第五百零五条　对于监察机关移送起诉的贪污贿赂犯罪案件，犯罪嫌疑人、被告人在境外，人民检察院认为犯罪事实已经查清，证据确实、充分，依法应当追究刑事责任的，可以向人民法院提起公诉。

对于公安机关移送起诉的需要及时进行审判的严重危害国家安全犯罪、恐怖活动犯罪案件，犯罪嫌疑人、被告人在境外，人民检察院认为犯罪事实已经查清，证据确实、充分，依法应当追究刑事责任的，经最高人民检察院核准，可以向人民法院提起公诉。

前两款规定的案件，由有管辖权的中级人民法院的同级人民检察院提起公诉。

人民检察院提起公诉的，应当向人民法院提交被告人已出境的证据。

第五百零六条　人民检察院对公安机关移送起诉的需要报请最高人民检察院核准的案件，经检察委员会讨论提出提起公诉意见的，应当层报最高人民检察院核准。报送材料包括起诉意见书、案件审查报告、报请核准的报告及案件证据材料。

第五百零七条　最高人民检察院收到下级人民检察院报请核准提起公诉的案卷材料后，应当及时指派检察官对案卷材料进行审查，提出核准或者不予核准的意见，报检察长决定。

第五百零八条　报请核准的人民检察院收到最高人民检察院核准决定书后，应当提起公诉，起诉书中应当载明经最高人民检察院核准的内容。

第五百零九条　审查起诉期间，犯罪嫌疑人自动投案或者被抓获的，人民检察院应当重新审查。

对严重危害国家安全犯罪、恐怖活动犯罪案件报请核准期间，犯罪嫌疑人自动投案或者被抓获的，报请核准的人民检察院应当及时撤回报请，重新审查案件。

第五百一十条　提起公诉后被告人到案，人民法院拟重新审理的，人民检察院应当商人民法院将案件撤回并重新审查。

第五百一十一条 因被告人患有严重疾病无法出庭，中止审理超过六个月，被告人仍无法出庭，被告人及其法定代理人、近亲属申请或者同意恢复审理的，人民检察院可以建议人民法院适用缺席审判程序审理。

第四节 犯罪嫌疑人、被告人逃匿、死亡案件违法所得的没收程序

第五百一十二条 对于贪污贿赂犯罪、恐怖活动犯罪等重大犯罪案件，犯罪嫌疑人、被告人逃匿，在通缉一年后不能到案，依照刑法规定应当追缴其违法所得及其他涉案财产的，人民检察院可以向人民法院提出没收违法所得的申请。

对于犯罪嫌疑人、被告人死亡，依照刑法规定应当追缴其违法所得及其他涉案财产的，人民检察院也可以向人民法院提出没收违法所得的申请。

第五百一十三条 犯罪嫌疑人、被告人为逃避侦查和刑事追究潜逃、隐匿，或者在刑事诉讼过程中脱逃的，应当认定为“逃匿”。

犯罪嫌疑人、被告人因意外事故下落不明满二年，或者因意外事故下落不明，经有关机关证明其不可能生存的，按照前款规定处理。

第五百一十四条 公安机关发布通缉令或者公安部通过国际刑警组织发布红色国际通报，应当认定为“通缉”。

第五百一十五条 犯罪嫌疑人、被告人通过实施犯罪直接或者间接产生、获得的任何财产，应当认定为“违法所得”。

违法所得已经部分或者全部转变、转化为其他财产的，转变、转化后的财产应当视为前款规定的“违法所得”。

来自违法所得转变、转化后的财产收益，或者来自已经与违法所得相混合财产中违法所得相应部分的收益，也应当视为第一款规定的违法所得。

第五百一十六条 犯罪嫌疑人、被告人非法持有的违禁品、供犯

罪所用的本人财物,应当认定为“其他涉案财产”。

第五百一十七条 刑事诉讼法第二百九十九条第三款规定的“利害关系人”包括犯罪嫌疑人、被告人的近亲属和其他对申请没收的财产主张权利的自然人和单位。

刑事诉讼法第二百九十九条第二款、第三百条第二款规定的“其他利害关系人”是指前款规定的“其他对申请没收的财产主张权利的自然人和单位”。

第五百一十八条 人民检察院审查监察机关或者公安机关移送的没收违法所得意见书,向人民法院提出没收违法所得的申请以及对违法所得没收程序中调查活动、审判活动的监督,由负责捕诉的部门办理。

第五百一十九条 没收违法所得的申请,应当由有管辖权的中级人民法院的同级人民检察院提出。

第五百二十条 人民检察院向人民法院提出没收违法所得的申请,应当制作没收违法所得申请书。没收违法所得申请书应当载明以下内容:

(一)犯罪嫌疑人、被告人的基本情况,包括姓名、性别、出生年月日、出生地、户籍地、公民身份号码、民族、文化程度、职业、工作单位及职务、住址等;

(二)案由及案件来源;

(三)犯罪嫌疑人、被告人的犯罪事实及相关证据材料;

(四)犯罪嫌疑人、被告人逃匿、被通缉或者死亡的情况;

(五)申请没收的财产种类、数量、价值、所在地以及查封、扣押、冻结财产清单和相关法律手续;

(六)申请没收的财产属于违法所得及其他涉案财产的相关事实及证据材料;

(七)提出没收违法所得申请的理由和法律依据;

(八)有无近亲属和其他利害关系人以及利害关系人的姓名、身份、住址、联系方式;

（九）其他应当写明的内容。

上述材料需要翻译件的，人民检察院应当随没收违法所得申请书一并移送人民法院。

第五百二十一条　监察机关或者公安机关向人民检察院移送没收违法所得意见书，应当由有管辖权的人民检察院的同级监察机关或者公安机关移送。

第五百二十二条　人民检察院审查监察机关或者公安机关移送的没收违法所得意见书，应当审查下列内容：

（一）是否属于本院管辖；

（二）是否符合刑事诉讼法第二百九十八条第一款规定的条件；

（三）犯罪嫌疑人基本情况，包括姓名、性别、国籍、出生年月日、职业和单位等；

（四）犯罪嫌疑人涉嫌犯罪的事实和相关证据材料；

（五）犯罪嫌疑人逃匿、下落不明、被通缉或者死亡的情况，通缉令或者死亡证明是否随案移送；

（六）违法所得及其他涉案财产的种类、数量、所在地以及查封、扣押、冻结的情况，查封、扣押、冻结的财产清单和相关法律手续是否随案移送；

（七）违法所得及其他涉案财产的相关事实和证据材料；

（八）有无近亲属和其他利害关系人以及利害关系人的姓名、身份、住址、联系方式。

对于与犯罪事实、违法所得及其他涉案财产相关的证据材料，不宜移送的，应当审查证据的清单、复制件、照片或者其他证明文件是否随案移送。

第五百二十三条　人民检察院应当在接到监察机关或者公安机关移送的没收违法所得意见书后三十日以内作出是否提出没收违法所得申请的决定。三十日以内不能作出决定的，可以延长十五日。

对于监察机关或者公安机关移送的没收违法所得案件，经审查认为不符合刑事诉讼法第二百九十八条第一款规定条件的，应当作出不提出没收违法所得申请的决定,并向监察机关或者公安机关书面说明理由;认为需要补充证据的,应当书面要求监察机关或者公安机关补充证据,必要时也可以自行调查。

监察机关或者公安机关补充证据的时间不计入人民检察院办案期限。

第五百二十四条 人民检察院发现公安机关应当启动违法所得没收程序而不启动的,可以要求公安机关在七日以内书面说明不启动的理由。

经审查,认为公安机关不启动理由不能成立的,应当通知公安机关启动程序。

第五百二十五条 人民检察院发现公安机关在违法所得没收程序的调查活动中有违法情形的,应当向公安机关提出纠正意见。

第五百二十六条 在审查监察机关或者公安机关移送的没收违法所得意见书的过程中,在逃的犯罪嫌疑人、被告人自动投案或者被抓获的,人民检察院应当终止审查,并将案卷退回监察机关或者公安机关处理。

第五百二十七条 人民检察院直接受理侦查的案件,犯罪嫌疑人死亡而撤销案件,符合刑事诉讼法第二百九十八条第一款规定条件的,负责侦查的部门应当启动违法所得没收程序进行调查。

负责侦查的部门进行调查应当查明犯罪嫌疑人涉嫌的犯罪事实,犯罪嫌疑人死亡的情况,以及犯罪嫌疑人的违法所得及其他涉案财产的情况,并可以对违法所得及其他涉案财产依法进行查封、扣押、查询、冻结。

负责侦查的部门认为符合刑事诉讼法第二百九十八条第一款规定条件的,应当写出没收违法所得意见书,连同案卷材料一并移送有管辖权的人民检察院负责侦查的部门,并由有管辖权的人民检察院负责侦查的部门移送本院负责捕诉的部门。

负责捕诉的部门对没收违法所得意见书进行审查,作出是否提出没收违法所得申请的决定,具体程序按照本规则第五百二十二条、

第五百二十三条的规定办理。

第五百二十八条 在人民检察院审查起诉过程中，犯罪嫌疑人死亡，或者贪污贿赂犯罪、恐怖活动犯罪等重大犯罪案件的犯罪嫌疑人逃匿，在通缉一年后不能到案，依照刑法规定应当追缴其违法所得及其他涉案财产的，人民检察院可以直接提出没收违法所得的申请。

在人民法院审理案件过程中，被告人死亡而裁定终止审理，或者被告人脱逃而裁定中止审理，人民检察院可以依法另行向人民法院提出没收违法所得的申请。

第五百二十九条 人民法院对没收违法所得的申请进行审理，人民检察院应当承担举证责任。

人民法院对没收违法所得的申请开庭审理的，人民检察院应当派员出席法庭。

第五百三十条 出席法庭的检察官应当宣读没收违法所得申请书，并在法庭调查阶段就申请没收的财产属于违法所得及其他涉案财产等相关事实出示、宣读证据。

第五百三十一条 人民检察院发现人民法院或者审判人员审理没收违法所得案件违反法律规定的诉讼程序，应当向人民法院提出纠正意见。

人民检察院认为同级人民法院按照违法所得没收程序所作的第一审裁定确有错误的，应当在五日以内向上一级人民法院提出抗诉。

最高人民检察院、省级人民检察院认为下级人民法院按照违法所得没收程序所作的已经发生法律效力的裁定确有错误的，应当按照审判监督程序向同级人民法院提出抗诉。

第五百三十二条 在审理案件过程中，在逃的犯罪嫌疑人、被告人自动投案或者被抓获，人民法院按照刑事诉讼法第三百零一条第一款的规定终止审理的，人民检察院应当将案卷退回监察机关或者公安机关处理。

第五百三十三条 对于刑事诉讼法第二百九十八条第一款规定以外需要没收违法所得的，按照有关规定执行。

第五节　依法不负刑事责任的精神病人的强制医疗程序

第五百三十四条　对于实施暴力行为,危害公共安全或者严重危害公民人身安全,已经达到犯罪程度,经法定程序鉴定依法不负刑事责任的精神病人,有继续危害社会可能的,人民检察院应当向人民法院提出强制医疗的申请。

提出强制医疗的申请以及对强制医疗决定的监督,由负责捕诉的部门办理。

第五百三十五条　强制医疗的申请由被申请人实施暴力行为所在地的基层人民检察院提出;由被申请人居住地的人民检察院提出更为适宜的,可以由被申请人居住地的基层人民检察院提出。

第五百三十六条　人民检察院向人民法院提出强制医疗的申请,应当制作强制医疗申请书。强制医疗申请书的主要内容包括:

(一)涉案精神病人的基本情况,包括姓名、性别、出生年月日、出生地、户籍地、公民身份号码、民族、文化程度、职业、工作单位及职务、住址,采取临时保护性约束措施的情况及处所等;

(二)涉案精神病人的法定代理人的基本情况,包括姓名、住址、联系方式等;

(三)案由及案件来源;

(四)涉案精神病人实施危害公共安全或者严重危害公民人身安全的暴力行为的事实,包括实施暴力行为的时间、地点、手段、后果等及相关证据情况;

(五)涉案精神病人不负刑事责任的依据,包括有关鉴定意见和其他证据材料;

(六)涉案精神病人继续危害社会的可能;

(七)提出强制医疗申请的理由和法律依据。

第五百三十七条　人民检察院审查公安机关移送的强制医疗意见书,应当查明:

（一）是否属于本院管辖；

（二）涉案精神病人身份状况是否清楚，包括姓名、性别、国籍、出生年月日、职业和单位等；

（三）涉案精神病人实施危害公共安全或者严重危害公民人身安全的暴力行为的事实；

（四）公安机关对涉案精神病人进行鉴定的程序是否合法，涉案精神病人是否依法不负刑事责任；

（五）涉案精神病人是否有继续危害社会的可能；

（六）证据材料是否随案移送，不宜移送的证据的清单、复制件、照片或者其他证明文件是否随案移送；

（七）证据是否确实、充分；

（八）采取的临时保护性约束措施是否适当。

第五百三十八条 人民检察院办理公安机关移送的强制医疗案件，可以采取以下方式开展调查，调查情况应当记录并附卷：

（一）会见涉案精神病人，听取涉案精神病人的法定代理人、诉讼代理人意见；

（二）询问办案人员、鉴定人；

（三）向被害人及其法定代理人、近亲属了解情况；

（四）向涉案精神病人的主治医生、近亲属、邻居、其他知情人员或者基层组织等了解情况；

（五）就有关专门性技术问题委托具有法定资质的鉴定机构、鉴定人进行鉴定。

第五百三十九条 人民检察院应当在接到公安机关移送的强制医疗意见书后三十日以内作出是否提出强制医疗申请的决定。

对于公安机关移送的强制医疗案件，经审查认为不符合刑事诉讼法第三百零二条规定条件的，应当作出不提出强制医疗申请的决定，并向公安机关书面说明理由。认为需要补充证据的，应当书面要求公安机关补充证据，必要时也可以自行调查。

公安机关补充证据的时间不计入人民检察院办案期限。

第五百四十条 人民检察院发现公安机关应当启动强制医疗程序而不启动的，可以要求公安机关在七日以内书面说明不启动的理由。

经审查，认为公安机关不启动理由不能成立的，应当通知公安机关启动强制医疗程序。

公安机关收到启动强制医疗程序通知书后，未按要求启动强制医疗程序的，人民检察院应当提出纠正意见。

第五百四十一条 人民检察院对公安机关移送的强制医疗案件，发现公安机关对涉案精神病人进行鉴定违反法律规定，具有下列情形之一的，应当依法提出纠正意见：

（一）鉴定机构不具备法定资质的；

（二）鉴定人不具备法定资质或者违反回避规定的；

（三）鉴定程序违反法律或者有关规定，鉴定的过程和方法违反相关专业规范要求的；

（四）鉴定文书不符合法定形式要件的；

（五）鉴定意见没有依法及时告知相关人员的；

（六）鉴定人故意作虚假鉴定的；

（七）其他违反法律规定的情形。

人民检察院对精神病鉴定程序进行监督，可以要求公安机关补充鉴定或者重新鉴定。必要时，可以询问鉴定人并制作笔录，或者委托具有法定资质的鉴定机构进行补充鉴定或者重新鉴定。

第五百四十二条 人民检察院发现公安机关对涉案精神病人不应当采取临时保护性约束措施而采取的，应当提出纠正意见。

认为公安机关应当采取临时保护性约束措施而未采取的，应当建议公安机关采取临时保护性约束措施。

第五百四十三条 在审查起诉中，犯罪嫌疑人经鉴定系依法不负刑事责任的精神病人的，人民检察院应当作出不起诉决定。认为符合刑事诉讼法第三百零二条规定条件的，应当向人民法院提出强制医疗的申请。

第五百四十四条 人民法院对强制医疗案件开庭审理的，人民检察院应当派员出席法庭。

第五百四十五条 人民检察院发现人民法院强制医疗案件审理活动具有下列情形之一的,应当提出纠正意见:

(一)未通知被申请人或者被告人的法定代理人到场的;

(二)被申请人或者被告人没有委托诉讼代理人,未通知法律援助机构指派律师为其提供法律帮助的;

(三)未组成合议庭或者合议庭组成人员不合法的;

(四)未经被申请人、被告人的法定代理人请求直接作出不开庭审理决定的;

(五)未会见被申请人的;

(六)被申请人、被告人要求出庭且具备出庭条件,未准许其出庭的;

(七)违反法定审理期限的;

(八)收到人民检察院对强制医疗决定不当的书面纠正意见后,未另行组成合议庭审理或者未在一个月以内作出复议决定的;

(九)人民法院作出的强制医疗决定或者驳回强制医疗申请决定不当的;

(十)其他违反法律规定的情形。

第五百四十六条 出席法庭的检察官发现人民法院或者审判人员审理强制医疗案件违反法律规定的诉讼程序,应当记录在案,并在休庭后及时向检察长报告,由人民检察院在庭审后向人民法院提出纠正意见。

第五百四十七条 人民检察院认为人民法院作出的强制医疗决定或者驳回强制医疗申请的决定,具有下列情形之一的,应当在收到决定书副本后二十日以内向人民法院提出纠正意见:

(一)据以作出决定的事实不清或者确有错误的;

(二)据以作出决定的证据不确实、不充分的;

(三)据以作出决定的证据依法应当予以排除的;

(四)据以作出决定的主要证据之间存在矛盾的;

(五)有确实、充分的证据证明应当决定强制医疗而予以驳回的,或者不应当决定强制医疗而决定强制医疗的;

(六)审理过程中严重违反法定诉讼程序,可能影响公正审理和决定的。

第五百四十八条 人民法院在审理案件过程中发现被告人符合强制医疗条件,适用强制医疗程序对案件进行审理的,人民检察院应当在庭审中发表意见。

人民法院作出宣告被告人无罪或者不负刑事责任的判决和强制医疗决定的,人民检察院应当进行审查。对判决确有错误的,应当依法提出抗诉;对强制医疗决定不当或者未作出强制医疗的决定不当的,应当提出纠正意见。

第五百四十九条 人民法院收到被决定强制医疗的人、被害人及其法定代理人、近亲属复议申请后,未组成合议庭审理,或者未在一个月以内作出复议决定,或者有其他违法行为的,人民检察院应当提出纠正意见。

第五百五十条 人民检察院对于人民法院批准解除强制医疗的决定实行监督,发现人民法院解除强制医疗的决定不当的,应当提出纠正意见。

第十三章 刑事诉讼法律监督

第一节 一般规定

第五百五十一条 人民检察院对刑事诉讼活动实行法律监督,发现违法情形的,依法提出抗诉、纠正意见或者检察建议。

人民检察院对于涉嫌违法的事实,可以采取以下方式进行调查核实:

(一)讯问、询问犯罪嫌疑人;

(二)询问证人、被害人或者其他诉讼参与人;

(三)询问办案人员;

(四)询问在场人员或者其他可能知情的人员;

（五）听取申诉人或者控告人的意见；

（六）听取辩护人、值班律师意见；

（七）调取、查询、复制相关登记表册、法律文书、体检记录及案卷材料等；

（八）调取讯问笔录、询问笔录及相关录音、录像或其他视听资料；

（九）进行伤情、病情检查或者鉴定；

（十）其他调查核实方式。

人民检察院在调查核实过程中不得限制被调查对象的人身、财产权利。

第五百五十二条 人民检察院发现刑事诉讼活动中的违法行为，对于情节较轻的，由检察人员以口头方式提出纠正意见；对于情节较重的，经检察长决定，发出纠正违法通知书。对于带有普遍性的违法情形，经检察长决定，向相关机关提出检察建议。构成犯罪的，移送有关机关、部门依法追究刑事责任。

有申诉人、控告人的，调查核实和纠正违法情况应予告知。

第五百五十三条 人民检察院发出纠正违法通知书的，应当监督落实。被监督单位在纠正违法通知书规定的期限内没有回复纠正情况的，人民检察院应当督促回复。经督促被监督单位仍不回复或者没有正当理由不纠正的，人民检察院应当向上一级人民检察院报告。

第五百五十四条 被监督单位对纠正意见申请复查的，人民检察院应当在收到被监督单位的书面意见后七日以内进行复查，并将复查结果及时通知申请复查的单位。经过复查，认为纠正意见正确的，应当及时向上一级人民检察院报告；认为纠正意见错误的，应当及时予以撤销。

上一级人民检察院经审查，认为下级人民检察院纠正意见正确的，应当及时通报被监督单位的上级机关或者主管机关，并建议其督促被监督单位予以纠正；认为下级人民检察院纠正意见错误的，应当书面通知下级人民检察院予以撤销,下级人民检察院应当执行,并及时向被监督单位说明情况。

第五百五十五条 当事人和辩护人、诉讼代理人、利害关系人对于办案机关及其工作人员有刑事诉讼法第一百一十七条规定的行为,向该机关申诉或者控告,对该机关作出的处理不服或者该机关未在规定时间内作出答复,而向人民检察院申诉的,办案机关的同级人民检察院应当受理。

人民检察院直接受理侦查的案件,当事人和辩护人、诉讼代理人、利害关系人对办理案件的人民检察院的处理不服的,可以向上一级人民检察院申诉,上一级人民检察院应当受理。

未向办案机关申诉或者控告,或者办案机关在规定时间内尚未作出处理决定,直接向人民检察院申诉的,人民检察院应当告知其向办案机关申诉或者控告。人民检察院在审查逮捕、审查起诉中发现有刑事诉讼法第一百一十七规定的违法情形的,可以直接监督纠正。

当事人和辩护人、诉讼代理人、利害关系人对刑事诉讼法第一百一十七条规定情形之外的违法行为提出申诉或者控告的,人民检察院应当受理,并及时审查,依法处理。

第五百五十六条 对人民检察院及其工作人员办理案件中违法行为的申诉、控告,由负责控告申诉检察的部门受理和审查办理。对其他司法机关处理决定不服向人民检察院提出的申诉,由负责控告申诉检察的部门受理后,移送相关办案部门审查办理。

审查办理的部门应当在受理之日起十五日以内提出审查意见。人民检察院对刑事诉讼法第一百一十七条的申诉,经审查认为需要其他司法机关说明理由的,应当要求有关机关说明理由,并在收到理由说明后十五日以内提出审查意见。

人民检察院及其工作人员办理案件中存在的违法情形属实的,应当予以纠正;不存在违法行为的,书面答复申诉人、控告人。

其他司法机关对申诉、控告的处理不正确的,人民检察院应当通知有关机关予以纠正;处理正确的,书面答复申诉人、控告人。

第二节 刑事立案监督

第五百五十七条 被害人及其法定代理人、近亲属或者行政执法机关，认为公安机关对其控告或者移送的案件应当立案侦查而不立案侦查，或者当事人认为公安机关不应当立案而立案，向人民检察院提出的，人民检察院应当受理并进行审查。

人民检察院发现公安机关可能存在应当立案侦查而不立案侦查情形的，应当依法进行审查。

人民检察院接到控告、举报或者发现行政执法机关不移送涉嫌犯罪案件的，经检察长批准，应当向行政执法机关提出检察意见，要求其按照管辖规定向公安机关移送涉嫌犯罪案件。

第五百五十八条 人民检察院负责控告申诉检察的部门受理对公安机关应当立案而不立案或者不应当立案而立案的控告、申诉，应当根据事实、法律进行审查。认为需要公安机关说明不立案或者立案理由的，应当及时将案件移送负责捕诉的部门办理；认为公安机关立案或者不立案决定正确的，应当制作相关法律文书，答复控告人、申诉人。

第五百五十九条 人民检察院经审查，认为需要公安机关说明不立案理由的，应当要求公安机关书面说明不立案的理由。

对于有证据证明公安机关可能存在违法动用刑事手段插手民事、经济纠纷，或者利用立案实施报复陷害、敲诈勒索以及谋取其他非法利益等违法立案情形，尚未提请批准逮捕或者移送起诉的，人民检察院应当要求公安机关书面说明立案理由。

第五百六十条 人民检察院要求公安机关说明不立案或者立案理由，应当书面通知公安机关，并且告知公安机关在收到通知后七日以内，书面说明不立案或者立案的情况、依据和理由，连同有关证据材料回复人民检察院。

第五百六十一条 公安机关说明不立案或者立案的理由后，人民检察院应当进行审查。认为公安机关不立案或者立案理由不能成立的,经检察长决定,应当通知公安机关立案或者撤销案件。

人民检察院认为公安机关不立案或者立案理由成立的,应当在十日以内将不立案或者立案的依据和理由告知被害人及其法定代理人、近亲属或者行政执法机关。

第五百六十二条 公安机关对当事人的报案、控告、举报或者行政执法机关移送的涉嫌犯罪案件受理后未在规定期限内作出是否立案决定,当事人或者行政执法机关向人民检察院提出的,人民检察院应当受理并进行审查。经审查,认为尚未超过规定期限的,应当移送公安机关处理,并答复报案人、控告人、举报人或者行政执法机关;认为超过规定期限的,应当要求公安机关在七日以内书面说明逾期不作出是否立案决定的理由,连同有关证据材料回复人民检察院。公安机关在七日以内不说明理由也不作出立案或者不立案决定的,人民检察院应当提出纠正意见。人民检察院经审查有关证据材料认为符合立案条件的,应当通知公安机关立案。

第五百六十三条 人民检察院通知公安机关立案或者撤销案件,应当制作通知立案书或者通知撤销案件书,说明依据和理由,连同证据材料送达公安机关,并且告知公安机关应当在收到通知立案书后十五日以内立案,对通知撤销案件书没有异议的应当立即撤销案件,并将立案决定书或者撤销案件决定书及时送达人民检察院。

第五百六十四条 人民检察院通知公安机关立案或者撤销案件的,应当依法对执行情况进行监督。

公安机关在收到通知立案书或者通知撤销案件书后超过十五日不予立案或者未要求复议、提请复核也不撤销案件的,人民检察院应当发出纠正违法通知书。公安机关仍不纠正的,报上一级人民检察院协商同级公安机关处理。

公安机关立案后三个月以内未侦查终结的,人民检察院可以向公安机关发出立案监督案件催办函,要求公安机关及时向人民检察院反馈侦查工作进展情况。

第五百六十五条 公安机关认为人民检察院撤销案件通知有错

误，要求同级人民检察院复议的，人民检察院应当重新审查。在收到要求复议意见书和案卷材料后七日以内作出是否变更的决定，并通知公安机关。

公安机关不接受人民检察院复议决定，提请上一级人民检察院复核的，上级人民检察院应当在收到提请复核意见书和案卷材料后十五日以内作出是否变更的决定，通知下级人民检察院和公安机关执行。

上级人民检察院复核认为撤销案件通知有错误的，下级人民检察院应当立即纠正；上级人民检察院复核认为撤销案件通知正确的，应当作出复核决定并送达下级公安机关。

第五百六十六条 人民检察院负责捕诉的部门发现本院负责侦查的部门对应当立案侦查的案件不立案侦查或者对不应当立案侦查的案件立案侦查的，应当建议负责侦查的部门立案侦查或者撤销案件。建议不被采纳的，应当报请检察长决定。

第三节 侦查活动监督

第五百六十七条 人民检察院应当对侦查活动中是否存在以下违法行为进行监督：

（一）采用刑讯逼供以及其他非法方法收集犯罪嫌疑人供述的；

（二）讯问犯罪嫌疑人依法应当录音或者录像而没有录音或者录像，或者未在法定羁押场所讯问犯罪嫌疑人的；

（三）采用暴力、威胁以及非法限制人身自由等非法方法收集证人证言、被害人陈述，或者以暴力、威胁等方法阻止证人作证或者指使他人作伪证的；

（四）伪造、隐匿、销毁、调换、私自涂改证据，或者帮助当事人毁灭、伪造证据的；

（五）违反刑事诉讼法关于决定、执行、变更、撤销强制措施的规定，或者强制措施法定期限届满，不予释放、解除或者变更的；

（六）应当退还取保候审保证金不退还的；

（七）违反刑事诉讼法关于讯问、询问、勘验、检查、搜查、鉴定、采取技术侦查措施等规定的；

（八）对与案件无关的财物采取查封、扣押、冻结措施，或者应当解除查封、扣押、冻结而不解除的；

（九）贪污、挪用、私分、调换、违反规定使用查封、扣押、冻结的财物及其孳息的；

（十）不应当撤案而撤案的；

（十一）侦查人员应当回避而不回避的；

（十二）依法应当告知犯罪嫌疑人诉讼权利而不告知，影响犯罪嫌疑人行使诉讼权利的；

（十三）对犯罪嫌疑人拘留、逮捕、指定居所监视居住后依法应当通知家属而未通知的；

（十四）阻碍当事人、辩护人、诉讼代理人、值班律师依法行使诉讼权利的；

（十五）应当对证据收集的合法性出具说明或者提供证明材料而不出具、不提供的；

（十六）侦查活动中的其他违反法律规定的行为。

第五百六十八条 人民检察院发现侦查活动中的违法情形已涉嫌犯罪，属于人民检察院管辖的，依法立案侦查；不属于人民检察院管辖的，依照有关规定移送有管辖权的机关。

第五百六十九条 人民检察院负责捕诉的部门发现本院负责侦查的部门在侦查活动中有违法情形，应当提出纠正意见。需要追究相关人员违法违纪责任的，应当报告检察长。

上级人民检察院发现下级人民检察院在侦查活动中有违法情形，应当通知其纠正。下级人民检察院应当及时纠正，并将纠正情况报告上级人民检察院。

第四节 审判活动监督

第五百七十条 人民检察院应当对审判活动中是否存在以下违

法行为进行监督：

（一）人民法院对刑事案件的受理违反管辖规定的；

（二）人民法院审理案件违反法定审理和送达期限的；

（三）法庭组成人员不符合法律规定，或者依照规定应当回避而不回避的；

（四）法庭审理案件违反法定程序的；

（五）侵犯当事人、其他诉讼参与人的诉讼权利和其他合法权利的；

（六）法庭审理时对有关程序问题所作的决定违反法律规定的；

（七）违反法律规定裁定发回重审的；

（八）故意毁弃、篡改、隐匿、伪造、偷换证据或者其他诉讼材料，或者依据未经法定程序调查、质证的证据定案的；

（九）依法应当调查收集相关证据而不收集的；

（十）徇私枉法，故意违背事实和法律作枉法裁判的；

（十一）收受、索取当事人及其近亲属或者其委托的律师等人财物或者其他利益的；

（十二）违反法律规定采取强制措施或者采取强制措施法定期限届满，不予释放、解除或者变更的；

（十三）应当退还取保候审保证金不退还的；

（十四）对与案件无关的财物采取查封、扣押、冻结措施，或者应当解除查封、扣押、冻结而不解除的；

（十五）贪污、挪用、私分、调换、违反规定使用查封、扣押、冻结的财物及其孳息的；

（十六）其他违反法律规定的行为。

第五百七十一条 人民检察院检察长或者检察长委托的副检察长，可以列席同级人民法院审判委员会会议，依法履行法律监督职责。

第五百七十二条 人民检察院在审判活动监督中，发现人民法院或者审判人员审理案件违反法律规定的诉讼程序，应当向人民法院提出纠正意见。

人民检察院对违反程序的庭审活动提出纠正意见,应当由人民检察院在庭审后提出。出席法庭的检察人员发现法庭审判违反法律规定的诉讼程序,应当在休庭后及时向检察长报告。

第五节　羁押必要性审查

第五百七十三条　犯罪嫌疑人、被告人被逮捕后,人民检察院仍应当对羁押的必要性进行审查。

第五百七十四条　人民检察院在办案过程中可以依职权主动进行羁押必要性审查。

犯罪嫌疑人、被告人及其法定代理人、近亲属或者辩护人可以申请人民检察院进行羁押必要性审查。申请时应当说明不需要继续羁押的理由,有相关证据或者其他材料的应当提供。

看守所根据在押人员身体状况,可以建议人民检察院进行羁押必要性审查。

第五百七十五条　负责捕诉的部门依法对侦查和审判阶段的羁押必要性进行审查。经审查认为不需要继续羁押的,应当建议公安机关或者人民法院释放犯罪嫌疑人、被告人或者变更强制措施。

审查起诉阶段,负责捕诉的部门经审查认为不需要继续羁押的,应当直接释放犯罪嫌疑人或者变更强制措施。

负责刑事执行检察的部门收到有关材料或者发现不需要继续羁押的,应当及时将有关材料和意见移送负责捕诉的部门。

第五百七十六条　办案机关对应的同级人民检察院负责控告申诉检察的部门或者负责案件管理的部门收到羁押必要性审查申请后,应当在当日移送本院负责捕诉的部门。

其他人民检察院收到羁押必要性审查申请的,应当告知申请人向办案机关对应的同级人民检察院提出申请,或者在二日以内将申请材料移送办案机关对应的同级人民检察院,并告知申请人。

第五百七十七条　人民检察院可以采取以下方式进行羁押必要

性审查：

（一）审查犯罪嫌疑人、被告人不需要继续羁押的理由和证明材料；

（二）听取犯罪嫌疑人、被告人及其法定代理人、辩护人的意见；

（三）听取被害人及其法定代理人、诉讼代理人的意见，了解是否达成和解协议；

（四）听取办案机关的意见；

（五）调查核实犯罪嫌疑人、被告人的身体健康状况；

（六）需要采取的其他方式。

必要时，可以依照有关规定进行公开审查。

第五百七十八条 人民检察院应当根据犯罪嫌疑人、被告人涉嫌的犯罪事实、主观恶性、悔罪表现、身体状况、案件进展情况、可能判处的刑罚和有无再危害社会的危险等因素，综合评估有无必要继续羁押犯罪嫌疑人、被告人。

第五百七十九条 人民检察院发现犯罪嫌疑人、被告人具有下列情形之一的，应当向办案机关提出释放或者变更强制措施的建议：

（一）案件证据发生重大变化，没有证据证明有犯罪事实或者犯罪行为系犯罪嫌疑人、被告人所为的；

（二）案件事实或者情节发生变化，犯罪嫌疑人、被告人可能被判处拘役、管制、独立适用附加刑、免予刑事处罚或者判决无罪的；

（三）继续羁押犯罪嫌疑人、被告人，羁押期限将超过依法可能判处的刑期的；

（四）案件事实基本查清，证据已经收集固定，符合取保候审或者监视居住条件的。

第五百八十条 人民检察院发现犯罪嫌疑人、被告人具有下列情形之一，且具有悔罪表现，不予羁押不致发生社会危险性的，可以向办案机关提出释放或者变更强制措施的建议：

（一）预备犯或者中止犯；

（二）共同犯罪中的从犯或者胁从犯；

(三)过失犯罪的;

(四)防卫过当或者避险过当的;

(五)主观恶性较小的初犯;

(六)系未成年人或者已满七十五周岁的人;

(七)与被害方依法自愿达成和解协议,且已经履行或者提供担保的;

(八)认罪认罚的;

(九)患有严重疾病、生活不能自理的;

(十)怀孕或者正在哺乳自己婴儿的妇女;

(十一)系生活不能自理的人的唯一扶养人;

(十二)可能被判处一年以下有期徒刑或者宣告缓刑的;

(十三)其他不需要继续羁押的情形。

第五百八十一条 人民检察院向办案机关发出释放或者变更强制措施建议书的,应当说明不需要继续羁押犯罪嫌疑人、被告人的理由和法律依据,并要求办案机关在十日以内回复处理情况。

人民检察院应当跟踪办案机关对释放或者变更强制措施建议的处理情况。办案机关未在十日以内回复处理情况的,应当提出纠正意见。

第五百八十二条 对于依申请审查的案件,人民检察院办结后,应当将提出建议的情况和公安机关、人民法院的处理情况,或者有继续羁押必要的审查意见和理由及时书面告知申请人。

第六节 刑事判决、裁定监督

第五百八十三条 人民检察院依法对人民法院的判决、裁定是否正确实行法律监督,对人民法院确有错误的判决、裁定,应当依法提出抗诉。

第五百八十四条 人民检察院认为同级人民法院第一审判决、裁定具有下列情形之一的,应当提出抗诉:

(一)认定的事实确有错误或者据以定罪量刑的证据不确实、不充分的；

（二）有确实、充分证据证明有罪判无罪，或者无罪判有罪的；

（三）重罪轻判，轻罪重判，适用刑罚明显不当的；

（四）认定罪名不正确，一罪判数罪、数罪判一罪，影响量刑或者造成严重社会影响的；

（五）免除刑事处罚或者适用缓刑、禁止令、限制减刑等错误的；

（六）人民法院在审理过程中严重违反法律规定的诉讼程序的。

第五百八十五条 人民检察院在收到人民法院第一审判决书或者裁定书后，应当及时审查。对于需要提出抗诉的案件，应当报请检察长决定。

第五百八十六条 人民检察院对同级人民法院第一审判决的抗诉，应当在接到判决书后第二日起十日以内提出；对第一审裁定的抗诉，应当在接到裁定书后第二日起五日以内提出。

第五百八十七条 人民检察院对同级人民法院第一审判决、裁定的抗诉，应当制作抗诉书，通过原审人民法院向上一级人民法院提出，并将抗诉书副本连同案卷材料报送上一级人民检察院。

第五百八十八条 被害人及其法定代理人不服地方各级人民法院第一审的判决，在收到判决书后五日以内请求人民检察院提出抗诉的，人民检察院应当立即进行审查，在收到被害人及其法定代理人的请求后五日以内作出是否抗诉的决定，并且答复请求人。经审查认为应当抗诉的，适用本规则第五百八十四条至第五百八十七条的规定办理。

被害人及其法定代理人在收到判决书五日以后请求人民检察院提出抗诉的，由人民检察院决定是否受理。

第五百八十九条 上一级人民检察院对下级人民检察院按照第二审程序提出抗诉的案件，认为抗诉正确的，应当支持抗诉。

上一级人民检察院认为抗诉不当的，应当听取下级人民检察院的意见。听取意见后，仍然认为抗诉不当的，应当向同级人民法院撤回抗诉，并且通知下级人民检察院。

上一级人民检察院在上诉、抗诉期限内,发现下级人民检察院应当提出抗诉而没有提出抗诉的案件,可以指令下级人民检察院依法提出抗诉。

上一级人民检察院支持或者部分支持抗诉意见的,可以变更、补充抗诉理由,及时制作支持抗诉意见书,并通知提出抗诉的人民检察院。

第五百九十条 第二审人民法院发回原审人民法院按照第一审程序重新审判的案件,如果人民检察院认为重新审判的判决、裁定确有错误的,可以按照第二审程序提出抗诉。

第五百九十一条 人民检察院认为人民法院已经发生法律效力的判决、裁定确有错误,具有下列情形之一的,应当按照审判监督程序向人民法院提出抗诉:

(一)有新的证据证明原判决、裁定认定的事实确有错误,可能影响定罪量刑的;

(二)据以定罪量刑的证据不确实、不充分的;

(三)据以定罪量刑的证据依法应当予以排除的;

(四)据以定罪量刑的主要证据之间存在矛盾的;

(五)原判决、裁定的主要事实依据被依法变更或者撤销的;

(六)认定罪名错误且明显影响量刑的;

(七)违反法律关于追诉时效期限的规定的;

(八)量刑明显不当的;

(九)违反法律规定的诉讼程序,可能影响公正审判的;

(十)审判人员在审理案件的时候有贪污受贿,徇私舞弊,枉法裁判行为的。

对于同级人民法院已经发生法律效力的判决、裁定,人民检察院认为可能有错误的,应当另行指派检察官或者检察官办案组进行审查。经审查,认为有前款规定情形之一的,应当提请上一级人民检察院提出抗诉。

对已经发生法律效力的判决、裁定的审查,参照本规则第五百八十五条的规定办理。

第五百九十二条 对于高级人民法院判处死刑缓期二年执行的案件,省级人民检察院认为确有错误提请抗诉的,一般应当在收到生效判决、裁定后三个月以内提出,至迟不得超过六个月。

第五百九十三条 当事人及其法定代理人、近亲属认为人民法院已经发生法律效力的判决、裁定确有错误,向人民检察院申诉的,由作出生效判决、裁定的人民法院的同级人民检察院依法办理。

当事人及其法定代理人、近亲属直接向上级人民检察院申诉的,上级人民检察院可以交由作出生效判决、裁定的人民法院的同级人民检察院受理;案情重大、疑难、复杂的,上级人民检察院可以直接受理。

当事人及其法定代理人、近亲属对人民法院已经发生法律效力的判决、裁定提出申诉,经人民检察院复查决定不予抗诉后继续提出申诉的,上一级人民检察院应当受理。

第五百九十四条 对不服人民法院已经发生法律效力的判决、裁定的申诉,经两级人民检察院办理且省级人民检察院已经复查的,如果没有新的证据,人民检察院不再复查,但原审被告人可能被宣告无罪或者判决、裁定有其他重大错误可能的除外。

第五百九十五条 人民检察院对已经发生法律效力的判决、裁定的申诉复查后,认为需要提请或者提出抗诉的,报请检察长决定。

地方各级人民检察院对不服同级人民法院已经发生法律效力的判决、裁定的申诉复查后,认为需要提出抗诉的,应当提请上一级人民检察院抗诉。

上级人民检察院对下一级人民检察院提请抗诉的申诉案件进行审查后,认为需要提出抗诉的,应当向同级人民法院提出抗诉。

人民法院开庭审理时,同级人民检察院应当派员出席法庭。

第五百九十六条 人民检察院对不服人民法院已经发生法律效力的判决、裁定的申诉案件复查终结后,应当制作刑事申诉复查通知书,在十日以内通知申诉人。

经复查向上一级人民检察院提请抗诉的，应当在上一级人民检察院作出是否抗诉的决定后制作刑事申诉复查通知书。

第五百九十七条 最高人民检察院发现各级人民法院已经发生法律效力的判决或者裁定，上级人民检察院发现下级人民法院已经发生法律效力的判决或者裁定确有错误时，可以直接向同级人民法院提出抗诉，或者指令作出生效判决、裁定人民法院的上一级人民检察院向同级人民法院提出抗诉。

第五百九十八条 人民检察院按照审判监督程序向人民法院提出抗诉的，应当将抗诉书副本报送上一级人民检察院。

第五百九十九条 对按照审判监督程序提出抗诉的案件，人民检察院认为人民法院再审作出的判决、裁定仍然确有错误的，如果案件是依照第一审程序审判的，同级人民检察院应当按照第二审程序向上一级人民法院提出抗诉；如果案件是依照第二审程序审判的，上一级人民检察院应当按照审判监督程序向同级人民法院提出抗诉。

第六百条 人民检察院办理按照第二审程序、审判监督程序抗诉的案件，认为需要对被告人采取强制措施的，参照本规则相关规定。决定采取强制措施应当经检察长批准。

第六百零一条 人民检察院对自诉案件的判决、裁定的监督，适用本节的规定。

第七节 死刑复核监督

第六百零二条 最高人民检察院依法对最高人民法院的死刑复核活动实行法律监督。

省级人民检察院依法对高级人民法院复核未上诉且未抗诉死刑立即执行案件和死刑缓期二年执行案件的活动实行法律监督。

第六百零三条 最高人民检察院、省级人民检察院通过办理下列案件对死刑复核活动实行法律监督：

（一）人民法院向人民检察院通报的死刑复核案件；

（二）下级人民检察院提请监督或者报告重大情况的死刑复核

案件；

（三）当事人及其近亲属或者受委托的律师向人民检察院申请监督的死刑复核案件；

（四）认为应当监督的其他死刑复核案件。

第六百零四条 省级人民检察院对于进入最高人民法院死刑复核程序的案件，发现具有下列情形之一的，应当及时向最高人民检察院提请监督：

（一）案件事实不清、证据不足，依法应当发回重新审判或者改判的；

（二）被告人具有从宽处罚情节，依法不应当判处死刑的；

（三）适用法律错误的；

（四）违反法律规定的诉讼程序，可能影响公正审判的；

（五）其他应当提请监督的情形。

第六百零五条 省级人民检察院发现死刑复核案件被告人有自首、立功、怀孕或者被告人家属与被害人家属达成赔偿谅解协议等新的重大情况，影响死刑适用的，应当及时向最高人民检察院报告。

第六百零六条 当事人及其近亲属或者受委托的律师向最高人民检察院提出不服死刑裁判的申诉，由负责死刑复核监督的部门审查。

第六百零七条 对于适用死刑存在较大分歧或者在全国有重大影响的死刑第二审案件，省级人民检察院应当及时报最高人民检察院备案。

第六百零八条 高级人民法院死刑复核期间，设区的市级人民检察院向省级人民检察院报告重大情况、备案等程序，参照本规则第六百零五条、第六百零七条规定办理。

第六百零九条 对死刑复核监督案件的审查可以采取下列方式：

（一）审查人民法院移送的材料、下级人民检察院报送的相关案卷材料、当事人及其近亲属或者受委托的律师提交的材料；

(二)向下级人民检察院调取案件审查报告、公诉意见书、出庭意见书等,了解案件相关情况;

(三)向人民法院调阅或者查阅案卷材料;

(四)核实或者委托核实主要证据;

(五)讯问被告人、听取受委托的律师的意见;

(六)就有关技术性问题向专门机构或者有专门知识的人咨询,或者委托进行证据审查;

(七)需要采取的其他方式。

第六百一十条 审查死刑复核监督案件,具有下列情形之一的,应当听取下级人民检察院的意见:

(一)对案件主要事实、证据有疑问的;

(二)对适用死刑存在较大争议的;

(三)可能引起司法办案重大风险的;

(四)其他应当听取意见的情形。

第六百一十一条 最高人民检察院经审查发现死刑复核案件具有下列情形之一的,应当经检察长决定,依法向最高人民法院提出检察意见:

(一)认为适用死刑不当,或者案件事实不清、证据不足,依法不应当核准死刑的;

(二)认为不予核准死刑的理由不成立,依法应当核准死刑的;

(三)发现新的事实和证据,可能影响被告人定罪量刑的;

(四)严重违反法律规定的诉讼程序,可能影响公正审判的;

(五)司法工作人员在办理案件时,有贪污受贿,徇私舞弊,枉法裁判等行为的;

(六)其他需要提出检察意见的情形。

同意最高人民法院核准或者不核准意见的,应当经检察长批准,书面回复最高人民法院。

对于省级人民检察院提请监督、报告重大情况的案件,最高人民检察院认为具有影响死刑适用情形的,应当及时将有关材料转送最高人民法院。

第八节　羁押期限和办案期限监督

第六百一十二条　人民检察院依法对羁押期限和办案期限是否合法实行法律监督。

第六百一十三条　对公安机关、人民法院办理案件相关期限的监督,犯罪嫌疑人、被告人被羁押的,由人民检察院负责刑事执行检察的部门承担;犯罪嫌疑人、被告人未被羁押的,由人民检察院负责捕诉的部门承担。对人民检察院办理案件相关期限的监督,由负责案件管理的部门承担。

第六百一十四条　人民检察院在办理案件过程中,犯罪嫌疑人、被告人被羁押,具有下列情形之一的,办案部门应当在作出决定或者收到决定书、裁定书后十日以内通知本院负有监督职责的部门:

(一)批准或者决定延长侦查羁押期限的;

(二)对于人民检察院直接受理侦查的案件,决定重新计算侦查羁押期限、变更或者解除强制措施的;

(三)对犯罪嫌疑人、被告人进行精神病鉴定的;

(四)审查起诉期间改变管辖、延长审查起诉期限的;

(五)案件退回补充侦查,或者补充侦查完毕移送起诉后重新计算审查起诉期限的;

(六)人民法院决定适用简易程序、速裁程序审理第一审案件,或者将案件由简易程序转为普通程序,由速裁程序转为简易程序、普通程序重新审理的;

(七)人民法院改变管辖,决定延期审理、中止审理,或者同意人民检察院撤回起诉的。

第六百一十五条　人民检察院发现看守所的羁押期限管理活动具有下列情形之一的,应当依法提出纠正意见:

(一)未及时督促办案机关办理换押手续的;

(二)未在犯罪嫌疑人、被告人羁押期限届满前七日以内向办案

机关发出羁押期限即将届满通知书的;

(三)犯罪嫌疑人、被告人被超期羁押后,没有立即书面报告人民检察院并通知办案机关的;

(四)收到犯罪嫌疑人、被告人及其法定代理人、近亲属或者辩护人提出的变更强制措施、羁押必要性审查、羁押期限届满要求释放或者变更强制措施的申请、申诉、控告后,没有及时转送有关办案机关或者人民检察院的;

(五)其他违法情形。

第六百一十六条 人民检察院发现公安机关的侦查羁押期限执行情况具有下列情形之一的,应当依法提出纠正意见:

(一)未按规定办理换押手续的;

(二)决定重新计算侦查羁押期限、经批准延长侦查羁押期限,未书面通知人民检察院和看守所的;

(三)对犯罪嫌疑人进行精神病鉴定,没有书面通知人民检察院和看守所的;

(四)其他违法情形。

第六百一十七条 人民检察院发现人民法院的审理期限执行情况具有下列情形之一的,应当依法提出纠正意见:

(一)在一审、二审和死刑复核阶段未按规定办理换押手续的;

(二)违反刑事诉讼法的规定重新计算审理期限、批准延长审理期限、改变管辖、延期审理、中止审理或者发回重审的;

(三)决定重新计算审理期限、批准延长审理期限、改变管辖、延期审理、中止审理、对被告人进行精神病鉴定,没有书面通知人民检察院和看守所的;

(四)其他违法情形。

第六百一十八条 人民检察院发现同级或者下级公安机关、人民法院超期羁押的,应当向该办案机关发出纠正违法通知书。

发现上级公安机关、人民法院超期羁押的,应当及时层报该办案机关的同级人民检察院,由同级人民检察院向该办案机关发出纠正违法通知书。

对异地羁押的案件,发现办案机关超期羁押的,应当通报该办案机关的同级人民检察院,由其依法向办案机关发出纠正违法通知书。

第六百一十九条 人民检察院发出纠正违法通知书后,有关办案机关未回复意见或者继续超期羁押的,应当及时报告上一级人民检察院。

对于造成超期羁押的直接责任人员,可以书面建议其所在单位或者有关主管机关依照法律或者有关规定予以处分;对于造成超期羁押情节严重,涉嫌犯罪的,应当依法追究其刑事责任。

第六百二十条 人民检察院办理直接受理侦查的案件或者审查逮捕、审查起诉案件,在犯罪嫌疑人侦查羁押期限、办案期限即将届满前,负责案件管理的部门应当依照有关规定向本院办案部门进行期限届满提示。发现办案部门办理案件超过规定期限的,应当依照有关规定提出纠正意见。

第十四章 刑罚执行和监管执法监督

第一节 一般规定

第六百二十一条 人民检察院依法对刑事判决、裁定和决定的执行工作以及监狱、看守所等的监管执法活动实行法律监督。

第六百二十二条 人民检察院根据工作需要,可以对监狱、看守所等场所采取巡回检察、派驻检察等方式进行监督。

第六百二十三条 人民检察院对监狱、看守所等场所进行监督,除可以采取本规则第五百五十一条规定的调查核实措施外,还可以采取实地查看禁闭室、会见室、监区、监舍等有关场所,列席监狱、看守所有关会议,与有关监管民警进行谈话,召开座谈会,开展问卷调查等方式。

第六百二十四条 人民检察院对刑罚执行和监管执法活动实行监督,可以根据下列情形分别处理:

(一)发现执法瑕疵、安全隐患,或者违法情节轻微的,口头提出

纠正意见,并记录在案;

(二)发现严重违法,发生重大事故,或者口头提出纠正意见后七日以内未予纠正的,书面提出纠正意见;

(三)发现存在可能导致执法不公问题,或者存在重大监管漏洞、重大安全隐患、重大事故风险等问题的,提出检察建议。

对于在巡回检察中发现的前款规定的问题、线索的整改落实情况,通过巡回检察进行督导。

第二节 交付执行监督

第六百二十五条 人民检察院发现人民法院、公安机关、看守所等机关的交付执行活动具有下列情形之一的,应当依法提出纠正意见:

(一)交付执行的第一审人民法院没有在法定期间内将判决书、裁定书、人民检察院的起诉书副本、自诉状复印件、执行通知书、结案登记表等法律文书送达公安机关、监狱、社区矫正机构等执行机关的;

(二)对被判处死刑缓期二年执行、无期徒刑或者有期徒刑余刑在三个月以上的罪犯,公安机关、看守所自接到人民法院执行通知书等法律文书后三十日以内,没有将成年罪犯送交监狱执行刑罚,或者没有将未成年罪犯送交未成年犯管教所执行刑罚的;

(三)对需要收监执行刑罚而判决、裁定生效前未被羁押的罪犯,第一审人民法院没有及时将罪犯收监送交公安机关,并将判决书、裁定书、执行通知书等法律文书送达公安机关的;

(四)公安机关对需要收监执行刑罚但下落不明的罪犯,在收到人民法院的判决书、裁定书、执行通知书等法律文书后,没有及时抓捕、通缉的;

(五)对被判处管制、宣告缓刑或者人民法院决定暂予监外执行的罪犯,在判决、裁定生效后或者收到人民法院暂予监外执行决定后,未依法交付罪犯居住地社区矫正机构执行,或者对被单处剥夺政治权利的罪犯,在判决、裁定生效后,未依法交付罪犯居住地公安机关执行的,或者人民法院依法交付执行,社区矫正机构或者公安机关应当接收而拒绝接收的;

(六)其他违法情形。

第六百二十六条 人民法院判决被告人无罪、免予刑事处罚、判处管制、宣告缓刑、单处罚金或者剥夺政治权利,被告人被羁押的,人民检察院应当监督被告人是否被立即释放。发现被告人没有被立即释放的,应当立即向人民法院或者看守所提出纠正意见。

第六百二十七条 人民检察院发现公安机关未依法执行拘役、剥夺政治权利,拘役执行期满未依法发给释放证明,或者剥夺政治权利执行期满未书面通知本人及其所在单位、居住地基层组织等违法情形的,应当依法提出纠正意见。

第六百二十八条 人民检察院发现监狱、看守所对服刑期满或者依法应当予以释放的人员没有按期释放,对被裁定假释的罪犯依法应当交付罪犯居住地社区矫正机构实行社区矫正而不交付,对主刑执行完毕仍然需要执行附加剥夺政治权利的罪犯依法应当交付罪犯居住地公安机关执行而不交付,或者对服刑期未满又无合法释放根据的罪犯予以释放等违法行为的,应当依法提出纠正意见。

第三节　减刑、假释、暂予监外执行监督

第六百二十九条 人民检察院发现人民法院、监狱、看守所、公安机关暂予监外执行的活动具有下列情形之一的,应当依法提出纠正意见:

(一)将不符合法定条件的罪犯提请、决定暂予监外执行的;

(二)提请、决定暂予监外执行的程序违反法律规定或者没有完备的合法手续,或者对于需要保外就医的罪犯没有省级人民政府指定医院的诊断证明和开具的证明文件的;

(三)监狱、看守所提出暂予监外执行书面意见,没有同时将书面意见副本抄送人民检察院的;

(四)罪犯被决定或者批准暂予监外执行后,未依法交付罪犯居住地社区矫正机构实行社区矫正的;

(五)对符合暂予监外执行条件的罪犯没有依法提请暂予监外执行的;

(六)人民法院在作出暂予监外执行决定前,没有依法征求人民检察院意见的;

(七)发现罪犯不符合暂予监外执行条件,在暂予监外执行期间严重违反暂予监外执行监督管理规定,或者暂予监外执行的条件消失且刑期未满,应当收监执行而未及时收监执行的;

(八)人民法院决定将暂予监外执行的罪犯收监执行,并将有关法律文书送达公安机关、监狱、看守所后,监狱、看守所未及时收监执行的;

(九)对不符合暂予监外执行条件的罪犯通过贿赂、欺骗等非法手段被暂予监外执行以及在暂予监外执行期间脱逃的罪犯,监狱、看守所未建议人民法院将其监外执行期间、脱逃期间不计入执行刑期或者对罪犯执行刑期计算的建议违法、不当的;

(十)暂予监外执行的罪犯刑期届满,未及时办理释放手续的;

(十一)其他违法情形。

第六百三十条 人民检察院收到监狱、看守所抄送的暂予监外执行书面意见副本后,应当逐案进行审查,发现罪犯不符合暂予监外执行法定条件或者提请暂予监外执行违反法定程序的,应当在十日以内报经检察长批准,向决定或者批准机关提出书面检察意见,同时抄送执行机关。

第六百三十一条 人民检察院接到决定或者批准机关抄送的暂予监外执行决定书后,应当及时审查下列内容:

(一)是否属于被判处有期徒刑或者拘役的罪犯;

(二)是否属于有严重疾病需要保外就医的罪犯;

(三)是否属于怀孕或者正在哺乳自己婴儿的妇女;

(四)是否属于生活不能自理,适用暂予监外执行不致危害社会的罪犯；

（五）是否属于适用保外就医可能有社会危险性的罪犯，或者自伤自残的罪犯；

（六）决定或者批准机关是否符合刑事诉讼法第二百六十五条第五款的规定；

（七）办理暂予监外执行是否符合法定程序。

第六百三十二条 人民检察院经审查认为暂予监外执行不当的，应当自接到通知之日起一个月以内，向决定或者批准暂予监外执行的机关提出纠正意见。下级人民检察院认为暂予监外执行不当的，应当立即层报决定或者批准暂予监外执行的机关的同级人民检察院，由其决定是否向决定或者批准暂予监外执行的机关提出纠正意见。

第六百三十三条 人民检察院向决定或者批准暂予监外执行的机关提出不同意暂予监外执行的书面意见后，应当监督其对决定或者批准暂予监外执行的结果进行重新核查，并监督重新核查的结果是否符合法律规定。对核查不符合法律规定的，应当依法提出纠正意见，并向上一级人民检察院报告。

第六百三十四条 对于暂予监外执行的罪犯，人民检察院发现罪犯不符合暂予监外执行条件、严重违反有关暂予监外执行的监督管理规定或者暂予监外执行的情形消失而罪犯刑期未满的，应当通知执行机关收监执行，或者建议决定或者批准暂予监外执行的机关作出收监执行决定。

第六百三十五条 人民检察院收到执行机关抄送的减刑、假释建议书副本后，应当逐案进行审查。发现减刑、假释建议不当或者提请减刑、假释违反法定程序的，应当在十日以内报经检察长批准，向审理减刑、假释案件的人民法院提出书面检察意见，同时也可以向执行机关提出书面纠正意见。案情复杂或者情况特殊的，可以延长十日。

第六百三十六条 人民检察院发现监狱等执行机关提请人民法

院裁定减刑、假释的活动具有下列情形之一的，应当依法提出纠正意见：

（一）将不符合减刑、假释法定条件的罪犯，提请人民法院裁定减刑、假释的；

（二）对依法应当减刑、假释的罪犯，不提请人民法院裁定减刑、假释的；

（三）提请对罪犯减刑、假释违反法定程序，或者没有完备的合法手续的；

（四）提请对罪犯减刑的减刑幅度、起始时间、间隔时间或者减刑后又假释的间隔时间不符合有关规定的；

（五）被提请减刑、假释的罪犯被减刑后实际执行的刑期或者假释考验期不符合有关法律规定的；

（六）其他违法情形。

第六百三十七条 人民法院开庭审理减刑、假释案件，人民检察院应当指派检察人员出席法庭，发表意见。

第六百三十八条 人民检察院收到人民法院减刑、假释的裁定书副本后，应当及时审查下列内容：

（一）被减刑、假释的罪犯是否符合法定条件，对罪犯减刑的减刑幅度、起始时间、间隔时间或者减刑后又假释的间隔时间、罪犯被减刑后实际执行的刑期或者假释考验期是否符合有关规定；

（二）执行机关提请减刑、假释的程序是否合法；

（三）人民法院审理、裁定减刑、假释的程序是否合法；

（四）人民法院对罪犯裁定不予减刑、假释是否符合有关规定；

（五）人民法院减刑、假释裁定书是否依法送达执行并向社会公布。

第六百三十九条 人民检察院经审查认为人民法院减刑、假释的裁定不当，应当在收到裁定书副本后二十日以内，向作出减刑、假释裁定的人民法院提出纠正意见。

第六百四十条 对人民法院减刑、假释裁定的纠正意见，由作出减刑、假释裁定的人民法院的同级人民检察院书面提出。

下级人民检察院发现人民法院减刑、假释裁定不当的,应当向作出减刑、假释裁定的人民法院的同级人民检察院报告。

第六百四十一条 人民检察院对人民法院减刑、假释的裁定提出纠正意见后,应当监督人民法院是否在收到纠正意见后一个月以内重新组成合议庭进行审理,并监督重新作出的裁定是否符合法律规定。对最终裁定不符合法律规定的,应当向同级人民法院提出纠正意见。

第四节 社区矫正监督

第六百四十二条 人民检察院发现社区矫正决定机关、看守所、监狱、社区矫正机构在交付、接收社区矫正对象活动中违反有关规定的,应当依法提出纠正意见。

第六百四十三条 人民检察院发现社区矫正执法活动具有下列情形之一的,应当依法提出纠正意见:

(一)社区矫正对象报到后,社区矫正机构未履行法定告知义务,致使其未按照有关规定接受监督管理的;

(二)违反法律规定批准社区矫正对象离开所居住的市、县,或者违反人民法院禁止令的内容批准社区矫正对象进入特定区域或者场所的;

(三)没有依法监督管理而导致社区矫正对象脱管的;

(四)社区矫正对象违反监督管理规定或者人民法院的禁止令,未依法予以警告、未提请公安机关给予治安管理处罚的;

(五)对社区矫正对象有殴打、体罚、虐待、侮辱人格、强迫其参加超时间或者超体力社区服务等侵犯其合法权利行为的;

(六)未依法办理解除、终止社区矫正的;

(七)其他违法情形。

第六百四十四条 人民检察院发现对社区矫正对象的刑罚变更执行活动具有下列情形之一的,应当依法提出纠正意见:

（一）社区矫正机构未依法向人民法院、公安机关、监狱管理机关提出撤销缓刑、撤销假释建议或者对暂予监外执行的收监执行建议，或者未依法向人民法院提出减刑建议的；

（二）人民法院、公安机关、监狱管理机关未依法作出裁定、决定，或者未依法送达的；

（三）公安机关未依法将罪犯送交看守所、监狱，或者看守所、监狱未依法收监执行的；

（四）公安机关未依法对在逃的罪犯实施追捕的；

（五）其他违法情形。

第五节　刑事裁判涉财产部分执行监督

第六百四十五条　人民检察院发现人民法院执行刑事裁判涉财产部分具有下列情形之一的，应当依法提出纠正意见：

（一）执行立案活动违法的；

（二）延期缴纳、酌情减少或者免除罚金违法的；

（三）中止执行或者终结执行违法的；

（四）被执行人有履行能力，应当执行而不执行的；

（五）损害被执行人、被害人、利害关系人或者案外人合法权益的；

（六）刑事裁判全部或者部分被撤销后未依法返还或者赔偿的；

（七）执行的财产未依法上缴国库的；

（八）其他违法情形。

人民检察院对人民法院执行刑事裁判涉财产部分进行监督，可以对公安机关查封、扣押、冻结涉案财物的情况，人民法院审判部门、立案部门、执行部门移送、立案、执行情况，被执行人的履行能力等情况向有关单位和个人进行调查核实。

第六百四十六条　人民检察院发现被执行人或者其他人员有隐匿、转移、变卖财产等妨碍执行情形的，可以建议人民法院及时查封、扣押、冻结。

公安机关不依法向人民法院移送涉案财物、相关清单、照片和其他证明文件,或者对涉案财物的查封、扣押、冻结、返还、处置等活动存在违法情形的,人民检察院应当依法提出纠正意见。

第六节　死刑执行监督

第六百四十七条　被判处死刑立即执行的罪犯在被执行死刑时,人民检察院应当指派检察官临场监督。

死刑执行临场监督由人民检察院负责刑事执行检察的部门承担。人民检察院派驻看守所、监狱的检察人员应当予以协助,负责捕诉的部门应当提供有关情况。

执行死刑过程中,人民检察院临场监督人员根据需要可以进行拍照、录像。执行死刑后,人民检察院临场监督人员应当检查罪犯是否确已死亡,并填写死刑执行临场监督笔录,签名后入卷归档。

第六百四十八条　省级人民检察院负责案件管理的部门收到高级人民法院报请最高人民法院复核的死刑判决书、裁定书副本后,应当在三日以内将判决书、裁定书副本移送本院负责刑事执行检察的部门。

判处死刑的案件一审是由中级人民法院审理的,省级人民检察院应当及时将死刑判决书、裁定书副本移送中级人民法院的同级人民检察院负责刑事执行检察的部门。

人民检察院收到同级人民法院执行死刑临场监督通知后,应当查明同级人民法院是否收到最高人民法院核准死刑的裁定或者作出的死刑判决、裁定和执行死刑的命令。

第六百四十九条　执行死刑前,人民检察院发现具有下列情形之一的,应当建议人民法院立即停止执行,并层报最高人民检察院负责死刑复核监督的部门:

(一)被执行人并非应当执行死刑的罪犯的;

(二)罪犯犯罪时不满十八周岁,或者审判的时候已满七十五周岁,依法不应当适用死刑的;

(三)罪犯正在怀孕的;

(四)共同犯罪的其他犯罪嫌疑人到案,共同犯罪的其他罪犯被暂停或者停止执行死刑,可能影响罪犯量刑的;

(五)罪犯可能有其他犯罪的;

(六)罪犯揭发他人重大犯罪事实或者有其他重大立功表现,可能需要改判的;

(七)判决、裁定可能有影响定罪量刑的其他错误的。

在执行死刑活动中,发现人民法院有侵犯被执行死刑罪犯的人身权、财产权或者其近亲属、继承人合法权利等违法情形的,人民检察院应当依法提出纠正意见。

第六百五十条 判处被告人死刑缓期二年执行的判决、裁定在执行过程中,人民检察院监督的内容主要包括:

(一)死刑缓期执行期满,符合法律规定应当减为无期徒刑、有期徒刑条件的,监狱是否及时提出减刑建议提请人民法院裁定,人民法院是否依法裁定;

(二)罪犯在缓期执行期间故意犯罪,监狱是否依法侦查和移送起诉;罪犯确系故意犯罪,情节恶劣,查证属实,应当执行死刑的,人民法院是否依法核准或者裁定执行死刑。

被判处死刑缓期二年执行的罪犯在死刑缓期执行期间故意犯罪,执行机关向人民检察院移送起诉的,由罪犯服刑所在地设区的市级人民检察院审查决定是否提起公诉。

人民检察院发现人民法院对被判处死刑缓期二年执行的罪犯减刑不当的,应当依照本规则第六百三十九条、第六百四十条的规定,向人民法院提出纠正意见。罪犯在死刑缓期执行期间又故意犯罪,经人民检察院起诉后,人民法院仍然予以减刑的,人民检察院应当依照本规则相关规定,向人民法院提出抗诉。

第七节 强制医疗执行监督

第六百五十一条 人民检察院发现人民法院、公安机关、强制医疗机构在对依法不负刑事责任的精神病人的强制医疗的交付执行、医疗、解除等活动中违反有关规定的，应当依法提出纠正意见。

第六百五十二条 人民检察院在强制医疗执行监督中发现被强制医疗的人不符合强制医疗条件或者需要依法追究刑事责任，人民法院作出的强制医疗决定可能错误的，应当在五日以内将有关材料转交作出强制医疗决定的人民法院的同级人民检察院。收到材料的人民检察院负责捕诉的部门应当在二十日以内进行审查，并将审查情况和处理意见反馈负责强制医疗执行监督的人民检察院。

第六百五十三条 人民检察院发现公安机关在对涉案精神病人采取临时保护性约束措施时有违法情形的，应当依法提出纠正意见。

第八节 监管执法监督

第六百五十四条 人民检察院发现看守所收押活动和监狱收监活动中具有下列情形之一的，应当依法提出纠正意见：

（一）没有收押、收监文书、凭证，文书、凭证不齐全，或者被收押、收监人员与文书、凭证不符的；

（二）依法应当收押、收监而不收押、收监，或者对依法不应当关押的人员收押、收监的；

（三）未告知被收押、收监人员权利、义务的；

（四）其他违法情形。

第六百五十五条 人民检察院发现监狱、看守所等执行机关在管理、教育改造罪犯等活动中有违法行为的，应当依法提出纠正意见。

第六百五十六条 看守所对收押的犯罪嫌疑人进行身体检查时，人民检察院驻看守所检察人员可以在场。发现收押的犯罪嫌疑人有伤或者身体异常的，应当要求看守所进行拍照或者录像，由送押人员、犯罪嫌疑人说明原因，在体检记录中写明，并由送押人员、收押人员和犯罪嫌疑人签字确认。必要时，驻看守所检察人员可以自行拍照或者录像，并将相关情况记录在案。

第六百五十七条 人民检察院发现看守所、监狱等监管场所有殴打、体罚、虐待、违法使用戒具、违法适用禁闭等侵害在押人员人身权利情形的,应当依法提出纠正意见。

第六百五十八条 人民检察院发现看守所违反有关规定,有下列情形之一的,应当依法提出纠正意见:

(一)为在押人员通风报信,私自传递信件、物品,帮助伪造、毁灭、隐匿证据或者干扰证人作证、串供的;

(二)违反规定同意侦查人员将犯罪嫌疑人提出看守所讯问的;

(三)收到在押犯罪嫌疑人、被告人及其法定代理人、近亲属或者辩护人的变更强制措施申请或者其他申请、申诉、控告、举报,不及时转交、转告人民检察院或者有关办案机关的;

(四)应当安排辩护律师依法会见在押的犯罪嫌疑人、被告人而没有安排的;

(五)违法安排辩护律师或者其他人员会见在押的犯罪嫌疑人、被告人的;

(六)辩护律师会见犯罪嫌疑人、被告人时予以监听的;

(七)其他违法情形。

第六百五十九条 人民检察院发现看守所代为执行刑罚的活动具有下列情形之一的,应当依法提出纠正意见:

(一)将被判处有期徒刑剩余刑期在三个月以上的罪犯留所服刑的;

(二)将留所服刑罪犯与犯罪嫌疑人、被告人混押、混管、混教的;

(三)其他违法情形。

第六百六十条 人民检察院发现监狱没有按照规定对罪犯进行分押分管、监狱人民警察没有对罪犯实行直接管理等违反监管规定情形的,应当依法提出纠正意见。

人民检察院发现监狱具有未按照规定安排罪犯与亲属或者监护人会见、对伤病罪犯未及时治疗以及未执行国家规定的罪犯生活标准等侵犯罪犯合法权益情形的,应当依法提出纠正意见。

第六百六十一条 人民检察院发现看守所出所活动和监狱出监活动具有下列情形之一的,应当依法提出纠正意见:

(一)没有出所、出监文书、凭证,文书、凭证不齐全,或者出所、出监人员与文书、凭证不符的;

(二)应当释放而没有释放,不应当释放而释放,或者未依照规定送达释放通知书的;

(三)对提押、押解、转押出所的在押人员,特许离监、临时离监、调监或者暂予监外执行的罪犯,未依照规定派员押送并办理交接手续的;

(四)其他违法情形。

第九节 事故检察

第六百六十二条 人民检察院发现看守所、监狱、强制医疗机构等场所具有下列情形之一的,应当开展事故检察:

(一)被监管人、被强制医疗人非正常死亡、伤残、脱逃的;

(二)被监管人破坏监管秩序,情节严重的;

(三)突发公共卫生事件的;

(四)其他重大事故。

发生被监管人、被强制医疗人非正常死亡的,应当组织巡回检察。

第六百六十三条 人民检察院应当对看守所、监狱、强制医疗机构等场所或者主管机关的事故调查结论进行审查。具有下列情形之一的,人民检察院应当调查核实:

(一)被监管人、被强制医疗人及其法定代理人、近亲属对调查结论有异议的,人民检察院认为有必要调查的;

(二)人民检察院对调查结论有异议的;

(三)其他需要调查的。

人民检察院应当将调查核实的结论书面通知监管场所或者主管机关和被监管人、被强制医疗人的近亲属。认为监管场所或者主管机关处理意见不当,或者监管执法存在问题的,应当提出纠正意见或者检察建议;认为可能存在违法犯罪情形的,应当移送有关部门处理。

第十五章 案件管理

第六百六十四条 人民检察院负责案件管理的部门对检察机关办理案件的受理、期限、程序、质量等进行管理、监督、预警。

第六百六十五条 人民检察院负责案件管理的部门发现本院办案活动具有下列情形之一的,应当及时提出纠正意见:

(一)查封、扣押、冻结、保管、处理涉案财物不符合有关法律和规定的;

(二)法律文书制作、使用不符合法律和有关规定的;

(三)违反羁押期限、办案期限规定的;

(四)侵害当事人、辩护人、诉讼代理人的诉讼权利的;

(五)未依法对立案、侦查、审查逮捕、公诉、审判等诉讼活动以及执行活动中的违法行为履行法律监督职责的;

(六)其他应当提出纠正意见的情形。

情节轻微的,可以口头提示;情节较重的,应当发送案件流程监控通知书,提示办案部门及时查明情况并予以纠正;情节严重的,应当同时向检察长报告。

办案部门收到案件流程监控通知书后,应当在十日以内将核查情况书面回复负责案件管理的部门。

第六百六十六条 人民检察院负责案件管理的部门对以本院名义制发法律文书实施监督管理。

第六百六十七条 人民检察院办理的案件,办结后需要向其他单位移送案卷材料的,统一由负责案件管理的部门审核移送材料是否规范、齐备。负责案件管理的部门认为材料规范、齐备,符合移送条件的,应当立即由办案部门按照规定移送;认为材料不符合要求的,应当及时通知办案部门补送、更正。

第六百六十八条 监察机关或者公安机关随案移送涉案财物及其孳息的，人民检察院负责案件管理的部门应当在受理案件时进行审查，并及时办理入库保管手续。

第六百六十九条 人民检察院负责案件管理的部门对扣押的涉案物品进行保管，并对查封、扣押、冻结、处理涉案财物工作进行监督管理。对违反规定的行为提出纠正意见；涉嫌违法违纪的，报告检察长。

第六百七十条 人民检察院办案部门需要调用、移送、处理查封、扣押、冻结的涉案财物的，应当按照规定办理审批手续。审批手续齐全的，负责案件管理的部门应当办理出库手续。

第十六章 刑事司法协助

第六百七十一条 人民检察院依据国际刑事司法协助法等有关法律和有关刑事司法协助条约进行刑事司法协助。

第六百七十二条 人民检察院刑事司法协助的范围包括刑事诉讼文书送达，调查取证，安排证人作证或者协助调查，查封、扣押、冻结涉案财物，返还违法所得及其他涉案财物，移管被判刑人以及其他协助。

第六百七十三条 最高人民检察院是检察机关开展国际刑事司法协助的主管机关，负责审核地方各级人民检察院向外国提出的刑事司法协助请求，审查处理对外联系机关转递的外国提出的刑事司法协助请求，审查决定是否批准执行外国的刑事司法协助请求，承担其他与国际刑事司法协助相关的工作。

办理刑事司法协助相关案件的地方各级人民检察院应当向最高人民检察院层报需要向外国提出的刑事司法协助请求，执行最高人民检察院交办的外国提出的刑事司法协助请求。

第六百七十四条 地方各级人民检察院需要向外国请求刑事司法协助的，应当制作刑事司法协助请求书并附相关材料。经省级人民检察院审核同意后，报送最高人民检察院。

刑事司法协助请求书应当依照相关刑事司法协助条约的规定制作;没有条约或者条约没有规定的,可以参照国际刑事司法协助法第十三条的规定制作。被请求方有特殊要求的,在不违反我国法律的基本原则的情况下,可以按照被请求方的特殊要求制作。

第六百七十五条 最高人民检察院收到地方各级人民检察院刑事司法协助请求书及所附相关材料后,应当依照国际刑事司法协助法和有关条约进行审查。对符合规定、所附材料齐全的,最高人民检察院是对外联系机关的,应当及时向外国提出请求;不是对外联系机关的,应当通过对外联系机关向外国提出请求。对不符合规定或者材料不齐全的,应当退回提出请求的人民检察院或者要求其补充、修正。

第六百七十六条 最高人民检察院收到外国提出的刑事司法协助请求后,应当对请求书及所附材料进行审查。对于请求书形式和内容符合要求的,应当按照职责分工,将请求书及所附材料转交有关主管机关或者省级人民检察院处理;对于请求书形式和内容不符合要求的,可以要求请求方补充材料或者重新提出请求。

外国提出的刑事司法协助请求明显损害我国主权、安全和社会公共利益的,可以直接拒绝提供协助。

第六百七十七条 最高人民检察院在收到对外联系机关转交的刑事司法协助请求书及所附材料后,经审查,分别作出以下处理:

(一)根据国际刑事司法协助法和刑事司法协助条约的规定,认为可以协助执行的,作出决定并安排有关省级人民检察院执行;

(二)根据国际刑事司法协助法或者刑事司法协助条约的规定,认为应当全部或者部分拒绝协助的,将请求书及所附材料退回对外联系机关并说明理由;

(三)对执行请求有保密要求或者有其他附加条件的,通过对外联系机关向外国提出,在外国接受条件并且作出书面保证后,决定附条件执行;

(四)需要补充材料的,书面通过对外联系机关要求请求方在合理期限内提供。

第六百七十八条 有关省级人民检察院收到最高人民检察院交办的外国刑事司法协助请求后,应当依法执行,或者交由下级人民检察院执行。

负责执行的人民检察院收到刑事司法协助请求书和所附材料后,应当立即安排执行,并将执行结果及有关材料报经省级人民检察院审查后,报送最高人民检察院。

对于不能执行的,应当将刑事司法协助请求书和所附材料,连同不能执行的理由,通过省级人民检察院报送最高人民检察院。

因请求书提供的地址不详或者材料不齐全,人民检察院难以执行该项请求的,应当立即通过最高人民检察院书面通知对外联系机关,要求请求方补充提供材料。

第六百七十九条 最高人民检察院应当对执行结果进行审查。对于符合请求要求和有关规定的,通过对外联系机关转交或者转告请求方。

第十七章 附 则

第六百八十条 人民检察院办理国家安全机关、海警机关、监狱移送的刑事案件以及对国家安全机关、海警机关、监狱立案、侦查活动的监督,适用本规则关于公安机关的规定。

第六百八十一条 军事检察院等专门人民检察院办理刑事案件,适用本规则和其他有关规定。

第六百八十二条 本规则所称检察官,包括检察长、副检察长、检察委员会委员、检察员。

本规则所称检察人员,包括检察官和检察官助理。

第六百八十三条 本规则由最高人民检察院负责解释。

第六百八十四条 本规则自2019年12月30日起施行。本规则施行后,《人民检察院刑事诉讼规则(试行)》(高检发释字〔2012〕2号)同时废止;最高人民检察院以前发布的司法解释和规范性文件与本规则不一致的,以本规则为准。

公安机关办理刑事案件程序规定

(2012年12月13日公安部令第127号修订发布　根据2020年7月20日公安部令第159号《公安部关于修改〈公安机关办理刑事案件程序规定〉的决定》修正　自2020年9月1日起施行)

第一章　任务和基本原则

第一条　为了保障《中华人民共和国刑事诉讼法》的贯彻实施,保证公安机关在刑事诉讼中正确履行职权,规范办案程序,确保办案质量,提高办案效率,制定本规定。

第二条　公安机关在刑事诉讼中的任务,是保证准确、及时地查明犯罪事实,正确应用法律,惩罚犯罪分子,保障无罪的人不受刑事追究,教育公民自觉遵守法律,积极同犯罪行为作斗争,维护社会主义法制,尊重和保障人权,保护公民的人身权利、财产权利、民主权利和其他权利,保障社会主义建设事业的顺利进行。

第三条　公安机关在刑事诉讼中的基本职权,是依照法律对刑事案件立案、侦查、预审;决定、执行强制措施;对依法不追究刑事责任的不予立案,已经追究的撤销案件;对侦查终结应当起诉的案件,移送人民检察院审查决定;对不够刑事处罚的犯罪嫌疑人需要行政处理的,依法予以处理或者移送有关部门;对被判处有期徒刑的罪犯,在被交付执行刑罚前,剩余刑期在三个月以下的,代为执行刑罚;执行拘役、剥夺政治权利、驱逐出境。

第四条　公安机关进行刑事诉讼,必须依靠群众,以事实为根据,以法律为准绳。对于一切公民,在适用法律上一律平等,在法律面前,不允许有任何特权。

第五条 公安机关进行刑事诉讼,同人民法院、人民检察院分工负责,互相配合,互相制约,以保证准确有效地执行法律。

第六条 公安机关进行刑事诉讼,依法接受人民检察院的法律监督。

第七条 公安机关进行刑事诉讼,应当建立、完善和严格执行办案责任制度、执法过错责任追究制度等内部执法监督制度。

在刑事诉讼中,上级公安机关发现下级公安机关作出的决定或者办理的案件有错误的,有权予以撤销或者变更,也可以指令下级公安机关予以纠正。

下级公安机关对上级公安机关的决定必须执行,如果认为有错误,可以在执行的同时向上级公安机关报告。

第八条 公安机关办理刑事案件,应当重证据,重调查研究,不轻信口供。严禁刑讯逼供和以威胁、引诱、欺骗以及其他非法方法收集证据,不得强迫任何人证实自己有罪。

第九条 公安机关在刑事诉讼中,应当保障犯罪嫌疑人、被告人和其他诉讼参与人依法享有的辩护权和其他诉讼权利。

第十条 公安机关办理刑事案件,应当向同级人民检察院提请批准逮捕、移送审查起诉。

第十一条 公安机关办理刑事案件,对不通晓当地通用的语言文字的诉讼参与人,应当为他们翻译。

在少数民族聚居或者多民族杂居的地区,应当使用当地通用的语言进行讯问。对外公布的诉讼文书,应当使用当地通用的文字。

第十二条 公安机关办理刑事案件,各地区、各部门之间应当加强协作和配合,依法履行协查、协办职责。

上级公安机关应当加强监督、协调和指导。

第十三条 根据《中华人民共和国引渡法》《中华人民共和国国际刑事司法协助法》,中华人民共和国缔结或者参加的国际条约和公安部签订的双边、多边合作协议,或者按照互惠原则,我国公安机关可以和外国警察机关开展刑事司法协助和警务合作。

第二章 管 辖

第十四条 根据刑事诉讼法的规定,除下列情形外,刑事案件由公安机关管辖:

(一)监察机关管辖的职务犯罪案件;

(二)人民检察院管辖的在对诉讼活动实行法律监督中发现的司法工作人员利用职权实施的非法拘禁、刑讯逼供、非法搜查等侵犯公民权利、损害司法公正的犯罪,以及经省级以上人民检察院决定立案侦查的公安机关管辖的国家机关工作人员利用职权实施的重大犯罪案件;

(三)人民法院管辖的自诉案件。对于人民法院直接受理的被害人有证据证明的轻微刑事案件,因证据不足驳回起诉,人民法院移送公安机关或者被害人向公安机关控告的,公安机关应当受理;被害人直接向公安机关控告的,公安机关应当受理;

(四)军队保卫部门管辖的军人违反职责的犯罪和军队内部发生的刑事案件;

(五)监狱管辖的罪犯在监狱内犯罪的刑事案件;

(六)海警部门管辖的海(岛屿)岸线以外我国管辖海域内发生的刑事案件。对于发生在沿海港岙口、码头、滩涂、台轮停泊点等区域的,由公安机关管辖;

(七)其他依照法律和规定应当由其他机关管辖的刑事案件。

第十五条 刑事案件由犯罪地的公安机关管辖。如果由犯罪嫌疑人居住地的公安机关管辖更为适宜的,可以由犯罪嫌疑人居住地的公安机关管辖。

法律、司法解释或者其他规范性文件对有关犯罪案件的管辖作出特别规定的,从其规定。

第十六条 犯罪地包括犯罪行为发生地和犯罪结果发生地。犯罪行为发生地,包括犯罪行为的实施地以及预备地、开始地、途经地、结束地等与犯罪行为有关的地点;犯罪行为有连续、持续或者继续状态的,犯罪行为连续、持续或者继续实施的地方都属于犯罪行为发生地。犯罪结果发生地,包括犯罪对象被侵害地、犯罪所得的实际取得地、藏匿地、转移地、使用地、销售地。

居住地包括户籍所在地、经常居住地。经常居住地是指公民离开户籍所在地最后连续居住一年以上的地方,但住院就医的除外。单位登记的住所地为其居住地。主要营业地或者主要办事机构所在地与登记的住所地不一致的,主要营业地或者主要办事机构所在地为其居住地。

第十七条 针对或者主要利用计算机网络实施的犯罪,用于实施犯罪行为的网络服务使用的服务器所在地,网络服务提供者所在地,被侵害的网络信息系统及其管理者所在地,以及犯罪过程中犯罪嫌疑人、被害人使用的网络信息系统所在地,被害人被侵害时所在地和被害人财产遭受损失地公安机关可以管辖。

第十八条 行驶中的交通工具上发生的刑事案件,由交通工具最初停靠地公安机关管辖;必要时,交通工具始发地、途经地、目的地公安机关也可以管辖。

第十九条 在中华人民共和国领域外的中国航空器内发生的刑事案件,由该航空器在中国最初降落地的公安机关管辖。

第二十条 中国公民在中国驻外使、领馆内的犯罪,由其主管单位所在地或者原户籍地的公安机关管辖。

中国公民在中华人民共和国领域外的犯罪,由其入境地、离境前居住地或者现居住地的公安机关管辖;被害人是中国公民的,也可由被害人离境前居住地或者现居住地的公安机关管辖。

第二十一条 几个公安机关都有权管辖的刑事案件,由最初受理的公安机关管辖。必要时,可以由主要犯罪地的公安机关管辖。

具有下列情形之一的,公安机关可以在职责范围内并案侦查:

(一)一人犯数罪的;

(二)共同犯罪的;

(三)共同犯罪的犯罪嫌疑人还实施其他犯罪的;

(四)多个犯罪嫌疑人实施的犯罪存在关联,并案处理有利于查明犯罪事实的。

第二十二条 对管辖不明确或者有争议的刑事案件,可以由有关公安机关协商。协商不成的,由共同的上级公安机关指定管辖。

对情况特殊的刑事案件,可以由共同的上级公安机关指定管辖。

提请上级公安机关指定管辖时,应当在有关材料中列明犯罪嫌疑人基本情况、涉嫌罪名、案件基本事实、管辖争议情况、协商情况和指定管辖理由,经公安机关负责人批准后,层报有权指定管辖的上级公安机关。

第二十三条 上级公安机关指定管辖的,应当将指定管辖决定书分别送达被指定管辖的公安机关和其他有关的公安机关,并根据办案需要抄送同级人民法院、人民检察院。

原受理案件的公安机关,在收到上级公安机关指定其他公安机关管辖的决定书后,不再行使管辖权,同时应当将犯罪嫌疑人、涉案财物以及案卷材料等移送被指定管辖的公安机关。

对指定管辖的案件,需要逮捕犯罪嫌疑人的,由被指定管辖的公安机关提请同级人民检察院审查批准;需要提起公诉的,由该公安机关移送同级人民检察院审查决定。

第二十四条 县级公安机关负责侦查发生在本辖区内的刑事案件。

设区的市一级以上公安机关负责下列犯罪中重大案件的侦查:

(一)危害国家安全犯罪;

(二)恐怖活动犯罪;

(三)涉外犯罪;

(四)经济犯罪;

(五)集团犯罪;

(六)跨区域犯罪。

上级公安机关认为有必要的,可以侦查下级公安机关管辖的刑事案件;下级公安机关认为案情重大需要上级公安机关侦查的刑事案件,可以请求上一级公安机关管辖。

第二十五条 公安机关内部对刑事案件的管辖,按照刑事侦查机构的设置及其职责分工确定。

第二十六条 铁路公安机关管辖铁路系统的机关、厂、段、院、校、所、队、工区等单位发生的刑事案件,车站工作区域内、列车内发生的刑事案件,铁路沿线发生的盗窃或者破坏铁路、通信、电力线路和其他重要设施的刑事案件,以及内部职工在铁路线上工作时发生的刑事案件。

铁路系统的计算机信息系统延伸到地方涉及铁路业务的网点,其计算机信息系统发生的刑事案件由铁路公安机关管辖。

对倒卖、伪造、变造火车票的刑事案件,由最初受理案件的铁路公安机关或者地方公安机关管辖。必要时,可以移送主要犯罪地的铁路公安机关或者地方公安机关管辖。

在列车上发生的刑事案件,犯罪嫌疑人在列车运行途中被抓获的,由前方停靠站所在地的铁路公安机关管辖;必要时,也可以由列车始发站、终点站所在地的铁路公安机关管辖。犯罪嫌疑人不是在列车运行途中被抓获的,由负责该列车乘务的铁路公安机关管辖;但在列车运行途经的车站被抓获的,也可以由该车站所在地的铁路公安机关管辖。

在国际列车上发生的刑事案件,根据我国与相关国家签订的协定确定管辖;没有协定的,由该列车始发或者前方停靠的中国车站所在地的铁路公安机关管辖。

铁路建设施工工地发生的刑事案件由地方公安机关管辖。

第二十七条 民航公安机关管辖民航系统的机关、厂、段、院、校、所、队、工区等单位、机场工作区域内、民航飞机内发生的刑事案件。

重大飞行事故刑事案件由犯罪结果发生地机场公安机关管辖。犯罪结果发生地未设机场公安机关或者不在机场公安机关管辖范围内的,由地方公安机关管辖,有关机场公安机关予以协助。

第二十八条 海关走私犯罪侦查机构管辖中华人民共和国海关关境内发生的涉税走私犯罪和发生在海关监管区内的非涉税走私犯罪等刑事案件。

第二十九条 公安机关侦查的刑事案件的犯罪嫌疑人涉及监察机关管辖的案件时,应当及时与同级监察机关协商,一般应当由监察机关为主调查,公安机关予以协助。

第三十条 公安机关侦查的刑事案件涉及人民检察院管辖的案件时,应当将属于人民检察院管辖的刑事案件移送人民检察院。涉嫌主罪属于公安机关管辖的,由公安机关为主侦查;涉嫌主罪属于人民检察院管辖的,公安机关予以配合。

公安机关侦查的刑事案件涉及其他侦查机关管辖的案件时,参照前款规定办理。

第三十一条 公安机关和军队互涉刑事案件的管辖分工按照有关规定办理。

公安机关和武装警察部队互涉刑事案件的管辖分工依照公安机关和军队互涉刑事案件的管辖分工的原则办理。

第三章 回 避

第三十二条 公安机关负责人、侦查人员有下列情形之一的,应当自行提出回避申请,没有自行提出回避申请的,应当责令其回避,当事人及其法定代理人也有权要求他们回避:

(一)是本案的当事人或者是当事人的近亲属的;

(二)本人或者他的近亲属和本案有利害关系的;

(三)担任过本案的证人、鉴定人、辩护人、诉讼代理人的;

(四)与本案当事人有其他关系,可能影响公正处理案件的。

第三十三条 公安机关负责人、侦查人员不得有下列行为:

(一)违反规定会见本案当事人及其委托人;

(二)索取、接受本案当事人及其委托人的财物或者其他利益;

(三)接受本案当事人及其委托人的宴请,或者参加由其支付费用的活动；

（四）其他可能影响案件公正办理的不正当行为。

违反前款规定的，应当责令其回避并依法追究法律责任。当事人及其法定代理人有权要求其回避。

第三十四条 公安机关负责人、侦查人员自行提出回避申请的，应当说明回避的理由；口头提出申请的，公安机关应当记录在案。

当事人及其法定代理人要求公安机关负责人、侦查人员回避，应当提出申请，并说明理由；口头提出申请的，公安机关应当记录在案。

第三十五条 侦查人员的回避，由县级以上公安机关负责人决定；县级以上公安机关负责人的回避，由同级人民检察院检察委员会决定。

第三十六条 当事人及其法定代理人对侦查人员提出回避申请的，公安机关应当在收到回避申请后二日以内作出决定并通知申请人；情况复杂的，经县级以上公安机关负责人批准，可以在收到回避申请后五日以内作出决定。

当事人及其法定代理人对县级以上公安机关负责人提出回避申请的，公安机关应当及时将申请移送同级人民检察院。

第三十七条 当事人及其法定代理人对驳回申请回避的决定不服的，可以在收到驳回申请回避决定书后五日以内向作出决定的公安机关申请复议。

公安机关应当在收到复议申请后五日以内作出复议决定并书面通知申请人。

第三十八条 在作出回避决定前，申请或者被申请回避的公安机关负责人、侦查人员不得停止对案件的侦查。

作出回避决定后，申请或者被申请回避的公安机关负责人、侦查人员不得再参与本案的侦查工作。

第三十九条 被决定回避的公安机关负责人、侦查人员在回避决定作出以前所进行的诉讼活动是否有效，由作出决定的机关根据案件情况决定。

第四十条 本章关于回避的规定适用于记录人、翻译人员和鉴定人。

记录人、翻译人员和鉴定人需要回避的,由县级以上公安机关负责人决定。

第四十一条 辩护人、诉讼代理人可以依照本章的规定要求回避、申请复议。

第四章 律师参与刑事诉讼

第四十二条 公安机关应当保障辩护律师在侦查阶段依法从事下列执业活动:

(一)向公安机关了解犯罪嫌疑人涉嫌的罪名和案件有关情况,提出意见;

(二)与犯罪嫌疑人会见和通信,向犯罪嫌疑人了解案件有关情况;

(三)为犯罪嫌疑人提供法律帮助、代理申诉、控告;

(四)为犯罪嫌疑人申请变更强制措施。

第四十三条 公安机关在第一次讯问犯罪嫌疑人或者对犯罪嫌疑人采取强制措施的时候,应当告知犯罪嫌疑人有权委托律师作为辩护人,并告知其如果因经济困难或者其他原因没有委托辩护律师的,可以向法律援助机构申请法律援助。告知的情形应当记录在案。

对于同案的犯罪嫌疑人委托同一名辩护律师的,或者两名以上未同案处理但实施的犯罪存在关联的犯罪嫌疑人委托同一名辩护律师的,公安机关应当要求其更换辩护律师。

第四十四条 犯罪嫌疑人可以自己委托辩护律师。犯罪嫌疑人在押的,也可以由其监护人、近亲属代为委托辩护律师。

犯罪嫌疑人委托辩护律师的请求可以书面提出,也可以口头提出。口头提出的,公安机关应当制作笔录,由犯罪嫌疑人签名、捺指印。

第四十五条 在押的犯罪嫌疑人向看守所提出委托辩护律师要

求的,看守所应当及时将其请求转达给办案部门,办案部门应当及时向犯罪嫌疑人委托的辩护律师或者律师事务所转达该项请求。

在押的犯罪嫌疑人仅提出委托辩护律师的要求,但提不出具体对象的,办案部门应当及时通知犯罪嫌疑人的监护人、近亲属代为委托辩护律师。犯罪嫌疑人无监护人或者近亲属的,办案部门应当及时通知当地律师协会或者司法行政机关为其推荐辩护律师。

第四十六条 符合下列情形之一,犯罪嫌疑人没有委托辩护人的,公安机关应当自发现该情形之日起三日以内通知法律援助机构为犯罪嫌疑人指派辩护律师:

(一)犯罪嫌疑人是盲、聋、哑人,或者是尚未完全丧失辨认或者控制自己行为能力的精神病人;

(二)犯罪嫌疑人可能被判处无期徒刑、死刑。

第四十七条 公安机关收到在押的犯罪嫌疑人提出的法律援助申请后,应当在二十四小时以内将其申请转交所在地的法律援助机构,并在三日以内通知申请人的法定代理人、近亲属或者其委托的其他人员协助提供有关证件、证明等相关材料。犯罪嫌疑人的法定代理人、近亲属或者其委托的其他人员地址不详无法通知的,应当在转交申请时一并告知法律援助机构。

犯罪嫌疑人拒绝法律援助机构指派的律师作为辩护人或者自行委托辩护人的,公安机关应当在三日以内通知法律援助机构。

第四十八条 辩护律师接受犯罪嫌疑人委托或者法律援助机构的指派后,应当及时告知公安机关并出示律师执业证书、律师事务所证明和委托书或者法律援助公函。

第四十九条 犯罪嫌疑人、被告人入所羁押时没有委托辩护人,法律援助机构也没有指派律师提供辩护的,看守所应当告知其有权约见值班律师,获得法律咨询、程序选择建议、申请变更强制措施、对案件处理提出意见等法律帮助,并为犯罪嫌疑人、被告人约见值班律师提供便利。

没有委托辩护人、法律援助机构没有指派律师提供辩护的犯罪嫌疑人、被告人,向看守所申请由值班律师提供法律帮助的,看守所应当在二十四小时内通知值班律师。

第五十条 辩护律师向公安机关了解案件有关情况的,公安机关应当依法将犯罪嫌疑人涉嫌的罪名以及当时已查明的该罪的主要事实,犯罪嫌疑人被采取、变更、解除强制措施,延长侦查羁押期限等案件有关情况,告知接受委托或者指派的辩护律师,并记录在案。

第五十一条 辩护律师可以同在押或者被监视居住的犯罪嫌疑人会见、通信。

第五十二条 对危害国家安全犯罪案件、恐怖活动犯罪案件,办案部门应当在将犯罪嫌疑人送看守所羁押时书面通知看守所;犯罪嫌疑人被监视居住的,应当在送交执行时书面通知执行机关。

辩护律师在侦查期间要求会见前款规定案件的在押或者被监视居住的犯罪嫌疑人,应当向办案部门提出申请。

对辩护律师提出的会见申请,办案部门应当在收到申请后三日以内,报经县级以上公安机关负责人批准,作出许可或者不许可的决定,书面通知辩护律师,并及时通知看守所或者执行监视居住的部门。除有碍侦查或者可能泄露国家秘密的情形外,应当作出许可的决定。

公安机关不许可会见的,应当说明理由。有碍侦查或者可能泄露国家秘密的情形消失后,公安机关应当许可会见。

有下列情形之一的,属于本条规定的“有碍侦查”:

(一)可能毁灭、伪造证据,干扰证人作证或者串供的;

(二)可能引起犯罪嫌疑人自残、自杀或者逃跑的;

(三)可能引起同案犯逃避、妨碍侦查的;

(四)犯罪嫌疑人的家属与犯罪有牵连的。

第五十三条 辩护律师要求会见在押的犯罪嫌疑人,看守所应当在查验其律师执业证书、律师事务所证明和委托书或者法律援助公函后,在四十八小时以内安排律师会见到犯罪嫌疑人,同时通知办案部门。

侦查期间,辩护律师会见危害国家安全犯罪案件、恐怖活动犯罪案件在押或者被监视居住的犯罪嫌疑人时,看守所或者监视居住执行机关还应当查验侦查机关的许可决定文书。

第五十四条 辩护律师会见在押或者被监视居住的犯罪嫌疑人需要聘请翻译人员的,应当向办案部门提出申请。办案部门应当在收到申请后三日以内,报经县级以上公安机关负责人批准,作出许可或者不许可的决定,书面通知辩护律师。对于具有本规定第三十二条所列情形之一的,作出不予许可的决定,并通知其更换;不具有相关情形的,应当许可。

翻译人员参与会见的,看守所或者监视居住执行机关应当查验公安机关的许可决定文书。

第五十五条 辩护律师会见在押或者被监视居住的犯罪嫌疑人时,看守所或者监视居住执行机关应当采取必要的管理措施,保障会见顺利进行,并告知其遵守会见的有关规定。辩护律师会见犯罪嫌疑人时,公安机关不得监听,不得派员在场。

辩护律师会见在押或者被监视居住的犯罪嫌疑人时,违反法律规定或者会见的规定的,看守所或者监视居住执行机关应当制止。对于严重违反规定或者不听劝阻的,可以决定停止本次会见,并及时通报其所在的律师事务所、所属的律师协会以及司法行政机关。

第五十六条 辩护人或者其他任何人在刑事诉讼中,违反法律规定,实施干扰诉讼活动行为的,应当依法追究法律责任。

辩护人实施干扰诉讼活动行为,涉嫌犯罪,属于公安机关管辖的,应当由办理辩护人所承办案件的公安机关报请上一级公安机关指定其他公安机关立案侦查,或者由上一级公安机关立案侦查。不得指定原承办案件公安机关的下级公安机关立案侦查。辩护人是律师的,立案侦查的公安机关应当及时通知其所在的律师事务所、所属的律师协会以及司法行政机关。

第五十七条 辩护律师对在执业活动中知悉的委托人的有关情况和信息,有权予以保密。但是,辩护律师在执业活动中知悉委托人或者其他人，准备或者正在实施危害国家安全、公共安全以及严重危害他人人身安全的犯罪的，应当及时告知司法机关。

第五十八条 案件侦查终结前，辩护律师提出要求的，公安机关应当听取辩护律师的意见，根据情况进行核实，并记录在案。辩护律师提出书面意见的，应当附卷。

对辩护律师收集的犯罪嫌疑人不在犯罪现场、未达到刑事责任年龄、属于依法不负刑事责任的精神病人的证据，公安机关应当进行核实并将有关情况记录在案，有关证据应当附卷。

第五章 证 据

第五十九条 可以用于证明案件事实的材料，都是证据。

证据包括：

（一）物证；

（二）书证；

（三）证人证言；

（四）被害人陈述；

（五）犯罪嫌疑人供述和辩解；

（六）鉴定意见；

（七）勘验、检查、侦查实验、搜查、查封、扣押、提取、辨认等笔录；

（八）视听资料、电子数据。

证据必须经过查证属实，才能作为认定案件事实的根据。

第六十条 公安机关必须依照法定程序，收集、调取能够证实犯罪嫌疑人有罪或者无罪、犯罪情节轻重的各种证据。必须保证一切与案件有关或者了解案情的公民，有客观地充分地提供证据的条件，除特殊情况外，可以吸收他们协助调查。

第六十一条 公安机关向有关单位和个人收集、调取证据时，应当告知其必须如实提供证据。

对涉及国家秘密、商业秘密、个人隐私的证据，应当保密。

对于伪造证据、隐匿证据或者毁灭证据的，应当追究其法律责任。

第六十二条 公安机关向有关单位和个人调取证据,应当经办案部门负责人批准,开具调取证据通知书,明确调取的证据和提供时限。被调取单位及其经办人、持有证据的个人应当在通知书上盖章或者签名,拒绝盖章或者签名的,公安机关应当注明。必要时,应当采用录音录像方式固定证据内容及取证过程。

第六十三条 公安机关接受或者依法调取的行政机关在行政执法和查办案件过程中收集的物证、书证、视听资料、电子数据、鉴定意见、勘验笔录、检查笔录等证据材料,经公安机关审查符合法定要求的,可以作为证据使用。

第六十四条 收集、调取的物证应当是原物。只有在原物不便搬运、不易保存或者依法应当由有关部门保管、处理或者依法应当返还时,才可以拍摄或者制作足以反映原物外形或者内容的照片、录像或者复制品。

物证的照片、录像或者复制品经与原物核实无误或者经鉴定证明为真实的,或者以其他方式确能证明其真实的,可以作为证据使用。原物的照片、录像或者复制品,不能反映原物的外形和特征的,不能作为证据使用。

第六十五条 收集、调取的书证应当是原件。只有在取得原件确有困难时,才可以使用副本或者复制件。

书证的副本、复制件,经与原件核实无误或者经鉴定证明为真实的,或者以其他方式确能证明其真实的,可以作为证据使用。书证有更改或者更改迹象不能作出合理解释的,或者书证的副本、复制件不能反映书证原件及其内容的,不能作为证据使用。

第六十六条 收集、调取电子数据,能够扣押电子数据原始存储介质的,应当扣押原始存储介质,并制作笔录、予以封存。

确因客观原因无法扣押原始存储介质的,可以现场提取或者网络在线提取电子数据。无法扣押原始存储介质,也无法现场提取或者网络在线提取的,可以采取打印、拍照或者录音录像等方式固定相关证据,并在笔录中注明原因。

收集、调取的电子数据,足以保证完整性,无删除、修改、增加等情形的,可以作为证据使用。经审查无法确定真伪,或者制作、取得的时间、地点、方式等有疑问,不能提供必要证明或者作出合理解释的,不能作为证据使用。

第六十七条 物证的照片、录像或者复制品,书证的副本、复制件,视听资料、电子数据的复制件,应当附有关制作过程及原件、原物存放处的文字说明,并由制作人和物品持有人或者物品持有单位有关人员签名。

第六十八条 公安机关提请批准逮捕书、起诉意见书必须忠实于事实真象。故意隐瞒事实真象的,应当依法追究责任。

第六十九条 需要查明的案件事实包括:

(一)犯罪行为是否存在;

(二)实施犯罪行为的时间、地点、手段、后果以及其他情节;

(三)犯罪行为是否为犯罪嫌疑人实施;

(四)犯罪嫌疑人的身份;

(五)犯罪嫌疑人实施犯罪行为的动机、目的;

(六)犯罪嫌疑人的责任以及与其他同案人的关系;

(七)犯罪嫌疑人有无法定从重、从轻、减轻处罚以及免除处罚的情节;

(八)其他与案件有关的事实。

第七十条 公安机关移送审查起诉的案件,应当做到犯罪事实清楚,证据确实、充分。

证据确实、充分,应当符合以下条件:

(一)认定的案件事实都有证据证明;

(二)认定案件事实的证据均经法定程序查证属实;

(三)综合全案证据,对所认定事实已排除合理怀疑。

对证据的审查,应当结合案件的具体情况,从各证据与待证事实的关联程度、各证据之间的联系等方面进行审查判断。

只有犯罪嫌疑人供述,没有其他证据的,不能认定案件事实;没有犯罪嫌疑人供述,证据确实、充分的,可以认定案件事实。

第七十一条 采用刑讯逼供等非法方法收集的犯罪嫌疑人供述和采用暴力、威胁等非法方法收集的证人证言、被害人陈述,应当予以排除。

收集物证、书证、视听资料、电子数据违反法定程序,可能严重影响司法公正的,应当予以补正或者作出合理解释;不能补正或者作出合理解释的,对该证据应当予以排除。

在侦查阶段发现有应当排除的证据的,经县级以上公安机关负责人批准,应当依法予以排除,不得作为提请批准逮捕、移送审查起诉的依据。

人民检察院认为可能存在以非法方法收集证据情形,要求公安机关进行说明的,公安机关应当及时进行调查,并向人民检察院作出书面说明。

第七十二条 人民法院认为现有证据材料不能证明证据收集的合法性,通知有关侦查人员或者公安机关其他人员出庭说明情况的,有关侦查人员或者其他人员应当出庭。必要时,有关侦查人员或者其他人员也可以要求出庭说明情况。侦查人员或者其他人员出庭,应当向法庭说明证据收集过程,并就相关情况接受发问。

经人民法院通知,人民警察应当就其执行职务时目击的犯罪情况出庭作证。

第七十三条 凡是知道案件情况的人,都有作证的义务。

生理上、精神上有缺陷或者年幼,不能辨别是非,不能正确表达的人,不能作证人。

对于证人能否辨别是非,能否正确表达,必要时可以进行审查或者鉴别。

第七十四条 公安机关应当保障证人及其近亲属的安全。

对证人及其近亲属进行威胁、侮辱、殴打或者打击报复,构成犯罪的,依法追究刑事责任;尚不够刑事处罚的,依法给予治安管理处罚。

第七十五条 对危害国家安全犯罪、恐怖活动犯罪、黑社会性质的组织犯罪、毒品犯罪等案件,证人、鉴定人、被害人因在侦查过程中作证,本人或者其近亲属的人身安全面临危险的,公安机关应当采取以下一项或者多项保护措施:

(一)不公开真实姓名、住址、通讯方式和工作单位等个人信息;

(二)禁止特定的人员接触被保护人;

(三)对被保护人的人身和住宅采取专门性保护措施;

(四)将被保护人带到安全场所保护;

(五)变更被保护人的住所和姓名;

(六)其他必要的保护措施。

证人、鉴定人、被害人认为因在侦查过程中作证,本人或者其近亲属的人身安全面临危险,向公安机关请求予以保护,公安机关经审查认为符合前款规定的条件,确有必要采取保护措施的,应当采取上述一项或者多项保护措施。

公安机关依法采取保护措施,可以要求有关单位和个人配合。

案件移送审查起诉时,应当将采取保护措施的相关情况一并移交人民检察院。

第七十六条 公安机关依法决定不公开证人、鉴定人、被害人的真实姓名、住址、通讯方式和工作单位等个人信息的,可以在起诉意见书、询问笔录等法律文书、证据材料中使用化名等代替证人、鉴定人、被害人的个人信息。但是,应当另行书面说明使用化名的情况并标明密级,单独成卷。

第七十七条 证人保护工作所必需的人员、经费、装备等,应当予以保障。

证人因履行作证义务而支出的交通、住宿、就餐等费用,应当给予补助。证人作证的补助列入公安机关业务经费。

第六章 强制措施

第一节 拘 传

第七十八条 公安机关根据案件情况对需要拘传的犯罪嫌疑人,或者经过传唤没有正当理由不到案的犯罪嫌疑人,可以拘传到其所在市、县公安机关执法办案场所进行讯问。

需要拘传的,应当填写呈请拘传报告书,并附有关材料,报县级以上公安机关负责人批准。

第七十九条 公安机关拘传犯罪嫌疑人应当出示拘传证,并责令其在拘传证上签名、捺指印。

犯罪嫌疑人到案后,应当责令其在拘传证上填写到案时间;拘传结束后,应当由其在拘传证上填写拘传结束时间。犯罪嫌疑人拒绝填写的,侦查人员应当在拘传证上注明。

第八十条 拘传持续的时间不得超过十二小时;案情特别重大、复杂,需要采取拘留、逮捕措施的,经县级以上公安机关负责人批准,拘传持续的时间不得超过二十四小时。不得以连续拘传的形式变相拘禁犯罪嫌疑人。

拘传期限届满,未作出采取其他强制措施决定的,应当立即结束拘传。

第二节 取保候审

第八十一条 公安机关对具有下列情形之一的犯罪嫌疑人,可以取保候审:

(一)可能判处管制、拘役或者独立适用附加刑的;

(二)可能判处有期徒刑以上刑罚,采取取保候审不致发生社会危险性的;

(三)患有严重疾病、生活不能自理,怀孕或者正在哺乳自己婴儿的妇女,采取取保候审不致发生社会危险性的;

(四)羁押期限届满,案件尚未办结,需要继续侦查的。

对拘留的犯罪嫌疑人，证据不符合逮捕条件，以及提请逮捕后，人民检察院不批准逮捕，需要继续侦查，并且符合取保候审条件的，可以依法取保候审。

第八十二条 对累犯，犯罪集团的主犯，以自伤、自残办法逃避侦查的犯罪嫌疑人，严重暴力犯罪以及其他严重犯罪的犯罪嫌疑人不得取保候审，但犯罪嫌疑人具有本规定第八十一条第一款第三项、第四项规定情形的除外。

第八十三条 需要对犯罪嫌疑人取保候审的，应当制作呈请取保候审报告书，说明取保候审的理由、采取的保证方式以及应当遵守的规定，经县级以上公安机关负责人批准，制作取保候审决定书。取保候审决定书应当向犯罪嫌疑人宣读，由犯罪嫌疑人签名、捺指印。

第八十四条 公安机关决定对犯罪嫌疑人取保候审的，应当责令犯罪嫌疑人提出保证人或者交纳保证金。

对同一犯罪嫌疑人，不得同时责令其提出保证人和交纳保证金。对未成年人取保候审，应当优先适用保证人保证。

第八十五条 采取保证人保证的，保证人必须符合以下条件，并经公安机关审查同意：

（一）与本案无牵连；

（二）有能力履行保证义务；

（三）享有政治权利，人身自由未受到限制；

（四）有固定的住处和收入。

第八十六条 保证人应当履行以下义务：

（一）监督被保证人遵守本规定第八十九条、第九十条的规定；

（二）发现被保证人可能发生或者已经发生违反本规定第八十九条、第九十条规定的行为的，应当及时向执行机关报告。

保证人应当填写保证书，并在保证书上签名、捺指印。

第八十七条 犯罪嫌疑人的保证金起点数额为人民币一千元。犯罪嫌疑人为未成年人的，保证金起点数额为人民币五百元。具体数额应当综合考虑保证诉讼活动正常进行的需要、犯罪嫌疑人的社会危险性、案件的性质、情节、可能判处刑罚的轻重以及犯罪嫌疑人的经济状况等情况确定。

第八十八条 县级以上公安机关应当在其指定的银行设立取保候审保证金专门账户,委托银行代为收取和保管保证金。

提供保证金的人,应当一次性将保证金存入取保候审保证金专门账户。保证金应当以人民币交纳。

保证金应当由办案部门以外的部门管理。严禁截留、坐支、挪用或者以其他任何形式侵吞保证金。

第八十九条 公安机关在宣布取保候审决定时,应当告知被取保候审人遵守以下规定:

(一)未经执行机关批准不得离开所居住的市、县;

(二)住址、工作单位和联系方式发生变动的,在二十四小时以内向执行机关报告;

(三)在传讯的时候及时到案;

(四)不得以任何形式干扰证人作证;

(五)不得毁灭、伪造证据或者串供。

第九十条 公安机关在决定取保候审时,还可以根据案件情况,责令被取保候审人遵守以下一项或者多项规定:

(一)不得进入与其犯罪活动等相关联的特定场所;

(二)不得与证人、被害人及其近亲属、同案犯以及与案件有关联的其他特定人员会见或者以任何方式通信;

(三)不得从事与其犯罪行为等相关联的特定活动;

(四)将护照等出入境证件、驾驶证件交执行机关保存。

公安机关应当综合考虑案件的性质、情节、社会影响、犯罪嫌疑人的社会关系等因素,确定特定场所、特定人员和特定活动的范围。

第九十一条 公安机关决定取保候审的,应当及时通知被取保候审人居住地的派出所执行。必要时,办案部门可以协助执行。

采取保证人担保形式的,应当同时送交有关法律文书、被取保候审人基本情况、保证人基本情况等材料。采取保证金担保形式的,应当同时送交有关法律文书、被取保候审人基本情况和保证金交纳情况等材料。

第九十二条 人民法院、人民检察院决定取保候审的,负责执行的县级公安机关应当在收到法律文书和有关材料后二十四小时以内,指定被取保候审人居住地派出所核实情况后执行。

第九十三条 执行取保候审的派出所应当履行下列职责:

(一)告知被取保候审人必须遵守的规定,及其违反规定或者在取保候审期间重新犯罪应当承担的法律后果;

(二)监督、考察被取保候审人遵守有关规定,及时掌握其活动、住址、工作单位、联系方式及变动情况;

(三)监督保证人履行保证义务;

(四)被取保候审人违反应当遵守的规定以及保证人未履行保证义务的,应当及时制止、采取紧急措施,同时告知决定机关。

第九十四条 执行取保候审的派出所应当定期了解被取保候审人遵守取保候审规定的有关情况,并制作笔录。

第九十五条 被取保候审人无正当理由不得离开所居住的市、县。有正当理由需要离开所居住的市、县的,应当经负责执行的派出所负责人批准。

人民法院、人民检察院决定取保候审的,负责执行的派出所在批准被取保候审人离开所居住的市、县前,应当征得决定取保候审的机关同意。

第九十六条 被取保候审人在取保候审期间违反本规定第八十九条、第九十条规定,已交纳保证金的,公安机关应当根据其违反规定的情节,决定没收部分或者全部保证金,并且区别情形,责令其具结悔过、重新交纳保证金、提出保证人,变更强制措施或者给予治安管理处罚;需要予以逮捕的,可以对其先行拘留。

人民法院、人民检察院决定取保候审的,被取保候审人违反应当遵守的规定,负责执行的派出所应当及时通知决定取保候审的机关。

第九十七条 需要没收保证金的,应当经过严格审核后,报县级以上公安机关负责人批准，制作没收保证金决定书。

决定没收五万元以上保证金的，应当经设区的市一级以上公安机关负责人批准。

第九十八条 没收保证金的决定，公安机关应当在三日以内向被取保候审人宣读，并责令其在没收保证金决定书上签名、捺指印；被取保候审人在逃或者具有其他情形不能到场的，应当向其成年家属、法定代理人、辩护人或者单位、居住地的居民委员会、村民委员会宣布，由其成年家属、法定代理人、辩护人或者单位、居住地的居民委员会或者村民委员会的负责人在没收保证金决定书上签名。

被取保候审人或者其成年家属、法定代理人、辩护人或者单位、居民委员会、村民委员会负责人拒绝签名的，公安机关应当在没收保证金决定书上注明。

第九十九条 公安机关在宣读没收保证金决定书时，应当告知如果对没收保证金的决定不服，被取保候审人或者其法定代理人可以在五日以内向作出决定的公安机关申请复议。公安机关应当在收到复议申请后七日以内作出决定。

被取保候审人或者其法定代理人对复议决定不服的，可以在收到复议决定书后五日以内向上一级公安机关申请复核一次。上一级公安机关应当在收到复核申请后七日以内作出决定。对上级公安机关撤销或者变更没收保证金决定的，下级公安机关应当执行。

第一百条 没收保证金的决定已过复议期限，或者复议、复核后维持原决定或者变更没收保证金数额的，公安机关应当及时通知指定的银行将没收的保证金按照国家的有关规定上缴国库。人民法院、人民检察院决定取保候审的，还应当在三日以内通知决定取保候审的机关。

第一百零一条 被取保候审人在取保候审期间，没有违反本规定第八十九条、第九十条有关规定，也没有重新故意犯罪的，或者具有本规定第一百八十六条规定的情形之一的，在解除取保候审、变更强制措施的同时，公安机关应当制作退还保证金决定书，通知银行如数退还保证金。

被取保候审人可以凭退还保证金决定书到银行领取退还的保证金。被取保候审人委托他人领取的,应当出具委托书。

第一百零二条 被取保候审人没有违反本规定第八十九条、第九十条规定,但在取保候审期间涉嫌重新故意犯罪被立案侦查的,负责执行的公安机关应当暂扣其交纳的保证金,待人民法院判决生效后,根据有关判决作出处理。

第一百零三条 被保证人违反应当遵守的规定,保证人未履行保证义务的,查证属实后,经县级以上公安机关负责人批准,对保证人处一千元以上二万元以下罚款;构成犯罪的,依法追究刑事责任。

第一百零四条 决定对保证人罚款的,应当报经县级以上公安机关负责人批准,制作对保证人罚款决定书,在三日以内送达保证人,告知其如果对罚款决定不服,可以在收到决定书之日起五日以内向作出决定的公安机关申请复议。公安机关应当在收到复议申请后七日以内作出决定。

保证人对复议决定不服的,可以在收到复议决定书后五日以内向上一级公安机关申请复核一次。上一级公安机关应当在收到复核申请后七日以内作出决定。对上级公安机关撤销或者变更罚款决定的,下级公安机关应当执行。

第一百零五条 对于保证人罚款的决定已过复议期限,或者复议、复核后维持原决定或者变更罚款数额的,公安机关应当及时通知指定的银行将保证人罚款按照国家的有关规定上缴国库。人民法院、人民检察院决定取保候审的,还应当在三日以内通知决定取保候审的机关。

第一百零六条 对于犯罪嫌疑人采取保证人保证的,如果保证人在取保候审期间情况发生变化,不愿继续担保或者丧失担保条件,公安机关应当责令被取保候审人重新提出保证人或者交纳保证金,或者作出变更强制措施的决定。

人民法院、人民检察院决定取保候审的,负责执行的派出所应当自发现保证人不愿继续担保或者丧失担保条件之日起三日以内通知决定取保候审的机关。

第一百零七条 公安机关在取保候审期间不得中断对案件的侦查，对取保候审的犯罪嫌疑人，根据案情变化，应当及时变更强制措施或者解除取保候审。

取保候审最长不得超过十二个月。

第一百零八条 需要解除取保候审的，应当经县级以上公安机关负责人批准，制作解除取保候审决定书、通知书，并及时通知负责执行的派出所、被取保候审人、保证人和有关单位。

人民法院、人民检察院作出解除取保候审决定的，负责执行的公安机关应当根据决定书及时解除取保候审，并通知被取保候审人、保证人和有关单位。

第三节 监视居住

第一百零九条 公安机关对符合逮捕条件，有下列情形之一的犯罪嫌疑人，可以监视居住：

（一）患有严重疾病、生活不能自理的；

（二）怀孕或者正在哺乳自己婴儿的妇女；

（三）系生活不能自理的人的唯一扶养人；

（四）因案件的特殊情况或者办理案件的需要，采取监视居住措施更为适宜的；

（五）羁押期限届满，案件尚未办结，需要采取监视居住措施的。

对人民检察院决定不批准逮捕的犯罪嫌疑人，需要继续侦查，并且符合监视居住条件的，可以监视居住。

对于符合取保候审条件，但犯罪嫌疑人不能提出保证人，也不交纳保证金的，可以监视居住。

对于被取保候审人违反本规定第八十九条、第九十条规定的，可以监视居住。

第一百一十条 对犯罪嫌疑人监视居住，应当制作呈请监视居住报告书,说明监视居住的理由、采取监视居住的方式以及应当遵守的规定,经县级以上公安机关负责人批准,制作监视居住决定书。监视居住决定书应当向犯罪嫌疑人宣读,由犯罪嫌疑人签名、捺指印。

第一百一十一条 监视居住应当在犯罪嫌疑人、被告人住处执行;无固定住处的,可以在指定的居所执行。对于涉嫌危害国家安全犯罪、恐怖活动犯罪,在住处执行可能有碍侦查的,经上一级公安机关批准,也可以在指定的居所执行。

有下列情形之一的,属于本条规定的"有碍侦查":

(一)可能毁灭、伪造证据,干扰证人作证或者串供的;

(二)可能引起犯罪嫌疑人自残、自杀或者逃跑的;

(三)可能引起同案犯逃避、妨碍侦查的;

(四)犯罪嫌疑人、被告人在住处执行监视居住有人身危险的;

(五)犯罪嫌疑人、被告人的家属或者所在单位人员与犯罪有牵连的。

指定居所监视居住的,不得要求被监视居住人支付费用。

第一百一十二条 固定住处,是指被监视居住人在办案机关所在的市、县内生活的合法住处;指定的居所,是指公安机关根据案件情况,在办案机关所在的市、县内为被监视居住人指定的生活居所。

指定的居所应当符合下列条件:

(一)具备正常的生活、休息条件;

(二)便于监视、管理;

(三)保证安全。

公安机关不得在羁押场所、专门的办案场所或者办公场所执行监视居住。

第一百一十三条 指定居所监视居住的,除无法通知的以外,应当制作监视居住通知书,在执行监视居住后二十四小时以内,由决定机关通知被监视居住人的家属。

有下列情形之一的,属于本条规定的"无法通知":

(一)不讲真实姓名、住址、身份不明的;

（二）没有家属的；

（三）提供的家属联系方式无法取得联系的；

（四）因自然灾害等不可抗力导致无法通知的。

无法通知的情形消失以后，应当立即通知被监视居住人的家属。

无法通知家属的，应当在监视居住通知书中注明原因。

第一百一十四条 被监视居住人委托辩护律师，适用本规定第四十三条、第四十四条、第四十五条规定。

第一百一十五条 公安机关在宣布监视居住决定时，应当告知被监视居住人必须遵守以下规定：

（一）未经执行机关批准不得离开执行监视居住的处所；

（二）未经执行机关批准不得会见他人或者以任何方式通信；

（三）在传讯的时候及时到案；

（四）不得以任何形式干扰证人作证；

（五）不得毁灭、伪造证据或者串供；

（六）将护照等出入境证件、身份证件、驾驶证件交执行机关保存。

第一百一十六条 公安机关对被监视居住人，可以采取电子监控、不定期检查等监视方法对其遵守监视居住规定的情况进行监督；在侦查期间，可以对被监视居住的犯罪嫌疑人的电话、传真、信函、邮件、网络等通信进行监控。

第一百一十七条 公安机关决定监视居住的，由被监视居住人住处或者指定居所所在地的派出所执行，办案部门可以协助执行。必要时，也可以由办案部门负责执行，派出所或者其他部门协助执行。

第一百一十八条 人民法院、人民检察院决定监视居住的，负责执行的县级公安机关应当在收到法律文书和有关材料后二十四小时以内，通知被监视居住人住处或者指定居所所在地的派出所，核实被监视居住人身份、住处或者居所等情况后执行。必要时，可以由人民法院、人民检察院协助执行。

负责执行的派出所应当及时将执行情况通知决定监视居住的机关。

第一百一十九条 负责执行监视居住的派出所或者办案部门应当严格对被监视居住人进行监督考察,确保安全。

第一百二十条 被监视居住人有正当理由要求离开住处或者指定的居所以及要求会见他人或者通信的,应当经负责执行的派出所或者办案部门负责人批准。

人民法院、人民检察院决定监视居住的,负责执行的派出所在批准被监视居住人离开住处或者指定的居所以及与他人会见或者通信前,应当征得决定监视居住的机关同意。

第一百二十一条 被监视居住人违反应当遵守的规定,公安机关应当区分情形责令被监视居住人具结悔过或者给予治安管理处罚。情节严重的,可以予以逮捕;需要予以逮捕的,可以对其先行拘留。

人民法院、人民检察院决定监视居住的,被监视居住人违反应当遵守的规定,负责执行的派出所应当及时通知决定监视居住的机关。

第一百二十二条 在监视居住期间,公安机关不得中断案件的侦查,对被监视居住的犯罪嫌疑人,应当根据案情变化,及时解除监视居住或者变更强制措施。

监视居住最长不得超过六个月。

第一百二十三条 需要解除监视居住的,应当经县级以上公安机关负责人批准,制作解除监视居住决定书,并及时通知负责执行的派出所、被监视居住人和有关单位。

人民法院、人民检察院作出解除、变更监视居住决定的,负责执行的公安机关应当及时解除并通知被监视居住人和有关单位。

第四节 拘 留

第一百二十四条 公安机关对于现行犯或者重大嫌疑分子,有下列情形之一的,可以先行拘留:

（一）正在预备犯罪、实行犯罪或者在犯罪后即时被发觉的；

（二）被害人或者在场亲眼看见的人指认他犯罪的；

（三）在身边或者住处发现有犯罪证据的；

（四）犯罪后企图自杀、逃跑或者在逃的；

（五）有毁灭、伪造证据或者串供可能的；

（六）不讲真实姓名、住址，身份不明的；

（七）有流窜作案、多次作案、结伙作案重大嫌疑的。

第一百二十五条 拘留犯罪嫌疑人，应当填写呈请拘留报告书，经县级以上公安机关负责人批准，制作拘留证。执行拘留时，必须出示拘留证，并责令被拘留人在拘留证上签名、捺指印，拒绝签名、捺指印的，侦查人员应当注明。

紧急情况下，对于符合本规定第一百二十四条所列情形之一的，经出示人民警察证，可以将犯罪嫌疑人口头传唤至公安机关后立即审查，办理法律手续。

第一百二十六条 拘留后，应当立即将被拘留人送看守所羁押，至迟不得超过二十四小时。

异地执行拘留，无法及时将犯罪嫌疑人押解回管辖地的，应当在宣布拘留后立即将其送抓获地看守所羁押，至迟不得超过二十四小时。到达管辖地后，应当立即将犯罪嫌疑人送看守所羁押。

第一百二十七条 除无法通知或者涉嫌危害国家安全犯罪、恐怖活动犯罪通知可能有碍侦查的情形以外，应当在拘留后二十四小时以内制作拘留通知书，通知被拘留人的家属。拘留通知书应当写明拘留原因和羁押处所。

本条规定的“无法通知”的情形适用本规定第一百一十三条第二款的规定。

有下列情形之一的，属于本条规定的“有碍侦查”：

（一）可能毁灭、伪造证据，干扰证人作证或者串供的；

（二）可能引起同案犯逃避、妨碍侦查的；

（三）犯罪嫌疑人的家属与犯罪有牵连的。

无法通知、有碍侦查的情形消失以后,应当立即通知被拘留人的家属。

对于没有在二十四小时以内通知家属的,应当在拘留通知书中注明原因。

第一百二十八条 对被拘留的人,应当在拘留后二十四小时以内进行讯问。发现不应当拘留的,应当经县级以上公安机关负责人批准,制作释放通知书,看守所凭释放通知书发给被拘留人释放证明书,将其立即释放。

第一百二十九条 对被拘留的犯罪嫌疑人,经过审查认为需要逮捕的,应当在拘留后的三日以内,提请人民检察院审查批准。在特殊情况下,经县级以上公安机关负责人批准,提请审查批准逮捕的时间可以延长一日至四日。

对流窜作案、多次作案、结伙作案的重大嫌疑分子,经县级以上公安机关负责人批准,提请审查批准逮捕的时间可以延长至三十日。

本条规定的"流窜作案",是指跨市、县管辖范围连续作案,或者在居住地作案后逃跑到外市、县继续作案;"多次作案",是指三次以上作案;"结伙作案",是指二人以上共同作案。

第一百三十条 犯罪嫌疑人不讲真实姓名、住址,身份不明的,应当对其身份进行调查。对符合逮捕条件的犯罪嫌疑人,也可以按其自报的姓名提请批准逮捕。

第一百三十一条 对被拘留的犯罪嫌疑人审查后,根据案件情况报经县级以上公安机关负责人批准,分别作出如下处理:

(一)需要逮捕的,在拘留期限内,依法办理提请批准逮捕手续;

(二)应当追究刑事责任,但不需要逮捕的,依法直接向人民检察院移送审查起诉,或者依法办理取保候审或者监视居住手续后,向人民检察院移送审查起诉;

(三)拘留期限届满,案件尚未办结,需要继续侦查的,依法办理取保候审或者监视居住手续;

(四)具有本规定第一百八十六条规定情形之一的,释放被拘留人,发给释放证明书;需要行政处理的,依法予以处理或者移送有关部门。

第一百三十二条 人民检察院决定拘留犯罪嫌疑人的,由县级以上公安机关凭人民检察院送达的决定拘留的法律文书制作拘留证并立即执行。必要时,可以请人民检察院协助。拘留后,应当及时通知人民检察院。

公安机关未能抓获犯罪嫌疑人的,应当将执行情况和未能抓获犯罪嫌疑人的原因通知作出拘留决定的人民检察院。对于犯罪嫌疑人在逃的,在人民检察院撤销拘留决定之前,公安机关应当组织力量继续执行。

第五节 逮 捕

第一百三十三条 对有证据证明有犯罪事实,可能判处徒刑以上刑罚的犯罪嫌疑人,采取取保候审尚不足以防止发生下列社会危险性的,应当提请批准逮捕:

(一)可能实施新的犯罪的;

(二)有危害国家安全、公共安全或者社会秩序的现实危险的;

(三)可能毁灭、伪造证据,干扰证人作证或者串供的;

(四)可能对被害人、举报人、控告人实施打击报复的;

(五)企图自杀或者逃跑的。

对于有证据证明有犯罪事实,可能判处十年有期徒刑以上刑罚的,或者有证据证明有犯罪事实,可能判处徒刑以上刑罚,曾经故意犯罪或者身份不明的,应当提请批准逮捕。

公安机关在根据第一款的规定提请人民检察院审查批准逮捕时,应当对犯罪嫌疑人具有社会危险性说明理由。

第一百三十四条 有证据证明有犯罪事实,是指同时具备下列情形:

(一)有证据证明发生了犯罪事实;

(二)有证据证明该犯罪事实是犯罪嫌疑人实施的;

（三）证明犯罪嫌疑人实施犯罪行为的证据已有查证属实的。

前款规定的“犯罪事实”既可以是单一犯罪行为的事实，也可以是数个犯罪行为中任何一个犯罪行为的事实。

第一百三十五条 被取保候审人违反取保候审规定，具有下列情形之一的，可以提请批准逮捕：

（一）涉嫌故意实施新的犯罪行为的；

（二）有危害国家安全、公共安全或者社会秩序的现实危险的；

（三）实施毁灭、伪造证据或者干扰证人作证、串供行为，足以影响侦查工作正常进行的；

（四）对被害人、举报人、控告人实施打击报复的；

（五）企图自杀、逃跑，逃避侦查的；

（六）未经批准，擅自离开所居住的市、县，情节严重的，或者两次以上未经批准，擅自离开所居住的市、县的；

（七）经传讯无正当理由不到案，情节严重的，或者经两次以上传讯不到案的；

（八）违反规定进入特定场所、从事特定活动或者与特定人员会见、通信两次以上的。

第一百三十六条 被监视居住人违反监视居住规定，具有下列情形之一的，可以提请批准逮捕：

（一）涉嫌故意实施新的犯罪行为的；

（二）实施毁灭、伪造证据或者干扰证人作证、串供行为，足以影响侦查工作正常进行的；

（三）对被害人、举报人、控告人实施打击报复的；

（四）企图自杀、逃跑，逃避侦查的；

（五）未经批准，擅自离开执行监视居住的处所，情节严重的，或者两次以上未经批准，擅自离开执行监视居住的处所的；

（六）未经批准，擅自会见他人或者通信，情节严重的，或者两次以上未经批准，擅自会见他人或者通信的；

（七）经传讯无正当理由不到案，情节严重的，或者经两次以上传讯不到案的。

第一百三十七条 需要提请批准逮捕犯罪嫌疑人的，应当经县级以上公安机关负责人批准，制作提请批准逮捕书，连同案卷材料、证据，一并移送同级人民检察院审查批准。

犯罪嫌疑人自愿认罪认罚的，应当记录在案，并在提请批准逮捕书中写明有关情况。

第一百三十八条 对于人民检察院不批准逮捕并通知补充侦查的，公安机关应当按照人民检察院的补充侦查提纲补充侦查。

公安机关补充侦查完毕，认为符合逮捕条件的，应当重新提请批准逮捕。

第一百三十九条 对于人民检察院不批准逮捕而未说明理由的，公安机关可以要求人民检察院说明理由。

第一百四十条 对于人民检察院决定不批准逮捕的，公安机关在收到不批准逮捕决定书后，如果犯罪嫌疑人已被拘留的，应当立即释放，发给释放证明书，并在执行完毕后三日以内将执行回执送达作出不批准逮捕决定的人民检察院。

第一百四十一条 对人民检察院不批准逮捕的决定，认为有错误需要复议的，应当在收到不批准逮捕决定书后五日以内制作要求复议意见书，报经县级以上公安机关负责人批准后，送交同级人民检察院复议。

如果意见不被接受，认为需要复核的，应当在收到人民检察院的复议决定书后五日以内制作提请复核意见书，报经县级以上公安机关负责人批准后，连同人民检察院的复议决定书，一并提请上一级人民检察院复核。

第一百四十二条 接到人民检察院批准逮捕决定书后，应当由县级以上公安机关负责人签发逮捕证，立即执行，并在执行完毕后三日以内将执行回执送达作出批准逮捕决定的人民检察院。如果未能执行，也应当将回执送达人民检察院，并写明未能执行的原因。

第一百四十三条 执行逮捕时，必须出示逮捕证，并责令被逮捕人在逮捕证上签名、捺指印,拒绝签名、捺指印的,侦查人员应当注明。逮捕后,应当立即将被逮捕人送看守所羁押。

执行逮捕的侦查人员不得少于二人。

第一百四十四条 对被逮捕的人,必须在逮捕后的二十四小时以内进行讯问。发现不应当逮捕的,经县级以上公安机关负责人批准,制作释放通知书,送看守所和原批准逮捕的人民检察院。看守所凭释放通知书立即释放被逮捕人,并发给释放证明书。

第一百四十五条 对犯罪嫌疑人执行逮捕后,除无法通知的情形以外,应当在逮捕后二十四小时以内,制作逮捕通知书,通知被逮捕人的家属。逮捕通知书应当写明逮捕原因和羁押处所。

本条规定的"无法通知"的情形适用本规定第一百一十三条第二款的规定。

无法通知的情形消除后,应当立即通知被逮捕人的家属。

对于没有在二十四小时以内通知家属的,应当在逮捕通知书中注明原因。

第一百四十六条 人民法院、人民检察院决定逮捕犯罪嫌疑人、被告人的,由县级以上公安机关凭人民法院、人民检察院决定逮捕的法律文书制作逮捕证并立即执行。必要时,可以请人民法院、人民检察院协助执行。执行逮捕后,应当及时通知决定机关。

公安机关未能抓获犯罪嫌疑人、被告人的,应当将执行情况和未能抓获的原因通知决定逮捕的人民检察院、人民法院。对于犯罪嫌疑人、被告人在逃的,在人民检察院、人民法院撤销逮捕决定之前,公安机关应当组织力量继续执行。

第一百四十七条 人民检察院在审查批准逮捕工作中发现公安机关的侦查活动存在违法情况,通知公安机关予以纠正的,公安机关应当调查核实,对于发现的违法情况应当及时纠正,并将纠正情况书面通知人民检察院。

第六节 羁 押

第一百四十八条 对犯罪嫌疑人逮捕后的侦查羁押期限不得超过二个月。案情复杂、期限届满不能侦查终结的案件,应当制作提请批准延长侦查羁押期限意见书,经县级以上公安机关负责人批准后,在期限届满七日前送请同级人民检察院转报上一级人民检察院批准延长一个月。

第一百四十九条 下列案件在本规定第一百四十八条规定的期限届满不能侦查终结的,应当制作提请批准延长侦查羁押期限意见书,经县级以上公安机关负责人批准,在期限届满七日前送请同级人民检察院层报省、自治区、直辖市人民检察院批准,延长二个月:

(一)交通十分不便的边远地区的重大复杂案件;

(二)重大的犯罪集团案件;

(三)流窜作案的重大复杂案件;

(四)犯罪涉及面广,取证困难的重大复杂案件。

第一百五十条 对犯罪嫌疑人可能判处十年有期徒刑以上刑罚,依照本规定第一百四十九条规定的延长期限届满,仍不能侦查终结的,应当制作提请批准延长侦查羁押期限意见书,经县级以上公安机关负责人批准,在期限届满七日前送请同级人民检察院层报省、自治区、直辖市人民检察院批准,再延长二个月。

第一百五十一条 在侦查期间,发现犯罪嫌疑人另有重要罪行的,应当自发现之日起五日以内报县级以上公安机关负责人批准后,重新计算侦查羁押期限,制作变更羁押期限通知书,送达看守所,并报批准逮捕的人民检察院备案。

前款规定的“另有重要罪行”,是指与逮捕时的罪行不同种的重大犯罪以及同种犯罪并将影响罪名认定、量刑档次的重大犯罪。

第一百五十二条 犯罪嫌疑人不讲真实姓名、住址,身份不明的,应当对其身份进行调查。经县级以上公安机关负责人批准,侦查羁押期限自查清其身份之日起计算,但不得停止对其犯罪行为的侦查取证。

对于犯罪事实清楚,证据确实、充分,确实无法查明其身份的,按其自报的姓名移送人民检察院审查起诉。

第一百五十三条 看守所应当凭公安机关签发的拘留证、逮捕证收押被拘留、逮捕的犯罪嫌疑人、被告人。犯罪嫌疑人、被告人被送至看守所羁押时,看守所应当在拘留证、逮捕证上注明犯罪嫌疑人、被告人到达看守所的时间。

查获被通缉、脱逃的犯罪嫌疑人以及执行追捕、押解任务需要临时寄押的,应当持通缉令或者其他有关法律文书并经寄押地县级以上公安机关负责人批准,送看守所寄押。

临时寄押的犯罪嫌疑人出所时,看守所应当出具羁押该犯罪嫌疑人的证明,载明该犯罪嫌疑人基本情况、羁押原因、入所和出所时间。

第一百五十四条 看守所收押犯罪嫌疑人、被告人和罪犯,应当进行健康和体表检查,并予以记录。

第一百五十五条 看守所收押犯罪嫌疑人、被告人和罪犯,应当对其人身和携带的物品进行安全检查。发现违禁物品、犯罪证据和可疑物品,应当制作笔录,由被羁押人签名、捺指印后,送办案机关处理。

对女性的人身检查,应当由女工作人员进行。

第七节 其他规定

第一百五十六条 继续盘问期间发现需要对犯罪嫌疑人拘留、逮捕、取保候审或者监视居住的,应当立即办理法律手续。

第一百五十七条 对犯罪嫌疑人执行拘传、拘留、逮捕、押解过程中,应当依法使用约束性警械。遇有暴力性对抗或者暴力犯罪行为,可以依法使用制服性警械或者武器。

第一百五十八条 公安机关发现对犯罪嫌疑人采取强制措施不当的,应当及时撤销或者变更。犯罪嫌疑人在押的,应当及时释放。

公安机关释放被逮捕的人或者变更逮捕措施的，应当通知批准逮捕的人民检察院。

第一百五十九条 犯罪嫌疑人被逮捕后，人民检察院经审查认为不需要继续羁押，建议予以释放或者变更强制措施的，公安机关应当予以调查核实。认为不需要继续羁押的，应当予以释放或者变更强制措施；认为需要继续羁押的，应当说明理由。

公安机关应当在十日以内将处理情况通知人民检察院。

第一百六十条 犯罪嫌疑人及其法定代理人、近亲属或者辩护人有权申请变更强制措施。公安机关应当在收到申请后三日以内作出决定；不同意变更强制措施的，应当告知申请人，并说明理由。

第一百六十一条 公安机关对被采取强制措施法定期限届满的犯罪嫌疑人，应当予以释放，解除取保候审、监视居住或者依法变更强制措施。

犯罪嫌疑人及其法定代理人、近亲属或者辩护人对于公安机关采取强制措施法定期限届满的，有权要求公安机关解除强制措施。公安机关应当进行审查，对于情况属实的，应当立即解除或者变更强制措施。

对于犯罪嫌疑人、被告人羁押期限即将届满的，看守所应当立即通知办案机关。

第一百六十二条 取保候审变更为监视居住的，取保候审、监视居住变更为拘留、逮捕的，对原强制措施不再办理解除法律手续。

第一百六十三条 案件在取保候审、监视居住期间移送审查起诉后，人民检察院决定重新取保候审、监视居住或者变更强制措施的，对原强制措施不再办理解除法律手续。

第一百六十四条 公安机关依法对县级以上各级人民代表大会代表拘传、取保候审、监视居住、拘留或者提请批准逮捕的，应当书面报请该代表所属的人民代表大会主席团或者常务委员会许可。

第一百六十五条 公安机关对现行犯拘留的时候，发现其是县级以上人民代表大会代表的，应当立即向其所属的人民代表大会主席团或者常务委员会报告。

公安机关在依法执行拘传、取保候审、监视居住、拘留或者逮捕中，发现被执行人是县级以上人民代表大会代表的，应当暂缓执行，并报告决定或者批准机关。如果在执行后发现被执行人是县级以上人民代表大会代表的，应当立即解除，并报告决定或者批准机关。

第一百六十六条 公安机关依法对乡、民族乡、镇的人民代表大会代表拘传、取保候审、监视居住、拘留或者执行逮捕的，应当在执行后立即报告其所属的人民代表大会。

第一百六十七条 公安机关依法对政治协商委员会委员拘传、取保候审、监视居住的，应当将有关情况通报给该委员所属的政协组织。

第一百六十八条 公安机关依法对政治协商委员会委员执行拘留、逮捕前，应当向该委员所属的政协组织通报情况；情况紧急的，可在执行的同时或者执行以后及时通报。

第七章 立案、撤案

第一节 受 案

第一百六十九条 公安机关对于公民扭送、报案、控告、举报或者犯罪嫌疑人自动投案的，都应当立即接受，问明情况，并制作笔录，经核对无误后，由扭送人、报案人、控告人、举报人、投案人签名、捺指印。必要时，应当对接受过程录音录像。

第一百七十条 公安机关对扭送人、报案人、控告人、举报人、投案人提供的有关证据材料等应当登记，制作接受证据材料清单，由扭送人、报案人、控告人、举报人、投案人签名，并妥善保管。必要时，应当拍照或者录音录像。

第一百七十一条 公安机关接受案件时，应当制作受案登记表和受案回执，并将受案回执交扭送人、报案人、控告人、举报人。扭送人、报案人、控告人、举报人无法取得联系或者拒绝接受回执的，应当在回执中注明。

第一百七十二条 公安机关接受控告、举报的工作人员，应当向控告人、举报人说明诬告应负的法律责任。但是，只要不是捏造事实、伪造证据，即使控告、举报的事实有出入，甚至是错告的，也要和诬告严格加以区别。

第一百七十三条 公安机关应当保障扭送人、报案人、控告人、举报人及其近亲属的安全。

扭送人、报案人、控告人、举报人如果不愿意公开自己的身份，应当为其保守秘密，并在材料中注明。

第一百七十四条 对接受的案件，或者发现的犯罪线索，公安机关应当迅速进行审查。发现案件事实或者线索不明的，必要时，经办案部门负责人批准，可以进行调查核实。

调查核实过程中，公安机关可以依照有关法律和规定采取询问、查询、勘验、鉴定和调取证据材料等不限制被调查对象人身、财产权利的措施。但是，不得对被调查对象采取强制措施，不得查封、扣押、冻结被调查对象的财产，不得采取技术侦查措施。

第一百七十五条 经过审查，认为有犯罪事实，但不属于自己管辖的案件，应当立即报经县级以上公安机关负责人批准，制作移送案件通知书，在二十四小时以内移送有管辖权的机关处理，并告知扭送人、报案人、控告人、举报人。对于不属于自己管辖而又必须采取紧急措施的，应当先采取紧急措施，然后办理手续，移送主管机关。

对不属于公安机关职责范围的事项，在接报案时能够当场判断的，应当立即口头告知扭送人、报案人、控告人、举报人向其他主管机关报案。

对于重复报案、案件正在办理或者已经办结的，应当向扭送人、报案人、控告人、举报人作出解释，不再登记，但有新的事实或者证据的除外。

第一百七十六条 经过审查，对告诉才处理的案件，公安机关应当告知当事人向人民法院起诉。

对被害人有证据证明的轻微刑事案件，公安机关应当告知被害人可以向人民法院起诉;被害人要求公安机关处理的,公安机关应当依法受理。

人民法院审理自诉案件,依法调取公安机关已经收集的案件材料和有关证据的,公安机关应当及时移交。

第一百七十七条 经过审查,对于不够刑事处罚需要给予行政处理的,依法予以处理或者移送有关部门。

第二节 立 案

第一百七十八条 公安机关接受案件后,经审查,认为有犯罪事实需要追究刑事责任,且属于自己管辖的,经县级以上公安机关负责人批准,予以立案;认为没有犯罪事实,或者犯罪事实显著轻微不需要追究刑事责任,或者具有其他依法不追究刑事责任情形的,经县级以上公安机关负责人批准,不予立案。

对有控告人的案件,决定不予立案的,公安机关应当制作不予立案通知书,并在三日以内送达控告人。

决定不予立案后又发现新的事实或者证据,或者发现原认定事实错误,需要追究刑事责任的,应当及时立案处理。

第一百七十九条 控告人对不予立案决定不服的,可以在收到不予立案通知书后七日以内向作出决定的公安机关申请复议;公安机关应当在收到复议申请后三十日以内作出决定,并将决定书送达控告人。

控告人对不予立案的复议决定不服的,可以在收到复议决定书后七日以内向上一级公安机关申请复核;上一级公安机关应当在收到复核申请后三十日以内作出决定。对上级公安机关撤销不予立案决定的,下级公安机关应当执行。

案情重大、复杂的,公安机关可以延长复议、复核时限,但是延长时限不得超过三十日,并书面告知申请人。

第一百八十条 对行政执法机关移送的案件,公安机关应当自接受案件之日起三日以内进行审查,认为有犯罪事实,需要追究刑事责任,依法决定立案的,应当书面通知移送案件的行政执法机关;认为没有犯罪事实,或者犯罪事实显著轻微,不需要追究刑事责任,依法不予立案的,应当说明理由,并将不予立案通知书送达移送案件的行政执法机关,相应退回案件材料。

公安机关认为行政执法机关移送的案件材料不全的,应当在接受案件后二十四小时以内通知移送案件的行政执法机关在三日以内补正,但不得以材料不全为由不接受移送案件。

公安机关认为行政执法机关移送的案件不属于公安机关职责范围的,应当书面通知移送案件的行政执法机关向其他主管机关移送案件,并说明理由。

第一百八十一条 移送案件的行政执法机关对不予立案决定不服的,可以在收到不予立案通知书后三日以内向作出决定的公安机关申请复议;公安机关应当在收到行政执法机关的复议申请后三日以内作出决定,并书面通知移送案件的行政执法机关。

第一百八十二条 对人民检察院要求说明不立案理由的案件,公安机关应当在收到通知书后七日以内,对不立案的情况、依据和理由作出书面说明,回复人民检察院。公安机关作出立案决定的,应当将立案决定书复印件送达人民检察院。

人民检察院通知公安机关立案的,公安机关应当在收到通知书后十五日以内立案,并将立案决定书复印件送达人民检察院。

第一百八十三条 人民检察院认为公安机关不应当立案而立案,提出纠正意见的,公安机关应当进行调查核实,并将有关情况回复人民检察院。

第一百八十四条 经立案侦查,认为有犯罪事实需要追究刑事责任,但不属于自己管辖或者需要由其他公安机关并案侦查的案件,经县级以上公安机关负责人批准,制作移送案件通知书,移送有管辖权的机关或者并案侦查的公安机关,并在移送案件后三日以内书面通知扭送人、报案人、控告人、举报人或者移送案件的行政执法机关;犯罪嫌疑人已经到案的,应当依照本规定的有关规定通知其家属。

第一百八十五条 案件变更管辖或者移送其他公安机关并案侦查时,与案件有关的法律文书、证据、财物及其孳息等应当随案移交。

移交时,由接收人、移交人当面查点清楚,并在交接单据上共同签名。

第三节 撤 案

第一百八十六条 经过侦查,发现具有下列情形之一的,应当撤销案件:

(一)没有犯罪事实的;

(二)情节显著轻微、危害不大,不认为是犯罪的;

(三)犯罪已过追诉时效期限的;

(四)经特赦令免除刑罚的;

(五)犯罪嫌疑人死亡的;

(六)其他依法不追究刑事责任的。

对于经过侦查,发现有犯罪事实需要追究刑事责任,但不是被立案侦查的犯罪嫌疑人实施的,或者共同犯罪案件中部分犯罪嫌疑人不够刑事处罚的,应当对有关犯罪嫌疑人终止侦查,并对该案件继续侦查。

第一百八十七条 需要撤销案件或者对犯罪嫌疑人终止侦查的,办案部门应当制作撤销案件或者终止侦查报告书,报县级以上公安机关负责人批准。

公安机关决定撤销案件或者对犯罪嫌疑人终止侦查时,原犯罪嫌疑人在押的,应当立即释放,发给释放证明书。原犯罪嫌疑人被逮捕的,应当通知原批准逮捕的人民检察院。对原犯罪嫌疑人采取其他强制措施的,应当立即解除强制措施;需要行政处理的,依法予以处理或者移交有关部门。

对查封、扣押的财物及其孳息、文件,或者冻结的财产,除按照法律和有关规定另行处理的以外,应当解除查封、扣押、冻结,并及时返还或者通知当事人。

第一百八十八条 犯罪嫌疑人自愿如实供述涉嫌犯罪的事实，有重大立功或者案件涉及国家重大利益，需要撤销案件的，应当层报公安部，由公安部商请最高人民检察院核准后撤销案件。报请撤销案件的公安机关应当同时将相关情况通报同级人民检察院。

公安机关根据前款规定撤销案件的，应当对查封、扣押、冻结的财物及其孳息作出处理。

第一百八十九条 公安机关作出撤销案件决定后，应当在三日以内告知原犯罪嫌疑人、被害人或者其近亲属、法定代理人以及案件移送机关。

公安机关作出终止侦查决定后，应当在三日以内告知原犯罪嫌疑人。

第一百九十条 公安机关撤销案件以后又发现新的事实或者证据，或者发现原认定事实错误，认为有犯罪事实需要追究刑事责任的，应当重新立案侦查。

对犯罪嫌疑人终止侦查后又发现新的事实或者证据，或者发现原认定事实错误，需要对其追究刑事责任的，应当继续侦查。

第八章　侦　　查

第一节　一般规定

第一百九十一条 公安机关对已经立案的刑事案件，应当及时进行侦查，全面、客观地收集、调取犯罪嫌疑人有罪或者无罪、罪轻或者罪重的证据材料。

第一百九十二条 公安机关经过侦查，对有证据证明有犯罪事实的案件，应当进行预审，对收集、调取的证据材料的真实性、合法性、关联性及证明力予以审查、核实。

第一百九十三条 公安机关侦查犯罪，应当严格依照法律规定的条件和程序采取强制措施和侦查措施，严禁在没有证据的情况下，仅凭怀疑就对犯罪嫌疑人采取强制措施和侦查措施。

第一百九十四条 公安机关开展勘验、检查、搜查、辨认、查封、扣押等侦查活动,应当邀请有关公民作为见证人。

下列人员不得担任侦查活动的见证人:

(一)生理上、精神上有缺陷或者年幼,不具有相应辨别能力或者不能正确表达的人;

(二)与案件有利害关系,可能影响案件公正处理的人;

(三)公安机关的工作人员或者其聘用的人员。

确因客观原因无法由符合条件的人员担任见证人的,应当对有关侦查活动进行全程录音录像,并在笔录中注明有关情况。

第一百九十五条 公安机关侦查犯罪,涉及国家秘密、商业秘密、个人隐私的,应当保密。

第一百九十六条 当事人和辩护人、诉讼代理人、利害关系人对于公安机关及其侦查人员有下列行为之一的,有权向该机关申诉或者控告:

(一)采取强制措施法定期限届满,不予以释放、解除或者变更的;

(二)应当退还取保候审保证金不退还的;

(三)对与案件无关的财物采取查封、扣押、冻结措施的;

(四)应当解除查封、扣押、冻结不解除的;

(五)贪污、挪用、私分、调换、违反规定使用查封、扣押、冻结的财物的。

受理申诉或者控告的公安机关应当及时进行调查核实,并在收到申诉、控告之日起三十日以内作出处理决定,书面回复申诉人、控告人。发现公安机关及其侦查人员有上述行为之一的,应当立即纠正。

第一百九十七条 上级公安机关发现下级公安机关存在本规定第一百九十六条第一款规定的违法行为或者对申诉、控告事项不按照规定处理的,应当责令下级公安机关限期纠正,下级公安机关应当立即执行。必要时,上级公安机关可以就申诉、控告事项直接作出处理决定。

第二节 讯问犯罪嫌疑人

第一百九十八条 讯问犯罪嫌疑人,除下列情形以外,应当在公安机关执法办案场所的讯问室进行:

(一)紧急情况下在现场进行讯问的;

(二)对有严重伤病或者残疾、行动不便的,以及正在怀孕的犯罪嫌疑人,在其住处或者就诊的医疗机构进行讯问的。

对于已送交看守所羁押的犯罪嫌疑人,应当在看守所讯问室进行讯问。

对于正在被执行行政拘留、强制隔离戒毒的人员以及正在监狱服刑的罪犯,可以在其执行场所进行讯问。

对于不需要拘留、逮捕的犯罪嫌疑人,经办案部门负责人批准,可以传唤到犯罪嫌疑人所在市、县公安机关执法办案场所或者到他的住处进行讯问。

第一百九十九条 传唤犯罪嫌疑人时,应当出示传唤证和侦查人员的人民警察证,并责令其在传唤证上签名、捺指印。

犯罪嫌疑人到案后,应当由其在传唤证上填写到案时间。传唤结束时,应当由其在传唤证上填写传唤结束时间。犯罪嫌疑人拒绝填写的,侦查人员应当在传唤证上注明。

对在现场发现的犯罪嫌疑人,侦查人员经出示人民警察证,可以口头传唤,并将传唤的原因和依据告知被传唤人。在讯问笔录中应当注明犯罪嫌疑人到案方式,并由犯罪嫌疑人注明到案时间和传唤结束时间。

对自动投案或者群众扭送到公安机关的犯罪嫌疑人,可以依法传唤。

第二百条 传唤持续的时间不得超过十二小时。案情特别重大、复杂,需要采取拘留、逮捕措施的,经办案部门负责人批准,传唤持续的时间不得超过二十四小时。不得以连续传唤的形式变相拘禁犯罪嫌疑人。

传唤期限届满，未作出采取其他强制措施决定的，应当立即结束传唤。

第二百零一条 传唤、拘传、讯问犯罪嫌疑人，应当保证犯罪嫌疑人的饮食和必要的休息时间，并记录在案。

第二百零二条 讯问犯罪嫌疑人，必须由侦查人员进行。讯问的时候，侦查人员不得少于二人。

讯问同案的犯罪嫌疑人，应当个别进行。

第二百零三条 侦查人员讯问犯罪嫌疑人时，应当首先讯问犯罪嫌疑人是否有犯罪行为，并告知犯罪嫌疑人享有的诉讼权利，如实供述自己罪行可以从宽处理以及认罪认罚的法律规定，让他陈述有罪的情节或者无罪的辩解，然后向他提出问题。

犯罪嫌疑人对侦查人员的提问，应当如实回答。但是对与本案无关的问题，有拒绝回答的权利。

第一次讯问，应当问明犯罪嫌疑人的姓名、别名、曾用名、出生年月日、户籍所在地、现住地、籍贯、出生地、民族、职业、文化程度、政治面貌、工作单位、家庭情况、社会经历，是否属于人大代表、政协委员，是否受过刑事处罚或者行政处理等情况。

第二百零四条 讯问聋、哑的犯罪嫌疑人，应当有通晓聋、哑手势的人参加，并在讯问笔录上注明犯罪嫌疑人的聋、哑情况，以及翻译人员的姓名、工作单位和职业。

讯问不通晓当地语言文字的犯罪嫌疑人，应当配备翻译人员。

第二百零五条 侦查人员应当将问话和犯罪嫌疑人的供述或者辩解如实地记录清楚。制作讯问笔录应当使用能够长期保持字迹的材料。

第二百零六条 讯问笔录应当交犯罪嫌疑人核对；对于没有阅读能力的，应当向他宣读。如果记录有遗漏或者差错，应当允许犯罪嫌疑人补充或者更正，并捺指印。笔录经犯罪嫌疑人核对无误后，应当由其在笔录上逐页签名、捺指印，并在末页写明“以上笔录我看过（或向我宣读过），和我说的相符”。拒绝签名、捺指印的，侦查人员应当在笔录上注明。

讯问笔录上所列项目,应当按照规定填写齐全。侦查人员、翻译人员应当在讯问笔录上签名。

第二百零七条 犯罪嫌疑人请求自行书写供述的,应当准许;必要时,侦查人员也可以要求犯罪嫌疑人亲笔书写供词。犯罪嫌疑人应当在亲笔供词上逐页签名、捺指印。侦查人员收到后,应当在首页右上方写明"于某年某月某日收到",并签名。

第二百零八条 讯问犯罪嫌疑人,在文字记录的同时,可以对讯问过程进行录音录像。对于可能判处无期徒刑、死刑的案件或者其他重大犯罪案件,应当对讯问过程进行录音录像。

前款规定的"可能判处无期徒刑、死刑的案件",是指应当适用的法定刑或者量刑档次包含无期徒刑、死刑的案件。"其他重大犯罪案件",是指致人重伤、死亡的严重危害公共安全犯罪、严重侵犯公民人身权利犯罪,以及黑社会性质组织犯罪、严重毒品犯罪等重大故意犯罪案件。

对讯问过程录音录像的,应当对每一次讯问全程不间断进行,保持完整性。不得选择性地录制,不得剪接、删改。

第二百零九条 对犯罪嫌疑人供述的犯罪事实、无罪或者罪轻的事实、申辩和反证,以及犯罪嫌疑人提供的证明自己无罪、罪轻的证据,公安机关应当认真核查;对有关证据,无论是否采信,都应当如实记录、妥善保管,并连同核查情况附卷。

第三节 询问证人、被害人

第二百一十条 询问证人、被害人,可以在现场进行,也可以到证人、被害人所在单位、住处或者证人、被害人提出的地点进行。在必要的时候,可以书面、电话或者当场通知证人、被害人到公安机关提供证言。

询问证人、被害人应当个别进行。

在现场询问证人、被害人,侦查人员应当出示人民警察证。到证人、被害人所在单位、住处或者证人、被害人提出的地点询问证人、被害人,应当经办案部门负责人批准,制作询问通知书。询问前,侦查人员应当出示询问通知书和人民警察证。

第二百一十一条 询问前,应当了解证人、被害人的身份,证人、被害人、犯罪嫌疑人之间的关系。询问时,应当告知证人、被害人必须如实地提供证据、证言和有意作伪证或者隐匿罪证应负的法律责任。

侦查人员不得向证人、被害人泄露案情或者表示对案件的看法,严禁采用暴力、威胁等非法方法询问证人、被害人。

第二百一十二条 本规定第二百零六条、第二百零七条的规定,也适用于询问证人、被害人。

第四节 勘验、检查

第二百一十三条 侦查人员对于与犯罪有关的场所、物品、人身、尸体应当进行勘验或者检查,及时提取、采集与案件有关的痕迹、物证、生物样本等。在必要的时候,可以指派或者聘请具有专门知识的人,在侦查人员的主持下进行勘验、检查。

第二百一十四条 发案地派出所、巡警等部门应当妥善保护犯罪现场和证据,控制犯罪嫌疑人,并立即报告公安机关主管部门。

执行勘查的侦查人员接到通知后,应当立即赶赴现场;勘查现场,应当持有刑事犯罪现场勘查证。

第二百一十五条 公安机关对案件现场进行勘查,侦查人员不得少于二人。

第二百一十六条 勘查现场,应当拍摄现场照片、绘制现场图,制作笔录,由参加勘查的人和见证人签名。对重大案件的现场勘查,应当录音录像。

第二百一十七条 为了确定被害人、犯罪嫌疑人的某些特征、伤害情况或者生理状态,可以对人身进行检查,依法提取、采集肖像、指纹等人体生物识别信息,采集血液、尿液等生物样本。被害人死亡的,应当通过被害人近亲属辨认、提取生物样本鉴定等方式确定被害人身份。

犯罪嫌疑人拒绝检查、提取、采集的,侦查人员认为必要的时候,经办案部门负责人批准,可以强制检查、提取、采集。

检查妇女的身体,应当由女工作人员或者医师进行。

检查的情况应当制作笔录,由参加检查的侦查人员、检查人员、被检查人员和见证人签名。被检查人员拒绝签名的,侦查人员应当在笔录中注明。

第二百一十八条 为了确定死因,经县级以上公安机关负责人批准,可以解剖尸体,并且通知死者家属到场,让其在解剖尸体通知书上签名。

死者家属无正当理由拒不到场或者拒绝签名的,侦查人员应当在解剖尸体通知书上注明。对身份不明的尸体,无法通知死者家属的,应当在笔录中注明。

第二百一十九条 对已查明死因,没有继续保存必要的尸体,应当通知家属领回处理,对于无法通知或者通知后家属拒绝领回的,经县级以上公安机关负责人批准,可以及时处理。

第二百二十条 公安机关进行勘验、检查后,人民检察院要求复验、复查的,公安机关应当进行复验、复查,并可以通知人民检察院派员参加。

第二百二十一条 为了查明案情,在必要的时候,经县级以上公安机关负责人批准,可以进行侦查实验。

进行侦查实验,应当全程录音录像,并制作侦查实验笔录,由参加实验的人签名。

进行侦查实验,禁止一切足以造成危险、侮辱人格或者有伤风化的行为。

第五节 搜 查

第二百二十二条 为了收集犯罪证据、查获犯罪人,经县级以上公安机关负责人批准,侦查人员可以对犯罪嫌疑人以及可能隐藏罪犯或者犯罪证据的人的身体、物品、住处和其他有关的地方进行搜查。

第二百二十三条 进行搜查,必须向被搜查人出示搜查证,执行搜查的侦查人员不得少于二人。

第二百二十四条 执行拘留、逮捕的时候,遇有下列紧急情况之一的,不用搜查证也可以进行搜查:

(一)可能随身携带凶器的;

(二)可能隐藏爆炸、剧毒等危险物品的;

(三)可能隐匿、毁弃、转移犯罪证据的;

(四)可能隐匿其他犯罪嫌疑人的;

(五)其他突然发生的紧急情况。

第二百二十五条 进行搜查时,应当有被搜查人或者他的家属、邻居或者其他见证人在场。

公安机关可以要求有关单位和个人交出可以证明犯罪嫌疑人有罪或者无罪的物证、书证、视听资料等证据。遇到阻碍搜查的,侦查人员可以强制搜查。

搜查妇女的身体,应当由女工作人员进行。

第二百二十六条 搜查的情况应当制作笔录,由侦查人员和被搜查人或者他的家属,邻居或者其他见证人签名。

如果被搜查人拒绝签名,或者被搜查人在逃,他的家属拒绝签名或者不在场的,侦查人员应当在笔录中注明。

第六节 查封、扣押

第二百二十七条 在侦查活动中发现的可用以证明犯罪嫌疑人有罪或者无罪的各种财物、文件,应当查封、扣押;但与案件无关的财物、文件,不得查封、扣押。

持有人拒绝交出应当查封、扣押的财物、文件的,公安机关可以强制查封、扣押。

第二百二十八条 在侦查过程中需要扣押财物、文件的，应当经办案部门负责人批准，制作扣押决定书；在现场勘查或者搜查中需要扣押财物、文件的，由现场指挥人员决定；但扣押财物、文件价值较高或者可能严重影响正常生产经营的，应当经县级以上公安机关负责人批准，制作扣押决定书。

在侦查过程中需要查封土地、房屋等不动产，或者船舶、航空器以及其他不宜移动的大型机器、设备等特定动产的，应当经县级以上公安机关负责人批准并制作查封决定书。

第二百二十九条 执行查封、扣押的侦查人员不得少于二人，并出示本规定第二百二十八条规定的有关法律文书。

查封、扣押的情况应当制作笔录，由侦查人员、持有人和见证人签名。对于无法确定持有人或者持有人拒绝签名的，侦查人员应当在笔录中注明。

第二百三十条 对查封、扣押的财物和文件，应当会同在场见证人和被查封、扣押财物、文件的持有人查点清楚，当场开列查封、扣押清单一式三份，写明财物或者文件的名称、编号、数量、特征及其来源等，由侦查人员、持有人和见证人签名，一份交给持有人，一份交给公安机关保管人员，一份附卷备查。

对于财物、文件的持有人无法确定，以及持有人不在现场或者拒绝签名的，侦查人员应当在清单中注明。

依法扣押文物、贵金属、珠宝、字画等贵重财物的，应当拍照或者录音录像，并及时鉴定、估价。

执行查封、扣押时，应当为犯罪嫌疑人及其所扶养的亲属保留必需的生活费用和物品。能够保证侦查活动正常进行的，可以允许有关当事人继续合理使用有关涉案财物，但应当采取必要的保值、保管措施。

第二百三十一条 对作为犯罪证据但不便提取或者没有必要提取的财物、文件，经登记、拍照或者录音录像、估价后，可以交财物、文件持有人保管或者封存，并且开具登记保存清单一式两份，由侦查人员、持有人和见证人签名，一份交给财物、文件持有人，另一份连同照片或者录音录像资料附卷备查。财物、文件持有人应当妥善保管，不得转移、变卖、毁损。

第二百三十二条 扣押犯罪嫌疑人的邮件、电子邮件、电报，应当经县级以上公安机关负责人批准，制作扣押邮件、电报通知书，通知邮电部门或者网络服务单位检交扣押。

不需要继续扣押的时候，应当经县级以上公安机关负责人批准，制作解除扣押邮件、电报通知书，立即通知邮电部门或者网络服务单位。

第二百三十三条 对查封、扣押的财物、文件、邮件、电子邮件、电报，经查明确实与案件无关的，应当在三日以内解除查封、扣押，退还原主或者原邮电部门、网络服务单位；原主不明确的，应当采取公告方式告知原主认领。在通知原主或者公告后六个月以内，无人认领的，按照无主财物处理，登记后上缴国库。

第二百三十四条 有关犯罪事实查证属实后，对于有证据证明权属明确且无争议的被害人合法财产及其孳息，且返还不损害其他被害人或者利害关系人的利益，不影响案件正常办理的，应当在登记、拍照或者录音录像和估价后，报经县级以上公安机关负责人批准，开具发还清单返还，并在案卷材料中注明返还的理由，将原物照片、发还清单和被害人的领取手续存卷备查。

领取人应当是涉案财物的合法权利人或者其委托的人；委托他人领取的，应当出具委托书。侦查人员或者公安机关其他工作人员不得代为领取。

查找不到被害人，或者通知被害人后，无人领取的，应当将有关财产及其孳息随案移送。

第二百三十五条 对查封、扣押的财物及其孳息、文件，公安机关应当妥善保管，以供核查。任何单位和个人不得违规使用、调换、损毁或者自行处理。

县级以上公安机关应当指定一个内设部门作为涉案财物管理部

门,负责对涉案财物实行统一管理,并设立或者指定专门保管场所,对涉案财物进行集中保管。

对价值较低、易于保管,或者需要作为证据继续使用,以及需要先行返还被害人的涉案财物,可以由办案部门设置专门的场所进行保管。办案部门应当指定不承担办案工作的民警负责本部门涉案财物的接收、保管、移交等管理工作;严禁由侦查人员自行保管涉案财物。

第二百三十六条　在侦查期间,对于易损毁、灭失、腐烂、变质而不宜长期保存,或者难以保管的物品,经县级以上公安机关主要负责人批准,可以在拍照或者录音录像后委托有关部门变卖、拍卖,变卖、拍卖的价款暂予保存,待诉讼终结后一并处理。

对于违禁品,应当依照国家有关规定处理;需要作为证据使用的,应当在诉讼终结后处理。

第七节　查询、冻结

第二百三十七条　公安机关根据侦查犯罪的需要,可以依照规定查询、冻结犯罪嫌疑人的存款、汇款、证券交易结算资金、期货保证金等资金,债券、股票、基金份额和其他证券,以及股权、保单权益和其他投资权益等财产,并可以要求有关单位和个人配合。

对于前款规定的财产,不得划转、转账或者以其他方式变相扣押。

第二百三十八条　向金融机构等单位查询犯罪嫌疑人的存款、汇款、证券交易结算资金、期货保证金等资金,债券、股票、基金份额和其他证券,以及股权、保单权益和其他投资权益等财产,应当经县级以上公安机关负责人批准,制作协助查询财产通知书,通知金融机构等单位协助办理。

第二百三十九条　需要冻结犯罪嫌疑人财产的,应当经县级以上公安机关负责人批准,制作协助冻结财产通知书,明确冻结财产的账户名称、账户号码、冻结数额、冻结期限、冻结范围以及是否及于孳息等事项,通知金融机构等单位协助办理。

冻结股权、保单权益的,应当经设区的市一级以上公安机关负责人批准。

冻结上市公司股权的,应当经省级以上公安机关负责人批准。

第二百四十条 需要延长冻结期限的,应当按照原批准权限和程序,在冻结期限届满前办理继续冻结手续。逾期不办理继续冻结手续的,视为自动解除冻结。

第二百四十一条 不需要继续冻结犯罪嫌疑人财产时,应当经原批准冻结的公安机关负责人批准,制作协助解除冻结财产通知书,通知金融机构等单位协助办理。

第二百四十二条 犯罪嫌疑人的财产已被冻结的,不得重复冻结,但可以轮候冻结。

第二百四十三条 冻结存款、汇款、证券交易结算资金、期货保证金等财产的期限为六个月。每次续冻期限最长不得超过六个月。

对于重大、复杂案件,经设区的市一级以上公安机关负责人批准,冻结存款、汇款、证券交易结算资金、期货保证金等财产的期限可以为一年。每次续冻期限最长不得超过一年。

第二百四十四条 冻结债券、股票、基金份额等证券的期限为二年。每次续冻期限最长不得超过二年。

第二百四十五条 冻结股权、保单权益或者投资权益的期限为六个月。每次续冻期限最长不得超过六个月。

第二百四十六条 对冻结的债券、股票、基金份额等财产,应当告知当事人或者其法定代理人、委托代理人有权申请出售。

权利人书面申请出售被冻结的债券、股票、基金份额等财产,不损害国家利益、被害人、其他权利人利益,不影响诉讼正常进行的,以及冻结的汇票、本票、支票的有效期即将届满的,经县级以上公安机关负责人批准,可以依法出售或者变现,所得价款应当继续冻结在其对应的银行账户中;没有对应的银行账户的,所得价款由公安机关在银行指定专门账户保管,并及时告知当事人或者其近亲属。

第二百四十七条 对冻结的财产，经查明确实与案件无关的，应当在三日以内通知金融机构等单位解除冻结，并通知被冻结财产的所有人。

第八节 鉴 定

第二百四十八条 为了查明案情，解决案件中某些专门性问题，应当指派、聘请有专门知识的人进行鉴定。

需要聘请有专门知识的人进行鉴定，应当经县级以上公安机关负责人批准后，制作鉴定聘请书。

第二百四十九条 公安机关应当为鉴定人进行鉴定提供必要的条件，及时向鉴定人送交有关检材和对比样本等原始材料，介绍与鉴定有关的情况，并且明确提出要求鉴定解决的问题。

禁止暗示或者强迫鉴定人作出某种鉴定意见。

第二百五十条 侦查人员应当做好检材的保管和送检工作，并注明检材送检环节的责任人，确保检材在流转环节中的同一性和不被污染。

第二百五十一条 鉴定人应当按照鉴定规则，运用科学方法独立进行鉴定。鉴定后，应当出具鉴定意见，并在鉴定意见书上签名，同时附上鉴定机构和鉴定人的资质证明或者其他证明文件。

多人参加鉴定，鉴定人有不同意见的，应当注明。

第二百五十二条 对鉴定意见，侦查人员应当进行审查。

对经审查作为证据使用的鉴定意见，公安机关应当及时告知犯罪嫌疑人、被害人或者其法定代理人。

第二百五十三条 犯罪嫌疑人、被害人对鉴定意见有异议提出申请，以及办案部门或者侦查人员对鉴定意见有疑义的，可以将鉴定意见送交其他有专门知识的人员提出意见。必要时，询问鉴定人并制作笔录附卷。

第二百五十四条 经审查，发现有下列情形之一的，经县级以上公安机关负责人批准，应当补充鉴定：

（一）鉴定内容有明显遗漏的；

（二）发现新的有鉴定意义的证物的；

（三）对鉴定证物有新的鉴定要求的；

（四）鉴定意见不完整，委托事项无法确定的；

（五）其他需要补充鉴定的情形。

经审查，不符合上述情形的，经县级以上公安机关负责人批准，作出不准予补充鉴定的决定，并在作出决定后三日以内书面通知申请人。

第二百五十五条 经审查，发现有下列情形之一的，经县级以上公安机关负责人批准，应当重新鉴定：

（一）鉴定程序违法或者违反相关专业技术要求的；

（二）鉴定机构、鉴定人不具备鉴定资质和条件的；

（三）鉴定人故意作虚假鉴定或者违反回避规定的；

（四）鉴定意见依据明显不足的；

（五）检材虚假或者被损坏的；

（六）其他应当重新鉴定的情形。

重新鉴定，应当另行指派或者聘请鉴定人。

经审查，不符合上述情形的，经县级以上公安机关负责人批准，作出不准予重新鉴定的决定，并在作出决定后三日以内书面通知申请人。

第二百五十六条 公诉人、当事人或者辩护人、诉讼代理人对鉴定意见有异议，经人民法院依法通知的，公安机关鉴定人应当出庭作证。

鉴定人故意作虚假鉴定的，应当依法追究其法律责任。

第二百五十七条 对犯罪嫌疑人作精神病鉴定的时间不计入办案期限，其他鉴定时间都应当计入办案期限。

第九节 辨 认

第二百五十八条 为了查明案情，在必要的时候，侦查人员可以让被害人、证人或者犯罪嫌疑人对与犯罪有关的物品、文件、尸体、场所或者犯罪嫌疑人进行辨认。

第二百五十九条 辨认应当在侦查人员的主持下进行。主持辨认的侦查人员不得少于二人。

几名辨认人对同一辨认对象进行辨认时,应当由辨认人个别进行。

第二百六十条 辨认时,应当将辨认对象混杂在特征相类似的其他对象中,不得在辨认前向辨认人展示辨认对象及其影像资料,不得给辨认人任何暗示。

辨认犯罪嫌疑人时,被辨认的人数不得少于七人;对犯罪嫌疑人照片进行辨认的,不得少于十人的照片。

辨认物品时,混杂的同类物品不得少于五件;对物品的照片进行辨认的,不得少于十个物品的照片。

对场所、尸体等特定辨认对象进行辨认,或者辨认人能够准确描述物品独有特征的,陪衬物不受数量的限制。

第二百六十一条 对犯罪嫌疑人的辨认,辨认人不愿意公开进行时,可以在不暴露辨认人的情况下进行,并应当为其保守秘密。

第二百六十二条 对辨认经过和结果,应当制作辨认笔录,由侦查人员、辨认人、见证人签名。必要时,应当对辨认过程进行录音录像。

第十节 技术侦查

第二百六十三条 公安机关在立案后,根据侦查犯罪的需要,可以对下列严重危害社会的犯罪案件采取技术侦查措施:

(一)危害国家安全犯罪、恐怖活动犯罪、黑社会性质的组织犯罪、重大毒品犯罪案件;

(二)故意杀人、故意伤害致人重伤或者死亡、强奸、抢劫、绑架、放火、爆炸、投放危险物质等严重暴力犯罪案件;

(三)集团性、系列性、跨区域性重大犯罪案件;

(四)利用电信、计算机网络、寄递渠道等实施的重大犯罪案件,以及针对计算机网络实施的重大犯罪案件;

(五)其他严重危害社会的犯罪案件,依法可能判处七年以上有期徒刑的。

公安机关追捕被通缉或者批准、决定逮捕的在逃的犯罪嫌疑人、被告人,可以采取追捕所必需的技术侦查措施。

第二百六十四条 技术侦查措施是指由设区的市一级以上公安机关负责技术侦查的部门实施的记录监控、行踪监控、通信监控、场所监控等措施。

技术侦查措施的适用对象是犯罪嫌疑人、被告人以及与犯罪活动直接关联的人员。

第二百六十五条 需要采取技术侦查措施的,应当制作呈请采取技术侦查措施报告书,报设区的市一级以上公安机关负责人批准,制作采取技术侦查措施决定书。

人民检察院等部门决定采取技术侦查措施,交公安机关执行的,由设区的市一级以上公安机关按照规定办理相关手续后,交负责技术侦查的部门执行,并将执行情况通知人民检察院等部门。

第二百六十六条 批准采取技术侦查措施的决定自签发之日起三个月以内有效。

在有效期限内,对不需要继续采取技术侦查措施的,办案部门应当立即书面通知负责技术侦查的部门解除技术侦查措施;负责技术侦查的部门认为需要解除技术侦查措施的,报批准机关负责人批准,制作解除技术侦查措施决定书,并及时通知办案部门。

对复杂、疑难案件,采取技术侦查措施的有效期限届满仍需要继续采取技术侦查措施的,经负责技术侦查的部门审核后,报批准机关负责人批准,制作延长技术侦查措施期限决定书。批准延长期限,每次不得超过三个月。

有效期限届满,负责技术侦查的部门应当立即解除技术侦查措施。

第二百六十七条 采取技术侦查措施，必须严格按照批准的措施种类、适用对象和期限执行。

在有效期限内，需要变更技术侦查措施种类或者适用对象的，应当按照本规定第二百六十五条规定重新办理批准手续。

第二百六十八条 采取技术侦查措施收集的材料在刑事诉讼中可以作为证据使用。使用技术侦查措施收集的材料作为证据时，可能危及有关人员的人身安全，或者可能产生其他严重后果的，应当采取不暴露有关人员身份和使用的技术设备、侦查方法等保护措施。

采取技术侦查措施收集的材料作为证据使用的，采取技术侦查措施决定书应当附卷。

第二百六十九条 采取技术侦查措施收集的材料，应当严格依照有关规定存放，只能用于对犯罪的侦查、起诉和审判，不得用于其他用途。

采取技术侦查措施收集的与案件无关的材料，必须及时销毁，并制作销毁记录。

第二百七十条 侦查人员对采取技术侦查措施过程中知悉的国家秘密、商业秘密和个人隐私，应当保密。

公安机关依法采取技术侦查措施，有关单位和个人应当配合，并对有关情况予以保密。

第二百七十一条 为了查明案情，在必要的时候，经县级以上公安机关负责人决定，可以由侦查人员或者公安机关指定的其他人员隐匿身份实施侦查。

隐匿身份实施侦查时，不得使用促使他人产生犯罪意图的方法诱使他人犯罪，不得采用可能危害公共安全或者发生重大人身危险的方法。

第二百七十二条 对涉及给付毒品等违禁品或者财物的犯罪活动，为查明参与该项犯罪的人员和犯罪事实，根据侦查需要，经县级以上公安机关负责人决定，可以实施控制下交付。

第二百七十三条 公安机关依照本节规定实施隐匿身份侦查和控制下交付收集的材料在刑事诉讼中可以作为证据使用。

使用隐匿身份侦查和控制下交付收集的材料作为证据时，可能危及隐匿身份人员的人身安全，或者可能产生其他严重后果的，应当采取不暴露有关人员身份等保护措施。

第十一节 通 缉

第二百七十四条 应当逮捕的犯罪嫌疑人在逃的，经县级以上公安机关负责人批准，可以发布通缉令，采取有效措施，追捕归案。

县级以上公安机关在自己管辖的地区内，可以直接发布通缉令；超出自己管辖的地区，应当报请有权决定的上级公安机关发布。

通缉令的发送范围，由签发通缉令的公安机关负责人决定。

第二百七十五条 通缉令中应当尽可能写明被通缉人的姓名、别名、曾用名、绰号、性别、年龄、民族、籍贯、出生地、户籍所在地、居住地、职业、身份证号码、衣着和体貌特征、口音、行为习惯，并附被通缉人近期照片，可以附指纹及其他物证的照片。除了必须保密的事项以外，应当写明发案的时间、地点和简要案情。

第二百七十六条 通缉令发出后，如果发现新的重要情况可以补发通报。通报必须注明原通缉令的编号和日期。

第二百七十七条 公安机关接到通缉令后，应当及时布置查缉。抓获犯罪嫌疑人后，报经县级以上公安机关负责人批准，凭通缉令或者相关法律文书羁押，并通知通缉令发布机关进行核实，办理交接手续。

第二百七十八条 需要对犯罪嫌疑人在口岸采取边控措施的，应当按照有关规定制作边控对象通知书，并附有关法律文书，经县级以上公安机关负责人审核后，层报省级公安机关批准，办理全国范围内的边控措施。需要限制犯罪嫌疑人人身自由的，应当附有关限制人身自由的法律文书。

紧急情况下,需要采取边控措施的,县级以上公安机关可以出具公函,先向有关口岸所在地出入境边防检查机关交控,但应当在七日以内按照规定程序办理全国范围内的边控措施。

第二百七十九条 为发现重大犯罪线索,追缴涉案财物、证据,查获犯罪嫌疑人,必要时,经县级以上公安机关负责人批准,可以发布悬赏通告。

悬赏通告应当写明悬赏对象的基本情况和赏金的具体数额。

第二百八十条 通缉令、悬赏通告应当广泛张贴,并可以通过广播、电视、报刊、计算机网络等方式发布。

第二百八十一条 经核实,犯罪嫌疑人已经自动投案、被击毙或者被抓获,以及发现有其他不需要采取通缉、边控、悬赏通告的情形的,发布机关应当在原通缉、通知、通告范围内,撤销通缉令、边控通知、悬赏通告。

第二百八十二条 通缉越狱逃跑的犯罪嫌疑人、被告人或者罪犯,适用本节的有关规定。

第十二节 侦查终结

第二百八十三条 侦查终结的案件,应当同时符合以下条件:

(一)案件事实清楚;

(二)证据确实、充分;

(三)犯罪性质和罪名认定正确;

(四)法律手续完备;

(五)依法应当追究刑事责任。

第二百八十四条 对侦查终结的案件,公安机关应当全面审查证明证据收集合法性的证据材料,依法排除非法证据。排除非法证据后证据不足的,不得移送审查起诉。

公安机关发现侦查人员非法取证的,应当依法作出处理,并可另行指派侦查人员重新调查取证。

第二百八十五条 侦查终结的案件,侦查人员应当制作结案报告。

结案报告应当包括以下内容：

(一)犯罪嫌疑人的基本情况；

(二)是否采取了强制措施及其理由；

(三)案件的事实和证据；

(四)法律依据和处理意见。

第二百八十六条 侦查终结案件的处理,由县级以上公安机关负责人批准;重大、复杂、疑难的案件应当经过集体讨论。

第二百八十七条 侦查终结后,应当将全部案卷材料按照要求装订立卷。

向人民检察院移送案件时,只移送诉讼卷,侦查卷由公安机关存档备查。

第二百八十八条 对查封、扣押的犯罪嫌疑人的财物及其孳息、文件或者冻结的财产,作为证据使用的,应当随案移送,并制作随案移送清单一式两份,一份留存,一份交人民检察院。制作清单时,应当根据已经查明的案情,写明对涉案财物的处理建议。

对于实物不宜移送的,应当将其清单、照片或者其他证明文件随案移送。待人民法院作出生效判决后,按照人民法院送达的生效判决书、裁定书依法作出处理,并向人民法院送交回执。人民法院在判决、裁定中未对涉案财物作出处理的,公安机关应当征求人民法院意见,并根据人民法院的决定依法作出处理。

第二百八十九条 对侦查终结的案件,应当制作起诉意见书,经县级以上公安机关负责人批准后,连同全部案卷材料、证据,以及辩护律师提出的意见,一并移送同级人民检察院审查决定;同时将案件移送情况告知犯罪嫌疑人及其辩护律师。

犯罪嫌疑人自愿认罪的,应当记录在案,随案移送,并在起诉意见书中写明有关情况;认为案件符合速裁程序适用条件的,可以向人民检察院提出适用速裁程序的建议。

第二百九十条 对于犯罪嫌疑人在境外,需要及时进行审判的严重危害国家安全犯罪、恐怖活动犯罪案件，应当在侦查终结后层报公安部批准，移送同级人民检察院审查起诉。

在审查起诉或者缺席审理过程中，犯罪嫌疑人、被告人向公安机关自动投案或者被公安机关抓获的，公安机关应当立即通知人民检察院、人民法院。

第二百九十一条 共同犯罪案件的起诉意见书，应当写明每个犯罪嫌疑人在共同犯罪中的地位、作用、具体罪责和认罪态度，并分别提出处理意见。

第二百九十二条 被害人提出附带民事诉讼的，应当记录在案；移送审查起诉时，应当在起诉意见书末页注明。

第二百九十三条 人民检察院作出不起诉决定的，如果被不起诉人在押，公安机关应当立即办理释放手续。除依法转为行政案件办理外，应当根据人民检察院解除查封、扣押、冻结财物的书面通知，及时解除查封、扣押、冻结。

人民检察院提出对被不起诉人给予行政处罚、处分或者没收其违法所得的检察意见，移送公安机关处理的，公安机关应当将处理结果及时通知人民检察院。

第二百九十四条 认为人民检察院作出的不起诉决定有错误的，应当在收到不起诉决定书后七日以内制作要求复议意见书，经县级以上公安机关负责人批准后，移送人民检察院复议。

要求复议的意见不被接受的，可以在收到人民检察院的复议决定书后七日以内制作提请复核意见书，经县级以上公安机关负责人批准后，连同人民检察院的复议决定书，一并提请上一级人民检察院复核。

第十三节 补充侦查

第二百九十五条 侦查终结，移送人民检察院审查起诉的案件，人民检察院退回公安机关补充侦查的，公安机关接到人民检察院退回补充侦查的法律文书后，应当按照补充侦查提纲在一个月以内补充侦查完毕。

补充侦查以二次为限。

第二百九十六条 对人民检察院退回补充侦查的案件，根据不同情况，报县级以上公安机关负责人批准，分别作如下处理：

（一）原认定犯罪事实不清或者证据不够充分的，应当在查清事实、补充证据后，制作补充侦查报告书，移送人民检察院审查；对确实无法查明的事项或者无法补充的证据，应当书面向人民检察院说明情况；

（二）在补充侦查过程中，发现新的同案犯或者新的罪行，需要追究刑事责任的，应当重新制作起诉意见书，移送人民检察院审查；

（三）发现原认定的犯罪事实有重大变化，不应当追究刑事责任的，应当撤销案件或者对犯罪嫌疑人终止侦查，并将有关情况通知退查的人民检察院；

（四）原认定犯罪事实清楚，证据确实、充分，人民检察院退回补充侦查不当的，应当说明理由，移送人民检察院审查。

第二百九十七条 对于人民检察院在审查起诉过程中以及在人民法院作出生效判决前，要求公安机关提供法庭审判所必需的证据材料的，应当及时收集和提供。

第九章 执行刑罚

第一节 罪犯的交付

第二百九十八条 对被依法判处刑罚的罪犯，如果罪犯已被采取强制措施的，公安机关应当依据人民法院生效的判决书、裁定书以及执行通知书，将罪犯交付执行。

对人民法院作出无罪或者免除刑事处罚的判决，如果被告人在押，公安机关在收到相应的法律文书后应当立即办理释放手续；对人民法院建议给予行政处理的，应当依照有关规定处理或者移送有关部门。

第二百九十九条 对被判处死刑的罪犯，公安机关应当依据人民法院执行死刑的命令,将罪犯交由人民法院执行。

第三百条 公安机关接到人民法院生效的判处死刑缓期二年执行、无期徒刑、有期徒刑的判决书、裁定书以及执行通知书后,应当在一个月以内将罪犯送交监狱执行。

对未成年犯应当送交未成年犯管教所执行刑罚。

第三百零一条 对被判处有期徒刑的罪犯,在被交付执行刑罚前,剩余刑期在三个月以下的,由看守所根据人民法院的判决代为执行。

对被判处拘役的罪犯,由看守所执行。

第三百零二条 对被判处管制、宣告缓刑、假释或者暂予监外执行的罪犯,已被羁押的,由看守所将其交付社区矫正机构执行。

对被判处剥夺政治权利的罪犯,由罪犯居住地的派出所负责执行。

第三百零三条 对被判处有期徒刑由看守所代为执行和被判处拘役的罪犯,执行期间如果没有再犯新罪,执行期满,看守所应当发给刑满释放证明书。

第三百零四条 公安机关在执行刑罚中,如果认为判决有错误或者罪犯提出申诉,应当转请人民检察院或者原判人民法院处理。

第二节 减刑、假释、暂予监外执行

第三百零五条 对依法留看守所执行刑罚的罪犯,符合减刑条件的,由看守所制作减刑建议书,经设区的市一级以上公安机关审查同意后,报请所在地中级以上人民法院审核裁定。

第三百零六条 对依法留看守所执行刑罚的罪犯,符合假释条件的,由看守所制作假释建议书,经设区的市一级以上公安机关审查同意后,报请所在地中级以上人民法院审核裁定。

第三百零七条 对依法留所执行刑罚的罪犯,有下列情形之一的,可以暂予监外执行:

(一)有严重疾病需要保外就医的;

(二)怀孕或者正在哺乳自己婴儿的妇女;

(三)生活不能自理,适用暂予监外执行不致危害社会的。

对罪犯暂予监外执行的,看守所应当提出书面意见,报设区的市一级以上公安机关批准,同时将书面意见抄送同级人民检察院。

对适用保外就医可能有社会危险性的罪犯,或者自伤自残的罪犯,不得保外就医。

对罪犯确有严重疾病,必须保外就医的,由省级人民政府指定的医院诊断并开具证明文件。

第三百零八条 公安机关决定对罪犯暂予监外执行的,应当将暂予监外执行决定书交被暂予监外执行的罪犯和负责监外执行的社区矫正机构,同时抄送同级人民检察院。

第三百零九条 批准暂予监外执行的公安机关接到人民检察院认为暂予监外执行不当的意见后,应当立即对暂予监外执行的决定进行重新核查。

第三百一十条 对暂予监外执行的罪犯,有下列情形之一的,批准暂予监外执行的公安机关应当作出收监执行决定:

(一)发现不符合暂予监外执行条件的;

(二)严重违反有关暂予监外执行监督管理规定的;

(三)暂予监外执行的情形消失后,罪犯刑期未满的。

对暂予监外执行的罪犯决定收监执行的,由暂予监外执行地看守所将罪犯收监执行。

不符合暂予监外执行条件的罪犯通过贿赂等非法手段被暂予监外执行的,或者罪犯在暂予监外执行期间脱逃的,罪犯被收监执行后,所在看守所应当提出不计入执行刑期的建议,经设区的市一级以上公安机关审查同意后,报请所在地中级以上人民法院审核裁定。

第三节 剥夺政治权利

第三百一十一条 负责执行剥夺政治权利的派出所应当按照人民法院的判决,向罪犯及其所在单位、居住地基层组织宣布其犯罪事实、被剥夺政治权利的期限,以及罪犯在执行期间应当遵守的规定。

第三百一十二条 被剥夺政治权利的罪犯在执行期间应当遵守下列规定:

(一)遵守国家法律、行政法规和公安部制定的有关规定,服从监督管理;

(二)不得享有选举权和被选举权;

(三)不得组织或者参加集会、游行、示威、结社活动;

(四)不得出版、制作、发行书籍、音像制品;

(五)不得接受采访,发表演说;

(六)不得在境内外发表有损国家荣誉、利益或者其他具有社会危害性的言论;

(七)不得担任国家机关职务;

(八)不得担任国有公司、企业、事业单位和人民团体的领导职务。

第三百一十三条 被剥夺政治权利的罪犯违反本规定第三百一十二条的规定,尚未构成新的犯罪的,公安机关依法可以给予治安管理处罚。

第三百一十四条 被剥夺政治权利的罪犯,执行期满,公安机关应当书面通知本人及其所在单位、居住地基层组织。

第四节 对又犯新罪罪犯的处理

第三百一十五条 对留看守所执行刑罚的罪犯,在暂予监外执行期间又犯新罪的,由犯罪地公安机关立案侦查,并通知批准机关。批准机关作出收监执行决定后,应当根据侦查、审判需要,由犯罪地看守所或者暂予监外执行地看守所收监执行。

第三百一十六条 被剥夺政治权利、管制、宣告缓刑和假释的罪犯在执行期间又犯新罪的,由犯罪地公安机关立案侦查。

对留看守所执行刑罚的罪犯,因犯新罪被撤销假释的,应当根据侦查、审判需要,由犯罪地看守所或者原执行看守所收监执行。

第十章 特别程序

第一节 未成年人刑事案件诉讼程序

第三百一十七条 公安机关办理未成年人刑事案件,实行教育、感化、挽救的方针,坚持教育为主、惩罚为辅的原则。

第三百一十八条 公安机关办理未成年人刑事案件,应当保障未成年人行使其诉讼权利并得到法律帮助,依法保护未成年人的名誉和隐私,尊重其人格尊严。

第三百一十九条 公安机关应当设置专门机构或者配备专职人员办理未成年人刑事案件。

未成年人刑事案件应当由熟悉未成年人身心特点,善于做未成年人思想教育工作,具有一定办案经验的人员办理。

第三百二十条 未成年犯罪嫌疑人没有委托辩护人的,公安机关应当通知法律援助机构指派律师为其提供辩护。

第三百二十一条 公安机关办理未成年人刑事案件时,应当重点查清未成年犯罪嫌疑人实施犯罪行为时是否已满十四周岁、十六周岁、十八周岁的临界年龄。

第三百二十二条 公安机关办理未成年人刑事案件,根据情况可以对未成年犯罪嫌疑人的成长经历、犯罪原因、监护教育等情况进行调查并制作调查报告。

作出调查报告的,在提请批准逮捕、移送审查起诉时,应当结合案情综合考虑,并将调查报告与案卷材料一并移送人民检察院。

第三百二十三条 讯问未成年犯罪嫌疑人,应当通知未成年犯罪嫌疑人的法定代理人到场。无法通知、法定代理人不能到场或者法定代理人是共犯的,也可以通知未成年犯罪嫌疑人的其他成年亲属,所在学校、单位、居住地或者办案单位所在地基层组织或者未成年人保护组织的代表到场,并将有关情况记录在案。到场的法定代理人可以代为行使未成年犯罪嫌疑人的诉讼权利。

到场的法定代理人或者其他人员提出侦查人员在讯问中侵犯未

成年人合法权益的，公安机关应当认真核查，依法处理。

第三百二十四条 讯问未成年犯罪嫌疑人应当采取适合未成年人的方式，耐心细致地听取其供述或者辩解，认真审核、查证与案件有关的证据和线索，并针对其思想顾虑、恐惧心理、抵触情绪进行疏导和教育。

讯问女性未成年犯罪嫌疑人，应当有女工作人员在场。

第三百二十五条 讯问笔录应当交未成年犯罪嫌疑人、到场的法定代理人或者其他人员阅读或者向其宣读；对笔录内容有异议的，应当核实清楚，准予更正或者补充。

第三百二十六条 询问未成年被害人、证人，适用本规定第三百二十三条、第三百二十四条、第三百二十五条的规定。

询问未成年被害人、证人，应当以适当的方式进行，注意保护其隐私和名誉，尽可能减少询问频次，避免造成二次伤害。必要时，可以聘请熟悉未成年人身心特点的专业人员协助。

第三百二十七条 对未成年犯罪嫌疑人应当严格限制和尽量减少使用逮捕措施。

未成年犯罪嫌疑人被拘留、逮捕后服从管理、依法变更强制措施不致发生社会危险性，能够保证诉讼正常进行的，公安机关应当依法及时变更强制措施；人民检察院批准逮捕的案件，公安机关应当将变更强制措施情况及时通知人民检察院。

第三百二十八条 对被羁押的未成年人应当与成年人分别关押、分别管理、分别教育，并根据其生理和心理特点在生活和学习方面给予照顾。

第三百二十九条 人民检察院在对未成年人作出附条件不起诉的决定前，听取公安机关意见时，公安机关应当提出书面意见，经县级以上公安机关负责人批准，移送同级人民检察院。

第三百三十条 认为人民检察院作出的附条件不起诉决定有错误的，应当在收到不起诉决定书后七日以内制作要求复议意见书，经县级以上公安机关负责人批准，移送同级人民检察院复议。

要求复议的意见不被接受的,可以在收到人民检察院的复议决定书后七日以内制作提请复核意见书,经县级以上公安机关负责人批准后,连同人民检察院的复议决定书,一并提请上一级人民检察院复核。

第三百三十一条 未成年人犯罪的时候不满十八周岁,被判处五年有期徒刑以下刑罚的,公安机关应当依据人民法院已经生效的判决书,将该未成年人的犯罪记录予以封存。

犯罪记录被封存的,除司法机关为办案需要或者有关单位根据国家规定进行查询外,公安机关不得向其他任何单位和个人提供。

被封存犯罪记录的未成年人,如果发现漏罪,合并被判处五年有期徒刑以上刑罚的,应当对其犯罪记录解除封存。

第三百三十二条 办理未成年人刑事案件,除本节已有规定的以外,按照本规定的其他规定进行。

第二节 当事人和解的公诉案件诉讼程序

第三百三十三条 下列公诉案件,犯罪嫌疑人真诚悔罪,通过向被害人赔偿损失、赔礼道歉等方式获得被害人谅解,被害人自愿和解的,经县级以上公安机关负责人批准,可以依法作为当事人和解的公诉案件办理:

(一)因民间纠纷引起,涉嫌刑法分则第四章、第五章规定的犯罪案件,可能判处三年有期徒刑以下刑罚的;

(二)除渎职犯罪以外的可能判处七年有期徒刑以下刑罚的过失犯罪案件。

犯罪嫌疑人在五年以内曾经故意犯罪的,不得作为当事人和解的公诉案件办理。

第三百三十四条 有下列情形之一的,不属于因民间纠纷引起的犯罪案件:

(一)雇凶伤害他人的;

(二)涉及黑社会性质组织犯罪的;

（三）涉及寻衅滋事的；

（四）涉及聚众斗殴的；

（五）多次故意伤害他人身体的；

（六）其他不宜和解的。

第三百三十五条 双方当事人和解的，公安机关应当审查案件事实是否清楚，被害人是否自愿和解，是否符合规定的条件。

公安机关审查时，应当听取双方当事人的意见，并记录在案；必要时，可以听取双方当事人亲属、当地居民委员会或者村民委员会人员以及其他了解案件情况的相关人员的意见。

第三百三十六条 达成和解的，公安机关应当主持制作和解协议书，并由双方当事人及其他参加人员签名。

当事人中有未成年人的，未成年当事人的法定代理人或者其他成年亲属应当在场。

第三百三十七条 和解协议书应当包括以下内容：

（一）案件的基本事实和主要证据；

（二）犯罪嫌疑人承认自己所犯罪行，对指控的犯罪事实没有异议，真诚悔罪；

（三）犯罪嫌疑人通过向被害人赔礼道歉、赔偿损失等方式获得被害人谅解；涉及赔偿损失的，应当写明赔偿的数额、方式等；提起附带民事诉讼的，由附带民事诉讼原告人撤回附带民事诉讼；

（四）被害人自愿和解，请求或者同意对犯罪嫌疑人依法从宽处罚。

和解协议应当及时履行。

第三百三十八条 对达成和解协议的案件，经县级以上公安机关负责人批准，公安机关将案件移送人民检察院审查起诉时，可以提出从宽处理的建议。

第三节 犯罪嫌疑人逃匿、死亡案件违法所得的没收程序

第三百三十九条 有下列情形之一，依照刑法规定应当追缴其

违法所得及其他涉案财产的,经县级以上公安机关负责人批准,公安机关应当写出没收违法所得意见书,连同相关证据材料一并移送同级人民检察院:

(一)恐怖活动犯罪等重大犯罪案件,犯罪嫌疑人逃匿,在通缉一年后不能到案的;

(二)犯罪嫌疑人死亡的。

犯罪嫌疑人死亡,现有证据证明其存在违法所得及其他涉案财产应当予以没收的,公安机关可以进行调查。公安机关进行调查,可以依法进行查封、扣押、查询、冻结。

第三百四十条 没收违法所得意见书应当包括以下内容:

(一)犯罪嫌疑人的基本情况;

(二)犯罪事实和相关的证据材料;

(三)犯罪嫌疑人逃匿、被通缉或者死亡的情况;

(四)犯罪嫌疑人的违法所得及其他涉案财产的种类、数量、所在地;

(五)查封、扣押、冻结的情况等。

第三百四十一条 公安机关将没收违法所得意见书移送人民检察院后,在逃的犯罪嫌疑人自动投案或者被抓获的,公安机关应当及时通知同级人民检察院。

第四节 依法不负刑事责任的精神病人的强制医疗程序

第三百四十二条 公安机关发现实施暴力行为,危害公共安全或者严重危害公民人身安全的犯罪嫌疑人,可能属于依法不负刑事责任的精神病人的,应当对其进行精神病鉴定。

第三百四十三条 对经法定程序鉴定依法不负刑事责任的精神病人,有继续危害社会可能,符合强制医疗条件的,公安机关应当在七日以内写出强制医疗意见书,经县级以上公安机关负责人批准,连同相关证据材料和鉴定意见一并移送同级人民检察院。

第三百四十四条　对实施暴力行为的精神病人，在人民法院决定强制医疗前，经县级以上公安机关负责人批准，公安机关可以采取临时的保护性约束措施。必要时，可以将其送精神病医院接受治疗。

第三百四十五条　采取临时的保护性约束措施时，应当对精神病人严加看管，并注意约束的方式、方法和力度，以避免和防止危害他人和精神病人的自身安全为限度。

对于精神病人已没有继续危害社会可能，解除约束后不致发生社会危险性的，公安机关应当及时解除保护性约束措施。

第十一章　办案协作

第三百四十六条　公安机关在异地执行传唤、拘传、拘留、逮捕，开展勘验、检查、搜查、查封、扣押、冻结、讯问等侦查活动，应当向当地公安机关提出办案协作请求，并在当地公安机关协助下进行，或者委托当地公安机关代为执行。

开展查询、询问、辨认等侦查活动或者送达法律文书的，也可以向当地公安机关提出办案协作请求，并按照有关规定进行通报。

第三百四十七条　需要异地公安机关协助的，办案地公安机关应当制作办案协作函件，连同有关法律文书和人民警察证复印件一并提供给协作地公安机关。必要时，可以将前述法律手续传真或者通过公安机关有关信息系统传输至协作地公安机关。

请求协助执行传唤、拘传、拘留、逮捕的，应当提供传唤证、拘传证、拘留证、逮捕证；请求协助开展搜查、查封、扣押、查询、冻结等侦查活动的，应当提供搜查证、查封决定书、扣押决定书、协助查询财产通知书、协助冻结财产通知书；请求协助开展勘验、检查、讯问、询问等侦查活动的，应当提供立案决定书。

第三百四十八条　公安机关应当指定一个部门归口接收协作请求，并进行审核。对符合本规定第三百四十七条规定的协作请求，应当及时交主管业务部门办理。

异地公安机关提出协作请求的，只要法律手续完备，协作地公安机关就应当及时无条件予以配合，不得收取任何形式的费用或者设置其他条件。

第三百四十九条 对协作过程中获取的犯罪线索，不属于自己管辖的，应当及时移交有管辖权的公安机关或者其他有关部门。

第三百五十条 异地执行传唤、拘传的，协作地公安机关应当协助将犯罪嫌疑人传唤、拘传到本市、县公安机关执法办案场所或者到他的住处进行讯问。

异地执行拘留、逮捕的，协作地公安机关应当派员协助执行。

第三百五十一条 已被决定拘留、逮捕的犯罪嫌疑人在逃的，可以通过网上工作平台发布犯罪嫌疑人相关信息、拘留证或者逮捕证。各地公安机关发现网上逃犯的，应当立即组织抓捕。

协作地公安机关抓获犯罪嫌疑人后，应当立即通知办案地公安机关。办案地公安机关应当立即携带法律文书及时提解，提解的侦查人员不得少于二人。

办案地公安机关不能及时到达协作地的，应当委托协作地公安机关在拘留、逮捕后二十四小时以内进行讯问。

第三百五十二条 办案地公安机关请求代为讯问、询问、辨认的，协作地公安机关应当制作讯问、询问、辨认笔录，交被讯问、询问人和辨认人签名、捺指印后，提供给办案地公安机关。

办案地公安机关可以委托协作地公安机关协助进行远程视频讯问、询问，讯问、询问过程应当全程录音录像。

第三百五十三条 办案地公安机关请求协查犯罪嫌疑人的身份、年龄、违法犯罪经历等情况的，协作地公安机关应当在接到请求后七日以内将协查结果通知办案地公安机关；交通十分不便的边远地区，应当在十五日以内将协查结果通知办案地公安机关。

办案地公安机关请求协助调查取证或者查询犯罪信息、资料的，协作地公安机关应当及时协查并反馈。

第三百五十四条 对不履行办案协作程序或者协作职责造成严重后果的，对直接负责的主管人员和其他直接责任人员，应当给予处分;构成犯罪的,依法追究刑事责任。

第三百五十五条 协作地公安机关依照办案地公安机关的协作请求履行办案协作职责所产生的法律责任,由办案地公安机关承担。但是,协作行为超出协作请求范围,造成执法过错的,由协作地公安机关承担相应法律责任。

第三百五十六条 办案地和协作地公安机关对于案件管辖、定性处理等发生争议的,可以进行协商。协商不成的,提请共同的上级公安机关决定。

第十二章 外国人犯罪案件的办理

第三百五十七条 办理外国人犯罪案件,应当严格依照我国法律、法规、规章,维护国家主权和利益,并在对等互惠原则的基础上,履行我国所承担的国际条约义务。

第三百五十八条 外国籍犯罪嫌疑人在刑事诉讼中,享有我国法律规定的诉讼权利,并承担相应的义务。

第三百五十九条 外国籍犯罪嫌疑人的国籍,以其在入境时持用的有效证件予以确认;国籍不明的,由出入境管理部门协助予以查明。国籍确实无法查明的,以无国籍人对待。

第三百六十条 确认外国籍犯罪嫌疑人身份,可以依照有关国际条约或者通过国际刑事警察组织、警务合作渠道办理。确实无法查明的,可以按其自报的姓名移送人民检察院审查起诉。

第三百六十一条 犯罪嫌疑人为享有外交或者领事特权和豁免权的外国人的,应当层报公安部,同时通报同级人民政府外事办公室,由公安部商请外交部通过外交途径办理。

第三百六十二条 公安机关办理外国人犯罪案件,使用中华人民共和国通用的语言文字。犯罪嫌疑人不通晓我国语言文字的,公安机关应当为他翻译;犯罪嫌疑人通晓我国语言文字,不需要他人翻译的,应当出具书面声明。

第三百六十三条 外国人犯罪案件,由犯罪地的县级以上公安机关立案侦查。

第三百六十四条 外国人犯中华人民共和国缔结或者参加的国际条约规定的罪行后进入我国领域内的，由该外国人被抓获地的设区的市一级以上公安机关立案侦查。

第三百六十五条 外国人在中华人民共和国领域外对中华人民共和国国家或者公民犯罪，应当受刑罚处罚的，由该外国人入境地或者入境后居住地的县级以上公安机关立案侦查；该外国人未入境的，由被害人居住地的县级以上公安机关立案侦查；没有被害人或者是对中华人民共和国国家犯罪的，由公安部指定管辖。

第三百六十六条 发生重大或者可能引起外交交涉的外国人犯罪案件的，有关省级公安机关应当及时将案件办理情况报告公安部，同时通报同级人民政府外事办公室。必要时，由公安部商外交部将案件情况通知我国驻外使馆、领事馆。

第三百六十七条 对外国籍犯罪嫌疑人依法作出取保候审、监视居住决定或者执行拘留、逮捕后，应当在四十八小时以内层报省级公安机关，同时通报同级人民政府外事办公室。

重大涉外案件应当在四十八小时以内层报公安部，同时通报同级人民政府外事办公室。

第三百六十八条 对外国籍犯罪嫌疑人依法作出取保候审、监视居住决定或者执行拘留、逮捕后，由省级公安机关根据有关规定，将其姓名、性别、入境时间、护照或者证件号码、案件发生的时间、地点，涉嫌犯罪的主要事实，已采取的强制措施及其法律依据等，通知该外国人所属国家的驻华使馆、领事馆，同时报告公安部。经省级公安机关批准，领事通报任务较重的副省级城市公安局可以直接行使领事通报职能。

外国人在公安机关侦查或者执行刑罚期间死亡的，有关省级公安机关应当通知该外国人国籍国的驻华使馆、领事馆，同时报告公安部。

未在华设立使馆、领事馆的国家，可以通知其代管国家的驻华使馆、领事馆;无代管国家或者代管国家不明的,可以不予通知。

第三百六十九条 外国籍犯罪嫌疑人委托辩护人的,应当委托在中华人民共和国的律师事务所执业的律师。

第三百七十条 公安机关侦查终结前,外国驻华外交、领事官员要求探视被监视居住、拘留、逮捕或者正在看守所服刑的本国公民的,应当及时安排有关探视事宜。犯罪嫌疑人拒绝其国籍国驻华外交、领事官员探视的,公安机关可以不予安排,但应当由其本人提出书面声明。

在公安机关侦查羁押期间,经公安机关批准,外国籍犯罪嫌疑人可以与其近亲属、监护人会见、与外界通信。

第三百七十一条 对判处独立适用驱逐出境刑罚的外国人,省级公安机关在收到人民法院的刑事判决书、执行通知书的副本后,应当指定该外国人所在地的设区的市一级公安机关执行。

被判处徒刑的外国人,主刑执行期满后应当执行驱逐出境附加刑的,省级公安机关在收到执行监狱的上级主管部门转交的刑事判决书、执行通知书副本或者复印件后,应当通知该外国人所在地的设区的市一级公安机关或者指定有关公安机关执行。

我国政府已按照国际条约或者《中华人民共和国外交特权与豁免条例》的规定,对实施犯罪,但享有外交或者领事特权和豁免权的外国人宣布为不受欢迎的人,或者不可接受并拒绝承认其外交或者领事人员身份,责令限期出境的人,无正当理由逾期不自动出境的,由公安部凭外交部公文指定该外国人所在地的省级公安机关负责执行或者监督执行。

第三百七十二条 办理外国人犯罪案件,本章未规定的,适用本规定其他各章的有关规定。

第三百七十三条 办理无国籍人犯罪案件,适用本章的规定。

第十三章 刑事司法协助和警务合作

第三百七十四条 公安部是公安机关进行刑事司法协助和警务

合作的中央主管机关,通过有关法律、国际条约、协议规定的联系途径、外交途径或者国际刑事警察组织渠道,接收或者向外国提出刑事司法协助或者警务合作请求。

地方各级公安机关依照职责权限办理刑事司法协助事务和警务合作事务。

其他司法机关在办理刑事案件中,需要外国警方协助的,由其中央主管机关与公安部联系办理。

第三百七十五条 公安机关进行刑事司法协助和警务合作的范围,主要包括犯罪情报信息的交流与合作,调查取证,安排证人作证或者协助调查,查封、扣押、冻结涉案财物,没收、返还违法所得及其他涉案财物,送达刑事诉讼文书,引渡、缉捕和递解犯罪嫌疑人、被告人或者罪犯,以及国际条约、协议规定的其他刑事司法协助和警务合作事宜。

第三百七十六条 在不违背我国法律和有关国际条约、协议的前提下,我国边境地区设区的市一级公安机关和县级公安机关与相邻国家的警察机关,可以按照惯例相互开展执法会晤、人员往来、边境管控、情报信息交流等警务合作,但应当报省级公安机关批准,并报公安部备案;开展其他警务合作的,应当报公安部批准。

第三百七十七条 公安部收到外国的刑事司法协助或者警务合作请求后,应当依据我国法律和国际条约、协议的规定进行审查。对于符合规定的,交有关省级公安机关办理,或者移交其他有关中央主管机关;对于不符合条约或者协议规定的,通过接收请求的途径退回请求方。

对于请求书的签署机关、请求书及所附材料的语言文字、有关办理期限和具体程序等事项,在不违反我国法律基本原则的情况下,可以按照刑事司法协助条约、警务合作协议规定或者双方协商办理。

第三百七十八条 负责执行刑事司法协助或者警务合作的公安机关收到请求书和所附材料后,应当按照我国法律和有关国际条约、协议的规定安排执行,并将执行结果及其有关材料报经省级公安机关审核后报送公安部。

在执行过程中,需要采取查询、查封、扣押、冻结等措施或者返还涉案财物,且符合法律规定的条件的,可以根据我国有关法律和公安部的执行通知办理有关法律手续。

请求书提供的信息不准确或者材料不齐全难以执行的,应当立即通过省级公安机关报请公安部要求请求方补充材料;因其他原因无法执行或者具有应当拒绝协助、合作的情形等不能执行的,应当将请求书和所附材料,连同不能执行的理由通过省级公安机关报送公安部。

第三百七十九条 执行刑事司法协助和警务合作,请求书中附有办理期限的,应当按期完成。未附办理期限的,调查取证应当在三个月以内完成;送达刑事诉讼文书,应当在十日以内完成。不能按期完成的,应当说明情况和理由,层报公安部。

第三百八十条 需要请求外国警方提供刑事司法协助或者警务合作的,应当按照我国有关法律、国际条约、协议的规定提出刑事司法协助或者警务合作请求书,所附文件及相应译文,经省级公安机关审核后报送公安部。

第三百八十一条 需要通过国际刑事警察组织查找或者缉捕犯罪嫌疑人、被告人或者罪犯,查询资料、调查取证的,应当提出申请层报国际刑事警察组织中国国家中心局。

第三百八十二条 公安机关需要外国协助安排证人、鉴定人来中华人民共和国作证或者通过视频、音频作证,或者协助调查的,应当制作刑事司法协助请求书并附相关材料,经公安部审核同意后,由对外联系机关及时向外国提出请求。

来中华人民共和国作证或者协助调查的证人、鉴定人离境前,公安机关不得就其入境前实施的犯罪进行追究;除因入境后实施违法犯罪而被采取强制措施的以外,其人身自由不受限制。

证人、鉴定人在条约规定的期限内或者被通知无需继续停留后十五日内没有离境的,前款规定不再适用,但是由于不可抗力或者其他特殊原因未能离境的除外。

第三百八十三条 公安机关提供或者请求外国提供刑事司法协助或者警务合作,应当收取或者支付费用的,根据有关国际条约、协议的规定,或者按照对等互惠的原则协商办理。

第三百八十四条 办理引渡案件,依照《中华人民共和国引渡法》等法律规定和有关条约执行。

第十四章 附 则

第三百八十五条 本规定所称"危害国家安全犯罪",包括刑法分则第一章规定的危害国家安全罪以及危害国家安全的其他犯罪;"恐怖活动犯罪",包括以制造社会恐慌、危害公共安全或者胁迫国家机关、国际组织为目的,采取暴力、破坏、恐吓等手段,造成或者意图造成人员伤亡、重大财产损失、公共设施损坏、社会秩序混乱等严重社会危害的犯罪,以及煽动、资助或者以其他方式协助实施上述活动的犯罪。

第三百八十六条 当事人及其法定代理人、诉讼代理人、辩护律师提出的复议复核请求,由公安机关法制部门办理。

办理刑事复议、复核案件的具体程序,适用《公安机关办理刑事复议复核案件程序规定》。

第三百八十七条 公安机关可以使用电子签名、电子指纹捺印技术制作电子笔录等材料,可以使用电子印章制作法律文书。对案件当事人进行电子签名、电子指纹捺印的过程,公安机关应当同步录音录像。

第三百八十八条 本规定自 2013 年 1 月 1 日起施行。1998 年 5 月 14 日发布的《公安机关办理刑事案件程序规定》(公安部令第 35 号)和 2007 年 10 月 25 日发布的《公安机关办理刑事案件程序规定修正案》(公安部令第 95 号)同时废止。

最高人民法院、最高人民检察院、公安部、国家安全部、司法部关于推进以审判为中心的刑事诉讼制度改革的意见

(2016年7月20日发布　法发〔2016〕18号
自发布之日起施行)

为贯彻落实《中共中央关于全面推进依法治国若干重大问题的决定》的有关要求,推进以审判为中心的刑事诉讼制度改革,依据宪法法律规定,结合司法工作实际,制定本意见。

一、未经人民法院依法判决,对任何人都不得确定有罪。人民法院、人民检察院和公安机关办理刑事案件,应当分工负责,互相配合,互相制约,保证准确、及时地查明犯罪事实,正确应用法律,惩罚犯罪分子,保障无罪的人不受刑事追究。

二、严格按照法律规定的证据裁判要求,没有证据不得认定犯罪事实。侦查机关侦查终结,人民检察院提起公诉,人民法院作出有罪判决,都应当做到犯罪事实清楚,证据确实、充分。

侦查机关、人民检察院应当按照裁判的要求和标准收集、固定、审查、运用证据,人民法院应当按照法定程序认定证据,依法作出裁判。

人民法院作出有罪判决,对于证明犯罪构成要件的事实,应当综合全案证据排除合理怀疑,对于量刑证据存疑的,应当作出有利于被告人的认定。

三、建立健全符合裁判要求、适应各类案件特点的证据收集指引。探索建立命案等重大案件检查、搜查、辨认、指认等过程录音录像制度。完善技术侦查证据的移送、审查、法庭调查和使用规则以及

庭外核实程序。统一司法鉴定标准和程序。完善见证人制度。

四、侦查机关应当全面、客观、及时收集与案件有关的证据。

侦查机关应当依法收集证据。对采取刑讯逼供、暴力、威胁等非法方法收集的言词证据,应当依法予以排除。侦查机关收集物证、书证不符合法定程序,可能严重影响司法公正,不能补正或者作出合理解释的,应当依法予以排除。

对物证、书证等实物证据,一般应当提取原物、原件,确保证据的真实性。需要鉴定的,应当及时送检。证据之间有矛盾的,应当及时查证。所有证据应当妥善保管,随案移送。

五、完善讯问制度,防止刑讯逼供,不得强迫任何人证实自己有罪。严格按照有关规定要求,在规范的讯问场所讯问犯罪嫌疑人。严格依照法律规定对讯问过程全程同步录音录像,逐步实行对所有案件的讯问过程全程同步录音录像。

探索建立重大案件侦查终结前对讯问合法性进行核查制度。对公安机关、国家安全机关和人民检察院侦查的重大案件,由人民检察院驻看守所检察人员询问犯罪嫌疑人,核查是否存在刑讯逼供、非法取证情形,并同步录音录像。经核查,确有刑讯逼供、非法取证情形的,侦查机关应当及时排除非法证据,不得作为提请批准逮捕、移送审查起诉的根据。

六、在案件侦查终结前,犯罪嫌疑人提出无罪或者罪轻的辩解,辩护律师提出犯罪嫌疑人无罪或者依法不应追究刑事责任的意见,侦查机关应当依法予以核实。

七、完善补充侦查制度。进一步明确退回补充侦查的条件,建立人民检察院退回补充侦查引导和说理机制,明确补充侦查方向、标准和要求。规范补充侦查行为,对于确实无法查明的事项,公安机关、国家安全机关应当书面向人民检察院说明理由。对于二次退回补充侦查后,仍然证据不足、不符合起诉条件的,依法作出不起诉决定。

八、进一步完善公诉机制,被告人有罪的举证责任,由人民检察院承担。对被告人不认罪的,人民检察院应当强化庭前准备和当庭讯问、举证、质证。

九、完善不起诉制度，对未达到法定证明标准的案件，人民检察院应当依法作出不起诉决定，防止事实不清、证据不足的案件进入审判程序。完善撤回起诉制度，规范撤回起诉的条件和程序。

十、完善庭前会议程序，对适用普通程序审理的案件，健全庭前证据展示制度，听取出庭证人名单、非法证据排除等方面的意见。

十一、规范法庭调查程序，确保诉讼证据出示在法庭、案件事实查明在法庭。证明被告人有罪或者无罪、罪轻或者罪重的证据，都应当在法庭上出示，依法保障控辩双方的质证权利。对定罪量刑的证据，控辩双方存在争议的，应当单独质证；对庭前会议中控辩双方没有异议的证据，可以简化举证、质证。

十二、完善对证人、鉴定人的法庭质证规则。落实证人、鉴定人、侦查人员出庭作证制度，提高出庭作证率。公诉人、当事人或者辩护人、诉讼代理人对证人证言有异议，人民法院认为该证人证言对案件定罪量刑有重大影响的，证人应当出庭作证。

健全证人保护工作机制，对因作证面临人身安全等危险的人员依法采取保护措施。建立证人、鉴定人等作证补助专项经费划拨机制。完善强制证人到庭制度。

十三、完善法庭辩论规则，确保控辩意见发表在法庭。法庭辩论应当围绕定罪、量刑分别进行，对被告人认罪的案件，主要围绕量刑进行。法庭应当充分听取控辩双方意见，依法保障被告人及其辩护人的辩论辩护权。

十四、完善当庭宣判制度，确保裁判结果形成在法庭。适用速裁程序审理的案件，除附带民事诉讼的案件以外，一律当庭宣判；适用简易程序审理的案件一般应当当庭宣判；适用普通程序审理的案件逐步提高当庭宣判率。规范定期宣判制度。

十五、严格依法裁判。人民法院经审理，对案件事实清楚，证据确实、充分，依据法律认定被告人有罪的，应当作出有罪判决。依据法律规定认定被告人无罪的，应当作出无罪判决。证据不足，不能认定被告人有罪的,应当按照疑罪从无原则,依法作出无罪判决。

十六、完善人民检察院对侦查活动和刑事审判活动的监督机制。建立健全对强制措施的监督机制。加强人民检察院对逮捕后羁押必要性的审查,规范非羁押性强制措施的适用。进一步规范和加强人民检察院对人民法院确有错误的刑事判决和裁定的抗诉工作,保证刑事抗诉的及时性、准确性和全面性。

十七、健全当事人、辩护人和其他诉讼参与人的权利保障制度。

依法保障当事人和其他诉讼参与人的知情权、陈述权、辩论辩护权、申请权、申诉权。犯罪嫌疑人、被告人有权获得辩护,人民法院、人民检察院、公安机关、国家安全机关有义务保证犯罪嫌疑人、被告人获得辩护。

依法保障辩护人会见、阅卷、收集证据和发问、质证、辩论辩护等权利,完善便利辩护人参与诉讼的工作机制。

十八、辩护人或者其他任何人,不得帮助犯罪嫌疑人、被告人隐匿、毁灭、伪造证据或者串供,不得威胁、引诱证人作伪证以及进行其他干扰司法机关诉讼活动的行为。对于实施上述行为的,应当依法追究法律责任。

十九、当事人、诉讼参与人和旁听人员在庭审活动中应当服从审判长或独任审判员的指挥,遵守法庭纪律。对扰乱法庭秩序、危及法庭安全等违法行为,应当依法处理;构成犯罪的,依法追究刑事责任。

二十、建立法律援助值班律师制度,法律援助机构在看守所、人民法院派驻值班律师,为犯罪嫌疑人、被告人提供法律帮助。

完善法律援助制度,健全依申请法律援助工作机制和办案机关通知辩护工作机制。对未履行通知或者指派辩护职责的办案人员,严格实行责任追究。

二十一、推进案件繁简分流,优化司法资源配置。完善刑事案件速裁程序和认罪认罚从宽制度,对案件事实清楚、证据充分的轻微刑事案件,或者犯罪嫌疑人、被告人自愿认罪认罚的,可以适用速裁程序、简易程序或者普通程序简化审理。

最高人民法院关于全面推进以审判为中心的刑事诉讼制度改革的实施意见

（2017年2月17日法发〔2017〕5号公布
自2017年2月17日起施行）

为贯彻落实《最高人民法院、最高人民检察院、公安部、国家安全部、司法部关于推进以审判为中心的刑事诉讼制度改革的意见》，确保有罪的人受到公正惩罚、无罪的人不受刑事追究，实现公正司法，依照法律规定，结合审判实际，对人民法院全面推进以审判为中心的刑事诉讼制度改革提出如下意见：

一、坚持严格司法原则，树立依法裁判理念

1. 坚持证据裁判原则，认定案件事实，必须以证据为根据。重证据，重调查研究，不轻信口供，没有证据不得认定案件事实。

2. 坚持非法证据排除原则，不得强迫任何人证实自己有罪。经审查认定的非法证据，应当依法予以排除，不得作为定案的根据。

3. 坚持疑罪从无原则，认定被告人有罪，必须达到犯罪事实清楚，证据确实、充分的证明标准。不得因舆论炒作、上访闹访等压力作出违反法律的裁判。

4. 坚持程序公正原则，通过法庭审判的程序公正实现案件裁判的实体公正。发挥庭审在查明事实、认定证据、保护诉权、公正裁判中的决定性作用，确保诉讼证据出示在法庭、案件事实查明在法庭、诉辩意见发表在法庭、裁判结果形成在法庭。

二、规范庭前准备程序，确保法庭集中审理

5. 对被告人及其辩护人申请排除非法证据，证据材料较多、案情重大复杂，或者社会影响重大等案件，人民法院可以召开庭前会议。

庭前会议在法庭或者其他办案场所进行，由审判人员主持，控辩双方参加，必要时可以通知被告人到场。

6. 人民法院可以在庭前会议中组织控辩双方展示证据，听取控辩双方对在案证据的意见，并梳理存在争议的证据。对控辩双方在庭前会议中没有争议的证据，可以在庭审中简化举证、质证。

人民法院可以在庭前会议中听取控辩双方对与审判相关问题的意见，询问控辩双方是否提出申请或者异议，并归纳控辩双方的争议焦点。对控辩双方没有争议或者达成一致意见的事项，可以在庭审中简化审理。

被害方提起附带民事诉讼的，可以在庭前会议中进行调解。

7. 控辩双方对管辖、回避、出庭证人名单等事项提出申请或者异议，可能导致庭审中断的，人民法院可以在庭前会议中对有关事项依法作出处理，确保法庭集中、持续审理。

对案件中被告人及其辩护人申请排除非法证据的情形，人民法院可以在庭前会议中核实情况、听取意见。人民检察院可以决定撤回有关证据；撤回的证据，没有新的理由，不得在庭审中出示。被告人及其辩护人可以撤回排除非法证据的申请；撤回申请后，没有新的线索或者材料，不得再次对有关证据提出排除申请。

8. 人民法院在庭前会议中听取控辩双方对案件事实证据的意见后，对明显事实不清、证据不足的案件，可以建议人民检察院补充侦查或者撤回起诉。

对人民法院在庭前会议中建议撤回起诉的案件，人民检察院不同意的，人民法院开庭审理后，没有新的事实和理由，一般不准许撤回起诉。

9. 控辩双方在庭前会议中就相关事项达成一致意见，又在庭审中提出异议的，应当说明理由。

召开庭前会议应当制作笔录，由参加人员核对后签名。

审判人员应当制作庭前会议报告，说明庭前会议的基本情况、程序性事项的处理结果、控辩双方的争议焦点以及就相关事项达成的一致意见。

10. 对召开庭前会议的案件,在法庭调查开始前,法庭应当宣布庭前会议报告的主要内容,实现庭前会议与庭审的衔接。

三、规范普通审理程序,确保依法公正审判

11. 证明被告人有罪或者无罪、罪轻或者罪重的证据,都应当在法庭上出示,依法保障控辩双方的质证权。

对影响定罪量刑的关键证据和控辩双方存在争议的证据,一般应当单独质证。

12. 法庭应当依照法定程序审查、核实、认定证据。证据未经当庭出示、辨认、质证等法庭调查程序查证属实,不得作为定案的根据。

13. 采取技术侦查措施收集的证据,当庭质证可能危及有关人员的人身安全,或者可能产生其他严重后果的,应当采取不暴露有关人员身份、不公开技术侦查措施和方法等保护措施。

法庭决定在庭外对技术侦查证据进行核实的,可以召集公诉人、侦查人员和辩护律师到场。在场人员应当履行保密义务。

14. 控辩双方对证人证言有异议,人民法院认为证人证言对案件定罪量刑有重大影响的,应当通知证人出庭作证。控辩双方申请证人出庭的,人民法院通知证人出庭后,申请方应当负责协助相关证人到庭。

证人没有正当理由不出庭作证的,人民法院在必要时可以强制证人到庭。

根据案件情况,可以实行远程视频作证。

15. 控辩双方对鉴定意见有异议,人民法院认为鉴定人有必要出庭的,应当通知鉴定人出庭作证。

16. 证人、鉴定人、被害人因出庭作证,本人或者其近亲属的人身安全面临危险的,人民法院应当采取不公开其真实姓名、住址、工作单位和联系方式等个人信息,或者不暴露其外貌、真实声音等保护措施。必要时,可以建议有关机关采取专门性保护措施。

人民法院应当建立证人出庭作证补助专项经费机制,对证人出庭作证所支出的交通、住宿、就餐等合理费用给予补助。

17.人民法院应当依法履行指定辩护和通知辩护职责,确保被告人依法获得法律援助。

配合有关部门逐步扩大法律援助范围,健全法律援助值班律师制度,为派驻人民法院的值班律师提供办公场所及必要的工作条件。

18.法庭应当依法保障控辩双方在庭审中的发问、质证、辩论等诉讼权利。对控辩双方当庭提出的申请或者异议,法庭应当作出处理。

法庭可以在审理过程中归纳控辩双方的争议焦点,引导控辩双方针对影响定罪量刑的实质性问题进行辩论。对控辩双方的发言与案件无关、重复或者扰乱法庭秩序等情形,法庭应当予以提醒、制止。

19.法庭应当充分听取控辩双方的量刑建议和意见,根据查明的事实、情节,参照量刑指导意见规范量刑,保证量刑公正。

20.法庭应当加强裁判说理,通过裁判文书展现法庭审理过程。对控辩双方的意见和争议,应当说明采纳与否的理由。对证据采信、事实认定、定罪量刑等实质性问题,应当阐释裁判的理由和依据。

四、完善证据认定规则,切实防范冤假错案

21.采取刑讯逼供、暴力、威胁等非法方法收集的言词证据,应当予以排除。

收集物证、书证不符合法定程序,可能严重影响司法公正,不能补正或者作出合理解释的,对有关证据应当予以排除。

22.被告人在侦查终结前接受检察人员对讯问合法性的核查询问时,明确表示侦查阶段不存在刑讯逼供、非法取证情形,在审判阶段又提出排除非法证据申请,法庭经审查对证据收集的合法性没有疑问的,可以驳回申请。

检察人员在侦查终结前未对讯问合法性进行核查,或者未对核查过程全程同步录音录像,被告人在审判阶段提出排除非法证据申请，人民法院经审查对证据收集的合法性存在疑问的，应当依法进行调查。

23. 法庭决定对证据收集的合法性进行调查的，应当先行当庭调查。但为防止庭审过分迟延，也可以在法庭调查结束前进行调查。

24. 法庭对证据收集的合法性进行调查的，应当重视对讯问过程录音录像的审查。讯问笔录记载的内容与讯问录音录像存在实质性差异的，以讯问录音录像为准。

对于法律规定应当对讯问过程录音录像的案件，公诉人没有提供讯问录音录像，或者讯问录音录像存在选择性录制、剪接、删改等情形，现有证据不能排除以非法方法收集证据情形的，对有关供述应当予以排除。

25. 现有证据材料不能证明证据收集合法性的，人民法院可以通知有关侦查人员出庭说明情况。不得以侦查人员签名并加盖公章的说明材料替代侦查人员出庭。

经人民法院通知，侦查人员不出庭说明情况，不能排除以非法方法收集证据情形的，对有关证据应当予以排除。

26. 法庭对证据收集的合法性进行调查后，应当当庭作出是否排除有关证据的决定。必要时，可以宣布休庭，由合议庭评议或者提交审判委员会讨论，再次开庭时宣布决定。

在法庭作出是否排除有关证据的决定前，不得对有关证据宣读、质证。

27. 通过勘验、检查、搜查等方式收集的物证、书证等证据，未通过辨认、鉴定等方式确定其与案件事实的关联的，不得作为定案的根据。

28. 收集证据的程序、方式存在瑕疵，严重影响证据真实性，不能补正或者作出合理解释的，有关证据不得作为定案的根据。

29. 证人没有出庭作证，其庭前证言真实性无法确认的，不得作为定案的根据。证人当庭作出的证言与其庭前证言矛盾，证人能够作出合理解释，并与相关证据印证的，可以采信其庭审证言；不能作出合理解释,而其庭前证言与相关证据印证的,可以采信其庭前证言。

经人民法院通知,鉴定人拒不出庭作证的,鉴定意见不得作为定案的根据。

30. 人民法院作出有罪判决,对于定罪事实应当综合全案证据排除合理怀疑。

定罪证据不足的案件,不能认定被告人有罪,应当作出证据不足、指控的犯罪不能成立的无罪判决。定罪证据确实、充分,量刑证据存疑的,应当作出有利于被告人的认定。

五、完善繁简分流机制,优化司法资源配置

31. 推进速裁程序改革,逐步扩大速裁程序适用范围,完善速裁程序运行机制。

对被告人认罪的轻微案件,探索实行快速审理和简便裁判机制。

32. 推进认罪认罚从宽制度改革,对适用速裁程序、简易程序或者普通程序简化审理的被告人认罪案件,法庭应当告知被告人享有的诉讼权利,依法审查被告人认罪认罚的自愿性和真实性,确认被告人了解认罪认罚的性质和法律后果。

法庭确认被告人自愿认罪认罚,同意适用简化审理程序的,应当落实从宽处罚的法律制度。被告人当庭不认罪或者不同意适用简化审理程序的,应当适用普通程序审理。

33. 适用速裁程序审理的案件,应当当庭宣判。适用简易程序审理的案件,一般应当当庭宣判。适用普通程序审理的案件,逐步提高当庭宣判率。

国家监察委员会与最高人民检察院办理职务犯罪案件工作衔接办法

（中央纪委办公厅、国家监委办公厅、最高人民检察院办公厅2018年4月16日发布　国监办发〔2018〕1号　自发布之日起施行）

加强党对反腐败工作的集中统一领导，促进国家监察委员会和最高人民检察院在办理职务犯罪案件过程中互相配合、互相制约，建立权威高效、衔接顺畅的工作机制，根据《中华人民共和国监察法》《中华人民共和国刑事诉讼法》，结合工作实际，制定本办法。

第一章　国家监察委员会案件审理

第一条　案件调查部门收集、固定、审查被调查人涉嫌职务犯罪的供述和辩解、证人证言、物证、书证等证据材料，应严格遵循刑事审判关于证据的要求和标准。

首次讯问、询问时应当告知被调查人、证人有关权利义务等事项；讯问、询问应当制作完整的笔录，注明具体起止时间、地点，并由调查人员和被调查人、证人签名；对关键事实，一般应制作多份笔录，由被调查人书写自书材料。不得在多份笔录之间相互复制；避免提示性、诱导性提问。

讯问以及搜查、查封、扣押等重要取证工作应全程同步录音录像。

第二条　经调查，被调查人涉嫌职务犯罪事实清楚、证据确实充分，需要追究刑事责任的，调查部门应形成调查报告、《起诉建议书》和移送审理的请示，按程序报批后，连同全部案卷、同步录音录像等材料一并移送案件审理室。对被调查人采取留置措施的,应在留置期限届满30日前移送审理。

调查报告应载明被调查人的基本情况、调查简况、涉嫌职务犯罪事实、被调查人的态度和认识、涉案款物情况、调查部门意见、法律依据以及是否移送检察机关依法提起公诉等内容。将被调查人忏悔反思材料、涉案款物报告、《起诉建议书》等材料作为附件。

《起诉建议书》应载明被调查人基本情况,调查简况,采取留置措施的时间,涉嫌职务犯罪事实以及证据,被调查人从重、从轻、减轻等情节,提出对被调查人起诉的理由和法律依据,采取强制措施的建议,并注明移送案卷数及涉案款物等内容。

第三条 被调查人涉嫌职务犯罪的案卷材料应参照刑事诉讼要求装订成卷,并按照犯罪事实分别组卷。一般应包括全部证据、法律手续和文书等材料:

(一)证据材料。包括主体身份材料,被调查人供述和辩解,证人证言,物证,书证,视听资料,电子数据,鉴定意见,勘验、检查、搜查笔录等。

(二)法律手续和文书。包括立案决定书、留置决定书、留置通知书、查封、扣押、限制出境等相关文书。

(三)被调查人到案经过等材料。包括被调查人如何到案,调查部门接触被调查人之前是否掌握其犯罪线索、掌握何种犯罪线索,被调查人是否如实供述犯罪事实、供述何种犯罪事实,被调查人是否有自动投案、检举揭发等从宽处罚情形的说明以及相关证据材料。

报请领导审批的内部审批文件,另行归入违纪违法问题案卷。

第四条 案件审理室收到调查部门移送的报告及全部案卷材料后,经审核符合移送条件的,按程序报批后予以受理;经审核不符合要求的,按程序报批后,可暂缓受理或不予受理,并通知调查部门及时补充、更正。

第五条 调查取证工作基本结束,已经查清涉嫌职务犯罪主要事实并提出倾向性意见,但存在重大、疑难、复杂问题等情形的,案件审理室可以提前介入审理。

需提前介入审理的,调查部门应在正式移送审理 10 日前提出,与案件审理室沟通,并报双方分管领导批准后实施。调查部门应将相关情况及时告知案件监督管理室。

第六条 案件审理室受理案件后,应当成立由 2 人以上组成的审理组,全面审理案卷材料,按照事实清楚、证据确凿、定性准确、处理恰当、手续完备、程序合法的要求,提出审理意见。

案件审理室根据案件审理情况,可以与被调查人谈话,核对违纪和违法犯罪事实,听取辩解意见,了解有关情况。

第七条 审理中,对存在主要事实不清、证据不足等问题的,按程序报批后,由案件审理室退回调查部门重新调查。

对基本事实清楚,但需要补充完善证据的,按程序报批后,由案件审理室退回调查部门补充调查。

重新调查或者补充调查结束后,调查部门应及时将补证情况报告及相关材料移送案件审理室。

第八条 审理组形成审理意见后应当提请案件审理室室务会议讨论。

案件审理室与调查部门就重大问题意见不一致的,由分管案件审理室的委领导主持召开审理协调会议,对有关问题进行研究。

第九条 审理工作结束后,案件审理室应形成审理报告,并在审核调查部门《起诉建议书》的基础上形成《起诉意见书》,作为审理报告附件,按程序报批后,提请审议。

第十条 审理报告应载明被调查人的基本情况、调查简况、违纪违法或者涉嫌职务犯罪的事实、被调查人的态度和认识、涉案款物情况、调查部门意见,并提出给予处分、涉案款物处置以及是否移送检察机关依法提起公诉等审理意见。

第十一条 国家监察委员会根据工作需要,设立法律专家咨询委员会。

对案件涉及专业技术问题或者具体业务政策、规定的,按程序报批后,可以向法律专家咨询委员会咨询。根据工作需要,可以采取会议或书面等方式咨询。

在审理阶段,对存在重大、疑难、复杂问题等情形的,按程序报批后,由案件审理室组织法律专家咨询委员会论证。参加论证人员应当对论证问题提出书面意见,并由法律专家委员会形成会议纪要。

咨询、论证工作必须严格遵循保密规定,相关人员应严格履行保密义务。

第二章　最高人民检察院提前介入工作

第十二条　国家监察委员会办理的重大、疑难、复杂案件在进入案件审理阶段后,可以书面商请最高人民检察院派员介入。

第十三条　最高人民检察院在收到提前介入书面通知后,应当及时指派检察官带队介入并成立工作小组。

第十四条　工作小组应当在 15 日内审核案件材料,对证据标准、事实认定、案件定性及法律适用提出书面意见,对是否需要采取强制措施进行审查。

书面意见应当包括提前介入工作的基本情况、审查认定的事实、定性意见、补证意见及需要研究和说明的问题等内容。

第十五条　国家监察委员会案件审理室对最高人民检察院工作小组书面意见审核后,需要补证的,按程序报批后,及时交由调查部门进行补证。补证工作结束后,调查部门应当形成补证情况报告,并将调取的证据材料装订成卷,一并移送案件审理室。

第三章　国家监察委员会向最高人民检察院移送案件

第十六条　国家监察委员会决定移送的案件,案件审理室应当将《起诉意见书》及时移交案件监督管理室,由案件监督管理室出具移送函,连同《起诉意见书》一并移送最高人民检察院。由调查部门负责移送被调查人、全部案卷材料、涉案款物等。案件移送前,应当按程序报批后作出党纪处分、政务处分决定，需要终止人大代表资格的，应当提请有关机关终止人大代表资格。案件移送最高人民检察院后，国家监察委员会调查部门应当跟踪了解案件办理情况，发现问题及时报告，不得违规过问、干预案件办理工作。

第十七条 《起诉意见书》主要内容包括：

（一）被调查人基本情况；

（二）案件来源及立案；

（三）留置的时间；

（四）依法查明的犯罪事实和证据清单；

（五）被调查人从重、从轻、减轻等情节；

（六）涉案款物情况；

（七）涉嫌罪名和法律依据；

（八）对被调查人采取强制措施的建议；

（九）其他需要说明的情况。

第十八条 对被调查人采取留置措施的国家监察委员会应当在正式移送起诉10日前书面通知最高人民检察院移送事宜。

案件材料移送路途时间不计入办案期限。

第十九条 国家监察委员会调查的职务犯罪案件需要在异地起诉、审判的，一般应当在移送起诉20日前，由最高人民检察院商最高人民法院办理指定管辖事宜，并由最高人民检察院向国家监察委员会通报。

第四章 检察机关审查起诉

第二十条 对于国家监察委员会移送的案件，最高人民检察院案件管理部门接收案卷材料后应当立即审查下列内容：

（一）案卷材料齐备、规范，符合有关规定的要求；

（二）移送的款项或者物品与移送清单相符；

（三）被调查人在案情况。

第二十一条 最高人民检察院案件管理部门认为具备受理条件的，应当及时进行登记，并立即将案卷材料移送公诉部门办理；认为不具备受理条件的,应当商国家监察委员会相关部门补送材料。

第二十二条 最高人民检察院公诉部门经审查认为有犯罪事实需要追究刑事责任的,应当立即决定采取强制措施,并与国家监察委员会调查部门办理交接手续。国家监察委员会对被调查人的留置措施自其被检察机关采取强制措施之时自动解除。

最高人民检察院公诉部门在审查期间,检察官应当持《起诉意见书》和检察提讯证提讯犯罪嫌疑人。

对于正在被留置的被调查人,一般应当予以逮捕。如果犯罪嫌疑人涉嫌的罪行较轻,或者患有严重疾病、生活不能自理,是怀孕或者正在哺乳自己婴儿的妇女,不逮捕不致发生社会危险性的,可以采取取保候审或者监视居住措施。

第二十三条 对于确定指定管辖的,应当综合考虑当地人民检察院、人民法院、看守所等的办案力量、办案场所以及交通等因素决定,一般应当指定人民检察院分院、州、市人民检察院审查起诉。

对于一人犯数罪、共同犯罪、多个犯罪嫌疑人实施的犯罪相互关联,并案处理有利于查明案件事实和诉讼进行的,可以并案指定由同一人民检察院审查起诉。

第二十四条 最高人民检察院作出指定管辖决定后,应当在10日内将案卷材料交由被指定的人民检察院办理。

被指定的人民检察院应当重新作出强制措施决定。犯罪嫌疑人被采取监视居住、逮捕措施的,最高人民检察院应当与被指定的人民检察院办理移交犯罪嫌疑人的手续。

第二十五条 被指定的人民检察院应当自收到案卷材料之日起3日内,告知犯罪嫌疑人有权委托辩护人,并告知其如果经济困难或者其他原因没有聘请辩护人的,可以依法申请法律援助。

第二十六条 被指定的人民检察院审查移送起诉的案件,应当查明:

(一)犯罪嫌疑人身份状况是否清楚,包括姓名、性别、国籍、出生年月日、职业和单位等;单位犯罪的,单位的相关情况是否清楚;

（二）犯罪事实、情节是否清楚；实施犯罪的时间、地点、手段、犯罪事实、危害后果是否明确；

（三）认定犯罪性质和罪名的意见是否正确；有无法定的从重、从轻、减轻或者免除处罚的情节及酌定从重、从轻情节；共同犯罪案件的犯罪嫌疑人在犯罪活动中的责任的认定是否恰当；

（四）证明犯罪事实的证据材料包括采取技术调查措施的决定书及证据材料是否随案移送；证明相关财产系违法所得的证据材料是否随案移送；不宜移送的证据的清单、复制件、照片或者其他证明文件是否随案移送；

（五）证据是否确实、充分，是否依法收集，有无应当排除非法证据的情形；

（六）调查的各种手续和文书是否完备；

（七）有无遗漏罪行和其他应当追究刑事责任的人；

（八）是否属于不应当追究刑事责任的；

（九）有无附带民事诉讼；对于国家财产、集体财产遭受损失的，是否需要由人民检察院提起附带民事诉讼；

（十）涉案财物是否查封、扣押、冻结并妥善保管，清单是否齐备；对被害人合法财产的返还和对违禁品或者不宜长期保存的物品的处理是否妥当，移送的证明文件是否完备；

（十一）其他需要审查的事项。

第二十七条 国家监察委员会调查取得的证据材料，可以在刑事诉讼中作为证据使用。被指定的人民检察院应当对取证合法性进行审查。

国家监察委员会对调查过程的录音、录像不随案移送最高人民检察院。最高人民检察院认为需要调取与指控犯罪有关并且需要对证据合法性进行审查的讯问录音录像，可以同国家监察委员会沟通协商后予以调取。所有因案件需要接触录音、录像的人员，应当对录音、录像的内容严格保密。

第二十八条 被指定的人民检察院在审查起诉过程中，发现需要补充提供证据的，可以列明需补充证据的目录及理由，由最高人民检察院同国家监察委员会沟通协商。

第二十九条 在审查起诉阶段，被指定的人民检察院认为可能存在非法取证行为，需要调查核实的，应当报最高人民检察院批准。

第三十条 被指定的人民检察院可以采取以下方式进行调查核实：

（一）讯问犯罪嫌疑人；

（二）询问在场人员及证人；

（三）听取辩护律师意见；

（四）进行伤情、病情检查或者鉴定；

（五）其他调查核实方式。

被指定的人民检察院认为需要国家监察委员会对证据收集的合法性作出书面说明或提供相关证明材料，应当报最高人民检察院，由最高人民检察院同国家监察委员会沟通协商。

第三十一条 最高人民检察院对于调取讯问录音录像、体检记录等材料的申请，经审查认为申请调取的材料与证明证据收集的合法性有联系的，应当同国家监察委员会沟通协商；认为与证明证据收集的合法性没有联系的，应当决定不予调取。

第三十二条 被指定的人民检察院调查完毕后，应当提出排除或者不排除非法证据的处理意见，报最高人民检察院批准决定。最高人民检察院经与国家监察委员会沟通协商后，作出决定。

被排除的非法证据应当随案移送，并写明为依法排除的非法证据。

第三十三条 被指定的人民检察院对案件进行审查后，认为犯罪嫌疑人的犯罪事实已经查清，证据确实、充分，依法应当追究刑事责任的，应当报最高人民检察院批准后，作出起诉决定，并由最高人民检察院向国家监察委员会通报。对拟作不起诉决定，或者改变犯罪性质、罪名的，应当报最高人民检察院，由最高人民检察院与国家监察委员会沟通协商。

第三十四条 对国家监察委员会移送的案件，最高人民检察院公诉部门应当与最高人民法院相关审判庭共同制定审判预案，对可能出现的突发情况和问题提出应对措施，保证起诉、审判等工作顺利进行。对案件涉及重大复杂敏感问题的，应当及时与国家监察委员会沟通协商，必要时提请中央政法委员会协调，确保案件办理的政治效果、法律效果和社会效果。

第三十五条 国家监察委员会调查的案件，被调查人逃匿，在通缉一年后不能到案，或者死亡，依照刑法规定应当追缴其违法所得及其他涉案财产的，国家监察委员会应当写出没收违法所得意见书，连同相关证据材料一并移送最高人民检察院。

国家监察委员会在移送没收违法所得意见书之前，应当与最高人民检察院、最高人民法院协商办理指定管辖有关事宜。

第三十六条 对于国家监察委员会移送的没收违法所得案件，被指定的人民检察院拟提出没收违法所得申请的，应当报最高人民检察院批准。在审查过程中认为需要补充证据，或者拟不提出没收违法所得申请的，应当报最高人民检察院，由最高人民检察院同国家监察委员会沟通协商。

第五章　退回补充调查和自行补充侦查

第三十七条 移送审查起诉的案件，犯罪事实不清、证据不足的，应当退回国家监察委员会补充调查。被指定的人民检察院经审查，拟退回补充调查的，应当报最高人民检察院批准。最高人民检察院在作出决定前，应当与国家监察委员会沟通协商，具体由最高人民检察院公诉部门和国家监察委员会案件审理室进行对接。

需要退回补充调查的案件，应当以最高人民检察院的名义出具退回补充调查决定书、补充调查提纲，连同案卷材料由最高人民检察院一并送交国家监察委员会案件监督管理室。

第三十八条 最高人民检察院决定退回补充调查的案件，补充调查期间，犯罪嫌疑人沿用人民检察院作出的强制措施。被指定的人民检察院应当将退回补充调查情况书面通知看守所。国家监察委员会需要讯问被调查人的,被指定的人民检察院应当予以配合。

第三十九条 对于退回国家监察委员会补充调查的案件,调查部门应当在一个月内补充调查完毕并形成补充调查报告,经案件审理室审核后按程序报批。

补充调查以二次为限。

补充调查结束后需要提起公诉的,应当由国家监察委员会重新移送最高人民检察院。审查起诉期限重新计算。

第四十条 被指定的人民检察院经审查,认为本案定罪量刑的基本犯罪事实已经查清,但具有下列情形之一的,经报最高人民检察院批准,并同时通报国家监察委员会后,可以自行补充侦查:

(一)证人证言、犯罪嫌疑人供述和辩解、被害人陈述的内容中主要情节一致,个别情节不一致且不影响定罪量刑的;

(二)书证、物证等证据材料需要补充鉴定的;

(三)其他由被指定的人民检察院查证更为便利、更有效率、更有利于查清案件事实的情形。

第四十一条 自行补充侦查的案件,应当在审查起诉期间补充侦查完毕。

被指定的人民检察院自行补充侦查的,可以由最高人民检察院商国家监察委员会提供协助。

自行补充侦查完毕后,被指定的人民检察院应当制作补充侦查终结报告并附相关证据材料,报最高人民检察院批准后入卷,同时抄送国家监察委员会。

第四十二条 被指定的人民检察院发现新的职务犯罪线索的,应当在3日内报最高人民检察院。经批准后,通过最高人民检察院转交国家监察委员会。

第四十三条 被指定的人民检察院经审查发现有下列情形的,经报最高人民检察院批准,分别作出如下处理:

(一)犯罪嫌疑人没有犯罪事实,或者有《中华人民共和国刑事诉讼法》第十五条规定的情形之一的，可以将案件退回国家监察委员会处理，也可以作出不起诉决定；

（二）经二次退回补充调查仍然认为证据不足，不符合起诉条件的，应当作出不起诉决定；

（三）犯罪情节轻微，依照刑法规定不需要判处刑罚或者免除刑罚的，可以作出不起诉决定。

最高人民检察院在批准不起诉决定前，应当与国家监察委员会沟通协商。

第四十四条 不起诉决定书应当由被指定的人民检察院作出，通过最高人民检察院送达国家监察委员会。国家监察委员会认为不起诉决定书确有错误的，应当在收到不起诉决定书后30日内向最高人民检察院申请复议。

第四十五条 对于国家监察委员会对不起诉决定申请复议的案件，最高人民检察院应当另行指定检察官审查提出意见，并自收到复议申请后30日内，经由检察长或者检察委员会决定后，以最高人民检察院的名义答复国家监察委员会。

最高人民检察院的复议决定可以撤销或者变更原有不起诉决定，交由下级人民检察院执行。

第四十六条 人民检察院决定不起诉的案件，对国家监察委员会随案移送的涉案财产，经最高人民检察院批准，应当区分不同情形，作出相应处理：

（一）因犯罪嫌疑人死亡而决定不起诉，符合《中华人民共和国刑事诉讼法》第二百八十条规定的没收程序条件的，按照本办法的相关规定办理；

（二）因其他原因决定不起诉，对于查封、扣押、冻结的犯罪嫌疑人违法所得及其他涉案财产需要没收的，应当提出检察意见，退回国家监察委员会处理；

（三）对于冻结的犯罪嫌疑人存款、汇款、债券、股票、基金份额等财产能够查明需要返还被害人的，可以通知金融机构返还被害人；对于查封、扣押的犯罪嫌疑人的违法所得及其他涉案财产能够查明需要返还被害人的,直接决定返还被害人。

最高人民检察院批准上述决定前,应当与国家监察委员会沟通。

公安部关于进一步依法严格规范开展办案协作的通知

(2021年4月24日发布 自发布之日起施行)

各省、自治区、直辖市公安厅(局),新疆生产建设兵团公安局:

近期,一些地方公安机关接连发生不规范履行办案协作程序,管辖争议未妥善解决即擅自赴异地开展抓捕、搜查、扣押等侦查活动,甚至出境抓捕,以及趋利执法、争抢案件和过度采取强制措施、侦查措施等违法违规问题,造成不良社会影响,严重损害法律尊严和公安机关执法形象。对此,公安部党委高度重视,于近日专门制定下发了《公安机关异地办案协作"六个严禁"》(公通字〔2020〕6号)。为进一步规范公安机关办案协作活动,切实抓好"六个严禁"的贯彻落实,现就有关要求通知如下:

一、严格落实办案协作事项范围和工作要求

对于应当通过办案协作渠道办理的事项,公安机关应当依法提出协作请求,严禁未经履行办案协作程序擅自赴异地开展相关办案活动。

1. 公安机关异地执行传唤、拘传、拘留、逮捕,开展勘验、检查、搜查、查封、扣押、冻结、讯问等侦查活动,必须向当地公安机关提出协作请求并在当地公安机关协助下进行,或者委托当地公安机关代为开展,不得自行在异地开展办案活动。

办理电信网络新型违法犯罪案件,需要对涉案财产进行紧急止付、快速冻结的,依照有关规定执行。

因案件情况特殊,由共同的上级公安机关部署在异地采取强制措施、侦查措施的,按照上级公安机关有关要求执行。

2. 公安机关异地开展查询、询问、辨认等侦查活动或者送达法律文书的,根据需要也可以向当地公安机关提出协作请求。

赴异地询问企业负责人,或者询问企业员工五人以上,以及同时向同一市、县派出五名以上侦查人员执行任务的,应当提前向当地公安机关通报。

3. 需要异地公安机关协助的,办案地公安机关侦查人员应当持办案协作函件、相关法律文书和人民警察证,向协作地公安机关提出协作请求。必要时,也可以将前述材料传真或者通过公安机关有关信息系统传输至协作地公安机关。

请求协助执行传唤、拘传、拘留、逮捕的,应当提供传唤证、拘传证、拘留证、逮捕证;请求协助开展搜查、查封、扣押、查询、冻结等侦查活动的,应当提供搜查证、查封决定书、扣押决定书、协助查询财产通知书、协助冻结财产通知书;请求协助开展勘验、检查、讯问、询问等侦查活动的,应当提供立案决定书。

委托异地公安机关代为开展侦查活动的,应当提供办案协作函件和前款规定的相应法律文书。

二、依法及时提供办案协作

异地公安机关提出协作请求的,只要法律手续完备,协作地公安机关就应当及时无条件予以配合。

4. 公安机关应当指定一个部门归口接收协作请求,并对本通知第3条规定的法律手续是否完备进行审核。对符合要求的协作请求,应当依照案件管辖分工及时转交有关办案部门办理;对不符合要求的,应当立即告知办案地公安机关补充或者重新提交相关法律手续。

5. 有关办案部门接到协作请求后,应当在有关规定要求的时限内或者协作请求提出的时限内协助办理,不得要求提供其他材料,不得设置其他条件,不得收取任何形式的费用。

三、妥善处理案件管辖等相关争议

公安机关应当严格执行《刑事诉讼法》《公安机关办理刑事案件程序规定》关于管辖的规定,严禁违法违规争抢管辖,严禁在办案现场发生冲突。

6. 公安机关在办案过程中或者提出协作请求后,发现其他公安机关已经对同一涉案人员、企业或者同一案件及其关联案件立案的,应当与有关公安机关就管辖问题进行协商;协商不成的,应当层报共同的上级公安机关指定管辖。

上级公安机关发现多个下级公安机关对同一涉案人员、企业或者同一案件及其关联案件立案的,应当予以协调,确定案件管辖单位。

7. 协作地公安机关发现多个公安机关分别对同一涉案人员、企业或者同一案件及其关联案件立案并提出协作请求的,应当优先向首先提出协作请求的公安机关提供协助,并告知有关公安机关管辖冲突情况。有关公安机关应当就管辖问题进行协商;协商不成的,应当层报共同的上级公安机关指定管辖。

8. 协作地和办案地公安机关因案件管辖、定性处理或者采取强制措施、侦查措施等发生争议的,应当充分沟通协商;协商不成的,应当将有关情况层报共同的上级公安机关。

在上级公安机关就争议问题作出决定前,除接到协作请求前已经立案侦查的情形外,协作地公安机关应当依法履行办案协作职责。但是,不得以对原本未立案的案件办理立案手续的方式拒绝履行办案协作职责。

9. 未经上级公安机关指定管辖,不得对无管辖权的案件立案侦查。管辖争议解决前,不得擅自跨区域采取强制措施和侦查措施,为防止人员逃跑、转移财产而依法进行先期处置的除外。

发现其他公安机关已经对犯罪嫌疑人采取强制措施或者对涉案财产采取查封、扣押、冻结措施的,不得对同一人员重复采取强制措施，不得对同一财产重复采取查封、扣押、冻结措施。

四、严格依法开展办案活动

公安机关应当严把刑事案件立案关，准确认定罪与非罪、一般违法与犯罪的界限，严禁趋利执法；严格依照法定条件和范围适用强制措施和强制性侦查措施，严禁过度执法。

10. 公安机关应当强化立案审查工作，对情节显著轻微不构成犯罪的，或者证据不足、不能认定有犯罪事实的，应当依法及时撤销案件，避免案件久拖不决。对于违反有关行政管理法律法规，但尚不构成犯罪的，依法移交有关主管部门处理。

对异地企业立案侦查的，应当报请设区的市一级公安机关批准。

11. 严格依照法定条件和范围适用强制措施，慎用羁押性强制措施。对采取取保候审、监视居住措施足以防止发生社会危险性的，依法适用取保候审、监视居住。

12. 办案地公安机关赴异地对犯罪嫌疑人进行传唤的，应当通过办案协作程序将犯罪嫌疑人传唤到其所在市、县公安机关的执法办案场所或者到他的住处进行讯问，严禁违规将犯罪嫌疑人带离所在市、县。

13. 对涉嫌犯罪但仍在正常生产经营的企业，依法慎用查封、扣押、冻结等强制性侦查措施，减少对企业正常生产经营的不利影响。确需查封、扣押、冻结的，应当严格区分违法所得、其他涉案财产与合法财产，禁止超权限、超范围、超数额、超时限查封、扣押、冻结。

14. 对于涉案人员、企业金融账户内的财产，只能依法采取冻结措施，严禁以划转、转账或者其他任何方式变相扣押。

对于违法扣押的账户内财产，公安机关应当按原渠道退回；上级公安机关发现下级公安机关违法扣押的，应当责令其按原渠道退回。对于经审核确系涉案财产的，可以依法采取冻结措施。

15. 需要赴境外开展警务合作的，应当层报公安部与国外有关主管部门联系办理，并按规定通报我驻外使领馆和警务联络官，严禁违反规定擅自出境开展办案活动。

五、严肃追究违法违规责任

16. 协作地公安机关依照办案地公安机关的协作请求履行办案协作职责,所产生的法律责任由办案地公安机关承担。

协作行为超出协作请求范围,造成执法过错的,由协作地公安机关承担相应法律责任。

17. 对于未依法履行办案协作手续、不按要求协商解决争议、违法开展侦查活动等引发冲突、舆论炒作等问题,或者侵犯公民和企业合法权益的,依照有关规定对直接负责的主管人员和其他直接责任人员追究责任;构成犯罪的,依法追究刑事责任。

18. 对于违反规定以设置条件、制造管辖争议等方式不履行办案协作职责,或者推诿敷衍,造成不良后果的,依照有关规定对直接负责的主管人员和其他直接责任人员追究责任。

19. 对于违反规定擅自出境开展办案活动的,依照有关规定对直接负责的主管人员和其他直接责任人员追究责任。

20. 对于协作过程中或者接到通报后知悉的案件情况,应当严格保密。违反保密规定泄露案件信息的,依照有关规定对相关责任人员追究责任。

各地公安机关接此通知后,请迅速组织传达,认真贯彻执行。要牢固树立全国“一盘棋”思想,切实增强大局意识、法治意识、程序意识,进一步加强办案协作,坚持严格规范公正文明执法,为疫后复工复产、恢复经济创造良好法治环境。要抓紧部署对跨区域办案活动开展自查自纠、专项整治,坚决纠正违法违规行为,狠刹争抢案件、趋利执法、过度执法的歪风。对于违反规定顶风妄为的,对有关公安机关一律予以通报批评,并从严追究相关领导和直接责任人员的责任。

各地执行情况和遇到的问题,请及时报部。

最高人民检察院关于在检察工作中贯彻宽严相济刑事司法政策的若干意见

（2006年12月28日最高人民检察院第十届检察委员会第六十八次会议通过　2007年1月15日高检发研字〔2007〕2号发布　自发布之日起施行）

为了在检察工作中全面贯彻宽严相济的刑事司法政策，更好地为构建社会主义和谐社会服务，根据刑法、刑事诉讼法及有关规定，结合检察工作实际，提出以下意见。

一、检察机关贯彻宽严相济刑事司法政策的指导思想和原则

1. 检察机关贯彻宽严相济的刑事司法政策，必须坚持以邓小平理论、“三个代表”重要思想和科学发展观为指导，牢固树立社会主义法治理念和正确的稳定观，把促进社会和谐作为检验检察工作的重要标准，充分履行法律监督职能，有效地遏制、预防和减少犯罪，最大限度地增加和谐因素，最大限度地减少不和谐因素，为构建社会主义和谐社会提供有力的司法保障。

2. 宽严相济是我们党和国家的重要刑事司法政策，是检察机关正确执行国家法律的重要指针。检察机关贯彻宽严相济的刑事司法政策，就是要根据社会治安形势和犯罪分子的不同情况，在依法履行法律监督职能中实行区别对待，注重宽与严的有机统一，该严则严，当宽则宽，宽严互补，宽严有度，对严重犯罪依法从严打击，对轻微犯罪依法从宽处理，对严重犯罪中的从宽情节和轻微犯罪中的从严情节也要依法分别予以宽严体现，对犯罪的实体处理和适用诉讼程序都要体现宽严相济的精神。

3. 检察机关要按照构建社会主义和谐社会的要求，认识和把握

宽严相济刑事司法政策在新的形势下对检察工作的重要指导意义,在对严重犯罪依法严厉打击的同时,对犯罪分子依法能争取的尽量争取,能挽救的尽量挽救,能从宽处理的尽量从宽处理,最大限度地化消极因素为积极因素,为构建社会主义和谐社会服务。

4. 检察机关贯彻宽严相济的刑事司法政策应当坚持以下原则:

——全面把握。宽严相济刑事司法政策中的宽与严是一个有机统一的整体,二者相辅相成,必须全面理解,全面把握,全面落实。既要防止只讲严而忽视宽,又要防止只讲宽而忽视严,防止一个倾向掩盖另一个倾向。

——区别对待。宽严相济刑事司法政策的核心是区别对待。应当综合考虑犯罪的社会危害性(包括犯罪侵害的客体、情节、手段、后果等)、犯罪人的主观恶性(包括犯罪时的主观方面、犯罪后的态度、平时表现等)以及案件的社会影响,根据不同时期、不同地区犯罪与社会治安的形势,具体情况具体分析,依法予以从宽或者从严处理。

——严格依法。贯彻宽严相济的刑事司法政策,必须坚持罪刑法定、罪刑相适应、法律面前人人平等原则,实现政策指导与严格执法的有机统一,宽要有节,严要有度,宽和严都必须严格依照法律,在法律范围内进行,做到宽严合法,于法有据。

——注重效果。贯彻宽严相济的刑事司法政策,应当做到惩治犯罪与保障人权的有机统一,法律效果与社会效果的有机统一,保护犯罪嫌疑人、被告人的合法权利与保护被害人的合法权益的有机统一,特殊预防与一般预防的有机统一,执法办案与化解矛盾的有机统一,以有利于维护稳定,化解矛盾,减少对抗,促进和谐。

二、在履行法律监督职能中全面贯彻宽严相济刑事司法政策

5. 依法严厉打击严重危害社会治安的犯罪和严重破坏市场经济秩序等犯罪。"严打"是宽严相济刑事司法政策的重要内容和有机组成部分,是贯彻宽严相济刑事司法政策的重要体现,必须坚定不移地坚持。必须依法从重从快打击黑社会性质组织犯罪、恐怖犯罪、毒品犯罪以及杀人、爆炸、抢劫、强奸、绑架、投放危险物质等严重危害社会治安的刑事犯罪,依法严厉惩治严重破坏金融秩序、侵犯知识产权、制售严重危害人身安全和人体健康的伪劣商品等严重破坏社会主义市场经济秩序的犯罪,依法打击重大环境污染等破坏环境资源犯罪。该批捕的要坚决批捕,该起诉的要坚决起诉,及时、准确、有力地予以打击。

6. 依法严肃查处贪污贿赂、渎职侵权等国家工作人员职务犯罪。加大对职务犯罪的查处力度,提高侦破率,降低漏网率,有效遏制、震慑职务犯罪。严肃查办党政领导干部的职务犯罪,国家工作人员利用人事权、司法权、行政审批权、行政执法权进行权钱交易的职务犯罪,充当黑恶势力"保护伞"的职务犯罪,重大安全责任事故所涉及的职务犯罪,放纵制售伪劣商品的职务犯罪,企业改制、征地拆迁、资源审批和社会保障等工作中侵害国家利益和人民群众切身利益的职务犯罪,发生在基层或者社会关注的行业以及人民群众反映强烈的职务犯罪。对罪行严重、拒不认罪、拒不退赃或者负案潜逃以及进行串供、毁证等妨害诉讼活动的,要果断采取必要的侦查、控制手段或者拘留、逮捕等措施。对于罪行较轻、真诚悔罪、证据稳定的,特别是其中的过失犯罪,可以依法不予逮捕或者及时变更强制措施。

7. 严格把握"有逮捕必要"的逮捕条件,慎重适用逮捕措施。逮捕是最严厉的刑事强制措施,能用其他强制措施的尽量使用其他强制措施。审查批捕要严格依据法律规定,在把握事实证据条件、可能判处刑罚条件的同时,注重对"有逮捕必要"条件的正确理解和把握。具体可以综合考虑以下因素:一是主体是否属于未成年人或者在校学生、老年人、严重疾病患者、盲聋哑人、初犯、从犯或者怀孕、哺乳自己婴儿的妇女等;二是法定刑是否属于较轻的刑罚;三是情节是否具有中止、未遂、自首、立功等法定从轻、减轻或者免除处罚等情形;四是主观方面是否具有过失、受骗、被胁迫等;五是犯罪后是否具有认罪、悔罪表现,是否具有重新危害社会或者串供、毁证、妨碍作证等妨害诉讼进行的可能;六是犯罪嫌疑人是否属于流窜作案、有无固定住址及帮教、管教条件;七是案件基本证据是否已经收集固定、是否有翻供翻证的可能等。对于罪行严重、主观恶性较大、人身危险性大或者有串供、毁证、妨碍作证等妨害诉讼顺利进行可能,符合逮捕条件的,应当批准逮捕。对于不采取强制措施或者采取其他强制措施不致于妨害诉讼顺利进行的,应当不予批捕。对于可捕可不捕的坚决不捕。

8. 正确把握起诉和不起诉条件,依法适用不起诉。在审查起诉工作中,严格依法掌握起诉条件,充分考虑起诉的必要性,可诉可不诉的不诉。对于初犯、从犯、预备犯、中止犯、防卫过当、避险过当、未成年人犯罪、老年人犯罪以及亲友、邻里、同学同事等纠纷引发的案件,符合不起诉条件的,可以依法适用不起诉,并可以根据案件的不同情况,对被不起诉人予以训诫或者责令具结悔过、赔礼道歉、赔偿损失。确需提起公诉的,可以依法向人民法院提出从宽处理、适用缓刑等量刑方面的意见。

9. 突出立案监督的重点。完善立案监督机制,将监督的重点放在严重犯罪或者社会影响恶劣以及违法立案造成严重后果的案件上,加强对侦查机关落实立案监督情况的跟踪监督,确保违法立案案件及时得到纠正。

10. 在抗诉工作中正确贯彻宽严相济的刑事司法政策。既要重视对有罪判无罪、量刑畸轻的案件及时提出抗诉,又要重视对无罪判有罪、量刑畸重的案件及时提出抗诉。对于被告人认罪并积极赔偿损失、被害人谅解的案件、未成年人犯罪案件以及具有法定从轻、减轻情节的案件,人民法院处罚偏轻的,一般不提出抗诉。对于第一审宣判后人民检察院在法定期限内未提出抗诉,或者判决、裁定发生法律效力后六个月内未提出抗诉的案件,没有发现新的事实或者证据的,一般也不得为加重被告人刑罚而依照审判监督程序提出抗诉。

11. 对未成年人犯罪案件依法从宽处理。办理未成年人犯罪案件,应当坚持"教育、感化、挽救"的方针和"教育为主、惩罚为辅"的原则。要对未成年犯罪嫌疑人的情况进行调查,了解未成年人的性格特点、家庭情况、社会交往、成长经历以及有无帮教条件等情况,除主观恶性大、社会危害严重的以外,根据案件具体情况,可捕可不捕的不捕,可诉可不诉的不诉。对确需提起公诉的未成年被告人,应当根据情况依法向人民法院提出从宽处理、适用缓刑等量刑方面的意见。

12. 对因人民内部矛盾引发的轻微刑事案件依法从宽处理。对因亲友、邻里及同学同事之间纠纷引发的轻微刑事案件,要本着"冤家宜解不宜结"的精神,着重从化解矛盾、解决纠纷的角度正确处理。对于轻微刑事案件中犯罪嫌疑人认罪悔过、赔礼道歉、积极赔偿损失并得到被害人谅解或者双方达成和解并切实履行,社会危害性不大的,可以依法不予逮捕或者不起诉。确需提起公诉的,可以依法向人民法院提出从宽处理的意见。对属于被害人可以提起自诉的轻微刑事案件,由公安机关立案侦查并提请批捕、移送起诉的,人民检察院可以促使双方当事人在民事赔偿和精神抚慰方面和解,及时化解矛盾,依法从宽处理。

13. 对轻微犯罪中的初犯、偶犯依法从宽处理。对于初次实施轻微犯罪、主观恶性小的犯罪嫌疑人,特别是对因生活无着偶然发生的盗窃等轻微犯罪,犯罪嫌疑人人身危险性不大的,一般可以不予逮捕;符合法定条件的,可以依法不起诉。确需提起公诉的,可以依法向人民法院提出从宽处理的意见。

14. 正确处理群体性事件中的犯罪案件。处理群体性事件中的犯罪案件,应当坚持惩治少数,争取、团结、教育大多数的原则。对极少数插手群体性事件,策划、组织、指挥闹事的严重犯罪分子以及进行打砸抢等犯罪活动的首要分子或者骨干分子,要依法严厉打击。对一般参与者,要慎重适用强制措施和提起公诉;确需提起公诉的,可以依法向人民法院提出从宽处理的意见。

三、建立健全贯彻宽严相济刑事司法政策的检察工作机制和办案方式

15. 进一步健全检察环节贯彻"严打"方针的经常性工作机制。加强对社会治安形势的分析,因地制宜地确定打击犯罪的重点,坚持什么犯罪突出就重点打击什么犯罪,增强打击的针对性。对严重刑事犯罪坚持依法快捕、快诉,增强打击的时效性。

16. 加强侦查机制建设,提高发现和查办职务犯罪的能力。推进侦查工作一体化机制建设,突出抓好案件线索的统一管理、侦查活动的统一组织指挥、跨地域侦查的统一协调配合、侦查资源的统一配置使用等各项工作,建立健全纵向指挥有力、横向协作紧密、信息畅通灵敏、运转高效有序的职务犯罪侦查指挥协作机制。加强职务犯罪侦查队伍的专业化建设,提高侦查队伍的侦查技能与水平。加强侦查装备现代化建设,依法规范侦查技术的运用,进一步提高运用科技手段侦查破案的能力。

17. 推进办案专业化,建立快速办理轻微刑事案件的工作机制。在审查逮捕、审查起诉中改进办案分工,对案件实行繁简分流,指定人员专门办理轻微案件,集中力量办理重大、疑难、复杂案件。建立轻微案件审查逮捕、审查起诉的快速办理机制,对案情简单、事实清楚、证据确实充分、可能判处三年有期徒刑以下刑罚、犯罪嫌疑人认罪的案件,简化审查逮捕、审查起诉的办案文书,缩短办案期限,提高诉讼效率。

18. 依法正确适用简易程序和简化审理程序。对于符合法定条件的轻微刑事案件,人民检察院应当建议适用简易程序;被告人及其辩护人提出适用简易程序,人民检察院经审查认为符合法定条件的,应当同意并向人民法院提出建议;人民法院建议适用简易程序,人民检察院经审查认为符合法定条件的,应当同意。对于被告人认罪的普通刑事案件,符合有关规定条件的,人民检察院应当建议适用简化审理程序。

19. 改革完善未成年人犯罪案件的办案方式。对未成年人犯罪案件,应当设立专门工作机构、专门工作小组或者指定专人办理。建立适合未成年人特点的审查逮捕、审查起诉工作机制。对成年人与未成年人共同犯罪案件,原则上实行分案处理。对未成年人犯罪案件适用简易程序的,公诉人一般应当出庭支持公诉并开展庭审教育活动。对于因犯罪情节轻微决定不起诉的未成年人,要落实帮教措施。

20. 在办理刑事案件中强化化解矛盾的工作。检察机关在办理刑事案件中,应当加强对与犯罪有关的社会矛盾、纠纷的化解和调处工作,将矛盾化解情况和达成协议及履行情况作为考虑从宽处理的一个重要因素。对有直接被害人的案件作从宽处理或者决定不起诉的,可以要求犯罪嫌疑人向被害人赔礼道歉、赔偿损失,取得被害人的谅解,检察机关也要做好对被害人的解释、说明工作,防止产生新的涉法上访。

21. 完善对监外执行、社区矫正的法律监督机制。适应监外执行、社区矫正人员可能增多的趋势,配合有关部门完善相关工作机制,加强对监外执行、社区矫正的法律监督,防止对被监外执行犯罪分子的脱管、漏管和违法管理。

22. 完善办案的考核评价体系。要按照司法规律和检察工作规律管理检察业务工作,从有利于贯彻宽严相济的刑事司法政策出发,科学确定考核各项检察业务工作的指标体系,改进考评办法,保证依法正确适用不批捕、不起诉,改变不适当地控制不捕率、不起诉率的做法,实现办案数量、质量和效果的有机统一。

四、转变观念,加强指导,保障正确贯彻落实宽严相济刑事司法政策

23. 各级检察机关和检察人员特别是领导干部和执法办案人员,应当自觉按照构建社会主义和谐社会的要求,全面准确地理解宽严相济的刑事司法政策,把贯彻落实宽严相济的刑事司法政策与推进司法体制机制改革、加强执法规范化建设结合起来,不断增强惩治犯罪、保护人民、化解矛盾、促进和谐的能力。

24. 最高人民检察院有关业务部门和各省级人民检察院应当结合本部门、本地区的实际情况,深入调查研究,加强对本部门、本地区贯彻宽严相济刑事司法政策的工作指导、检查和监督。上级人民检察院应当及时总结、发现实践中的经验和问题,强化日常管理和定期考核,完善监督制约机制,防止贯彻落实中出现偏差,严肃查处借贯彻宽严相济刑事司法政策名义所进行的徇私枉法、滥用职权等犯罪活动,保证宽严相济刑事司法政策的正确贯彻落实。

25. 各级检察机关应当加强与公安机关、人民法院、司法行政机关等部门的联系与协调,建立经常性的协调配合工作机制,共同研究在刑事诉讼活动中贯彻宽严相济刑事司法政策的具体工作措施,及时解决在贯彻宽严相济刑事司法政策中出现的问题。

26. 要大力加强贯彻宽严相济刑事司法政策的理论研究工作,不断提高运用宽严相济刑事司法政策指导办理刑事案件的水平。同时,要加强对刑事和解、逮捕条件、附条件不起诉、抗诉条件、简易程序以及其他有关问题的研究,积极提出完善贯彻宽严相济刑事司法政策相关法律制度的建议。

最高人民法院关于贯彻宽严相济刑事政策的若干意见

(2010 年 2 月 8 日法发〔2010〕9 号印发
自印发之日起施行)

宽严相济刑事政策是我国的基本刑事政策,贯穿于刑事立法、刑事司法和刑罚执行的全过程,是惩办与宽大相结合政策在新时期的继承、发展和完善,是司法机关惩罚犯罪,预防犯罪,保护人民,保障人权,正确实施国家法律的指南。为了在刑事审判工作中切实贯彻执行这一政策,特制定本意见。

一、贯彻宽严相济刑事政策的总体要求

1. 贯彻宽严相济刑事政策,要根据犯罪的具体情况,实行区别对待,做到该宽则宽,当严则严,宽严相济,罚当其罪,打击和孤立极少数，教育、感化和挽救大多数，最大限度地减少社会对立面，促进社会和谐稳定，维护国家长治久安。

2. 要正确把握宽与严的关系，切实做到宽严并用。既要注意克服重刑主义思想影响，防止片面从严，也要避免受轻刑化思想影响，一味从宽。

3. 贯彻宽严相济刑事政策，必须坚持严格依法办案，切实贯彻落实罪刑法定原则、罪刑相适应原则和法律面前人人平等原则，依照法律规定准确定罪量刑。从宽和从严都必须依照法律规定进行，做到宽严有据，罚当其罪。

4. 要根据经济社会的发展和治安形势的变化，尤其要根据犯罪情况的变化，在法律规定的范围内，适时调整从宽和从严的对象、范围和力度。要全面、客观把握不同时期不同地区的经济社会状况和社会治安形势，充分考虑人民群众的安全感以及惩治犯罪的实际需要，注重从严打击严重危害国家安全、社会治安和人民群众利益的犯罪。对于犯罪性质尚不严重，情节较轻和社会危害性较小的犯罪，以及被告人认罪、悔罪，从宽处罚更有利于社会和谐稳定的，依法可以从宽处理。

5. 贯彻宽严相济刑事政策，必须严格依法进行，维护法律的统一和权威，确保良好的法律效果。同时，必须充分考虑案件的处理是否有利于赢得广大人民群众的支持和社会稳定，是否有利于瓦解犯罪，化解矛盾，是否有利于罪犯的教育改造和回归社会，是否有利于减少社会对抗，促进社会和谐，争取更好的社会效果。要注意在裁判文书中充分说明裁判理由，尤其是从宽或从严的理由，促使被告人认罪服法，注重教育群众，实现案件裁判法律效果和社会效果的有机统一。

二、准确把握和正确适用依法从“严”的政策要求

6. 宽严相济刑事政策中的从“严”，主要是指对于罪行十分严重、社会危害性极大，依法应当判处重刑或死刑的，要坚决地判处重刑或死刑；对于社会危害大或者具有法定、酌定从重处罚情节，以及主观恶性深、人身危险性大的被告人，要依法从严惩处。在审判活动中通过体现依法从"严"的政策要求,有效震慑犯罪分子和社会不稳定分子,达到有效遏制犯罪、预防犯罪的目的。

7. 贯彻宽严相济刑事政策,必须毫不动摇地坚持依法严惩严重刑事犯罪的方针。对于危害国家安全犯罪、恐怖组织犯罪、邪教组织犯罪、黑社会性质组织犯罪、恶势力犯罪、故意危害公共安全犯罪等严重危害国家政权稳固和社会治安的犯罪,故意杀人、故意伤害致人死亡、强奸、绑架、拐卖妇女儿童、抢劫、重大抢夺、重大盗窃等严重暴力犯罪和严重影响人民群众安全感的犯罪,走私、贩卖、运输、制造毒品等毒害人民健康的犯罪,要作为严惩的重点,依法从重处罚。尤其对于极端仇视国家和社会,以不特定人为侵害对象,所犯罪行特别严重的犯罪分子,该重判的要坚决依法重判,该判处死刑的要坚决依法判处死刑。

8. 对于国家工作人员贪污贿赂、滥用职权、失职渎职的严重犯罪,黑恶势力犯罪、重大安全责任事故、制售伪劣食品药品所涉及的国家工作人员职务犯罪,发生在社会保障、征地拆迁、灾后重建、企业改制、医疗、教育、就业等领域严重损害群众利益、社会影响恶劣、群众反映强烈的国家工作人员职务犯罪,发生在经济社会建设重点领域、重点行业的严重商业贿赂犯罪等,要依法从严惩处。

对于国家工作人员职务犯罪和商业贿赂犯罪中性质恶劣、情节严重、涉案范围广、影响面大的,或者案发后隐瞒犯罪事实、毁灭证据、订立攻守同盟、负案潜逃等拒不认罪悔罪的,要坚决依法从严惩处。

对于被告人犯罪所得数额不大,但对国家财产和人民群众利益造成重大损失、社会影响极其恶劣的职务犯罪和商业贿赂犯罪案件,也应依法从严惩处。

要严格掌握职务犯罪法定减轻处罚情节的认定标准与减轻处罚的幅度,严格控制依法减轻处罚后判处三年以下有期徒刑适用缓刑的范围,切实规范职务犯罪缓刑、免予刑事处罚的适用。

9. 当前和今后一段时期,对于集资诈骗、贷款诈骗、制贩假币以及扰乱、操纵证券、期货市场等严重危害金融秩序的犯罪,生产、销售假药、劣药、有毒有害食品等严重危害食品药品安全的犯罪,走私等严重侵害国家经济利益的犯罪,造成严重后果的重大安全责任事故犯罪,重大环境污染、非法采矿、盗伐林木等各种严重破坏环境资源的犯罪等,要依法从严惩处,维护国家的经济秩序,保护广大人民群众的生命健康安全。

10. 严惩严重刑事犯罪,必须充分考虑被告人的主观恶性和人身危险性。对于事先精心预谋、策划犯罪的被告人,具有惯犯、职业犯等情节的被告人,或者因故意犯罪受过刑事处罚、在缓刑、假释考验期内又犯罪的被告人,要依法严惩,以实现刑罚特殊预防的功能。

11. 要依法从严惩处累犯和毒品再犯。凡是依法构成累犯和毒品再犯的,即使犯罪情节较轻,也要体现从严惩处的精神。尤其是对于前罪为暴力犯罪或被判处重刑的累犯,更要依法从严惩处。

12. 要注重综合运用多种刑罚手段,特别是要重视依法适用财产刑,有效惩治犯罪。对于法律规定有附加财产刑的,要依法适用。对于侵财型和贪利型犯罪,更要注重通过依法适用财产刑使犯罪分子受到经济上的惩罚,剥夺其重新犯罪的能力和条件。要切实加大财产刑的执行力度,确保刑罚的严厉性和惩罚功能得以实现。被告人非法占有、处置被害人财产不能退赃的,在决定刑罚时,应作为重要情节予以考虑,体现从严处罚的精神。

13. 对于刑事案件被告人,要严格依法追究刑事责任,切实做到不枉不纵。要在确保司法公正的前提下,努力提高司法效率。特别是对于那些严重危害社会治安,引起社会关注的刑事案件,要在确保案件质量的前提下,抓紧审理,及时宣判。

三、准确把握和正确适用依法从“宽”的政策要求

14. 宽严相济刑事政策中的从“宽”,主要是指对于情节较轻、社会危害性较小的犯罪,或者罪行虽然严重,但具有法定、酌定从宽处罚情节,以及主观恶性相对较小、人身危险性不大的被告人,可以依法从轻、减轻或者免除处罚;对于具有一定社会危害性,但情节显著轻微危害不大的行为,不作为犯罪处理;对于依法可不监禁的,尽量适用缓刑或者判处管制、单处罚金等非监禁刑。

15. 被告人的行为已经构成犯罪,但犯罪情节轻微,或者未成年人、在校学生实施的较轻犯罪,或者被告人具有犯罪预备、犯罪中止、从犯、胁从犯、防卫过当、避险过当等情节,依法不需要判处刑罚的,可以免予刑事处罚。对免予刑事处罚的,应当根据刑法第三十七条规定,做好善后、帮教工作或者交由有关部门进行处理,争取更好的社会效果。

16. 对于所犯罪行不重、主观恶性不深、人身危险性较小、有悔改表现、不致再危害社会的犯罪分子,要依法从宽处理。对于其中具备条件的,应当依法适用缓刑或者管制、单处罚金等非监禁刑。同时配合做好社区矫正,加强教育、感化、帮教、挽救工作。

17. 对于自首的被告人,除了罪行极其严重、主观恶性极深、人身危险性极大,或者恶意地利用自首规避法律制裁者以外,一般均应当依法从宽处罚。

对于亲属以不同形式送被告人归案或协助司法机关抓获被告人而认定为自首的,原则上都应当依法从宽处罚;有的虽然不能认定为自首,但考虑到被告人亲属支持司法机关工作,促使被告人到案、认罪、悔罪,在决定对被告人具体处罚时,也应当予以充分考虑。

18. 对于被告人检举揭发他人犯罪构成立功的,一般均应当依法从宽处罚。对于犯罪情节不是十分恶劣,犯罪后果不是十分严重的被告人立功的,从宽处罚的幅度应当更大。

19. 对于较轻犯罪的初犯、偶犯,应当综合考虑其犯罪的动机、手段、情节、后果和犯罪时的主观状态,酌情予以从宽处罚。对于犯罪情节轻微的初犯、偶犯,可以免予刑事处罚;依法应当予以刑事处罚的,也应当尽量适用缓刑或者判处管制、单处罚金等非监禁刑。

20. 对于未成年人犯罪,在具体考虑其实施犯罪的动机和目的、犯罪性质、情节和社会危害程度的同时,还要充分考虑其是否属于初犯,归案后是否悔罪,以及个人成长经历和一贯表现等因素,坚持“教育为主、惩罚为辅”的原则和“教育、感化、挽救”的方针进行处理。对于偶尔盗窃、抢夺、诈骗，数额刚达到较大的标准，案发后能如实交代并积极退赃的，可以认定为情节显著轻微，不作为犯罪处理。对于罪行较轻的，可以依法适当多适用缓刑或者判处管制、单处罚金等非监禁刑；依法可免予刑事处罚的，应当免予刑事处罚。对于犯罪情节严重的未成年人，也应当依照刑法第十七条第三款的规定予以从轻或者减轻处罚。对于已满十四周岁不满十六周岁的未成年犯罪人，一般不判处无期徒刑。

21. 对于老年人犯罪，要充分考虑其犯罪的动机、目的、情节、后果以及悔罪表现等，并结合其人身危险性和再犯可能性，酌情予以从宽处罚。

22. 对于因恋爱、婚姻、家庭、邻里纠纷等民间矛盾激化引发的犯罪，因劳动纠纷、管理失当等原因引发、犯罪动机不属恶劣的犯罪，因被害方过错或者基于义愤引发的或者具有防卫因素的突发性犯罪，应酌情从宽处罚。

23. 被告人案发后对被害人积极进行赔偿，并认罪、悔罪的，依法可以作为酌定量刑情节予以考虑。因婚姻家庭等民间纠纷激化引发的犯罪，被害人及其家属对被告人表示谅解的，应当作为酌定量刑情节予以考虑。犯罪情节轻微，取得被害人谅解的，可以依法从宽处理，不需判处刑罚的，可以免予刑事处罚。

24. 对于刑事被告人，如果采取取保候审、监视居住等非羁押性强制措施足以防止发生社会危险性，且不影响刑事诉讼正常进行的，一般可不采取羁押措施。对人民检察院提起公诉而被告人未被采取逮捕措施的，除存在被告人逃跑、串供、重新犯罪等具有人身危险性或者可能影响刑事诉讼正常进行的情形外，人民法院一般可不决定逮捕被告人。

四、准确把握和正确适用宽严“相济”的政策要求

25. 宽严相济刑事政策中的“相济”，主要是指在对各类犯罪依法处罚时，要善于综合运用宽和严两种手段，对不同的犯罪和犯罪分子区别对待,做到严中有宽、宽以济严;宽中有严、严以济宽。

26. 在对严重刑事犯罪依法从严惩处的同时,对被告人具有自首、立功、从犯等法定或酌定从宽处罚情节的,还要注意宽以济严,根据犯罪的具体情况,依法应当或可以从宽的,都应当在量刑上予以充分考虑。

27. 在对较轻刑事犯罪依法从轻处罚的同时,要注意严以济宽,充分考虑被告人是否具有屡教不改、严重滋扰社会、群众反映强烈等酌定从严处罚的情况,对于不从严不足以有效惩戒者,也应当在量刑上有所体现,做到济之以严,使犯罪分子受到应有处罚,切实增强改造效果。

28. 对于被告人同时具有法定、酌定从严和法定、酌定从宽处罚情节的案件,要在全面考察犯罪的事实、性质、情节和对社会危害程度的基础上,结合被告人的主观恶性、人身危险性、社会治安状况等因素,综合作出分析判断,总体从严,或者总体从宽。

29. 要准确理解和严格执行"保留死刑,严格控制和慎重适用死刑"的政策。对于罪行极其严重的犯罪分子,论罪应当判处死刑的,要坚决依法判处死刑。要依法严格控制死刑的适用,统一死刑案件的裁判标准,确保死刑只适用于极少数罪行极其严重的犯罪分子。拟判处死刑的具体案件定罪或者量刑的证据必须确实、充分,得出唯一结论。对于罪行极其严重,但只要是依法可不立即执行的,就不应当判处死刑立即执行。

30. 对于恐怖组织犯罪、邪教组织犯罪、黑社会性质组织犯罪和进行走私、诈骗、贩毒等犯罪活动的犯罪集团,在处理时要分别情况,区别对待:对犯罪组织或集团中的为首组织、指挥、策划者和骨干分子,要依法从严惩处,该判处重刑或死刑的要坚决判处重刑或死刑;对受欺骗、胁迫参加犯罪组织、犯罪集团或只是一般参加者,在犯罪中起次要、辅助作用的从犯,依法应当从轻或减轻处罚,符合缓刑条件的,可以适用缓刑。

对于群体性事件中发生的杀人、放火、抢劫、伤害等犯罪案件,要注意重点打击其中的组织、指挥、策划者和直接实施犯罪行为的积极参与者;对因被煽动、欺骗、裹胁而参加,情节较轻,经教育确有悔改表现的,应当依法从宽处理。

31. 对于一般共同犯罪案件,应当充分考虑各被告人在共同犯罪中的地位和作用,以及在主观恶性和人身危险性方面的不同,根据事实和证据能分清主从犯的,都应当认定主从犯。有多名主犯的,应在主犯中进一步区分出罪行最为严重者。对于多名被告人共同致死一名被害人的案件,要进一步分清各被告人的作用,准确确定各被告人的罪责,以做到区别对待;不能以分不清主次为由,简单地一律判处重刑。

32. 对于过失犯罪,如安全责任事故犯罪等,主要应当根据犯罪造成危害后果的严重程度、被告人主观罪过的大小以及被告人案发后的表现等,综合掌握处罚的宽严尺度。对于过失犯罪后积极抢救、挽回损失或者有效防止损失进一步扩大的,要依法从宽。对于造成的危害后果虽然不是特别严重,但情节特别恶劣或案发后故意隐瞒案情,甚至逃逸,给及时查明事故原因和迅速组织抢救造成贻误的,则要依法从重处罚。

33. 在共同犯罪案件中,对于主犯或首要分子检举、揭发同案地位、作用较次犯罪分子构成立功的,从轻或者减轻处罚应当从严掌握,如果从轻处罚可能导致全案量刑失衡的,一般不予从轻处罚;如果检举、揭发的是其他犯罪案件中罪行同样严重的犯罪分子,或者协助抓获的是同案中的其他主犯、首要分子的,原则上应予依法从轻或者减轻处罚。对于从犯或犯罪集团中的一般成员立功,特别是协助抓获主犯、首要分子的,应当充分体现政策,依法从轻、减轻或者免除处罚。

34. 对于危害国家安全犯罪、故意危害公共安全犯罪、严重暴力犯罪、涉众型经济犯罪等严重犯罪;恐怖组织犯罪、邪教组织犯罪、黑恶势力犯罪等有组织犯罪的领导者、组织者和骨干分子;毒品犯罪再犯的严重犯罪者;确有执行能力而拒不依法积极主动缴付财产执行财产刑或确有履行能力而不积极主动履行附带民事赔偿责任的,在依法减刑、假释时,应当从严掌握。对累犯减刑时,应当从严掌握。拒不交代真实身份或对减刑、假释材料弄虚作假,不符合减刑、假释条件的,不得减刑、假释。

对于因犯故意杀人、爆炸、抢劫、强奸、绑架等暴力犯罪,致人死亡或严重残疾而被判处死刑缓期二年执行或无期徒刑的罪犯,要严格控制减刑的频度和每次减刑的幅度,要保证其相对较长的实际服刑期限,维护公平正义,确保改造效果。

对于未成年犯、老年犯、残疾罪犯、过失犯、中止犯、胁从犯、积极主动缴付财产执行财产刑或履行民事赔偿责任的罪犯、因防卫过当或避险过当而判处徒刑的罪犯以及其他主观恶性不深、人身危险性不大的罪犯,在依法减刑、假释时,应当根据悔改表现予以从宽掌握。对认罪服法,遵守监规,积极参加学习、劳动,确有悔改表现的,依法予以减刑,减刑的幅度可以适当放宽,间隔的时间可以相应缩短。符合刑法第八十一条第一款规定的假释条件的,应当依法多适用假释。

五、完善贯彻宽严相济刑事政策的工作机制

35. 要注意总结审判经验,积极稳妥地推进量刑规范化工作。要规范法官的自由裁量权,逐步把量刑纳入法庭审理程序,增强量刑的公开性和透明度,充分实现量刑的公正和均衡,不断提高审理刑事案件的质量和效率。

36. 最高人民法院将继续通过总结审判经验,制发典型案例,加强审判指导,并制定关于案例指导制度的规范性文件,推进对贯彻宽严相济刑事政策案例指导制度的不断健全和完善。

37. 要积极探索人民法庭受理轻微刑事案件的工作机制,充分发挥人民法庭便民、利民和受案、审理快捷的优势,进一步促进轻微刑事案件及时审判,确保法律效果和社会效果的有机统一。

38. 要充分发挥刑事简易程序节约司法资源、提高审判效率、促进司法公正的功能,进一步强化简易程序的适用。对于被告人对被指控的基本犯罪事实无异议,并自愿认罪的第一审公诉案件,要依法进一步强化普通程序简化审的适用力度,以保障符合条件的案件都能得到及时高效的审理。

39. 要建立健全符合未成年人特点的刑事案件审理机制,寓教于审,惩教结合,通过科学、人性化的审理方式,更好地实现"教育、感化、挽救"的目的,促使未成年犯罪人早日回归社会。要积极推动有利于未成年犯罪人改造和管理的各项制度建设。对公安部门针对未成年人在缓刑、假释期间违法犯罪情况报送的拟撤销未成年犯罪人的缓刑或假释的报告,要及时审查,并在法定期限内及时做出决定,以真正形成合力,共同做好未成年人犯罪的惩戒和预防工作。

40. 对于刑事自诉案件,要尽可能多做化解矛盾的调解工作,促进双方自行和解。对于经过司法机关做工作,被告人认罪悔过,愿意赔偿被害人损失,取得被害人谅解,从而达成和解协议的,可以由自诉人撤回起诉,或者对被告人依法从轻或免予刑事处罚。对于可公诉、也可自诉的刑事案件,检察机关提起公诉的,人民法院应当依法进行审理,依法定罪处罚。对民间纠纷引发的轻伤害等轻微刑事案件,诉至法院后当事人自行和解的,应当予以准许并记录在案。人民法院也可以在不违反法律规定的前提下,对此类案件尝试做一些促进和解的工作。

41. 要尽可能把握一切有利于附带民事诉讼调解结案的积极因素,多做促进当事人双方和解的辨法析理工作,以更好地落实宽严相济刑事政策,努力做到案结事了。要充分发挥被告人、被害人所在单位、社区基层组织、辩护人、诉讼代理人和近亲属在附带民事诉讼调解工作中的积极作用,协调各方共同做好促进调解工作,尽可能通过调解达成民事赔偿协议并以此取得被害人及其家属对被告人的谅解,化解矛盾,促进社会和谐。

42. 对于因受到犯罪行为侵害、无法及时获得有效赔偿、存在特殊生活困难的被害人及其亲属,由有关方面给予适当的资金救助,有利于化解矛盾纠纷,促进社会和谐稳定。各地法院要结合当地实际,在党委、政府的统筹协调和具体指导下,落实好、执行好刑事被害人救助制度,确保此项工作顺利开展,取得实效。

43. 对减刑、假释案件,要采取开庭审理与书面审理相结合的方式。对于职务犯罪案件,尤其是原为县处级以上领导干部罪犯的减刑、假释案件,要一律开庭审理。对于故意杀人、抢劫、故意伤害等严重危害社会治安的暴力犯罪分子,有组织犯罪案件中的首要分子和其他主犯以及其他重大、有影响案件罪犯的减刑、假释,原则上也要开庭审理。书面审理的案件,拟裁定减刑、假释的,要在羁押场所公示拟减刑、假释人员名单,接受其他在押罪犯的广泛监督。

44. 要完善对刑事审判人员贯彻宽严相济刑事政策的监督机制,防止宽严失当、枉法裁判、以权谋私。要改进审判考核考评指标体系,完善错案认定标准和错案责任追究制度,完善法官考核机制。要切实改变单纯以改判率、发回重审率的高低来衡量刑事审判工作质量和法官业绩的做法。要探索建立既能体现审判规律、符合法官职业特点,又能准确反映法官综合素质和司法能力的考评体制,对法官审理刑事案件质量,落实宽严相济刑事政策,实现刑事审判法律效果和社会效果有机统一进行全面、科学的考核。

45. 各级人民法院要加强与公安机关、国家安全机关、人民检察院、司法行政机关等部门的联系和协调,建立经常性的工作协调机制,共同研究贯彻宽严相济刑事政策的工作措施,及时解决工作中出现的具体问题。要根据"分工负责、相互配合、相互制约"的法律原则,加强与公安机关、人民检察院的工作联系,既各司其职,又进一步形成合力,不断提高司法公信,维护司法权威。要在律师辩护代理、法律援助、监狱提请减刑假释、开展社区矫正等方面加强与司法行政机关的沟通和协调,促进宽严相济刑事政策的有效实施。

最高人民法院、最高人民检察院关于办理虚假诉讼刑事案件适用法律若干问题的解释

（2018年1月25日最高人民法院审判委员会第1732次会议、2018年6月13日最高人民检察院第十三届检察委员会第二次会议通过　2018年9月26日发布　法释〔2018〕17号　自2018年10月1日起施行）

为依法惩治虚假诉讼犯罪活动，维护司法秩序，保护公民、法人和其他组织合法权益，根据《中华人民共和国刑法》《中华人民共和国刑事诉讼法》《中华人民共和国民事诉讼法》等法律规定，现就办理此类刑事案件适用法律的若干问题解释如下：

第一条　采取伪造证据、虚假陈述等手段，实施下列行为之一，捏造民事法律关系，虚构民事纠纷，向人民法院提起民事诉讼的，应当认定为刑法第三百零七条之一第一款规定的“以捏造的事实提起民事诉讼”：

（一）与夫妻一方恶意串通，捏造夫妻共同债务的；

（二）与他人恶意串通，捏造债权债务关系和以物抵债协议的；

（三）与公司、企业的法定代表人、董事、监事、经理或者其他管理人员恶意串通，捏造公司、企业债务或者担保义务的；

（四）捏造知识产权侵权关系或者不正当竞争关系的；

（五）在破产案件审理过程中申报捏造的债权的；

（六）与被执行人恶意串通，捏造债权或者对查封、扣押、冻结财产的优先权、担保物权的；

（七）单方或者与他人恶意串通，捏造身份、合同、侵权、继承等民

事法律关系的其他行为。

隐瞒债务已经全部清偿的事实,向人民法院提起民事诉讼,要求他人履行债务的,以"以捏造的事实提起民事诉讼"论。

向人民法院申请执行基于捏造的事实作出的仲裁裁决、公证债权文书,或者在民事执行过程中以捏造的事实对执行标的提出异议、申请参与执行财产分配的,属于刑法第三百零七条之一第一款规定的"以捏造的事实提起民事诉讼"。

第二条 以捏造的事实提起民事诉讼,有下列情形之一的,应当认定为刑法第三百零七条之一第一款规定的"妨害司法秩序或者严重侵害他人合法权益":

(一)致使人民法院基于捏造的事实采取财产保全或者行为保全措施的;

(二)致使人民法院开庭审理,干扰正常司法活动的;

(三)致使人民法院基于捏造的事实作出裁判文书、制作财产分配方案,或者立案执行基于捏造的事实作出的仲裁裁决、公证债权文书的;

(四)多次以捏造的事实提起民事诉讼的;

(五)曾因以捏造的事实提起民事诉讼被采取民事诉讼强制措施或者受过刑事追究的;

(六)其他妨害司法秩序或者严重侵害他人合法权益的情形。

第三条 以捏造的事实提起民事诉讼,有下列情形之一的,应当认定为刑法第三百零七条之一第一款规定的"情节严重":

(一)有本解释第二条第一项情形,造成他人经济损失一百万元以上的;

(二)有本解释第二条第二项至第四项情形之一,严重干扰正常司法活动或者严重损害司法公信力的;

(三)致使义务人自动履行生效裁判文书确定的财产给付义务或者人民法院强制执行财产权益,数额达到一百万元以上的;

(四)致使他人债权无法实现,数额达到一百万元以上的;

（五）非法占有他人财产，数额达到十万元以上的；

（六）致使他人因为不执行人民法院基于捏造的事实作出的判决、裁定，被采取刑事拘留、逮捕措施或者受到刑事追究的；

（七）其他情节严重的情形。

第四条 实施刑法第三百零七条之一第一款行为，非法占有他人财产或者逃避合法债务，又构成诈骗罪，职务侵占罪，拒不执行判决、裁定罪，贪污罪等犯罪的，依照处罚较重的规定定罪从重处罚。

第五条 司法工作人员利用职权，与他人共同实施刑法第三百零七条之一前三款行为的，从重处罚；同时构成滥用职权罪，民事枉法裁判罪，执行判决、裁定滥用职权罪等犯罪的，依照处罚较重的规定定罪从重处罚。

第六条 诉讼代理人、证人、鉴定人等诉讼参与人与他人通谋，代理提起虚假民事诉讼、故意作虚假证言或者出具虚假鉴定意见，共同实施刑法第三百零七条之一前三款行为的，依照共同犯罪的规定定罪处罚；同时构成妨害作证罪，帮助毁灭、伪造证据罪等犯罪的，依照处罚较重的规定定罪从重处罚。

第七条 采取伪造证据等手段篡改案件事实，骗取人民法院裁判文书，构成犯罪的，依照刑法第二百八十条、第三百零七条等规定追究刑事责任。

第八条 单位实施刑法第三百零七条之一第一款行为的，依照本解释规定的定罪量刑标准，对其直接负责的主管人员和其他直接责任人员定罪处罚，并对单位判处罚金。

第九条 实施刑法第三百零七条之一第一款行为，未达到情节严重的标准，行为人系初犯，在民事诉讼过程中自愿具结悔过，接受人民法院处理决定，积极退赃、退赔的，可以认定为犯罪情节轻微，不起诉或者免予刑事处罚；确有必要判处刑罚的，可以从宽处罚。

司法工作人员利用职权，与他人共同实施刑法第三百零七条之一第一款行为的，对司法工作人员不适用本条第一款规定。

第十条 虚假诉讼刑事案件由虚假民事诉讼案件的受理法院所

在地或者执行法院所在地人民法院管辖。有刑法第三百零七条之一第四款情形的,上级人民法院可以指定下级人民法院将案件移送其他人民法院审判。

第十一条 本解释所称裁判文书,是指人民法院依照民事诉讼法、企业破产法等民事法律作出的判决、裁定、调解书、支付令等文书。

第十二条 本解释自2018年10月1日起施行。

最高人民法院、最高人民检察院、公安部、司法部关于进一步加强虚假诉讼犯罪惩治工作的意见

(2021年3月4日发布 法发〔2021〕10号
自2021年3月10日起施行)

第一章 总 则

第一条 为了进一步加强虚假诉讼犯罪惩治工作,维护司法公正和司法权威,保护自然人、法人和非法人组织的合法权益,促进社会诚信建设,根据《中华人民共和国刑法》《中华人民共和国刑事诉讼法》《中华人民共和国民事诉讼法》和《最高人民法院、最高人民检察院关于办理虚假诉讼刑事案件适用法律若干问题的解释》等规定,结合工作实际,制定本意见。

第二条 本意见所称虚假诉讼犯罪,是指行为人单独或者与他人恶意串通,采取伪造证据、虚假陈述等手段,捏造民事案件基本事实,虚构民事纠纷,向人民法院提起民事诉讼,妨害司法秩序或者严重侵害他人合法权益,依照法律应当受刑罚处罚的行为。

第三条 人民法院、人民检察院、公安机关、司法行政机关应当按照法定职责分工负责、配合协作,加强沟通协调,在履行职责过程中发现可能存在虚假诉讼犯罪的,应当及时相互通报情况,共同防范和惩治虚假诉讼犯罪。

第二章 虚假诉讼犯罪的甄别和发现

第四条 实施《最高人民法院、最高人民检察院关于办理虚假诉讼刑事案件适用法律若干问题的解释》第一条第一款、第二款规定的捏造事实行为,并有下列情形之一的,应当认定为刑法第三百零七条之一第一款规定的“以捏造的事实提起民事诉讼”:

(一)提出民事起诉的;

(二)向人民法院申请宣告失踪、宣告死亡,申请认定公民无民事行为能力、限制民事行为能力,申请认定财产无主,申请确认调解协议,申请实现担保物权,申请支付令,申请公示催告的;

(三)在民事诉讼过程中增加独立的诉讼请求、提出反诉,有独立请求权的第三人提出与本案有关的诉讼请求的;

(四)在破产案件审理过程中申报债权的;

(五)案外人申请民事再审的;

(六)向人民法院申请执行仲裁裁决、公证债权文书的;

(七)案外人在民事执行过程中对执行标的提出异议,债权人在民事执行过程中申请参与执行财产分配的;

(八)以其他手段捏造民事案件基本事实,虚构民事纠纷,提起民事诉讼的。

第五条 对于下列虚假诉讼犯罪易发的民事案件类型,人民法院、人民检察院在履行职责过程中应当予以重点关注:

(一)民间借贷纠纷案件;

(二)涉及房屋限购、机动车配置指标调控的以物抵债案件;

(三)以离婚诉讼一方当事人为被告的财产纠纷案件;

(四)以已经资不抵债或者已经被作为被执行人的自然人、法人

和非法人组织为被告的财产纠纷案件;

(五)以拆迁区划范围内的自然人为当事人的离婚、分家析产、继承、房屋买卖合同纠纷案件;

(六)公司分立、合并和企业破产纠纷案件;

(七)劳动争议案件;

(八)涉及驰名商标认定的案件;

(九)其他需要重点关注的民事案件。

第六条 民事诉讼当事人有下列情形之一的,人民法院、人民检察院在履行职责过程中应当依法严格审查,及时甄别和发现虚假诉讼犯罪:

(一)原告起诉依据的事实、理由不符合常理,存在伪造证据、虚假陈述可能的;

(二)原告诉请司法保护的诉讼标的额与其自身经济状况严重不符的;

(三)在可能影响案外人利益的案件中,当事人之间存在近亲属关系或者关联企业等共同利益关系的;

(四)当事人之间不存在实质性民事权益争议和实质性诉辩对抗的;

(五)一方当事人对于另一方当事人提出的对其不利的事实明确表示承认,且不符合常理的;

(六)认定案件事实的证据不足,但双方当事人主动迅速达成调解协议,请求人民法院制作调解书的;

(七)当事人自愿以价格明显不对等的财产抵付债务的;

(八)民事诉讼过程中存在其他异常情况的。

第七条 民事诉讼代理人、证人、鉴定人等诉讼参与人有下列情形之一的,人民法院、人民检察院在履行职责过程中应当依法严格审查,及时甄别和发现虚假诉讼犯罪:

(一)诉讼代理人违规接受对方当事人或者案外人给付的财物或者其他利益,与对方当事人或者案外人恶意串通,侵害委托人合法权益的；

（二）故意提供虚假证据，指使、引诱他人伪造、变造证据、提供虚假证据或者隐匿、毁灭证据的；

（三）采取其他不正当手段干扰民事诉讼活动正常进行的。

第三章　线索移送和案件查处

第八条　人民法院、人民检察院、公安机关发现虚假诉讼犯罪的线索来源包括：

（一）民事诉讼当事人、诉讼代理人和其他诉讼参与人、利害关系人、其他自然人、法人和非法人组织的报案、控告、举报和法律监督申请；

（二）被害人有证据证明对被告人通过实施虚假诉讼行为侵犯自己合法权益的行为应当依法追究刑事责任，且有证据证明曾经提出控告，而公安机关或者人民检察院不予追究被告人刑事责任，向人民法院提出的刑事自诉；

（三）人民法院、人民检察院、公安机关、司法行政机关履行职责过程中主动发现；

（四）有关国家机关移送的案件线索；

（五）其他线索来源。

第九条　虚假诉讼刑事案件由相关虚假民事诉讼案件的受理法院所在地或者执行法院所在地人民法院管辖。有刑法第三百零七条之一第四款情形的，上级人民法院可以指定下级人民法院将案件移送其他人民法院审判。

前款所称相关虚假民事诉讼案件的受理法院，包括该民事案件的一审、二审和再审法院。

虚假诉讼刑事案件的级别管辖，根据刑事诉讼法的规定确定。

第十条　人民法院、人民检察院向公安机关移送涉嫌虚假诉讼犯罪案件，应当附下列材料：

（一）案件移送函，载明移送案件的人民法院或者人民检察院名称、民事案件当事人名称和案由、所处民事诉讼阶段、民事案件办理人及联系电话等。案件移送函应当附移送材料清单和回执,经人民法院或者人民检察院负责人批准后,加盖人民法院或者人民检察院公章;

(二)移送线索的情况说明,载明案件来源、当事人信息、涉嫌虚假诉讼犯罪的事实、法律依据等,并附相关证据材料;

(三)与民事案件有关的诉讼材料,包括起诉书、答辩状、庭审笔录、调查笔录、谈话笔录等。

人民法院、人民检察院应当指定专门职能部门负责涉嫌虚假诉讼犯罪案件的移送。

人民法院将涉嫌虚假诉讼犯罪案件移送公安机关的,同时将有关情况通报同级人民检察院。

第十一条 人民法院、人民检察院认定民事诉讼当事人和其他诉讼参与人的行为涉嫌虚假诉讼犯罪,除民事诉讼当事人、其他诉讼参与人或者案外人的陈述、证言外,一般还应有物证、书证或者其他证人证言等证据相印证。

第十二条 人民法院、人民检察院将涉嫌虚假诉讼犯罪案件有关材料移送公安机关的,接受案件的公安机关应当出具接受案件的回执或者在案件移送函所附回执上签收。

公安机关收到有关材料后,分别作出以下处理:

(一)认为移送的案件材料不全的,应当在收到有关材料之日起三日内通知移送的人民法院或者人民检察院在三日内补正。不得以材料不全为由不接受移送案件;

(二)认为有犯罪事实,需要追究刑事责任的,应当在收到有关材料之日起三十日内决定是否立案,并通知移送的人民法院或者人民检察院;

(三)认为有犯罪事实,但是不属于自己管辖的,应当立即报经县级以上公安机关负责人批准,在二十四小时内移送有管辖权的机关处理,并告知移送的人民法院或者人民检察院。对于必须采取紧急措施的,应当先采取紧急措施,然后办理手续,移送主管机关;

（四）认为没有犯罪事实，或者犯罪情节显著轻微不需要追究刑事责任的，或者具有其他依法不追究刑事责任情形的，经县级以上公安机关负责人批准，不予立案，并应当说明理由，制作不予立案通知书在三日内送达移送的人民法院或者人民检察院，退回有关材料。

第十三条 人民检察院依法对公安机关的刑事立案实行监督。

人民法院对公安机关的不予立案决定有异议的，可以建议人民检察院进行立案监督。

第四章 程序衔接

第十四条 人民法院向公安机关移送涉嫌虚假诉讼犯罪案件，民事案件必须以相关刑事案件的审理结果为依据的，应当依照民事诉讼法第一百五十条第一款第五项的规定裁定中止诉讼。刑事案件的审理结果不影响民事诉讼程序正常进行的，民事案件应当继续审理。

第十五条 刑事案件裁判认定民事诉讼当事人的行为构成虚假诉讼犯罪，相关民事案件尚在审理或者执行过程中的，作出刑事裁判的人民法院应当及时函告审理或者执行该民事案件的人民法院。

人民法院对于与虚假诉讼刑事案件的裁判存在冲突的已经发生法律效力的民事判决、裁定、调解书，应当及时依法启动审判监督程序予以纠正。

第十六条 公安机关依法自行立案侦办虚假诉讼刑事案件的，应当在立案后三日内将立案决定书等法律文书和相关材料复印件抄送对相关民事案件正在审理、执行或者作出生效裁判文书的人民法院并说明立案理由，同时通报办理民事案件人民法院的同级人民检察院。对相关民事案件正在审理、执行或者作出生效裁判文书的人民法院应当依法审查，依照相关规定做出处理，并在收到材料之日起三十日内将处理意见书面通报公安机关。

公安机关在办理刑事案件过程中，发现犯罪嫌疑人还涉嫌实施虚假诉讼犯罪的，可以一并处理。需要逮捕犯罪嫌疑人的，由侦查该案件的公安机关提请同级人民检察院审查批准；需要提起公诉的，由侦查该案件的公安机关移送同级人民检察院审查决定。

第十七条 有管辖权的公安机关接受民事诉讼当事人、诉讼代理人和其他诉讼参与人、利害关系人、其他自然人、法人和非法人组织的报案、控告、举报或者在履行职责过程中发现存在虚假诉讼犯罪嫌疑的,可以开展调查核实工作。经县级以上公安机关负责人批准,公安机关可以依照有关规定拷贝电子卷或者查阅、复制、摘录人民法院的民事诉讼卷宗,人民法院予以配合。

公安机关在办理刑事案件过程中,发现犯罪嫌疑人还涉嫌实施虚假诉讼犯罪的,适用前款规定。

第十八条 人民检察院发现已经发生法律效力的判决、裁定、调解书系民事诉讼当事人通过虚假诉讼获得的,应当依照民事诉讼法第二百零八条第一款、第二款等法律和相关司法解释的规定,向人民法院提出再审检察建议或者抗诉。

第十九条 人民法院对人民检察院依照本意见第十八条的规定提出再审检察建议或者抗诉的民事案件,应当依照民事诉讼法等法律和相关司法解释的规定处理。按照审判监督程序决定再审、需要中止执行的,裁定中止原判决、裁定、调解书的执行。

第二十条 人民检察院办理民事诉讼监督案件过程中,发现存在虚假诉讼犯罪嫌疑的,可以向民事诉讼当事人或者案外人调查核实有关情况。有关单位和个人无正当理由拒不配合调查核实、妨害民事诉讼的,人民检察院可以建议有关人民法院依照民事诉讼法第一百一十一条第一款第五项等规定处理。

人民检察院针对存在虚假诉讼犯罪嫌疑的民事诉讼监督案件依照有关规定调阅人民法院的民事诉讼卷宗的,人民法院予以配合。通过拷贝电子卷、查阅、复制、摘录等方式能够满足办案需要的,可以不调阅诉讼卷宗。

人民检察院发现民事诉讼监督案件存在虚假诉讼犯罪嫌疑的,可以听取人民法院原承办人的意见。

第二十一条 对于存在虚假诉讼犯罪嫌疑的民事案件,人民法院可以依职权调查收集证据。

当事人自认的事实与人民法院、人民检察院依职权调查并经审理查明的事实不符的，人民法院不予确认。

第五章　责任追究

第二十二条　对于故意制造、参与虚假诉讼犯罪活动的民事诉讼当事人和其他诉讼参与人，人民法院应当加大罚款、拘留等对妨害民事诉讼的强制措施的适用力度。

民事诉讼当事人、其他诉讼参与人实施虚假诉讼，人民法院向公安机关移送案件有关材料前，可以依照民事诉讼法的规定先行予以罚款、拘留。

对虚假诉讼刑事案件被告人判处罚金、有期徒刑或者拘役的，人民法院已经依照民事诉讼法的规定给予的罚款、拘留，应当依法折抵相应罚金或者刑期。

第二十三条　人民检察院可以建议人民法院依照民事诉讼法的规定，对故意制造、参与虚假诉讼的民事诉讼当事人和其他诉讼参与人采取罚款、拘留等强制措施。

第二十四条　司法工作人员利用职权参与虚假诉讼的，应当依照法律法规从严处理；构成犯罪的，依法从严追究刑事责任。

第二十五条　司法行政机关、相关行业协会应当加强对律师、基层法律服务工作者、司法鉴定人、公证员、仲裁员的教育和管理，发现上述人员利用职务之便参与虚假诉讼的，应当依照规定进行行政处罚或者行业惩戒；构成犯罪的，依法移送司法机关处理。律师、基层法律服务工作者、司法鉴定人、公证员、仲裁员利用职务之便参与虚假诉讼的，依照有关规定从严追究法律责任。

人民法院、人民检察院、公安机关在办理案件过程中，发现律师、基层法律服务工作者、司法鉴定人、公证员、仲裁员利用职务之便参与虚假诉讼，尚未构成犯罪的，可以向司法行政机关、相关行业协会或者上述人员所在单位发出书面建议。司法行政机关、相关行业协会或者上述人员所在单位应当在收到书面建议之日起三个月内作出处理决定,并书面回复作出书面建议的人民法院、人民检察院或者公安机关。

第六章 协作机制

第二十六条 人民法院、人民检察院、公安机关、司法行政机关探索建立民事判决、裁定、调解书等裁判文书信息共享机制和信息互通数据平台,综合运用信息化手段发掘虚假诉讼违法犯罪线索,逐步实现虚假诉讼违法犯罪案件信息、数据共享。

第二十七条 人民法院、人民检察院、公安机关、司法行政机关落实"谁执法谁普法"的普法责任制要求,通过定期开展法治宣传、向社会公开发布虚假诉讼典型案例、开展警示教育等形式,增强全社会对虚假诉讼违法犯罪的防范意识,震慑虚假诉讼违法犯罪。

第七章 附 则

第二十八条 各省、自治区、直辖市高级人民法院、人民检察院、公安机关、司法行政机关可以根据本地区实际情况,制定实施细则。

第二十九条 本意见自2021年3月10日起施行。

最高人民法院、最高人民检察院、公安部关于办理信息网络犯罪案件适用刑事诉讼程序若干问题的意见

(2022年8月26日发布 法发〔2022〕23号
自2022年9月1日起施行)

为依法惩治信息网络犯罪活动,根据《中华人民共和国刑法》

《中华人民共和国刑事诉讼法》以及有关法律、司法解释的规定，结合侦查、起诉、审判实践，现就办理此类案件适用刑事诉讼程序问题提出以下意见。

一、关于信息网络犯罪案件的范围

1. 本意见所称信息网络犯罪案件包括：(1)危害计算机信息系统安全犯罪案件；(2)拒不履行信息网络安全管理义务、非法利用信息网络、帮助信息网络犯罪活动的犯罪案件；(3)主要行为通过信息网络实施的诈骗、赌博、侵犯公民个人信息等其他犯罪案件。

二、关于信息网络犯罪案件的管辖

2. 信息网络犯罪案件由犯罪地公安机关立案侦查。必要时，可以由犯罪嫌疑人居住地公安机关立案侦查。

信息网络犯罪案件的犯罪地包括用于实施犯罪行为的网络服务使用的服务器所在地，网络服务提供者所在地，被侵害的信息网络系统及其管理者所在地，犯罪过程中犯罪嫌疑人、被害人或者其他涉案人员使用的信息网络系统所在地，被害人被侵害时所在地以及被害人财产遭受损失地等。

涉及多个环节的信息网络犯罪案件，犯罪嫌疑人为信息网络犯罪提供帮助的，其犯罪地、居住地或者被帮助对象的犯罪地公安机关可以立案侦查。

3. 有多个犯罪地的信息网络犯罪案件，由最初受理的公安机关或者主要犯罪地公安机关立案侦查。有争议的，按照有利于查清犯罪事实、有利于诉讼的原则，协商解决；经协商无法达成一致的，由共同上级公安机关指定有关公安机关立案侦查。需要提请批准逮捕、移送审查起诉、提起公诉的，由立案侦查的公安机关所在地的人民检察院、人民法院受理。

4. 具有下列情形之一的，公安机关、人民检察院、人民法院可以在其职责范围内并案处理：(1)一人犯数罪的；(2)共同犯罪的；(3)共同犯罪的犯罪嫌疑人、被告人还实施其他犯罪的；(4)多个犯罪嫌疑人、被告人实施的犯罪行为存在关联，并案处理有利于查明全部案件事实的。

对为信息网络犯罪提供程序开发、互联网接入、服务器托管、网络存储、通讯传输等技术支持，或者广告推广、支付结算等帮助，涉嫌犯罪的，可以依照第一款的规定并案侦查。

有关公安机关依照前两款规定并案侦查的案件，需要提请批准逮捕、移送审查起诉、提起公诉的，由该公安机关所在地的人民检察院、人民法院受理。

5. 并案侦查的共同犯罪或者关联犯罪案件，犯罪嫌疑人人数众多、案情复杂的，公安机关可以分案移送审查起诉。分案移送审查起诉的，应当对并案侦查的依据、分案移送审查起诉的理由作出说明。

对于前款规定的案件，人民检察院可以分案提起公诉，人民法院可以分案审理。

分案处理应当以有利于保障诉讼质量和效率为前提，并不得影响当事人质证权等诉讼权利的行使。

6. 依照前条规定分案处理，公安机关、人民检察院、人民法院在分案前有管辖权的，分案后对相关案件的管辖权不受影响。根据具体情况，分案处理的相关案件可以由不同审级的人民法院分别审理。

7. 对于共同犯罪或者已并案侦查的关联犯罪案件，部分犯罪嫌疑人未到案，但不影响对已到案共同犯罪或者关联犯罪的犯罪嫌疑人、被告人的犯罪事实认定的，可以先行追究已到案犯罪嫌疑人、被告人的刑事责任。之前未到案的犯罪嫌疑人、被告人归案后，可以由原办案机关所在地公安机关、人民检察院、人民法院管辖其所涉及的案件。

8. 对于具有特殊情况，跨省（自治区、直辖市）指定异地公安机关侦查更有利于查清犯罪事实、保证案件公正处理的重大信息网络犯罪案件，以及在境外实施的信息网络犯罪案件，公安部可以商最高人民检察院和最高人民法院指定侦查管辖。

9. 人民检察院对于审查起诉的案件，按照刑事诉讼法的管辖规定，认为应当由上级人民检察院或者同级其他人民检察院起诉的，应当将案件移送有管辖权的人民检察院，并通知移送起诉的公安机关。人民检察院认为需要依照刑事诉讼法的规定指定审判管辖的，应当协商同级人民法院办理指定管辖有关事宜。

10. 犯罪嫌疑人被多个公安机关立案侦查的，有关公安机关一般应当协商并案处理，并依法移送案件。协商不成的，可以报请共同上级公安机关指定管辖。

人民检察院对于审查起诉的案件，发现犯罪嫌疑人还有犯罪被异地公安机关立案侦查的，应当通知移送审查起诉的公安机关。

人民法院对于提起公诉的案件，发现被告人还有其他犯罪被审查起诉、立案侦查的，可以协商人民检察院、公安机关并案处理，但可能造成审判过分迟延的除外。决定对有关犯罪并案处理，符合《中华人民共和国刑事诉讼法》第二百零四条规定的，人民检察院可以建议人民法院延期审理。

三、关于信息网络犯罪案件的调查核实

11. 公安机关对接受的案件或者发现的犯罪线索，在审查中发现案件事实或者线索不明，需要经过调查才能够确认是否达到刑事立案标准的，经公安机关办案部门负责人批准，可以进行调查核实；经过调查核实达到刑事立案标准的，应当及时立案。

12. 调查核实过程中，可以采取询问、查询、勘验、检查、鉴定、调取证据材料等不限制被调查对象人身、财产权利的措施，不得对被调查对象采取强制措施，不得查封、扣押、冻结被调查对象的财产，不得采取技术侦查措施。

13. 公安机关在调查核实过程中依法收集的电子数据等材料，可以根据有关规定作为证据使用。

调查核实过程中收集的材料作为证据使用的，应当随案移送，并附批准调查核实的相关材料。

调查核实过程中收集的证据材料经查证属实，且收集程序符合有关要求的，可以作为定案依据。

四、关于信息网络犯罪案件的取证

14. 公安机关向网络服务提供者调取电子数据的,应当制作调取证据通知书,注明需要调取的电子数据的相关信息。调取证据通知书及相关法律文书可以采用数据电文形式。跨地域调取电子数据的,可以通过公安机关信息化系统传输相关数据电文。

网络服务提供者向公安机关提供电子数据的,可以采用数据电文形式。采用数据电文形式提供电子数据的,应当保证电子数据的完整性,并制作电子证明文件,载明调证法律文书编号、单位电子公章、完整性校验值等保护电子数据完整性方法的说明等信息。

数据电文形式的法律文书和电子证明文件,应当使用电子签名、数字水印等方式保证完整性。

15. 询(讯)问异地证人、被害人以及与案件有关联的犯罪嫌疑人的,可以由办案地公安机关通过远程网络视频等方式进行并制作笔录。

远程询(讯)问的,应当由协作地公安机关事先核实被询(讯)问人的身份。办案地公安机关应当将询(讯)问笔录传输至协作地公安机关。询(讯)问笔录经被询(讯)问人确认并逐页签名、捺指印后,由协作地公安机关协作人员签名或者盖章,并将原件提供给办案地公安机关。询(讯)问人员收到笔录后,应当在首页右上方写明"于某年某月某日收到",并签名或者盖章。

远程询(讯)问的,应当对询(讯)问过程同步录音录像,并随案移送。

异地证人、被害人以及与案件有关联的犯罪嫌疑人亲笔书写证词、供词的,参照执行本条第二款规定。

16. 人民检察院依法自行侦查、补充侦查,或者人民法院调查核实相关证据的,适用本意见第 14 条、第 15 条的有关规定。

17. 对于依照本意见第 14 条的规定调取的电子数据,人民检察院、人民法院可以通过核验电子签名、数字水印、电子数据完整性校验值及调证法律文书编号是否与证明文件相一致等方式,对电子数据进行审查判断。

对调取的电子数据有疑问的，由公安机关、提供电子数据的网络服务提供者作出说明，或者由原调取机关补充收集相关证据。

五、关于信息网络犯罪案件的其他问题

18. 采取技术侦查措施收集的材料作为证据使用的，应当随案移送，并附采取技术侦查措施的法律文书、证据材料清单和有关说明材料。

移送采取技术侦查措施收集的视听资料、电子数据的，应当由两名以上侦查人员制作复制件，并附制作说明，写明原始证据材料、原始存储介质的存放地点等信息，由制作人签名，并加盖单位印章。

19. 采取技术侦查措施收集的证据材料，应当经过当庭出示、辨认、质证等法庭调查程序查证。

当庭调查技术侦查证据材料可能危及有关人员的人身安全，或者可能产生其他严重后果的，法庭应当采取不暴露有关人员身份和技术侦查措施使用的技术设备、技术方法等保护措施。必要时，审判人员可以在庭外对证据进行核实。

20. 办理信息网络犯罪案件，对于数量特别众多且具有同类性质、特征或者功能的物证、书证、证人证言、被害人陈述、视听资料、电子数据等证据材料，确因客观条件限制无法逐一收集的，应当按照一定比例或者数量选取证据，并对选取情况作出说明和论证。

人民检察院、人民法院应当重点审查取证方法、过程是否科学。经审查认为取证不科学的，应当由原取证机关作出补充说明或者重新取证。

人民检察院、人民法院应当结合其他证据材料，以及犯罪嫌疑人、被告人及其辩护人所提辩解、辩护意见，审查认定取得的证据。经审查，对相关事实不能排除合理怀疑的，应当作出有利于犯罪嫌疑人、被告人的认定。

21. 对于涉案人数特别众多的信息网络犯罪案件，确因客观条件限制无法收集证据逐一证明、逐人核实涉案账户的资金来源，但根据银行账户、非银行支付账户等交易记录和其他证据材料，足以认定有关账户主要用于接收、流转涉案资金的，可以按照该账户接收的资金数额认定犯罪数额,但犯罪嫌疑人、被告人能够作出合理说明的除外。案外人提出异议的,应当依法审查。

22. 办理信息网络犯罪案件,应当依法及时查封、扣押、冻结涉案财物,督促涉案人员退赃退赔,及时追赃挽损。

公安机关应当全面收集证明涉案财物性质、权属情况、依法应予追缴、没收或者责令退赔的证据材料,在移送审查起诉时随案移送并作出说明。其中,涉案财物需要返还被害人的,应当尽可能查明被害人损失情况。人民检察院应当对涉案财物的证据材料进行审查,在提起公诉时提出处理意见。人民法院应当依法作出判决,对涉案财物作出处理。

对应当返还被害人的合法财产,权属明确的,应当依法及时返还;权属不明的,应当在人民法院判决、裁定生效后,按比例返还被害人,但已获退赔的部分应予扣除。

23. 本意见自 2022 年 9 月 1 日起施行。《最高人民法院、最高人民检察院、公安部关于办理网络犯罪案件适用刑事诉讼程序若干问题的意见》(公通字〔2014〕10 号)同时废止。

(三)管辖

最高人民检察院关于人民检察院立案侦查司法工作人员相关职务犯罪案件若干问题的规定

(2018 年 11 月 24 日高检发研字〔2018〕28 号发布
自发布之日起施行)

2018 年 10 月 26 日,第十三届全国人民代表大会常务委员会第六次会议审议通过了《关于修改〈中华人民共和国刑事诉讼法〉的决定》。修改后的《刑事诉讼法》第十九条第二款规定:“人民检察院在对诉讼活动实行法律监督中发现的司法工作人员利用职权实施的非法拘禁、刑讯逼供、非法搜查等侵犯公民权利、损害司法公正的犯罪,可以由人民检察院立案侦查。”为做好人民检察院与监察委员会案件管辖范围的衔接,对在诉讼监督中发现的司法工作人员利用职权实施的侵犯公民权利、损害司法公正的犯罪依法履行侦查职责,作出如下规定:

一、案件管辖范围

人民检察院在对诉讼活动实行法律监督中,发现司法工作人员涉嫌利用职权实施的下列侵犯公民权利、损害司法公正的犯罪案件,可以立案侦查:

1. 非法拘禁罪(刑法第二百三十八条)(非司法工作人员除外);

2. 非法搜查罪(刑法第二百四十五条)(非司法工作人员除外);

3. 刑讯逼供罪(刑法第二百四十七条);

4. 暴力取证罪(刑法第二百四十七条);

5. 虐待被监管人罪(刑法第二百四十八条);

6. 滥用职权罪(刑法第三百九十七条)(非司法工作人员滥用职权侵犯公民权利、损害司法公正的情形除外);

7. 玩忽职守罪(刑法第三百九十七条)(非司法工作人员玩忽职守侵犯公民权利、损害司法公正的情形除外);

8. 徇私枉法罪(刑法第三百九十九条第一款);

9. 民事、行政枉法裁判罪(刑法第三百九十九条第二款);

10. 执行判决、裁定失职罪(刑法第三百九十九条第三款);

11. 执行判决、裁定滥用职权罪(刑法第三百九十九条第三款);

12. 私放在押人员罪(刑法第四百条第一款);

13. 失职致使在押人员脱逃罪(刑法第四百条第二款);

14. 徇私舞弊减刑、假释、暂予监外执行罪(刑法第四百零一条)。

二、级别管辖和侦查部门

本规定所列犯罪案件,由设区的市级人民检察院立案侦查。基层人民检察院发现犯罪线索的,应当报设区的市级人民检察院决定立案侦查。设区的市级人民检察院也可以将案件交由基层人民检察院立案侦查,或者由基层人民检察院协助侦查。最高人民检察院、省级人民检察院发现犯罪线索的,可以自行决定立案侦查,也可以将案件线索交由指定的省级人民检察院、设区的市级人民检察院立案侦查。

本规定所列犯罪案件,由人民检察院负责刑事检察工作的专门部门负责侦查。设区的市级以上人民检察院侦查终结的案件,可以交有管辖权的基层人民法院相对应的基层人民检察院提起公诉;需要指定其他基层人民检察院提起公诉的,应当与同级人民法院协商指定管辖;依法应当由中级人民法院管辖的案件,应当由设区的市级人民检察院提起公诉。

三、案件线索的移送和互涉案件的处理

人民检察院立案侦查本规定所列犯罪时,发现犯罪嫌疑人同时涉嫌监察委员会管辖的职务犯罪线索的,应当及时与同级监察委员会沟通,一般应当由监察委员会为主调查,人民检察院予以协助。经沟通,认为全案由监察委员会管辖更为适宜的,人民检察院应当撤销案件,将案件和相应职务犯罪线索一并移送监察委员会;认为由监察委员会和人民检察院分别管辖更为适宜的,人民检察院应当将监察委员会管辖的相应职务犯罪线索移送监察委员会,对依法由人民检察院管辖的犯罪案件继续侦查。人民检察院应当及时将沟通情况报告上一级人民检察院。沟通期间,人民检察院不得停止对案件的侦查。监察委员会和人民检察院分别管辖的案件,调查(侦查)终结前,人民检察院应当就移送审查起诉有关事宜与监察委员会加强沟通,协调一致,由人民检察院依法对全案审查起诉。

人民检察院立案侦查本规定所列犯罪时,发现犯罪嫌疑人同时涉嫌公安机关管辖的犯罪线索的,依照现行有关法律和司法解释的规定办理。

四、办案程序

(一)人民检察院办理本规定所列犯罪案件,不再适用对直接受理立案侦查案件决定立案报上一级人民检察院备案,逮捕犯罪嫌疑人报上一级人民检察院审查决定的规定。

(二)对本规定所列犯罪案件,人民检察院拟作撤销案件、不起诉决定的,应当报上一级人民检察院审查批准。

(三)人民检察院负责刑事检察工作的专门部门办理本规定所列犯罪案件,认为需要逮捕犯罪嫌疑人的,应当由相应的刑事检察部门审查,报检察长或者检察委员会决定。

(四)人民检察院办理本规定所列犯罪案件,应当依法接受人民监督员的监督。

最高人民检察院此前印发的规范性文件与本规定不一致的,以本规定为准。

附:

十四个罪名的立案标准

一、非法拘禁罪(仅限司法工作人员)

国家机关工作人员利用职权非法拘禁,涉嫌下列情形之一的,应予立案:

1. 非法剥夺他人人身自由 24 小时以上的;

2. 非法剥夺他人人身自由,并使用械具或者捆绑等恶劣手段,或者实施殴打、侮辱、虐待行为的;

3. 非法拘禁,造成被拘禁人轻伤、重伤、死亡的;

4. 非法拘禁,情节严重,导致被拘禁人自杀、自残造成重伤、死亡,或者精神失常的;

5. 非法拘禁 3 人次以上的;

6. 司法工作人员对明知是没有违法犯罪事实的人而非法拘禁的；

7. 其他非法拘禁应予追究刑事责任的情形。

二、非法搜查罪(仅限司法工作人员)

国家机关工作人员利用职权非法搜查，涉嫌下列情形之一的，应予立案：

1. 非法搜查他人身体、住宅，并实施殴打、侮辱等行为的；

2. 非法搜查，情节严重，导致被搜查人或者其近亲属自杀、自残造成重伤、死亡，或者精神失常的；

3. 非法搜查，造成财物严重损坏的；

4. 非法搜查3人(户)次以上的；

5. 司法工作人员对明知是与涉嫌犯罪无关的人身、住宅非法搜查的；

6. 其他非法搜查应予追究刑事责任的情形。

三、刑讯逼供罪

司法工作人员对犯罪嫌疑人、被告人使用肉刑或者变相肉刑逼取口供的行为，涉嫌下列情形之一的，应予立案：

1. 以殴打、捆绑、违法使用械具等恶劣手段逼取口供的；

2. 以较长时间冻、饿、晒、烤等手段逼取口供，严重损害犯罪嫌疑人、被告人身体健康的；

3. 刑讯逼供造成犯罪嫌疑人、被告人轻伤、重伤、死亡的；

4. 刑讯逼供，情节严重，导致犯罪嫌疑人、被告人自杀、自残造成重伤、死亡，或者精神失常的；

5. 刑讯逼供，造成错案的；

6. 刑讯逼供3人次以上的；

7. 纵容、授意、指使、强迫他人刑讯逼供，具有上述情形之一的；

8. 其他刑讯逼供应予追究刑事责任的情形。

四、暴力取证罪

司法工作人员以暴力逼取证人证言的行为，涉嫌下列情形之一

的,应予立案:

1. 以殴打、捆绑、违法使用械具等恶劣手段逼取证人证言的;

2. 暴力取证造成证人轻伤、重伤、死亡的;

3. 暴力取证,情节严重,导致证人自杀、自残造成重伤、死亡,或者精神失常的;

4. 暴力取证,造成错案的;

5. 暴力取证 3 人次以上的;

6. 纵容、授意、指使、强迫他人暴力取证,具有上述情形之一的;

7. 其他暴力取证应予追究刑事责任的情形。

五、虐待被监管人罪

监狱、拘留所、看守所、拘役所、劳教所等监管机构的监管人员对被监管人进行殴打或者体罚虐待,情节严重的行为。涉嫌下列情形之一的,应予立案:

1. 以殴打、捆绑、违法使用械具等恶劣手段虐待被监管人的;

2. 以较长时间冻、饿、晒、烤等手段虐待被监管人,严重损害其身体健康的;

3. 虐待造成被监管人轻伤、重伤、死亡的;

4. 虐待被监管人,情节严重,导致被监管人自杀、自残造成重伤、死亡,或者精神失常的;

5. 殴打或者体罚虐待 3 人次以上的;

6. 指使被监管人殴打、体罚虐待其他被监管人,具有上述情形之一的;

7. 其他情节严重的情形。

六、滥用职权罪(仅限司法工作人员)

1. 国家机关工作人员滥用职权,涉嫌下列情形之一的,属于“致使公共财产、国家和人民利益遭受重大损失”,处三年以下有期徒刑或者拘役:

(1)造成死亡 1 人以上,或者重伤 3 人以上,或者轻伤 9 人以上,或者重伤 2 人、轻伤 3 人以上,或者重伤 1 人、轻伤 6 人以上的;

(2)造成经济损失30万元以上的;

(3)造成恶劣社会影响的;

(4)其他致使公共财产、国家和人民利益遭受重大损失的情形。

2. 涉嫌下列情形之一的,属于"情节特别严重",处三年以上七年以下有期徒刑:

(1)造成伤亡达到前款第1项规定人数3倍以上的;

(2)造成经济损失150万元以上的;

(3)造成前款规定的损失后果,不报、迟报、谎报或者授意、指使、强令他人不报、迟报、谎报事故情况,致使损失后果持续、扩大或者抢救工作延误的;

(4)造成特别恶劣社会影响的;

(5)其他特别严重的情节。

3. 国家机关工作人员滥用职权,有下列情形之一,致使盗窃、抢劫、诈骗、抢夺的机动车被办理登记手续,数量达到3辆以上或者价值总额达到30万元以上的,以滥用职权罪定罪,处三年以下有期徒刑或者拘役:

(1)明知是登记手续不全或者不符合规定的机动车而办理登记手续的;

(2)指使他人为明知是登记手续不全或者不符合规定的机动车办理登记手续的;

(3)违规或者指使他人违规更改、调换车辆档案的;

(4)其他滥用职权的行为。

国家机关工作人员实施前款行为,致使盗窃、抢劫、诈骗、抢夺的机动车被办理登记手续,达到前款规定数量、数额标准5倍以上的,或者明知是盗窃、抢劫、诈骗、抢夺的机动车而办理登记手续的,属于"情节特别严重",处三年以上七年以下有期徒刑。

国家机关工作人员徇私舞弊,实施上述行为,构成犯罪的,依照刑法第三百九十七条第二款的规定定罪处罚。

七、玩忽职守罪（仅限司法工作人员）

1. 国家机关工作人员滥用职权，涉嫌下列情形之一的，属于“致使公共财产、国家和人民利益遭受重大损失”，处三年以下有期徒刑或者拘役：

（1）造成死亡 1 人以上，或者重伤 3 人以上，或者轻伤 9 人以上，或者重伤 2 人、轻伤 3 人以上，或者重伤 1 人、轻伤 6 人以上的；

（2）造成经济损失 30 万元以上的；

（3）造成恶劣社会影响的；

（4）其他致使公共财产、国家和人民利益遭受重大损失的情形。

2. 涉嫌下列情形之一的，属于“情节特别严重”，处三年以上七年以下有期徒刑：

（1）造成伤亡达到前款第 1 项规定人数 3 倍以上的；

（2）造成经济损失 150 万元以上的；

（3）造成前款规定的损失后果，不报、迟报、谎报或者授意、指使、强令他人不报、迟报、谎报事故情况，致使损失后果持续、扩大或者抢救工作延误的；

（4）造成特别恶劣社会影响的；

（5）其他特别严重的情节。

3. 国家机关工作人员疏于审查或者审查不严，致使盗窃、抢劫、诈骗、抢夺的机动车被办理登记手续，数量达到 5 辆以上或者价值总额达到 50 万元以上的，以玩忽职守罪定罪，处三年以下有期徒刑或者拘役。

国家机关工作人员实施前款行为，致使盗窃、抢劫、诈骗、抢夺的机动车被办理登记手续，达到前款规定数量、数额标准 5 倍以上的，或者明知是盗窃、抢劫、诈骗、抢夺的机动车而办理登记手续的，属于“情节特别严重”，处三年以上七年以下有期徒刑。

国家机关工作人员徇私舞弊，实施上述行为，构成犯罪的，依照刑法第三百九十七条第二款的规定定罪处罚。

八、徇私枉法罪

司法工作人员徇私枉法、徇情枉法,对明知是无罪的人而使他受追诉、对明知是有罪的人而故意包庇不使他受追诉,或者在刑事审判活动中故意违背事实和法律作枉法裁判的行为,涉嫌下列情形之一的,应予立案:

1. 对明知是没有犯罪事实或者其他依法不应当追究刑事责任的人,采取伪造、隐匿、毁灭证据或者其他隐瞒事实、违反法律的手段,以追究刑事责任为目的立案、侦查、起诉、审判的;

2. 对明知是有犯罪事实需要追究刑事责任的人,采取伪造、隐匿、毁灭证据或者其他隐瞒事实、违反法律的手段,故意包庇使其不受立案、侦查、起诉、审判的;

3. 采取伪造、隐匿、毁灭证据或者其他隐瞒事实、违反法律的手段,故意使罪重的人受较轻的追诉,或者使罪轻的人受较重的追诉的;

4. 在立案后,采取伪造、隐匿、毁灭证据或者其他隐瞒事实、违反法律的手段,应当采取强制措施而不采取强制措施,或者虽然采取强制措施,但中断侦查或者超过法定期限不采取任何措施,实际放任不管,以及违法撤销、变更强制措施,致使犯罪嫌疑人、被告人实际脱离司法机关侦控的;

5. 在刑事审判活动中故意违背事实和法律,作出枉法判决、裁定,即有罪判无罪、无罪判有罪,或者重罪轻判、轻罪重判的;

6. 其他徇私枉法应予追究刑事责任的情形。

九、民事、行政枉法裁判罪

审判人员在民事、行政审判活动中,故意违背事实和法律作枉法裁判,情节严重的行为。涉嫌下列情形之一的,应予立案:

1. 枉法裁判,致使当事人或者其近亲属自杀、自残造成重伤、死亡,或者精神失常的;

2. 枉法裁判,造成个人财产直接经济损失 10 万元以上,或者直接经济损失不满 10 万元,但间接经济损失 50 万元以上的;

3. 枉法裁判,造成法人或者其他组织财产直接经济损失20万元以上,或者直接经济损失不满20万元,但间接经济损失100万元以上的;

4. 伪造、变造有关材料、证据,制造假案枉法裁判的;

5. 串通当事人制造伪证,毁灭证据或者篡改庭审笔录而枉法裁判的;

6. 徇私情、私利,明知是伪造、变造的证据予以采信,或者故意对应当采信的证据不予采信,或者故意违反法定程序,或者故意错误适用法律而枉法裁判的;

7. 其他情节严重的情形。

十、执行判决、裁定失职罪

司法工作人员在执行判决、裁定活动中,严重不负责任,不依法采取诉讼保全措施、不履行法定执行职责,或者违法采取保全措施、强制执行措施,致使当事人或者其他人的利益遭受重大损失的行为。涉嫌下列情形之一的,应予立案:

1. 致使当事人或者其近亲属自杀、自残造成重伤、死亡,或者精神失常的;

2. 造成个人财产直接经济损失15万元以上,或者直接经济损失不满15万元,但间接经济损失75万元以上的;

3. 造成法人或者其他组织财产直接经济损失30万元以上,或者直接经济损失不满30万元,但间接经济损失150万元以上的;

4. 造成公司、企业等单位停业、停产1年以上,或者破产的;

5. 其他致使当事人或者其他人的利益遭受重大损失的情形。

十一、执行判决、裁定滥用职权罪

司法工作人员在执行判决、裁定活动中,滥用职权,不依法采取诉讼保全措施、不履行法定执行职责,或者违法采取保全措施、强制执行措施,致使当事人或者其他人的利益遭受重大损失的行为。涉嫌下列情形之一的,应予立案:

1. 致使当事人或者其近亲属自杀、自残造成重伤、死亡,或者精

神失常的;

2. 造成个人财产直接经济损失 10 万元以上,或者直接经济损失不满 10 万元,但间接经济损失 50 万元以上的;

3. 造成法人或者其他组织财产直接经济损失 20 万元以上,或者直接经济损失不满 20 万元,但间接经济损失 100 万元以上的;

4. 造成公司、企业等单位停业、停产 6 个月以上,或者破产的;

5. 其他致使当事人或者其他人的利益遭受重大损失的情形。

十二、私放在押人员罪

司法工作人员私放在押(包括在羁押场所和押解途中)的犯罪嫌疑人、被告人或者罪犯的行为。涉嫌下列情形之一的,应予立案:

1. 私自将在押的犯罪嫌疑人、被告人、罪犯放走,或者授意、指使、强迫他人将在押的犯罪嫌疑人、被告人、罪犯放走的;

2. 伪造、变造有关法律文书、证明材料,以使在押的犯罪嫌疑人、被告人、罪犯逃跑或者被释放的;

3. 为私放在押的犯罪嫌疑人、被告人、罪犯,故意向其通风报信、提供条件,致使该在押的犯罪嫌疑人、被告人、罪犯脱逃的;

4. 其他私放在押的犯罪嫌疑人、被告人、罪犯应予追究刑事责任的情形。

十三、失职致使在押人员脱逃罪

司法工作人员由于严重不负责任,不履行或者不认真履行职责,致使在押(包括在羁押场所和押解途中)的犯罪嫌疑人、被告人、罪犯脱逃,造成严重后果的行为。涉嫌下列情形之一的,应予立案:

1. 致使依法可能判处或者已经判处 10 年以上有期徒刑、无期徒刑、死刑的犯罪嫌疑人、被告人、罪犯脱逃的;

2. 致使犯罪嫌疑人、被告人、罪犯脱逃 3 人次以上的;

3. 犯罪嫌疑人、被告人、罪犯脱逃以后,打击报复报案人、控告人、举报人、被害人、证人和司法工作人员等,或者继续犯罪的;

4. 其他致使在押的犯罪嫌疑人、被告人、罪犯脱逃,造成严重后果的情形。

十四、徇私舞弊减刑、假释、暂予监外执行罪

司法工作人员徇私舞弊，对不符合减刑、假释、暂予监外执行条件的罪犯予以减刑、假释、暂予监外执行的行为。涉嫌下列情形之一的，应予立案：

1. 刑罚执行机关的工作人员对不符合减刑、假释、暂予监外执行条件的罪犯，捏造事实，伪造材料，违法报请减刑、假释、暂予监外执行的；

2. 审判人员对不符合减刑、假释、暂予监外执行条件的罪犯，徇私舞弊，违法裁定减刑、假释或者违法决定暂予监外执行的；

3. 监狱管理机关、公安机关的工作人员对不符合暂予监外执行条件的罪犯，徇私舞弊，违法批准暂予监外执行的；

4. 不具有报请、裁定、决定或者批准减刑、假释、暂予监外执行权的司法工作人员利用职务上的便利，伪造有关材料，导致不符合减刑、假释、暂予监外执行条件的罪犯被减刑、假释、暂予监外执行的；

5. 其他徇私舞弊减刑、假释、暂予监外执行应予追究刑事责任的情形。

国家监察委员会管辖规定（试行）

（中共中央纪律检查委员会、国家监察委员会 2018 年 4 月 16 日发布　国监发〔2018〕1 号　自发布之日起施行）

第一章　总　　则

第一条　为明确国家监察委员会管辖范围，根据《中华人民共和国监察法》，结合工作实际，制定本规定。

第二条　本规定所称管辖，是指国家监察委员会对监察对象职务违法和职务犯罪进行监督调查处置的权限和分工。

第三条　国家监察委员会同中央纪律检查委员会合署办公,在党中央集中统一领导下,按照管辖职责开展监督调查处置,按照干部管理权限和属地管辖相结合的原则,实行分级分工负责。

第二章　监察对象

第四条　监察委员会监察的对象是《中华人民共和国监察法》第十五条规定的行使公权力的公职人员和有关人员,主要是指:

(一)公务员和参照公务员法管理的人员,包括中国共产党各级机关的公务员;各级人民代表大会及其常务委员会机关、人民政府、监察委员会、人民法院、人民检察院的公务员;中国人民政治协商会议各级委员会机关的公务员;民主党派机关和工商业联合会机关的公务员;参照《中华人民共和国公务员法》管理的人员。

(二)法律、法规授权或者受国家机关依法委托管理公共事务的组织中从事公务的人员,包括银行保险、证券等监督管理机构的工作人员,注册会计师协会、医师协会等具有公共事务管理职能的行业协会的工作人员,以及法定检验检测检疫鉴定机构的工作人员等。

(三)国有企业管理人员,包括国有独资、控股、参股企业及其分支机构等国家出资企业中,由党组织或者国家机关、国有公司、企业、事业单位提名、推荐、任命、批准等,从事领导、组织、管理、监督等活动的人员。

(四)公办的教育、科研、文化、医疗卫生、体育等单位中从事管理的人员,包括这类单位及其分支机构中从事领导、组织、管理、监督等活动的人员。

(五)基层群众性自治组织中从事管理的人员,包括农村村民委员会、城市居民委员会等基层群众性自治组织中从事集体事务管理的人员,以及协助人民政府从事行政管理工作的人员。

(六)其他依法履行公职的人员,包括人大代表、政协委员、党代会代表、人民陪审员、人民监督员、仲裁员等;其他在国家机关、国有公司、企业、事业单位、群团组织中依法从事领导、组织、管理、监督等公务活动的人员。

第三章　监督检查和调查职务违法

第五条　国家监察委员会履行监督职责应当与党内监督有机统一，加强日常监督，运用党章党规党纪和宪法法律法规，了解掌握公职人员思想、工作、作风、生活等情况，加强教育和检查，贯彻惩前毖后、治病救人的方针，深化运用监督执纪"四种形态"，抓早抓小、防微杜渐。

第六条　中央纪律检查委员会、国家监察委员会应当把握监督重点，坚定维护习近平总书记党中央的核心、全党的核心地位，维护党中央权威和集中统一领导；检查贯彻执行党和国家的路线方针政策，落实全面从严治党责任、民主集中制原则以及中央八项规定精神的情况；监督检查依法履职、秉公用权、廉洁从政以及恪守社会道德规范的情况。

第七条　中央纪律检查委员会、国家监察委员会要把日常监督管理、巡视监督和派驻监督有机结合，对监督中发现的问题，要及时分类处置，了解和督促被巡视地区和单位整改落实工作。加强对派驻纪检监察组的领导和建设，督促其落实监督责任，定期约谈主要负责人，将监督工作做实做细。

第八条　派驻纪检监察组依法对被监督单位的领导班子和公职人员进行日常监督，善于运用谈话提醒和诫勉谈话等监督方式。发现领导班子和中央管理的公职人员存在问题的，应当及时向中央纪律检查委员会、国家监察委员会报告；发现其他公职人员的问题，应当会同被监督单位党组织开展调查处置，强化监督职责，发挥"探头"作用。

第九条　国家监察委员会调查公职人员在行使公权力过程中，利用职务便利实施的或者与其职务相关联的违法行为，重点调查公职人员涉嫌贪污贿赂、滥用职权、玩忽职守、权力寻租、利益输送、徇私舞弊以及浪费国家资财等职务违法行为。

第十条　国家监察委员会根据监督和调查的结果,依法对公职人员进行处置,政务处分一般应当与党纪处理有效衔接和匹配,防止畸轻畸重。

第四章　职务犯罪案件管辖范围

第十一条　国家监察委员会负责调查行使公权力的公职人员涉嫌贪污贿赂、滥用职权、玩忽职守、权力寻租、利益输送、徇私舞弊以及浪费国家资财等职务犯罪案件。

第十二条　贪污贿赂犯罪案件,包括贪污罪;挪用公款罪;受贿罪;单位受贿罪;利用影响力受贿罪;行贿罪;对有影响力的人行贿罪;对单位行贿罪;介绍贿赂罪;单位行贿罪;巨额财产来源不明罪;隐瞒境外存款罪;私分国有资产罪;私分罚没财物罪;非国家工作人员受贿罪;对非国家工作人员行贿罪;对外国公职人员、国际公共组织官员行贿罪。

第十三条　滥用职权犯罪案件,包括滥用职权罪;国有公司、企业、事业单位人员滥用职权罪;滥用管理公司、证券职权罪;食品监管渎职罪;故意泄露国家秘密罪;报复陷害罪;阻碍解救被拐卖、绑架妇女、儿童罪;帮助犯罪分子逃避处罚罪;违法发放林木采伐许可证罪;办理偷越国(边)境人员出入境证件罪;放行偷越国(边)境人员罪;挪用特定款物罪;非法剥夺公民宗教信仰自由罪;侵犯少数民族风俗习惯罪;打击报复会计、统计人员罪。

第十四条　玩忽职守犯罪案件,包括玩忽职守罪;国有公司、企业、事业单位人员失职罪;签订、履行合同失职被骗罪;国家机关工作人员签订、履行合同失职被骗罪;环境监管失职罪;传染病防治失职罪;商检失职罪;动植物检疫失职罪;不解救被拐卖、绑架妇女、儿童罪;失职造成珍贵文物损毁、流失罪;过失泄露国家秘密罪。

第十五条　徇私舞弊犯罪案件,包括徇私舞弊低价折股、出售国有资产罪;非法批准征收、征用、占用土地罪;非法低价出让国有土地使用权罪;非法经营同类营业罪;为亲友非法牟利罪;枉法仲裁罪;徇私舞弊发售发票、抵扣税款、出口退税罪；商检徇私舞弊罪；动植物检疫徇私舞弊罪；放纵走私罪；放纵制售伪劣商品犯罪行为罪；招收公务员、学生徇私舞弊罪；徇私舞弊不移交刑事案件罪；违法提供出口退税凭证罪；徇私舞弊不征、少征税款罪。

第十六条 公职人员在行使公权力过程中发生的重大责任事故犯罪案件，包括重大责任事故罪；教育设施重大安全事故罪；消防责任事故罪；重大劳动安全事故罪；强令违章冒险作业罪；不报、谎报安全事故罪；铁路运营安全事故罪；重大飞行事故罪；大型群众性活动重大安全事故罪；危险物品肇事罪；工程重大安全事故罪。

第十七条 公职人员在行使公权力过程中发生的其他犯罪案件，包括破坏选举罪；背信损害上市公司利益罪；金融工作人员购买假币、以假币换取货币罪；利用未公开信息交易罪；诱骗投资者买卖证券、期货合约罪；背信运用受托财产罪；违法运用资金罪；违法发放贷款罪；吸收客户资金不入帐罪；违规出具金融票证罪；对违法票据承兑、付款、保证罪；非法转让、倒卖土地使用权罪；私自开拆、隐匿、毁弃邮件、电报罪；职务侵占罪；挪用资金罪；故意延误投递邮件罪；泄露不应公开的案件信息罪；披露、报道不应公开的案件信息罪；接送不合格兵员罪。

第十八条 公职人员在行使公权力的过程中，违反职务廉洁等规定进行权力寻租，或者为谋取政治、经济等方面的特定利益进行利益输送，构成犯罪的，适用受贿罪、行贿罪、为亲友非法牟利罪等规定。

公职人员违反科学决策、民主决策、依法决策程序，违反财经制度，浪费国家资财构成犯罪的，适用贪污罪、徇私舞弊低价折股出售国有资产罪等规定。

第十九条 公职人员既涉嫌严重职务违法或者职务犯罪，又涉嫌其他违法犯罪的案件，由国家监察委员会与最高人民检察院、公安部等机关协商解决管辖问题，一般应当由国家监察委员会为主调查，其他机关予以配合。

第二十条　几个省级监察机关都有管辖权的案件，由最初受理的监察机关管辖。必要时，可以由主要犯罪地的监察机关管辖。省级监察机关之间对案件管辖有争议的，应当指请国家监察委员会解决。

具有下列情形之一的，国家监察委员会可以在职责范围内并案调查：

（一）一人犯数罪的；

（二）共同犯罪的；

（三）共同犯罪的公职人员还实施其他犯罪的；

（四）多人实施的犯罪存在关联，并案处理有利于查明事实的。

第二十一条　在诉讼监督活动中发现的司法工作人员利用职权实施的侵犯公民权利、损害司法公正的犯罪，由人民检察院管辖更为适宜的可以由人民检察院管辖。

公职人员以外的其他人员涉嫌第十六条、筹十七条所列犯罪和非国家工作人员受贿罪，对非国家工作人员行贿罪，对外国公职人员、国际公共组织官员行贿罪的，由公安机关管辖。

第五章　管辖分工和协调

第二十二条　国家监察委员会调查中央管理的公职人员职务违法和职务犯罪案件；有全国性影响的其他重大职务违法和职务犯罪案件。

第二十三条　国家监察委员会可以直接调查或者领导、指挥调查省级监察机关管辖的案件，必要时也可以直接办理地方各级监察机关管辖的案件。

第二十四条　国家监察委员会可以将其管辖案件指定省级监察机关管辖，也可以将省级监察机关管辖的案件指定给其他省级监察机关管辖。

地方监察机关办理国家监察委员会指定管辖的案件过程中，发现新的涉嫌职务违法或者职务犯罪线索，应当及时报送国家监察委员会。对案件涉及的重要情况、重大问题,应当及时请示报告。

第二十五条 省级监察机关认为所管辖的案件重大、复杂,需要由国家监察委员会管辖的,可以报请移送国家监察委员会管辖。国家监察委受理后,认为需要调查的,可以自行调查,也可以指定其他省级监察机关办理。

第二十六条 国家监察委员会在调查中指定异地管辖,需要在异地起诉、审判的,应当在移送审查起诉前与人民检察院、人民法院协商指定管辖等相关事宜。

第二十七条 中央纪律检查委员会、国家监察委员会派驻纪检监察组负责调查被监督单位非中央管理的局级及以下公职人员的职务违法和职务犯罪案件,派驻纪检监察组可以与北京市监察委员会联合开展调查。

第二十八条 派驻纪检监察组调查其所管辖的职务犯罪案件,认为由北京市监察委员会调查更为适宜的,应当经驻在单位党组(党委)同意,并向国家监察委员会报备后,移交北京市监察委员会调查。北京市监察委员会根据具体情况决定自行调查或者指定下级监察机关调查。

北京市监察委员会认为有依法需要回避等情形的,应当报请国家监察委员会指定其他监察机关管辖。

北京市监察委员会作出立案调查决定的,对调查过程中的重要情况,应当及时通报派驻纪检监察组;作出不予立案调查或者撤销案件等决定的,应当征求派驻纪检监察组的意见。派驻纪检监察组应当将上述情况及时向国家监察委员会对口联系纪检监察室报备,纪检监察室接报后,应当及时向分管领导同志报告。

第二十九条 工作地点在地方、干部管理权限在主管部门的公职人员涉嫌职务违法或者职务犯罪的,由派驻该单位的纪检监察组管辖。派驻纪检监察组认为由其工作所在地监察机关调查更为适宜的,应当及时同其工作所在地有关监察机关协商决定,并履行相应的审批程序。

第三十条　本规定由国家监察委员会负责解释。

第三十一条　本规定自发布之日起施行。

公安部关于印发《公安部刑事案件管辖分工规定》的通知

（2020年9月1日发布　公通字〔2020〕9号
自发布之日起施行）

各省、自治区、直辖市公安厅、局，新疆生产建设兵团公安局：

根据《刑法》《刑事诉讼法》及其他有关规定，结合国家监察体制改革、公安机关机构改革、公安部机关内设机构改革情况，从加强对刑事案件发案形势、发案规律、打防策略研究和组织、指导、监督地方公安机关办理刑事案件的实际需要出发，公安部对各有关业务部门刑事案件管辖分工进行了调整，制定了《公安部刑事案件管辖分工规定》，现印发给你们，并就确定刑事案件管辖分工的原则和有关工作要求通知如下：

一、关于确定刑事案件管辖分工的原则

（一）权责一致、分工明确。各业务部门管辖的刑事案件范围应当与其职责权限、管理职能保持一致，坚持防范与打击并重，做到权责一致、打防结合，提升发现、打击犯罪的效率和能力。

（二）统一管辖、减少交叉。将同类刑事案件统一划归一个业务部门管辖，取消共同管辖的规定，避免因职责交叉引发争议或者责任不清。

（三）结合实际、合理配置。统筹考虑发案形势、案件管辖历史沿革、机构职能设置以及各业务部门办案力量等实际情况，合理配置刑事案件管辖范围。

二、关于管辖的几类特殊情况

（一）关于并案管辖。各业务部门在办理本部门管辖的案件过程中，发现其他业务部门管辖的犯罪，符合《公安机关办理刑事案件程序规定》有关并案侦查规定的，可以一并办理，不再移交；对没有直接关联的案件，应当移交主管的业务部门办理。

（二）关于行业公安机关管辖。根据《公安机关办理刑事案件程序规定》和行业公安机关管理体制调整情况，本规定明确了铁路公安局、海关总署缉私局和中国民用航空局公安局的管辖范围。其中，铁路公安局管辖铁路运营安全事故案，中国民用航空局公安局管辖重大飞行事故案；海关总署缉私局增加管辖逃避商检案、妨害国境卫生检疫案、妨害动植物检疫案。此外，在治安管理局管辖案件范围中规定，治安管理局指导长江航运公安机关，办理长江干线跨区域的中央管理水域发生的刑事案件。

（三）关于专案和专项打击工作。各业务部门牵头办理专案或者开展专项打击工作，根据有关工作专门要求办理或者指导办理相关案件。

（四）关于与其他机关共同管辖的案件。根据《刑事诉讼法》《监察法》《监狱法》等法律和有关文件的规定，部分罪名存在公安机关与监察机关、人民法院、检察机关、国家安全机关、军队保卫部门、海警机构、监狱等共同管辖的情况，工作中要根据不同的犯罪主体、发生区域、危害后果等情形，区分、确定管辖权，必要时征求有关机关意见。

三、有关工作要求

（一）明确本地管辖分工。各地公安机关根据本通知要求，结合自身机构设置情况和职责任务，抓紧确定刑事案件内部管辖分工，报上级公安机关备案，并认真贯彻执行。

（二）加强办案协作配合。要正确处理管辖分工与相互配合的关系，形成打击犯罪的有效合力。各业务部门要依法积极履职，对本业务部门管辖的案件加强政策、法律研究，强化犯罪预防与打击查处。

对业务部门提出的办案协助、配合请求,相关业务部门和技术部门要依照职权及时予以办理。

(三)协商解决管辖争议。各级公安机关业务部门之间对案件管辖发生争议的,要从有利于打击犯罪、维护社会稳定、保护公民合法权益的角度出发,予以协商解决;达不成一致意见的,由所属公安机关确定管辖部门。

本通知自印发之日起施行。执行中遇到的问题,请及时报公安部。《公安部关于印发〈公安部刑事案件管辖分工规定〉的通知》(公通字〔1998〕80号)、《公安部关于印发〈公安部刑事案件管辖分工补充规定〉的通知》(公通字〔2008〕9号)、《公安部关于印发〈公安部刑事案件管辖分工补充规定(二)〉的通知》(公通字〔2012〕10号)、《公安部关于印发〈公安部刑事案件管辖分工补充规定(三)〉的通知》(公通字〔2015〕36号)同时废止。

附:

公安部最新刑事案件管辖分工规定

根据《刑法》《刑事诉讼法》及最高人民法院、最高人民检察院、公安部、国家安全部、司法部、全国人大常委会法制工作委员会《关于实施刑事诉讼法若干问题的规定》,以及最高人民法院、最高人民检察院关于执行《刑法》确定罪名的有关司法解释等规定,结合公安部组织、指导、监督地方公安机关办理刑事案件的实际需要,对公安部刑事案件管辖分工作如下规定:

一、政治安全保卫局管辖案件范围(共30种)

(一)《刑法》分则第一章危害国家安全罪中的下列案件:

1. 背叛国家案(第102条)

2. 分裂国家案(第103条第1款)

3. 煽动分裂国家案(第103条第2款)

4. 武装叛乱、暴乱案(第104条)

5. 颠覆国家政权案(第105条第1款)

6. 煽动颠覆国家政权案(第105条第2款)

7. 资助危害国家安全犯罪活动案(第107条)

8. 投敌叛变案(第108条)

9. 叛逃案(第109条)

10. 间谍案(第110条)

11. 为境外窃取、刺探、收买、非法提供国家秘密、情报案(第111条)

12. 资敌案(第112条)

(二)《刑法》分则第二章危害公共安全罪中的下列案件:

13. 宣扬极端主义案(第120条之三)

14. 利用极端主义破坏法律实施案(第120条之四)

15. 强制穿戴宣扬极端主义服饰、标志案(第120条之五)

16. 非法持有宣扬极端主义物品案(第120条之六)

(三)《刑法》分则第四章侵犯公民人身权利、民主权利罪中的下列案件:

17. 诽谤案(告诉才处理的除外)(第246条)

18. 煽动民族仇恨、民族歧视案(第249条)

19. 出版歧视、侮辱少数民族作品案(第250条)

(四)《刑法》分则第六章妨害社会管理秩序罪中的下列案件:

第一节　扰乱公共秩序罪中的下列案件:

20. 非法获取国家秘密案(第282条第1款)

21. 非法持有国家绝密、机密文件、资料、物品案(第282条第2款)

22. 非法生产、销售专用间谍器材案(第283条)

23. 非法使用窃听、窃照专用器材案(第284条)

24. 侮辱国旗、国徽案(第299条第1款)

25. 侮辱国歌案(第299条第2款)

第二节　妨害司法罪中的下列案件:

26. 拒绝提供间谍犯罪、极端主义犯罪证据案(第311条)

(五)《刑法》分则第七章危害国防利益罪中的下列案件:

27. 战时故意提供虚假敌情案(第377条)

28. 战时造谣扰乱军心案(第378条)

(六)《刑法》分则第九章渎职罪中的下列案件:

29. 故意泄露国家秘密案(第398条第2款)

30. 过失泄露国家秘密案(第398条第2款)

二、经济犯罪侦查局管辖案件范围(共77种)

(一)《刑法》分则第二章危害公共安全罪中的下列案件:

1. 帮助恐怖活动案(以资助方式实施的帮助行为,第120条之一第1款)

(二)《刑法》分则第三章破坏社会主义市场经济秩序罪中的下列案件:

第二节　走私罪中的下列案件:

2. 走私假币案(第151条第1款)

第三节　妨害对公司、企业的管理秩序罪中的下列案件:

3. 虚报注册资本案(第158条)

4. 虚假出资、抽逃出资案(第159条)

5. 欺诈发行股票、债券案(第160条)

6. 违规披露、不披露重要信息案(第161条)

7. 妨害清算案(第162条)

8. 隐匿、故意销毁会计凭证、会计账簿、财务会计报告案(第162条之一)

9. 虚假破产案(第162条之二)

10. 非国家工作人员受贿案(第163条)

11. 对非国家工作人员行贿案(第164条第1款)

12. 对外国公职人员、国际公共组织官员行贿案(第164条第2款)

13. 背信损害上市公司利益案(第 169 条之一)

第四节　破坏金融管理秩序罪中的下列案件:

14. 伪造货币案(第 170 条)

15. 出售、购买、运输假币案(第 171 条第 1 款)

16. 金融工作人员购买假币、以假币换取货币案(第 171 条第 2 款)

17. 持有、使用假币案(第 172 条)

18. 变造货币案(第 173 条)

19. 擅自设立金融机构案(第 174 条第 1 款)

20. 伪造、变造、转让金融机构经营许可证、批准文件案(第 174 条第 2 款)

21. 高利转贷案(第 175 条)

22. 骗取贷款、票据承兑、金融票证案(第 175 条之一)

23. 非法吸收公众存款案(第 176 条)

24. 伪造、变造金融票证案(第 177 条)

25. 妨害信用卡管理案(第 177 条之一第 1 款)

26. 窃取、收买、非法提供信用卡信息案(第 177 条之一第 2 款)

27. 伪造、变造国家有价证券案(第 178 条第 1 款)

28. 伪造、变造股票、公司、企业债券案(第 178 条第 2 款)

29. 擅自发行股票、公司、企业债券案(第 179 条)

30. 内幕交易、泄露内幕信息案(第 180 条第 1 款)

31. 利用未公开信息交易案(第 180 条第 4 款)

32. 编造并传播证券、期货交易虚假信息案(第 181 条第 1 款)

33. 诱骗投资者买卖证券、期货合约案(第 181 条第 2 款)

34. 操纵证券、期货市场案(第 182 条)

35. 背信运用受托财产案(第 185 条之一第 1 款)

36. 违法运用资金案(第 185 条之一第 2 款)

37. 违法发放贷款案(第 186 条)

38. 吸收客户资金不入账案(第 187 条)

39. 违规出具金融票证案(第 188 条)

40. 对违法票据承兑、付款、保证案(第 189 条)

41. 骗购外汇案(《全国人民代表大会常务委员会关于惩治骗购外汇、逃汇和非法买卖外汇犯罪的决定》第 1 条)

42. 逃汇案(第 190 条)

43. 洗钱案(第 191 条)

第五节　金融诈骗罪中的下列案件:

44. 集资诈骗案(第 192 条)

45. 贷款诈骗案(第 193 条)

46. 票据诈骗案(第 194 条第 1 款)

47. 金融凭证诈骗案(第 194 条第 2 款)

48. 信用证诈骗案(第 195 条)

49. 信用卡诈骗案(第 196 条)

50. 有价证券诈骗案(第 197 条)

51. 保险诈骗案(第 198 条)

第六节　危害税收征管罪中的下列案件:

52. 逃税案(第 201 条)

53. 抗税案(第 202 条)

54. 逃避追缴欠税案(第 203 条)

55. 骗取出口退税案(第 204 条)

56. 虚开增值税专用发票、用于骗取出口退税、抵扣税款发票案(第 205 条)

57. 虚开发票案(第 205 条之一)

58. 伪造、出售伪造的增值税专用发票案(第 206 条)

59. 非法出售增值税专用发票案(第 207 条)

60. 非法购买增值税专用发票、购买伪造的增值税专用发票案(第 208 条第 1 款)

61. 非法制造、出售非法制造的用于骗取出口退税、抵扣税款发票案(第 209 条第 1 款)

62. 非法制造、出售非法制造的发票案（第209条第2款）

63. 非法出售用于骗取出口退税、抵扣税款发票案（第209条第3款）

64. 非法出售发票案（第209条第4款）

65. 持有伪造的发票案（第210条之一）

第八节　扰乱市场秩序罪中的下列案件：

66. 损害商业信誉、商品声誉案（第221条）

67. 虚假广告案（第222条）

68. 串通投标案（第223条）

69. 合同诈骗案（第224条）

70. 组织、领导传销活动案（第224条之一）

71. 非法经营案（第225条）

72. 非法转让、倒卖土地使用权案（第228条）

73. 提供虚假证明文件案（第229条第1款）

74. 出具证明文件重大失实案（第229条第3款）

（三）《刑法》分则第五章侵犯财产罪中的下列案件：

75. 职务侵占案（第271条第1款）

76. 挪用资金案（第272条第1款）

（四）《刑法》分则第六章妨害社会管理秩序罪中的下列案件：

第二节　妨害司法罪中的下列案件：

77. 虚假诉讼案（第307条之一）

三、治安管理局管辖案件范围（共76种）

（一）《刑法》分则第二章危害公共安全罪中的下列案件：

1. 非法制造、买卖、运输、储存危险物质案（第125条第2款）

2. 违规制造、销售枪支案（第126条）

3. 非法持有、私藏枪支、弹药案（第128条第1款）

4. 非法出租、出借枪支案（第128条第2款、第3款）

5. 丢失枪支不报案（第129条）

6. 非法携带枪支、弹药、管制刀具、危险物品危及公共安全案（第

130条）

7. 重大责任事故案（第134条第1款）

8. 强令违章冒险作业案（第134条第2款）

9. 重大劳动安全事故案（第135条）

10. 大型群众性活动重大安全事故案（第135条之一）

11. 危险物品肇事案（第136条）

12. 工程重大安全事故案（第137条）

13. 教育设施重大安全事故案（第138条）

14. 不报、谎报安全事故案（第139条之一）

（二）《刑法》分则第三章破坏社会主义市场经济秩序罪中的下列案件：

第二节　走私罪中的下列案件：

15. 走私淫秽物品案（第152条第1款）

第八节　扰乱市场秩序罪中的下列案件：

16. 强迫交易案（第226条）

17. 伪造、倒卖伪造的有价票证案（第227条第1款）

18. 倒卖车票、船票案（第227条第2款）

（三）《刑法》分则第四章侵犯公民人身权利、民主权利罪中的下列案件：

19. 强迫劳动案（第244条）

20. 雇用童工从事危重劳动案（第244条之一）

（四）《刑法》分则第五章侵犯财产罪中的下列案件：

21. 故意毁坏财物案（第275条）

22. 破坏生产经营案（第276条）

23. 拒不支付劳动报酬案（第276条之一）

（五）《刑法》分则第六章妨害社会管理秩序罪中的下列案件：

第一节　扰乱公共秩序罪中的下列案件：

24. 非法生产、买卖警用装备案（第281条）

25. 代替考试案（第284条之一第4款）

26. 聚众扰乱社会秩序案（第290条第1款）

27. 聚众冲击国家机关案（第290条第2款）

28. 扰乱国家机关工作秩序案（第290条第3款）

29. 组织、资助非法聚集案（第290条第4款）

30. 聚众扰乱公共场所秩序、交通秩序案（第291条）

31. 聚众斗殴案（第292条）

32. 寻衅滋事案（第293条）

33. 非法集会、游行、示威案（第296条）

34. 非法携带武器、管制刀具、爆炸物参加集会、游行、示威案（第297条）

35. 破坏集会、游行、示威案（第298条）

36. 聚众淫乱案（第301条第1款）

37. 引诱未成年人聚众淫乱案（第301条第2款）

38. 赌博案（第303条第1款）

39. 开设赌场案（第303条第2款）

40. 故意延误投递邮件案（第304条）

第四节　妨害文物管理罪中的下列案件：

41. 故意损毁文物案（第324条第1款）

42. 故意损毁名胜古迹案（第324条第2款）

43. 过失损毁文物案（第324条第3款）

第五节　危害公共卫生罪中的下列案件：

44. 妨害传染病防治案（第330条）

45. 非法组织卖血案（第333条）

46. 强迫卖血案（第333条）

47. 非法采集、供应血液、制作、供应血液制品案（第334条第1款）

48. 采集、供应血液、制作、供应血液制品事故案（第334条第2款）

49. 医疗事故案（第335条）

50. 非法行医案(第336条第1款)

51. 非法进行节育手术案(第336条第2款)

第八节　组织、强迫、引诱、容留、介绍卖淫罪中的下列案件:

52. 组织卖淫案(第358条第1款)

53. 强迫卖淫案(第358条第1款)

54. 协助组织卖淫案(第358条第4款)

55. 引诱、容留、介绍卖淫案(第359条第1款)

56. 引诱幼女卖淫案(第359条第2款)

57. 传播性病案(第360条)

第九节　制作、贩卖、传播淫秽物品罪中的下列案件:

58. 制作、复制、出版、贩卖、传播淫秽物品牟利案(第363条第1款)

59. 为他人提供书号出版淫秽书刊案(第363条第2款)

60. 传播淫秽物品案(第364条第1款)

61. 组织播放淫秽音像制品案(第364条第2款)

62. 组织淫秽表演案(第365条)

(六)《刑法》分则第七章危害国防利益罪中的下列案件:

63. 故意提供不合格武器装备、军事设施案(第370条第1款)

64. 过失提供不合格武器装备、军事设施案(第370条第2款)

65. 聚众冲击军事禁区案(第371条第1款)

66. 聚众扰乱军事管理区秩序案(第371条第2款)

67. 煽动军人逃离部队案(第373条)

68. 雇用逃离部队军人案(第373条)

69. 接送不合格兵员案(第374条)

70. 非法生产、买卖武装部队制式服装案(第375条第2款)

71. 伪造、盗窃、买卖、非法提供、非法使用武装部队专用标志案(第375条第3款)

72. 战时拒绝、逃避征召、军事训练案(第376条第1款)

73. 战时拒绝、逃避服役案(第376条第2款)

74. 战时窝藏逃离部队军人案(第 379 条)

75. 战时拒绝、故意延误军事订货案(第 380 条)

76. 战时拒绝军事征收、征用案(第 381 条)

治安管理局指导长江航运公安机关,办理长江干线跨区域的中央管理水域发生的刑事案件。

四、防范和处理邪教犯罪工作局管辖案件范围(共 2 种)

《刑法》分则第六章第一节扰乱公共秩序罪中的下列案件:

1. 组织、利用会道门、邪教组织、利用迷信破坏法律实施案(第 300 条第 1 款)

2. 组织、利用会道门、邪教组织、利用迷信致人重伤、死亡案(第 300 条第 2 款)

五、刑事侦查局管辖案件范围(共 119 种)

(一)《刑法》分则第二章危害公共安全罪中的下列案件:

1. 放火案(第 114 条、第 115 条第 1 款)

2. 决水案(第 114 条、第 115 条第 1 款)

3. 爆炸案(第 114 条、第 115 条第 1 款)

4. 投放危险物质案(第 114 条、第 115 条第 1 款)

5. 以危险方法危害公共安全案(第 114 条、第 115 条第 1 款)

6. 失火案(第 115 条第 2 款)

7. 过失决水案(第 115 条第 2 款)

8. 过失爆炸案(第 115 条第 2 款)

9. 过失投放危险物质案(第 115 条第 2 款)

10. 过失以危险方法危害公共安全案(第 115 条第 2 款)

11. 破坏交通工具案(第 116 条、第 119 条第 1 款)

12. 破坏交通设施案(第 117 条、第 119 条第 1 款)

13. 破坏电力设备案(第 118 条、第 119 条第 1 款)

14. 破坏易燃易爆设备案(第 118 条、第 119 条第 1 款)

15. 过失损坏交通工具案(第 119 条第 2 款)

16. 过失损坏交通设施案(第 119 条第 2 款)

17. 过失损坏电力设备案(第119条第2款)

18. 过失损坏易燃易爆设备案(第119条第2款)

19. 劫持航空器案(第121条)

20. 劫持船只、汽车案(第122条)

21. 暴力危及飞行安全案(第123条)

22. 破坏广播电视设施、公用电信设施案(第124条第1款)

23. 过失损坏广播电视设施、公用电信设施案(第124条第2款)

24. 非法制造、买卖、运输、邮寄、储存枪支、弹药、爆炸物案(第125条第1款)

25. 盗窃、抢夺枪支、弹药、爆炸物、危险物质案(第127条第1款)

26. 抢劫枪支、弹药、爆炸物、危险物质案(第127条第2款)

27. 消防责任事故案(第139条)

(二)《刑法》分则第三章第二节走私罪中的下列案件:

28. 走私武器、弹药案(第151条第1款)

29. 走私核材料案(第151条第1款)

30. 走私文物案(第151条第2款)

31. 走私贵重金属案(第151条第2款)

32. 走私珍贵动物、珍贵动物制品案(第151条第2款)

33. 走私国家禁止进出口的货物、物品案(第151条第3款)

34. 走私废物案(第152条第2款)

(三)《刑法》分则第四章侵犯公民人身权利、民主权利罪中的下列案件:

35. 故意杀人案(第232条)

36. 过失致人死亡案(第233条)

37. 故意伤害案(第234条)

38. 组织出卖人体器官案(第234条之一第1款)

39. 过失致人重伤案(第235条)

40. 强奸案(第236条)

41. 强制猥亵、侮辱案(第 237 条第 1 款、第 2 款)
42. 猥亵儿童案(第 237 条第 3 款)
43. 非法拘禁案(第 238 条)
44. 绑架案(第 239 条)
45. 拐卖妇女、儿童案(第 240 条)
46. 收买被拐卖的妇女、儿童案(第 241 条)
47. 聚众阻碍解救被收买的妇女、儿童案(第 242 条第 2 款)
48. 诬告陷害案(第 243 条)
49. 非法搜查案(第 245 条)
50. 非法侵入住宅案(第 245 条)
51. 侮辱案(告诉才处理的除外)(第 246 条)
52. 侵犯通信自由案(第 252 条)
53. 私自开拆、隐匿、毁弃邮件、电报案(第 253 条第 1 款)
54. 破坏选举案(第 256 条)
55. 暴力干涉婚姻自由案(告诉才处理的除外)(第 257 条)
56. 重婚案(第 258 条)
57. 破坏军婚案(第 259 条第 1 款)
58. 虐待案(第 260 条)
59. 虐待被监护、看护人案(第 260 条之一)
60. 遗弃案(第 261 条)
61. 拐骗儿童案(第 262 条)
62. 组织残疾人、儿童乞讨案(第 262 条之一)
63. 组织未成年人进行违反治安管理活动案(第 262 条之二)
(四)《刑法》分则第五章侵犯财产罪中的下列案件:
64. 抢劫案(第 263 条)
65. 盗窃案(第 264 条)
66. 诈骗案(第 266 条)
67. 抢夺案(第 267 条)
68. 聚众哄抢案(第 268 条)

69. 敲诈勒索案(第 274 条)

(五)《刑法》分则第六章妨害社会管理秩序罪中的下列案件:

第一节　扰乱公共秩序罪中的下列案件:

70. 妨害公务案(第 277 条)

71. 煽动暴力抗拒法律实施案(第 278 条)

72. 招摇撞骗案(第 279 条)

73. 伪造、变造、买卖国家机关公文、证件、印章案(第 280 条第 1 款)

74. 盗窃、抢夺、毁灭国家机关公文、证件、印章案(第 280 条第 1 款)

75. 伪造公司、企业、事业单位、人民团体印章案(第 280 条第 2 款)

76. 伪造、变造、买卖身份证件案(第 280 条第 3 款)

77. 使用虚假身份证件、盗用身份证件案(第 280 条之一)

78. 非法生产、销售窃听、窃照专用器材案(第 283 条)

79. 扰乱无线电通讯管理秩序案(第 288 条)

80. 投放虚假危险物质案(第 291 条之一第 1 款)

81. 编造、故意传播虚假恐怖信息案(第 291 条之一第 1 款)

82. 组织、领导、参加黑社会性质组织案(第 294 条第 1 款)

83. 入境发展黑社会组织案(第 294 条第 2 款)

84. 包庇、纵容黑社会性质组织案(第 294 条第 3 款)

85. 传授犯罪方法案(第 295 条)

86. 盗窃、侮辱、故意毁坏尸体、尸骨、骨灰案(第 302 条)

第二节　妨害司法罪中的下列案件:

87. 伪证案(第 305 条)

88. 辩护人、诉讼代理人毁灭证据、伪造证据、妨害作证案(第 306 条)

89. 妨害作证案(第 307 条第 1 款)

90. 帮助毁灭、伪造证据案(第 307 条第 2 款)

91. 打击报复证人案(第 308 条)
92. 泄露不应公开的案件信息案(第 308 条之一第 1 款)
93. 披露、报道不应公开的案件信息案(第 308 条之一第 3 款)
94. 扰乱法庭秩序案(第 309 条)
95. 窝藏、包庇案(第 310 条)
96. 掩饰、隐瞒犯罪所得、犯罪所得收益案(第 312 条)
97. 拒不执行判决、裁定案(第 313 条)
98. 非法处置查封、扣押、冻结的财产案(第 314 条)
99. 破坏监管秩序案(第 315 条)
100. 脱逃案(第 316 条第 1 款)
101. 劫夺被押解人员案(第 316 条第 2 款)
102. 组织越狱案(第 317 条第 1 款)
103. 暴动越狱案(第 317 条第 2 款)
104. 聚众持械劫狱案(第 317 条第 2 款)
第三节　妨害国(边)境管理罪中的下列案件:
105. 破坏永久性测量标志案(第 323 条)
第四节　妨害文物管理罪中的下列案件:
106. 非法向外国人出售、赠送珍贵文物案(第 325 条)
107. 倒卖文物案(第 326 条)
108. 非法出售、私赠文物藏品案(327 条)
109. 盗掘古文化遗址、古墓葬案(第 328 条第 1 款)
110. 盗掘古人类化石、古脊椎动物化石案(第 328 条第 2 款)
111. 抢夺、窃取国有档案案(第 329 条第 1 款)
112. 擅自出卖、转让国有档案案(第 329 条第 2 款)
(六)《刑法》分则第七章危害国防利益罪中的下列案件:
113. 阻碍军人执行职务案(第 368 条第 1 款)
114. 阻碍军事行动案(第 368 条第 2 款)
115. 破坏武器装备、军事设施、军事通信案(第 369 条第 1 款)
116. 过失损坏武器装备、军事设施、军事通信案(第 369 条第

2款)

117. 冒充军人招摇撞骗案(第372条)

118. 伪造、变造、买卖武装部队公文、证件、印章案(第375条第1款)

119. 盗窃、抢夺武装部队公文、证件、印章案(第375条第1款)

六、反恐怖局管辖案件范围(共7种)

(一)《刑法》分则第二章危害公共安全罪中的下列案件:

1. 组织、领导、参加恐怖组织案(第120条)

2. 帮助恐怖活动案(以培训招募、运送人员方式实施的帮助行为,第120条之一第2款)

3. 准备实施恐怖活动案(第120条之二)

4. 宣扬恐怖主义、煽动实施恐怖活动案(第120条之三)

5. 强制穿戴宣扬恐怖主义服饰、标志案(第120条之五)

6. 非法持有宣扬恐怖主义物品案(第120条之六)

(二)《刑法》分则第六章第二节妨害司法罪中的下列案件:

7. 拒绝提供恐怖主义犯罪证据案(第311条)

七、食品药品犯罪侦查局管辖案件范围(共33种)

(一)《刑法》分则第三章破坏社会主义市场经济秩序罪中的下列案件:

第一节　生产、销售伪劣商品罪中的下列案件:

1. 生产、销售伪劣产品案(第140条)

2. 生产、销售假药案(第141条)

3. 生产、销售劣药案(第142条)

4. 生产、销售不符合安全标准的食品案(第143条)

5. 生产、销售有毒、有害食品案(第144条)

6. 生产、销售不符合标准的医用器材案(第145条)

7. 生产、销售不符合安全标准的产品案(第146条)

8. 生产、销售伪劣农药、兽药、化肥、种子案(第147条)

9. 生产、销售不符合卫生标准的化妆品案(第148条)

第七节　侵犯知识产权罪中的下列案件：

10. 假冒注册商标案（第 213 条）

11. 销售假冒注册商标的商品案（第 214 条）

12. 非法制造、销售非法制造的注册商标标识案（第 215 条）

13. 假冒专利案（第 216 条）

14. 侵犯著作权案（第 217 条）

15. 销售侵权复制品案（第 218 条）

16. 侵犯商业秘密案（第 219 条）

（二）《刑法》分则第六章妨害社会管理秩序罪中的下列案件：

第五节　危害公共卫生罪中的下列案件：

17. 传染病菌种、毒种扩散案（第 331 条）

18. 妨害动植物防疫案（第 337 条）

第六节　破坏环境资源保护罪中的下列案件：

19. 污染环境案（第 338 条）

20. 非法处置进口的固体废物案（第 339 条第 1 款）

21. 擅自进口固体废物案（第 339 条第 2 款）

22. 非法捕捞水产品案（第 340 条）

23. 非法猎捕、杀害珍贵、濒危野生动物案（第 341 条第 1 款）

24. 非法收购、运输、出售珍贵、濒危野生动物、珍贵、濒危野生动物制品案（第 341 条第 1 款）

25. 非法狩猎案（第 341 条第 2 款）

26. 非法占用农用地案（第 342 条）

27. 非法采矿案（第 343 条第 1 款）

28. 破坏性采矿案（第 343 条第 2 款）

29. 非法采伐、毁坏国家重点保护植物案（第 344 条）

30. 非法收购、运输、加工、出售国家重点保护植物、国家重点保护植物制品案（第 344 条）

31. 盗伐林木案（第 345 条第 1 款）

32. 滥伐林木案（第 345 条第 2 款）

33. 非法收购、运输盗伐、滥伐的林木案（第345条第3款）

八、铁路公安局管辖案件范围

（一）铁路系统的机关、厂、段、院、校、所、队、工区等单位发生的刑事案件；

（二）车站工作区域内、列车内发生的刑事案件；

（三）铁路沿线发生的盗窃或者破坏铁路、通信、电力线路和其他重要设施的刑事案件；

（四）内部职工在铁路线上工作时发生的刑事案件；

（五）铁路系统的计算机信息系统延伸到地方涉及铁路业务的网点，其计算机信息系统发生的刑事案件；

（六）《刑法》分则第二章危害公共安全罪中的下列案件：

1. 铁路运营安全事故案（第132条）

九、网络安全保卫局管辖案件范围（共11种）

（一）《刑法》分则第四章侵犯公民人身权利、民主权利罪中的下列案件：

1. 侵犯公民个人信息案（第253条之一）

（二）《刑法》分则第六章第一节扰乱公共秩序罪中的下列案件：

2. 组织考试作弊案（第284条之一第1款）

3. 非法出售、提供试题、答案案（第284条之一第3款）

4. 非法侵入计算机信息系统案（第285条第1款）

5. 非法获取计算机信息系统数据、非法控制计算机信息系统案（第285条第2款）

6. 提供侵入、非法控制计算机信息系统程序、工具案（第285条第3款）

7. 破坏计算机信息系统案（第286条）

8. 拒不履行信息网络安全管理义务案（第286条之一）

9. 非法利用信息网络案（第287条之一）

10. 帮助信息网络犯罪活动案（第287条之二）

11. 编造、故意传播虚假信息案（第291条之一第2款）

十、海关总署缉私局管辖案件范围(共15种)

(一)海关关境内发生的《刑法》分则第三章第二节走私罪中的下列案件:

1. 走私普通货物、物品案(第153条、第154条)

(二)海关监管区内发生的《刑法》分则第三章第二节走私罪和第六章第七节走私、贩卖、运输、制造毒品罪中的下列案件:

2. 走私武器、弹药案(第151条第1款)

3. 走私核材料案(第151条第1款)

4. 走私假币案(第151条第1款)

5. 走私文物案(第151条第2款)

6. 走私贵重金属案(第151条第2款)

7. 走私珍贵动物、珍贵动物制品案(第151条第2款)

8. 走私国家禁止进出口的货物、物品案(第151条第3款)

9. 走私淫秽物品案(第152条第1款)

10. 走私废物案(第152条第2款)

11. 走私毒品案(第347条)

12. 走私制毒物品案(第350条)

(三)《刑法》分则第三章第八节扰乱市场秩序罪中的下列案件:

13. 逃避商检案(第230条)

(四)《刑法》分则第六章第五节危害公共卫生罪中的下列案件:

14. 妨害国境卫生检疫案(第332条)

15. 妨害动植物检疫案(第337条)

十一、中国民用航空局公安局管辖案件范围

(一)民航系统的机关、厂、段、院、校、所、队、工区等单位发生的刑事案件;

(二)机场工作区域内、民航飞机内发生的刑事案件;

(三)《刑法》分则第二章危害公共安全罪中的下列案件:

1. 重大飞行事故案(第131条)

十二、交通管理局管辖案件范围(共2种)

《刑法》分则第二章危害公共安全罪中的下列案件:

1. 交通肇事案(第133条)

2. 危险驾驶案(第133条之一)

十三、禁毒局管辖案件范围(共11种)

《刑法》分则第六章第七节走私、贩卖、运输、制造毒品罪中的下列案件:

1. 走私、贩卖、运输、制造毒品案(第347条)

2. 非法持有毒品案(第348条)

3. 包庇毒品犯罪分子案(第349条第1款)

4. 窝藏、转移、隐瞒毒品、毒赃案(第349条第1款)

5. 非法生产、买卖、运输制毒物品、走私制毒物品案(第350条)

6. 非法种植毒品原植物案(第351条)

7. 非法买卖、运输、携带、持有毒品原植物种子、幼苗案(第352条)

8. 引诱、教唆、欺骗他人吸毒案(第353条第1款)

9. 强迫他人吸毒案(第353条第2款)

10. 容留他人吸毒案(第354条)

11. 非法提供麻醉药品、精神药品案(第355条)

十四、国家移民管理局管辖案件范围(共7种)

《刑法》分则第六章第三节妨害国(边)境管理罪中的下列案件:

1. 组织他人偷越国(边)境案(第318条)

2. 骗取出境证件案(第319条)

3. 提供伪造、变造的出入境证件案(第320条)

4. 出售出入境证件案(第320条)

5. 运送他人偷越国(边)境案(第321条)

6. 偷越国(边)境案(第322条)

7. 破坏界碑、界桩案(第323条)

最高人民法院关于在审理经济纠纷案件中涉及经济犯罪嫌疑若干问题的规定

（1998年4月9日由最高人民法院审判委员会第974次会议通过　根据2020年12月23日最高人民法院审判委员会第1823次会议通过的《最高人民法院关于修改〈最高人民法院关于在民事审判工作中适用中华人民共和国工会法若干问题的解释〉等二十七件民事类司法解释的决定》修正　2020年12月29日公布　法释〔2020〕17号　自2021年1月1日起施行）

根据《中华人民共和国民法典》《中华人民共和国刑法》《中华人民共和国民事诉讼法》《中华人民共和国刑事诉讼法》等有关规定，对审理经济纠纷案件中涉及经济犯罪嫌疑问题作以下规定：

第一条　同一自然人、法人或非法人组织因不同的法律事实，分别涉及经济纠纷和经济犯罪嫌疑的，经济纠纷案件和经济犯罪嫌疑案件应当分开审理。

第二条　单位直接负责的主管人员和其他直接责任人员，以为单位骗取财物为目的，采取欺骗手段对外签订经济合同，骗取的财物被该单位占有、使用或处分构成犯罪的，除依法追究有关人员的刑事责任，责令该单位返还骗取的财物外，如给被害人造成经济损失的，单位应当承担赔偿责任。

第三条　单位直接负责的主管人员和其他直接责任人员，以该单位的名义对外签订经济合同，将取得的财物部分或全部占为己有构成犯罪的，除依法追究行为人的刑事责任外，该单位对行为人因签订、履行该经济合同造成的后果，依法应当承担民事责任。

第四条　个人借用单位的业务介绍信、合同专用章或者盖有公章的空白合同书，以出借单位名义签订经济合同，骗取财物归个人占有、使用、处分或者进行其他犯罪活动，给对方造成经济损失构成犯罪的，除依法追究借用人的刑事责任外，出借业务介绍信、合同专用章或者盖有公章的空白合同书的单位，依法应当承担赔偿责任。但是，有证据证明被害人明知签订合同对方当事人是借用行为，仍与之签订合同的除外。

第五条　行为人盗窃、盗用单位的公章、业务介绍信、盖有公章的空白合同书，或者私刻单位的公章签订经济合同，骗取财物归个人占有、使用、处分或者进行其他犯罪活动构成犯罪的，单位对行为人该犯罪行为所造成的经济损失不承担民事责任。

行为人私刻单位公章或者擅自使用单位公章、业务介绍信、盖有公章的空白合同书以签订经济合同的方法进行的犯罪行为，单位有明显过错，且该过错行为与被害人的经济损失之间具有因果关系的，单位对该犯罪行为所造成的经济损失，依法应当承担赔偿责任。

第六条　企业承包、租赁经营合同期满后，企业按规定办理了企业法定代表人的变更登记，而企业法人未采取有效措施收回其公章、业务介绍信、盖有公章的空白合同书，或者没有及时采取措施通知相对人，致原企业承包人、租赁人得以用原承包、租赁企业的名义签订经济合同，骗取财物占为己有构成犯罪的，该企业对被害人的经济损失，依法应当承担赔偿责任。但是，原承包人、承租人利用擅自保留的公章、业务介绍信、盖有公章的空白合同书以原承包、租赁企业的名义签订经济合同，骗取财物占为己有构成犯罪的，企业一般不承担民事责任。

单位聘用的人员被解聘后，或者受单位委托保管公章的人员被解除委托后，单位未及时收回其公章，行为人擅自利用保留的原单位公章签订经济合同，骗取财物占为己有构成犯罪，如给被害人造成经济损失的，单位应当承担赔偿责任。

第七条　单位直接负责的主管人员和其他直接责任人员，将单位进行走私或其他犯罪活动所得财物以签订经济合同的方法予以销售,买方明知或者应当知道的,如因此造成经济损失,其损失由买方自负。但是,如果买方不知该经济合同的标的物是犯罪行为所得财物而购买的,卖方对买方所造成的经济损失应当承担民事责任。

第八条 根据《中华人民共和国刑事诉讼法》第一百零一条第一款的规定,被害人或其法定代理人、近亲属对本规定第二条因单位犯罪行为造成经济损失的,对第四条、第五条第一款、第六条应当承担刑事责任的被告人未能返还财物而遭受经济损失提起附带民事诉讼的,受理刑事案件的人民法院应当依法一并审理。被害人或其法定代理人、近亲属因被害人遭受经济损失也有权对单位另行提起民事诉讼。若被害人或其法定代理人、近亲属另行提起民事诉讼的,有管辖权的人民法院应当依法受理。

第九条 被害人请求保护其民事权利的诉讼时效在公安机关、检察机关查处经济犯罪嫌疑期间中断。如果公安机关决定撤销涉嫌经济犯罪案件或者检察机关决定不起诉的,诉讼时效从撤销案件或决定不起诉之次日起重新计算。

第十条 人民法院在审理经济纠纷案件中,发现与本案有牵连,但与本案不是同一法律关系的经济犯罪嫌疑线索、材料,应将犯罪嫌疑线索、材料移送有关公安机关或检察机关查处,经济纠纷案件继续审理。

第十一条 人民法院作为经济纠纷受理的案件,经审理认为不属经济纠纷案件而有经济犯罪嫌疑的,应当裁定驳回起诉,将有关材料移送公安机关或检察机关。

第十二条 人民法院已立案审理的经济纠纷案件,公安机关或检察机关认为有经济犯罪嫌疑,并说明理由附有关材料函告受理该案的人民法院的,有关人民法院应当认真审查。经过审查,认为确有经济犯罪嫌疑的,应当将案件移送公安机关或检察机关,并书面通知当事人,退还案件受理费;如认为确属经济纠纷案件的,应当依法继续审理,并将结果函告有关公安机关或检察机关。

（四）排除非法证据

最高人民法院、最高人民检察院、公安部、国家安全部、司法部关于办理刑事案件严格排除非法证据若干问题的规定

（2017年6月20日法发〔2017〕15号发布
自2017年6月27日起施行）

为准确惩罚犯罪，切实保障人权，规范司法行为，促进司法公正，根据《中华人民共和国刑事诉讼法》及有关司法解释等规定，结合司法实际，制定如下规定。

一、一般规定

第一条 严禁刑讯逼供和以威胁、引诱、欺骗以及其他非法方法收集证据，不得强迫任何人证实自己有罪。对一切案件的判处都要重证据，重调查研究，不轻信口供。

第二条 采取殴打、违法使用戒具等暴力方法或者变相肉刑的恶劣手段，使犯罪嫌疑人、被告人遭受难以忍受的痛苦而违背意愿作出的供述，应当予以排除。

第三条 采用以暴力或者严重损害本人及其近亲属合法权益等进行威胁的方法，使犯罪嫌疑人、被告人遭受难以忍受的痛苦而违背意愿作出的供述，应当予以排除。

第四条 采用非法拘禁等非法限制人身自由的方法收集的犯罪嫌疑人、被告人供述，应当予以排除。

第五条 采用刑讯逼供方法使犯罪嫌疑人、被告人作出供述，之后犯罪嫌疑人、被告人受该刑讯逼供行为影响而作出的与该供述相

同的重复性供述,应当一并排除,但下列情形除外:

(一)侦查期间,根据控告、举报或者自己发现等,侦查机关确认或者不能排除以非法方法收集证据而更换侦查人员,其他侦查人员再次讯问时告知诉讼权利和认罪的法律后果,犯罪嫌疑人自愿供述的;

(二)审查逮捕、审查起诉和审判期间,检察人员、审判人员讯问时告知诉讼权利和认罪的法律后果,犯罪嫌疑人、被告人自愿供述的。

第六条 采用暴力、威胁以及非法限制人身自由等非法方法收集的证人证言、被害人陈述,应当予以排除。

第七条 收集物证、书证不符合法定程序,可能严重影响司法公正的,应当予以补正或者作出合理解释;不能补正或者作出合理解释的,对有关证据应当予以排除。

二、侦　　查

第八条 侦查机关应当依照法定程序开展侦查,收集、调取能够证实犯罪嫌疑人有罪或者无罪、罪轻或者罪重的证据材料。

第九条 拘留、逮捕犯罪嫌疑人后,应当按照法律规定送看守所羁押。犯罪嫌疑人被送交看守所羁押后,讯问应当在看守所讯问室进行。因客观原因侦查机关在看守所讯问室以外的场所进行讯问的,应当作出合理解释。

第十条 侦查人员在讯问犯罪嫌疑人的时候,可以对讯问过程进行录音录像;对于可能判处无期徒刑、死刑的案件或者其他重大犯罪案件,应当对讯问过程进行录音录像。

侦查人员应当告知犯罪嫌疑人对讯问过程录音录像,并在讯问笔录中写明。

第十一条 对讯问过程录音录像,应当不间断进行,保持完整性,不得选择性地录制,不得剪接、删改。

第十二条 侦查人员讯问犯罪嫌疑人,应当依法制作讯问笔录。

讯问笔录应当交犯罪嫌疑人核对,对于没有阅读能力的,应当向他宣读。对讯问笔录中有遗漏或者差错等情形,犯罪嫌疑人可以提出补充或者改正。

第十三条 看守所应当对提讯进行登记,写明提讯单位、人员、事由、起止时间以及犯罪嫌疑人姓名等情况。

看守所收押犯罪嫌疑人,应当进行身体检查。检查时,人民检察院驻看守所检察人员可以在场。检查发现犯罪嫌疑人有伤或者身体异常的,看守所应当拍照或者录像,分别由送押人员、犯罪嫌疑人说明原因,并在体检记录中写明,由送押人员、收押人员和犯罪嫌疑人签字确认。

第十四条 犯罪嫌疑人及其辩护人在侦查期间可以向人民检察院申请排除非法证据。对犯罪嫌疑人及其辩护人提供相关线索或者材料的,人民检察院应当调查核实。调查结论应当书面告知犯罪嫌疑人及其辩护人。对确有以非法方法收集证据情形的,人民检察院应当向侦查机关提出纠正意见。

侦查机关对审查认定的非法证据,应当予以排除,不得作为提请批准逮捕、移送审查起诉的根据。

对重大案件,人民检察院驻看守所检察人员应当在侦查终结前询问犯罪嫌疑人,核查是否存在刑讯逼供、非法取证情形,并同步录音录像。经核查,确有刑讯逼供、非法取证情形的,侦查机关应当及时排除非法证据,不得作为提请批准逮捕、移送审查起诉的根据。

第十五条 对侦查终结的案件,侦查机关应当全面审查证明证据收集合法性的证据材料,依法排除非法证据。排除非法证据后,证据不足的,不得移送审查起诉。

侦查机关发现办案人员非法取证的,应当依法作出处理,并可另行指派侦查人员重新调查取证。

三、审查逮捕、审查起诉

第十六条 审查逮捕、审查起诉期间讯问犯罪嫌疑人,应当告知其有权申请排除非法证据，并告知诉讼权利和认罪的法律后果。

第十七条 审查逮捕、审查起诉期间，犯罪嫌疑人及其辩护人申请排除非法证据，并提供相关线索或者材料的，人民检察院应当调查核实。调查结论应当书面告知犯罪嫌疑人及其辩护人。

人民检察院在审查起诉期间发现侦查人员以刑讯逼供等非法方法收集证据的，应当依法排除相关证据并提出纠正意见，必要时人民检察院可以自行调查取证。

人民检察院对审查认定的非法证据，应当予以排除，不得作为批准或者决定逮捕、提起公诉的根据。被排除的非法证据应当随案移送，并写明为依法排除的非法证据。

第十八条 人民检察院依法排除非法证据后，证据不足，不符合逮捕、起诉条件的，不得批准或者决定逮捕、提起公诉。

对于人民检察院排除有关证据导致对涉嫌的重要犯罪事实未予认定，从而作出不批准逮捕、不起诉决定，或者对涉嫌的部分重要犯罪事实决定不起诉的，公安机关、国家安全机关可要求复议、提请复核。

四、辩　　护

第十九条 犯罪嫌疑人、被告人申请提供法律援助的，应当按照有关规定指派法律援助律师。

法律援助值班律师可以为犯罪嫌疑人、被告人提供法律帮助，对刑讯逼供、非法取证情形代理申诉、控告。

第二十条 犯罪嫌疑人、被告人及其辩护人申请排除非法证据，应当提供涉嫌非法取证的人员、时间、地点、方式、内容等相关线索或者材料。

第二十一条 辩护律师自人民检察院对案件审查起诉之日起，可以查阅、摘抄、复制讯问笔录、提讯登记、采取强制措施或者侦查措施的法律文书等证据材料。其他辩护人经人民法院、人民检察院许可，也可以查阅、摘抄、复制上述证据材料。

第二十二条 犯罪嫌疑人、被告人及其辩护人向人民法院、人民检察院申请调取公安机关、国家安全机关、人民检察院收集但未提交的讯问录音录像、体检记录等证据材料，人民法院、人民检察院经审查认为犯罪嫌疑人、被告人及其辩护人申请调取的证据材料与证明证据收集的合法性有联系的，应当予以调取；认为与证明证据收集的合法性没有联系的，应当决定不予调取并向犯罪嫌疑人、被告人及其辩护人说明理由。

五、审 判

第二十三条 人民法院向被告人及其辩护人送达起诉书副本时，应当告知其有权申请排除非法证据。

被告人及其辩护人申请排除非法证据，应当在开庭审理前提出，但在庭审期间发现相关线索或者材料等情形除外。人民法院应当在开庭审理前将申请书和相关线索或者材料的复制件送交人民检察院。

第二十四条 被告人及其辩护人在开庭审理前申请排除非法证据，未提供相关线索或者材料，不符合法律规定的申请条件的，人民法院对申请不予受理。

第二十五条 被告人及其辩护人在开庭审理前申请排除非法证据，按照法律规定提供相关线索或者材料的，人民法院应当召开庭前会议。人民检察院应当通过出示有关证据材料等方式，有针对性地对证据收集的合法性作出说明。人民法院可以核实情况，听取意见。

人民检察院可以决定撤回有关证据，撤回的证据，没有新的理由，不得在庭审中出示。

被告人及其辩护人可以撤回排除非法证据的申请。撤回申请后，没有新的线索或者材料，不得再次对有关证据提出排除申请。

第二十六条 公诉人、被告人及其辩护人在庭前会议中对证据收集是否合法未达成一致意见，人民法院对证据收集的合法性有疑问的，应当在庭审中进行调查；人民法院对证据收集的合法性没有疑问，且没有新的线索或者材料表明可能存在非法取证的，可以决定不再进行调查。

第二十七条 被告人及其辩护人申请人民法院通知侦查人员或者其他人员出庭，人民法院认为现有证据材料不能证明证据收集的合法性，确有必要通知上述人员出庭作证或者说明情况的，可以通知上述人员出庭。

第二十八条 公诉人宣读起诉书后，法庭应当宣布开庭审理前对证据收集合法性的审查及处理情况。

第二十九条 被告人及其辩护人在开庭审理前未申请排除非法证据，在法庭审理过程中提出申请的，应当说明理由。

对前述情形，法庭经审查，对证据收集的合法性有疑问的，应当进行调查；没有疑问的，应当驳回申请。

法庭驳回排除非法证据申请后，被告人及其辩护人没有新的线索或者材料，以相同理由再次提出申请的，法庭不再审查。

第三十条 庭审期间，法庭决定对证据收集的合法性进行调查的，应当先行当庭调查。但为防止庭审过分迟延，也可以在法庭调查结束前进行调查。

第三十一条 公诉人对证据收集的合法性加以证明，可以出示讯问笔录、提讯登记、体检记录、采取强制措施或者侦查措施的法律文书、侦查终结前对讯问合法性的核查材料等证据材料，有针对性地播放讯问录音录像，提请法庭通知侦查人员或者其他人员出庭说明情况。

被告人及其辩护人可以出示相关线索或者材料，并申请法庭播放特定时段的讯问录音录像。

侦查人员或者其他人员出庭，应当向法庭说明证据收集过程，并就相关情况接受发问。对发问方式不当或者内容与证据收集的合法性无关的，法庭应当制止。

公诉人、被告人及其辩护人可以对证据收集的合法性进行质证、辩论。

第三十二条 法庭对控辩双方提供的证据有疑问的,可以宣布休庭,对证据进行调查核实。必要时,可以通知公诉人、辩护人到场。

第三十三条 法庭对证据收集的合法性进行调查后,应当当庭作出是否排除有关证据的决定。必要时,可以宣布休庭,由合议庭评议或者提交审判委员会讨论,再次开庭时宣布决定。

在法庭作出是否排除有关证据的决定前,不得对有关证据宣读、质证。

第三十四条 经法庭审理,确认存在本规定所规定的以非法方法收集证据情形的,对有关证据应当予以排除。法庭根据相关线索或者材料对证据收集的合法性有疑问,而人民检察院未提供证据或者提供的证据不能证明证据收集的合法性,不能排除存在本规定所规定的以非法方法收集证据情形的,对有关证据应当予以排除。

对依法予以排除的证据,不得宣读、质证,不得作为判决的根据。

第三十五条 人民法院排除非法证据后,案件事实清楚,证据确实、充分,依据法律认定被告人有罪的,应当作出有罪判决;证据不足,不能认定被告人有罪的,应当作出证据不足、指控的犯罪不能成立的无罪判决;案件部分事实清楚,证据确实、充分的,依法认定该部分事实。

第三十六条 人民法院对证据收集合法性的审查、调查结论,应当在裁判文书中写明,并说明理由。

第三十七条 人民法院对证人证言、被害人陈述等证据收集合法性的审查、调查,参照上述规定。

第三十八条 人民检察院、被告人及其法定代理人提出抗诉、上诉,对第一审人民法院有关证据收集合法性的审查、调查结论提出异议的,第二审人民法院应当审查。

被告人及其辩护人在第一审程序中未申请排除非法证据,在第二审程序中提出申请的,应当说明理由。第二审人民法院应当审查。

人民检察院在第一审程序中未出示证据证明证据收集的合法性,第一审人民法院依法排除有关证据的,人民检察院在第二审程序中不得出示之前未出示的证据，但在第一审程序后发现的除外。

第三十九条 第二审人民法院对证据收集合法性的调查，参照上述第一审程序的规定。

第四十条 第一审人民法院对被告人及其辩护人排除非法证据的申请未予审查，并以有关证据作为定案根据，可能影响公正审判的，第二审人民法院可以裁定撤销原判，发回原审人民法院重新审判。

第一审人民法院对依法应当排除的非法证据未予排除的，第二审人民法院可以依法排除非法证据。排除非法证据后，原判决认定事实和适用法律正确、量刑适当的，应当裁定驳回上诉或者抗诉，维持原判；原判决认定事实没有错误，但适用法律有错误，或者量刑不当的，应当改判；原判决事实不清楚或者证据不足的，可以裁定撤销原判，发回原审人民法院重新审判。

第四十一条 审判监督程序、死刑复核程序中对证据收集合法性的审查、调查，参照上述规定。

第四十二条 本规定自 2017 年 6 月 27 日起施行。

人民法院办理刑事案件排除非法证据规程（试行）

（2017 年 11 月 27 日法发〔2017〕31 号发布
自 2018 年 1 月 1 日起试行）

为贯彻落实最高人民法院、最高人民检察院、公安部、国家安全部、司法部《关于推进以审判为中心的刑事诉讼制度改革的意见》和《关于办理刑事案件严格排除非法证据若干问题的规定》，规范非法证据排除程序，准确惩罚犯罪，切实保障人权，有效防范冤假错案，根据法律规定,结合司法实际,制定本规程。

第一条 采用下列非法方法收集的被告人供述,应当予以排除:

(一)采用殴打、违法使用戒具等暴力方法或者变相肉刑的恶劣手段,使被告人遭受难以忍受的痛苦而违背意愿作出的供述;

(二)采用以暴力或者严重损害本人及其近亲属合法权益等进行威胁的方法,使被告人遭受难以忍受的痛苦而违背意愿作出的供述;

(三)采用非法拘禁等非法限制人身自由的方法收集的被告人供述。

采用刑讯逼供方法使被告人作出供述,之后被告人受该刑讯逼供行为影响而作出的与该供述相同的重复性供述,应当一并排除,但下列情形除外:

(一)侦查期间,根据控告、举报或者自己发现等,侦查机关确认或者不能排除以非法方法收集证据而更换侦查人员,其他侦查人员再次讯问时告知诉讼权利和认罪的法律后果,被告人自愿供述的;

(二)审查逮捕、审查起诉和审判期间,检察人员、审判人员讯问时告知诉讼权利和认罪的法律后果,被告人自愿供述的。

第二条 采用暴力、威胁以及非法限制人身自由等非法方法收集的证人证言、被害人陈述,应当予以排除。

第三条 采用非法搜查、扣押等违反法定程序的方法收集物证、书证,可能严重影响司法公正的,应当予以补正或者作出合理解释;不能补正或者作出合理解释的,对有关证据应当予以排除。

第四条 依法予以排除的非法证据,不得宣读、质证,不得作为定案的根据。

第五条 被告人及其辩护人申请排除非法证据,应当提供相关线索或者材料。“线索”是指内容具体、指向明确的涉嫌非法取证的人员、时间、地点、方式等;“材料”是指能够反映非法取证的伤情照片、体检记录、医院病历、讯问笔录、讯问录音录像或者同监室人员的证言等。

被告人及其辩护人申请排除非法证据,应当向人民法院提交书面申请。被告人书写确有困难的,可以口头提出申请,但应当记录在案,并由被告人签名或者捺印。

第六条 证据收集合法性的举证责任由人民检察院承担。

人民检察院未提供证据,或者提供的证据不能证明证据收集的合法性,经过法庭审理,确认或者不能排除以非法方法收集证据情形的,对有关证据应当予以排除。

第七条 开庭审理前,承办法官应当阅卷,并对证据收集的合法性进行审查:

(一)被告人在侦查、审查起诉阶段是否提出排除非法证据申请;提出申请的,是否提供相关线索或者材料;

(二)侦查机关、人民检察院是否对证据收集的合法性进行调查核实;调查核实的,是否作出调查结论;

(三)对于重大案件,人民检察院驻看守所检察人员在侦查终结前是否核查讯问的合法性,是否对核查过程同步录音录像;进行核查的,是否作出核查结论;

(四)对于人民检察院在审查逮捕、审查起诉阶段排除的非法证据,是否随案移送并写明为依法排除的非法证据。

人民法院对证据收集的合法性进行审查后,认为需要补充证据材料的,应当通知人民检察院在三日内补送。

第八条 人民法院向被告人及其辩护人送达起诉书副本时,应当告知其有权在开庭审理前申请排除非法证据并同时提供相关线索或者材料。上述情况应当记录在案。

被告人申请排除非法证据,但没有辩护人的,人民法院应当通知法律援助机构指派律师为其提供辩护。

第九条 被告人及其辩护人申请排除非法证据,应当在开庭审理前提出,但在庭审期间发现相关线索或者材料等情形除外。

第十条 被告人及其辩护人申请排除非法证据,并提供相关线索或者材料的,人民法院应当召开庭前会议,并在召开庭前会议三日前将申请书和相关线索或者材料的复制件送交人民检察院。

被告人及其辩护人申请排除非法证据,未提供相关线索或者材料的,人民法院应当告知其补充提交。被告人及其辩护人未能补充的,人民法院对申请不予受理,并在开庭审理前告知被告人及其辩护人。上述情况应当记录在案。

第十一条 对于可能判处无期徒刑、死刑或者黑社会性质组织犯罪、严重毒品犯罪等重大案件,被告人在驻看守所检察人员对讯问的合法性进行核查询问时,明确表示侦查阶段没有刑讯逼供等非法取证情形,在审判阶段又提出排除非法证据申请的,应当说明理由。人民法院经审查对证据收集的合法性没有疑问的,可以驳回申请。

驻看守所检察人员在重大案件侦查终结前未对讯问的合法性进行核查询问,或者未对核查询问过程全程同步录音录像,被告人及其辩护人在审判阶段提出排除非法证据申请,提供相关线索或者材料,人民法院对证据收集的合法性有疑问的,应当依法进行调查。

第十二条 在庭前会议中,人民法院对证据收集的合法性进行审查的,一般按照以下步骤进行:

(一)被告人及其辩护人说明排除非法证据的申请及相关线索或者材料;

(二)公诉人提供证明证据收集合法性的证据材料;

(三)控辩双方对证据收集的合法性发表意见;

(四)控辩双方对证据收集的合法性未达成一致意见的,审判人员归纳争议焦点。

第十三条 在庭前会议中,人民检察院应当通过出示有关证据材料等方式,有针对性地对证据收集的合法性作出说明。人民法院可以对有关材料进行核实,经控辩双方申请,可以有针对性地播放讯问录音录像。

第十四条 在庭前会议中,人民检察院可以撤回有关证据。撤回的证据,没有新的理由,不得在庭审中出示。

被告人及其辩护人可以撤回排除非法证据的申请。撤回申请后,没有新的线索或者材料,不得再次对有关证据提出排除申请。

第十五条 控辩双方在庭前会议中对证据收集的合法性达成一致意见的,法庭应当在庭审中向控辩双方核实并当庭予以确认。对于一方在庭审中反悔的,除有正当理由外,法庭一般不再进行审查。

控辩双方在庭前会议中对证据收集的合法性未达成一致意见,人民法院应当在庭审中进行调查,但公诉人提供的相关证据材料确实、充分,能够排除非法取证情形,且没有新的线索或者材料表明可能存在非法取证的,庭审调查举证、质证可以简化。

第十六条 审判人员应当在庭前会议报告中说明证据收集合法性的审查情况,主要包括控辩双方的争议焦点以及就相关事项达成的一致意见等内容。

第十七条 被告人及其辩护人在开庭审理前未申请排除非法证据,在庭审过程中提出申请的,应当说明理由。人民法院经审查,对证据收集的合法性有疑问的,应当进行调查;没有疑问的,应当驳回申请。

人民法院驳回排除非法证据的申请后,被告人及其辩护人没有新的线索或者材料,以相同理由再次提出申请的,人民法院不再审查。

第十八条 人民法院决定对证据收集的合法性进行法庭调查的,应当先行当庭调查。对于被申请排除的证据和其他犯罪事实没有关联等情形,为防止庭审过分迟延,可以先调查其他犯罪事实,再对证据收集的合法性进行调查。

在对证据收集合法性的法庭调查程序结束前,不得对有关证据宣读、质证。

第十九条 法庭决定对证据收集的合法性进行调查的,一般按照以下步骤进行:

(一)召开庭前会议的案件,法庭应当在宣读起诉书后,宣布庭前会议中对证据收集合法性的审查情况,以及控辩双方的争议焦点;

(二)被告人及其辩护人说明排除非法证据的申请及相关线索或者材料;

（三）公诉人出示证明证据收集合法性的证据材料，被告人及其辩护人可以对相关证据进行质证，经审判长准许，公诉人、辩护人可以向出庭的侦查人员或者其他人员发问；

（四）控辩双方对证据收集的合法性进行辩论。

第二十条 公诉人对证据收集的合法性加以证明，可以出示讯问笔录、提讯登记、体检记录、采取强制措施或者侦查措施的法律文书、侦查终结前对讯问合法性的核查材料等证据材料，也可以针对被告人及其辩护人提出异议的讯问时段播放讯问录音录像，提请法庭通知侦查人员或者其他人员出庭说明情况。不得以侦查人员签名并加盖公章的说明材料替代侦查人员出庭。

庭审中，公诉人当庭不能举证或者为提供新的证据需要补充侦查，建议延期审理的，法庭可以同意。

第二十一条 被告人及其辩护人可以出示相关线索或者材料，并申请法庭播放特定讯问时段的讯问录音录像。

被告人及其辩护人向人民法院申请调取侦查机关、人民检察院收集但未提交的讯问录音录像、体检记录等证据材料，人民法院经审查认为该证据材料与证据收集的合法性有关的，应当予以调取；认为与证据收集的合法性无关的，应当决定不予调取，并向被告人及其辩护人说明理由。

被告人及其辩护人申请人民法院通知侦查人员或者其他人员出庭说明情况，人民法院认为确有必要的，可以通知上述人员出庭。

第二十二条 法庭对证据收集的合法性进行调查的，应当重视对讯问录音录像的审查，重点审查以下内容：

（一）讯问录音录像是否依法制作。对于可能判处无期徒刑、死刑的案件或者其他重大犯罪案件，是否对讯问过程进行录音录像；

（二）讯问录音录像是否完整。是否对每一次讯问过程录音录像，录音录像是否全程不间断进行，是否有选择性录制、剪接、删改等情形；

（三）讯问录音录像是否同步制作。录音录像是否自讯问开始时制作，至犯罪嫌疑人核对讯问笔录、签字确认后结束；讯问笔录记载的起止时间是否与讯问录音录像反映的起止时间一致；

（四）讯问录音录像与讯问笔录的内容是否存在差异。对与定罪量刑有关的内容，讯问笔录记载的内容与讯问录音录像是否存在实质性差异，存在实质性差异的，以讯问录音录像为准。

第二十三条 侦查人员或者其他人员出庭的，应当向法庭说明证据收集过程，并就相关情况接受发问。对发问方式不当或者内容与证据收集的合法性无关的，法庭应当制止。

经人民法院通知，侦查人员不出庭说明情况，不能排除以非法方法收集证据情形的，对有关证据应当予以排除。

第二十四条 人民法院对控辩双方提供的证据来源、内容等有疑问的，可以告知控辩双方补充证据或者作出说明；必要时，可以宣布休庭，对证据进行调查核实。法庭调查核实证据，可以通知控辩双方到场，并将核实过程记录在案。

对于控辩双方补充的和法庭庭外调查核实取得的证据，未经当庭出示、质证等法庭调查程序查证属实，不得作为证明证据收集合法性的根据。

第二十五条 人民法院对证据收集的合法性进行调查后，应当当庭作出是否排除有关证据的决定。必要时，可以宣布休庭，由合议庭评议或者提交审判委员会讨论，再次开庭时宣布决定。

第二十六条 经法庭审理，具有下列情形之一的，对有关证据应当予以排除：

（一）确认以非法方法收集证据的；

（二）应当对讯问过程录音录像的案件没有提供讯问录音录像，或者讯问录音录像存在选择性录制、剪接、删改等情形，现有证据不能排除以非法方法收集证据的；

（三）侦查机关除紧急情况外没有在规定的办案场所讯问，现有证据不能排除以非法方法收集证据的；

（四）驻看守所检察人员在重大案件侦查终结前未对讯问合法性

进行核查,或者未对核查过程同步录音录像,或者录音录像存在选择性录制、剪接、删改等情形,现有证据不能排除以非法方法收集证据的;

(五)其他不能排除存在以非法方法收集证据的。

第二十七条 人民法院对证人证言、被害人陈述、物证、书证等证据收集合法性的审查、调查程序,参照上述规定。

第二十八条 人民法院对证据收集合法性的审查、调查结论,应当在裁判文书中写明,并说明理由。

第二十九条 人民检察院、被告人及其法定代理人提出抗诉、上诉,对第一审人民法院有关证据收集合法性的审查、调查结论提出异议的,第二审人民法院应当审查。

第三十条 被告人及其辩护人在第一审程序中未提出排除非法证据的申请,在第二审程序中提出申请,有下列情形之一的,第二审人民法院应当审查:

(一)第一审人民法院没有依法告知被告人申请排除非法证据的权利的;

(二)被告人及其辩护人在第一审庭审后发现涉嫌非法取证的相关线索或者材料的。

第三十一条 人民检察院应当在第一审程序中全面出示证明证据收集合法性的证据材料。

人民检察院在第一审程序中未出示证明证据收集合法性的证据,第一审人民法院依法排除有关证据的,人民检察院在第二审程序中不得出示之前未出示的证据,但在第一审程序后发现的除外。

第三十二条 第二审人民法院对证据收集合法性的调查,参照上述第一审程序的规定。

第三十三条 第一审人民法院对被告人及其辩护人排除非法证据的申请未予审查,并以有关证据作为定案的根据,可能影响公正审判的,第二审人民法院应当裁定撤销原判,发回原审人民法院重新审判。

第三十四条 第一审人民法院对依法应当排除的非法证据未予排除的,第二审人民法院可以依法排除相关证据。排除非法证据后,应当按照下列情形分别作出处理:

(一)原判决认定事实和适用法律正确、量刑适当的,应当裁定驳回上诉或者抗诉,维持原判;

(二)原判决认定事实没有错误,但适用法律有错误,或者量刑不当的,应当改判;

(三)原判决事实不清或者证据不足的,可以在查清事实后改判;也可以裁定撤销原判,发回原审人民法院重新审判。

第三十五条 审判监督程序、死刑复核程序中对证据收集合法性的审查、调查,参照上述规定。

第三十六条 本规程自2018年1月1日起试行。

(五)强制措施

人民检察院羁押听证办法

(2021年4月8日最高人民检察院检察委员会第六十五次会议通过 2021年8月17日公布 自公布之日起施行)

第一条 为了依法贯彻落实少捕慎诉慎押刑事司法政策,进一步加强和规范人民检察院羁押审查工作,准确适用羁押措施,依法保障犯罪嫌疑人、被告人的合法权利,根据《中华人民共和国刑事诉讼法》及有关规定,结合检察工作实际,制定本办法。

第二条 羁押听证是指人民检察院办理审查逮捕、审查延长侦查羁押期限、羁押必要性审查案件,以组织召开听证会的形式,就是否决定逮捕、是否批准延长侦查羁押期限、是否继续羁押听取各方意见的案件审查活动。

第三条 具有下列情形之一，且有必要当面听取各方意见，以依法准确作出审查决定的，可以进行羁押听证：

（一）需要核实评估犯罪嫌疑人、被告人是否具有社会危险性，未成年犯罪嫌疑人、被告人是否具有社会帮教条件的；

（二）有重大社会影响的；

（三）涉及公共利益、民生保障、企业生产经营等领域，听证审查有利于实现案件办理政治效果、法律效果和社会效果统一的；

（四）在押犯罪嫌疑人、被告人及其法定代理人、近亲属或者辩护人申请变更强制措施的；

（五）羁押必要性审查案件在事实认定、法律适用、案件处理等方面存在较大争议的；

（六）其他有必要听证审查的。

第四条 羁押听证由负责办理案件的人民检察院组织开展。

经审查符合本办法第三条规定的羁押审查案件，经检察长批准，可以组织羁押听证。犯罪嫌疑人、被告人及其法定代理人、近亲属或者辩护人申请羁押听证的，人民检察院应当及时作出决定并告知申请人。

第五条 根据本办法开展的羁押听证一般不公开进行。人民检察院认为有必要公开的，经检察长批准，听证活动可以公开进行。

未成年人案件羁押听证一律不公开进行。

第六条 羁押听证由承办案件的检察官办案组的主办检察官或者独任办理案件的检察官主持。检察长或者部门负责人参加听证的，应当主持听证。

第七条 除主持听证的检察官外，参加羁押听证的人员一般包括参加案件办理的其他检察人员、侦查人员、犯罪嫌疑人、被告人及其法定代理人和辩护人、被害人及其诉讼代理人。

其他诉讼参与人，犯罪嫌疑人、被告人、被害人的近亲属，未成年犯罪嫌疑人、被告人的合适成年人等其他人员，经人民检察院许可，可以参加听证并发表意见。必要时,人民检察院可以根据相关规定邀请符合条件的社会人士作为听证员参加听证。

有重大影响的审查逮捕案件和羁押必要性审查案件的公开听证,应当邀请人民监督员参加。

第八条 决定开展听证审查的,承办案件的检察官办案组或者独任检察官应当做好以下准备工作:

(一)认真审查案卷材料,梳理、明确听证审查的重点问题;

(二)拟定听证审查提纲,制定听证方案;

(三)及时通知听证参加人员,并告知其听证案由、听证时间和地点。参加听证人员有书面意见或者相关证据材料的,要求其在听证会前提交人民检察院。

第九条 听证审查按照以下程序进行:

(一)主持人宣布听证审查开始,核实犯罪嫌疑人、被告人身份,介绍参加人员。

(二)告知参加人员权利义务。

(三)宣布听证程序和纪律要求。

(四)介绍案件基本情况、明确听证审查重点问题。

(五)侦查人员围绕听证审查重点问题,说明犯罪嫌疑人、被告人需要羁押或者延长羁押的事实和依据,出示证明社会危险性条件的证据材料。羁押必要性审查听证可以围绕事实认定出示相关证据材料。

(六)犯罪嫌疑人、被告人及其法定代理人和辩护人发表意见,出示相关证据材料。

(七)需要核实评估社会危险性和社会帮教条件的,参加听证的其他相关人员发表意见,提交相关证据材料。

(八)检察官可以向侦查人员、犯罪嫌疑人、被告人、辩护人、被害人及其他相关人员发问。经主持人许可,侦查人员、辩护人可以向犯罪嫌疑人、被告人等相关人员发问。社会人士作为听证员参加听证的,可以向相关人员发问。

(九)经主持人许可,被害人等其他参加人员可以发表意见。

(十)社会人士作为听证员参加听证的,检察官应当听取其意见。必要时,听取意见可以单独进行。

两名以上犯罪嫌疑人、被告人参加听证审查的,应当分别进行。

第十条 涉及国家秘密、商业秘密、侦查秘密和个人隐私案件的羁押听证,参加人员应当严格限制在检察人员和侦查人员、犯罪嫌疑人、被告人及其法定代理人和辩护人、其他诉讼参与人范围内。听证审查过程中认为有必要的,检察官可以在听证会结束后单独听取意见、核实证据。

第十一条 犯罪嫌疑人、被告人认罪认罚的,听证审查时主持听证的检察官应当核实认罪认罚的自愿性、合法性,并听取侦查人员对犯罪嫌疑人是否真诚认罪认罚的意见。

犯罪嫌疑人、被告人认罪认罚的情况是判断其是否具有社会危险性的重要考虑因素。

第十二条 听证过程应当全程录音录像并由书记员制作笔录。

听证笔录由主持听证的检察官、其他参加人和记录人签名或者盖章,与录音录像、相关书面意见等归入案件卷宗。

第十三条 听证员的意见是人民检察院依法提出审查意见和作出审查决定的重要参考。拟不采纳听证员多数意见的,应当向检察长报告并获同意后作出决定。

第十四条 检察官充分听取各方意见后,综合案件情况,依法提出审查意见或者作出审查决定。

当场作出审查决定的,应当当场宣布并说明理由;在听证会后依法作出决定的,应当依照相关规定及时履行宣告、送达和告知义务。

第十五条 人民监督员对羁押听证活动的监督意见,人民检察院应当依照相关规定及时研究处理并做好告知和解释说明等工作。

第十六条 参加羁押听证的人员应当严格遵守有关保密规定,根据案件情况确有必要的,可以要求参加人员签订保密承诺书。

故意或者过失泄露国家秘密、商业秘密、侦查秘密、个人隐私的,依法依纪追究责任人员的法律责任和纪律责任。

第十七条 犯罪嫌疑人、被告人被羁押的，羁押听证应当在看守所进行。犯罪嫌疑人、被告人未被羁押的，听证一般在人民检察院听证室进行。

羁押听证的安全保障、技术保障，由本院司法警察和技术信息等部门负责。

第十八条 本办法自公布之日起施行。

最高人民法院、最高人民检察院、公安部、国家安全部关于取保候审若干问题的规定

（2022年9月5日公通字〔2022〕25号修订发布
自印发之日起施行）

第一章 一般规定

第一条 为了规范适用取保候审，贯彻落实少捕慎诉慎押的刑事司法政策，保障刑事诉讼活动顺利进行，保护公民合法权益，根据《中华人民共和国刑事诉讼法》及有关规定，制定本规定。

第二条 对犯罪嫌疑人、被告人取保候审的，由公安机关、国家安全机关、人民检察院、人民法院根据案件的具体情况依法作出决定。

公安机关、人民检察院、人民法院决定取保候审的，由公安机关执行。国家安全机关决定取保候审的，以及人民检察院、人民法院办理国家安全机关移送的刑事案件决定取保候审的，由国家安全机关执行。

第三条 对于采取取保候审足以防止发生社会危险性的犯罪嫌

疑人,应当依法适用取保候审。

决定取保候审的,不得中断对案件的侦查、起诉和审理。严禁以取保候审变相放纵犯罪。

第四条 对犯罪嫌疑人、被告人决定取保候审的,应当责令其提出保证人或者交纳保证金。

对同一犯罪嫌疑人、被告人决定取保候审的,不得同时使用保证人保证和保证金保证。对未成年人取保候审的,应当优先适用保证人保证。

第五条 采取保证金形式取保候审的,保证金的起点数额为人民币一千元;被取保候审人为未成年人的,保证金的起点数额为人民币五百元。

决定机关应当综合考虑保证诉讼活动正常进行的需要,被取保候审人的社会危险性,案件的性质、情节,可能判处刑罚的轻重,被取保候审人的经济状况等情况,确定保证金的数额。

第六条 对符合取保候审条件,但犯罪嫌疑人、被告人不能提出保证人也不交纳保证金的,可以监视居住。

前款规定的被监视居住人提出保证人或者交纳保证金的,可以对其变更为取保候审。

第二章 决 定

第七条 决定取保候审时,可以根据案件情况责令被取保候审人不得进入下列"特定的场所":

(一)可能导致其再次实施犯罪的场所;

(二)可能导致其实施妨害社会秩序、干扰他人正常活动行为的场所;

(三)与其所涉嫌犯罪活动有关联的场所;

(四)可能导致其实施毁灭证据、干扰证人作证等妨害诉讼活动的场所;

(五)其他可能妨害取保候审执行的特定场所。

第八条 决定取保候审时,可以根据案件情况责令被取保候审人不得与下列“特定的人员”会见或者通信:

(一)证人、鉴定人、被害人及其法定代理人和近亲属;

(二)同案违法行为人、犯罪嫌疑人、被告人以及与案件有关联的其他人员;

(三)可能遭受被取保候审人侵害、滋扰的人员;

(四)可能实施妨害取保候审执行、影响诉讼活动的人员。

前款中的“通信”包括以信件、短信、电子邮件、通话,通过网络平台或者网络应用服务交流信息等各种方式直接或者间接通信。

第九条 决定取保候审时,可以根据案件情况责令被取保候审人不得从事下列“特定的活动”:

(一)可能导致其再次实施犯罪的活动;

(二)可能对国家安全、公共安全、社会秩序造成不良影响的活动;

(三)与所涉嫌犯罪相关联的活动;

(四)可能妨害诉讼的活动;

(五)其他可能妨害取保候审执行的特定活动。

第十条 公安机关应当在其指定的银行设立取保候审保证金专门账户,委托银行代为收取和保管保证金,并将相关信息通知同级人民检察院、人民法院。

保证金应当以人民币交纳。

第十一条 公安机关决定使用保证金保证的,应当及时将收取保证金通知书送达被取保候审人,责令其在三日内向指定的银行一次性交纳保证金。

第十二条 人民法院、人民检察院决定使用保证金保证的,应当责令被取保候审人在三日内向公安机关指定银行的专门账户一次性交纳保证金。

第十三条 被取保候审人或者为其提供保证金的人应当将所交纳的保证金存入取保候审保证金专门账户,并由银行出具相关凭证。

第三章 执 行

第十四条 公安机关决定取保候审的,在核实被取保候审人已经交纳保证金后,应当将取保候审决定书、取保候审执行通知书和其他有关材料一并送交执行。

第十五条 公安机关决定取保候审的,应当及时通知被取保候审人居住地的派出所执行。被取保候审人居住地在异地的,应当及时通知居住地公安机关,由其指定被取保候审人居住地的派出所执行。必要时,办案部门可以协助执行。

被取保候审人居住地变更的,执行取保候审的派出所应当及时通知决定取保候审的公安机关,由其重新确定被取保候审人变更后的居住地派出所执行。变更后的居住地在异地的,决定取保候审的公安机关应当通知该地公安机关,由其指定被取保候审人居住地的派出所执行。原执行机关应当与变更后的执行机关进行工作交接。

第十六条 居住地包括户籍所在地、经常居住地。经常居住地是指被取保候审人离开户籍所在地最后连续居住一年以上的地方。

取保候审一般应当在户籍所在地执行,但已形成经常居住地的,可以在经常居住地执行。

被取保候审人具有下列情形之一的,也可以在其暂住地执行取保候审:

(一)被取保候审人离开户籍所在地一年以上且无经常居住地,但在暂住地有固定住处的;

(二)被取保候审人系外国人、无国籍人,香港特别行政区、澳门特别行政区、台湾地区居民的;

(三)被取保候审人户籍所在地无法查清且无经常居住地的。

第十七条 在本地执行取保候审的,决定取保候审的公安机关应当将法律文书和有关材料送达负责执行的派出所。

在异地执行取保候审的,决定取保候审的公安机关应当将法律文书和载有被取保候审人的报到期限、联系方式等信息的有关材料送达执行机关,送达方式包括直接送达、委托送达、邮寄送达等,执行机关应当及时出具回执。被取保候审人应当在收到取保候审决定书后五日以内向执行机关报到。执行机关应当在被取保候审人报到后三日以内向决定机关反馈。

被取保候审人未在规定期限内向负责执行的派出所报到,且无正当事由的,执行机关应当通知决定机关,决定机关应当依法传讯被取保候审人,被取保候审人不到案的,依照法律和本规定第五章的有关规定处理。

第十八条 执行机关在执行取保候审时,应当告知被取保候审人必须遵守刑事诉讼法第七十一条的规定,以及违反规定或者在取保候审期间重新犯罪的法律后果。

保证人保证的,应当告知保证人必须履行的保证义务,以及不履行义务的法律后果,并由其出具保证书。

执行机关应当依法监督、考察被取保候审人遵守规定的有关情况,及时掌握其住址、工作单位、联系方式变动情况,预防、制止其实施违反规定的行为。

被取保候审人应当遵守取保候审有关规定,接受执行机关监督管理,配合执行机关定期了解有关情况。

第十九条 被取保候审人未经批准不得离开所居住的市、县。

被取保候审人需要离开所居住的市、县的,应当向负责执行的派出所提出书面申请,并注明事由、目的地、路线、交通方式、往返日期、联系方式等。被取保候审人有紧急事由,来不及提出书面申请的,可以先通过电话、短信等方式提出申请,并及时补办书面申请手续。

经审查,具有工作、学习、就医等正当合理事由的,由派出所负责人批准。

负责执行的派出所批准后,应当通知决定机关,并告知被取保候审人遵守下列要求:

(一)保持联系方式畅通,并在传讯的时候及时到案;

(二)严格按照批准的地点、路线、往返日期出行;

（三）不得从事妨害诉讼的活动；

（四）返回居住地后及时向执行机关报告。

对于因正常工作和生活需要经常性跨市、县活动的，可以根据情况，简化批准程序。

第二十条 人民法院、人民检察院决定取保候审的，应当将取保候审决定书、取保候审执行通知书和其他有关材料一并送交所在地同级公安机关，由所在地同级公安机关依照本规定第十五条、第十六条、第十七条的规定交付执行。

人民法院、人民检察院可以采用电子方式向公安机关送交法律文书和有关材料。

负责执行的县级公安机关应当在收到法律文书和有关材料后二十四小时以内，指定被取保候审人居住地派出所执行，并将执行取保候审的派出所通知作出取保候审决定的人民法院、人民检察院。

被取保候审人居住地变更的，由负责执行的公安机关通知变更后的居住地公安机关执行，并通知作出取保候审决定的人民法院、人民检察院。

人民法院、人民检察院决定取保候审的，执行机关批准被取保候审人离开所居住的市、县前，应当征得决定机关同意。

第二十一条 决定取保候审的公安机关、人民检察院传讯被取保候审人的，应当制作法律文书，并向被取保候审人送达。被传讯的被取保候审人不在场的，也可以交与其同住的成年亲属代收，并与被取保候审人联系确认告知。无法送达或者被取保候审人未按照规定接受传讯的，应当在法律文书上予以注明，并通知执行机关。

情况紧急的，决定取保候审的公安机关、人民检察院可以通过电话通知等方式传讯被取保候审人，但应当在法律文书上予以注明，并通知执行机关。

异地传讯的，决定取保候审的公安机关、人民检察院可以委托执行机关代为送达，执行机关送达后应当及时向决定机关反馈。无法送达的，应当在法律文书上注明，并通知决定机关。

人民法院传讯被取保候审的被告人,依照其他有关规定执行。

第二十二条 保证人应当对被取保候审人遵守取保候审管理规定情况进行监督,发现被保证人已经或者可能违反刑事诉讼法第七十一条规定的,应当及时向执行机关报告。

保证人不愿继续保证或者丧失保证条件的,保证人或者被取保候审人应当及时报告执行机关。执行机关应当在发现或者被告知该情形之日起三日以内通知决定机关。决定机关应当责令被取保候审人重新提出保证人或者交纳保证金,或者变更强制措施,并通知执行机关。

第二十三条 执行机关发现被取保候审人违反应当遵守的规定以及保证人未履行保证义务的,应当及时制止、采取相应措施,同时告知决定机关。

第四章 变更、解除

第二十四条 取保候审期限届满,决定机关应当作出解除取保候审或者变更强制措施的决定,并送交执行机关。决定机关未解除取保候审或者未对被取保候审人采取其他刑事强制措施的,被取保候审人及其法定代理人、近亲属或者辩护人有权要求决定机关解除取保候审。

对于发现不应当追究被取保候审人刑事责任并作出撤销案件或者终止侦查决定的,决定机关应当及时作出解除取保候审决定,并送交执行机关。

有下列情形之一的,取保候审自动解除,不再办理解除手续,决定机关应当及时通知执行机关:

(一)取保候审依法变更为监视居住、拘留、逮捕,变更后的强制措施已经开始执行的;

(二)人民检察院作出不起诉决定的;

(三)人民法院作出的无罪、免予刑事处罚或者不负刑事责任的判决、裁定已经发生法律效力的;

(四)被判处管制或者适用缓刑,社区矫正已经开始执行的;

(五)被单处附加刑,判决、裁定已经发生法律效力的;

(六)被判处监禁刑,刑罚已经开始执行的。

执行机关收到决定机关上述决定书或者通知后,应当立即执行,并将执行情况及时通知决定机关。

第二十五条 采取保证金方式保证的被取保候审人在取保候审期间没有违反刑事诉讼法第七十一条的规定,也没有故意实施新的犯罪的,在解除取保候审、变更强制措施或者执行刑罚的同时,公安机关应当通知银行如数退还保证金。

被取保候审人或者其法定代理人可以凭有关法律文书到银行领取退还的保证金。被取保候审人不能自己领取退还的保证金的,经本人出具书面申请并经公安机关同意,由公安机关书面通知银行将退还的保证金转账至被取保候审人或者其委托的人提供的银行账户。

第二十六条 在侦查或者审查起诉阶段已经采取取保候审的,案件移送至审查起诉或者审判阶段时,需要继续取保候审、变更保证方式或者变更强制措施的,受案机关应当在七日内作出决定,并通知移送案件的机关和执行机关。

受案机关作出取保候审决定并执行后,原取保候审措施自动解除,不再办理解除手续。对继续采取保证金保证的,原则上不变更保证金数额,不再重新收取保证金。受案机关变更的强制措施开始执行后,应当及时通知移送案件的机关和执行机关,原取保候审决定自动解除,不再办理解除手续,执行机关应当依法退还保证金。

取保候审期限即将届满,受案机关仍未作出继续取保候审或者变更强制措施决定的,移送案件的机关应当在期限届满十五日前书面通知受案机关。受案机关应当在取保候审期限届满前作出决定,并通知移送案件的机关和执行机关。

第五章　责　　任

第二十七条　使用保证金保证的被取保候审人违反刑事诉讼法第七十一条规定,依法应当没收保证金的,由公安机关作出没收部分或者全部保证金的决定,并通知决定机关。人民检察院、人民法院发现使用保证金保证的被取保候审人违反刑事诉讼法第七十一条规定,应当告知公安机关,由公安机关依法处理。

对被取保候审人没收保证金的,决定机关应当区别情形,责令被取保候审人具结悔过,重新交纳保证金、提出保证人,或者变更强制措施,并通知执行机关。

重新交纳保证金的,适用本规定第十一条、第十二条、第十三条的规定。

第二十八条　被取保候审人构成《中华人民共和国治安管理处罚法》第六十条第四项行为的,依法给予治安管理处罚。

第二十九条　被取保候审人没有违反刑事诉讼法第七十一条的规定,但在取保候审期间涉嫌故意实施新的犯罪被立案侦查的,公安机关应当暂扣保证金,待人民法院判决生效后,决定是否没收保证金。对故意实施新的犯罪的,应当没收保证金;对过失实施新的犯罪或者不构成犯罪的,应当退还保证金。

第三十条　公安机关决定没收保证金的,应当制作没收保证金决定书,在三日以内向被取保候审人宣读,告知其如果对没收保证金决定不服,被取保候审人或者其法定代理人可以在五日以内向作出没收决定的公安机关申请复议。

被取保候审人或者其法定代理人对复议决定不服的,可以在收到复议决定书后五日以内向上一级公安机关申请复核一次。

第三十一条　保证人未履行监督义务,或者被取保候审人违反刑事诉讼法第七十一条的规定,保证人未及时报告或者隐瞒不报告的,经查证属实后,由公安机关对保证人处以罚款,并将有关情况及时通知决定机关。

保证人帮助被取保候审人实施妨害诉讼等行为，构成犯罪的，依法追究其刑事责任。

第三十二条 公安机关决定对保证人罚款的，应当制作对保证人罚款决定书，在三日以内向保证人宣布，告知其如果对罚款决定不服，可以在五日以内向作出罚款决定的公安机关申请复议。

保证人对复议决定不服的，可以在收到复议决定书后五日以内向上一级公安机关申请复核一次。

第三十三条 没收保证金的决定、对保证人罚款的决定已过复议期限，或者复议、复核后维持原决定或者变更罚款数额的，作出没收保证金的决定、对保证人罚款的决定的公安机关应当及时通知指定的银行将没收的保证金、保证人罚款按照国家的有关规定上缴国库，并应当在三日以内通知决定机关。

如果保证金系被取保候审人的个人财产，且需要用以退赔被害人、履行附带民事赔偿义务或者执行财产刑的，人民法院可以书面通知公安机关移交全部保证金，由人民法院作出处理，剩余部分退还被告人。

第三十四条 人民检察院、人民法院决定取保候审的，被取保候审人违反取保候审规定，需要予以逮捕的，可以对被取保候审人先行拘留，并提请人民检察院、人民法院依法作出逮捕决定。人民法院、人民检察院决定逮捕的，由所在地同级公安机关执行。

第三十五条 保证金的收取、管理和没收应当严格按照本规定和国家的财经管理制度执行，任何单位和个人不得擅自收取、没收、退还保证金以及截留、坐支、私分、挪用或者以其他任何方式侵吞保证金。对违反规定的，应当依照有关法律和规定给予行政处分；构成犯罪的，依法追究刑事责任。

第六章　附　　则

第三十六条 对于刑事诉讼法第六十七条第一款第三项规定的“严重疾病”和“生活不能自理”，分别参照最高人民法院、最高人民检察院、公安部、司法部、国家卫生计生委印发的《暂予监外执行规定》所附《保外就医严重疾病范围》和《最高人民法院关于印发〈罪犯生活不能自理鉴别标准〉的通知》所附《罪犯生活不能自理鉴别标准》执行。

第三十七条 国家安全机关决定、执行取保候审的,适用本规定中关于公安机关职责的规定。

第三十八条 对于人民法院、人民检察院决定取保候审,但所在地没有同级公安机关的,由省级公安机关会同同级人民法院、人民检察院,依照本规定确定公安机关负责执行或者交付执行,并明确工作衔接机制。

第三十九条 本规定中的执行机关是指负责执行取保候审的公安机关和国家安全机关。

第四十条 本规定自印发之日起施行。

(六)立案、侦查

最高人民检察院、公安部关于公安机关办理经济犯罪案件的若干规定

(2017年11月24日公通字〔2017〕25号印发
自2018年1月1日起施行)

第一章　总　　则

第一条 为了规范公安机关办理经济犯罪案件程序,加强人民检察院的法律监督,保证严格、规范、公正、文明执法,依法惩治经济犯罪,维护社会主义市场经济秩序,保护公民、法人和其他组织的合

法权益,依据《中华人民共和国刑事诉讼法》等有关法律、法规和规章,结合工作实际,制定本规定。

第二条 公安机关办理经济犯罪案件,应当坚持惩罚犯罪与保障人权并重、实体公正与程序公正并重、查证犯罪与挽回损失并重,严格区分经济犯罪与经济纠纷的界限,不得滥用职权、玩忽职守。

第三条 公安机关办理经济犯罪案件,应当坚持平等保护公有制经济与非公有制经济,坚持各类市场主体的诉讼地位平等、法律适用平等、法律责任平等,加强对各种所有制经济产权与合法利益的保护。

第四条 公安机关办理经济犯罪案件,应当严格依照法定程序进行,规范使用调查性侦查措施,准确适用限制人身、财产权利的强制性措施。

第五条 公安机关办理经济犯罪案件,应当既坚持严格依法办案,又注意办案方法,慎重选择办案时机和方式,注重保障正常的生产经营活动顺利进行。

第六条 公安机关办理经济犯罪案件,应当坚持以事实为根据、以法律为准绳,同人民检察院、人民法院分工负责、互相配合、互相制约,以保证准确有效地执行法律。

第七条 公安机关、人民检察院应当按照法律规定的证据裁判要求和标准收集、固定、审查、运用证据,没有确实、充分的证据不得认定犯罪事实,严禁刑讯逼供和以威胁、引诱、欺骗以及其他非法方法收集证据,不得强迫任何人证实自己有罪。

第二章 管 辖

第八条 经济犯罪案件由犯罪地的公安机关管辖。如果由犯罪嫌疑人居住地的公安机关管辖更为适宜的,可以由犯罪嫌疑人居住地的公安机关管辖。

犯罪地包括犯罪行为发生地和犯罪结果发生地。犯罪行为发生地,包括犯罪行为的实施地以及预备地、开始地、途经地、结束地等与犯罪行为有关的地点；犯罪行为有连续、持续或者继续状态的，犯罪行为连续、持续或者继续实施的地方都属于犯罪行为发生地。犯罪结果发生地，包括犯罪对象被侵害地、犯罪所得的实际取得地、藏匿地、转移地、使用地、销售地。

居住地包括户籍所在地、经常居住地。户籍所在地与经常居住地不一致的，由经常居住地的公安机关管辖。经常居住地是指公民离开户籍所在地最后连续居住一年以上的地方，但是住院就医的除外。

单位涉嫌经济犯罪的，由犯罪地或者所在地公安机关管辖。所在地是指单位登记的住所地。主要营业地或者主要办事机构所在地与登记的住所地不一致的，主要营业地或者主要办事机构所在地为其所在地。

法律、司法解释或者其他规范性文件对有关经济犯罪案件的管辖作出特别规定的，从其规定。

第九条 非国家工作人员利用职务上的便利实施经济犯罪的，由犯罪嫌疑人工作单位所在地公安机关管辖。如果由犯罪行为实施地或者犯罪嫌疑人居住地的公安机关管辖更为适宜的，也可以由犯罪行为实施地或者犯罪嫌疑人居住地的公安机关管辖。

第十条 上级公安机关必要时可以立案侦查或者组织、指挥、参与侦查下级公安机关管辖的经济犯罪案件。

对重大、疑难、复杂或者跨区域性经济犯罪案件，需要由上级公安机关立案侦查的，下级公安机关可以请求移送上一级公安机关立案侦查。

第十一条 几个公安机关都有权管辖的经济犯罪案件，由最初受理的公安机关管辖。必要时，可以由主要犯罪地的公安机关管辖。对管辖不明确或者有争议的，应当协商管辖；协商不成的，由共同的上级公安机关指定管辖。

主要利用通讯工具、互联网等技术手段实施的经济犯罪案件，由最初发现、受理的公安机关或者主要犯罪地的公安机关管辖。

第十二条 公安机关办理跨区域性涉众型经济犯罪案件，应当坚持统一指挥协调、统一办案要求的原则。

对跨区域性涉众型经济犯罪案件，犯罪地公安机关应当立案侦查，并由一个地方公安机关为主侦查，其他公安机关应当积极协助。必要时，可以并案侦查。

第十三条 上级公安机关指定下级公安机关立案侦查的经济犯罪案件，需要逮捕犯罪嫌疑人的，由侦查该案件的公安机关提请同级人民检察院审查批准；需要移送审查起诉的，由侦查该案件的公安机关移送同级人民检察院审查起诉。

人民检察院受理公安机关移送审查起诉的经济犯罪案件，认为需要依照刑事诉讼法的规定指定审判管辖的，应当协商同级人民法院办理指定管辖有关事宜。

对跨区域性涉众型经济犯罪案件，公安机关指定管辖的，应当事先向同级人民检察院、人民法院通报和协商。

第三章 立案、撤案

第十四条 公安机关对涉嫌经济犯罪线索的报案、控告、举报、自动投案，不论是否有管辖权，都应当接受并登记，由最初受理的公安机关依照法定程序办理，不得以管辖权为由推诿或者拒绝。

经审查，认为有犯罪事实，但不属于其管辖的案件，应当及时移送有管辖权的机关处理。对于不属于其管辖又必须采取紧急措施的，应当先采取紧急措施，再移送主管机关。

第十五条 公安机关接受涉嫌经济犯罪线索的报案、控告、举报、自动投案后，应当立即进行审查，并在七日以内决定是否立案；重大、疑难、复杂线索，经县级以上公安机关负责人批准，立案审查期限可以延长至三十日；特别重大、疑难、复杂或者跨区域性的线索，经上一级公安机关负责人批准，立案审查期限可以再延长三十日。

上级公安机关指定管辖或者书面通知立案的，应当在指定期限以内立案侦查。人民检察院通知立案的，应当在十五日以内立案侦查。

第十六条 公安机关接受行政执法机关移送的涉嫌经济犯罪案件后，移送材料符合相关规定的，应当在三日以内进行审查并决定是否立案，至迟应当在十日以内作出决定。案情重大、疑难、复杂或者跨区域性的，经县级以上公安机关负责人批准，应当在三十日以内决定是否立案。情况特殊的，经上一级公安机关负责人批准，可以再延长三十日作出决定。

第十七条 公安机关经立案审查，同时符合下列条件的，应当立案：

（一）认为有犯罪事实；

（二）涉嫌犯罪数额、结果或者其他情节符合经济犯罪案件的立案追诉标准，需要追究刑事责任；

（三）属于该公安机关管辖。

第十八条 在立案审查中，发现案件事实或者线索不明的，经公安机关办案部门负责人批准，可以依照有关规定采取询问、查询、勘验、鉴定和调取证据材料等不限制被调查对象人身、财产权利的措施。经审查，认为有犯罪事实，需要追究刑事责任的，经县级以上公安机关负责人批准，予以立案。

公安机关立案后，应当采取调查性侦查措施，但是一般不得采取限制人身、财产权利的强制性措施。确有必要采取的，必须严格依照法律规定的条件和程序。严禁在没有证据的情况下，查封、扣押、冻结涉案财物或者拘留、逮捕犯罪嫌疑人。

公安机关立案后，在三十日以内经积极侦查，仍然无法收集到证明有犯罪事实需要对犯罪嫌疑人追究刑事责任的充分证据的，应当立即撤销案件或者终止侦查。重大、疑难、复杂案件，经上一级公安机关负责人批准，可以再延长三十日。

上级公安机关认为不应当立案，责令限期纠正的，或者人民检察院认为不应当立案，通知撤销案件的，公安机关应当及时撤销案件。

第十九条 对有控告人的案件，经审查决定不予立案的，应当在立案审查的期限内制作不予立案通知书,并在三日以内送达控告人。

第二十条 涉嫌经济犯罪的案件与人民法院正在审理或者作出生效裁判文书的民事案件,属于同一法律事实或者有牵连关系,符合下列条件之一的,应当立案:

(一)人民法院在审理民事案件或者执行过程中,发现有经济犯罪嫌疑,裁定不予受理、驳回起诉、中止诉讼、判决驳回诉讼请求或者中止执行生效裁判文书,并将有关材料移送公安机关的;

(二)人民检察院依法通知公安机关立案的;

(三)公安机关认为有证据证明有犯罪事实,需要追究刑事责任,经省级以上公安机关负责人批准的。

有前款第二项、第三项情形的,公安机关立案后,应当严格依照法律规定的条件和程序采取强制措施和侦查措施,并将立案决定书等法律文书及相关案件材料复印件抄送正在审理或者作出生效裁判文书的人民法院并说明立案理由,同时通报与办理民事案件的人民法院同级的人民检察院,必要时可以报告上级公安机关。

在侦查过程中,不得妨碍人民法院民事诉讼活动的正常进行。

第二十一条 公安机关在侦查过程中、人民检察院在审查起诉过程中,发现具有下列情形之一的,应当将立案决定书、起诉意见书等法律文书及相关案件材料复印件抄送正在审理或者作出生效裁判文书的人民法院,由人民法院依法处理:

(一)侦查、审查起诉的经济犯罪案件与人民法院正在审理或者作出生效裁判文书的民事案件属于同一法律事实或者有牵连关系的;

(二)涉案财物已被有关当事人申请执行的。

有前款规定情形的,公安机关、人民检察院应当同时将有关情况通报与办理民事案件的人民法院同级的人民检察院。

公安机关将相关法律文书及案件材料复印件抄送人民法院后一个月以内未收到回复的,必要时,可以报告上级公安机关。

立案侦查、审查起诉的经济犯罪案件与仲裁机构作出仲裁裁决的民事案件属于同一法律事实或者有牵连关系，且人民法院已经受理与该仲裁裁决相关申请的，依照本条第一款至第三款的规定办理。

第二十二条 涉嫌经济犯罪的案件与人民法院正在审理或者作出生效裁判文书以及仲裁机构作出裁决的民事案件有关联但不属同一法律事实的，公安机关可以立案侦查，但是不得以刑事立案为由要求人民法院移送案件、裁定驳回起诉、中止诉讼、判决驳回诉讼请求、中止执行或者撤销判决、裁定，或者要求人民法院撤销仲裁裁决。

第二十三条 人民法院在办理民事案件过程中，认为该案件不属于民事纠纷而有经济犯罪嫌疑需要追究刑事责任，并将涉嫌经济犯罪的线索、材料移送公安机关的，接受案件的公安机关应当立即审查，并在十日以内决定是否立案。公安机关不立案的，应当及时告知人民法院。

第二十四条 人民法院在办理民事案件过程中，发现与民事纠纷虽然不是同一事实但是有关联的经济犯罪线索、材料，并将涉嫌经济犯罪的线索、材料移送公安机关的，接受案件的公安机关应当立即审查，并在十日以内决定是否立案。公安机关不立案的，应当及时告知人民法院。

第二十五条 在侦查过程中，公安机关发现具有下列情形之一的，应当及时撤销案件：

（一）对犯罪嫌疑人解除强制措施之日起十二个月以内，仍然不能移送审查起诉或者依法作其他处理的；

（二）对犯罪嫌疑人未采取强制措施，自立案之日起二年以内，仍然不能移送审查起诉或者依法作其他处理的；

（三）人民检察院通知撤销案件的；

（四）其他符合法律规定的撤销案件情形的。

有前款第一项、第二项情形，但是有证据证明有犯罪事实需要进一步侦查的，经省级以上公安机关负责人批准，可以不撤销案件，继续侦查。

撤销案件后，公安机关应当立即停止侦查活动，并解除相关的侦查措施和强制措施。

撤销案件后,又发现新的事实或者证据,依法需要追究刑事责任的,公安机关应当重新立案侦查。

第二十六条 公安机关接报案件后,报案人、控告人、举报人、被害人及其法定代理人、近亲属查询立案情况的,应当在三日以内告知立案情况并记录在案。对已经立案的,应当告知立案时间、涉嫌罪名、办案单位等情况。

第二十七条 对报案、控告、举报、移送的经济犯罪案件,公安机关作出不予立案决定、撤销案件决定或者逾期未作出是否立案决定有异议的,报案人、控告人、举报人可以申请人民检察院进行立案监督,移送案件的行政执法机关可以建议人民检察院进行立案监督。

人民检察院认为需要公安机关说明不予立案、撤销案件或者逾期未作出是否立案决定的理由的,应当要求公安机关在七日以内说明理由。公安机关应当书面说明理由,连同有关证据材料回复人民检察院。人民检察院认为不予立案或者撤销案件的理由不能成立的,应当通知公安机关立案。人民检察院要求公安机关说明逾期未作出是否立案决定的理由后,公安机关在七日以内既不说明理由又不作出是否立案的决定的,人民检察院应当发出纠正违法通知书予以纠正,经审查案件有关证据材料,认为符合立案条件的,应当通知公安机关立案。

第二十八条 犯罪嫌疑人及其法定代理人、近亲属或者辩护律师对公安机关立案提出异议的,公安机关应当及时受理、认真核查。

有证据证明公安机关可能存在违法介入经济纠纷,或者利用立案实施报复陷害、敲诈勒索以及谋取其他非法利益等违法立案情形的,人民检察院应当要求公安机关书面说明立案的理由。公安机关应当在七日以内书面说明立案的依据和理由,连同有关证据材料回复人民检察院。人民检察院认为立案理由不能成立的,应当通知公安机关撤销案件。

第二十九条 人民检察院发现公安机关在办理经济犯罪案件过

程中适用另案处理存在违法或者不当的,可以向公安机关提出书面纠正意见或者检察建议。公安机关应当认真审查,并将结果及时反馈人民检察院。没有采纳的,应当说明理由。

第三十条 依照本规定,报经省级以上公安机关负责人批准立案侦查或者继续侦查的案件,撤销案件时应当经原审批的省级以上公安机关负责人批准。

人民检察院通知撤销案件的,应当立即撤销案件,并报告原审批的省级以上公安机关。

第四章 强制措施

第三十一条 公安机关决定采取强制措施时,应当考虑犯罪嫌疑人涉嫌犯罪情节的轻重程度、有无继续犯罪和逃避或者妨碍侦查的可能性,使所适用的强制措施同犯罪的严重程度、犯罪嫌疑人的社会危险性相适应,依法慎用羁押性强制措施。

采取取保候审、监视居住措施足以防止发生社会危险性的,不得适用羁押性强制措施。

第三十二条 公安机关应当依照法律规定的条件和程序适用取保候审措施。

采取保证金担保方式的,应当综合考虑保证诉讼活动正常进行的需要,犯罪嫌疑人的社会危险性的大小,案件的性质、情节、涉案金额,可能判处刑罚的轻重以及犯罪嫌疑人的经济状况等情况,确定适当的保证金数额。

在取保候审期间,不得中断对经济犯罪案件的侦查。执行取保候审超过三个月的,应当至少每个月讯问一次被取保候审人。

第三十三条 对于被决定采取强制措施并上网追逃的犯罪嫌疑人,经审查发现不构成犯罪或者依法不予追究刑事责任的,应当立即撤销强制措施决定,并按照有关规定,报请省级以上公安机关删除相关信息。

第三十四条 公安机关办理经济犯罪案件应当加强统一审核,

依照法律规定的条件和程序逐案逐人审查采取强制措施的合法性和适当性,发现采取强制措施不当的,应当及时撤销或者变更。犯罪嫌疑人在押的,应当立即释放。公安机关释放被逮捕的犯罪嫌疑人或者变更逮捕措施的,应当及时通知作出批准逮捕决定的人民检察院。

犯罪嫌疑人被逮捕后,人民检察院经审查认为不需要继续羁押提出检察建议的,公安机关应当予以调查核实,认为不需要继续羁押的,应当予以释放或者变更强制措施;认为需要继续羁押的,应当说明理由,并在十日以内将处理情况通知人民检察院。

犯罪嫌疑人及其法定代理人、近亲属或者辩护人有权申请人民检察院进行羁押必要性审查。

第五章　侦查取证

第三十五条　公安机关办理经济犯罪案件,应当及时进行侦查,依法全面、客观、及时地收集、调取、固定、审查能够证实犯罪嫌疑人有罪或者无罪、罪重或者罪轻以及与涉案财物有关的各种证据,并防止犯罪嫌疑人逃匿、销毁证据或者转移、隐匿涉案财物。

严禁调取与经济犯罪案件无关的证据材料,不得以侦查犯罪为由滥用侦查措施为他人收集民事诉讼证据。

第三十六条　公安机关办理经济犯罪案件,应当遵守法定程序,遵循有关技术标准,全面、客观、及时地收集、提取电子数据;人民检察院应当围绕真实性、合法性、关联性审查判断电子数据。

依照规定程序通过网络在线提取的电子数据,可以作为证据使用。

第三十七条　公安机关办理经济犯罪案件,需要采取技术侦查措施的,应当严格依照有关法律、规章和规范性文件规定的范围和程序办理。

第三十八条　公安机关办理非法集资、传销以及利用通讯工具、互联网等技术手段实施的经济犯罪案件,确因客观条件的限制无法逐一收集被害人陈述、证人证言等相关证据的,可以结合已收集的言词证据和依法收集并查证属实的物证、书证、视听资料、电子数据等实物证据,综合认定涉案人员人数和涉案资金数额等犯罪事实,做到证据确实、充分。

第三十九条 公安机关办理生产、销售伪劣商品犯罪案件、走私犯罪案件、侵犯知识产权犯罪案件,对同一批次或者同一类型的涉案物品,确因实物数量较大,无法逐一勘验、鉴定、检测、评估的,可以委托或者商请有资格的鉴定机构、专业机构或者行政执法机关依照程序按照一定比例随机抽样勘验、鉴定、检测、评估,并由其制作取样记录和出具相关书面意见。有关抽样勘验、鉴定、检测、评估的结果可以作为该批次或者该类型全部涉案物品的勘验、鉴定、检测、评估结果,但是不符合法定程序,且不能补正或者作出合理解释,可能严重影响案件公正处理的除外。

法律、法规和规范性文件对鉴定机构或者抽样方法另有规定的,从其规定。

第四十条 公安机关办理经济犯罪案件应当与行政执法机关加强联系、密切配合,保证准确有效地执行法律。

公安机关应当根据案件事实、证据和法律规定依法认定案件性质,对案情复杂、疑难,涉及专业性、技术性问题的,可以参考有关行政执法机关的认定意见。

行政执法机关对经济犯罪案件中有关行为性质的认定,不是案件进入刑事诉讼程序的必经程序或者前置条件。法律、法规和规章另有规定的,从其规定。

第四十一条 公安机关办理重大、疑难、复杂的经济犯罪案件,可以听取人民检察院的意见,人民检察院认为确有必要时,可以派员适时介入侦查活动,对收集证据、适用法律提出意见,监督侦查活动是否合法。对人民检察院提出的意见,公安机关应当认真审查,并将结果及时反馈人民检察院。没有采纳的,应当说明理由。

第四十二条 公安机关办理跨区域性的重大经济犯罪案件,应当向人民检察院通报立案侦查情况,人民检察院可以根据通报情况调度办案力量，开展指导协调等工作。需要逮捕犯罪嫌疑人的，公安机关应当提前与人民检察院沟通。

第四十三条 人民检察院在审查逮捕、审查起诉中发现公安机关办案人员以非法方法收集犯罪嫌疑人供述、被害人陈述、证人证言等证据材料的，应当依法排除非法证据并提出纠正意见。需要重新调查取证的，经县级以上公安机关负责人批准，应当另行指派办案人员重新调查取证。必要时，人民检察院也可以自行收集犯罪嫌疑人供述、被害人陈述、证人证言等证据材料。

公安机关发现收集物证、书证不符合法定程序，可能严重影响司法公正的，应当要求办案人员予以补正或者作出合理解释；不能补正或者作出合理解释的，应当依法予以排除，不得作为提请批准逮捕、移送审查起诉的依据。

人民检察院发现收集物证、书证不符合法定程序，可能严重影响司法公正的，应当要求公安机关予以补正或者作出合理解释，不能补正或者作出合理解释的，应当依法予以排除，不得作为批准逮捕、提起公诉的依据。

第四十四条 对民事诉讼中的证据材料，公安机关在立案后应当依照刑事诉讼法以及相关司法解释的规定进行审查或者重新收集。未经查证核实的证据材料，不得作为刑事证据使用。

第四十五条 人民检察院已经作出不起诉决定的案件，公安机关不得针对同一法律事实的同一犯罪嫌疑人继续侦查或者补充侦查，但是有新的事实或者证据的，可以重新立案侦查。

第六章 涉案财物的控制和处置

第四十六条 查封、扣押、冻结以及处置涉案财物，应当依照法律规定的条件和程序进行。除法律法规和规范性文件另有规定以外，公安机关不得在诉讼程序终结之前处置涉案财物。严格区分违法所得、其他涉案财产与合法财产，严格区分企业法人财产与股东个人财产，严格区分犯罪嫌疑人个人财产与家庭成员财产，不得超权限、超范围、超数额、超时限查封、扣押、冻结,并注意保护利害关系人的合法权益。

对涉众型经济犯罪案件,需要追缴、返还涉案财物的,应当坚持统一资产处置原则。公安机关移送审查起诉时,应当将有关涉案财物及其清单随案移送人民检察院。人民检察院提起公诉时,应当将有关涉案财物及其清单一并移送受理案件的人民法院,并提出处理意见。

第四十七条 对依照有关规定可以分割的土地、房屋等涉案不动产,应当只对与案件有关的部分进行查封。

对不可分割的土地、房屋等涉案不动产或者车辆、船舶、航空器以及大型机器、设备等特定动产,可以查封、扣押、冻结犯罪嫌疑人提供的与涉案金额相当的其他财物。犯罪嫌疑人不能提供的,可以予以整体查封。

冻结涉案账户的款项数额,应当与涉案金额相当。

第四十八条 对自动投案时主动提交的涉案财物和权属证书等,公安机关可以先行接收,如实登记并出具接收财物凭证,根据立案和侦查情况决定是否查封、扣押、冻结。

第四十九条 已被依法查封、冻结的涉案财物,公安机关不得重复查封、冻结,但是可以轮候查封、冻结。

已被人民法院采取民事财产保全措施的涉案财物,依照前款规定办理。

第五十条 对不宜查封、扣押、冻结的经营性涉案财物,在保证侦查活动正常进行的同时,可以允许有关当事人继续合理使用,并采取必要的保值保管措施,以减少侦查办案对正常办公和合法生产经营的影响。必要时,可以申请当地政府指定有关部门或者委托有关机构代管。

第五十一条 对查封、扣押、冻结的涉案财物及其孳息,以及作为证据使用的实物,公安机关应当如实登记,妥善保管,随案移送,并与人民检察院及时交接,变更法律手续。

在查封、扣押、冻结涉案财物时,应当收集、固定与涉案财物来源、权属、性质等有关的证据材料并随案移送。对不宜移送或者依法不移送的实物,应当将其清单、照片或者其他证明文件随案移送。

第五十二条 涉嫌犯罪事实查证属实后,对有证据证明权属关系明确的被害人合法财产及其孳息,及时返还不损害其他被害人或者利害关系人的利益、不影响诉讼正常进行的,可以在登记、拍照或者录像、估价后,经县级以上公安机关负责人批准,开具发还清单,在诉讼程序终结之前返还被害人。办案人员应当在案卷中注明返还的理由,将原物照片、清单和被害人的领取手续存卷备查。

具有下列情形之一的,不得在诉讼程序终结之前返还:

(一)涉嫌犯罪事实尚未查清的;

(二)涉案财物及其孳息的权属关系不明确或者存在争议的;

(三)案件需要变更管辖的;

(四)可能损害其他被害人或者利害关系人利益的;

(五)可能影响诉讼程序正常进行的;

(六)其他不宜返还的。

第五十三条 有下列情形之一的,除依照有关法律法规和规范性文件另行处理的以外,应当立即解除对涉案财物的查封、扣押、冻结措施,并及时返还有关当事人:

(一)公安机关决定撤销案件或者对犯罪嫌疑人终止侦查的;

(二)人民检察院通知撤销案件或者作出不起诉决定的;

(三)人民法院作出生效判决、裁定应当返还的。

第五十四条 犯罪分子违法所得的一切财物及其孳息,应当予以追缴或者责令退赔。

发现犯罪嫌疑人将经济犯罪违法所得和其他涉案财物用于清偿债务、转让或者设定其他权利负担,具有下列情形之一的,应当依法查封、扣押、冻结:

(一)他人明知是经济犯罪违法所得和其他涉案财物而接受的;

(二)他人无偿或者以明显低于市场价格取得上述财物的;

（三）他人通过非法债务清偿或者违法犯罪活动取得上述财物的；

（四）他人通过其他恶意方式取得上述财物的。

他人明知是经济犯罪违法所得及其产生的收益，通过虚构债权债务关系、虚假交易等方式予以窝藏、转移、收购、代为销售或者以其他方法掩饰、隐瞒，构成犯罪的，应当依法追究刑事责任。

第五十五条 具有下列情形之一，依照刑法规定应当追缴其违法所得及其他涉案财物的，经县级以上公安机关负责人批准，公安机关应当出具没收违法所得意见书，连同相关证据材料一并移送同级人民检察院：

（一）重大的走私、金融诈骗、洗钱犯罪案件，犯罪嫌疑人逃匿，在通缉一年后不能到案的；

（二）犯罪嫌疑人死亡的；

（三）涉嫌重大走私、金融诈骗、洗钱犯罪的单位被撤销、注销，直接负责的主管人员和其他直接责任人员逃匿、死亡，导致案件无法适用普通刑事诉讼程序审理的。

犯罪嫌疑人死亡，现有证据证明其存在违法所得及其他涉案财物应当予以没收的，公安机关可以继续调查，并依法进行查封、扣押、冻结。

第七章 办案协作

第五十六条 公安机关办理经济犯罪案件，应当加强协作和配合，依法履行协查、协办等职责。

上级公安机关应当加强监督、协调和指导，及时解决跨区域性协作的争议事项。

第五十七条 办理经济犯罪案件需要异地公安机关协作的，委托地公安机关应当对案件的管辖、定性、证据认定以及所采取的侦查措施负责，办理有关的法律文书和手续，并对协作事项承担法律责任。但是协作地公安机关超权限、超范围采取相关措施的，应当承担相应的法律责任。

第五十八条 办理经济犯罪案件需要异地公安机关协作的，由委托地的县级以上公安机关制作办案协作函件和有关法律文书，通过协作地的县级以上公安机关联系有关协作事宜。协作地公安机关接到委托地公安机关请求协作的函件后，应当指定主管业务部门办理。

各省、自治区、直辖市公安机关根据本地实际情况，就需要外省、自治区、直辖市公安机关协助对犯罪嫌疑人采取强制措施或者查封、扣押、冻结涉案财物事项制定相关审批程序。

第五十九条 协作地公安机关应当对委托地公安机关出具的法律文书和手续予以审核，对法律文书和手续完备的，协作地公安机关应当及时无条件予以配合，不得收取任何形式的费用。

第六十条 委托地公安机关派员赴异地公安机关请求协助查询资料、调查取证等事项时，应当出具办案协作函件和有关法律文书。

委托地公安机关认为不需要派员赴异地的，可以将办案协作函件和有关法律文书寄送协作地公安机关，协作地公安机关协查不得超过十五日；案情重大、情况紧急的，协作地公安机关应当在七日以内回复；因特殊情况不能按时回复的，协作地公安机关应当及时向委托地公安机关说明情况。

必要时，委托地公安机关可以将办案协作函件和有关法律文书通过电传、网络等保密手段或者相关工作机制传至协作地公安机关，协作地公安机关应当及时协查。

第六十一条 委托地公安机关派员赴异地公安机关请求协助采取强制措施或者搜查，查封、扣押、冻结涉案财物等事项时，应当持办案协作函件、有关侦查措施或者强制措施的法律文书、工作证件及相关案件材料，与协作地县级以上公安机关联系，协作地公安机关应当派员协助执行。

第六十二条 对不及时采取措施，有可能导致犯罪嫌疑人逃匿，或者有可能转移涉案财物以及重要证据的，委托地公安机关可以商请紧急协作，将办案协作函件和有关法律文书通过电传、网络等保密手段传至协作地县级以上公安机关，协作地公安机关收到协作函件后，应当及时采取措施，落实协作事项。委托地公安机关应当立即派员携带法律文书前往协作地办理有关事宜。

第六十三条 协作地公安机关在协作过程中，发现委托地公安机关明显存在违反法律规定的行为时，应当及时向委托地公安机关提出并报上一级公安机关。跨省协作的，应当通过协作地的省级公安机关通报委托地的省级公安机关，协商处理。未能达成一致意见的，协作地的省级公安机关应当及时报告公安部。

第六十四条 立案地公安机关赴其他省、自治区、直辖市办案，应当按照有关规定呈报上级公安机关审查批准。

第八章 保障诉讼参与人合法权益

第六十五条 公安机关办理经济犯罪案件，应当尊重和保障人权，保障犯罪嫌疑人、被害人和其他诉讼参与人依法享有的辩护权和其他诉讼权利，在职责范围内依法保障律师的执业权利。

第六十六条 辩护律师向公安机关了解犯罪嫌疑人涉嫌的罪名以及现已查明的该罪的主要事实，犯罪嫌疑人被采取、变更、解除强制措施，延长侦查羁押期限、移送审查起诉等案件有关情况的，公安机关应当依法将上述情况告知辩护律师，并记录在案。

第六十七条 辩护律师向公安机关提交与经济犯罪案件有关的申诉、控告等材料的，公安机关应当在执法办案场所予以接收，当面了解有关情况并记录在案。对辩护律师提供的材料，公安机关应当及时依法审查，并在三十日以内予以答复。

第六十八条 被害人、犯罪嫌疑人及其法定代理人、近亲属或者律师对案件管辖有异议，向立案侦查的公安机关提出申诉的，接受申诉的公安机关应当在接到申诉后的七日以内予以答复。

第六十九条 犯罪嫌疑人及其法定代理人、近亲属或者辩护人认为公安机关所采取的强制措施超过法定期限，有权向原批准或者决定的公安机关提出申诉,接受该项申诉的公安机关应当在接到申诉之日起三十日以内审查完毕并作出决定,将结果书面通知申诉人。对超过法定期限的强制措施,应当立即解除或者变更。

第七十条 辩护人、诉讼代理人认为公安机关阻碍其依法行使诉讼权利并向人民检察院申诉或者控告,人民检察院经审查情况属实后通知公安机关予以纠正的,公安机关应当立即纠正,并将监督执行情况书面答复人民检察院。

第七十一条 辩护人、诉讼代理人对公安机关侦查活动有异议的,可以向有关公安机关提出申诉、控告,或者提请人民检察院依法监督。

第九章 执法监督与责任追究

第七十二条 公安机关应当依据《中华人民共和国人民警察法》等有关法律法规和规范性文件的规定,加强对办理经济犯罪案件活动的执法监督和督察工作。

上级公安机关发现下级公安机关存在违反法律和有关规定行为的,应当责令其限期纠正。必要时,上级公安机关可以就其违法行为直接作出相关处理决定。

人民检察院发现公安机关办理经济犯罪案件中存在违法行为的,或者对有关当事人及其辩护律师、诉讼代理人、利害关系人的申诉、控告事项查证属实的,应当通知公安机关予以纠正。

第七十三条 具有下列情形之一的,公安机关应当责令依法纠正,或者直接作出撤销、变更或者纠正决定。对发生执法过错的,应当根据办案人员在办案中各自承担的职责,区分不同情况,分别追究案件审批人、审核人、办案人及其他直接责任人的责任。构成犯罪的,依法追究刑事责任。

(一)越权管辖或者推诿管辖的;

(二)违反规定立案、不予立案或者撤销案件的;

(三)违反规定对犯罪嫌疑人采取强制措施的;

（四）违反规定对财物采取查封、扣押、冻结措施的；

（五）违反规定处置涉案财物的；

（六）拒不履行办案协作职责，或者阻碍异地公安机关依法办案的；

（七）阻碍当事人、辩护人、诉讼代理人依法行使诉讼权利的；

（八）其他应当予以追究责任的。

对于导致国家赔偿的责任人员，应当依据《中华人民共和国国家赔偿法》的有关规定，追偿其部分或者全部赔偿费用。

第七十四条 公安机关在受理、立案、移送以及涉案财物处置等过程中，与人民检察院、人民法院以及仲裁机构发生争议的，应当协商解决。必要时，可以报告上级公安机关协调解决。上级公安机关应当加强监督，依法处理。

人民检察院发现公安机关存在执法不当行为的，可以向公安机关提出书面纠正意见或者检察建议。公安机关应当认真审查，并将结果及时反馈人民检察院。没有采纳的，应当说明理由。

第七十五条 公安机关办理经济犯罪案件应当加强执法安全防范工作，规范执法办案活动，执行执法办案规定，加强执法监督，对执法不当造成严重后果的，依据相关规定追究责任。

第十章 附 则

第七十六条 本规定所称的“经济犯罪案件”，主要是指公安机关经济犯罪侦查部门按照有关规定依法管辖的各种刑事案件，但以资助方式实施的帮助恐怖活动案件，不适用本规定。

公安机关其他办案部门依法管辖刑法分则第三章规定的破坏社会主义市场经济秩序犯罪有关案件的，适用本规定。

第七十七条 本规定所称的“调查性侦查措施”，是指公安机关在办理经济犯罪案件过程中，依照法律规定进行的专门调查工作和有关侦查措施，但是不包括限制犯罪嫌疑人人身、财产权利的强制性措施。

第七十八条 本规定所称的“涉众型经济犯罪案件”，是指基于同一法律事实、利益受损人数众多、可能影响社会秩序稳定的经济犯罪案件，包括但不限于非法吸收公众存款，集资诈骗，组织、领导传销活动，擅自设立金融机构，擅自发行股票、公司企业债券等犯罪。

第七十九条 本规定所称的“跨区域性”，是指涉及两个以上县级行政区域。

第八十条 本规定自2018年1月1日起施行。2005年12月31日发布的《公安机关办理经济犯罪案件的若干规定》（公通字〔2005〕101号）同时废止。本规定发布以前最高人民检察院、公安部制定的关于办理经济犯罪案件的规范性文件与本规定不一致的，适用本规定。

最高人民检察院、公安部、国家安全部关于重大案件侦查终结前开展讯问合法性核查工作若干问题的意见

（2020年1月13日发布　高检发办字〔2020〕4号
自发布之日起施行）

第一条 为了促进侦查讯问规范进行，防止刑讯逼供等非法讯问行为，依法及时排除非法证据，根据《中华人民共和国刑事诉讼法》和有关规定，结合工作实际，制定本意见。

第二条 重大案件侦查终结前讯问合法性核查，是指对于可能判处无期徒刑、死刑的案件或者其他重大案件，人民检察院在侦查终结前对讯问合法性进行核查。

第三条 人民检察院、公安机关和国家安全机关应当分工负责，互相配合，互相制约，共同做好重大案件侦查终结前讯问合法性核查

工作。

第四条 侦查机关在侦查终结前，及时制作重大案件即将侦查终结通知书，通知人民检察院驻看守所检察人员开展讯问合法性核查。

人民检察院驻看守所检察人员收到侦查机关通知后，应当立即开展核查。

人民检察院驻看守所检察人员或者人民检察院负责捕诉部门的检察人员，凭侦查机关重大案件即将侦查终结通知书和有效工作证件到看守所开展调查核查工作。

第五条 检察人员开展重大案件讯问合法性核查工作，应当首先听取犯罪嫌疑人的辩护律师或者值班律师的意见，制作听取律师意见笔录。辩护律师或者值班律师提出书面意见的，应当附卷。

第六条 检察人员开展重大案件讯问合法性核查，应当询问相关犯罪嫌疑人，并全程同步录音录像。所录制的图像应当反映犯罪嫌疑人、检察人员及询问场景等情况，犯罪嫌疑人应当在图像中全程反映，并显示与询问同步的日期和时间信息。询问笔录记载的起止时间应当与询问录音录像反映的起止时间一致。

询问犯罪嫌疑人，应当个别进行，检察人员不得少于两人。

第七条 检察人员对重大案件犯罪嫌疑人进行核查询问时，应当向其告知：如果经调查核实存在刑讯逼供等非法取证情形的，办案机关将依法排除相关证据；如果犯罪嫌疑人在核查询问时明确表示侦查阶段没有刑讯逼供等非法取证情形，在审判阶段又提出排除非法证据申请的，应当说明理由，人民法院经审查对证据收集的合法性没有疑问的，可以驳回申请。

第八条 检察人员应当围绕侦查阶段是否存在刑讯逼供等非法取证情形对相关犯罪嫌疑人进行核查询问，一般不询问具体案情。犯罪嫌疑人提出存在刑讯逼供等非法取证情形的，可以要求犯罪嫌疑人具体说明刑讯逼供、非法取证的人员、时间、地点、方式等相关信息。犯罪嫌疑人当场向检察人员展示身体损害伤情的，检察人员应当进行拍照或者录像。必要的时候，可以组织对犯罪嫌疑人进行身体检查。

检察人员应当制作询问笔录，询问结束时，将询问笔录交犯罪嫌疑人核对，犯罪嫌疑人没有阅读能力的，应当向他宣读，发现漏记、错记的，应当及时补正。犯罪嫌疑人确认询问笔录没有错误的，由犯罪嫌疑人在笔录上逐页签名、捺指印确认，并标明日期。询问笔录应当与录音录像内容一致或者意思相符。

第九条 犯罪嫌疑人、辩护律师或者值班律师在人民检察院开展核查询问和听取意见时均明确表示没有刑讯逼供等非法取证情形，并且检察人员未发现刑讯逼供等非法取证线索的，人民检察院驻看守所检察人员可以据此制作重大案件讯问合法性核查意见书，送达侦查机关，讯问合法性核查程序终结，并将相关材料移送人民检察院负责捕诉的部门。

第十条 犯罪嫌疑人、辩护律师或者值班律师反映存在刑讯逼供等非法取证情形的，人民检察院驻看守所检察人员可以采取以下方式进行初步调查核实：

（一）询问相关人员；

（二）根据需要，可以听取犯罪嫌疑人的辩护律师或者值班律师意见；

（三）调取看守所或者办案区视频监控录像；

（四）调取、查询犯罪嫌疑人出入看守所的身体检查记录及相关材料，调取提讯登记、押解记录等有关材料；

（五）其他调查核实方式。

驻所检察人员初步调查核实后，应当制作初步核查意见函，连同证据材料一并移送人民检察院负责捕诉的部门。

第十一条 人民检察院驻看守所检察人员应当自收到侦查机关重大案件即将侦查终结通知书后七个工作日以内，完成第五至第十条规定的核查工作。

第十二条 人民检察院负责捕诉的部门可以采取以下方式对刑

讯逼供等非法取证行为进行进一步调查核实：

（一）询问犯罪嫌疑人；

（二）向办案人员了解情况；

（三）询问在场人员及证人；

（四）听取犯罪嫌疑人的辩护律师或者值班律师意见；

（五）调取讯问笔录、讯问录音、录像；

（六）调取、查询犯罪嫌疑人出入看守所的身体检查记录及相关材料；

（七）进行伤情、病情检查或者鉴定；

（八）其他调查核实方式。

驻所检察人员应当做好配合工作。

第十三条 经调查核实，人民检察院负责捕诉的部门发现存在刑讯逼供等非法取证线索的，应当听取侦查机关意见，并记录在案。

第十四条 人民检察院开展重大案件讯问合法性核查尚未终结的，不影响侦查机关依法移送审查起诉。

第十五条 调查核实结束后七个工作日以内，人民检察院负责捕诉的部门应当根据核查情况作出核查结论，制作重大案件讯问合法性核查意见书，并送达侦查机关。

经核查，确有刑讯逼供等非法取证情形，或者现有证据不能排除刑讯逼供等非法取证情形的，应当报经本院检察长批准后，通知侦查机关依法排除非法证据。

侦查机关提出异议的，人民检察院应当在七个工作日以内予以复查，并将复查结果通知侦查机关。

第十六条 侦查机关对存在刑讯逼供等非法取证情形无异议或者经复查认定确有刑讯逼供等非法取证情形的，侦查机关应当及时依法排除非法证据，不得作为提请批准逮捕、移送审查起诉的根据，并制作排除非法证据结果告知书，将排除非法证据情况书面告知人民检察院负责捕诉的部门。

人民检察院对审查认定的非法证据，应当依法予以排除，不得作为批准或者决定逮捕、提起公诉的根据。

第十七条 开展重大案件侦查终结前讯问合法性核查工作过程中，涉及国家秘密、商业秘密、个人隐私的，应当保密。调查核实过程中所获悉的案件侦查进展、取证情况、证据内容，应当保密。

第十八条 本意见自发布之日起施行。

附件：（正文略）

1.《重大案件即将侦查终结通知书》样式及制作说明

2.《重大案件讯问合法性核查听取律师意见笔录》样式及制作说明

3.《重大案件讯问合法性核查询问笔录》样式及制作说明

4.《重大案件讯问合法性初步核查意见函》样式及制作说明

5.《重大案件讯问合法性核查报告》样式及制作说明

6.《重大案件讯问合法性核查意见书》样式及制作说明

7.《重大案件讯问合法性核查排除非法证据结果告知书》样式及制作说明

最高人民检察院、公安部关于加强和规范补充侦查工作的指导意见

（2020年3月27日高检发〔2020〕6号印发
自印发之日起施行）

第一条 为进一步完善以证据为核心的刑事指控体系，加强和规范补充侦查工作，提高办案质效，根据《中华人民共和国刑事诉讼法》《人民检察院刑事诉讼规则》《公安机关办理刑事案件程序规定》等有关规定，结合办案实践，制定本指导意见。

第二条 补充侦查是依照法定程序，在原有侦查工作的基础上，

进一步查清事实,补充完善证据的诉讼活动。

人民检察院审查逮捕提出补充侦查意见,审查起诉退回补充侦查、自行补充侦查,要求公安机关提供证据材料,要求公安机关对证据的合法性作出说明等情形,适用本指导意见的相关规定。

第三条 开展补充侦查工作应当遵循以下原则:

1. 必要性原则。补充侦查工作应当具备必要性,不得因与案件事实、证据无关的原因退回补充侦查。

2. 可行性原则。要求补充侦查的证据材料应当具备收集固定的可行性,补充侦查工作应当具备可操作性,对于无法通过补充侦查收集证据材料的情形,不能适用补充侦查。

3. 说理性原则。补充侦查提纲应当写明补充侦查的理由、案件定性的考虑、补充侦查的方向、每一项补证的目的和意义,对复杂问题、争议问题作适当阐明,具备条件的,可以写明补充侦查的渠道、线索和方法。

4. 配合性原则。人民检察院、公安机关在补充侦查之前和补充侦查过程中,应当就案件事实、证据、定性等方面存在的问题和补充侦查的相关情况,加强当面沟通、协作配合,共同确保案件质量。

5. 有效性原则。人民检察院、公安机关应当以增强补充侦查效果为目标,把提高证据质量、解决证据问题贯穿于侦查、审查逮捕、审查起诉全过程。

第四条 人民检察院开展补充侦查工作,应当书面列出补充侦查提纲。补充侦查提纲应当分别归入检察内卷、侦查内卷。

第五条 公安机关提请人民检察院审查批准逮捕的,人民检察院应当接收。经审查,不符合批捕条件的,应当依法作出不批准逮捕决定。人民检察院对于因证据不足作出不批准逮捕决定,需要补充侦查的,应当制作补充侦查提纲,列明证据体系存在的问题、补充侦查方向、取证要求等事项并说明理由。公安机关应当按照人民检察院的要求开展补充侦查。补充侦查完毕,认为符合逮捕条件的,应当重新提请批准逮捕。对于人民检察院不批准逮捕而未说明理由的,公安机关可以要求人民检察院说明理由。对人民检察院不批准逮捕的决定认为有错误的，公安机关可以依法要求复议、提请复核。

对于作出批准逮捕决定的案件，确有必要的，人民检察院可以根据案件证据情况，就完善证据体系、补正证据合法性、全面查清案件事实等事项，向公安机关提出捕后侦查意见。逮捕之后，公安机关应当及时开展侦查工作。

第六条 人民检察院在审查起诉期间发现案件存在事实不清、证据不足或者存在遗漏罪行、遗漏同案犯罪嫌疑人等情形需要补充侦查的，应当制作补充侦查提纲，连同案卷材料一并退回公安机关并引导公安机关进一步查明案件事实、补充收集证据。

人民检察院第一次退回补充侦查时，应当向公安机关列明全部补充侦查事项。在案件事实或证据发生变化、公安机关未补充侦查到位、或者重新报送的材料中发现矛盾和问题的，可以第二次退回补充侦查。

第七条 退回补充侦查提纲一般包括以下内容：

（一）阐明补充侦查的理由，包括案件事实不清、证据不足的具体表现和问题；

（二）阐明补充侦查的方向和取证目的；

（三）明确需要补充侦查的具体事项和需要补充收集的证据目录；

（四）根据起诉和审判的证据标准，明确补充、完善证据需要达到的标准和必备要素；

（五）有遗漏罪行的，应当指出在起诉意见书中没有认定的犯罪嫌疑人的罪行；

（六）有遗漏同案犯罪嫌疑人需要追究刑事责任的，应当建议补充移送；

（七）其他需要列明的事项。

补充侦查提纲、捕后侦查意见可参照本条执行。

第八条 案件退回补充侦查后，人民检察院和公安机关的办案人员应当加强沟通,及时就取证方向、落实补证要求等达成一致意见。公安机关办案人员对于补充侦查提纲有异议的,双方及时沟通。

对于事实证据发生重大变化的案件,可能改变定性的案件,证据标准难以把握的重大、复杂、疑难、新型案件,以及公安机关提出请求的案件,人民检察院在退回补充侦查期间,可以了解补充侦查开展情况,查阅证据材料,对补充侦查方向、重点、取证方式等提出建议,必要时可列席公安机关的案件讨论并发表意见。

第九条 具有下列情形之一的,一般不退回补充侦查:

(一)查清的事实足以定罪量刑或者与定罪量刑有关的事实已经查清,不影响定罪量刑的事实无法查清的;

(二)作案工具、赃物去向等部分事实无法查清,但有其他证据足以认定,不影响定罪量刑的;

(三)犯罪嫌疑人供述和辩解、证人证言、被害人陈述的主要情节能够相互印证,只有个别情节不一致但不影响定罪量刑的;

(四)遗漏同案犯罪嫌疑人或者同案犯罪嫌疑人在逃,在案犯罪嫌疑人定罪量刑的事实已经查清且符合起诉条件,公安机关不能及时补充移送同案犯罪嫌疑人的;

(五)补充侦查事项客观上已经没有查证可能性的;

(六)其他没有必要退回补充侦查的。

第十条 对于具有以下情形可以及时调取的有关证据材料,人民检察院可以发出《调取证据材料通知书》,通知公安机关直接补充相关证据并移送,以提高办案效率:

(一)案件基本事实清楚,虽欠缺某些证据,但收集、补充证据难度不大且在审查起诉期间内能够完成的;

(二)证据存在书写不规范、漏填、错填等瑕疵,公安机关可以在审查起诉期间补正、说明的;

(三)证据材料制作违反程序规定但程度较轻微,通过补正可以弥补的;

(四)案卷诉讼文书存在瑕疵,需进行必要的修改或补充的;

(五)缺少前科材料、释放证明、抓获经过等材料,侦查人员能够及时提供的;

(六)其他可以通知公安机关直接补充相关证据的。

第十一条 人民检察院在审查起诉过程中,具有下列情形之一,自行补充侦查更为适宜的,可以依法自行开展侦查工作:

(一)影响定罪量刑的关键证据存在灭失风险,需要及时收集和固定证据,人民检察院有条件自行侦查的;

(二)经退回补充侦查未达到要求,自行侦查具有可行性的;

(三)有证据证明或者有迹象表明侦查人员可能存在利用侦查活动插手民事、经济纠纷、实施报复陷害等违法行为和刑讯逼供、非法取证等违法行为,不宜退回补充侦查的;

(四)其他需要自行侦查的。

人民检察院开展自行侦查工作应依法规范开展。

第十二条 自行侦查由检察官组织实施,必要时可以调配办案人员。开展自行侦查的检察人员不得少于二人。自行侦查过程中,需要技术支持和安全保障的,由检察机关的技术部门和警务部门派员协助。

人民检察院通过自行侦查方式补强证据的,公安机关应当依法予以配合。

人民检察院自行侦查,适用《中华人民共和国刑事诉讼法》规定的讯问、询问、勘验、检查、查封、扣押、鉴定等侦查措施,应当遵循法定程序,在法定期限内侦查完毕。

第十三条 人民检察院对公安机关移送的案件进行审查后,在法院作出生效判决前,认为需要补充审判所必需的证据材料的,可以发出《调取证据材料通知书》,要求公安机关提供。人民检察院办理刑事审判监督案件,可以向公安机关发出《调取证据材料通知书》。

第十四条 人民检察院在办理刑事案件过程中,发现可能存在《中华人民共和国刑事诉讼法》第五十六条规定的以非法方法收集证据情形的,可以要求公安机关对证据收集的合法性作出书面说明或者提供相关证明材料，必要时，可以自行调查核实。

第十五条 公安机关经补充侦查重新移送后，人民检察院应当接收，及时审查公安机关制作的书面补充侦查报告和移送的补充证据，根据补充侦查提纲的内容核对公安机关应补充侦查事项是否补查到位，补充侦查活动是否合法，补充侦查后全案证据是否已确实、充分。经审查，公安机关未能按要求开展补充侦查工作，无法达到批捕标准的，应当依法作出不批捕决定；经二次补充侦查仍然证据不足，不符合起诉条件的，人民检察院应当依法作出不起诉决定。对人民检察院不起诉决定认为错误的，公安机关可以依法复议、复核。

对公安机关要求复议的不批准逮捕案件、不起诉案件，人民检察院应当另行指派检察官办理。人民检察院办理公安机关对不批准逮捕决定和不起诉决定要求复议、提请复核的案件，应当充分听取公安机关的意见，相关意见应当附卷备查。

第十六条 公安机关开展补充侦查工作，应当按照人民检察院补充侦查提纲的要求，及时、认真补充完善相关证据材料；对于补充侦查提纲不明确或者有异议的，应当及时与人民检察院沟通；对于无法通过补充侦查取得证据的，应当书面说明原因、补充侦查过程中所做的工作以及采取的补救措施。公安机关补充侦查后，应当单独立卷移送人民检察院，人民检察院应当依法接收案卷。

第十七条 对公安机关未及时有效开展补充侦查工作的，人民检察院应当进行口头督促，对公安机关不及时补充侦查导致证据无法收集影响案件处理的，必要时可以发出检察建议；公安机关存在非法取证等情形的，应当依法启动调查核实程序，根据情节，依法向公安机关发出纠正违法通知书，涉嫌犯罪的，依法进行侦查。

公安机关以非法方法收集的犯罪嫌疑人供述、被害人陈述、证人证言等证据材料，人民检察院应当依法排除并提出纠正意见，同时可以建议公安机关另行指派侦查人员重新调查取证，必要时人民检察院也可以自行调查取证。公安机关发现办案人员非法取证的，应当依法作出处理，并可另行指派侦查人员重新调查取证。

第十八条 案件补充侦查期限届满，公安机关认为原认定的犯罪事实有重大变化，不应当追究刑事责任而未将案件重新移送审查起诉的，应当以书面形式告知人民检察院，并说明理由。公安机关应当将案件重新移送审查起诉而未重新移送审查起诉的，人民检察院应当要求公安机关说明理由。人民检察院认为公安机关理由不成立的，应当要求公安机关重新移送审查起诉。人民检察院发现公安机关不应当撤案而撤案的，应当进行立案监督。公安机关未重新移送审查起诉，且未及时以书面形式告知并说明理由的，人民检察院应当提出纠正意见。

第十九条 人民检察院、公安机关在自行侦查、补充侦查工作中，根据工作需要，可以提出协作要求或者意见、建议，加强沟通协调。

第二十条 人民检察院、公安机关应当建立联席会议、情况通报会等工作机制，定期通报补充侦查工作总体情况，评析证据收集和固定上存在的问题及争议。针对补充侦查工作中发现的突出问题，适时组织联合调研检查，共同下发问题通报并督促整改，加强沟通，统一认识，共同提升补充侦查工作质量。

推行办案人员旁听法庭审理机制，了解指控犯罪、定罪量刑的证据要求和审判标准。

第二十一条 人民检察院各部门之间应当加强沟通，形成合力，提升补充侦查工作质效。人民检察院需要对技术性证据和专门性证据补充侦查的，可以先由人民检察院技术部门或有专门知识的人进行审查，根据审查意见，开展补充侦查工作。

第二十二条 本指导意见自下发之日起实施。

最高人民检察院、公安部关于健全完善侦查监督与协作配合机制的意见

（2021 年 10 月 31 日高检发〔2021〕13 号发布
自发布之日起施行）

为贯彻落实《中共中央关于加强新时代检察机关法律监督工作的意见》和《中共中央关于加强新时代公安工作的意见》，最高人民检察院、公安部联合就进一步健全完善侦查监督与协作配合机制制定本意见。

一、目标任务

为深入贯彻习近平法治思想，践行为大局服务、为人民司法要求，加快推进执法司法责任体系改革，构建规范高效的执法司法制约监督体系，各级人民检察院、公安机关要积极适应以审判为中心的刑事诉讼制度改革要求，坚持双赢多赢共赢理念，协同构建以证据为核心的刑事指控体系，进一步健全完善侦查监督与协作配合机制，推动提升公安执法和检察监督规范化水平，确保依法履行刑事诉讼职能，实现惩罚犯罪与保障人权并重的目标，努力让人民群众在每一个司法案件中都能感受到公平正义。

二、总体要求

人民检察院、公安机关进行刑事诉讼，应当坚持分工负责、互相配合、互相制约，以保证准确有效执行法律。公安机关依法负责对刑事案件的侦查、拘留、执行逮捕、预审。人民检察院依法负责检察、批准逮捕、提起公诉，依法对刑事诉讼实行法律监督。

人民检察院、公安机关要严格遵守《刑事诉讼法》《人民检察院刑事诉讼规则》和《公安机关办理刑事案件程序规定》等法律和规

定，明确责任分工，依法规范开展侦查活动和侦查监督工作。要加强协作配合，坚持科学务实的执法司法理念，互相理解、支持，统一认识、消除分歧、形成合力，在充分遵循执法司法权力运行规律，尊重侦查规律、监督需要和司法实践的基础上，为公安机关依法及时高效开展侦查、检察机关依法全面履行监督职责提供必要便利和保障。要提升监督效能，坚持问题导向、目标导向与效果导向，注重加强公安机关执法监督与人民检察院侦查监督的相互衔接，实现监督的同向化、系统化，以及时、准确、有效的监督共同推动提升公安执法规范化水平和检察监督能力，保障刑事案件办理质效。

三、机制完善

（一）健全完善监督制约机制

1. 依法履行监督职责。人民检察院要依法开展立案监督、侦查活动监督工作，及时发现和纠正应当立案而不立案、不应当立案而立案、长期“挂案”和以刑事手段插手经济纠纷等违法情形；及时发现和纠正刑讯逼供、非法取证等侦查违法行为，从源头上防范冤假错案发生；规范强制措施和侦查手段适用，切实保障人权。

2. 规范开展监督工作。人民检察院要严格按照法律规定开展立案监督、侦查活动监督工作，坚决防止不应当监督而监督、应当监督而未监督、不当升格或者降格监督等情况发生。开展监督工作过程中，不得干涉侦查人员依法办案，不得干扰和妨碍侦查活动正常进行。

3. 切实保障监督效果。人民检察院接到报案、控告、举报或者工作中发现监督线索，需要进行调查核实的，应当及时通知公安机关，公安机关应当予以支持配合。人民检察院在调查核实过程中，应当加强与公安机关沟通，充分听取办案人员意见。经依法调查核实后，需要监督纠正的，应当及时向公安机关提出监督意见、检察建议。公安机关对人民检察院提出的监督意见和检察建议，应当及时纠正整改并将纠正整改情况通知或回复人民检察院。

4. 加强内外监督衔接。人民检察院、公安机关应当建立刑事案件侦查监督与执法监督相衔接机制，强化对侦查活动内外部监督的衔接配合，推动检察机关法律监督与公安机关执法监督有机贯通、相互协调。必要时，人民检察院、公安机关可以联合就不批捕不起诉案件开展案件质量评查，针对同时涉及公安机关和人民检察院办案、监督工作的突出问题开展专项检查、监督。

5. 规范落实制约机制。公安机关对人民检察院的不批捕不起诉决定、立案监督意见、纠正侦查违法等监督意见有异议的，可以依据法律规定要求说明理由或者要求复议、提请复核、申请复查，人民检察院应当认真审查并及时回复或者作出决定。人民检察院在审查过程中应当加强与公安机关的沟通，必要时，可以以联席会议等形式充分听取办案人员意见。经复议、复核、复查认为原监督意见确有错误的，应当及时将变更决定通知公安机关或及时撤销原纠正意见。

（二）健全完善协作配合机制

1. 重大疑难案件听取意见机制。公安机关办理重大、疑难案件，可以商请人民检察院派员通过审查证据材料等方式，就案件定性、证据收集、法律适用等提出意见建议。

对于人民检察院派员审查提出意见的案件，公安机关应当全面介绍案件情况，提供相关文书和证据材料，及时向检察机关通报案件侦查进展情况，配合人民检察院的审查工作；根据人民检察院提出的意见建议，进一步收集、固定证据，完善证据体系；对人民检察院提出的证据瑕疵或取证、强制措施适用违反规定程序等确实存在的问题，应当及时进行补正、纠正。人民检察院应当指派具有丰富刑事法律实务经验的检察官对重大疑难案件审查提出意见建议，就公安机关开展侦查取证等工作提出的意见建议应当必要、明确、可行。

办理社会关注度高、敏感性强的刑事案件时，人民检察院、公安机关应当落实刑事案件应急处置协调机制要求，共同做好依法办理、舆论引导和社会面管控工作。

2. 建立联合督办机制。对于重大、疑难案件，必要时可由上级人民检察院和公安机关联合挂牌督办。承办案件的人民检察院和公安机关应当严格按照督办要求,做好案件办理工作,在案件办理关键节点和取得重大进展时应当及时报告。

3.加强办案衔接配合。人民检察院、公安机关要加强刑事侦查与审查逮捕、审查起诉等诉讼环节的衔接配合,统一执法司法理念标准。对于公安机关移送的案件,人民检察院应当依法及时接收。对于违反相关规定拒不收卷的,公安机关可以提请负责办理案件的人民检察院或者其上级人民检察院纠正。人民检察院在审查逮捕、审查起诉过程中,应当加强与公安机关的沟通,认为需要补充侦查、拟作不批准逮捕或者不起诉决定的,应当充分听取办案人员意见,加强不批捕不起诉说理,规范制发必要、明确、可行的补充侦查文书。公安机关应当按照人民检察院补充侦查文书的要求及时、规范、有效开展补充侦查。人民检察院自行补充侦查、要求公安机关补充证据材料的,公安机关应当积极配合。庭审阶段,经人民检察院提请人民法院通知有关侦查人员出庭就证据收集的合法性说明情况的,侦查人员应当出庭。

4.建立健全刑事案件统一对口衔接机制。公安机关要深化完善刑事案件法制部门统一审核、统一出口工作机制。向人民检察院提请批准逮捕、移送审查起诉、要求说明理由、要求复议、提请复核、申请复查等重要事项,由公安机关法制部门统一向人民检察院相关部门提出;人民检察院在审查批准逮捕、审查起诉、法律监督工作中需要与公安机关对接的事项,由公安机关法制部门统一接收与回复。人民检察院、公安机关应当加强沟通协调、理顺衔接流程、健全工作机制、形成工作合力,确保刑事诉讼活动依法、规范进行。

5.建立业务研判通报制度。人民检察院、公安机关应当加强对刑事办案业务信息的研判、共享,建立健全业务信息、简报、通报的共享交换机制,定期或不定期互相通报交流各自部门就犯罪形势、刑事立案、强制措施适用、类案办理、侦查监督等方面业务分析研判情况。

6.建立完善联席会议制度。人民检察院和公安机关应当建立联席会议制度,定期或根据工作需要适时召开联席会议,共同分析研判执法办案中出现的新情况、新问题，加强对刑事案件特别是重大、疑难案件和新型案件的证据收集、法律适用、刑事政策等问题的研究，强化类案指导，必要时以制定会议纪要、指导意见等方式明确执法、司法标准；开展案件质量分析，梳理侦查活动和侦查监督、批捕起诉工作中存在的突出问题并分析原因，制定整改方案；分析研判一段时期内刑事案件规律、特点，研究专项打击、防范对策和措施，就专项活动相关事宜进行会商。

7. 共同提升业务能力。人民检察院和公安机关可以通过组织庭审观摩评议、开展联合调研、举办同堂培训、共同编发办案指引、典型案例和指导性案例等方式，统一更新执法监督理念标准，共同促进双方业务能力提升。

（三）健全完善信息共享机制

1. 加快推进跨部门大数据协同办案机制。人民检察院、公安机关要协同加强信息化、智能化建设，运用大数据、区块链等技术推进政法机关跨部门大数据协同办案，实现案件的网上办理、流转，按照有关规定推动实现案件信息共享的常态化、制度化、规范化。

2. 健全完善办案数据信息共享保障机制。依照有关规定，严格规范检察人员、公安民警获取、使用刑事办案、监督相关数据信息的权限。在严格规范信息查询程序、保障办案信息安全、明确失泄密责任的基础上，以信息化手段保障侦查监督职能全面有效发挥。同步健全完善检察机关监督办案数据与公安机关共享的制度机制。实现数据双向交换、共享，保障侦查监督与协作配合机制长期、稳定、有效运行。

四、设立侦查监督与协作配合办公室

人民检察院刑事检察部门与公安机关法制部门共同牵头设立侦查监督与协作配合办公室。办公室依托公安机关执法办案管理中心，由人民检察院指派的常驻检察官和公安机关法制部门指定的专门人员共同负责。办公室应当明确责任分工，建立健全办公室制度规范和工作台账，主要职责：

（一）组织协调。组织协调人民检察院、公安机关相关部门、所队依法开展侦查监督、协作配合等相关工作，组织保障执法办案和侦查监督数据的共享通报。

（二）监督协作。根据办公室人员配置和地方实际，积极开展侦查监督和协作配合相关工作；协调人民检察院、公安机关相关部门加强对重大、疑难案件的会商指导。

（三）督促落实。负责对检察机关补充侦查意见的跟踪指导和督促落实；对联合督办案件的沟通协调、信息通报、督促办理；对监督意见和检察建议整改落实情况的跟踪督促；对公安机关要求说明理由、要求复议、提请复核、申请复查和提出意见建议的跟踪督促和及时反馈；对庭审阶段侦查人员出庭的协调督促。

（四）咨询指导。对公安机关、人民检察院办理刑事案件过程中遇到的疑难复杂问题，以及轻微刑事案件犯罪嫌疑人是否需要提请批准逮捕、移送审查起诉等问题及时提供法律咨询和指导解答。

（五）其他职责。充分发挥协作沟通的平台机制优势，积极推进人民检察院与公安机关加强监督制约、协作配合、信息共享等其他相关制度机制的健全完善和贯彻落实。

五、工作要求

（一）加强组织领导。各地人民检察院、公安机关要把党的领导贯穿在健全完善侦查监督与协作配合机制的全过程，主动向党委政法委请示报告，争取党委、政府的理解支持，推动地方党委将侦查监督与协作配合机制一体纳入司法体制改革部署统筹推进。市县两级人民检察院、公安机关要高度重视相关机制平台的建立健全和推进落实。

（二）加强沟通协调。人民检察院、公安机关要坚持共建共享理念，从双赢多赢共赢的角度求同存异，以求真务实的态度加强沟通协调，互相理解、互相支持，防止因认识分歧影响工作推进。负责内部牵头的刑事检察和法制部门要分别协调本单位内部各部门、警种、所队共同参与、密切配合办公室工作，确保侦查监督和协作配合机制落到实处、取得实效。

（三）抓好贯彻落实。各省级人民检察院、公安厅（局）要结合本地情况，抓好全省工作的谋划部署和督促落实，协调、指导下级单位及时解决遇到的困难问题。市县两级单位要加快推进侦查监督与协作配合办公室的机构设立，健全完善侦查监督与协作配合相关制度机制，细化办公室工作流程、规范，以制度化、规范化保障检警机关监督制约、协作配合、信息共享等机制在执法司法实践中充分有效发挥作用。在工作推进过程中遇到的问题，要及时向上级机关请示报告。

公安机关反有组织犯罪工作规定

（2022 年 8 月 10 日第 9 次公安部部务会议审议通过
2022 年 8 月 26 日公布　自 2022 年 10 月 1 日起施行）

第一章　总　　则

第一条　为了保障《中华人民共和国反有组织犯罪法》的贯彻实施，保证公安机关依法、规范、高效开展反有组织犯罪工作，保护公民和组织的合法权益，根据有关法律、行政法规，制定本规定。

第二条　公安机关反有组织犯罪的职责任务，是收集、研判有组织犯罪相关信息，核查有组织犯罪线索，侦查有组织犯罪案件，实施《中华人民共和国反有组织犯罪法》规定的相关行政处罚，在职权范围内落实有组织犯罪预防和治理工作。

第三条　公安机关开展反有组织犯罪工作，应当坚持专门工作与群众路线相结合，坚持专项治理与系统治理相结合，坚持与反腐败相结合，坚持与加强基层组织建设相结合，惩防并举、标本兼治。

第四条　公安机关开展反有组织犯罪工作，应当符合法律、行政法规和本规章的规定，做到严格规范执法，尊重保障人权。

第五条 公安机关应当不断加强反有组织犯罪工作的专业化、规范化、信息化建设，促进反有组织犯罪各项工作的科学、精准、高效开展。

第六条 公安机关应当发挥职能作用，加强与相关部门信息共享、工作联动，充分调动各种资源，促进对有组织犯罪的源头治理。

各地公安机关、各警种部门之间应当加强协作、配合，依法履行反有组织犯罪各项工作职责。

第七条 公安机关应当建立科学的反有组织犯罪工作考评机制，全面考察基础工作、力量建设、预防治理、查处违法犯罪等各方面情况，综合评价反有组织犯罪工作质效。

第二章 预防和治理

第八条 公安机关应当结合公安工作职责，通过普法宣传、以案释法等方式，积极开展反有组织犯罪宣传教育，增强公民的反有组织犯罪意识和能力。

第九条 公安机关应当积极配合教育行政部门、学校建立防范有组织犯罪侵害校园工作机制，加强反有组织犯罪宣传教育，增强学生对有组织犯罪的识别能力和防范意识，教育引导学生自觉抵制有组织犯罪，防范有组织犯罪的侵害。

第十条 公安机关发现互联网上含有宣扬、诱导有组织犯罪内容的信息，应当及时责令电信业务经营者、互联网服务提供者停止传输、采取消除等处置措施，或者下架相关应用、关闭相关网站、关停相关服务，并保存相关记录，协助调查。

第十一条 公安机关应当建立有组织犯罪监测评估体系，根据辖区内警情、线索、案件及社会评价等情况，定期对本辖区有组织犯罪态势进行评估，并将评估结果报送上级公安机关。

第十二条 公安机关应当配合民政等有关部门，对村民委员会、居民委员会成员候选人资格依法进行审查，并及时处理有关有组织犯罪线索。

第十三条 公安机关应当配合市场监管、金融监管、自然资源、交通运输等行业主管部门，建立健全行业有组织犯罪预防和治理长效机制。

第十四条 公安机关在办理案件中发现相关行业主管部门有组织犯罪预防和治理工作存在问题，需要书面提出意见建议的，可以向相关行业主管部门发送公安提示函。

发函机关认为有必要的，可以抄送同级人民政府、人大、监察机关，或者被提示单位的上级机关。

第十五条 制发公安提示函，应当立足公安职能，结合侦查工作，坚持准确及时、必要审慎、注重实效的原则。

第十六条 公安机关可以直接向同级行业主管部门发送公安提示函。

需要向下级行业主管部门发送的，可以直接制发，也可以指令对应的下级公安机关制发。

需要向上级行业主管部门发送的，应当层报与其同级的公安机关转发，上级公安机关认为有必要的，也可以直接制发。

发现异地的行业主管部门有组织犯罪预防和治理工作存在问题的，应当书面通报其所在地同级公安机关处理。

第十七条 公安提示函应当写明具体问题、发现途径、理由和依据、意见和建议、反馈要求等。

第十八条 公安机关根据有组织犯罪态势评估结果、公安提示函反馈情况等，可以会同有关部门确定预防和治理的重点区域、行业领域或者场所。

第十九条 对有组织犯罪预防和治理的重点区域、行业领域或者场所，当地公安机关应当根据职权加强治安行政管理、会同或者配合有关部门加大监督检查力度、开展专项整治。

第二十条 对因组织、领导黑社会性质组织被判处刑罚的人员，其户籍地设区的市级公安机关可以决定其自刑罚执行完毕之日起向公安机关报告个人财产及日常活动，并制作责令报告个人财产及日常活动决定书。

前款规定的户籍地公安机关认为由原办案地公安机关作出决定更为适宜的，可以商请由其决定。协商不成的，由共同的上级公安机关指定。

认为无需报告的，应当报上一级公安机关同意；无需报告的情况发生变化，有报告必要的，依照本规定作出责令报告个人财产及日常活动决定。

第二十一条 责令报告个人财产及日常活动决定书应当载明报告期限、首次报告时间、后续报告间隔期间，报告内容、方式，接受报告的公安机关及地址、联系方式，以及不如实报告的法律责任等。

首次报告时间不迟于刑罚执行完毕后一个月，两次报告间隔期间为二至六个月。

责令报告个人财产及日常活动决定书应当在其刑罚执行完毕之日前三个月内作出并送达和宣告，可以委托刑罚执行机关代为送达和宣告。

依据本规定第二十条第三款作出责令报告个人财产及日常活动决定的，不受第二款首次报告期限和前款期限限制。

第二十二条 作出决定的公安机关负责接受个人财产及日常活动报告。必要时，也可以指定下一级公安机关接受报告。

报告期间，经报告义务人申请，接受报告的公安机关认为确有必要的，报决定机关批准，可以变更接受报告的公安机关。跨决定机关管辖区域变更的，层报共同的上级公安机关决定。

接受报告的公安机关变更的，应当做好工作交接。

第二十三条 报告义务人应当按照责令报告个人财产及日常活动决定书的要求，到公安机关报告个人财产及日常活动情况。

在报告间隔期间，报告义务人的个人财产及日常活动情况可能出现较大变动或者存在重大错报、漏报等情况的，接受报告的公安机关可以通知报告义务人书面或者口头补充报告有关情况。

报告义务人住址、工作单位、通讯方式、出入境证件、重大财产发生变动的，应当在变动后的二十四小时内向公安机关报告。

第二十四条 公安机关可以要求报告义务人报告下列个人财产及日常活动情况：

（一）住址、工作单位、通讯方式；

（二）动产、不动产、现金、存款、财产性权利等财产状况；

（三）经商办企业，从事职业及薪酬，投资收益、经营收益等非职业性经济收入，大额支出等财产变动情况；

（四）日常主要社会交往、婚姻状况，接触特定人员和出入特定场所情况，出境入境情况等；

（五）受到行政、刑事调查及处罚的情况，涉及民事诉讼情况。

报告义务人对前款第二、三、五项规定的报告情况，应当提供证明材料。

第二十五条 个人财产及日常活动报告期限不超过五年，期限届满或者报告义务人在报告期内死亡的，报告义务自动解除。

第二十六条 公安机关在工作中发现境外的黑社会组织的人员可能入境渗透、发展、实施违法犯罪活动的，根据工作需要，可以通知移民管理、海关、海警等部门并提出处置建议。

移民管理、海关、海警等部门发现境外的黑社会组织的人员入境并通知公安机关的，公安机关应当及时依法处理。

第三章 线索核查处置

第二十七条 公安机关应当依法运用现代信息技术，建立有组织犯罪线索收集和研判机制，分级分类进行处置。

公安机关对有组织犯罪线索应当及时开展统计、分析、研判工作，依法组织核查；对不属于公安机关职责范围的事项，移送有关主管机关依法处理。

第二十八条 有组织犯罪线索由县级公安机关负责核查，上级公安机关认为必要时可以提级核查或者指定其他公安机关核查。

上级公安机关应当加强对线索核查工作的监督指导，必要时可以组织抽查、复核。

第二十九条 对有组织犯罪线索，经县级以上公安机关负责人批准后启动核查。

核查有组织犯罪线索，可以依照有关法律和规定采取询问、查询、勘验、检查、鉴定和调取证据材料等不限制被调查对象人身、财产权利的调查措施。

采取前款规定的调查措施，依照《公安机关办理刑事案件程序规定》的有关规定进行审批，制作法律文书。

公安机关向有关单位和个人收集、调取相关信息和材料时，应当告知其必须如实提供。

第三十条 公安机关核查黑社会性质组织犯罪线索，发现涉案财产有灭失、转移的紧急风险的，经设区的市级以上公安机关负责人批准后，可以对有关涉案财产采取紧急止付或者临时冻结、临时扣押的紧急措施，期限不得超过四十八小时。

期限届满或者适用紧急措施的情形消失的，应当立即解除紧急措施；符合立案条件的，办案部门应当在紧急措施期限届满前依法立案侦查，并办理冻结、扣押手续。

第三十一条 有组织犯罪线索核查结论，应当经核查的公安机关负责人批准后作出。有明确举报人、报案人或者控告人的，除无法告知或者可能影响后续侦查工作的以外，应当告知核查结论。

对有控告人的有组织犯罪线索，决定对所控告的事实不予立案的，公安机关应当在核查结论作出后制作不予立案通知书，在三日以内送达控告人。

第三十二条 公安机关核查有组织犯罪线索，发现犯罪事实或者犯罪嫌疑人的，应当依照《中华人民共和国刑事诉讼法》的规定立案侦查。

第四章 案件办理

第三十三条 公安机关办理有组织犯罪案件，应当以事实为根据，以法律为准绳，依法全面收集证据，综合审查判断，准确认定有组织犯罪。

第三十四条 对有组织犯罪的组织者、领导者和骨干成员取保候审的，由办案的公安机关主要负责人组织集体讨论决定。

第三十五条 为谋取非法利益或者形成非法影响，有组织地进行滋扰、纠缠、哄闹、聚众造势等，对他人形成心理强制，足以限制人身自由、危及人身财产安全，影响正常社会秩序、经济秩序的，可以认定为有组织犯罪的犯罪手段。

第三十六条 对于利用信息网络实施的犯罪案件，符合有组织犯罪特征和认定标准的，应当按照有组织犯罪案件侦查、移送起诉。

第三十七条 根据有组织犯罪案件侦查需要，公安机关可以商请人民检察院派员参加案件会商，听取其关于案件定性、证据收集、法律适用等方面的意见。

第三十八条 公安机关办理有组织犯罪案件，可以依照《中华人民共和国出境入境管理法》的规定，决定对犯罪嫌疑人采取限制出境措施，按规定通知移民管理机构执行；对于不需要继续采取限制出境措施的，应当及时解除。

第三十九条 根据办理案件及维护监管秩序的需要，可以对有组织犯罪案件的犯罪嫌疑人、被告人采取异地羁押、分别羁押或者单独羁押等措施。采取异地羁押措施的，应当依法通知犯罪嫌疑人、被告人的家属和辩护人。

第四十条 公安机关在立案后，根据侦查犯罪的需要，依照《中华人民共和国刑事诉讼法》的规定，可以采取技术侦查措施、实施控制下交付或者由有关人员隐匿身份进行侦查。

公安机关实施控制下交付或者由有关人员隐匿身份进行侦查的，应当进行风险评估，制定预案，经县级以上公安机关负责人批准后实施。

采取技术侦查、控制下交付、隐匿身份侦查措施收集的与案件有关的材料，可以作为刑事诉讼证据使用。如果使用该证据可能危及有关人员的人身安全，或者可能产生其他严重后果的，应当采取不暴露有关人员身份和使用的技术设备、侦查方法等保护措施。无法采取保护措施或者采取保护措施不足以防止产生严重后果的，可以建议由审判人员在庭外对证据进行核实。

第四十一条 公安机关侦查有组织犯罪案件，应当依法履行认罪认罚从宽告知、教育义务，敦促犯罪嫌疑人如实供述自己的罪行。

犯罪嫌疑人认罪认罚的，应当在起诉意见书中写明自愿认罪认罚的情况和从宽处理意见，并随案移送相关证据材料。

第四十二条 公安机关对于罪行较轻、自愿认罪认罚、采用非羁押性强制措施足以防止发生《中华人民共和国刑事诉讼法》第八十一条第一款规定的社会危险性的犯罪嫌疑人，依法可不适用羁押性强制措施；已经被羁押的，可以依法变更强制措施。

第四十三条 犯罪嫌疑人检举、揭发重大犯罪的其他共同犯罪人或者提供侦破重大案件的重要线索或者证据，同案处理可能导致其本人或者近亲属有人身危险，经县级以上公安机关负责人批准，可以分案处理。

公安机关决定分案处理的，应当就案件管辖等问题书面征求人民法院、人民检察院意见并达成一致，防止分案处理出现证据灭失、证据链脱节或者影响有组织犯罪认定等情况。

第四十四条 犯罪嫌疑人、被告人有《中华人民共和国反有组织犯罪法》第三十三条第一款所列情形之一的，经县级以上公安机关主要负责人批准，公安机关可以向人民检察院提出从宽处理的意见，并说明理由。

对有组织犯罪的组织者、领导者，应当严格适用。

第五章 涉案财产调查与处置

第四十五条 公安机关根据办理有组织犯罪案件的需要，可以全面调查涉嫌有组织犯罪的组织及其成员财产的来源、性质、用途、权属及价值，依法采取查询、查封、扣押、冻结等措施。

全面调查的范围包括:有组织犯罪组织的财产;组织成员个人所有的财产;组织成员实际控制的财产;组织成员出资购买的财产;组织成员转移至他人名下的财产;组织成员涉嫌洗钱及掩饰、隐瞒犯罪所得、犯罪所得孳息、收益等犯罪涉及的财产;其他与有组织犯罪组织及其成员有关的财产。

第四十六条 公安机关根据反有组织犯罪工作需要,可以向反洗钱行政主管部门查询与有组织犯罪相关的信息数据、提请协查与有组织犯罪相关的可疑交易活动。

第四十七条 对下列财产,经县级以上公安机关主要负责人批准,可以依法先行处置,所得价款由扣押、冻结机关保管,并及时告知犯罪嫌疑人、被告人或者其近亲属:

(一)易损毁、灭失、变质等不宜长期保存的物品;

(二)有效期即将届满的汇票、本票、支票等;

(三)债券、股票、基金份额等财产,经权利人申请,出售不损害国家利益、被害人利益,不影响诉讼正常进行的。

第四十八条 有组织犯罪组织及其成员依法应当被追缴、没收的涉案财产无法找到、灭失或者与其他合法财产混合且不可分割的,公安机关应当积极调查、收集有关证据,并在起诉意见书中说明。

第四十九条 有证据证明犯罪嫌疑人在犯罪期间获得的财产高度可能属于黑社会性质组织犯罪的违法所得及其孳息、收益,公安机关应当要求犯罪嫌疑人说明财产来源并予以查证,对犯罪嫌疑人不能说明合法来源的,应当随案移送审查起诉,并对高度可能性作出说明。

第五十条 有组织犯罪案件移送审查起诉时,公安机关应当对涉案财产提出书面处理意见及理由、依据。

黑社会性质组织犯罪案件,一般应当对涉案财产材料单独立卷。

第五十一条 黑社会性质组织犯罪案件的犯罪嫌疑人逃匿,在通缉一年后不能到案,或者犯罪嫌疑人死亡,依照《中华人民共和国刑法》规定应当追缴其违法所得及其他涉案财产的,依照《中华人民共和国刑事诉讼法》及《公安机关办理刑事案件程序规定》有关犯罪嫌疑人逃匿、死亡案件违法所得的没收程序的规定办理。

第五十二条 对于不宜查封、扣押、冻结的经营性财产,经县级以上公安机关主要负责人批准,可以申请当地政府指定有关部门或者委托有关机构代管或者托管。

不宜查封、扣押、冻结情形消失的,公安机关可以依法对相关财产采取查封、扣押、冻结措施。

第五十三条 利害关系人对查封、扣押、冻结、处置涉案财物提出异议的,公安机关应当及时予以核实,听取其意见,依法作出处理,并书面告知利害关系人。经查明确实与案件无关的财物,应当在三日以内解除相关措施,并予以退还。

公安机关对涉案财物作出处理后,利害关系人对处理不服的,可以提出申诉或者控告。受理申诉或者控告的公安机关应当及时进行调查核实,在收到申诉、控告之日起三十日以内作出处理决定并书面回复。

第六章 国家工作人员涉有组织犯罪的处理

第五十四条 公安机关在反有组织犯罪工作中,发现国家工作人员涉嫌《中华人民共和国反有组织犯罪法》第五十条第一款所列情形之一的,应当按照职权进行初步核查。

经核查,属于公安机关管辖的,应当全面调查,依法作出处理;不属于公安机关管辖的,应当及时移送主管机关。

第五十五条 依法从事反有组织犯罪工作的民警,不得有下列行为:

(一)接到报案、控告、举报不受理,发现犯罪信息、线索隐瞒不报、不如实报告,或者未经批准、授权擅自处置、不移送犯罪线索、涉案材料;

(二)向违法犯罪人员通风报信,阻碍案件查处;

(三)违反规定泄露国家秘密、商业秘密和个人隐私;

(四)违背事实和法律处理案件;

（五）违反规定查封、扣押、冻结、处置涉案财物；

（六）其他滥用职权、玩忽职守、徇私舞弊的行为。违反上述规定构成犯罪的，依法追究刑事责任；尚不构成犯罪的，依规依纪依法给予处分。

第五十六条 公安机关应当与监察机关、人民法院、人民检察院、司法行政机关加强协作配合，建立线索办理沟通机制。

对于重大疑难复杂的国家工作人员涉有组织犯罪案件，公安机关可以商监察机关、人民检察院同步立案、同步查处，根据案件办理需要，依法移送相关证据、共享有关信息，确保全面查清案件事实。

第五十七条 公安机关接到对从事反有组织犯罪工作民警的举报后，应当审慎对待，依规依纪依法处理，防止犯罪嫌疑人、被告人等利用举报干扰办案、打击报复。

对利用举报等方式歪曲捏造事实、诬告陷害从事反有组织犯罪工作民警的，应当依规依纪依法追究责任；造成不良影响的，应当按照规定及时澄清事实，恢复民警名誉，消除不良影响。

第七章 国际合作

第五十八条 公安部根据中华人民共和国缔结或者参加的国际条约，或者按照平等互惠原则，开展与其他国家、地区、国际组织的反有组织犯罪合作。

第五十九条 公安部根据国务院授权，代表中国政府与外国政府和有关国际组织开展反有组织犯罪情报信息交流和执法合作。

公安部依照有关法律规定，通过推动缔结条约、协定和签订警务合作文件等形式，加强跨境反有组织犯罪警务合作，推动与有关国家、地区、国际组织建立警务合作机制。

经公安部批准，边境地区公安机关可以与相邻国家或者地区执法机构建立跨境有组织犯罪情报信息交流和警务合作机制。

第六十条 通过跨境反有组织犯罪刑事司法协助和警务合作取得的材料可以在行政处罚、刑事诉讼中作为证据使用，但依据条约规定或者我方承诺不作为证据使用的除外。

第六十一条 公安机关开展跨境反有组织犯罪国际合作其他事宜及具体程序，依照有关法律和《公安机关办理刑事案件程序规定》等有关规定办理。

第八章 保障措施

第六十二条 公安机关应当为反有组织犯罪工作提供必要的组织保障、制度保障和物质保障。

第六十三条 公安机关应当建立健全反有组织犯罪专业力量，加强骨干人才培养使用，设立常态化反有组织犯罪专门队伍和情报线索处置平台，确保各级公安机关具备数量充足、配备精良、业务过硬的专门队伍开展反有组织犯罪工作。

第六十四条 公安机关应当加强反有组织犯罪专家人才队伍建设，建立健全选拔、培养、使用机制。

公安机关应当将反有组织犯罪专业训练工作纳入年度教育训练计划。

第六十五条 各级公安机关应当将反有组织犯罪工作经费列入本单位年度预算予以保障。

第六十六条 因举报、控告和制止有组织犯罪活动，在有组织犯罪案件中作证，本人或者其近亲属的人身安全面临危险的，公安机关应当按照有关规定，采取下列一项或者多项保护措施：

（一）不公开真实姓名、住址和工作单位等个人信息；

（二）禁止特定的人接触被保护人员；

（三）对人身和住宅采取专门性保护措施；

（四）变更被保护人员的身份，重新安排住所和工作单位；

（五）其他必要的保护措施。

采取前款第四项规定的保护措施的，由公安部批准和组织实施。

案件移送审查起诉时，应当将采取保护措施的相关情况一并移交人民检察院。

第六十七条 公安机关发现证人因作证,本人或者其近亲属的人身安全面临危险,或者证人向公安机关请求予以保护,公安机关经评估认为确有必要采取保护措施的,应当制作呈请证人保护报告书,报县级以上公安机关负责人批准实施。

人民法院、人民检察院决定对证人采取第六十六条第一款第二、三项保护措施的,由县级以上公安机关凭人民法院、人民检察院的决定文书执行,并将执行保护的情况及时通知决定机关。必要时,可以请人民法院、人民检察院协助执行。

第六十八条 实施有组织犯罪的人员配合侦查、起诉、审判等工作,有《中华人民共和国反有组织犯罪法》第三十三条第一款所列情形之一,对侦破案件或者查明案件事实起到重要作用的,或者有其他重大立功表现的,可以参照证人保护的规定执行。

第六十九条 对办理有组织犯罪案件的人民警察及其近亲属,可以采取人身保护、禁止特定的人接触等保护措施。

第七十条 公安机关实施证人保护的其他事项,适用《公安机关办理刑事案件证人保护工作规定》。

各级公安机关可以结合本地实际,组建专门的证人保护力量、设置证人保护安全场所。

第九章 法律责任

第七十一条 公安机关开展反有组织犯罪工作,对有关组织和个人违反《中华人民共和国反有组织犯罪法》的行为,依法追究其相应的法律责任。

第七十二条 实施《中华人民共和国反有组织犯罪法》第六十九条所列行为的,依照《公安机关办理行政案件程序规定》确定案件管辖。

实施《中华人民共和国反有组织犯罪法》第六十九条第一款第一项行为的,也可以由抓获地公安机关管辖。

相关违法行为系在侦查有组织犯罪过程中发现的,也可以由负责侦查有组织犯罪的公安机关管辖。

第七十三条 《中华人民共和国反有组织犯罪法》第七十条规定的行政处罚，由接受报告的公安机关管辖。

第七十四条 《中华人民共和国反有组织犯罪法》第七十一条规定的行政处罚，由金融机构等相关单位所在地公安机关管辖，也可以由负责侦查有组织犯罪的公安机关管辖。

第七十五条 公安机关调查有组织犯罪，要求有关国家机关、行业主管部门予以配合相关工作或者提供相关证据，有关国家机关、行业主管部门没有正当理由不予配合的，层报相应的上级公安机关书面通报其上级机关。

第十章 附 则

第七十六条 本规定自2022年10月1日起施行。

最高人民检察院、公安部关于依法妥善办理轻伤害案件的指导意见

（2022年12月22日高检发办字〔2022〕167号印发
自印发之日起施行）

为全面贯彻习近平法治思想，践行以人民为中心的发展理念，落实宽严相济刑事政策，提升轻伤害案件办案质效，有效化解社会矛盾，促进社会和谐稳定，实现办案政治效果、法律效果和社会效果的统一，根据《中华人民共和国刑法》《中华人民共和国刑事诉讼法》等有关规定，制定本意见。

一、基本要求

（一）坚持严格依法办案。人民检察院、公安机关要严格遵循证

据裁判原则，全面、细致收集、固定、审查、判断证据，在查清事实、厘清原委的基础上依法办理案件，要坚持“犯罪事实清楚，证据确实、充分”的证明标准，正确理解与适用法律，准确把握罪与非罪、此罪与彼罪的界限，慎重把握逮捕、起诉条件。

（二）注重矛盾化解、诉源治理。轻伤害案件常见多发，如果处理不当，容易埋下问题隐患或者激化矛盾。人民检察院、公安机关办理轻伤害案件，要依法用足用好认罪认罚从宽制度、刑事和解制度和司法救助制度，把化解矛盾、修复社会关系作为履职办案的重要任务。要充分借助当事人所在单位、社会组织、基层组织、调解组织等第三方力量，不断创新工作机制和方法，促进矛盾纠纷解决以及当事人和解协议的有效履行。

（三）落实宽严相济刑事政策。人民检察院、公安机关要以宽严相济刑事政策为指导，对因婚恋、家庭、亲友、邻里、同学、同事等民间矛盾纠纷或者偶发事件引发的轻伤害案件，结合个案具体情况把握好法理情的统一，依法少捕慎诉慎押；对主观恶性大、情节恶劣的轻伤害案件，应当依法从严惩处，当捕即捕、当诉则诉。

二、依法全面调查取证、审查案件

（四）坚持全面调查取证。公安机关应当注重加强现场调查走访，及时、全面、规范收集、固定证据。建立以物证、勘验笔录、检查笔录、视听资料等客观性较强的证据为核心的证据体系，避免过于依赖言词证据定案，对适用刑事和解和认罪认罚从宽的案件，也应当全面调查取证，查明事实。

（五）坚持全面审查案件。人民检察院应当注重对案发背景、案发起因、当事人的关系、案发时当事人的行为、伤害手段、部位、后果、当事人事后态度等方面进行全面审查，综合运用鉴定意见、有专门知识的人的意见等，准确认定事实，辨明是非曲直。

（六）对鉴定意见进行实质性审查。人民检察院、公安机关要注重审查检材与其他证据是否相互印证，文书形式、鉴定人资质、检验程序是否规范合法，鉴定依据、方法是否准确，损伤是否因既往伤病所致,是否及时就医,以及论证分析是否科学严谨,鉴定意见是否明确等。需要对鉴定意见等技术性证据材料进行专门审查的,可以按照有关规定送交检察、侦查技术人员或者其他有专门知识的人进行审查并出具审查意见。对同一鉴定事项存在两份以上结论不同的鉴定意见或者当事人对鉴定结论有不同意见时,人民检察院、公安机关要注意对分歧点进行重点审查分析,听取当事人、鉴定人、有专门知识的人的意见,开展相关调查取证,综合全案证据决定是否采信。必要时,可以依法进行补充鉴定或者重新鉴定。

(七)准确区分罪与非罪。对被害人出现伤害后果的,人民检察院、公安机关判断犯罪嫌疑人是否构成故意伤害罪时,应当在全面审查案件事实、证据的基础上,根据双方的主观方面和客观行为准确认定,避免"唯结果论""谁受伤谁有理"。如果犯罪嫌疑人只是与被害人发生轻微推搡、拉扯的,或者为摆脱被害人拉扯或者控制而实施甩手、后退等应急、防御行为的,不宜认定为刑法意义上的故意伤害行为。

(八)准确区分寻衅滋事罪与故意伤害罪。对出现被害人轻伤后果的案件,人民检察院、公安机关要全面分析案件性质,查明案件发生起因、犯罪嫌疑人的动机、是否有涉黑涉恶或者其他严重情节等,依法准确定性,不能简单化办案,一概机械认定为故意伤害罪。犯罪嫌疑人无事生非、借故生非,随意殴打他人的,属于"寻衅滋事",构成犯罪的,应当以寻衅滋事罪依法从严惩处。

(九)准确区分正当防卫与互殴型故意伤害。人民检察院、公安机关要坚持主客观相统一的原则,综合考察案发起因、对冲突升级是否有过错、是否使用或者准备使用凶器、是否采用明显不相当的暴力、是否纠集他人参与打斗等客观情节,准确判断犯罪嫌疑人的主观意图和行为性质。因琐事发生争执,双方均不能保持克制而引发打斗,对于过错的一方先动手且手段明显过激,或者一方先动手,在对方努力避免冲突的情况下仍继续侵害,还击一方造成对方伤害的,一般应当认定为正当防卫。故意挑拨对方实施不法侵害,借机伤害对方的，一般不认定为正当防卫。

（十）准确认定共同犯罪。二人以上对同一被害人共同故意实施伤害行为，无论是否能够证明伤害结果具体由哪一犯罪嫌疑人的行为造成的，均应当按照共同犯罪认定处理，并根据各犯罪嫌疑人在共同犯罪中的地位、作用、情节等追究刑事责任。犯罪嫌疑人对被害人实施伤害时，对虽然在场但并无伤害故意和伤害行为的人员，不能认定为共同犯罪。对虽然有一定参与但犯罪情节轻微，依照刑法规定不需要判处刑罚或者免除刑罚的，可以依法作出不起诉处理。对情节显著轻微、危害不大，不认为是犯罪的，应当撤销案件，或者作出不起诉处理。

三、积极促进矛盾化解

（十一）充分适用刑事和解制度。对于轻伤害案件，符合刑事和解条件的，人民检察院、公安机关可以建议当事人进行和解，并告知相应的权利义务，必要时可以提供法律咨询，积极促进当事人自愿和解。当事人双方达成和解并已实际履行的，应当依法从宽处理，符合不起诉条件的，应当作出不起诉决定。被害人事后反悔要求追究犯罪嫌疑人刑事责任或者不同意对犯罪嫌疑人从宽处理的，人民检察院、公安机关应当调查了解原因，认为被害人理由正当的，应当依法保障被害人的合法权益；对和解系自愿、合法的，应当维持已作出的从宽处理决定。人民检察院、公安机关开展刑事和解工作的相关证据和材料，应当随案移送。

（十二）充分适用认罪认罚从宽制度。人民检察院、公安机关应当向犯罪嫌疑人、被害人告知认罪认罚从宽制度，通过释明认罪认罚从宽制度的法律规定，鼓励犯罪嫌疑人认罪认罚、赔偿损失、赔礼道歉，促成当事人矛盾化解，并依法予以从宽处理。

（十三）积极开展国家司法救助。人民检察院、公安机关对于符合国家司法救助条件的被害人，应当及时开展国家司法救助。在解决被害人因该案遭受损伤而面临的生活急迫困难的同时，促进矛盾化解。

（十四）充分发挥矛盾纠纷多元化解工作机制作用。对符合刑事和解条件的，人民检察院、公安机关要充分利用检调、公调对接机制，依托调解组织、社会组织、基层组织、当事人所在单位及同事、亲友、律师等单位、个人，促进矛盾化解、纠纷解决。

（十五）注重通过不起诉释法说理修复社会关系。人民检察院宣布不起诉决定，一般应当在人民检察院的宣告室等场所进行。根据案件的具体情况，也可以到当事人所在村、社区、单位等场所宣布，并邀请社区、单位有关人员参加。宣布不起诉决定时，应当就案件事实、法律责任、不起诉依据、理由等释法说理。对于犯罪嫌疑人系未成年人的刑事案件，应当以不公开方式宣布不起诉决定，并结合案件具体情况对未成年犯罪嫌疑人予以训诫和教育。

四、规范落实少捕慎诉慎押刑事司法政策

（十六）依法准确把握逮捕标准。轻伤害案件中，犯罪嫌疑人具有认罪认罚，且没有其他犯罪嫌疑；与被害人已达成和解协议并履行赔偿义务；系未成年人或者在校学生，本人确有悔罪表现等情形，人民检察院、公安机关经审查认为犯罪嫌疑人不具有社会危险性的，公安机关可以不再提请批准逮捕，人民检察院可以作出不批捕的决定。犯罪嫌疑人因其伤害行为致使当事人双方矛盾进一步激化，可能实施新的犯罪或者具有其他严重社会危险性情形的，人民检察院可以依法批准逮捕。

（十七）依法准确适用不起诉。对于犯罪事实清楚，证据确实、充分，犯罪嫌疑人具有本意见第十六条第一款规定情形之一，依照刑法规定不需要判处刑罚或者免除刑罚的，可以依法作出不起诉决定。对犯罪嫌疑人自愿认罪认罚，愿意积极赔偿，并提供了担保，但因被害人赔偿请求明显不合理，未能达成和解谅解的，一般不影响对符合条件的犯罪嫌疑人依法作出不起诉决定。

（十八）落实不起诉后非刑罚责任。人民检察院决定不起诉的轻伤害案件，可以根据案件的不同情况，对被不起诉人予以训诫或者责令具结悔过、赔礼道歉、赔偿损失，被不起诉人在不起诉前已被刑事拘留、逮捕的，或者当事人双方已经和解并承担了民事赔偿责任的，人民检察院作出不起诉决定后，一般不再提出行政拘留的检察意见。

（十九）依法开展羁押必要性审查。对于已经批准逮捕的犯罪嫌疑人，如果犯罪嫌疑人认罪认罚，当事人达成刑事和解，没有继续羁押必要的，人民检察院应当依法释放、变更强制措施或者建议公安机关、人民法院释放、变更强制措施。

（二十）对情节恶劣的轻伤害案件依法从严处理。对于虽然属于轻伤害案件，但犯罪嫌疑人涉黑涉恶的，雇凶伤害他人的，在被采取强制措施或者刑罚执行期间伤害他人的，犯罪动机、手段恶劣的，伤害多人的，多次伤害他人的，伤害未成年人、老年人、孕妇、残疾人及医护人员等特定职业人员的，以及具有累犯等其他恶劣情节的，应当依法从严惩处。

五、健全完善工作机制

（二十一）注重发挥侦查监督与协作配合机制的作用。办理轻伤害案件，人民检察院、公安机关要发挥侦查监督与协作配合办公室的作用，加强案件会商与协作配合，确保案件定性、法律适用准确；把矛盾化解贯穿侦查、起诉全过程，促进当事人达成刑事和解，协同落实少捕慎诉慎押刑事司法政策；共同开展类案总结分析，剖析案发原因，促进犯罪预防，同时要注意查找案件办理中存在的问题，强化监督制约，提高办案质量和效果。对于不批捕、不起诉的犯罪嫌疑人，人民检察院、公安机关要加强协作配合，并与其所在单位、现居住地村（居）委会等进行沟通，共同做好风险防范工作。

（二十二）以公开听证促进案件公正处理。对于事实认定、法律适用、案件处理等方面存在较大争议，或者有重大社会影响，需要当面听取当事人和邻里、律师等其他相关人员意见的案件，人民检察院拟作出不起诉决定的，可以组织听证，把事理、情理、法理讲清说透，实现案结事了人和。对其他拟作不起诉的，也要坚持“应听尽听”。办理审查逮捕，审查延长侦查羁押期限，羁押必要性审查案件的听证，按照《人民检察院羁押听证办法》相关规定执行。

六、附则

(二十三)本意见所称轻伤害案件,是指根据《中华人民共和国刑法》第二百三十四条第一款的规定,故意伤害他人身体,致人损伤程度达到《人体损伤程度鉴定标准》轻伤标准的案件。

(二十四)本意见自发布之日起施行。

(七)审判程序

人民法院办理刑事案件庭前会议规程(试行)

(2017 年 11 月 27 日法发〔2017〕31 号印发
自 2018 年 1 月 1 日起试行)

为贯彻落实最高人民法院、最高人民检察院、公安部、国家安全部、司法部《关于推进以审判为中心的刑事诉讼制度改革的意见》,完善庭前会议程序,确保法庭集中持续审理,提高庭审质量和效率,根据法律规定,结合司法实际,制定本规程。

第一条 人民法院适用普通程序审理刑事案件。对于证据材料较多、案情疑难复杂、社会影响重大或者控辩双方对事实证据存在较大争议等情形的,可以决定在开庭审理前召开庭前会议。

控辩双方可以申请人民法院召开庭前会议。申请召开庭前会议的,应当说明需要处理的事项。人民法院经审查认为有必要的,应当决定召开庭前会议;决定不召开庭前会议的,应当告知申请人。

被告人及其辩护人在开庭审理前申请排除非法证据,并依照法律规定提供相关线索或者材料的,人民法院应当召开庭前会议。

第二条 庭前会议中,人民法院可以就与审判相关的问题了解情况，听取意见，依法处理回避、出庭证人名单、非法证据排除等可能导致庭审中断的事项，组织控辩双方展示证据，归纳争议焦点，开展附带民事调解。

第三条 庭前会议由承办法官主持，其他合议庭成员也可以主持或者参加庭前会议。根据案件情况，承办法官可以指导法官助理主持庭前会议。

公诉人、辩护人应当参加庭前会议。根据案件情况，被告人可以参加庭前会议；被告人申请参加庭前会议或者申请排除非法证据等情形的，人民法院应当通知被告人到场；有多名被告人的案件，主持人可以根据案件情况确定参加庭前会议的被告人。

被告人申请排除非法证据，但没有辩护人的，人民法院应当通知法律援助机构指派律师为被告人提供帮助。

庭前会议中进行附带民事调解的，人民法院应当通知附带民事诉讼当事人到场。

第四条 被告人不参加庭前会议的，辩护人应当在召开庭前会议前就庭前会议处理事项听取被告人意见。

第五条 庭前会议一般不公开进行。

根据案件情况，庭前会议可以采用视频会议等方式进行。

第六条 根据案件情况，庭前会议可以在开庭审理前多次召开；休庭后，可以在再次开庭前召开庭前会议。

第七条 庭前会议应当在法庭或者其他办案场所召开。被羁押的被告人参加的，可以在看守所办案场所召开。

被告人参加庭前会议，应当有法警在场。

第八条 人民法院应当根据案件情况，综合控辩双方意见，确定庭前会议需要处理的事项，并在召开庭前会议三日前，将会议的时间、地点、人员和事项等通知参会人员。通知情况应当记录在案。

被告人及其辩护人在开庭审理前申请排除非法证据的，人民法院应当在召开庭前会议三日前，将申请书及相关线索或者材料的复制件送交人民检察院。

第九条 庭前会议开始后,主持人应当核实参会人员情况,宣布庭前会议需要处理的事项。

有多名被告人参加庭前会议,涉及事实证据问题的,应当组织各被告人分别参加,防止串供。

第十条 庭前会议中,主持人可以就下列事项向控辩双方了解情况,听取意见:

(一)是否对案件管辖有异议;

(二)是否申请有关人员回避;

(三)是否申请不公开审理;

(四)是否申请排除非法证据;

(五)是否申请提供新的证据材料;

(六)是否申请重新鉴定或者勘验;

(七)是否申请调取在侦查、审查起诉期间公安机关、人民检察院收集但未随案移送的证明被告人无罪或者罪轻的证据材料;

(八)是否申请向证人或有关单位、个人收集、调取证据材料;

(九)是否申请证人、鉴定人、侦查人员、有专门知识的人出庭,是否对出庭人员名单有异议;

(十)与审判相关的其他问题。

对于前款规定中可能导致庭审中断的事项,人民法院应当依法作出处理,在开庭审理前告知处理决定,并说明理由。控辩双方没有新的理由,在庭审中再次提出有关申请或者异议的,法庭应当依法予以驳回。

第十一条 被告人及其辩护人对案件管辖提出异议,应当说明理由。人民法院经审查认为异议成立的,应当依法将案件退回人民检察院或者移送有管辖权的人民法院;认为本院不宜行使管辖权的,可以请求上一级人民法院处理。人民法院经审查认为异议不成立的,应当依法驳回异议。

第十二条 被告人及其辩护人申请审判人员、书记员、翻译人员、鉴定人回避,应当说明理由。人民法院经审查认为申请成立的,应当依法决定有关人员回避;认为申请不成立的,应当依法驳回申请。

被告人及其辩护人申请回避被驳回的,可以在接到决定时申请复议一次。对于不属于刑事诉讼法第二十八条、第二十九条规定情形的,回避申请被驳回后,不得申请复议。

被告人及其辩护人申请检察人员回避的,人民法院应当通知人民检察院。

第十三条 被告人及其辩护人申请不公开审理,人民法院经审查认为案件涉及国家秘密或者个人隐私的,应当准许;认为案件涉及商业秘密的,可以准许。

第十四条 被告人及其辩护人在开庭审理前申请排除非法证据,并依照法律规定提供相关线索或者材料的,人民检察院应当在庭前会议中通过出示有关证据材料等方式,有针对性地对证据收集的合法性作出说明。人民法院可以对有关证据材料进行核实;经控辩双方申请,可以有针对性地播放讯问录音录像。

人民检察院可以撤回有关证据,撤回的证据,没有新的理由,不得在庭审中出示。被告人及其辩护人可以撤回排除非法证据的申请,撤回申请后,没有新的线索或者材料,不得再次对有关证据提出排除申请。

控辩双方在庭前会议中对证据收集的合法性未达成一致意见,人民法院应当开展庭审调查,但公诉人提供的相关证据材料确实、充分,能够排除非法取证情形,且没有新的线索或者材料表明可能存在非法取证的,庭审调查举证、质证可以简化。

第十五条 控辩双方申请重新鉴定或者勘验,应当说明理由。人民法院经审查认为理由成立,有关证据材料可能影响定罪量刑且不能补正的,应当准许。

第十六条 被告人及其辩护人书面申请调取公安机关、人民检察院在侦查、审查起诉期间收集但未随案移送的证明被告人无罪或者罪轻的证据材料,并提供相关线索或者材料的,人民法院应当调取,并通知人民检察院在收到调取决定书后三日内移交。

被告人及其辩护人申请向证人或有关单位、个人收集、调取证据材料,应当说明理由。人民法院经审查认为有关证据材料可能影响定罪量刑的,应当准许;认为有关证据材料与案件无关或者明显重复、没有必要的,可以不予准许。

第十七条 控辩双方申请证人、鉴定人、侦查人员、有专门知识的人出庭,应当说明理由。人民法院经审查认为理由成立的,应当通知有关人员出庭。

控辩双方对出庭证人、鉴定人、侦查人员、有专门知识的人的名单有异议,人民法院经审查认为异议成立的,应当依法作出处理;认为异议不成立的,应当依法驳回。

人民法院通知证人、鉴定人、侦查人员、有专门知识的人等出庭后,应当告知控辩双方协助有关人员到庭。

第十八条 召开庭前会议前,人民检察院应当将全部证据材料移送人民法院。被告人及其辩护人应当将收集的有关被告人不在犯罪现场、未达到刑事责任年龄、属于依法不负刑事责任的精神病人等证明被告人无罪或者依法不负刑事责任的全部证据材料提交人民法院。

人民法院收到控辩双方移送或者提交的证据材料后,应当通知对方查阅、摘抄、复制。

第十九条 庭前会议中,对于控辩双方决定在庭审中出示的证据,人民法院可以组织展示有关证据,听取控辩双方对在案证据的意见,梳理存在争议的证据。

对于控辩双方在庭前会议中没有争议的证据材料,庭审时举证、质证可以简化。

人民法院组织展示证据的,一般应当通知被告人到场,听取被告人意见;被告人不到场的,辩护人应当在召开庭前会议前听取被告人意见。

第二十条 人民法院可以在庭前会议中归纳控辩双方的争议焦点。对控辩双方没有争议或者达成一致意见的事项,可以在庭审中简化审理。

人民法院可以组织控辩双方协商确定庭审的举证顺序、方式等事项,明确法庭调查的方式和重点。协商不成的事项,由人民法院确定。

第二十一条 对于被告人在庭前会议前不认罪,在庭前会议中又认罪的案件,人民法院核实被告人认罪的自愿性和真实性后,可以依法适用速裁程序或者简易程序审理。

第二十二条 人民法院在庭前会议中听取控辩双方对案件事实证据的意见后,对于明显事实不清、证据不足的案件,可以建议人民检察院补充材料或者撤回起诉。建议撤回起诉的案件,人民检察院不同意的,人民法院开庭审理后,没有新的事实和理由,一般不准许撤回起诉。

第二十三条 庭前会议情况应当制作笔录,由参会人员核对后签名。

庭前会议结束后应当制作庭前会议报告,说明庭前会议的基本情况、与审判相关的问题的处理结果、控辩双方的争议焦点以及就相关事项达成的一致意见等。

第二十四条 对于召开庭前会议的案件,在宣读起诉书后,法庭应当宣布庭前会议报告的主要内容;有多起犯罪事实的案件,可以在有关犯罪事实的法庭调查开始前,分别宣布庭前会议报告的相关内容;对庭前会议处理管辖异议、申请回避、申请不公开审理等事项的,法庭可以在告知当事人诉讼权利后宣布庭前会议报告的相关内容。

第二十五条 宣布庭前会议报告后,对于庭前会议中达成一致意见的事项,法庭向控辩双方核实后当庭予以确认;对于未达成一致意见的事项,法庭可以归纳控辩双方争议焦点,听取控辩双方意见,依法作出处理。

控辩双方在庭前会议中就有关事项达成一致意见,在庭审中反悔的,除有正当理由外,法庭一般不再进行处理。

第二十六条 第二审人民法院召开庭前会议的,参照上述规定。

第二十七条 本规程自2018年1月1日起试行。

最高人民法院、最高人民检察院、公安部、国家安全部、司法部关于规范量刑程序若干问题的意见

（2020年11月5日法发〔2020〕38号印发
自2020年11月6日起施行）

为深入推进以审判为中心的刑事诉讼制度改革，落实认罪认罚从宽制度，进一步规范量刑程序，确保量刑公开公正，根据刑事诉讼法和有关司法解释等规定，结合工作实际，制定本意见。

第一条 人民法院审理刑事案件，在法庭审理中应当保障量刑程序的相对独立性。

人民检察院在审查起诉中应当规范量刑建议。

第二条 侦查机关、人民检察院应当依照法定程序，全面收集、审查、移送证明犯罪嫌疑人、被告人犯罪事实、量刑情节的证据。

对于法律规定并处或者单处财产刑的案件，侦查机关应当根据案件情况对被告人的财产状况进行调查，并向人民检察院移送相关证据材料。人民检察院应当审查并向人民法院移送相关证据材料。

人民检察院在审查起诉时发现侦查机关应当收集而未收集量刑证据的，可以退回侦查机关补充侦查，也可以自行侦查。人民检察院退回补充侦查的，侦查机关应当按照人民检察院退回补充侦查提纲的要求及时收集相关证据。

第三条 对于可能判处管制、缓刑的案件，侦查机关、人民检察院、人民法院可以委托社区矫正机构或者有关社会组织进行调查评估，提出意见，供判处管制、缓刑时参考。

社区矫正机构或者有关社会组织收到侦查机关、人民检察院或

者人民法院调查评估的委托后，应当根据委托机关的要求依法进行调查，形成评估意见，并及时提交委托机关。

对于没有委托进行调查评估或者判决前没有收到调查评估报告的，人民法院经审理认为被告人符合管制、缓刑适用条件的，可以依法判处管制、宣告缓刑。

第四条 侦查机关在移送审查起诉时，可以根据犯罪嫌疑人涉嫌犯罪的情况，就宣告禁止令和从业禁止向人民检察院提出意见。

人民检察院在提起公诉时，可以提出宣告禁止令和从业禁止的建议。被告人及其辩护人、被害人及其诉讼代理人可以就是否对被告人宣告禁止令和从业禁止提出意见，并说明理由。

人民法院宣告禁止令和从业禁止，应当根据被告人的犯罪原因、犯罪性质、犯罪手段、悔罪表现、个人一贯表现等，充分考虑与被告人所犯罪行的关联程度，有针对性地决定禁止从事特定的职业、活动，进入特定区域、场所，接触特定的人等。

第五条 符合下列条件的案件，人民检察院提起公诉时可以提出量刑建议；被告人认罪认罚的，人民检察院应当提出量刑建议：

（一）犯罪事实清楚，证据确实、充分；

（二）提出量刑建议所依据的法定从重、从轻、减轻或者免除处罚等量刑情节已查清；

（三）提出量刑建议所依据的酌定从重、从轻处罚等量刑情节已查清。

第六条 量刑建议包括主刑、附加刑、是否适用缓刑等。主刑可以具有一定的幅度，也可以根据案件具体情况，提出确定刑期的量刑建议。建议判处财产刑的，可以提出确定的数额。

第七条 对常见犯罪案件，人民检察院应当按照量刑指导意见提出量刑建议。对新类型、不常见犯罪案件，可以参照相关量刑规范提出量刑建议。提出量刑建议，应当说明理由和依据。

第八条 人民检察院指控被告人犯有数罪的，应当对指控的个罪分别提出量刑建议，并依法提出数罪并罚后决定执行的刑罚的量刑建议。

对于共同犯罪案件,人民检察院应当根据各被告人在共同犯罪中的地位、作用以及应当承担的刑事责任分别提出量刑建议。

第九条 人民检察院提出量刑建议,可以制作量刑建议书,与起诉书一并移送人民法院;对于案情简单、量刑情节简单的适用速裁程序的案件,也可以在起诉书中写明量刑建议。

量刑建议书中应当写明人民检察院建议对被告人处以的主刑、附加刑、是否适用缓刑等及其理由和依据。

人民检察院以量刑建议书方式提出量刑建议的,人民法院在送达起诉书副本时,应当将量刑建议书一并送达被告人。

第十条 在刑事诉讼中,自诉人、被告人及其辩护人、被害人及其诉讼代理人可以提出量刑意见,并说明理由,人民检察院、人民法院应当记录在案并附卷。

第十一条 人民法院、人民检察院、侦查机关应当告知犯罪嫌疑人、被告人申请法律援助的权利,对符合法律援助条件的,依法通知法律援助机构指派律师为其提供辩护或者法律帮助。

第十二条 适用速裁程序审理的案件,在确认被告人认罪认罚的自愿性和认罪认罚具结书内容的真实性、合法性后,一般不再进行法庭调查、法庭辩论,但在判决宣告前应当听取辩护人的意见和被告人的最后陈述意见。

适用速裁程序审理的案件,应当当庭宣判。

第十三条 适用简易程序审理的案件,在确认被告人对起诉书指控的犯罪事实和罪名没有异议,自愿认罪且知悉认罪的法律后果后,法庭审理可以直接围绕量刑进行,不再区分法庭调查、法庭辩论,但在判决宣告前应当听取被告人的最后陈述意见。

适用简易程序审理的案件,一般应当当庭宣判。

第十四条 适用普通程序审理的被告人认罪案件,在确认被告人了解起诉书指控的犯罪事实和罪名,自愿认罪且知悉认罪的法律后果后,法庭审理主要围绕量刑和其他有争议的问题进行,可以适当简化法庭调查、法庭辩论程序。

第十五条 对于被告人不认罪或者辩护人做无罪辩护的案件，法庭调查和法庭辩论分别进行。

在法庭调查阶段，应当在查明定罪事实的基础上，查明有关量刑事实，被告人及其辩护人可以出示证明被告人无罪或者罪轻的证据，当庭发表质证意见。

在法庭辩论阶段，审判人员引导控辩双方先辩论定罪问题。在定罪辩论结束后，审判人员告知控辩双方可以围绕量刑问题进行辩论，发表量刑建议或者意见，并说明依据和理由。被告人及其辩护人参加量刑问题的调查的，不影响作无罪辩解或者辩护。

第十六条 在法庭调查中，公诉人可以根据案件的不同种类、特点和庭审的实际情况，合理安排和调整举证顺序。定罪证据和量刑证据分开出示的，应当先出示定罪证据，后出示量刑证据。

对于有数起犯罪事实的案件的量刑证据，可以在对每起犯罪事实举证时分别出示，也可以对同类犯罪事实一并出示；涉及全案综合量刑情节的证据，一般应当在举证阶段最后出示。

第十七条 在法庭调查中，人民法院应当查明对被告人适用具体法定刑幅度的犯罪事实以及法定或者酌定量刑情节。

第十八条 人民法院、人民检察院、侦查机关或者辩护人委托有关方面制作涉及未成年人的社会调查报告的，调查报告应当在法庭上宣读，并进行质证。

第十九条 在法庭审理中，审判人员对量刑证据有疑问的，可以宣布休庭，对证据进行调查核实，必要时也可以要求人民检察院补充调查核实。人民检察院补充调查核实有关证据，必要时可以要求侦查机关提供协助。

对于控辩双方补充的证据，应当经过庭审质证才能作为定案的根据。但是，对于有利于被告人的量刑证据，经庭外征求意见，控辩双方没有异议的除外。

第二十条 被告人及其辩护人、被害人及其诉讼代理人申请人民法院调取在侦查、审查起诉阶段收集的量刑证据材料，人民法院认为确有必要的，应当依法调取；人民法院认为不需要调取的，应当说明理由。

第二十一条 在法庭辩论中，量刑辩论按照以下顺序进行：

（一）公诉人发表量刑建议，或者自诉人及其诉讼代理人发表量刑意见；

（二）被害人及其诉讼代理人发表量刑意见；

（三）被告人及其辩护人发表量刑意见。

第二十二条 在法庭辩论中，出现新的量刑事实，需要进一步调查的，应当恢复法庭调查，待事实查清后继续法庭辩论。

第二十三条 对于人民检察院提出的量刑建议，人民法院应当依法审查。对于事实清楚，证据确实、充分，指控的罪名准确，量刑建议适当的，人民法院应当采纳。

人民法院经审理认为，人民检察院的量刑建议不当的，可以告知人民检察院。人民检察院调整量刑建议的，应当在法庭审理结束前提出。人民法院认为人民检察院调整后的量刑建议适当的，应当予以采纳；人民检察院不调整量刑建议或者调整量刑建议后仍不当的，人民法院应当依法作出判决。

第二十四条 有下列情形之一，被告人当庭认罪，愿意接受处罚的，人民法院应当根据审理查明的事实，就定罪和量刑听取控辩双方意见，依法作出裁判：

（一）被告人在侦查、审查起诉阶段认罪认罚，但人民检察院没有提出量刑建议的；

（二）被告人在侦查、审查起诉阶段没有认罪认罚的；

（三）被告人在第一审程序中没有认罪认罚，在第二审程序中认罪认罚的；

（四）被告人在庭审过程中不同意量刑建议的。

第二十五条 人民法院应当在刑事裁判文书中说明量刑理由。量刑说理主要包括：

（一）已经查明的量刑事实及其对量刑的影响；

（二）是否采纳公诉人、自诉人、被告人及其辩护人、被害人及其诉讼代理人发表的量刑建议、意见及理由；

（三）人民法院判处刑罚的理由和法律依据。

对于适用速裁程序审理的案件，可以简化量刑说理。

第二十六条　开庭审理的二审、再审案件的量刑程序，依照有关法律规定进行。法律没有规定的，参照本意见进行。

对于不开庭审理的二审、再审案件，审判人员在阅卷、讯问被告人、听取自诉人、辩护人、被害人及其诉讼代理人的意见时，应当注意审查量刑事实和证据。

第二十七条　对于认罪认罚案件量刑建议的提出、采纳与调整等，适用最高人民法院、最高人民检察院、公安部、国家安全部、司法部《关于适用认罪认罚从宽制度的指导意见》的有关规定。

第二十八条　本意见自2020年11月6日起施行。2010年9月13日最高人民法院、最高人民检察院、公安部、国家安全部、司法部《印发〈关于规范量刑程序若干问题的意见（试行）〉的通知》（法发〔2010〕35号）同时废止。

最高人民法院关于减刑、假释案件审理程序的规定

（2014年4月10日最高人民法院审判委员会第1611次会议通过　2014年4月23日发布　法释〔2014〕5号自2014年6月1日起施行）

为进一步规范减刑、假释案件的审理程序，确保减刑、假释案件审理的合法、公正，根据《中华人民共和国刑法》《中华人民共和国刑

事诉讼法》有关规定，结合减刑、假释案件审理工作实际，制定本规定。

第一条 对减刑、假释案件，应当按照下列情形分别处理：

（一）对被判处死刑缓期执行的罪犯的减刑，由罪犯服刑地的高级人民法院在收到同级监狱管理机关审核同意的减刑建议书后一个月内作出裁定；

（二）对被判处无期徒刑的罪犯的减刑、假释，由罪犯服刑地的高级人民法院在收到同级监狱管理机关审核同意的减刑、假释建议书后一个月内作出裁定，案情复杂或者情况特殊的，可以延长一个月；

（三）对被判处有期徒刑和被减为有期徒刑的罪犯的减刑、假释，由罪犯服刑地的中级人民法院在收到执行机关提出的减刑、假释建议书后一个月内作出裁定，案情复杂或者情况特殊的，可以延长一个月；

（四）对被判处拘役、管制的罪犯的减刑，由罪犯服刑地中级人民法院在收到同级执行机关审核同意的减刑、假释建议书后一个月内作出裁定。

对暂予监外执行罪犯的减刑，应当根据情况，分别适用前款的有关规定。

第二条 人民法院受理减刑、假释案件，应当审查执行机关移送的下列材料：

（一）减刑或者假释建议书；

（二）终审法院裁判文书、执行通知书、历次减刑裁定书的复印件；

（三）罪犯确有悔改或者立功、重大立功表现的具体事实的书面证明材料；

（四）罪犯评审鉴定表、奖惩审批表等；

（五）其他根据案件审理需要应予移送的材料。

报请假释的，应当附有社区矫正机构或者基层组织关于罪犯假释后对所居住社区影响的调查评估报告。

人民检察院对报请减刑、假释案件提出检察意见的，执行机关应当一并移送受理减刑、假释案件的人民法院。

经审查，材料齐备的，应当立案；材料不齐的，应当通知执行机关在三日内补送，逾期未补送的，不予立案。

第三条 人民法院审理减刑、假释案件，应当在立案后五日内将执行机关报请减刑、假释的建议书等材料依法向社会公示。

公示内容应当包括罪犯的个人情况、原判认定的罪名和刑期、罪犯历次减刑情况、执行机关的建议及依据。

公示应当写明公示期限和提出意见的方式。公示期限为五日。

第四条 人民法院审理减刑、假释案件，应当依法由审判员或者由审判员和人民陪审员组成合议庭进行。

第五条 人民法院审理减刑、假释案件，除应当审查罪犯在执行期间的一贯表现外，还应当综合考虑犯罪的具体情节、原判刑罚情况、财产刑执行情况、附带民事裁判履行情况、罪犯退赃退赔等情况。

人民法院审理假释案件，除应当审查第一款所列情形外，还应当综合考虑罪犯的年龄、身体状况、性格特征、假释后生活来源以及监管条件等影响再犯罪的因素。

执行机关以罪犯有立功表现或重大立功表现为由提出减刑的，应当审查立功或重大立功表现是否属实。涉及发明创造、技术革新或者其他贡献的，应当审查该成果是否系罪犯在执行期间独立完成，并经有关主管机关确认。

第六条 人民法院审理减刑、假释案件，可以采取开庭审理或者书面审理的方式。但下列减刑、假释案件，应当开庭审理：

（一）因罪犯有重大立功表现报请减刑的；

（二）报请减刑的起始时间、间隔时间或者减刑幅度不符合司法解释一般规定的；

（三）公示期间收到不同意见的；

（四）人民检察院有异议的；

（五）被报请减刑、假释罪犯系职务犯罪罪犯，组织（领导、参加、包庇、纵容）黑社会性质组织犯罪罪犯，破坏金融管理秩序和金融诈骗犯罪罪犯及其他在社会上有重大影响或社会关注度高的；

（六）人民法院认为其他应当开庭审理的。

第七条 人民法院开庭审理减刑、假释案件，应当通知人民检察院、执行机关及被报请减刑、假释罪犯参加庭审。

人民法院根据需要，可以通知证明罪犯确有悔改表现或者立功、重大立功表现的证人，公示期间提出不同意见的人，以及鉴定人、翻译人员等其他人员参加庭审。

第八条 开庭审理应当在罪犯刑罚执行场所或者人民法院确定的场所进行。有条件的人民法院可以采取视频开庭的方式进行。

在社区执行刑罚的罪犯因重大立功被报请减刑的，可以在罪犯服刑地或者居住地开庭审理。

第九条 人民法院对于决定开庭审理的减刑、假释案件，应当在开庭三日前将开庭的时间、地点通知人民检察院、执行机关、被报请减刑、假释罪犯和有必要参加庭审的其他人员，并于开庭三日前进行公告。

第十条 减刑、假释案件的开庭审理由审判长主持，应当按照以下程序进行：

（一）审判长宣布开庭，核实被报请减刑、假释罪犯的基本情况；

（二）审判长宣布合议庭组成人员、检察人员、执行机关代表及其他庭审参加人；

（三）执行机关代表宣读减刑、假释建议书，并说明主要理由；

（四）检察人员发表检察意见；

（五）法庭对被报请减刑、假释罪犯确有悔改表现或立功表现、重大立功表现的事实以及其他影响减刑、假释的情况进行调查核实；

（六）被报请减刑、假释罪犯作最后陈述；

（七）审判长对庭审情况进行总结并宣布休庭评议。

第十一条 庭审过程中，合议庭人员对报请理由有疑问的，可以向被报请减刑、假释罪犯、证人、执行机关代表、检察人员提问。

庭审过程中，检察人员对报请理由有疑问的，在经审判长许可后，可以出示证据，申请证人到庭，向被报请减刑、假释罪犯及证人提问并发表意见。被报请减刑、假释罪犯对报请理由有疑问的，在经审判长许可后，可以出示证据，申请证人到庭，向证人提问并发表意见。

第十二条 庭审过程中，合议庭对证据有疑问需要进行调查核实，或者检察人员、执行机关代表提出申请的，可以宣布休庭。

第十三条 人民法院开庭审理减刑、假释案件，能够当庭宣判的应当当庭宣判；不能当庭宣判的，可以择期宣判。

第十四条 人民法院书面审理减刑、假释案件，可以就被报请减刑、假释罪犯是否符合减刑、假释条件进行调查核实或听取有关方面意见。

第十五条 人民法院书面审理减刑案件，可以提讯被报请减刑罪犯；书面审理假释案件，应当提讯被报请假释罪犯。

第十六条 人民法院审理减刑、假释案件，应当按照下列情形分别处理：

（一）被报请减刑、假释罪犯符合法律规定的减刑、假释条件的，作出予以减刑、假释的裁定；

（二）被报请减刑的罪犯符合法律规定的减刑条件，但执行机关报请的减刑幅度不适当的，对减刑幅度作出相应调整后作出予以减刑的裁定；

（三）被报请减刑、假释罪犯不符合法律规定的减刑、假释条件的，作出不予减刑、假释的裁定。

在人民法院作出减刑、假释裁定前，执行机关书面申请撤回减刑、假释建议的，是否准许，由人民法院决定。

第十七条 减刑、假释裁定书应当写明罪犯原判和历次减刑情况，确有悔改表现或者立功、重大立功表现的事实和理由，以及减刑、假释的法律依据。

裁定减刑的，应当注明刑期的起止时间；裁定假释的，应当注明假释考验期的起止时间。

裁定调整减刑幅度或者不予减刑、假释的，应当在裁定书中说明理由。

第十八条 人民法院作出减刑、假释裁定后，应当在七日内送达报请减刑、假释的执行机关、同级人民检察院以及罪犯本人。作出假释裁定的，还应当送达社区矫正机构或者基层组织。

第十九条 减刑、假释裁定书应当通过互联网依法向社会公布。

第二十条 人民检察院认为人民法院减刑、假释裁定不当，在法定期限内提出书面纠正意见的，人民法院应当在收到纠正意见后另行组成合议庭审理，并在一个月内作出裁定。

第二十一条 人民法院发现本院已经生效的减刑、假释裁定确有错误的，应当依法重新组成合议庭进行审理并作出裁定；上级人民法院发现下级人民法院已经生效的减刑、假释裁定确有错误的，应当指令下级人民法院另行组成合议庭审理，也可以自行依法组成合议庭进行审理并作出裁定。

第二十二条 最高人民法院以前发布的司法解释和规范性文件，与本规定不一致的，以本规定为准。

最高人民法院、最高人民检察院、公安部、司法部关于加强减刑、假释案件实质化审理的意见

（2021年12月1日法发〔2021〕31号印发
自印发之日起施行）

减刑、假释制度是我国刑罚执行制度的重要组成部分。依照我国法律规定，减刑、假释案件由刑罚执行机关提出建议书，报请人民法院审理裁定，人民检察院依法进行监督。为严格规范减刑、假释工

作，确保案件审理公平、公正，现就加强减刑、假释案件实质化审理提出如下意见。

一、准确把握减刑、假释案件实质化审理的基本要求

1. 坚持全面依法审查。审理减刑、假释案件应当全面审查刑罚执行机关报送的材料，既要注重审查罪犯交付执行后的一贯表现，同时也要注重审查罪犯犯罪的性质、具体情节、社会危害程度、原判刑罚及生效裁判中财产性判项的履行情况等，依法作出公平、公正的裁定，切实防止将考核分数作为减刑、假释的唯一依据。

2. 坚持主客观改造表现并重。审理减刑、假释案件既要注重审查罪犯劳动改造、监管改造等客观方面的表现，也要注重审查罪犯思想改造等主观方面的表现，综合判断罪犯是否确有悔改表现。

3. 坚持严格审查证据材料。审理减刑、假释案件应当充分发挥审判职能作用，坚持以审判为中心，严格审查各项证据材料。认定罪犯是否符合减刑、假释法定条件，应当有相应证据予以证明；对于没有证据证实或者证据不确实、不充分的，不得裁定减刑、假释。

4. 坚持区别对待。审理减刑、假释案件应当切实贯彻宽严相济刑事政策，具体案件具体分析，区分不同情形，依法作出裁定，最大限度地发挥刑罚的功能，实现刑罚的目的。

二、严格审查减刑、假释案件的实体条件

5. 严格审查罪犯服刑期间改造表现的考核材料。对于罪犯的计分考核材料，应当认真审查考核分数的来源及其合理性等，如果存在考核分数与考核期不对应、加扣分与奖惩不对应、奖惩缺少相应事实和依据等情况，应当要求刑罚执行机关在规定期限内作出说明或者补充。对于在规定期限内不能作出合理解释的考核材料，不作为认定罪犯确有悔改表现的依据。

对于罪犯的认罪悔罪书、自我鉴定等自书材料，要结合罪犯的文化程度认真进行审查，对于无特殊原因非本人书写或者自书材料内容虚假的，不认定罪犯确有悔改表现。

对于罪犯存在违反监规纪律行为的，应当根据行为性质、情节等具体情况，综合分析判断罪犯的改造表现。罪犯服刑期间因违反监规纪律被处以警告、记过或者禁闭处罚的，可以根据案件具体情况，认定罪犯是否确有悔改表现。

6. 严格审查罪犯立功、重大立功的证据材料，准确把握认定条件。对于检举、揭发监狱内外犯罪活动，或者提供重要破案线索的，应当注重审查线索的来源。对于揭发线索来源存疑的，应当进一步核查，如果查明线索系通过贿买、暴力、威胁或者违反监规等非法手段获取的，不认定罪犯具有立功或者重大立功表现。

对于技术革新、发明创造，应当注重审查罪犯是否具备该技术革新、发明创造的专业能力和条件，对于罪犯明显不具备相应专业能力及条件、不能说明技术革新或者发明创造原理及过程的，不认定罪犯具有立功或者重大立功表现。

对于阻止他人实施犯罪活动，协助司法机关抓捕其他犯罪嫌疑人，在日常生产、生活中舍己救人，在抗御自然灾害或者排除重大事故中有积极或者突出表现的，除应当审查有关部门出具的证明材料外，还应当注重审查能够证明上述行为的其他证据材料，对于罪犯明显不具备实施上述行为能力和条件的，不认定罪犯具有立功或者重大立功表现。

严格把握“较大贡献”或者“重大贡献”的认定条件。该“较大贡献”或者“重大贡献”，是指对国家、社会具有积极影响，而非仅对个别人员、单位有贡献和帮助。对于罪犯在警示教育活动中现身说法的，不认定罪犯具有立功或者重大立功表现。

7. 严格审查罪犯履行财产性判项的能力。罪犯未履行或者未全部履行财产性判项，具有下列情形之一的，不认定罪犯确有悔改表现：

（1）拒不交代赃款、赃物去向；

（2）隐瞒、藏匿、转移财产；

（3）有可供履行的财产拒不履行。

对于前款罪犯，无特殊原因狱内消费明显超出规定额度标准的，一般不认定罪犯确有悔改表现。

8. 严格审查反映罪犯是否有再犯罪危险的材料。对于报请假释的罪犯,应当认真审查刑罚执行机关提供的反映罪犯服刑期间现实表现和生理、心理状况的材料,并认真审查司法行政机关或者有关社会组织出具的罪犯假释后对所居住社区影响的材料,同时结合罪犯犯罪的性质、具体情节、社会危害程度、原判刑罚及生效裁判中财产性判项的履行情况等,综合判断罪犯假释后是否具有再犯罪危险性。

9. 严格审查罪犯身份信息、患有严重疾病或者身体有残疾的证据材料。对于上述证据材料有疑问的,可以委托有关单位重新调查、诊断、鉴定。对原判适用《中华人民共和国刑事诉讼法》第一百六十条第二款规定判处刑罚的罪犯,在刑罚执行期间不真心悔罪,仍不讲真实姓名、住址,且无法调查核实清楚的,除具有重大立功表现等特殊情形外,一律不予减刑、假释。

10. 严格把握罪犯减刑后的实际服刑刑期。正确理解法律和司法解释规定的最低服刑期限,严格控制减刑起始时间、间隔时间及减刑幅度,并根据罪犯前期减刑情况和效果,对其后续减刑予以总体掌握。死刑缓期执行、无期徒刑罪犯减为有期徒刑后再减刑时,在减刑间隔时间及减刑幅度上,应当从严把握。

三、切实强化减刑、假释案件办理程序机制

11. 充分发挥庭审功能。人民法院开庭审理减刑、假释案件,应当围绕罪犯实际服刑表现、财产性判项执行履行情况等,认真进行法庭调查。人民检察院应当派员出庭履行职务,并充分发表意见。人民法院对于有疑问的证据材料,要重点进行核查,必要时可以要求有关机关或者罪犯本人作出说明,有效发挥庭审在查明事实、公正裁判中的作用。

12. 健全证人出庭作证制度。人民法院审理减刑、假释案件,应当通知罪犯的管教干警、同监室罪犯、公示期间提出异议的人员以及其他了解情况的人员出庭作证。开庭审理前,刑罚执行机关应当提供前述证人名单,人民法院根据需要从名单中确定相应数量的证人出庭作证。证人到庭后,应当对其进行详细询问,全面了解被报请减刑、假释罪犯的改造表现等情况。

13. 有效行使庭外调查核实权。人民法院、人民检察院对于刑罚执行机关提供的罪犯确有悔改表现、立功表现等证据材料存有疑问的,根据案件具体情况,可以采取讯问罪犯、询问证人、调取相关材料、与监所人民警察座谈、听取派驻监所检察人员意见等方式,在庭外对相关证据材料进行调查核实。

14. 强化审判组织的职能作用。人民法院审理减刑、假释案件,合议庭成员应当对罪犯是否符合减刑或者假释条件、减刑幅度是否适当、财产性判项是否执行履行等情况,充分发表意见。对于重大、疑难、复杂的减刑、假释案件,合议庭必要时可以提请院长决定提交审判委员会讨论,但提请前应当先经专业法官会议研究。

15. 完善财产性判项执行衔接机制。人民法院刑事审判部门作出具有财产性判项内容的刑事裁判后,应当及时按照规定移送负责执行的部门执行。刑罚执行机关对罪犯报请减刑、假释时,可以向负责执行财产性判项的人民法院调取罪犯财产性判项执行情况的有关材料,负责执行的人民法院应当予以配合。刑罚执行机关提交的关于罪犯财产性判项执行情况的材料,可以作为人民法院认定罪犯财产性判项执行情况和判断罪犯是否具有履行能力的依据。

16. 提高信息化运用水平。人民法院、人民检察院、刑罚执行机关要进一步提升减刑、假释信息化建设及运用水平,充分利用减刑、假释信息化协同办案平台、执行信息平台及大数据平台等,采用远程视频开庭等方式,不断完善案件办理机制。同时,加强对减刑、假释信息化协同办案平台和减刑、假释、暂予监外执行信息网的升级改造,不断拓展信息化运用的深度和广度,为提升减刑、假释案件办理质效和加强权力运行制约监督提供科技支撑。

四、大力加强减刑、假释案件监督指导及工作保障

17. 不断健全内部监督。人民法院、人民检察院、刑罚执行机关要进一步强化监督管理职责,严格落实备案审查、专项检查等制度机制,充分发挥层级审核把关作用。人民法院要加强文书的释法说理,进一步提升减刑、假释裁定公信力。对于发现的问题及时责令整改，对于确有错误的案件，坚决依法予以纠正，对于涉嫌违纪违法的线索，及时移交纪检监察部门处理。

18. 高度重视外部监督。人民法院、人民检察院要自觉接受同级人民代表大会及其常委会的监督，主动汇报工作，对于人大代表关注的问题，认真研究处理并及时反馈，不断推进减刑、假释工作规范化开展；人民法院、刑罚执行机关要依法接受检察机关的法律监督，认真听取检察机关的意见、建议，支持检察机关巡回检察等工作，充分保障检察机关履行检察职责；人民法院、人民检察院、刑罚执行机关均要主动接受社会监督，积极回应人民群众关切。

19. 着力强化对下指导。人民法院、人民检察院、刑罚执行机关在减刑、假释工作中，遇到法律适用难点问题或者其他重大政策问题，应当及时向上级机关请示报告。上级机关应当准确掌握下级机关在减刑、假释工作中遇到的突出问题，加强研究和指导，并及时收集辖区内减刑、假释典型案例层报。最高人民法院、最高人民检察院应当适时发布指导性案例，为下级人民法院、人民检察院依法办案提供指导。

20. 切实加强工作保障。人民法院、人民检察院、刑罚执行机关应当充分认识减刑、假释工作所面临的新形势、新任务、新要求，坚持各司其职、分工负责、相互配合、相互制约的原则，不断加强沟通协作。根据工作需要，配足配强办案力量，加强对办案人员的业务培训，提升能力素质，建立健全配套制度机制，确保减刑、假释案件实质化审理公正、高效开展。

(八)认罪认罚从宽

最高人民法院、最高人民检察院、公安部、国家安全部、司法部关于适用认罪认罚从宽制度的指导意见

(2019 年 10 月 11 日高检发〔2019〕13 号印发
自印发之日起施行)

适用认罪认罚从宽制度,对准确及时惩罚犯罪、强化人权司法保障、推动刑事案件繁简分流、节约司法资源、化解社会矛盾、推动国家治理体系和治理能力现代化,具有重要意义。为贯彻落实修改后刑事诉讼法,确保认罪认罚从宽制度正确有效实施,根据法律和有关规定,结合司法工作实际,制定本意见。

一、基本原则

1. 贯彻宽严相济刑事政策。落实认罪认罚从宽制度,应当根据犯罪的具体情况,区分案件性质、情节和对社会的危害程度,实行区别对待,做到该宽则宽,当严则严,宽严相济,罚当其罪。

对可能判处三年有期徒刑以下刑罚的认罪认罚案件,要尽量依法从简从快从宽办理,探索相适应的处理原则和办案方式;

对因民间矛盾引发的犯罪,犯罪嫌疑人、被告人自愿认罪、真诚悔罪并取得谅解、达成和解、尚未严重影响人民群众安全感的,要积极适用认罪认罚从宽制度,特别是对其中社会危害不大的初犯、偶犯、过失犯、未成年犯,一般应当体现从宽;

对严重危害国家安全、公共安全犯罪,严重暴力犯罪,以及社会普遍关注的重大敏感案件,应当慎重把握从宽,避免案件处理明显违背人民群众的公平正义观念。

2. 坚持罪责刑相适应原则。办理认罪认罚案件，既要考虑体现认罪认罚从宽，又要考虑其所犯罪行的轻重、应负刑事责任和人身危险性的大小，依照法律规定提出量刑建议，准确裁量刑罚，确保罚当其罪，避免罪刑失衡。

特别是对于共同犯罪案件，主犯认罪认罚，从犯不认罪认罚的，人民法院、人民检察院应当注意两者之间的量刑平衡，防止因量刑失当严重偏离一般的司法认知。

3. 坚持证据裁判原则。办理认罪认罚案件，应当以事实为根据，以法律为准绳，严格按照证据裁判要求，全面收集、固定、审查和认定证据。

坚持法定证明标准，侦查终结、提起公诉、作出有罪裁判应当做到犯罪事实清楚，证据确实、充分，防止因犯罪嫌疑人、被告人认罪而降低证据要求和证明标准。对犯罪嫌疑人、被告人认罪认罚，但证据不足，不能认定其有罪的，依法作出撤销案件、不起诉决定或者宣告无罪。

4. 坚持公检法三机关配合制约原则。办理认罪认罚案件，公、检、法三机关应当分工负责、互相配合、互相制约，保证犯罪嫌疑人、被告人自愿认罪认罚，依法推进从宽落实。要严格执法、公正司法，强化对自身执法司法办案活动的监督，防止产生“权权交易”“权钱交易”等司法腐败问题。

二、适用范围和适用条件

5. 适用阶段和适用案件范围。认罪认罚从宽制度贯穿刑事诉讼全过程，适用于侦查、起诉、审判各个阶段。

认罪认罚从宽制度没有适用罪名和可能判处刑罚的限定，所有刑事案件都可以适用，不能因罪轻、罪重或者罪名特殊等原因而剥夺犯罪嫌疑人、被告人自愿认罪认罚获得从宽处理的机会。

但“可以”适用不是一律适用，犯罪嫌疑人、被告人认罪认罚后是否从宽，由司法机关根据案件具体情况决定。

6. “认罪”的把握。认罪认罚从宽制度中的“认罪”，是指犯罪嫌疑人、被告人自愿如实供述自己的罪行,对指控的犯罪事实没有异议。承认指控的主要犯罪事实,仅对个别事实情节提出异议,或者虽然对行为性质提出辩解但表示接受司法机关认定意见的,不影响"认罪"的认定。

犯罪嫌疑人、被告人犯数罪,仅如实供述其中一罪或部分罪名事实的,全案不作"认罪"的认定,不适用认罪认罚从宽制度,但对如实供述的部分,人民检察院可以提出从宽处罚的建议,人民法院可以从宽处罚。

7."认罚"的把握。认罪认罚从宽制度中的"认罚",是指犯罪嫌疑人、被告人真诚悔罪,愿意接受处罚。"认罚",在侦查阶段表现为表示愿意接受处罚;

在审查起诉阶段表现为接受人民检察院拟作出的起诉或不起诉决定,认可人民检察院的量刑建议,签署认罪认罚具结书;

在审判阶段表现为当庭确认自愿签署具结书,愿意接受刑罚处罚。

"认罚"考察的重点是犯罪嫌疑人、被告人的悔罪态度和悔罪表现,应当结合退赃退赔、赔偿损失、赔礼道歉等因素来考量。

犯罪嫌疑人、被告人虽然表示"认罚",却暗中串供、干扰证人作证、毁灭、伪造证据或者隐匿、转移财产,有赔偿能力而不赔偿损失,则不能适用认罪认罚从宽制度。犯罪嫌疑人、被告人享有程序选择权,不同意适用速裁程序、简易程序的,不影响"认罚"的认定。

三、认罪认罚后"从宽"的把握

8."从宽"的理解。从宽处理既包括实体上从宽处罚,也包括程序上从简处理。"可以从宽",是指一般应当体现法律规定和政策精神,予以从宽处理。但可以从宽不是一律从宽,对犯罪性质和危害后果特别严重、犯罪手段特别残忍、社会影响特别恶劣的犯罪嫌疑人、被告人,认罪认罚不足以从轻处罚的,依法不予从宽处罚。

办理认罪认罚案件,应当依照刑法、刑事诉讼法的基本原则,根据犯罪的事实、性质、情节和对社会的危害程度,结合法定、酌定的量刑情节,综合考虑认罪认罚的具体情况,依法决定是否从宽、如何从宽。

对于减轻、免除处罚,应当于法有据;不具备减轻处罚情节的,应当在法定幅度以内提出从轻处罚的量刑建议和量刑;对其中犯罪情节轻微不需要判处刑罚的,可以依法作出不起诉决定或者判决免予刑事处罚。

9. 从宽幅度的把握。办理认罪认罚案件,应当区别认罪认罚的不同诉讼阶段、对查明案件事实的价值和意义、是否确有悔罪表现,以及罪行严重程度等,综合考量确定从宽的限度和幅度。

在刑罚评价上,主动认罪优于被动认罪,早认罪优于晚认罪,彻底认罪优于不彻底认罪,稳定认罪优于不稳定认罪。

认罪认罚的从宽幅度一般应当大于仅有坦白,或者虽认罪但不认罚的从宽幅度。对犯罪嫌疑人、被告人具有自首、坦白情节,同时认罪认罚的,应当在法定刑幅度内给予相对更大的从宽幅度。认罪认罚与自首、坦白不作重复评价。

对罪行较轻、人身危险性较小的,特别是初犯、偶犯,从宽幅度可以大一些;罪行较重、人身危险性较大的,以及累犯、再犯,从宽幅度应当从严把握。

四、犯罪嫌疑人、被告人辩护权保障

10. 获得法律帮助权。人民法院、人民检察院、公安机关办理认罪认罚案件,应当保障犯罪嫌疑人、被告人获得有效法律帮助,确保其了解认罪认罚的性质和法律后果,自愿认罪认罚。

犯罪嫌疑人、被告人自愿认罪认罚,没有辩护人的,人民法院、人民检察院、公安机关(看守所)应当通知值班律师为其提供法律咨询、程序选择建议、申请变更强制措施等法律帮助。符合通知辩护条件的,应当依法通知法律援助机构指派律师为其提供辩护。

人民法院、人民检察院、公安机关(看守所)应当告知犯罪嫌疑人、被告人有权约见值班律师,获得法律帮助,并为其约见值班律师提供便利。

犯罪嫌疑人、被告人及其近亲属提出法律帮助请求的,人民法院、人民检察院、公安机关(看守所)应当通知值班律师为其提供法律帮助。

11. 派驻值班律师。法律援助机构可以在人民法院、人民检察院、看守所派驻值班律师。人民法院、人民检察院、看守所应当为派驻值班律师提供必要办公场所和设施。

法律援助机构应当根据人民法院、人民检察院、看守所的法律帮助需求和当地法律服务资源,合理安排值班律师。

值班律师可以定期值班或轮流值班,律师资源短缺的地区可以通过探索现场值班和电话、网络值班相结合,在人民法院、人民检察院毗邻设置联合工作站,省内和市内统筹调配律师资源,以及建立政府购买值班律师服务机制等方式,保障法律援助值班律师工作有序开展。

12. 值班律师的职责。值班律师应当维护犯罪嫌疑人、被告人的合法权益,确保犯罪嫌疑人、被告人在充分了解认罪认罚性质和法律后果的情况下,自愿认罪认罚。值班律师应当为认罪认罚的犯罪嫌疑人、被告人提供下列法律帮助:

(一)提供法律咨询,包括告知涉嫌或指控的罪名、相关法律规定,认罪认罚的性质和法律后果等;

(二)提出程序适用的建议;

(三)帮助申请变更强制措施;

(四)对人民检察院认定罪名、量刑建议提出意见;

(五)就案件处理,向人民法院、人民检察院、公安机关提出意见;

(六)引导、帮助犯罪嫌疑人、被告人及其近亲属申请法律援助;

(七)法律法规规定的其他事项。

值班律师可以会见犯罪嫌疑人、被告人,看守所应当为值班律师会见提供便利。危害国家安全犯罪、恐怖活动犯罪案件,侦查期间值班律师会见在押犯罪嫌疑人的,应当经侦查机关许可。

自人民检察院对案件审查起诉之日起,值班律师可以查阅案卷材料、了解案情。人民法院、人民检察院应当为值班律师查阅案卷材料提供便利。

值班律师提供法律咨询、查阅案卷材料、会见犯罪嫌疑人或者被告人、提出书面意见等法律帮助活动的相关情况应当记录在案,并随案移送。

13. 法律帮助的衔接。对于被羁押的犯罪嫌疑人、被告人,在不同诉讼阶段,可以由派驻看守所的同一值班律师提供法律帮助。对于未被羁押的犯罪嫌疑人、被告人,前一诉讼阶段的值班律师可以在后续诉讼阶段继续为犯罪嫌疑人、被告人提供法律帮助。

14. 拒绝法律帮助的处理。犯罪嫌疑人、被告人自愿认罪认罚,没有委托辩护人,拒绝值班律师帮助的,人民法院、人民检察院、公安机关应当允许,记录在案并随案移送。但是审查起诉阶段签署认罪认罚具结书时,人民检察院应当通知值班律师到场。

15. 辩护人职责。认罪认罚案件犯罪嫌疑人、被告人委托辩护人或者法律援助机构指派律师为其辩护的,辩护律师在侦查、审查起诉和审判阶段,应当与犯罪嫌疑人、被告人就是否认罪认罚进行沟通,提供法律咨询和帮助,并就定罪量刑、诉讼程序适用等向办案机关提出意见。

五、被害方权益保障

16. 听取意见。办理认罪认罚案件,应当听取被害人及其诉讼代理人的意见,并将犯罪嫌疑人、被告人是否与被害方达成和解协议、调解协议或者赔偿被害方损失,取得被害方谅解,作为从宽处罚的重要考虑因素。人民检察院、公安机关听取意见情况应当记录在案并随案移送。

17. 促进和解谅解。对符合当事人和解程序适用条件的公诉案件,犯罪嫌疑人、被告人认罪认罚的,人民法院、人民检察院、公安机关应当积极促进当事人自愿达成和解。

对其他认罪认罚案件,人民法院、人民检察院、公安机关可以促进犯罪嫌疑人、被告人通过向被害方赔偿损失、赔礼道歉等方式获得谅解,被害方出具的谅解意见应当随案移送。

人民法院、人民检察院、公安机关在促进当事人和解谅解过程中,应当向被害方释明认罪认罚从宽、公诉案件当事人和解适用程序等具体法律规定,充分听取被害方意见,符合司法救助条件的,应当积极协调办理。

18. 被害方异议的处理。被害人及其诉讼代理人不同意对认罪认罚的犯罪嫌疑人、被告人从宽处理的,不影响认罪认罚从宽制度的适用。

犯罪嫌疑人、被告人认罪认罚,但没有退赃退赔、赔偿损失,未能与被害方达成调解或者和解协议的,从宽时应当予以酌减。

犯罪嫌疑人、被告人自愿认罪并且愿意积极赔偿损失,但由于被害方赔偿请求明显不合理,未能达成调解或者和解协议的,一般不影响对犯罪嫌疑人、被告人从宽处理。

六、强制措施的适用

19. 社会危险性评估。人民法院、人民检察院、公安机关应当将犯罪嫌疑人、被告人认罪认罚作为其是否具有社会危险性的重要考虑因素。

对于罪行较轻、采用非羁押性强制措施足以防止发生刑事诉讼法第八十一条第一款规定的社会危险性的犯罪嫌疑人、被告人,根据犯罪性质及可能判处的刑罚,依法可不适用羁押性强制措施。

20. 逮捕的适用。犯罪嫌疑人认罪认罚,公安机关认为罪行较轻、没有社会危险性的,应当不再提请人民检察院审查逮捕。对提请逮捕的,人民检察院认为没有社会危险性不需要逮捕的,应当作出不批准逮捕的决定。

21. 逮捕的变更。已经逮捕的犯罪嫌疑人、被告人认罪认罚的,人民法院、人民检察院应当及时审查羁押的必要性,经审查认为没有继续羁押必要的,应当变更为取保候审或者监视居住。

七、侦查机关的职责

22. 权利告知和听取意见。公安机关在侦查过程中,应当告知犯罪嫌疑人享有的诉讼权利、如实供述罪行可以从宽处理和认罪认罚的法律规定，听取犯罪嫌疑人及其辩护人或者值班律师的意见，记录在案并随案移送。

对在非讯问时间、办案人员不在场情况下，犯罪嫌疑人向看守所工作人员或者辩护人、值班律师表示愿意认罪认罚的，有关人员应当及时告知办案单位。

23. 认罪教育。公安机关在侦查阶段应当同步开展认罪教育工作，但不得强迫犯罪嫌疑人认罪，不得作出具体的从宽承诺。犯罪嫌疑人自愿认罪，愿意接受司法机关处罚的，应当记录在案并附卷。

24. 起诉意见。对移送审查起诉的案件，公安机关应当在起诉意见书中写明犯罪嫌疑人自愿认罪认罚情况。认为案件符合速裁程序适用条件的，可以在起诉意见书中建议人民检察院适用速裁程序办理，并简要说明理由。

对可能适用速裁程序的案件，公安机关应当快速办理，对犯罪嫌疑人未被羁押的，可以集中移送审查起诉，但不得为集中移送拖延案件办理。

对人民检察院在审查逮捕期间或者重大案件听取意见中提出的开展认罪认罚工作的意见或建议，公安机关应当认真听取，积极开展相关工作。

25. 执法办案管理中心建设。加快推进公安机关执法办案管理中心建设，探索在执法办案管理中心设置速裁法庭，对适用速裁程序的案件进行快速办理。

八、审查起诉阶段人民检察院的职责

26. 权利告知。案件移送审查起诉后，人民检察院应当告知犯罪嫌疑人享有的诉讼权利和认罪认罚的法律规定，保障犯罪嫌疑人的程序选择权。告知应当采取书面形式，必要时应当充分释明。

27. 听取意见。犯罪嫌疑人认罪认罚的，人民检察院应当就下列事项听取犯罪嫌疑人、辩护人或者值班律师的意见，记录在案并附卷：

(一)涉嫌的犯罪事实、罪名及适用的法律规定;

(二)从轻、减轻或者免除处罚等从宽处罚的建议;

(三)认罪认罚后案件审理适用的程序;

(四)其他需要听取意见的情形。

人民检察院未采纳辩护人、值班律师意见的,应当说明理由。

28. 自愿性、合法性审查。对侦查阶段认罪认罚的案件,人民检察院应当重点审查以下内容:

(一)犯罪嫌疑人是否自愿认罪认罚,有无因受到暴力、威胁、引诱而违背意愿认罪认罚;

(二)犯罪嫌疑人认罪认罚时的认知能力和精神状态是否正常;

(三)犯罪嫌疑人是否理解认罪认罚的性质和可能导致的法律后果;

(四)侦查机关是否告知犯罪嫌疑人享有的诉讼权利,如实供述自己罪行可以从宽处理和认罪认罚的法律规定,并听取意见;

(五)起诉意见书中是否写明犯罪嫌疑人认罪认罚情况;

(六)犯罪嫌疑人是否真诚悔罪,是否向被害人赔礼道歉。

经审查,犯罪嫌疑人违背意愿认罪认罚的,人民检察院可以重新开展认罪认罚工作。存在刑讯逼供等非法取证行为的,依照法律规定处理。

29. 证据开示。人民检察院可以针对案件具体情况,探索证据开示制度,保障犯罪嫌疑人的知情权和认罪认罚的真实性及自愿性。

30. 不起诉的适用。完善起诉裁量权,充分发挥不起诉的审前分流和过滤作用,逐步扩大相对不起诉在认罪认罚案件中的适用。

对认罪认罚后没有争议,不需要判处刑罚的轻微刑事案件,人民检察院可以依法作出不起诉决定。人民检察院应当加强对案件量刑的预判,对其中可能判处免刑的轻微刑事案件,可以依法作出不起诉决定。

对认罪认罚后案件事实不清、证据不足的案件,应当依法作出不起诉决定。

31. 签署具结书。犯罪嫌疑人自愿认罪,同意量刑建议和程序适用的,应当在辩护人或者值班律师在场的情况下签署认罪认罚具结书。犯罪嫌疑人被羁押的,看守所应当为签署具结书提供场所。

具结书应当包括犯罪嫌疑人如实供述罪行、同意量刑建议、程序适用等内容,由犯罪嫌疑人、辩护人或者值班律师签名。

犯罪嫌疑人认罪认罚,有下列情形之一的,不需要签署认罪认罚具结书:

(一)犯罪嫌疑人是盲、聋、哑人,或者是尚未完全丧失辨认或者控制自己行为能力的精神病人的;

(二)未成年犯罪嫌疑人的法定代理人、辩护人对未成年人认罪认罚有异议的;

(三)其他不需要签署认罪认罚具结书的情形。

上述情形犯罪嫌疑人未签署认罪认罚具结书的,不影响认罪认罚从宽制度的适用。

32. 提起公诉。人民检察院向人民法院提起公诉的,应当在起诉书中写明被告人认罪认罚情况,提出量刑建议,并移送认罪认罚具结书等材料。量刑建议书可以另行制作,也可以在起诉书中写明。

33. 量刑建议的提出。犯罪嫌疑人认罪认罚的,人民检察院应当就主刑、附加刑、是否适用缓刑等提出量刑建议。人民检察院提出量刑建议前,应当充分听取犯罪嫌疑人、辩护人或者值班律师的意见,尽量协商一致。

办理认罪认罚案件,人民检察院一般应当提出确定刑量刑建议。对新类型、不常见犯罪案件,量刑情节复杂的重罪案件等,也可以提出幅度刑量刑建议。提出量刑建议,应当说明理由和依据。

犯罪嫌疑人认罪认罚没有其他法定量刑情节的,人民检察院可以根据犯罪的事实、性质等,在基准刑基础上适当减让提出确定刑量刑建议。有其他法定量刑情节的,人民检察院应当综合认罪认罚和其他法定量刑情节,参照相关量刑规范提出确定刑量刑建议。

犯罪嫌疑人在侦查阶段认罪认罚的,主刑从宽的幅度可以在前款基础上适当放宽;被告人在审判阶段认罪认罚的,在前款基础上可以适当缩减。建议判处罚金刑的,参照主刑的从宽幅度提出确定的数额。

34. 速裁程序的办案期限。犯罪嫌疑人认罪认罚,人民检察院经审查,认为符合速裁程序适用条件的,应当在十日以内作出是否提起公诉的决定;对可能判处的有期徒刑超过一年的,可以在十五日以内作出是否提起公诉的决定。

九、社会调查评估

35. 侦查阶段的社会调查。犯罪嫌疑人认罪认罚,可能判处管制、宣告缓刑的,公安机关可以委托犯罪嫌疑人居住地的社区矫正机构进行调查评估。

公安机关在侦查阶段委托社区矫正机构进行调查评估,社区矫正机构在公安机关移送审查起诉后完成调查评估的,应当及时将评估意见提交受理案件的人民检察院或者人民法院,并抄送公安机关。

36. 审查起诉阶段的社会调查。犯罪嫌疑人认罪认罚,人民检察院拟提出缓刑或者管制量刑建议的,可以及时委托犯罪嫌疑人居住地的社区矫正机构进行调查评估,也可以自行调查评估。

人民检察院提起公诉时,已收到调查材料的,应当将材料一并移送,未收到调查材料的,应当将委托文书随案移送;在提起公诉后收到调查材料的,应当及时移送人民法院。

37. 审判阶段的社会调查。被告人认罪认罚,人民法院拟判处管制或者宣告缓刑的,可以及时委托被告人居住地的社区矫正机构进行调查评估,也可以自行调查评估。

社区矫正机构出具的调查评估意见,是人民法院判处管制、宣告缓刑的重要参考。对没有委托社区矫正机构进行调查评估或者判决前未收到社区矫正机构调查评估报告的认罪认罚案件,人民法院经审理认为被告人符合管制、缓刑适用条件的,可以判处管制、宣告缓刑。

38. 司法行政机关的职责。受委托的社区矫正机构应当根据委托机关的要求，对犯罪嫌疑人、被告人的居所情况、家庭和社会关系、一贯表现、犯罪行为的后果和影响、居住地村(居)民委员会和被害人意见、拟禁止的事项等进行调查了解，形成评估意见，及时提交委托机关。

十、审判程序和人民法院的职责

39. 审判阶段认罪认罚自愿性、合法性审查。办理认罪认罚案件，人民法院应当告知被告人享有的诉讼权利和认罪认罚的法律规定，听取被告人及其辩护人或者值班律师的意见。庭审中应当对认罪认罚的自愿性、具结书内容的真实性和合法性进行审查核实，重点核实以下内容：

(一)被告人是否自愿认罪认罚，有无因受到暴力、威胁、引诱而违背意愿认罪认罚；

(二)被告人认罪认罚时的认知能力和精神状态是否正常；

(三)被告人是否理解认罪认罚的性质和可能导致的法律后果；

(四)人民检察院、公安机关是否履行告知义务并听取意见；

(五)值班律师或者辩护人是否与人民检察院进行沟通，提供了有效法律帮助或者辩护，并在场见证认罪认罚具结书的签署。

庭审中审判人员可以根据具体案情，围绕定罪量刑的关键事实，对被告人认罪认罚的自愿性、真实性等进行发问，确认被告人是否实施犯罪，是否真诚悔罪。

被告人违背意愿认罪认罚，或者认罪认罚后又反悔，依法需要转换程序的，应当按照普通程序对案件重新审理。发现存在刑讯逼供等非法取证行为的，依照法律规定处理。

40. 量刑建议的采纳。对于人民检察院提出的量刑建议，人民法院应当依法进行审查。对于事实清楚，证据确实、充分，指控的罪名准确，量刑建议适当的，人民法院应当采纳。具有下列情形之一的，不予采纳：

(一)被告人的行为不构成犯罪或者不应当追究刑事责任的；

(二)被告人违背意愿认罪认罚的；

(三)被告人否认指控的犯罪事实的;

(四)起诉指控的罪名与审理认定的罪名不一致的;

(五)其他可能影响公正审判的情形。

对于人民检察院起诉指控的事实清楚,量刑建议适当,但指控的罪名与审理认定的罪名不一致的,人民法院可以听取人民检察院、被告人及其辩护人对审理认定罪名的意见,依法作出裁判。

人民法院不采纳人民检察院量刑建议的,应当说明理由和依据。

41.量刑建议的调整。人民法院经审理,认为量刑建议明显不当,或者被告人、辩护人对量刑建议有异议且有理有据的,人民法院应当告知人民检察院,人民检察院可以调整量刑建议。人民法院认为调整后的量刑建议适当的,应当予以采纳;人民检察院不调整量刑建议或者调整后仍然明显不当的,人民法院应当依法作出判决。

适用速裁程序审理的,人民检察院调整量刑建议应当在庭前或者当庭提出。调整量刑建议后,被告人同意继续适用速裁程序的,不需要转换程序处理。

42.速裁程序的适用条件。基层人民法院管辖的可能判处三年有期徒刑以下刑罚的案件,案件事实清楚,证据确实、充分,被告人认罪认罚并同意适用速裁程序的,可以适用速裁程序,由审判员一人独任审判。人民检察院提起公诉时,可以建议人民法院适用速裁程序。

有下列情形之一的,不适用速裁程序办理:

(一)被告人是盲、聋、哑人,或者是尚未完全丧失辨认或者控制自己行为能力的精神病人的;

(二)被告人是未成年人的;

(三)案件有重大社会影响的;

(四)共同犯罪案件中部分被告人对指控的犯罪事实、罪名、量刑建议或者适用速裁程序有异议的;

(五)被告人与被害人或者其法定代理人没有就附带民事诉讼赔偿等事项达成调解或者和解协议的;

(六)其他不宜适用速裁程序办理的案件。

43. 速裁程序的审理期限。适用速裁程序审理案件，人民法院应当在受理后十日以内审结；对可能判处的有期徒刑超过一年的，应当在十五日以内审结。

44. 速裁案件的审理程序。适用速裁程序审理案件，不受刑事诉讼法规定的送达期限的限制，一般不进行法庭调查、法庭辩论，但在判决宣告前应当听取辩护人的意见和被告人的最后陈述意见。

人民法院适用速裁程序审理案件，可以在向被告人送达起诉书时一并送达权利义务告知书、开庭传票，并核实被告人自然信息等情况。根据需要，可以集中送达。

人民法院适用速裁程序审理案件，可以集中开庭，逐案审理。人民检察院可以指派公诉人集中出庭支持公诉。公诉人简要宣读起诉书后，审判人员应当当庭询问被告人对指控事实、证据、量刑建议以及适用速裁程序的意见，核实具结书签署的自愿性、真实性、合法性，并核实附带民事诉讼赔偿等情况。

适用速裁程序审理案件，应当当庭宣判。集中审理的，可以集中当庭宣判。宣判时，根据案件需要，可以由审判员进行法庭教育。裁判文书可以简化。

45. 速裁案件的二审程序。被告人不服适用速裁程序作出的第一审判决提出上诉的案件，可以不开庭审理。第二审人民法院审查后，按照下列情形分别处理：

（一）发现被告人以事实不清、证据不足为由提出上诉的，应当裁定撤销原判，发回原审人民法院适用普通程序重新审理，不再按认罪认罚案件从宽处罚；

（二）发现被告人以量刑不当为由提出上诉的，原判量刑适当的，应当裁定驳回上诉，维持原判；原判量刑不当的，经审理后依法改判。

46. 简易程序的适用。基层人民法院管辖的被告人认罪认罚案件，事实清楚、证据充分，被告人对适用简易程序没有异议的，可以适用简易程序审判。

适用简易程序审理认罪认罚案件，公诉人可以简要宣读起诉书，审判人员当庭询问被告人对指控的犯罪事实、证据、量刑建议及适用简易程序的意见,核实具结书签署的自愿性、真实性、合法性。法庭调查可以简化,但对有争议的事实和证据应当进行调查、质证,法庭辩论可以仅围绕有争议的问题进行。裁判文书可以简化。

47. 普通程序的适用。适用普通程序办理认罪认罚案件,可以适当简化法庭调查、辩论程序。公诉人宣读起诉书后,合议庭当庭询问被告人对指控的犯罪事实、证据及量刑建议的意见,核实具结书签署的自愿性、真实性、合法性。

公诉人、辩护人、审判人员对被告人的讯问、发问可以简化。对控辩双方无异议的证据,可以仅就证据名称及证明内容进行说明;对控辩双方有异议,或者法庭认为有必要调查核实的证据,应当出示并进行质证。法庭辩论主要围绕有争议的问题进行,裁判文书可以适当简化。

48. 程序转换。人民法院在适用速裁程序审理过程中,发现有被告人的行为不构成犯罪或者不应当追究刑事责任、被告人违背意愿认罪认罚、被告人否认指控的犯罪事实情形的,应当转为普通程序审理。发现其他不宜适用速裁程序但符合简易程序适用条件的,应当转为简易程序重新审理。

发现有不宜适用简易程序审理情形的,应当转为普通程序审理。

人民检察院在人民法院适用速裁程序审理案件过程中,发现有不宜适用速裁程序审理情形的,应当建议人民法院转为普通程序或者简易程序重新审理;发现有不宜适用简易程序审理情形的,应当建议人民法院转为普通程序重新审理。

49. 被告人当庭认罪认罚案件的处理。被告人在侦查、审查起诉阶段没有认罪认罚,但当庭认罪,愿意接受处罚的,人民法院应当根据审理查明的事实,就定罪和量刑听取控辩双方意见,依法作出裁判。

50. 第二审程序中被告人认罪认罚案件的处理。被告人在第一审程序中未认罪认罚,在第二审程序中认罪认罚的,审理程序依照刑事诉讼法规定的第二审程序进行。第二审人民法院应当根据其认罪认罚的价值、作用决定是否从宽，并依法作出裁判。确定从宽幅度时应当与第一审程序认罪认罚有所区别。

十一、认罪认罚的反悔和撤回

51. 不起诉后反悔的处理。因犯罪嫌疑人认罪认罚，人民检察院依照刑事诉讼法第一百七十七条第二款作出不起诉决定后，犯罪嫌疑人否认指控的犯罪事实或者不积极履行赔礼道歉、退赃退赔、赔偿损失等义务的，人民检察院应当进行审查，区分下列情形依法作出处理：

（一）发现犯罪嫌疑人没有犯罪事实，或者符合刑事诉讼法第十六条规定的情形之一的，应当撤销原不起诉决定，依法重新作出不起诉决定；

（二）认为犯罪嫌疑人仍属于犯罪情节轻微，依照刑法规定不需要判处刑罚或者免除刑罚的，可以维持原不起诉决定；

（三）排除认罪认罚因素后，符合起诉条件的，应当根据案件具体情况撤销原不起诉决定，依法提起公诉。

52. 起诉前反悔的处理。犯罪嫌疑人认罪认罚，签署认罪认罚具结书，在人民检察院提起公诉前反悔的，具结书失效，人民检察院应当在全面审查事实证据的基础上，依法提起公诉。

53. 审判阶段反悔的处理。案件审理过程中，被告人反悔不再认罪认罚的，人民法院应当根据审理查明的事实，依法作出裁判。需要转换程序的，依照本意见的相关规定处理。

54. 人民检察院的法律监督。完善人民检察院对侦查活动和刑事审判活动的监督机制，加强对认罪认罚案件办理全过程的监督，规范认罪认罚案件的抗诉工作，确保无罪的人不受刑事追究、有罪的人受到公正处罚。

十二、未成年人认罪认罚案件的办理

55. 听取意见。人民法院、人民检察院办理未成年人认罪认罚案件，应当听取未成年犯罪嫌疑人、被告人的法定代理人的意见，法定代理人无法到场的,应当听取合适成年人的意见,但受案时犯罪嫌疑人已经成年的除外。

56. 具结书签署。未成年犯罪嫌疑人签署认罪认罚具结书时,其法定代理人应当到场并签字确认。法定代理人无法到场的,合适成年人应当到场签字确认。法定代理人、辩护人对未成年人认罪认罚有异议的,不需要签署认罪认罚具结书。

57. 程序适用。未成年人认罪认罚案件,不适用速裁程序,但应当贯彻教育、感化、挽救的方针,坚持从快从宽原则,确保案件及时办理,最大限度保护未成年人合法权益。

58. 法治教育。办理未成年人认罪认罚案件,应当做好未成年犯罪嫌疑人、被告人的认罪服法、悔过教育工作,实现惩教结合目的。

十三、附则

59. 国家安全机关、军队保卫部门、中国海警局、监狱办理刑事案件,适用本意见的有关规定。

60. 本指导意见由会签单位协商解释,自发布之日起施行。

人民检察院办理认罪认罚案件开展量刑建议工作的指导意见

(2021年11月15日最高人民检察院第十三届检察委员会第七十八次会议通过 2021年12月3日高检发办字〔2021〕120号发布 自发布之日起施行)

为深入贯彻落实宽严相济刑事政策,规范人民检察院办理认罪认罚案件量刑建议工作,促进量刑公开公正,加强对检察机关量刑建议活动的监督制约,根据刑事诉讼法、人民检察院刑事诉讼规则等规定,结合检察工作实际,制定本意见。

第一章 一般规定

第一条 犯罪嫌疑人认罪认罚的,人民检察院应当就主刑、附加刑、是否适用缓刑等提出量刑建议。

对认罪认罚案件,人民检察院应当在全面审查证据、查明事实、准确认定犯罪的基础上提出量刑建议。

第二条 人民检察院对认罪认罚案件提出量刑建议,应当坚持以下原则:

(一)宽严相济。应当根据犯罪的具体情况,综合考虑从重、从轻、减轻或者免除处罚等各种量刑情节提出量刑建议,做到该宽则宽,当严则严,宽严相济,轻重有度。

(二)依法建议。应当根据犯罪的事实、性质、情节和对于社会的危害程度等,依照刑法、刑事诉讼法以及相关司法解释的规定提出量刑建议。

(三)客观公正。应当全面收集、审查有罪、无罪、罪轻、罪重、从宽、从严等证据,依法听取犯罪嫌疑人、被告人、辩护人或者值班律师、被害人及其诉讼代理人的意见,客观公正提出量刑建议。

(四)罪责刑相适应。提出量刑建议既要体现认罪认罚从宽,又要考虑犯罪嫌疑人、被告人所犯罪行的轻重、应负的刑事责任和社会危险性的大小,确保罚当其罪,避免罪责刑失衡。

(五)量刑均衡。涉嫌犯罪的事实、情节基本相同的案件,提出的量刑建议应当保持基本均衡。

第三条 人民检察院对认罪认罚案件提出量刑建议,应当符合以下条件:

(一)犯罪事实清楚,证据确实、充分;

(二)提出量刑建议所依据的法定从重、从轻、减轻或者免除处罚等量刑情节已查清;

(三)提出量刑建议所依据的酌定从重、从轻处罚等量刑情节已查清。

第四条 办理认罪认罚案件,人民检察院一般应当提出确定刑量刑建议。对新类型、不常见犯罪案件,量刑情节复杂的重罪案件等,也可以提出幅度刑量刑建议,但应当严格控制所提量刑建议的幅度。

第五条 人民检察院办理认罪认罚案件提出量刑建议,应当按照有关规定对听取意见情况进行同步录音录像。

第二章 量刑证据的审查

第六条 影响量刑的基本事实和各量刑情节均应有相应的证据加以证明。

对侦查机关移送审查起诉的案件,人民检察院应当审查犯罪嫌疑人有罪和无罪、罪重和罪轻、从宽和从严的证据是否全部随案移送,未随案移送的,应当通知侦查机关在指定时间内移送。侦查机关应当收集而未收集量刑证据的,人民检察院可以通知侦查机关补充相关证据或者退回侦查机关补充侦查,也可以自行补充侦查。

对于依法需要判处财产刑的案件,人民检察院应当要求侦查机关收集并随案移送涉及犯罪嫌疑人财产状况的证据材料。

第七条 对于自首情节,应当重点审查投案的主动性、供述的真实性和稳定性等情况。

对于立功情节,应当重点审查揭发罪行的轻重、提供的线索对侦破案件或者协助抓捕其他犯罪嫌疑人所起的作用、被检举揭发的人可能或者已经被判处的刑罚等情况。犯罪嫌疑人提出检举、揭发犯罪立功线索的,应当审查犯罪嫌疑人掌握线索的来源、有无移送侦查机关、侦查机关是否开展调查核实等。

对于累犯、惯犯以及前科、劣迹等情节,应当调取相关的判决、裁定、释放证明等材料,并重点审查前后行为的性质、间隔长短、次数、罪行轻重等情况。

第八条 人民检察院应当根据案件情况对犯罪嫌疑人犯罪手段、犯罪动机、主观恶性、是否和解谅解、是否退赃退赔、有无前科劣迹等酌定量刑情节进行审查，并结合犯罪嫌疑人的家庭状况、成长环境、心理健康情况等进行审查，综合判断。

有关个人品格方面的证据材料不得作为定罪证据，但与犯罪相关的个人品格情况可以作为酌定量刑情节予以综合考虑。

第九条 人民检察院办理认罪认罚案件提出量刑建议，应当听取被害人及其诉讼代理人的意见，并将犯罪嫌疑人是否与被害方达成调解协议、和解协议或者赔偿被害方损失，取得被害方谅解，是否自愿承担公益损害修复及赔偿责任等，作为从宽处罚的重要考虑因素。

犯罪嫌疑人自愿认罪并且有赔偿意愿，但被害方拒绝接受赔偿或者赔偿请求明显不合理，未能达成调解或者和解协议的，可以综合考量赔偿情况及全案情节对犯罪嫌疑人予以适当从宽，但罪行极其严重、情节极其恶劣的除外。

必要时，人民检察院可以听取侦查机关、相关行政执法机关、案发地或者居住地基层组织和群众的意见。

第十条 人民检察院应当认真审查侦查机关移送的关于犯罪嫌疑人社会危险性和案件对所居住社区影响的调查评估意见。侦查机关未委托调查评估，人民检察院拟提出判处管制、缓刑量刑建议的，一般应当委托犯罪嫌疑人居住地的社区矫正机构或者有关组织进行调查评估，必要时，也可以自行调查评估。

调查评估意见是人民检察院提出判处管制、缓刑量刑建议的重要参考。人民检察院提起公诉时，已收到调查评估材料的，应当一并移送人民法院，已经委托调查评估但尚未收到调查评估材料的，人民检察院经审查全案情况认为犯罪嫌疑人符合管制、缓刑适用条件的，可以提出判处管制、缓刑的量刑建议，同时将委托文书随案移送人民法院。

第三章　量刑建议的提出

第十一条 人民检察院应当按照有关量刑指导意见规定的量刑

基本方法，依次确定量刑起点、基准刑和拟宣告刑，提出量刑建议。对新类型、不常见犯罪案件，可以参照相关量刑规范和相似案件的判决提出量刑建议。

第十二条 提出确定刑量刑建议应当明确主刑适用刑种、刑期和是否适用缓刑。

建议判处拘役的，一般应当提出确定刑量刑建议。

建议判处附加刑的，应当提出附加刑的类型。

建议判处罚金刑的，应当以犯罪情节为根据，综合考虑犯罪嫌疑人缴纳罚金的能力提出确定的数额。

建议适用缓刑的，应当明确提出。

第十三条 除有减轻处罚情节外，幅度刑量刑建议应当在法定量刑幅度内提出，不得兼跨两种以上主刑。

建议判处有期徒刑的，一般应当提出相对明确的量刑幅度。建议判处六个月以上不满一年有期徒刑的，幅度一般不超过二个月；建议判处一年以上不满三年有期徒刑的，幅度一般不超过六个月；建议判处三年以上不满十年有期徒刑的，幅度一般不超过一年；建议判处十年以上有期徒刑的，幅度一般不超过二年。

建议判处管制的，幅度一般不超过三个月。

第十四条 人民检察院提出量刑建议应当区别认罪认罚的不同诉讼阶段、对查明案件事实的价值和意义、是否确有悔罪表现，以及罪行严重程度等，综合考量确定从宽的限度和幅度。在从宽幅度上，主动认罪认罚优于被动认罪认罚，早认罪认罚优于晚认罪认罚，彻底认罪认罚优于不彻底认罪认罚，稳定认罪认罚优于不稳定认罪认罚。

认罪认罚的从宽幅度一般应当大于仅有坦白，或者虽认罪但不认罚的从宽幅度。对犯罪嫌疑人具有自首、坦白情节，同时认罪认罚的，应当在法定刑幅度内给予相对更大的从宽幅度。

第十五条 犯罪嫌疑人虽然认罪认罚，但所犯罪行具有下列情形之一的，提出量刑建议应当从严把握从宽幅度或者依法不予从宽：

（一）危害国家安全犯罪、恐怖活动犯罪、黑社会性质组织犯罪的

第二十五条 人民检察院应当充分说明量刑建议的理由和依据，听取犯罪嫌疑人及其辩护人或者值班律师对量刑建议的意见。

犯罪嫌疑人及其辩护人或者值班律师对量刑建议提出不同意见，或者提交影响量刑的证据材料，人民检察院经审查认为犯罪嫌疑人及其辩护人或者值班律师意见合理的，应当采纳，相应调整量刑建议，审查认为意见不合理的，应当结合法律规定、全案情节、相似案件判决等作出解释、说明。

第二十六条 人民检察院在听取意见的过程中，必要时可以通过出示、宣读、播放等方式向犯罪嫌疑人开示或部分开示影响定罪量刑的主要证据材料，说明证据证明的内容，促使犯罪嫌疑人认罪认罚。

言词证据确需开示的，应注意合理选择开示内容及方式，避免妨碍诉讼、影响庭审。

第二十七条 听取意见后，达成一致意见的，犯罪嫌疑人应当签署认罪认罚具结书。有刑事诉讼法第一百七十四条第二款不需要签署具结书情形的，不影响对其提出从宽的量刑建议。

犯罪嫌疑人有辩护人的，应当由辩护人在场见证具结并签字，不得绕开辩护人安排值班律师代为见证具结。辩护人确因客观原因无法到场的，可以通过远程视频方式见证具结。

犯罪嫌疑人自愿认罪认罚，没有委托辩护人，拒绝值班律师帮助的，签署具结书时，应当通知值班律师到场见证，并在具结书上注明。值班律师对人民检察院量刑建议、程序适用有异议的，检察官应当听取其意见，告知其确认犯罪嫌疑人认罪认罚的自愿性后应当在具结书上签字。

未成年犯罪嫌疑人签署具结书时，其法定代理人应当到场并签字确认。法定代理人无法到场的，合适成年人应当到场签字确认。法定代理人、辩护人对未成年人认罪认罚有异议的，未成年犯罪嫌疑人不需要签署具结书。

第二十八条 听取意见过程中，犯罪嫌疑人及其辩护人或者值班律师提供可能影响量刑的新的证据材料或者提出不同意见，需要审查、核实的，可以中止听取意见。人民检察院经审查、核实并充分准备后可以继续听取意见。

第二十九条 人民检察院提起公诉后开庭前，被告人自愿认罪认罚的，人民检察院可以组织听取意见。达成一致的，被告人应当在辩护人或者值班律师在场的情况下签署认罪认罚具结书。

第三十条 对于认罪认罚案件，犯罪嫌疑人签署具结书后，没有新的事实和证据，且犯罪嫌疑人未反悔的，人民检察院不得撤销具结书、变更量刑建议。除发现犯罪嫌疑人认罪悔罪不真实、认罪认罚后又反悔或者不履行具结书中需要履行的赔偿损失、退赃退赔等情形外，不得提出加重犯罪嫌疑人刑罚的量刑建议。

第三十一条 人民检察院提出量刑建议，一般应当制作量刑建议书，与起诉书一并移送人民法院。对于案情简单、量刑情节简单，适用速裁程序的案件，也可以在起诉书中载明量刑建议。

量刑建议书中应当写明建议对犯罪嫌疑人科处的主刑、附加刑、是否适用缓刑等及其理由和依据，必要时可以单独出具量刑建议理由说明书。适用速裁程序审理的案件，通过起诉书载明量刑建议的，可以在起诉书中简化说理。

第五章　量刑建议的调整

第三十二条 人民法院经审理，认为量刑建议明显不当或者认为被告人、辩护人对量刑建议的异议合理，建议人民检察院调整量刑建议的，人民检察院应当认真审查，认为人民法院建议合理的，应当调整量刑建议，认为人民法院建议不当的，应当说明理由和依据。

人民检察院调整量刑建议，可以制作量刑建议调整书移送人民法院。

第三十三条 开庭审理前或者休庭期间调整量刑建议的，应当重新听取被告人及其辩护人或者值班律师的意见。

庭审中调整量刑建议，被告人及其辩护人没有异议的，人民检察院可以当庭调整量刑建议并记录在案。当庭无法达成一致或者调整量刑建议需要履行相应报告、决定程序的，可以建议法庭休庭，按照本意见第二十四条、第二十五条的规定组织听取意见，履行相应程序后决定是否调整。

适用速裁程序审理认罪认罚案件，需要调整量刑建议的，应当在庭前或者当庭作出调整。

第三十四条 被告人签署认罪认罚具结书后，庭审中反悔不再认罪认罚的，人民检察院应当了解反悔的原因，被告人明确不再认罪认罚的，人民检察院应当建议人民法院不再适用认罪认罚从宽制度，撤回从宽量刑建议，并建议法院在量刑时考虑相应情况。依法需要转为普通程序或者简易程序审理的，人民检察院应当向人民法院提出建议。

第三十五条 被告人认罪认罚而庭审中辩护人作无罪辩护的，人民检察院应当核实被告人认罪认罚的真实性、自愿性。被告人仍然认罪认罚的，可以继续适用认罪认罚从宽制度，被告人反悔不再认罪认罚的，按照本意见第三十四条的规定处理。

第三十六条 检察官应当在职责权限范围内调整量刑建议。根据本意见第二十一条规定，属于检察官职责权限范围内的，可以由检察官调整量刑建议并向部门负责人报告备案；属于检察长或者检察委员会职责权限范围内的，应当由检察长或者检察委员会决定调整。

第六章 量刑监督

第三十七条 人民法院违反刑事诉讼法第二百零一条第二款规定，未告知人民检察院调整量刑建议而直接作出判决的，人民检察院一般应当以违反法定程序为由依法提出抗诉。

第三十八条 认罪认罚案件审理中，人民法院认为量刑建议明显不当建议人民检察院调整，人民检察院不予调整或者调整后人民法院不予采纳，人民检察院认为判决、裁定量刑确有错误的，应当依法提出抗诉，或者根据案件情况，通过提出检察建议或者发出纠正违法通知书等进行监督。

第三十九条 认罪认罚案件中,人民法院采纳人民检察院提出的量刑建议作出判决、裁定,被告人仅以量刑过重为由提出上诉,因被告人反悔不再认罪认罚致从宽量刑明显不当的,人民检察院应当依法提出抗诉。

第七章 附 则

第四十条 人民检察院办理认罪认罚二审、再审案件,参照本意见提出量刑建议。

第四十一条 本意见自发布之日起施行。

(九)类案检索与法律适用

最高人民法院关于案例指导工作的规定

(2010 年 11 月 26 日法发〔2010〕51 号印发
自印发之日起施行)

为总结审判经验,统一法律适用,提高审判质量,维护司法公正,根据《中华人民共和国人民法院组织法》等法律规定,就开展案例指导工作,制定本规定。

第一条 对全国法院审判、执行工作具有指导作用的指导性案例,由最高人民法院确定并统一发布。

第二条 本规定所称指导性案例,是指裁判已经发生法律效力,并符合以下条件的案例:

(一)社会广泛关注的;

(二)法律规定比较原则的;

(三)具有典型性的;

（四）疑难复杂或者新类型的；

（五）其他具有指导作用的案例。

第三条 最高人民法院设立案例指导工作办公室，负责指导性案例的遴选、审查和报审工作。

第四条 最高人民法院各审判业务单位对本院和地方各级人民法院已经发生法律效力的裁判，认为符合本规定第二条规定的，可以向案例指导工作办公室推荐。

各高级人民法院、解放军军事法院对本院和本辖区内人民法院已经发生法律效力的裁判，认为符合本规定第二条规定的，经本院审判委员会讨论决定，可以向最高人民法院案例指导工作办公室推荐。

中级人民法院、基层人民法院对本院已经发生法律效力的裁判，认为符合本规定第二条规定的，经本院审判委员会讨论决定，层报高级人民法院，建议向最高人民法院案例指导工作办公室推荐。

第五条 人大代表、政协委员、专家学者、律师，以及其他关心人民法院审判、执行工作的社会各界人士对人民法院已经发生法律效力的裁判，认为符合本规定第二条规定的，可以向作出生效裁判的原审人民法院推荐。

第六条 案例指导工作办公室对于被推荐的案例，应当及时提出审查意见。符合本规定第二条规定的，应当报请院长或者主管副院长提交最高人民法院审判委员会讨论决定。

最高人民法院审判委员会讨论决定的指导性案例，统一在《最高人民法院公报》、最高人民法院网站、《人民法院报》上以公告的形式发布。

第七条 最高人民法院发布的指导性案例，各级人民法院审判类似案例时应当参照。

第八条 最高人民法院案例指导工作办公室每年度对指导性案例进行编纂。

第九条 本规定施行前，最高人民法院已经发布的对全国法院审判、执行工作具有指导意义的案例，根据本规定清理、编纂后，作为指导性案例公布。

第十条 本规定自公布之日起施行。

最高人民法院《关于案例指导工作的规定》实施细则

(2015年5月13日法〔2015〕130号印发
自印发之日起施行)

第一条 为了具体实施《最高人民法院关于案例指导工作的规定》,加强、规范和促进案例指导工作,充分发挥指导性案例对审判工作的指导作用,统一法律适用标准,维护司法公正,制定本实施细则。

第二条 指导性案例应当是裁判已经发生法律效力,认定事实清楚,适用法律正确,裁判说理充分,法律效果和社会效果良好,对审理类似案件具有普遍指导意义的案例。

第三条 指导性案例由标题、关键词、裁判要点、相关法条、基本案情、裁判结果、裁判理由以及包括生效裁判审判人员姓名的附注等组成。指导性案例体例的具体要求另行规定。

第四条 最高人民法院案例指导工作办公室(以下简称案例指导办公室)负责指导性案例的征集、遴选、审查、发布、研究和编纂,以及对全国法院案例指导工作的协调和指导等工作。

最高人民法院各审判业务单位负责指导性案例的推荐、审查等工作,并指定专人负责联络工作。

各高级人民法院负责辖区内指导性案例的推荐、调研、监督等工作。各高级人民法院向最高人民法院推荐的备选指导性案例,应当经审判委员会讨论决定或经审判委员会过半数委员审核同意。

中级人民法院、基层人民法院应当通过高级人民法院推荐备选指导性案例,并指定专人负责案例指导工作。

第五条 人大代表、政协委员、人民陪审员、专家学者、律师,以及其他关心人民法院审判、执行工作的社会各界人士,对于符合指导性案例条件的案例,可以向作出生效裁判的原审人民法院推荐,也可以向案例指导办公室提出推荐建议。

案例指导工作专家委员会委员对于符合指导性案例条件的案例,可以向案例指导办公室提出推荐建议。

第六条 最高人民法院各审判业务单位、高级人民法院向案例指导办公室推荐备选指导性案例,应当提交下列材料:

(一)《指导性案例推荐表》;

(二)按照规定体例编写的案例文本及其编选说明;

(三)相关裁判文书。

以上材料需要纸质版一式三份,并附电子版。

推荐法院可以提交案件审理报告、相关新闻报道及研究资料等。

第七条 案例指导办公室认为有必要进一步研究的备选指导性案例,可以征求相关国家机关、部门、社会组织以及案例指导工作专家委员会委员、专家学者的意见。

第八条 备选指导性案例由案例指导办公室按照程序报送审核。经最高人民法院审判委员会讨论通过的指导性案例,印发各高级人民法院,并在《最高人民法院公报》《人民法院报》和最高人民法院网站上公布。

第九条 各级人民法院正在审理的案件,在基本案情和法律适用方面,与最高人民法院发布的指导性案例相类似的,应当参照相关指导性案例的裁判要点作出裁判。

第十条 各级人民法院审理类似案件参照指导性案例的,应当将指导性案例作为裁判理由引述,但不作为裁判依据引用。

第十一条 在办理案件过程中,案件承办人员应当查询相关指导性案例。在裁判文书中引述相关指导性案例的,应在裁判理由部分引述指导性案例的编号和裁判要点。

公诉机关、案件当事人及其辩护人、诉讼代理人引述指导性案例作为控(诉)辩理由的,案件承办人员应当在裁判理由中回应是否参照了该指导性案例并说明理由。

第十二条 指导性案例有下列情形之一的,不再具有指导作用:

(一)与新的法律、行政法规或者司法解释相冲突的;

(二)为新的指导性案例所取代的;

第十三条 最高人民法院建立指导性案例纸质档案与电子信息库,为指导性案例的参照适用、查询、检索和编纂提供保障。

第十四条 各级人民法院对于案例指导工作中做出突出成绩的单位和个人,应当依照《中华人民共和国法官法》等规定给予奖励。

第十五条 本实施细则自印发之日起施行。

最高人民检察院关于
案例指导工作的规定

(2010年7月29日最高人民检察院第十一届检察委员会第四十次会议通过 2015年12月9日最高人民检察院第十二届检察委员会第四十四次会议第一次修订 2019年3月20日最高人民检察院第十三届检察委员会第十六次会议第二次修订 2019年4月4日高检发办字〔2019〕42号印发 自印发之日起施行)

第一条 为了加强和规范检察机关案例指导工作,发挥指导性案例对检察办案工作的示范引领作用,促进检察机关严格公正司法,保障法律统一正确实施,根据《中华人民共和国人民检察院组织法》等法律规定,结合检察工作实际,制定本规定。

第二条 检察机关指导性案例由最高人民检察院发布。指导性案例应当符合以下条件:

(一)案件处理结果已经发生法律效力;

(二)办案程序符合法律规定;

(三)在事实认定、证据运用、法律适用、政策把握、办案方法等方面对办理类似案件具有指导意义;

(四)体现检察机关职能作用,取得良好政治效果、法律效果和社会效果。

第三条 指导性案例的体例,一般包括标题、关键词、要旨、基本案情、检察机关履职过程、指导意义和相关规定等部分。

第四条 发布指导性案例,应当注意保守国家秘密和商业秘密,保护涉案人员隐私。

第五条 省级人民检察院负责本地区备选指导性案例的收集、整理、审查和向最高人民检察院推荐工作。办理案件的人民检察院或者检察官可以向省级人民检察院推荐备选指导性案例。

省级人民检察院各检察部和法律政策研究室向最高人民检察院对口部门推荐备选指导性案例,应当提交以下材料:

(一)指导性案例推荐表;

(二)按照规定体例撰写的案例文本;

(三)有关法律文书和工作文书。

最高人民检察院经初步审查认为可以作为备选指导性案例的,应当通知推荐案例的省级人民检察院报送案件卷宗。

第六条 人大代表、政协委员、人民监督员、专家咨询委员以及社会各界人士,可以向办理案件的人民检察院或者其上级人民检察院推荐备选指导性案例。

接受推荐的人民检察院应当及时告知推荐人备选指导性案例的后续情况。

第七条 最高人民检察院法律政策研究室统筹协调指导性案例的立项、审核、发布、清理工作。

最高人民检察院各检察厅和法律政策研究室分工负责指导性案例的研究编制工作。各检察厅研究编制职责范围内的指导性案例,法律政策研究室研究编制涉及多个检察厅业务或者院领导指定专题的指导性案例。

第八条 最高人民检察院各检察厅和法律政策研究室研究编制指导性案例,可以征求本业务条线、相关内设机构、有关机关对口业务部门和人大代表、专家学者等的意见。

第九条 最高人民检察院设立案例指导工作委员会。案例指导工作委员会由最高人民检察院分管法律政策研究室的副检察长、检察委员会专职委员、部分检察厅负责人或者全国检察业务专家以及法学界专家组成。

提请检察委员会审议的备选指导性案例,应当经案例指导工作委员会讨论同意。

案例指导工作委员会应当定期研究案例指导工作,每年度专题向检察委员会作出报告。

案例指导工作委员会的日常工作由法律政策研究室承担。

第十条 最高人民检察院各检察厅和法律政策研究室认为征集的案例符合备选指导性案例条件的,应当按照指导性案例体例进行编写,报分管副检察长同意后,提交案例指导工作委员会讨论。

第十一条 案例指导工作委员会同意作为备选指导性案例提请检察委员会审议的,承办部门应当按照案例指导工作委员会讨论意见对备选指导性案例进行修改,送法律政策研究室审核,并根据审核意见进一步修改后,报检察长决定提交检察委员会审议。

第十二条 检察委员会审议备选指导性案例时,由承办部门汇报案例研究编制情况,并就案例发布后的宣传培训提出建议。

第十三条 检察委员会审议通过的指导性案例,承办部门应当根据审议意见进行修改完善,送法律政策研究室进行法律核稿、统一编号后,报分管副检察长审核,由检察长签发。

第十四条 最高人民检察院发布的指导性案例,应当在《最高人民检察院公报》和最高人民检察院官方网站公布。

第十五条 各级人民检察院应当参照指导性案例办理类似案件,可以引述相关指导性案例进行释法说理,但不得代替法律或者司法解释作为案件处理决定的直接依据。

各级人民检察院检察委员会审议案件时,承办检察官应当报告有无类似指导性案例,并说明参照适用情况。

第十六条 最高人民检察院建立指导性案例数据库,为各级人民检察院和社会公众检索、查询、参照适用指导性案例提供便利。

第十七条 各级人民检察院应当将指导性案例纳入业务培训,加强对指导性案例的学习应用。

第十八条 最高人民检察院在开展案例指导工作中,应当加强与有关机关的沟通。必要时,可以商有关机关就互涉法律适用问题共同发布指导性案例。

第十九条 指导性案例具有下列情形之一的,最高人民检察院应当及时宣告失效,并在《最高人民检察院公报》和最高人民检察院官方网站公布:

(一)案例援引的法律或者司法解释废止;

(二)与新颁布的法律或者司法解释冲突;

(三)被新发布的指导性案例取代;

(四)其他应当宣告失效的情形。

宣告指导性案例失效,由最高人民检察院检察委员会决定。

第二十条 本规定自印发之日起施行。

最高人民法院关于统一法律适用加强类案检索的指导意见(试行)

(2020年7月27日发布 法发〔2020〕24号
自2020年7月31日起试行)

为统一法律适用,提升司法公信力,结合审判工作实际,就人民法院类案检索工作提出如下意见。

一、本意见所称类案,是指与待决案件在基本事实、争议焦点、法律适用问题等方面具有相似性,且已经人民法院裁判生效的案件。

二、人民法院办理案件具有下列情形之一,应当进行类案检索:

(一)拟提交专业(主审)法官会议或者审判委员会讨论的;

(二)缺乏明确裁判规则或者尚未形成统一裁判规则的;

(三)院长、庭长根据审判监督管理权限要求进行类案检索的;

(四)其他需要进行类案检索的。

三、承办法官依托中国裁判文书网、审判案例数据库等进行类案检索,并对检索的真实性、准确性负责。

四、类案检索范围一般包括:

(一)最高人民法院发布的指导性案例;

(二)最高人民法院发布的典型案例及裁判生效的案件;

(三)本省(自治区、直辖市)高级人民法院发布的参考性案例及裁判生效的案件;

(四)上一级人民法院及本院裁判生效的案件。

除指导性案例以外,优先检索近三年的案例或者案件;已经在前一顺位中检索到类案的,可以不再进行检索。

五、类案检索可以采用关键词检索、法条关联案件检索、案例关联检索等方法。

六、承办法官应当将待决案件与检索结果进行相似性识别和比对,确定是否属于类案。

七、对本意见规定的应当进行类案检索的案件,承办法官应当在合议庭评议、专业(主审)法官会议讨论及审理报告中对类案检索情况予以说明,或者制作专门的类案检索报告,并随案归档备查。

八、类案检索说明或者报告应当客观、全面、准确,包括检索主体、时间、平台、方法、结果,类案裁判要点以及待决案件争议焦点等内容,并对是否参照或者参考类案等结果运用情况予以分析说明。

九、检索到的类案为指导性案例的,人民法院应当参照作出裁判，但与新的法律、行政法规、司法解释相冲突或者为新的指导性案例所取代的除外。

检索到其他类案的，人民法院可以作为作出裁判的参考。

十、公诉机关、案件当事人及其辩护人、诉讼代理人等提交指导性案例作为控（诉）辩理由的，人民法院应当在裁判文书说理中回应是否参照并说明理由；提交其他类案作为控（诉）辩理由的，人民法院可以通过释明等方式予以回应。

十一、检索到的类案存在法律适用不一致的，人民法院可以综合法院层级、裁判时间、是否经审判委员会讨论等因素，依照《最高人民法院关于建立法律适用分歧解决机制的实施办法》等规定，通过法律适用分歧解决机制予以解决。

十二、各级人民法院应当积极推进类案检索工作，加强技术研发和应用培训，提升类案推送的智能化、精准化水平。

各高级人民法院应当充分运用现代信息技术，建立审判案例数据库，为全国统一、权威的审判案例数据库建设奠定坚实基础。

十三、各级人民法院应当定期归纳整理类案检索情况，通过一定形式在本院或者辖区法院公开，供法官办案参考，并报上一级人民法院审判管理部门备案。

十四、本意见自2020年7月31日起试行。

最高人民法院关于完善统一法律适用标准工作机制的意见

（2020年9月14日发布　法发〔2020〕35号
自发布之日起施行）

为统一法律适用标准，保证公正司法，提高司法公信力，加快推进审判体系和审判能力现代化，结合人民法院工作实际，制定本意见。

一、统一法律适用标准的意义和应当坚持的原则

1. 充分认识统一法律适用标准的意义。在审判工作中统一法律适用标准，是建设和完善中国特色社会主义法治体系的内在要求，是人民法院依法独立公正行使审判权的基本职责，是维护国家法制统一尊严权威的重要保证，是提升司法质量、效率和公信力的必然要求，事关审判权依法正确行使，事关当事人合法权益保障，事关社会公平正义的实现。各级人民法院要把统一法律适用标准作为全面落实司法责任制、深化司法体制综合配套改革、加快推进执法司法制约监督体系改革和建设的重要内容，通过完善审判工作制度、管理体制和权力运行机制，规范司法行为，统一裁判标准，确保司法公正高效权威，努力让人民群众在每一个司法案件中感受到公平正义。

2. 牢牢把握统一法律适用标准应当坚持的原则。坚持党对司法工作的绝对领导。坚持以习近平新时代中国特色社会主义思想为指导，深入贯彻习近平总书记全面依法治国新理念新思想新战略，全面贯彻落实党的十九大和十九届二中、三中、四中全会精神，增强“四个意识”、坚定“四个自信”、做到“两个维护”，坚持党的领导、人民当家作主、依法治国有机统一，贯彻中国特色社会主义法治理论，坚定不移走中国特色社会主义法治道路，确保党中央决策部署在审判执行工作中不折不扣贯彻落实。

坚持以人民为中心的发展思想。践行司法为民宗旨，依法维护人民权益、化解矛盾纠纷、促进社会和谐稳定。积极运用司法手段推动保障和改善民生，着力解决人民群众最关切的公共安全、权益保障、公平正义问题，满足人民群众日益增长的司法需求。坚持依法治国和以德治国相结合，兼顾国法天理人情，发挥裁判规范引领作用，弘扬社会主义核心价值观，不断增强人民群众对公平正义的获得感。

坚持宪法法律至上。始终忠于宪法和法律，依法独立行使审判权。坚持法律面前人人平等，坚决排除对司法活动的干预。坚持以事实为根据、以法律为准绳,遵守法定程序,遵循证据规则,正确适用法律,严格规范行使自由裁量权,确保法律统一正确实施,切实维护国家法制统一尊严权威。

坚持服务经济社会发展大局。充分发挥审判职能,履行好维护国家政治安全、确保社会大局稳定、促进社会公平正义、保障人民安居乐业的职责使命,服务常态化疫情防控和经济社会发展,促进经济行稳致远、社会安定和谐。全面贯彻新发展理念,服务经济高质量发展;依法平等保护各类市场主体合法权益,加大产权和知识产权司法保护力度,营造稳定公平透明、可预期的法治化营商环境;贯彻绿色发展理念,加强生态环境司法保护,努力实现政治效果、法律效果和社会效果有机统一。

二、加强司法解释和案例指导工作

3. 发挥司法解释统一法律适用标准的重要作用。司法解释是中国特色社会主义司法制度的重要组成部分,是最高人民法院的一项重要职责。对审判工作中具体应用法律问题,特别是对法律规定不够具体明确而使理解执行出现困难、情况变化导致案件处理依据存在不同理解、某一类具体案件裁判尺度不统一等问题,最高人民法院应当加强调查研究,严格依照法律规定及时制定司法解释。涉及人民群众切身利益或重大疑难问题的司法解释,应当向社会公开征求意见。进一步规范司法解释制定程序,健全调研、立项、起草、论证、审核、发布、清理和废止机制,完善归口管理和报备审查机制。

4. 加强指导性案例工作。最高人民法院发布的指导性案例,对全国法院审判、执行工作具有指导作用,是总结审判经验、统一法律适用标准、提高审判质量、维护司法公正的重要措施。各级人民法院应当从已经发生法律效力的裁判中,推荐具有统一法律适用标准和确立规则意义的典型案例,经最高人民法院审判委员会讨论确定,统一发布。指导性案例不直接作为裁判依据援引,但对正在审理的类似案件具有参照效力。进一步健全指导性案例报送、筛选、发布、编纂、评估、应用和清理机制,完善将最高人民法院裁判转化为指导性案例工作机制，增强案例指导工作的规范性、针对性、时效性。

5. 发挥司法指导性文件和典型案例的指导作用。司法指导性文件、典型案例对于正确适用法律、统一裁判标准、实现裁判法律效果和社会效果统一具有指导和调节作用。围绕贯彻落实党和国家政策与经济社会发展需要，最高人民法院及时出台司法指导性文件，为新形势下人民法院工作提供业务指导和政策指引。针对经济社会活动中具有典型意义及较大影响的法律问题，或者人民群众广泛关注的热点问题，及时发布典型案例，树立正确价值导向，传播正确司法理念，规范司法裁判活动。

三、建立健全最高人民法院法律适用问题解决机制

6. 建立全国法院法律适用问题专门平台。最高人民法院建立重大法律适用问题发现与解决机制，加快形成上下贯通、内外结合、系统完备、规范高效的法律适用问题解决体系，及时组织研究和解决各地存在的法律适用标准不统一问题。充分发挥专家学者在统一法律适用标准中的咨询作用，积极开展专家咨询论证工作，通过组织召开统一法律适用标准问题研讨会等方式，搭建人大代表、政协委员、专家学者、行业代表等社会各界广泛参与的平台，总结归纳分歧问题，研究提出参考意见，为审判委员会统一法律适用标准提供高质量的辅助和参考。

7. 健全法律适用分歧解决机制。审判委员会是最高人民法院法律适用分歧解决工作的集体领导和决策机构，最高人民法院各业务部门、审判管理办公室和中国应用法学研究所根据法律适用分歧解决工作需要，为审判委员会决策提供服务和决策参考。进一步优化法律适用分歧的申请、立项、审查和研究工作机制，对于最高人民法院生效裁判之间存在法律适用分歧或者在审案件作出的裁判结果可能与生效裁判确定的法律适用标准存在分歧的，应当依照《最高人民法院关于建立法律适用分歧解决机制的实施办法》提请解决。

四、完善高级人民法院统一法律适用标准工作机制

8. 规范高级人民法院审判指导工作。各高级人民法院可以通过发布办案指导文件和参考性案例等方式总结审判经验、统一裁判标准。各高级人民法院发布的办案指导文件、参考性案例应当符合宪法、法律规定，不得与司法解释、指导性案例相冲突。各高级人民法院应当建立办案指导文件、参考性案例长效工作机制，定期组织清理，及时报送最高人民法院备案，切实解决不同地区法律适用、办案标准的不合理差异问题。

9. 建立高级人民法院法律适用分歧解决机制。各高级人民法院应当参照最高人民法院做法，建立本辖区法律适用分歧解决机制，研究解决本院及辖区内法院案件审理中的法律适用分歧。各中级、基层人民法院发现法律适用标准不统一问题，经研究无法达成一致意见的，应当层报高级人民法院，超出高级人民法院辖区范围的，应当及时报送最高人民法院研究解决。

五、强化审判组织统一法律适用标准的法定职责

10. 强化独任法官、合议庭正确适用法律职责。各级人民法院应当全面落实司法责任制，充分发挥独任法官、合议庭等审判组织在统一法律适用标准中的基础作用。独任法官、合议庭应当严格遵守司法程序，遵循证据规则，正确运用法律解释方法，最大限度降低裁量风险，避免法律适用分歧。发现将要作出的裁判与其他同类案件裁判不一致的，应当及时提请专业法官会议研究。合议庭应当将统一法律适用标准情况纳入案件评议内容，健全完善评议规则，确保合议庭成员平等行权、集思广益、民主决策、共同负责。

11. 发挥审判委员会统一法律适用标准职责。完善审判委员会议事规则和议事程序，充分发挥民主集中制优势，强化审判委员会统一法律适用标准的重要作用。审判委员会应当着重对下列案件，加强法律适用标准问题的研究总结：(1)涉及法律适用标准问题的重大、疑难、复杂案件；(2)存在法律适用分歧的案件；(3)独任法官、合议庭在法律适用标准问题上与专业法官会议咨询意见不一致的案件；(4)拟作出裁判与本院或者上级法院同类案件裁判可能发生冲突的案件。审判委员会应当及时总结提炼相关案件的法律适用标准，确保本院及辖区内法院审理同类案件时裁判标准统一。

六、落实院庭长统一法律适用标准的监督管理职责

12. 明确和压实院庭长监督管理职责。院庭长应当按照审判监督管理权限,加强审判管理和业务指导,确保法律适用标准统一。通过主持或参加专业法官会议,推动专业法官会议在统一法律适用标准上充分发挥专业咨询作用,定期组织研究独任法官、合议庭审理意见与专业法官会议咨询意见、审判委员会决定不一致的案件,为统一法律适用标准总结经验。及时指导法官对审理意见长期与专业法官会议咨询意见、审判委员会决定意见不一致的案件进行分析,促进法官提高统一法律适用标准能力,防止裁判不公和司法不廉。推动院庭长审判监督管理职责与审判组织审判职能、专业法官会议咨询职能、审判委员会决策职能有机衔接、有效运行,形成统一法律适用标准的制度机制体系。

13. 加强对"四类案件"的监督管理。院庭长应当对《最高人民法院关于完善人民法院司法责任制的若干意见》规定的"四类案件"加强监督管理,及时发现已决或待决案件中存在的法律适用标准不统一问题,依照程序采取改变审判组织形式、增加合议庭成员、召集专业法官会议、建议或决定将案件提交审判委员会讨论等举措,及时解决法律适用分歧。院庭长可以担任审判长或承办人审理"四类案件",依照职权主持或者参加审判委员会讨论决定"四类案件",在审判组织中促进实现法律适用标准统一。

七、充分发挥审判管理在统一法律适用标准上的作用

14. 加强和规范审判管理工作。各级人民法院应当完善审判管理机制,构建全面覆盖、科学规范、监管有效的审判管理制度体系。审判管理部门在履行流程管理、质量评查等审判管理职责时,对于发现的重大法律适用问题应当及时汇总报告,积极辅助审判委员会、院庭长研究解决统一法律适用标准问题。

15. 将统一法律适用标准作为审判管理的重点。各级人民法院应当加强审判质量管理,完善评查方法和评查标准,将统一法律适用标准情况纳入案件质量评查指标体系。对于可能存在背离法律、司法解释、指导性案例所确定裁判规则等情形的，承办法官应当向案件评查委员会说明理由。对信访申诉、长期未结、二审改判、发回重审、指令再审、抗诉再审案件的审判管理中发现法律适用标准不统一问题的，应当及时提请院庭长和审判委员会研究解决。

八、充分发挥审级制度和审判监督程序统一法律适用标准的作用

16. 发挥审级监督体系作用。强化最高人民法院统一裁判尺度、监督公正司法的职能。加强上级法院对下级法院的审级监督指导，建立健全改判、发回重审、指令再审案件的跟踪督办、异议反馈制度，完善分析研判和定期通报机制。充分发挥二审程序解决法律争议的作用，在二审程序中依法对法律适用问题进行审查，对属于当事人意思自治范围内的法律适用问题，应当充分尊重当事人的选择；对影响司法公正的法律适用标准不统一问题，应当根据当事人诉求或者依职权予以纠正。

17. 充分发挥审判监督程序依法纠错作用。生效案件存在法律适用标准不统一问题的，应当正确处理审判监督程序与司法裁判稳定性的关系，区分案件情况，根据当事人请求或者依法启动院长发现程序，对法律适用确有错误的案件提起再审。人民检察院提出检察建议、抗诉等法律监督行为，涉及法律适用标准不统一问题的，应当依法处理，必要时提请审判委员会讨论决定。

九、完善类案和新类型案件强制检索报告工作机制

18. 规范和完善类案检索工作。按照《最高人民法院关于统一法律适用加强类案检索的指导意见（试行）》要求，承办法官应当做好类案检索和分析。对于拟提交专业法官会议或者审判委员会讨论决定的案件、缺乏明确裁判规则或者尚未形成统一裁判规则的案件、院庭长根据审判监督管理权限要求进行类案检索的案件，应当进行类案检索。对于应当类案检索的案件，承办法官应当在合议庭评议、专业法官会议讨论及审理报告中对类案检索情况予以说明，或者制作类案检索报告，并随案流转归档备查。

19. 规范类案检索结果运用。法官在类案检索时，检索到的类案为指导性案例的，应当参照作出裁判，但与新的法律、行政法规、司法解释相冲突或者为新的指导性案例所取代的除外；检索到其他类案的，可以作为裁判的参考；检索到的类案存在法律适用标准不统一的，可以综合法院层级、裁判时间、是否经审判委员会讨论决定等因素，依照法律适用分歧解决机制予以解决。各级人民法院应当定期归纳整理类案检索情况，通过一定形式在本院或者辖区内法院公开，供法官办案参考。

十、强化对统一法律适用标准的科技支撑和人才保障

20. 加强统一法律适用标准的技术支撑。各级人民法院应当深化智慧法院建设，为统一法律适用标准提供信息化保障。最高人民法院加快建设以司法大数据管理和服务平台为基础的智慧数据中台，完善类案智能化推送和审判支持系统，加强类案同判规则数据库和优秀案例分析数据库建设，为审判人员办案提供裁判规则和参考案例，为院庭长监督管理提供同类案件大数据报告，为审判委员会讨论决定案件提供决策参考。各级人民法院应当充分利用中国裁判文书网、“法信”、中国应用法学数字化服务系统等平台，加强案例分析与应用，提高法官熟练运用信息化手段开展类案检索和案例研究的能力。

21. 加强对审判人员法律适用能力的培养。各级人民法院应当加大对审判人员政治素质和业务能力的培训力度，强化与统一法律适用标准相关的法律解释、案例分析、类案检索、科技应用等方面能力的培养，全面提高审判人员统一法律适用标准的意识和能力。

最高人民法院统一法律适用工作实施办法

（2021 年 11 月 13 日法〔2021〕289 号印发
自 2021 年 12 月 1 日起施行）

为进一步规范最高人民法院统一法律适用工作，确保法律统一正确实施，维护司法公正、提升司法公信力，结合最高人民法院审判执行工作实际，制定本办法。

第一条 本办法所称统一法律适用工作，包括起草制定司法解释或其他规范性文件、发布案例、落实类案检索制度、召开专业法官会议讨论案件等推进法律统一正确实施的各项工作。

第二条 最高人民法院审判委员会（以下简称审委会）负责最高人民法院统一法律适用工作。

各部门根据职能分工，负责起草制定司法解释、发布案例等统一法律适用工作。

审判管理办公室（以下简称审管办）负责统一法律适用的统筹规划、统一推进、协调管理等工作。

第三条 各审判业务部门办理审判执行案件，应当严格遵守法定程序，遵循证据规则，正确适用法律，确保法律统一正确实施。

第四条 各部门根据职能分工，对法律适用疑难问题和不统一等情形，应当及时总结经验，通过答复、会议纪要等形式指导司法实践，条件成熟时制定司法解释或其他规范性文件予以规范。

第五条 研究室负责指导性案例的征集、审查、发布、编纂和评估等工作。其他部门发布的典型案例等不得与指导性案例的裁判观点、裁判标准相冲突，不得冠以指导性案例或指导案例等类似名称。

第六条 办理案件具有下列情形之一的，承办法官应当进行类案检索：

（一）拟提交审委会、专业法官会议讨论的；

（二）缺乏明确裁判规则或者尚未形成统一裁判规则的；

（三）重大、疑难、复杂、敏感的；

（四）涉及群体性纠纷或者引发社会广泛关注，可能影响社会稳定的；

（五）与最高人民法院的类案裁判可能发生冲突的；

（六）有关单位或者个人反映法官有违法审判行为的；

（七）最高人民检察院抗诉的；

（八）审理过程中公诉机关、当事人及其辩护人、诉讼代理人提交指导性案例或者最高人民法院生效类案裁判支持其主张的；

（九）院庭长根据审判监督管理权限要求进行类案检索的。

类案检索可以只检索最高人民法院发布的指导性案例和最高人民法院的生效裁判。

第七条 根据本办法第六条规定应当进行类案检索的案件，承办法官应当在审理报告中对类案检索情况予以说明，或者制作专门的类案检索报告。

类案检索说明或者报告应当客观、全面、准确反映类案检索结果，并在合议庭评议或者专业法官会议、赔偿委员会、司法救助委员会、审委会讨论时一并提交。类案检索报告应当随案归入副卷。

第八条 根据本办法第六条规定应当进行类案检索的案件，合议庭应当将案件统一法律适用标准情况纳入评议内容。

审理过程中公诉机关、当事人及其辩护人、诉讼代理人提交指导性案例或者最高人民法院生效类案裁判支持其主张的，合议庭应当将所提交的案例或者生效裁判与待决案件是否属于类案纳入评议内容。

第九条 待决案件在基本案情和法律适用方面与检索到的指导性案例相类似的，合议庭应当参照指导性案例的裁判要点作出裁判。

参照指导性案例的，应当将指导性案例作为裁判理由引述，但不得作为裁判依据引用。在裁判理由部分引述指导性案例的，应当注明指导性案例的编号。

第十条 待决案件拟作出的裁判结果与指导性案例、最高人民法院类案裁判法律适用标准不一致，或者拟作出的裁判结果将形成新的法律适用标准的，合议庭应当建议提交部门专业法官会议讨论；院庭长发现待决案件存在前述情形的，应当依照程序召集部门专业法官会议讨论。

前款规定的案件因涉密等原因不适宜提交专业法官会议讨论的，层报分管院领导批准可以直接提交审委会讨论。

第十一条 最高人民法院建立健全跨部门专业法官会议机制，研究解决跨部门的法律适用分歧或者跨领域的重大法律适用问题。

第十二条 部门专业法官会议和跨部门专业法官会议讨论案件应当形成案件讨论记录和会议纪要。案件讨论记录和会议纪要随案归入副卷。

跨部门专业法官会议纪要分送审委会委员和相关审判业务部门，审管办负责整理存档。

第十三条 各审判业务部门负责人应当按照审判监督管理权限，加强审判管理和业务指导，确保法律适用标准统一。

各审判业务部门应当对合议庭与专业法官会议意见、审委会决定不一致的案件进行分析研究，认真梳理总结审判执行实践中存在的法律适用不统一、不明确问题。审管办应当通过案件质量评查、群众来信等途径及时发现、收集、整理法律适用不统一、不明确问题。

第十四条 对于通过各种途径发现的具体法律适用不统一、不明确问题，审管办可以通过多种形式组织研究，提出解决方案提交审委会讨论，以审委会法律适用问题决议等形式明确具体裁判规则。

第十五条 最高人民法院建立统一法律适用平台及其数据库，审管办、研究室、中国应用法学研究所、人民法院信息技术服务中心根据各自职能分工，负责统一法律适用平台及其数据库的规划、建设、研发、运行维护和升级完善。

第十六条 最高人民法院发布的指导性案例，各审判业务部门的二审案件、再审案件、请示案件、执行复议监督案件,经专业法官会议、赔偿委员会、司法救助委员会、审委会讨论的案件,以及其他具有普遍指导意义的典型案件,裁判文书上网公开后,审管办应当及时组织编纂并纳入统一法律适用平台数据库。

死刑复核案件纳入统一法律适用平台数据库的标准和数量,由各刑事审判庭根据保密要求自行确定。

经专业法官会议讨论的案件,应当纳入统一法律适用平台数据库的,由各审判业务部门指定专人负责定期报送相关案件的专业法官会议纪要,随案纳入统一法律适用平台数据库。

第十七条 对纳入统一法律适用平台数据库的案例,应当及时进行检查清理。

各部门在工作中发现纳入统一法律适用平台数据库的案例已经不具有指导意义和参考价值,或者相关裁判已经被改判、撤销的,应当及时通知审管办进行更新。

第十八条 各部门应当加大对审判人员的业务能力培训,强化审判人员在法律解释、案例分析、类案检索、科技应用等方面能力的培养,全面提升审判人员统一法律适用的能力和水平。

第十九条 审判人员参加专业法官会议、梳理案件裁判规则等情况应当计入工作量。各部门和审判人员推荐或编纂案例被审委会确定为指导性案例,或者对具体法律适用问题的研究意见被审委会采纳形成审委会法律适用问题决议的,可以作为绩效考核时的加分项。

第二十条 本办法自2021年12月1日起施行。

(十)权利保障

最高人民法院、最高人民检察院、司法部关于逐步实行律师代理申诉制度的意见

(2017年4月1日发布　法发〔2017〕8号
自发布之日起施行)

实行律师代理申诉制度,是保障当事人依法行使申诉权利,实现申诉法治化,促进司法公正,提高司法公信,维护司法权威的重要途径。为贯彻落实《中共中央关于全面推进依法治国重大问题的决定》和中央政法委《关于建立律师参与化解和代理涉法涉诉信访案件制度的意见》,对不服司法机关生效裁判和决定的申诉,逐步实行由律师代理制度。根据相关法律,结合人民司法工作实际,制定本意见。

一、坚持平等、自愿原则。当事人对人民法院、人民检察院作出的生效裁判、决定不服的,提出申诉的,可以自行委托律师;人民法院、人民检察院,可以引导申诉人、被申诉人委托律师代为进行。

申诉人因经济困难没有委托律师的,可以向法律援助机构提出申请。

二、完善便民工作机制。依托公益性法律服务机构和法律援助机构,运用网络平台,法律服务热线等多种形式,为当事人寻求律师服务和法律援助提供多元化渠道。

三、探索建立律师驻点工作制度。人民法院、人民检察院可以在诉讼服务大厅等地开辟专门场所,提供必要的办公设施,由律师协会派驻律师开展法律咨询等工作。对未委托律师的申诉人到人民法院、人民检察院反映诉求的,可以先行引导由驻点律师提供法律咨询。法律援助机构安排律师免费为申诉人就申诉事项提供法律

咨询。

四、明确法律援助范围条件。申诉人申请法律援助应当符合《法律援助条例》、地方法律援助法规规章规定的法律援助经济困难标准和事项范围,且具有法定申诉理由及明确事实依据。

扩大法律援助范围,进一步放宽经济困难标准,使法律援助范围逐步拓展至低收入群体。

五、规范律师代理申诉法律援助程序。申诉人申请法律援助,应当向作出生效裁判、决定的人民法院所在地同级司法行政机关所属法律援助机构提出,或者向作出人民检察院诉讼终结的刑事处理决定的人民检察院所在地同级司法行政机关所属法律援助机构提出。申诉已经人民法院或者人民检察院受理的,应当向该人民法院或者人民检察院所在地同级司法行政机关所属法律援助机构提出。

法律援助机构经审查认为符合法律援助条件的,为申诉人指派律师,并将律师名单函告人民法院或者人民检察院。

六、扩大律师服务范围。律师在代理申诉过程中,可以开展以下工作:听取申诉人诉求,询问案件情况,提供法律咨询;对经审查认为不符合人民法院或者人民检察院申诉立案条件的,做好法律释明工作;对经审查符合人民法院或者人民检察院申诉立案条件的,为申诉人代写法律文书,接受委托代为申诉;经审查认为可能符合法律援助条件的,协助申请法律援助;接受委托后,代为提交申诉材料,接收法律文书,代理参加听证、询问、讯问和开庭等。

七、完善申诉立案审查程序。律师接受申诉人委托,可以到人民法院、人民检察院申诉接待场所或者通过来信、网上申诉平台、远程视频接访系统、律师服务平台等提交申诉材料。

提交的材料不符合要求的,人民法院或人民检察院可以通知其限期补充或者补正,并一次性告知应当补充或者补正的全部材料。未在通知期限内提交的,人民法院或者人民检察院不予受理。

对符合法律规定条件的申诉,人民法院、人民检察院应当接收材料,依法立案审查。经审查认为不符合立案条件的,应当以书面形式通知申诉人及代理律师。

八、尊重代理申诉律师意见。人民法院、人民检察院应认真审查律师代为提出的申诉意见,并在法律规定期限内审查完毕。

对经审查认为申诉不能成立的,依法向申诉人出具法律文书,同时送达代理律师。认为案件确有错误的,依法予以纠正。认为案件存在瑕疵的,依法采取相应补正、补救措施。

九、依法保障法代理申诉律师的阅卷权、会见权。在诉讼服务大厅或者信访接待场所建立律师阅卷室、会见室。为律师查阅、摘抄、复制案卷材料等提供方便和保障。对法律援助机构指派的律师复制相关材料的费用予以免收。有条件的地区,可以提供网上阅卷服务。

十、依法保障代理申诉律师人身安全。对在驻点或者代理申诉过程中出现可能危害律师人身安全的违法行为,人民法院或人民检察院要依法及时制止,固定证据,并做好相关处置工作。

十一、完善律师代理申诉公开机制。对律师代理的申诉案件,除法律规定不能公开、当事人不同意公开或者其他不适宜公开的情形,人民法院、人民检察院可以公开立案、审查程序,并告知申诉人及其代理律师,审查结果。案件疑难,复杂的,申诉人及其代理律师可以申请举行公开听证,人民法院人、民检察院可以依申请或者依职权进行公开听证,并邀请相关领域专家、人大代表、政协委员及群众代表等社会第三方参加。

十二、探索建立律师代理申诉网上工作平台。运用信息技术,探索建立律师事务所、法律援助机构与人民法院、人民检察院之间视频申诉系统,鼓励律师通过视频形式开展工作;开发律师申诉接待平台,实现与人民法院、人民检察院可公开申诉信息的互联互通、共享共用。

十三、建立多层次经费保障机制。对符合法律援助条件的申诉人,纳入法律援助范围,律师代理申诉属于公益性质的,依靠党委政法委,协调有关部门争取经费,购买服务。全额支付律师在提供服务过程中产生的费用,并给予适当补助及奖励。

对申诉人自行聘请律师代理的，可以按照《律师服务收费管理办法》由双方自愿协商代理费用。

加强法律援助经费保障，明确申诉法律援助案件补贴标准，确保经费保障水平适应开展法律援助参与申诉案件代理工作需要。

十四、建立申诉案件代理质量监管机制。司法行政部门指导当地律师协会将律师代理申诉业绩作为律师事务所检查考核和律师执业年度考核的重要指标。

十五、强化律师代理申诉执业管理。对律师在代理申诉过程中，违反《中华人民共和国律师法》、《律师执业管理办法》等规定，具有煽动、教唆和组织申诉人以违法方式表达诉求；利用代理申诉案件过程中获得的案件信息进行歪曲、有误导性的宣传和评论，恶意炒作案件；与申诉人订立风险代理协议；在人民法院或者人民检察院驻点提供法律服务时接待其他当事人，或者通过虚假承诺、明示或暗示与司法机关的特殊关系等方式诱使其他当事人签订委托代理协议等行为的，司法行政部门或者律师协会应当相应给予行业处分和行政处罚。构成犯罪的，依法追究刑事责任。

人民法院、人民检察院发现律师存在违法违规行为的，应当向司法行政部门、律师协会提出处罚、处分建议。司法行政部门，律师协会，核查后，应当将结果及时通报建议机关。

十六、建立健全律师代理申诉激励机制。人民法院、人民检察院、司法行政部门要营造支持律师开展代理申诉工作的良好氛围，全面加强律师代理申诉业务培训和指导，通过将代理申诉业绩作为评选优秀律师事务所、优秀律师等重要条件，定期开展专项表彰，在人才培养、项目分配、扶持发展、办案补贴等方面给予倾斜，同等条件下优先招录表现优异的律师作为法官、检察官等措施，调动律师代理申诉的积极性。

十七、加强有关部门协调配合。各地区有关部门要依靠党委领导，形成工作合力。根据实际，进一步细化相关制度，推动工作全面开展，促进形成理性表达、依法维权的导向，切实维护人民群众合法利益。

人民法院、人民检察院、司法行政部门、律师协会建立联席会议制度，定期沟通工作情况，共同研究解决律师代理申诉工作中的重大问题，根据各地实际，积极推进律师代理申诉立法工作，提高法制化水平。

律师会见监狱在押罪犯规定

（2017年11月27日司发通〔2017〕124号印发
自印发之日起施行）

第一条 为了依法保障律师执业及在押罪犯的权利，根据《中华人民共和国刑事诉讼法》、《中华人民共和国监狱法》和《中华人民共和国律师法》以及有关规定，制定本规定。

第二条 监狱依法保障律师会见在押罪犯的权利。律师会见在押罪犯应当遵守监狱管理的有关规定。

第三条 监狱应当公开律师会见预约方式，为律师会见提供便利。律师会见在押罪犯，应当在监狱内进行。监狱应当合理安排律师会见场所，方便律师会见、阅卷等事务。

第四条 有下列情形之一的，律师接受在押罪犯委托或者法律援助机构指派，可以会见在押罪犯：

（一）在刑事诉讼程序中，担任辩护人或者代理人；

（二）在民事、行政诉讼程序中，担任代理人；

（三）代理调解、仲裁；

（四）代理各类诉讼案件申诉；

（五）提供非诉讼法律服务；

（六）解答有关法律询问、代写诉讼文书和有关法律事务其他文书。

其他案件的代理律师,需要向监狱在押罪犯调查取证的,可以会见在押罪犯。

罪犯的监护人、近亲属可以代为委托律师。

第五条 律师需要会见在押罪犯,可以传真、邮寄或者直接提交的方式,向罪犯所在监狱提交下列材料的复印件,并于会见之日向监狱出示原件:

(一)律师执业证书;

(二)律师事务所证明;

(三)罪犯本人或者其监护人、近亲属的委托书或者法律援助公函或者另案调查取证的相关证明文件。

监狱应当留存律师事务所出具的律师会见在押罪犯证明原件。

罪犯的监护人、近亲属代为委托律师的,律师第一次会见时,应当向罪犯本人确认是否建立委托关系。

第六条 律师会见在押罪犯需要助理随同参加的,律师应当向监狱提交律师事务所出具的律师助理会见在押罪犯的证明和律师执业证书或者申请律师执业人员实习证。

第七条 律师会见在押罪犯需要翻译人员随同参加的,律师应当提前向监狱提出申请,并提交能够证明其翻译人员身份的证明文件。

监狱应当及时审查并在三日以内作出是否批准的决定。批准参加的,应当及时通知律师。不批准参加的,应当向律师书面说明理由。

随同律师参加会见的翻译人员,应当持监狱批准通知书和本人身份证明参加会见。

第八条 监狱收到律师提交的本规定第五条所列的材料后,对于符合本规定第四条规定情形的,应当及时安排会见。能当时安排的,应当当时安排;不能当时安排的,监狱应当说明情况,在四十八小时内安排会见。

第九条 在押罪犯可以委托一至两名律师。委托两名律师的,两名律师可以共同会见，也可以单独会见。律师可以带一名律师助理协助会见。

第十条 律师会见在押罪犯，应当遵守监狱的作息时间。监狱应当保障律师履行职责需要的会见时间和次数。

第十一条 律师会见在押罪犯时，监狱可以根据案件情况和工作需要决定是否派警察在场。

辩护律师会见被立案侦查、起诉、审判的在押罪犯时，不被监听，监狱不得派警察在场。

第十二条 律师会见在押罪犯，认为监狱及其工作人员阻碍其依法行使执业权利的，可以向监狱或者其上级主管机关投诉，也可以向其所执业律师事务所所在地的市级司法行政机关申请维护执业权利。情况紧急的，可以向事发地的司法行政机关申请维护执业权利。

第十三条 律师会见在押罪犯，应当遵守监狱管理的有关规定，恪守律师执业道德和执业纪律，不得有下列行为：

（一）传递违禁物品；

（二）私自为在押罪犯传递书信、钱物；

（三）将通讯工具提供给在押罪犯使用；

（四）未经监狱和在押罪犯同意对会见进行录音、录像和拍照；

（五）实施与受委托职责无关的行为；

（六）其他违反法律、法规、规章以及妨碍监狱管理秩序的行为。

第十四条 监狱发现律师会见在押罪犯过程中有第十三条规定行为的，应当警告并责令改正。警告无效的，应当中止会见。监狱可以向律师所在律师事务所的主管司法行政机关或者律师协会通报。

第十五条 本规定所称律师助理，是指辩护、代理律师所在律师事务所的其他律师或申请律师执业实习人员。所称近亲属，是指夫妻、父母、子女、同胞兄弟姊妹。

第十六条 本规定自发布之日起施行。司法部2004年3月19日印发的《律师会见监狱在押罪犯暂行规定》（司发通〔2004〕31号）同时废止。

最高人民法院、司法部关于为死刑复核案件被告人依法提供法律援助的规定(试行)

(2021年12月30日法〔2021〕348号印发
自2022年1月1日起施行)

为充分发挥辩护律师在死刑复核程序中的作用,切实保障死刑复核案件被告人的诉讼权利,根据《中华人民共和国刑事诉讼法》《中华人民共和国律师法》《中华人民共和国法律援助法》《最高人民法院关于适用〈中华人民共和国刑事诉讼法〉的解释》等法律及司法解释,制定本规定。

第一条 最高人民法院复核死刑案件,被告人申请法律援助的,应当通知司法部法律援助中心指派律师为其提供辩护。

法律援助通知书应当写明被告人姓名、案由、提供法律援助的理由和依据、案件审判庭和联系方式,并附二审或者高级人民法院复核审裁判文书。

第二条 高级人民法院在向被告人送达依法作出的死刑裁判文书时,应当书面告知其在最高人民法院复核死刑阶段可以委托辩护律师,也可以申请法律援助;被告人申请法律援助的,应当在十日内提出,法律援助申请书应当随案移送。

第三条 司法部法律援助中心在接到最高人民法院法律援助通知书后,应当采取适当方式指派律师为被告人提供辩护。

第四条 司法部法律援助中心在接到最高人民法院法律援助通知书后,应当在三日内指派具有三年以上刑事辩护执业经历的律师担任被告人的辩护律师,并函告最高人民法院。

司法部法律援助中心出具的法律援助公函应当写明接受指派的辩护律师的姓名、所属律师事务所及联系方式。

第五条 最高人民法院应当告知或者委托高级人民法院告知被告人为其指派的辩护律师的情况。被告人拒绝指派的律师为其辩护的,最高人民法院应当准许。

第六条 被告人在死刑复核期间自行委托辩护律师的,司法部法律援助中心应当作出终止法律援助的决定,并及时函告最高人民法院。

最高人民法院在复核死刑案件过程中发现有前款规定情形的,应当及时函告司法部法律援助中心。司法部法律援助中心应当作出终止法律援助的决定。

第七条 辩护律师应当在接受指派之日起十日内,通过传真或者寄送等方式,将法律援助手续提交最高人民法院。

第八条 辩护律师依法行使辩护权,最高人民法院应当提供便利。

第九条 辩护律师在依法履行辩护职责中遇到困难和问题的,最高人民法院、司法部有关部门应当及时协调解决,切实保障辩护律师依法履行职责。

第十条 辩护律师应当在接受指派之日起一个半月内提交书面辩护意见或者当面反映辩护意见。辩护律师要求当面反映意见的,最高人民法院应当听取辩护律师的意见。

第十一条 死刑复核案件裁判文书应当写明辩护律师姓名及所属律师事务所,并表述辩护律师的辩护意见。受委托宣判的人民法院应当在宣判后五日内将最高人民法院生效裁判文书送达辩护律师。

第十二条 司法部指导、监督全国死刑复核案件法律援助工作,司法部法律援助中心负责具体组织和实施。

第十三条 本规定自2022年1月1日起施行。

公安机关办理犯罪记录查询工作规定

（2021 年 12 月 3 日公通字〔2021〕19 号印发
自 2021 年 12 月 31 日起施行）

第一章　总　　则

第一条　为适应经济社会发展需要，方便有关单位和个人开展、从事相关活动，规范公安机关办理犯罪记录查询工作，根据《中华人民共和国刑法》《中华人民共和国刑事诉讼法》等有关法律，制定本规定。

第二条　本规定所称的犯罪记录，是指我国国家专门机关对犯罪人员的客观记载。除人民法院生效裁判文书确认有罪外，其他情况均应当视为无罪。

有关人员涉嫌犯罪，但人民法院尚未作出生效判决、裁定，或者人民检察院作出不起诉决定，或者办案单位撤销案件、撤回起诉、对其终止侦查的，属于无犯罪记录人员。

第三条　公安部建立犯罪人员信息查询平台。查询结果只反映查询时平台录入和存在的信息。

第二章　申请与受理

第四条　个人可以查询本人犯罪记录，也可以委托他人代为查询，受托人应当具有完全民事行为能力。

单位可以查询本单位在职人员或者拟招录人员的犯罪记录，但应当符合法律、行政法规关于从业禁止的规定。

行政机关实施行政许可、授予职业资格，公证处办理犯罪记录公证时，可以依法查询相关人员的犯罪记录。有关查询程序参照单位查询的相关规定。

第五条 中国公民申请查询，由户籍地或者居住地公安派出所受理；在中国境内居留180天(含)以上的外国人申请查询，由居住地县级以上公安出入境管理部门受理；委托他人查询的，由委托人户籍地或者居住地受理。

单位申请查询，由住所地公安派出所受理。查询对象为外国人的，由单位住所地县级以上公安出入境管理部门受理。

各地根据本地工作实际和便民服务需要，可以增加查询受理单位，也可以采取线上办理、自助办理等方式开展犯罪记录查询工作。

第六条 公民在户籍地申请查询的，应当提交本人有效身份证明和查询申请表；在居住地申请查询的，应当提交本人有效身份证明、居住证和查询申请表。外国人申请查询的，应当提交本人有效身份证明和查询申请表。委托他人查询的，还应当提交委托书和受托人有效身份证明。

个人在一年内申请查询3次以上的，应当提交开具证明系用于合理用途的有关材料。

单位申请查询的，应当提交单位介绍信、经办人有效身份证明、加盖单位公章的查询申请表，以及查询对象系单位在职人员或者拟招录人员的有关材料。查询申请表应当列明申请查询依据的具体法律条款。

第七条 受理单位对申请单位或者申请人提交的相关材料，应当认真审查。材料齐全的，予以受理；材料不全的，一次性告知应当补充的材料；对于单位查询不符合法定情形的，不予受理，并向申请单位说明理由。

第三章 查询与告知

第八条 受理单位能够当场办理的，应当当场办理；无法当场办理的，应当向申请单位或者申请人出具《受理回执》，并在3个工作日内办结。

情况复杂的，经县级以上公安机关负责人批准，可以进行调查核实。调查核实的时间不计入办理期限。调查核实需要当事人配合的，当事人应当配合。

第九条 对于个人查询，未发现申请人有犯罪记录的，应当出具《无犯罪记录证明》；发现申请人有犯罪记录，应当出具《不予出具无犯罪记录证明通知书》。

对于单位查询，查询结果以《查询告知函》的形式告知查询单位。

第十条 查询结果的反馈，应当符合《中华人民共和国刑事诉讼法》关于未成年人犯罪记录封存的规定。

对于个人查询，申请人有犯罪记录，但犯罪的时候不满十八周岁，被判处五年有期徒刑以下刑罚的，受理单位应当出具《无犯罪记录证明》。

对于单位查询，被查询对象有犯罪记录，但犯罪的时候不满十八周岁，被判处五年有期徒刑以下刑罚的，受理单位应当出具《查询告知函》，并载明查询对象无犯罪记录。法律另有规定的，从其规定。

第四章 异议与投诉

第十一条 当事人对查询结果不服的，可以向原受理单位提出书面异议，申请复查。提出异议的，异议申请人应当配合公安机关开展复查工作。

第十二条 原受理单位对于查询异议应当进行复查，复查结果应当在受理后15个工作日内书面答复异议申请人。情况复杂，不能在规定期限内查清并做出答复的，经县级以上公安机关负责人批准，可以适当延长，并告知异议申请人，但延长期限最多不超过30个工作日。

第十三条 对于开具的《无犯罪记录证明》《不予出具无犯罪记录证明通知书》《查询告知函》确有错误，经查证属实的，出具文书的公安机关或者其上级公安机关应当及时予以撤销并重新出具有关文书。

第十四条 异议申请人认为受理单位不予出具无犯罪记录证明依据的法院判决有误,符合法定申诉条件的,受理单位可以告知异议申请人按照法定程序向有关法院、检察院申诉。

第五章 法律责任

第十五条 任何单位和个人不得采用编造事实、隐瞒真相、提供虚假材料、冒用身份等申请查询犯罪记录,或伪造、变造《查询告知函》《无犯罪记录证明》。查证属实的,依法给予处罚;构成犯罪的,依法追究刑事责任。

第十六条 有关单位和个人应当严格依照本规范规定的程序开展查询,并对查询获悉的有关犯罪信息保密,不得散布或者用于其他用途。违反规定的,依法追究相应责任;构成犯罪的,依法追究刑事责任。

第十七条 有关单位和个人违规开展查询工作,造成严重后果的,应当依法追究有关单位和个人的责任;构成犯罪的,依法追究刑事责任。

第六章 附　　则

第十八条 各地可以结合本地实际和工作需要,制定实施细则。

第十九条 国家有关单位对特定事项的犯罪记录工作有专门查询规定的,从其规定。

第二十条 本规定自2021年12月31日起施行。

附件:(略)

1. 查询申请表(单位)

2. 查询申请表(中国公民)

3. 查询申请表(外国人)

4. 复查申请表(中国公民)

5. 复查申请表(外国人)

6. 无犯罪记录证明

7. 不予出具无犯罪记录证明通知书

8. 犯罪记录查询结果告知函

9. 复查意见

最高人民法院、最高人民检察院、公安部、司法部关于未成年人犯罪记录封存的实施办法

（2022年5月24日印发　自2022年5月30日起施行）

第一条　为了贯彻对违法犯罪未成年人教育、感化、挽救的方针，加强对未成年人的特殊、优先保护，坚持最有利于未成年人原则，根据刑法、刑事诉讼法、未成年人保护法、预防未成年人犯罪法等有关法律规定，结合司法工作实际，制定本办法。

第二条　本办法所称未成年人犯罪记录，是指国家专门机关对未成年犯罪人员情况的客观记载。应当封存的未成年人犯罪记录，包括侦查、起诉、审判及刑事执行过程中形成的有关未成年人犯罪或者涉嫌犯罪的全部案卷材料与电子档案信息。

第三条　不予刑事处罚、不追究刑事责任、不起诉、采取刑事强制措施的记录，以及对涉罪未成年人进行社会调查、帮教考察、心理疏导、司法救助等工作的记录，按照本办法规定的内容和程序进行封存。

第四条　犯罪的时候不满十八周岁，被判处五年有期徒刑以下刑罚以及免予刑事处罚的未成年人犯罪记录，应当依法予以封存。

对在年满十八周岁前后实施数个行为，构成一罪或者一并处理的数罪，主要犯罪行为是在年满十八岁周岁前实施的，被判处或者决定执行五年有期徒刑以下刑罚以及免予刑事处罚的未成年人犯罪记

录,应当对全案依法予以封存。

第五条 对于分案办理的未成年人与成年人共同犯罪案件,在封存未成年人案卷材料和信息的同时,应当在未封存的成年人卷宗封面标注“含犯罪记录封存信息”等明显标识,并对相关信息采取必要保密措施。对于未分案办理的未成年人与成年人共同犯罪案件,应当在全案卷宗封面标注“含犯罪记录封存信息”等明显标识,并对相关信息采取必要保密措施。

第六条 其他刑事、民事、行政及公益诉讼案件,因办案需要使用了被封存的未成年人犯罪记录信息的,应当在相关卷宗封面标明“含犯罪记录封存信息”,并对相关信息采取必要保密措施。

第七条 未成年人因事实不清、证据不足被宣告无罪的案件,应当对涉罪记录予以封存;但未成年被告人及其法定代理人申请不予封存或者解除封存的,经人民法院同意,可以不予封存或者解除封存。

第八条 犯罪记录封存决定机关在作出案件处理决定时,应当同时向案件被告人或犯罪嫌疑人及其法定代理人或近亲属释明未成年人犯罪记录封存制度,并告知其相关权利义务。

第九条 未成年人犯罪记录封存应当贯彻及时、有效的原则。对于犯罪记录被封存的未成年人,在入伍、就业时免除犯罪记录的报告义务。

被封存犯罪记录的未成年人因涉嫌再次犯罪接受司法机关调查时,应当主动、如实地供述其犯罪记录情况,不得回避、隐瞒。

第十条 对于需要封存的未成年人犯罪记录,应当遵循《中华人民共和国个人信息保护法》不予公开,并建立专门的未成年人犯罪档案库,执行严格的保管制度。

对于电子信息系统中需要封存的未成年人犯罪记录数据,应当加设封存标记,未经法定查询程序,不得进行信息查询、共享及复用。

封存的未成年人犯罪记录数据不得向外部平台提供或对接。

第十一条 人民法院依法对犯罪时不满十八周岁的被告人判处

五年有期徒刑以下刑罚以及免予刑事处罚的,判决生效后,应当将刑事裁判文书、《犯罪记录封存通知书》及时送达被告人,并同时送达同级人民检察院、公安机关,同级人民检察院、公安机关在收到上述文书后应当在三日内统筹相关各级检察机关、公安机关将涉案未成年人的犯罪记录整体封存。

第十二条 人民检察院依法对犯罪时不满十八周岁的犯罪嫌疑人决定不起诉后,应当将《不起诉决定书》、《犯罪记录封存通知书》及时送达被不起诉人,并同时送达同级公安机关,同级公安机关收到上述文书后应当在三日内将涉案未成年人的犯罪记录封存。

第十三条 对于被判处管制、宣告缓刑、假释或者暂予监外执行的未成年罪犯,依法实行社区矫正,执行地社区矫正机构应当在刑事执行完毕后三日内将涉案未成年人的犯罪记录封存。

第十四条 公安机关、人民检察院、人民法院和司法行政机关分别负责受理、审核和处理各自职权范围内有关犯罪记录的封存、查询工作。

第十五条 被封存犯罪记录的未成年人本人或者其法定代理人申请为其出具无犯罪记录证明的,受理单位应当在三个工作日内出具无犯罪记录的证明。

第十六条 司法机关为办案需要或者有关单位根据国家规定查询犯罪记录的,应当向封存犯罪记录的司法机关提出书面申请,列明查询理由、依据和使用范围等,查询人员应当出示单位公函和身份证明等材料。

经审核符合查询条件的,受理单位应当在三个工作日内开具有/无犯罪记录证明。许可查询的,查询后,档案管理部门应当登记相关查询情况,并按照档案管理规定将有关申请、审批材料、保密承诺书等一同存入卷宗归档保存。依法不许可查询的,应当在三个工作日内向查询单位出具不许可查询决定书,并说明理由。

对司法机关为办理案件、开展重新犯罪预防工作需要申请查询的,封存机关可以依法允许其查阅、摘抄、复制相关案卷材料和电子信息。对司法机关以外的单位根据国家规定申请查询的,可以根据查询的用途、目的与实际需要告知被查询对象是否受过刑事处罚、被判处的罪名、刑期等信息,必要时,可以提供相关法律文书复印件。

第十七条 对于许可查询被封存的未成年人犯罪记录的,应当告知查询犯罪记录的单位及相关人员严格按照查询目的和使用范围使用有关信息,严格遵守保密义务,并要求其签署保密承诺书。不按规定使用所查询的犯罪记录或者违反规定泄露相关信息,情节严重或者造成严重后果的,应当依法追究相关人员的责任。

因工作原因获知未成年人封存信息的司法机关、教育行政部门、未成年人所在学校、社区等单位组织及其工作人员、诉讼参与人、社会调查员、合适成年人等,应当做好保密工作,不得泄露被封存的犯罪记录,不得向外界披露该未成年人的姓名、住所、照片,以及可能推断出该未成年人身份的其他资料。违反法律规定披露被封存信息的单位或个人,应当依法追究其法律责任。

第十八条 对被封存犯罪记录的未成年人,符合下列条件之一的,封存机关应当对其犯罪记录解除封存:

(一)在未成年时实施新的犯罪,且新罪与封存记录之罪数罪并罚后被决定执行刑罚超过五年有期徒刑的;

(二)发现未成年时实施的漏罪,且漏罪与封存记录之罪数罪并罚后被决定执行刑罚超过五年有期徒刑的;

(三)经审判监督程序改判五年有期徒刑以上刑罚的;

被封存犯罪记录的未成年人,成年后又故意犯罪的,人民法院应当在裁判文书中载明其之前的犯罪记录。

第十九条 符合解除封存条件的案件,自解除封存条件成立之日起,不再受未成年人犯罪记录封存相关规定的限制。

第二十条 承担犯罪记录封存以及保护未成年人隐私、信息工作的公职人员,不当泄露未成年人犯罪记录或者隐私、信息的,应当予以处分;造成严重后果,给国家、个人造成重大损失或者恶劣影响的,依法追究刑事责任。

第二十一条 涉案未成年人应当封存的信息被不当公开,造成未成年人在就学、就业、生活保障等方面未受到同等待遇的,未成年人及其法定代理人可以向相关机关、单位提出封存申请,或者向人民检察院申请监督。

第二十二条 人民检察院对犯罪记录封存工作进行法律监督。对犯罪记录应当封存而未封存,或者封存不当,或者未成年人及其法定代理人提出异议的,人民检察院应当进行审查,对确实存在错误的,应当及时通知有关单位予以纠正。

有关单位应当自收到人民检察院的纠正意见后及时审查处理。经审查无误的,应当向人民检察院说明理由;经审查确实有误的,应当及时纠正,并将纠正措施与结果告知人民检察院。

第二十三条 对于2012年12月31日以前办结的案件符合犯罪记录封存条件的,应当按照本办法的规定予以封存。

第二十四条 本办法所称"五年有期徒刑以下"含本数。

第二十五条 本办法由最高人民法院、最高人民检察院、公安部、司法部共同负责解释。

第二十六条 本办法自2022年5月30日起施行。

附件:(内容略)

1. 无犯罪记录证明

2. 保密承诺书

最高人民法院、最高人民检察院、公安部、司法部关于进一步深化刑事案件律师辩护全覆盖试点工作的意见

（2022年10月12日发布　司发通〔2022〕49号
自发布之日起施行）

各省、自治区、直辖市高级人民法院、人民检察院、公安厅（局）、司法厅（局），新疆维吾尔自治区高级人民法院生产建设兵团分院、新疆生产建设兵团人民检察院、公安局、司法局：

2017年10月，最高人民法院、司法部印发《关于开展刑事案件律师辩护全覆盖试点工作的办法》，在北京等8个省（直辖市）开展刑事案件审判阶段律师辩护全覆盖试点工作。2018年12月，最高人民法院、司法部印发通知，将试点工作扩大至全国，对于审判阶段被告人没有委托辩护人的案件，由人民法院通知法律援助机构指派律师为其提供辩护或者由值班律师提供法律帮助，切实保障被告人合法权益。试点工作开展以来，各地加强统筹部署，理顺沟通衔接机制，加强法律援助质量监管，取得了积极成效。截至目前，全国共有2594个县（市、区）开展了审判阶段刑事案件律师辩护全覆盖试点工作，占县级行政区域总数的90%以上。2021年，各地因开展试点增加法律援助案件32万余件，占审判阶段刑事法律援助案件总数的63.6%，因开展试点值班律师提供法律帮助的案件55万余件，刑事案件律师辩护率大幅提高，刑事案件被告人人权司法保障进一步增强。但是，各地在工作中也暴露出律师资源不均、经费保障不足、工作衔接不畅等问题，需要通过深化试点加以解决。与此同时，认罪认罚从宽制度的广泛适用，也对审查起诉阶段律师辩护和值班律师法律帮助提出

了更高要求。

2022 年 1 月 1 日起，法律援助法正式施行，标志着我国法律援助事业进入了高质量发展的新阶段。法律援助法对扩大通知辩护范围、发挥值班律师法律帮助作用等作出明确规定，为深化刑事案件律师辩护全覆盖试点工作提供了依据。为贯彻落实法律援助法，进一步加强刑事案件犯罪嫌疑人、被告人人权司法保障，现就深化刑事案件律师辩护全覆盖试点工作提出如下意见。

一、充分认识深化刑事案件律师辩护全覆盖试点工作的重大意义

1. 深化刑事案件律师辩护全覆盖试点工作，是全面贯彻习近平法治思想，落实以人民为中心的发展思想的必然要求。以人民为中心是习近平法治思想的根本立场。推进全面依法治国，根本目的是依法保障人民权益。在刑事案件中，对犯罪嫌疑人、被告人权利的保障程度，不仅关系他们的切身利益，也体现了司法文明水平。深化刑事案件律师辩护全覆盖试点工作，在审判阶段全覆盖基础上，逐步把全覆盖延伸到审查起诉阶段，能更好发挥值班律师法律帮助作用，为犯罪嫌疑人、被告人提供更广泛、更深入、更有效的刑事辩护或法律帮助，让每一名犯罪嫌疑人、被告人都能在刑事诉讼中感受到公平正义。

2. 深化刑事案件律师辩护全覆盖试点工作，是贯彻落实法律援助法，不断健全完善法律援助制度的内在要求。2021 年 8 月，全国人大常委会审议通过法律援助法，这是我国法律援助事业法治化制度化发展的里程碑。法律援助法提出了新时代法律援助工作的指导思想和基本原则，扩大了法律援助范围，明确了提高法律援助质量、加强法律援助保障的具体举措，对新时代法律援助工作提出了新的更高要求。深化刑事案件律师辩护全覆盖试点工作，不仅是落实法律援助法有关规定的具体举措，也是进一步扩大刑事法律援助覆盖范围、不断健全完善法律援助制度的现实需要。

3. 深化刑事案件律师辩护全覆盖试点工作，是全面贯彻宽严相济刑事政策，精准适用认罪认罚从宽制度的重要举措。推行认罪认罚从宽制度是司法领域推动国家治理体系和治理能力现代化的重要举措，在及时有效惩治犯罪、加强人权司法保障、优化司法资源配置、提高刑事诉讼效率等方面意义重大。深化刑事案件律师辩护全覆盖试点工作，在办理认罪认罚案件中，提高辩护律师参与率，能充分发挥辩护律师、值班律师在引导犯罪嫌疑人、被告人理解认罪认罚法律后果，就罪名认定、量刑建议、案件处理提出法律意见等方面的作用，为准确适用认罪认罚从宽制度创造积极条件。

二、巩固审判阶段刑事案件律师辩护全覆盖试点工作成效

4. 抓紧实现县域工作全覆盖。尚未实现审判阶段律师辩护全覆盖的省（自治区）司法厅要切实克服律师资源、经费保障等方面的困难，加快工作进度，尽快实现县级行政区域试点工作全覆盖，年底前基本实现审判阶段律师辩护全覆盖。

5. 从有形覆盖转向有效覆盖。各地要对照法律援助法和最高人民法院、司法部《关于扩大刑事案件律师辩护全覆盖试点范围的通知》等文件要求，及时总结审判阶段律师辩护全覆盖试点工作，找准工作中的薄弱环节，加强重要业务数据统计分析，提炼好经验好做法，充分发挥辩护律师、值班律师在审判阶段的职能作用，不断提高审判阶段律师辩护全覆盖试点工作质效。

三、开展审查起诉阶段律师辩护全覆盖试点工作

6. 确定试点区域。各司法厅（局）根据本地工作实际，商检察机关于今年 11 月底前确定 2 至 3 个地市（直辖市的区县）开展审查起诉阶段律师辩护全覆盖试点。已先行开展此项工作的地区，可以根据原工作方案进行。

7. 确定通知辩护范围。犯罪嫌疑人没有委托辩护人，且具有可能判处三年以上有期徒刑、本人或其共同犯罪嫌疑人拒不认罪、案情重大复杂、可能造成重大社会影响情形之一的，人民检察院应当通知法律援助机构指派律师为其提供辩护。已先行开展试点的地区，可以结合本地实际扩大通知辩护案件范围。

8. 确定工作程序。人民检察院自收到移送审查起诉的案件材料之日起三日内，应当告知犯罪嫌疑人有权委托辩护人。犯罪嫌疑人具有本意见第七条规定情形的，人民检察院应当告知其如果不委托辩护人，将通知法律援助机构指派律师为其提供辩护。犯罪嫌疑人决定不自行委托辩护人的，人民检察院应当记录在案并将通知辩护公函送交法律援助机构。通知辩护公函应当载明犯罪嫌疑人的姓名、涉嫌的罪名、羁押场所或者住所、通知辩护的理由、检察人员姓名和联系方式等。法律援助机构应当自收到通知辩护公函之日起三日内，确定承办律师并将辩护律师姓名、所属单位及联系方式函告人民检察院。

9. 辩护律师职责。辩护律师依照刑事诉讼法、律师法等规定，依法履行辩护职责。在审查起诉阶段，辩护律师应当向犯罪嫌疑人释明认罪认罚从宽的法律规定和法律后果，依法向犯罪嫌疑人提供法律咨询、程序选择建议、申请变更强制措施、提出羁押必要性审查申请等法律帮助。犯罪嫌疑人自愿认罪认罚的，辩护律师应当对刑事诉讼法第一百七十三条第二款规定的事项提出意见。法律援助机构指派的辩护律师应当自接到指派通知之日起及时阅卷、会见犯罪嫌疑人。对人民检察院拟建议适用速裁程序办理的犯罪嫌疑人认罪认罚案件，辩护律师应当在人民检察院办案期限内完成阅卷、会见。

10. 切实保障律师辩护权。人民检察院应当依法保障辩护律师会见、阅卷等诉讼权利，为辩护律师履行职责提供便利。人民检察院作出退回补充侦查、延长审查起诉期限、提起公诉、不起诉等重大程序性决定的，应当依法及时告知辩护律师，及时向辩护律师公开案件的流程信息。

11. 及时安排阅卷。辩护律师提出阅卷要求的，人民检察院应当及时安排阅卷，因工作等原因无法及时安排的，应当向辩护律师说明，并自即日起三个工作日内安排阅卷，不得限制辩护律师合理的阅卷次数和时间。有条件的地方可以设立阅卷预约平台，推行电子化阅卷，允许下载、刻录案卷材料。

12. 做好法律帮助衔接。犯罪嫌疑人没有委托辩护人的，也不属于本意见第七条规定由法律援助机构指派律师提供辩护情形的，人民检察院应当及时通知法律援助机构安排值班律师提供法律帮助。

13. 拒绝辩护处理。属于法律援助法第二十五条第一款、本意见第七条规定的应当通知辩护情形，犯罪嫌疑人拒绝法律援助机构指派的律师为其辩护的，人民检察院应当查明原因。理由正当的，应当准许，但犯罪嫌疑人必须另行委托辩护人；犯罪嫌疑人未另行委托辩护人的，应当书面通知法律援助机构另行指派律师为其提供辩护。犯罪嫌疑人拒绝法律援助机构指派的律师为其辩护，坚持自己行使辩护权，人民检察院准许的，法律援助机构应当作出终止法律援助的决定；对于有正当理由要求更换律师的，法律援助机构应当另行指派律师为其提供辩护。

四、实质发挥值班律师法律帮助作用

14. 完善值班律师派驻。人民法院、人民检察院、公安机关应当为法律援助工作站提供必要办公场所和设施，加快推进法律援助工作站建设。司法行政机关和法律援助机构应当根据当地律师资源状况、法律帮助需求灵活采用现场值班、电话值班、网络值班等多种形式，确保值班律师法律帮助全覆盖。

15. 落实权利告知。人民法院、人民检察院、公安机关应当在侦查、审查起诉、审判各阶段分别告知没有辩护人的犯罪嫌疑人、被告人有权约见值班律师获得法律帮助，并为犯罪嫌疑人、被告人约见值班律师提供便利。前一诉讼程序犯罪嫌疑人、被告人拒绝值班律师法律帮助的，后一诉讼程序的办案机关仍需告知其有权获得值班律师法律帮助，有关情况应当记录在案。

16. 及时通知值班律师。犯罪嫌疑人、被告人没有委托辩护人，法律援助机构也没有指派律师提供辩护的，犯罪嫌疑人、被告人申请约见值班律师的，人民法院、人民检察院、公安机关可以直接送达现场派驻的值班律师或即时通知电话、网络值班律师。不能直接安排或即时通知的，应当在二十四小时内将法律帮助通知书送达法律援助机构。法律援助机构应当在收到法律帮助通知书之日起两个工作日内确定值班律师，并将值班律师姓名、单位、联系方式告知办案机关。除通知值班律师到羁押场所提供法律帮助的情形外，人民检察院、人民法院可以商法律援助机构简化通知方式和通知手续。办案机关应当为值班律师与犯罪嫌疑人、被告人会见提供便利。

17. 切实保障值班律师权利。犯罪嫌疑人、被告人没有辩护人的，人民法院、人民检察院、公安机关应当在侦查、审查逮捕、审查起诉和审判阶段分别听取值班律师意见，充分发挥值班律师在各个诉讼阶段的法律帮助作用。人民法院、人民检察院、公安机关应当依法保障值班律师会见等诉讼权利。涉嫌危害国家安全犯罪、恐怖活动犯罪案件，在侦查期间，犯罪嫌疑人会见值班律师的，应当经侦查机关许可；侦查机关同意值班律师会见的，应当及时通知值班律师。值班律师会见犯罪嫌疑人、被告人时不被监听。案件移送审查起诉后，值班律师可以查阅案卷材料，了解案情，人民检察院、人民法院应当及时安排，并提供便利。已经实现卷宗电子化的地方，人民检察院、人民法院可以安排在线阅卷。对于值班律师数量有限、案件量较大的地区，值班律师可采取集中查阅案卷方式。

18. 值班律师依法履行职责。值班律师提供法律帮助应当充分了解案情，对于案情较为复杂的案件，应当在查阅案卷材料并向犯罪嫌疑人、被告人充分释明相关诉讼权利和程序规定后对案件处理提出意见。犯罪嫌疑人、被告人自愿认罪认罚的，值班律师应当结合案情向犯罪嫌疑人、被告人释明认罪认罚的性质和法律规定，对人民检察院指控的罪名、量刑建议、诉讼程序适用等提出意见，在犯罪嫌疑人签署具结书时在场。

19. 值班律师的控告申诉。值班律师在提供法律帮助过程中，认为人民法院、人民检察院、公安机关及其工作人员明显违反法律规定，阻碍其依法提供法律帮助，侵犯律师执业权利的，有权向同级或者上一级人民检察院申诉或者控告。人民检察院对申诉或者控告应当及时审查，情况属实的，通知有关机关予以纠正。

五、健全完善衔接配合机制

20. 健全协调会商机制。人民法院、人民检察院、公安机关、司法行政机关要加强协同配合，建立健全联席会议、定期会商通报等协调机制，明确刑事案件律师辩护全覆盖试点工作联络员，及时沟通工作进展情况，协调解决工作中的困难问题。

21. 建立信息共享机制。人民法院、人民检察院、公安机关、司法行政机关要及时共享重要业务数据，建立工作台账，统一统计口径，做好统计分析，加强业务指导。

22. 提高衔接效率。加强信息化建设，推动实现律师辩护全覆盖试点工作通知、指派等各项流程电子化，进一步提高工作效率，给律师开展工作留出必要充足时间，为辩护律师、值班律师履职创造积极条件。

23. 强化律师权利保障。人民法院、人民检察院、公安机关、司法行政机关要切实保障辩护律师、值班律师各项权利，不得阻碍或变相阻碍辩护律师、值班律师依法行使诉讼权利。

六、加强组织领导

24. 争取党委政府支持。各地要积极争取各级党委、政府的重视支持，主动向党委、政府汇报工作，切实落实党委、政府保障职责。

25. 解决律师资源不足问题。建立健全法律服务资源依法跨区域流动机制，鼓励和支持律师事务所、律师等到律师资源严重不足的地区服务。建立完善律师资源动态调配机制，律师资源不平衡问题突出的地方以省级司法行政机关为主统筹调配，其他地方原则上以地市司法行政机关为主统筹调配，采取对口支援等方式提高法律援助服务能力。引导和规范法律援助机构具有律师资格或者法律职业资格的工作人员、具有律师执业证书的法律援助志愿者参与刑事法律援助工作，深入挖掘刑事法律援助人员潜力，进一步充实队伍力量。加强法律援助志愿服务工作，深入开展“1 + 1”中国法律援助志愿者行动、“援藏律师服务团”等法律援助项目，选派法律援助志愿律师到没有律师和律师资源严重不足的地区服务。

26. 解决经费保障不足问题。人民法院、人民检察院、公安机关应当配合司法行政机关加强与财政部门沟通协调，共同推动落实法律援助法有关法律援助业务经费保障相关规定,增加法律援助办案经费,动态调整法律援助补贴标准,切实保障办案工作需要。加大中央补助地方法律援助办案专款总量,发挥好中央补助专款的示范导向作用。司法行政机关应当根据案件难易和参与案件程度,合理确定法律援助补贴标准,推行办案补贴与服务质量挂钩的差别补贴机制,提高法律援助经费使用效率。

27. 强化指导监督。各级司法行政机关律师工作部门牵头做好试点工作,统筹调配律师资源,组织引导律师积极履行法律援助义务,加强律师权利保障和执业监管。法律援助管理部门要做好相关保障工作,协调有关部门落实试点工作经费,建立完善法律援助工作异地协作机制,加强对法律援助质量的指导监督。律师协会要发挥行业协会自身优势,配合法律援助管理部门做好律师参与法律援助工作培训等工作。法律援助机构要严格依法做好受理、审查、指派律师等工作,综合运用案卷检查、征询司法机关意见等措施,督促法律援助人员提升服务质量。

最高人民检察院、司法部、中华全国律师协会关于依法保障律师执业权利的十条意见

(2023 年 3 月 2 日发布　自发布之日起施行)

为深入学习贯彻党的二十大精神,全面贯彻习近平法治思想,认真落实《中共中央关于加强新时代检察机关法律监督工作的意见》,依法保障律师执业权利,进一步为律师会见、阅卷、听取意见等提供便利,根据《中华人民共和国刑事诉讼法》《中华人民共和国律师法》《人民检察院刑事诉讼规则》等规定,结合工作实际,制定如下工作意见。

一、加强接待律师平台建设

人民检察院12309检察服务中心统一接收律师提交的案件材料,集中受理律师提出的阅卷、约见案件承办人、调取证据、查询等事项,为律师执业提供便利。律师可以直接拨打12309检察服务热线、登陆12309中国检察网或者到12309检察服务中心现场提出上述事项。人民检察院应当及时办理,并将办理情况或结果告知律师,做到"件件有回复"。

二、充分保障律师对案件办理重要程序性事项的知情权

人民检察院受理公安机关提请批准逮捕,作出退回补充侦查、改变管辖、提起公诉等重要程序性决定的,应当通过电话、短信、手机App信息推送等方式及时告知辩护律师。办案人员的姓名及联系方式也应向辩护律师提供。

三、充分保障律师查阅案卷的权利

人民检察院在律师提出阅卷申请后,一般应当提供电子卷宗,便于律师查阅、复制。律师提出调阅案件纸质卷宗的,人民检察院了解具体原因后,认为应予支持的,应当及时安排。各级人民检察院应当进一步规范电子卷宗制作标准,提高制作效率,确保电子卷宗完整、清晰、准确,便于查阅。对于符合互联网阅卷要求的,应当在三日内完成律师互联网阅卷申请的办理和答复。

四、充分保障律师反映意见的权利

人民检察院听取律师意见,应当坚持"能见尽见、应听尽听"原则,充分保障律师向办案部门反映意见的权利。人民检察院拟决定或者批准逮捕犯罪嫌疑人的,应当在作出决定前征询辩护律师意见。拟当面听取律师意见的,应当由检察官或者检察官助理在专门的律师会见室进行,并配备记录人员,完整记录律师意见和工作过程。当面听取律师意见有困难的,可以通过书面、电话、视频等方式进行并记录在案。

五、及时向律师反馈意见采纳情况

人民检察院应当全面审查律师就办案工作提出的意见,有事实和法律依据的意见应当吸收。在案件办结前,应当通过约见、书面、电话、视频等方式向律师反馈意见采纳情况及不予采纳的理由,并记录在案。制作法律文书时,应当写明律师相关信息,并载明律师意见、检察机关采纳情况及不予采纳的理由。

六、认真听取律师对认罪认罚案件的意见

人民检察院办理认罪认罚案件,应当认真听取辩护律师或者值班律师的意见。已委托辩护律师的,应当提前通知辩护律师,确保犯罪嫌疑人签署认罪认罚具结书时在场并有明确的意见,不得绕开辩护律师安排值班律师代为见证具结。辩护律师确因客观原因无法到场的,可以通过远程视频方式见证具结;确有不便的,经辩护律师同意,可以安排值班律师在场履职。

七、加强对律师会见权的监督保障

人民检察院应当在看守所、监狱等律师会见场所公布派驻监管场所检察人员姓名及办公电话。律师提出会见在押的犯罪嫌疑人、被告人、罪犯,认为受到相关部门工作人员阻碍的,可以向检察机关提出控告申诉。对相关部门工作人员阻碍律师会见,派驻监管场所检察人员能够当场处理的,应当及时监督相关部门依法保障律师行使会见权;不能当场处理的,应当在五个工作日内审查办理完毕。经审查,认为不符合会见条件的,要及时向律师说明情况,取得理解。派驻监管场所检察室应当与看守所、监狱建立及时畅通的沟通交流机制,促进律师会见问题解决。

八、畅通权利救济渠道

律师认为人民检察院及其工作人员未严格执行本意见的,可以向该检察院或者上一级人民检察院提出控告申诉,也可以向所属律师协会反映,律师协会要及时将问题线索转交检察机关。人民检察院收到相关控告申诉或问题线索后,应当作为阻碍律师执业权利监督案件在第一时间受理,并于十日内办结并书面答复律师。对于律师提出的情况紧急、需要尽快办理的控告申诉,人民检察院一般应当在三个工作日内办理并答复律师。中华全国律师协会维护律师执业权利中心公布各地维权联系电话、联系人姓名，方便律师查询联系。

九、严肃责任落实

人民检察院应当将依法保障律师执业权利工作情况纳入检察人员业绩考评体系，引导检察人员全面履行依法保障律师执业权利的司法责任。人民检察院调查核实后认为律师控告申诉情况属实的，应当及时通知本院有关部门、下级人民检察院予以纠正。本院有关部门、下级人民检察院未予纠正或者纠正不到位的，应当及时了解情况予以通报或移送相关线索。对于检察人员违反职责阻碍律师依法执业需要追究司法责任的，应当按照《人民检察院司法责任追究条例》的规定，严格依法处理。

十、强化沟通协调

人民检察院、司法行政机关和律师协会应当加强沟通协调，切实发挥维护律师执业权利快速联动处置机制作用，及时发现和解决不能保证律师依法行使执业权利问题，做好相关组织、协调和落实工作。地方各级人民检察院、司法行政机关、律师协会每半年召开一次联席会议，相互通报保障律师依法执业工作情况。建立健全检律同堂培训机制，常态化组织开展检律同堂培训。围绕律师执业权利保障、检律互动亲清有度，联合开展专项调研工作，不断提高保障律师依法执业的法治化水平。

（十一）法律文书与信息公开

最高人民检察院关于加强检察法律文书说理工作的意见

（2017 年 7 月 20 日高检发研字〔2017〕7 号印发
自印发之日起施行）

为进一步加强和规范检察法律文书说理工作，根据法律、司法解释和《最高人民检察院关于实行检察官以案释法制度的规定》，结合检察工作实际，提出如下意见：

一、充分认识检察法律文书说理的重要意义

检察法律文书说理，是人民检察院在制作检察法律文书时，或者应有关人员请求，对文书所载的处理决定依据的事实、证据、法律、政策等进行分析阐述、解释说明的活动。开展检察法律文书说理，有利于贯彻落实司法责任制，强化对检察权行使的监督；有利于增强检察工作透明度，提升司法公信力，让人民群众在每一个案件中都感受到公平正义；有利于促进诉讼参与人和社会各界准确理解人民检察院的司法办案行为依据，从源头上化解矛盾、促进社会和谐稳定。

二、检察法律文书说理应当遵循的原则

（一）依法进行。说理应当依据法律或者司法解释的规定，围绕检察法律文书涉及的案件事实、证据、程序和法律适用等进行。

（二）有针对性。说理应当根据案件的性质特点、复杂程度、社会关注度等，针对说理对象的实际需求进行。

（三）讲求方法。说理应当综合考虑说理对象的年龄阶段、文化程度、心理特征等具体情况，采用其易于理解和接受的方式方法进行。

（四）注重实效。说理应当做到法理情相结合，注重化解矛盾、促进和谐，实现办案法律效果与社会效果的有机统一。

三、检察法律文书说理的重点

人民检察院在履行法律监督职能过程中制作的决定书、意见书、建议书、告知书、通知书等各类检察法律文书，涉及公民、组织重要权利处置或者诉讼重要进程，可能引发质疑、异议或者舆论炒作的，应当在叙述式法律文书中或者送达、宣告决定时有重点地进行说理。以下办案环节涉及的检察法律文书应当着重进行说理：

（一）办理直接受理侦查案件中，对有关实名举报、控告作出不立案决定或者撤销案件决定的；作出不许可律师会见犯罪嫌疑人决定或者驳回取保候审申请、变更或者解除强制措施申请决定的。

（二）侦查监督工作中，作出不批准逮捕决定或者对在罪与非罪上有较大争议且社会关注的敏感案件作出批准逮捕决定的；复议复核维持原不批准逮捕决定的；通知侦查机关立案、撤销案件或者纠正违法的；认为侦查机关决定立案、不立案正确或者实施侦查活动不存在违法而不支持监督申请的。

（三）公诉工作中，作出不起诉决定或者对在罪与非罪上有较大争议且社会关注的敏感案件作出起诉决定的；复议复核维持原不起诉决定的；提出纠正违法意见的；对被害人及其法定代理人的抗诉请求作出不抗诉决定的。

（四）刑事执行检察工作中，提出纠正违法意见或者纠正不当减刑、假释、暂予监外执行意见的；进行羁押必要性审查后提出释放或者变更强制措施建议的；对有关羁押期限、被监管人死亡或者伤残问题向控告人作出答复的。

（五）刑事特别程序中，对未成年犯罪嫌疑人作出附条件不起诉决定的；要求启动违法所得没收程序或者决定不提出没收违法所得申请的；要求启动强制医疗程序或者决定不提出强制医疗申请的；提出纠正强制医疗不当决定意见的。

（六）刑事申诉检察工作中，对不服检察机关刑事处理决定或者人民法院已经发生法律效力的刑事判决、裁定的申诉，经复查不支持申诉请求的；对国家赔偿案件作出审查决定的。

（七）民事行政检察工作中，对当事人及其法定代理人申请监督的案件，决定不予受理、不支持监督申请或者作出终结审查决定的；向人民法院提出检察建议的；提请上级人民检察院抗诉的；对涉及国家利益、社会公共利益的民事、行政案件提出检察建议或者提起公益诉讼的。

四、检察法律文书说理的主体

办理案件的检察官是检察法律文书说理的主体，其他检察人员可以协助检察官进行说理。对于依照规定需要由案件管理部门或者控告申诉检察部门统一答复申诉人的决定事项，办理案件的检察官应当配合案件管理部门或者控告申诉检察部门进行说理。

五、检察法律文书说理的时机

检察法律文书说理作为检察机关履行法律监督职能的内在要求，应当自觉地贯穿其司法办案全过程。对于涉及案件终局处理或者办案重要节点的检察法律文书，应当在文书中说理或者在送达文书时主动说理。当事人等对已送达的检察法律文书记载的事实、证据、法律适用等提出质疑或者异议的，应当随时有针对性地进行说理。有关人员对检察机关的司法办案行为及其检察法律文书内容表示强烈不满，可能引起上访、缠访的，应当及时进行说理。

六、检察法律文书说理的方式

人民检察院作出有关决定，需要向有关机关或者人员书面说理的，可以在叙述式法律文书中进行说理；对填充式法律文书，可以增加附页或者制作说明书进行说理。

对于不宜书面说理的，或者在办案中遇到紧急情况的，或者说理对象认可同意的，可以进行口头说理。口头说理，一般应当有两名或者两名以上检察人员在场，并制作笔录附卷。现场不具备笔录制作条件的，检察人员可以事后予以记录并签字后附卷。

探索建立检察宣告制度，有条件的检察院可以设置专门的宣告场所,由检察官召集当事人、申诉人、赔偿请求人等到场,当面宣告决定内容,送达法律文书并进行释法说理。

七、检察法律文书说理的基本要求

(一)阐明事实。要准确说明人民检察院认定的案件事实及相关证据,对证据的客观性、合法性和关联性进行必要分析,说明采信和不采信的理由。

(二)释明法理。要结合法律文书的具体内容和结论,对人民检察院所作决定依据的法律、司法解释条文的具体内容予以列明,解释法律适用的理由和依据。

(三)讲明情理。说理要注重法理情的有机结合,释之以法,晓之以理,动之以情,增强司法办案的人文关怀和社会效果。

(四)繁简适当。对于重大、疑难、复杂案件或者社会关注的案件,以及当事人或者相关机关可能产生异议的案件,应当做好充分的说理准备,必要时,可以召开检察官联席会议进行讨论。说理时要针对焦点问题,充分阐释决定的理由和依据。对于可以适用简易程序、速裁程序处理的案件和当事人达成和解的轻微刑事案件等事实清楚、争议不大的案件,可以简化说理的方式、内容。

(五)语言规范,表达准确,逻辑清晰,通俗易懂。

八、完善检察法律文书说理工作制度

建立检察法律文书说理质量评析通报制度。各级人民检察院要采取多种形式主动听取说理对象及社会各界对检察法律文书说理工作的评价意见。上级人民检察院要将检察法律文书说理纳入检察官办案质量评查体系,定期对本辖区内各级人民检察院法律文书说理工作进行分析、总结、通报,通过典型案例示范、优秀说理文书展评等形式开展经验交流,提高检察法律文书说理工作的质量和水平。

完善检察法律文书说理工作责任制。对于违反规定不履行检察法律文书说理责任,或者在说理工作中发生重大过错造成不良影响的,要依纪依规追究检察人员的工作责任。

各级人民检察院可以根据本意见,对各诉讼环节检察法律文书说理工作制定实施细则。

本意见自下发之日起施行,2011 年 8 月 9 日印发的《最高人民检察院关于加强法律文书说理工作的意见(试行)》同时废止。

最高人民法院关于加强和规范裁判文书释法说理的指导意见

(2018 年 6 月 1 日法发〔2018〕10 号印发
自 2018 年 6 月 13 日起施行)

为进一步加强和规范人民法院裁判文书释法说理工作,提高释法说理水平和裁判文书质量,结合审判工作实际,提出如下指导意见。

一、裁判文书释法说理的目的是通过阐明裁判结论的形成过程和正当性理由,提高裁判的可接受性,实现法律效果和社会效果的有机统一;其主要价值体现在增强裁判行为公正度、透明度,规范审判权行使,提升司法公信力和司法权威,发挥裁判的定分止争和价值引领作用,弘扬社会主义核心价值观,努力让人民群众在每一个司法案件中感受到公平正义,切实维护诉讼当事人合法权益,促进社会和谐稳定。

二、裁判文书释法说理,要阐明事理,说明裁判所认定的案件事实及其根据和理由,展示案件事实认定的客观性、公正性和准确性;要释明法理,说明裁判所依据的法律规范以及适用法律规范的理由;要讲明情理,体现法理情相协调,符合社会主流价值观;要讲究文理,语言规范,表达准确,逻辑清晰,合理运用说理技巧,增强说理效果。

三、裁判文书释法说理,要立场正确、内容合法、程序正当,符合社会主义核心价值观的精神和要求;要围绕证据审查判断、事实认定、法律适用进行说理,反映推理过程,做到层次分明;要针对诉讼主张和诉讼争点、结合庭审情况进行说理,做到有的放矢;要根据案件社会影响、审判程序、诉讼阶段等不同情况进行繁简适度的说理,简案略说,繁案精说,力求恰到好处。

四、裁判文书中对证据的认定,应当结合诉讼各方举证质证以及法庭调查核实证据等情况,根据证据规则,运用逻辑推理和经验法则,必要时使用推定和司法认知等方法,围绕证据的关联性、合法性和真实性进行全面、客观、公正的审查判断,阐明证据采纳和采信的理由。

五、刑事被告人及其辩护人提出排除非法证据申请的,裁判文书应当说明是否对证据收集的合法性进行调查、证据是否排除及其理由。民事、行政案件涉及举证责任分配或者证明标准争议的,裁判文书应当说明理由。

六、裁判文书应当结合庭审举证、质证、法庭辩论以及法庭调查核实证据等情况,重点针对裁判认定的事实或者事实争点进行释法说理。依据间接证据认定事实时,应当围绕间接证据之间是否存在印证关系、是否能够形成完整的证明体系等进行说理。采用推定方法认定事实时,应当说明推定启动的原因、反驳的事实和理由,阐释裁断的形成过程。

七、诉讼各方对案件法律适用无争议且法律含义不需要阐明的,裁判文书应当集中围绕裁判内容和尺度进行释法说理。诉讼各方对案件法律适用存有争议或者法律含义需要阐明的,法官应当逐项回应法律争议焦点并说明理由。法律适用存在法律规范竞合或者冲突的,裁判文书应当说明选择的理由。民事案件没有明确的法律规定作为裁判直接依据的,法官应当首先寻找最相类似的法律规定作出裁判;如果没有最相类似的法律规定,法官可以依据习惯、法律原则、立法目的等作出裁判,并合理运用法律方法对裁判依据进行充分论证和说理。法官行使自由裁量权处理案件时,应当坚持合法、合理、公正和审慎的原则,充分论证运用自由裁量权的依据,并阐明自由裁量所考虑的相关因素。

八、下列案件裁判文书,应当强化释法说理:疑难、复杂案件;诉讼各方争议较大的案件;社会关注度较高、影响较大的案件;宣告无罪、判处法定刑以下刑罚、判处死刑的案件;行政诉讼中对被诉行政行为所依据的规范性文件一并进行审查的案件;判决变更行政行为的案件;新类型或者可能成为指导性案例的案件;抗诉案件;二审改判或者发回重审的案件;重审案件;再审案件;其他需要强化说理的案件。

九、下列案件裁判文书,可以简化释法说理:适用民事简易程序、小额诉讼程序审理的案件;适用民事特别程序、督促程序及公示催告程序审理的案件;适用刑事速裁程序、简易程序审理的案件;当事人达成和解协议的轻微刑事案件;适用行政简易程序审理的案件;适用普通程序审理但是诉讼各方争议不大的案件;其他适宜简化说理的案件。

十、二审或者再审裁判文书应当针对上诉、抗诉、申请再审的主张和理由强化释法说理。二审或者再审裁判文书认定的事实与一审或者原审不同的,或者认为一审、原审认定事实不清、适用法律错误的,应当在查清事实、纠正法律适用错误的基础上进行有针对性的说理;针对一审或者原审已经详尽阐述理由且诉讼各方无争议或者无新证据、新理由的事项,可以简化释法说理。

十一、制作裁判文书应当遵循《人民法院民事裁判文书制作规范》《民事申请再审诉讼文书样式》《涉外商事海事裁判文书写作规范》《人民法院破产程序法律文书样式(试行)》《民事简易程序诉讼文书样式(试行)》《人民法院刑事诉讼文书样式》《行政诉讼文书样式(试行)》《人民法院国家赔偿案件文书样式》等规定的技术规范标准,但是可以根据案件情况合理调整事实认定和说理部分的体例结构。

十二、裁判文书引用规范性法律文件进行释法说理,应当适用《最高人民法院关于裁判文书引用法律、法规等规范性法律文件的规定》等相关规定,准确、完整地写明规范性法律文件的名称、条款项序号;需要加注引号引用条文内容的,应当表述准确和完整。

十三、除依据法律法规、司法解释的规定外,法官可以运用下列论据论证裁判理由,以提高裁判结论的正当性和可接受性:最高人民法院发布的指导性案例;最高人民法院发布的非司法解释类审判业务规范性文件;公理、情理、经验法则、交易惯例、民间规约、职业伦理;立法说明等立法材料;采取历史、体系、比较等法律解释方法时使用的材料;法理及通行学术观点;与法律、司法解释等规范性法律文件不相冲突的其他论据。

十四、为便于释法说理,裁判文书可以选择采用下列适当的表达方式:案情复杂的,采用列明裁判要点的方式;案件事实或数额计算复杂的,采用附表的方式;裁判内容用附图的方式更容易表达清楚的,采用附图的方式;证据过多的,采用附录的方式呈现构成证据链的全案证据或证据目录;采用其他附件方式。

十五、裁判文书行文应当规范、准确、清楚、朴实、庄重、凝炼,一般不得使用方言、俚语、土语、生僻词语、古旧词语、外语;特殊情形必须使用的,应当注明实际含义。裁判文书释法说理应当避免使用主观臆断的表达方式、不恰当的修辞方法和学术化的写作风格,不得使用贬损人格尊严、具有强烈感情色彩、明显有违常识常理常情的用语,不能未经分析论证而直接使用“没有事实及法律依据,本院不予支持”之类的表述作为结论性论断。

十六、各级人民法院应当定期收集、整理和汇编辖区内法院具有指导意义的优秀裁判文书,充分发挥典型案例释法说理的引导、规范和教育功能。

十七、人民法院应当将裁判文书的制作和释法说理作为考核法官业务能力和审判质效的必备内容,确立为法官业绩考核的重要指标,纳入法官业绩档案。

十八、最高人民法院建立符合裁判文书释法说理规律的统一裁判文书质量评估体系和评价机制,定期组织裁判文书释法说理评查活动，评选发布全国性的优秀裁判文书，通报批评瑕疵裁判文书，并作为监督指导地方各级人民法院审判工作的重要内容。

十九、地方各级人民法院应当将裁判文书释法说理作为裁判文书质量评查的重要内容，纳入年度常规性工作之中，推动建立第三方开展裁判文书质量评价活动。

二十、各级人民法院可以根据本指导意见，结合实际制定刑事、民事、行政、国家赔偿、执行等裁判文书释法说理的实施细则。

二十一、本指导意见自2018年6月13日起施行。

最高人民法院关于深入推进社会主义核心价值观融入裁判文书释法说理的指导意见

（2021年1月19日法〔2021〕21号印发
自2021年3月1日起施行）

为深入贯彻落实中共中央关于进一步把社会主义核心价值观融入法治建设的工作要求，正确贯彻实施民法典，充分发挥司法裁判在国家治理、社会治理中的规则引领和价值导向作用，进一步增强司法裁判的公信力和权威性，努力实现富强、民主、文明、和谐的价值目标，努力追求自由、平等、公正、法治的价值取向，努力践行爱国、敬业、诚信、友善的价值准则，结合审判工作实际，现提出如下意见。

一、深入推进社会主义核心价值观融入裁判文书释法说理，应当坚持以下基本原则：

（一）法治与德治相结合。以习近平新时代中国特色社会主义思想为指导，贯彻落实习近平法治思想，忠于宪法法律，将法律评价与道德评价有机结合，深入阐释法律法规所体现的国家价值目标、社会价值取向和公民价值准则,实现法治和德治相辅相成、相得益彰。

(二)以人民为中心。裁判文书释法说理应积极回应人民群众对公正司法的新要求和新期待,准确阐明事理,详细释明法理,积极讲明情理,力求讲究文理,不断提升人民群众对司法裁判的满意度,以司法公正引领社会公平正义。

(三)政治效果、法律效果和社会效果的有机统一。立足时代、国情、文化,综合考量法、理、情等因素,加强社会主义核心价值观的导向作用,不断提升司法裁判的法律认同、社会认同和情理认同。

二、各级人民法院应当深入推进社会主义核心价值观融入裁判文书释法说理,将社会主义核心价值观作为理解立法目的和法律原则的重要指引,作为检验自由裁量权是否合理行使的重要标准,确保准确认定事实,正确适用法律。对于裁判结果有价值引领导向、行为规范意义的案件,法官应当强化运用社会主义核心价值观释法说理,切实发挥司法裁判在国家治理、社会治理中的规范、评价、教育、引领等功能,以公正裁判树立行为规则,培育和弘扬社会主义核心价值观。

三、各级人民法院应当坚持以事实为根据,以法律为准绳。在释法说理时,应当针对争议焦点,根据庭审举证、质证、法庭辩论以及法律调查等情况,结合社会主义核心价值观,重点说明裁判事实认定和法律适用的过程和理由。

四、下列案件的裁判文书,应当强化运用社会主义核心价值观释法说理:

(一)涉及国家利益、重大公共利益,社会广泛关注的案件;

(二)涉及疫情防控、抢险救灾、英烈保护、见义勇为、正当防卫、紧急避险、助人为乐等,可能引发社会道德评价的案件;

(三)涉及老年人、妇女、儿童、残疾人等弱势群体以及特殊群体保护,诉讼各方存在较大争议且可能引发社会广泛关注的案件;

(四)涉及公序良俗、风俗习惯、权利平等、民族宗教等,诉讼各方存在较大争议且可能引发社会广泛关注的案件;

(五)涉及新情况、新问题,需要对法律规定、司法政策等进行深入阐释,引领社会风尚、树立价值导向的案件;

(六)其他应当强化运用社会主义核心价值观释法说理的案件。

五、有规范性法律文件作为裁判依据的,法官应当结合案情,先行释明规范性法律文件的相关规定,再结合法律原意,运用社会主义核心价值观进一步明晰法律内涵、阐明立法目的、论述裁判理由。

六、民商事案件无规范性法律文件作为裁判直接依据的,除了可以适用习惯以外,法官还应当以社会主义核心价值观为指引,以最相类似的法律规定作为裁判依据;如无最相类似的法律规定,法官应当根据立法精神、立法目的和法律原则等作出司法裁判,并在裁判文书中充分运用社会主义核心价值观阐述裁判依据和裁判理由。

七、案件涉及多种价值取向的,法官应当依据立法精神、法律原则、法律规定以及社会主义核心价值观进行判断、权衡和选择,确定适用于个案的价值取向,并在裁判文书中详细阐明依据及其理由。

八、刑事诉讼中的公诉人、当事人、辩护人、诉讼代理人和民事、行政诉讼中的当事人、诉讼代理人等在诉讼文书中或在庭审中援引社会主义核心价值观作为诉辩理由的,人民法院一般应当采用口头反馈、庭审释明等方式予以回应;属于本意见第四条规定的案件的,人民法院应当在裁判文书中明确予以回应。

九、深入推进社会主义核心价值观融入裁判文书释法说理应当正确运用解释方法:

(一)运用文义解释的方法,准确解读法律规定所蕴含的社会主义核心价值观的精神内涵,充分说明社会主义核心价值观在个案中的内在要求和具体语境。

(二)运用体系解释的方法,将法律规定与中国特色社会主义法律体系、社会主义核心价值体系联系起来,全面系统分析法律规定的内涵,正确理解和适用法律。

(三)运用目的解释的方法,以社会发展方向及立法目的为出发点,发挥目的解释的价值作用,使释法说理与立法目的、法律精神保持一致。

（四）运用历史解释的方法，结合现阶段社会发展水平，合理判断、有效平衡司法裁判的政治效果、法律效果和社会效果，推动社会稳定、可持续发展。

十、裁判文书释法说理应当使用简洁明快、通俗易懂的语言，讲求繁简得当，丰富修辞论证，提升语言表达和释法说理的接受度和认可度。

十一、人民法院应当探索建立强化运用社会主义核心价值观释法说理的案件识别机制，立案部门、审判部门以及院长、庭长等应当加强对案件诉讼主体、诉讼请求等要素的审查，及时识别强化运用社会主义核心价值观释法说理的重点案件，并与审判权力制约监督机制有机衔接。

十二、人民法院应当认真落实《最高人民法院关于统一法律适用加强类案检索的指导意见（试行）》《最高人民法院关于完善统一法律适用标准工作机制的意见》等相关要求，统一法律适用，确保同类案件运用社会主义核心价值观释法说理的一致性。

十三、对于本意见第四条规定的案件，根据审判管理相关规定，需要提交专业法官会议或审判委员会讨论的，法官应当重点说明运用社会主义核心价值观释法说理的意见。

十四、各级人民法院应当定期组织开展法官业务培训，将业务培训与贯彻实施民法典结合起来，坚持学习法律知识、业务技能与社会主义核心价值观并重，增强法官运用社会主义核心价值观释法说理的积极性和自觉性，不断提升法官释法说理的能力水平。

十五、人民法院通过中国裁判文书网、“法信”平台、12368 诉讼服务热线、中国应用法学数字化服务系统、院长信箱等途径，认真收集、倾听社会公众对裁判文书的意见建议，探索运用大数据进行统筹分析，最大程度了解社会公众对裁判文书的反馈意见，并采取措施加以改进。

十六、人民法院应当充分发挥优秀裁判文书的示范引领作用，完善优秀裁判文书考评激励机制,积极组织开展“运用社会主义核心价值观释法说理优秀裁判文书”评选工作,评选结果应当作为法官业绩考评的重要参考。

十七、最高人民法院、各高级人民法院应当定期收集、整理和汇编运用社会主义核心价值观释法说理的典型案例,加强宣传教育工作,进一步带动人民群众将法治精神融入社会生活,培育和营造自觉践行社会主义核心价值观的法治环境。

十八、各高级人民法院可以根据本意见,结合工作实际,制定刑事、民事、行政、国家赔偿、执行等裁判文书释法说理的实施细则,报最高人民法院备案。

十九、本意见自2021年3月1日起施行。

人民检察院案件信息公开工作规定

(2021年8月19日最高人民检察院第十三届检察委员会第七十一次会议通过 2021年9月28日印发 自印发之日起施行)

第一章 总 则

第一条 为了保障人民群众对检察工作的知情权、参与权和监督权,进一步深化检务公开,增强检察机关司法办案的透明度,规范司法办案行为,促进公正司法,根据有关法律规定,制定本规定。

第二条 人民检察院公开案件信息,应当遵循依法、便民、及时、规范、安全的原则。

第三条 人民检察院应当通过互联网、电话、邮件、检察服务窗口等方式,向相关人员提供案件信息查询服务,向社会主动发布案件信息、公开法律文书,以及办理其他案件信息公开工作。最高人民检察院建立“12309 中国检察网”，各级人民检察院依照本规定，在该平台办理案件信息公开的有关工作。

第四条 人民检察院对涉及国家秘密、商业秘密、个人隐私和未成年人犯罪的案件信息，以及其他依照法律法规和最高人民检察院有关规定不应当公开的信息，不得公开。侵害未成年人犯罪的案件信息，一般不予公开，确有必要公开的，应当依法对相关信息进行屏蔽、隐名等处理。

第五条 人民检察院负责案件管理的部门是案件信息公开工作的主管部门，负责案件信息公开的组织、监督、指导和有关服务窗口的查询服务等工作。

第六条 任何单位和个人不得利用案件信息公开损害国家利益、社会公共利益和公民、法人、其他组织合法权益，不得利用案件信息公开工作谋取不正当利益。

第二章 案件信息查询

第七条 人民检察院应当依法、及时履行法律规定的通知、告知、送达、公开宣布等案件办理程序职责。当事人及其法定代理人、近亲属、辩护人、诉讼代理人等，可以依照规定，向办理该案件的人民检察院查询案由、受理时间、办案期限、办案组织、办案进程、处理结果、强制措施，查封、扣押、冻结涉案财物的处置情况，法律文书公开情况等案件程序性信息。

第八条 人民检察院制作的下列法律文书，可以向当事人及其法定代理人、近亲属、辩护人、诉讼代理人等提供查询：

（一）未向社会公开的起诉书、抗诉书、不起诉决定书；

（二）逮捕决定书、不予逮捕决定书；批准逮捕决定书、不批准逮捕决定书；

（三）撤销案件决定书；

（四）赔偿监督申请审查结果通知书、赔偿监督案件审查结果通知书。

第九条 当事人及其法定代理人、近亲属、辩护人、诉讼代理人等首次申请查询,应当向办理相关案件的人民检察院负责案件管理的部门提交身份证明、委托书等证明材料,人民检察院对符合条件的,应当提供查询服务,并提供网上查询账号。查询申请人可以凭账号登录"12309中国检察网",查询相关案件信息。当事人的辩护律师或者代理律师可以直接通过"12309中国检察网"或者微信平台、手机APP,在线注册后,查询案件信息。

第十条 当事人及其法定代理人、近亲属、辩护人、诉讼代理人等需要查询经常居住地以外的人民检察院办理的案件信息的,可以到所在地县级人民检察院向负责案件管理的部门请求协助办理身份认证。被请求协助的人民检察院应当及时与办理该案件的人民检察院联系,传输有关信息,办理该案件的人民检察院审核认可后,应当提供查询服务及查询账号。

第十一条 辩护人、诉讼代理人因与当事人解除委托关系等原因丧失查询资格的,人民检察院应当及时注销其查询账号。

第三章 案件信息发布

第十二条 人民检察院可以根据工作实际,向社会发布关注度较高、影响较大的案件信息:

(一)相关刑事案件的办理情况;

(二)相关民事检察案件的办理情况;

(三)相关行政检察案件的办理情况;

(四)相关公益诉讼案件的办理情况。

第十三条 人民检察院可以根据需要,向社会发布具有示范引领效果、促进社会治理的相关案件信息:

(一)对统一法律适用、普法具有重要意义的指导性案例和典型案例;

(二)案件公开听证情况;

(三)社会治理类检察建议;

（四）重大、专项业务工作的进展和结果信息；（五）其他应予发布的案件信息。

第十四条 人民检察院可以通过新闻发言人、召开新闻发布会、提供新闻稿等方式对外发布重要案件信息，并且应当同时在“12309中国检察网”上发布该信息。

第十五条 案件信息由办理该案件的人民检察院负责发布。

第四章 业务数据发布

第十六条 人民检察院可以根据工作实际，向社会发布以下检察业务数据：

（一）检察机关主要办案数据；

（二）检察机关立足履行法律监督职能、服务经济社会发展的数据信息；

（三）促进、推动社会治理的数据信息；

（四）对社会具有警示意义的数据信息，包括典型类案新情况新特点新变化新趋势；

（五）其他应予发布的业务数据。

第十七条 人民检察院可以通过下列方式，向社会发布检察业务数据：

（一）通过人民检察院官方网站、官方媒体等统一发布，并同步组织做好相关数据解读宣传工作；

（二）在《中国统计年鉴》《中国检察年鉴》《最高人民检察院公报》等全国性刊物上，发布全国检察机关主要办案数据，在地方确定的官方媒体上发布本地检察机关主要办案数据；

（三）公布检察工作报告；

（四）召开新闻发布会、发布检察工作白皮书、组织专项工作宣传、接受媒体采访报道等；

（五）以院名义发表文章；

（六）其他向社会发布的方式。

第五章　法律文书公开

第十八条　人民检察院办理社会广泛关注的、具有一定社会影响的案件涉及的下列法律文书，可以向社会公开：

（一）刑事案件起诉书、抗诉书；

（二）不起诉决定书；

（三）刑事申诉结果通知书。

第十九条　人民检察院办理的具有示范引领效果、促进社会治理的案件涉及的下列法律文书，可以向社会公开：

（一）民事抗诉书、再审检察建议书、不支持监督申请决定书、复查决定书、终结审查决定书等民事检察法律文书；

（二）行政抗诉书、再审检察建议书、不支持监督申请决定书、终结审查决定书等行政检察法律文书；

（三）民事公益诉讼起诉书、行政公益诉讼起诉书。

第二十条　人民检察院在“12309 中国检察网”上公开法律文书，应当对下列当事人及其他诉讼参与人的姓名视情做隐名处理：

（一）刑事案件的被害人及其法定代理人、附带民事诉讼原告人及其法定代理人、证人、鉴定人；

（二）不起诉决定书中的被不起诉人；

（三）公益诉讼案件中的企业当事人。当事人或者其他诉讼参与人要求公开本人姓名，并提出书面申请的，经承办人核实、案件办理部门负责人审核、分管副检察长批准后，可以不做相应的隐名处理。

第二十一条　根据本规定第二十条进行隐名处理时，应当按以下情形处理：

（一）保留姓氏，名字以“某某”替代；

（二）复姓保留第一个字，其余内容以“某某”替代；

（三）对于少数民族姓名，保留第一个字，其余内容以“某某”替代；

（四）对于外国人、无国籍人姓名的中文译文，保留第一个字，其余内容以“某某”替代；对于外国人、无国籍人的英文姓名，保留第一个英文字母，隐去其他字符；

（五）对于企业当事人的名称中有所在地的，保留所在地，其余以“某某企业”替代；对于企业当事人名称中没有所在地的，直接以“某某企业”替代。对不同姓名隐名处理后发生重复的，通过在姓名后增加甲乙丙丁、阿拉伯数字等进行区分。

第二十二条 人民检察院在“12309 中国检察网”公开法律文书，应当屏蔽下列内容：

（一）与公众了解案情无关的自然人信息，如：家庭住址、通讯方式、公民身份号码（身份证号码）、社交账号、银行账号、健康状况、车牌号码、动产或不动产权属证书编号、工作单位等；

（二）未成年人的相关信息；

（三）法人以及其他组织的银行账号、车牌号码、动产或不动产权属证书编号、地址；

（四）涉及国家秘密、商业秘密、个人隐私的信息；

（五）涉及技术侦查措施的信息；

（六）根据文书表述的内容可以直接推理或者符合逻辑地推理出属于需要屏蔽的信息；

（七）其他不宜公开的内容。

第二十三条 在互联网公开法律文书，除根据本规定第二十条进行隐名处理和第二十二条进行屏蔽处理的以外，应当保留当事人、法定代理人、委托代理人、辩护人的下列信息：

（一）当事人及其法定代理人是自然人的，保留姓名、出生日期、性别、住所地所属县、区；当事人是法人或其他组织的，保留名称以及法定代表人或主要负责人的姓名、职务；

（二）委托代理人、辩护人是律师或者基层法律服务工作者的，保留姓名、执业证号和律师事务所、基层法律服务机构名称；委托代理人、辩护人是其他人员的，保留姓名、出生日期、性别、住所地所属县、区，以及与当事人的关系。

第六章　监督和保障

第二十四条　案件当事人及其法定代理人、近亲属、辩护人、诉讼代理人或者其他单位、个人认为人民检察院发布案件信息不规范、不准确的,可以向人民检察院负责案件管理的部门反映。负责案件管理的部门应当及时协调相关部门核实、处理。

第二十五条　案件信息公开工作中有履行职责不力、失职渎职等违纪违法行为,造成严重后果的,由有关部门依纪依法处理。

第七章　附　　则

第二十六条　人民检察院案件信息公开的技术规范、标准及相关工作细则由最高人民检察院另行制定。

第二十七条　本规定自公布之日起施行。《人民检察院案件信息公开工作规定(试行)》(高检发办字〔2014〕68 号)同时废止;最高人民检察院此前发布的相关规定与本规定不一致的,以本规定为准。